MW01536392

Floride

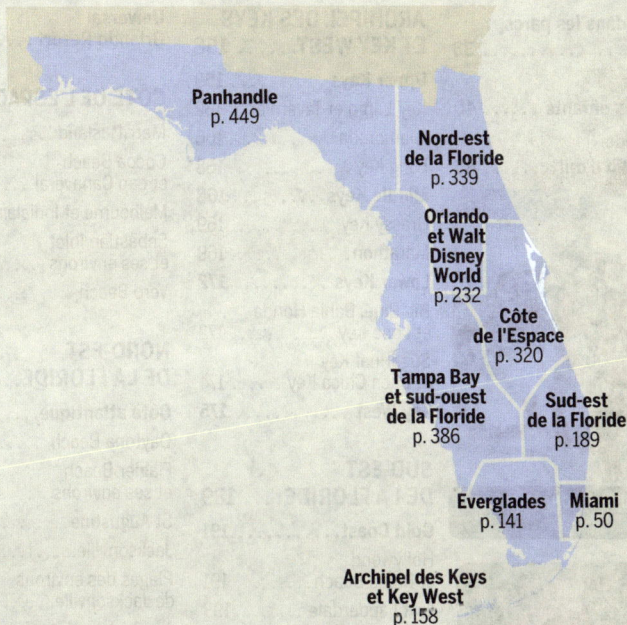

ÉDITION ÉCRITE ET ACTUALISÉE PAR

Adam Karlin, Jennifer Rasin Denniston,
Paula Hardy, Benedict Walker

ANDRESR/GETTY IMAGES ©

SOUTH BEACH, MIAMI p. 54

TNWA PHOTOGRAPHY/GETTY IMAGES ©

SPATULE ROSÉE p. 523

Sommaire

COUP DE PROJECTEUR

Bienvenue en Floride

Mille mondes différents ponctuent cette plate péninsule, qu'il s'agisse des royaumes magiques de Disney, de grandes villes marquées par les cultures latino-américaine et caribéenne, d'îles de mangroves, de marécages sauvages ou de petites colonies d'artistes.

Rêve en bord de mer

Le sable fin des plages, le turquoise des flots, le frémissement de la nature dans les marécages : tout ici concourt à dissoudre notre moi quotidien. On vient y laisser derrière soi ses soucis, l'hiver et ses inhibitions, bref la réalité. Certains cherchent simplement un havre de paix où conjuguer les plaisirs de la plage : baignade, fruits de mer, et sublimes couchers de soleil. D'autres aspirent aux plaisirs de South Beach, du Spring Break (les vacances universitaires de printemps) et de Key West.

Troublants marécages

Dans les paysages sauvages semi-tropicaux de Floride, les alligators guettent leurs proies près des cours d'eau, les hérons paradent dans les étangs, les lamantins hivernent, et les tortues marines viennent pondre leurs œufs en été. Balbuzards et aigles, dauphins et tarpons, forêts de récifs coralliens, océans de marisque : d'immenses parties de la Floride sont encore sauvages, souvent à la grande surprise du visiteur. On goûte à cette nature primale en pagayant si près des redoutables mâchoires des représentants de l'ère jurassique que les mains tremblent, lorsqu'on se retrouve face à face, sous l'eau, avec des lamantins et des tortues caouannes.

Mosaïque tropicale

Si la plupart des gens associent la Floride à ses plages et à ses parcs à thème, peu savent qu'il s'agit de l'un des États les plus peuplés du pays. Incarnation du melting-pot à l'américaine, il tient d'une mosaïque culturelle à l'extraordinaire richesse. Entre les chasseurs et trappeurs de sa partie nord imprégnée de la culture du Sud, et les communautés juives voisinant avec des représentants de toutes les nations hispanophones du monde, difficile d'imaginer plus vivant et bigarré.

Arts et culture

La Floride, belle plante tropicale et bronzée, est davantage tournée vers les choses de l'esprit que ne le laisserait supposer son apparente frivolité. Cet État, et en particulier la Floride du Sud, est réputé attirer les excentriques et originaux des quatre coins des États-Unis, mais aussi d'Amérique latine et d'Europe. Nombre de ces personnages, et leurs descendants, ont offert une terre d'accueil aux arts, comme en témoignent les gigantesques salles de concerts de Miami, les musées pléthoriques de la côte du Golfe, et une longue tradition littéraire. La Floride a en effet donné à l'Amérique plus que sa part de grands auteurs.

Pourquoi j'aime la Floride

Adam Karlin, auteur

J'ai grandi dans les marais, donc ces paysages m'attirent. À mon avis, la Floride est la destination qui marie au mieux cette nature-là, que j'adore, à mes autres grands plaisirs en voyage : la gastronomie, la diversité, le beau temps et les jolies plages. Avec l'océan d'un côté, les marais de l'autre, des conques frites et du thé glacé au déjeuner, de préférence dans un restaurant au bord de l'eau... Je suis le plus heureux des hommes !

Plus de détails sur nos auteurs en p. 576

Floride

89°O 88°O 87°O 86°O 85°O 84°O

31°N

ALABAMA Dothan

Lake Seminole

MISSISSIPPI Mobile

Biloxi Pensacola **Grayton Beach State Park** Havana

Pensacola Beach Fort Walton Beach Panama City **TALLAHASSEE**

30°N Panama City Beach *Apalachicola National Forest*

Apalachicola *Apalachicola River* *Apalachee Bay*

Gulf Islands National Seashore
Plages de sable blanc
et eaux turquoises (p. 457)

29°N

Apalachicola
Paradis des huîtres
de Floride (p. 473)

Crystal River
Kayak et baignade parmi
les lamantins (p. 417)

28°N

St Petersburg
Rencontres artistiques
au Salvador Dalí Museum
(p. 400)

G O L F E

D U   M E X I Q U E

27°N

Sanibel Island
Paradis insulaire de luxe,
pêche aux coquillages
(p. 439)

26°N

Everglades National Park
Kayak dans les marais
envahis d'alligators
(p. 144)

ALTITUDE

120 m
0

25°N

Key West
Un concentré excentriqu
de la Floride (p. 175)

88°O 87°O 86°O 85°O 84°O

N 0 ——— 100 km
0 ——— 60 miles

83°O 82°O 81°O 80°O 79°O 31°N

GÉORGIE

OCÉAN
ATLANTIQUE

Fernandina
Beach
Amelia
Island
Jacksonville

St Augustine
Anastasia
Island

Gainesville

Ocala
National
Forest

Suwannee River
St John's River

wannee
Cedar Key
Ocala
Daytona Beach

30°N

29°N

Crystal River
Homosassa
Springs
Orlando

Canaveral
National
Seashore
Cape
Canaveral
Cocoa Beach
Melbourne

Caladesi
Island
Tampa
Clearwater
St Petersburg
t Pete Beach
rt DeSoto
Park
Bradenton
Lakeland

Florida's Turnpike (péage)

Fort Pierce

Tampa
Bay
Sarasota
Venice

Lake
Okeechobee

27°N

Captiva
Island
Fort
Myers
Sanibel
Island
Naples

Corkscrew
Swamp
Sanctuary
Big Cypress
National
Preserve
Alligator Alley

The Everglades

Palm Beach
Delray Beach
Boca Raton
Fort Lauderdale
Dania Beach

26°N

Shark
Valley
Everglades
National Park
Flamingo
Florida
City
John Pennekamp
Coral Reef
State Park
Key Largo

Miami Beach
Miami

Florida
Bay

Détroit de Floride

25°N

Dry Tortugas
National Park
Key West

Archipel des Keys

83°O 82°O 81°O 80°O

St Augustine
Saut dans le passé dans la plus
vieille ville du pays (p. 350)

Gainesville
Scène musicale indépendante
pleine de peps (p. 379)

Ocala National Forest
Paradis de la randonnée
et des sources cristallines
(p. 378)

Canaveral National Seashore
Kayak au milieu des lamantins
et des dauphins (p. 326)

Universal Orlando Resort
Excellents manèges
et mondes merveilleux (p. 304)

Walt Disney World
Le plus grand parc
d'attractions du monde
(p. 269)

Miami
Culture latino et vie
nocturne chic, sensuelle
et pimentée (p. 50)

**John Pennekamp Coral
Reef State Park**
Découverte de la mangrove
et plongée parmi les récifs
multicolores (p. 163)

15 façons
de voir la Floride

La capitale des Amériques

1 De nombreux Latino-Américains n'apprécient guère que les citoyens des États-Unis se disent simplement "américains", puisqu'eux-mêmes sont bel et bien des citoyens *des Amériques*. Et de ce point de vue, Miami (p. 50) est à l'aune du Nord et du Sud, car nulle autre ville ne marie aussi bien le caractère anglo-saxon de l'Amérique du Nord à l'énergie latine de l'Amérique du Sud et des Caraïbes. Une touche de patrimoine culturel afro-américain, l'avant-gardisme gastronomique, une vie nocturne endiablée, une architecture d'exception, et des kilomètres de plages sublimes : c'est cela, la Magic City. En bas à gauche : célébrations du carnaval de Miami (p. 102) dans la Calle Ocho

La magie de Disney

2 Vous en rêviez ? Vous voilà à "l'endroit le plus joyeux du monde". Le Walt Disney World met tout en œuvre pour donner à chacun le sentiment enivrant d'être le vrai héros de la fête. La frénésie des manèges, les animations et la nostalgie ont beau faire, la vraie magie consiste à voir le visage des enfants s'illuminer après avoir fait rire Dingo, reçu une révérence de Cendrillon, protégé la galaxie avec Buzz l'Éclair et vaincu Dark Vador comme un chevalier Jedi. En bas à droite : château de Cendrillon (p. 272), parc Magic Kingdom, Walt Disney World

Symphonie corallienne

3 Les plus somptueux paysages de Floride se cachent sous l'eau. Le cordon de récifs coralliens qui ourle la côte rivalise avec ceux d'Hawaï et des Caraïbes. Zones protégées entre toutes, le Biscayne National Park (p. 156), le John Pennekamp Coral Reef State Park (p. 163) et Looe Key (p. 172) réservent bien des surprises. On peut y contempler les récifs et leurs habitants grâce à des bateaux à fond de verre, y pratiquer le snorkeling et la plongée, ou encore passer la nuit en compagnie des poissons (au parc John Pennekamp).
Ci-dessous : Christ des abysses (p. 163) de Guido Galletti

St Augustine : l'histoire en s'amusant

4 La légende veut que la fontaine de jouvence recherchée par Ponce de León appartienne à cette cité, la plus ancienne des États-Unis (p. 350). Cette anecdote traduit bien l'ampleur de l'héritage historique de St Augustine. Cathédrales et forts espagnols, ou encore *resorts* opulents, s'offrent ici au regard. Fantômes et pirates font partie du folklore, tout comme les forgerons en costume d'époque ou les soldats faisant démonstration de tir au canon. À droite : cathédrale-basilique de St Augustine (p. 350)

STEFANIE GREWEL / GETTY IMAGES ©

MATT MUNRO / LONELY PLANET ©

Kayak dans les Everglades

5 Dans les Everglades (p. 141), nul relief dressé majestueusement vers le ciel ou de vallée découpée par un glacier à la beauté poignante. Leur magie est tout autre, lovée dans l'humidité des eaux stagnantes et dans une rivière d'herbe, marbrée de *hammocks*, de bosquets de cyprès et de mangroves. Pour explorer comme il se doit les Everglades et rencontrer de près ses habitants préhistoriques, oubliez la marche et la randonnée. Poussez plutôt un canoë ou un kayak depuis une rive boueuse et explorez les canaux peu profonds, selon les modalités uniques de ce lieu inoubliable.

La Conch Republic

6 La Floride n'est pas une, mais multiple, chaque lieu incarnant presque un monde en soi. C'est en tout cas le souhait des Conchs (p. 176) de Key West. Cette île à part est devenue, "pour rire", un micro-État autonome, indépendant de la nation et de la Floride – et même des autres îles. À la nuit tombée, la fête anime Mallory Square et Duval Street, à mi-chemin entre le traquenard alcoolisé et une authentique tolérance face à l'expression de toutes les pulsions licencieuses et anticonformistes dont l'homme est capable. Ci-dessus : Mallory Square (p. 175), Key West

Choc des cultures à St Pete

7 À évoquer la Floride, on est souvent tenté d'user et abuser de l'adjectif "surréaliste". Mais dans le cas du Salvador Dalí Museum, il n'existe nul terme plus exact. Le peintre n'ayant eu aucun lien avec la Floride, c'est presque par hasard que cette magnifique collection est arrivée à St Petersburg (p. 400). Or St Pete est une terre d'accueil pour la culture sous toutes ses formes, qu'il s'agisse de grande gastronomie, de concerts de qualité ou de musées d'art.

Ci-dessous : le Salvador Dalí Museum (p. 401), dessiné par l'architecte Yann Weymouth

Gulf Islands National Seashore

8 Près de Pensacola, les îles-barrières du Panhandle couvrent une étroite superficie, notamment les délicates bandes de terre qui s'étirent pour former le Gulf Islands National Seashore (p. 457). L'effervescence des stations balnéaires réputées s'oublie vite dès que l'on foule leur sable blanc. Si vous souhaitez bouger, visitez les ruines historiques de Fort Pickens ou enfoncez-vous au cœur des forêts sableuses.

JEFF GREENBERG / GETTY IMAGES ©

RICHARD STOCKTON / GETTY IMAGES ©

Nager avec les lamantins

9 Existe-t-il mammifère géant plus adorable, plus accessible et aussi peu menaçant que le lamantin de Floride ? Chaque hiver, ces créatures pataudes recherchent la tiédeur des sources et des courants chauds, et de nombreux endroits permettent de nager à leurs côtés. Le meilleur endroit est Kings Bay, près de Crystal River (p. 416), le long du golfe du Mexique. Près d'un demi-millier d'individus peuvent s'y rassembler par une froide journée de janvier. Mais, si curieux et proches les nageurs puissent-ils se montrer, il faut éviter de les toucher.

Canaveral National Seashore

10 La côte atlantique de Floride est densément peuplée et urbanisée. D'où le caractère remarquable de ces 38 km de littoral intact qu'offre l'île-barrière du Canaveral National Seashore (p. 326). Là, dunes, lagons et plages n'ont guère changé depuis l'arrivée des Espagnols il y a un demi-millénaire. On peut se promener en kayak au milieu des grands dauphins et des lamantins, observer les tortues de mer en train de nicher, longer à la nage des plages immaculées et camper au milieu de nulle part.

Sanibel Island : la bosse du pêcheur de coquillages

11 Renommée pour l'abondance et les couleurs de ses coquillages exotiques, la magnifique Sanibel Island (p. 439) attire mille et un ramasseurs allant le dos voûté (*stooping* en anglais), d'où l'expression courante de *Sanibel stoop* pour désigner cette position favorite du pêcheur (désormais équipé d'un outil à long manche quand il veut économiser ses lombaires). Ci-dessus : coquillages sur Sanibel Island

MICHAEL SZONYI / GETTY IMAGES ©

Randonnée dans l'Ocala National Forest

12 Aussi irréels et dépaysants que les Everglades, les forêts subtropicales, les bosquets de cyprès, les gouffres et les sources cristallines de l'Ocala National Forest (p. 378) et des parcs nationaux voisins offrent une réelle liberté. On peut se perdre à loisir sur des centaines de kilomètres de sentiers forestiers, et parmi d'innombrables lacs, en passant d'un camping à l'autre et en s'imprégnant de l'atmosphère floridienne du bon vieux temps.

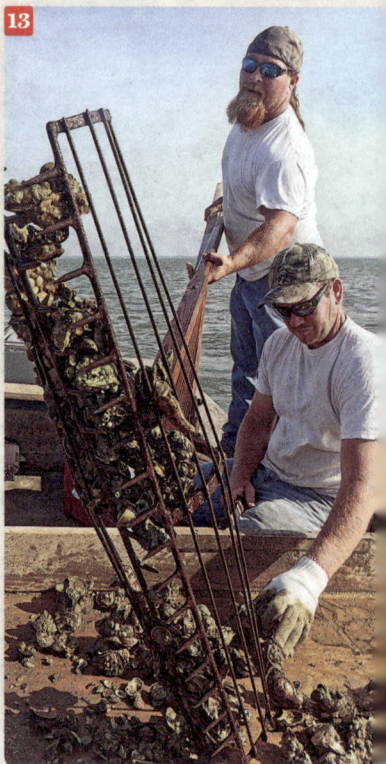

Les huîtres d'Apalachicola

13 Apalachicola (p. 473) est une ravissante station de bord de mer mais pas seulement. Elle donne aussi l'occasion de rencontrer la Floride des crackers, celle des premiers colons britanniques et américains. Tout ce qui brille se résume ici aux flamboyants couchers de soleil et aux plateaux de savoureuses huîtres. Apalachicola fournit 90% des huîtres de Floride, et c'est l'un des derniers endroits aux États-Unis où on les pêche encore à l'ancienne, avec de grandes pinces à manche de bois appelées "tongs".

Universal Orlando Resort

14 L'Universal Orlando Resort (p. 304) est tout à fait singulier. Les thèmes, l'originalité des manèges, la facilité d'accès grâce à l'Express Pass, les sensations fortes : tout concourt ici à l'enchantement du visiteu En préparant quelque peu votre visite, vous pourrez profiter d'attractions comme le Wizarding World of Harry Potter (l'ur des plus grands univers artificiels jamais créés) sans devoir attendre des heures pour entrer ou accéder aux manèges. Tou en haut à droite : le Wizarding World of Harry Potter (p. 306)

Gainesville Rocks

15 Si le célèbre Tom Petty, originaire de la ville, et Bo Diddley qui y vécut, sont les saints patrons de la scène rock de Gainesville (p. 383), l'université de Floride est le moteur qui continue de l'alimenter. Des groupes déclinent la musique rock sous toutes ses formes, du *gator-swamp* rockabilly propre à la Floride au rock industriel post-punk, même si, chaque soir, le blues, le bluegrass, le reggae ou le hip-hop sont aussi à l'honneur. Pas de doute, la scène la plus animée et la plus riche de tout l'État, c'est Gainesville. À droite : Less Than Jake, groupe de Gainesville

ARISTIDE ECONOMOPOULOS/STAR LEDGER/CORBIS ©

L'essentiel

Pour plus de détails, voir *Floride pratique* (p. 533)

Monnaie
Dollar américain ($)

Langues
L'anglais, mais aussi l'espagnol à Tampa, à Miami et dans le sud de la Floride.

Visas
Aucun visa pour les ressortissants des pays participant au Visa Waiver Program et ayant obtenu une autorisation ESTA (pour un séjour n'excédant pas 90 jours).

Argent
Distributeurs de billets disponibles partout.

Téléphone
La norme européenne GSM 900/1800 est incompatible avec la norme américaine. Vérifiez que vous pouvez utiliser votre portable.

Heure locale
À l'est de l'Apalachicola River, la Floride se trouve dans le fuseau de l'heure de l'Est (GMT moins 5 heures). À l'ouest de l'Apalachicola, elle se situe dans le fuseau de l'heure du Centre (GMT moins 6 heures).

Quand partir

Pensacola
Meilleure période
juin-août

St Augustine
Meilleure période
juin-août

Orlando
Meilleure période
septembre-mai

Tampa Bay
Meilleure période
février-avril

Miami
Meilleure période
septembre-mai

Climat tropical, toute l'année
Climat tropical, saison des pluies et saison sèche
Été chaud à très chaud et hiver doux
Été doux à très chaud et hiver froid

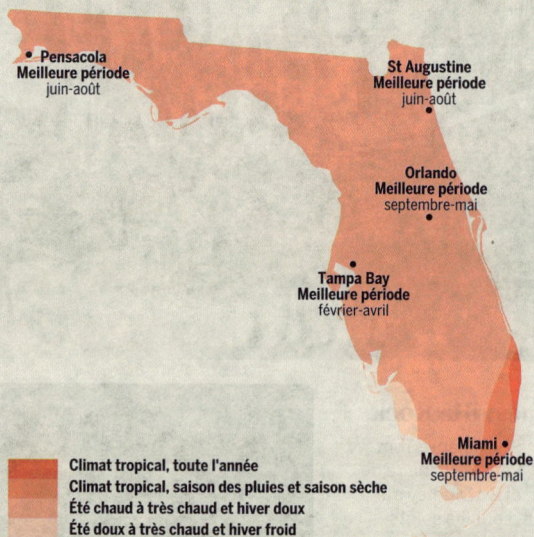

Haute saison
(mars-août)

➡ Les plages du Sud sont bondées au printemps.

➡ Le Panhandle, les plages du Nord et les parcs à thème d'Orlando font le plein en été.

➡ De mai à septembre, c'est la saison des pluies.

Saison intermédiaire
(février et septembre)

➡ Le sud de la Floride jouit d'un temps sec en février.

➡ Septembre reste chaud, mais les parcs à thème et les plages du Nord sont moins bondés.

➡ Les prix baissent de 20 à 30%.

Basse saison
(octobre-janvier)

➡ Le calme retombe sur les stations balnéaires.

➡ L'hébergement peut coûter moitié moins, sauf les jours fériés.

➡ La saison sèche (nov-avril) est idéale pour randonner et camper.

Sites Internet

Visit Florida (www.visitflorida. com/français). Site officiel du tourisme en Floride.

My Florida (www.myflorida. com). Site officiel du gouvernement de l'État de Floride.

The French District (www.thefrenchdistrict.com). Reportages en français et adresses.

Florida Smart (www. floridasmart.com). Portail regroupant d'innombrables sites consacrés à la Floride.

Miami Herald (www.miamiherald.com). Site du principal quotidien.

Florida State Parks (www.floridastateparks.org). Principale source d'information pour les parcs d'État.

Lonely Planet (www. lonelyplanet.fr). Infos sur le pays, forum de voyageurs…

Numéros utiles

Code d'accès international	🎵	011
Indicatif du pays	🎵	1
Renseignements locaux	🎵	411
Urgences	🎵	911

Taux de change

Zone euro	1 €	1,25 $
Suisse	1 CHF	1,03 $
Canada	1 $C	0,89 $

Pour connaître les derniers taux de change, consultez www.xe.com/fr

Budget quotidien

Moins de 120 $

➡ Dortoir/camping : 30-50 $

➡ Courses au supermarché et petits restos

➡ Plages (gratuites)

➡ Se limiter à un lieu et adopter le vélo

De 120 à 250 $

➡ Hôtels : 80-200 $

➡ Repas en chambre ou restos de poisson et fruits de mer

➡ Parcs thématiques et plages en moyenne saison

➡ Louer une voiture : 40-50 $

Plus de 250 $

➡ Hôtel/*resort* en haute saison : 250-400 $

➡ Repas gastronomiques à Miami (2 pers) : 150-300 $

➡ Séjour de 4 à 7 jours dans un parc thématique : 1 500-4 000 $ tout compris

Heures d'ouverture

Heures d'ouverture habituelles :

Banques 8h30-16h30 du lundi au jeudi, 8h30-17h30 le vendredi ; certaines ouvrent de 9h à 12h30 le samedi.

Bars La plupart ouvrent de 17h à minuit, et de 17h à 2h les vendredis et samedis.

Bureaux 9h-17h du lundi au vendredi.

Bureaux de poste 9h-17h du lundi au vendredi ; parfois le samedi de 9h à 12h.

Restaurants Petit-déjeuner de 7h à 10h30 et déjeuner de 11h30 à 14h30 du lundi au vendredi ; dîner de 17h à 21h30, plus tard les vendredis et samedis.

Commerces 10h-18h du lundi au samedi, 12h-17h le dimanche ; les centres commerciaux ont des horaires plus étendus.

Arriver en Floride

Miami International Airport (p. 546). Les bus Metrobus circulent toutes les 30 minutes de 6h à 23h ; Miami Beach est à 35 minutes. Une navette (minibus) coûte de 15 à 24 $. Un taxi pour South Beach revient à 32 $.

Orlando International Airport (p. 546). Les bus Lynx (2 $) circulent de 6h à 22h. Le bus public n°11 dessert le centre-ville d'Orlando (40 min), le n°42 va jusqu'à International Dr (1 heure) et le n°111 se rend à SeaWorld (45 min). Les voyageurs séjournant dans un complexe hôtelier de Walt Disney World bénéficient gratuitement de la prise en charge de leurs bagages et du transfert depuis l'aéroport (Disney's Magical Express). Une navette (minibus) coûte 20-30 $. Tarifs des taxis : secteur de Disney 50-60 $, International Dr et Universal Orlando Resort 35-40 $, centre-ville d'Orlando 35 $ et Winter Park 45 $.

Comment circuler

En Floride, la plupart des déplacements se font en voiture.

Voiture Le moyen de transport le plus courant. Il y a des agences de location dans quasiment toutes les villes.

Bus Les compagnies Greyhound et Megabus assurent des liaisons lentes mais bon marché vers les grandes villes.

Train Le *Silver Service/Palmetto* d'Amtrak circule entre Miami et Tampa, d'où il est relié au réseau ferroviaire national. L'*Auto Train* circule entre Washington et Sanford, près d'Orlando.

Vélo Le relief est plat, mais la chaleur et le manque de pistes cyclables sont gênants.

Pour plus d'infos, voir **Comment circuler**, p. 549

Quoi de neuf ?

Nouveau Fantasyland

Le Magic Kingdom est la partie la plus ancienne de Walt Disney World, et l'un de ses "pays", Fantasyland, a longtemps été celui qui suscitait le plus de nostalgie chez les visiteurs. Mais quand vous lirez ces lignes, le New Fantasyland aura ouvert ses portes, avec son grand 8 sur le thème de Blanche-Neige et son restaurant Be Our Guest – le seul du Magic Kingdom à servir de l'alcool. Parents, réjouissez-vous ! (p. 274)

Pérez Art Museum Miami

Après de longues années de travaux, le musée d'Art de Miami (PAMM) et son Museum Park sont désormais ouverts au public. La façade de style tropical contemporain constitue d'ores et déjà un élément emblématique du front de mer de Miami. (p. 75)

DecoBike

Baladez-vous dans South Beach en toute décontraction (et contribuez à limiter les émissions de gaz provoquées par les innombrables voitures et autres 4x4) sur une jolie DecoBike. (p. 99)

Coliseum Ballroom

Après d'importantes rénovations, l'historique Coliseum Ballroom de St Petersburg est à nouveau ouvert au public. Ne manquez pas le somptueux intérieur de cet ancien dancing, construit en 1924. (p. 407)

Legacy Trail

Admirez les cours d'eau limpides et la végétation subtropicale luxuriante en pédalant tranquillement sur le Legacy Trail, une piste cyclable qui relie Sarasota à Venice. (p. 429)

Great Calusa Blueway

Découvrez les eaux paisibles du sud-ouest de la Floride en pagayant sur le Buck Key Paddling Trail, un parcours écologique qui vient de rouvrir. Vous explorerez ainsi des mangroves, des plages et des marécages du Great Calusa Blueway. (p. 433)

Gale South Beach Hotel

Le Gale parvient à mêler la nostalgie de la bouillonnante époque Art déco de South Beach avec le caractère cosmopolite et ultramoderne de la Miami d'aujourd'hui. (p. 108)

Springfield

Si vous rêvez de marcher dans les rues de Springfield, de boire une bière Duff ou un cocktail Flaming Moe et de manger au Krusty Burger, ne manquez pas l'espace dédié aux *Simpson* à l'Universal Orlando Resort. (p. 309)

Wood Tavern

Ce nouvel établissement est une belle contribution à la vie nocturne de Miami grâce à son service décontracté, à son immense terrasse, à sa clientèle bohème et à sa longue carte de bières. (p. 130)

Randonnée en zone humide

Pour une escapade authentique dans les Everglades, lancez-vous dans une randonnée au cœur des marécages. Quoi de plus impressionnant que de se balader à quelques mètres d'un alligator ? (p. 153)

Envie de...

Îles isolées

Un cordon d'îles formant barrière et des *keys* ourlées de mangroves marquent la séparation entre la terre et l'océan. Nombre de chaussées et de ponts les relient à la terre ferme. Alors, pour s'isoler vraiment sur ces beautés cachées, il faut prendre le bateau.

Cayo Costa Island Majestueuse et dépourvue d'urbanisation... Pour apprécier le calme, passez la nuit dans un bungalow ou sous la tente (p. 431).

Caladesi Island Vingt minutes de ferry pour gagner ce paradis de sable blanc (p. 414).

St Vincent Island Tout près du rivage du Panhandle. Superbe vie sauvage et agréables randonnées (p. 477).

Cedar Keys National Wildlife Refuge Des dizaines de petites îles sauvages à découvrir au rythme de la pagaie (p. 486).

Dry Tortugas Au très grand large de Key West, on plonge, on observe la voûte céleste ou l'on troque une langouste avec les pêcheurs contre quelques bières (p. 183).

Sur la route

La Floride possède ses sirènes, son école de sorcellerie Poudlard, ses *botánicas* haïtiennes et... ses trois fontaines de jouvence. Au sud de l'I-75, vous n'avez pas fini d'être intrigué.

Coral Castle À Homestead, ce monument à l'amour déçu défie l'entendement (p. 152).

Robert Is Here Robert est toujours là, à Homestead, avec ses produits fermiers et son zoo d'animaux domestiques (p. 153).

Skunk Ape Research Headquarters Les marais devaient absorber l'odeur un peu forte de ces primates humanoïdes appelés *Shunk Apes*. À rapprocher des légendaires Bigfoot et autres yétis (p. 148).

Ochopee Post Office Dans le plus petit bureau de poste des États-Unis travaille le préposé le plus patient au monde (p. 145).

Vélo

Un relief plat et un climat très doux : la Floride peut être un rêve pour cyclistes, même si les vététistes peuvent parfois s'y ennuyer.

Florida Keys Overseas Heritage Trail Roulez sur le bas-côté, avec vue sur l'océan et Florida Bay (p. 164).

Paisley Woods Bicycle Trail Vous pensez que la Floride n'a rien à offrir aux vététistes ? Vous reverrez votre jugement après avoir affronté les bosses de ce parcours de 35 km à travers l'Ocala National Forest (p. 378).

West Orange Trail Sur 16 km (28 km au total), ce sentier traverse une jolie région accueillant beaucoup de chevaux, juste à l'ouest d'Orlando et de ses parcs à thème (p. 252).

Sanibel Island Ce havre de tranquillité, dépourvu de grandes routes, est sillonné par des dizaines de pistes cyclables (p. 439).

Randonnées en pleine nature

Certaines zones de la Floride évoquent l'Amérique des premiers jours : des pins à aiguilles longues, des sources cristallines, du sable blanc et des kilomètres de marécages infestés de reptiles et bordés de mangroves impénétrables. Les sites suivants sont de superbes exemples de ces paysages subtropicaux.

Historic Spanish Point Sur ce magnifique site historique de 15 ha, un sentier pédestre de 1,6 km relie les monuments jalonnant cet habitat côtier parfaitement préservé (p. 427).

Egan's Creek Greenway Sur plus de 150 ha, des sentiers

herbeux longent des forêts et des ruisseaux limpides, sur Amelia Island, réputée pour la richesse de sa faune et de sa flore (p. 371).

Canaveral National Seashore
Avec 38 km de plages sauvages, c'est le plus long tronçon de littoral vierge sur la côte est de la Floride (p. 326).

Wekiwa Springs State Park
Empruntez les promenades en planches et explorez l'environnement de la Wekiva River, classée "Wild and Scenic" (sauvage et pittoresque) (p. 250).

Lamantins

De novembre à mars, les lamantins de Floride trouvent refuge en eau douce, dans les rivières de la péninsule, dans ses sources cristallines à 22°C et même dans les canaux de refroidissement des centrales nucléaires.

Crystal River Kings Bay est peut-être le meilleur endroit pour nager aux côtés de ces majestueux mammifères (p. 417).

Homosassa Springs L'observatoire sous-marin de ce parc d'État héberge des lamantins (p. 416).

Lee County Manatee Park Il y a parfois foule dans ce canal d'évacuation de la centrale de Fort Myers (p. 435).

Côte de l'Espace Le Canaveral National Seashore, le Mosquito Lagoon et l'Indian River Lagoon sont appréciés des lamantins (p. 326).

Blue Spring State Park Cette source proche d'Orlando attire jusqu'à 200 lamantins pendant les grands froids hivernaux (p. 374).

Musique live

Dans le nord de la Floride, le rock chanté fort et poing levé,

En haut : Lamantin au large de la côte du Golfe
En bas : Fort Jefferson (p. 183), Dry Tortugas National Park

le rockabilly et le *sweaty blues* ont des accents de "bon vieux Sud". Un héritage musical riche et nombre de bonnes salles de concerts.

Jacksonville Le Freebird Live, est l'une des meilleures petites salles du pays (p. 368).

Gainesville Elle est réputée pour ses groupes estudiantins et ses clubs de punk (p. 383).

Tallahassee Dans la cité du blues, rendez-vous au légendaire Bradfordville Blues Club (p. 481).

Naples Le philarmonique de Naples est un orchestre régional d'une remarquable qualité (p. 447).

West Palm Beach Ça swingue à West Palm Beach ! Il y a plusieurs salles, dont un des clubs de blues de BB King (p. 225).

Miami Certes, Miami est le royaume des discothèques et des DJ, mais les groupes rock et latino continuent de réchauffer l'ambiance, en particulier à Wynwood (p. 134).

Gastronomie locavore

Le succès que remporte la gastronomie de Floride a eu deux effets : l'éthique locavore s'est largement développée et les jeunes chefs accomplis ne transigent plus ! Ils travaillent des produits locaux.

Up the Creek Raw Bar Si vous aimez les huîtres, venez vous régaler dans ce restaurant d'Apalachicola : elles sont de toute fraîcheur (p. 474).

Indigenous Cette table de Sarasota a été demi-finaliste du concours culinaire James Beard. Vous y dégusterez de succulents produits de la Gulf Coast (p. 423).

Dixie Crossroads L'un des rares établissements de la côte de l'Espace à vendre des crevettes pêchées localement (p. 325).

Orlando La ville s'enorgueillit d'un véritable mouvement culinaire alternatif et la tendance locavore fait fureur (p. 260).

Base-ball

Lorsqu'au printemps les équipes de la Major League de base-ball jouent leurs matchs d'entraînement, des hordes de fans s'installent dans les tribunes. La *grapefruit league* ("ligue des pamplemousses" ; www. floridagrapefruitleague. com) compte 15 équipes pros dont les Tampa Bay Rays et les Miami Marlins.

Secteur de Tampa Bay Les Tampa Bay Rays disputent la saison à St Petersburg au Tropicana Field (p. 407) et les New York Yankees s'installent au printemps au Steinbrenner Field de Tampa (p. 397).

Fort Myers Les Boston Red Sox et les Minnesota Twins y élisent domicile pour leur entraînement de printemps (p. 436).

Jupiter Les St Louis Cardinals s'entraînent au Roger Dean Stadium, suivis après le printemps par les Marlins de la Minor League (p. 227).

Secteur d'Orlando Les Atlanta Braves jouent à Disney World. Non loin de là, les Houston Astros ont pour fief Kissimmee (p. 253).

Miami Assistez à un match des Miami Marlins dans la chaleur moite de Miami (p. 134).

Cirque

Si le fameux cirque Barnum des frères Ringling ne prend plus ses quartiers

d'hiver à Sarasota, l'esprit du cirque n'en a pas moins survécu en Floride, cocktail de nostalgie, de frissons et d'adrénaline.

Ringling Circus Museum Ce sanctuaire dédié à l'homme de spectacle John Ringling et au monde merveilleux du cirque est aussi amusant et excitant qu'un spectacle de cirque (p. 418).

PAL Sailor Circus Entièrement animé par des enfants et spécialisé dans l'acrobatie, c'est peut-être le cirque le plus original du pays et certainement celui qui fait le plus chaud au cœur (p. 422).

South Florida Circus Arts School Ces enfants vous ont épaté ? À vous de jouer, maintenant ! Grimpez à l'échelle, montez sur la plateforme, attrapez le trapèze... (p. 100).

Cirque du Soleil La Nouba Disney World a conçu ce petit chapiteau pour accueillir ce spectacle de cirque, le meilleur spectacle vivant du parc (p. 267).

Vie nocturne gay

La Floride est une destination appréciée des homosexuel(le)s.

Key West Dans la Conch Republic, toutes les différences ont le droit de s'afficher. Si vous vous demandez jusqu'à quel point, sachez qu'il existe même un circuit gay en tramway (p. 187).

Miami Vie nocturne gay et vie nocturne tout court ne font pratiquement qu'une, en particulier à South Beach. On affiche ouvertement son orientation sexuelle au milieu des célébrités (p. 125).

Fort Lauderdale D'innombrables voyageurs gays apprécient les B&B et les bars de cette ville moins snob que South Beach (p. 200).

Plongeur explorant l'épave du porte-avions *Oriskany* (p. 457)

West Palm Beach Plus branchée que Palm Beach ; la communauté gay y est importante (p. 217).

Orlando Tout au long de l'année, Orlando est une destination gay, mais début juin c'est *le* débarquement pour les Gay Days (p. 253).

Pensacola Durant la fête du Memorial Day à Pensacola, le Panhandle change totalement de visage (p. 461).

Boissons artisanales

L'éventail des boissons à siroter en Floride s'est bien élargi. Nombre de bars proposent désormais de délicieux breuvages concoctés, avec art, de mille et une façons.

Broken Shaker Miami Beach se distingue dans la catégorie "cocktails branchés", grâce à cet excellent établissement à ciel ouvert (p. 129).

Stache Boissons artisanales et clientèle distinguée, à Fort Lauderdale (p. 200).

Blackbird Ordinary Dans ce bar du centre-ville de Miami, on ne plaisante pas avec la préparation des cocktails bien corsés (p. 129).

Point5 Lounge Ignorez les bars sans intérêt de Key West et savourez un breuvage délicat dans ce *lounge* (p. 186).

Plongée sur épaves

D'innombrables bateaux ont heurté les récifs et sombré au large de la côte atlantique. Certaines épaves, proches de la surface, sont accessibles sans bouteilles.

Panama City Beach La "capitale des épaves du Sud" s'enorgueillit

d'une dizaine de bateaux, dont le *Liberty* de la Seconde Guerre mondiale – sans compter les récifs naturels (p. 468).

Pensacola Explorez l'épave de l'*Oriskany*, un porte-avions de 275 m volontairement coulé en 2006 (p. 457).

Fort Pierce Rejoignez sans bouteilles un galion espagnol, l'*Urca de Lima*, immergé à moins de 5 m de profondeur (p. 228).

Fort Lauderdale Les fonds marins autour de Fort Lauderdale sont jonchés de cargos, de bateaux à vapeur, de remorqueurs et de barges (p. 195).

Biscayne National Park Le Maritime Heritage Trail ne compte pas moins de six épaves, dont une accessible sans bouteilles (p. 156).

Troy Springs Le *Madison*, bateau à vapeur de l'époque de la guerre de Sécession offre un spectacle fascinant aux plongeurs (p. 385).

Mois par mois

Janvier

C'est le milieu de la saison sèche. Dans le nord de la Floride, la fraîcheur correspond à la basse saison. Dans le Sud, la saison intermédiaire commence dans les stations balnéaires.

☆ College Football Bowl Games

Le 1er janvier, les Floridiens se passionnent pour les matchs de football américain des universités. Les principaux se disputent à Orlando (Capital One Bowl), Tampa (Outback Bowl), Jacksonville (Gator Bowl), et Miami (Orange Bowl, le 3 janvier).

Février

Un mois idéal pour les plages peu fréquentées du sud de la Floride, avant la haute saison. Il fait encore trop frais dans le Nord pour les touristes.

☆ Speed Weeks

La première quinzaine de février, plus de 200 000 personnes participent à 2 grandes courses automobiles – la Rolex 24 Hour Race et la Daytona 500.

✸ Edison Festival of Light

(www.edisonfestival.org). Durant 2 semaines, Fort Myers rend hommage à Thomas Edison avec une fête de quartier, des concerts et un grand salon scientifique. Le 11 février, date anniversaire de l'inventeur, culmine avec une grande parade. (p. 435)

☆ Florida State Fair

Cette foire de Tampa existe depuis plus d'un siècle : durant 2 semaines à la mi-février, présentation de bétail, musique tonitruante et carnaval à l'ancienne. (p. 391)

✸ Street Painting Festival

Vous ne verrez plus les rues de Lake Worth de la même manière après ce festival, qui se déroule fin février. Il ne s'agit pas simplement de dessins à la craie sur du bitume : des fresques dignes de la chapelle Sixtine tapissent le paysage urbain de cette cité balnéaire. (p. 209)

✗ South Beach Wine & Food Festival

(www.sobefest.com). Fin février, cet événement financé par Food Network célèbre la cuisine, les grands chefs et les grands crus. (p. 102)

✸ Mardi Gras

Qu'il tombe fin février ou début mars, le Mardi Gras s'accompagne de fêtes dans tout l'État, mais celle de Pensacola Beach, proche de la Nouvelle-Orléans, est la plus animée.

Mars

La haute saison pour les stations balnéaires en raison du Spring Break. Le climat est idéal pour la randonnée, le camping et l'observation des lamantins.

🍷 Spring Break

De mars à mi-avril, durant leurs vacances de printemps, les étudiants débarquent sur les plages de Floride pour des beuveries et des soirées animées. Les lieux les plus chauds ? Panama City Beach, Pensacola, Daytona et Fort Lauderdale.

☆ Baseball Spring Training

La Floride accueille l'entraînement de printemps des équipes de base-ball de la Major League. Les 15 équipes professionnelles de la *grapefruit league* (www. floridagrapefruitleague.com) s'entraînent et disputent des matchs dans la région d'Orlando, de Tampa Bay et dans le Sud-Est.

🎏 Carnaval de Miami

(www.carnavalmiami. com). Pendant 9 jours début mars, cette fête comprend spectacle de drag-queens, compétition de rollers, tournoi de dominos, grande fête de la Calle Ocho, élection de Miss Carnaval Miami – entre autres réjouissances.

🍷 Bike Week

Vous aimez boire des bières au milieu des grosses cylindrées ? Venez à Daytona pour cette semaine de la moto, durant la première quinzaine de mars. Vous pourrez revenir à la mi-octobre pour la Biketoberfest.

🎏 Captain Robert Searle's Raid

St Augustine organise une reconstitution du pillage de la ville par Robert Searle en 1668. Les pirates remettent leur costume en juin pour le Sir Francis Drake's Raid. (p. 354)

🎏 St Patrick's Day

Le saint patron de l'Irlande est fêté (et arrosé) dans toute la Floride le 17 mars ; Miami est la plus fervente !

☆ Winter Music Conference

(www.wmcon.com). Durant 5 jours fin mars, DJ, musiciens, promoteurs et producteurs convergent à Miami pour faire la fête, négocier des contrats, écouter de nouvelles musiques et découvrir les dernières technologies.

Avril

Avec la fin du Spring Break, les prix baissent. La saison sèche hivernale s'achève.

☆ Florida Film Festival

Organisé à Winter Park, près d'Orlando, ce festival de films indépendants est en passe de devenir l'un des plus importants du sud-est des États-Unis. Il a parfois lieu fin mars. (p. 253)

🎏 Interstate Mullet Toss

Fin avril à Perdido Key, près de Pensacola, les habitants lancent des poissons morts de l'autre côté de la frontière Floride-Alabama. Si la distance prime sur le style, certains lancers ne manquent pas d'allure. (p. 462)

Mai

Début de la saison humide : pluie, moiteur et insectes augmentent, ainsi que la température. Les plages du Nord inaugurent la haute saison tandis que celles du Sud entrent dans la basse saison.

🏃 Ponte des tortues de mer

De mai à octobre, des tortues de mer viennent pondre sur les plages de Floride ; 2 mois plus tard (du milieu de l'été à l'automne), les petits sortent des œufs et rejoignent la mer.

🎏 Isle of Eight Flags Shrimp Festival

Le premier week-end de mai, une foule joyeuse envahit Amelia Island pour fêter les crevettes, l'art et les pirates.

☆ SunFest

(www.sunfest.com). Durant 5 jours en mai, West Palm Beach organise le plus grand festival d'art et de musique du sud de la Floride.

☆ Memorial Day Circuit Party

Fin mai, lors du week-end du Memorial Day, Pensacola devient une immense fête gay de 3 jours, avec DJ et danse.

🍴 Palatka Blue Crab Festival

Les 4 derniers jours de mai, Palatka célèbre le crabe bleu et accueille le championnat de Floride de *chowder* (soupe de palourdes) et de gombo (p. 362).

Juin

La chaleur devient suffocante. C'est le début de la saison des ouragans, qui culmine en septembre/ octobre. Les vacances scolaires débutent et les parcs à thème sont bondés.

☆ **Gay Days**

(www.gaydays.com). Pendant une semaine à partir du premier samedi de juin, quelque 40 000 gays et lesbiennes envahissent le Magic Kingdom et d'autres parcs à thème, hôtels et clubs d'Orlando. Habillez-vous en rouge.

Goombay Festival

Début juin, dans Coconut Grove à Miami, cette fête de rue de 4 jours attire plus de 300 000 personnes qui célèbrent la culture bahamienne de la ville avec musique, danse et défilés. C'est l'une des plus grandes fêtes de la culture noire aux États-Unis.

Juillet

La haute saison perdure pour les plages du Nord et les parcs à thème. Les marais sont envahis de boue et de moustiques.

4 juillet

La fête de l'Indépendance s'accompagne de défilés et de feux d'artifice dans tout l'État. Les feux d'artifice et le spectacle laser de Miami attirent une foule importante.

Saison des coquilles Saint-Jacques à Steinhatchee

Lors de l'ouverture de la saison des saint-jacques à Steinhatchee, un millier de personnes vient ramasser ce coquillage. La chasse au trésor, ouverte à tous, dure 2 mois.

En haut Un musicien au Goombay Festival de Key West (p. 182)
En bas Naissance d'une tortue

Août

Les Floridiens se cloîtrent dans les intérieurs climatisés, tandis que les touristes cuisent sur les plages entre deux orages.

✕ Miami Spice

Les restaurants de Miami proposent tous des menus à prix fixe midi et soir pour attirer les citadins hors de leurs tanières.

Septembre

☆ Halloween chez Mickey

À Disney World, certains soirs pendant 2 mois (à partir de septembre), les enfants peuvent fêter Halloween au pied du château de Cendrillon, avec les personnages de Disney et un défilé sur le thème d'Halloween (p. 287).

Octobre

C'est la rentrée scolaire. Les températures baissent, les pluies se calment, les vacanciers partent et les prix dégringolent.

✈ Halloween Horror Nights d'Universal

Superbes maisons hantées, personnages sanguinolants et extraordinaires spectacles d'Halloween. Prenez garde aux esprits maléfiques, aux monstres et autres momies qui déambulent dans les rues et abordent discrètement les passants. Attention : il s'agit d'Universal, pas de Disney. Ces nuits de l'horreur sont déconseillées aux enfants de moins de 13 ans. (p. 312)

✈ Fantasy Fest

Key West se déchaîne pendant cette semaine d'extravagance costumée, qui culmine avec Halloween. Le Goombay Festival (festival de percussions) de Key West a lieu la même semaine. (p. 182)

☆ MoonFest

West Palm Beach organise une fête de quartier débridée pour Halloween, le 31 octobre. Il est conseillé de venir costumé. Des dizaines de groupes locaux se produisent gratuitement.

Novembre

Début de la saison sèche. Les *snowbirds* rejoignent leurs appartements floridiens. La randonnée redevient agréable. Les vacances de Thanksgiving provoquent un pic touristique d'une semaine.

✈ Tampa Cigar Heritage Festival

(www.cigarheritagefestival. com). Ybor City, à Tampa, a longtemps été la capitale de la fabrication des cigares aux États-Unis. Une fête d'une journée célèbre cet héritage.

✈ St Augustine Pirate Gathering

Pendant 3 jours à la mi-novembre, St Augustine fête les pirates.

☆ White Party

(www.whiteparty.net). Turbulente célébration gay et lesbienne (et levée de fonds pour le sida), la White Party se compose de fêtes et d'événements dans les night-clubs de Miami Beach et Fort Lauderdale pendant une semaine, fin novembre. Tenue blanche de rigueur.

Décembre

La haute saison débute sur les plages du Sud. Les lamantins arrivent dans les eaux chaudes.

✈ Art Basel Miami Beach

(www.artbaselmiamibeach. com). Début décembre, l'une des plus grandes expositions d'art international au monde, avec plus de 150 galeries représentées et 4 jours de festivités.

☆ Victorian Christmas Stroll

À Tampa, le Henry B. Plant Museum fête Noël pendant 3 semaines dans le style victorien, avec des acteurs en costume d'époque.

✈ King Mango Strut

(www.kingmangostrut.org). À Miami, Coconut Grove célèbre le Nouvel An avec ce défilé farfelu, qui parodie l'actualité et les politiciens locaux.

Itinéraires

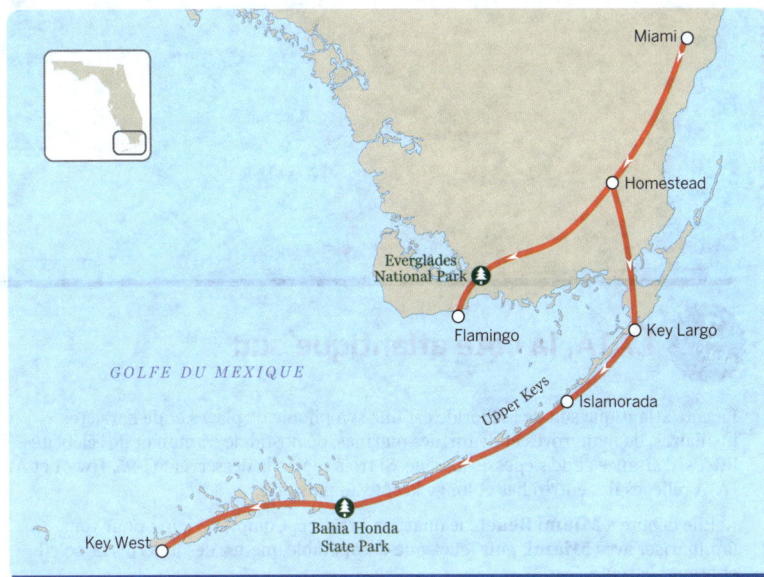

Miami

Homestead

Everglades
National Park 🌲

Flamingo

Key Largo

GOLFE DU MEXIQUE

Upper Keys

Islamorada

Key West

Bahia Honda
State Park

🔵 10 JOURS   La Floride éternelle

Comment passer à côté de Miami, des Everglades et des Keys ? Compter une semaine pour découvrir ces incontournables, en commençant par explorer **Miami** durant 3 jours (plus si possible). Au programme : les hôtels Art déco aux tons pastel et l'hédonisme de South Beach, les sandwichs cubains, les *botánicas* haïtiennes et l'art contemporain, les tapis rouges, le hip-hop latino et les mojitos.

Dédiez une journée aux alligators de l'**Everglades National Park**. En chemin, faites halte à **Homestead** (Coral Castle, Robert Is Here) et au centre des visiteurs de **Flamingo** pour partir sillonner les mangroves en kayak.

Consacrez ensuite 3 jours (ou plus) à l'archipel des Keys (Florida Keys), où admirer les récifs coralliens de **Key Largo** et déguster des beignets de conque et une tarte au citron vert. Pratiquez la pêche au tarpon à **Islamorada**, faites une sieste sur la plage du **Bahia Honda State Park**, puis rejoignez **Key West** pour regarder les passants sur Mallory Sq et boire un verre quand le soleil orange plonge dans l'océan.

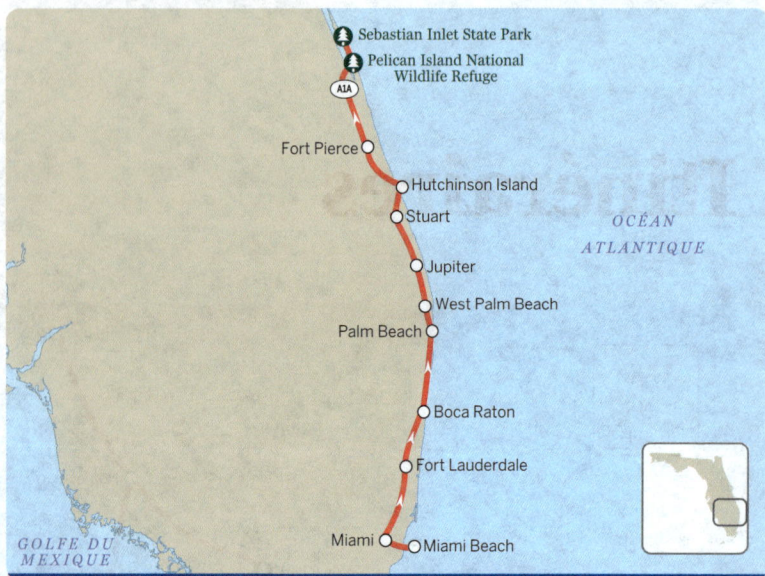

Sebastian Inlet State Park
Pelican Island National
Wildlife Refuge
A1A
Fort Pierce
Hutchinson Island
Stuart
Jupiter
West Palm Beach
Palm Beach
Boca Raton
Fort Lauderdale
Miami
Miami Beach
OCÉAN
ATLANTIQUE
GOLFE DU
MEXIQUE

3 SEMAINES L'A1A, la côte atlantique sud

La côte atlantique sud de la Floride est une symphonie de plages et de barrières insulaires, de mangroves et de tortues marines, de nostalgie d'antan et de célébrités liftées, d'aisance et de richesse obscène. Si trois routes la desservent (I-95, Hwy 1 et A1A), l'A1A relie les îles entre elles et longe la côte au plus près.

Elle débute à **Miami Beach**, le quartier Art déco. Comptez 3 jours pour vous familiariser avec **Miami**, puis louez une décapotable, mettez des lunettes de soleil et prenez la route.

Premier arrêt : **Fort Lauderdale**. Flânez sur la promenade parmi les déesses en rollers et les gays en string, faites une balade en gondole, sur les canaux et régalez-vous d'œuvres d'art et de cuisine gastronomique : autant de plaisirs typiques de la Gold Coast.

Après 2-3 jours, direction les somptueuses plages de **Boca Raton**, avant de répéter l'expérience de Lauderdale à **Palm Beach**. Guettez les multimilliardaires entre leur demeure, leur Bentley et la plage, visitez le Flagler Museum pour comprendre comment tout a commencé et évadez-vous à **West Palm Beach**, plus branchée et plus vivante.

Il est alors temps de vous mettre au vert. Au nord, la Treasure Coast est renommée pour sa nature préservée, sans immeubles ni foule cosmopolite. Faites halte à **Jupiter** ; parmi ses jolis parcs, ne manquez pas le geyser en bord de mer à Blowing Rocks Preserve.

Mieux encore, passez quelques jours à **Stuart**. Vous pourrez faire du kayak sur la Loxahatchee River, organiser une sortie de pêche, admirer les récifs du St Lucie Inlet au cours d'une sortie de snorkeling et échapper à la foule sur les plages de **Hutchinson Island**.

Si vous disposez de trois semaines, vous pourrez en outre découvrir les endroits suivants. À **Fort Pierce**, observez les lamantins en hiver et explorez un galion espagnol en snorkeling. Les surfeurs feront halte au **Sebastian Inlet State Park** et les amoureux des oiseaux visiteront **Pelican Island**, le premier refuge animalier national du pays.

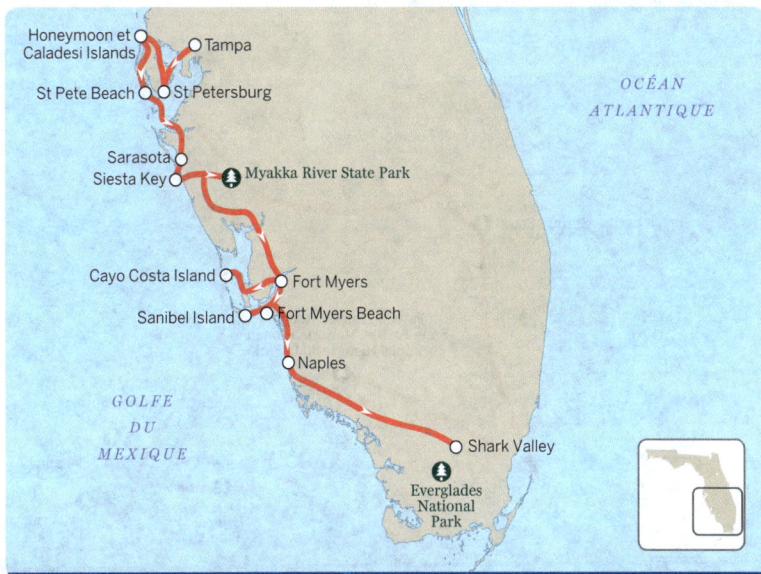

3 SEMAINES

La côte du Golfe

Beaucoup préfèrent la côte ouest, sur le golfe du Mexique : il y a moins de constructions sur les plages, des eaux chaudes lèchent le sable blanc et le soleil se couche (au lieu de se lever) sur la mer. On peut facilement conjuguer sophistication urbaine, escapades balnéaires et aventures dans les marais – comme à Miami, mais en plus familial et moins coûteux.

Consacrez les trois ou quatre premiers jours à **Tampa** et à **St Petersburg**. Visitez les musées et les parcs qui longent le Riverwalk à Tampa et passez une journée à Ybor City ; la cuisine espagnole, les cigares et les night-clubs y sont à l'honneur. St Pete offre à peu près les mêmes plaisirs, le Salvador Dalí Museum en prime.

Mettez le cap à l'ouest vers les barrières insulaires. Après une journée passée à **Honeymoon** et **Caladesi Islands**, des îles préservées, profitez de l'ambiance survoltée de **St Pete Beach**.

Séjournez ensuite (3 jours) à **Sarasota**, pour découvrir le Ringling Museum Complex, le jardin botanique Marie Selby, aller à l'Opéra, paresser sur les plages de **Siesta Key** et vous balader en kayak parmi les alligators au **Myakka River State Park**.

Descendez jusqu'à **Fort Myers** pour rayonner (2 jours) dans la région, puis prenez le ferry pour **Cayo Costa Island** où vous attendent des plages désertes. Si vous préférez une ambiance festive, gagnez les plages bondées de **Fort Myers Beach**.

Gardez au moins 2 jours pour **Sanibel Island**, mondialement réputée pour ses coquillages. Au programme ici : balades à vélo, pauses restaurants (excellents) et sorties en kayak au gré de baies où observer la faune.

Terminez votre périple à **Naples** (3 jours), cité balnéaire emblématique de la Gulf Coast : haut de gamme, artistique, accueillante pour tous les âges, avec peut-être la plus belle plage urbaine de Floride. Et vous pourrez y satisfaire vos envies de shopping et de gastronomie. Mais une escapade d'une journée dans les **Everglades** s'impose. Là, suivez le Tamiami Trail jusqu'à **Shark Valley**, puis empruntez le *tram tour* ou louez un vélo pour traverser les plaines de marisques peuplées d'alligators.

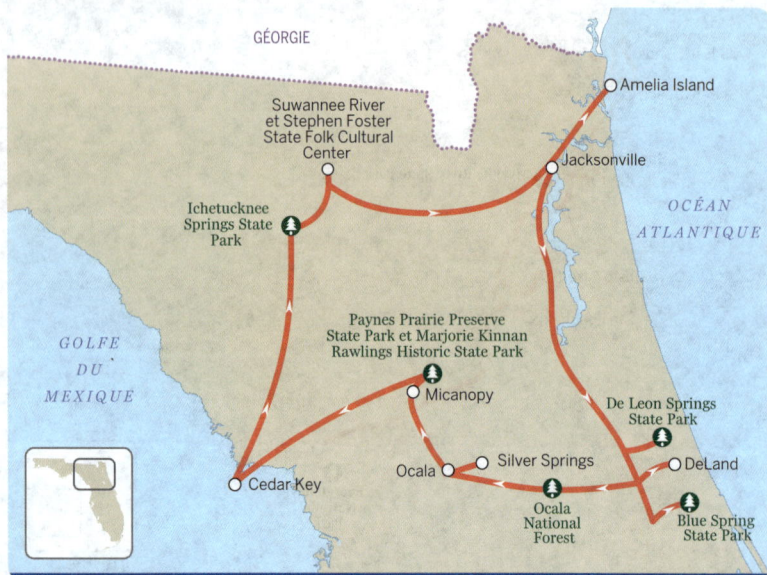

3 SEMAINES

Les routes secondaires du nord de la Floride

Le nord de la Floride séduit les amoureux du grand air qui préfèrent consacrer les journées aux forêts, aux sources, aux rivières et à la pêche, et les soirées à conter leurs aventures autour d'un feu de camp.

Prenez un avion jusqu'à **Jacksonville** et passez la première journée à contempler l'Atlantique sur les plages locales. Pour avoir un aperçu des racines sudistes de la Floride, dînez au Clark's Fish Camp et passez la soirée au Freebird Live.

Roulez ensuite vers le sud jusqu'à la charmante petite ville de **DeLand**. De là, partez explorer le **Blue Spring State Park**, qui attire des lamantins en hiver, ou le **De Leon Springs State Park** et ses eaux cristallines, parfaites pour le kayak. Toutefois, l'**Ocala National Forest** remporte la palme avec son fabuleux terrain karstique propice aux randonnées à pied ou à vélo.

Rejoignez alors **Ocala** pour un circuit en bateau à fond de verre à **Silver Springs** et admirer les dragsters des musées Don Garlits. Puis cap au nord vers **Micanopy**, "la ville oubliée du temps", pour de fantastiques randonnées dans le **Paynes Prairie Preserve State Park** et la visite du **Marjorie Kinnan Rawlings Historic State Park.**

Consacrez ensuite 2 à 4 jours aux destinations suivantes : **Cedar Key** à l'ouest, où vous pourrez faire du kayak parmi les oiseaux de mer et des îles préservées, ourlées de mangrove ; et plus au nord, l'**Ichetucknee Springs State Park** pour une demi-journée de tubing.

Prévoyez au moins une journée pour un circuit fluvial sur la **Suwannee River**, une rivière brune et moussue qui serpente à travers le nord de la Floride. Réservez une excursion de plusieurs jours le long de la rivière et visitez le **Stephen Foster State Folk Cultural Center**.

Retournez enfin à Jacksonville et passez un jour ou plus sur **Amelia Island**. Offrez-vous un B&B victorien et un festin de poisson.

De Mickey aux lamantins
Ville et coquillages

1 SEMAINE — De Mickey aux lamantins

Les enfants ne rêvent que de Disney World, mais vous souhaitez aussi profiter de la plage, savourer un bon repas et découvrir la culture de la Floride. Et vous ne disposez que d'une semaine !

Les trois ou quatre premiers jours, restez à **Orlando**. Consacrez 2 jours à **Walt Disney World** et le troisième à l'**Universal Orlando Resort**, surtout si vous avez lu *Harry Potter*.

Les trois ou quatre jours suivants, rejoignez Tampa Bay. Durant la journée à **Tampa**, choisissez entre ses fantastiques zoo et aquarium et ses excellents musées, puis terminez par Ybor City avec un repas espagnol sur fond de flamenco. À **St Petersburg**, même les enfants seront fascinés par le Salvador Dalí Museum. Terminez par une excursion d'une journée au nord pour le spectacle de sirènes à **Weeki Wachee** et les lamantins de **Homosassa Springs**.

1 SEMAINE — De la ville aux coquillages

Si Miami, dynamique et séduisante, reste incontournable, vous aurez ensuite besoin d'une parenthèse de solitude et de calme pour rentrer en forme.

Passez les trois premiers jours à **Miami**. Pour prendre le pouls de la ville, faites la fête, visitez le quartier des hôtels Art déco, explorez les musées d'art, renouvelez votre garde-robe et franchissez les cordons de velours pour danser le hip-hop latino toute la nuit avec des célébrités.

Consacrez ensuite une journée entière à épier les alligators, en pleine nature, dans les **Everglades**, afin de pouvoir fanfaronner à votre retour.

Les trois derniers jours, paressez à **Sanibel Island** pour clore votre voyage en beauté. Dénichez un hôtel avec plage privée et contentez-vous de profiter du soleil, de lire, de dormir et de ramasser des coquillages. Envisagez peut-être une balade à vélo et un dîner raffiné. Mais, chaque soir, admirez le coucher du soleil les pieds dans le sable en savourant ces magnifiques moments de solitude.

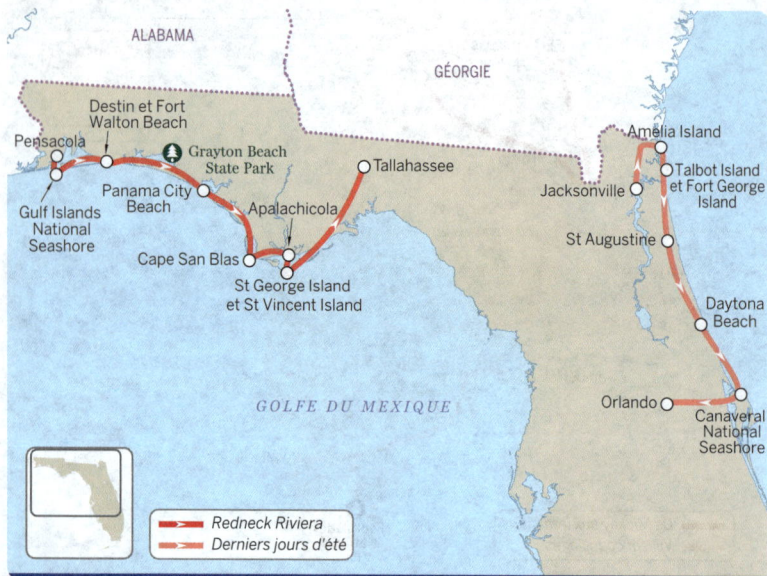

ALABAMA

GÉORGIE

Destin et Fort Walton Beach
Pensacola
Grayton Beach State Park
Panama City Beach
Gulf Islands National Seashore
Apalachicola
Cape San Blas
St George Island et St Vincent Island
Tallahassee

Amelia Island
Talbot Island et Fort George Island
Jacksonville
St Augustine
Daytona Beach
Orlando
Canaveral National Seashore

GOLFE DU MEXIQUE

Redneck Riviera
Derniers jours d'été

10 JOURS — Redneck Riviera

Le chaleureux Panhandle (au nord-ouest) offre une sophistication inattendue, ainsi que de superbes plages de sable blanc.

Commencez par quelques jours à **Pensacola**. Détendez-vous sur les plages du **Gulf Islands National Seashore**, découvrez le village historique de Pensacola et l'histoire de son aviation navale. Vous aurez peut-être l'occasion de voir un spectacle des Blue Angels.

Passez les deux jours suivants dans les villes touristiques de **Destin** et de **Fort Walton Beach**, sans manquer la plage du **Grayton Beach State Park**, fabuleuse. Si vous avez des enfants, les manèges et les distractions de **Panama City Beach** figureront à votre programme.

Ensuite, découvrez la nature sauvage du **Cape San Blas** et d'**Apalachicola**, une surprenante bourgade historique où se régaler d'huîtres.

St George Island et **St Vincent Island** sont des refuges plus éloignés ; si le temps vous manque, passez la dernière journée à **Tallahassee**. Détendez-vous et passez une soirée animée dans une petite salle de concerts.

10 JOURS — Derniers jours d'été

Des températures clémentes et moins de touristes ? Vive septembre ! Si cet itinéraire est plaisant en toute saison, le nord de la Floride est particulièrement agréable à la fin de l'été.

Prenez un avion jusqu'à **Jacksonville** et filez tout droit à **Amelia Island** pour profiter de la plage et d'une cuisine délicieuse. Explorez en kayak les plages vierges de **Talbot Island** et de **Fort George Island**.

Passez ensuite 2-3 jours à **St Augustine**. La plus ancienne cité d'Amérique préserve jalousement son patrimoine et des histoires de pirates planent sur les forts et les basiliques espagnols.

Rassasié de bonne cuisine et de reconstitutions historiques, consacrez quelques jours à **Daytona Beach**. En plus du circuit automobile, la plage offre des activités nautiques. Vous verrez peut-être des tortues marines venues pondre.

Une semaine s'est écoulée... S'il vous reste quelques jours, sillonnez en kayak le **Canaveral National Seashore** et passez 1 ou 2 jours dans les parcs à thème d'**Orlando**... sans faire la queue !

Préparer son voyage

Séjour dans les parcs à thème

Chaque année, Walt Disney World et Universal Orlando Resort attirent des millions de visiteurs à Orlando, capitale mondiale des parcs à thème, et il existe d'autres parcs moins connus dans le secteur. Voici quelques conseils essentiels pour bien choisir votre destination.

Parcs à thème de Floride

Walt Disney World

Walt Disney World (WDW) couvre 103 km^2 et englobe quatre parcs à thème séparés et différents, chacun avec manèges et spectacles : le Magic Kingdom, Epcot, les Hollywood Studios et l'Animal Kingdom. Il y a également deux parcs aquatiques (Typhoon Lagoon et Blizzard Beach), plus de 20 hôtels, près de 140 restaurants et deux secteurs de shopping et d'animation nocturne (Downtown Disney et Disney's BoardWalk), quatre terrains de golf, deux minigolfs, des lagons pour les sports aquatiques et un stade accueillant des rencontres sportives. Le tout est relié par un système compliqué de bus, bateaux et monorails gratuits

Le légendaire Magic Kingdom, avec le château de Cendrillon, des manèges, des parades et des spectacles est un classique. Truffé de jardins, Epcot est divisé en une partie futuriste, tandis que l'autre moitié reproduit les pays du monde. Les Hollywood Studios sont assez dispersés dans la masse et éclipsés par les attractions phares comme *American Idol*. L'Animal Kingdom est un parc animalier avec manèges et spectacles, et interactions avec la faune. C'est ici que vous pourrez assister à l'un des meilleurs spectacles de Disney : *Finding Nemo: The Musical* (Le monde de Nemo, la comédie musicale).

Quand partir

Périodes de pointe

Le nombre de visiteurs et les tarifs explosent pendant les vacances scolaires américaines, notamment en été (de juin à août), au printemps (de mars à mi-avril), le week-end de Thanksgiving (fin novembre) et surtout la semaine entre Noël et le Jour de l'an. Dans la mesure du possible, évitez de venir pendant ces périodes de forte fréquentation.

Périodes creuses

Les périodes les plus calmes s'étalent de mi-janvier à fin février, de septembre à mi-octobre, en plus de la première moitié de mai et des quelques semaines entre le week-end de Thanksgiving et mi-décembre.

Événements spéciaux

Parmi les événements à ne pas manquer, citons l'Epcot International Food & Wine Festival (Festival international du vin et de la gastronomie, fin septembre à début novembre), la Mickey's Very Merry Christmas Party (fête de Noël de Mickey, novembre à mi-décembre) et les Halloween Horror Nights d'Universal Orlando (Nuits de l'horreur, octobre).

Universal Orlando Resort

L'Universal Orlando est un domaine plus intime où l'on peut se déplacer à pied, avec deux excellents parcs à thème – Islands of Adventure et Universal Studios –, quatre luxueux complexes hôteliers et un plaisant quartier de restaurants et de vie nocturne (CityWalk).

Les parcs à thème d'Universal offrent une myriade de divertissements pour toute la famille, avec certains des meilleurs manèges à sensations d'Orlando, des simulateurs et des toboggans aquatiques.

Islands of Adventure se compose de différentes sections thématiques possédant chacune leur propre ambiance. Le Wizarding World of Harry Potter – Hogsmeade, par exemple, qui rencontre un succès phénoménal et mérité.

Juste à côté, Universal Studios propose essentiellement des manèges et des spectacles sur le thème du cinéma et de la télévision, en mettant l'accent sur les super-héros de bandes dessinées et les films récents comme *Despicable Me* et *Les Simpson*. Pendant l'été 2014, Universal Studios a inauguré la Diagon Alley, une extension très attendue de la section Harry Potter. Les visiteurs munis de billets pour les deux parcs à thème peuvent monter à bord du *Hogwarts Express* et traverser la campagne anglaise entre Hogsmeade et la Diagon Alley.

Autres parcs d'Orlando

Orlando est la capitale mondiale des parcs à thème. Il y a ainsi trois grands parcs collés les uns aux autres, situés

---

STRATÉGIES DE BASE

À l'avance...

➡ **Achetez vos billets à l'avance** Si les prix des billets pour Disney sont toujours les mêmes, ceux des autres parcs peuvent baisser de 10 à 20 $ s'ils sont achetés à l'avance, et dans certains cas les tarifs changent d'un jour à l'autre. Les calendriers en ligne vous permettent de voir les différents prix sur plusieurs mois.

➡ **Achetez des billets valables plusieurs jours et soyez souple** Il est épuisant d'enchaîner les parcs. Vous en profiterez beaucoup plus si vous prévoyez des moments de détente au bord d'une piscine ou des excursions dans les environs.

➡ **Réservez les attractions du FastPass+ de Disney jusqu'à 60 jours à l'avance** Cela vous garantira un temps d'attente court pour 3 attractions ou rencontres avec des personnages (vous aurez accès à la file "Fastpass+"). Vous ne pourrez réserver vos attractions qu'après l'achat du billet pour le parc.

➡ **Réservez votre restaurant Disney jusqu'à 180 jours à l'avance** Sélectionnez quelques expériences culinaires incontournables pour définir le reste de votre séjour à Disney, et tenez bien compte de l'emplacement des restaurants.

➡ **Séjournez dans un complexe hôtelier du parc si vous souhaitez visiter le Wizarding World of Harry Potter d'Universal Orlando** La qualité de l'hébergement, des équipements et du service, le gain de temps et la facilité d'accès aux parcs sont pratiques, si vous pouvez vous le permettre. Les hôtes séjournant sur place ont accès aux attractions Harry Potter 1 heure avant les autres visiteurs.

Sur place...

➡ **Arrivez tôt** Arrivez avant l'ouverture des portes, rendez-vous d'abord aux manèges les plus courus et partez à l'heure du déjeuner, quand l'affluence est à son comble.

➡ **Prévoyez des en-cas** Quelques sandwichs et une pomme glissés dans votre sac à dos vous permettront de gagner du temps, de l'argent et de la sérénité.

➡ **Prenez en compte les temps de transport** En planifiant la journée, tenez compte des temps de transport jusqu'aux parcs et à l'intérieur. À Disney en particulier, les déplacements peuvent prendre des heures et s'avérer éreintants.

à égale distance de Disney et d'Universal, et appartenant à la même compagnie :

➡ **SeaWorld** (p. 239). De fantastiques spectacles d'animaux marins, quelques fabuleux manèges, dont un adorable secteur pour les plus petits, et des programmes d'interaction avec les animaux.

➡ **Aquatica** (p. 242). Un parc aquatique accueillant également des animaux marins.

➡ **Discovery Cove** (p. 243). Avec un forfait à la journée, les visiteurs peuvent profiter de la plage, faire du snorkeling, nager dans un lagon, se laisser flotter sur une rivière et traverser une volière. En option : baignade avec les dauphins.

Parmi les autres parcs d'Orlando, citons :

➡ **Gatorland** (p. 244). La Floride d'antan, avec d'innombrables alligators, que l'on peut nourrir, et survol du parc en tyrolienne.

➡ **Wet 'n Wild** (p. 244). Un autre parc aquatique extrêmement populaire d'Orlando.

Environs d'Orlando

➡ **Legoland** (p. 247). À Winter Haven, le plus récent parc à thème de Floride s'adresse aux enfants de 12 ans et moins.

➡ **Kennedy Space Center** (p. 321). Sur la côte atlantique, à proximité des plages sauvages du Canaveral National Seashore, ce centre dédié à l'espace permet une fascinante immersion d'une journée dans le programme spatial américain, mais il n'y a pas de manèges traditionnels.

Région de Tampa Bay

➡ **Busch Gardens** (p. 394). Rencontres avec la faune africaine, spectacles, concerts et des montagnes russes parmi les plus impressionnantes de l'État.

➡ **Adventure Island** (p. 394). Un superbe parc aquatique qui jouxte Busch Gardens.

➡ **Weeki Wachee Springs** (p. 416). Ce parc kitsch de la Floride de jadis est mondialement connu pour ses spectacles avec sirènes à queue de poisson et cheveux longs. Il y a aussi un petit parc aquatique alimenté par une source, des présentations d'animaux et des balades en canoë sur une rivière.

Billets

À Disney et Universal, le tarif journalier des parcs à thème baisse considérablement si vous choisissez une formule de plusieurs jours. Consultez les sites Web des parcs pour des détails sur les offres spéciales du moment et les forfaits avec hébergements et/ou repas, plus économiques.

Vous n'avez pas besoin d'un billet pour accéder aux complexes hôteliers. Les billets d'entrée sont uniquement nécessaires pour pénétrer dans les parcs, et il existe toutes sortes d'activités et de loisirs en dehors des parcs à thème (surtout à Disney).

Les tarifs sont donnés hors taxe ; les enfants de 3 à 9 ans paient environ 10 $ de moins et l'entrée est gratuite pour les moins de 3 ans. Les billets multi-jours sont valables n'importe quand dans les 14 jours suivant la première utilisation.

Walt Disney World

Appelé Magic Your Way dans le jargon Disney, le billet de base va de 1 à 10 jours (94-354 $) et permet chaque jour un accès illimité à l'un des quatre parcs Disney. À cela, vous pouvez ajouter des options :

➡ **Park Hopper** (49-60 $). Cette option vous permet d'aller dans les quatre parcs WDW au cours de la même journée, pendant toute la durée du billet de base.

➡ **Water Park Fun & More** (60 $). Pour chaque jour de votre billet de base, vous aurez droit à un pass pour l'un des deux parcs aquatiques Disney, les deux minigolfs, le golf de 9 trous, le DisneyQuest ou l'ESPN Wide World of Sports, à utiliser n'importe quand. Par exemple, si vous avez un billet de base de 5 jours et que vous achetez cette option, vous pourrez aller dans un parc aquatique et dans un minigolf le premier jour puis dans un parc aquatique le deuxième jour : vous aurez utilisé trois de vos cinq pass. Le prix de l'option est le même pour un billet de 2 jours ou pour un billet de 10 jours.

➡ **Park Hopper et Water Park Fun & More** (86 $). Économisez de l'argent en combinant les deux options ci-dessus.

Universal Orlando Resort

Les billets d'Universal Orlando, valables de 1 à 4 jours, se divisent en deux catégories : Single Park (1 parc) ou Park-to-Park (2 parcs). Pour emprunter le *Hogwarts Express* reliant les deux sections du Wizarding World of Harry Potter, vous devrez acheter un billet *Park-to-Park*.

L'Express Pass, acheté séparément du billet d'entrée, vous permettra d'accéder à une file express pour laquelle l'attente excède rarement 15 minutes. Les visiteurs séjournant dans l'un des trois hôtels de luxe de l'Universal Orlando Resort bénéficient d'un Unlimited Express Pass, qui permet de passer par la file express autant de fois que vous le souhaitez, pour le même manège.

➡ **Billet Single Park** (96-160 $). Accès illimité à un parc à thème chaque jour.

➡ **Billet Park-to-Park** (136-196 $). Accès illimité aux deux parcs à thème chaque jour.

➡ **Billet Park-to-Park et Unlimited Express** (190-420 $). Les tarifs varient selon la saison ; un billet 1 jour coûte 190 à 225 $, et un billet 4 jours 340 à 420 $. Si vous achetez ce billet en ligne, un calendrier vous montrera les prix au jour le jour.

➡ **Billet Park-to-Park Ticket et Wet 'n Wild** (212-232 $). Comprend l'accès au parc aquatique d'Universal, à 15 minutes à pied des parcs à thème.

En outre, vous pouvez ajouter des options :

➡ **Express Pass** (1 parc 35-70 $, 2 parcs 40-90 $). Accès à la file express une fois par manège. Les quantités sont limitées, le prix varie selon la demande et vous devrez acheter un Express Pass différent pour chaque jour. Entre Noël et le Jour de l'an, les prix atteignent 120 $.

➡ **CityWalk Dining, Movies et Minigolf** Différentes formules pour accéder aux clubs et animations de CityWalk.

SeaWorld, Aquatica, Discovery Cove et Busch Gardens Tampa

➡ **SeaWorld** (92 $). En saison, les billets pour le milieu de la semaine sont moins chers.

➡ **Aquatica** (56 $). Le Splash & Save (à partir de 28 $) implique de réserver une date spécifique.

➡ **Discovery Cove** Les tarifs varient selon le jour, la saison et la demande. Seule différence entre le Resort Package (129-169 $) et le Dolphin Swim Package (169-319 $) : la seconde formule comprend une baignade avec des dauphins (30 minutes). Ces deux billets comprennent

---

MYMAGIC+

MyMagic+ est un système en 3 phases prévu par Disney pour aider les visiteurs à planifier et à profiter pleinement de leurs vacances à WDD. Il comprend My Disney Experience, FastPass+ et MagicBands.

➡ **My Disney Experience** Accessible via www.disneyworld.disney.go.com et l'application gratuite, My Disney Experience permet aux visiteurs de créer des itinéraires pour explorer WDW. Une fois que vous aurez créé un compte, vous pourrez ajouter votre famille et vos amis, voir vos réservations de chambres et de billets, réserver des restaurants, réserver des d'attractions FastPass+, repérer les lieux des rencontres avec les personnages et les horaires des parades, voir les temps d'attente, etc.

➡ **FastPass+** Ce système électronique permet aux visiteurs de réserver leur accès aux files d'attente FastPass+ pour des manèges, des rencontres avec les personnages, des films et d'autres attractions, via My Disney Experience ou auprès des kiosques à l'intérieur des parcs à thème. Vous réservez un créneau de 1 heure, arrivez à l'attraction pendant ce créneau, scannez votre billet à la file FastPass+ et hop ! Vous profitez directement de l'attraction avec un temps d'attente minimum. Vous ne pourrez réserver que 3 attractions par jour à l'avance, mais une fois que vous aurez utilisé vos 3 réservations FastPass+, vous pourrez réserver d'autres attractions pour le jour même, dans la limite des places disponibles. Sachez qu'un FastPass+ pour un spectacle ne garantit pas une place spécifique.

➡ **MagicBand** Ce bracelet en plastique permet de conserver sous format électronique toutes vos réservations de restaurants, de divertissements et de FastPass+. Il fonctionne comme un billet d'entrée, et si vous logez dans un hôtel Disney, il vous servira aussi de clef de chambre et de moyen de paiement dans les hôtels, restaurants et boutiques de WDW (enregistrés sur le compte de votre chambre). Les MagicBands vous seront envoyés avant votre séjour dans un hôtel Disney ou vous attendront à la réception. Si vous séjournez dans un hôtel en dehors de WDW, vous pourrez acheter un MagicBand pour 13 $; si vous n'avez pas de MagicBand, vos réservations FastPass+ seront enregistrées sur votre billet au format papier.

En haut : montagnes russes Kumba (p. 394), Busch Gardens, Tampa

En bas : Spaceship Earth, Epcot (p. 277), Walt Disney World

WENDELL M. TZEN / GETTY IMAGES ©

un accès illimité pendant 14 jours à Aquatica et SeaWorld.

➡ **Busch Gardens** (92 $). Voir le site Web pour des forfaits comprenant l'accès au parc aquatique Adventure Island.

Les billets combinés suivants permettent un accès illimité pendant 14 jours consécutifs : SeaWorld et Aquatica (119 $), SeaWorld et Busch Gardens (130 $), SeaWorld, Aquatica et Busch Gardens (150 $, avec bus gratuit entre Busch Gardens et SeaWorld).

Pour échapper aux files d'attente, achetez un Quick Queue Unlimited à SeaWorld (19-30 $) et Busch Gardens (35-60 $).

Orlando FlexTicket

L'Orlando FlexTicket (adulte/enfant 324/304 $) permet un accès illimité pendant 14 jours pour les clubs de CityWalk, Universal Studios, Islands of Adventure, Wet 'n Wild, SeaWorld et Aquatica. Ajoutez les Busch Gardens de Tampa pour quelque 40 $ de plus. Cherchez des réductions en ligne.

Séjourner dans les complexes hôteliers

Disney et Universal offrent des avantages aux clients de leurs hôtels, et disposent d'hébergements pour les petits budgets.

Si vous souhaitez séjourner ailleurs, quantité de complexes hôteliers et de chaînes sont installés autour des parcs, et beaucoup proposent des forfaits pour ces derniers. Lake Buena Vista, Kissimmee et la ville de Celebration sont pratiques pour rejoindre les parcs Disney. International Drive convient mieux pour Universal Orlando Resort et SeaWorld. La plupart des hôtels assurent des navettes pour certains, voire pour tous les parcs à thème, mais ce système peut s'avérer pénible. Les navettes partent à des horaires préétablis, marquent de nombreux arrêts et doivent souvent être réservées. Dans les parcs Disney, vous devrez parfois emprunter un moyen de transport Disney une fois que la navette vous aura déposé. Demandez toujours des détails précis sur les transports.

Comme pour tous les hôtels d'Orlando en général, les tarifs des hôtels de Disney et d'Universal varient énormément selon la saison et la demande. Renseignez-vous sur les forfaits et les offres spéciales. Dans la plupart des hôtels, les chambres peuvent loger 4 personnes sans supplément, et il y a aussi des suites et des villas pour les groupes plus nombreux.

Hôtels de Walt Disney World

Disney compte plus de 20 hôtels et dispose d'hébergements pour toutes les bourses. Les prix varient selon la facilité d'accès, l'emplacement, les activités proposées et le thème. En ce qui concerne la qualité, à l'exception des meilleurs complexes de luxe, les chambres correspondent à un hôtel de chaîne de catégorie moyenne, et même les options les plus onéreuses font pâle figure par rapport à d'autres établissements.

Avantages pour les hôtes

➡ **Extra Magic Hours** Chaque jour, un parc étend ses horaires pour les clients des hôtels Disney.

➡ **Réservations de FastPass+** Réservez un créneau de 1 heure afin d'accéder aux files FastPass+ pour trois attractions par personne et par jour, jusqu'à 60 jours à l'avance (les visiteurs séjournant en dehors des parcs peuvent réserver les attractions jusqu'à 30 jours à l'avance). La différence est considérable.

➡ **Transports Disney** Les bus, bateaux et monorails Disney peuvent être bien plus pratiques que les navettes des hôtels en dehors de WDW.

➡ **Parking gratuit** Dans les parcs et les hôtels.

➡ **Disney's Magical Express** Prise en charge gratuite de vos bagages et transport en bus de luxe depuis l'Orlando International Airport.

➡ **Transfert de bagages** Si vous changez d'hôtel Disney en cours de séjour, on transfère vos bagages de l'un à l'autre.

➡ **Forfait repas** Seuls les hôtes des hôtels bénéficient des forfaits repas.

Hôtels d'Universal Orlando Resort

Universal ne compte que quatre complexes hôteliers, tous luxueux et très bien situés.

Avantages pour les hôtes

➡ **Ouverture anticipée du Wizarding World of Harry Potter** Les portes du parc ouvrent 1 heure plus tôt pour les hôtes.

➡ **Express Pass illimité** Si vous séjournez dans l'un des trois hôtels de luxe d'Universal, les hôtes de la chambre (5 maximum) bénéficient d'un

SITES WEB ET APPLICATIONS

Il existe des dizaines et des dizaines d'applications pour vous aider à profiter des parcs en temps réel. On peut facilement être gêné, voire stressé, par une overdose de renseignements, mais certains sites sont très utiles. Voici notre sélection :

➡ **Walt Disney World** (www.disneyworld.disney.go.com). Le site officiel de WDW.

➡ **Universal Orlando Resort** (www.universalorlando.com). Le site officiel d'Universal.

➡ **SeaWorld Parks** (www.seaworldparks.com). Le site officiel des parcs SeaWorld.

➡ **My Disney Experience** (www.disneyworld.disney.go.com). L'application indispensable de Disney pour créer vos itinéraires et réserver FastPass+ et restaurants.

➡ **Orlando Informer** (www.orlandoinformer.com). Tout ce qu'il faut savoir sur Universal Orlando, avec notamment un calendrier de fréquentation.

➡ **Theme Park Insider** (www.themeparkinsider.com). Des nouvelles des parcs à thème du monde entier, avec des détails extrêmement précis.

➡ **Undercover Tourist** (www.undercovertourist.com). Réductions pour Disney, Universal et SeaWorld, location de voiture, temps d'attente, etc.

➡ **All Ears** (www.allears.net). Menus et conseils.

➡ **WDW Info** (www.wdwinfo.com). L'information à la source.

➡ **MouseSavers** (www.mousesavers.com). Des tuyaux pour faire des économies.

➡ **Our Laughing Place** (www.ourlaughingplace.com). Le Transportation Wizard (TW) de WDW concocte les meilleurs itinéraires. Plusieurs applications, utiles notamment pour la préparation du séjour, le TW et les restaurants.

➡ **Touring Plans** (https://touringplans.com). Des conseils pour utiliser FastPass+.

➡ **Disney Tourist Blog** (www.disneytouristblog.com). Un guide des manèges et d'autres infos. Site Web uniquement.

accès illimité aux files express. Sachez que les deux principales attractions du Wizarding World of Harry Potter n'ont pas de file express.

➡ **Transports Universal** Des petits bateaux circulent entre les parcs et les hôtels de luxe et une navette gratuite dessert Cabana Bay (un complexe hôtelier d'Universal), Wet 'n Wild, Aquatica et SeaWorld.

➡ **Places prioritaires** Les clients des hôtels de luxe bénéficient des premières places disponibles dans un certain nombre de restaurants.

Restauration

Dans les parcs à thème, il existe deux catégories de restaurants : les fast-foods et les services à table.

Hormis à Disney et à Universal, les repas n'ont pas grand-chose d'original. Il est certainement possible de dénicher un plat sain et goûteux, mais en général vous devrez vous contenter des sempiternels hamburgers et pizzas à des prix exorbitants. Dans le Magic Kingdom, seul un restaurant sert de l'alcool, mais vous en trouverez partout ailleurs.

Disney accepte les réservations dans ses restaurants avec service à table jusqu'à 180 jours à l'avance, et pour un repas avec un personnage Disney, un dîner-spectacle ou dans les établissements les plus populaires, vous devrez impérativement réserver dès le 180ᵉ jour avant la date souhaitée.

Obtenir une table à Universal est beaucoup moins compliqué. Chaque parc compte deux restaurants avec service à table et réservations, et il n'y a que trois possibilités pour partager un repas avec des personnages.

Pour accéder aux restaurants situés à l'intérieur des parcs à thème, il faut être en possession d'un billet d'entrée. Toutefois, nombre d'excellents établissements, dont certains proposent des repas avec des personnages, sont installés dans les secteurs de loisirs et les hôtels de WDW et d'Universal Orlando Resort.

Voyager avec des enfants

L'"État du soleil" est une destination tellement plaisante pour les familles que beaucoup reviennent chaque année. Mais avec autant de plages, de parcs à thème et d'activités idéales pour les enfants, le plus difficile est de décider d'un itinéraire et d'un programme précis.

Meilleures régions avec ses enfants

Orlando

D'innombrables parcs à thème et une kyrielle d'activités pour les familles.

Tampa Bay et la côte du Golfe

Excellents zoos, aquariums et musées, et de jolies plages familiales.

Archipel des Keys

Snorkeling, plongée, pêche, sorties en bateau et atmosphère décontractée.

Côte de l'Espace (Hwy A1A)

Les excellents spots de surf, les réserves naturelles et les stations balnéaires paisibles, combinés aux avions de collection et aux installations spatiales font de cette île-barrière de 120 km de long une destination coup de cœur.

Côte d'Émeraude

Le littoral du Panhandle, avec d'incroyables plages de sable blanc, des eaux cristallines et des îlots animés sur les promenades du bord de mer.

Miami

Zoos et musées conçus pour les enfants, mais aussi la ville elle-même, cosmopolite et fascinante.

La Floride et les enfants

Les enfants adorent la Floride et il faut bien avouer que l'État a tout pour leur plaire : des châteaux de sable et des vagues, des dauphins et des alligators, Cendrillon et Harry Potter… Bien sûr, il y a les classiques, mais aussi des pépites méconnues. Curiosités en bord de route, refuges d'animaux, interactions avec la faune sauvage, festivals de rue, etc.

Parcs à thème

Afin de leur rendre justice, nous leur consacrons un chapitre (p. 33).

Plages

Si, dans l'État du soleil, les plages familiales typiques s'accompagnent généralement de galeries marchandes bondées, il y a aussi une multitude de plages incarnant la Floride d'antan. Beaucoup sont situées dans des parcs d'État, des réserves de faune sauvage et des îles protégées, et de fabuleux trajets en voiture le long du littoral vous feront découvrir des kilomètres d'étendues désertes ponctuées de petites villes sympathiques. Les plages du golfe du Mexique sont très différentes de celles de l'Atlantique : les eaux paisibles et peu profondes du golfe conviennent aux plus petits, tandis que les plages de l'Atlantique s'étendent souvent sur des îles-barrières, baignées par les eaux calmes d'une rivière ou d'un bras de mer du côté ouest. Les courants peuvent être dangereux sur les deux côtes ; en toute situation, tenez compte des panneaux signalant des contre-courants.

Zoos et musées

Les rencontres rapprochées avec des animaux sont une spécialité de la Floride, et l'État se targue de certains des meilleurs zoos et aquariums du pays. Mais il y a également des sites de taille plus modeste et des classiques axés sur les interactions avec la faune et les spectacles insolites. Dans les villes, vous trouverez aussi d'excellents musées pour les enfants, et partout dans l'État, quasiment tous les musées et centres d'art proposent des activités pour les plus jeunes.

Dans la nature

Ici, rien de plus facile que de faire une escapade en pleine nature : il existe des réserves de faune sauvage et des parcs d'État un peu partout, rapidement accessibles, où voir de charmantes créatures.

L'absence de relief de la Floride rend les rivières et les sentiers facilement accessibles aux enfants. Les cours d'eau et les baies intérieures paisibles semblent prévus spécialement pour les pagayeurs débutants, et les eaux étant souvent peu profondes et calmes, il suffit de se pencher par-dessus bord pour admirer les animaux marins. La Floride est aussi une destination idéale pour s'initier au surf ou au snorkeling. Réservez une croisière d'observation de la faune, une baignade avec des lamantins ou une séance pour contempler la nidification des tortues de mer, ou baladez-vous simplement sur des promenades en planches surélevées à travers les marécages infestés d'alligators.

À ne pas manquer

Voici une liste non exhaustive :

Stations balnéaires familiales
Sur l'Atlantique...

➡ **St Augustine** (p. 350). Pirates, forts, prisons et reconstitutions historiques.

➡ **Daytona Beach** (p. 341). Une kyrielle d'activités et de divertissements.

➡ **Cocoa Beach** (p. 328). Cours de surf pour enfants dans les vagues de l'Atlantique et accès facile à la Banana River, idéale pour le kayak.

➡ **Vero Beach** (p. 336). Des parcs verdoyants, un centre-ville agréable pour les piétons et de larges plages surveillées.

➡ **Indialantic** (p. 333). Une ambiance balnéaire à l'ancienne, rehaussée d'une touche bohème.

➡ **Lauderdale-by-the-Sea** (p. 202). Moins snob que les villes opulentes juste au sud ; superbe parc de papillons.

➡ **Stuart** (p. 229). Pour les activités de plein air, les plages sauvages et la Smithsonian Marine Station sur Hutchinson Island.

➡ **Amelia Island** (p. 370). À la fois décontractée et haut de gamme.

Sur le golfe du Mexique...

➡ **Anna Maria Island** (p. 425). La Floride d'antan, avec des constructions basses en bord de mer, des hôtels indépendants et un petit port de pêche historique.

➡ **Archipel des Keys** (p. 158). L'archipel offre diverses activités pour tous les âges ; admirez les spectacles de rue de Mallory Square, à Key West.

➡ **Naples** (p. 443). L'élégant centre-ville entre chaque soir en ébullition ; accès facile à des kilomètres de larges plages magnifiques.

➡ **Sanibel Island** (p. 439). Vélo, kayak et farniente ; les plages sont préservées mais le centre-ville n'est pas très plaisant pour les piétons.

➡ **Siesta Key** (p. 424). Croissant de sable blanc, multiples activités et ambiance animée de village en soirée.

➡ **Fort Myers Beach** (p. 437). Atmosphère festive, nombreuses activités et des plages plus calmes juste au sud (nous adorons le Lovers Key State Park).

➡ **Gasparilla Island** (p. 430). Ambiance intimiste et décontractée. L'absence de grands édifices et de restaurants et hôtels de chaîne est très appréciable ; délaissez la voiture et circulez en voiturette de golf.

➡ **St Pete Beach** (p. 408). Centre de la vie sociale de la région de Tampa Bay.

➡ **Pensacola Beach** (p. 452). Plages immaculées et un centre touristique discret.

➡ **Fort Walton Beach et Destin** (p. 463). Toute la beauté du Panhandle. Le rêve pour les familles.

➡ **Apalachicola** (p. 473). Une bourgade de pêcheurs historique, sur la baie d'Apalachicola, proche d'excellents parcs d'État en bord de mer.

Zoos

➡ **Lowry Park Zoo** (p. 390, Tampa). Un zoo épatant où approcher les animaux.

➡ **Homosassa Springs Wildlife State Park** (p. 416, Gulf Coast, 112 km au nord de Tampa). Parc de la Floride d'antan, consacré à la faune et à la flore locales, avec un observatoire sous-marin pour se familiariser avec les lamantins.

➡ **Zoo Miami** (p. 94, Miami). Un immense zoo avec toutes les espèces stars.

➡ **Monkey Jungle** (p. 94, Miami). Le slogan : "Ici les humains sont en cage et les singes en liberté" explique tout. Ne manquez pas la piscine des singes sauvages.

➡ **Jungle Island** (p. 94, Miami). Des oiseaux tropicaux et des espèces exotiques comme le ligre.

➡ **Lion Country Safari** (p. 220, West Palm Beach). Un immense safari-parc à traverser en voiture et un centre de soins pour les animaux.

➡ **Brevard Zoo** (p. 333, Melbourne). Sur la côte de l'Espace, un adorable petit zoo à l'ancienne. Nourrissez les girafes et les loriquets.

Aquariums

➡ **Florida Aquarium** (p. 389, Tampa). Un aquarium prestigieux, avec marais superbement reconstitués, programmes de baignade et circuits d'observation de la vie marine.

➡ **Mote Marine Laboratory** (p. 419, Sarasota). Centre d'étude des requins ; pour observer de près requins, lamantins, dauphins et tortues de mer.

➡ **Clearwater Marine Aquarium** (p. 413). Petit centre de soins dans lequel vit Winter le dauphin ; croisières pour observer la vie marine, rencontres avec des dauphins, etc.

➡ **Florida Oceanographic Coastal Science Center** (p. 229, Stuart). À 48 km au sud de Vero Beach ; superbes aquariums et programme d'observation des tortues de mer.

Centres nature, parcs et réserves de faune sauvage

➡ **Everglades National Park** (p. 144). Ne manquez pas l'Anhinga Trail, une promenade en planches qui permet d'observer des alligators et de beaux oiseaux. Pour des sorties familiales en kayak, rendez-vous à Everglades City et Flamingo.

➡ **Marjory Stoneman Douglas Biscayne Nature Center** (p. 85, Key Biscayne). Présentation du milieu subtropical du sud de la Floride à l'intention des enfants.

➡ **Environmental Learning Center** (p. 337, Vero Beach). Présentation des écosystèmes de la Floride et aquariums interactifs.

➡ **Loggerhead Marinelife Center** (p. 225, Juno Beach). À 29 km au nord de West Palm Beach ; petit centre de soins et de sauvetage des tortues, avec des programmes pour les enfants.

➡ **McCarthy's Wildlife Sanctuary** (p. 221, West Palm Beach). Excellent refuge pour espèces menacées et animaux de compagnie exotiques abandonnés, dans un jardin botanique. Interactions avec la faune.

➡ **Florida Keys Eco-Discovery Center** (p. 176, Key West). Expositions amusantes sur l'environnement de l'archipel des Keys.

➡ **JN 'Ding' Darling National Wildlife Refuge** (p. 440, Sanibel Island). Agréable circuit en tram. Le parc possède un centre éducatif épatant.

➡ **Nancy Forrester's Secret Garden** (p. 176, Key West). Centre de soins pour perroquets dans un jardin privé ; activités éducatives, interactions avec les oiseaux et séances de contes.

➡ **Naples Botanical Garden** (p. 444). Ce jardin est spécialement conçu pour les enfants.

La vie sauvage : sur terre

➡ **National Key Deer Refuge** (p. 173, Big Pine Key, Florida Keys). Observation de mini-Bambi.

➡ **Bill Baggs Cape Florida State Park** (p. 86, Key Biscayne). Promenade facile pour découvrir l'environnement de l'île.

➡ **John D Macarthur State Park** (p. 227, West Palm Beach). Observation des tortues de mer, belles plages et kayak sur des eaux paisibles.

➡ **Corkscrew Swamp Sanctuary** (p. 443). À 48 km à l'est de Naples ; la promenade en planches à travers un marais qui offre sans doute l'expérience la plus diverse et mémorable.

➡ **Myakka River State Park** (p. 428, Sarasota). Circuit en tram et en hydroglisseur, canoë, petites balades et alligators par dizaines.

➡ **Lee County Manatee Park** (p. 435, Fort Myers). Observation facile des lamantins en hiver.

➡ **Six Mile Cypress Slough Preserve** (p. 434, Fort Myers). Autre promenade en planches ombragée, idéale pour observer la faune.

➡ **Paynes Prairie Preserve State Park** (p. 383, Gainesville). Sentiers pédestres traversant des prairies, des bois et des marécages, peuplés d'alligators, de tatous et d'autres animaux.

➡ **Leon Sinks Geological Area** (p. 484, Tallahassee). Un étrange terrain en entonnoir qui impressionne.

➡ **St George Island State Park** (p. 475, Apalachicola). Nidification des tortues caouannes.

➡ **Merritt Island National Wildlife Refuge** (p. 324, Cocoa Beach). Black Point Wildlife Dr et un excellent centre d'accueil des visiteurs.

➡ **Butterfly World** (p. 202, Coconut Creek, près de Lauderdale-by-the-Sea). Réserve de papillons et d'oiseaux exotiques.

La vie sauvage : en milieu aquatique

➡ **Biscayne National Park** (p. 157, Homestead). Circuits en bateau à fond de verre et snorkeling au-dessus de superbes récifs.

➡ **John Pennekamp Coral Reef State Park** (p. 163, Key Largo, Florida Keys). Récifs coralliens, à admirer en bateau à fond de verre ou avec masque et tuba.

➡ **Loxahatchee River** (p. 226, Jupiter). L'une des deux rivières de Floride classées "sauvage et pittoresque". Cette rivière paisible de 12,8 km de long est idéale pour le kayak et le canoë.

➡ **Canaveral National Seashore** (p. 326, Titusville). Balades faciles en kayak sur l'Indian River et observation des tortues de mer le long de 38 km de plages sauvages, sur la côte atlantique.

➡ **Crystal River National Wildlife Refuge** (p. 417). Un site légendaire pour nager et canoter avec les lamantins.

➡ **Ichetucknee Springs State Park** (p. 385, Fort White). Laissez-vous flotter sur une

chambre à air, sur des eaux calmes et limpides, au milieu des lamantins, des loutres et des tortues.

➡ **Blue Spring State Park** (p. 374, Deland). Canoë et croisières au milieu des lamantins.

➡ **Suwannee River State Park** (p. 487). Pittoresque rivière boueuse ponctuée de sources cristallines, idéales pour la baignade.

➡ **Dolphin Study** (p. 445, Naples). Circuits écologiques pour observer les dauphins.

➡ **Fin Expeditions** (p. 330, Cocoa Beach). Kayak à travers la mangrove. Les circuits nature sont conçus spécialement pour les enfants.

Musées pour enfants

➡ **Glazer Children's Museum** (p. 390, Tampa). Une myriade d'excellentes activités interactives.

➡ **Museum of Science & Industry** (p. 390, Tampa). Activités ludiques sur le thème des sciences ; cinéma IMAX et planétarium.

➡ **Miami Children's Museum** (p. 95). Immense, avec des installations se prêtant aux jeux de rôles.

➡ **Golisano Children's Museum of Naples** (p. 444). Des équipements modernes destinés aux enfants de moins de 8 ans.

Préparer son voyage

En Floride, où les sites touristiques sont pris d'assaut durant la haute saison, une bonne préparation est nécessaire. Définissez à l'avance vos étapes, vos hébergements et quelques activités phares. Vérifiez systématiquement les conditions

---

CHASSE AUX FOSSILES

Une grande partie du centre et du sud de la Floride était recouverte d'eau il y a à peine 100 000 ans, et par conséquent, les pierres et le sable de l'État sont truffés de vestiges d'une vie marine très ancienne. Regardez attentivement et vous trouverez quantité de coquilles de palourdes, oursins plats et coraux fossilisés. Plus rares, mais assez courants si vous savez où les chercher : les dents de requins (notamment celles du Megalodon, un squale de la taille d'un bus) et des os de mammifères aujourd'hui disparus, datant de la période glaciaire.

Depuis plus de 20 ans, Mark Renz, spécialiste des fossiles en Floride, organise des expéditions de chasse aux fossiles adaptées aux familles. Les **Fossil Expeditions** (☎239-368-3252 ; www.fossilexpeditions.com) vous feront effectuer un circuit en kayak et à pied le long de la rivière, utiliser un tamis et faire du snorkeling dans une faible quantité d'eau. Mark a un excellent contact avec les enfants. Les sorties ont généralement lieu sur des cours d'eau entre Arcadia et Wauchula, et sur la Peace River (72 à 112 km au nord de Fort Myers).

BABY-SITTING ET GARDERIES

Voyager avec ses enfants ne signifie pas forcément faire *tout* en famille. Plusieurs prestataires, dont Sunshine Babysitting (www.sunshinebabysitting.com) et l'agence très réputée de Disney et Universal, Kid's Nite Out (p. 301), assurent un service de baby-sitting à l'hôtel par des nounous agréées. Beaucoup de complexes hôteliers disposent d'une garderie, d'un club pour enfants et d'une liste de baby-sitters recommandées. À Walt Disney World, vous n'êtes pas obligé de séjourner dans un hôtel du complexe pour profiter des Disney's Children Activity Center (p. 301) ; 5 garderies, situées dans les hôtels, accueillent les enfants âgés de 3 à 12 ans.

d'annulation, car une fois sur place, la famille aura peut-être envie de rester tranquillement sur la plage au soleil.

Hébergement

Complexes hôteliers et hôtels

La grande majorité des hôtels de Floride disposent de tout le nécessaire pour les familles : lits pour bébés, lits d'appoint, suites et chambres communicantes, réfrigérateurs et fours à micro-ondes, et la plupart ne facturent pas de supplément pour les enfants de moins de 18 ans. Beaucoup de complexes hôteliers concoctent des programmes pour les enfants, avec notamment des balades sur la plage, des activités artistiques et des ateliers éducatifs pour découvrir la vie marine de la Floride. Dans les hôtels des parcs à thème d'Orlando, vous pourrez profiter de projections de films tout public au bord d'une piscine.

Les établissements *family-friendly* sont signalés par l'icône (⊞).

Louer une maison ou un appartement

Séjourner dans un hôtel donne vraiment l'impression d'être en vacances, et le service en chambre, les activités pour enfants sur place et le ménage assuré tous les jours sont des bonus très appréciables. Toutefois, louer une maison ou un appartement peut vous permettre d'économiser des centaines de dollars, et ce choix peut s'avérer beaucoup plus reposant qu'un séjour à l'hôtel. Vous aurez beaucoup d'espace et ne serez pas obligé de manger au restaurant à chaque repas. De plus, beaucoup de maisons sont situées en bord de plage ou disposent d'une piscine privée. En outre, il y a en Floride une incroyable quantité de maisons de vacances à louer dans tous les recoins de l'État. Avant de vous engager, vérifiez bien tous les détails et renseignez-vous sur les conditions d'annulation.

➜ **VRBO** (www.vrbo.com). Un site de location réputé et pratique à utiliser.

➜ **Airbnb** (www.airbnb.com). Une sélection éclectique et la meilleure option si vous cherchez une location de moins d'une semaine.

➜ **Home Away** (www.homeaway.com). Facile à utiliser, avec un choix étourdissant.

À emporter

Mettez dans vos bagages un vêtement de pluie léger, une petite laine polaire, des sandales en plastique, de l'antimoustique et une trousse de premiers soins. Quelques jeux peuvent être utiles, pour longs trajets en voiture ou si vous logez dans des motels.

Le plus important : emportez de la crème solaire !

En Floride, la loi exige que les enfants soient installés dans un siège auto, dos à la route, jusqu'à ce qu'ils atteignent un poids de 9,7 kg et l'âge de un an. Ils doivent être assis sur un siège auto jusqu'à l'âge de 5 ans, et sur un rehausseur tant que la ceinture de sécurité ne s'ajuste pas correctement (plus de 1,40 m et de 36 kg). Les agences de location de voitures sont obligées de fournir des sièges enfants, à condition de les réserver tôt. Évitez les surprises en apportant votre siège enfant.

Louer du matériel pour bébés

Si vous préférez voyager léger, plusieurs prestataires louent des équipements pour bébés (lits-parapluies, poussettes, sièges autos, etc.) et vendent des produits de puériculture (couches, petits pots, etc.), livrés à votre hôtel ou parfois à l'aéroport.

➜ **Babies Travel Lite** (www.babiestravellite.com)

➜ **Baby's Away** (www.babysawayrentals.com)

➜ **Jet Set Babies** (www.jetsetbabies.com)

➜ **Traveling Baby Company** (www.travelingbabyco.com)

La Floride en un clin d'œil

Miami

Musées
Vie nocturne
Gastronomie

Musées

Miami a tout d'un spectacle vivant. Ici, les institutions culturelles – le Bass, l'Adrienne Arsht Center, le Lowe – côtoient les quartiers de galeries d'art, comme Wynwood, et les chefs-d'œuvre Art déco de South Beach.

Folles nuits de Miami

Insouciance, beauté, jeunesse et fun sont les ingrédients des nuits de Miami. Bien sûr, il y a les stars glamour et les discothèques huppées. Mais les petits clubs cubains et les troquets sombres sont la garantie d'une ambiance authentique. Des bars bohèmes et des *lounges* à l'ambiance artistique apparaissent un peu partout.

Cuisine ethnique et gastronomique

Miami offre un mélange propice à la gastronomie : de la richesse, des immigrés et une agriculture prospère. Miami Beach et Coral Gables se targuent de fabuleux laboratoires culinaires dirigés par des chefs branchés. Mais ne manquez pas les petites gargotes ethniques qui feront le bonheur de vos papilles.

p. 50

Everglades

**Observation
de la faune**
Activités
Floride d'antan

Observation de la faune

La Floride compte 1,5 million d'alligators. Dans les Everglades, vous aurez parfois l'impression que la moitié d'entre eux se regroupent dans un rayon de 100 m. En outre, plus de 350 espèces d'oiseaux habitent les marais des Everglades.

Activités de plein air

Même une courte marche sur une promenade en planches surélevée peut ressembler à une aventure. Sautez dans un canoë ou un kayak et enfoncez-vous dans l'univers aquatique des Everglades pour une expérience inoubliable et étonnamment facile.

Curiosités en bord de route

Nourriture bizarre, étranges légendes de créatures mythiques, échoppes isolées, monuments à des amours perdues ? Tout cela jalonne les routes de cette partie du monde, qui vit à son propre rythme.

p. 141

Archipel des Keys et Key West

Activités
Plages
Vie nocturne

Sur terre et dans l'eau

Si les touristes viennent dans les Keys pour faire la fête, ils y viennent aussi pour les multiples activités : pêche, snorkeling, plongée, kayak, randonnée, vélo, nourrissage des tarpons et observation des cerfs des Keys. On y découvre aussi les plus beaux récifs coralliens d'Amérique du Nord.

Mangroves et plages

À l'exception de Bahia Honda, qui figure souvent parmi les meilleures plages de Floride, les plages des Keys ne sont pas extraordinaires, mais elles offrent l'essentiel : des endroits confortables pour des nuits reposantes.

Nuits de Key West

Aucune ville de Floride n'offre une vie nocturne semblable à celle de Key West, mélange de folie, de performances engagées, d'humour gay et de beuveries. Hemingway découvrit ici le bar du bout du monde dont il rêvait.

p. 158

Sud-est de la Floride

Plages
Activités
Divertissements

Plages de rêve

Certaines des villes de la région – Palm Beach, Boca Raton et Fort Lauderdale – sont tellement riches que cela frise l'indécence. Comment sont leurs plages ? Parfaites !

Activités

Circuits en gondole sur les canaux de Fort Lauderdale, croisières fluviales sur la Loxahatchee, plongées mémorables sur des épaves, snorkeling au-dessus d'un galion espagnol, bonnes vagues pour le surf, pêche sportive, observation des tortues : le choix est large dans le sud-est de la Floride.

Divertissements balnéaires

Les cités balnéaires du Sud-Est offrent mille occasions de s'amuser : déambuler sur Hollywood Broadwalk, faire la fête dans les bars de Fort Lauderdale, se détendre à Jupiter ou simplement admirer les demeures grandioses de Palm Beach.

p. 189

Orlando et Walt Disney World

Parcs à thème
Divertissements
Activités

Royaumes magiques

Si les parcs à thème étaient des planètes, Orlando serait une véritable galaxie. Walt Disney World est à lui-seul un système solaire d'attractions. Plus petit, Universal Orlando Resort est tout aussi attrayant et un peu plus branché.

Divertissements en famille

Commencez par Disney, qui propose chaque soir une *magical light parad*, et le Cirque du Soleil, ou misez sur Universal pour une fête hawaïenne ou un spectacle du Blue Man Group. Orlando même compte d'innombrables bars avec musique live et cinémas.

Activités de plein air

Orlando et ses alentours offrent plusieurs possibilités de cyclotourisme, golf, kayak et même "chute libre" en salle. Ajoutez à cela les activités aquatiques dans les hôtels des parcs.

p. 232

Côte de l'Espace

Activités
Plages
Histoire

Surf et Kayak

Le surf et le kayak sont les activités phares sur la côte de l'Espace, et Cocoa Beach est le paradis des surfeurs. Parmi les animaux qui peuplent les lagons et les cours d'eau côtiers préservés et protégés figurent notamment des lamantins et des dauphins.

Plaisirs de la plage

Les plages de la côte de l'Espace sont superbes, avec une ambiance bien plus détendue que dans les stations balnéaires au nord et au sud. Rejoignez la jolie Vero Beach ou la splendide Apollo Beach.

Kennedy Space Center

Si les lancements de navette ont cessé, le centre spatial Kennedy reste passionnant et permet de découvrir le programme spatial américain et la vie d'un astronaute.

p. 320

Nord-est de la Floride

Activités
Floride d'antan
Plages

Aventures de plein air

L'Ocala National Forest est une destination hors pair en matière de randonnées en forêt, de sources cristallines, de rivières et de sites de camping, innombrables. Dans l'arrière-pays, les parcs d'État sont tous exceptionnels. Les cours d'eau du Nord-Est se prêtent à l'exploration en kayak.

Floride d'antan

La Floride d'antan perdure à Micanopy et Cross Creek, où le mode de vie des crackers est préservé au Marjorie Kinnan Rawlings Historic State Park. Découvrez une Floride plus ancienne à St Augustine, une ville fondée par les Espagnols. Vous ferez un superbe voyage dans le temps.

Soleil et sable

Pour une escapade romantique, choisissez Amelia Island ; pour des loisirs dynamiques en famille, préférez Daytona. Ces stations balnéaires se situent aux extrémités d'une enfilade de superbes plages.

p. 339

Tampa Bay et sud-ouest de la Floride

Plages
Cuisine
Musées

Côte du golfe du Mexique

Au sud de Tampa, la Gulf Coast s'enorgueillit de plages de sable blanc. Siesta Key, Fort Myers Beach, Honeymoon Island, Naples, Fort DeSoto, St Pete Beach et Sanibel comptent parmi les plus séduisantes.

Cuisine de la côte

Tampa est réputée pour sa scène culinaire, et St Petersburg n'est pas en reste. Les villes sophistiquées de Sarasota, Naples et Sanibel figurent aussi dans le peloton de tête en matière de tables pour gourmets.

Arts et culture

Il y a dans la région deux des meilleurs musées de Floride – le Salvador Dali Museum et le Ringling Museum –, qui méritent le déplacement. D'excellentes institutions culturelles et artistiques sont également installées à Tampa, St Petersburg, Sarasota, Fort Myers et Naples.

p. 386

Panhandle

Plages
Activités
Divertissements

Côte rustique

Le Panhandle peut être décrit comme une "étendue de sable blanc immaculée, baignée d'une eau émeraude". Les plages sont splendides et l'on peut éviter facilement les stations balnéaires parfois turbulentes.

Baignades

Le kayak dans les cours d'eau de Cedar Key n'a pas son pareil et le canoë sur la Suwannee River est un classique de la région. Vous pourrez aussi vous baigner, faire du snorkeling et de la plongée dans des sources cristallines, et effectuer de superbes randonnées, à pied ou à vélo, dans l'Apalachicola National Forest. Repérez les gouffres noyés de la Leon Sinks Geological Area.

Plages et blues

À vous les clubs de blues de Tallahassee, les animations sur la promenade de Panama City Beach, les circuits en bateau à fond de verre dans le Wakulla Springs State Park, les Blue Angels et la vie nocturne des bars de plage à Pensacola.

p. 449

Sur la route

Miami

Le top des restaurants

➡ Exquisito Restaurant (p. 122)

➡ Chef Creole (p. 120)

➡ Blue Collar (p. 120)

➡ Choices (p. 119)

➡ Steve's Pizza (p. 118)

Le top des hébergements

➡ Shore Club (p. 108)

➡ Gale South Beach (p. 108)

➡ The Standard (p. 108)

➡ Raleigh Hotel (p. 109)

➡ Pelican Hotel (p. 106)

Pourquoi y aller

Pour la plupart des visiteurs, Miami, ville aux multiples facettes, est surtout l'incarnation du glamour, condensée sous sa forme urbaine.

On ne saurait leur donner tort. Miami, "la ville magique", possède un charme indéniable. Elle attire par sa beauté évidente – le claquement des talons hauts d'un mannequin sur Lincoln Rd, la surface turquoise des eaux de Biscayne Bay ou le rouge orangé flamboyant d'un coucher de soleil enflammant la ligne des gratte-ciel du centre-ville.

Mais elle séduit aussi par des aspects plus inhabituels : une soirée de slam dans un entrepôt reconverti, un Vénézuélien chantant du Metallica en espagnol dans un bar karaoké de Coral Gables, ou encore les *Shalom* et les *Buenos días* échangés entre juifs orthodoxes et exilés cubains.

Miami est envoûtante sous toutes ses formes. Découvrir chacune d'entre elles occuperait agréablement une vie entière.

Quand partir
Miami

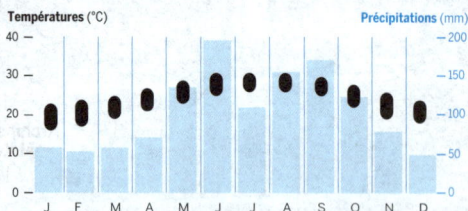

Températures (°C) — Précipitations (mm)

Janvier-mars Le temps doux et sec attire les touristes américains et européens.

Avril-juin Moins étouffant qu'en plein été, mais plus vert et luxuriant qu'en hiver.

Juillet-octobre La chaleur augmente et les prix chutent : c'est la saison des ouragans.

Histoire

Depuis toujours, la météo attire à Miami deux catégories de personnes particulièrement influentes : les promoteurs et les touristes. Pourtant, ce n'est pas le soleil qui poussa les premiers habitants à venir s'y installer, mais au contraire la vague de froid qui balaya le nord de l'État en 1895 et anéantit la culture des agrumes. À la même époque, la veuve Julia Tuttle acheta des parcelles à l'endroit qui allait devenir la Miami moderne, tandis que Henry Flagler construisait son Florida East Coast Railroad (chemin de fer de la côte est de la Floride). Julia Tuttle proposa de partager ses terres avec Flagler, à condition qu'il étende le réseau ferroviaire jusqu'à Miami, mais il ne daigna s'intéresser à son offre que lorsque les températures chutèrent dans le nord de la Floride. Julia Tuttle lui adressa alors un message pour le moins ironique : une fleur d'oranger cueillie dans son jardin.

La suite de l'histoire est une succession de réussites et de fiascos. Globalement, Miami a connu une croissance exponentielle au gré des événements mondiaux et des catastrophes naturelles. Les ouragans (en particulier le Grand Ouragan de Miami en 1926, terriblement meurtrier) dévastèrent la ville à plusieurs reprises, mais chaque fois elle se reconstruisit. À la fin du XIXe et au début du XXe siècle, Miami commença à attirer des urbanistes d'avant-garde comme George Merrick, qui conçut le village artistique de Coral Gables, et James Deering, créateur de la villa Vizcaya, digne d'un conte de fées.

Miami Beach prospéra au début du XXe siècle lorsque les investisseurs juifs s'aperçurent du potentiel de la Riviera américaine. Les hôteliers se lancèrent dans la construction de complexes se distinguant par leurs façades Art déco dessinées par des architectes audacieux, qui voulaient bousculer les codes esthétiques plus sages du Nord-Est. Du fait des guerres mondiales, des soldats furent stationnés dans des bases navales à proximité. Beaucoup, séduits par le climat, décidèrent de rester. Les révolutions d'Amérique latine et des Caraïbes provoquèrent la venue de migrants, en particulier de Cubains, qui arrivèrent en deux vagues : les anticastristes dans les années 1960 et ceux qui cherchaient simplement une vie meilleure à partir de la fin des années 1970. En 1980, la crise économique cubaine se traduisit par un mouvement d'immigration de masse connu sous le nom d'exode de Mariel, où quelque 125 000 réfugiés embarquèrent pour la Floride depuis le port cubain de Mariel. Dans les années Reagan, le glamour et la surconsommation attirèrent des célébrités, mannequins, designers et hôteliers, qui firent de South Beach le quartier clinquant qu'il est aujourd'hui.

Les mutations politiques en Amérique latine ont encore aujourd'hui des répercussions sur la plus latine des villes américaines. Comme l'a un jour déclaré Manny Diaz, l'ancien maire, "Quand le Venezuela ou l'Argentine éternuent, Miami s'enrhume."

Depuis une dizaine d'années, le nombre des gratte-ciel n'a cessé d'augmenter, à l'exception d'une brève pause entre 2008 et 2010 en raison de la crise financière. Au moment de la rédaction de ces lignes, Miami se targuait de posséder la troisième ligne d'horizon la plus impressionnante du pays (derrière New York et Chicago), comme on le constate particulièrement aux abords de Brickell.

Cartes

McNally, AAA et Dolph proposent tous de très bonnes cartes de la région de Miami. La meilleure carte gratuite se trouve au Greater Miami & the Beaches Convention & Visitors Bureau (p. 138).

◉ À voir

Les principaux sites de Miami ne sont pas vraiment concentrés dans un quartier. La zone la plus visitée est South Beach, réputée pour sa vie nocturne, ses belles plages et ses hôtels Art déco. Par ailleurs, on découvre des sites historiques et des musées dans le centre-ville, des galeries d'art à Wynwood et dans le Design District, des hôtels et des restaurants à l'ancienne à Mid-Beach (à Miami Beach), d'autres plages à Key Biscayne et de paisibles quartiers à Coral Gables et à Coconut Grove.

Miami est divisée par deux éléments : l'eau et l'argent. Canaux, baies et comptes en banque marquent les frontières géographiques et sociales de la ville. La principale étendue d'eau est ici Biscayne Bay, qui, avec les belles plages de South Beach, sépare la ville de Miami de sa pimpante petite sœur, Miami Beach. N'oubliez pas que Miami Beach, contrairement à ce que beaucoup croient, n'est pas la plage de Miami, mais une ville à part entière.

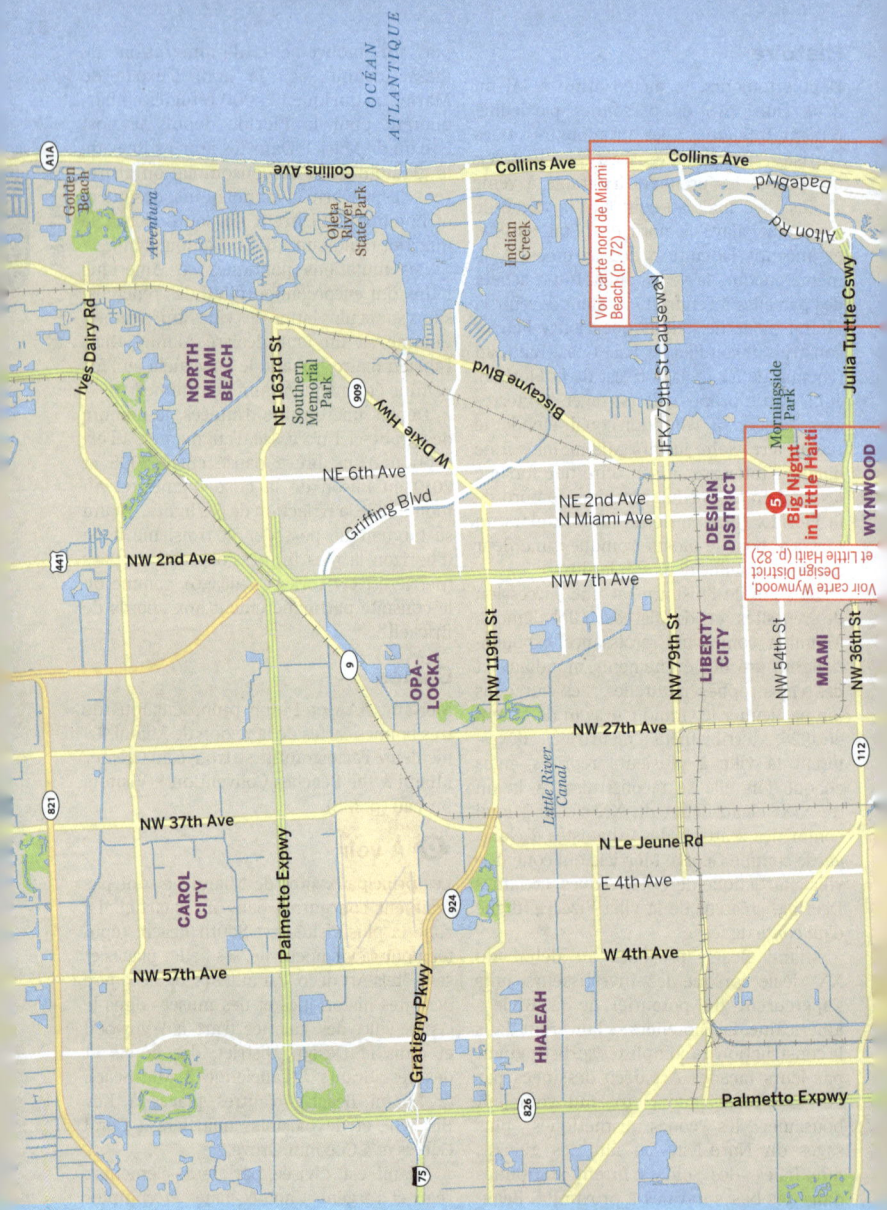

À ne pas manquer

1 Les fresques aux couleurs éclatantes des **Wynwood Walls** (p. 80), aux côtés d'une foule d'admirateurs branchés.

2 Fumée de cigares et parties de dominos : *bienvenido* à Little Havana dans le **Máximo Gómez Park** (p. 87).

3 Un spectacle au superbe **Adrienne Arsht Center for the Performing Arts** (p. 74).

4 Un plongeon dans les fausses grottes et les rochers de corail de la magnifique **Venetian Pool** (p. 90).

5 Quelques pas de danse sur des rythmes caribéens et un curry de chèvre lors de la **Big Night in Little Haiti** (p. 82).

Voir carte nord de Miami Beach (p. 72)

Voir carte Wynwood, Design District et Little Haiti (p. 82)

5 Big Night in Little Haiti

Voir carte South Beach (11th - 23rd Street) (p. 64)

Voir carte South Beach (1st -11th Street) (p. 68)

OCÉAN ATLANTIQUE

Collins Ave

8 **Art Deco Historic District**

Star Island

Lummus Island

Port Blvd

MacArthur Cswy

3 **Adrienne Arsht Center for the Performing Arts**

Star Island

Causeway Island

Virginia Key

Bear Cut

Bill Baggs Cape Florida State Park

6 **Crandon Park**

Brickell Key

Rickenbacker Causeway

Key Biscayne

Voir carte Key Biscayne (p. 84)

913

Hobie Island

Voir carte Downtown Miami (p. 76)

2 Calle Ocho (SW 8th St)

Máximo Gómez Park

SW 8th St

7 **Vizcaya Museum & Garden**

Voir carte Little Havana (p. 86)

Voir carte Coconut Grove (p. 89)

SW 22nd Ave

S Miami Ave

SW 27th Ave

COCONUT GROVE

SW 37th Ave/Douglas Rd

SW 22nd St

Grand Ave

S Le Jeune Rd

4 **Venetian Pool**

Voir carte Coral Gables (p. 92)

Coral Gables Ave

Biscayne Bay

International Airport

Dolphin Expwy

NW 7th St

W Flagler St

SW 8th St (Calle Ocho)

Granada Golf Course

Coral Way Ave

Maynada Blvd

SW 57th Ave/Red Rd

90

826

S Dixie Hwy

Don Shula Expwy

SW 72nd St (Sunset Dr)

KENDALL

SW 112th St (Killian Dr)

PINECREST

Dixie Hwy

5 km
3 miles

0

0

N

(p. 81), une fois par mois.

6 Un moment de détente au **Crandon Park** (p. 83), loin des célébrités, pour apprécier la splendide ligne des gratte-ciel de la ville.

7 L'opulence du **Vizcaya Museum & Gardens** (p. 88).

8 Le patrimoine architectural du bien nommé **Art Deco Historic District** (p. 54).

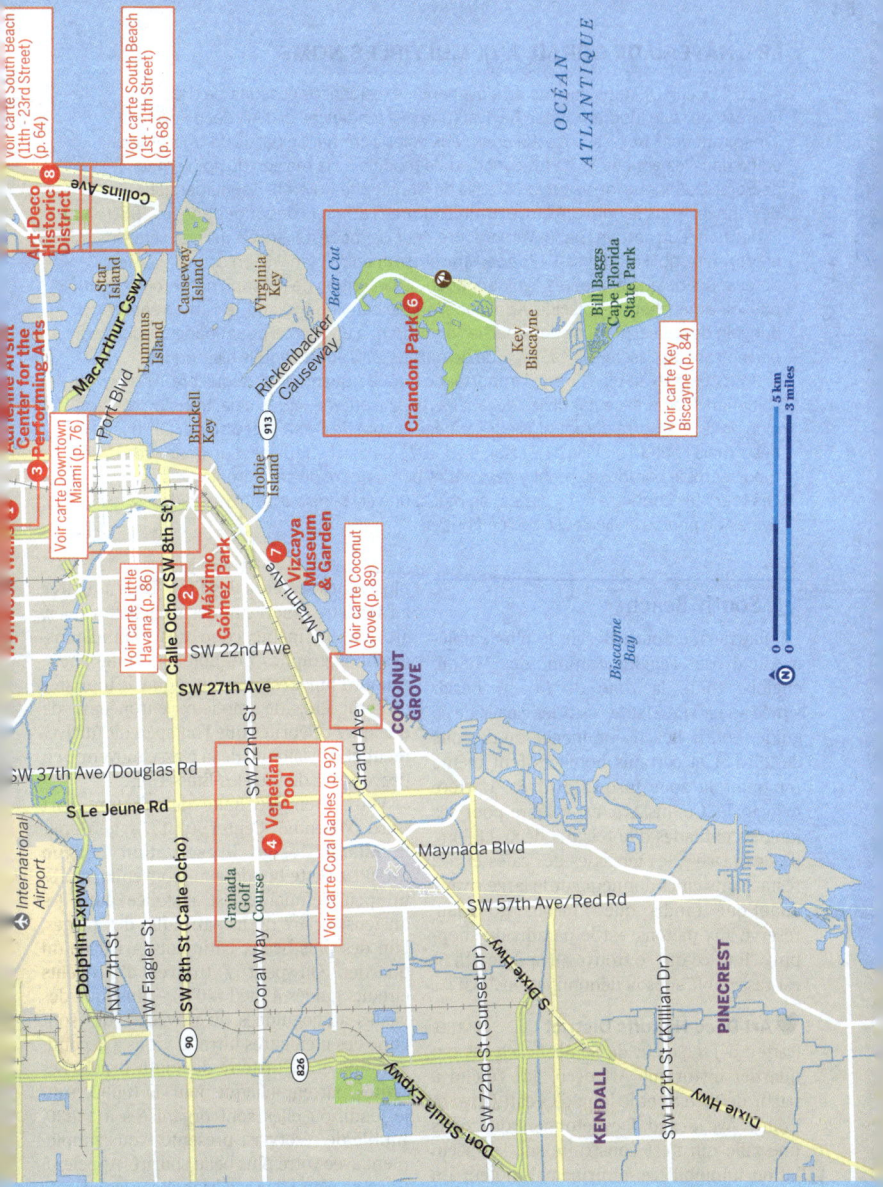

LE CHÂTEAU DE CORAIL AUX MULTIPLES NOMS

Au 1114 Ocean Dr, dans une rue où s'alignent les résidences cossues, se dresse un château de style Mediterranean Revival (une des tendances de l'Art déco floridien s'inspirant de la Renaissance italienne) aux coloris crème. Ce palais de trois étages, édifié dans les années 1930, fut conçu sur le modèle de la maison du gouverneur de Saint-Domingue, où vécut jadis le fils de Christophe Colomb. Connu pendant des années sous le nom d'**Amsterdam Palace**, il attira au début des années 1980 l'attention d'un certain Gianni Versace, créateur de mode italien. Ce dernier acheta la propriété, qu'il rebaptisa **Versace Mansion**, et entra bien vite en conflit avec les défenseurs du quartier après avoir annoncé son intention de raser un hôtel voisin pour pouvoir aménager une piscine. Après une longue bataille juridique, le riche créateur eut gain de cause, mais les deux parties aboutirent à un accord pour changer la loi, permettant au passage la sauvegarde de plus de 200 autres hôtels historiques.

Tout ceci n'avait plus guère d'importance en 1997, quand un déséquilibré, Andrew Cunanan, tua Versace par balles devant sa maison adorée. Après cela, transformée en club privé, elle porta durant plusieurs années le nom de **Casa Casuarina**. Elle accueille désormais l'hôtel The Villa by Barton G (p. 107). La mort sur place d'un gourou de la mode semble paradoxalement y avoir attiré bon nombre de ses homologues européens. Les touristes continuent d'y passer, animés d'une certaine curiosité morbide et toujours avides de photos en lien avec des célébrités.

◉ South Beach

Le quartier de South Beach, le plus emblématique de l'agglomération de Miami, englobe toute la zone de Miami Beach située au sud de 21st St – sur les cartes de ce guide, South Beach commence au-dessous de 23rd St et certains hôteliers font même remonter la zone jusqu'à 40th St. L'artère principale, Collins Ave, est célèbre pour ses longues enfilades d'hôtels Art déco. Le long d'Ocean Drive, les terrasses des cafés et des restaurants chics donnent sur le large rivage atlantique tandis que Lincoln Rd Mall, réservé aux piétons, est le paradis du shopping. Tout ce qui se trouve au sud de 5th St est rassemblé sous la dénomination " SoFi ".

♥ Art Deco Historic District QUARTIER
(carte p. 64). Le cœur de South Beach est son quartier historique Art déco, qui s'étend à partir de 18th St et le long d'Ocean Drive et Collins Ave au sud. Il est étonnant que, dans une ville qui s'est construite sur la spéculation immobilière, le principal moteur du renouveau urbain ait été la préservation d'un héritage architectural unique. Tous ces beaux hôtels sont l'âme de Miami. À tel point que le fait de les préserver a donné à la ville sa distinction propre, et à ce quartier un nouveau souffle. Il fut un temps où South Beach était un ghetto, où sans-abri et toxicomanes voisinaient avec les retraités. Le quartier est devenu par la suite l'un des plus vastes secteurs des États-Unis à figurer au Registre américain des sites historiques, attirant du même coup des mannequins, des photographes, des hôteliers et des chefs. Aujourd'hui, c'est une mosaïque de touristes en croisière, de modeux européens, de quelques célébrités que l'on aperçoit furtivement et de visiteurs de la classe moyenne en provenance de tous les États-Unis.

Votre première halte devrait être l'Art Deco Welcome Center (p. 137), géré par la **Miami Design Preservation League** (MDPL). Cette boutique de souvenirs, certes un peu défraîchie, est installée dans les anciens locaux de la patrouille des plages, l'un des plus beaux bâtiments Art déco du quartier. On peut y trouver d'excellents circuits guidés à pied (20 $) – ainsi que des visites audioguidées ou privées –, qui sont l'une des meilleures introductions à la configuration et à l'histoire de South Beach. Les visites partent chaque jour à 10h30, sauf le jeudi, où elles sont organisées à 18h30. Inutile de réserver : présentez-vous simplement avec votre plus beau sourire. Appelez à l'avance pour vous renseigner sur les circuits guidés à pied de Lincoln Rd et de Collins Park, la zone la plus au nord de South Beach.

♥ Wolfsonian-FIU MUSÉE
(carte p. 68 ; ☏ 305-531-1001 ; www.wolfsonian. org ; 1001 Washington Ave ; adulte/6-12 ans 7/5 $; ◷ 12h-18h jeu et sam-mar, 12h-21h ven). Visitez cet excellent musée du design assez tôt durant votre séjour afin de replacer l'esthétique de

Miami Art déco

Surnommée la "Riviera américaine", South Beach doit bien plus son cachet à ses édifices Art déco qu'aux paillettes et au glamour des stars, même si elles sont nombreuses à fouler ses trottoirs. C'est en 1925, à l'occasion de l'Exposition internationale des Arts décoratifs et industriels modernes de Paris, que s'est affirmé le mouvement Art déco. Miami Beach devint l'un des fleurons de ce style architectural dans les années 1930 et 1940.

Ci-dessus Détail d'une façade Art déco, Miami.

1

2

Cardozo Hotel **2.** Poste de secours à South Beach
Essex House Hotel

Édifices Art déco classiques

L'Art déco de Miami Beach se caractérise par des façades "en retrait". Des pare-soleil maçonnés font saillie au-dessus des fenêtres pour protéger les intérieurs du soleil. Les différents architectes de South Beach ont joué sur les faîteaux décoratifs, les parapets et les enseignes en néon pour animer les façades.

Cardozo Hotel

Ce ravissant bâtiment (p. 110) fut le premier à être sauvé par la Miami Beach Preservation League quand, dans les années 1980, les promoteurs menacèrent de raser les édifices Arts déco de South Beach.

Carlyle Hotel

Au 1250 Ocean Dr, le Carlyle, rythmé par son triple parapet, offre aux regards un style futuriste.

Essex House Hotel

Ses fenêtres en forme de hublots et sa flèche s'élançant telle une fusée, rappellent les racines de l'Art déco, complément esthétique du modernisme et de l'architecture industrielle (p. 107).

Postes de sauvetage sur South Beach

Avec leurs traits géométriques, ces postes colorés incarnent l'inspiration cubiste du mouvement Art déco. On les trouve le long de la plage entre 1st St et 17th St.

Jerry's Famous Deli

Ce vaste édifice de 1939, conçu par Henry Hohauser, est un vrai bijou (p. 116).

Éléments décoratifs

Bien que singuliers, les bâtiments de South Beach partagent une harmonie de style. Pour renvoyer la chaleur, les édifices étaient à l'origine peints en blanc, couleur ensuite remplacée par des tons pastel, des touches colorées mettant l'accent sur les petits éléments architecturaux. Nombre d'édifices disposent de vérandas couvertes offrant une ombre fraîche. Certains hôtels évoquent des temples méso-américains, d'autres des paquebots de croisière.

Crescent Hotel

Outre sa façade, l'une des plus facilement identifiables de Miami Beach, le Crescent (1420 Ocean Dr) possède une signalétique qui attire le regard vers l'intérieur de son hall.

Waldorf Towers Hotel

C'est à L. Murray Dixon, gourou de l'Art déco, que l'on doit la conception de cet hôtel (situé au 860 Ocean Dr), dominé par une tour aux allures de phare.

1. Colony Hotel **2.** Waldorf Towers Hotel
3. Cavalier South Beach

Colony Hotel

Au 736 Ocean Dr, le Colony est le plus ancien établissement Art déco de Miami Beach, et sans doute le plus emblématique d'Ocean Dr. Ce fut le premier hôtel de Miami à faire de son enseigne une partie intégrante du décor. L'intérieur du hall évoque la conquête spatiale avec ses lampes en forme de planète Saturne et ses ascenseurs à la Flash Gordon.

Cavalier South Beach

Un classique du genre (p. 108) parmi les exemples de réalisation Art déco s'inspirant du style méso-américain, comme en attestent les motifs pyramidaux et les ornementations géométriques.

Wolfsonian-FIU

Le hall de ce musée (p. 54) abrite un exemple tout à fait spectaculaire de "fontaine gelée". Habillée de feuilles d'or, elle retombe en arabesques.

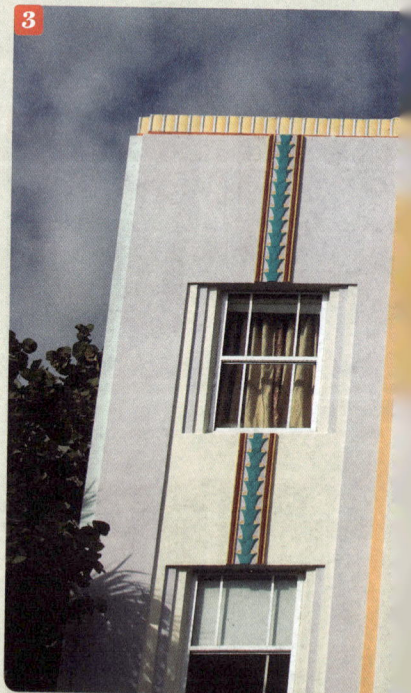

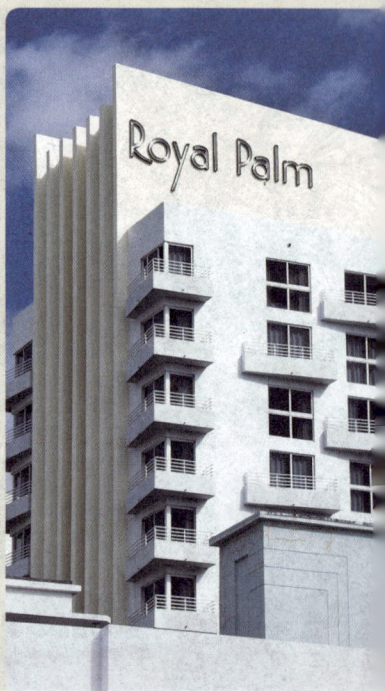

1. Hotel Victor **2.** James Royal Palm Hotel
3. Le Delano Hotel dans Collins Ave **4.** The Tides

DENNIS K. JOHNSON / GETTY IMAGES ©

2

"Nouveaux" hôtels Art déco

Les hôtels les plus récents, tels le W et le Gansevoort South, possèdent des racines Art déco, mais ont fait exploser les proportions architecturales, intégrant le style d'origine à l'échelle (gigantesque) du style Miami Modern.

Hotel Victor

Transformation brillante pour ce bâtiment, conçu à l'origine par L. Murray Dixon (p. 106), en un univers aquatique enchanté, où des lampes-méduses côtoient des sols en granito d'un vert marin.

Delano Hotel

La tour à son sommet évoque une fusée Art déco à l'ancienne, mais son intérieur, semblable à un décor de théâtre halluciné, est une lubie purement moderne. L'énorme piscine à l'arrière mélange l'élégance des années 1920 à l'opulence ostentatoire de Miami (p. 110).

Tides

Véritable temple du mouvement Art déco, le Tides (p. 110) fut en son temps le plus imposant bâtiment de ce style. Aujourd'hui, son hall évoque l'antichambre du dieu de la Mer, et ses chambres incarnent parfaitement l'esthétique design contemporaine.

James Royal Palm Hotel

Vous ne trouverez pas meilleur endroit pour imaginer le mouvement des vagues que dans le vaste hall arrière aux airs de paquebot de cet hôtel imposant, magnifiquement restauré (p. 110). La mezzanine aux proportions modernes gigantesques présente une décoration Art déco typique.

Surfcomber

L'une des plus belles rénovations Art déco de la plage, réveillée par les lignes modernes du salon. Sa façade blanche, harmonieux mélange d'angles nets et d'arrondis, est un modèle du genre (p. 110).

4

Ford Thunderbird vintage devant l'Avalon Hotel

Fantaisies Art déco

L'Art déco "tropical", avec ses touches colorées, cherche surtout à stimuler l'imagination. Ici, presque tous les bâtiments protégés semblent vouloir prolonger le merveilleux de l'enfance.

Bas-reliefs et frises

Bien que le mouvement Art déco ait été inspiré par une esthétique moderniste dépouillée, il s'insurgeait aussi contre le strict utilitarisme. On peut ainsi remarquer ces frises et ces bas-reliefs qui décorent les façades de nombreux hôtels de South Beach.

Hublots

Le mouvement Art déco est né au début du XXᵉ siècle, à une époque où le voyage devenait une réalité accessible dans les pays développés. Les voyages en mer représentaient alors le summum du luxe, et de nombreux bâtiments de l'époque sont ornés de fenêtres en forme de hublots.

Berkeley Shore Hotel

Au 1610 Collins Ave, le Berkeley Shore, l'un des plus anciens hôtels de South Beach, possède un extérieur remarquable, d'où se détachent des "marquises" en demi-cercle ombrageant les fenêtres, ainsi que d'élégantes frises.

Avalon Hotel

Avec ses lignes pures et son enseigne en néon, la façade de l'Avalon, au 700 Ocean Dr, est un fantastique exemple d'architecture Art déco classique – soigneusement mise en valeur par des palmiers et par une voiture des années 1950, aux couleurs assorties à la façade.

11th Street Diner

De nombreux bâtiments Art déco de Miami Beach évoquent des avions, des trains et des automobiles. Mais dans cet authentique *diner* (p. 114), on s'attable réellement dans un ancien wagon Pullman !

Miami Beach dans son fascinant contexte. Voir comment la richesse, les loisirs et l'idéal de beauté se manifestent à Miami Beach est une chose, comprendre les racines et les nuances des mouvements artistiques locaux en est une autre. En faisant, de l'intérieur, la chronique de l'évolution de la vie quotidienne, le Wolfsonian éclaire la manière dont ces tendances se sont manifestées dans l'architecture des édifices Art déco de SoBe (diminutif de South Beach) – et notamment sur la belle façade du musée lui-même.

Lincoln Road Mall
RUE

(carte p.64 ; ☺marché de producteurs 9h-18h30 dim). Définir Lincoln Rd comme un centre commercial est un peu comme dire de la tour Eiffel que c'est une tour : techniquement parlant, c'est exact, mais c'est passer là à côté du sujet. Bien sûr, on peut ici faire du shopping, et de belle manière. Mais cet axe piétonnier à ciel ouvert, qui s'étend entre Alton Rd et Washington Ave, sert avant tout à voir et être vu, et ressemble souvent davantage à un podium de haute couture qu'à une rue commerçante. Carl Fisher, le père de Miami Beach, voulait que cet axe fût la "Cinquième Avenue du Sud". Morris Lapidus, l'un des fondateurs du style néobaroque un peu excentrique de Miami Beach, a dessiné de nombreux bâtiments du complexe commercial, notamment plusieurs édifices en surplomb et en cascade, et les barrières de circulation posées sur les trottoirs comme des billes de géant. Parmi les autres sites notables figurent le splendide Colony Theater (p.132) et le **Lincoln Theatre** (carte p.64 ; 541 Lincoln Rd). Accueillant aujourd'hui un magasin H&M, cet édifice Art déco a été conçu par Thomas W. Lamb, architecte réputé, spécialiste des théâtres et des salles de cinéma. Un excellent **marché de producteurs** et un **marché d'antiquités** (www.antiquecollectiblemarket.com ; ☺8h-18h, 2e dim de chaque mois oct-mai) se tiennent aussi le long de Lincoln Rd.

1111 Lincoln Rd
ÉDIFICE D'INTÉRÊT

(carte p.64 ; www.1111lincolnroad.com ; Ⓟ). La partie ouest de Lincoln Rd est ancrée autour d'un parking particulièrement impressionnant, pastiche géométrique fait d'arêtes saillantes, de couloirs tortueux et d'angles incongrus. Ce bâtiment de 2010 a été conçu par le cabinet d'architecture suisse Herzog & de Meuron, qui décrivent la construction comme "tout en muscles et sans vêtements".

Le 1111 Lincoln accueille également des boutiques et des logements.

ArtCenter/South Florida
GALERIE D'ART

(carte p.64 ; ☏305-674-8278 ; www.artcentersf.org ; 924 Lincoln Rd). Créé en 1984 par un petit groupe d'artistes visionnaires, ce centre est le cœur créatif de South Beach. Outre les 52 ateliers d'artistes (beaucoup sont ouverts au public), l'ArtCenter propose un intéressant programme de cours et de conférences. Les résidences sont réservées aux artistes ne jouissant pas d'une grande notoriété, c'est donc l'endroit idéal pour débusquer de futurs talents. La rotation mensuelle des expositions permet en outre à ce lieu de conserver un esprit frais et assez avant-gardiste.

Miami Beach
Community Church
ÉGLISE

(carte p.64 ; miamibeachcommunitychurch.com ; 1620 Drexel Ave). Offrant un contraste bienvenu et plutôt saisissant avec les nombreuses constructions ultramodernes qui jouent des coudes pour se faire une place dans le cadre Art déco de South Beach, cette église évoque une ancienne mission espagnole : humble, modeste, d'une discrète élégance dans une zone où l'état d'esprit global est plutôt à l'emphase. L'extérieur, de style néo-espagnol, cache un intérieur assez simple où s'alignent quatorze vitraux. La congrégation est LGBT-*friendly* et accueille les visiteurs extérieurs avec plaisir. Sermons à 10h30 le dimanche et à 18h tous les soirs.

New World Center
ÉDIFICE CULTUREL

(carte p.64 ; ☏305-673-3331 ; www.newworldcenter.com ; 500 17th St ; visite guidée 5 $; ☺visites guidées 16h mar et jeu, 12h ven-sam). Miami a un penchant pour les somptueux espaces de spectacle et le New World Center rivalise indubitablement avec l'Arsht Center pour le titre de plus impressionnante salle de concerts de la ville. Conçu par Frank Gehry, l'édifice se dresse majestueusement sur une pelouse impeccable, juste au-dessus de Lincoln Rd, telle une boîte rectangulaire futuriste à la façade de verre. Le terrain d'un peu plus de 1 ha est un parc public. À l'intérieur, les murs blancs semblent pliés en strates, à mi-chemin entre une structure organique et un origami. Les spectacles organisés dans le Centre sont projetés au public installé à l'extérieur sur un mur de 650 m². Les visites s'effectuent avec un guide – téléphonez pour réserver (nombre de places limité).

South Beach (11th - 23rd Street)

200 m
0,1 mile

37

31

Collins Ave

35
67
32

66

Collins Park

70

28

33
24
27
30

4

29
22

19th St

25
60

21st St

20th St

Liberty Ave

18th St

James Ave

42

20th St

21st St

Park Ave

23rd St

Miami Beach
High School

12

Washington Ave

Miami Beach
Convention Center

68
63

10

Prairie Ave

Convention Center Dr

Miami Beach
Botanical Garden

8

19th St

Meridian Ct

Miami
Beach
City Hall

18th St

17th St

N Meridian Ave

Sheridan Ave

6

Meridian Ave

Lincoln La N

Bayshore
Municipal
Golf Course

Jefferson Ave

18th St

16

Michigan Ave

Collins Canal

Lenox Ave

19th St

Alton Rd

Alton Rd

Sheridan Ave

N Bay Rd

West Ave

18th St

Sunset Islands

Sunset Dr

Bay Rd

51

75

15

41

Purdy Ave

Island
View
Park

W 24th St

W 23rd St

W 22nd St

W 21st St

Number 3

Number 4

OCÉAN ATLANTIQUE
South Beach
Quartier historique Art déco
Promenade
Lummus Park
Ocean Dr
Collins Ave
Ocean Ct
Collins Ct
Washington Ave
Drexel Ave
Pennsylvania Ave
Española Way
Euclid Ave
Meridian Ave
Jefferson Ave
Michigan Ave
Lenox Ave
Alton Rd
Alton Ct
Alton La
West Ave
Bay Rd
Lincoln Rd
Lincoln Rd Mall
Lincoln La S
Courtyard
Sun Trust Bank
16th St
15th St
15th Tce
14th La
14th St
14th Pl
14th Ct
14th Tce
13th St
13th Tce
12th St
11th St
Flamingo Way
Flamingo Park
MIAMI BEACH
Ancien hôtel de ville
A1A
907
Voir carte South Beach (1st - 11th Street) (p. 68)

South Beach (11th Street - 23rd Street)

Ocean Drive
RUE

(carte p. 68 ; de 1st St à 11th St). Il s'agit de la rue principale de Miami, véritable défilé ininterrompu de voitures de collection, de jeunes hommes bodybuildés, de jeunes femmes apprêtées, d'artistes de rue, de vendeurs, de stars jouant les touristes, de touristes jouant les stars, et d'autres chalands en tout genre. C'est aussi l'ensemble Art déco le mieux préservé en bordure de la plage. Si une image devait à elle seule évoquer Miami, ce serait sans aucun doute Ocean Dr.

South Pointe Park
PARC

(carte p. 68 ; 1 Washington Ave ; ☉ lever du soleil-22h). La pointe située à l'extrême sud de Miami Beach a été transformée en un parc ravissant. Il fait bon s'allonger sur ses pelouses soigneusement entretenues et profiter de la fraîcheur de l'océan et de la vue sur les remarquables eaux turquoise. On y trouve un restaurant, un stand de rafraîchissements, des promenades en dalles de pierre agréablement chaudes et de nombreux flâneurs, venus profiter du temps magnifique et de la vue loin des parades de South Beach.

A1A
RUE

"L'avenue du bord de mer" ! La chaussée de l'A1A, associée à la Rickenbacker Causeway de Key Biscayne, est l'un des grands ponts d'Amérique et relie Miami à Miami Beach en surplombant les eaux turquoise de Biscayne Bay. Parcourir cette route en décapotable, un coucher de soleil dans le dos, d'énormes bateaux de croisière sur votre flanc, la brise marine jouant dans les palmiers et de la bonne musique dans les oreilles, c'est goûter l'essence même de Miami.

Bass Museum of Art
MUSÉE

(carte p. 64 ; ☏ 305-673-7530 ; www.bassmuseum. org ; 2121 Park Ave ; adulte/enfant 8/6 $; ☉12h-17h mer, jeu, sam, dim, 12h-21h ven). Le meilleur musée d'art de Miami Beach se dissimule derrière une amusante façade futuriste, tenant d'un habile jeu de lignes et de murs d'un blanc lumineux. On doit ce bâtiment à l'imagination de Russell Pancoast (petit-fils de John A Collins, qui a donné son nom à Collins Ave) en 1930. La collection permanente est tout aussi passionnante et va des œuvres religieuses européennes du XVIe siècle aux peintures d'Europe du Nord de la Renaissance. Le Bass est l'un des points du triangle du **Collins Park Cultural Center**, qui comprend aussi le **Miami City Ballet** (édifice de trois étages) et la jolie **Miami Beach Regional Library**, une bibliothèque idéale pour profiter de la connexion Wi-Fi gratuit.

MIAMI EN...

Deux jours

Nous partons ici du principe que vous arriverez et logerez à South Beach. Prenez le petit-déjeuner au **Puerto Sagua** (p. 114), puis marchez jusqu'au **Wolfsonian-FIU** (p. 54) pour une introduction au style Art déco local. Ensuite, flânez autour de **Lincoln Road** (p. 63), observez les hôtels de Collins Ave ou admirez les édifices les plus flamboyants de South Beach, tels le **Delano Hotel** (p. 110), le **Tides** (p. 110) et le **Shore Club** (p. 108).

Profitez de la plage et, le soir venu, suivez l'excellent circuit conçu par l'**Art Deco Welcome Center** (p. 137). Pour un sympathique dîner haïtien, essayez le **Tap Tap** (p. 114). Vous pourrez ensuite siroter un cocktail raffiné au **Broken Shaker** (p. 129).

Le lendemain, explorez les passionnantes enclaves de **Little Haiti** (p. 81) ou de **Little Havana** (p. 86) avant de dîner dans le très branché **Design District** (p. 120). Terminez en vous déhanchant dans l'un des excellents clubs de Midtown, comme le **Bardot** (p. 131) ou le **Wood Tavern** (p. 130).

Quatre jours

Suivez l'itinéraire ci-dessus et visitez le "Little" (Haiti ou Havana) qui vous a échappé la veille. Si vous le pouvez, tentez une escapade à Coral Gables et ne manquez pas le **Biltmore Hotel** (p. 91), la **Venetian Pool** (p. 90) et la zone commerçante de Miracle Mile. Vous aspirez à un peu plus de glamour ? Découvrez le fruit du mélange entre *Mediterranean Revival* et baroque sur fond de dollars, aux **Vizcaya Museum & Gardens** (p. 88). Après cette visite, dînez dans l'un des meilleurs restaurants de Miami, installé dans une station-service : **El Carajo** (p. 124).

Le quatrième jour, faites un tour (gratuit) à bord du **Metromover** (p. 74), avec quelques escales pour visiter le superbe **Adrienne Arsht Center for the Performing Arts** (p. 74). Pour votre dernier dîner, direction le **Blue Collar** (p. 120) sur le florissant N Biscayne Blvd, avant d'aller boire un verre sous les étoiles sur la terrasse du **Blackbird Ordinary** (p. 129).

South Beach (1st - 11th Street)

Wolfsonian-FIU

QUARTIER
HISTORIQUE
ART DECO

Voir carte South Beach (11th - 23rd St) (p. 64)

Lummus Park

Promenade

Flamingo Park

Terrain de jeu

South Beach

Ancien hôtel
de ville

Ocean Dr

Ocean Ct

Collins Ave

Collins Ct

Washington Ave

Pennsylvania Ave

Euclid Ave

Meridian Ave

Jefferson Ave

Michigan Ave

Lenox Ave

Alton Rd

Alton Ct

West Ave

Miami Beach Dr (5th St)

12th St

11th St

10th St

9th St

8th St

7th St

6th St

5th St

200 m
0,1 mile

OCÉAN ATLANTIQUE

Ocean Beach Park

Pier Park

Biscayne St

Boardwalk Pier

South Pointe Park

4th St

3rd St

2nd St

Ocean Dr

Euclid Ave

Meridian Ave

Jefferson Ave

Michigan Ave

4th St

3rd St

2nd St

1st St

Commerce St

South Pointe Dr

Harley St

Inlet Blvd

Government Cut

Alton Rd

Lenox Ave

Pier A

Pier B

Pier C

Pier D

Pier E

Pier F

Pier G

Pier H

Pier J

Pier K

Pier L

Pier M

Miami Beach Marina

Biscayne Bay

Causeway Island

Lummus Island

A1A

41

29 31 25 23 21 2 9 32 36 37 49 40 50 43 51 5

South Beach (1st - 11th Street)

⊙ Les incontournables
1 Wolfsonian-FIU..................................E2

◉ À voir
2 Jewish Museum of Florida.....................E5
3 Ocean Drive..F2
4 Promenade.. F1
5 South Pointe Park................................E8

✦ Activités
6 BikeAndRoll...F2
7 Bikram Yoga Miami Beach E1
8 Flamingo Park Swimming Pool............C1
9 Miami Food Tours................................C5
10 South Beach Divers.............................E2

🛏 Où se loger
11 Casa Grande Hotel..............................F3
12 Chesterfield Hotel...............................E3
13 Clinton Hotel.......................................E3
14 Deco Walk...F2
15 Dream South Beach F1
16 Essex House Hotel...............................F2
17 Fashionhaus E4
18 Hotel Astor..E2
19 Hotel Breakwater.................................F2
20 Hotel Shelley.......................................E3
21 Hotel St Augustine..............................E5
22 Hotel Victor... F1
23 Jazz on South Beach............................E5
24 Kent Hotel.. F1
25 Lord Balfour Hotel E5
26 Miami Beach International
      Hostel E2
27 Mondrian South Beach A1

28 Nash Hotel..F1
29 Ocean Five Hotel.................................E5
30 Pelican Hotel.......................................F3
31 Sense South Beach..............................E5
32 South Beach Hostel D6
33 The Hotel...E3
34 The Villa by Barton G F1

🍴 Où se restaurer
35 11th St Diner.......................................E1
36 Big Pink...E6
37 Cafe Mistral...D6
38 Grazie..E3
39 Guru.. F1
40 Joe's Stone Crab Restaurant...............D7
41 News Cafe F3
42 Pizza Rustica.......................................E2
43 Prime 112 ....E6
44 Puerto Sagua E3
45 Spiga... F1
46 Tap Tap...D4

🍷 Où prendre un verre
    Chesterfield Hotel Bar .... (voir 12)
47 Dewey's Tavern B3
48 Mango's Tropical Café.........................F2
49 Room...E6
50 Ted's Hideaway E6

✪ Où sortir
51 Nikki Beach Club E7
52 Twist..E1

🛍 Achats
53 U Rock Couture F2

Española Way Promenade   PROMENADE
(carte p. 64 ; entre 14th St et 15th St). Il
s'agit d'une "authentique" promenade
espagnole, dans l'esprit... des parcs d'attractions floridiens. Cette jolie rue pavée,
coiffée d'une arcade en terre cuite rose, à
l'architecture espagnole surchargée, est
parfaite pour flâner dans les galeries d'art
(fief d'artistes dans les années 1920, elle
abrite aujourd'hui les ateliers de plusieurs
artistes locaux), faire du lèche-vitrines, et
regarder le ballet des passants en buvant
un café. Un marché artisanal s'y tient
l'après-midi le week-end.

Jewish Museum of Florida   MUSÉE
(carte p. 68 ; ☎ 305-672-5044 ; jmof.fiu.edu ;
301 Washington Ave ; tarif plein/étudiant et senior
6/5 $, gratuit sam ; ⊙ 10h-17h mar-dim, fermé les
jours de fêtes juives). Hébergé dans une synagogue orthodoxe de 1936, qui accueillit la
première congrégation de Miami, ce petit
musée relate la très importante contribution

de la communauté juive dans l'État de
Floride. On pourrait dire que si les Cubains
ont construit Miami, ce sont les juifs qui ont
fait Miami Beach, tant d'un point de vue
matériel que culturel. Pourtant, il fut un
temps où les juifs furent exclus de la Riviera
américaine qu'ils avaient fait naître du sable.
Ce musée raconte cet épisode et présente
des pièces intéressantes (notamment une
robe de Pourim en coquillages).

Holocaust Memorial   MÉMORIAL
(carte p. 64 ; www.holocaustmmb.org ; angle Meridian Ave et Dade Blvd). Ce mémorial consacré
à l'Holocauste est particulièrement sombre.
La lumière émanant d'une étoile de David
est masquée par l'inscription raciste *Jude*
(le mot allemand pour "juif") ; une famille
entourée par une citation pleine d'espoir
d'Anne Frank est plus tard montrée assassi-
née, encadrée par une autre citation d'Anne
Frank sur la mort des idéaux et des rêves. Le
mémorial est né en 1984 à Miami Beach de la

volonté des survivants de l'Holocauste et du sculpteur Kenneth Treister. Il y a plusieurs pièces maîtresses, notamment la *Sculpture of Love and Anguish* ("sculpture de l'amour et de l'angoisse"), la plus évidente aux yeux des passants. Cette énorme sculpture en bronze oxydé représente un bras tatoué d'un numéro d'Auschwitz – dont il a été vérifié que nul ne se l'était vu attribuer au camp – escaladé par des prisonniers terrifiés.

Miami Beach Botanical Garden   JARDIN

(carte p. 64 ; www.mbgarden.org ; 2000 Convention Center Dr ; ☺9h-17h mar-sam). Relativement méconnu, ce jardin luxuriant d'un peu plus de 2 ha est géré par le Miami Beach Garden Conservancy. C'est une oasis bien cachée au milieu de la jungle urbaine, avec de nombreux palmiers, des hibiscus et des étangs.

Promenade   PROMENADE

(carte p. 68 ; Ocean Dr). Cette promenade qui serpente entre la plage et Ocean Drive s'étend de 5th St à 15th St. Il s'agit d'un site très photogénique, en particulier tôt le matin avant l'arrivée de la foule. Caressée par la brise, cette allée bordée de palmiers est appréciée des habitants, touristes, adeptes du roller, cyclistes, volleyeurs (il y a un filet à la hauteur de 11th St) et personnes promenant leur chien. La plage elle-même, appelée Lummus Park, est jalonnée de six stands très colorés de surveillants de baignade. Les toilettes publiques au niveau de 11th St sont souvent fréquentées par les sans-abri.

Poste   ÉDIFICE HISTORIQUE

(carte p. 64 ; 1300 Washington Ave). Ne partez pas sans glisser une carte dans la boîte aux lettres de ce bureau de poste, véritable bijou Art déco datant de 1937 et tout premier projet de rénovation lancé par les défenseurs de South Beach dans les années 1970. Ce bâtiment moderniste datant de la Grande Dépression fut construit dans le style dénudé classique, sous la présidence de Roosevelt, grâce au financement de la Works Progress Administration (WPA), qui soutenait les artistes sans travail pendant la crise. À l'extérieur, remarquez l'aigle à tête blanche et la tourelle avec un garde-fou en fer et, à l'intérieur, une grande fresque représentant les guerres séminoles.

Temple Emanu-El   ÉDIFICE RELIGIEUX

(carte p. 64 ; www.tesobe.org ; Washington Ave au niveau de 17th St). Le dôme lisse et les lignes fluides, presque aériennes, de cette synagogue fondée en 1938 s'inscrivent parfaitement dans la profusion Art déco de SoBe. Les offices du shabbat ont lieu le vendredi à 19h et le samedi à 10h.

World Erotic Art Museum   MUSÉE

(carte p. 64 ; www.weam.com ; 1205 Washington Ave ; plus de 18 ans 15 $; ☺11h-22h lun-jeu, 11h-minuit ven-dim). Situé dans un quartier où rien ne choque, ce musée de l'Érotisme a été inauguré en 2005, lorsque Naomi Wilzig, âgée de 70 ans, a décidé de rendre accessible au grand public sa collection personnelle de 5 000 objets érotiques. Le WEAM se prend très au sérieux et son incroyable collection va des vieux ouvrages sur la sexualité aux photos licencieuses de l'époque victorienne, en passant par la pièce maîtresse : un immense phallus doré près de la sortie !

◉ Nord de Miami Beach

Sur les cartes, la zone au-dessus de South Beach est désignée sous l'appellation de Miami Beach, mais les habitants utilisent les termes Mid-Beach (autour des rues 40) et North Beach (pour les rues au-delà de 70th St). On y inclut aussi des villes situées plus au nord, comme Surfside, Bal Harbour, Sunny Isles et Aventura. Les eaux de l'Indian Creek séparent les hôtels et les immeubles de luxe des quartiers résidentiels de l'ouest. N'oubliez pas que la ville indépendante de North Miami Beach (à ne pas confondre avec le *secteur* au nord de Miami Beach) ne fait pas partie, administrativement, des terres baptisées Miami Beach – elle se situe sur le continent. Vous vous y perdez ? La plupart des habitants aussi.

MIAMI BEACH CASHER

Arthur Godfrey Rd (41st St) et Harding Ave, entre 91st St et 96th St à Surfside, sont des artères très prisées de la communauté juive de Miami Beach. Ici, les traditions juives se mêlent à l'ambiance de plage : on mange du *lox y arroz con moros* (saumon fumé, riz et haricots), et, si les orthodoxes portent le foulard (pour les femmes) et la kippa (pour les hommes), nombreux sont ceux qui soignent aussi leur bronzage et conduisent des voitures clinquantes.

Nord de Miami Beach

N

0 —————————————— 1 km
0 —————————————— 0,5 mile

Normandy Isle

N Shore Dr

77th St

Harding Ave

Collins Ave

21

Normandy Shores Golf Course

71st St Bridge

71st St

14

S Shore Dr

79th St

18

15

4

16

11

Normandy Dr

6

Trouville Esplanade

Aquatic Rental Center & Sailing School (1,3 km)

20

JFK/79th St Causeway

22

NORTH BAY VILLAGE

W 63rd St

La Gorce Country Club

A1A

7

Indian Creek

Biscayne Bay

La Gorce Dr

Pine Tree Dr

Collins Ave

Alton Rd

Dade Blvd

907

2

3

A1A

41st St/Arthur Godfrey Rd

19

Julia Tuttle Cswy

195

8

Sheridan Ave

Pine Tree Dr

Indian Creek Dr

9

South Beach

N Bay Rd

Alton Rd

N Chase Ave

13

12

Collins Ave

Sunset Islands

N Chase Ave

Bayshore Municipal Golf Course

W 28th St

1

17

10

Nord de Miami Beach

À voir

- 1 Boardwalk (promenade) D7
- 2 Eden Roc Renaissance Miami Beach D5
- 3 Fontainebleau D6
- 4 Little Buenos Aires C2

Activités

- 5 Canyon Ranch Hotel & Spa D2
- Lapis .... (voir 3)
- 6 Normandy Isle Park & Pool B2
- 7 Russian & Turkish Baths D4

Où se loger

- 8 Circa 39 .... D6
- 9 Claridge Hotel D7
- Eden Roc Renaissance .... (voir 2)
- Fontainebleau .... (voir 3)
- 10 Freehand Miami D7
- 11 Mimosa D2
- 12 Palms Hotel D7
- 13 Red South Beach D7

Où se restaurer

- 14 Cafe Prima Pasta D1
- 15 Chivitoteca D1
- 16 Fifi's Place D2
- 17 Indomania D7
- 18 La Perrada de Edgar D1
- 19 Roasters' n Toasters C6
- 20 Shuckers A2

Où prendre un verre

- Broken Shaker .... (voir 10)
- Circa 39 Bar .... (voir 8)
- 21 Lou's Beer Garden D1

Où sortir

- 22 Chopin Foundation of the United States A2

Boardwalk PROMENADE EN PLANCHES, PLAGE

(carte ci-contre ; 21st St à 46th St). On voit beaucoup de jolies filles en tenue très légère sur la promenade en planches de Mid-Beach, mais aussi des juifs orthodoxes vaquant à leurs occupations au milieu des joggeurs, des touristes en balade et des adeptes du bronzage. Les nombreux immeubles résidentiels alentour sont occupés par des Latinos et des juifs de la classe moyenne qui viennent ici promener leur chien et jouer avec leurs enfants, donnant au lieu une atmosphère authentique et détendue, qui tranche avec le glamour permanent de South Beach.

Little Buenos Aires QUARTIER

(carte ci-contre ; 71st St west of Collins Ave). Ce quartier qui s'étend dans un rayon de 10 pâtés de maisons autour de la 71st Ave et de Collins Ave est l'un des meilleurs endroits, en dehors de Mendoza, pour observer le spectacle de la rue en sirotant un *cortado* (expresso avec une goutte de lait), avant de se régaler d'un plat traditionnel de steak et de pâtes. Désormais, les Argentins sont en compétition avec leurs voisins uruguayens, brésiliens et colombiens pour la place de première communauté ethnique sur Normandy Isle. Aucune tension néanmoins, et le quartier demeure l'un des plus prospères et plaisants de Miami. Le samedi matin, la petite pelouse du village accueille un joli marché de producteurs.

Fontainebleau ÉDIFICE HISTORIQUE

(carte ci-contre ; www.fontainebleau.com ; 4441 Collins Ave). En remontant Collins Ave vers le nord, les résidences et les immeubles d'habitation gagnent petit à petit en majesté et en caractère, jusqu'à ce que l'on pénètre dans la zone surnommée Millionaire's Row ("rangée des millionnaires"). Le plus brillant joyau de cette scintillante couronne est l'hôtel Fontainebleau. Conçu en 1954 par Morris Lapidus, le grand architecte de Miami Beach, cet immense bâtiment a connu de nombreuses rénovations mais a toujours conservé son éclat d'origine. L'hôtel – en particulier la piscine, remaniée depuis – apparaît dans *Scarface*, de Brian de Palma.

Eden Roc Renaissance Miami Beach ÉDIFICE HISTORIQUE

(carte ci-contre ; www.edenrocmiami.com ; 4525 Collins Ave). Second édifice révolutionnaire de Morris Lapidus, l'Eden Roc Resort est un bel exemple d'architecture dite MiMo (pour Miami Modern) et faisait, dans les années 1960, office de QG du Rat Pack – Frank Sinatra, Sammy Davis Jr, Dean Martin et consorts. D'importants travaux ont quelque peu éclipsé le style de Lapidus. Malgré cela, l'édifice reste un élément architectural incontournable de Miami Beach et illustre à merveille la beauté tape-à-l'œil de Millionaire's Row.

Haulover Beach Park PARC

(www.miamidade.gov/parks/parks/haulover_park.asp ; 10800 Collins Ave ; 4 $/voiture ; ⏲ aube-crépuscule ; Ⓟ). Ce parc de 20 ha abrite une plage naturiste isolée des immeubles, des voies express et des regards indiscrets par un rideau de végétation. Mais ce n'est pas là son seul atout. La plus grande partie de la plage est en effet "classique" (on y trouve même un parc à chiens) et assurément l'une des plus agréables des environs (remarquez les douches colorées tendance Art déco en forme de cônes). Le parc est situé sur Collins Ave, à environ 7 km au nord de 71st St.

Oleta River State Park — PARC

(www.floridastateparks.org/oletariver ; 3400 NE 163rd St ; 2 $/pers, 6 $/voiture ; ☺8h-crépuscule ; P ♿). Déjà, en 500 av. J.-C., le peuple amérindien des Tequesta voguait dans l'estuaire de l'Oleta River. Vous ne ferez donc que suivre une tradition ancestrale si vous décidez de faire du canoë ou du kayak dans ce parc. Avec quelque 500 ha, il s'agit du plus vaste parc urbain de l'État de Floride, et l'un des lieux les plus intéressants, à Miami, pour fuir la foule. Ramez jusqu'à l'île couverte de mangrove, observez les aigles ou détendez-vous sur la plage sans prétention. Sur place, le Blue Moon Outdoor Center (p. 96) loue des kayaks simples (18/25 $ pour 1 heure 30/3 heures), doubles (25,50/40 $ pour 1 heure 30/3 heures) et des vélos (18/25 $ pour 1 heure 30/3 heures). Le parc est situé en retrait de la NE 163rd St/FL-826 à Sunny Isles, à environ 13 km au nord de North Miami Beach.

Arch Creek Park — PARC

(archcreek.wordpress.com ; 1855 NE 135 St ; ☺9h-17h mer-dim ; P ♿). Ce ravissant petit parc, près de l'Oleta River, englobe une agréable enclave où poussent des espèces de feuillus tropicaux autour d'un joli pont calcaire naturel. Des spécialistes proposent des circuits nature adaptés aux enfants, qui passent, entre autres, par un charmant jardin de papillons. Les visiteurs peuvent aussi découvrir un petit musée conservant de nombreux objets des populations amérindiennes et des pionniers. L'excellent **Miami-Dade Eco-Adventures** (☎305-365-3018 ; www.miamidade.gov/ecoadventures) ✆ est installé ici. Le parc est à deux pas de North Biscayne Blvd, à 11 km au nord du Design District.

⊙ Downtown Miami (centre-ville)

Downtown Miami est le centre bancaire et financier international de la ville. Il compte d'un côté des centres commerciaux défraîchis et, de l'autre, dans le secteur connu sous le nom de Brickell, de récents immeubles et des hôtels de luxe logés dans des tours. La paresseuse Miami River divise le centre-ville

en une partie nord et une partie sud. Compte tenu du rythme frénétique auquel se développe Miami, il y a fort à parier que le centre-ville aura encore évolué au moment de votre visite.

♥ Adrienne Arsht Center for the Performing Arts — ÉDIFICE

(carte p. 76 ; www.arshtcenter.com ; 1300 N Biscayne Blvd). Le deuxième plus grand centre des arts du spectacle des États-Unis – et le plus grand de Floride – a très largement contribué au renouveau du tissu urbain du centre-ville. Imaginé par Cesar Pelli (qui a dessiné les tours Petronas de Kuala Lumpur), il comporte deux bâtiments principaux : la Ziff Ballet Opera House et le Knight Concert Hall, de part et d'autre de Biscayne Blvd. Les salles, reliées par une passerelle piétonne étroite et élégante, s'apparentent à des paysages de terre et de mer sculptés par le vent, tandis que les balcons arrondis s'élèvent en spirale, tels des coquillages. Si vous en avez l'opportunité, assistez à un spectacle sur place. Cela dit, l'intérieur à lui seul est incontournable.

Metromover — MONORAIL

(www.miamidade.gov/transit/metromover.asp). La capacité de ce monorail électrique aérien étant insuffisante pour assurer le flux des voyageurs dans la ville, il s'est transformé en une sorte de curiosité touristique. C'est ainsi un excellent moyen de découvrir le centre de Miami vu d'en haut : très utile étant donné la hauteur des gratte-ciel de Downtown. En raison de sa gratuité, le Metromover a la réputation d'être fréquenté par les sans-abri, mais de nombreux habitants de banlieue l'utilisent aussi pour se rendre quotidiennement dans le centre.

Bayfront Park — PARC

(carte p. 76 ; www.bayfrontparkmiami.com ; 301 N Biscayne Blvd). Peu de parcs américains sont ourlés par des eaux aussi turquoise que celles de Biscayne Bay. De nombreux employés de bureau viennent faire la sieste sous les palmiers sur cette petite plage où des chaises longues sont agréablement disposées. Le parc compte deux salles de spectacle : le **Klipsch Amphitheater**, jouissant d'une très belle vue sur Biscayne Bay, est une bonne adresse pour des concerts ; plus petit, avec seulement 200 places (800 personnes de plus peuvent s'installer sur les pelouses), le **Tina Hills Pavilion** accueille au printemps des spectacles gratuits. Remarquez au nord la **JFK Torch of Friendship**, une fontaine qui salue le travail accompli par Claude Pepper, longtemps membre du Congrès américain. De nombreuses activités sont organisées sur place : cours de yoga, de trapèze et, nous a-t-on dit sérieusement, de yoga sur trapèze volant.

Le célèbre artiste et paysagiste américano-japonais Isamu Noguchi a redessiné une bonne partie de Bayfront Park dans les années 1980 et disposé sur place trois sculptures. Dans l'angle sud-ouest se trouve le **Challenger Memorial**, monument en hommage aux astronautes ayant péri, en 1986, dans l'explosion de la navette spatiale. Il figure à la fois la structure hélicoïdale de l'ADN humain et la navette elle-même. Haute de 12 m, la **Light Tower** est une évocation quelque peu abstraite des lanternes japonaises et du clair de lune au-dessus de Miami. Notre préférée est la **Mantra Slide**, une spirale de marbre enroulée servant aussi d'élément de jeu pour les enfants.

American Airlines Arena
ÉDIFICE CULTUREL

(carte p. 76 ; www.aaarena.com ; 601 N Biscayne Blvd). Au nord du parc, semblable à un énorme vaisseau spatial stationnant perpétuellement au bord de Biscayne Bay, cette arène est le stade de l'équipe de basket des Miami Heat depuis 2000. Elle abrite aussi le Waterfront Theater, le plus grand théâtre de Floride, qui accueille tout au long de l'année concerts, comédies musicales et autres spectacles. Un avion géant est peint sur le toit de l'arène – on peut parfois l'apercevoir (de loin, il ressemble à l'ombre d'un avion) en quittant la ville par les airs.

HistoryMiami
MUSÉE

(carte p. 76 ; www.historymiami.org ; 101 W Flagler St ; adulte/enfant 8/5 $; 10h-17h mar-ven, 12h-17h sam-dim). La Floride du Sud, terre d'esclaves en fuite, de guérilleros amérindiens, de gangsters, de colons, de pirates, de touristes, de trafiquants de drogue et d'alligators, possède une histoire singulière, et il fallait un musée tout aussi singulier pour la raconter. Installé dans le **Miami-Dade Cultural Center**, il parvient à tisser entre elles les histoires des différentes vagues de populations, des Amérindiens aux Nicaraguayens. Descendez à la station Government Center du Metromover.

Brickell Avenue Bridge et Brickell Key
ÎLE

(carte p. 76). Ce joli pont enjambe la Miami River entre SE 4th St et SE 5th St. Voici quelques années, il fut élargi et surélevé, ce qui se révéla bien commode pour le Zodiac des trafiquants de drogue pris en chasse par les agents de la Drug Enforcement Administration le jour même de sa réouverture ! En haut de la colonne Pillar of History, observez la statue de bronze de 5 m de hauteur, réalisée par le sculpteur d'origine cubaine Manuel Carbonell et représentant un guerrier tequesta et sa famille. C'est à pied que vous apprécierez le mieux les sculptures, et vous éviterez par la même occasion de vous perdre dans un système de circulation des voitures particulièrement complexe. Brickell Key ressemble, quant à elle, davantage à un porc-épic flottant hérissé de tours de verre qu'à une île. Pour percer le mystère du beau monde de Miami, faites semblant d'être client dans un repaire de nantis comme le Mandarin Oriental Miami, où le hall et les salons intimistes offrent une vue imprenable sur Biscayne Bay.

Pérez Art Museum Miami
MUSÉE

(PAMM ; carte p. 76 ; 305-375-3000 ; www.pamm.org ; 1103 Biscayne Blvd ; tarif plein/senior et étudiant 12/8 $; 10h-18h mar, mer et ven-dim, 10h-21h jeu). Le Pérez Art Museum accueille d'intéressantes expositions temporaires sur l'art international de l'après-guerre. On y vient aussi pour son architecture et son emplacement dans le Museum Park, un espace verdoyant qui s'avance sur les eaux bleues de Biscayne Bay. Conçu par l'agence d'architecture suisse Herzog & de Meuron, le nouveau bâtiment du musée intègre feuillage, verre et métal dans un ensemble de vitalité et de modernisme, qui constitue une belle analogie plastique de la ville de Miami.

Gusman Center for the Performing Arts
ÉDIFICE CULTUREL

(carte p. 76 ; 305-374-2444 ; www.gusman-center.org ; 174 E Flagler St). En dépit du net penchant de Miami pour la modernité, l'Olympia Theater, inauguré en 1925 au sein du Centre Gusman des arts du spectacle, affiche une physionomie classique de toute beauté. Sous le plafond indigo, décoré de nuages et de 246 étoiles, s'invitent des sculptures antiques et des décorations dans le style de l'Opéra de Vienne. Aujourd'hui, le hall abrite le Downtown Miami Welcome Center, qui fournit des informations utiles aux visiteurs et organise des circuits dans le quartier historique. Le soir, l'Olympia Theater continue de proposer du théâtre et des concerts.

Downtown Miami

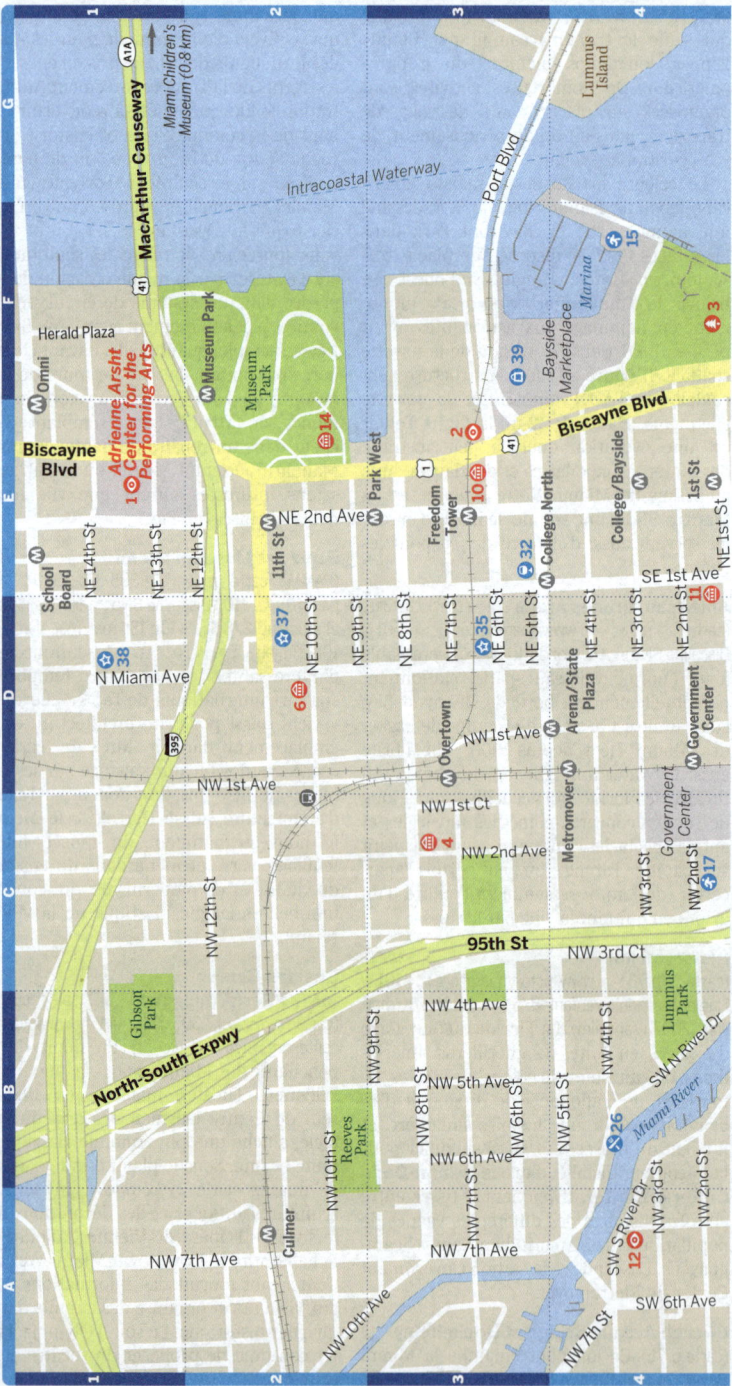

300 m
0.2 mile

MacArthur Causeway

A1A
Miami Children's Museum (0.8 km)

41

Intracoastal Waterway

Port Blvd

Lummus Island

Herald Plaza

Omni

Museum Park

Park West

Bayside Marketplace

Marina

15

3

39

Adrienne Arsht Center for the Performing Arts

Biscayne Blvd

14

Biscayne Blvd

1
2
10
11

Freedom Tower

College North

College/Bayside

1st St

NE 1st Ave

NE 2nd Ave

11th St

NE 2nd Ave

School Board

NE 14th St
NE 13th St
NE 12th St

NE 10th St
NE 9th St
NE 8th St
NE 7th St
NE 6th St
NE 5th St
NE 4th St
NE 3rd St
NE 2nd St

SE 1st Ave

N Miami Ave

38

37

35

32

6

Overtown

NW 1st Ave

NW 1st Ave

Arena/State Plaza

Government Center

395

NW 1st Ct

Metromover

Government Center

17

NW 2nd Ave

4

NW 3rd St

NW 2nd St

95th St

NW 3rd Ct

Gibson Park

NW 12th St

NW 4th Ave

Lummus Park

North-South Expwy

NW 9th St

NW 8th St
NW 5th Ave
NW 6th St
NW 5th St

NW 4th Ave

SW N River Dr

Miami River

26

Reeves Park

NW 10th St

NW 6th Ave

Culmer

NW 7th St

NW 7th Ave

NW 7th Ave

SW S River Dr

12

SW 3rd St

NW 3rd Dr

NW 2nd St

NW 10th Ave

NW 7th St

SW 6th Ave

Biscayne Bay

Intracoastal Waterway

Brickell Key

21

5

Biscayne Bay

Chopin Plaza

Bayfront Park

Biscayne Blvd

19 Way

Brickell Ave Bridge

Brickell Park

Convention & Visitors Bureau pour l'agglomération de Miami et les plages

Brickell Bay Dr

Salboards Miami (2,2 km) et Ermita de la Caridad (3,2 km)

SE 2nd St

Knight Center

SE 3rd St

SE 4th St

E Flagler St

23

18

8

30

SE 1st St

Third St

Riverwalk

Miami River

5th St

SE 5th St

SE 6th St

Brickell Ave

8th St

90

10th St Promenade

33

20

Financial District

1

Miami River Bridges

34

22

31

41

90

S Miami Ave

S 9th St

Downtown Miami Welcome Center

Brickell

S 12th St

29

SW 13th St (Coral Way)

27

W Flagler St

Miami Ave

SW 2nd St

SW 1st Ave

SW 1st Ct

SW 10th St

SW 11th St

Metrorail

41

28

7

Miami-Dade Cultural Center

13

9

SW 1st St

SW 7th St

SW 8th St (Calle Ocho)

SW 3rd Ave

SW 2nd Ave

24

16

25

968

José Martí Riverfront Park

SW 4th Ave

968

36

SW 5th Ave

SW 6th Ave

SW 3rd Ave

SW 3rd St

SW 11th St

NW 1st St

SW 1st St

SW 2nd St

SW 3rd Ave

SW 4th Ave

SW 5th St

SW 6th St

SW 6th Ave

SW 9th St

SW 10th St

SW 11th St

SW 19th Rd

SW 20th Rd

SW 21st Rd

Downtown Miami

MDC Museum of Art & Design
MUSÉE

(Freedom Tower ; carte p. 76 ; ☎305-237-7700 ; www.mdcmoad.org ; 600 Biscayne Blvd ; gratuit ; ⊙12h-17h mer-dim). Le Miami-Dade College a un petit musée bien organisé en centre-ville. Sa collection permanente compte des œuvres de Matisse, Picasso et Chagall, tout en mettant l'accent sur le minimalisme, le pop art et l'art contemporain d'Amérique latine. Le musée est aménagé au sein de la **Freedom Tower**, elle-même œuvre d'art et édifice incontournable du vieux Miami. La tour est l'une des deux constructions érigées d'après la Giralda, le clocher de la cathédrale de Séville. Dans les années 1960, près d'un demi-million de réfugiés cubains sont passés par cette "Ellis Island du Sud", alors bureau de l'immigration. Classée au Registre américain des sites historiques en 1979, elle a également hébergé le *Miami Daily News* pendant 32 ans.

Miami Center for Architecture & Design
MUSÉE

(Old US Post Office ; carte p. 76 ; ☎305-448-7488 ; www.miamicad.org ; 100 NE 1st Ave ; ⊙10h-17h lun-ven). L'American Institute of Architects a choisi cet ancien bureau de poste pour accueillir le siège local de son Centre pour l'architecture et le design. Construit en 1912, l'édifice fut le premier bâtiment fédéral à Miami. Il comporte un toit à faible pente, des portes ouvragées et des entrées sculptées, et fut racheté en 1937 pour devenir la première caisse de crédit immobilier. Le musée accueille aujourd'hui des conférences et des manifestations ayant trait à l'architecture, au design et à l'urbanisme, et présente une exposition modeste mais dynamique sur ces thèmes.

Black Archives Historic Lyric Theater
Welcome Center   ÉDIFICE HISTORIQUE
(Lyric Theater ; carte p. 76 ; ☎ 305-636-2390 ;
www.theblackarchives.org ; 819 NW 2nd Ave). Des
célébrités comme Duke Ellington et Ella
Fitzgerald ont jadis foulé la scène du Lyric,
à l'époque où ce théâtre était une étape
importante du "Chitlin Circuit" – une série
de salles de concerts réservées aux artistes
et au public noirs avant la fin de la ségrégation aux États-Unis. Au fil des ans, le théâtre
et son quartier, Overtown, tombèrent en
désuétude. La **Black Archives History &
Research Foundation of South Florida**
racheta ensuite l'édifice. Aujourd'hui, le
théâtre accueille de temps en temps des
spectacles, tandis que les archives font office
de centre d'information pour les visiteurs
intéressés par la culture afro-américaine de
Miami.

Cisneros Fontanal Arts Foundation   MUSÉE
(CIFO ; carte p. 76 ; ☎ 305-455-3380 ; www.cifo.
org ; 1018 N Miami Ave ; ◷10h-16h jeu-dim). Cette
fondation présente les œuvres d'artistes
latino-américains contemporains et dispose
d'un espace impressionnant. L'extérieur
marie habilement une sobriété postindus-
trielle et des touches de nature, une synthèse
qu'incarne la monumentale mosaïque
murale formant un immense motif tropical.
Les heures d'ouverture ne s'appliquent pas
lorsque des expositions y sont organisées,
mais des visites informelles peuvent être
arrangées en appelant à l'avance.

Miami-Dade Public Library   BIBLIOTHÈQUE
(carte p. 76 ; www.mdpls.org ; 101 W Flagler St ;
◷9h-18h lun-mer et ven, 9h-21h jeu, 13h-17h dim).

Pour en savoir plus sur la Floride (et en
particulier sur le sud de l'État), venez arpenter les allées du vaste Florida Department,
ou bien demandez à voir la Romer Collection – ces archives comptent 17 500 photos
et images relatant l'histoire de la ville, de ses
débuts aux années 1950.

Miami River   FLEUVE
(carte p. 76). L'atmosphère des abords de la
paisible et sensuelle Miami River rappelle
encore la Floride d'antan. Les berges sont
jalonnées d'entrepôts, mais il est difficile
d'imaginer ce que les petits remorqueurs
transportent et vers quelle destination. Des
pêcheurs passent avec leur prise du jour,
des plaisanciers accostent avec leur yacht
de luxe pour venir passer une bonne soirée
au resto, et on s'attend à tout moment à
entendre la musique du *Buena Vista Social
Club* flotter sur ce décor.

Dade County Courthouse   ÉDIFICE HISTORIQUE
(carte p. 76 ; 73 W Flagler St). Ce tribunal compte
parmi les plus imposants des États-Unis.
Construit entre 1925 et 1929, l'édifice est,
avec son allure sévère, tout à fait approprié à
sa fonction. Petite anecdote : dans le passé,
les neuf étages supérieurs servaient de
prison, d'où s'évadèrent plus de 70 détenus.

◉ Wynwood, Design District et Little Haiti

Désormais rebaptisés "Midtown", Wynwood
et le Design District sont les quartiers artistiques officiels de Miami ainsi que les points
de convergence de toutes les nouveautés de
l'agglomération de Miami en matière d'art,

LES BAZARS INTERNATIONAUX DU CENTRE-VILLE

Le centre-ville de Miami a la réputation d'être un endroit un peu rude. Une réputation
pas vraiment méritée, à notre avis : certes, de nuit, l'endroit n'est pas très engageant,
mais malgré son aspect plus ou moins délabré, c'est un endroit sûr en journée.
Cette atmosphère singulière est en partie due aux très nombreuses boutiques de
contrefaçons bon marché de bijoux, de mode ou d'électronique, rassemblées dans
des galeries marchandes et des centres commerciaux semi-abandonnés. Presque
tous ces magasins sont tenus par des immigrants d'Afrique de l'Ouest, d'Asie
orientale, d'Amérique du Sud et du Moyen-Orient. Même si vous n'avez pas besoin
de marchandises bon marché d'origine douteuse, il est amusant d'aller jeter un œil à
l'un de ces marchés, comme le **777 International Mall** (carte p. 76 ; 145 E Flagler St).
C'est ce qui se rapproche le plus des authentiques bazars des pays en développement,
mélange de désordre, de cris, de sueur, où l'on vous interpelle pour conclure une affaire
et où le marchandage est souvent de mise. C'est certes moins distingué qu'une séance
de shopping à Miami Beach ou dans le Design District, mais ce n'en est pas moins une
intéressante tranche de vie de cette ville.

DÉNICHER DE L'ART À WYNWOOD

Au moment de la rédaction de ce guide, on recensait plus de soixante galeries d'art à Wynwood. De nouveaux espaces semblent ouvrir presque chaque semaine. Les adresses préférées des "wypsters" (contraction de "Wynwood hipsters", population branchée incluant à la fois les amateurs, les employés et les exposants des galeries du quartier) changent d'un mois sur l'autre, à mesure que les galeries "dissidentes", les nouvelles fresques, les graffitis, les cafés, les restaurants et les ateliers se multiplient dans tout Midtown. En général, on trouve les galeries d'art dans un carré bordé par NW 20th St et NW 37th St, au sud et au nord, et N Miami Ave et NW 3rd Ave, à l'est et à l'ouest. Il est difficile d'en recommander certaines plus que d'autres, étant donné la diversité de l'offre proposée, mais les suivantes font partie de nos préférées :

Artopia (carte p. 82 ; ☑ 305-374-8882 ; www.artopiamiami.com ; 1753 NE 2nd Ave ; ☺ appelez pour connaître les heures d'ouverture). Cette adresse prouve que les limites de Wynwood mentionnées ci-dessus sont flexibles – Artopia est physiquement située dans Overtown, mais fait culturellement partie du circuit des galeries. Il s'agit de l'ancien atelier de feu Purvis Young, célèbre artiste autodidacte, qui grandit non loin de là. Ses œuvres d'art "populaire" et d'autres pièces sont souvent exposées, de même que celles d'artistes émergents, d'ici ou d'ailleurs.

PanAmerican Art Projects (carte p. 82 ; ☑ 305-573-2400 ; www.panamericanart.com ; 2450 NW 2nd Ave ; ☺ 9h30-17h30 mar-ven, 12h-17h30 sam). Malgré son nom, la galerie PanAmerican expose aussi des artistes européens et chinois. La plupart des œuvres sont néanmoins signées par des artistes talentueux d'Amérique latine, des Caraïbes et des États-Unis.

Brisky Gallery (carte p. 82 ; ☑ 786-409-3585 ; www.briskygallery.com ; 130 NW 24th St ; ☺ appelez pour connaître les heures d'ouverture). Initialement créée en Allemagne, la Brisky Gallery dispose d'un immense entrepôt de 420 m² rempli d'œuvres d'artistes américains et étrangers dignes d'un musée. Pour plus de créativité encore, découvrez le jardin de près de 500 m², débordant de fresques, de graffitis, d'installations et de sculptures.

De nombreuses autres galeries peuvent être visitées. Un agréable moyen de le faire tout en sirotant quelques verres consiste à participer aux réputées Wynwood Art Walks ou, si vous êtes là au bon moment, au festival Art Wynwood (p. 102). Consultez, entre autres, les sites www.beachedmiami.com, wynwoodartwalk.com et www.miamiartguide.com pour plus de renseignements.

de gastronomie et de vie nocturne. La zone reste contiguë à certains des quartiers les plus pauvres de la ville et si vous arrivez ici par les petites rues plutôt que par l'autoroute, vous aurez une idée du délabrement qui caractérisait jadis tout le voisinage. Le centre commercial de Midtown est le centre de gravité de l'ensemble. Wynwood est consacré aux galeries d'art tandis que les quelques magasins de luxe rassemblés dans le Design District sont remplis d'objets splendides. Entre les fauteuils de design italien, les armoires russes d'époque Romanov et les lustres évoquant le style du maestro du verre Dale Chihuly, mieux vaut avoir un portefeuille bien garni (le prix d'un objet se chiffre en milliers de dollars), même si, en cherchant bien, il est possible de faire des affaires.

Contrairement à Wynwood, le Design District est assez compact et se parcourt facilement à pied. Little Haiti, à ne manquer sous aucun prétexte, est situé au nord du Design District. Entre les deux se trouve le ravissant et verdoyant quartier résidentiel de Buena Vista, gagné par l'embourgeoisement, les restaurants, les bars et les lieux de sortie de la communauté gay.

♥ **Wynwood Walls**   ART PUBLIC
(carte p. 82 ; www.thewynwoodwalls.com ; NW 2nd Ave, entre 25th St et 26th St ; ☺ 12h-20h mer-sam). Street art et explosion de couleurs aux Wynwood Walls. En plein cœur de Wynwood, au milieu des entrepôts rouillés et des constructions bétonnées, cet ensemble de peintures et de fresques murales ornant une cour ouverte séduit

par son emplacement insolite et la qualité des œuvres. Ce qu'on y trouve dépend en général des grands événements artistiques organisés à Miami, comme l'Art Basel (l'une des principales manifestations artistiques annuelles aux États-Unis), mais l'endroit mérite toujours une visite.

Little Haiti Cultural Center GALERIE
(carte p. 82 ; ☑305-960-2969 ; www.miami-gov.com/LHCulturalcenter ; 212 NE 59th Tce ; ⊘9h-17h). Miami accueille la plus grande communauté haïtienne au monde hors d'Haïti, et ce centre culturel est l'endroit parfait pour découvrir son histoire. Dans un cadre de joyeux dessins et motifs typiques de l'île, il abrite une petite galerie très colorée, un centre artisanal et un espace d'activités – des cours de danse, des pièces de théâtre et autres événements y ont lieu toute l'année. Le meilleur moment pour visiter le centre est la **Big Night in Little Haiti** (www.rhythmfoundation.com/series/big-night-in-little-haiti), une fête de rue organisée tous les 3ᵉ vendredi du mois de 18h à 22h. Les festivités mélangent musique, bière et nourriture caribéenne alléchante et sont l'un des moyens les plus

faciles et les plus sûrs d'accéder à la culture d'Haïti hors de l'île.

Rubell Family Art Collection MUSÉE
(carte p. 82 ; ☑305-573-6090 ; www.rfc.museum ; 95 NW 29th St ; tarif plein/étudiant et -18 ans 10/5 $; ⊘10h-18h mar-sam déc-août). La famille Rubell – plus précisément la nièce et le neveu de feu Steve, l'un des deux fondateurs du légendaire Studio 54 à New York – gère des hôtels de luxe à Miami Beach et a rassemblé cette impressionnante collection d'art contemporain couvrant les 30 dernières années. Plutôt que d'exposer une ou deux pièces de chaque artiste, l'objectif du musée est de présenter l'intégralité de la carrière d'un créateur.

Miami City Cemetery CIMETIÈRE
(carte p. 82 ; 1800 NE 2nd Ave ; ⊘7h-15h30 lun-ven, 8h-16h30 sam-dim). Ossements, poussière et pierres tombales racontent l'histoire de la ville dans ce paisible cimetière municipal, dernière demeure de certains des plus importants citoyens de la région de Miami. La dichotomie entre passé et modernité est marquée par les vertigineux gratte-ciel

---

À NE PAS MANQUER

LITTLE HAITI

Si vous n'êtes jamais allé à Port-au-Prince, ne manquez pas Little Haiti, l'un des plus beaux quartiers de Miami. Des jeunes hommes en débardeur écoutent du rap francophone, tandis que des femmes vêtues d'étoffes bigarrées papotent sur le seuil des *botanicas* (commerces vaudous). S'agissant d'un des quartiers les plus sensibles de Miami, il est préférable de ne pas y circuler à la nuit tombée. En revanche, y venir dans la journée ou à l'occasion d'une visite du Little Haiti Cultural Center ne présente aucun danger.

Les *botanicas* sont sans doute l'élément le plus dépaysant de Little Haiti. Ces boutiques promettent à qui veut bien l'entendre de l'aide dans le domaine de l'amour, du travail, voire des formalités d'immigration, mais croyez-nous, vous n'y trouverez ni officier d'état civil ni agent de l'immigration. En entrant dans une *botanica*, il se peut que vous lisiez une certaine surprise dans les regards, mais montrez-vous poli, curieux et respectueux et vous serez à coup sûr bienvenu. Avant de faire le tour du magasin, oubliez vos a priori sur les poupées et les épingles. Religion syncrétique, le vaudou admet l'existence de forces surnaturelles dans les objets du quotidien, ainsi que des pouvoirs à la fois associés à un Dieu unique et distincts de lui. Ainsi les objets rituels chrétiens côtoient-ils ceux consacrés aux déités d'origine afro-caribéennes. Observez les grandes statues des *loa*, des esprits intermédiaires constituant un panthéon au-dessous de Dieu dans la hiérarchie religieuse vaudoue. Avant de partir, déposez une pièce dans le bol d'offrande d'un *loa*, en particulier celui de Papa Legba, esprit des carrefours et des voyageurs.

Pour un supplément de culture haïtienne, les étagères de la **Libreri Mapou** (carte p. 82 ; www.librerimapou.com ; 5919 NE 2nd Ave) débordent de milliers d'ouvrages (y compris des revues) en français, anglais et créole, ainsi que d'objets artisanaux et de disques.

Wynwood, Design District et Little Haiti

N   0 ——————— 400 m
0 ——————— 0,2 mile

NW 59th St

N Miami Ave

NE 2nd Ave

5
37
NE 59th Tce
NE 59th St
NE 58th St

NE 4th Ave

Biscayne Blvd

New Yorker (1,1 km),
Michy's (1,3 km),
Jimmy's East Side
Diner (1,6 km), Motel
Blu (1,8 km), Magnum
Lounge (2,3 km)
et Boteco (4 km)

NW 56th St

15
NE 56th St

NE 55th Tce

LITTLE HAITI

27
NE 55th St
NE 54th St

NE 55th St

NE 53rd St

Morningside Park

12
NW 54th St

NW 53rd St

NW 53rd St

26
NE 52nd Tce

NE 52nd St

NW 3rd Ave

NW 52nd St

18
NE 51st St

NE 50th Tce

NW 51st St

NW 50th St

NW 49th St

NE 2nd Ave

NW 48th St

NW 47th Tce

NW 47th St

NW 46th St

20

NE Federal Hwy

Bay Point Rd

NW 45th St

25

DESIGN DISTRICT

Melaleuca Ln

NW 44th St

22

Sabal Palm Rd

NW 42nd St

NE 1st Ave

NW 41st St

6
13

NW 40th St

23

36

Biscayne Blvd

17

35

NW 39th St

NW 38th St

112 195

NW 37th St

NW 36th St

27

21

NE 2nd Ave

19

NW 35th St

16

Midtown Miami

11

East 1st Ct

32

Roberto Clemente Park

NW 34th St

WYNWOOD

NW 33rd St

3rd Ave

2nd Ave

NW 32nd St

N Miami Ave

NW 31st St

NE 31st St

NW 30th St

33

Intracoastal Waterway

9

34

14

NW 29th St

NW 28th St

NW 27th St

Wynwood Walls

1
31

NW 26th St

8

28
4

NW 25th St

29

NW 24th St

24
30

NW 23rd St

NE 24th St

Biscayne Bay

NE 23rd St

NE 22nd St

3

NE 21st St

NW 2nd Ave

NE 20th Tce

NE 19th St

Miami City Cemetery

7

2

Biscayne Blvd

MIAMI À VOIR

Wynwood, Design District et Little Haiti

Les incontournables
1 Wynwood Walls A6

À voir
2 Artopia C7
3 Bacardi Building C7
4 Brisky Gallery A6
5 Little Haiti Cultural Center B1
6 Living Room B4
7 Miami City Cemetery B7
8 PanAmerican Art Projects A6
9 Rubell Family Art Collection B5

Où se loger
10 Motel Bianco C2

Où se restaurant
11 Cheese Course B4
12 Chef Creole A2
13 Egg & Dart B4
14 Enriqueta's B5
15 Fiorito B1
16 Gigi B4
17 Harry's Pizzeria B4
18 Honey Tree C2
19 La Latina B4
20 Lemoni Café B3
21 Lost & Found Saloon A4
22 Mandolin B3
23 Oak Tavern B4
24 The Butcher Shop A6
25 The Embassy B3
26 The Federal C2

Où prendre un verre
27 Churchill's B2
28 Gramps A6
29 Panther Coffee A6
30 The Social Lubricant A6
31 Wood Tavern A6

Où sortir
32 Bardot B5
33 Miami Light Project C5
34 O Cinema B5
35 The Stage B4

Achats
36 Genius Jones B4
GO! Shop .... (voir 1)
37 Libreri Mapou B1
Sweat Records .... (voir 27)

qui dominent l'ultime séjour des premiers colons de Floride. Plus de 9 000 tombes sont regroupées dans différentes sections pour les Blancs, les Noirs et les juifs. Des maires et des vétérans de guerre (dont près de 90 soldats confédérés) sont enterrés ici, ainsi que la marraine de la Floride du Sud, Julia Tuttle, qui acheta les premières orangeraies, attirant ainsi les colons dans la région.

Living Room ART PUBLIC
(carte ci-contre ; angle NW 40th St et N Miami Ave). Signe que vous pénétrez dans le Design District, voici une énorme installation d'art public représentant un salon posé au milieu de la rue. Créé par un couple d'Argentins, Roberto Behar et Rosario Marquardt, ce Living Room est une "intervention urbaine" visant à critiquer la disparition de l'espace public. À notre sens, on peut y voir une belle métaphore du Design District en général : un intérieur contemporain posé au beau milieu d'un paysage urbain délabré.

Bacardi Building ARCHITECTURE
(carte ci-contre ; 2100 Biscayne Blvd ; 9h-15h30 ou 16h lun-ven). GRATUIT Nul besoin d'avaler un verre de rhum pour apprécier l'édifice de l'ancien siège de Bacardi, la plus grande entreprise familiale de spiritueux au monde. L'élément le plus remarquable est la tour principale, dont les flancs s'ornent de monumentales mosaïques tropicales en blanc et bleu.

Key Biscayne

La route panoramique qui suit la Rickenbacker Causeway mène tout d'abord à la petite Virginia Key puis continue jusqu'à Key Biscayne, une île de seulement 11 km de long offrant une vue incomparable sur la ligne des gratte-ciel de Miami. En roulant sur la chaussée, remarquez les petites plages publiques, les aires de pique-nique et les coins de pêche installés sur ses bords. La route devient ensuite Crandon Blvd, seule véritable route de l'île, et se poursuit jusqu'au Cape Florida Lighthouse, à l'extrême sud de Key Biscayne.

Crandon Park PARC
(carte p. 84 ; 305-361-5421 ; www.miamidade.gov/parks/parks/crandon_beach.asp ; 6747 Crandon Blvd ; 5 $/voiture ; aube-crépuscule ; P). Crandon Park Beach, le fleuron de ce parc de 500 ha, est une plage superbe, mais bondée, qui s'étend sur 4,8 km. L'essentiel de la végétation côtière du parc est constitué par des *hammocks*, ces terrains surélevés typiques de Floride où se mêlent chênes et espèces tropicales, et par des marécages de mangrove. Il est

Key Biscayne

N

0   0,6 km
0   0,5 mile

VIRGINIA KEY

◎ 5

Virginia Key

Rickenbacker Cswy

Bear Cut

Rusty Pelican (2,1 km)
et Sailboards Miami (4,2 km)

Northwest Point

ℹ 1

Crandon Park Marina

Biscayne Bay

🏕 3

Crandon Park

🏛 4

6 🏃

⚫ Crandon Park Beach

West Point

Crandon Blvd

KEY BISCAYNE

✈ 12

8 🏃

East Dr

🏨 10

Village Green Park

E Heather Dr

2 🏕

9 💺

Galen Dr

Key Biscayne

Harbor Dr

Harbor Point

E Wood Dr

Southwest Point

S Mashta Dr

W Mashta Dr

Crandon Blvd

*OCÉAN
ATLANTIQUE*

11 ✈

🏕 1

Cape Florida Channel

Grapetree Dr

Bill Baggs
Cape Florida
State Park

Biscayne Bay

Cape Florida

Key Biscayne

possible de louer de jolies cabanes à la journée (37,45 $), à l'extrémité sud du parc. Au même endroit, une plage propre et peu fréquentée par les touristes s'étend sur 3 km face à une belle étendue turquoise. Elle figure régulièrement au palmarès des meilleures plages du pays.

Miami Seaquarium AQUARIUM
(carte ci-contre ; www.miamiseaquarium.com ; 4400 Rickenbacker Causeway ; adulte/enfant 40/30 $; ☉9h30-18h, dernière entrée 16h30 ;

🅿🚻). Ce parc marin, l'un des premiers sites du pays consacré au monde aquatique, considère comme une de ses missions la protection des espèces marines et la sensibilisation du grand public à la question. Des dizaines de spectacles et d'expositions sont organisés, avec notamment un récif tropical, le Shark Channel, où sont nourris les requins, et la Discovery Bay, une mangrove naturelle où se reposent les tortues de mer en convalescence. Observez les dauphins à flancs blancs du Pacifique et les lamantins des Caraïbes qui sont soignés avant d'être, parfois, relâchés.

Cela dit, les principales attractions du Seaquarium, les spectacles de dauphins et d'orques (notamment ceux offrant la possibilité de nager aux côtés des dauphins) sont aussi les plus controversées. Les organisations de protection des animaux estiment en effet que toute forme de captivité ou d'interaction avec les humains nuit gravement aux cétacés. Si vous voulez nager avec les dauphins, sachez que la taille minimum requise est de 1,32 m et que les enfants de moins de 3 ans n'ont pas accès à l'espace d'observation.

**Marjory Stoneman Douglas
Biscayne Nature Center** MUSÉE
(carte ci-contre ; ☎305-261-6767 ; www.biscaynenaturecenter.org ; Crandon Park, 6767 Crandon Blvd ; ☉10h-16h ; 🅿🚻). ✒ GRATUIT
Marjory Stoneman Douglas était une militante écologiste très populaire, digne de voir son nom associé à ce centre dédié à

STILTSVILLE

Sur la rive sud du Bill Baggs Cape Florida State Park, vous apercevrez, dans le lointain, cet ensemble de sept maisons sur pilotis s'élevant dans Biscayne Bay. Ces constructions, appelées Stiltsville, datent du début des années 1930. La première a été construite par Eddie Walker dit "l'Écrevisse". D'autres bâtiments ont été ajoutés au fil des années. Ce "village" sur pilotis a notamment abrité des maisons de jeu et servi de lieu de contrebande. Dans les années 1960, il accueillit le Bikini Club, où les consommations étaient offertes aux femmes en deux pièces et où régnait une grande liberté de mœurs.

À son apogée en 1960, Stiltsville comptait 27 maisons. Beaucoup ont disparu à cause des ouragans ou du phénomène d'érosion. L'ensemble ne compte plus aucun habitant, mais on peut y effectuer une **excursion en bateau** (☎305-379-5119 ; www.islandqueencruises.com/stiltsville.htm ; excursion 49 $) en compagnie du Dr Paul George, historien renommé.

En 2003, le service des parcs nationaux a chargé l'association Stiltsville Trust de restaurer les bâtiments, qui pourraient devenir un centre des visiteurs des parcs nationaux, une résidence d'artistes ou un centre communautaire. Rien de très concret ne semble avoir été entrepris en ce sens, mais vous pouvez consulter le site www.stiltsvilletrust.org pour plus d'informations.

Little Havana

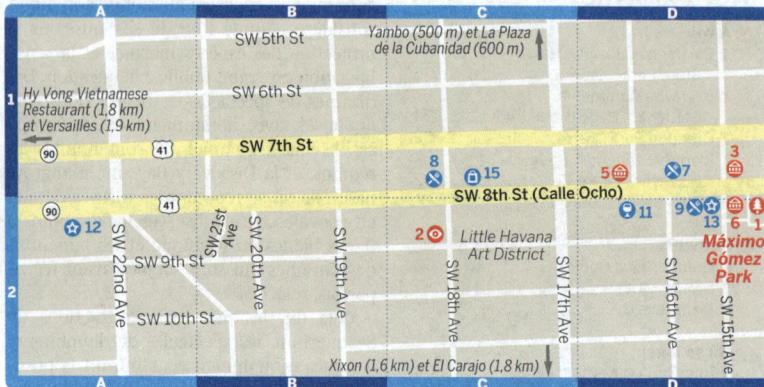

la nature, qui fera le bonheur des enfants. Il constitue une excellente introduction pour l'exploration de l'écosystème subtropical des États-Unis continentaux : celui de Floride du Sud. Des randonnées et des initiations à la nature sont proposées le week-end – les plus petits pourront patauger dans l'eau et manier l'épuisette. Consultez le site Internet pour connaître la longue liste d'activités proposées (comptez 12 $/pers en moyenne).

Bill Baggs Cape Florida State Park   PARC

(carte p. 84 ; ☎305-361-5811 ; www.floridastateparks.org/capeflorida ; 1200 S Crandon Blvd ; 8 $/voiture, 2 $/pers ; ☉8h-crépuscule ; P🚻🐾). 🍃 Si les Keys de Floride ne font pas partie de votre programme, autant visiter ce parc et sa zone de loisirs (Recreation Area) pour vous faire une idée des écosystèmes uniques de ces îles. Cet espace de 200 ha, occupé par une faune tropicale et une épaisse mangrove – remarquez les racines plongeantes qui fournissent de l'air aux arbres à demi submergés –, est sillonné de sentiers sablonneux et de passerelles en bois, et entouré d'océan à perte de vue. Une cabane assure la location de kayaks, vélos, rollers, transats et parasols.

Situé à l'extrémité sud de cette aire de loisirs, le **Cape Florida Lighthouse** en brique de 1845 est le phare le plus ancien de Floride. Il fut érigé pour remplacer un autre phare, gravement endommagé en 1836 lors de la deuxième guerre séminole. Des visites gratuites sont organisées à 10h et à 13h du lundi au jeudi.

Biscayne Community Center et Village Green Park   PARC

(carte p. 84 ; ☎305-365-8900 ; www.keybiscayne. fl.gov/pr ; Village Green Way, depuis Crandon Blvd ; ☉community center 6h-22h lun-ven, 8h-20h sam-dim ; 🚻🐾). 🍃 GRATUIT Avec une piscine, des jeux pour enfants et une salle d'activité superbement équipée, ce parc et centre de loisirs fantastique est incontournable pour les petits. Vieux de plus d'un siècle, le baobab africain abrite une myriade d'oiseaux tropicaux.

◉ Little Havana

L'artère principale de Little Havana, la Calle Ocho (SW 8th St), ne se contente pas de traverser le quartier en son milieu : elle *est* le cœur du quartier. Par maints aspects, Little Havana ressemble à toutes les enclaves d'immigrants des États-Unis avec ses restaurants, ses épiceries familiales et ses boutiques de cartes téléphoniques. Certes, son caractère cubain est un peu exacerbé à l'intention des visiteurs, et bon nombre d'immigrés latinos vivant ici viennent en réalité d'Amérique centrale. Mais malgré cela, l'âme des lieux, qui trouve ses racines hors des États-Unis, suscite une atmosphère particulière. Cherchez-y le **Walk of Fame cubain**, une série d'étoiles incrustées sur le trottoir et ornées des noms de célébrités cubaines, qui court sur une bonne partie de 8th St.

La plus grande manifestation annuelle du quartier est le Carnaval Miami (Calle Ocho Festival, p. 102), qui célèbre la culture latino de Miami durant 10 jours frénétiques.

♥ **Máximo Gómez Park**   PARC

(carte ci-dessus ; SW 8th St au niveau de SW 15th Ave ; ◎9h-18h). Le Máximo Gómez Park, ou "Domino Park", cristallise à merveille la Cuba d'antan. Les discussions des vieux immigrés penchés au-dessus d'une partie d'échecs sont ponctuées par le claquement des dominos. Le brouhaha ambiant, l'épaisse fumée des cigares et la fresque représentant un lever de soleil – qui commémore le sommet des Amériques de 1993 – font de ce parc l'un des sites les plus évocateurs (et l'un des plus touristiques) de Miami.

Cuban Memorials   MONUMENT

(carte p. 86). Les deux pâtés de maisons de SW 13th Ave au sud de Calle Ocho comportent une série de monuments dédiés aux héros cubains et cubano-américains, notamment ceux qui périrent au cours de la lutte pour l'indépendance et des conflits anticastristes. Parmi les mémoriaux, citons la **Torche éternelle en l'honneur de la 2506ᵉ brigade** pour les exilés morts durant le débarquement de la baie des Cochons ; un énorme **bas-relief en cuivre** représentant une carte de Cuba, dédiée aux "idéaux des personnes qui n'oublieront jamais le combat pour libérer leur mère patrie" ; un **mémorial à José Martí** et une **statue de la Madone**, censée être éclairée par une aura de lumière tous les après-midi. S'élevant de l'île au milieu du boulevard, l'énorme fromager est vénéré par les pratiquants de la *santería* (religion des Caraïbes d'origine africaine). Cet arbre est un symbole non officiel qui évoque le souvenir des pauvres *Marielitos* (qui s'enfuirent de Cuba en 1980)

et des vagues successives d'ouvriers cubains en quête de travail, dont beaucoup sont des *santeros* (pratiquants de la *santería*) arrivés à Miami depuis les années 1980.

À deux pas de l'artère principale, une fontaine et un monument désignés conjointement sous le nom de **La Plaza de la Cubanidad** (angle W Flagler St et NW 17th Ave) rendent à la fois hommage aux provinces cubaines et aux migrants qui périrent noyés en 1994 alors qu'ils tentaient de quitter Cuba à bord du bateau baptisé *13 de Marzo*, coulé par les forces de Castro tout près de la côte.

Cuba Ocho   GALERIE

(carte p. 86 ; ☎305-285-5880 ; www.cubaocho. com ; 1465 SW 8th St ; ◎11h30-15h mar-sam). Joyau du quartier artistique de Little Havana, le Cuba Ocho sert à la fois de centre communautaire, de galerie d'art et d'avant-poste de recherche pour tout ce qui a trait à Cuba. L'intérieur sympathique ressemble à un vieux bar à cigares de La Havane, mais ses murs sont ornés d'œuvres qui évoquent aussi bien le passé classique de l'art cubain que son futur d'avant-garde. De fréquents concerts, projections cinématographiques, pièces de théâtre, conférences et autres événements y sont organisés chaque semaine, et le centre est alors ouvert en

LA TOMBE D'EVA MUNROE

Dans une petite zone entourée d'une grille, non loin de la **Coconut Grove Library** (2875 McFarlane Rd), se trouve l'humble pierre tombale d'une certaine Eva Amelia Hewitt Munroe. Eva, née en 1856 dans le New Jersey et morte à Miami en 1882, gît dans la plus ancienne sépulture américaine du comté de Miami-Dade (triste précision : des colons afro-américains moururent avant Eva mais leur décès ne fut jamais enregistré officiellement). Ralph Munroe, l'époux d'Eva, sombra dans une profonde dépression à laquelle il tenta d'échapper en édifiant le Barnacle (ci-dessous), désormais l'une des plus anciennes demeures historiques de la région.

soirée. Consultez le site Internet pour plus d'informations.

Little Havana Art District   GALERIES
(carte p. 86 ; Calle Ocho, entre SW 15th Ave et 17th Ave). Certes, on ne peut pas comparer avec Wynwood, et l'appellation "Art District" ("quartier artistique") est quelque peu surdimensionnée. Mais ce petit ensemble de galeries d'art et d'ateliers présente un concentré des meilleures créations latino-américaines (notamment cubaines) à Miami. Chaque atelier mérite une halte. Ce secteur de Little Havana est aussi l'épicentre des Viernes Culturales ("vendredis culturels", p. 133).

**Bay of Pigs Museum
& Library**   MUSÉE, BIBLIOTHÈQUE
(carte p. 86 ; www.bayofpigsmuseum.org ; 1821 SW 9th St ; ☺9h-16h lun-sam). Ce petit musée s'apparente plutôt à un monument à la 2506e brigade, l'équipage du désastreux débarquement de la baie des Cochons. Quel que soit votre avis concernant Fidel Castro et les Américano-Cubains, la visite vous dévoilera une facette de cet épisode controversé. Peut-être aurez-vous l'occasion de croiser des survivants de l'opération, venus se recueillir parmi les photos de leurs frères d'armes disparus.

Tower Theater   ÉDIFICE HISTORIQUE
(carte p. 86 ; ☎305-643-8706 ; www.towertheatermiami.com ; 1508 SW 8th St). Ce célèbre théâtre de 1926, récemment rénové, exhibe fièrement sa façade Art déco et son intérieur refait à neuf grâce au soutien du Community College du comté de Miami-Dade. Durant son âge d'or, il était le centre de la vie sociale de Little Havana et, par les films projetés, offrait un pont entre les immigrants et la culture populaire américaine. Aujourd'hui, les lieux accueillent de fréquentes projections de films indépendants ou en langue espagnole (parfois les deux) et diverses expositions artistiques dans le hall.

◉ Coconut Grove

Cet ancienne enclave hippie se déploie le long de S Bayshore Dr, en embrassant le rivage. L'US Hwy 1 (S Dixie Hwy) marque sa frontière nord. L'endroit attire aujourd'hui les classes moyennes, les jeunes cadres de Miami et les étudiants de l'université. L'ambiance y est plaisante, en particulier le soir, où boutiques et restaurants attirent les foules.

**♥ Vizcaya Museum
& Gardens**   ÉDIFICE HISTORIQUE
(☎305-250-9133 ; www.vizcayamuseum.org ; 3251 S Miami Ave ; tarif plein/enfant 6-12 ans/étudiant et senior 18/6/10 $; ☺9h30-16h30 mer-lun ; Ⓟ). Si Miami est surnommée "la ville magique", alors cette villa italienne a tout d'un véritable château de conte de fées. En 1916, l'industriel James Deering lança une mode qui allait s'y perpétuer : ayant amassé une fortune, il fit construire une maison aux dimensions ahurissantes. Il employa 1 000 personnes (soit 10% de la population locale) pendant quatre ans pour ériger cette demeure d'une autre époque. Obsédé par l'idée de lui conférer un cachet suranné, il agrémenta sa maison de meubles, tapisseries, peintures et éléments de décoration datant du XVe au XIXe siècle. Il se fit aussi fabriquer un monogramme et commanda des portraits de ses ancêtres fictifs. La propriété de 12 ha est dotée de superbes jardins et de gloriettes florentines. La villa et les jardins accueillent des expositions d'art contemporain.

**Barnacle Historic
State Park**   PARC
(carte ci-contre ; www.floridastateparks.org/thebarnacle ; 3485 Main Hwy ; parc 2 $, visite de la maison 3 $; ☺parc 9h-16h ven-lun, visite de la maison 10h, 11h30, 13h, 14h30 ven-lun ; ♿). Au centre du village, cette résidence de

Coconut Grove

Map of Coconut Grove with scale 0–400 m / 0–0,2 mile

Coconut Grove

2,2 ha date de 1891 et appartenait à Ralph Monroe, considéré comme le premier *snowbird* (riche habitant du Nord-Est venu chercher le soleil en Floride) de Miami. Il est possible d'effectuer une visite guidée de la maison et le parc ombragé est un véritable havre de paix. De charmants concerts au clair de lune, allant du jazz au classique, sont régulièrement programmés. Un peu plus bas sur Main Hwy, de l'autre côté de la route, se trouve un petit temple bouddhique ombragé par de grands bosquets de banians.

Miami Museum of Science & Planetarium
MUSÉE, PLANÉTARIUM
(☎ 305-646-4200 ; www.miamisci.org ; 3280 S Miami Ave ; tarif plein/enfant, étudiant et senior 15/11 $; ◷ 10h-18h ; P ⛴). Le petit musée des Sciences de Miami est une institution sérieuse, qui propose des expositions variées, allant des phénomènes climatiques aux petites bestioles, en passant par les récifs coralliens et les microbes. Le planétarium organise des initiations à l'univers spatial et des séances d'observation au télescope, ainsi que des spectacles de laser un peu vieillots,

avec des lumières psychédéliques au son des Beatles et de Pink Floyd. Un nouveau bâtiment est en cours de construction à côté du Pérez Art Museum Miami, dans le Museum Park (p. 75) de Downtown.

Kampong
SITE HISTORIQUE, JARDINS

(☎ 305-442-7169 ; www.ntbg.org/gardens/ kampong.php ; 4013 Douglas Rd ; ☉ visite sur rdv uniquement 9h-16h lun-ven). David Fairchild, véritable Indiana Jones du monde botanique et fondateur des Fairchild Tropical Gardens, se reposait au Kampong (qui signifie "village" en indonésien/malais), entre ses voyages à la recherche de plantes se distinguant par leur beauté et leur intérêt économique. Aujourd'hui, le lieu est inscrit au Registre américain des sites historiques et les jolis jardins servent de salle de classe au National Tropical Botanical Garden. Il est possible de le visiter gratuitement sur rendez-vous (comptez au moins 1 heure de visite), ou de réserver une visite guidée de 2 heures (20 $).

Coconut Grove Arts Precinct
GALERIES

Coconut Grove, comme beaucoup d'autres quartiers de Miami, cherche à promouvoir à tout prix ses galeries d'art. À quelques rares exceptions près, elles se concentrent à proximité des centres commerciaux **CocoWalk**

et **Streets of Mayfair**, et il est possible d'y déambuler en soirée le premier samedi du mois (à partir de 19h). Parmi les nombreuses promenades artistiques de Miami, la Coconut Grove Art Walk est indiscutablement la plus adaptée aux familles.

AC Fine Art
GALERIE

(carte p. 89 ; ☎ 305-742-7071 ; www.acfineartsite. com ; 2911 Grand Ave ; ☉ 10h-18h). L'une de nos galeries préférées, spécialisée dans les éditions limitées et les originaux de maîtres comme Dalí, Picasso, Toulouse-Lautrec, Warhol, Basquiat et Lichtenstein – rien de moins !

Plymouth Congregational Church
ÉGLISE

(www.plymouthmiami.com ; 3400 Devon Rd ; Ⓟ). Datant de 1917, cette église bâtie dans le style mission espagnole est fascinante, depuis la maçonnerie en calcaire à corail jusqu'à la porte sculptée provenant d'un monastère des Pyrénées.

Ermita de la Caridad
MONUMENT

(☎ 305-854-2404 ; www.ermitadelacaridad.org ; 3609 S Miami Ave). Le diocèse catholique a acheté cette parcelle appartenant à la villa Vizcaya de Deering et a construit ce sanctuaire sur le rivage pour ses paroissiens cubains exilés. Symbolisant un phare, il se dresse face à la mère patrie, qui se trouve à exactement 466 km au sud. Par ailleurs, une fresque dépeint l'histoire cubaine. Après la visite de Vizcaya ou du musée des Sciences, venez pique-niquer au calme, au bord de l'eau.

◉ Coral Gables

La charmante ville de Coral Gables, aux nombreux bâtiments de style méditerranéen, est délimitée par Calle Ocho au nord, Sunset Dr au sud, Ponce de Leon Blvd à l'est et Red Rd à l'ouest. Le principal campus de l'université de Miami se situe juste au sud de l'immense parcours du Biltmore Golf Course. La principale rue piétonne est Miracle Mile – le paradis des inconditionnels du shopping.

Venetian Pool
OASIS URBAINE

(carte p. 92 ; ☎ 305-460-5306 ; www.coralgablesve netianpool.com ; 2701 De Soto Blvd ; adulte/enfant 11,50/7,70 $; ☉ horaires variables ; ♿). En 1923, des tonnes de pierre avaient été extraites pour construire l'un des plus beaux quartiers de Miami. Mais le résultat fut un trou béant. On décida alors de remplir d'eau ce bassin

DES HIBISCUS, DES PALMIERS ET DES STARS

Au cœur de Biscayne Bay, non loin du bord de l'A1A, Hibiscus Island, Palm Island et Star Island sont des petites îles formant des enclaves huppées. On y trouve peu de célébrités, seulement des gens riches. Dans les années 1970 et 1980, un manoir situé sur Star Island servait de quartier général à l'Ethiopian Zion Coptic Church, une secte rastafari finalement condamnée pour un important trafic de marijuana aux États-Unis. L'incident déclencha un véritable conflit médiatique, centré à la fois sur les accusations et sur les disputes de voisinage entre les rastas blancs, barbus et chevelus, et leurs aristocratiques voisins de Star Island, qui se plaignaient du nuage de fumée de cannabis émanant en permanence du bâtiment de l'EZCC.

Aujourd'hui les voies d'accès aux îles sont surveillées au moyen de kiosques de sécurité, mais elles sont publiques, donc, en demandant poliment, vous devriez pouvoir circuler sans problème. Star Island consiste en une rue en forme d'ellipse, bordée de palmiers royaux, de haies de ficus et de portails sophistiqués dissimulant des villas.

irrégulier et d'habiller le tout de mosaïques pour en faire une aire de jeux aquatiques digne d'un empereur romain. Au final, il s'agit de l'une des rares piscines inscrites au Registre américain des sites historiques, un merveilleux ensemble de style vénitien, bordé de palmiers, avec des grottes en corail et des cascades. Les horaires varient selon la saison ; consultez le site Internet pour plus de détails. Les familles avec enfants y sont nombreuses.

Biltmore Hotel
ÉDIFICE HISTORIQUE

(carte p. 92 ; ☑ 855-311-6903 ; www.biltmorehotel.com ; 1200 Anastasia Ave ; Ⓟ). Érigé dans le quartier opulent d'une des villes les plus tape-à-l'œil du monde, le Biltmore est l'un des hôtels les plus prestigieux de l'âge d'or du jazz américain. Al Capone détenait un bar clandestin dans cet hôtel, et la suite Capone est encore hantée par l'esprit du gangster Fats Walsh, assassiné ici (pour plus de détails, venez écouter les histoires narrées tous les jeudis dans le hall, à 19h). À l'époque, des célébrités comme Judy Garland et les riches Vanderbilt voguaient en gondoles importées sur le réseau de canaux artificiels aménagé à l'arrière. Ces canaux n'existent plus, mais la piscine évoquant un bassin des *Mille et Une Nuits* est toujours là, et elle reste sans équivalent dans tous les pays.

Lowe Art Museum
MUSÉE

(www.lowemuseum.org ; 1301 Stanford Dr ; tarif plein/étudiant 10/5 $; ⊙ 10h-16h mar-sam, 12h-16h dim). Le Lowe, situé sur le campus de l'université de Miami, saura combler les penchants artistiques les plus divers. Si vous aimez l'art moderne et contemporain, vous aurez de quoi faire. Si vous intéressez à

l'art et à l'archéologie des civilisations d'Asie, d'Afrique et du Pacifique Sud, vous serez ravi. Et si l'art précolombien et méso-américain vous passionne, alors vous ne pouviez pas mieux tomber. Ne manquez pas la belle collection permanente d'art baroque et de la Renaissance, de sculptures occidentales du XVIIIe au XXe siècle, ainsi que les superbes toiles de Gauguin, Picasso et Monet.

Merrick House
BÂTIMENT HISTORIQUE

(carte p. 92 ; ☑ 305-460-5361 ; 907 Coral Way ; tarif plein/enfant/senior 5/1/3 $; ⊙ visite guidée 13h, 14h et 15h dim et mer). Jadis, cette humble maison, à l'allure un rien méditerranéenne, était au cœur de ce qui allait devenir le quartier clinquant de Gables. Lorsque le père de George Merrick – le bâtisseur de Coral Gables – acheta cette parcelle, sans l'avoir vue, pour 1 100 $, tout n'était que poussière, pierre et goyaviers. La propriété accueille désormais des réunions et des réceptions, et vous pourrez visiter la maison et son adorable jardin biologique. La modeste demeure, restaurée telle qu'elle était en 1925, est agrémentée de photos de famille, de meubles et d'œuvres d'art.

Entrances et Watertower
PORTES, CHÂTEAU D'EAU

George Merrick, le bâtisseur de Coral Gables, avait prévu une série de portes d'entrée sophistiquées pour accéder à la ville, mais la faillite de l'immobilier a fait avorter ce projet. Certaines portes achevées méritent le coup d'œil et évoquent les pavillons d'entrée de grandes propriétés d'Andalousie : c'est le cas de la **Country Club Prado** et des **Douglas Entrance**, **Granada Entrance** (carte p. 92 ; angle Alhambra Circle et Granada Blvd), **Alhambra Entrance** (carte p. 92 ; angle Alhambra Circle et Douglas Rd)

Coral Gables

SW 57th Ave (Red Rd)
Ferdinand St
Cadiz Ave
Alhambra Cir ◉8
2 ◉
N Greenway Dr
Granada Golf Course
S Greenway Dr
Alhambra Cir
Granada Blvd
Segovia Cir
Greenway Dr
SW 44th Ave
Hernando St (SW 43rd Ave)
Asturia Ave
Castile Ave
Cordova St
SW 24th St (Coral Way) 9 ◉
🚇 20
Coral Way ◉7
N Greenway Dr
San Domingo St
Indian Mound Trail
Salvadore Park
Andalusia Ave
Biltmore Way
Valencia Ave
Cardena St
Valencia Ave
Almeria Ave
DeSoto Plaza ◉10
Sevilla Ave
Sevilla Ave
De Soto Blvd
Palermo Ave
Catalonia Ave
0 ——— 100 m
🏛6
Malaga Ave
Santander Ave
S Le Jeune Rd
Salzedo St
Aragon Ave ✪15
☆23
🔒24
5
Malaga Ave
Anastasia Ave
Riviera Dr
25 18
27🏛🔒 ✕
🏛3
Toledo St
CORAL GABLES
SW 22nd St (Miracle Mile)
✕26
Biltmore Golf Course
Agrandissement
◉11
University Dr
16 ✕
Mariola Ct
Granada Blvd
SW 40th St/Bird Rd
Algardi Ave
Miami University Dr
Cosford Cinema (1,6 km) et Jerry Herman Ring Theatre (1,6 km)
↓ *Lowe Art Museum (1,6 km)*

---

et **Coral Way Entrance** (angle Red Rd et Coral Way). Le **château d'eau Alhambra** (carte ci-dessus ; Alhambra Circle), où Greenway Ct et Ferdinand St rejoignent Alhambra Circle, a des airs de minaret.

Coral Gables City Hall
ÉDIFICE HISTORIQUE
(carte ci-dessus ; 405 Biltmore Way). Cet imposant hôtel de ville, qui accueille les conseils municipaux depuis son ouverture en 1928, est impressionnant quel que soit l'angle de vue adopté. Observez la peinture des *Quatre Saisons* de Denman Fink, sur le plafond de la tour, ainsi que la peinture sans cadre et sans titre, qui représente le monde sous-marin, au 2e niveau. Un petit marché de producteurs se tient sur place de 8h à 13h, de janvier à mars.

Coral Gables Congregational Church
ÉGLISE
(carte ci-dessus ; www.coralgablescongregational. org ; 3010 De Soto Blvd). Le père de George

Merrick était un ministre congrégationaliste (mouvement chrétien calviniste) originaire de la Nouvelle-Angleterre, ce qui l'a peut-être encouragé à faire don d'une parcelle pour élever la première église de la ville. Construit en 1924 et réplique d'une église costaricaine, cet édifice aux murs jaunes et au toit rouge n'a rien en commun avec la Nouvelle-Angleterre, ni avec Miami d'ailleurs. L'intérieur est orné d'un beau sanctuaire et les jardins sont plantés de palmiers majestueux.

Coral Gables Museum
MUSÉE
(carte ci-dessus ; ☎ 305-603-8067 ; www.coral-gablesmuseum.org ; 285 Aragon Ave ; tarif plein/ étudiant/enfant 7/5/3 $; ⏰ 12h-18h mar-ven, 11h-17h sam, 12h-17h dim). Ce musée est une introduction instructive et bien conçue pour appréhender l'histoire loufoque de la fondation et de l'expansion de la "City Beautiful" (Coral Gables). La collection comprend des objets historiques et des témoignages des

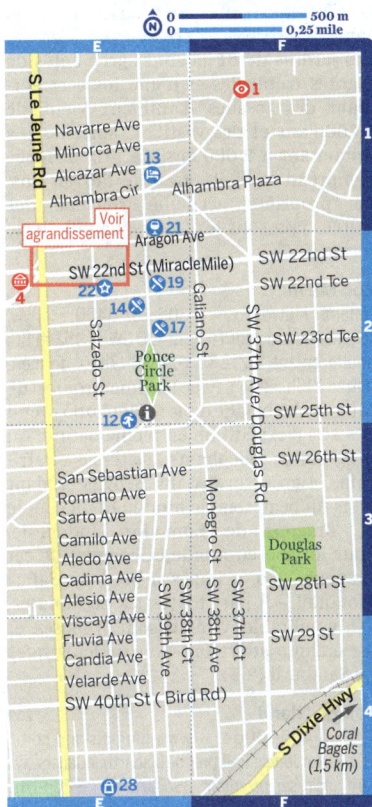

générations successives qui ont vécu dans ce petit village excentrique et soudé. Le bâtiment principal est l'ancienne caserne des pompiers et commissariat de police de la ville. Son architecture est un ravissant mélange entre le style néo-méditerranéen de Gables et le style années 1930 plus musclé que l'on retrouve à Miami Beach.

Agglomération de Miami – au nord

Museum of Contemporary Art
North Miami   MUSÉE
(MoCA ; www.mocanomi.org ; 770 NE 125th St ; plein tarif/étudiant et senior 5/3 $; 11h-17h mar-dim ; P). Le musée d'Art contemporain constitue depuis longtemps une bonne raison de monter jusqu'à North Miami. Ses salles présentent d'excellentes expositions temporaires, avec des artistes américains et internationaux.

Ancient Spanish Monastery   ÉGLISE
(305-945-1461 ; www.spanishmonastery.com ; 16711 W Dixie Hwy ; adulte/enfant 8/4 $; 10h-16h30 lun-sam, 11h-16h30 dim ; P). L'église épiscopale de St Bernard de Clairvaux est un impressionnant édifice de style roman et gothique primitif. Construite en 1141 à Ségovie (Espagne), elle fut transformée en silo à grains 700 ans plus tard, puis achetée par le magnat de la presse William Randolph Hearst, qui la fit démonter et transporter aux États-Unis dans plus de 10 000 caisses, afin de l'installer dans son immense propriété californienne. Mais le

gouvernement ne donna jamais son feu vert et les pierres restèrent emballées jusqu'en 1954. C'est alors qu'un groupe d'entrepreneurs de Miami racheta au groupe Hearst l'ancien monastère espagnol en pièces détachées et le reconstitua. Désormais, l'édifice le plus ancien qui soit de ce côté-ci de l'Atlantique est une adorable oasis, assez fréquentée (en particulier pour des mariages, téléphonez avant de venir). Les services religieux se tiennent à 8h, 10h30 et 12h le dimanche, et une messe de guérison a lieu à 10h le mercredi.

Hialeah Park   PARC
(www.hialeahparkracing.com ; 2200 E 4th Ave ; ☺9h-17h lun-ven ; Ⓟ). À Hialeah, on est plus proche de La Havane que de Little Havana : plus de 90% de la population pratique l'espagnol en première langue. Majestueux, l'ancien hippodrome constitue à la fois le symbole et le centre de cette communauté d'ouvriers cubains. Une promenade permet d'y admirer les imposants escaliers et les éléments peints de couleur pastel, et d'imaginer le martèlement des sabots. Observez les casquettes, bottes et selles gravées dans la fenêtre sous le bâtiment de l'administration, ainsi que la fontaine centrale, très photogénique.

◉ Agglomération de Miami – au sud

Fairchild Tropical Garden   JARDINS
(www.fairchildgarden.org ; 10901 Old Cutler Rd ; tarif plein/enfant/senior 25/12/18 $; ☺7h30-16h30 ; Ⓟ🚻). Pour fuir la circulation de Miami, venez passer une journée au vert dans le plus vaste jardin botanique tropical du pays. Découvrez le bosquet à papillons, les biosphères de la jungle et les panoramas sur les marécages et les îles, ainsi que de fréquentes installations d'artistes tels que Roy Lichtenstein. Outre les sentiers pédestres autoguidés bien aménagés, un circuit gratuit en tram de 40 minutes parcourt tout le parc. Départ toutes les heures de 10h à 15h. À 8 km au sud de Coral Gables.

Deering Estate at Cutler   SITE TOURISTIQUE
(☎305-235-1668 ; www.deeringestate.org ; 16701 SW 72nd Ave ; tarif plein/-14 ans 12/7 $; ☺10h-17h ; Ⓟ🚻). La propriété Deering rappelle la villa Vizcaya, et pour cause :

elle fut construite par Charles, frère de James Deering – le créateur de Vizcaya. Les jardins de 61 ha sont agrémentés de plantes tropicales et d'une fosse renfermant des fossiles d'animaux vieux de 50 000 ans et des vestiges amérindiens remontant à 2 000 ans. Le prix d'entrée comprend la visite gratuite des jardins. La propriété accueille souvent des soirées jazz sous les étoiles. La billetterie ferme à 16h.

Zoo Miami   ZOO
(Miami Metrozoo ; ☎305-251-0400 ; www.miamimetrozoo.com ; 12400 SW 152nd St ; adulte/enfant 16/12 $; ☺9h30-17h30, dernière entrée à 16h ; Ⓟ🚻). Avec le climat tropical de Miami, une balade dans le Metrozoo prend des airs d'expédition en pleine nature. Au programme : éléphants asiatiques et africains, tigres royaux du Bengale rôdant dans un beau temple hindou et un couple de dragons de Komodo d'Indonésie. Pour un aperçu rapide et complet de cet immense zoo, grimpez à bord du Safari Monorail – il part toutes les 20 minutes. D'innombrables circuits sont proposés, et les enfants adoreront nourrir les girafes de Samburu (2 $).

Jungle Island   ZOO
(☎305-400-7000 ; www.jungleisland.com ; 1111 Parrot Jungle Trail, près de MacArthur Causeway ; tarif plein/senior/enfant 35/33/27 $; ☺10h-17h ; Ⓟ🚻). On s'amuse énormément à Jungle Island, un lieu rempli d'oiseaux tropicaux, d'alligators, d'orangs-outans, de chimpanzés, de lémuriens… On y trouve même un ligre (croisement entre un lion et un tigre) et suffisamment d'autres animaux pour peupler une arche de Noé. L'île est un lieu très prisé des enfants, qui adorent observer les oiseaux colorés de cette jungle artificielle.

Monkey Jungle   ZOO
(☎305-235-1611 ; www.monkeyjungle.com ; 14805 SW 216th St ; adulte/enfant 30/24 $; ☺9h30-17h, dernière entrée à 16h ; Ⓟ🚻). La Monkey Jungle se présente comme le lieu où "les hommes sont en cage et les singes en liberté". En effet, préparez-vous à marcher derrière des vitres tandis que les primates évolueront sans contrainte tout autour de vous. L'expérience est très amusante, en dépit de l'odeur. Le moment des repas constitue le point d'orgue : les macaques crabiers et autres singes d'Asie du Sud-Est plongent dans le bassin pour attraper des fruits et des friandises. Une

Miami Beach Promenade Art déco

DÉPART ART DECO WELCOME CENTER
ARRIVÉE OCEAN'S TEN
DISTANCE 1,9 KM ; 2-3 HEURES

Partez du **1 Art Deco Welcome Center** (p. 137), à l'angle d'Ocean Dr et 10th St. L'intérieur abrite une exposition permanente sur le style Art déco. En sortant, prenez la direction nord dans Ocean Dr. Entre 12th St et 14th St s'élèvent trois exemples classiques d'hôtels Art déco : le **2 Leslie**, à la forme cubique caractéristique et dont la façade blanche est soulignée d'éléments jaune vif ; le **3 Carlyle**, aux lignes modernistes ; et le charmant **4 Cardozo Hotel** (p. 110), création du légendaire architecte Henry Hohauser (1895-1963) et propriété de la chanteuse Gloria Estefan. À hauteur de 14th St, jetez un œil au **5 Winter Haven Hotel** (p. 110) inondé de soleil, pour admirer les sols en granito. Tournez à gauche et descendez 14th St jusqu'à Washington Ave et le **6 US Post Office** (p. 71), au niveau de 13th St, un ensemble blanc tout en courbes, très épuré. À l'intérieur, découvrez la fresque, le plafond voûté et les tables en marbre. Déjeunez au **7 11th St Diner** (p. 114), un *diner* installé dans une voiture Pullman en aluminium étincelant. Installez-vous côté fenêtre et dirigez votre regard vers l'angle de 10th St où se trouve le **8 Hotel Astor** (p. 105), dessiné par T. Hunter Henderson en 1936 et très bien restauré. Après le repas, marchez un demi-pâté de maisons vers l'est jusqu'à l'imposant **9 Wolfsonian-FIU** (p. 54), un excellent musée du design anciennement occupé par la Washington Storage Company. Les riches vacanciers des années 1930 y entreposaient leurs biens de valeur avant de rentrer dans le Nord. Continuez dans Washington Ave et prenez à gauche dans 7th St, puis continuez au nord le long de Collins Ave jusqu'à **10 The Hotel** (p. 107), dont l'intérieur et la terrasse sur le toit sont l'œuvre de Todd Oldham. L. Murray Dixon conçut The Hotel sous le nom de Tiffany Hotel, avec une belle flèche Art déco, en 1939. Tournez à droite dans 9th St et longez deux pâtés de maisons pour rejoindre Ocean Dr, où s'enchaînent les bijoux Art déco – au 960 Ocean Dr, où se tient le passable **11 Ocean's Ten restaurant**, vous verrez une façade réalisée en 1935 par Henry Hohauser.

ravissante volière abrite également des nuées de magnifiques perroquets.

Pinecrest Gardens PARC

(www.pinecrest-fl.gov/gardens ; 11000 SW 57th Ave ; adulte/enfant 3/2 $; 🕘9h-17h automne et hiver, 9h-18h printemps et été ; P🚻). Lorsque la Parrot Jungle (aujourd'hui Jungle Island) se rapprocha de la grande ville, le village de Pinecrest racheta la jolie propriété pour en faire un parc municipal. Il s'agit désormais d'un havre de paix et d'un des plus beaux jardins tropicaux de ce côté du golfe du Mexique, avec, en son centre, un splendide banian. Des projections cinématographiques et des concerts de jazz y sont organisés en plein air. Ce petit bijou est, pour couronner le tout, délicieusement éloigné des grands circuits touristiques.

Fruit & Spice Park PARC

(☎305-247-5727 ; www.fruitandspicepark.org ; 24801 SW 187th Ave ; adulte/enfant/-6 ans 8/2 $/gratuit ; 🕘9h-17h ; P). Situé juste en bordure des Everglades, ce parc public de 15 ha regorge de fruits tropicaux de contrées lointaines. Le parc est divisé en "continents" et l'entrée comprend une visite gratuite – il est interdit de cueillir les fruits, mais vous pourrez manger tout ce qui est tombé au sol. Une fois ici, une excursion d'une journée à l'Everglades National Park est tout à fait envisageable.

Gold Coast Railroad Museum MUSÉE

(☎305-253-0063 ; www.gcrm.org ; 12450 SW 152nd St ; adulte/enfant 3-11 ans 8/6 $; 🕘10h-16h lun-ven, 11h-16h sam-dim ; P). Particulièrement intéressant pour les amateurs de trains, ce musée expose plus de 30 wagons anciens, notamment la voiture présidentielle Ferdinand Magellan, dans laquelle le président Harry Truman brandit un journal portant un titre erroné, "Dewey Defeats Truman" ("Dewey a battu Truman"). Durant les week-ends, le musée propose des balades de 20 minutes à bord d'anciens fourgons de queue (6 $), de locomotives standards (12 $) et, pour les enfants, d'un petit train (2,50 $). Mieux vaut réserver si vous souhaitez faire un tour à bord.

Miami Children's Museum MUSÉE

(☎305-373-5437 ; www.miamichildrensmuseum. org ; 980 MacArthur Causeway ; 16 $; 🕘10h-18h ; 🚻). Ce musée pour enfants, situé entre ʼouth Beach et Downtown Miami, n'en est pas exactement un. Il se rapproche plus d'une super salle de jeux dans laquelle les enfants peuvent mener des activités d'adultes : aller à la banque, au supermarché, s'occuper d'animaux ou encore se transformer en policier, pompier ou journaliste de télévision.

Matheson Hammock Park PARC

(www.miamidade.gov/parks/parks/matheson_beach.asp ; 9610 Old Cutler Rd ; 5 $/voiture ; 🕘aube-crépuscule ; P🚻). Ce parc de comté de 40 ha est le plus ancien et le plus pittoresque de la ville. Les enfants pourront se baigner dans le bassin d'eau de mer clos. Le parc abrite une multitude de ratons laveurs, des marécages de mangrove épaisse et de rares alligators.

Wings Over Miami MUSÉE

(☎305-233-5197 ; www.wingsovermiami.com ; Kendall-Tamiami Executive Airport, 14710 SW 128th St ; adulte/- 12 ans/senior 10/6/7 $; 🕘10h-17h mer-dim). Les passionnés d'aviation seront ravis par ce musée de l'aéroport Kendall-Tamiami, qui en retrace l'histoire. Parmi les pièces majeures, citons une collection d'hélices, un moteur de J47, un bombardier soviétique de Smolensk et le nez du B-29 *Fertile Myrtle* (du même type que le bombardier atomique d'Hiroshima et de Nagasaki). L'exposition sur les Tuskeegee Airmen comporte des vidéos de ces pilotes afro-américains racontant leur parcours.

🏃 Activités

Ce ne sont pas les activités qui manquent à Miami. Excursions en bateau, randonnées dans la végétation tropicale, yoga dans les parcs et même trapèze volant : la "ville magique" a de quoi séduire les amateurs de vacances énergiques.

Bowling

Strike Miami BOWLING

(☎305-594-0200 ; www.bowlmor.com/strikemiami ; 11401 NW 12th St ; 🕘16h-minuit mar-jeu, 12h-3h ven, 11h-3h sam, 11h-minuit dim, 16h-1h lun). Dans le Dolphin Mall. Un bon exemple du mariage entre les paillettes de Miami et la passion du bowling.

Lucky Strike BOWLING

(carte p. 64 ; ☎305-532-0307 ; www.bowlluckystrike.com ; 1691 Michigan Ave ; 🕘11h30-1h lun-jeu, 11h30-2h ven, 11h-2h sam, 11h-1h dim). À deux pas de Lincoln Rd, voici le bowling haut de gamme version Miami

Beach, avec house et hip-hop en fond sonore, cocktails aux couleurs électriques et jeunesse branchée.

Course à pied

La course à pied est une activité populaire, et la plage s'y prête parfaitement : elle est plate, large et très fréquentée (pour ceux qui aiment se montrer). Le **Miami Runners Club** (☑305-255-1500 ; www.miamirunnersclub.com) est une excellente source d'information sur les courses, les événements spéciaux et les endroits où pratiquer.

Parmi les lieux agréables pour courir, citons la piste du Flamingo Park, à l'est d'Alton Rd entre 11th St et 12th St, appréciée des vrais sportifs, la promenade de South Beach pour son style, la promenade en planches de Mid-Beach, qui permet d'observer à la fois les passants et le paysage, et South Bayshore Dr à Coconut Grove, pour l'ombre de ses banians.

Golf

Dans les complexes de luxe, comptez de 150 à 350 $ pour une partie (les tarifs sont plus élevés en hiver et en journée).

Biltmore Golf Course   GOLF
(carte p. 92 ; ☑855-311-6903 ; www.biltmorehotel.com/golf ; 1210 Anastasia Ave, Coral Gables). Dessiné en 1925 par le golfeur et architecte de parcours Donald Ross, et rattaché à l'immaculé Biltmore Hotel.

Doral Golf Course   GOLF
(☑800-713-6725 ; www.trumphotelcollection.com/miami ; 4400 NW 87th Ave). Très coté, il a accueilli une fois le championnat Ford de la PGA. Ce qui explique pourquoi il est difficile d'y entrer.

Crandon Golf Course   GOLF
(carte p. 84 ; ☑305-361-9129 ; www.crandongolfclub.com ; 6700 Crandon Blvd, Key Biscayne ; journée déc-avr 140 $, soirée mai-nov 30 $). Domine la baie depuis son promontoire sur Key Biscayne.

Haulover Golf Course   GOLF
(☑305-947-3525 ; www.miamidade.gov/parks/haulover ; 10800 Collins Ave, Bal Harbour ; 21-43 $). Un parcours de neuf trous et de par trois, idéal pour les débutants.

Kayak, stand-up paddle et planche à voile

Faire du kayak dans la mangrove, l'un des plus fascinants écosystèmes de la planète, est magique : les racines sinueuses semblent embrasser l'eau tandis que le vent vous caresse les joues. Essayez les adresses suivantes : Haulover Beach Park (p. 73) ; Bill Baggs Cape Florida State Park (p. 86) ; Oleta River State Park (p. 74).

Blue Moon
Outdoor Center   SPORTS NAUTIQUES
(☑305-957-3040 ; bluemoonoutdoor.com ; 3400 NE 163rd St ; ⊙9h-crépuscule lun-ven, 8h-crépuscule sam-dim). Propose des kayaks simples (23 $ pour 1 heure, 41 $ pour 3 heures), en tandem (33 $ pour 1 heure 30, 51 $ pour 3 heures) et loue également des vélos (18 $ pour 1 heure, 26 $ pour 3 heures).

Sailboards Miami   SPORTS NAUTIQUES
(☑305-892-8992 ; www.sailboardsmiami.com ; 1 Rickenbacker Causeway ; ⊙10h-18h ven-mar). Loue aussi des kayaks. Propose un forfait de 10 heures de kayak pour 90 $. Une bonne adresse pour louer (et apprendre à manipuler) du matériel de planche à voile (cours à partir de 35 $, matériel 30 $/heure).

Aquatic Rental Center
& Sailing School   SPORTS NAUTIQUES
(☑305-751-7514, soirée 305-279-7424 ; www.arcmiami.com ; 1275 NE 79th St ; location voilier 85/125/150/225 $ pour 2/3/4 heures/journée ; ⊙9h-21h). L'endroit loue des voiliers aux navigateurs aguerris et peut apprendre les bases aux débutants (cours de voile 400 $, 500 $ pour 2 pers).

Bayshore Landing Marina   VOILE
(carte p. 89 ; ☑305-854-7997 ; 2550 S Bayshore Dr). C'est un pur bonheur que de naviguer à Key Biscayne, comme dans toutes les eaux au large de Miami. La Monty's Marina constitue un bon point de départ, idéal si vous disposez de votre propre bateau.

Natation

Toutes les piscines ci-après disposent de couloirs de nage. Téléphonez à la Venetian Pool (p. 90) au préalable, car les horaires d'ouverture de ses couloirs changent souvent.

Flamingo Park
Swimming Pool   NATATION
(carte p. 68 ; ☑305-673-7750 ; 999 11th St, South Beach ; adulte/enfant 10/6 $; ⊙couloirs de nage 6h30-8h30 et 19h-20h30). Piscine avec couloirs de nage.

Normandy Isle Park & Pool
NATATION

(carte p. 72 ; ☎305-673-7750 ; 7030 Trouville Esplanade ; adulte/enfant 10/6 $; ⊙couloirs de nage 6h30-8h30 et 19h-20h30). Piscine familiale avec couloirs de nage.

Pêche
Des endroits où jeter une ligne : South Pointe Park ; Rickenbacker Causeway ; Key Biscayne Beach. Les expéditions de pêche sont courantes, mais chères : comptez au moins 1 000 $ pour une journée de pêche sportive :

Ace Blue Waters Charters
PÊCHE

(carte p. 76 ; ☎305-373-5016 ; www.fishingmiami. net ; Bayside Marketplace, 401 Biscayne Blvd). Ce tour-opérateur implanté dans la marina de Bayfront propose des excursions aux abords de Miami et de Key Biscayne.

Kelley Fleet
PÊCHE

(☎305-945-3801 ; www.miamibeachfishing. com ; Haulover Beach Park, 10800 Collins Ave, Bal Harbour). Expéditions de pêche en groupe.

Plongée et snorkeling
Dirigez-vous vers les Keys ou le Biscayne National Park, dans la partie sud-est du comté. Adresses à Miami :

Divers Paradise
PLONGÉE

(carte p. 84 ; ☎305-361-3483 ; www.kbdivers. com ; 4000 Crandon Blvd ; stage particulier PADI Open-Water 500 $). À Key Biscayne, l'un des prestataires les plus fiables.

South Beach Divers
PLONGÉE

(carte p. 68 ; ☎305-531-6110 ; www.south-beachdivers.com ; 850 Washington Ave, South Beach ; plongée 100 $). Organise régulièrement des séances à Key Largo et autour de Miami, et propose des stages de 3 jours.

Rodéo
Du rodéo dans le sud de la Floride ? Il suffit de s'éloigner un tout petit peu de Miami. Consultez les sites Internet ou appelez pour connaître les heures précises des rodéos.

Bergeron Rodeo Grounds
RODÉO

(☎954-680-3555 ; www.davie-fl.gov/ gen/daviefl_spclprjcts/bergeronrodeo ; 4271 Davie Rd, Fort Lauderdale). À Davie, environ 32 km au nord du centre-ville de Miami.

Homestead Rodeo
RODÉO

(☎305-247-3515 ; homesteadrodeo.com ; 1034 NE 8th St, Homestead). À Homestead, à 1 heure environ au sud du centre-ville.

Roller et skate
L'affluence rend les balades à rollers et en skate le long des promenades très périlleuses. Laissez les parcours les plus fréquentés aux experts et rabattez-vous sur le côté en bord de mer d'Ocean Ave ou de Lincoln Rd, avant l'arrivée des clients.

Fritz's Skate, Bike & Surf
SKATE, ROLLER

(carte p. 64 ; ☎305-532-1954 ; www.fritzsmiami-beach.com ; 1620 Washington Ave ; location vélo et skate heure/journée/sem 10/24/69 $; ⊙10h-21h lun-sam, 10h-20h dim). Fritz's propose des locations, ainsi que des leçons gratuites le dimanche à 10h30 – le seul moment où l'on peut circuler sur le Mall.

Spas
Les occasions de se faire bichonner ne manquent pas à Miami. Les spas les plus

---

TOUS AUX BAINS

Aimer prendre soin de son corps n'implique pas nécessairement l'envie d'aller dans un spa clinquant où la même musique douce passe en boucle. Pourquoi ne pas tenter l'un des lieux favoris des amateurs de spa que le décorum laisse froids, les **Russian & Turkish Baths** (carte p. 72 ; ☎305-867-8316 ; www.russianandturkishbaths.com ; 5445 Collins Ave ; ⊙12h-minuit) ? Ce dédale de petits *banyas* (bains de vapeur) offre une pléthore de "soins". On peut ainsi s'y faire tranquillement flageller avec des branches de bouleau, appelées *venik*, dans un sauna brûlant (pour 40 $, très relaxant... intéressant, en tout cas), ou profiter d'un gommage à la boue et au sel de la mer Morte (50 $). Le café sur place sert de délicieux bortschs, blinis, tranches de pain noir et du poisson fumé, le tout accompagné de bière. La clientèle y est tout aussi intéressante : jeunes branchés, juifs plus âgés, mannequins, citoyens européens, russes ou membres des anciens pays soviétiques.

VÉLOS EN LIBRE-SERVICE

Miami Beach est un secteur plat, à la température agréable et aux rues parfaitement bitumées. Autrement dit, c'est l'endroit idéal pour se déplacer à vélo. Toutefois, les pistes cyclables sont encore trop peu nombreuses le long de la plage, et le cycliste se voit souvent contraint, à l'heure des embouteillages, de supporter la bande-son tonitruante du Hummer qui s'arrête à ses côtés à chaque feu rouge sur Collins Ave.

Par chance (même si cela ne règle en rien le problème des bandes-son tonitruantes !), DecoBike a mis en place un service de location de vélos, comme il en existe à Paris, Londres ou New York, qui permet de circuler assez librement de South Beach à Surfside. Il suffit de se présenter à l'une des stations DecoBike (plan des stations disponible sur www.decobike.com/map-location), qui fonctionnent à l'énergie solaire, d'insérer une carte de crédit et d'enfourcher sa monture. On restitue son vélo dans n'importe quelle station DecoBike.

Les tarifs sont de 4 $ les 30 minutes, 6 $ l'heure, 10 $ les 2 heures ou 24 $ la journée. Si vous conservez votre vélo au-delà du temps imparti, il vous en coûtera 4 $ par demi-heure supplémentaire. Une excellente façon de garder la forme avant d'aller s'exposer sur les plages de South Beach !

luxueux sont souvent installés dans les hôtels haut de gamme, où il faut compter de 300 à 400 $ pour un massage et/ou un soin d'acupression, et 200 $ pour un enveloppement corporel. Les plus prisés sont :

Spa at Mandarin Oriental Miami SPA (carte p. 76 ; ☎305-913-8332 ; www.mandarinoriental.com ; 500 Brickell Key Dr, Mandarin Oriental Miami ; manucure 75 $, soins 150-400 $; ☻8h30-21h30). Parler pour cet établissement de la crème des spas relève encore de l'euphémisme. Bambou ou papier de riz sont utilisés dans les soins, et on y propose des bains aux plantes ayurvédiques, de l'aromathérapie, des massages aux huiles et de nombreux autres plaisirs raffinés.

Canyon Ranch Hotel & Spa SPA (carte p. 72 ; ☎305-514-7000 ; www.canyonranch.com/miamibeach ; 6801 Collins Ave ; soins 150-350 $; ☻8h-20h). Découvrez les "rituels" proposés dans ce spa haut de gamme : gommages au riz et à la rose, réalignement des chakras, shiatsu, reiki, coordination du chi.

Spa at the Setai SPA (carte p. 64 ; ☎305-520-6900 ; www.setai.com/the spa ; 101 20th St ; soins 150-380 $; ☻9h-21h). Un paradis balinais dans l'un des plus beaux hôtels de South Beach.

Lapis SPA (carte p. 72 ; ☎305-674-4772 ; www.fontainebleau.com ; 4441 Collins Ave ; soins 80-350 $;

☻9h30-18h30 dim-ven, 9h30-19h30 sam). Le spa du Fontainebleau met l'accent sur l'eau, et chacun de ses soins commence par un "voyage aquatique rituel". Immergez-vous dans un bain turc ou dans un bain de vapeur parfumé à l'eucalyptus.

Surf

Miami n'est pas un endroit idéal pour la pratique du surf : les Bahamas bloquent la houle et les eaux y sont donc très calmes. On vous conseillera généralement de vous rendre à 160 km au nord, à Jupiter ou Palm Beach, pour trouver des vagues décentes (juste de quoi tenir sur sa planche). De plus, la réputation des surfeurs de Miami est encore pire que celle des conducteurs locaux en matière d'agressivité et de comportement territorial. Si vous voulez quand même surfer ici, le meilleur site se trouve juste au nord de **South Pointe Park**, avec des vagues pouvant aller jusqu'à 1,5 m et un agréable fond sablonneux. Malheureusement, la hauteur moyenne des vagues est plus près de 60 cm, l'eau est parfois agitée (privilégiez donc les longboards) et nageurs et surfeurs affluent en masse le week-end. Les conditions sont meilleures plus au nord, près du **Haulover Beach Park** (10800 Collins Ave, Bal Harbour) ou au-delà de 70th St, comme à **Sunny Isles Beach** (Sunny Isles Causeway). Renseignez-vous auprès d'**Island Water Sports** (☎305-944-0104 ; www.iwsmiami.com ; 16231 Biscayne Blvd) pour le matériel, de **SoBe Surf** (☎786-216-7703 ;

MIAMI CIRCUITS ORGANISÉS

FAITES VOTRE CIRQUE

Admettez-le : vous avez toujours rêvé de faire du trapèze volant, de vous extirper de la voiture des clowns, de dompter un lion. Nous ne pourrons pas vous aider pour ces deux dernières activités, mais pour apprendre quelques acrobaties, travailler votre souplesse et vos dons de contorsionniste, rendez-vous à la **South Florida Circus Arts School** (SFCAS ; ☑954-540-1344 ; www.sfcas.com ; 15161 NE 21st Ave) à North Miami, non loin de North Biscayne Blvd, à 13 km environ au nord du Design District. Cette école du cirque se revendique comme la seule du genre à proposer des formations de tous niveaux dans les arts de la piste. Les cours très amusants et originaux comprennent, entre autres, du fitness aérien, du trapèze et un cours très prisé de yoga volant (à essayer absolument) à des prix allant de 15 à 75 $/heure.

www.sobesurf.com) pour les cours (des professeurs privés vous retrouveront sur la plage) et de www.dadecosurf.com pour des informations générales.

Vélo

Miami-Dade County Parks & Recreation Dept VÉLO
(carte p. 74 ; ☑305-755-7800 ; www.miamidade. gov/parksmasterplan/bike_trails_map.asp). Cette association organise souvent des circuits écologiques à travers les parcs et le long du rivage. Une liste des pistes cyclables est disponible sur le site Internet. Pour une balade moins rude, optez pour les routes secondaires de South Beach ou les rues ombragées de Coral Gables et de Coconut Grove. Quelques bonnes pistes :

Old Cutler Bike Path Elle débute à l'extrémité de Sunset Dr à Coral Gables et traverse Coconut Grove pour rejoindre le Matheson Hammock Park et le Fairchild Tropical Garden.

Rickenbacker Causeway Ce parcours vous fait traverser le pont menant à Key Biscayne, de quoi allier un bel exercice physique et une splendide vue sur l'océan.

Oleta River State Park (3400 NE 163rd St). Propose un chemin de terre assez rude et des collines pour les aventuriers du hors-piste.

Yoga

Un agréable "cours en bord de mer" est proposé au **Barnacle Historic State Park** (13 $/cours ; ⊙cours 18h-19h15 lun et mer) à Coconut Grove. Pour faire des économies, essayez les cours de yoga gratuits du **Bayfront Park** (⊙cours 18h-19h15 lun et mer, 9h-10h15 sam), organisés trois fois par semaine en plein air au Tina Hills Pavilion, à l'extrémité sud du parc.

Les centres suivants proposent un vaste choix de cours – apportez votre tapis.

Green Monkey Yoga YOGA
(carte p. 64 ; ☑305-397-8566 ; www.greenmonkey.net ; 1827 Purdy Ave ; cours à partir de 20 $). À Miami Beach. Autre antenne à South Miami.

Brickell Hot Yoga YOGA
(carte p. 74 ; ☑305-850-1387 ; www.brickellyoga.com ; 301 SW 17th Rd, Brickell ; forfait 1/5/10 cours 22/95/180 $). En centre-ville.

Prana Yoga Center YOGA
(carte p. 92 ; ☑305-567-9812 ; www.pranayogamiami.com ; 247 Malaga Ave, Coral Gables ; forfait 1/5/10 cours 20/99/169 $). À Coral Gables.

Bikram Yoga Miami Beach YOGA
(carte p. 68 ; ☑305-534-2727 ; www.bikramyogamiami.com ; 235 11th St, Miami Beach ; jour/sem 25/50 $). À South Beach.

☞ Circuits organisés

Miami Design Preservation League À PIED
(carte p. 64 ; ☑305-531-3484 ; www.mdpl. org ; 1001 Ocean Dr, South Beach ; circuit guidé tarif plein/senior et étudiant 20/15 $; ⊙circuits 10h30 ven-mer, 18h30 jeu). Dévoile les histoires fascinantes qui se cachent derrière les bâtiments Art déco de South Beach, soit avec un guide de la Miami Design Preservation League (ce que nous vous conseillons), soit grâce aux judicieux circuits autoguidés, avec enregistrement et cartes. Les parcours durent 1 heure 30. Propose également des visites du Miami Beach juif, du Miami Beach gay et lesbien, et d'autres excursions à thème – consultez le site Internet pour plus d'informations.

Dr Paul George
À PIED

(☎305-375-1492; www.historymiami.org/tours/walking-tours ; circuits à partir de 30 $). Pour une approche historique, appelez le Dr George, un passionnant historien travaillant pour l'HistoryMiami (p. 75). Il est à l'initiative de plusieurs circuits très appréciés, orientés notamment sur Stiltsville, le crime à Miami, Little Havana et Coral Gables au crépuscule – de septembre à fin juin. Les horaires sont variables. Paul George accompagne également des circuits individuels, sur rendez-vous.

Miami Food Tours
À PIED

(carte p. 68 ; ☎888-291-2970 ; www.miamifoodtours.com ; 429 Lennox Ave ; tarif plein/étudiant/enfant à partir de 53/35/17,50 $; ☺circuits 11h-14h lun-sam). Pour visiter South Beach en faisant halte dans cinq de ses meilleurs restaurants et cafés. Et comme c'est un circuit pédestre, vous brûlerez des calories !

Urban Tour Host
À PIED

(carte p. 76 ; ☎305-416-6868 ; www.miamiculturaltours.com ; 25 SE 2nd Ave, Suite 1048 ; circuits à partir de 20 $). Propose un programme varié de circuits permettant une réelle interaction avec tous les quartiers de Miami. Le parcours "deluxe" englobe Coral Gables, South Beach, Downtown Miami et Coconut Grove.

EcoAdventure Bike Tours
À VÉLO

(☎305-365-3018 ; www.miamidade.gov/ecoadventures ; circuits à partir de 28 $). Le réseau de parcs du Miami-Dade County organise d'excellents circuits à vélo dans des zones tranquilles de Miami et Miami Beach, y compris le long des plages, sur Key Biscayne et dans les Everglades.

Island Queen
EN BATEAU

(carte p. 76 ; ☎305-379-5119 ; www.islandqueencruises.com ; 401 Biscayne Blvd ; adulte/enfant à partir de 28/19 $). Croisières le long de Millionaire's Row, de la Miami River et à Stiltsville, entre autres.

Miami Nice Tours
EN BUS

(☎305-949-9180 ; www.miami-nice.com ; circuits à partir de 50 $). Grand choix d'excursions guidées en bus pour les Everglades, les Keys et Fort Lauderdale. L'agence organise aussi des visites de Miami.

MIAMI AVEC DES ENFANTS

La Floride est une destination rêvée pour les enfants. Nombre d'attractions sont orientées vers les animaux. Au Miami Seaquarium (p. 85), on peut voir des crocodiles, des dauphins, des otaries et une orque – la plupart dans le cadre de spectacles. Autre idée, le Metrozoo (p. 94), un zoo de 370 ha reproduisant de nombreux habitats naturels (grâce au climat tropical). Si vos enfants aiment les animaux et le grand air, ils auront de quoi faire à Miami. La Monkey Jungle (p. 94), au départ une réserve pour espèces menacées, multiplie les bons points : primates facétieux, allées couvertes et spectacle étonnant des macaques crabiers plongeant en quête de fruits. De son côté, la Jungle Island (p. 94) séduira les ornithologues en herbe avec les mille couleurs de ses oiseaux tropicaux. Non loin, le nouveau Miami Children's Museum (p. 95) est une aire de jeux couverte où les plus jeunes peuvent s'imaginer en présentateurs de télévision, banquiers ou encore clients de supermarché. Coral Gables comblera les amateurs de baignade avec sa Venetian Pool (p. 90) façon lagon. Pour une sortie plus éducative, laissez vos enfants explorer le Marjory Stoneman Douglas Biscayne Nature Center (p. 85) à Key Biscayne. Coconut Grove est sans doute le quartier de la ville le plus adapté aux petits grâce à ses centres commerciaux, ses restaurants traditionnels et les animations organisées dans des lieux comme le Barnacle Historic State Park.

Garde d'enfants

Quand l'heure est venue de sortir sans les enfants, renseignez-vous auprès de votre hôtel, car bon nombre d'entre eux proposent un service de garde d'enfants – c'est en général le cas dans les grands complexes hôteliers. Sur place, vous pouvez aussi contacter **Nanny Poppinz** (☎305-607-1170 ; www.nannypoppinz.com). Pour plus de renseignements, conseils et anecdotes, lisez le guide Lonely Planet *Voyager avec ses enfants*.

✿ Fêtes et festivals

Les festivités s'enchaînent tout au long de l'année à Miami, et l'on s'arrache les places pour assister aux performances d'excellents DJ (Winter Music Conference) ou cuisiniers (Miami Spice Restaurant Month). Les adresses sont données lorsque l'événement se tient dans un lieu fixe.

Janvier
Le début de l'année coïncide avec le pic de la saison touristique. Au programme : une météo agréable, des cohues de visiteurs, des prix plus élevés qu'à l'accoutumée et d'innombrables événements.

Orange Bowl   FOOTBALL AMÉRICAIN
(www.orangebowl.org ; Sun Life Stadium, 2269 Dan Marino Blvd, Miami Gardens). Des hordes de supporters débarquent à Miami pour le Super Bowl du football américain universitaire.

Art Deco Weekend   CULTURE
(www.artdecoweekend.com ; Ocean Dr entre 1st St et 23rd St). Mi-janvier, ce week-end festif fait la part belle aux circuits guidés, concerts, parades de voitures anciennes, terrasses de cafés et brocanteurs.

**Miami Jewish
Film Festival**   CINÉMA
(www.miamijewishfilmfestival.com ; 4200 Biscayne Blvd). Une occasion rêvée pour découvrir, à travers le cinéma, l'une des plus importantes communautés juives aux États-Unis.

Février
Il est encore temps de fuir le terrible froid du Nord, d'autant que le mois de février est riche en événements artistiques et festivals de rue, et que les températures sont agréables, de jour comme de nuit.

Art Wynwood   ART
(www.artwynwood.com). Les nombreuses galeries d'art de Wynwood exposent leurs créations au cours de ce festival, qui présente le meilleur de la scène artistique émergente de Midtown. La manifestation a un petit côté commercial et les acheteurs au portefeuille bien garni sont particulièrement courtisés. Attendez-vous à voir fleurir des fresques et des installations dans tout le quartier. Deuxième semaine de février.

Coconut Grove Arts Festival   CULTURE
(www.coconutgroveartsfest.com ; Biscayne Blvd entre NE 1st St et 5th St, Coconut Grove). L'un des meilleurs festivals artistiques du pays, fin février, avec plus de 300 artistes.

**Original Miami Beach
Antiques Show**   ANTIQUITÉS
(www.originalmiamibeachantiqueshow.com ; Miami Beach Convention Center). L'un des plus grands rassemblements du genre aux États-Unis, avec plus de 800 marchands venus de quelque 20 pays différents.

**South Beach Wine & Food
Festival**   GASTRONOMIE
(www.sobefest.com). Festival du vin et de la table destiné à promouvoir la gastronomie de la Floride du Sud. Régalez vos papilles lors de brunchs, de dîners et de barbecues fins.

Mars
Le printemps arrive avec son climat plus chaud, ses tournois de golf et de tennis d'envergure internationale, ses festivals en plein air et la Saint-Patrick. Sur la plage, des débordements des étudiants en vacances (Spring Break) sont à prévoir.

Miami International Film Festival   CINÉMA
(www.miamifilmfestival.com). Ce festival de deux semaines est subventionné par le Miami-Dade College et présente des documentaires et des films du monde entier.

Calle Ocho Festival   CULTURE
(Carnaval Miami ; www.carnavalmiami.com). Cette gigantesque fête de rue constitue le point d'orgue du Carnaval Miami – 10 jours de festivités qui célèbrent la culture latino.

South Beach Comedy Festival   HUMOUR
(www.southbeachcomedyfestival.com). Quelques-uns des plus grands humoristes du monde se produisent dans plusieurs salles de la ville.

Miami Fashion Week   MODE
(www.miamifashionweek.com ; Miami Beach Convention Center). Avec l'arrivée massive des stylistes dans la ville, les podiums sont omniprésents, tout comme les mannequins.

Winter Music Conference   MUSIQUE
(www.wmcon.com). Organisateurs de soirées, DJ, producteurs et amateurs de fêtes viennent du monde entier pour découvrir de nouveaux artistes et de nouvelles technologies, jusqu'au petit matin.

Avril
Bienvenue en moyenne saison, avec des journées plus calmes, des prix plus bas,

des températures plus douces et pas mal d'événements.

Billboard Latin Music Awards — MUSIQUE
(www.billboardevents.com). Fin avril, cette prestigieuse cérémonie attire des grands noms de l'industrie musicale, des artistes latinos et des fans de musique latine.

Miami Gay & Lesbian Film Festival — CINÉMA
(www.mglff.com). Cet événement se tient de fin avril à début mai, avec des projections de courts et longs métrages et de documentaires dans divers cinémas de South Beach.

Mai-juin
La chaleur se fait plus présente et la quantité de visiteurs et de festivités diminue.

Sweatstock — MUSIQUE
(www.sweatrecordsmiami.com). Sweat Records organise chaque année un festival dédié aux artistes locaux, avec en tête d'affiche le rock indé et les musiques punk et électro.

Goombay Festival — CULTURE
(www.goombayfestivalcoconutgrove.com). La première semaine de juin, un important festival met à l'honneur la culture bahamienne.

Miami Museum Month — CULTURE
(www.miamimuseummonth.com). Une excellente occasion de déambuler dans quelques-uns des meilleurs musées de la ville, au milieu des happy hours, des expositions spéciales et des conférences.

Juillet-août
Pendant les mois les plus chauds et les plus moites de l'année, les habitants partent en vacances ou passent leurs journées à la plage.

Independence Day Celebration — FÊTE NATIONALE
(Bayfront Park). Feux d'artifice grandioses, spectacles laser et concerts commémorent le 4 juillet, avec plus de 100 000 personnes rassemblées dans le Bayfront Park.

Miami Spice Restaurant Month — GASTRONOMIE
(www.ilovemiamispice.com). Les grands restaurants de Miami offrent des déjeuners et des dîners à prix fixe pour attirer le chaland en période de canicule.

Septembre-octobre
Les températures restent étouffantes, mais la rentrée marque le retour des étudiants.

International Ballet Festival — DANSE
(www.internationalballetfestival.org). De célèbres corps de ballet du monde entier viennent se produire dans plusieurs salles de la ville.

Great Grove Bed Race — COURSE
(www.thegreatgrovebedrace.com). Entre la tournée des pubs en pyjama et la course de lits sur roues dans Coconut Grove, c'est l'une des fêtes les plus délirantes de Miami.

Novembre
La saison touristique débute à la fin du mois, marquant l'arrivée des foules et de températures plus clémentes.

Miami Book Fair International — CULTURE
(www.miamibookfair.com ; 401 NE 2nd Ave). Cette foire du livre qui se tient mi ou fin novembre est l'une des plus importantes du pays. Des centaines d'écrivains, des centaines d'éditeurs et des centaines de milliers de lecteurs.

White Party — MUSIQUE
(www.whiteparty.net). Un événement incontournable de la communauté homosexuelle. Durant une semaine de folie, plus de 15 000 gays et lesbiennes se rassemblent pour faire la fête dans les clubs et autres lieux, partout en ville.

Décembre
La saison touristique bat son plein, dans la mesure où les habitants du nord des États-Unis investissent en nombre les chambres d'hôtel pour célébrer les fêtes au soleil. À l'occasion du Nouvel An, feux d'artifice et autres festivités embrasent South Beach et le Bayfront de Downtown.

Art Basel Miami Beach — ART
(www.artbaselmiamibeach.com). Un événement majeur de l'art contemporain international, avec des œuvres de plus de 150 galeries et une kyrielle de soirées branchées.

Design Miami — ART
(www.designmiami.com). Organisé conjointement avec Art Basel, début décembre en général, Design Miami est une manifestation sélecte qui accueille des grands noms du design à travers le monde. Des conférences et des expositions sur le thème du design ont lieu au sein du Miami Beach Convention Center.

King Mango Strut PARADE

(www.kingmangostrut.org ; Main Ave et Grand Ave, Coconut Grove). Depuis 1982, chaque année juste après Noël, cette parade loufoque se déroule à Coconut Grove et consiste à caricaturer l'actualité politique et l'Orange Bowl Parade, qui n'existe plus.

Art Miami ART

(www.art-miami.com). Organisée en décembre ou en janvier, cette énorme exposition rassemble des œuvres d'art moderne et contemporain de plus de 100 galeries et d'artistes internationaux.

🛏 Où se loger

C'est dans ce domaine, plus que dans tout autre, que l'image "tendance" associée à Miami, et à South Beach en particulier, prend tout son sens. Ce qui distingue South Beach en tant que destination touristique est son quartier Art déco, dont les hôtels constituent la pierre angulaire. On trouve ici la plus grande concentration d'hôtels de luxe de tout le pays, et chaque nouvelle adresse ajoute au glamour des lieux, pour peu qu'elle s'affiche dans les magazines, attirant ainsi stylistes, mannequins, chefs cuisiniers, etc.

Les établissements de South Beach comptent parmi les plus chers de Floride. Attendez-vous par ailleurs à payer de 25 à 40 $ par jour pour avoir le privilège d'utiliser le parking de l'hôtel. Il est sans doute plus aisé de se garer dans les vastes parkings publics dispersés dans le quartier.

Les tarifs donnés ci-après peuvent varier considérablement, en fonction de l'actualité culturelle en ville et de la date à laquelle vous réservez.

LA CAPITALE LATINE DE L'HÉMISPHÈRE NORD

Si Miami fait indiscutablement partie des États-Unis, ses surnoms de "capitale des Amériques" et de "centre du Nouveau Monde" sont désormais célèbres. Cela a son importance dans la stratégie de communication de Miami avec les autres régions des États-Unis, où les Latinos constituent désormais la plus importante minorité. Le métissage latino-américain de Miami la rend plus cosmopolite que n'importe quelle ville d'Amérique latine. Au début du XXIe siècle, les banlieues ouest de Hialeah et Hialeah Gardens arrivent respectivement à la première et à la deuxième place des régions américaines où l'espagnol est la première langue (parlée par plus de 90% de la population). Quelles sont les origines de ce phénomène ? Beaucoup de Latinos de Miami sont arrivés dans cette ville, stratégiquement située, comme réfugiés politiques – Cubains échappant au régime de Castro dans les années 1960, Vénézuéliens opposants du président Chávez (ou de ses prédécesseurs). Les Brésiliens et les Argentins ont fui la crise économique. Les Mexicains et les Guatémaltèques ont été poussés hors de leurs frontières par le chômage. Les Américains du Nord, depuis longtemps avides de saveurs latines, peuvent désormais appréhender ces diverses cultures à Miami sans avoir à quitter le pays.

Le goût d'entreprendre des Latinos a fait le reste, entraînant la relance de l'économie locale. Miami constitue le siège américain de beaucoup d'entreprises d'Amérique latine, notamment Lan Chile (compagnie aérienne chilienne), Televisa (groupe télévisuel mexicain) et Embraer (constructeur aéronautique brésilien). Miami abrite également Telemundo, chaîne de télévision américaine en langue espagnole, ainsi que MTV Networks Latin America et la branche latino d'Universal Music Group. La ville accueille chaque année le Billboard Latin Music Conference & Awards.

Les Cubains de Miami influencent fortement la politique locale et internationale. Les groupes d'exilés conservateurs ont souvent été qualifiés d'extrémistes, beaucoup refusant encore de se rendre à Cuba tant que la famille Castro est au pouvoir. Cependant, la nouvelle génération des Yucas (Young Urban Cuban Americans, jeunes Cubains-Américains urbains) est plus encline à étudier les deux facettes de Cuba.

En tant que visiteur, vous ne saisirez sans doute pas toutes ces subtilités, mais il est clair que l'influence latine ne vous échappera pas, que vous soyez à sa recherche ou que vous attendiez qu'elle vous touche par hasard. Aller au restaurant, écouter un concert, surprendre une conversation en espagnol, visiter Little Havana et Little Buenos Aires ou simplement siroter un mojito au bord de la piscine seront autant d'occasions de sentir à quel point cette influence est tangible ici.

South Beach (1st - 11th Street)

Miami Beach

International Hostel — AUBERGE DE JEUNESSE $
(carte p. 68 ; ☎305-534-1740, 305-534-0268 ;
www.hostelmiamibeach.com ; 236 9th St ; dort/
ch à partir de 27/32 $; ✳@🛜). Après d'amples
travaux de rénovation, cette bonne vieille
auberge a pris des allures de boutique-
hôtel équipé de dortoirs. D'une blancheur
impeccable, décorées de touches de marbre
et d'accessoires modernes, les chambres
sont très propres. Bonne ambiance et
soirées animées.

South Beach

Hostel — AUBERGE DE JEUNESSE $
(carte p. 68 ; ☎305-534-6669 ; www.sobe-hostel.
com ; 235 Washington Ave ; dort/ch à partir de
18/60 $; ✳@🛜). Située au calme à une
extrémité de SoFi (le quartier au sud
de 5th St, South Beach), cette auberge
dispose d'une salle commune animée et de
chambres très sobres. Peu de couleurs dans
la décoration, mais le personnel est sympathique et le bar (ouvert jusqu'à 5h) semble
toujours fréquenté.

Deco Walk — AUBERGE DE JEUNESSE $
(carte p. 68 ; ☎305-531-5511 ; decowalkhostel.
com ; 928 Ocean Dr ; dort 35 $; P✳🛜). La
Deco Walk fait tout pour obtenir le titre
d'auberge la plus branchée de la plage.
Ses dortoirs décorés de motifs pop art, son
bar sur le toit avec le Jacuzzi de rigueur et
son lounge aux allures de club sont bien
conçus, mais, comme souvent dans les
auberges de jeunesse, c'est la clientèle du
moment qui décide des bonnes vibrations.

Jazz on South Beach — AUBERGE DE JEUNESSE $
(carte p. 68 ; ☎305-672-2137 ; www.jazzhos-
tels.com/jazzlocations/jazz-on-south-beach ;
321 Collins Ave ; dort 13-24 $, d 65 $; ✳@🛜).
Une nouvelle adresse économique à retenir
parmi celles, toujours plus nombreuses, de
SoBe. Elle semble d'ailleurs plébiscitée par
une jeunesse branchée et noctambule.

♥ Hotel St Augustine — BOUTIQUE-HÔTEL $$
(carte p. 68 ; ☎305-532-0570 ; www.hotelstau-
gustine.com ; 347 Washington Ave ; ch 155-289 $;
P✳🛜). Boiseries claires et décoration
épurée créent l'une des ambiances les
plus raffinées et les plus modernes de
SoFi. Les teintes beige, caramel, blanc et
crème se fondent en une palette apaisante.
Lumières douces et douches vitrées – se
transformant en hammam privatif en un

clin d'œil – viennent compléter ce tableau
accueillant. Service chaleureux.

Kent Hotel — BOUTIQUE-HÔTEL $$
(carte p. 68 ; ☎305-604-5068 ; www.thekentho-
tel.com ; 1131 Collins Ave ; ch à partir de 140 $;
P✳🛜). Les jeunes clubbeurs seront sans
doute séduits par l'accueil tout en fuchsia
et couleurs vives que leur réserve le hall
du Kent, rempli de meubles aux formes
géométriques et de créations design. La
décoration des chambres joue sur l'élégance
et la simplicité : parquet, grands lits et
couleurs apaisantes.

Hotel Astor — BOUTIQUE-HÔTEL $$
(carte p. 68 ; ☎305-531-8081 ; www.hotelastor.
com ; 956 Washington Ave ; ch/ste à partir de
210/350 $; P✳🛜⌨). Le style rétro-punk
est à l'honneur dans le hall, avec un
gigantesque ventilateur industriel et un
plafond constellé de lampes psychédé-
liques, suspendus au-dessus du décor rêvé
d'un club de pilotes de la vieille école. Les
chambres aux tons ocre sont propices au
repos et la petite piscine est couverte le
soir pour offrir de l'espace aux noctam-
bules qui investissent le patio à l'arrière.

Fashionhaus — BOUTIQUE-HÔTEL $$
(carte p. 68 ; ☎305-673-2550 ; www.fashionhaus-
hotel.com ; 534 Washington Ave ; ch 130-250 $;
P✳🛜⌨). Outre son nom évoquant un
théâtre d'avant-garde berlinois, le Fashionhaus en offre aussi un peu l'atmosphère
avec son mobilier aux formes géométriques
lisses, ses 48 chambres personnalisées
décorées d'œuvres d'art originales (allant
de l'expressionnisme abstrait à la photographie pastel) et son mélange de confort,
de technologie et de design. Très apprécié
des Européens, des amateurs de mode, des
artistes (parfois les trois à la fois) et de
ceux que ce style de vie inspire.

Nash Hotel — BOUTIQUE-HÔTEL $$
(carte p. 68 ; ☎305-674-7800 ; www.nashsouth-
beach.com ; 1120 Collins Ave ; ch 164-204 $, ste
à partir de 360 $; P✳🛜⌨). Sous le nom
de Lords Hotel, l'établissement était un
haut lieu de la scène gay de South Beach.
Aujourd'hui, le Nash reste un hôtel ravis-
sant, aux chambres décorées de blanc et
de jaune citron, rehaussées par des œuvres
pop et graphiques. Lors de notre dernier
passage, il semblait moins orienté vers la
clientèle LGBT, même s'il demeure prisé
des garçons.

Clinton Hotel
BOUTIQUE-HÔTEL $$

(carte p. 68 ; ☎305-938-4040 ; www.clintonsouth-
beach.com ; 825 Washington Ave ; ch 150-180 $,
ste à partir de 205 $; ⊞❄🛜🏊). Washing-
ton Ave est la plus paisible des trois grandes
artères de SoBe, mais le Clinton n'en a cure,
conscient qu'il est de toujours réussir à se
distinguer grâce à ses banquettes de velours
et à ses petits balcons zen. Les chambres
avec terrasse offrent une belle vue sur l'élé-
gante cour tendance.

Hotel Shelley
BOUTIQUE-HÔTEL $$

(carte p. 68 ; ☎305-531-3341 ; www.hotelshelley.
com ; 844 Collins Ave ; ch à partir de 170 $; ❄🛜).
Les voilages, le salon animé et le camaïeu de
tons violets et bleus particulièrement apai-
sants sont associés à des lustres originaux.
Les chambres offrent un cadre aussi soigné
que les autres hôtels du South Beach Group
(consultez www.southbeachgroup.com).

Lord Balfour Hotel
BOUTIQUE-HÔTEL $$

(carte p. 68 ; ☎305-673-0401 ; www.lordbal-
fourmiami.com ; 350 Ocean Dr ; ch 196-300 $;
⊞❄🛜). Curieusement baptisé du nom
d'un Premier ministre britannique, cet
hôtel offre des chambres minimalistes
agrémentées de notes pop art, à l'image de
nombreux établissements de Miami, des
draps signés Corinelli et une thématique
Cool Britannia. Le hall et son bar sont une
réussite, mêlant accessoires rétro et lignes
modernes épurées.

Hotel Breakwater
HÔTEL $$

(carte p. 68 ; ☎305-532-2362 ; www.esplendor-
breakwatersouthbeach.com ; 940 Ocean Dr ; ch
190-250 $, ste à partir de 360 $; ❄🛜🏊). Avec
son nom inscrit en lettres blanches sur
fond bleu, qui s'élève au-dessus de la façade
aux contours géométriques, on repère le
Breakwater de loin sur Ocean Drive. La
piscine est un bon endroit pour paresser
avant de se retirer dans sa chambre, au
mobilier vintage souligné de touches de
couleur.

Ocean Five Hotel
BOUTIQUE-HÔTEL $$

(carte p. 68 ; ☎305-532-7093 ; www.ocean-
five.com ; 436 Ocean Dr ; ch/ste à partir de
155/210 $; ⊞❄🛜). Ce charmant hôtel
cache derrière sa façade Art déco parée de
teintes orangées des chambres calmes et
confortables, caractérisées par un thème
marin joliment désuet et une touche de
Far West ici et là. Des sirènes égaient les
murs en stuc clair. Bon rapport qualité/
prix pour South Beach.

♥ Pelican Hotel
BOUTIQUE-HÔTEL $$$

(carte p. 68 ; ☎305-673-3373 ; www.pelicanhotel.
com ; 826 Ocean Dr ; ch 165-425 $, ste 295-555 $;
❄🛜). Quand les propriétaires de la marque
de jeans Diesel ont acheté le Pelican
en 1999, ils ont couru les vide-greniers à
la recherche des ingrédients parfaits pour
une recette folle : 30 chambres aux thèmes
fantaisistes et tendance. De la déco western
de "High Corral, OK Chaparral" aux rayures
de tigre et ambiance jungle électrique de
"Me Tarzan, You Vain", toutes les chambres
sont amusantes et différentes. Seul point
commun : leur beau parquet de chêne recy-
clé et une "bande-son conseillée" associée
à chacune.

♥ Sense South Beach
BOUTIQUE-HÔTEL $$$

(carte p. 68 ; ☎305-538-5529 ; www.sensesobe.
com ; 400 Ocean Dr ; ch 300 $; ⊞❄🛜🏊). Le
Sense semble flotter dans une ambiance
design : la douceur des murs blancs s'ef-
face devant une vue splendide sur les eaux
bleues de South Beach, les angles formés par
les panneaux de bois, loin de s'imposer, sont
une invitation et, dans les chambres, le duo
blanc et gris foncé forme un contraste impec-
cable. Des tableaux pop art et un mobilier
épuré viennent compléter l'ensemble.

Mondrian South Beach
RESORT $$$

(carte p. 68 ; ☎305-514-1500 ; www.mondrian-
miami.com ; 1100 West Ave ; ch/ste à partir de
329/430 $; ⊞❄🛜🏊). Le Morgan Hotel
Group a fait appel à la star du design
néerlandais Marcel Wanders pour faire du
Mondrian le summum du luxe. La décoration s'inspire d'*Alice au pays des merveilles*
(mixé avec le style de *Deux flics à Miami* !),
avec colonnes sculptées comme des pieds
de table géants, céramiques de Delft ornées
de scènes de plage au lieu des habituels
moulins à vent, et murs magiques affichant
des visages de stars en morphing. L'hôtel
possède – naturellement – une île privée.

Hotel Victor
BOUTIQUE-HÔTEL $$$

(carte p. 68 ; ☎305-428-1234 ; www.hotelvictor-
southbeach.com ; 1144 Ocean Dr ; ch/ste à partir
de 335/505 $; ⊞❄🛜🏊). Cet hôtel rafle tous
les prix pour son fabuleux design, son aqua-
rium peuplé de méduses et ses chambres
grandioses. Conçu par L. Murray Dixon en
1938, le Victor rénové a rouvert en 2005,
marquant le début d'une vague de restau-
ration des établissements Art déco. Les
chambres sont décorées dans un style à la
fois minimaliste et géométrique.

The Hotel
BOUTIQUE-HÔTEL $$$

(carte p. 68 ; ☎305-531-2222 ; www.thehotelof-southbeach.com ; 801 Collins Ave ; ch 260-425 $; P✱🛜❄). Une adresse raffinée, dont la déco des magnifiques chambres est signée par le designer Todd Oldham. La palette de couleurs utilisée, "sable, mer et ciel", vient adoucir le mobilier, tout comme les poignées de porte en mosaïque et les lavabos en acier brossé. The Hotel profite d'une belle piscine sur le toit, seulement ombragée par une jolie flèche Art déco (qui annonce "Tiffany", le premier nom donné à l'hôtel avant que le célèbre joaillier ne menace d'intenter un procès).

Chesterfield Hotel
BOUTIQUE-HÔTEL $$$

(carte p. 68 ; ☎305-531-5831 ; www.thechester-fieldhotel.com ; 855 Collins Ave ; ch 200-250 $, ste 300-600 $; P✱🛜). Le Safari Bar du petit hall, ponctué de coussins et de rideaux zébrés, est l'une des adresses les plus courues de Collins Ave au moment de l'happy hour, quand le jour décline. Dans les chambres, les meubles en bois sombre sont réveillés par le blanc immaculé des lits et les touches de couleur tropicales jetées ici et là. Ne manquez pas la vue depuis la terrasse sur le toit.

Dream South Beach
BOUTIQUE-HÔTEL $$$

(carte p. 68 ; ☎305-673-4747 ; www.dream-southbeach.com ; 1111 Collins Ave ; ch/ste à partir de 250/527 $; P✱🛜). Comment décrire le Dream ? Cube tout en lignes blanches et claires à l'extérieur, son intérieur tient à la fois du palais indien et de l'hôtel de glace, non par les matériaux employés, mais par l'impression qu'il donne de se trouver dans un scintillant palais arctique d'un bleu électrique tout droit sorti d'un rêve. Le bar situé sur le toit est idéal pour se détendre. Très apprécié de la clientèle LGBT.

Essex House Hotel
BOUTIQUE-HÔTEL $$$

(carte p. 68 ; ☎305-534-2700 ; www.essexho-tel.com ; 1001 Collins Ave ; ch/ste à partir de 220/280 $; ✱🛜❄). Jetez un œil au hall, l'un des intérieurs les mieux préservés du quartier Art déco, et vous aurez un aperçu de l'âge d'or des gangsters de South Beach. L'Essex dispose par ailleurs d'un personnel compétent, de chambres aux teintes douces et d'une véranda agrémentée de mobilier en rotin, parfaite pour observer le ballet des passants.

The Villa by Barton G
BOUTIQUE-HÔTEL $$$

(carte p. 68 ; ☎305-576-8003 ; www.thevillaby-bartong.com ; 1116 Ocean Dr ; ch à partir de 900 $; P✱🛜❄). L'ancienne demeure de Gianni Versace (voir p. 54) a été transformée par l'entreprise de luxe Barton G. en l'un des hôtels les plus haut de gamme de South Beach : piscine en mosaïque digne de la Rome antique, salles de bains en marbre, draps tissés dans du coton fin et chambres donnent l'impression d'être l'hôte d'un petit oligarque d'Amérique du Sud.

Casa Grande Hotel
BOUTIQUE-HÔTEL $$$

(carte p. 68 ; ☎305-672-7003 ; www.casagran-desuitehotel.com ; 834 Ocean Dr ; ch 220-380 $; P✱🛜❄). Le spectacle commence dans le hall aux couleurs d'automne rehaussées d'une touche de jaune citron, mais ce sont les chambres ultramodernes et chics, d'un blanc immaculé, qui constituent le point d'orgue – même s'il faut avouer que l'énorme Vierge Marie en marbre dans la chambre que nous avons visitée ne semblait guère à sa place. Les animaux sont bienvenus (et bichonnés), moyennant 50 $.

🛏 South Beach (11th - 23rd Street)

Tropics Hotel & Hostel
HÔTEL $

(carte p. 64 ; ☎305-531-0361 ; www.tropicshotel.com ; 1550 Collins Ave ; dort 27 $, ch à partir de 65 $; ✱❄). Vous serez agréablement surpris par cet hôtel qui semble un peu défraîchi vu de l'extérieur, mais qui dispose d'une grande piscine et d'un patio toujours rempli de voyageurs en train de discuter. Les dortoirs à quatre lits sont dotés d'une salle de bains attenante. Les chambres privatives sont sommaires mais fonctionnelles.

Townhouse Hotel
BOUTIQUE-HÔTEL $$

(carte p. 64 ; ☎305-534-3800 ; www.townhouse-hotel.com ; 150 20th St, au niveau de Collins Ave ; ch 145-195 $, ste à partir de 350 $; ❄🛜❄). On pourrait croire que c'est au designer de l'iPod que l'on doit le Townhouse, mais ce sont en réalité Jonathan Morr et India Mahdavi qui ont conçu son rafraîchissant hall blanc, ses chambres semblables à des igloos ponctuées çà et là de touches écarlates et son salon-terrasse aérien. Les habituels bonbons sur l'oreiller sont ici remplacés par des ballons de plage.

Aqua Hotel
BOUTIQUE-HÔTEL $$

(carte p. 64 ; ☎305-538-4361 ; www.aquamiami.com ; 1530 Collins Ave ; ch 150-180 $, ste à partir

LES PLUS BELLES PISCINES D'HÔTEL DE MIAMI

Miami possède quelques-unes des plus belles piscines d'hôtel du monde, où il s'agit moins de nager que de voir et d'être vu. La plupart d'entre elles font aussi office de bar, de *lounge*, voire de discothèque. Certains établissements réservent l'accès de la piscine à leur clientèle, mais si vous vous offrez un verre au bar attenant, vous devriez pouvoir y entrer.

➡ Delano Hotel (p. 110)
➡ Shore Club (p. 108)
➡ Epic Hotel (p. 111)
➡ Biltmore Hotel (p. 91)
➡ Raleigh Hotel (ci-contre)
➡ Fontainebleau (p. 111)

de 200 $; ⓟ✳🏠✉). En guise de réception, une planche de surf donne le ton dans cet ancien motel : l'ambiance est familiale et vieillotte et les chambres sont organisées autour de la piscine. L'atmosphère surannée se dissipe sous la lumière bleue des spots et dans le salon en plein air. L'élégance des chambres est soulignée par des meubles insolites et une salle de bains bleu marine.

Catalina Hotel　　　BOUTIQUE-HÔTEL $$

(carte p. 64 ; ☎877-762-3477, 305-674-1160 ; www.catalinahotel.com ; 1732 Collins Ave ; ch à partir de 200 $; ⓟ✳🏠✉). Le Catalina est un ravissant exemple d'hôtel Art déco de catégorie moyenne. Outre des chambres à la décoration minimaliste et gaie, il offre une ambiance particulièrement plaisante, sans rien de prétentieux, que semblent apprécier le personnel comme la clientèle. La façade d'un blanc immaculé dissimule à l'arrière une charmante piscine, ombragée par de nombreux arbres tropicaux.

Clay Hotel　　　HÔTEL $$

(carte p. 64 ; ☎305-534-2988 ; www.clayhotel.com ; 1438 Washington Ave ; ch 100-190 $; ✳@🏠). Combien d'hôtels sont installés dans une villa centenaire de style espagnol ? Le Clay propose des chambres propres et confortables, ni trop clinquantes ni trop spartiates, situées dans un dédale de bâtiments adjacents. Parfait si votre budget est serré mais que vous n'avez pas envie de

passer la nuit dans un dortoir. Encore un endroit où Al Capone a séjourné.

Cavalier South Beach　　　BOUTIQUE-HÔTEL $$

(carte p. 64 ; ☎305-531-3555 ; www.cavaliersouthbeach.com ; 1320 Ocean Dr ; ch 129-155 $, ste 229 $; ⓟ✳🏠). L'extérieur est un rare exemple des détails d'inspiration maya ou inca présents sur certaines façades Art déco d'Ocean Dr (repérez les éléments méso-américains comme les motifs en escalier sur les côtés de l'édifice). À l'intérieur, on a privilégié la Floride d'autrefois plutôt que l'ultramodernité, avec à la clé une atmosphère décontractée somme toute rafraîchissante.

♥ Shore Club　　　BOUTIQUE-HÔTEL $$$

(carte p. 64 ; ☎305-695-3100 ; www.shoreclub.com ; 1901 Collins Ave ; ch/ste à partir de 348/455 $; ⓟ✳@✉). Imaginez une peinture zen à l'encre : la beauté n'est pas tant dans ce que l'on voit que dans ce qui n'est pas montré. Si l'on pouvait transformer cet art en une chambre d'hôtel, le résultat pourrait bien être le style serein et épuré des lieux. Certes, les draps sont en coton égyptien 400 fils et les sols sont habillés de grès mexicain, mais ce qui distingue le Shore Club, c'est d'avoir su organiser ces éléments en une atmosphère générale dépouillée : son esthétique est d'autant plus impressionnante qu'elle fait effet après coup, l'air de rien.

♥ Gale South Beach　　　HÔTEL $$$

(carte p. 64 ; ☎855-532-2212 ; galehotel.com ; 1690 Collins Ave ; ch à partir de 310 $; ⓟ✳🏠✉). De l'extérieur, le Gale présente une esthétique cubique classique, revisitée à l'échelle d'un grand hôtel moderne de SoBe. Ce mélange de classicisme et de touches branchées se prolonge à l'intérieur, où l'on découvre des chambres lumineuses aux couleurs claires et aux lignes épurées, ainsi qu'une ambiance rétro-chic inspirée du "modernisme" des années 1950.

♥ The Standard　　　BOUTIQUE-HÔTEL $$$

(☎305-673-1717 ; www.standardhotels.com/miami ; 40 Island Ave ; ch/ste à partir de 240/480 $; ⓟ✳✳✉). Cherchez l'enseigne "Standard" renversée sur l'ancien bâtiment du Lido, sur Belle Island (entre South Beach et Downtown Miami), et vous trouverez le Standard – qui porte mal son nom. Cet excellent boutique-hôtel allie la décontraction branchée à la sensualité de South Beach, pour offrir un motel des années 1950 version glamour. Parquet, lits blancs surélevés et voilages ouvrant sur une cour des délices, dotée notamment d'un hammam.

♥ Raleigh Hotel
BOUTIQUE-HÔTEL **$$$**

(carte p. 64 ; ☑ 305-534-6300 ; www.raleighhotel.com ; 1775 Collins Ave ; ch/ste à partir de 280/420 $; P✲☎☒). Tandis que beaucoup cherchaient la modernité à tout prix, le Raleigh a lutté pour retrouver son âme de début du XXᵉ siècle, et a réussi haut la main. Le célèbre hôtelier André Balazs a su restituer l'ambiance d'un club de gentlemen, avec force boiseries sombres et élégance à l'ancienne, tout en intégrant des éléments design et des prestations modernes. Vous pourrez en outre plonger dans la superbe piscine où Esther Williams avait l'habitude de nager.

National Hotel
HÔTEL **$$$**

(carte p. 64 ; ☑ 888-897-5959, 305-532-2311 ; www.nationalhotel.com ; 1677 Collins Ave ; ch 240-420 $, ste à partir de 500 $; P✲☎☒). Le National est une icône des débuts de l'Art déco, avec sa façade à la fois élancée et massive, coiffée d'une sorte de clocheton. À l'intérieur, les chambres au ton blanc cassé offrent une décoration assez traditionnelle, qui s'éloigne des standards ultracontemporains. Le hall et les couloirs voient s'entrechoquer les lignes géométriques, tandis qu'à l'extérieur, une ravissante piscine tout en longueur accueille clients et visiteurs. Les suites Cabana constituent un véritable exercice de luxe et offrent un accès illimité à la piscine, aux terrasses privatives et aux jardins tropicaux.

Sagamore
BOUTIQUE-HÔTEL **$$$**

(carte p. 64 ; ☑ 305-535-8088 ; www.sagamorehotel.com ; 1671 Collins Ave ; ch 240-360 $, ste à partir de 400 $; P✲@☒). Cet hôtel doublé d'un espace d'exposition aime brouiller les limites entre art, décoration intérieure et fonctions hôtelières classiques. Du salon aux chambres, la quasi-totalité de l'espace joue ici les galeries d'art grâce à un conservateur talentueux et à un impressionnant catalogue d'artistes. Les chambres sont d'un blanc immaculé, mis en valeur par des photos artistiques et d'élégantes touches design.

Setai
BOUTIQUE-HÔTEL **$$$**

(carte p. 64 ; ☑ 305-520-6000 ; www.thesetaihotel.com ; 101 20th St ; ste 840-6 000 $; P✲☎☒). Un linga (symbole phallique hindou) est exposé dans l'entrée de cet établissement de grand standing. La décoration puise dans l'architecture des temples d'Asie du Sud-Est, dans le mobilier chinois et dans l'art contemporain conceptuel. À chaque étage, le service est assuré 24h/24 par des majordomes, tandis que les chambres se distinguent par le teck couleur chocolat, les lignes pures et les ornementations chinoises et khmères.

W Hotel
RESORT **$$$**

(carte p. 64 ; ☑ 305-938-3000 ; www.wsouthbeach.com ; 2201 Collins Ave ; ch à partir de 470 $, ste 700-5 700 $; P✲☎☒). La diversité des chambres disponibles dans cet établissement de la chaîne W est impressionnante. Elle a, en effet, décidé de voir les choses en grand, en installant à Miami Beach le mélange de luxe, tendance et décontraction qui signe sa marque. Dans les "studios spectaculaires", les longues tablettes en marbre cipolin font écho aux grands panneaux en verre réfléchissant ; la suite Oasis est si lumineuse que l'on croirait que le soleil se lève dans la chambre elle-même ; quant au Penthouse, il pourrait servir de cadre à un clip vidéo (étant donné les stars qui viennent ici, l'hypothèse n'est pas totalement irréaliste). Les bars, restaurants, discothèques et piscines installés dans le complexe font partie des plus prisés de la plage.

Cadet Hotel
BOUTIQUE-HÔTEL **$$$**

(carte p. 64 ; ☑ 305-672-6688 ; www.cadethotel.com ; 1701 James Ave ; ch à partir de 209 $; ✲☎☒). Avec sa superbe façade Art déco, ses lanternes en papier suspendues et ses tapis en fourrure, ses motifs de coquillages entourant de grands miroirs et son mobilier asiatique ancien, cet établissement a tout pour séduire. À l'arrière, la véranda ombragée semble tout droit sortie d'un décor colonial de rêve.

Betsy Hotel
BOUTIQUE-HÔTEL **$$$**

(carte p. 64 ; ☑ 305-531-6100 ; www.thebetsyhotel.com ; 1440 Ocean Dr ; ch à partir de 330 $; P✲☎☒). Le style des chambres du Betsy est une sorte de mélange entre le style colonial caribéen et le design scandinave moderne. Les teintes pastel et les fleurs tropicales se détachent sur le traditionnel blanc monochrome de South Beach, créant une ambiance à la fois élégante et accueillante, que l'on retrouve à l'extérieur. Certaines parties de l'hôtel comme le hall et la piscine reflètent davantage l'assurance et le luxe qui siéent à une clientèle haut de gamme. Les volets intérieurs de style persiennes ajoutent une jolie note, tout comme les sols couleur noisette et les miroirs de sdb intégrant des TV LCD.

Cardozo Hotel
BOUTIQUE-HÔTEL $$$

(carte p. 64 ; ☑ 305-535-6500 ; www.cardozo-hotel.com ; 1300 Ocean Dr ; ch 230-290 $, ste 320-460 $; ⓟ✳🛰). Le Cardozo et son voisin, le Carlyle, furent les deux premiers hôtels sauvés par la Miami Design Preservation League. La sensualité du cadre contemporain (murs blancs, parquet en bois, draps finement tissés) est ici ponctuée de détails originaux comme les imprimés léopard ou les meubles faits main. L'ambiance générale est à la fois branchée et discrète.

Delano Hotel
BOUTIQUE-HÔTEL $$$

(carte p. 64 ; ☑ 305-672-2000 ; www.delano-hotel.com ; 1685 Collins Ave ; ch 430-650 $, ste à partir de 899 $; ⓟ✳🛰). Le Delano a ouvert ses portes dans les années 1990 et s'est aussitôt imposé comme un fleuron de South Beach. Quintessence de la sensualité des lieux, le hall évoque un décor de théâtre au budget surréaliste. Des "miroirs magiques" distillent d'innombrables informations : météo, horaires des marées et citations pleines d'esprit. L'espace piscine semble sorti d'un conte de fées, avec son échiquier géant. Les chambres en duplex donnant sur l'océan sont agrémentées de rideaux allant du sol au (très haut) plafond. Les tentes bédouines sont dotées de télévision à écran plat. Les chambres blanches et lumineuses sont tout en longues lignes douces, surfaces miroitantes et aménagements luxueux.

Tides
BOUTIQUE-HÔTEL $$$

(carte p. 64 ; ☑ 305-604-5070 ; www.tidessouthbeach.com ; 1220 Ocean Dr ; ch 280-625 $, ste 1 000-4 000 $; ⓟ✳🛰). Les chambres du Tides donnant sur l'océan sont d'une élégance racée, avec un heureux mélange vintage et une ambiance bohème. Les draps blancs sont rehaussés de tons beiges, bruns, nacrés et crème. Les chambres sont équipées de télescopes pour observer les étoiles (ou les stars). Le hall, enjolivé de détails nautiques, s'apparente au palais d'un roi marin.

Redbury South Beach
BOUTIQUE-HÔTEL $$$

(carte p. 64 ; ☑ 855-220-1776 ; theredbury.com/southbeach ; 1776 Collins Ave ; ch à partir de 260 $; ✳🛰). À l'inverse de nombreux autres hôtels de South Beach, le Redbury se refuse à jouer la carte minimaliste. Ses chambres au confort élégant affichent plutôt des références à l'art du siècle dernier dans son ensemble, avec, en particulier, des touches psychédéliques des années 1960. La piscine sur le toit est parfaite pour se délasser, tandis que le hall du début du XXᵉ siècle dégage une ambiance glamour façon Gatsby.

Winter Haven Hotel
BOUTIQUE-HÔTEL $$$

(carte p. 64 ; ☑ 305-531-5571 ; www.winterhaven-hotelsobe.com ; 1400 Ocean Dr ; ch 215-330 $; ⓟ✳🛰). Al Capone, qui avait ses habitudes ici, appréciait peut-être les énormes lustres Art déco du hall, aux lignes angulaires et futuristes, ainsi que les étonnants miroirs orientaux (qui n'ont rien à voir avec le reste de la décoration). Les chambres au mobilier de bois sombre et au linge de lit immaculé sont un peu plus chaleureuses que la moyenne de leurs homologues de South Beach.

Surfcomber
HÔTEL $$$

(carte p. 64 ; ☑ 305-532-7715 ; www.surfcomber.com ; 1717 Collins Ave ; ch 190-350 $, ste à partir de 430 $; ⓟ✳🛰). Voici l'un des plus beaux bâtiments Art déco classique de Miami. Remarquez les lignes suggérant le mouvement à l'extérieur et les avancées semi-circulaires prodiguant de l'ombre au-dessus des fenêtres. L'espace arrondi du hall, quant à lui, donne l'impression de pénétrer dans la salle d'attente d'un aéroport des années 1930.

James Royal Palm Hotel
HÔTEL $$$

(carte p. 64 ; ☑ 305-604-5700 ; www.jameshotels.com/miami ; 1545 Collins Ave ; ch/ste à partir de 240/500 $; ⓟ✳🛰). Même les chariots à bagages ont un air Art déco, sans parler des escaliers et de la mezzanine, qui constituent un cas d'école du style "paquebot" de South Beach. Le thème marin se décline jusque dans les chambres, d'un blanc lumineux souligné de notes vert menthe.

🛏 Nord de Miami Beach

Circa 39
BOUTIQUE-HÔTEL $$

(carte p. 72 ; ☑ 305-538-4900 ; www.circa39.com ; 3900 Collins Ave ; ch 130-170 $; ⓟ✳@🛰). Si vous adorez l'esthétique de South Beach mais détestez son ambiance, le Circa est fait pour vous. Son hall aux meubles moulés et à la décoration loufoque, est l'un des plus funky de Miami. Les chambres, jouant sur le vert et les couleurs sobres, sont à la fois chics et suffisamment branchées pour satisfaire les amateurs d'ambiance design.

Freehand Miami
BOUTIQUE-HÔTEL $$

(carte p. 72 ; ☑ 305-531-2727 ; thefreehand.com ; 2727 Indian Creek Dr ; dort/ch à partir de 50/220 $; ❄🛜🏊). Le Freehand est le nouveau nom de l'Indian Creek Hotel, jadis une institution de Miami Beach. Les chambres offrent un confort minimaliste, avec ce qu'il faut de mobilier en bois et d'art local pour assurer un bon compromis entre style chaleureux et branché. L'établissement abrite aussi des dortoirs et le Broken Shaker (p. 129) est l'un des meilleurs bars de la ville.

Red South Beach
BOUTIQUE-HÔTEL $$

(carte p. 72 ; ☑ 800-528-0823 ; www.redsouthbeach.com ; 3010 Collins Ave ; ch 130-220 $; ❄🛜🏊). Comme son nom l'indique, le rouge (*red*) tient ici la vedette : depuis les coussins disposés sur les élégants fauteuils du hall jusqu'aux lumières dansant autour de la piscine en marbre, en passant par les têtes de lit carmin et les murs qui vous entourent de leur chaleureuse sensualité dans les petites chambres magnifiques. Le Red offre un excellent rapport qualité/prix et une fois le soir venu, le bar et la piscine sont parfaits pour se relaxer et faire connaissance avec d'autres visiteurs.

Daddy O Hotel
BOUTIQUE-HÔTEL $$

(☑ 305-868-4141 ; www.daddyohotel.com ; 9660 E Bay Harbor Dr ; ch 150-260 $; P❄🛜🏊). Cet hôtel est une adresse joyeuse et branchée. On retrouve la même ambiance dans le hall et les chambres, dont les lignes épurées sont réveillées par des couleurs vives et toniques. De nombreux équipements y sont à disposition : télévision à écran plat, armoires sur mesure, Wi-Fi gratuit... Il est situé à environ 5 km au nord de North Miami Beach.

Mimosa
HÔTEL $$

(carte p. 72 ; ☑ 305-868-4141 ; www.themimosa.com ; 6525 Collins Ave ; ch 120-220 $; ❄🛜🏊). Le mobilier de style "moderniste" des années 1950 du Mimosa est équilibré par des touches Art déco : les miroirs encadrés, le contraste entre teintes sombres et claires dans les chambres et l'atmosphère acidulée du hall, dominé par des couleurs crème et mandarine. La piscine, un peu petite, offre une jolie vue sur l'Atlantique.

Fontainebleau
RESORT $$$

(carte p. 72 ; ☑ 305-535-3283 ; www.fontainebleau.com ; 4441 Collins Ave ; ch 344-461 $, ste à partir de 550 $; P❄🛜🏊). Le Fontainebleau a ouvert en 1954 et s'est aussitôt transformé en repaire de célébrités en quête de soleil.

De nombreuses rénovations sont venues lui ajouter des cabines de plage, sept courts de tennis, une grande salle de bal, un centre commercial et une fabuleuse piscine. Les chambres sont étonnamment gaies et lumineuses : on aurait pu s'attendre à un parti pris "tendance" plus radical, mais leur disposition profitant de l'ensoleillement est une agréable surprise.

Eden Roc Renaissance
RESORT $$$

(carte p. 72 ; ☑ 305-531-0000, 855-433-3676 ; www.edenrocmiami.com ; 4525 Collins Ave ; ch/ste à partir de 305/440 $; P❄🛜🏊). L'immense hall intérieur de l'Eden Roc s'inspire de la glorieuse époque du Rat Pack (Sinatra et consorts), quand Miami Beach attirait déjà tous les regards, et les chambres situées dans l'Ocean Tower jouissent d'une ravissante vue sur l'Intracoastal Waterway. Toutes les chambres offrent une décoration moderne et élégante, des équipements et services allant du lecteur MP3 et de la télévision en HD au mobilier ergonomique, en passant par la préparation de votre lit pour la nuit, entre autres.

Claridge Hotel
BOUTIQUE-HÔTEL $$$

(carte p. 72 ; ☑ 305-604-8485 ; www.claridgemiamibeach.com ; 3500 Collins Ave ; ch à partir de 220 $; ❄@🏊). Ce palais méditerranéen de 1928 ressemble à une villa toscane (américanisée), avec sa cour ensoleillée entourant une jolie piscine, ses palmiers, ses fresques et ses sols en pierre étincelants. Les chambres à l'ambiance reposante et désuète sont agrémentées de belles couleurs classiques et le personnel est aux petits soins.

Palms Hotel
HÔTEL $$$

(carte p. 72 ; ☑ 305-534-0505 ; www.thepalmshotel.com ; 3025 Collins Ave ; ch 200-380 $, ste à partir 440 $; P❄@🏊). Le hall est majestueux et confortable : son haut plafond pourvu d'énormes ventilateurs en rotin, qui brassent l'air mollement, lui donne un air tout à la fois de villa coloniale et de centre de congrès. À l'étage, les chambres agréables, aux tons pastel, présentent tout le confort voulu, mais sont un peu quelconques.

🛏 Downtown Miami

Epic
HÔTEL $$$

(carte p. 76 ; ☑ 866-760-3742, 305-424-5226 ; www.epichotel.com ; 270 Biscayne Blvd ; ch 240-510 $, ste à partir de 570 $; P❄🛜🏊). Épique est le mot ! Cet énorme hôtel Kimpton est l'une des plus séduisantes adresses du centre-ville et n'a rien à envier aux lieux les plus tendance de Miami Beach. Sa piscine extérieure et son solarium dominent une partie de Brickell. Les chambres sont dotées d'un mobilier chic et design et certaines offrent une vue splendide sur l'agglomération de Miami-Dade. Le lieu dégage une touche de jeunesse et d'énergie qui fait défaut aux autres hôtels d'affaires du centre-ville.

Mandarin Oriental Miami   HÔTEL $$$
(carte p. 76 ; ☎ 866-888 6780, 305-913-8383 ; www.mandarinoriental.com/miami ;   500 Brickell Key Dr ; ch 380-750 $, ste à partir de 950 $; P✳🖥🏊). Le Mandarin scintille sur Brickell Key, emplacement qui l'isole un peu du reste de la ville. Ce qui n'est pas gênant puisque c'est un royaume du luxe à lui tout seul, avec des restaurants huppés, une plage privée et une perspective sur la ligne d'horizon de Miami depuis la rive la plus éloignée de Biscayne Bay. Les chambres répondent à toutes les attentes sans pour autant se distinguer de celles des établissements de même catégorie.

Four Seasons Miami   HÔTEL $$$
(carte p. 76 ; ☎ 305-358-3535 ; www.fourseasons.com/miami ; 1435 Brickell Ave ; ch/ste à partir de 330/450 $; P✳🖥🏊). Les espaces communs en marbre servent de galerie d'art, l'immense spa vise une clientèle d'hommes d'affaires et certaines chambres offrent un point de vue absolument imbattable sur Biscayne Bay. Au 7e étage, la terrasse du bar Bahia met à l'honneur le mojito et le chic latin, en particulier le jeudi et le vendredi de 18h à 20h (boissons gratuites pour les femmes).

Key Biscayne

Silver Sands Beach Resort   RESORT $$
(carte p. 84 ; ☎ 305-361-5441 ; www.silversandsbeachresort.net ; 301 Ocean Dr ; ch 169-189 $, cottages 279-349 $; P✳🏊). Un adorable hôtel sur un seul niveau, au décor tropical. Comment ce petit établissement indépendant à

MIMO ON BIBO

Cette petite expression signifie "Miami Modern sur Biscayne Boulevard", en référence au style architectural des bâtiments situés sur la partie nord de Biscayne Blvd, après 55th Street. On y trouve en particulier de superbes motels le long de la rive, qui accueillent les visiteurs avec de jolis néons années 1950, la belle époque du Rat Pack (Sinatra et consorts). Longtemps négligé, ce quartier possède toujours quelques adresses mal famées (à notre question sur une publicité pour des chambres à seulement 25 $, une propriétaire nous a répondu en souriant : "*Por hora*" – l'heure). Mais le nord de BiBo fait aussi partie des quartiers de Miami qui connaissent un embourgeoisement rapide et les propriétaires de motels avisés se refont une beauté et une virginité afin d'attirer la population branchée, gay et artistique affluant en masse. On trouve déjà de bonnes adresses de restaurants. Les hébergements commencent eux aussi à devenir intéressants. Vous trouverez aux adresses suivantes tout le confort de South Beach, à moitié prix.

New Yorker (☎ 305-759-5823 ; www.hotelnewyorkermiami.com ; 6500 Biscayne Blvd ; ch 75-130 $; P✳🖥). L'hôtel existe depuis les années 1950 et cela se voit – de belle manière. Pour résumer le New Yorker, imaginez une Cadillac classique transformée en hôtel au décor moderne et à l'atmosphère tendance. Le personnel est sympathique et les chambres, décorées de pop art, de tableaux géométriques et de couleurs vives, feraient la fierté d'Andy Warhol.

Motel Blu (☎ 877-784-6835 ; www.motelblumiami.com ; 7700 Biscayne Blvd ; ch 52-150 $; P✳🖥🏊). Dominant le quartier Little River de Miami, le Blu ne paie extérieurement pas de mine, mais il cache des chambres confortables et récemment rénovées. Elles sont dotées d'équipements modernes et leurs teintes vert et jaune sont apaisantes.

Motel Bianco (carte p. 82 ; ☎ 305-751-8696 ; www.motelbianco.com ; 5255 Biscayne Blvd ; ch 80-110 $; P✳🖥). Plusieurs chambres au décor orange et blanc entourent une cour impeccable où est servi le café, donnant aux visiteurs l'occasion de faire connaissance. Design façon art contemporain pour les plus grandes chambres, et mobilier en osier omniprésent.

l'ambiance désuète a-t-il réussi à résister à la concurrence des grandes chaînes ? Le fait est qu'il s'agit d'une adresse accueillante et intimiste, parfaite pour ceux qui aiment un service personnalisé. Mention spéciale à la cour ensoleillée, au jardin et à la piscine extérieure.

Ritz-Carlton Key Biscayne   RESORT $$$

(carte p. 84 ; ☑ 305-365-4500 ; www.ritzcarlton.com ; 455 Grand Bay Dr ; ch/ste à partir de 320/1 200 $; P ✳ 🛜 🏊). Certes, les hôtels de l'empire Ritz-Carlton se ressemblent, mais celui-ci a un cachet unique. Le magnifique hall voûté est soutenu par quatre colonnes géantes dignes d'un décor de Cecil B. DeMille, comme d'ailleurs le reste de l'hôtel. Le murmure des fontaines, la vue sur la baie et le marbre somptueux évoquent moins une chaîne hôtelière que le glamour du début du XXᵉ siècle. Chambres et prestations sont, bien sûr, irréprochables.

🏨 Coconut Grove

Sonesta Hotel
& Suites Coconut Grove   HÔTEL $$

(carte p. 89 ; ☑ 305-529-2828 ; www.sonesta.com/coconutgrove ; 2889 McFarlane Rd ; ch 140-400 $, ste 210-660 $; P ✳ 🛜 🏊). Ce représentant d'une chaîne de luxe a imaginé des chambres d'un blanc immaculé, avec çà et là des éclats de couleurs (dans le style de South Beach). Les équipements, des télévisions à écran plat aux kitchenettes, contribuent au faste de cet établissement tendance. Une magnifique piscine avec solarium occupe le toit du bâtiment.

Mutiny Hotel   HÔTEL $$$

(carte p. 89 ; ☑ 888-868-8469, 305-441-2100 ; mutinyhotel.com ; 2951 S Bayshore Dr ; ste 150-351 $; P ✳ 🛜 🏊). Ce petit hôtel de luxe en bordure de la baie loue des suites de une ou deux chambres avec balcon. Personnel efficace, literie de qualité, décoration soignée, prestations haut de gamme et petite piscine chauffée. En dépit de la circulation intense, on n'entend aucun bruit à l'intérieur. Belle vue sur l'océan.

Ritz-Carlton Coconut Grove   RESORT $$$

(carte p. 89 ; ☑ 305-365-4500 ; www.ritzcarlton.com ; 3300 SW 27th Ave ; ch et ste 270-399 $; P ✳ 🛜 🏊 🏊). Autre établissement de la chaîne Ritz-Carlton à Miami, celui-ci surplombe la baie et offre des chambres immaculées. Les majordomes sont là pour combler vos moindres désirs : shopping,

connexion Internet, baignade ou promenade de votre chien. Le spa est époustouflant.

Grove Isle Club & Resort   RESORT $$$

(☑ 305-858-8300 ; www.groveisle.com ; 4 Grove Isle Dr ; ch 250-529 $, ste 389-879 $; P ✳ 🛜 🏊). Occupant une petite île privée (Grove Island) au large de Coconut Grove, ce superbe boutique-hôtel se prévaut d'une allure coloniale, de jardins tropicaux, d'une piste de jogging privée, d'une luxueuse piscine, de beaux couchers de soleil sur Biscayne Bay, d'innombrables prestations et d'une situation sans égale.

🏨 Coral Gables

Hotel St Michel   HÔTEL $$

(carte p. 92 ; ☑ 305-444-1666 ; www.hotelstmichel.com ; 162 Alcazar Ave ; ch 120-225 $; P ✳ 🛜). Le St Michel aurait tout autant sa place dans une vieille capitale qu'à Miami, et c'est là un compliment. Les boiseries anciennes, l'élégance un rien guindée et l'ambiance "dîner en smoking" n'interfèrent en rien avec l'amabilité du service. Le joli restaurant et le bar-salon à l'ambiance détendue sont tout aussi raffinés que le reste de l'hôtel.

❤ Biltmore Hotel   HÔTEL HISTORIQUE $$$

(carte p. 92 ; ☑ 855-311-6903 ; www.biltmorehotel.com ; 1200 Anastasia Ave ; ch à partir de 209 $; P ✳ 🛜 🏊). Même si les chambres standards du Biltmore sont un peu petites, y passer une nuit est l'occasion de découvrir l'un des temples du luxe américain. L'ensemble est si vaste qu'une semaine entière suffirait à peine à l'explorer. Quelques recommandations : bouquiner dans le hall à l'opulence digne des *Mille et Une Nuits*, se prélasser sur un transat sous d'énormes colonnes, avant de piquer une tête dans la plus grande piscine d'hôtel des États continentaux des États-Unis.

🏨 Greater Miami

Inn at the Fisher Island Club   RESORT $$$

(☑ 305-535-6000 ; www.fisherislandclub.com ; ch 600-2 250 $; ✳ 🛜 🏊). À moins d'être l'homme politique Jeb Bush (qui vit sur l'île), ce complexe de luxe est votre seule chance de vous introduire sur Fisher Island. Que vous séjourniez dans une "simple" chambre ou dans un bungalow de l'époque Vanderbilt, vous en aurez pour votre argent, avec l'un des meilleurs spas du pays, huit restaurants (étonnant quand on connaît la superficie de l'île) et du luxe à profusion.

✗ Où se restaurer

Miami est une grande cité d'immigration, où s'expriment de nombreuses tendances culinaires. On y trouve donc un bon mélange d'adresses ethniques bon marché et de cuisine haut de gamme de grande qualité. Les adresses à oublier sont aussi très nombreuses, notamment sur Miami Beach, où certains n'hésitent pas à assommer les touristes sans le moindre scrupule. Les meilleures adresses récemment ouvertes se trouvent dans les quartiers de Wynwood et de Design District (Midtown). Coral Gables est aussi un haut lieu de la gastronomie.

✗ South Beach (1st - 11th Street)

Puerto Sagua   CUBAIN $

(carte p. 68 ; ☎ 305-673-1115 ; 700 Collins Ave ; plats 6-20 $; ⏰ 7h30-2h). Au milieu des paillettes de South Beach se cache une communauté secrète de vieux travailleurs cubains et d'ouvriers du bâtiment, et le Puerto Sagua est leur cantine (à côté d'une boutique Benetton). L'endroit prouve que la cuisine cubaine n'a rien à envier aux chaînes américaines en matière d'utilisation de matières grasses. Les classiques comme le *picadillo* (bœuf haché épicé avec du riz, des haricots et des bananes plantains) sont servis en portions gargantuesques. Le café cubain y est très fort.

11th St Diner   DINER $

(carte p. 68 ; 1065 Washington Ave ; plats 9-18 $; ⏰ 24h/24 sauf minuit-7h mer). Après avoir admiré les joyaux Art déco, il ne vous reste plus qu'à manger dans cette voiture Pullman d'époque, acheminée en camion depuis Wilkes-Barre, Pennsylvanie. À l'occasion, vous serez ravi d'y partager une omelette géante, à 6h du matin, avec des noctambules qui terminent ici leur nuit agitée.

Pizza Rustica   PIZZERIA $

(carte p. 68 ; www.pizza-rustica.com ; 863 Washington Ave ; part 5 $, plats 8-10 $; ⏰ 11h-18h). La meilleure pizzeria de South Beach possède plusieurs succursales, où sont façonnées des pizzas croustillantes agrémentées de garnitures exotiques. Une seule part constitue un repas suffisant.

News Cafe   AMÉRICAIN $

(carte p. 68 ; www.newscafe.com ; 800 Ocean Dr ; plats 7-17 $; ⏰ 24h/24). Cette adresse incontournable d'Ocean Dr attire les voyageurs par milliers. La cuisine n'a rien d'exceptionnel,

UN SANDWICH CUBAIN DANS LES RÈGLES DE L'ART

Un sandwich cubain traditionnel, également appelé *sandwich mixto*, ne se prépare pas à la va-vite. Il requiert une technique précise, dont voici quelques secrets. Le choix du pain est crucial : il faut du pain blanc cubain, frais, moelleux. L'intérieur doit être beurré avant qu'y soient disposés (dans l'ordre) des tranches de cornichon, des tranches de rôti de porc cubain, du jambon (de préférence fumé) et de l'emmental. Puis le tout est disposé dans une presse à sandwich chaude (*plancha*) jusqu'à ce que le fromage fonde.

mais l'endroit est un poste d'observation intéressant. Installez-vous à une table pour vous lancer dans l'étude anthropologique de South Beach et de ses amateurs de roller, de salsa et autres.

♥ Tap Tap   HAÏTIEN $$

(carte p. 68 ; ☎ 305-672-2898 ; www.taptaprestaurant.com ; 819 5th St ; plats 9-20 $; ⏰ 12h-22h30). À Haïti, les *tap-tap* sont des camionnettes bigarrées transformées en taxis collectifs et leurs motifs tropicaux psychédéliques ont inspiré la décoration de cet excellent restaurant haïtien. On est loin du style Manhattan des établissements de South Beach : ici, on mange sous des peintures colorées de Papa Legba, le gardien des morts, émergeant d'un cimetière de Port-au-Prince. La cuisine marie les saveurs d'Afrique de l'Ouest, de France et des Caraïbes : soupe de citrouille épicée, vivaneau sauce au citron vert, curry de chèvre et conques des îles Turques-et-Caïques grillées au feu de bois. Ne ratez pas le *mayi moulen*, un accompagnement à base de maïs servi avec une onctueuse sauce aux haricots : un délice ! Côté boisson, le rhum Barbancourt existe en différents degrés (tous forts).

Café Mistral   FRANÇAIS $$

(carte p. 68 ; ☎ 305-763-8184 ; 110 Washington Ave ; plats 11-18 $; ⏰ 9h-23h mar-sam ; ✎). La cuisine française sans chichis du Mistral en fait un lieu très apprécié pour le petit-déjeuner et le déjeuner à SoFi. Au menu : croque-monsieur, salades, "Fruban" (à mi-chemin entre le sandwich cubain et le sandwich-baguette français) et bon café.

Big Pink
DINER **$$**

(carte p. 68 ; ☑ 305-532-4700 ; 157 Collins Ave ; plats 11-26 $; ☺ 8h-minuit dim-mer, 8h-2h jeu, 8h-5h ven-sam). Le Big Pink sert une cuisine réconfortante avec bonne humeur et une touche de fantaisie. À toute heure, on peut trouver son compte dans le menu 100 % américain, où l'effiloché de porc braisé d'un Carolina Sandwich roboratif côtoie, par exemple, un Reuben (sandwich avec corned-beef ou blanc de dinde, choucroute et fromage fondu) bien préparé. L'intérieur est à mi-chemin entre une salle de danse des années 1950 et un club de South Beach. Vous serez sans doute installé à une longue table commune.

Grazie
ITALIEN **$$$**

(carte p. 68 ; ☑ 305-673-1312 ; www.grazieitalian-cuisine.com ; 702 Washington Ave ; plats 19-34 $; ☺ 12h-15h lun-ven, 18h-minuit tlj). "Merci", en effet : ce restaurant à l'ancienne, élégant et confortable, sert une cuisine typique de l'Italie du Nord. Le service y est professionnel et attentionné et les plats consistants et délicieux, loin de toute expérimentation hasardeuse. Les prix sont très raisonnables au vu de la qualité des prestations et de l'emplacement prestigieux. Le *risotto porcini* cache sa réalisation complexe sous des ingrédients simples. L'un des meilleurs restaurants italiens de la plage.

Prime 112
GRILL **$$$**

(carte p. 68 ; ☑ 305-532-8112 ; www.prime112.com ; 112 Ocean Dr ; plats 29-75 $; ☺ 12h-15h lun-ven, 17h30-minuit dim-jeu, 17h30-1h sam-dim). On peut avoir une impérieuse envie de steak : tendre, juteux, avec juste ce qu'il faut de graisse et servi dans un décor viril dans lequel de superbes serveuses vous apportent votre cocktail. C'est ce que vous trouverez dans la plus vieille auberge de Miami Beach – le splendide Browns Hotel de 1915 – et son restaurant, le Prime 112. Soignez votre tenue, il y a de fortes chances que vous vous retrouviez à côté d'une célébrité.

Joe's Stone Crab Restaurant
AMÉRICAIN **$$$**

(carte p. 68 ; ☑ 305-673-0365 ; www.joesstone-crab.com ; 11 Washington Ave ; plats 11-60 $; ☺ 11h30-14h mer-dim, sauf en été, et 18h-22h mer-dim tte l'année). L'attente est longue et les prix élevés ! Si tout cela ne vous rebute pas, faites la queue pour savourer, serviette autour du cou, des pinces de crabe d'une grande fraîcheur dans un des plus célèbres restaurants de Miami.

✖ South Beach (11th - 23rd Street)

Burger & Beer Joint
BURGERS **$**

(carte p. 64 ; ☑ 305-672-3287 ; www.bnbjoint.com ; 1766 Bay Rd ; plats 5,50-9 $; ☺ 11h30-minuit dim-jeu, 11h30-2h ven-sam ; ☑). Des hamburgers gourmands, des bières artisanales : l'équipe du B&B a clairement fait son étude marketing. Les végétariens eux-mêmes ne sont pas oubliés et se régaleront du "Dear Prudence", avec champignons, poivrons rouges, pesto aux noisettes et courgettes frites. On y trouve aussi un hamburger au thon *ahi*, un autre au steak de bœuf de Kobe accompagné de foie gras, entre autres mets.

Flamingo Restaurant
NICARAGUAYEN **$**

(carte p. 64 ; ☑ 305-673-4302 ; 1454 Washington Ave ; plats 2,50-7 $; ☺ 7h-21h lun-sam). Ce minuscule café-boutique nicaraguayen accueille les travailleurs de l'ombre qui font fonctionner le quartier de South Beach. Vous serez sans doute les seuls touristes à manger sur place. La clientèle y dévore la soupe de poule, le poulet aux poivrons et les petits-déjeuners bon marché, méticuleusement préparés en cuisine par un couple.

Paul
BOULANGERIE **$**

(carte p. 64 ; 450 Lincoln Rd ; plats 5,50-11 $; ☺ 8h30-20h ; ☑). L'enseigne parisienne a son adresse floridienne. On y trouve du pain croustillant à l'extérieur et moelleux à l'intérieur. Sandwichs et pâtisseries en font une bonne halte déjeuner.

Gelateria 4D
GLACES **$**

(carte p. 64 ; ☑ 305-538-5755 ; 670 Lincoln Rd ; glaces 3,85-8 $; ☺ 9h-minuit dim-jeu, 9h-1h30 ven-sam). Il fait chaud. Vous avez marché toute la journée. Il vous faut cette glace. À vous la 4D ! Cette adresse est réputée pour ses créations à la mode européenne, et, si l'on en juge par la file d'attente, ce pourrait être le meilleur glacier de South Beach.

♥ Pubbelly
FUSION **$$**

(carte p. 64 ; ☑ 305-532-7555 ; 1418 20th Street ; plats 11-26 $; ☺ 18h-minuit mar-jeu et dim, jusqu'à 1h ven-sam). Difficile de choisir une épithète autre que délicieuse à la cuisine du Pubbelly. Elle s'inspire des saveurs asiatiques, nord-américaines et latino-américaines, en prenant le meilleur de chacune. Goûtez par exemple les raviolis au canard et au poireau, ou les *udon* "carbonara" à la poitrine de porc, aux œufs pochés et au parmesan. Le tout à accompagner d'un cocktail maison.

Jerry's Famous Deli TRAITEUR $$

(carte p. 64 ; ☎305-532-8030 ; www.jerrysfamousdeli.com ; 1450 Collins Ave ; plats 9-18 $; ⏱24h/24). Important : Jerry's assure les livraisons. Et l'expérience prouve que lorsque l'on goûte le pastrami sur pain de seigle, les sandwichs à la dinde et autres délices de cet immense traiteur juif (installé dans l'ancienne discothèque Warsaw), on est susceptible d'en avoir envie 24h/24.

Spiga ITALIEN $$

(carte p. 68 ; ☎305-534-0079 ; www.spigarestaurant.com ; Impala Hotel, 1228 Collins Ave ; plats 15-28 $; ⏱18h-minuit). Ce restaurant romantique est idéal pour échanger des regards langoureux lors d'un dîner aux chandelles, tout en savourant l'excellente cuisine italienne traditionnelle, avec des plats tels que l'agneau à l'huile d'olive et au romarin ou les *linguine* aux petites palourdes.

Jimmy'z Kitchen LATINO-AMÉRICAIN $$

(carte p. 64 ; ☎305-534-8216 ; 1542 Alton Rd ; plats 8-18 $; ⏱11h-22h sam-jeu, 11h-23h ven ; ✍). Le Jimmy'z est un des rares endroits à proposer une cuisine de style Nuevo Latino à prix moyens et néanmoins savoureuse. Goûtez le *mofongo*, un plat portoricain très nourrissant à base de bananes plantains, avant de terminer par le divin cheese-cake à la goyave.

Van Dyke Cafe FUSION $$

(carte p. 64 ; ☎305-534-3600 ; 846 Lincoln Rd ; plats 12-28 $; ⏱8h-1h). Comptant parmi les adresses les plus fréquentées par les touristes, le Van Dyke est une institution semblable au News Cafe : la cuisine est correcte et le lieu idéal pour admirer le ballet des passants. Généralement bondé, il occupe plus de la moitié du trottoir. Le service est sympathique et efficace, et vous pourrez admirer les mannequins qui déambulent tout en dégustant votre hamburger ou vos aubergines à la *parmigiana*. Excellentes soirées jazz à l'étage.

Guru INDIEN $$

(carte p. 68 ; ☎305-534-3996 ; 232 12th St ; plats 15-23 $; ⏱12h-23h30 ; ✍). Un intérieur sensuel, des lumières douces, un mobilier en bois sombre et des touches de rouge créent le cadre de ce restaurant indien où les ingrédients régionaux comme la langouste sont mariés au *korma*. Le curry de poisson de Goa est remarquable, mais le service semble souvent débordé et la cuisine est parfois inégale. Essayez d'y venir au déjeuner pour le menu *thali*, et composez vous-même un repas original.

Balans FUSION $$

(carte p. 64 ; ☎305-534-9191 ; 1022 Lincoln Rd ; plats 13-36 $; ⏱8h-minuit). Cette chaîne de restaurants britannique réputée a essaimé jusqu'à Miami. Laissez-vous tenter par sa cuisine fusion. Vous aurez rarement l'occasion de voir sur le même menu une *saltimbocca* de veau et de l'agneau *jalfrezi*. Après vous être régalé de langouste, spécialité de la maison, vous serez bien obligé de réviser vos a priori sur la cuisine anglaise.

Nexxt Cafe FUSION $$

(carte p. 64 ; ☎305-532-6643 ; nexxtcafe.com ; 700 Lincoln Rd ; plats 7-23 $; ⏱11h30-23h lun-jeu, 11h30-minuit ven-sam, 11h-23h dim). On trouve aux alentours de Lincoln Rd de nombreux cafés d'une qualité parfois discutable, mais qui permettent de regarder le flot des passants sur l'une des rues les plus à la mode de Miami Beach. Le Nexxt se détache du lot avec une immense carte où se côtoient le chili de dinde, de savoureux hamburgers et des salades copieuses mais pauvres en calories. Rien d'exceptionnel, mais tout est assez bon.

Front Porch Cafe AMÉRICAIN $$

(carte p. 64 ; ☎305-531-8300 ; 1418 Ocean Dr ; plats 10-18 $; ⏱7h-23h). Refuge apaisant au décor blanc et bleu, le Porch sert d'excellentes salades et des sandwichs depuis 1990 (une éternité à l'échelle de South Beach). Le brunch du week-end est très couru, à juste titre – les grosses omelettes sont délicieuses, de même que les épais pancakes et le café corsé.

♥ Osteria del Teatro ITALIEN $$$

(carte p. 64 ; ☎305-538-7850 ; 1443 Washington Ave ; plats 17-45 $; ⏱18h-23h lun-jeu, 18h-1h ven-dim). Il ne faut jurer de rien, sauf peut-être du fait que les spécialités de l'Osteria, l'un des plus anciens restaurants italiens de l'agglomération de Miami, en font aussi l'un des meilleurs. Laissez-vous installer et choyer par les sympathiques serveurs italiens. Laissez-les même choisir pour vous : ils ne se trompent jamais.

Yardbird
SUD $$$

(carte p. 64 ; ☑ 305-538-5220 ; 1600 Lenox Ave ; plats 26-42 $; ☺ 11h30-23h lun-jeu, 11h30-minuit ven, 10h-minuit sam, 10h-23h dim). Le Yardbird est l'un des établissements les plus prisés pour découvrir la cuisine typique du Sud, qui fait une percée surprenante sur la scène culinaire de Miami. On s'y régale de steak Salisbury, de côtes St Louis avec gruau de maïs et chou frisé, mais la spécialité est un plat associant poulet et gaufres dans un agréable mélange sucré-salé.

Casa Tua
ITALIEN $$$

(carte p. 64 ; ☑ 305-673-1010 ; www.casatualifestyle.com/miami ; 1700 James Ave ; plats 23-58 $; ☺ 11h30-15h lun-ven, 19h30-23h tlj). L'adresse est bien trop branchée pour s'embarrasser d'une enseigne. Vous reconnaîtrez l'établissement aux clients faisant la queue à l'entrée, aux limousines stationnant à proximité et à la beauté du bâtiment (en grande partie dissimulé derrière une haute haie). Si vous parvenez à obtenir une table dans cette splendide villa méditerranéenne de 1925, vous pourrez déguster un délicieux jambon cru, de la sole, un risotto au homard ou de la joue de veau.

Juvia
FUSION $$$

(carte p. 64 ; ☑ 305-763-8272 ; 1111 Lincoln Rd ; plats 23-55 $; ☺ 12h-15h et 18h-minuit tlj, jusqu'à 1h ven-sam ; ☑). Le Juvia combine les cuisines à la pointe des tendances culinaires de Miami, à savoir les saveurs françaises, latino-américaines et japonaises. Le bar chilien est cuisiné au beurre, tandis que les coquilles Saint-Jacques sont accompagnées de shiitaké et de frites à l'ail. La vaste et superbe salle du restaurant qui se situe dans les hauteurs du 1111 Lincoln Rd (p. 63) affiche un décor glamour typique de South Beach.

Mr Chow Chinese
CHINOIS, FUSION $$$

(carte p. 64 ; ☑ 305-695-1695 ; www.mrchow.com ; 2201 Collins Ave ; plats 30-45 $; ☺ 18h-minuit). Situé dans le W Hotel (p. 109), Mr Chow donne à la cuisine sino-américaine des envolées gastronomiques. On pourrait presque être intimidé par le décor branché où de luxueux lustres modernes côtoient un énorme bar tout droit sorti de *Sex and the City*. Mais le service est sympathique et les plats délicieux : poulet fondant aux piments émincés, tofu parfumé et épicé ou calamar sauté aux asperges.

Yuca
LATINO-AMÉRICAIN $$$

(carte p. 64 ; ☑ 305-532-9822 ; 501 Lincoln Rd ; plats 22-48 $; ☺ 12h-23h30). L'une des premières adresses de cuisine dite Nuevo Latino à Miami continue de tourner, même si les habitants dénoncent une légère baisse de la qualité au fil des années. Malgré tout, le *yuca rellena* (un poivron farci de champignons et de *picadillo* – une recette cubaine à base de viande hachée) nous a régalé, tout comme les *guava ribs* (travers de porc cuisinés avec de la gelée de goyave)

✕ Nord de Miami Beach

Roasters' n Toasters
TRAITEUR $

(carte p. 72 ; ☑ 305-531-7691 ; 525 Arthur Godfrey Rd ; plats 8-16 $; ☺ 6h30-15h30). Au vu des foules qui s'y pressent et du sourire heureux des clients, Roasters' n Toasters semble satisfaire les exigences de l'importante population juive de Miami Beach : viande juteuse, pain frais, bagels croustillants et *latkes* (galettes de pommes de terre) tièdes. Des mini-sandwichs sont servis sur du pain *challah*, une innovation aussi ravissante que savoureuse.

Josh's Deli
TRAITEUR $

(☑ 305-397-8494 ; 9517 Harding Ave ; plats 6-14 $; ☺ 8h30-15h30). Le Josh's est la simplicité même. Situé au cœur du Miami juif, il propose de succulents produits casher : corned-beef, pastrami, pain de seigle, moutarde... Que demander de plus ?

Shuckers
AMÉRICAIN $

(carte p. 72 ; ☑ 305-866-1570 ; 1819 79th St Causeway ; plats 8-19 $; ☺ 11h-tard). L'un des restaurants les mieux placés du quartier, dominant l'océan depuis la 79th St Causeway. Le Shuckers sert une cuisine de pub : hamburgers, poisson frit et autres. La raison de notre venue ici : les ailes de poulet. Marinées dans diverses sauces alléchantes, elles sont frites avant d'être à nouveau grillées. Seule la volonté nous a retenu de ne pas dévorer un poulailler entier.

Chivitoteca
URUGUAYEN $

(carte p. 72 ; ☑ 305-864-5252 ; 6987 Collins Ave ; plats 5,50-16 $; ☺ 12h-23h30 lun-jeu, 12h-1h ven-sam, 12h-minuit dim). Le *chivito* est un sandwich uruguayen composé de viande, de jambon, de fromage, d'œufs frits et de mayonnaise (il y a bien aussi un peu de laitue, de poivron et de tomate, mais ils sont noyés dans la masse !). Que du léger ! Il ne s'agit là que de la version basique, et sachez que le *chivito* est servi avec des frites. Et on trouve aussi de la pizza au mètre… Que du léger on vous dit !

La Perrada de Edgar
RESTAURATION RAPIDE **$**

(carte p.72 ; ☎305-866-4543 ; 6976 Collins Ave ; hot dogs 4-7 $; ⏰12h-minuit). Les hot dogs de La Perrada sont si délicieux qu'ils ont sûrement été conçus par quelque esprit diabolique. Vous avez des doutes ? Goûtez un *especial*, agrémenté de prunes, d'ananas et de crème fouettée. Ou la version crevettes-frites. Apparemment, ces recettes n'ont rien d'extraordinaire en Colombie. La limonade maison est aussi un régal.

♥ Steve's Pizza
PIZZERIA **$$**

(☎305-891-0202 ; www.stevespizzas.net ; 12101 Biscayne Blvd ; part 3 $, pizzas 10-16 $; ⏰11h-3h dim-mer, 11h-4h jeu et ven, 11h-2h sam). D'innombrables chaînes s'arrachent les faveurs des touristes à South Beach, mais si vous demandez à des habitants où déguster la meilleure pizza, ils vous indiqueront Steve's. Celle que l'on sert ici ressemble à celle de New York : soigneusement faite maison avec une pâte fine et de bons ingrédients. De nouveaux établissements Steve's ouvrent ailleurs dans Miami, toujours dans des quartiers très peu touristiques, préservant ainsi cette touche d'authenticité. L'enseigne principale se trouve dans South Miami – l'établissement indiqué ici est plus proche de North Miami, à 6 miles (10 km, 15 min en voiture) au nord du Design District, et séduit particulièrement les noctambules.

Indomania
INDONÉSIEN **$$**

(carte p. 72 ; ☎305-535-6332 ; 131 26th St ; plats 17-28 $; ⏰18h-22h30 mar-dim). Les adresses asiatiques "édulcorées" ne manquent pas à Miami. Loin des circuits touristiques, l'original Indomania va à l'encontre de cette tendance avec des plats indonésiens authentiques. Sa délicieuse cuisine est à la mesure de la diversité du pays : poulet au curry de coco, vivaneau grillé servi dans des feuilles de bananier ou copieux *rijsttafel*, sorte de buffet de petites portions de style tapas reflétant les particularismes culinaires des différentes régions d'Indonésie.

Cafe Prima Pasta
ARGENTIN **$$**

(carte p. 72 ; ☎305-867-0106 ; 414 71st St ; plats 13-24 $; ⏰17h-minuit lun-sam, 16h-23h dim). Difficile de dire ce que nous apprécions le plus dans ce restaurant italo-argentin : les pâtes à la solide réputation (essayez les gnocchis), tout à fait méritée, ou l'ambiance, empreinte de la sensualité chic de Buenos Aires. Au final, peu importe le gagnant : l'essentiel est d'y dîner.

Fifi's Place
POISSON ET FRUITS DE MER **$$**

(carte p. 72 ; ☎305-865-5665 ; 6934 Collins Ave ; plats 13-30 $; ⏰12h-minuit). Les fruits de mer version latino sont ici à l'honneur : le Fifi's s'en sert pour préparer de délicieuses paellas et de non moins savoureuses *parrilladas*, dans lesquelles lesdits fruits de mer sont grillés avec du beurre à l'ail. Un régal.

BON COMME UN CAMION

Les food trucks (camions-restaurants) sont désormais bien trop nombreux à Miami pour que nous puissions tous les répertorier ici, mais vous aurez l'embarras du choix en vous rendant au **Biscayne Triangle Truck Round-Up** (BTTR), où ils se rassemblent tous les mardis entre 17h30 et 22h, sur le campus de la Johnson & Wales University à North Miami (127th St et Biscayne Blvd). Voici quelques-uns de nos préférés. Nous vous indiquons leur identifiant Twitter afin de vous permettre de suivre leurs déplacements en ligne :

Purple People Eatery (www.purpleppleatery.com ; @purpleppleatery ; plats 4-8 $). Beignets de *mahi-mahi* (dorade coryphène), gratin de pâtes en croûte d'herbes et hamburgers gourmets de bison.

GastroPod (www.gastropodmiami.com/food ; @gastropodmiami ; plats 5-11 $). Mini-burgers, bouts de côtes de bœuf, galettes de maïs, etc.

Jefe's Original Fish Tacos & Burgers (www.jefesoriginal.com ; @jefesoriginal ; plats 2,50-6,50 $). Comme le nom l'indique, le taco de poisson (*fish taco*) est la spécialité maison.

Slow Food Truck (www.slowfoodtruck.com ; @SlowFoodTruck ; plats 4-8 $). Produits locaux et de saison. Une carte variée, constamment renouvelée et délicieuse.

✕ Downtown Miami

La Moon
COLOMBIEN **$**

(carte p. 76 ; ☑ 305-379-5617 ; www.lamoonres-
taurantmiami.com ; 144 SW 8th St ; repas 6-15 $;
⊙ 9h-minuit lun-mer, 9h-6h jeu-dim). Rien de tel
pour se remettre d'une soirée arrosée qu'un
hot dog colombien garni d'œufs au plat et
de frites. Boudin et poitrine de porc font
aussi l'affaire. Ces douceurs sont la nourriture préférée des fêtards de Miami, et La
Moon le meilleur endroit pour les déguster, à quelques encablures de bars tels que
le Tobacco Road. Pour vous fondre dans le
décor, commandez un *refajo :* de la bière
colombienne (Aguila) mélangée à du soda
colombien (de préférence le rouge).

Soya e Pomodoro
ITALIEN **$**

(carte p. 76 ; ☑ 305-381-9511 ; 120 NE 1st St ;
déj 9-16 $, dîner 13-22 $; ⊙ 11h30-16h lun-ven,
19h-23h30 jeu-sam). Soya e Pomodoro
évoque une enclave bohème pour artistes
et cinéastes italiens, qui peuvent y savourer de copieuses portions de pâtes fraîches
sous des affiches anciennes et des tableaux
et tentures arc-en-ciel. Un peu comme
si des hippies avaient été lâchés dans le
décor de *Casablanca*. Pour compléter cette
ambiance, conférences, concerts de jazz et
autres événements artistiques y sont parfois
organisés en soirée.

Fresco California
MÉDITERRANÉEN **$**

(carte p. 76 ; ☑ 305-858-0608 ; 1744 SW 3rd Ave ;
plats 9-16 $; ⊙ 11h30-15h30 lun-ven, 17h-22h30
lun-jeu, 17h-23h ven, 11h-23h sam). Le Fresco
sert toutes sortes de spécialités méditerra-
néennes et de la côte Ouest. Détendez-vous
dans la cour éclairée aux bougies, à l'arrière,
particulièrement agréable les soirs d'été,
lorsqu'il fait beau (autrement dit presque
tout le temps). La salade aux poires et aux
noix et les sandwichs aux champignons sont
délicieux, mais pas autant que les raviolis au
potiron.

Mini Healthy Deli
TRAITEUR **$**

(carte p. 76 ; ☑ 305-523-2244 ; Station Mall,
48 E Flagler St ; plats 6-10 $; ⊙ 11h-15h ; ✐).
Cet excellent café niché dans un tout petit
centre commercial à moitié vide est le fief
du chef Carlos Bedoya. Il concocte des plats
d'une fraîcheur et d'un goût exquis, comme
le tilapia grillé accompagné de salade, riz
et haricots. Il n'y a que deux petites tables,
mais cela vaut le coup de patienter, ou de
manger debout.

Granny Feelgoods
CUISINE SANTÉ **$**

(carte p. 76 ; ☑ 305-377-9600 ; 25 W Flagler St ;
plats 9-15 $; ⊙ 7h-17h lun-ven ; ✐). Si vous
voulez équilibrer votre karma (ou simplement découvrir une savoureuse cuisine
végétarienne), essayez la cuisine très saine
des lieux. Situé à côté du tribunal, le Granny
peut se targuer d'offrir la plus vaste concentration d'avocats au mètre carré du pays.
Goûtez les plats simples comme les sandwichs au tofu et les lasagnes aux épinards.
Les amateurs de viande préféreront sans
doute le hamburger à la dinde.

♥ Choices
VÉGÉTALIEN **$$**

(carte p. 76 ; ☑ 305-400-8895 ; 379 SW 15th Rd ;
plats 10-16 $; ⊙ 8h-21h lun-ven, 9h-21h sam ;
✐ 🖢). ✐ Comme dans tous les bons établis-
sements végétaliens, on ne regrette pas
l'absence de viande. Avec des combinaisons
intéressantes comme la "viande" de noix
et le "fromage" Daiya, ce restaurant tient
ses promesses et propose burgers, tacos et
pizzas, tous 100% végétaliens et délicieux.

Bonding
FUSION **$$**

(carte p. 76 ; ☑ 786-409-4796 ; 638 S Miami Ave ;
plats 12-28 $; ⊙ 12h-23h lun-ven, 12h-minuit sam,
17h-minuit dim ; ✐). Le Bonding réussit à
merveille le mariage des cuisines asiatiques
– thaïlandaise, japonaise et coréenne, entre
autres. Poulet savamment cuisiné au piment
et au basilic, curry rouge bien relevé et
sushis originaux avec sauce à la mangue et
mayonnaise piquante. Très bon saké.

OTC
AMÉRICAIN **$$**

(carte p. 76 ; ☑ 305-374-4612 ; 1250 S Miami Ave ;
plats 10-22 $; ⊙ 11h30-23h30 lun-mer,
11h30-minuit jeu, 11h30-1h ven, 10h30-1h sam,
10h30-23h dim). Miami raffole des nouvelles
tendances culinaires, celle du moment est à
la cuisine "rustique" en direct de la ferme, à
accompagner de bière artisanale. L'OTC de
Brickell, avec des plats comme le steak-frites
à la truffe, surfe sur la vague. Et si le contact
avec la terre est un peu limité au milieu des
gratte-ciel, la nourriture n'en est pas moins
savoureuse.

Garcia's Seafood Grille
& Fish Market
POISSON ET FRUITS DE MER **$$**

(carte p. 76 ; ☑ 305-375-0765 ; 398 NW River
Dr ; plats 9-22 $; ⊙ 11h-21h30). Des cohortes
d'employés de bureau cubains déjeunent
au Garcia's, où l'on se croit plus dans une
cabane de bord de mer que dans le quartier
financier. Le moins : le service de qualité
inégale. Les plus : le poisson extra-frais et

préparé avec soin et la vue plaisante sur la Miami River.

Carol's Restaurant ITALIEN $$

(carte p. 76 ; ☎ 305-373-7622 ; 245 SE 1st St ; plats 10-22 $; ⏱ 18h-22h dim et lun, 18h-23h mar-jeu, 18h-minuit ven-sam, 11h-15h sam-dim ; ✎). Le Carol's représente une denrée rare à Miami : un restaurant italien abordable qui concocte une cuisine de qualité. Les raviolis aux champignons sauvages se dégustent avec un verre de rouge, tandis que le risotto au confit de canard est presque parfait. Le cadre aux notes boisées chaleureuses, très lumineux, est tout aussi séduisant.

Azul FUSION $$$

(carte p. 76 ; ☎ 305-913-8288 ; 500 Brickell Key Dr ; plats 25-40 $; ⏱ 19h-23h mar-sam). Les baies vitrées, les lignes métalliques épurées et les façades ondulantes en cuivre offrent l'une des plus belles perspectives sur la ville. La superbe décoration scandinave se combine à merveille avec un menu qui marie la Méditerranée et l'Asie. Goûtez les huîtres enveloppées de bœuf et le carpaccio de poisson *hamachi*.

✖ Wynwood, Design District et Little Haiti

♥ Chef Creole HAÏTIEN $

(carte p. 82 ; ☎ 305-754-2223 ; 200 NW 54th St ; plats 7-20 $; ⏱ 11h-23h lun-sam). S'il vous prend l'envie de spécialités caribéennes bon marché, mettez le cap sur ce secteur de Little Haiti et découvrez cette excellente baraque de vente à emporter. Au menu : conque, queue de bœuf ou poisson frits, riz servi à la louche et haricots. De quoi être rassasié pour la semaine ! À déguster sur les bancs de pique-nique non loin, au son de la musique haïtienne diffusée par les petits haut-parleurs. Une expérience unique.

Cheese Course FROMAGES $

(carte p. 82 ; ☎ 786-220-6681 ; www.thecheese-course.com ; 3451 NE 1st Ave ; plats 5-15 $; ⏱ 10h30-21h dim-mer, 10h30-22h jeu, 10h30-23h ven-sam ; ✎). Le concept est séduisant : choisissez quelques fromages avec l'aide du personnel et laissez-les ensuite composer votre assiette avec du pain frais, des noisettes caramélisées, des cornichons ou tout autre accompagnement de votre choix. On y trouve aussi de bons sandwichs, des pâtes à tartiner et des confitures, mais rien ne vaut un déjeuner parfait autour de délices fromagères.

La Latina LATINO-AMÉRICAIN $

(carte p. 82 ; ☎ 305-571-9655 ; 3509 NE 2nd Ave ; plats 4-10 $; ⏱ 10h-22h mar-jeu, 10h-5h ven-sam, 10h-16h dim ; ✎). Voici l'une des meilleures adresses à prix doux du secteur de Design District : un restaurant vénézuélien prisé des habitants de Midtown et d'une clientèle bohème. Les végétariens apprécieront les *arepas* (pain de maïs) au fromage et à l'avocat, mais on trouve aussi de nombreux plats de viande, du riz, des haricots et des bananes plantains.

Lemoni Café CAFÉ $

(carte p. 82 ; ☎ 305-571-5080 ; www.mylemo-nicafe.com ; 4600 NE 2nd Ave ; plats 6-10 $; ⏱ 11h-22h30 ; ✎). Ce mignon petit café, lumineux et confortable, sert de fantastiques sandwichs, wraps et salades. Le sandwich au saucisson, légumes et huile d'olive est une révélation et l'on serait prêt à tout pour s'offrir une deuxième part de la tarte au citron vert des Keys. Situé dans le joli quartier de Buena Vista, c'est un endroit parfait pour un repas en terrasse.

Enriqueta's LATINO-AMÉRICAIN $

(carte p. 82 ; ☎ 305-573-4681 ; 186 NE 29th St ; plats 5-8 $; ⏱ 6h30-15h45 lun-ven, 6h30-2h sam). Il fut un temps où les Portoricains avaient la mainmise sur Wynwood, avant l'arrivée des artistes contemporains. Pour une réminiscence de cette époque, entrez dans ce restaurant de bord de route continuellement bondé. L'ambiance latino est aussi corsée que les *cortaditos* (cafés cubains) servis au comptoir. Avant d'aller faire un tour dans une galerie branchée, croquez donc un sandwich steak-frites.

♥ Blue Collar AMÉRICAIN $$

(☎ 305-756-0366 ; www.bluecollarmiami.com ; 6730 Biscayne Blvd ; plats 15-22 $; ⏱ 11h30-15h30 lun-ven, 11h-15h30 sam-dim, 18h-22h dim-jeu, 18h-23h ven-sam ; P ✎ ♿). ✎ Le Blue Collar a le mérite d'offrir à la fois une cuisine savoureuse et une ambiance décontractée, dans une ville où le moindre restaurant peut prendre des allures de club branché. Le personnel sympathique sert une cuisine 100% américaine (vivaneau croustillant, travers de porc fumé ou délicieux cheeseburger). Bon choix de plats végétariens.

Oak Tavern AMÉRICAIN $$

(carte p. 82 ; ☎ 786-391-1818 ; 35 NE 40th St ; plats 12-26 $; ⏱ 12h-22h30 lun-jeu, 12h-minuit ven, 18h-minuit sam, 11h-21h30 dim ; ☎✎). L'Oak figure parmi les nouveaux restaurants qui fleurissent actuellement dans le verdoyant Buena Vista. Sandwichs au mérou grillé, pizzas cuites au feu de bois, légumes frais, filet de bœuf truffé de champignons et bons burgers sont tous très copieux et présentés de façon raffinée. Salle à la fois glamour et rustique.

Gigi
ASIATIQUE $$
(carte p. 82 ; 305-573-1520 ; 3470 North Miami Ave ; plats 14-28 $; 12h-minuit dim-lun, 12h-3h mar-jeu, 12h-5h ven-sam ; P). Le Gigi concocte une cuisine asiatique que vous vous attendriez plutôt à trouver dans l'ultra-branché Design District. Les travers de porc sont glacés à la sauce hoisin et au piment aji, le pain de maïs sucré-salé fait un parfait accompagnement et le *pad thaï* est succulent. Le poulet fermier peut-il entretenir des relations de bon voisinage avec les sushis ? La réponse est oui !

The Federal
AMÉRICAIN $$
(carte p. 82 ; 305-758-9559 ; 5132 Biscayne Blvd ; plats 12-25 $; 17h-22h mar-jeu et dim, jusqu'à 23h ven-sam ;). De la cuisine américaine familiale dans les hauteurs de Buena Vista ! On trouve ici du chili de chevreuil cuit à feu doux, des palourdes de Floride revenues à la bière et toutes sortes de plats végétariens, dont des choux de Bruxelles. Le bar offre une ambiance très accueillante et l'on tombe vite sous le charme des lieux.

Egg & Dart
GREC $$
(carte p. 82 ; 786-431-1022 ; 4029 N Miami Ave ; petites portions 4-16 $, plats 15-36 $; 16h-23h30 mar-jeu, 16h-minuit ven, 11h-23h30 sam-dim ; P). Les restaurants de Miami ont le chic pour les présentations glamour des recettes traditionnelles, mais, avant l'Egg & Dart, nous n'avions jamais vu de version grecque de ce savoir-faire. Après un bon cocktail (goûtez le mojito à l'orange), grignotez des petites portions de *halloumi* grillé ou des croquettes de courgette, avant d'attaquer un plat copieux comme l'agneau savamment grillé accompagné d'une salade de betterave et fromage.

The Butcher Shop
AMÉRICAIN $$
(carte p. 82 ; 305-846-9120 ; 165 NW 23rd St ; plats 11-32 $; 11h-23h dim-jeu, 11h-2h ven-sam). Cet établissement de Wynwood, qui porte bien son nom (La Boucherie), fait résolument de l'œil aux carnivores. Entre-côte, saucisses fumées, charcuterie... Les amateurs de viande seront comblés. Avis à ceux qui aiment la bière : cette boucherie est aussi un *beer garden*.

The Embassy
GASTROPUB $$
(carte p. 82 ; 305-571-8446 ; 4600 NE 2nd Ave ; plats 17-23 $; 18h-minuit mar-jeu, 18h-3h ven-sam, 10h-15h dim ;). L'Embassy est un gastropub façon Miami, avec un vernis de Midtown et un penchant pour les *pintxos* (tapas basques) qui s'exprime le vendredi. Les plats, tels le poulet grillé à la purée de pommes de terre et aux olives ou le vivaneau rôti au fenouil font forte impression, tout comme le plateau végétalien régulièrement proposé. Comme on est à Buena Vista, le cadre et les clients sont branchés, mais sans ostentation.

Fiorito
ARGENTIN $$
(carte p. 82 ; 305-754-2899 ; 5555 NE 2nd Ave ; plats 14-21 $; 12h-22h). Si vous souhaitez déguster une cuisine latino-américaine un cran au-dessus du traditionnel menu frit à base de bananes plantains, cet excellent grill argentin saura vous rassasier bien avant d'avoir vidé votre porte-monnaie. Au programme : pâtes, grillades de bœuf, porc braisé et splendides frites maison. Excellentes *empanadas* (chaussons farcis).

Mandolin
GREC $$
(carte p. 82 ; 305-576-6066 ; 4312 NE 2nd Ave ; plats 12-26 $; 12h-23h lun-sam, 12h-22h dim ;). Le Mandolin ne se contente pas de servir une délicieuse cuisine grecque sous forme de poisson frais grillé avec citron et huile d'olive, de sandwichs au chorizo turc et de mezze légers comme l'aubergine fumée et le yaourt crémeux. Il offre également une superbe ambiance grecque avec ses couleurs égéennes, blanc et bleu, qui s'animent sous le rude soleil de Miami. Installez-vous à l'arrière sous les arbres qui ombragent également le quartier environnant de Buena Vista.

Harry's Pizzeria
PIZZERIA $$
(carte p. 82 ; 786-275-4963 ; 3918 North Miami Ave ; pizza 15 $; 11h30-23h lun-jeu, 11h30-minuit ven-sam, 11h30-22h dim ;). Cette adresse de Midtown, réduite à l'essentiel, enchantera littéralement les amateurs de pizzas. En dépit de sa salle et de sa cuisine minuscules, le Harry's concocte en effet des pizzas au feu de bois d'une simplicité trompeuse (mention spéciale pour celle au fenouil braisé). Les plats du jour – comme le poisson local rôti au four du vendredi – méritent aussi l'attention.

Lost & Found Saloon   MEXICAIN $$
(carte p. 82 ; ☎305-576-1008 ; www.thelostand-foundsaloon-miami.com ; 185 NW 36th St ; plats 10-17 $; ☉11h-3h ; ✎). Le service est sympathique et les burritos fantastiques dans ce petit restaurant de Wynwood, qui sert aussi des bières microbrassées à la pression et des vins du monde entier. En soirée, l'endroit se transforme en un bar branché très animé.

✗ Key Biscayne

Oasis   CUBAIN $
(carte p. 84 ; ☎305-361-9009 ; 19 Harbor Dr ; plats 5-12 $; ☉6h-21h). Cet excellent café cubain est fréquenté par des clients de toutes les classes sociales, et les barrières tombent aussi vite que l'or noir coule dans les tasses. Entre le délicieux café cubain bien fort et les *masas de puerco* – pièces de porc marinées à déguster avec de la sauce piquante –, ce lieu a tout d'un petit coin de paradis.

Boater's Grill   POISSON ET FRUITS DE MER $$
(carte p. 84 ; ☎305-361-0080 ; 1200 S Crandon Blvd ; plats 12-29 $; ☉9h-21h). Situé à Crandon Park, ce restaurant les pieds dans l'eau a un petit côté Nouvelle-Angleterre, mais la carte reste fidèle à la Floride du Sud : crabe caillou, *mahi-mahi* (dorade coryphène) et paella à la langouste.

Rusty Pelican   POISSON ET FRUITS DE MER $$$
(☎305-361-3818 ; 3201 Rickenbacker Causeway ; plats 18-42 $; ☉11h-23h dim-jeu, 11h-minuit ven-sam). Plus que la nourriture, c'est la perspective sur la ligne d'horizon, l'une des plus belles de Miami, qui attire les couples dans ce restaurant pour un moment romantique. Après votre cocktail face au coucher du soleil, vous pourrez néanmoins être tenté de commander un plat au menu haut de gamme de viandes et produits de la mer.

✗ Little Havana

♥ Exquisito Restaurant   CUBAIN $
(carte p. 86 ; ☎305-643-0227 ; 1510 SW 8th St ; plats 7-13 $; ☉7h-23h). Idéal pour une succulente cuisine cubaine au cœur de Little Havana. Le rôti de porc présente des notes acidulées d'agrumes et la *ropa vieja* (effiloché de poitrine de bœuf braisé) est délicieusement revigorante. Même les accompagnements standards comme le riz, les haricots et les bananes plantains rôties sont préparés avec soin et savoureux. Excellent rapport qualité/prix.

NORTH BISCAYNE BOULEVARD, QUARTIER GASTRONOMIQUE

À mesure que se poursuit l'embourgeoisement de North Biscayne Blvd, des restaurants tous meilleurs les uns que les autres ne cessent d'ouvrir. Voici quelques bonnes adresses de ce nouveau havre de la gastronomie :

Michy's (☎305-759-2001 ; michysmiami.com ; 6927 Biscayne Blvd ; repas 29-38 $; ☉18h-22h30 mar-jeu, 18h-23h ven-sam, 18h-22h dim ; ✎). Un décor pop bleu et blanc et des ingrédients bio produits localement. Dans ce bar distingué, Alice aurait pu boire un verre avant d'entrer au pays des merveilles. Bienvenue dans ce nouveau bébé de Michelle "Michy" Bernstein, l'une des plus brillantes étoiles de la galaxie gastronomique de Miami. Au menu : bonne humeur et bonne chère. Les demi-assiettes permettent de goûter à diverses spécialités comme le foie gras sur gâteau de maïs, la tarte chaude au poulet et champignons sauvages, le gaspacho blanc aux amandes et les croquettes au bleu.

Honey Tree (carte p. 82 ; ☎305-756-1696 ; 5138 Biscayne Blvd ; plats moins de 10 $; ☉8h-20h lun-jeu, 8h-19h ven, 9h-18h sam ; ✎). Ce magasin d'alimentation saine sert d'excellents jus de fruits et smoothies et propose un déjeuner végétalien, que certains considèrent comme le meilleur de Miami. Les plats, qui changent chaque jour, sont toujours bon marché (le prix se fait au poids) et savoureux. Le déjeuner est généralement servi entre 12h et 14h, mais vu l'importante demande, les quantités sont souvent épuisées rapidement.

Jimmy's East Side Diner (☎305-754-3692 ; 7201 Biscayne Blvd ; plats 5-13 $; ☉6h30-16h). Une adresse classique pour les copieux petits-déjeuners avec omelettes bon marché, pain perdu ou pancakes et les sandwichs à la dinde ou les hamburgers dans la journée. La clientèle gay y est nombreuse, remarquez le drapeau arc-en-ciel sur la devanture.

Hy Vong Vietnamese Restaurant
VIETNAMIEN $

(☑ 305-446-3674 ; 3458 SW 8th ; plats 7-22 $;
☺ 18h-23h mer-dim, fermé de mi-août à fin août).
Les habitants sont prêts à patienter des
heures pour obtenir une table ici, malgré
les nombreuses bonnes adresses latinos du
quartier. Les spécialités vietnamiennes sont
succulentes, avec quelques touches floridiennes, comme la marinade à la mangue.

Islas Canarias
CUBAIN $

(☑ 305-559-6666 ; 285 NW 27th Ave ; plats 8-19 $;
☺ 7h-23h). Ce restaurant installé dans une rue
commerçante ne paie pas de mine, mais on
y sert une des meilleures cuisines cubaines
de Miami. La *ropa vieja* est délicieuse et la
carte contient quelques clins d'œil à l'Espagne (le père du propriétaire vient des îles
Canaries, d'où le nom du restaurant). Déli-
cieuses frites maison, en particulier celles
préparées à base de bananes plantains.

El Cristo
CUBAIN $

(carte p. 86 ; ☑ 305-643-9992 ; 1543 SW 8th St ;
plats 6-18 $; ☺ 7h-23h ; 🚇). Sans prétention
et très apprécié des habitants du quartier,
El Cristo propose des recettes de toutes les
contrées hispanophones. Aux dires de beaucoup, c'est une des meilleures adresses de
Calle Ocho. La carte offre des plats du jour,
mais le poisson s'impose, à déguster frit
dans sa version *fish and chips* locale, ou à
emporter sous forme d'*empanadas* ou de
croquetas (panés).

Yambo
LATINO-AMÉRICAIN $

(1643 SW 1st St ; plats 4-11 $; ☺ 24h/24). Si vous
trouvez une bonne âme, taxi ou ami, pour
vous conduire jusqu'à Little Havana au beau
milieu de la nuit après une soirée très…
festive, foncez chez Yambo. En journée, l'endroit est, semble-t-il, un lieu agréable pour
un petit-déjeuner ou un déjeuner, mais de
nuit, il attire les foules avec ses plateaux-
repas et ses plats à emporter débordant de
tendres tranches de *carne asada* (viande
grillée) recouvrant des montagnes de riz, de
haricots et de bananes plantains.

Los Pinareños Frutería
BAR À JUS $

(carte p. 86 ; 1334 SW 8th St ; en-cas et boissons
2-4 $; ☺ 7h-19h lun-sam, 7h-14h dim). Quand la
chaleur écrase Miami, rien de plus rafraîchissant qu'un grand smoothie aux fruits.
Cette échoppe très populaire sert des jus de
fruits et de légumes, tous frais et savoureux.
Besoin d'énergie ? Goûtez au jus de canne à
sucre (très sucré, forcément).

El Rey de Las Fritas
BURGERS $

(carte p. 86 ; www.reydelasfritas.com ; 1821 SW
8th St ; en-cas 2-3 $; ☺ 8h-22h30 lun-sam). Si
vous n'avez jamais goûté de *frita* (hamburger cubain), il est temps de combler cette
lacune avec une visite à l'El Rey en compagnie des avocats, agents immobiliers,
ouvriers du bâtiment et autres habitants
du quartier. Énormes et juteux, les *fritas*
sont accompagnés d'une montagne de frites
allumettes. Les *batidos* (milk-shakes latino-
américains) sont imbattables.

Versailles
CUBAIN $$

(☑ 305-444-0240 ; 3555 SW 8th St ; plats 5-26 $;
☺ 8h-1h). Le Versailles est une institution de
la cuisine gastronomique cubaine. Goûtez le
bœuf haché en sauce gratinée ou le blanc de
poulet à la crème et à l'ail. L'élite politique
latino de Miami et les anciennes généra-
tions de Cubains restent de grands fidèles,
c'est donc une occasion pour le visiteur de
les côtoyer.

✖ Coconut Grove

Coral Bagels
TRAITEUR $

(☑ 305-854-0336 ; 2750 SW 26th Ave ; plats
3,75-9 $; ☺ 6h30-15h lun-ven, 7h-16h sam-dim ;
P 🚇). Difficile de mieux commencer la jour-
née qu'en grignotant un bagel à l'ail dans ce
petit *deli*. Le petit-déjeuner (bagels, œufs,
charcuterie et pommes de terre) remporte
tous les suffrages. On repart heureux, sans
s'être ruiné.

Last Carrot
VÉGÉTARIEN $

(carte p. 89 ; ☑ 305-445-0805 ; 3133 Grand Ave ;
plats 6 $; ☺ 10h-18h lun-ven, 10h-16h dim ; 🚇).
Des clients de tous horizons, notamment
des hommes d'affaires, viennent pour les jus
de fruits frais, les wraps délicieux (les garni-
tures végétariennes sont excellentes, mais
celui au thon est divin) et pour entretenir
les relations de voisinage. La longévité de
Carrot à proximité de l'énorme CocoWalk
prouve qu'une nourriture saine servie dans
un cadre agréable est une recette gagnante.

LoKal
AMÉRICAIN $

(carte p. 89 ; ☑ 305-442-3377 ; 3190 Commodore
Plaza ; burgers 11-14 $; ☺ 12h-22h dim-jeu, jusqu'à
23h ven-sam ; ✳🚇📶). 🖉 Ce petit établisse-
ment de Coconut Grove possède deux points
forts : son mode d'approvisionnement et
ses burgers. Ces derniers se déclinent sous
différentes variantes, toutes à base de bœuf
de qualité (sauf dans la version végétarienne
où le "steak" est fait de flocons d'avoine)

– mention spéciale pour le *frita* et sa sauce à la goyave. Quant à l'approvisionnement auprès des producteurs, les tranches d'avocat en portent un éclatant témoignage.

Xixon
ESPAGNOL $$

(☎305-854-9350 ; 2101 SW 22nd St ; tapas 8-15 $; ⊘11h-22h lun-jeu, 11h-23h ven-sam ; 🖉). Il en faut beaucoup pour se démarquer des innombrables bars à tapas de Miami. Le pain croustillant, l'explosion de saveurs des délicats beignets de *bacalao* (morue) et la meilleure anguille à l'ail qui soit finissent de classer Xixon au top de sa catégorie. Les *bocadillos* (sandwichs) au jambon serrano et au fromage Manchego sont parfaits pour un pique-nique.

Lulu
AMÉRICAIN $$

(carte p. 89 ; ☎305-447-5858 ; 3105 Commodore Plaza ; plats 9-25 $; ⊘11h30-22h45 dim-jeu, 11h30-23h45 ven-sam ; 🖉). Lulu est le représentant à Coconut Grove d'une cuisine utilisant des produits bio produits localement. Ses plats classiques réconfortants et gourmands sont servis sur une jolie terrasse extérieure, à l'ombre des arbres de ce quartier verdoyant. Il serait dommage de ne pas profiter d'un tel cadre, même si la salle à manger est elle aussi ravissante. Le gratin de pâtes à la truffe est copieux et savoureux, et le hamburger Lulu à tomber.

Green Street Cafe
AMÉRICAIN $$

(carte p. 89 ; ☎305-567-0662 ; 3468 Main Hwy ; plats 10-23 $; ⊘7h30-1h). Le Green Street fait partie des établissements avec terrasse les plus courus, et la jeunesse élégante du quartier vient s'y rassembler au coucher du soleil. L'endroit mélange avec talent burgers d'agneau au fromage de chèvre, salades au saumon, événements artistiques ponctuels et aversion pour l'embourgeoisement de Coconut Grove : de quoi passer une soirée originale.

Jaguar
LATINO-AMÉRICAIN $$

(carte p. 89 ; ☎305-444-0216 ; www.jaguarspot. com ; 3067 Grand Ave ; plats 17-32 $; ⊘11h30-23h lun-jeu, 11h30-23h30 ven-sam, 11h-23h dim). La carte propose toutes les spécialités latines, mais tout le monde vient pour le "bar à ceviche" (poisson et fruits de mer crus, marinés). L'idée : créer soi-même son mélange à partir de six sortes de ceviches, depuis l'espadon à la coriandre jusqu'à la *corvina* (courbine) au jus de citron vert. Un principe original et amusant, d'autant que les divers ceviches (2 $) sont exquis. On peut sinon se rabattre sur des viandes ou poissons grillés tout simples.

George's in the Grove
FRANÇAIS $$

(carte p. 89 ; ☎305-444-7878 ; 3145 Commodore Plaza ; plats 13-29 $; ⊘10h-23h, lun-ven, 8h-23h sam-dim). La carte impeccable du George's rassemble le meilleur des cuisines française, italienne. Le tout enveloppé, bien sûr, dans un cadre non moins impeccable. Les plats copieux sont dignes de la cuisine française du terroir. Parmi les valeurs sûres : le steak-frites, le confit de canard et le bar grillé.

✕ Coral Gables

Matsuri
JAPONAIS $

(carte p. 92 ; ☎305-663-1615 ; 5759 Bird Rd ; plats 7-23 $; ⊘11h30-14h30 mar-ven, 17h30-22h30 mar-sam). Niché dans un centre commercial insignifiant, le Matsuri ne désemplit pas, car la clientèle, presque exclusivement japonaise, vient retrouver les saveurs du pays. Cependant, beaucoup sont des Japonais d'Amérique du Sud qui commandent leurs *unagi* (anguilles) en espagnol, ce qui ajoute à l'ambiance plaisante. *Toro* (thon gras) épicé et ciboule, maquereaux grillés au sel et un océan de poissons crus tous plus *oishi* (délicieux) les uns que les autres.

❤ El Carajo
ESPAGNOL $$

(☎305-856-2424 ; www.elcarajointernational-tapasandwines.com ; 2465 SW 17th Ave ; tapas 4,50-17 $; ⊘12h-22h lun-mer, 12h-23h jeu-sam, 13h-21h dim). Découvrir un restaurant dans un lieu inattendu est toujours amusant, mais on reste d'abord perplexe face à cette station-service Citgo sur SW 17th Ave. Dépassez les bidons d'huile de moteur sans vous laisser impressionner et pénétrez dans une cave à vins à l'architecture digne de Grenade. La nourriture est absolument incroyable. Le chorizo au cidre fumant est bien juteux, les *frittatas* sont très nourrissantes, et les sardines et les anchois, cuits avec une pointe de sel et d'huile d'olive, donnent le tournis.

Swine
SUD $$

(carte p. 92 ; ☎786-360-6433 ; 2415 Ponce de Leon Blvd ; plats 16-40 $; ⊘11h30-23h mar-jeu, 11h30-minuit ven, 11h30-minuit sam, 10h-22h dim, 11h30-22h lun). Grâce au Swine, on trouve de la poitrine fumée rustique et du bourbon dans le très chic Coral Gables. Mais on y déguste aussi du confit de lapin, des crevettes de Floride, du gruau de maïs, du bacon et des burgers… tous plus savoureux les uns que les autres. À accompagner d'un cocktail savamment préparé au bar.

Bulla
ESPAGNOL $$

(carte p. 92 ; ☑ 305-441-0107 ; 2500 Ponce de Leon Blvd ; petites portions 4-17 $; ☺12h-22h dim-jeu, 12h-tard ven-sam ; ☑). Le Bulla propose des tapas, ce qui n'a rien d'original à Miami, et encore moins à Coral Gables. Mais il offre aussi une atmosphère de gastropub agréablement hédoniste et ses tapas sont un cran au-dessus de la moyenne. Fromages, poissons grillés et croquettes au jambon ibérique vous en convaincront à coup sûr.

Seasons 52
FUSION $$

(carte p. 92 ; ☑ 305-442-8552 ; 321 Miracle Mile ; plats 14-32 $; ☺11h30-23h lun-jeu, 11h30-minuit ven-sam, 11h30-22h dim). ✒ Nous avons été séduit par le concept et les réalisations du Seasons 52. Le concept : une carte partiellement renouvelée chaque semaine en fonction des produits de saison. Les réalisations, à titre d'exemple : pâte à pizza tiède surmontée de steak et de fromage fondu ou pâtes légères au piment et aux langoustines sautées, à la fois raffinées et roboratives.

Caffe Abbracci
ITALIEN $$

(carte p. 92 ; ☑ 305-441-0700 ; www.caffeabbracci. com ; 318 Aragon Ave ; plats 17-37 $; ☺11h30-15h30 lun-ven, 18h-minuit tlj). La recette pour un instant de rêve à Coral Gables : vous, l'élu(e) de votre cœur, une chaude soirée, une table à la terrasse de l'Abbracci (l'un des meilleurs restaurants italiens de Gable), des pâtes italiennes et un verre de vin rouge.

La Palme d'Or
FRANÇAIS $$$

(carte p. 92 ; ☑ 305-913-3200 ; Biltmore Hotel, 1200 Anastasia Ave ; menu degustation 5/9 plats 105/175 $; ☺18h30-22h30 mar-sam). Comptant parmi les restaurants français les plus réputés du pays, La Palme d'Or témoigne du même faste dans l'assiette que dans le cadre. Avec ses serveurs gantés, son service irréprochable et attentif, mais sans snobisme, l'établissement possède à lui seul plus de classe qu'une douzaine de restaurants de South Beach réunis.

Pascal's on Ponce
FRANÇAIS $$$

(carte p. 92 ; ☑ 305-444-2024 ; www.pascalmiami. com ; 2611 Ponce de Leon Blvd ; plats 30-42 $; ☺11h30-14h30 lun-ven, 18h-22h lun-jeu, 18h-23h ven-sam). On ne se trompe pas de cible, ici : coquilles Saint-Jacques et côtes de bœuf, crème brûlée et autres spécialités françaises donnent le ton dans cet élégant restaurant de quartier, point de rendez-vous des gourmets de Gables qui apprécient ces standards intemporels. L'ambiance et la carte ne changent guère, mais loin de nous l'idée de nous en plaindre.

✖ Agglomération de Miami

Lots of Lox
TRAITEUR $

(www.originallotsoflox.com ; 14995 S Dixie Hwy ; plats 4-13 $; ☺8h-14h30). Dans cette ville où les traiteurs sont légion, surtout à Miami Beach, qui aurait cru qu'il faille aller jusqu'à ce modeste établissement perdu à Palmetto Bay pour trouver le meilleur foie haché sur pain de seigle ? L'atmosphère y est animée et sympathique, et la carte du midi succulente. L'enseigne semble narguer ses homologues d'Arthur Godfrey Rd, qui croient à tort mériter le rang de meilleurs traiteurs de l'agglomération de Miami.

Fritanga Montelimar
NICARAGUAYEN $

(☑ 305-388-8841 ; 15722 SW 72nd St ; buffet 9-13 $; ☺9h-23h). Cette *fritanga* (café nicaraguayen servant des plats en généreuse quantité), située au fin fond de Kendall, est formidable. Elle propose des grillades de porc, du poulet en ragoût, du bœuf très tendre et d'autres spécialités fondantes servies dans des assiettes en plastique, sous une tonne de riz et de haricots. Délicieux et plus que bon marché.

⊙ Où prendre un verre et faire la fête

Trop de gens croient que la vie nocturne de Miami est réservée à une élite très belle, très riche et très prétentieuse. Détrompez-vous : cette idée préconçue ne s'applique qu'à une toute petite partie de South Beach. La variété des bars à Miami est incroyable, depuis d'obscurs repaires jusqu'à de splendides bars à cocktails ou des clubs à l'ambiance détendue. Et l'on peut parfois y croiser des célébrités...

À South Beach et dans les clubs les plus en vue, l'entrée coûte de 20 à 30 $ (parfois encore plus !).

La vie nocturne gay et lesbienne était jadis centrée autour de South Beach, mais elle fait désormais partie intégrante du paysage de Miami. On trouve encore quelques clubs "réservés" à South Beach, et des bars gays plus informels à Midcity, North Biscayne Blvd et au nord de Miami Beach.

♥ South Beach

♥ Room   BAR

(carte p. 68 ; www.theotheroom.com ; 100 Collins Ave ; ◷19h-5h). Le Room est un véritable petit bijou : dans ce bar à l'éclairage tamisé, vous pourrez siroter les meilleures bières de Miami en admirant la clientèle la plus séduisante de South Beach. L'ambiance est ultrabranchée mais reste décontractée. Autant d'atouts qui expliquent l'affluence grandissante à mesure que la nuit avance : les places se font alors rares.

Kill Your Idol   BAR

(carte p. 64 ; ☎305-672-1852 ; 222 Española Way ; ◷20h-5h). Un bar dont les clients semblent considérer avec une certaine condescendance le South Beach des célébrités. Le nom à lui seul annonce la couleur : "Tuez votre idole" ! Cela dit, la déco façon art postmoderne et graffitis est réussie, et la clientèle éprise de contre-culture... jeune et jolie. Juste à côté du Lost Weekend, un bar quant à lui sans prétention aucune.

Abbey Brewery   BAR

(carte p. 64 ; www.abbeybrewinginc.com ; 1115 16th St ; ◷13h-5h). Le seul pub-brasserie de South Beach est situé dans un secteur peu touristique à la sortie du quartier (près d'Alton Rd). L'ambiance est plaisante et les nombreux clients écoutent les Grateful Dead tout en buvant de bonnes bières de la maison. Goûtez la Father Theo's ou l'Immaculate IPA.

Ted's Hideaway   BAR SPORTIF

(carte p. 68 ; 124 2nd St ; ◷12h-5h). Avec son billard, ses écrans diffusant des événements sportifs et son ambiance virile, cette adresse posée au milieu de SoFi est tout le contraire des bars à cocktails élégants qui l'entourent.

Rose Bar at the Delano   BAR

(carte p. 64 ; ☎305-672-2000 ; 1685 Collins Ave, Delano Hotel ; ◷12h-2h). L'ultrachic Rose Bar, installé dans cet élégant établissement créé par Ian Schrager, est un repaire pour ceux qui aiment faire étalage de leur beauté (et/ou de leur égo) – un privilège qui se paie cher mais constitue néanmoins un spectacle appréciable. Le Tiki Bar à l'arrière du Delano remporte également les suffrages. Attendez que le personnel vous installe à une table en fer forgé à côté de la piscine et vous redéfinirez sans doute votre conception de l'opulence.

B Bar   BAR

(carte p. 64 ; Betsy Hotel, 1440 Ocean Dr ; ◷22h-3h mer-sam). Ce petit bar, niché au sous-sol du Betsy Hotel, se distingue par deux choses : une clientèle "belle et branchée", typique de SoBe, et un plafond bas et réfléchissant fabriqué dans une sorte de matière tremblotante qui ondule quand on la touche. C'est assez amusant à voir, surtout quand ladite clientèle s'y amuse après quelques verres.

Lost Weekend   BAR

(carte p. 64 ; 218 Española Way ; ◷12h-5h). Enfin un bar crasseux, négligé, avec des billards, des consommations bon marché et même des bornes d'arcade pour les amateurs de jeux vidéo. Très prisé des serveurs, barmen et cuisiniers du quartier.

Pool Bar at the Sagamore   BAR

(carte p. 64 ; 1671 Collins Ave). Optez pour la piscine à l'arrière du Sagamore (p. 109)

UN CAFÉ À SOUTH BEACH

Starbucks a la mainmise en matière de lieux où siroter un café à Miami (nous ne prenons pas en compte les comptoirs à café cubains, car on ne peut pas s'y asseoir pour lire ou travailler sur son ordinateur portable – les hispanophones y apprécieront néanmoins de pouvoir suivre les potins locaux). Il existe pourtant quelques autres adresses à Miami Beach.

À la Folie (carte p. 64 ; www.alafoliecafe.com ; 516 Española Way ; plats 5-15 $; ◷11h-20h ; ✐). Un café très français. Certains serveurs y parlent d'ailleurs le français.

Segafredo l'Originale (carte p. 64 ; 1040 Lincoln Rd ; plats 5-15 $; ◷10h30-1h ; ✐). Particulièrement prisé des Européens et des Sud-Américains, ce café chic ne désemplit pas d'une clientèle de belle apparence. C'est sans doute le premier établissement de Lincoln Rd à avoir ouvert une terrasse.

Nespresso (carte p. 64 ; 1111 Lincoln Rd ; plats 5-15 ; ◷10h30-23h ; ✐). Ce café futuriste tout en formes géométriques propose d'excellents breuvages (quoique très chers).

et sirotez une bière (ou un bon cocktail) à l'ombre des lignes géométriques branchées de l'hôtel.

Mac's Club
Deuce Bar   BAR
(carte p. 64 ; 222 14th St ; 8h-5h). Le bar le plus ancien de Miami Beach (fondé en 1926) est un véritable bar de quartier sans artifices. Son aspect malfamé aura pour certains un côté rafraîchissant. La clientèle hétéroclite va des transexuels aux ouvriers du bâtiment : certains racolent, d'autres jurent, mais tous passent un bon moment.

Chesterfield
Hotel Bar   BAR
(carte p. 68 ; Chesterfield Hotel, 855 Collins Ave ; en général 12h-3h). Installez-vous dans ce bar idéalement situé pour observer la faune de Collins Ave, dans un décor hip-hop et peau de zèbre. L'endroit est parfait pour un début de soirée, mais l'ambiance est tellement plaisante que beaucoup de clients restent là à boire des martinis avant de tituber vers leur chambre.

Dewey's Tavern   BAR
(carte p. 68 ; 852 Alton Rd ; 11h-5h). Le Dewey's est un bar Art déco (la façade est un modèle du genre) à l'ambiance sans aucune prétention, installé dans la calme Alton Rd.

Mango's Tropical Café   BAR
(carte p. 68 ; 305-673-4422 ; www.mangostropicalcafe.com ; 900 Ocean Dr ; entrée 10-20 $; 11h45-5h lun-ven, 10h-5h sam-dim). Voici un bar particulièrement touristique, où le personnel, à la plastique parfaite, n'hésite pas à s'élancer çà et là pour tournoyer sur la piste. Bien entendu, vous êtes venu pour des motifs anthropologiques (étudier les nuances de la dance latina), et non pour admirer le déhanché de la barmaid.

Skybar   CLUB
(carte p. 64 ; 305-695-3100 ; Shore Club, 1901 Collins Ave ; 16h-2h lun-mer, 16h-3h jeu-sam). Le Skybar est l'une de ces adresses de SoBe où la concentration de physiques sublimes au mètre carré est si élevée qu'on se croirait dans un rêve. Le cadre : un jardin marocain des délices, installé dans la cour de l'hôtel Shore Club. Prenez le frais dans ce jardin des *Mille et Une Nuits* sous d'énormes lanternes en fer forgé, regardez l'"aristocratie" de Miami se détendre autour de la piscine et essayez

(bonne chance !) de pénétrer dans la Red Room, réservée à l'élite de l'élite.

Twist   CLUB
(carte p. 68 ; 305-538-9478 ; www.twistsobe.com ; 1057 Washington Ave ; 13h-5h). Pile en face du commissariat de police, ce club gay sur deux étages toujours plein d'ambiance ne facture pas de droit d'entrée et invite à s'éterniser. Tout le monde peut y trouver son compte : six bars différents, *go-go dancers*, spectacles de travestis, plusieurs salons et une petite piste de danse.

Nikki Beach Club   CLUB
(carte p. 68 ; 305-538-1111 ; www.nikkibeach.com ; 1 Ocean Dr ; entrée à partir de 25 $; 12h-18h lun-jeu, 12h-23h ven-sam, 11h-23h dim). Faites la fête au grand air en passant de cabane en cabane sur la plage du Nikki, dans une ambiance de *full-moon party* très haut de gamme. Le dimanche, la plus folle soirée de la ville débute aux alentours de 16h, avec une foule de noceurs pressés d'entrer pour prolonger la folie de la veille.

FDR   CLUB
(carte p. 64 ; 305-924-4071 ; 1685 Collins Ave ; 23h-5h ven-lun). Lumière tamisée indigo, nombreux mannequins, DJ tendance et ambiance torride : voici un club parmi les plus sélects de Miami Beach. Mieux vaut arriver avant 23h, être connu ou figurer sur la liste des invités pour avoir une chance d'entrer. Sous le Delano Hotel.

Cameo   CLUB
(carte p. 64 ; 305-532-2667 ; www.cameo-miami.com ; 1445 Washington Ave ; 23h-5h mar, ven et sam). Dans cette énorme discothèque, une foule compacte et heureuse de touristes en sueur danse sur une musique assourdissante. Le dimanche, l'une des meilleures soirées gays de la ville est parfois programmée (l'intitulé de la soirée change fréquemment).

Mansion   CLUB
(carte p. 64 ; 305-532-1525 ; www.mansion-miami.com ; 1235 Washington Ave ; entrée à partir de 20 $; 23h-5h mer-sam). Tous les soirs, la queue s'étire devant l'entrée et chacun essaie par tous les moyens de passer la sacro-sainte corde rouge. À l'intérieur, une immense discothèque absolument somptueuse, avec beaucoup de classe et beaucoup de curieux avides d'assister aux frasques des célébrités qui feront la une de la presse à scandale.

FRANCHIR LE CORDON ROUGE

Avant de sortir à Miami, posez-vous quelques questions : quel est mon but ? Danser ? Écouter de la bonne musique ? Conter fleurette ? Voir des stars ? Si vous avez répondu oui aux deux premières questions, les quartiers de Downtown Miami et de Wynwood devraient correspondre à vos attentes. Si vous avez répondu oui aux deux dernières questions, mieux vaut rester à South Beach.

Autre question : quels sont mes atouts ? Si vous avez un physique de rêve, de l'argent ou des relations dans l'immobilier, le monde est à vous. Dans le cas contraire, vous pourrez toujours faire la fête, mais votre ego risque d'en prendre un coup.

Les établissements de South Beach jouent sur l'attrait des stars. Plus il y a de clients célèbres, plus il y a de clients normaux. Au final, un étrange équilibre s'établit : lorsqu'il y a beaucoup de clients normaux, les gens s'imaginent qu'il doit y avoir des stars, même si ce n'est pas le cas. Mais ces clients normaux ne doivent pas avoir l'air *trop* normaux. C'est pourquoi les propriétaires de clubs établissent un véritable mécanisme de sélection, mis en application par les portiers et matérialisé par la corde rouge à l'entrée. Alors, comment franchir cette frontière ?

➡ **Restez poli** Ne soyez ni mielleux ni arrogant. Quoi qu'il arrive, ne haussez pas la voix, ne touchez pas le portier afin d'attirer son attention.

➡ **Faites-vous inscrire sur la liste** Demandez de l'aide au concierge de votre hôtel, ou téléphonez au club pour laisser votre nom – souvent, cela suffit.

➡ **Ayez l'air détaché** Ne fixez pas le portier. Regardez ailleurs, mais en faisant preuve d'assurance.

➡ **Soyez agressif, ou riche** Si vous êtes à l'arrière d'une file d'attente compacte et bruyante, ne vous attendez pas à ce que la foule s'ouvre par miracle pour vous laisser passer. Jouez des coudes pour vous frayer un passage jusqu'à l'avant. Ou commandez une bouteille d'alcool (que vous paierez au prix fort), ce qui accélère généralement les choses.

➡ **Soignez votre tenue** Les femmes gagneront à se vêtir légèrement, dans la limite du bon goût. Les hommes éviteront les T-shirts et les jeans, sauf si cette tenue magnifie particulièrement leur allure d'Apollon. Encore un détail : à Miami, un pantalon de ville et une chemise bien boutonnée ne suffiront pas à épater la galerie.

➡ **Venez tôt** Être branché ou entrer, il faut choisir. De 22h30 à 23h, les portiers sont beaucoup plus indulgents, mais cette technique ne vous permet pas d'aller d'une discothèque à l'autre.

➡ **Si vous êtes un homme, venez avec une femme** Un homme seul aura souvent du mal à passer la porte (sauf dans un club gay) – décuplez vos chances en venant accompagné d'une (ou plusieurs) jolie(s) femme(s).

Les adresses que nous vous indiquons étaient les plus en vogue lors de notre passage, mais vous devrez faire votre propre enquête en arrivant : renseignez-vous auprès du concierge de votre hôtel et procurez-vous l'hebdomadaire alternatif *Miami New Times*.

Mynt CLUB
(carte p. 64 ; ☎ 305-695-1705 ; www.myntlounge. com ; 1921 Collins Ave ; ☺ 12h-5h). Joignez-vous aux stars en commandant une bouteille pour accéder à l'espace VIP. Ou tentez d'amadouer les gardiens du temple pour obtenir le privilège de commander un verre, et efforcez-vous de ne pas le renverser. Ce qui n'est pas une mince affaire dans cette mêlée où tourbillonnent mannequins, flûtes de champagne et mojitos.

Score GAY
(carte p. 64 ; ☎ 305-535-1111 ; www.scorebar.net ; 727 Lincoln Rd ; ☺ 21h-5h mar, jeu et dim, 18h-5h ven-sam). Des gaillards moustachus aux tablettes de chocolat luisantes se déchaînent sur le podium, au milieu d'une foule d'hommes ayant décidé qu'ils pouvaient très bien se passer de chemise. Est-il dès lors utile de préciser que ce bar s'adresse essentiellement à une clientèle gay et qu'il reste le plus couru du genre sur la plage ?

Nord de Miami Beach

Broken Shaker   BAR
(carte p. 72 ; ☎305-531-2727 ; 2727 Indian
Creek Dr ; ☺18h-2h dim-jeu, 14h-2h ven-sam).
Les cocktails artisanaux ont le vent en
poupe à Miami et le Broken Shaker figure
parmi les lieux phares du moment avec
ses barmen réputés. Situé au fond de l'hôtel Freehand Miami (p. 111), il possède une
minuscule salle et un vaste jardin, où de
belles personnes consomment d'excellents
breuvages.

Circa 39 Bar   LOUNGE
(carte p. 72 ; 3900 Collins Ave ; ☺16h-minuit).
Niché derrière le grand hall du Circa 39, ce
bar design offre une ambiance accueillante
et très chaleureuse. N'hésitez pas à venir y
prendre un cocktail avant de traverser la rue
pour aller admirer l'océan aux couleurs de
la nuit.

Lou's Beer Garden   PUB
(carte p. 72 ; ☎305-704-7879 ; 7337 Harding Ave ;
☺17h-2h lun-ven, 12h-2h sam et dim). Miami
semble faite pour les *beer gardens*, le
climat s'y prête merveilleusement, et quoi
de mieux pour se rafraîchir qu'une bière et
une petite brise ? Rassemblez-vous autour
de longues tables sous des arbres tropicaux,
commandez une assiette de fromage ou
un hamburger au bœuf de Kobe et faites
descendre le tout avec une pinte de bière
belge artisanale.

Downtown Miami

Blackbird Ordinary   BAR
(carte p. 76 ; ☎305-671-3307 ; 729 SW 1st Ave ;
☺15h-5h lun-ven, 18h-5h sam-dim). Ne vous
fiez pas à son nom : l'Ordinary est un bar
remarquable, qui sert d'excellents cocktails
(mention spéciale pour le London Sparrow, à base de gin, poivre de Cayenne, jus
de citron et fruits de la Passion). Il possède
une immense cour. On y vient sans chichis,
dans une ambiance décontractée, voire de
franche camaraderie.

Tobacco Road   BAR
(carte p. 76 ; ☎305-374-1198 ; 626 S Miami Ave ;
☺11h30-5h). Le plus ancien bar de Miami
(titulaire de la première licence de vente
d'alcool de la ville) est implanté ici depuis
les années 1920. Il est devenu un peu touristique, mais il continue de séduire grâce à ses
boiseries anciennes, ses lumières bleutées,

sa fumée de cigarettes et l'accueil amical du
personnel.

DRB   BAR
(carte p. 76 ; 501 NE 1st Ave ; ☺12h-2h lun-mer,
12h-5h jeu-ven, 16h-5h sam, 16h-2h dim). DRB
signifie, en anglais, République Démocra-
tique de la Bière, ce qui dit tout : on trouve
ici un bon choix de breuvages microbrassés
et de bières d'importation assez rares, servis
dans une petite salle sans prétention ou à
l'extérieur, sur de confortables sofas au cœur
de Downtown.

Level 25   BAR
(carte p. 76 ; Conrad Miami, 1395 Brickell Ave ;
☺11h30-23h dim-jeu, 11h30-minuit ven-sam). Au
25ᵉ étage du Conrad Miami, ce bar se distingue par ses lignes blanches épurées, ses
canapés noirs au ras du sol, ses fines rayures
et son point de vue imprenable sur Biscayne
Bay.

Grand Central   CLUB
(carte p. 76 ; ☎305-377-2277 ; 697 N Miami Ave ;
☺22h-5h ven-sam). Dans la catégorie des
boîtes énormes, le Grand Central figure en
bonne place. Certes, les videurs ont une atti-
tude bien plus revêche qu'ailleurs, et, certes,
du tarif d'entrée au prix des boissons, tout
y coûte les yeux de la tête. Mais, d'un autre
côté, les DJ et artistes programmés sont très
souvent des grands noms et, quand l'ambiance bat son plein, l'endroit dégage une
énergie incroyable.

Garret   CLUB
(carte p. 76 ; ☎305-377-2277 ; 697 N Miami Ave ;
☺22h-4h mar, 20h-1h mer, 23h-5h jeu-sam). Situé
au-dessus du Grand Central, le Garret en
est le petit frère *hipster*. Le vendredi soir
résonnent l'électro pop et les synthés, tandis
que le samedi est le soir de la musique indé,
et le 3ᵉ jeudi du mois celui du funk latino
débridé.

Vagabond   CLUB
(carte p. 76 ; ☎305-379-0508 ; 30 NE 14th St ;
☺22h-3h mar, 22h-5h jeu-sam). La clientèle du
Vagabond est tout aussi séduisante que celle
de Miami Beach, mais elle s'avère plus originale, plus locale et danse sur une musique
plus expérimentale. La déco aux motifs
zébrés et aux lignes courbes et aériennes
vaut le coup d'œil, d'autant que l'éclairage,
pas trop tamisé, le permet.

Space   CLUB
(carte p. 76 ; ☎305-375-0001 ; www.clubspace.
com ; 34 NE 11th St ; ☺24h/24). Un entrepôt

abrite sur plusieurs niveaux la plus grande discothèque de Miami. Les danseurs invétérés pourront se défouler sur une surface de quelque 2 800 m² tandis que la licence autorisant la vente d'alcool 24h/24 redéfinit le concept même des afters. Les DJ proposent une ambiance musicale à chaque étage – hip-hop, musiques latines, électro – et la terrasse du toit est parfaite pour admirer le lever du soleil.

Wynwood, Design District et Little Haiti

♥ Wood Tavern   BAR
(carte p. 82 ; ☎305-748-2828 ; 2531 NW 2nd Ave ; ⏰17h-2h mar-dim). Nombreux sont les nouveaux bars de Miami qui se veulent à la fois décontractés et branchés. Le Wood y parvient très bien, tant par son ambiance que par son cadre. Il est fréquenté par la jeunesse de Miami en quête d'un endroit sympa, sans les files d'attente et le snobisme de South Beach. La foule hétéroclite se mélange dans le jardin agrémenté de bancs, d'une scène en bois avec des gradins et d'un jeu de construction géant. On trouve aussi sur place une galerie d'art avec des expositions temporaires. Plats du jour bon marché et excellent choix de bières. Tout pour plaire !

Panther Coffee   CAFÉ
(carte p. 82 ; ☎305-677-3952 ; 2390 NW 2nd Ave ; ⏰7h-21h lun-sam, 8h-21h dim). Le café est parfait, mais on y vient surtout pour les lectures de poésie, les performances et la programmation artistique en général. Le Panther, au calendrier bien rempli, est un élément central de la création artistique à Wynwood. Pas d'alcool servi.

Gramps   BAR
(carte p. 82 ; ☎786-752-6693 ; 176 NW 24th St ; ⏰18h-3h dim-jeu, 17h-3h ven-sam). Non content d'être un excellent bar proposant des cocktails bien dosés et des soirées quizz, le Gramps dispose d'une vaste cour à l'arrière, parfaite pour siroter un verre et papoter. La carte des bières est d'une longueur encyclopédique.

Churchill's   BAR
(carte p. 82 ; ☎305-757-1807 ; www.churchillspub. com ; 5501 NE 2nd Ave ; ⏰22h-3h). Un pub anglais au milieu d'un mini Port-au-Prince. Beaucoup de concerts y sont organisés, le punk et le rock indé s'y taillant la part du lion, dans la lignée des Ramones et des Sex Pistols plutôt que des courants modernes assagis. Tandis que la fête bat son plein, des Haïtiens attendent dehors pour garer les voitures ou rejoignent la foule à l'intérieur pour prendre une bière.

Magnum Lounge   GAY ET LESBIEN
(☎305-757-3368 ; 709 NE 79th St ; ⏰17h-2h mar-jeu, 17h-3h ven-sam). Ce piano-bar gay assez sombre est décoré de rouge profond et la clientèle mélange gays, lesbiennes, hétéros. Les cocktails sont corsés, les prix raisonnables et le piano en musique de fond très agréable.

The Social Lubricant   LOUNGE
(carte p. 82 ; ☎786-409-2241 ; 167 NW 23rd St ; ⏰18h-3h). En pénétrant dans ce bar-*lounge*, vous aurez l'impression de découvrir les coulisses d'un étrange cabaret, s'inspirant de notes à la fois orientales et caribéennes, avec, bien sûr, des touches dignes d'un club de Miami. On y sert des sushis, des films sont projetés sur écran géant et des DJ

BALADES ARTISTIQUES : LA NOUVELLE TENDANCE DU CLUBBING

Imaginez un peu : du vin gratuit, une clientèle férue d'art, des galeries ouvertes tard le soir, le cadre raffiné d'un club, l'ambiance festive d'un bar, et le tout sans file d'attente ni portier. Les balades artistiques (Art Walks) de Wynwood et du Design District constituent l'une des meilleures expériences de la vie nocturne à Miami. Passez d'une galerie à l'autre ("Cette œuvre est *sublime*. Sers-moi un autre verre."), examinez les peintures ("À mon avis, il n'y a pas de toilettes derrière cette installation."), discutez les nuances de tel ou tel courant esthétique ("Il ne reste plus de vin ? Partons.") et laissez-vous enivrer (au sens propre et figuré) par l'art contemporain. Les galeries de Wynwood étant assez éloignées les unes des autres, un véhicule est nécessaire (il est plus facile de se déplacer à pied dans le Design District). Les balades artistiques sont organisées le deuxième samedi du mois, de 19h à 22h (certaines galeries ouvrent jusqu'à 23h). En fin de soirée, beaucoup se dirigent vers la Wood Tavern ou le Bardot. Consultez le site artofmiami.com/maps/art-walks pour plus de détails sur les galeries partenaires.

mixent de la musique planante pour relaxer la clientèle... digne d'un club de Miami.

Boteco
BAR

(www.botecomiami.com ; 916 NE 79th St ; ⏱11h-minuit). Si vous aimez l'ambiance de São Paulo, venez au Boteco le vendredi soir pour y retrouver le plus grand rassemblement d'expatriés brésiliens de Miami. Les *Cariocas* (natifs de Rio) et leurs compatriotes viennent ici écouter les rythmes de samba et de bossa nova, tout en papotant devant les meilleures caïpirinhas de la ville.

Bardot
CLUB

(carte p. 82 ; ☑305-576-5570 ; 3456 N Miami Ave ; ⏱20h-3h mar et mer, 20h-5h jeu-sam). Vous ne devez pas quitter la ville sans avoir vu l'intérieur du Bardot ! Affiches vintage et mobilier digne d'un club privé fréquenté par les millionnaires en journée et théâtre de tous les excès à la nuit tombée. L'entrée semble être sur N Miami Ave, mais elle se fait en réalité par un parking situé derrière le bâtiment.

Little Havana

Casa Panza Bar
TAVERNE

(carte p. 86 ; ☑305-644-3444 ; 1620 SW 8th St ; ⏱11h-23h). Difficile de trouver plus kitsch que cette "authentique" taverne espagnole, où le spectacle est assuré par des guitaristes ibériques et des danseurs de flamenco, vite suivis par le public après quelques verres de sangria. Oubliez votre cynisme et profitez de l'ambiance.

Coconut Grove

Dans ce quartier, tout ferme à 3h.

Taurus
BAR

(carte p. 89 ; ☑305-529-6523 ; 3540 Main Hwy ; ⏱16h-3h). Le plus vieux bar de Coconut Grove est un agréable mélange de boiseries et de fauteuils en cuir, dans lesquels on s'installe pour faire son choix parmi la centaine de bières disponibles et profiter de la convivialité des lieux. L'un des meilleurs bars de quartier de Miami.

Tavern in the Grove
BAR

(carte p. 89 ; ☑305-447-3884 ; 3416 Main Hwy ; ⏱15h-3h). Dire que cette adresse est très prisée des étudiants de l'université de Miami est un doux euphémisme. En semaine, le Tavern est davantage fréquenté par les habitants du quartier.

Barracuda
BAR

(carte p. 89 ; ☑305-918-9013 ; 3035 Fuller St ; ⏱12h-3h). Autre adresse de Coconut Grove où prendre un verre, au milieu des casquettes de base-ball accrochées aux murs et des étudiantes en minijupe.

Coral Gables

Seven Seas
BAR

(carte p. 92 ; ☑305-266-6071 ; 2200 SW 57th Ave ; ⏱12h-1h dim-jeu, 12h-tard ven-sam). Le Seven Seas est un authentique bar de quartier de Miami, décoré comme un parc à thème nautique et rempli d'une population bigarrée d'étudiants, de travailleurs cubains, de gays et d'hétéros, venus d'un peu partout. C'est ici que l'on trouve les meilleures soirées karaoké de Miami – pimentées par de nombreuses chansons en espagnol – les mardis, jeudis et samedis.

The Bar
BAR

(carte p. 92 ; ☑305-442-2730 ; 172 Giralda Ave ; ⏱11h30-3h). Sans doute le meilleur bar de Gables. Tout est dans son nom : il revendique une simplicité étonnante dans un quartier où l'apparence revêt une importance exagérée. Si vous êtes dans le coin un vendredi, ne ratez pas l'happy hour (17h-20h) : les jeunes cadres des environs retirent alors leur cravate et entament une nuit de folie.

Titanic
BAR

(☑305-668-1742 ; 5813 Ponce de Leon Blvd ; ⏱11h30-1h dim-jeu, 11h30-2h ven-sam). De jour, le Titanic est un bar-grill américain des plus classiques, mais le soir, il se transforme en un bar particulièrement apprécié des étudiants de l'université de Miami. Les soirées les plus folles y ont lieu le jeudi. Situé à côté de l'entrée de l'université, près de Dixie Hwy et Red Rd (SW 57th Ave).

Agglomération de Miami

La Covacha
CLUB

(☑305-594-3717 ; www.lacovacha.com ; 10730 NW 25th St, Doral ; ⏱21h30-4h jeu-dim, 17h-4h ven). À la sortie de la ville en direction des Everglades, La Covacha est le plus dissimulé et le plus branché des établissements latinos de Miami. En réalité, il ne se cache pas tant que cela, tous les jeunes Latinos le connaissent et l'adorent, et nous aussi d'ailleurs. Il s'agit d'une excellente adresse pour découvrir de nouveaux groupes et les meilleurs DJ du moment (presque tous de la région). La foule est extrêmement dense et les touristes se comptent sur les doigts de la main. Rendez-vous à Doral, à environ 14 miles (23 km) à l'ouest du centre-ville de Miami.

☆ Où sortir

Les mérites artistiques de Miami sautent aux yeux. Quelle meilleure base pour la création qu'une ville qui brasse le talent des natifs du Sud, les moyens des *snowbirds* du Nord – apportant avec eux l'argent et l'intérêt des galeries du Nord-Est – et une population d'immigrés venus des quatre coins des Amériques ? L'expression artistique permet à toutes ces cultures disparates de communiquer. Que sont finalement le créole, l'espagnol et l'anglais face au langage de la danse, de la musique et du théâtre ?

Arts du spectacle

Adrienne Arsht Center for the Performing Arts   ARTS DU SPECTACLE
(carte p. 76 ; www.arshtcenter.org ; 1300 Biscayne Blvd). Le visiteur se sent tout petit, mais

---

PETITS CINÉMAS DE MIAMI

Miami compte de nombreuses petites salles d'art et d'essai qui projettent des films indépendants et étrangers, ainsi que des avant-premières. Voici quelques-unes de nos préférées :

Cosford Cinema (☑ 305-284-4861 ; www.cosfordcinema.com ; Memorial Classroom Bldg, 5030 Brunson Dr, University of Miami). Installée sur le campus de l'université de Miami, cette salle d'art et d'essai rénovée a été lancée en hommage au critique de cinéma Bill Cosford du *Miami Herald*.

Coral Gables Art Cinema (carte p. 92 ; ☑ 786-385-9689 ; www.gablescinema.com ; 260 Aragon Ave). Salle de 144 places proposant des films américains indépendants et étrangers.

Tower Theater (carte p. 86 ; ☑ 305-643-8706 ; www.mdc.edu/culture/tower ; 1508 SW 8th St). Situé dans un splendide édifice Art déco et géré par le Miami Dade College.

O Cinema (carte p. 82 ; ☑ 305-571-9970 ; www.o-cinema.org ; 90 NW 29th St). Programmation indépendante à Wynwood.

---

transporté, dans ce magnifique espace. L'Arsht accueille désormais systématiquement les événements culturels les plus importants de Miami. Organisez-vous pour voir une représentation lors de votre séjour. Il faut descendre à la station Omni du Metromover.

Colony Theater   ARTS DU SPECTACLE
(carte p. 64 ; ☑ 305-434-7091 ; www.colonytheatremiamibeach.com ; 1040 Lincoln Rd). Véritable bijou Art déco avec son auvent classique et sa façade crénelée de style inca, on imagine tout à fait le Colony accueillant des gangsters venus assister à une représentation de *Hamlet*. Bâti en 1935, l'endroit a longtemps été le principal cinéma du nord de South Beach avant d'être abandonné au milieu du XXe siècle. Rénové et rouvert en 1976, il offre 465 places et jouit d'une excellente acoustique. C'est désormais l'une des principales salles pour les arts du spectacle : shows d'humoristes, comédies musicales, pièces de théâtre, productions "off-Broadway" et ballet. Il accueille également des projections et de petits festivals de cinéma.

Gusman Center for the Performing Arts   ARTS DU SPECTACLE
(carte p. 76 ; ☑ 305-374-2444 ; www.gusmancenter.org ; 174 E Flagler St). Ce cinéma des années 1920, rénové avec goût, programme de nombreux événements artistiques, notamment des festivals de cinéma, des symphonies, des ballets et des spectacles itinérants. Excellente acoustique.

Fillmore Miami Beach/ Jackie Gleason Theater   ARTS DU SPECTACLE
(carte p. 64 ; ☑ 305-673-7300 ; www.fillmoremb.com/index ; 1700 Washington Ave). Édifiée en 1951, cette salle de South Beach accueille pour l'essentiel des créations de Broadway, des orchestres et de grandes productions musicales. Sa capacité est de 2 700 places et l'acoustique idéale. Dans les années 1960, Jackie Gleason choisit le théâtre comme cadre de son émission télévisée fleuve. Désormais la programmation est très hétéroclite – Elvis Costello ou Albita un soir, un concert lyrique ou une comédie musicale à succès un autre soir.

Miami Light Project   ARTS DU SPECTACLE
(carte p. 82 ; ☑ 305-576-4350 ; www.miamilightproject.com ; 3000 Biscayne Blvd). Le Miami Light Project propose des spectacles novateurs mis en scène par des compagnies et des artistes internationaux. Les représentations

ont lieu partout en ville, mais le projet a pour base le Light Box Theatre.

Théâtre

Consultez le site www.southfloridatheatre.com pour la liste complète des théâtres du sud de la Floride.

Actors Playhouse THÉÂTRE

(carte p. 92 ; ☑ 305-444-9293 ; www.actors-playhouse.org ; Miracle Theater, 280 Miracle Mile ; billets 20-50 $). Installée dans l'édifice Art déco de 1948 du Miracle Theater à Coral Gables, cette compagnie dispose de trois scènes : une pour les comédies et comédies musicales, une autre réservée aux spectacles pour enfants et une dernière, sorte de boîte noire, pour les créations plus expérimentales.

Gablestage THÉÂTRE

(carte p. 92 ; ☑ 305-445-1119 ; www.gablestage.org ; 1200 Anastasia Ave ; billets 15-40 $). Fondée sous le nom de Florida Shakespeare Theatre en 1979 et désormais hébergée au Biltmore Hotel à Coral Gables, cette compagnie continue de jouer une pièce de Shakespeare de temps à autre, mais présente surtout des œuvres classiques et contemporaines.

Jerry Herman Ring Theatre THÉÂTRE

(☑ 305-284-3355 ; www.miami.edu/ring ; University of Miami, 1321 Miller Dr ; 8-15 $). Cette compagnie de l'université de Miami joue des comédies musicales et des pièces dramatiques ou comiques. Parmi les anciens étudiants, citons Sylvester Stallone et Ray Liotta.

Danse

Miami City Ballet DANSE

(carte p. 64 ; ☑ 305-929-7000 ; www.miamicityballet.org ; 2200 Liberty Ave). Fondée en 1985, cette troupe occupe un joli bâtiment sur trois niveaux imaginé par Arquitectonica, un cabinet d'architectes renommé dans la région. La façade permet aux passants d'observer les répétitions des danseurs à travers de larges baies.

Ifé-Ilé Afro-Cuban Dance DANSE

(☑ 305-476-0832 ; www.ife-ile.org) Ifé-Ilé est une organisation à but non lucratif qui encourage la communication entre cultures à travers la danse. Différents styles sont abordés : danse traditionnelle afro-cubaine, mambo, rumba, conga, *chancleta*, *son* (danse de type salsa née dans la province cubaine d'Oriente), salsa et ballets rituels. Téléphonez pour plus de renseignements.

Miami Hispanic Ballet DANSE

(carte p. 76 ; ☑ 305-549-7711 ; www.miamihispanicballet.org ; 111 SW 5th Ave). Dirigée par le Cubain Pedro Pablo Peña, cette compagnie présente essentiellement des ballets classiques, préparés dans le Miami Hispanic Cultural Arts Center, surnommé la "Maison-Blanche du Ballet".

Musique classique

Miami Symphony Orchestra MUSIQUE CLASSIQUE

(☑ 305-284-6477, 305-275-5666 ; www.themiso.org ; lieux changeants ; 15-30 $). L'orchestre symphonique de Miami présente des solistes de renommée mondiale lors de concerts organisés à travers la ville, notamment à l'université de Miami ou à l'Adrienne Arsht Center for the Performing Arts. Concerts de novembre à mai.

New World Symphony MUSIQUE CLASSIQUE

(NWS ; carte p. 64 ; ☑ 305-673-3330 ; www.nws.edu ; 500 17th St). Le NWS est désormais installé dans le New World Center, une joyeuse explosion de lignes cubistes et de courbes géométriques dont le blanc se détache sur le bleu du ciel de Miami. Fort d'une réputation méritée, l'orchestre accueille des programmes de formation de

TAMBOURS SOUS LA LUNE

Les nuits de pleine lune, allez faire un tour sur la plage entre 79th St et 85th St. Il s'y tient un grand et bruyant rassemblement de percussions, qui se double d'une *full-moon party* (fête de la pleine lune). Les rythmes commencent à se faire entendre entre 20h30 et 21h30 et peuvent facilement durer jusqu'au petit matin. La consommation de boissons (et d'autres substances) étant strictement interdite sur la plage, il arrive parfois que la police disperse le rassemblement. Cela reste néanmoins un moment assez festif, à ne manquer sous aucun prétexte si vous êtes dans le coin et avez envie d'assister à un magnifique coucher de lune. Pour plus d'informations, rendez-vous sur www.miamidrums.com. Le rassemblement a lieu, de temps en temps, à Coconut Grove, au cœur de la végétation tropicale du Barnacle (p. 88).

trois ou quatre ans pour des artistes talentueux de prestigieuses écoles de musique.

Chopin Foundation of the United States
MUSIQUE CLASSIQUE

(carte p. 72 ; ☑ 305-868-0624 ; www.chopin.org ; 1440 JFK/79th St Causeway). Cet organisme national est à l'origine du Chopin Festival, une série de concerts mensuels gratuits, et de la National Chopin Piano Competition, un concours international qui a lieu tous les cinq ans à Miami.

Florida Grand Opera
OPÉRA

(carte p. 76 ; ☑ 800-741-1010 ; www.fgo.org ; 1300 Biscayne Blvd). Fondée dans les années 1940, cette compagnie d'opéra très respectée, qui a notamment mis en scène *Madame Butterfly*, *La Bohème* ou *La Tosca*, se produit tout au long de l'année à l'Adrienne Arsht Center for the Performing Arts ainsi qu'à Fort Lauderdale.

Musique live

The Stage
MUSIQUE LIVE

(carte p. 82 ; ☑ 305-576-9577 ; www.thestage-miami.com ; 170 NE 38th St ; ☉ 22h-2h mar, 21h-2h mer et dim, 21h-5h ven-sam). Tour à tour galerie d'art avant-gardiste, salle de concerts, bazar artisanal, bar occasionnel et parfois tout cela en même temps. Consultez le site Internet pour connaître les événements organisés

sur place et essayez d'assister à une soirée, ce pourrait être l'occasion de découvrir un Miami créatif et bohème un peu inattendu.

Hoy Como Ayer
MUSIQUE LIVE

(carte p. 86 ; ☑ 305-541-2631 ; www.hoycomoayer.us ; 2212 SW 8th St ; ☉20h30-4h jeu-sam). Fumée de cigares et clients originaires de La Havane emplissent cette adresse de la nuit cubaine qui combine musique authentique, boiseries aux murs et petite piste de danse. Arrêtez-vous ici pour écouter *son*, boléros et rythmes cubains modernes.

Sports

Miami Heat
BASKET-BALL

(☑ 786-777-1000 ; www.nba.com/heat ; American Airlines Arena, 601 Biscayne Blvd ; billets à partir de 26 $). La franchise NBA de Miami joue à l'American Airlines Arena.

Miami Dolphins
FOOTBALL AMÉRICAIN

(☑ 305-943-8000 ; www.miamidolphins.com ; Sun Life Stadium, 2269 Dan Marino Blvd ; billets à partir de 35 $). Les supporters des Dolphins (les bien nommés "Dol-fans") sont fous de leur équipe, même si elle laisse échapper sa participation au Super Bowl depuis 1985. Les matchs sont très suivis, les Dolphins suscitant énormément d'espoirs… qu'ils ne comblent presque jamais. Le Sun Life Stadium se trouve à Miami Gardens, à 24 km au nord de Downtown.

University of Miami Hurricanes
FOOTBALL AMÉRICAIN

(☑ 800-462-2637 ; www.hurricanesports.com ; billets 22-60 $). Il fut un temps où les Hurricanes étaient les titans du football américain universitaire, mais ils connaissent depuis 2004 une période de lent déclin. Ils semblaient s'être ressaisis un peu lors de nos recherches, et on passe un bon moment en assistant à un match au milieu des supporters ardents de l'UM. La saison dure d'août à décembre.

Miami Marlins
BASE-BALL

(miami.marlins.mlb.com ; Marlins Park, 501 Marlins Way ; billets à partir de 15 $). La saison régulière de la MLB (Ligue majeure de base-ball) dure d'avril à septembre.

University of Miami Hurricanes
BASKET-BALL

(☑ 800-462-2637 ; www.hurricanesports.com ; billets à partir de 20 $). De novembre à avril, vous pourrez admirer les paniers des Hurricanes au BankUnited Center de l'université de Miami.

🔒 Achats

South Beach compte deux axes commerçants majeurs : le premier est Lincoln Rd Mall, une rue piétonne jalonnée d'un extraordinaire mélange de boutiques indépendantes et de franchises. Le deuxième est la partie sud de Collins Ave, au-dessous de 9th St, où l'on trouve principalement des chaînes haut de gamme, comme A/X, Ralph Lauren et Barney's Co-op. Plus au nord, vous découvrirez deux centres commerciaux très courus : l'**Aventura Mall** (www.shopaventuramall.com ; 19501 Biscayne Blvd, Aventura), avec les grandes marques classiques comme JC Penney et Bloomingdale's, et **Bal Harbour Shops** (www.balharbourshops.com ; 9700 Collins Ave), avec les enseignes Prada, Gucci, Chanel et Saks Fifth Avenue. Bal Harbour est situé à environ 5 km au nord de North Miami Beach, tandis qu'Aventura est aussi au nord de North Miami Beach, mais à un peu moins de 15 km.

Sur le continent, quelques possibilités s'offrent à vous, à commencer par la plus chic, le Design District, temple de l'art et des articles pour la maison, avec en outre des boutiques de vêtements et d'accessoires. Vous aurez plus de choix dans le secteur touristique de **Bayside Marketplace** (carte p. 76 ; www.baysidemarketplace.com ; 401 Biscayne Blvd), truffé de grandes chaînes, à la limite de Downtown Miami. D'autres centres commerciaux à ciel ouvert sont aménagés à Coconut Grove, dans les très populaires **CocoWalk** (carte p. 89 ; 3015 Grand Ave) et **Streets of Mayfair** (carte p. 89 ; www.mayfairinthegrove.net ; 2911 Grand Ave). Quant à Coral Gables, on y découvre le Miracle Mile et le chic **Village of Merrick Park** (carte p. 92 ; www.villageofmerrickpark.com ; 358 San Lorenzo Ave), à 1,5 km au sud du Miracle Mile, près de l'intersection entre S Le Jeune Rd et Dixie Hwy.

Art

GO! Shop   ART

(carte p. 82 ; ☑ 305-576-8205 ; 2516 NW 2nd Ave ; ⊙12h-20h jeu-sam). Si vous appréciez les fresques des Wynwood Walls (p. 80), ne ratez pas le GO! Shop, situé dans l'enceinte du complexe artistique. On y trouve des œuvres originales, des tirages et d'autres créations qui changent régulièrement. Les œuvres en vente sont signées des artistes de Wynwood ou ont un lien direct avec les peintures du moment.

Española Way Art Center   ART

(carte p. 64 ; ☑ 305-673-0946 ; 405 Española Way). Les ateliers sont organisés sur trois niveaux et les superbes œuvres et lithographies proposées à la vente sont toutes réalisées par des artistes de la région. Horaires variables selon les ateliers.

Vêtements et accessoires

Consign of the Times   VINTAGE

(carte p. 64 ; ☑ 305-535-0811 ; www.consignofthetimes.com ; 1635 Jefferson Ave ; ⊙11h-21h). Ravissante boutique vintage où l'on trouve de grandes marques comme Gucci, Diane Von Furstenberg et Versace.

C Madeleine's   VINTAGE

(☑ 305-945-7770 ; 13702 Biscayne Blvd ; ⊙11h-18h lun-sam, 12h-17h dim). La reine incontestée du vintage à Miami fait bien plus que redonner vie aux vêtements standards. Il s'agit d'un véritable temple du style classique, avec des pièces Saint Laurent et des tailleurs Chanel. Vous y trouverez un look intemporel, aussi élégant aujourd'hui qu'à l'époque de leur première mise en rayon.

Base   VÊTEMENTS

(carte p. 64 ; ☑ 305-531-4982 ; www.baseworld.com ; 939 Lincoln Rd ; ⊙11h-22h). Cette boutique d'inspiration hip-hop propose tout le nécessaire pour un look de parfait clubbeur : les dernières baskets à la mode, du streetwear dernier cri, des casquettes de base-ball

---

CRICKET EN FLORIDE DU SUD

Du cricket au sud de la Floride ? Sérieusement ? Mais oui : la Floride du Sud accueille une importante communauté des Caraïbes et de Jamaïque, ainsi qu'une population assez nombreuse d'expatriés britanniques, ce qui explique l'intérêt pour le cricket dans cette région. La **South Florida Cricket Alliance** (☑ 954-805-2922 ; www.southfloridacricket.com) est l'un des plus grands clubs de cricket aux États-Unis, le **Cricket Council of the USA** (www.cricketcouncilusa.com) est installé à Boca Raton et le premier terrain du pays dévolu au cricket a été aménagé en 2008 à Lauderhill (où 25% de la population est originaire des Caraïbes), au nord de Fort Lauderdale. Contactez l'un des organismes mentionnés ci-dessus si vous désirez assister à un match ou rejoindre une équipe.

de créateurs, des produits de beauté pour hommes signés de marques tendance, et tout un rayon de CD de musique de club, que l'on peut découvrir dans les stations d'écoute du magasin.

Hip.e
VÊTEMENTS

(carte p. 92 ; ☑305-445-3693 ; 359 Miracle Mile ; ◷11h-19h lun-sam). Plus chics que hippies, les vêtements et les bijoux de cette boutique mêlent les esthétiques alternative et hip-hop tout en étant très seyants. Pour vous faire une idée de l'ambiance, imaginez des bracelets Lucite rehaussant une robe de créateur.

Alchemist
VÊTEMENTS

(carte p. 64 ; ☑305-531-4653 ; 1111 Lincoln Rd ; ◷10h-22h). Cette boutique haut de gamme bannit toute forme de clinquant et de snobisme, et privilégie les beaux vêtements minimalistes, avec des marques comme Dries Van Noten et Proenza Schouler.

Pepe Y Berta
VÊTEMENTS

(carte p. 86 ; ☑305-857-3771, 305-266-1007 ; 1421 SW 8th St ; ◷10h-18h30 lun-ven, 9h-19h sam). On trouve dans cette boutique familiale la plus belle collection de *guayaberas* (chemises cubaines) de Miami. Dans une ambiance sympathique, on y prendra vos mesures pour créer une chemise à votre goût.

Boy Meets Girl
ENFANTS

(carte p. 92 ; ☑305-445-9668 ; 355 Miracle Mile ; ◷10h-19h lun-ven, 11h-18h sam). Des vêtements tout ce qu'il y a de plus huppé, tendance et résolument chers pour les petits. Mieux vaut chercher ailleurs pour les adolescents.

Olian
MATERNITÉ

(carte p. 92 ; ☑305-446-2306 ; 356 Miracle Mile ; ◷9h-18h lun-ven). Phare de l'empire Olian et numéro un des magasins de vêtements de grossesse, cette boutique entend offrir aux femmes enceintes de quoi être aussi glamour que les mannequins de South Beach.

U Rock Couture
VÊTEMENTS

(carte p. 68 ; ☑305-538-7625 ; 928 Ocean Dr ; ◷10h-1h dim-ven, 10h-2h sam). U Rock est le magasin de vêtements de Miami Beach par excellence : bruyant, flashy et tape-à-l'œil. Strass, vêtements moulants et robes sexy attirent une clientèle cosmopolite au bronzage travaillé. Au final, l'endroit est étrangement plaisant... un peu comme Lincoln Road.

Cadeaux

Books and Books
LIVRES

(carte p. 92 ; ☑305-442-4408 ; 265 Aragon Ave ; ◷9h-23h dim-jeu, 9h-minuit ven-sam). La meilleure librairie indépendante de Floride du Sud est un gigantesque magasin consacré à tout ce qui a trait à la littérature. Elle accueille fréquemment des conférences, mais c'est tout simplement un endroit fantastique pour flâner. Elle possède d'autres adresses sur **Lincoln Road** (☑305-532-3222 ; 927 Lincoln Rd) et parmi les boutiques de Bal Harbour.

Metta Boutique
CADEAUX

(carte p. 64 ; ☑305-763-8230 ; 1845 Purdy Ave ; ◷9h-20h lun-jeu, 9h-21h ven-sam, 11h-18h dim). ✐ Cette jolie boutique apporte une touche d'écologie à South Beach. Tous ses articles – vêtements, revues, accessoires, cadeaux et bibelots – sont bio/durables/équitables.

Celestial Treasures
CADEAUX

(carte p. 89 ; ☑305-461-2341 ; 3444 Main Hwy ; ◷12h-20h dim-jeu, 12h-22h ven-sam). ✐ Une adresse incontournable si vous êtes en quête de spiritualité et de métaphysique. On y trouve des livres, des cartes et autres articles en lien avec le zen, la Wicca, la kabbale, le yoga, le bouddhisme et l'hindouisme. Si besoin, certains employés sont médiums.

Bookstore in the Grove
LIVRES

(carte p. 89 ; ☑305-483-2855 ; 3399 Virginia St ; ◷7h-22h lun-ven, 8h-22h sam-dim). Cette librairie indépendante de Coconut Grove est une bonne adresse pour tous les types de littérature et possède par ailleurs un bon café (goûtez aux *empanadas*).

Taschen
LIVRES

(carte p. 64 ; ☑305-538-6185 ; 1111 Lincoln Rd ; ◷11h-21h lun-jeu, 11h-22h ven-sam, 12h-21h dim). Une excellente collection de livres d'art, de photographie, de design et de beaux livres.

Ricky's NYC
CADEAUX

(carte p. 64 ; ☑305-674-8511 ; 536 Lincoln Rd ; ◷10h-minuit dim-ven, 10h-1h sam). Cette boutique de South Beach propose des centaines de cadeaux kitsch (marionnettes de religieuse-boxeuse), divers imprimés pop art et des objets "pour adultes" (sex-toys, jeux, costumes et autres).

El Crédito Cigars
TABAC

(carte p. 86 ; ☑305-858-4162 ; 1106 SW 8th St ; ◷8h-18h lun-ven, 8h-16h sam). Cette boutique de cigares est l'une des plus courues de

Miami et l'une des plus anciennes de Floride. Vous y serez servi comme un prince.

M&N Variedades   BOTANICA
(carte p. 86 ; ☑ 305-649-3040 ; 1753 SW 8th St ; ☺9h-20h). Cette *botanica* (voir p. 81) dédiée à la *santería* propose tout le nécessaire pour lancer des sorts, des chandelles magiques, et des "*consultas espirituales*" (consultations spirituelles).

Eyes on Lincoln   OPTICIEN
(carte p. 64 ; ☑ 305-532-0070 ; 708 Lincoln Rd ; ☺10h-23h). La plus impressionnante et la plus glamour collection de lunettes de vue, de soleil et d'équipements d'optique de tout le sud de la Floride.

Genius Jones   JOUETS
(carte p. 82 ; ☑ 866-436-4875 ; 49 NE 39th St ; ☺10h-19h lun-sam, 12h-18h dim). Jouets, poupées et équipements de qualité pour les bébés, les tout-petits et leurs parents. Poufs Fatboy, sièges auto Primo Viaggio et poussettes Bugaboo : les parents vont craquer.

Musique
Sweat Records   MUSIQUE
(carte p. 82 ; ☑ 786-693-9309 ; 5505 NE 2nd Ave ; ☺12h-22h mar-sam, 12h-17h dim). Sweat rassemble presque tous les stéréotypes du disquaire indépendant : tableaux colorés et graffitis sur les murs, généreux canapés mauves, jeux japonais bizarres et clients maigrichons à lunettes épaisses dissertant sur un 33 tours ou un maxi-album totalement inconnu. Café et en-cas végétariens.

ⓘ Renseignements

ACCÈS INTERNET
La plupart des hôtels et des auberges de jeunesse (et de plus en plus de campings) offrent un accès Wi-Fi, également gratuit dans les bibliothèques, les Starbucks et les McDonald's.

ARGENT
La Bank of America a des succursales partout à Miami et à Miami Beach. Pour changer des espèces, vous pouvez choisir American Express.

DÉSAGRÉMENTS ET DANGERS
Certains quartiers sont considérés comme dangereux aux dires des habitants : Liberty City, au nord-ouest de Miami, Overtown, entre 14th St et 20th St, Little Haiti et certains secteurs au bord de la rivière Miami. Dans ces quartiers et d'autres zones réputées malfamées, il est évidemment déconseillé de marcher seul tard le soir. Faites preuve de bon sens et déplacez-vous en groupe. Dans le doute, mieux vaut prendre un taxi et lui indiquer l'adresse où vous voulez aller.

Les secteurs désertés au-dessous de 5th St à South Beach présentent plus de risques la nuit – plus que des voleurs, ce sont plutôt des buveurs agressifs et parfois des toxicomanes qui peuvent poser problème. Dans le centre-ville de Miami, soyez prudent à proximité de la gare routière Greyhound et autour des passerelles et des ponts routiers.

Parmi les dangers naturels, citons le soleil (utilisez une crème protectrice à fort indice), les moustiques (utilisez un répulsif) et les ouragans (de juin à novembre). Une **ligne rouge ouragan** (☑ 305-468-5400), vous informera sur les tempêtes prévues, leurs trajectoires, les alertes et le temps estimé avant qu'elles ne s'abattent. Tous ces renseignements vous permettront de décider ou non de quitter la région, et à quel moment.

MÉDIAS
Beach Channel (www.thebeachchannel. tv). Chaîne de télévision locale diffusant 24h/24 des publicités vous informant sur les événements de Miami Beach (canal 19).

Diario Las Americas (www.diariolasamericas. com). Quotidien en espagnol.

El Nuevo Herald (www.elnuevoherald.com)
Miami Herald (www.miamiherald.com). Le principal quotidien, qui traite l'actualité locale, nationale et internationale.

Miami New Times (www.miaminewtimes.com). Hebdomadaire gratuit et alternatif.

Miami Sun Post (www.miamisunpost.com). Articles sur l'actualité et les styles de vie.

Sun-Sentinel (www.sun-sentinel.com). Actualité quotidienne du sud de la Floride

WLRN (www.wlrn.org). Filiale locale d'une radio publique nationale, sur 91.3 FM.

OFFICES DU TOURISME
Art Deco Welcome Center (carte p. 68 ; ☑ 305-672-2014 ; www.mdpl.org ; 1001 Ocean Dr, South Beach ; ☺9h30-17h ven-mer, 9h30-19h jeu). Ce centre géré par la Miami Design Preservation League (MDPL) dispense une foule d'informations concernant le quartier Art déco et organise d'excellents circuits à pied.

Black Archives History & Research Center of South Florida (☑ 305-636-2390 ; www. theblackarchives.org ; 5400 NW 22nd Ave, Suite 101, Liberty City ; ☺9h-17h lun-ven). Renseignements sur la culture africaine et afro-américaine.

Coconut Grove Chamber of Commerce (carte p. 89 ; ☑ 305-444-7270 ; www.coconutgrovechamber.com ; 2820 McFarlane Rd, Coconut Grove ; ☺9h-17h lun-ven)

Coral Gables Chamber of Commerce
(carte p. 92 ; ☑305-446-1657 ; www.coralgableschamber.org ; 224 Catalonia Ave, Coral Gables ; ⏰9h-17h lun-ven)

Downtown Miami Welcome Center
(carte p. 76 ; ☑786-472-5930 ; www.downtownmiami.com ; 900 S Miami Ave ; ⏰9h-17h lun-ven). Fournit des plans, des brochures et des renseignements sur les circuits organisés dans le centre-ville.

Greater Miami & the Beaches Convention & Visitors Bureau
(carte p. 76 ; ☑305-539-3000 ; www.miamiandbeaches.com ; 701 Brickell Ave, 27e ét. ; ⏰8h30-17h lun-ven). Situé dans un gratte-ciel.

Miami Beach Chamber of Commerce
(carte p. 64 ; ☑305-674-1300 ; www.miamibeachchamber.com ; 1920 Meridian Ave ; ⏰9h-17h lun-ven). Vous pouvez acheter ici une carte de stationnement, à 10, 20 ou 25 $ (1 heure de stationnement coûte 1 $).

POSTE

Les bureaux suivants fonctionnent tard le soir grâce à des automates installés dans le hall :
Bureaux de poste Mid-Beach (carte p. 72 ; 445 W 40th St ; ⏰8h-17h lun-ven, 8h30-14h sam) ; South Beach (carte p. 64 ; 1300 Washington Ave ; ⏰8h-17h lun-ven, 8h30-14h sam).

SERVICES MÉDICAUX

Beach Dental Center (☑877-353-8845 ; 333 Arthur Godfrey Rd). Soins dentaires.

Coral Gables Hospital (☑305-445-8461 ; 3100 Douglas Rd, Coral Gables). Établissement communautaire avec de nombreux médecins bilingues.

Eckerd Drugs (☑305-538-1571 ; 1421 Alton Rd, South Beach ; ⏰24h/24). L'une des nombreuses pharmacies Eckerd ouvertes 24h/24.

Miami Beach Community Health Center (Stanley C Meyers Center ; ☑305-538-8835 ; 710 Alton Rd, South Beach). Clinique avec consultations sans rendez-vous, d'où de longues files d'attente.

Mount Sinai Medical Center (☑305-674-2121, urgences 305-674-2200 ; 4300 Alton Rd). Les meilleures urgences de la ville. Sachez que les soins sont payants et que les tarifs pratiqués sont élevés.

Visitor's Medical Line (☑305-674-2222 ; ⏰24h/24). Pour obtenir une consultation avec un médecin.

SITES INTERNET

Art Circuits (www.artcircuits.com). Le meilleur site d'informations sur le monde artistique, avec une excellente carte des galeries d'art quartier par quartier.

Beached Miami (www.beachedmiami.com). Excellent site sur la scène artistique indépendante de Miami.

Meatless Miami (www.meatlessmiami.com). Le guide gastronomique des végétariens.

Miami Beach 411 (www.miamibeach411.com). À peu près tout ce que doit savoir un visiteur de Miami Beach.

Miami Nights (www.miaminights.com). Des informations pertinentes et argumentées sur la vie nocturne de Miami et ses perpétuelles évolutions.

Short Order (blogs.miaminewtimes.com/shortorder). Le blog culinaire du *Miami New Times* a toujours une longueur d'avance sur les manifestations gastronomiques dans la Magic City.

That's So Miami (thatssomiami.tumblr.com). Le Miami insolite, drôle et décalé.

URGENCES

Ambulance (☑911)

Beach Patrol (surveillance des plages ; ☑305-673-7714)

Hurricane Hotline (ligne rouge ouragan ; ☑305-468-5400)

Poison Information Center (centre antipoison ; ☑305-585-5250)

Rape Hotline (SOS viol ; ☑305-585-7273)

Suicide Intervention (suicide écoute ; ☑305-358-4357)

ⓘ Depuis/vers Miami

AVION

Miami est desservie par toutes les grandes compagnies via deux aéroports majeurs : le Miami International Airport (MIA) et le Fort Lauderdale-Hollywood International Airport (FLL), à une demi-heure au nord du MIA. Le **MIA** (☑305-876-7000 ; www.miami-airport.com) est le troisième aéroport le plus fréquenté du pays. À seulement 9,6 km à l'ouest du centre-ville, l'aéroport est ouvert 24h/24 et se déploie en forme de fer à cheval. Il y a deux consignes à bagages, une entre les terminaux B et C et l'autre au terminal G. Les tarifs varient en fonction de la taille des bagages.

Le **Fort Lauderdale-Hollywood International Airport** (p. 201), à 24 km au nord de Miami, au bord de l'I-95, est souvent utilisé par les compagnies low cost, notamment Southwest Airlines et JetBlue.

BATEAU

Il est peu probable que vous débarquiez d'un cargo transatlantique, mais vous pouvez très bien arriver en Floride à bord d'un bateau de croisière. En effet, le **port de Miami** (☑305-347-4800 ; www.miamidade.gov/portofmiami), qui a vu défiler 4 millions de passagers en 2013, est connu pour être la "capitale mondiale des croisières". Le port se situe à la limite du centre-ville de Miami – des taxis et des bus de ville partent de Biscayne Blvd, non loin, et permettent de gagner les autres quartiers. Le ferry *Key West Express* assure la navette entre Key West et Miami.

BUS

Greyhound (carte p. 76 ; ☑ 800-231-2222 ; www.greyhound.com) est la principale compagnie depuis/vers Miami. Il existe quatre grandes gares routières : l'**Airport terminal** (☑ 305-871-1810 ; 4111 NW 27th St) ; le **Main Downtown terminal** (☑ 305-374-6160 ; 1012 NW 1st Ave) ; le **North Miami terminal** (☑ 305-945-0801 ; 16560 NE 6th Ave) ; et le **Southern Miami terminal** (Cutler Bay ; ☑ 305-296-9072 ; Cutler Ridge Mall, 20505 S Dixie Hwy), également appelé "Cutler Bay terminal". Chaque jour, plusieurs bus remontent en direction de la côte est et traversent la péninsule pour rejoindre la côte du golfe du Mexique.

TRAIN

À Miami, la principale gare **Amtrak** (☑ 305-835-1222 ; www.amtrak.com ; 8303 NW 37th Ave) permet de relier la ville aux autres régions des États-Unis et au Canada. Pour voyager entre New York et Miami, comptez de 27 à 30 heures. La gare dispose d'une consigne (2 $ par bagage).

ⓘ Comment circuler

DEPUIS/VERS L'AÉROPORT
Miami International Airport

Depuis l'aéroport, il est très facile de se rendre à peu près partout à Miami, notamment à Mid-Beach. En voiture, suivez la Rte 112 depuis l'aéroport, puis dirigez-vous vers l'est sur la Julia Tuttle Causeway ou l'I-195 pour rejoindre South Beach. Il est aussi possible d'emprunter les navettes gratuites mises à disposition par la plupart des hôtels ou de prendre un taxi (32 $, tarif fixe de l'aéroport à South Beach). Autre possibilité : prendre le bus de nuit Airport Owl ou les minibus collectifs de **SuperShuttle** (☑ 305-871-8210 ; www.supershuttle.com) qui coûtent environ 26 $ jusqu'à South Beach. Réservez néanmoins votre place la veille. Des Metrobus partent du Concourse (hall) E et desservent la ville – comptez 1,50 $, plus 50 cents par correspondance.

Fort Lauderdale-Hollywood International Airport

L'argent économisé sur le vol vous servira à rejoindre Miami à l'arrivée. Louez une voiture dans l'une des nombreuses agences de Fort Lauderdale ou empruntez la navette gratuite depuis les terminaux 1 et 3 pour rejoindre la **gare Tri-Rail** (☑ 800-874-7245 ; www.tri-rail.com ; aller 2-5,50 $), où les trains de banlieue vous conduiront jusqu'à Miami. Les horaires sont irréguliers, vous préférerez donc peut-être emprunter les minibus **GOShuttle** (☑ 877-544-4646 ; https://goairportshuttle.com), qui vous coûteront environ 30 $ pour aller jusqu'à South Beach.

VÉLO

Un système de vélos partagés mis en place à Miami Beach permet de se déplacer facilement, près des plages du moins.

Certes, les rues de Miami sont parfaitement planes, mais les embouteillages y sont légion et la circulation parfois très rapide, réfléchissez donc bien à votre parcours avant de vous lancer sur un vélo.

La ville de Miami Beach propose un système de vélos partagés appelé DecoBike (p. 99). Des stations de vélos sont installées dans des dizaines d'endroits à travers Miami Beach (un plan est disponible sur le site Internet, ainsi qu'un lien vers une application iPhone vous indiquant où se trouve la station la plus proche).

Vous pouvez également louer un vélo chez : **BikeAndRoll** (☑ 305-604-0001 ; www.bikeandroll.com ; 210 10th St ; ⊙ 10h-18h ; à partir de 5/15 $ par heure/jour ; ⊙ 9h-19h). Organise aussi des circuits.

Mangrove Cycles (carte p. 84 ; ☑ 305-361-5555 ; 260 Crandon Blvd, Key Biscayne ; à partir de 20/25/75 $ par 2 heures/jour/semaine ; ⊙ 10h-18h mar-dim). Location de vélos.

BUS

Le système de bus local s'appelle **Metrobus** (☑ 305-891-3131 ; www.miamidade.gov/transit/routes.asp ; 2 $). Un plan du réseau, très lisible, est publié sur le site Internet. Il arrive qu'on attende le bus plus longtemps que ne dure le trajet lui-même.

À South Beach, le **South Beach Local Circulator** (☑ 305-891-3131 ; 0,25 $) – également appelé "South Beach Local" – est une excellente option. Il s'agit d'une navette accessible aux personnes à mobilité réduite, qui circule le long de Washington Ave entre South Pointe Dr et 17th St et effectue le retour dans Alton Rd du côté ouest de la plage. Les bus partent toutes les 10 à 15 minutes.

VOITURE ET MOTO

Avant de prendre le volant à Miami, il convient d'avoir quelques informations en tête. Miami Beach est reliée au continent par quatre chaussées traversant Biscayne Bay. Il s'agit, du sud au nord, de MacArthur (l'extension de l'US Hwy 41 et de la Hwy A1A), de Venetian (péage 1,50 $), de Julia Tuttle et John F. Kennedy. Il existe également un péage de 1,75 $ pour franchir Rickenbacker Causeway et rejoindre Key Biscayne.

La principale autoroute nord-sud est l'I-95, qui se prolonge par l'US Hwy 1 au sud du centre-ville de Miami. L'US Hwy 1, qui s'étend de Key West jusqu'à l'État du Maine, au nord du pays, longe le littoral. Elle est appelée Dixie Hwy au sud de Dowtown et Biscayne Blvd au nord de Downtown. La Palmetto Expwy (Hwy 826) dessine une boucle autour de la ville et se divise au-dessous de SW 40th St pour donner la Don Shula Expwy (Hwy 874, une autoroute payante). La Florida's Turnpike Extension est le périphérique le plus à l'ouest de la cité. La Hwy A1A prend le nom de Collins Ave à Miami Beach.

Miami a la fâcheuse habitude de donner plusieurs noms à ses grandes artères. Ainsi, Bird Rd est à la fois SW 40th St et Hwy 976. Hwy 826 s'appelle également Palmetto Expwy et l'US 1 n'est autre que Dixie Hwy – à l'exception du centre-ville, où elle devient Biscayne Blvd. Hwy 836 correspond à Dolphin Expwy, tandis que Miami Beach 5th St se transforme en A1A. Calle Ocho est synonyme de SW 8th St, Tamiami Trail ou US 41, et Hwy 959 porte aussi le nom de Red Rd, et parfois de SW 57th St. Tout cela prête à confusion sur le papier, mais les pancartes indiquent généralement toutes les appellations possibles de chaque rue. Il y a toutefois de quoi être déstabilisé la première fois que l'on conduit à Miami.

Outre les chaussées pour Miami Beach, les principaux axes est-ouest sont SW 8th St, Hwy 112 (également appelée Airport Expwy) et Hwy 836 (également appelée Dolphin Expwy), qui coupe à travers le centre-ville de Miami et rejoint l'I-395 et MacArthur Causeway. Cette dernière s'étend à l'ouest jusqu'à la Palmetto Expwy et la Florida's Turnpike Extension.

La conduite à Miami n'est pas une mince affaire, et nous ne savons qui blâmer : les chauffeurs de taxi parfois agressifs ou les retraités lambinant plus que de raison ? À moins que la faute ne nous incombe pour n'avoir pas su lire le plan…

Parking

Il est assez simple de se garer en ville. Les règles de stationnement sont clairement indiquées et on trouve quantité de places payantes (hormis à South Beach, en soirée, pendant un week-end prolongé). Dans Downtown, à proximité de Bayside Marketplace, le stationnement est bon marché mais un peu compliqué : il faut se garer par l'avant (il est interdit de se garer en marche arrière) sur une place, acheter un ticket à la machine centrale et le disposer devant le pare-brise.

Sur South Beach il existe des places de stationnement payant le long de la plupart des rues (sauf sur Lincoln Rd et dans les zones résidentielles). Les parcmètres fonctionnent de 9h jusqu'à parfois 3h dans certaines parties de South Beach. La plupart permettent de payer jusqu'à trois heures de stationnement, même si certains vont jusqu'à douze heures. La plupart des parcmètres de Miami Beach sont équipés pour les paiements par carte de crédit. Les tarifs varient mais dépassent rarement 1,50 $ l'heure.

Les nombreux parkings municaux représentent souvent la solution la plus simple et la moins chère : repérez les énormes pancartes marquées d'un "P". Il en existe plusieurs le long de Collins Ave et de Washington Ave. En cas de stationnement interdit ou de paiement insuffisant au parcmètre, les amendes s'élèvent à 30 $ environ, mais une mise en fourrière vous coûterait bien plus.

TAXI

Central Cabs (☑ 305-532-5555)
Flamingo Taxis (☑ 305-759-8100)
Metro (☑ 305-888-8888)
Miami Taxi Service (☑ 305-525-2455)
Sunshine (☑ 305-445-3333)
Yellow (☑ 305-400-0000)

TRAIN

Le **Metromover** (www.miamidade.gov/transit/metromover.asp), à la fois bus, monorail et train aérien, est pratique pour se déplacer dans le centre-ville. Il permet de réaliser un circuit gratuit offrant une superbe perspective sur la ville.

Le **Metrorail** (www.miamidade.gov/transit/metrorail.asp) est un réseau ferroviaire de 33,4 km, doté d'une ligne aérienne qui part de Hialeah, traverse le centre-ville et relie Kendall/Dadeland au sud. Les trains partent toutes les 15 minutes, de 6h à minuit. Les billets coûtent 2 $, ou 1 $ pour une correspondance avec le Metromover.

Le train régional à deux étages **Tri-Rail** (☑ 800-874-7245 ; www.tri-rail.com) couvre 115 km dans les comtés de Dade, de Broward et de Palm Beach. Les tarifs sont calculés selon un système de zones. Le trajet le plus court coûte 4,40 $ aller-retour. Le parcours le plus cher relie l'aéroport de Miami (MIA) à West Palm Beach (11,55 $ aller-retour). Il est impossible d'acheter les billets à bord, prévoyez d'effectuer cette démarche avant le départ. Les trains et les gares sont tous accessibles aux personnes à mobilité réduite. Pour une liste des gares, consultez le site Internet de Tri-Rail.

Everglades

Le top des restaurants

→ Robert is Here (p. 153)

→ Joannie's Blue Crab Café (p. 149)

→ JT's Island Grill & Gallery (p. 150)

→ Rosita's (p. 153)

→ Oyster House (p. 150)

Le top des hébergements

→ Everglades International Hostel (p. 153)

→ Everglades City Motel (p. 150)

→ Ivey House Bed & Breakfast (p. 150)

→ Wilderness Camping (p. 153)

→ Swamp Cottage (p. 149)

Pourquoi y aller

Nulle autre zone sauvage des États-Unis ne ressemble aux Everglades. Appelée le "Fleuve d'herbe" par ses habitants d'origine, cette région est à la fois marais, marécages, lacs, rivières et prairies, entremêlés pour former une série d'horizons paisibles avec des couchers de soleil à perte de vue et une importante population de reptiles descendant de l'époque des dinosaures.

À observer l'essor d'un anhinga d'Amérique (ou "oiseau-serpent") avant un plongeon en piqué, le lent battement d'ailes d'un grand héron survolant son domaine ou le soleil effleurant des étendues de laîches avant de disparaître derrière des cyprès squelettiques, vous apprécierez le charme subtil des Everglades, détonnant dans un pays où la beauté naturelle se mesure à l'aune du spectaculaire.

Quand partir
Everglades City

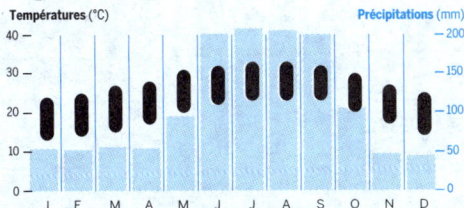

Décembre-mars La saison sèche, idéale pour observer la faune le long des cours d'eau, mais peu propice au kayak par endroits.

Avril-juin Malgré la chaleur, une bonne période pour l'eau et la faune.

Juillet-novembre Une chaleur torride, des nuées d'insectes et (sauf en octobre-novembre) des risques d'ouragans.

Golden
Gate

Naples ⊙ 84

75

Big Cypress Swamp

75 **Everglades Parkway (Alligator Alley) (péage**

Tamiami Trail

951

Marco Island ⊙

92 Collier-
Seminole
State Park

Turner River Rd

29

Fakahatchee
Strand Preserve
Park

839

Big Cypress
National
Preserve

29 Ochopee

Monroe
Station

Everglades City ⊙

41

Cape
Romano

7
Ten Thousand
Islands

Chokoloskee

3
Big Cypress
Gallery

Loop Rd 94

*Chevelier
Bay*

Limite de l'Everglades National Park

Ferry

*Golfe
du Mexique*

*Big
Lostmans
Bay*

Everglad

*Tarpo
Bay*

Shark Point

*Whitewater
Bay*

Cape
Sable

Flamin

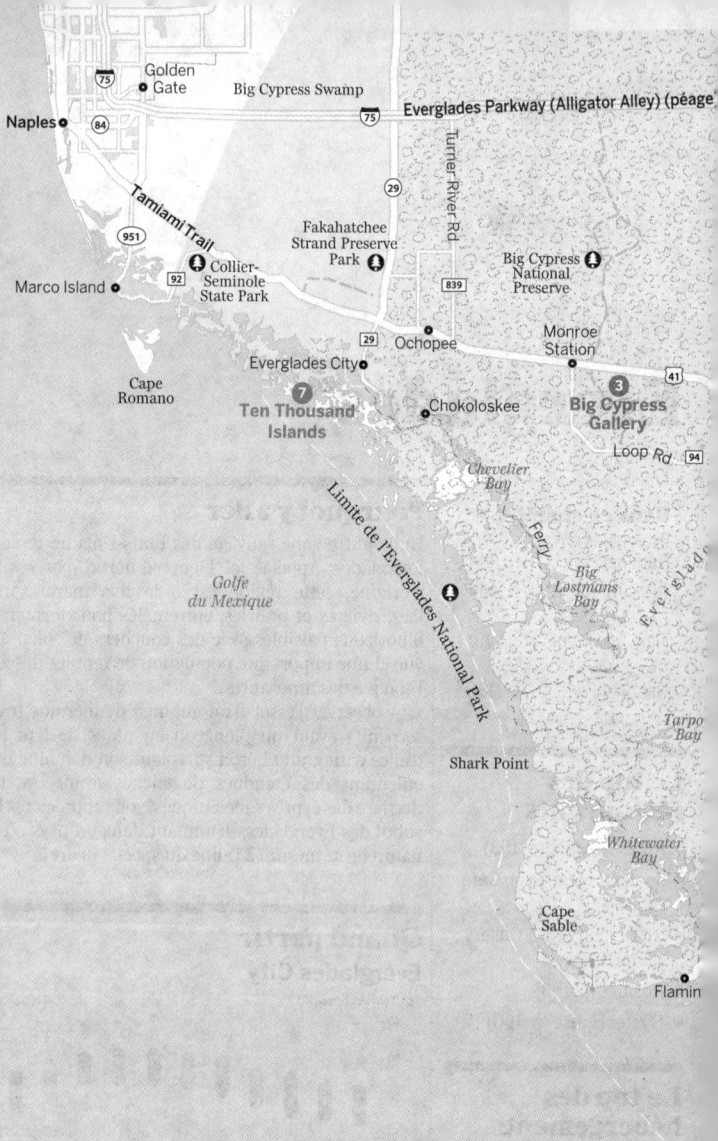

À ne pas manquer

1 Le coucher du soleil sur la route du **Pa-hay-okee Overlook** (p. 155), assis sur le toit de votre voiture

2 Suivre en canoë ou en kayak la **Hell's Bay Paddling Trail** (p. 155), un dédale de criques rouges et de canaux noyés sous l'épais rideau de végétation d'un marais préservé

3 Les splendides photos des marais, des forêts, des plages et de la mer à la **Big Cypress Gallery** (p. 145)

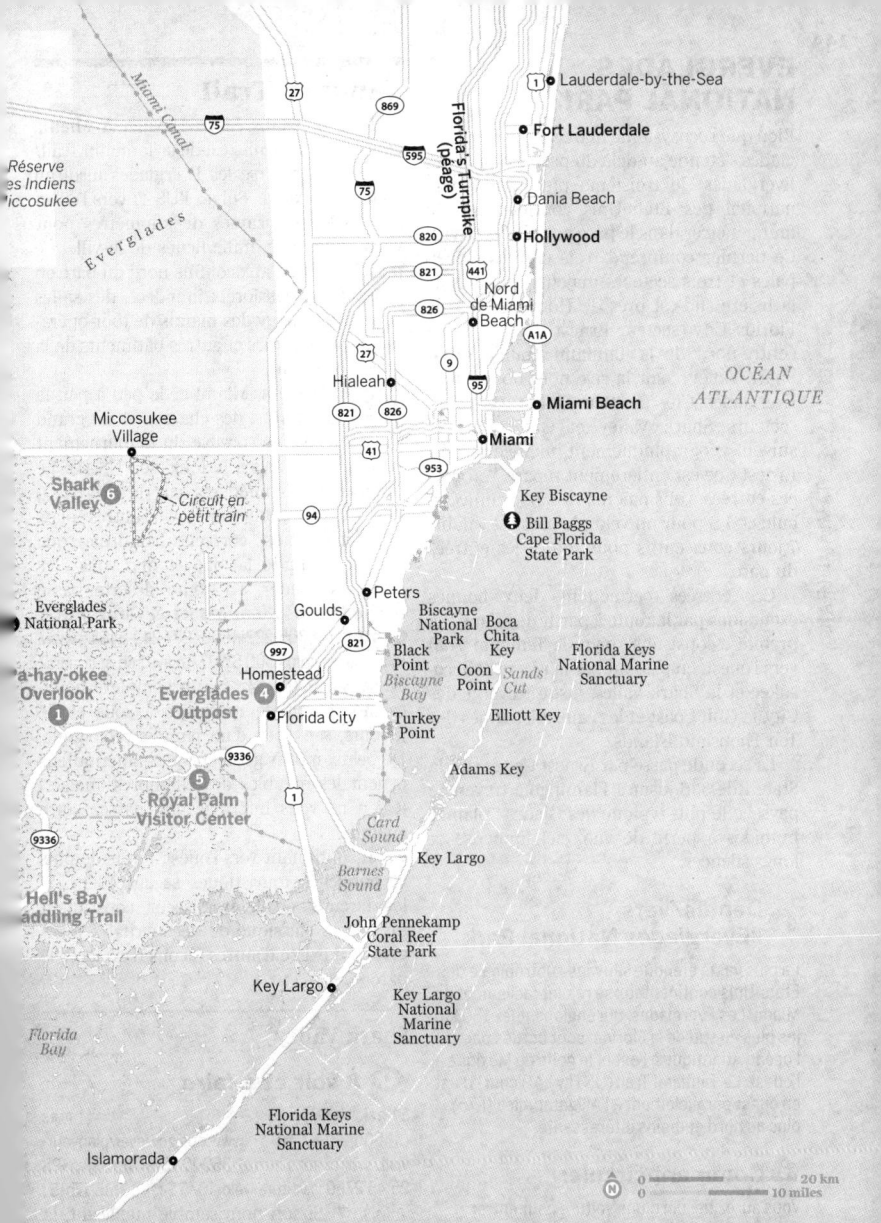

Miami Canal

27

869

75

Florida's Turnpike (péage)

595

75

820

821 441

826

Nord de Miami Beach

27

9

A1A

95

Hialeah

821 826

41

953

94

821

997

Homestead

9336

5

Royal Palm Visitor Center

9336

Hell's Bay Paddling Trail

1

Peters

Goulds

Black Point

Coon Point

Florida City

Turkey Point

Adams Key

Card Sound

Barnes Sound

Key Largo

John Pennekamp Coral Reef State Park

Key Largo

Islamorada

1 Lauderdale-by-the-Sea

Fort Lauderdale

Dania Beach

Hollywood

Miami Beach

Miami

Key Biscayne

Bill Baggs Cape Florida State Park

Biscayne National Park

Boca Chita Key

Florida Keys National Marine Sanctuary

Biscayne Bay

Sands Cut

Elliott Key

Key Largo National Marine Sanctuary

Florida Keys National Marine Sanctuary

OCÉAN ATLANTIQUE

Réserve es Indiens iccosukee

Everglades

Miccosukee Village

Shark Valley 6

Circuit en petit train

Everglades National Park

a-hay-okee Overlook

1

Everglades Outpost 4

Florida Bay

N

0   20 km
0   10 miles

④ Le refuge animalier de l'**Everglades Outpost** (p. 152)

⑤ Un rendez-vous nocturne avec les alligators au **Royal Palm Visitor Center** (p. 153)

⑥ La découverte de la **Shark Valley** (p. 144) à vélo ou à bord de l'excellent tram public

⑦ Une expédition en canoë ou en kayak à travers l'archipel des **Ten Thousand Islands** (p. 148)

EVERGLADES NATIONAL PARK

Bien que l'écosystème marécageux des Everglades s'étende au-delà du parc national des Everglades (le troisième plus grand parc national des États-Unis continentaux), il faut pénétrer dans le parc pour le découvrir. Ce dernier comprend trois entrées principales et trois secteurs majeurs : le long de la lisière sud-est près de Homestead et de Florida City (secteur Ernest Coe) ; du côté centre-nord de la Tamiami Trail (secteur Shark Valley) ; sur la rive nord-ouest après Everglades City (secteur Gulf Coast). Les secteurs Shark Valley et Gulf Coast se suivent géographiquement, mais le secteur Ernest Coe est entièrement séparé. À toutes ces entrées, vous paierez 10 $ pour un véhicule et 5 $ pour un vélo ; le pass est valable 7 jours consécutifs pour toutes les entrées du parc.

Ces entrées permettent deux bonnes excursions par la route à partir de Miami. La première consiste à suivre la Tamiami Trail vers l'ouest, en passant par la réserve Miccosukee et la Shark Valley, jusqu'à Everglades City, la Gulf Coast et les eaux cristallines des Ten Thousand Islands.

La seconde passe par Ernest Coe et suit la State Rd 9336 jusqu'à Flamingo à travers le paysage le plus typique des Glades : plaines humides à perte de vue, ciel immense et longs silences.

ⓘ Depuis/vers l'Everglades National Park

La plus vaste étendue sauvage subtropicale des États-Unis continentaux se rejoint facilement de Miami. Les Everglades, qui englobent les 130 km les plus au sud de la Floride, sont bordés par l'océan Atlantique à l'est et le golfe du Mexique à l'ouest. La Tamiami Trail (US Hwy 41) court d'est en ouest parallèlement à l'Alligator Alley (I-75), plus au nord et moins intéressante.

ⓘ Comment circuler

Vous aurez besoin d'une voiture pour entrer dans les Everglades et, à l'intérieur, d'une bonne paire de chaussures de marche. Un canoë ou un kayak se révèle aussi très pratique ; vous pourrez en louer à l'intérieur et à l'extérieur du parc, ou participer à un circuit guidé en canoë ou en kayak. Le vélo convient aux routes plates de l'Everglades National Park, notamment dans le secteur entre Ernest Coe et Flamingo Point. Dans le parc, les bas-côtés des routes sont dangereusement étroits.

Tamiami Trail

Calle Ocho, dans Little Havana à Miami, constitue l'extrémité est de la Tamiami Trail/US 41, qui traverse les Everglades jusqu'au golfe du Mexique. Suivez l'US 41 vers l'ouest sur quelques dizaines de kilomètres pour vous retrouver à mille lieues de la ville. Ce périple conduit aux confins nord du parc en passant par des forêts inondées, des salles de jeu, des buggy des marais de tour-opérateurs, des gargotes et autres bâtiments de la Floride d'antan.

Après Hialeah, Miami cède peu à peu la place à des forêts, des champs et un grand canal sur le côté (preuve du détournement de l'eau des Glades le long de l'US 41). Le drapeau des confédérés sur le **Pit BBQ**, qui sert du porc fumé et d'autres plats semblables très corrects, confirme que vous avez quitté la ville et que vous êtes dans les Glades. La route déserte passe par le **Miccosukee Resort & Convention Center** (☎ 305-222-4600, 877-242-6464 ; www.miccosukee.com ; 500 SW 177th Ave ; ch déc-mars/avr-nov 150/120 $; ❄ ☎), un complexe hôtel-casino rempli de machines à sous et de joueurs, sans rien d'un paradis écologique. De beaux motifs géométriques amérindiens ornent les meubles des chambres, mais si le jeu ne vous intéresse pas, passez votre chemin.

En continuant vers l'ouest, forêts de pins et publicités touristiques se succèdent. Si les circuits en hydroglisseur constituent un moyen classique de découvrir les Everglades, il existe d'autres façons d'explorer le parc.

Shark Valley

◉ À voir et à faire

Shark Valley   PARC

(☎ 305-221-8776 ; www.nps.gov/ever/planyour-visit/svdirections.htm ; 36000 SW 8th St, GPS 25°45′27.60 ; voiture/vélo 10/5 $; ⊙ 9h15-17h15 ; P ♿). ✎ Si son nom semble menaçant, la "vallée du Requin" fait partie du National Park Service et abonde en panneaux d'information et en rangers compétents. Elle se situe dans un secteur de cyprès et d'autres feuillus en bord de rivière, une partie des Everglades qui évoque plus la jungle que les herbages et la canopée autour du centre des visiteurs d'Ernest Coe. Une piste goudronnée de 24 km passe par des ruisseaux, la forêt tropicale et des *borrow pits* (des fosses creusées par l'homme et prisées des alligators, des tortues et des oiseaux). Totalement plate, la piste est idéale pour les vélos, que l'on peut louer à l'entrée pour 7,50 $ l'heure. Emportez de l'eau.

Moyen le plus prisé et le moins fatigant de s'immerger dans les Everglades, le **circuit en tram** (en fait une sorte de bus touristique) (☎ 305-221-8455 ; www.sharkvalleytramtours.com ; adulte/-12 ans/senior 22/19/12,75 $; ☉départs mai-déc 9h30, 11h, 14h, 16h, jan-avr 9h-16h toutes les heures) parcourt en 2 heures la piste de Shark Valley (24 km). Si vous devez choisir une seule activité dans les Everglades, n'hésitez pas : les guides sont bien informés et amusants, et vous verrez sans doute des alligators lézardant au soleil sur la route (mais ils se font plus rares en été). À mi-chemin, la Shark Valley Observation Tower, une affreuse tour en béton de 15 m, offre une vue superbe sur le parc.

À l'entrée du parc, la **Bobcat Boardwalk Trail** (800 m), une promenade en planches, décrit une boucle à travers un épais taillis d'essences tropicales avant de revenir au parking de Shark Valley. Un peu plus loin, l'**Otter Cave Trail** (400 m) grimpe sur une falaise calcaire, criblée de trous par l'eau de pluie. Des Amérindiens vivaient jadis au sommet de cette falaise où des animaux occupent les creux formés par l'érosion (vous aurez peu de chances de les apercevoir).

Miccosukee Village   PARC
(☎ 305-222-4600, 877-242-6464 ; www.miccosukee.com ; Mile 70, Hwy 41 ; tarif plein/enfant/-6 ans 10/6 $/gratuit ; ☉9h-17h ; P🅷).

Juste en face de Shark Valley, ce "village" est en fait un musée en plein air, instructif et ludique, qui présente la culture des Miccosukee : visite guidée des maisons traditionnelles, boutique d'artisanat, spectacles de musique et de danse, promenade en hydroglisseur dans un village de huttes *chickee* (plateformes en bois construites au-dessus de l'eau) et combats d'alligators. Pour qui souhaite manger, on trouve sur place un restaurant de qualité inégale. Les œuvres d'art et les objets artisanaux faits main vendus dans la galerie constituent de bons souvenirs.

Big Cypress et Ochopee

Le plus beau tronçon de la Tamiami Trail, frangé de hauts cyprès moussus, offre la vue sur des prairies qui s'étendent à l'infini, inondées à la saison des pluies.

👁 À voir et à faire

Big Cypress Gallery   GALERIE D'ART
(☎ 941-695-2428 ; www.clydebutcher.com ; Tamiami Trail ; promenade dans les marais 1 heure 30 adulte/enfant 50/35 $, 45 min adulte/enfant 35/25 $; ☉10h-17h ; P). 🖋 Incontournable, cette galerie présente le travail de Clyde Butcher, un photographe américain dans la lignée d'Ansel Adams. Ses photos grand format en noir et blanc offrent une autre vision des Everglades. Butcher a trouvé dans les eaux saumâtres un équilibre spirituel étrangement communicatif. À chaque Labor Day (le premier week-end de septembre), la galerie organise un gala qui comprend une

---

HYDROGLISSEUR ET BUGGY DES MARAIS

Les hydroglisseurs sont des yoles à fond plat mues par de puissants ventilateurs. Leur impact environnemental n'a pas été déterminé, mais une chose est claire : ils ne sont pas inoffensifs et, pour cette raison, ils sont interdits dans le parc. Le buggy des marais est un énorme véhicule à pneus ballons qui peut traverser les marécages, créant des ornières et endommageant la nature.

Des promenades en hydroglisseur et en buggy des marais sont proposées tout le long de l'US Hwy 41 (Tamiami Trail), mais réfléchissez à deux fois avant de choisir un de ces circuits "nature" : le vrombissement des ventilateurs et des jeeps gâche la sérénité des Glades. Ceci étant, nombre de touristes viennent dans les Everglades au motif qu'ils s'intéressent à l'environnement et recherchent des excursions qui permettent de le découvrir. Les pilotes des hydroglisseurs connaissent parfaitement la région et leur activité dépend de la préservation des Glades. Nous recommandons **Cooperstown** (☎ 305-226-6048 ; coopertownairboats.com ; 22700 SW 8th St ; adulte/enfant 23/11 $; 🖷), l'un des premiers tour-opérateurs d'hydroglisseurs en empruntant la Hwy 41 vers l'ouest. Attendez-vous cependant à une expérience plus touristique que dans le parc national.

PRÉSENTATION DES EVERGLADES

S'il est tentant d'imaginer les Everglades comme un vaste marais, parler de "plaine herbeuse" semble plus juste. Les Glades sont en fait des prairies inondées la majeure partie de l'année.

D'où vient toute cette eau ? Du nord, du Lake Okeechobee et des petits lacs et rivières qui se rejoignent autour de Kissimmee. La Floride plonge dans le golfe du Mexique à sa pointe immergée, partie la plus basse de l'État en termes de géographie et de topographie. Les eaux de ruissellement coulent du centre à travers la péninsule par des ruisseaux et des rivières, traversant les Glades jusqu'à la Florida Bay. Sous une apparente immobilité, le paysage est perpétuellement en mouvement. Les Indiens Calusa appelaient la région "Pa-hay-okee" (eaux herbeuses) et Marjory Stoneman Douglas (1890-1998), la célèbre écologiste, l'appelait "River of Grass" (Fleuve d'herbe) ; dans son ouvrage éponyme, elle raconte que Gerard de Brahm, un cartographe régional, avait nommé la région "River Glades" (Fleuve des clairières), qui devint Ever Glades sur les cartes anglaises ultérieures.

Que se passe-t-il lorsque l'eau riche en nutriments coule sur une plaque de calcaire ? Au niveau cellulaire, les organismes se multiplient, s'associent et créent des bancs d'algues, des nutriments ainsi que du périphyton, un amalgame d'algues, de bactéries et de détritus. Semblable à une traînée de vomi dans l'eau et à des excréments d'hippopotame une fois sec, le périphyton forme la base d'une immense pyramide organique dans l'écosystème des Everglades. La moindre variation de hauteur modifie le flux de l'eau, donc la composition de ce bouillon de culture et le paysage lui-même : tous ces bosquets de cyprès et ces *hammocks* (terme propre à la Floride désignant une forêt de feuillus, principalement tropicaux ou subtropicaux) sont des secteurs où quelques centimètres de plus en hauteur provoquent d'énormes différences entre les écosystèmes.

Le combat pour les Everglades

Les Everglades furent totalement sauvages pendant des milliers d'années. Même les Amérindiens les évitaient. Les Séminoles et les Miccosukee ne s'y installèrent que pour fuir la guerre et les déplacements forcés. Après la colonisation européenne de la Floride, certains pionniers flairèrent le potentiel économique des "Eaux herbeuses".

Les éleveurs de bétail et les planteurs de canne à sucre, séduits par les eaux saumâtres et le climat subtropical de la Floride (un paradis pour la canne à sucre), obtinrent du gouvernement qu'il leur aménage des terres. En 1905, le gouverneur de Floride, Napoleon Bonaparte Broward, creusa la première pelletée d'un canal entre la Caloosahatchee River et le Lake Okeechobee. Des centaines de canaux furent tracés à travers les Everglades jusqu'au rivage pour "gagner" les terres, et l'écoulement du lac fut contrôlé par une série de digues. L'agriculture commença à occuper des secteurs jusque-là inhabités.

Malheureusement, toute la *River of Grass* a besoin du fleuve pour survivre. Paradis pour les oiseaux, les Everglades servent aussi de barrière aux ouragans et ses marais filtrent les polluants de la nappe aquifère (la réserve d'eau douce de l'État). L'agriculture n'a pas seulement modifié le cheminement de l'eau, elle a aussi rejeté ses eaux usées chargées d'engrais. En conséquence, des bactéries et des plantes se sont développées à une vitesse alarmante, bouleversant l'équilibre fragile des ressources indispensables à la survie des Everglades.

Si Marjory Stoneman Douglas réussit à sensibiliser l'opinion à la protection des Everglades, malgré ses efforts et ceux d'autres écologistes, la nappe aquifère est aujourd'hui gravement menacée de contamination et d'assèchement. En 2011, le niveau de l'Okeechobee était inférieur de presque 18 cm à la normale. Le nombre de nids d'échassiers a décliné de 90% à 95% depuis les années 1930. Actuellement, on recense 67 espèces d'animaux et de plantes menacés ou en voie de disparition dans le parc.

Le détournement des eaux et la pollution sont les principales causes de la dégradation environnementale des Glades. Cet écosystème délicat avoisine une zone urbaine dont la croissance est l'une des plus rapides du pays. Le système hydrographique actuel du sud de la Floride a été conçu pour 2 millions d'habitants, or la population a atteint 6 millions d'âmes en 2010. Si Miami est limitée par Fort Lauderdale au nord et Homestead au sud, elle peut s'étendre à l'ouest, directement dans les Everglades. Les scientifiques estiment que les marais ont déjà été réduits de 50% à 75%.

L'homme n'est pas le seul ennemi des Everglades. La nature les a également endommagés. Ainsi, durant l'ouragan Wilma de 2005, six zones de traitement des eaux pluviales (marais artificiels filtrant l'excédent de nutriments) ont été gravement endommagées. Sans ces filtres naturels, les Glades sont beaucoup plus sensibles à l'excès de nutriments et à la pollution externe. En 2011, des incendies causés par la sécheresse ont ravagé d'énormes bandes de terre près du Tamiami Trail.

Restauration des Everglades

Les efforts pour sauver les Everglades débutèrent à la fin des années 1920, mais ils furent abandonnés lors de la Grande Dépression de 1929. En 1926 et 1928, deux ouragans majeurs provoquèrent le débordement du Lake Okeechobee, et les inondations qui s'ensuivirent firent des centaines de victimes. Si le barrage construit par le génie militaire permit d'éviter d'autres catastrophes, il priva les Glades de leur source, le bassin hydrographique de la Kissimmee.

À la même époque, des défenseurs de la nature commencèrent à céder des terres pour les protéger, à l'exemple d'un club de jardiniers qui donna un terrain de 1,6 km². Les Everglades furent déclarés parc national en 1947, l'année où parut *The Everglades : River of Grass* de Marjory Stoneman Douglas.

L'assèchement des marais lors de la construction du barrage sur le lac transforma d'immenses parties de l'arrière-pays en zones habitables. Cependant, les problèmes environnementaux créés par le détournement du cours naturel de l'eau et l'augmentation constante de la population menacent de rendre la région inhabitable. Le système de canaux rejette en moyenne 6,4 millions de litres d'eau chaque jour dans l'océan. Dans le même temps, des eaux de ruissellement non traitées s'infiltrent dans les réserves d'eau naturelles. L'eau pure disparaît du cycle tandis que la population du sud de la Floride croît de jour en jour.

Le **Comprehensive Everglades Restoration Plan** (CERP ; www.evergladesplan. org) a été conçu pour s'occuper de l'eau, la racine de tous les problèmes des Everglades : où la trouver, comment la détourner et la maintenir propre. Le projet vise à libérer la Kissimmee, à restaurer les terres restantes des Everglades à leur état d'avant l'urbanisation, tout en parant aux inondations, en fournissant en eau douce la population du sud de la Floride et en préservant certaines régions de tout développement urbain. Si le projet semble séduisant, les antagonismes politiques ont considérablement ralenti la mise en œuvre du CERP. Son coût n'a cessé d'augmenter au fil des années, et la bureaucratie politique conjuguée à des manœuvres du gouvernement fédéral et de l'État ont retardé la mise en place du CERP.

Composant une grande partie du CERP, le **Central Everglades Planning Project** (CEPP) est un projet de travaux publics d'un genre tout particulier, car soutenu à la fois par les écologistes et par l'industrie. L'objectif du CEPP est d'assainir les eaux polluées du centre agricole de la Floride et de les rediriger vers les Everglades. La River of Grass serait de nouveau alimentée en eau, et les ruissellements toxiques ne s'écouleraient plus dans l'océan. Mais lors de la rédaction de ce guide, la réalisation du CEPP était repoussée par le corps des ingénieurs de l'armée américaine. La paralysie du gouvernement pourrait être à l'origine de dégâts dans les Everglades au XXIe siècle, tout comme le furent les politiques gouvernementales au XXe siècle.

Le sauvetage des Everglades demeure l'un des projets écologiques les plus ambitieux de l'histoire des États-Unis : il s'agit en effet de concilier les intérêts des agriculteurs, des pêcheurs, des citadins, des municipalités et des écologistes. L'avenir du mouvement écologiste américain dépend de la réussite ou de l'échec du projet.

CANOË ET CAMPING AUX TEN THOUSAND ISLANDS

L'un des meilleurs moyens de profiter de la sérénité des Everglades – une région désolée mais luxuriante, tropicale et inquiétante – consiste à pagayer dans le réseau de bras d'eau qui longent la partie nord-ouest du parc. Les **Ten Thousand Islands** se composent de nombreux îlots (pas vraiment 10 000, toutefois) et d'un marais de mangroves qui borde la frontière sud-ouest de la Floride. Le **Wilderness Waterway**, un parcours de 160 km entre Everglades City et Flamingo, est le plus long circuit de canoë de la région, avec d'autres itinéraires plus courts près de Flamingo.

La plupart des îles sont bordées d'étroites plages de sable blanc, baignées d'une eau saumâtre et souvent très peu profonde. Ce sont des endroits fascinants. Vous pouvez camper sur une île jusqu'à une semaine.

Explorer les Ten Thousand Islands ne présente aucune difficulté, à condition de suivre scrupuleusement les cartes et les calendriers des marées de la National Oceanic & Atmospheric Administration (NOAA). Pagayer à contre-courant est le meilleur moyen de gâcher votre excursion. Le Gulf Coast Visitor Center (ci-contre) vend des cartes nautiques et distribue gratuitement le calendrier des marées. Vous pourrez toutefois faire emplette de ces documents avant votre passage – appelez au ☎ 305-247-1216 et demandez les cartes 11430, 11432 et 11433.

balade amusante (20 $) dans les marais de sa propriété de 12 ha.

Découvrez la nature sauvage à la faveur d'une **promenade dans les marais** derrière la galerie. C'est notre manière favorite d'explorer les Everglades, mais il ne faut pas avoir peur de se mouiller. Vous devrez vous frayer un passage sous le feuillage recouvert de mousse des fins cyprès et des fleurs épanouies, vous faufilant entre les troncs des arbres qui s'entrelacent dans l'ouest de la région. Appelez pour réserver.

Big Cypress National Preserve   PARC
(☎ 239-695-4758 ; 33000 Tamiami Trail E ; ⊗ 8h30-16h30 ; 🅿 📶). 🚣 D'une superficie de 1 833 km², cette réserve est le fruit d'un compromis entre écologistes, éleveurs de bétail et exploitants d'hydrocarbures. Elle joue un rôle dans l'écosystème des Everglades : les pluies qui inondent les prairies et les marais de la réserve filtrent lentement dans les Everglades. Environ 45% du marécage de cyprès (un groupe d'îlots de mangrove, de feuillus, d'orchidées, de pins, de prairies et de marais) sont protégés. Si l'exploitation forestière a presque fait disparaître le cyprès chauve avant la création de la réserve, le cyprès nain des étangs, à la discrète beauté, prospère dans la région. Très utile, l'**Oasis Visitor Center** (☎ 941-695-1201 ; ⊗ 8h-16h30 lun-ven ; 📶), à environ 32 km à l'ouest de la Shark Valley, propose d'excellentes expositions pour les enfants, et compte un fossé rempli d'eau très apprécié des alligators.

Ochopee   VILLAGE
(GPS 25.901529, -81.306023). Facile à manquer, le hameau d'Ochopee (4 habitants) doit sa célébrité à son **bureau de poste**, le plus petit du pays. Installé dans un ancien cabanon, il se détache sur le ciel immense. L'aimable postier pose patiemment pour la photo-souvenir.

Skunk Ape Research Headquarters   PARC
(☎ 239-695-2275 ; www.skunkape.info ; 40904 Tamiami Trail E ; ⊗ 7h-19h, fermeture "zoo" vers 16h ; 🅿). Ce site d'intérêt en bord de route, se consacre à la recherche d'une sorte de Bigfoot, dont on ne parle qu'aux États-Unis du Sud-Est, le Skunk Ape (un grand anthropoïde, suppoé sentir mauvais). Si nous n'avons jamais vu cette créature, nous avons découvert une immense statue de panthère, une boutique de souvenirs kitsch et, à l'arrière, un vivarium et une volière tenus par un personnage excentrique, qui aime se mettre un python albinos autour du cou. Donnez quelques dollars à l'entrée.

Florida National Scenic Trail   RANDONNÉE
(www.fs.usda.gov/fnst). Un tronçon de 50 km de la Florida National Scenic Trail traverse la Big Cypress National Preserve. De l'extrémité sud, accessible via Loop Rd, le chemin court sur 13 km vers le nord jusqu'à l'US 41. Bien que plat, il est difficile : vous devrez sans doute patauger dans l'eau et avancer avec précaution entre une série de *solution holes* (petites dolines) et d'îlots de

feuillus, sans mentionner l'ombre rare et la multitude d'insectes ! Trois campings rudimentaires avec puits jalonnent l'itinéraire ; prenez un carte au centre des visiteurs. Ils sont gratuits pour la plupart et vous n'aurez pas besoin de vous enregistrer. **Monument Lake** (mai-14 déc gratuit, 15 déc-avr 16 $) dispose d'eau courante et de toilettes.

🖝 Circuits organisés

Everglades
Adventure Tours CIRCUITS ORGANISÉS
(EAT ; ☎ 800-504-6554 ; www.evergladesadventuretours.com ; à partir de 69 $). Installé au même endroit que le Skunk Ape Research Center, l'EAT propose d'excellents circuits dans les Everglades : randonnées dans les marais, "safaris", excursions en hydroglisseur, et de fabuleuses excursions en canoë ou en yole avec de joyeux lurons connaissant parfaitement le "Fleuve d'herbe". L'EAT possède un camping (emplacement 30 $) avec accès Wi-Fi au Skunk Ape Center.

🛏 Où se loger et se restaurer

Swamp Cottage COTTAGE $$
(☎ 239-695-2428 ; www.clydebutchersbigcypressgallery.com/swamp-cottage ; cottage 275 $; P ✦). 🖉 Ce cottage de 2 chambres, qui se trouve juste à l'arrière du Big Cypress Gallery (p. 145) est parfait pour quiconque souhaite rester proche des marécages sans renoncer à son confort. Il a un côté balnéaire... hormis que la "plage" en est l'un des plus vastes marécages d'Amérique. Bien meublé, il est confortable mais pas luxueux.

Joannie's Blue Crab Café AMÉRICAIN $$
(☎ 239-695-2682 ; Tamiami Trail ; plats 9-17 $; ⊘ 9h-17h). À l'est d'Ochopee, cette gargote typique, avec tables de pique-nique et décor kitsch sur le thème de l'alligator, sert de délicieuses fritures dans des assiettes en carton. Musique live presque tous les jours.

Everglades City

La piste aboutit à un vieux village de pêcheurs floridien avec des maisons surélevées, une eau turquoise et des îlots de mangrove vert émeraude. La Hwy 29 le traverse vers le sud jusqu'à l'île résidentielle de Chokoloskee, un hangar orné d'une peinture psychédélique représentant un alligator. Si le suffixe de "City" semble bien ambitieux, vous passerez cependant quelques jours agréables dans ce village accueillant.

👁 À voir et à faire

Museum of the Everglades MUSÉE
(☎ 239-695-0008 ; www.evergladesmuseum.org ; 105 W Broadway ; ⊘ 9h-17h mar-ven, 9h-16h sam ; P). Ce petit musée, installé dans une ancienne bibliothèque, renferme des affiches et des informations sur la colonisation des Everglades et s'intéresse davantage à l'histoire humaine qu'à l'environnement naturel. Il s'agit également d'un musée communautaire, où sont organisées des expositions temporaires d'œuvres d'art locales. Il ressemble à quelque grenier débordant de souvenirs, ce qui contribue à son charme.

Gulf Coast Visitor Center CIRCUITS EN BATEAU
(☎ 239-695-2591, 239-695-3311 ; evergladesnationalparkboattoursgulfcoast.com ; 815 Oyster Bar Lane, en retrait de la Hwy 29 ; canoë/kayak simple/ kayak en tandem 24/45/55 $ par jour ; ⊘ 9h-16h30 mi-avr à mi-nov, 8h-16h30 mi-nov à mi-avr ; ♿). 🖉 La station de rangers la plus au nord-ouest de l'Everglades National Park donne accès aux Ten Thousand Islands. Des circuits en bateau partent de la marina pour explorer la mangrove et les îles verdoyantes ; si vous avez de la chance, vous verrez des dauphins bondir à côté de votre embarcation. Cet archipel était un site de contrebande majeur pour introduire la drogue aux États-Unis à la fin des années 1970 et au début des années 1980 ; les pêcheurs surnommaient *square groupers* (mérous carrés) les balles de marijuana.

Canoë ou kayak constituent d'excellents moyens de découvrir les îles ; vous pouvez en louer à la marina, mais partez avec une carte (distribuée gratuitement au centre des visiteurs). Les plaisanciers se procureront les cartes NOAA 11430 et 11432.

🖝 Circuits organisés

North American Canoe Tours CANOË
(NACT ; ☎ 239-695-3299, 877-567-0679 ; www. evergladesadventures.com ; Ivey House Bed & Breakfast, 107 Camellia St ; circuits 99 $, locations à partir de 35 $; ⊘ nov à mi-avr). 🖉 Pour un circuit organisé, adressez-vous à Everglades Adventure Tours ou à North American Canoe Tours qui loue du matériel de camping et des canoës (35 $/jour), ainsi que des kayaks (45-65 $). Une réduction de 20% est accordée sur ces services et locations aux hôtes de l'Ivey House Bed & Breakfast (p. 150), qui organise les circuits. Ces excursions d'un après-midi ou de deux jours (à partir

EVERGLADES TAMIAMI TRAIL

de 99 $) conduisent à des endroits comme Chokoloskee Island, le Collier Seminole State Park, Rabbit Key ou Tiger Key.

Où se loger

Tous les hébergements accueillent volontiers les familles et comportent climatisation et parking.

Everglades City Motel
MOTEL $

(☎239-695-4224, 800-695-8353 ; www.evergladescitymotel.com ; 310 Collier Ave ; ch à partir de 80 $; P✳🛜). D'un excellent rapport qualité/prix, il possède de grandes chambres rénovées avec TV à écran plat et clim. Le personnel charmant s'efforcera de trouver un circuit répondant à vos attentes.

Parkway Motel & Marina
MOTEL $

(☎239-695-3261 ; www.parkwaymotelandmarina.com ; 1180 Chokoloskee Dr ; ch 99-120 $; P✳). Tenu par un propriétaire très sympathique, ce motel de plain-pied à l'ancienne compte de jolies petites chambres et un appartement confortable.

Ivey House Bed & Breakfast
B&B $$

(☎239-695-3299, 877-567-0679 ; www.iveyhouse.com ; 107 Camellia St ; lodge 89-120 $, auberge 99-219 $; P✳🛜). Tenue par une famille, cette auberge tropicale sert de bons petits-déjeuners dans son Ghost Orchid Grill et propose des circuits nature parmi les meilleurs via North American Canoe Tours (p. 149). L'Ivy offre un choix complet de forfaits (voir le site Web), de l'excursion d'une journée aux circuits de 6 jours, hébergement et certains repas compris (de 300 à 2 290 $).

Rod & Gun Club Lodge
B&B $$

(☎239-695-2101 ; www.evergladesrodandgun.com ; 200 Riverside Dr ; ch juil à mi-oct 95 $, mi-oct à juin 110-140 $; P✳). Occupant un pavillon de chasse construit dans les années 1920 par Barron Collier (qui venait s'y reposer après avoir supervisé les travaux de la Tamiami Trail), ce lodge s'agrémente d'un joli porche et d'un bon restaurant de poisson.

Où se restaurer

JT's Island Grill & Gallery
AMÉRICAIN $

(238 Mamie St, Chokoloskee ; plats 5-16 $; ⏱11h-15h fin oct-mai). À environ 1,5 km du bourg, ce superbe café-galerie d'art est installé dans une épicerie restaurée de 1890. Tous les éléments du décor – meubles rétro, piles de livres kitsch, poteries, vêtements et cartes – sont à vendre. La cuisine est succulente (déjeuner uniquement) : gâteaux de crabe, salades, assiettes de poisson et wraps de légumes bio locaux.

Triad Seafood Cafe
POISSON ET FRUITS DE MER $

(☎239-695-0722 ; 401 School Dr ; plats 9-16 $; ⏱10h30-18h dim-jeu, 10h30-19h ven-sam). Célèbre pour ses pattes de crabe à volonté, Ce restaurant sert également toutes sortes de poissons et fruits de mer pêchés dans les marécages et le golfe du Mexique. Les propriétaires pourront vous épingler au "tableau des gloutons" si vous les impressionnez en avalant un grand nombre de pattes de crabe !

Oyster House
POISSON ET FRUITS DE MER $

(Chokoloskee Causeway ; plats 8-22 $; ⏱10h-23h). Outre ses excellentes spécialités des Everglades – poissons frits et burgers –, l'Oyster House possède un bar accueillant, agrémenté d'un porche avec moustiquaire où prendre un verre en discutant avec les sympathiques piliers de bar.

Seafood Depot
POISSON ET FRUITS DE MER $

(102 Collier Ave ; plats 6-20 $; ⏱10h30-21h). Ne renoncez pas encore aux fritures et

---

ESCAPADE SUR LA LOOP ROAD

La Loop Rd, qui part de la Tamiami Trail (Hwy 41), recèle quelques sites uniques : les maisons des **Miccosukee**, dont certaines ont été considérablement agrandies grâce aux revenus du jeu des immenses casinos – qu'il s'agisse de huttes *chickee* traditionnelles ou de caravanes dotées d'ailes démesurées devant lesquelles sont parqués des pick-up flambant neufs – ; des points de vue superbes sur des forêts inondées, où les aigrettes sont perchées sur les arbres ; des maisons ornées de grands drapeaux des confédérés et de panneaux "*Stay off my property*" ("Restez en dehors de ma propriété"), qui font autant partie du paysage que les marais ; et la **Tree Snail Hammock Nature Trail**, un court et plaisant chemin dans une végétation luxuriante. Sachez que la Loop est une piste cahoteuse qui nécessite un 4x4 (il est question de l'asphalter, un projet qui sera peut-être réalisé quand vous serez sur place). Comme son nom l'indique (*loop* signifie "boucle"), elle rejoint la Tamiami Trail après 2 heures de route.

MUSÉE AH-TAH-THI-KI

Pour en savoir plus sur les Amérindiens de Floride, visitez le **musée séminole Ah-Tah-Thi-Ki** (☎877-902-1113 ; www.ahtahthiki.com ; Big Cypress Seminole Indian Reservation, Clewiston ; adulte/enfant/senior 9/6/6 $; ◔9h-17h), à 27 km au nord de l'I-75. Les excellentes expositions pédagogiques sur la vie et l'histoire des Séminoles, et sur la tribu aujourd'hui, ont été financées par les bénéfices des salles de jeu, qui rapportent à cette communauté des millions de dollars.

Le musée est situé dans une forêt de cyprès que traverse une promenade instructive, respectant ainsi l'équilibre entre écologie et pédagogie. L'exposition permanente comporte plusieurs dioramas avec des personnages grandeur nature illustrant diverses scènes de la vie séminole traditionnelle ; les expositions temporaires sont un peu plus académiques (par le passé, l'une d'elles proposait une étude détaillée de la structure économique des Everglades). Le musée comprend aussi un village à l'ancienne et un site de cérémonie reconstitué, mais il s'efforce de ne pas ressembler à un parc à thème amérindien – une démarche louable.

régalez-vous de queues d'alligator et de cuisses de grenouille, à tremper dans du Tabasco avant de les dévorer.

Camellia Street Grill
POISSON ET FRUITS DE MER $$
(☎239-695-2003 ; 202 Camellia St ; plats 10-20 $; ◔12h-21h dim-jeu, 12h-22h ven-sam). Chic, le Camellia n'en demeure pas moins simple et facile d'accès. Les plats revisitent les cuisines d'Amérique du Sud et des pays méditerranéens ; le mérou, par exemple, est grillé avec des oignons caramélisés et accompagné d'un bouquet d'herbes aromatiques. À savourer en admirant le coucher de soleil sur l'eau.

ℹ Renseignements

Everglades Area Chamber of Commerce
(☎239-695-3941 ; angle US Hwy 41 et Hwy 29 ; ◔9h-16h). Renseignements sur la région.

D'Everglades City À Naples

Fakahatchee Strand Preserve PARC
(www.floridastateparks.org/fakahatcheestrand ; Coastline Dr, Copeland ; entrée libre ; ◔8h-crépuscule ; P♿). ⚑GRATUIT Cette réserve comprend un marais d'estuaire de 32 km sur 8 km qui pourrait sortir de *Jurassic Park*. Une promenade en planches de 600 m traverse cette merveille sauvage et humide, où des panthères de Floride traquent encore leur proie dans les eaux sombres. Si vous avez peu de chances d'en voir une, vous pourrez apercevoir un grand nombre d'orchidées épanouies, de nombreux oiseaux et divers reptiles, allant des petits lézards aux sauvages alligators.

De Homestead à Flamingo Point

Dirigez-vous au sud de Miami pour rejoindre le cœur du parc et les plus beaux horizons des Everglades. De nombreux chemins de traverse et des cours d'eau à explorer en canoë permettent de découvrir des paysages sublimes et de s'enfoncer dans les marécages, loin des sentiers battus.

Homestead et Florida City

Homestead n'est pas la plus jolie ville des États-Unis. Dévastée par l'ouragan Andrew en 1992 puis annexée aux subdivisions croissantes de South Miami, la cité s'organise autour de fast-foods, de vendeurs de voitures et de stations-service. De nombreux Mexicains s'y sont installés pour travailler dans les fermes (ou fournir des services aux ouvriers agricoles) et, si vous parlez espagnol, vous remarquerez que l'accent mexicain remplace l'accent cubain. Les stations de radio diffusent plutôt de la musique mariachi que du *reggaetón* ou du hip-hop cubains.

Vous pouvez passer un après-midi agréable à flâner dans **Main Street** (homesteadmainst.org), l'artère principale qui se résume à quelques pâtés de maisons de Krome Ave, au nord et au sud de l'**Old Town Hall** (41 N Krome Ave), et apporte un peu de caractère au centre-ville.

Rendons néanmoins justice à Homestead : au bord de route de l'État, on y trouve deux attractions intéressants, une fantastique auberge de jeunesse et un très bon marché de produits fermiers.

LA GARDIENNE DES GLADES

Dans un État réputé pour ses iconoclastes, personne n'arrive à la cheville de Marjory Stoneman Douglas. Cette femme entêtée que rien ne décourageait mena l'une des plus longues batailles écologistes de l'histoire américaine.

Née en 1890, Marjory Douglas s'installa en Floride après l'échec de son premier mariage. Elle travailla pour le *Miami Herald*, puis commença à écrire des nouvelles, remarquées pour la qualité de l'écriture et l'audace des thèmes : *Plumes* (1930) et *Wings* (1931), publiées dans le *Saturday Evening Post*, traitaient du braconnage des oiseaux dans les Everglades, une activité alors fortement encouragée (les plumes servaient à orner les chapeaux de femmes).

Dans les années 1940, alors que lui avait été commandé un ouvrage sur la Miami River dans le cadre de la collection *"Rivers of America"*, elle préféra décrire les Everglades dans son titre phare, *The Everglades: River of Grass*. Comme toute l'œuvre de M. Douglas, ce livre se distingue par une recherche exhaustive et la richesse du style.

River of Grass fut épuisé dès le premier tirage et convainquit le public que les Everglades, jadis considérés comme un marais nauséabond, étaient un trésor national. Marjory Douglas devint une défenseure de l'environnement, des droits des femmes et de l'égalité raciale. Elle se battit ainsi pour la création d'infrastructures de base à Overtown, le quartier noir de Miami.

Aujourd'hui encore, quinze ans après sa mort, elle demeure l'écologiste préférée de la Floride. Toujours impeccablement vêtue et coiffée d'un chapeau de paille, elle faisait plier ingénieurs, promoteurs, politiciens et même ses pires opposants, les planteurs de canne à sucre, par la seule force de ses discours. Elle poursuivit son combat, prenant la parole et donnant des conférences, jusqu'à sa mort en 1998, à l'âge de 108 ans.

Tous les organismes écologiques de Floride semblent aujourd'hui porter son nom. Si elle était encore en vie, Marjory Douglas dédaignerait sans doute ces hommages et ferait plutôt le piquet dans les bureaux du CERP, s'assurant du respect du planning.

👁 À voir et à faire

💜 Coral Castle
CHÂTEAU

(☎305-248-6345 ; www.coralcastle.com ; 28655 S Dixie Hwy ; tarif plein/senior/enfant 15/12/7 \$; ☺8h-18h dim-jeu, 8h-20h ven et sam). "Vous allez découvrir une réalisation inhabituelle" promet l'inscription sur le mur grossièrement taillé. C'est peu dire. Il n'y a pas de plus grand hommage à tout ce que le sud de la Floride a d'étrange et d'excentrique que cette histoire : abandonné par sa fiancée la veille de leur mariage, Edward Leedskalnin, un Letton, émigra aux États-Unis et gagna la Floride. Secrètement, durant plus de 20 ans, il sculpta un monument à l'amour sans retour, un domaine rocheux qui comprend une "salle du trône", un cadran solaire, une palissade en pierre et une porte pivotante dont aucun ingénieur n'a encore pu percer le mécanisme. Sur le site, des stations audio expliquent les réalisations avec l'accent letton !

Everglades Outpost
RÉSERVE NATURELLE

(☎305-247-8000 ; www.evergladesoutpost.org ; 35601 SW 192nd Ave ; don recommandé 20 \$; ☺10h-17h lun, mar et ven-dim, sur rendez-vous mer et jeu). L'Everglades Outpost recueille, soigne et nourrit des animaux sauvages capturés par des braconniers, maltraités, négligés ou donnés par des personnes qui ne peuvent pas s'en occuper. Parmi les pensionnaires figurent des gibbons, un lémurien, des loups, des cobras, des alligators et deux superbes tigres (dont l'un acheté par une danseuse exotique qui pensait pouvoir l'intégrer à son numéro). Les dons des visiteurs aident au fonctionnement du refuge.

💜 Everglades Hostel Tours
CIRCUITS ORGANISÉS

(☎305-248-1122, 800-372-3874 ; www.everglades-hostel.com ; 20 SW 2nd Ave ; circuits demi-journée/journée entière à partir de 65/120 \$). 🖊 L'Everglades Hostel organise d'excellents circuits des Eastern Everglades. Vous pourrez, au choix, faire du kayak dans le bush ou, si vous acceptez de vous tremper un peu, participer à une "promenade mouillée" dans un marécage de cyprès, fleuri et luxuriant, pour traverser les eaux sombres et tourner autour d'un nid bourbeux d'alligator.

🛏 Où se loger

Des établissements de chaînes hôtelières, telles Best Western et Days Inn, ainsi que des hôtels et motels similaires jalonnent Rt 1 Krome Ave.

🖤 Everglades
International Hostel   AUBERGE DE JEUNESSE $
(📞305-248-1122, 800-372-3874 ; www.ever-gladeshostel.com ; 20 SW 2nd Ave, Florida City ; camping 18 $, dort 28 $, d 61-75 $, ste 125-225 $; 🅿❄🛜📶🛏). Aménagée dans un pensionnat confortable et désordonné des années 1930, cette sympathique auberge de jeunesse dispose de dortoirs et de chambres privées ou semi-privées (partageant la sdb avec les dortoirs) d'un bon rapport qualité/prix. Son jardin à l'arrière est un véritable paradis : cabane dans les arbres, piscine creusée dans la roche avec cascade, pavillon bédouin-salle de danse, belvédère, salle de repos sous tente, four. De plus, vous pouvez passer la nuit partout dans le jardin pour 18 $ (choisissez la cabane !). Des voyageurs du monde entier se retrouvent dans cette auberge exceptionnelle, qui organise d'excellentes excursions dans les Everglades.

🍴 Où se restaurer

🖤 Robert is Here   MARCHÉ $
(www.robertishere.com ; 19200 SW 344th St, Homestead ; plats 3-8 $; ⊙8h-19h nov-août). Cette échoppe de fermier est une institution : la Floride traditionnelle au summum de son kitsch, un hommage aux Everglades et à l'agriculture. Elle comprend un zoo où les enfants peuvent caresser les animaux, offre de la musique live en soirée, vend de nombreuses conserves et sauces maison et sert de fantastiques milk-shakes et jus d'orange frais.

Rosita's   MEXICAIN $
(📞305-246-3114 ; 199 W Palm Dr, Florida City ; plats 6-10 $; ⊙8h30-21h). La clientèle d'ouvriers mexicains témoigne de la qualité des tacos et des burritos. L'ambiance est sympathique et vous pourrez commander un plat à emporter si vous logez à l'Everglades International Hostel voisin.

ℹ Renseignements

Chamber of commerce (📞305-247-2332 ; www.chamberinaction.com ; 455 N Flagler Ave, Homestead ; ⊙9h-12h et 13h-17h lun-ven)

D'Ernest Coe et Royal Palm à Flamingo

Après Florida City, vous traverserez des kilomètres de champs plats et passerez devant une énorme prison entourée de barbelés acérés (il paraît qu'un évadé se réfugie dans les marais au moins une fois par an). Tournez à gauche aux panneaux indiquant Robert Is Here, ou arrêtez-vous pour laisser les enfants caresser un âne au zoo de Robert.

👁 À voir et à faire

Ernest Coe Visitor Center   PARC
(📞305-242-7700 ; www.nps.gov/ever ; State Rd 9336 ; ⊙9h-17h). Après Homestead et Florida City, la campagne perd sa monotonie et le paysage devient plus sauvage, parsemé de pins et de cyprès. Au bout de quelques kilomètres, vous entrez dans l'Everglades National Park par cet accueillant centre des visiteurs. Jetez un coup d'œil à l'excellente exposition, qui comprend un diorama de Floridiens "typiques".

Royal Palm Visitor Center   PARC
(📞305-242-7700 ; State Rd 9336 ; ⊙8h-16h15). À 6,4 km de l'Ernest Coe Visitor Center, Royal Palm offre l'accès le plus facile aux Glades dans ce secteur. Deux chemins de randonnée, l'**Anhinga** et le **Gumbo Limbo** (du nom du gommier rouge, également appelé "arbre du touriste" en raison de son tronc rouge et pelé), de 1 heure chacun, vous feront découvrir la faune des Everglades : alligators se chauffant au soleil sur le rivage, anhinga embrochant leurs proies et échassiers arpentant majestueusement les roseaux. La nuit, un ranger vous escorte sur la promenade en planches et éclaire de sa torche la surface de l'eau, où brillent les yeux de dizaines d'alligators. Un spectacle inoubliable.

Flamingo Visitor Center   PARC
(📞239-695-3101, 239-695-2945 ; ⊙marina 7h-19h, 6h-19h sam-dim). La partie la plus isolée du parc abrite une **marina** où vous pourrez faire un circuit en bateau dans l'arrière-pays (jusqu'à Florida Bay ou dans les marécages 32,25/16,13 $ par adulte/enfant) et louer des canoës (2 heures/4 heures/journée entière 16/22/40 $) ou des kayaks de mer (demi-journée/journée entière 35/45 $) pour explorer seul les chenaux et les îles de Florida Bay. En raison de son isolement, la zone peut être fermée en cas de mauvais temps. Sinon, soyez prudent dans les secteurs côtiers, car un orage peut transformer en un instant une jolie plage en une dangereuse étendue détrempée.

Kayak et canoë   EXCURSIONS NAUTIQUES
Explorer en canoë cette partie du parc constitue le moyen le plus séduisant de découvrir

PYTHONS, ALLIGATORS ET CROCODILES

Alligators

Communs dans le parc, les alligators sont plus rares aux Ten Thousand Islands, car ils évitent l'eau salée. Si vous rencontrez un alligator, il vous ignorera, à moins qu'il se sente menacé ou que votre bateau le sépare de ses petits. S'il émet un sifflement bruyant, filez en vitesse : il appelle ses congénères et les avertit qu'un jeune est en danger. Enfin, ne nourrissez jamais un alligator : c'est stupide et illégal.

Crocodiles

Les crocodiles sont moins courants dans le parc : ils préfèrent les rivages et les eaux salées. Ils sont plus agressifs que les alligators et les mêmes règles s'appliquent. Avec quelques centaines d'individus subsistant dans le pays, l'espèce est menacée.

Panthères

Bien que symbole officiel de l'État, la panthère de Floride est gravement menacée et rien ne garantit sa survie à l'état sauvage. Il en resterait aujourd'hui une centaine en liberté et si ce chiffre constitue un progrès par rapport aux 20 à 30 individus recensés dans les années 1980, il n'incite pas à l'optimisme. Comme toujours, l'homme est au banc des accusés. La destruction de l'habitat de la panthère par la construction de zones résidentielles constitue un problème majeur. Dans le passé, l'absence de données statistiques sur la population de panthères a nui à la protection de l'espèce ; des groupes écologistes affirment que cette imprécision fut entretenue pour favoriser les promoteurs immobiliers. Une unité d'accouplement, rassemblant un mâle et deux à cinq femelles, a besoin d'un territoire de 320 km². De plus, les panthères sont souvent victimes d'une des espèces les plus dangereuses de Floride : les conducteurs. Quinze panthères ont été tuées par des voitures en 2013.

La panthère de Floride (en fait une sous-espèce de puma) est un magnifique félin au pelage brun. Très farouche, elle n'occupe plus que 5% de son territoire ancestral. Nombre d'entre elles vivent dans la **Big Cypress National Preserve** (p. 148).

Climat

Les orages sont plus fréquents en été qu'en hiver. En été aussi, la multitude d'insectes décourage toute sortie. En cas d'urgence météorologique, les rangers recherchent les campeurs qui se sont enregistrés ; sinon, ils ne le font qu'en cas de disparition. Si vous partez camper, informez un ami ou un membre de votre famille de votre date de retour, et demandez-lui de contacter les rangers si vous ne vous manifestez pas.

Insectes

Ne sous-estimez pas le problème posé par les moustiques et les brûlots (minuscules mouches hématophages) dans les Everglades : c'est de loin le pire désagrément du parc. Si dans la plupart des parcs nationaux des avertissements indiquent les risques d'incendie, des panneaux signalent ici le degré d'infestation des moustiques (appelez ☏ 305-242-7700 pour les derniers chiffres). En été et à l'automne, le niveau est presque toujours "extrêmement élevé". Vous le constaterez en ouvrant la porte de votre voiture. Un antimoustique efficace ou une coûteuse combinaison antimoustique sont les seules protections.

Serpents

Les Everglades abritent quatre types de serpents venimeux : le crotale diamantin (*Crotalus adamanteus*), le crotale pygmée (*Sistrurus miliarius*), le mocassin d'eau (*Agkistrodon piscivorus conanti*), qui nage à la surface de l'eau, et le serpent corail (*Micrurus fulvius*). Portez des chaussettes et des bottes à lacets, et fuyez ces reptiles comme la peste. Par ailleurs, des pythons birmans ont été relâchés dans les marais par des propriétaires irresponsables. Cette espèce envahissante s'est parfaitement adaptée à l'environnement subtropical et nuit gravement à son équilibre naturel.

le marais. Parmi les nombreux embarcadères aux noms évocateurs figurent **Hell's
Bay** (baie de l'enfer), **Nightmare** (cauchemar), **Snake Bight** (golfe aux serpents) et
Graveyard Creek (crique du cimetière).
Hell's Bay est notre préférée. "L'enfer pour y
pénétrer et l'enfer pour en sortir", nous ont
averti les vieux habitants des Everglades,
mais un paradis à l'intérieur : un réseau de
cours d'eau bordés de mangrove, des îlots de
marisques et des bancs de boue mouvants,
où les ronces forment un tunnel de verdure,
avec un air saturé d'effluves iodés et du
souffle organique des marais. Trois *chickees* (plateformes sur pilotis) jalonnent
l'itinéraire.

Chemins de randonnée
RANDONNÉE

La State Rd 9336 traverse le cœur du parc
en passant par de longues prairies maréca-
geuses, des forêts fantomatiques de cyprès
chauves et de sombres bosquets d'acajous.
Parmi les nombreux chemins qui constituent autant de détours, les suivants sont
longs de 800 m. Le **Mahogany Hammock**
mène à un "îlot" de forêt flottant sur la prairie inondée, tandis que le **Pinelands** traverse
un bois mêlant de rares pins des marais
et des palmiers. Plus loin, le **Pa-hay-okee
Overlook** est une plateforme surélevée qui
domine l'un des plus jolis méandres de la
"Rivière d'herbe". La **West Lake Trail** court
à travers la plus grande mangrove protégée

de l'hémisphère Nord. Plus loin, une marche
de 2 heures (2,9 km) conduit à **Christian
Point** en passant par divers environnements des Everglades : une forêt tropicale,
des colonnes de cyprès blancs et une série de
bancs de boue (particulièrement beaux par
temps gris et nuageux), puis une vue magnifique sur les rives de Florida Bay, balayée par
les vents.

🛏 Où se loger

National Park
Service Campsites
CAMPING $

(NPS ; ☎800-365-2267 ; www.nps.gov/ever/
planyourvisit/camping ; empl mai-oct gratuit, nov-
avr 16 $). Le NPS gère dans le parc plusieurs
campings rudimentaires, avec douche froide
et sans borne de raccordement. Une carte
des campings est disponible au bureau d'information du NPS à Royal Palm ou sur le site
Internet du parc.

Long Pine Key Campground
CAMPING $

(☎305-242-7873 ; empl tente/camping-car
16/30 $). Une bonne adresse pour les
campeurs motorisés, à l'ouest du Royal Palm
Visitor Center.

Flamingo Campground
CAMPING $

(☎877-444-6777 ; www.recreation.gov ; camp/
RV site $16/30). Le Flamingo Visitor Center
dispose de 41 emplacements de camping-
cars avec raccordement électrique.

CAMPING DANS LA NATURE

Il existe trois types d'emplacements de camping dans la nature : en bord de mer, sur
les plages de coquillages ou dans les Ten Thousand Islands ; dans les terres, sur des
monticules de terre construits au-dessus des mangroves ; et sur les *chickees*, des
plateformes de bois sur pilotis où installer sa tente (sans piquets). Les *chickees*, dotées
de toilettes, sont les plus confortables, et dormir sur une sorte de radeau apporte
la sérénité. Les emplacements dans les terres sont les plus infestés d'insectes.

Attention : si, en vous déplaçant en kayak, vous découvrez des îles qui semblent
plaisantes mais ne sont pas répertoriées pour le camping, la prudence s'impose :
elles risquent d'être submergées à marée haute.

De novembre à avril, les permis de camping dans l'arrière pays coûtent 10 $, plus
2 $ par personne et par nuit. De mai à octobre, les emplacements sont gratuits, mais
vous devrez vous enregistrer aux centres des visiteurs de Flamingo et de Gulf Coast,
ou appeler le ☎239-695-2945.

Quelques conseils :

➡ Conservez la nourriture dans une boîte résistant aux ratons laveurs
(en vente dans les magasins de sport).

➡ Creusez un trou d'au moins 25 cm pour enterrer vos déchets, mais sachez
que la terre est dure à certains emplacements.

➡ Utilisez un réchaud pour cuisiner. Les feux de camp ne sont autorisés
que sur la plage, avec du bois mort ou échoué.

BISCAYNE NATIONAL PARK

À l'est des Everglades s'étend le Biscayne National Park, ou plutôt les 5% du parc qui ne sont pas sous l'eau. Une partie du troisième plus grand récif du monde se situe au large de la Floride, avec des forêts de mangrove et les Florida Keys septentrionales. Vaste de 480 km², ce parc unique s'explore facilement en canoë ou en circuit dans un bateau à fond de verre.

Quelque peu éclipsé par les Everglades, Biscayne requiert un peu plus de préparation que les autres parcs nationaux, mais récompense grandement cet effort. Les îles (*keys*) au large, uniquement accessibles par bateau, offrent un environnement vierge où planter sa tente. L'été et l'automne sont les meilleures périodes pour une visite ; l'eau calme est idéale pour le snorkeling. La vue sur les récifs et le snorkeling peuvent rivaliser avec Hawaï et Key Largo, non loin.

◉ À voir

Biscayne National Park PARC
(☎786-335-3612, 305-230-7275 ; www.nps.gov/bisc ; 9700 SW 328th St). Le parc loue des canoës, organise le transport jusqu'aux îles, des sorties de snorkeling et de plongée et des promenades en bateau à fond de verre au-dessus des récifs. Tous les circuits nécessitent un minimum de 6 participants ; appelez pour réserver. Très prisée, la promenade de 3 heures en bateau à fond de verre (45 $) part à 10h ; avec de la chance, vous verrez des dauphins et des lamantins. La location de canoë/kayak, disponible de 9h à 15h, revient à 12/16 $ l'heure. Les sorties de snorkeling (45 $) durent 3 heures, dont 1 heure 30 dans l'eau, et partent tous les jours à 13h15. Les sorties de plongée (99 $) commencent à 8h30 du vendredi

---

LE PLUS GRAND DANGER POUR LES LAMANTINS

Le lamantin, un mammifère timide et inoffensif, est la mascotte des écologistes de Floride. Avec son allure de phoque obèse et son museau écrasé, il semble incompréhensible que les marins aient jadis pu le prendre pour une sirène !

Le lamantin constitue un problème environnemental majeur en Floride. Si ces géants placides souffrent de la pollution, les bateaux – et surtout les bateaux de plaisance – restent leurs pires ennemis.

Les lamantins recherchent les eaux chaudes et peu profondes et se nourrissent de végétation. Le sud de la Floride leur offre cela, ainsi que l'une des plus fortes concentrations de plaisanciers au monde. Malgré les avertissements des groupes écologistes, des défenseurs des animaux et des autorités locales, fédérales et nationales, qui ont créé plusieurs secteurs "zones de lamantins", des plaisanciers s'obstinent à dépasser les limites de vitesse et ignorent les mesures simples qui aideraient à protéger ces animaux.

Après avoir mangé, les lamantins remontent pour respirer et se laissent souvent flotter sous la surface de l'eau pour mâcher et digérer. Lorsque des hors-bord traversent le secteur à toute vitesse, les animaux sont heurtés par la coque, assommés ou aspirés sous l'embarcation, puis lacérés par l'hélice. La quasi-totalité des lamantins présentent des cicatrices laissées par les hélices, qui leur dessinent des entailles sur le corps.

Plusieurs organisations, dont Save the Manatee (www.savethemanatee.org) et le Miami Seaquarium, s'efforcent de sauver et de réinsérer les lamantins blessés. Lorsqu'ils sont alertés par des témoins, les plongeurs, les zoologues et les vétérinaires de l'équipe marine de soins d'urgence des mammifères du Seaquarium patrouillent dans les eaux du sud de la Floride à la recherche des lamantins, des dauphins et des baleines échoués. Si le programme du Seaquarium est un succès, les bateaux de plaisance menacent toujours la survie des lamantins. En 2010, la Florida Fish & Wildlife Commission a recensé 83 lamantins tués par des bateaux.

En février 2011, un homme a été condamné pour avoir tué une femelle lamantin allaitante en conduisant son bateau trop rapidement dans une zone à vitesse limitée. Il a écopé d'une mise à l'épreuve d'un an et son embarcation a été confisquée par les autorités. Le jugement a été salué par les écologistes, mais la plupart de ces incidents restent impunis.

au dimanche. Vous pourrez aussi louer un bateau pour faire le tour du parc (300 $).

Îles au large   ÎLES

La longue **Elliott Key** comprend des aires de pique-nique, de camping et des randonnées parmi les forêts de mangrove, tandis que la petite **Adams Key** ne dispose que d'aires de pique-nique. Tout aussi petite, **Boca Chita Key** possède un phare ornemental, des aires de pique-nique et de camping. Ces îles furent habitées grâce à la loi Homestead de 1862, qui offrait gratuitement la terre à quiconque s'engageait à y passer 5 ans pour installer une plantation d'ananas ou de citrons verts. Les brûlots (et leurs piqûres) sont une véritable plaie ; assurez-vous que votre tente est parfaitement hermétique.

Maritime Heritage Trail   SITE DE PLONGÉE

Le Maritime Heritage Trail est un des rares itinéraires de ce genre aux États-Unis. Rêve de plongeurs, il compte six épaves : les visiteurs sont transportés en bateau jusqu'au site, où ils peuvent nager parmi les navires échoués et les nuées de poissons, en lisant des panneaux d'information étanches. Cinq vaisseaux sont réservés aux plongeurs, mais le *Mandalay,* un superbe deux-mâts coulé en 1966, est accessible en snorkeling.

Activités

Le **bateau** et la **pêche** font bien entendu partie des activités très pratiquées, souvent ensemble ; vous devrez néanmoins effectuer quelques formalités. Les navigateurs se procureront le calendrier des marées au parc (ou sur www.nps.gov/bisc/planyourvisit/tide-predictions.htm). Assurez-vous de respecter les limitations de vitesse, destinées à protéger le lamantin.

Ces limitations s'appliquent jusqu'à 300 m du rivage, de Black Point à Turkey Point, et comprennent les marinas de Black Point Park et de Homestead Bayfront Park. Une autre zone à vitesse limitée s'étend de Sands Cut à Coon Point. Les rangers fournissent les cartes de toutes ces zones, indispensables pour la navigation.

Malgré son statut de parc national, Biscayne applique la loi de l'État pour la pêche, vous aurez donc besoin d'un permis.

Le site myfwc.com/fishing répertorie les divers permis et indique où les obtenir. Lors de nos recherches, les permis de pêche pour non-résidents, valables 7 jours, en eau salée ou en eau douce, coûtaient 50 $ chacun.

Biscayne Underwater (www.biscayneunderwater.com) vous renseignera sur les excursions en bateau et les locations et peut se charger de la logistique.

Le secteur de Convoy Point est réputé pour la **planche à voile**. Les véliplanchistes peuvent contacter des boutiques à Miami.

🛏 Où se loger

Comptez 15 $ par tente et par nuit pour un emplacement de camping rudimentaire à Elliott Key ou à Boca Chita Key ; vous payez au port selon un système de confiance en faisant l'appoint (des rangers patrouillent dans les Keys pour vérifier les reçus). Apportez toutes vos provisions, eau comprise, et ne laissez rien sur les îles. Il n'y a pas d'eau à Boca Chita (seulement des toilettes à l'eau de mer) et son port plus profond attire des bateaux plus gros (et plus bruyants). Emportez l'eau dont vous aurez besoin pour les 2 îles ; même si l'on peut trouver des bouteilles d'eau potable sur Elliot Key, mieux vaut être bien préparé. Amarrer votre bateau pour la nuit dans les ports d'Elliott ou de Boca Chita revient à 20 $, un prix qui comprend l'utilisation d'un emplacement de camping jusqu'à 6 personnes et 2 tentes.

ℹ Renseignements

Dante Fascell Visitor Center (☎305-230-7275 ; www.nps.gov/bisc ; 9700 SW 328th St ; ⏰8h30-17h). À Convoy Point, ce centre des visiteurs projette un excellent film sur le parc, propose des cartes, des informations et des activités organisées par les rangers, et expose de l'art local. Le terrain alentour est un lieu de pique-nique prisé le week-end et pendant les vacances, en particulier des familles de Homestead.

❶ Depuis/vers le Biscayne National Park

De Homestead, empruntez la SW 328th St (North Canal Dr) vers l'est sur environ 14 km (la route est bien indiquée) à travers une longue série de champs et de marais vert et or.

Archipel des Keys et Key West

Le top des restaurants

➡ Café Solé (p. 186)

➡ Nine One Five (p. 186)

➡ Midway Cafe (p. 168)

➡ Key Largo Conch House (p. 165)

Le top des hébergements

➡ Deer Run Bed & Breakfast (p. 174)

➡ Lighthouse Court Inn (p. 184)

➡ Mermaid & the Alligator (p. 184)

➡ Tropical Inn (p. 184)

Pourquoi y aller

S'il est un État à part du reste du pays, c'est bien la Floride. Et à mille lieues de la Floride encore, il y a les Keys. Ces îles vivent aux rythmes de leurs propres percussions, que ce soit d'un groupe de country d'Alabama ou de calypso bahamien. Et c'est l'endroit où se réfugient ceux qui rejettent le mode de vie de l'Amérique continentale. Cet archipel de quelque 1 700 îles, dont plus de 800 cartographiées et une trentaine habitées, se distingue par des mangroves luxuriantes, des bancs de sable, des laisses fertiles, une eau turquoise et des résidents originaux et sympathiques.

Quant à Key West, elle se définit toujours par sa devise, *One human family* (Une seule famille humaine), un idéal de tolérance acceptant toute philosophie et visant à faire de la vie une fête permanente. Les maisons aux tons pastel s'agrémentent de porches rafraîchis par les brises marines sous un soleil éclatant. Bienvenue au bout des États-Unis !

Quand partir

Key West

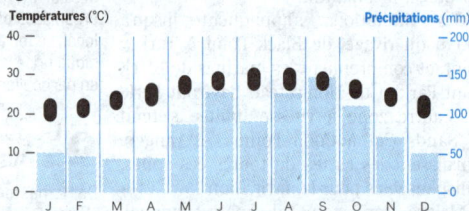

Décembre-mars
C'est la saison sèche, le temps est splendide et les prix des hébergements montent en flèche.

Avril-juin Les brises marines aident à supporter la chaleur estivale et les prix des hôtels sont en chute libre.

Juillet-novembre
Un peu de pluie, voire quelques ouragans, mais une avalanche de festivals.

Histoire

Les Calusa et les Tequesta occupèrent l'archipel durant des millénaires jusqu'à l'arrivée des Espagnols, les premiers colons européens de la région. Ayant découvert des sites funéraires amérindiens, les explorateurs espagnols appelèrent l'actuelle Key West Cayo Hueso (île de l'Os), un nom par la suite anglicisé sur une base phonétique. De 1760 à 1763, alors que les Espagnols avaient cédé la Floride à la Grande-Bretagne, les peuples indigènes des îles furent transférés à Cuba. Ils y moururent ou bien s'intégrèrent au melting-pot local.

Key West fut achetée par John Simonton en 1821 et transformée en base navale en 1822. Longtemps, l'essor de la région fut lié à l'armée, aux salines, à la production de chaux (tirée du corail), aux naufrages et à la récolte d'éponges.

À la fin du XIXᵉ siècle, de nombreux Cubains, fuyant le joug espagnol et désireux de former une armée révolutionnaire, se réfugièrent dans la région. Avec eux arrivèrent des fabricants de cigares, qui firent de Key West le centre de production de cigares des États-Unis. Cette activité disparut quand les revendications des ouvriers incitèrent plusieurs grands fabricants, dont Vicente Martínez Ybor et Ignacio Haya, à déménager à Tampa, dans le sud-ouest de la Floride. D'autres immigrés caribéens s'installèrent dans les Keys à cette époque et les actuels Afro-Américains de l'archipel sont plus souvent des descendants d'immigrants bahamiens que d'esclaves des États du Sud, une rareté aux États-Unis.

Pendant la guerre hispano-américaine (1898), Key West fut une base importante pour les troupes nord-américaines, et la présence militaire perdura jusqu'à la Première Guerre mondiale. À la fin des années 1910, quand apparut la prohibition, Key West devint un centre de contrebande d'alcool, alors que les habitants constituaient des stocks. Les Keys commencèrent à prospérer vers 1938, lorsque Henry Flagler construisit son Overseas Hwy, remplaçant l'Overseas Railroad, une ligne ferroviaire alors abandonnée.

Key West a toujours rejeté les modes. De nombreux artistes et artisans s'y sont installés à la fin de la Grande Dépression en raison des prix bas de l'immobilier, et cette communauté continue de croître (malgré l'actuelle flambée des prix). Les homosexuels ont longtemps été bien accueillis, mais la communauté gay n'a réellement pris son essor que dans les années 1970 ; c'est aujourd'hui l'une des mieux organisées du pays.

Climat

Malgré un chaud climat tropical, la température ne dépasse jamais 36°C dans les Keys ; en été, elle atteint au maximum 32°C, soit quelques degrés de moins qu'à Miami grâce aux brises océaniques. Le thermomètre ne descend jamais en dessous de 10°C (certains s'habillent alors comme pour affronter un froid polaire) et la température de l'eau reste à 25-30°C la plupart du temps. La saison des orages commence fin mai. Les cyclones surviennent à la fin de l'été et au début de l'automne.

ⓘ Renseignements

Le **Florida Keys & Key West Visitors Bureau** (☑ 800-352-5397 ; www.fla-keys.com) du Monroe County Tourist Development Council possède un excellent site Internet, rempli d'informations sur tout ce qu'offrent les Keys.

Consultez www.keysnews.com pour des actualités et des renseignements sur les îles.

ⓘ Depuis/vers l'archipel des Keys et Key West

Rejoindre l'archipel peut faire partie du plaisir, ou provoquer une intense frustration. Imaginez conduire d'une île tropicale à l'autre sur une route spectaculaire, l'Overseas Hwy (US Hwy 1), les vitres ouvertes et les cheveux au vent, entre la baie de Floride (Florida Bay) et l'Atlantique. Mais les mauvais jours, vous vous retrouverez coincé dans les embouteillages !

Des bus **Greyhound** (☑ 800-229-9424 ; www.greyhound.com) desservent toutes les destinations des Keys le long de l'US Hwy 1 et partent du centre de Miami et de Key West ; vous pouvez prendre un bus en chemin en lui faisant signe au bord de l'Overseas Hwy. Si vous arrivez en avion à Fort Lauderdale ou Miami, le **Keys Shuttle** (☑ 888-765-9997) offre un service porte à porte pour la plupart des Keys (70/80/90 $ jusqu'aux Upper et Middle Keys/Lower Keys/Key West). Réservez au moins la veille.

UPPER KEYS

Vous voilà dans les îles ! C'est un peu difficile à réaliser à l'arrivée car l'immense forêt de mangrove qui forme le littoral de la Floride du Sud s'étend jusqu'à Key Largo. En fait, l'île se différencie peu de la Floride même. En continuant vers le sud, le paysage

N
0 ___ 20 km
0 ___ 12 miles

Golfe du Mexique

Limite de l'Everglades National Park

Shark Point

AGRANDISSEMENT

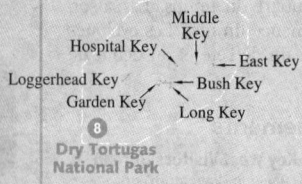

Middle Key
Hospital Key
East Key
Loggerhead Key — Bush Key
Garden Key
Long Key

8 Dry Tortugas National Park

Florida Keys National Marine Sanctuary

Marquesas Keys

Key West National Wildlife Refuge

Note : même échelle que la carte principale

Voir agrandissement

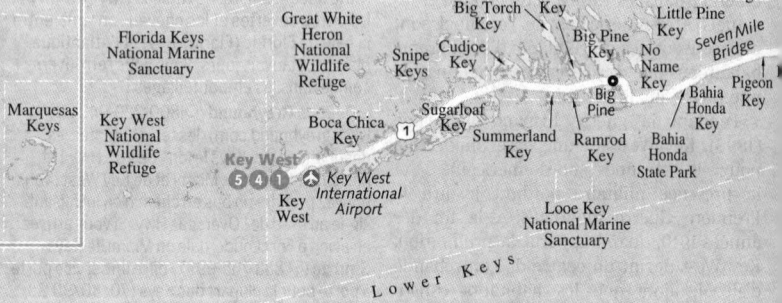

Florida Keys National Marine Sanctuary

Great White Heron National Wildlife Refuge

Little Torch Key
Big Torch Key

Snipe Keys
Cudjoe Key

Marquesas Keys

Key West National Wildlife Refuge

Boca Chica Key

Sugarloaf Key

Summerland Key

5 4 1 Key West

Key West International Airport

Big Pine Key

Little Pine Key

No Name Key

Great White Heron National Wildlife Refuge

Seven Mile Bridge

Pigeon Key

Big Pine

Ramrod Key

Bahia Honda Key

Bahia Honda State Park

Looe Key National Marine Sanctuary

Lower Keys

À ne pas manquer

1 Le coucher du soleil sur l'océan, au cœur de l'animation festive de **Mallory Square** (p. 175)

2 Une plongée parmi les récifs multicolores du **John**

Pennekamp Coral Reef State Park (p. 163)

3 La découverte en canoë du superbe **Indian Key Historic State Park** (p 166), étrange et solitaire

4 La **Fantasy Fest** (p. 182) dans les rues de Key West, à laquelle participer en enfilant un déguisement

Big Cypress
National Preserve

Shark
Valley

Key Biscayne

Florida's Turnpike (péage)

94

997

Peters

Goulds

Biscayne
National
Park

Boca
Chita
Key

Everglades
National Park

821

Homestead
Florida City

Adams
Key

Elliott
Key

Florida
Keys
National
Marine
Sanctuary

Everglades

*Biscayne
Bay*

Card Sound Rd

*Card
Sound*

John Pennekamp
❷ Coral Reef State Park

*Whitewater
Bay*

9336

*Barnes
Sound*

905

Key Largo

Key Largo

Key Largo
National
Marine
Sanctuary

Flamingo

*Florida
Bay*

Tavernier

Plantation Key

Windley Key

Plantation

Upper Matecumbe Key

Shell Key

Islamorada

Lignumvitae Key

❼ Robbie's Marina

❸ Indian Key State Historic Site

Layton

Long
Key

Lower
Matecumbe
Key

Conch Key

1

Upper Keys

éroport
Marathon

Duck Key

Long Key State
Recreation Area

Grassy Key

rathon

Crane Point Museum

Florida Keys
National Marine
Sanctuary

ey Vaca

Middle Keys

OCÉAN
ATLANTIQUE

Détroit de Floride

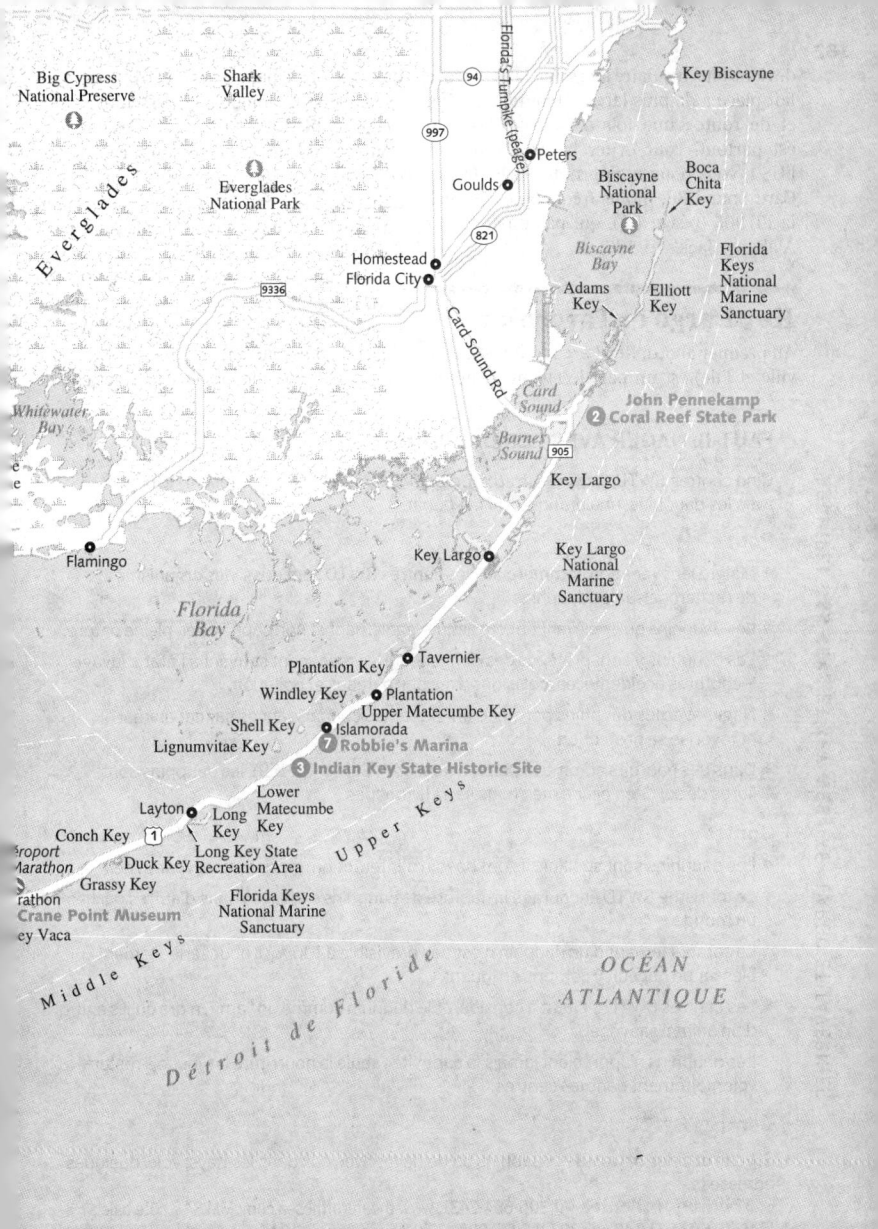

❺ Des caresses aux chats à
six doigts dans la jolie **maison
d'Hemingway** (p. 175)

❻ Une promenade parmi les
hammocks et les pinèdes au
Crane Point Museum (p. 170)

❼ Le nourrissage des
tarpons géants qui nagent en
cercle à la **Robbie's Marina**
(p. 167), à Islamorada

❽ Une excursion d'île en
île et un détour par le **Dry
Tortugas National Park**
(p. 183)

devient plus insulaire alors que la mangrove fait place à de plus larges étendues d'océan et de route ; une fois à Islamorada, l'eau est partout. Pour éviter la circulation sur l'US 1, vous pouvez emprunter la FL 997 et Card Sound Rd, moins fréquentées, jusqu'à la FL 905 (péage 1 $), qui passe par le bar Alabama Jack's (p. 166).

Key Largo et Tavernier

Au premier abord, Key Largo (qui désigne la ville et l'île) est un peu décevante, d'autant que ses principaux sites se trouvent sous l'eau. De la nationale, l'île ressemble à une longue enfilade de *hammocks* (des forêts où se mêlent chênes et espèces tropicales) et de constructions. Empruntez une route secondaire et entrez dans un petit bar accueillant ou une ancienne demeure de planteur pour découvrir ses particularités.

S'étirant sur 53 km à partir du MM 106 – MM signifie "mile markers" et désigne le nombre de miles à partir de Key West –, Key Largo est la plus longue des Keys ; de nombreux sites de plongée permettent de

FAUT-IL NAGER AVEC LES DAUPHINS ?

Cinq centres SWTD (*"swim-with-the-dolphin"*), dans les Keys, proposent de nager avec les dauphins, une pratique qui fait débat.

Pour

→ Malgré leur vocation commerciale, les centres SWTD sont aussi des organismes de recherche sur les dauphins.

→ Les dauphins qu'ils élèvent ont été acquis légalement et non capturés en pleine nature.

→ Les dauphins y sont protégés des dangers qui les menacent souvent à l'état sauvage – captures accidentelles, collisions avec des bateaux et pollution.

→ Nager avec les dauphins permet d'améliorer les connaissances sur cet animal et favorise sa protection.

→ Dans des endroits comme le Dolphin Research Center (p. 169), les dauphins sont libres de sortir en pleine mer, mais ils ne le font pas.

Contre

→ Les dauphins sont sociaux. Ils ont besoin d'interaction, inexistante en captivité.

→ Le tourisme SWTD encourage la capture de dauphins sauvages dans d'autres parties du monde.

→ Le comportement d'un dauphin n'est pas prévisible à 100% ; il peut sérieusement blesser un nageur, y compris en jouant.

→ Les centres SWTD incitent à considérer le dauphin comme un "ami", alors qu'il s'agit d'un animal sauvage.

→ Les dauphins n'apprécient jamais la captivité ; seule la nourriture les incite à rester volontairement dans les centres.

Centres SWTD

Si vous décidez de voir des dauphins ou de nager avec eux dans les Keys, voici quelques adresses :

Theater of the Sea (☎ 305-664-2431; www.theaterofthesea.com; MM 84.7 côté baie ; tarif plein/enfant 3-10 ans 30/21 $; ☺ 9h30-17h) existe depuis 1946. Les programmes de nage avec des dauphins ou des otaries (135 $) comprennent 30 minutes d'instruction et 30 minutes de nage encadrée. On peut aussi nager avec des raies (55 $).

Dolphins Plus (☎ 305-451-1993, 866-860-7946 ; www.dolphinsplus.com ; près MM 99.5 côté baie ; programme de nage 135-220 $), à Key Largo, se spécialise dans la nage pédagogique et récréative non encadrée. Le centre part du principe que les participants sont bien informés, mais inclut néanmoins un cours préparatoire.

Vous pourrez aussi nager avec des dauphins au Dolphin Research Center (p. 169) et au Hawk's Cay Resort (p. 169), à Grassy Key.

découvrir sa riche faune marine. La petite ville de Tavernier (MM 93) se situe juste au sud de la ville de Key Largo.

Si vous rejoignez Key Largo par la FL 905, vous traverserez le **Crocodile Lake National Wildlife Refuge** (www.fws.gov/ nationalkeydeer/crocodilelake ; FL 905), l'une des dernières réserves d'espèces en voie de disparition, dont les crocodiles américains, les serpents indigo et les rats des bois de Key Largo ; ces derniers sont de grands bâtisseurs, qui construisent des nids de 1,20 m sur 1,80 m avec des débris forestiers. Les secteurs où vivent les animaux sont fermés au public, et vous n'avez guère de chances d'apercevoir l'une de ces espèces de la route.

◉ À voir et à faire

Florida Keys Wild Bird Rehabilitation Center   RÉSERVE NATURELLE
(www.fkwbc.org ; 93600 Overseas Hwy, MM 93,6 ; don suggéré 5 $; ☺aube-crépuscule ; P 🚻). 🖉 Ce refuge, qui comprend une clinique en plein air pour les oiseaux blessés, est l'un des premiers hôpitaux pour animaux que vous découvrirez dans les Keys. Un joli sentier conduit à un beau point de vue sur la baie de Floride et à un bassin à échassiers. Sachez que l'odeur de fiente est envahissante.

Harry Harris Park   PARC
(MM 93.5 ; ☺aube-crépuscule ; 🚻). Idéal pour les enfants, ce petit parc comprend une aire de jeu, une table de pique-nique et d'autres équipements, ainsi qu'une petite plage au bord d'un lagon, parfait pour la baignade.

Caribbean Club Bar   LIEU DE TOURNAGE
(www.caribbeanclubkl.com ; MM 104 côté baie ; ☺7h-4h). Site incontournable pour les fans de cinéma, le Caribbean Club Bar est le seul endroit de l'île où ont été tournées des scènes de *Key Largo*, de John Huston, avec Humphrey Bogart et Lauren Bacall (le reste de l'île était un décor de Hollywood). Vous pourrez aussi voir l'*African Queen*, le bateau du film éponyme, ancré à un canal derrière l'Holiday Inn, au MM 100.

John Pennekamp Coral Reef State Park   PARC
(☎305-451-6300 ; www.pennekamppark.com ; MM 102,6 côté océan ; par voiture/moto/vélo ou piéton 8/4/2 $; ☺8h-crépuscule, aquarium 8h-17h ; 🚻). 🖉 Premier parc sous-marin des États-Unis, il comprend 85 ha de terre et plus de 120 km² d'océan. Avant de plonger, profitez des plages et arpentez les sentiers nature.

ℹ PAVILLONS DE PLONGÉE

Si vous plongez dans les Keys, la législation de Floride requiert que vous utilisiez un drapeau "Diver Down" chaque fois que vous êtes sous l'eau. Vous en trouverez dans toutes les boutiques de plongée des Keys.

Le **Mangrove Trail**, une promenade en planches, permet d'approcher les curieuses espèces végétales – les arbres, souvent immergés, respirent grâce à de longues racines qui fonctionnent comme des tubas. En soirée, vous pourrez discuter avec des rangers autour d'un feu de camp.

Le centre d'information des visiteurs, bien géré et instructif, possède un bel **aquarium** (8h à 17h) qui donne un aperçu de la faune marine. Pour voir sous la surface du parc, vous pouvez effectuer un **circuit en bateau à fond de verre** (☎305-451-6300 ; adulte/enfant 24/17 $; ☺9h15, 12h15 et 15h15) de 2 heures 30. À bord d'un catamaran de 15 m, sûr et moderne, vous contemplerez des filigranes de coraux, des bancs de poissons multicolores, des barracudas à l'air menaçant et de massives mais gracieuses tortues de mer. Outre cette vie corallienne foisonnante, les plongeurs découvriront le *Christ des abysses*, une statue en bronze submergée de 2,60 m et de 1 800 kg, copie d'une statue qui se trouve au large de Gênes, dans la Méditerranée.

Des **sorties de snorkeling** (☎305-451-6300 ; adulte/enfant 30/25 $) et de **plongée** (☎305-451-6322 ; 55 $) sont également proposées. En indépendant, vous pouvez louer un canoë (20 $ l'heure) ou un kayak (simple/double 12/17 $ l'heure) pour sillonner les quelque 5 kilomètres d'itinéraire. Téléphonez au ☎305-451-6300 pour des informations sur la location de bateau.

Pour en savoir plus sur les récifs du parc, consultez le site www.southeastfloridareefs. net.

Jacob's Aquatics Center   PARC AQUATIQUE
(☎305-453-7946 ; jacobsaquaticcenter.org ; 320 Laguna Ave, MM 99.6 ; tarif plein/enfant/étudiant/ famille 10/6/8/25 $; ☺11h-18h lun-ven, 10h-19h sam-dim ; 🚻). Un parc dédié aux divertissements aquatiques de toutes sortes. Il y a une piscine découverte à 8 couloirs, un bassin thérapeutique accessible aux handicapés, des cours d'aquagym, un petit parc

À VÉLO : LE FLORIDA KEYS OVERSEAS HERITAGE TRAIL

Le vélo constitue l'un des meilleurs moyens de découvrir les Keys. Le faible dénivelé et les brises marines sont parfaits pour le cyclotourisme, et le **Florida Keys Overseas Heritage Trail** (FKOHT ; www.dep.state.fl.us/gwt/state/keystrail) relie toutes les îles de Key Largo à Key West.

Vous pouvez circuler à travers les Keys sur les bas-côtés ; prévoyez 3 jours à bonne allure. Les parcours sur Islamorada sont particulièrement plaisants. Si rouler sur les bas-côtés vous effraie, consultez le site Internet de FKOHT pour des excursions à vélo recommandées.

aquatique pour les enfants avec toboggans, aire de jeu et pataugeoires.

🛏 Où se loger

Les chambres sont équipées de la clim dans presque tous les hébergements des Keys. Les prix augmentent en haute saison (mi-décembre à avril) ; de nombreux hébergements pratiquent des prix intermédiaires durant une "moyenne saison" et les tarifs baissent durant la basse saison (juillet à novembre). Des hôtels (en particulier les plus petits) exigent un séjour minimum de 2 nuitées. Attendez-vous à des tarifs exorbitants lors d'événements comme le Nouvel An ou la Fantasy Fest, quand le séjour minimum passe à 7 nuitées dans certains établissements.

L'une de nos adresses favorites de l'île, le **Largo Lodge** (☎ 305-451-0424 ; www.largo-lodge.com ; MM 102 côté baie ; cottages 150-265 $; P), était fermé pour travaux de rénovation lors de notre passage. Il devrait rouvrir début 2015.

John Pennekamp
Coral Reef State Park   CAMPING $
(☎ 800-326-3521 ; www.pennekamppark.com ; empl tente et camping-car 36 $; P). Pour passer la nuit dans le parc, louez un emplacement de tente ou de camping-car ; réservez car le camping se remplit rapidement.

Stone Ledge Paradise Inn   HÔTEL $
(☎ 305-852-8114 ; www.stoneledgeparadiseinn.com ; 95320 Overseas Hwy ; ch 78-118 $, villas 185-300 $; P). De petits bâtiments rose saumon au kitsch balnéaire classique, avec des poissons en bois accrochés aux portes des chambres, sans prétention. La vue sur la baie de Floride constitue le principal atout de l'établissement.

Hilton Key Largo Resort   HÔTEL $$
(☎ 305-852-5553 ; www.keylargoresort.com ; MM 102 côté baie ; ch à partir de 179 $, ste à partir de 315 $; P 🛜 ⊠). Plein de charme, ce Hilton se caractérise par ses chambres très design, aux tons bleus, verts et beiges. L'immense jardin abrite une piscine alimentée par une cascade artificielle et donne sur une plage de sable blanc, privée.

Dove Creek Lodge   HÔTEL $$
(☎ 800-401-0057 ; www.dovecreeklodge.com ; 147 Seaside Ave ; ch 169-269 $, ste à partir de 350 $; P 🛜 ⊠). Face à l'océan Atlantique, un hôtel de taille moyenne aux chambres lumineuses rehaussées de tons citron. Parfait pour les séjours en famille, avec une atmosphère rétro et un personnel qui peut aider ses clients à réserver des circuits dans la région.

Key Largo House Boatel   HÔTEL $$
(☎ 305-766-0871 ; www.keylargohouseboat.com ; Shoreland Dr, MM 103,5 côté océan ; house-boat petit/moyen/grand à partir de 75/100/150 $; P). Joliment décorés, ces 5 house-boats situés juste sur les quais (en face d'un bar) vous font dormir sur l'eau, à deux pas de l'action – attention au bruit. Le plus grand, particulièrement spacieux, peut accueillir 6 personnes.

Kona Kai Resort & Gallery   HÔTEL $$$
(☎ 305-852-7200 ; www.konakairesort.com ; MM 97,8 côté baie ; ch 220-439 $; P 🛜 ⊠). Cette retraite luxuriante est, à notre connaissance, le seul jardin botanique qui comprenne un hôtel sur son domaine – ou est-ce l'inverse ? Les 13 chambres et suites spacieuses (lino au sol et cuisines équipées), claires et confortables, profitent de beaucoup de lumière naturelle. Le Kona Kai abrite aussi une ravissante galerie d'art.

Des visites guidées de l'immense jardin sont proposées aux non-résidents du mardi au samedi pour 25 $ (il est bien sûr gratuit pour ceux qui séjournent sur place).

Jules' Undersea Lodge   HÔTEL SOUS-MARIN $$$
(☎ 305-451-2353 ; www.jul.com ; 51 Shoreland Dr, MM 103,2 côté océan ; groupe de 3-4 350 $/pers, s 675 $). Si l'on entend beaucoup parler de projets de construction d'hôtels sous-marins à Dubai et aux Fidji, le Jules'

Undersea Lodge restait, lors de la rédaction de ce guide, le seul établissement au monde aménagé, à plus de 9 m de profondeur, dans une ancienne station de recherche. Ce module a été reconverti en un "motel" joyeusement kitsch.

Outre 2 chambres privées, il comprend des pièces communes, une cuisine-salle à manger et une salle humide avec douche chaude et rangement des équipements. Des téléphones et un interphone permettent de rester en contact avec la surface. Les hôtes doivent avoir plus de 10 ans ; sachez aussi que cigarettes et alcool sont bannis. Pour une simple visite, participez à un circuit de 3 heures (avec pizza !) moyennant 150 $.

✕ Où se restaurer

Mrs Mac's Kitchen
AMÉRICAIN $

(☎305-451-3722 ; www.mrsmacskitchen.com ; MM 99,4 côté baie ; petit-déj et déj 8-12 $, dîner 9-22 $; ⊘7h-21h30 lun-sam ; P ✦). Si la décoration n'est pas du meilleur goût, le service chaleureux et personnalisé, les délicieux petits-déjeuners et la bonne cuisine roborative valent à Mrs Mac un succès mérité.

DJ's Diner
AMÉRICAIN $

(☎305-451-2999 ; 99411 Overseas Hwy ; plats 6-14 $; ⊘7h-21h lun-ven, 7h-15h sam-dim ; P ✦). Une peinture murale représentant Humphrey Bogart, James Dean et Marilyn Monroe vous accueille à l'entrée. Installé dans un box, vous dégusterez de copieux plats de *diner* et des spécialités de la région comme le *churrasco* (grillades) et les conques.

Key Largo Conch House
FUSION $$

(☎305-453-4844 ; www.keylargoconchhouse.com ; MM 100,2 côté océan ; plats 8-26 $; ⊘8h-22h ; P ☎ ✦). Les habitants et les touristes apprécient ce café-restaurant (avec accès Wi-Fi) pour sa cuisine créative qui revisite les classiques locaux. Tout est délicieux, des conques en sauce au citron vert et vin blanc ou vinaigre et câpres, aux tacos de poisson. Le Key Largo est installé dans une vieille demeure des Keys restaurée, entourée d'une véranda romantique, dont l'architecture se fond harmonieusement dans l'environnement tropical.

Fish House
POISSON ET FRUITS DE MER $$

(☎305-451-4665 ; www.fishhouse.com ; MM 102,4 côté océan ; plats 9-24 $; ⊘11h30-22h ; P ✦). Cet excellent restaurant prépare les prises du jour en friture, au court-bouillon, poêlées, noircies à la cajun ou grillées. La carte change quotidiennement en fonction de la pêche. Son voisin, le Fish House Encore, privilégie les sushis mais nous préférons l'original.

Snook's Bayside
AMÉRICAIN $$

(☎305-453-5004 ; 99470 Overseas Hwy ; plats déj 9-18 $, plats dîner 19-42 $; ⊘11h30-21h30 ; P ⚹). Les Floridiens aiment les restaurants en bord de mer couplés avec un bar tiki, et c'est exactement ce qu'offre le Snook's, à Key Largo. Les plats qui jouent la carte "terre et mer" sont bons, mais c'est la vue sur l'océan, et la plage sablonneuse artificielle qui la longe, qui fait tout.

ARCHIPEL DES KEYS ET KEY WEST KEY LARGO ET TAVERNIER

LES KEYS AVEC DES ENFANTS

Quelques idées pour distraire les enfants :

Florida Keys Eco-Discovery Center (p. 176). Pour comprendre l'environnement de la région.

Circuits en bateau à fond de verre au John Pennekamp Coral Reef State Park (p. 163). La découverte du monde sous-marin.

Key West Butterfly & Nature Conservatory (p. 176). Une promenade parmi les papillons et les oiseaux.

Turtle Hospital (p. 170). Un hôpital pour les tortues blessées.

Conch Tour Train (p. 181). Un circuit kitsch et plaisant en petit train.

Circuits fantômes (Ghost tours ; p. 182). Un peu étranges, peut-être effrayants pour les tout-petits.

Observation des cerfs des Keys (p. 173). Les enfants adorent ces petits cerfs.

Key West Cemetery (p. 176). Un cimetière gothique aux tombes souvent amusantes.

Robbie's Marina (p. 167). Toutes sortes d'activités, dont le nourrissage des tarpons (des poissons géants) – un moment de folie très prisé.

LA KEY LIME PIE

Si de nombreuses adresses se vantent de servir l'authentique tarte au citron vert des Keys, personne ne sait qui a inventé cette succulente pâtisserie. La pâte varie selon les recettes et l'ajout ou non de meringue fait débat. Par contre, la couleur fait l'unanimité. La *Key lime pie* doit être jaune, et non verte comme dans certains établissements qui ajoutent du colorant alimentaire.

Où prendre un verre

Alabama Jack's   BAR
(58000 Card Sound Rd ; ⏰11h-19h). Dans une baie frangée de mangrove, un rendez-vous de pêcheurs, d'exilés du continent, de motards et de *rednecks*, venus boire et se régaler de beignets de conques. L'Alabama Jack's ferme tôt en raison des raids de moustiques. Des groupes country se produisent le week-end de 14h à 17h.

❶ Renseignements

Chamber of Commerce (☎305-451-1414 ; www.keylargochamber.org ; MM 106 côté baie ; ⏰9h-18h). Fournit des cartes et des brochures.
Mariner Hospital (☎305-434-3000 ; www.baptisthealth.net ; Tavernier, MM 91,5 côté baie)

❶ Depuis/vers Key Largo et Tavernier

Le bus Greyhound fait halte au MM 99,6 côté océan.

Islamorada

Également appelée le "Village des Îles", la charmante localité d'Islamorada s'étend sur plusieurs îles – Plantation, Upper et Lower Matecumbe, Shell et Lignumvitae – et constitue l'un des plus beaux secteurs des Keys. La mangrove cède ici la place à un horizon illimité d'océan et de ciel qui se mêle dans des tons de bleu. Islamorada s'étire sur quelque 30 km, du MM 90 au MM 74.

👁 À voir et à faire

Anne's Beach   PLAGE
(MM 73,5 côté océan). L'une des plages les plus plaisantes du secteur, ce petit ruban de sable fait face à des laisses couleur ciel et à un tunnel verdoyant de *hammocks* et

de marécages. Patauger dans les laisses proches ravit les enfants.

Indian Key Historic State Park   ÎLE
(☎305-664-2540 ; www.floridastateparks.org/indiankey ; MM 78,5 côté océan ; 2,50 $; ⏰8h-crépuscule). Cette île paisible était autrefois une petite cité trépidante, avec un entrepôt, des docks, des rues, un hôtel et une cinquantaine de résidents permanents. Il ne reste pas grand-chose de ce site historique, à part des fondations, quelques citernes et une épaisse végétation. La Robbie's Marina proposait autrefois des bateaux et en loue toujours (environ 30 $ pour un kayak ou un canoë). L'écocircuit de Robbie's (37,50 $) permet de voir l'île du large.

En 1836, Indian Key était la première capitale du comté de Dade mais, 4 ans plus tard, ses habitants furent tués ou chassés par des Amérindiens durant la deuxième guerre séminole. Des sentiers suivent l'ancien tracé des rues ; vous pouvez déambuler parmi les ruines ou pagayer au milieu des raies et des dauphins dans la plus parfaite solitude à bord d'un canoë ou d'un kayak.

Lignumvitae Key Botanical State Park   ÎLE
(☎305-664-2540 ; www.floridastateparks.org/lignumvitaekey ; accès/visite guidée 2,50/2 $; ⏰visites guidées 10h et 14h ven-dim). Accessible uniquement par bateau, cette île abrite 113 ha de forêt vierge tropicale – et des milliards de moustiques. Si l'on peut y visiter la **Matheson House** de 1919, qui comporte un moulin et une citerne, Lignumvitae vaut surtout pour son ambiance magique de bout du monde. Des promenades guidées (1 heure 15) ont lieu à 10h et 14h du vendredi au dimanche. Il vous faudra passer par la Robbie's Marina pour rejoindre l'île ; des bateaux effectuent la traversée jusqu'ici et jusqu'à Indian Key.

Figuiers étrangleurs, acomats, gommiers rouges, arbres empoisonnés (*Metopium toxiferum*) et gaïacs forment une épaisse canopée qui évoque le Pacifique Sud.

Florida Keys History of Diving Museum   MUSÉE
(☎305-664-9737 ; www.divingmuseum.org ; MM 83 ; adulte/enfant 12/6 $; ⏰10h-17h ; P♿). Vous ne pouvez manquer ce musée dédié à l'histoire de la plongée dont le bâtiment est orné d'une grande fresque représentant des lamantins. Plaisamment excentrique, il reflète parfaitement l'originalité des habitants des Keys. La salle qui renferme des

dizaines de casques de plongée de toute la planète, du Danemark au Japon, est particulièrement impressionnante.

Nous avons aussi été fascinés par la collection de "combinaisons" et d'appareils du XIXᵉ siècle. Les gardiens vous expliqueront le fonctionnement des combinaisons de scaphandrier Mark V (qui sont en cuivre et étaient reliées à des pompes restées à la surface). Conférences sur la plongée intitulées "Immergez-vous" à 19h le 3ᵉ mercredi de chaque mois.

Windley Key Fossil Reef Geological State Site
PARC

(☑305-664-2540 ; www.floridastateparks. org/windleykey ; MM 85,5 côté océan ; entrée/ visite guidée 2,50/2 $; ◎8h-17h jeu-lun). Pour construire sa voie ferrée entre les îles, Henry Flagler dut découper de gros morceaux des Keys, comme on peut le constater dans l'ancienne carrière de ce parc d'État. De vieilles machines jalonnent une paroi de la carrière. Haute de 2,50 m, elle laisse apparaître les strates de corail qui forment le soubassement des Keys.

Des visites guidées par les rangers ont lieu à 10h et 14h du vendredi au dimanche (3 $).

Rain Barrel
CENTRE ARTISTIQUE

(☑305-852-8935 ; 86700 Overseas Hwy ; ◎9h-17h). Le village d'artistes d'Islamorada oscille entre beauté et mauvais goût. Vous y trouverez davantage de souvenirs pour touristes que de véritables œuvres d'art. Néanmoins, se promener parmi les 7 ateliers et galeries qui composent le Rain Barrel est agréable et, qui sait, vous trouverez peut-être l'objet de vos rêves.

♥ Robbie's Marina
MARINA

(☑305-664-8070 ; www.robbies.com ; MM 77,5 côté baie ; location de kayak et de paddle-board 40-75 $; ◎9h-20h ; 🖬). Robbie's est sans doute la marina la plus joyeuse de la planète. C'est bien plus qu'un simple embarcadère, avec un marché aux puces, une boutique de souvenirs et des tarpons (de très gros poissons) à nourrir, et on y propose aussi d'excellentes sorties de pêche et un grand choix de circuits, ainsi que de bateaux à louer. La *party boat* (circuits demi-journée/ nuit 40/45 $) est l'occasion d'une grande partie de pêche conviviale.

Pour une expérience totalement zen, choisissez l'écocircuit (35 $) à bord d'un bateau électrique silencieux à travers les mangroves, les *hammocks* et des lagunes.

D'un bon rapport qualité/prix, les excursions de snorkeling (37,50 $) comprennent quelques heures à bord d'un voilier (*Happy Cat*) et la découverte des seuls récifs coralliens des États-Unis. Si vous ne voulez pas vous mettre à l'eau, vous pouvez nourrir les énormes tarpons depuis le quai (2,79 $ le seau, 1 $ pour regarder).

🛏 Où se loger

Conch On Inn
MOTEL **$**

(☑305-852-9309 ; conchoninn.com ; MM 89,5, 103 Caloosa St ; app 59-129 $; Ⓟ). Un motel simple, avec des chambres sans prétention, confortables et propres.

Ragged Edge Resort
COMPLEXE HÔTELIER **$$**

(☑305-852-5389 ; www.ragged-edge.com ; 243 Treasure Harbor Rd ; app 69-259 $; Ⓟ❋🛜🏊). Discret et calme, cet agréable complexe de 10 appartements, éloigné de la circulation, est tenu par des gens accueillants. Les plus grands studios se doublent d'un porche avec moustiquaire. À défaut de plage, vous pouvez nager depuis le quai et dans la piscine.

Casa Morada
HÔTEL **$$$**

(☑305-664-0044, 888-881-3030 ; www.casamo-rada.com ; 136 Madeira Rd, près MM 82,2 ; ste avec petit-déj 279-659 $; Ⓟ❋🛜🏊). Le chic contemporain a fait son apparition à Islamorada, sans gâter l'ambiance villageoise. La Casa Morada ajoute plutôt une touche de sophistication à la décontraction locale. Un cercle de pierres levées, une piscine d'eau douce, un lagon artificiel et un bar stylé donnant sur Florida Bay (fabuleux couchers de soleil !) incitent à réserver dans cet hôtel de charme.

La Siesta Resort & Marina
COMPLEXE HÔTELIER **$$$**

(☑305-664-2132 ; www.lasiestaresort.com ; MM 80,5 côté océan ; ste 190-340 $; Ⓟ🛜🏊). Ce bel établissement se compose de suites et d'appartements rénovés. Très lumineux, agrémentés d'une décoration contemporaine chic, ils conviennent parfaitement aux familles. Service aimable, piscine plaisante et vue superbe sur l'océan.

Chesapeake Resort
COMPLEXE HÔTELIER **$$$**

(☑305-664-4662 ; www.chesapeake-resort. com ; 83409 Overseas Hwy ; ch 200-330 $, ste 350-550 $; Ⓟ🛜🏊). Dans ce grand complexe hôtelier "all inclusive", les chambres dégagent un charme plus tropical que les hébergements typiques des Keys. Un grand nombre d'activités sont proposées, des bateaux partent de la marina et du quai pour des sorties de pêche sportive et de plongée, et les infrastructures ne manquent pas, du court de tennis aux piscines.

✖ Où se restaurer

♥ Midway Cafe
CAFÉ $

(☎ 305-664-2622 ; 80499 Overseas Hwy ; plats 2-11 $; ⏰ 7h-15h jeu-mar, 7h-14h dim ; P 🖴). Dans ce café orné d'œuvres d'art, les charmants patrons torréfient eux-mêmes leur café et préparent d'exquises pâtisseries appréciées de tous. À proximité des Middle Keys.

Bob's Bunz
CAFÉ $

(www.bobsbunz.com ; MM 81,6 côté baie ; plats 6-12 $; ⏰ 6h-14h ; P 🖋). Des serveurs aimables et dynamiques et une bonne cuisine copieuse, à des prix raisonnables, font le succès du Bob's. La boulangerie est réputée pour ses pâtisseries au citron vert des Keys, dont la fameuse Key lime pie.

Lorelei
AMÉRICAIN $$

(☎ 305-664-2692 ; MM 82 côté baie ; plats 9-22 $; ⏰ 7h-minuit ; P 🖴). Le Lorelei est l'endroit idéal pour admirer un magnifique coucher de soleil, tout en dégustant de délicieux fruits de mer (beignets de conques, sandwichs au poisson, etc.), ou un steak et de succulentes côtes de bœuf. Repérez la grande enseigne représentant une sirène.

Pierre's
FRANÇAIS $$$

(☎ 305-664-3225 ; www.pierres-restaurant.com ; MM 81,6 côté baie ; plats 28-42 $; ⏰ 17h-22h dim-jeu, 17h-23h ven-sam ; P). Ce restaurant, parmi les meilleurs entre Miami et Key West, est installé dans une maison de planteur à 2 niveaux, en bord de mer. Vous vous y régalerez d'une queue de langouste façon tempura, d'un capitaine meunière ou d'un filet mignon et purée de pommes de terre aux truffes. Festin garanti.

Beach Cafe at Morada Bay
AMÉRICAIN $$$

(☎ 305-664-0604 ; www.moradabay-restaurant. com ; MM 81,6 côté baie ; plats 14-33 $; ⏰ 11h30-22h ; P). Si vous pouvez faire abstraction des serveurs débordés et des musiciens calamiteux qui "animent" parfois le déjeuner, vous apprécierez ce charmant restaurant caribéen, avec plage de sable blanc, tapas, poissons frais et éclairage aux torches en soirée.

🍷 Où prendre un verre et faire la fête

Hog Heaven
BAR

(☎ 305-664-9669 ; MM 85 côté océan ; ⏰ 11h-3h30). Ce bar pourrait figurer dans la rubrique Où se restaurer pour ses excellents nachos de poisson. Il mérite néanmoins une place d'honneur parmi les bars en raison de la foule qui vient de Fort Lauderdale pour prendre un verre au frais sur son porche.

Morada Bay
BAR

(☎ 305-664-0604 ; www.moradabay.com ; MM 81,6 côté baie ; ⏰ 17h-minuit). Outre une délicieuse cuisine, le Morada Bay organise chaque mois une fête de la pleine lune qui attire tous les fêtards de l'archipel. Elle commence habituellement vers 21h et se poursuit tard ; consultez les dates sur le site Web.

❶ Renseignements

Chamber of Commerce (☎ 305-664-4503 ; www.islamoradachamber.com ; MM 83,2 côté baie ; ⏰ 9h-17h lun-ven, 9h-16h sam, 9h-15h dim). Installée dans un ancien wagon de chemin de fer.
Poste (☎ 305-664-4738 ; MM 82,9 côté océan)

❶ Depuis/vers Islamorada

Le bus Greyhound fait halte au Burger King, au MM 82,5 côté océan.

Long Key

La **Long Key State Recreation Area** (☎ 305-664-4815 ; www.floridastateparks.org/longkey ; MM 67,5 côté océan ; par voiture/moto/vélo 5/4/2 $; P) 🅿, un parc de loisirs de 482 ha, occupe la majeure partie de Long Key, à environ 30 minutes au sud d'Islamorada. Il comprend une forêt de gommiers rouges, de carapas et d'arbres empoisonnés, une aire de pique-nique le long d'une eau bleu-vert et des mangroves peuplées d'échassiers. Deux courts sentiers traversent diverses formations végétales, et on peut aussi pagayer sur 2,5 km dans une lagune ; location de kayaks de mer (2 heures simple/double 17,50/21,50 $).

Pour y séjourner, réservez dès que possible car il est difficile d'obtenir l'un des 60 emplacements du **camping** (☎ 800-326-3521 ; www.reserveamerica.com ; MM 67,5 côté océan ; empl 36 $; P). Tous au bord de l'eau, ils constituent l'hébergement avec vue sur l'océan parmi les moins chers de la Floride.

MIDDLE KEYS

À mesure que l'on progresse dans les Keys, l'intervalle entre les îles augmente jusqu'à ce que l'on atteigne le Seven Mile Bridge, l'un des plus longs ponts au monde, qui sépare les Middle Keys des Lower Keys. Dans ce groupe d'îles, vous traverserez des îlots comme Conch Key et Duck Key, puis la verte et paisible Grassy Key avant d'arriver à Key Vaca (du MM 54 au MM 47), où se situe Marathon, la deuxième plus grande ville des Keys et la plus typique de l'archipel.

Grassy Key

Au premier coup d'œil, Grassy Key semble plutôt somnolente, avec peu de distractions et de nombreux parcs de caravanes et de camping-cars. Ces petits villages étaient jadis le centre des Keys, où retraités, marginaux et pêcheurs vivaient et rêvaient autour d'un verre. Certaines de ces communautés perdurent mais l'urbanisation se développe, de même que les camps de caravanes.

◎ À voir et à faire

Curry Hammock State Park   PARC
(☑ 305-289-2690 ; www.floridastateparks.org/curryhammock ; MM 56,2 côté baie ; par voiture/moto/vélo 5/4/2 $; ☺ 8h-crépuscule ; Ⓟ). ⌀ Ce petit parc est charmant et les rangers, très sympathiques. Comme dans la plupart des parcs des Keys, il protège un habitat de feuillus tropicaux et de mangrove, que fait découvrir une marche de 2,5 km. Louez un kayak (simple/double 17,20/21,50 $ les 2 heures) ou, si le vent le permet, rejoignez les nombreux véliplanchistes et kite-surfeurs. Vous pouvez camper dans le parc pour 36 $ la nuit ; les sites sont équipés de toilettes et de prises électriques.

Aucun bateau à moteur ne circule alentour, une bénédiction dans les Keys !

Dolphin Research Center   RÉSERVE NATURELLE
(☑ 305-289-0002 ; www.dolphins.org ; MM 59 côté baie ; tarif plein/enfant -4 ans/4-12 ans/senior 20/gratuit/15/17,50 $, nage avec les dauphins 120-675 $; ☺ 9h-16h ; ⓓ). La nage avec les dauphins est de loin l'activité la plus prisée sur cette île. Les dauphins sont libres de quitter le centre, qui effectue de nombreuses recherches de biologie marine à côté des offres touristiques (et très commerciales), comme faire peindre son T-shirt par un dauphin ou jouer le "moniteur d'un jour" (675 $). Toutefois, nager avec les dauphins est une activité qui soulève le problème des droits des animaux (voir p. 162).

🛏 Où se loger et se restaurer

Grassy Key Outpost   AMÉRICAIN $$
(☑ 305-743-7373 ; 58152 Overseas Hwy ; plats 8-28 $; ☺ 7h-22h ; Ⓟ ☑). Une adresse intéressante qui allie haute gastronomie et style décontracté typique des Keys, décontraction qui se retrouve tant dans l'atmosphère que dans la cuisine. Tout le charme du Sud dans les assiettes : les crevettes au gruau de maïs sont copieuses, tandis que le *mac'n'cheese* est parsemé de beaux morceaux de langouste.

Wreck Galley & Grill   AMÉRICAIN $$
(☑ 305-743-8282 ; MM 59 côté baie ; plats 10-25 $; ☺ 11h-22h ; Ⓟ). Restaurant typique des Keys, où des pêcheurs dévorent des ailes de poulet en buvant des bières. La cuisine est excellente, notamment les burgers, parmi les meilleurs de l'archipel.

Hawk's Cay Resort   COMPLEXE HÔTELIER $$$
(☑ 305-743-7000, 888-395-5539 ; www.hawkscay.com ; 61 Hawk's Cay Blvd, Duck Key, près MM 61 côté océan ; ch et ste hiver 350-1 600 $, été 150-500 $; Ⓟ 🛜 🏊). Cet immense et luxueux complexe hôtelier n'est qu'une succession de chambres somptueuses et de maisons joliment aménagées. Il y a aussi sur la propriété un bassin à dauphins, des courts de tennis et une école de voile. Le Cay organise également des sorties de snorkeling et loue des bateaux.

Rainbow Bend   HÔTEL $$$
(☑ 800-929-1505 ; www.rainbowbend.com ; MM 58 côté océan ; ch 165-270 $; Ⓟ 🏊). Appréciez le kitsch des Keys dans ces grandes *cabañas* roses aux suites et appartements lumineux. Des paillotes procurent de l'ombre sur la plage, agrémentée de balancelles. En tant qu'hôte, vous aurez le droit d'empruntez gracieusement, quatre heures par jour, un bateau à moteur (de marque Boston Whaler), un kayak ou un pédalo.

Marathon

Située à mi-chemin entre Key Largo et Key West, Marathon constitue une bonne étape au cours de la traversée des îles. Sans doute la plus "développée" en dehors de Key West, elle abrite de grandes galeries marchandes et quelques milliers d'habitants. Plus accueillante pour les familles que Key West, Marathon reste un endroit où les exilés du continent viennent pêcher, boire et prendre du bon temps.

ARCHIPEL DES KEYS ET KEY WEST MARATHON

👁 À voir

Crane Point Museum
MUSÉE
(☎305-743-9100 ; www.cranepoint.net ; MM 50,5 côté baie ; adulte/enfant 12,50/8,50 $; ◷9h-17h lun-sam, 12h-17h dim ; P♿). ⚑ Ce parc est l'un des plus jolis endroits de l'île. Il comporte des roseraies, des pinèdes, un *hammock* de palmiers qui ne poussent qu'entre le MM 47 et le MM 60, en plus de 25 ha de verdure.

Les enfants adorent les expositions sur les pirates dans le musée du parc, ainsi que l'hôpital pour les oiseaux, et l'Adderley House, une ancienne cabane d'immigrants bahamiens.

Sombrero Beach
PLAGE
(Sombrero Beach Rd, près MM 50 côté océan ; P). L'une des rares plages de sable blanc des Keys, sans mangrove et gratuite, idéale pour bronzer et nager.

Turtle Hospital
RÉSERVE NATURELLE
(☎305-743-2552 ; www.theturtlehospital.org ; 2396 Overseas Hwy ; adulte/enfant 15/7,50 $; ◷9h-18h ; P♿). ⚑ Victimes de maladies, blessées par des hélices ou des filets de pêche, les tortues de mer qui atterrissent dans ce refuge sont soignées avec amour. Des visites ludiques et éducatives sont proposées toutes les heures (à l'heure pile), de 10h à 16h.

Pigeon Key National Historic District
ÎLE
(☎305-743-5999 ; www.pigeonkey.net ; MM 47 côté océan ; adulte/enfant/-5 ans 12/9 $/gratuit ; ◷circuits 10h, 12h et 14h). Pendant des années, la minuscule Pigeon Key, à 3 km à l'ouest de Marathon (pratiquement sous l'Old Seven Mile Bridge), a hébergé les cheminots et les ouvriers qui ont construit le chemin de fer des Keys. Aujourd'hui, vous pouvez visiter les bâtiments de ce National Historic District, ou paresser sur la plage et faire du snorkeling. Des ferries partent de Knight's Key (à gauche du Seven Mile Bridge en se dirigeant vers le sud) pour Pigeon ; le dernier revient à 16h.

Fermé à la circulation, l'Old Seven Mile Bridge sert désormais de "plus long pont de pêche au monde" ; garez-vous à l'extrémité nord-est du pont et arpentez-le à pied.

🏃 Activités

Marathon Community Park & Marina
MARINA
(12222 Overseas Hwy). Le parc comprend un stade d'athlétisme et un skate-park pour adolescents. La marina, plus connue sous le nom de **Boot Key Harbor** (☎305-289-8877 ; www.bootkeyharbor.com ; VHF 16), l'une des mieux entretenues des Keys, organise des sorties de pêche et de plongée. À Noël, des guirlandes lumineuses décorent les bateaux.

Marathon Kayak
KAYAK
(☎305-395-0355 ; www.marathonkayak.com ; circuit 3h 60 $). Écocircuits guidés dans les mangroves, excursions au crépuscule et location de bateaux. Le circuit de 3 heures parmi les palétuviers rouges est vraiment recommandé.

Wheels-2-Go
LOCATION
(☎305-289-4279 ; wheels-2-go.com ; 5994 Overseas Hwy ; kayaks transparents/vélos 40/10 $; ◷9h-17h). Prestataire sympathique spécialisé dans la location de kayaks et de vélos.

Tilden's Scuba Center
PLONGÉE
(☎305-743-7255 ; www.tildensscubacenter.com ; 4650 Overseas Hwy). Sorties de snorkeling et de plongée vers les récifs coralliens situés à proximité.

Sombrero Reef Explorers
PLONGÉE
(☎305-743-0536 ; www.marathoncharters.com ; 19 Sombrero Rd, près MM 50 côté océan). Propose des sorties de snorkeling et de plongée dans les secteurs proches du récif de corail.

🛏 Où se loger

Siesta Motel
MOTEL $
(☎305-743-5671 ; www.siestamotel.net ; MM 51 côté océan ; ch 85-115 $; P P). L'un des hébergements les moins chers et les plus propres des Keys, parmi un groupe de jolies maisons. Service excellent en prime.

Seascape Motel & Marina
MOTEL $$
(☎305-743-6212 ; www.seascapemotelandmarina.com ; 1275 76th St Ocean E, entre MM 51 et 52 ; ch 99-250 $; P✳🛜⛵). D'une élégance discrète, cet établissement compte 9 chambres de styles différents, du cottage classique au chic tendance. Le petit-déjeuner, ainsi que du vin et des en-cas l'après-midi sont compris dans le prix, et sont servis dans un charmant salon. Une piscine fait face à la mer et des kayaks sont à disposition des hôtes.

Sea Dell Motel
MOTEL $$
(☎305-743-5161 ; 5000 Overseas Hwy ; ch 89-209 $; P@). Un établissement typique des Keys, avec des bungalows bas, des sols couverts de lino et des dessus-de-lit à motifs tropicaux. Les chambres, plutôt des petits appartements équipés, conviennent à des familles peu nombreuses.

Tranquility Bay
COMPLEXE HÔTELIER **$$$**

(☎888-755-7486 ; www.tranquilitybay.com ; MM 48,5 côté baie ; ch 280-650 $; P 🛜 🏊). Ce vaste hôtel-résidence haut de gamme est tenu par des propriétaires qui ont le sens de l'hospitalité. Vous séjournerez dans de somptueuses maisons blanches, comprenant des chambres tout aussi blanches et des draps luxueux. Le domaine est immense et les activités proposées nombreuses.

Tropical Cottages
COTTAGES **$$**

(☎305-743-6048 ; www.tropicalcottages.net ; 243 61st St ; cottages à partir de 130 $; P 🏊). Ces jolis cottages aux tons pastel font une bonne base, surtout si vous voyagez en grand groupe. Les cottages individuels ne sont pas particulièrement chics, mais ils sont douillets et offrent un semblant d'intimité bienvenue et une atmosphère rétro. Animaux acceptés (10 $/jour).

✖ Où se restaurer

♥ Keys Fisheries
POISSON ET FRUITS DE MER **$**

(☎305-743-4353 ; www.keysfisheries.com ; 3502 Louisa St ; plats 7-16 $; ⊙8h-21h ; P 🦽). Les plats de poisson sont excellents et le *reuben* (sandwich chaud) de langouste – doux, crémeux et copieux – remporte tous les suffrages. Pour ne rien gâter, l'humour est ici de mise : pour commander, vous devrez indiquer votre voiture, couleur, etc. préférée ; la question dépend de l'humeur du barman. Le restaurant est au cœur d'une marina, et les nombreuses mouettes indiquent un port en activité.

Wooden Spoon
AMÉRICAIN **$**

(7007 Overseas Hwy ; assiettes 2-10 $; ⊙5h30-13h30 ; P). Le meilleur petit-déjeuner à la ronde, servi par de charmantes femmes du Sud qui s'y entendent en cuisine : les biscuits légers accompagnent à merveille la sauce à la saucisse, et un gruau de maïs généreusement beurré est servi avec les œufs.

Hurricane
AMÉRICAIN **$$**

(☎305-743-2200 ; 4650 Overseas Hwy ; plats 9-19 $; ⊙11h-minuit ; P 🍷). Notre bar favori à Marathon propose également une alléchante carte créative, inspirée de la gastronomie du sud de la Floride. Le vivaneau farci au crabe suit une entrée de *sliders* (mini-burgers) de conques à l'assaisonnement caribéen. Les ailes de poulet, à la fois épicées et douces, sont délicieuses. Les plats du jour à 5 $ sont une aubaine au déjeuner.

🍷 Où prendre un verre et faire la fête

♥ Hurricane
BAR

(☎305-743-2200 ; MM 49,5 côté baie ; ⊙11h-minuit). Les cocktails divins et le personnel effronté et chaleureux participent au succès

---

RICHESSES NATURELLES

Le paysage des Keys peut facilement sembler monotone : une succession de broussailles sans rien de spectaculaire, hormis l'océan à perte de vue depuis l'Overseas Hwy.

Cependant, ne vous fiez pas aux apparences. Les Keys possèdent l'un des environnements les plus exceptionnels et fragiles des États-Unis. Si les différences entre les écosystèmes sont minimes, quand vous saurez faire la distinction entre un *hammock* et un marécage, vous verrez l'archipel sous un autre jour. Le Crane Point Museum (ci-contre) et le Florida Keys Eco-Discovery Center (p. 176) offrent d'excellentes introductions à la nature dans les Keys.

La mangrove, la végétation la plus fascinante de l'archipel, pousse sur le rebord peu profond qui entoure les îles (et apporte à l'eau ce superbe bleu-vert de Floride), tel un entrelacs de doigts ligneux effleurant l'eau en permanence. La mangrove filtre et stabilise les sédiments.

Les trois espèces d'arbres qui composent la mangrove sont des miracles d'adaptation. Les palétuviers rouges, au bord de l'eau, possèdent des racines aériennes qui leur permettent de "respirer" alors qu'ils poussent dans l'océan. Les palétuviers noirs, plus à l'intérieur des terres, survivent grâce à leurs racines "tubérisées", les pneumatophores. Ces racines d'apparence spongieuse poussent hors du sol boueux pour capter l'air. Les palétuviers blancs, ceux qui poussent le plus loin de l'eau, se débarrassent par sécrétion du sel absorbé dans l'eau et dans l'eau.

Autre arbre spécifique des Keys, le gaïac, qui ne pousse nulle part ailleurs aux États-Unis, n'est pas une mangrove. Sa sève fut longtemps utilisée pour traiter la syphilis, d'où son nom latin, *Lignum vitae* ou bois de vie.

du Hurricane. La clientèle se compose d'habitants, de touristes, de pêcheurs fous, de *rednecks* et de quelques journalistes, enchaînant les cocktails *Jägerbombs* (Jägermeister et Red Bull) avant de danser toute la nuit au son d'excellents groupes. Indéniablement le meilleur bar avant Key West.

Island Fish Company
BAR

(☑ 305-743-4191 ; MM 54 côté baie ; ☉ 11h30-22h). Le personnel sympathique sert des cocktails corsés sur un îlot coiffé de chaume, caressé par la brise marine et donnant sur Florida Bay. Bavardez avec le barman, laissez-lui un bon pourboire et votre verre se remplira comme par magie. L'ambiance de bord de mer détendue est typique des Keys.

Brass Monkey
BAR

(☑ 305-743-4028 ; Marathon, MM 52 ; ☉ 10h-4h). Le repaire louche des serveurs de Marathon après la fermeture des bars et des restaurants.

Marathon Cinema & Community Theater
CINÉMA

(☑ 305-743-0288 ; www.marathontheater.org ; 5101 Overseas Hwy). Un cinéma à l'ancienne avec une seule salle, de grands fauteuils inclinables et de larges supports pour les boissons.

ⓘ Renseignements

Fisherman's Hospital (☑ 305-743-5533 ; www.fishermanshospital.com ; 3301 Overseas Hwy). Possède un grand service d'urgences.
Marathon Visitors Center Chamber of Commerce (☑ 305-743-5417, 800-262-7284 ; www.floridakeysmarathon.com ; MM 53,5 côté baie ; ☉ 9h-17h). Vend des billets pour les bus Greyhound.

ⓘ Depuis/vers les Middle Keys

Vous pouvez rejoindre en avion l'**aéroport de Marathon** (☑ 305-289-6060 ; MM 50,5 côté baie) ou prendre un bus Greyhound, qui fait halte à l'aéroport.

LOWER KEYS

Les personnes résidant dans les Lower Keys sont soient des *snowbirds*, soit des Conchs d'origine (voir l'encadré p. 176). Certaines familles habitent les Keys depuis des générations et des endroits de Big Pine évoquent davantage la région du Panhandle que l'Overseas Hwy. Curieusement, les îles sont

plus isolées, rurales et traditionnelles aux abords de Key West, relativement cosmopolite et hétérogène, avec une forte population homosexuelle.

Big Pine, Bahia Honda et Looe Key

Sillonnée de routes paisibles, Big Pine est le lieu de résidence favori des employés de Key West qui ont réussi à contourner les prix astronomiques de l'immobilier, et l'un des habitats privilégiés des cerfs des Keys. Bahia Honda possède une belle plage de sable, tandis que les récifs coralliens de Looe permettent de fabuleuses plongées.

⊙ À voir et à faire

Bahia Honda State Park
PARC

(☑ 305-872-3210 ; www.bahiahondapark.com ; MM 36,8 ; par voiture/moto/vélo 5/4/2 $; ☉ 8h-crépuscule ; ♿). Avec une longue plage de sable blanc (jonchée d'algues), ce parc est le site phare du secteur. Appelée localement Sandspur Beach, c'est sans doute l'une des plus belles plages naturelles de l'archipel. Sinon, pour une jolie vue sur les îles alentour, rien ne vaut une balade le long du **Bahia Honda Rail Bridge**, l'ancien pont ferroviaire.

Vous pouvez aussi emprunter les sentiers nature (avec leurs papillons) et visiter le centre scientifique, où des employés serviables vous aideront à reconnaître les crabes caillous, les vers de feu, les limules et les cténophores translucides. L'administarion du parc propose des sorties de snorkeling de 1 heure 30 à 9h30 et 13h30 (adulte/enfant 30/25 $). Mieux vaut réserver en haute saison.

Looe Key National Marine Sanctuary
PARC MARIN

(☑ 305-809-4700 ; floridakeys.noaa.gov). À 5 miles nautiques de Big Pine, Looe (prononcez lou) Key n'est pas une île mais un récif qui fait partie du Florida Keys National Marine Sanctuary. D'une superficie de quelque 2 800 miles nautiques carrés, il est géré par la National Oceanic & Atmospheric Administration. Le récif ne peut se visiter qu'en circuit en bateau organisé par un centre de plongée des Keys, dont le **Looe Key Dive Center** (☑ 305-872-2215 ; www.diveflakeys.com ; snorkeling/plongée 40/70 $).

La réserve marine doit son nom à une frégate anglaise qui sombra à cet endroit

LE CERF DES KEYS

En empruntant les routes secondaires de Big Pine Key, vous aurez de bonnes chances d'apercevoir un cerf des Keys, de la taille d'un grand chien. Vivant jadis sur le continent, ces cervidés ont été coincés sur les îles durant la formation des Keys. Progressivement, l'espèce est devenue plus petite et les portées se sont réduites à un petit pour s'adapter aux ressources alimentaires réduites. Vous ne verrez pas de hardes de cerfs nains galopant dans un fracas de tonnerre mais, avec de l'obstination et de la patience, vous devriez apercevoir ces jolis cervidés. Ils sont même si nombreux qu'il faut respecter scrupuleusement la limitation de vitesse. Sachez que la vitesse est encore plus réduite la nuit car les voitures restent la première cause de mortalité du cerf des Keys.

Pour visiter le National Key Deer Refuge, suivez le Key Deer Blvd (à droite aux feux de l'Overseas Hwy, à l'extrémité sud de Big Pine), vers le nord sur 2 km à partir du MM 30,5.

en 1744. Le récif de Looe Key renferme l'*Adolphus Busch,* un navire de 64 m utilisé en 1957 dans le film *L'Enfer des tropiques* et coulé en 1998 à 33 m de profondeur.

National Key Deer Refuge Headquarters · RÉSERVE NATURELLE

(☑ 305-872-2239 ; www.fws.gov/nationalkeydeer ; Big Pine Shopping Center, MM 30,5 côté baie ; ☺ 8h-17h lun-ven ; ♿). Sorte de mini-Bambi, le cerf des Keys est une sous-espèce menacée du cerf à queue blanche, qui vit principalement sur Big Pine Key et No Name Key. Le personnel de la réserve est une mine d'informations sur l'animal et les Keys en général. Le refuge s'étend sur plusieurs îles, mais les sections ouvertes au public se trouvent à Big Pine et No Name.

Le bureau du parc administre également le **Great White Heron National Wildlife Refuge**, 100 000 ha de haute mer et d'îles de mangrove au nord des principales Keys, uniquement accessible en bateau ; aucune infrastructure touristique ne permet de le rejoindre, mais le personnel vous renseignera sur les cartes nautiques et les hérons qui le peuplent.

Blue Hole · ÉTANG

(près MM 30,5 ; ☺ 24h/24). Ce petit étang (une ancienne carrière) est la plus grande étendue d'eau douce des Keys, un joli miroir d'eau bleue (ou plutôt verdâtre) entouré d'un sentier et de panneaux d'information. Il abrite des tortues, des poissons et des échassiers. À environ 400 m le long de la même route, vous trouverez le **Watson's Nature Trail** (moins de 1,5 km) et le **Watson's Hammock**, une zone boisée typique des Keys.

Certains nourrissent (illégalement) les animaux ; ne les imitez pas.

No Name Key · ÎLE

Peu visitée, No Name Key est essentiellement une île résidentielle et l'un des meilleurs endroits pour voir le cerf des Keys. De l'Overseas Hwy, suivez le Watson Blvd, tournez à droite, puis à gauche dans le Wilder Blvd. Traversez le Bogie Bridge et vous voilà à No Name.

Veterans Memorial Park & Beach · PARC

(MM 39 côté océan ; ☺ aube-crépuscule ; ♿). Ce petit parc est parfait pour pique-niquer (il y a des tables abritées) et accéder aux laisses et aux mangroves qui forment la majeure partie du littoral des Keys. La vue sur l'océan est splendide.

Big Pine Flea Market · MARCHÉ

(MM 30,5 côté océan ; ☺ 8h-crépuscule sam-dim). Ce marché aux puces attire des habitants de toutes les Keys et donne l'occasion d'acquérir les bizarreries et les secrets les mieux gardés des vendeurs, pour 0,50 $ seulement !

Strike Zone Charters · SNORKELING, PLONGÉE

(☑ 305-872-9863 ; www.strikezonecharter.com ; MM 29,5 côté baie). Des sorties de snorkeling (38 $) et de plongée (48 $) à bord de bateaux à fond de verre, qui permettent de découvrir les infinies variétés de poissons tropicaux, le corail et la faune marine dans la réserve de Looe Key. Certificat PADI Open Water (395 $).

🛏 Où se loger

💙 Bahia Honda State Park Campground · CAMPING $

(☑ 305-872-2353 ; www.reserveamerica.com ; MM 37, Bahia Honda Key ; empl/bungalows 38,50/122,50 $; Ⓟ). 🍴 Bahia Honda possède le meilleur camping des Keys. Dès le réveil, vous pourrez piquer une tête dans la mer sous un magnifique ciel bleu, mais les phlébotomes (ces horribles moucherons qui piquent, ou *sand flies*) vous ramèneront à la dure réalité ! Le camping compte 6 bungalows, où peuvent accueillir 6 personnes, et 200 emplacements à courte distance de la plage. Réservez dès que possible.

Barnacle Bed & Breakfast B&B $$

(☎305-872-3298 ; www.thebarnacle.net ; 1557 Long Beach Dr, Big Pine Key ; ch 165-235 $; P ⊠). L'atrium de ce B&B est balayé par la brise océane, et les chambres, toutes différentes et joliment décorées, s'agrémentent d'objets tropicaux et de baies vitrées qui laissent entrer le soleil. Prenez vos repas sur la terrasse, qui domine l'océan, et profitez de la piscine et du Jacuzzi, ou balancez-vous dans un hamac.

Parmer's Resort HÔTEL $$

(☎305-872-2157 ; www.parmersresort.com ; 565 Barry Ave, Little Torch Key, près MM 28,5 côté baie ; ch hiver 159-304 $, été 99-209 $; P ⊛ ⊠). Malgré une apparente exiguïté, ce domaine s'étend sur 2 ha à Little Torch Key. Les chambres, séduisantes et spacieuses, donnent sur des canaux et des bras de mer, et leurs balcons ont vue sur les îles.

❤ Deer Run Bed & Breakfast B&B $$$

(☎305-872-2015 ; www.deerrunfloridabb.com ; 1997 Long Beach Dr, Big Pine Key, près MM 33 côté océan ; ch 255-375 $; P ⊛ ⊠). ✎ Situé dans un secteur isolé de Long Beach Dr à deux pas de la plage, cet écolodge compte 4 chambres confortables. Pendant que vous vous promenez en bateau ou que vous barbotez dans la piscine chauffée du jardin, les propriétaires mitonnent des repas bio végétariens.

Little Palm Island
Resort & Spa COMPLEXE HÔTELIER $$$

(☎305-515-3019, 800-343-8567 ; www.littlepalmisland.com ; forfaits à partir de 890 $; @ ⊛ ⊠). Vous devrez prendre un bateau ou un avion et prévoir un budget important pour rejoindre cette île privée. Une fois là vous attendent des jardins zen, des lagons bleus et un luxe mêlant agréablement style tropical et colonial.

✖ Où se restaurer

No Name Pub PIZZERIA $

(☎305-872-9115 ; N Watson Blvd, Big Pine Key, près MM 30,5 côté baie ; plats 7-18 $; ⊙11h-23h ; P). Ce pub "sans nom" est l'une de ces adresses introuvables que tout le monde semble connaître. Malgré son emplacement isolé, tous les touristes s'y retrouvent dans une ambiance survoltée. Le service est sympathique, la bière locale et les pizzas, excellentes.

Il se situe sur Big Pine Key (et non sur No Name Key), juste après le pont.

Coco's Kitchen DINER $

(Big Pine Key Shopping Center, MM 30,5 côté baie ; plats et sandwichs 10,50 $; ⊙7h-14h et 16h-19h mar-sam ; P ⊛). Passez l'étonnante devanture à miroir et rejoignez les pêcheurs locaux et les clients du supermarché Winn Dixie voisin pour vous régaler de plats américains classiques et de spécialités cubaines, comme le *picadillo* (bœuf haché aux épices), en écoutant les ragots.

Good Food Conspiracy VÉGÉTARIEN $

(☎305-872-3945 ; Big Pine Key, MM 30 côté océan ; plats moins de 10 $; ⊙9h30-19h lun-sam, 11h-17h dim ; P ⊠). ✎ Amateurs d'alimentation saine, réjouissez-vous : ce petit restaurant-épicerie bio macrobiotique sert tous les légumes verts, les germes, les herbes et le tofu dont vous rêvez. Il comprend un bar à smoothies et jus de fruits.

ℹ Renseignements

Lower Keys Chamber of Commerce (☎305-872-2411 ; www.lowerkeyschamber.com ; MM 31 côté océan ; ⊙9h-17h lun-ven, 9h-15h sam). Informations et brochures touristiques.

Sugarloaf Key et Boca Chica Key

Dernière zone avant Key West, la destination phare de l'archipel, ce secteur n'offre pas grand-chose, hormis des ponts qui enjambent de ravissantes étendues d'eaux turquoise, quelques bons restaurants et une curieuse tour en bord de route.

Cette section des Keys s'étend du MM 20 jusqu'à l'entrée de Key West.

◉ À voir

Perky's Bat Tower TOUR

(Sugarloaf Key, MM 17). Cette tour en bois à l'allure vaguement aztèque est une étrange réalisation d'un promoteur immobilier. Dans les années 1920, Richter C. Perky eut la brillante idée de transformer l'endroit en une petite cité balnéaire. Les moustiques posant problème, il fit construire une tour de 10 m de haut pour y installer une colonie de chauves-souris qui, espérait-il, dévorerait les insectes. Les chauves-souris s'enfuirent aussitôt.

Sheriff's Animal Farm ZOO

(☑305-293-7300 ; 5501 College Rd, Stock Island ; ⊙13h-15h 2e et 4e dim du mois ou sur rdv ; P♿). Juste avant d'arriver à Key West, vous pourrez faire halte dans cette ferme, située près du bureau (et centre de détention) du shérif du comté de Monroe. Ce refuge pour les animaux abandonnés du comté séduit immanquablement les enfants (téléphonez avant de venir et Jeanne Selander vous le fera volontiers visiter). Des tortues, des maras (une espèce de rongeur), des oiseaux, des lamas et un python albinos font partie des pensionnaires.

🛏 Où se loger

Sugarloaf Lodge HÔTEL $$

(☑305-745-3211, 800-553-6097 ; www.sugarloaflodge.net ; Sugarloaf Key, MM 17 ; ch 120-170 $; P♨). Si les 55 chambres de style motel n'ont rien d'extraordinaire, elles jouissent toutes d'une superbe vue sur la baie. Le Sugarloaf dispose d'un restaurant, d'un bar tiki et d'une marina, en plus d'un aérodrome pour un circuit en hydravion ou du parachutisme.

🍴 Où se restaurer

Baby's Coffee CAFÉ $

(☑305-744-9866 ; MM 15 côté océan ; ⊙7h-18h lun-ven, 7h-17h sam-dim). Ce café très détendu possède une brûlerie et vend des sachets de l'excellent café maison, ainsi que des produits de base, des alléchantes pâtisseries au savon liquide !

Mangrove Mama's CARIBÉEN $$

(☑305-745-3030 ; MM 20 côté océan ; déj 10-15 $, dîner 15-29 $; ⊙11h30-15h30 et 17h30-22h ; P♿). Une gargote en bord de route épatante, dédiée aux produits de la mer préparés à la caribéenne – crevettes à la noix de coco, ragoût de conques épicé, langouste. Dégustez-les dans le patio au son du reggae live.

KEY WEST

Comme toutes les frontières, les Keys ont toujours attiré les marginaux et les excentriques. Dernier avant-poste des États-Unis, Key West, l'île la plus superbement étrange (ou étrangement superbe) du pays, séduit les personnages les plus extravagants. L'ambiance est totalement délirante, généralement dans le bon sens du terme, mais pas toujours. Festivals littéraires, villas caribéennes, polars tropicaux et galeries d'art hors de prix côtoient défilés fétichistes SM, beuveries estudiantines et T-shirts d'un goût plus que douteux.

Alors que les autres Keys ont un côté *country* plus prononcé, Key West, havre historique pour les homosexuels et les artistes, reste plus "centre gauche". Les habitants vénèrent leur non-conformisme, sans doute parce que la bizarrerie constitue la particularité de cette île tropicale superbe, où les belles de nuit fleurissent en soirée, tandis que le romantisme des maisons caribéennes arrache des soupirs.

👁 À voir

💙 Mallory Square PLACE

(♿). Rassemblez toutes les énergies, sous-cultures et étrangetés des Keys dans une fête de rue au crépuscule, éclairée aux torches et gentiment marginale : c'est le merveilleux spectacle qu'offre Mallory Square. L'animation commence lorsque le soleil entame son déclin et se poursuit crescendo.

Commandez une bière et des beignets de conques, regardez un chien funambule, un cracheur de feu, des acrobates qui chancellent et se chamaillent et attendez la nuit, quand le carnaval prend toute son ampleur.

Duval Street RUE

Les habitants ont un sentiment d'amour-haine pour la rue la plus célèbre de Key West (voire des Keys). Duval St, l'artère principale de la vieille ville, est un temple de l'alcool, du mauvais goût et des comportements déplaisants. Mais elle a aussi un côté amusant. Faire la tournée des pubs de la rue est une expérience complètement folle. L'ensemble d'enseignes au néon, de spectacles de drag-queens, de boutiques de T-shirts kitsch, de cinémas et d'ateliers d'art se révèle plus plaisant que déstabilisant.

Maison d'Hemingway DEMEURE HISTORIQUE

(☑305-294-1136 ; www.hemingwayhome.com ; 907 Whitehead St ; adulte/enfant 13/6 $; ⊙9h-17h). Résident chéri de Key West, Ernest Hemingway vécut dans cette somptueuse demeure de style colonial espagnol de 1931 à 1940. Il s'y installa lorsqu'il était jeune trentenaire avec sa deuxième épouse, rédactrice de mode pour *Vogue* et (ancienne) amie de sa première femme (il quitta cette maison lorsqu'il s'enfuit avec sa troisième femme). C'est là qu'il écrivit *L'Heure triomphale de*

Francis Macomber et *Les Vertes Collines d'Afrique*. La propriété est habitée par de nombreux descendants de ses fameux chats à six doigts, qui y font la loi.

Florida Keys Eco-Discovery Center
MUSÉE

(☎305-809-4750 ; eco-discovery.com/ecokw. html ; 35 East Quay Rd ; ⏰9h-16h mar-sam ; Ⓟ 🅿). 🎣 GRATUIT Après avoir visité les Keys en vous posant des questions sur cet écosystème unique, vous obtiendrez les réponses dans cet excellent écocentre, à la fois pédagogique, bien conçu et amusant. Les enfants l'adorent.

Fort Zachary Taylor Historic State Park
PARC

(☎305-292-6713 ; www.floridastateparks.org/ forttaylor ; Truman Annex ; par voiture/moto/piéton et cycliste 6/4/2 $; ⏰8h-crépuscule). "Le parc d'État le plus méridional des États-Unis" est souvent négligé par les autorités et les visiteurs, et c'est dommage. Les murs du fort sont toujours debout et des acteurs en costume reconstituent dans l'enceinte des scènes de la guerre de Sécession et de l'époque des pirates. Des papillons volettent un peu partout dans le parc et la **plage** est la plus belle de Key West, avec du sable blanc, une eau suffisamment profonde pour nager et des poissons à observer.

Key West Cemetery
CIMETIÈRE

(angle Margaret St et Angela St ; ⏰7h-18h ; 🅿). Un labyrinthe aux allures gothiques se niche au centre de cette cité pastel. Bâti en 1847, ce cimetière couronne Solares Hill, le point culminant de l'île (à 5 m d'altitude !). Certaines des plus vieilles familles des Keys y reposent en paix, les mausolées serrés les uns contre les autres en raison du manque d'espace. L'originalité des Keys est bien présente ; des coquillages et du macramé vert ornent des pierres tombales, aux inscriptions du genre "Je vous avais bien dit que j'étais malade."

L'Historic Florida Keys Foundation assure des visites guidées à 9h30 le mardi et le jeudi (10 $/pers) à partir de l'entrée principale, à l'angle de Margaret St et d'Angela St.

Key West Butterfly & Nature Conservatory
RÉSERVE NATURELLE

(☎305-296-2988 ; www.keywestbutterfly.com ; 1316 Duval St ; tarif plein/enfant 4-12 ans 12/8,50 $; ⏰9h-17h ; 🅿). Vous pouvez vous promener dans cette vaste serre, remplie de fleurs, d'oiseaux colorés et de quelque 1 800 papillons provenant du monde entier.

Nancy Forrester's Secret Garden
JARDIN

(www.nfsgarden.com ; 518 Elizabeth St ; tarif plein/ enfant 10/5 $; ⏰10h-15h ; 🅿). Nancy, une artiste locale et un personnage des Keys, vous invite à apporter votre pique-nique (mais pas votre téléphone portable !) dans son oasis de palmiers, d'orchidées et de perroquets et d'aras en cage. Elle considère ce jardin secret comme une œuvre d'art, le dernier espace naturel non bâti (mais soigné

LA CONCH REPUBLIC : UNE FAMILLE HUMAINE

Les Conchs (prononcez "conks") sont les habitants nés et élevés dans les Keys – une espèce rare. Les "transplantés" ne peuvent accéder qu'au titre de *freshwater Conch*, ou Conque d'eau douce. Vous verrez le drapeau de la Conch Republic partout dans l'archipel, ce qui nous amène à raconter l'histoire suivante :

En 1982, des agents des douanes et des frontières des États-Unis installèrent un barrage routier à Key Largo pour arrêter trafiquants de drogue et immigrés clandestins. Alors que les embouteillages et la colère s'amplifiaient, les touristes désertaient les Keys et visitaient plutôt les Everglades. Pour manifester leur indignation, des Conchs décidèrent de faire sécession. Ils formèrent la Conch Republic et proclamèrent trois déclarations (dans cet ordre) : la sécession d'avec les États-Unis ; une déclaration de guerre aux États-Unis et la capitulation ; la demande d'une aide étrangère de 1 million de dollars. Le barrage routier fut finalement levé et, tous les ans en février, les Conchs célèbrent l'anniversaire de ces jours grisants avec des fêtes sans fin et la devise "*We seceded where others failed*" ("Notre sécession a réussi là où d'autres ont échoué", un jeu de mots entre *secede* et *succeed*, "réussir".)

Si la Conch Republic est amplement devenue un produit de marketing, elle ne déroge pas à sa devise officielle, "*One Human Family*" ("Une seule famille humaine"). Ce souci de tolérance et de respect mutuel est inhérent à l'esprit des Keys, où tout le monde est accepté, quelles que soient l'orientation sexuelle, la couleur de la peau ou la religion.

avec amour par l'homme) au cœur de Key West. Les enfants sont les bienvenus ; ils semblent adorer les oiseaux locaux.

Museum of Art & History
at the Custom House · MUSÉE

(☑ 305-295-6616 ; www.kwahs.com/customhouse.htm ; 281 Front St ; adulte/enfant/senior 7/5/6 $; ☺9h30-16h30). Ce musée d'Art et d'Histoire mérite la visite, ne serait-ce que pour la somptueuse maison des Douanes qui l'abrite, longtemps abandonnée avant une rénovation minutieuse dans les années 1990. Il présente une exposition permanente de grands portraits et possède une superbe collection d'art international, notamment caribéen.

Fort East Martello
Museum & Gardens · MUSÉE

(☑305-296-3913 ; www.kwahs.com/martello.htm ; 3501 S Roosevelt Blvd ; adulte/enfant 9/5 $; ☺9h30-16h30). Cette forteresse fut construite à l'image des tours défensives Martello édifiées par l'Empire britannique durant les guerres napoléoniennes – d'où son nom. Le fort préserve aujourd'hui le passé : souvenirs et objets historiques, art populaire de Mario Sanchez et œuvres du sculpteur Stanley Papio, qui récupérait des déchets métalliques... et une poupée réellement épouvantable.

Robert The Doll, probablement l'objet le plus hanté de Key West, est une poupée effrayante du XIXᵉ siècle qui aurait fait le malheur de ceux qui mettaient en doute ses pouvoirs. Elle semble sortie d'un roman de Stephen King ; consultez le site www.robertthedoll.org pour plus de détails.

Studios of Key West · GALERIE D'ART

(TSKW ; ☑305-296-0458 ; www.tskw.org ; 600 White St ; ☺10h-18h). Cette association à but non lucratif réunit les ateliers d'une dizaine d'artistes dans une galerie du vieux bâtiment Armory, qui s'agrémente d'un charmant jardin de sculptures. À côté des expositions d'art visuel, le TSKW accueille des lectures, des ateliers littéraires et visuels, des concerts, des conférences et des groupes de discussion. Cœur accessible de l'important mouvement artistique de la ville, il constitue une excellente introduction à la scène créative de Key West.

Little White House · ÉDIFICE HISTORIQUE

(☑305-294-9911 ; www.trumanlittlewhitehouse.com ; 111 Front St ; tarif plein/enfant 5-12 ans/senior 16/5/14 $; ☺9h-16h30, jardins 7h-18h). N'espérez pas découvrir une Maison-Blanche miniature : il s'agit de l'endroit où le président Truman passait ses vacances quand il délaissait la géopolitique d'après guerre. Vous ne pourrez accéder à cette luxueuse demeure que lors de visites guidées – qui valent plus pour les guides, intelligents, excentriques et serviables, que les nombreux objets ayant appartenu à Truman. Chacun peut se promener à loisir dans le **jardin botanique** qui l'entoure.

San Carlos Institute · ÉDIFICE HISTORIQUE

(☑305-294-3887 ; www.institutosancarlos.org ; 516 Duval St). Fondé en 1871 par des exilés cubains, le San Carlos est un splendide bâtiment de style mission espagnole. Le bâtiment actuel date de 1924. L'intérieur est orné de faïences cubaines, de marbre italien et de statues de grands hommes cubains, dont José Martí qui y prononça un discours et surnomma l'institut "La Casa Cuba". Aujourd'hui, l'édifice sert de bibliothèque, de musée, de salle de conférence et de théâtre. Il n'ouvre que durant les événements, fréquents.

Bahama Village · QUARTIER

L'ancien district bahamien de l'île se distinguait jadis par son ambiance caribéenne, que ressuscite le Goombay Festival (p. 182). Aujourd'hui, le village s'est embourgeoisé ; de nombreux secteurs sont devenus une sorte de zone périphérique pseudo-Duval St, mais certains ont conservé un charme caribéen. Au bureau du **Secretary General of the Conch Republic** (☑305-296-0213 ; www.conchrepublic.com ; 613 Simonton St), vous verrez toutes sortes de bibelots de la Conch Republic – drapeaux, souvenirs, etc.

Casa Antigua · ÉDIFICE HISTORIQUE

(314 Simonton St ; ☺10h-18h). La première demeure d'Hemingway à Key West, où il écrivit *L'Adieu aux armes*, n'a rien d'exceptionnel hormis un jardin verdoyant à l'arrière et une "visite guidée" parmi les plus kitsch des États-Unis. Moyennant 2 $, vous pourrez accéder au paisible jardin à l'arrière, où une bande enregistrée raconte l'histoire de la Casa Antigua à plein volume.

Strand Building · ÉDIFICE HISTORIQUE

(527 Duval St). Le Strand Theater était jadis l'un des grands cinémas de Key West ; il apparaît dans le film *Panic sur Florida Beach* (1993). Si l'édifice abrite désormais une pharmacie, sa façade est toujours aussi superbe.

Key West

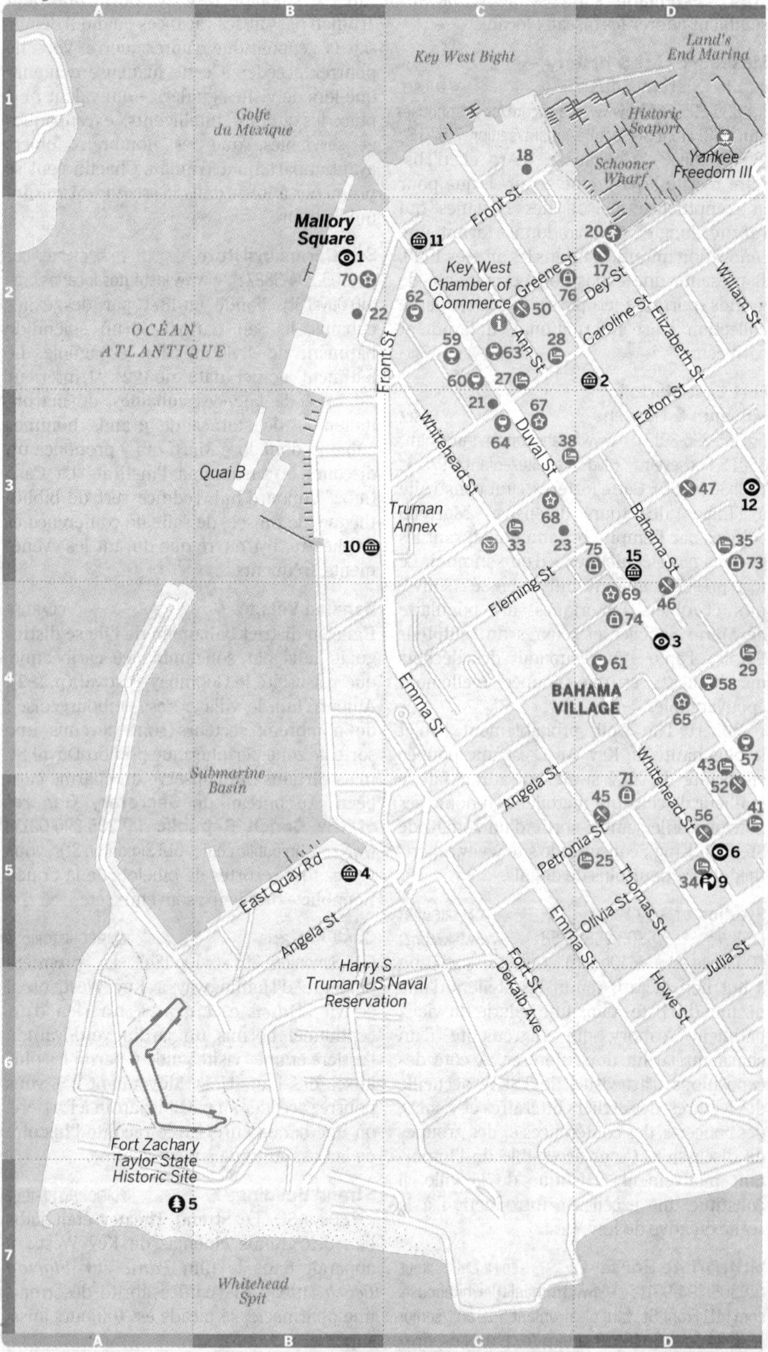

Key West Bight
Land's End Marina
Golfe du Mexique
Historic Seaport
Schooner Wharf
Yankee Freedom III
Mallory Square
OCÉAN ATLANTIQUE
Key West Chamber of Commerce
Front St
Greene St
Dey St
Caroline St
Elizabeth St
William St
Ann St
Eaton St
Whitehead St
Duval St
Quai B
Truman Annex
Bahama St
Fleming St
BAHAMA VILLAGE
Emma St
Angela St
Petronia St
Thomas St
Olivia St
Julia St
Howe St
Fort St
Dekaib Ave
Submarine Basin
East Quay Rd
Harry S Truman US Naval Reservation
Fort Zachary Taylor State Historic Site
Whitehead Spit

0 500 m
0 0,25 mile

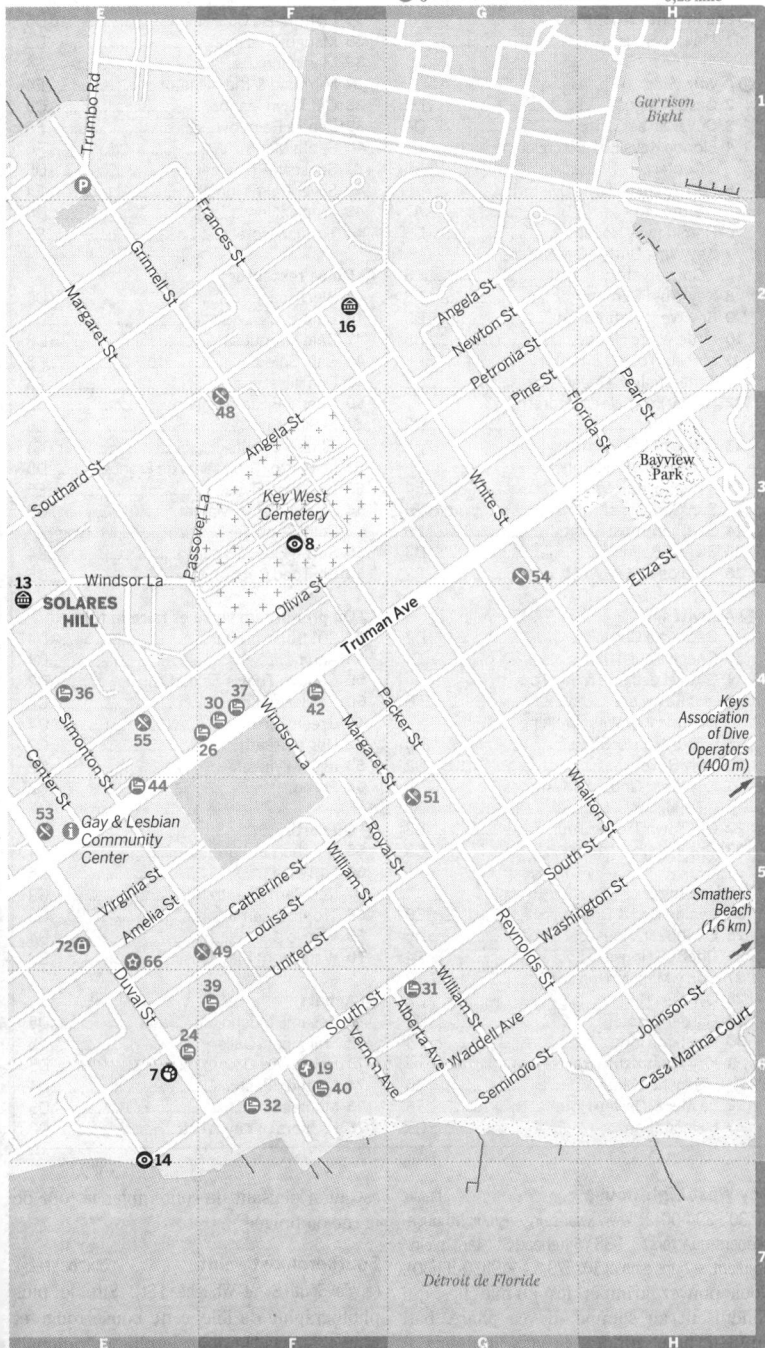

Trumbo Rd

Garrison
Bight

Frances St

Grinnell St

Margaret St

Angela St
Newton St
Petronia St
Pine St
Florida St
Pearl St

16

48

Southard St

Angela St

Key West
Cemetery

White St

Bayview
Park

Passover La

8

Windsor La

13
SOLARES
HILL

Olivia St

Truman Ave

54

Eliza St

Keys
Association
of Dive
Operators
(400 m)

36

30 37

42

Packer St

Simonton St

Center St

55

26

Windsor La

Margaret St

44

53

Gay & Lesbian
Community
Center

51

Whalton St

South St

Washington St

Smathers
Beach
(1,6 km)

Virginia St

Amelia St

Catherine St

Louisa St

William St

Royal St

Reynolds St

72

66

49

United St

39

South St

Vernon Ave

William St

Alberta Ave

Waddell Ave

31

Johnson St

Casa Marina Court

24

7

19

40

Duval St

Seminole St

32

14

Détroit de Floride

Key West

Key West Lighthouse PHARE

(☎305-294-0012 ; www.kwahs.org/visit/lighthouse-keepers-quarters/ ; 938 Whitehead St ; tarif plein/étudiant, + 7 ans/senior 10/5/9 $; ◎9h30-16h30). Vous pouvez grimper les 88 marches qui conduisent au sommet de ce phare, bâti en 1846, pour admirer la vue. Toutefois, il est aussi plaisant de contempler la tour de la rue ombragée.

Southernmost Point POINT DE REPÈRE

(angle South St et Whitehead St). Site le plus photographié de l'île, cette bouée rouge et noir n'est pas "le point le plus méridional" des États-Unis (qui se trouve dans la base navale interdite toute proche), mais la curiosité la plus surfaite de Key West.

🏃 Activités

Plages

Key West n'est pas une destination balnéaire en soi. Les habitants vont plutôt à Bahia Honda pour bronzer et nager. Cependant, les trois étroites plages municipales, sur la côte sud, sont plaisantes et baignées d'une eau calme et claire. **South Beach** se situe au bout de Simonton St. **Higgs Beach**, à l'extrémité de Reynolds St et de Casa Marina Ct, dispose de barbecues et de tables de pique-nique, et est fréquentée par la communauté gay. **Smathers Beach**, plus loin à l'est près de S Roosevelt Blvd, est prisée des amateurs de jet-ski et de parachute ascensionnel, des adolescents et des étudiants. La meilleure plage est celle de Fort Zachary Taylor (p. 176) ; le sable blanc et le calme relatif justifient le droit d'entrée.

Bateau

Consultez www.charterboatkeywest.com pour une liste des sorties de pêche et des croisières proposées à Key West.

💙 **Jolly Rover**   CROISIÈRES
(☑305-304-2235 ; www.schoonerjollyrover.com ; angle Greene St et Elizabeth St, Schooner Wharf ; croisière 45 $). Ce tour-opérateur propose tous les jours des croisières au crépuscule à bord d'une superbe goélette de 25 m en bois brun-rouge ; armée de canons, elle ressemble à un bateau de pirate.

Reelax Charters   KAYAK
(☑305-304-1392 ; www.keyskayaking.com ; MM 17 Sugarloaf Key Marina ; circuits en kayak tout compris 240 $). Pagayez pour glisser silencieusement parmi les mangroves et les laisses des Lower Keys avec Andrea Paulson. L'agence est basée à Sugarloaf Key.

Plongée et snorkeling

Si la plongée est plus intéressante à Key Largo et dans le Biscayne National park, vous pourrez explorer quelques épaves correctes au large de Key West.

Le site Internet de la **Keys Association of Dive Operators** (www.divekeys. com ; 3128 N Roosevelt Blvd) centralise des informations sur la plongée dans l'archipel ; l'association œuvre pour favoriser des activités sous-marines durables en créant des récifs artificiels et en promouvant des pratiques sûres de navigation et de plongée.

Captain's Corner   PLONGÉE
(☑305-296-8865 ; 631 Greene St ; snorkeling/plongée à partir de 40/75 $). Ce centre de plongée organise des sorties de snorkeling et de plongée vers les épaves et les récifs coralliens des environs.

Dive Key West   PLONGÉE
(☑305-296-3823 ; www.divekeywest.com ; 3128 N Roosevelt Blvd ; snorkeling/plongée à partir de 60/75 $). Le plus grand centre de plongée de l'île. Sorties de plongée sur des épaves à 135 $, équipement et oxygène compris.

👉 Circuits organisés

Rédigée par une habitante, le *Sharon Wells' Walking & Biking Guide to Historic Key West* est une brochure qui décrit des promenades à faire à pied ou à vélo ; elle est distribuée gratuitement dans les hôtels et les commerces de la ville. Consultez le site www.walkbikeguide.com.

Old Town Trolley Tours   CIRCUITS EN TROLLEY
(☑888-910-8687 ; www.trolleytours.com/key-west ; tarif plein/senior/enfant -13 ans 30/27 $/gratuit ; ⊙circuits 9h-16h30 ; 🚻). Excellente introduction à la ville, ces circuits commentés en trolley de 1 heure 30 (montée et descente à volonté) partent de Mallory Square et décrivent une boucle dans la ville, avec 9 arrêts. Les trolleys partent toutes les 15 à 30 minutes de 9h à 16h30 tous les jours. Le commentaire, un peu superficiel, donne un bon aperçu de l'histoire de Key West.

Conch Tour Train   CIRCUITS EN TRAIN
(☑305-294-5161 ; www.conchtourtrain.com ; tarif plein/senior/enfant -13 ans 30/27 $/gratuit ; ⊙circuits 9h-16h30 ; 🚻). Géré par la même compagnie que le trolley, ce circuit s'effectue dans un petit train plus aéré (sans montée ni descente à l'envi). Des forfaits sont proposés, avec des réductions pour des sites comme la maison d'Hemingway.

Historic Key West Walking Tour   PROMENADE À PIED
(☑800-844-7601 ; www.trustedtours.com ; 1 Whitehead St ; adulte/enfant 18/9 $). Cette promenade d'environ 2 heures passe par des bâtiments majeurs et des sites historiques de l'île. Réservation indispensable.

Key West Ghost & Mysteries Tour   CIRCUITS FANTÔMES
(☑305-292-2040 ; www.keywestghostandmysteriestour.com ; circuits au départ de Duval et Caroline ; adulte/enfant 18/10 $; ⊙21h). Un

circuit ludique, axé sur les fantômes, pour toute la famille (aucune grosse frayeur ne vous attend).

Original Ghost Tours
CIRCUITS FANTÔMES

(☑ 305-294-9255 ;www.hauntedtours.com ;adulte/ enfant 15/10 $; ⊙ 20h et 21h). Les histoires des esprits qui hantent divers endroits, dont la moitié des bars et des hôtels de l'île.

✹ Fêtes et festivals

Contactez la **Key West Art & Historical Society** (☑305-295-6616 ; www.kwahs.com) pour des informations sur les expositions d'art, les lectures littéraires, les festivals de cinéma, etc.

Key West Literary Seminar
LITTÉRATURE

(www.kwls.org). Existant depuis 23 ans, il attire des écrivains renommés de tout le pays en janvier (comptez des centaines de dollars pour y assister).

Robert Frost Poetry Festival
LITTÉRATURE

En avril. Contactez les Studios of Key West (p. 177) pour plus de détails sur ce festival de poésie.

Hemingway Days Festival
CULTURE

(www.fla-keys.com/hemingwaymedia/). Fin juillet, ce festival s'accompagne de festivités, d'une course de 5 km et d'un concours de sosies de l'écrivain.

WomenFest
LESBIENNES ET TRANSEXUELLES

(www.womenfest.com). Ce festival attire des milliers de lesbiennes qui viennent faire la fête début septembre.

Fantasy Fest
CULTURE

(www.fantasyfest.net). Durant la semaine qui précède Halloween, tous les hôtels sont décorés et tout le monde se déguise.

Goombay Festival
CULTURE

(www.goombay-keywest.org). Durant la même semaine que le Fantasy Fest, ce festival célèbre la cuisine, la culture et l'artisanat bahamiens.

Parrot Heads in Paradise Convention
MUSIQUE

(www.phip.com/motm.asp). En novembre, un festival dédié aux "têtes de perroquet" – autrement dit aux fans du chanteur Jimmy Buffet.

🛏 Où se loger

Entre les hôtels de charme, les confortables B&B et les complexes hôteliers quatre-étoiles, vous n'aurez que l'embarras du choix. Si certaines adresses sont plus centrales que d'autres, tous les hôtels de la vieille ville se situent à courte distance de l'animation. La plupart des hôtels de Key West sont *gay friendly.*

Caribbean House
PENSION $

(☑305-296-0999 ; www.caribbeanhousekw.com ; 226 Petronia St ; été 89 $, hiver 119-139 $; P ❀ @). Au cœur de Bahama Village, ce charmant cottage caribéen jaune canari se distingue par son ambiance joyeuse. Il compte 10 petites chambres aux couleurs vives sans rien d'extraordinaire, mais confortables et bon marché.

Key West Youth Hostel & Seashell Motel
AUBERGE DE JEUNESSE $

(☑305-296-5719 ; www.keywesthostel.com ; 718 South St ; dort à partir de 54 $, ch motel à partir de 95 $; P ❀). Pratiquement le seul hébergement adapté aux jeunes et aux voyageurs à petits budgets, bien que les prix restent trop élevés.

Mango Tree Inn
B&B $$

(☑305-293-1177 ; www.mangotree-inn.com ; 603 Southard St ; 150-200 $; ❀ 🛜 ❀). Un B&B sans prétention aux jolies chambres lumineuses, toutes décorées dans le style tropical chic – des meubles en rotin aux hibiscus épanouis. Piscine dans la cour. Une affaire, vu la proximité du centre.

Seascape Tropical Inn
B&B $$

(☑305-296-7776, 800-765-6438 ; www.seascapetropicalinn.com ; 420 Olivia St ; ch 184-250 $; ❀ 🛜 ❀). Situé non loin de l'ancienne maison d'Hemingway, ce B&B est une bonne adresse, avec ses 6 chambres lumineuses et aérées, agrémentées de détails chaleureux, comme des édredons aux motifs floraux et des draps de haute qualité.

Old Town Manor
BOUTIQUE-HÔTEL $$

(☑305-292-2170 ; www.oldtownmanor.com ; 511 Eaton St ; 185-275 $; ❀ 🛜 ❀). S'il se considère comme un B&B (le petit-déjeuner est inclus), cet établissement ressemble plus à un hôtel de charme. Il n'y a que 14 chambres, éparpillées dans un jardin luxuriant, toutes aménagées dans le style tropical habituel, mais avec plus de classe qu'ailleurs dans les Keys. Service excellent et sympathique.

L'Habitation
PENSION $$

(☑305-293-9203 ; www.lhabitation.com ; 408 Eaton St ; ch 119-189 $; ❀ 🛜). Dans ce beau cottage classique des Keys, les hôtes séjournent dans de charmantes chambres aux douces couleurs tropicales, avec des lampes

LE DRY TORTUGAS NATIONAL PARK

Il y a les îles des Keys reliées par une route pratique, puis il y a les autres : les plus jolies îles de l'archipel exigent quelques efforts supplémentaires. Ponce de León les baptisa Las Tortugas (Les Tortues) en raison des tortues de mer qui les habitaient. L'absence d'eau douce incita les marins à ajouter "*dry*" ("sec"). Accessibles en bateau ou en avion, les **Dry Tortugas** (305-242-7700 ; www.nps.gov/drto ; tarif plein/15 ans et moins 5 $/ gratuit) sont aujourd'hui un parc national contrôlé par le National Park Service.

Les Tortugas furent à l'origine la base navale avancée des États-Unis dans le golfe du Mexique. Lors de la guerre de Sécession, **Fort Jefferson**, la principale construction des îles, était devenu une prison pour les déserteurs de l'Union et d'au moins quatre autres détenus, dont le Dr Samuel Mudd, arrêté pour complicité dans l'assassinat d'Abraham Lincoln. Ceci valut à l'île un nouveau surnom : "Devil's Island" ou île du Diable – une appellation prophétique car une épidémie de fièvre jaune fit 38 morts en 1867, puis le fort fut abandonné après le passage d'un ouragan en 1873. Il rouvrit en 1886 en tant que lieu de quarantaine pour les malades de la variole et du choléra, fut déclaré monument national en 1935 par Franklin D. Roosevelt, et classé parc national par George Bush senior en 1992.

Le parc, qui peut se visiter dans la journée, comprend un camping de 10 emplacements (3 $ par personne et par nuit) à Garden Key, distribués selon le principe du premier arrivé, premier servi, et une plage tranquille (un miracle en Floride !). Réservez tôt en téléphonant au National Park Service. Le camping dispose de toilettes, mais vous ne trouverez ni douche d'eau douce ni eau potable ; apportez tout le nécessaire. Les eaux translucides sont idéales pour le snorkeling et la plongée. Un **centre d'information des visiteurs** est installé dans le Fort Jefferson.

Pour préparer un repas, repérez les bateaux de pêche et rejoignez-les en kayak ou à la nage pour échanger langoustes, crabes ou crevettes contre des boissons. En mars et avril, d'innombrables oiseaux migrateurs passent par les îles et le ciel est constellé d'étoiles toute l'année.

Comment s'y rendre

Si vous possédez un bateau, les Dry Tortugas sont couvertes par la carte n°11438 du National Ocean Survey. Sinon, le **Yankee Freedom III** (800-634-0939 ; www. drytortugas.com/ ; Historic Seaport) effectue la rapide traversée entre Garden Key et l'Historic Seaport (à l'extrémité nord de Margaret St). L'aller-retour revient à 165/120 $ par adulte/enfant et comprend un petit-déjeuner continental, un pique-nique pour le déjeuner, l'équipement de snorkeling et une visite de 45 minutes du fort. Réservation recommandée.

Les **Key West Seaplanes** (305-294-0709 ; www.seaplanesofkeywest.com) peuvent transporter jusqu'à 10 passagers (vol de 40 min dans chaque sens). Un circuit de 4 heures coûte 295/236 $ par adulte/enfant de plus de 2 ans ; celui de 8 heures vaut 515/412 $ – ils sont gratuits pour les enfants de moins de 2 ans. Réservez au moins 1 semaine à l'avance.

L'entrée du parc (5 $) est comprise dans les prix ci-dessus.

ARCHIPEL DES KEYS ET KEY WEST KEY WEST

semblables à des sculptures contemporaines et des dessus-de-lit en patchwork de couleur vive. Le sympathique propriétaire parle français. Le porche en façade, ombragé de palmiers, est idéal pour paresser en regardant les passants.

Avalon Bed & Breakfast B&B $$
(305-294-8233, 800-848-1317 ; www.avalonbnb. com ; 1317 Duval St ; ch basse saison 109-229 $, haute saison 189-289 $;). À l'extrémité

calme de Duval St, une maison victorienne restaurée pleine de caractère, avec ses ventilateurs à l'ancienne au plafond, ses tapis aux motifs tropicaux dans le salon et des photos en noir et blanc du Key West d'antan. Service attentif. Music, le chat, aime accueillir les hôtes à la réception.

Pearl's Rainbow B&B $$
(305-292-1450, 800-749-6696 ; www.pearls-rainbow.com ; 525 United St ; ch petit-déj inclus

161-318 $; ⊞🛜⊠). L'un des meilleurs établissements lesbiens du pays, où profiter d'un jardin tropical, idéal pour la détente, et de chambres séduisantes réparties dans quelques cottages. À l'arrière, le bar de la piscine (maillot facultatif) est parfait pour l'happy hour ou le petit-déjeuner.

Chelsea House   HÔTEL $$
(📞 305-296-2211 ; www.historickeywestinns.com/the-inns/chelsea-house ; 707 Truman Ave ; ch basse saison 150-210 $, haute saison à partir de 250 $; P⊞❋@🛜⊠). Ce duo de demeures victoriennes a tout pour séduire, avec ses chambres spacieuses aux plafonds voûtés, aux grands lits confortables et à l'élégant décor floral. L'ambiance à l'ancienne des villas contraste agréablement avec la gaieté du personnel et des hôtes.

♥ Tropical Inn   BOUTIQUE-HÔTEL $$
(📞 888-651-6510 ; www.tropicalinn.com ; 812 Duval St ; ch 175-360 $; ⊞🛜⊠). Le Tropical Inn se distingue par son service remarquable et ses chambres individualisées aménagées dans une demeure historique. Chacune d'elles est décorée dans des tons pastel lumineux – mangue, citron et vert d'eau. Le délicieux petit-déjeuner (inclus) se déguste dans la cour luxuriante à côté d'une ravissante piscine. Les deux cottages adjacents offrent un cadre romantique et intime aux couples.

Curry Mansion Inn   HÔTEL $$$
(📞 305-294-5349 ; www.currymansion.com ; 511 Caroline St ; ch hiver 240-365 $, été 205-310 $; P⊞🛜⊠). Dans une ville riche en demeures majestueuses, la Curry Mansion, particulièrement belle, comporte tous les éléments d'une maison aristocratique, des colonnades typiques du Sud au belvédère de style Nouvelle-Angleterre et aux chambres floridiennes avec lits à baldaquin. Des bougainvilliers agrémentent la véranda caressée par la brise.

Mermaid & the Alligator   PENSION $$$
(📞 305-294-1894 ; www.kwmermaid.com ; 729 Truman Ave ; ch hiver 278-348 $, été 188-248 $; P⊞@🛜⊠). Joyau parmi les superbes hôtels de Key West, cette pension occupe une demeure de 1904. Confort moderne, ambiance coloniale des Keys et touches amusantes caractérisent ses 9 chambres, toutes différentes.

La suite *treetop*, avec poutres apparentes, lit et sdb dans des alcôves, est notre préférée.

La Mer & Dewey Hotel   BOUTIQUE-HÔTEL $$$
(📞 305-296-6577, 800-354-4455 ; 504 South St ; ch à partir de 400 $; ⊞🛜). Cet établissement de charme se compose de deux maisons anciennes, l'une victorienne, l'autre dans le style des cottages des Keys. Il n'y a que 19 chambres, aux aménagements modernes rehaussés d'antiquités européennes. Chacune se double d'un porche rafraîchi par la brise qui fait face à l'océan.

Santa Maria   BOUTIQUE-HÔTEL $$$
(📞 305-600-5165 ; www.santamariasuites.com ; 1401 Simonton St ; ch 300-450 $; P⊞❋⊠). Le Santa Maria occupe un magnifique bâtiment Art déco qui ne déparerait pas à South Beach, à Miami – son extérieur ravirait tous les étudiants en architecture cherchant à recenser les plus beaux exemples de ce style. À l'intérieur, les chambres ressemblent à des salons des années 1950. Quant à la piscine de la cour centrale, c'est l'une des plus belles de Key West.

Gardens Hotel   HÔTEL $$$
(📞 305-294-2661, 800-526-2664 ; www.gardens-hotel.com ; 526 Angela St ; ch et ste basse saison 165-425 $, haute saison 325-665 $; P⊞@⊠). Cet hôtel de 17 chambres est situé dans les Peggy Mills Botanical Gardens, un authentique paradis tropical. À l'intérieur, les accents caribéens et le design raffiné créent de plaisants espaces tout de vert, de blanc et de bois.

Lighthouse Court Inn   BOUTIQUE-HÔTEL $$$
(📞 305-294-5229, 800-549-4430 ; www.historickeywestinns.com/the-inns/lighthouse-court ; 902 Whitehead St ; ch à partir de 250 $; ⊞🛜⊠). Un hôtel situé près de la maison d'Hemingway, aux chambres très joliment aménagées. Toute sont d'une élégante simplicité et les tons chauds de leur parquet s'harmonisent avec les couleurs douces et les touches tropicales. Affilié aux Historic Key West Inns.

Silver Palms Inn   BOUTIQUE-HÔTEL $$$
(📞 800-294-8783 ; www.silverpalmsinn.com ; 830 Truman Ave ; ch à partir de 319 $; P⊞🛜⊠). 🚲 Égayé par une belle palette de couleurs – bleu roi, turquoise, vert tendre et jaune citron –, cet hôtel de charme se targue d'une certification écologique du Florida Department of Environmental Protection. Le tout dans une ambiance moderne de grand hôtel avec un zeste de charme tropical typique des Keys. Location de vélos et piscine d'eau de mer.

Cypress House
HÔTEL $$$

(☑ 305-294-5229, 800-549-4430 ; www.cypress-housekw.com ; 601 Caroline St ; ch 219-329 $; P ✳ 🛜 ☒). Au cœur de la vieille ville, une demeure rénovée entourée de balcons, semblable à une maison de planteur, posée dans une propriété verdoyante avec piscine. Les chambres spacieuses, à la décoration personnalisée, comportent des lits à baldaquin. Préférez celles de la Main House et de la Simonton House aux studios, plus quelconques.

Truman Hotel
HÔTEL $$$

(☑ 866-487-8626 ; www.trumanhotel.com ; 611 Truman Ave ; ch basse saison 195-285 $, haute saison 240-365 $; P ✳ 🛜 ☒). À deux pas de Duval St, ces chambres amusantes sont équipées de lits moelleux, de meubles des années 1950, de tapis zébrés, de grandes TV à écran plat et de kitchenettes. Ne manquez pas de prendre un verre près de la jolie piscine, au bar qui semble taillé dans un seul bloc de pierre.

Merlin Inn
PENSION $$$

(☑ 800-549-4430 ; www.historickeywestinns.com/the-inns/merlin-guesthouse ; 811 Simonton St ; ch à partir de 240 $; P ✳ @ ☒). Dans un jardin clos, avec une piscine et des allées surélevées, tous les aménagements sont en bambou, rotin et bois. Les chambres, hautes de plafond avec chevrons apparents, ajoutent au charme colonial de l'ensemble.

Key Lime Inn
HÔTEL $$$

(☑ 800-549-4430 ; www.historickeywestinns.com ; 725 Truman Ave ; ch à partir de 240 $; P 🛜 ☒). Ces confortables cottages, disséminés parmi des arbres tropicaux, abritent des chambres fraîches, avec meubles en osier et petites TV à écran plat.

✕ Où se restaurer

Pour une petite île, Key West offre un choix étourdissant de restaurants, des gargotes de quartier aux tables haut de gamme, capables de rivaliser avec les meilleures adresses de Miami.

Si vous souhaitez dîner "à domicile", contactez **Key West Food to Go** (www.keywestfoodtogo.com), qui vous mettra en relation avec plus d'une vingtaine de restaurants proposant un service de livraison sur toute l'île.

Duetto Pizza & Gelato
ITALIEN $

(☑ 305-848-4981 ; 540 Greene St ; plats moins de 10 $; ⊘ 8h-23h ; 🍴 ♿). Ce petit stand vendant pizzas et glaces est idéal pour un en-cas bon marché sur le pouce. Les pizzas sont bien meilleures que celles généralement vendues à emporter ailleurs à Key West

Café
VÉGÉTARIEN $

(509 Southard St ; plats 7-17 $; ⊘ 11h-22h lun-sam ; 🍴). Seule adresse végétarienne de Key West (malgré un plat de poisson), ce snack-bar ensoleillé dans la journée se transforme le soir en un restaurant plaisant, avec éclairage aux bougies et carte plus élaborée (tofu grillé et gâteau de polenta).

Six Toed Cat
AMÉRICAIN $

(☑ 305-294-3318 ; 823 Whitehead St ; plats 8-16 $; ⊘ 8h30-17h). À quelques pas de la maison d'Hemingway (p. 175), ce restaurant, qui a été baptisé ainsi en l'honneur des chats à 6 doigts de l'auteur, sert des petits-déjeuners et des déjeuners simples, frais et copieux. La langouste Bénédicte à l'avocat devrait vous donner de l'énergie pour la journée, mais au déjeuner, ne manquez pas le délicieux sandwich aux crevettes frites.

Pierogi Polish Market
EUROPÉEN DE L'EST $

(☑ 305-292-0464 ; 1008 White St ; plats 5-10 $; ⊘ 10h-20h lun-sam, 11h-18h dim ; P 🍴). L'importante population d'ouvriers saisonniers des Keys vient essentiellement d'Europe centrale et de l'Est, et c'est au Pierogi Polish Market qu'ils peuvent retrouver un peu de leur pays en dégustant des *pirogis* et autres chaussons fourrés et des blinis, en plus d'une belle sélection de sandwichs. Bien qu'il s'appelle marché polonais, il y a aussi des plats de nombreuses autres origines (hongroise, tchèque, russe, etc.).

Glazed Donuts
BOULANGERIE $

(☑ 305-294-9142 ; 420 Eaton St ; moins de 4 $; ⊘ 7h-15h ; 🍴 ♿). Les donuts sont incontournables, et vous en trouverez d'excellents dans cette ravissante boulangerie. Aussi originales que Key West elle-même, les saveurs reflètent les ingrédients de saison ; peut-être pourrez-vous en savourer à la marmelade d'orange sanguine, mangue et hibiscus, ou *piña colada*.

Seven Fish
POISSON ET FRUITS DE MER $$

(☑ 305-296-2777 ; www.7fish.com ; 632 Olivia St ; plats 17-20 $; ⊘ 18h-22h mer-lun). Une table simple et stylée, idéale pour se régaler de gnocchis maison ou d'un sublime poulet à la banane. Cela dit, rien ne vaut le poisson du jour, à déguster dans une salle parmi les plus zen de l'archipel.

Camille's
FUSION $$

(☎ 305-296-4811 ; www.camilleskeywest.com ; 1202 Simonton St ; petit-déj et déj 4-13 $, dîner 15-25 $; ⊙ 8h-15h et 18h-22h ; 🖉). Cette gargote de quartier, qui sert une cuisine saine et savoureuse, est le lieu de rendez-vous de l'équipe de softball du lycée. Depuis 20 ans, sa façade accueillante cache une cuisine experte qui produit de succulents sandwichs poulet-crudités, des pinces de crabe avec mayonnaise de Dijon et des sérioles en croûte de noix de macadamia.

Point5 Lounge
FUSION $$

(☎ 305-296-0669 ; 915 Duval St ; petites assiettes 5-17 $; ⊙ 17h-minuit, 17h-2h sam ; 🖉). Comme l'élégant Nine One Five (ci-contre), au-dessus duquel il se situe, le Point5 est beaucoup plus sophistiqué que les habituels établissements de Duval St. Il est spécialisé dans les tapas de style fusion aux influences asiatiques (rouleaux vietnamiens au poulet), européennes (cornet de frites belges) et locales (crevettes de Key West). Et tout est délicieux.

Le Bistro/Croissants de France
FRANÇAIS $$

(☎ 305-294-2624 ; 816 Duval St ; plats 12-16 $; ⊙ 7h30-22h ; 🖉). Ce charmant bistrot marie la gastronomie française à la cuisine caribéenne, et le résultat est, évidemment, succulent. À la carte : galettes de sarrasin aux saint-jacques, crevettes et crabe, ou au saumon fumé et crème aigre, et crêpes à la banane grillée, rhum et amandes pour le dessert. Vous pouvez aussi savourer un copieux cheeseburger ou préférer un sandwich baguette au brie. Le cadre recrée parfaitement l'esthétique caribéenne chic et cosy de Key West.

El Siboney
CUBAIN $$

(900 Catherine St ; plats 8-16 $; ⊙ 11h-21h30). Une gargote cubaine sans prétention, qui sert de généreuses et délicieuses portions de riz, haricots rouges et bœuf haché ou porc rôti, cuisinés avec art.

Café Solé
FRANÇAIS $$$

(☎ 305-294-0230 ; www.cafesole.com ; 1029 Southard St ; dîner 20-34 $; ⊙ 17h30-22h). Ce restaurant prisé des habitants et des critiques est réputé pour son ambiance chaleureuse et sa carte créative, pensée par un chef formé à la cuisine française qui utilise des produits locaux. Entre autres délices, citons le carpaccio de conques aux câpres et le filet de limande et foie gras,

mais ce sont les *crostini* aux anchois, un plat simple et délicieux, qui nous ont laissé un souvenir impérissable.

Nine One Five
FUSION $$$

(☎ 305-296-0669 ; www.915duval.com ; 915 Duval St ; plats 18-34 $; ⊙ 18h-minuit ; 🖉). Un restaurant stylé qui contraste avec l'environnement chahuteur et alcoolisé de Duval St. Entrez dans cette salle immaculée, moderne et élégante pour savourer une nouvelle cuisine américaine inspirée de l'Asie.

Blue Heaven
AMÉRICAIN $$$

(☎ 305-296-8666 ; blueheavenkw.homestead. com ; 729 Thomas St ; dîner 17-35 $; ⊙ 8h-16h, 8h-14h dim et 17h-22h30 tlj ; 🖉). Preuve de l'importance de l'emplacement, ce restaurant est l'un des plus curieux de l'île. Les clients (et les poules locales) dînent dans la vaste cour où Hemingway organisait jadis des matchs de boxe. L'endroit est bondé de convives qui se régalent de fritures du Sud à la mode des Keys. Les toilettes se situent dans l'ancien bordel adjacent.

Cafe Marquesa
FUSION $$$

(☎ 305-292-1244 ; 600 Fleming St ; plats 32-43 $; ⊙ 18h-22h ; 🖉). Un lieu des plus chics, avec nappes blanches, éclairage aux chandelles et cuisine excellente. Inspirés de recettes françaises, les plats sont revisités à la mode floridienne et asiatique : ainsi du *mahi-mahi* en croûte de gingembre et noix de coco et du carré d'agneau australien servi sur un lit de couscous.

🍷 Où prendre un verre et faire la fête

Key West est avant tout une succession de bars de toutes sortes, qui ferment aux environs de 3h du matin. En voici une (petite) sélection.

💙 Green Parrot
BAR

(www.greenparrot.com ; 601 Whitehead St ; ⊙ 10h-4h). Plus ancien bar de l'île, ce "perroquet vert", une *cantina* canaille, est ouvert depuis la fin du XIXe siècle. De vieilles enseignes et de l'art local ornent les murs – en plus d'un parachute au plafond et d'une table de billard.

Dans les toilettes pour hommes, la peinture *Proverbidioms* pourrait être une œuvre de Jérôme Bosch !

Porch
BAR

(www.theporchkw.com ; 429 Caroline St ; ⊙ 10h-2h lun-sam, 12h-2h dim). Si vous êtes las des bars estudiantins de Duval St, vous apprécierez le Porch, un bar accueillant à l'ambiance détendue, axé sur les bières artisanales. Les barmen plaisantent avec les clients et vous conseilleront une excellente mousse.

Garden of Eden   BAR
(224 Duval St ; ☺12h-4h). Il faut monter jusqu'au dernier étage pour découvrir ce bar-patio où les vêtements sont facultatifs ! Sachez néanmoins que la plupart des clients restent habillés (ceux qui se déshabillent sont généralement plus âgés) et qu'il est interdit de prendre des photos.

Captain Tony's Saloon   BAR
(www.capttonyssaloon.com ; 428 Greene St ; ☺10h-2h). Certains prétendent que le grand Sloppy Joe's, à proximité, était le bar d'Hemingway, mais le Captain Tony's occupe bien l'emplacement du Sloppy Joe's d'origine, avant qu'il migre dans Duval St. C'est dans ce bar que l'écrivain rencontra sa troisième épouse, une journaliste venue l'interviewer.

Irish Kevin's   BAR
(211 Duval St ; ☺10h-2h30). Le Kevin's est l'un des mégabars les plus fréquentés de Duval. Et c'est normal, avec ses spectacles quotidiens, mélange de chansons folk, de blagues graveleuses et de numéros de majorettes. La foule devient hystérique lors des reprises des tubes des années 1980. Une adresse plus amusante qu'elle n'en a l'air.

Hog's Breath   BAR
(400 Front St ; ☺10h-2h). Bon point de départ pour la tournée des bars de Duval St, un bar en plein air avec de bons groupes de rock et des Corona glacées.

☆ Où sortir

La Te Da   CABARET
(www.lateda.com ; 1125 Duval St). Les habitants se retrouvent dans le bar en plein air pour siroter une bière, tandis qu'à l'étage la splendide Crystal Room accueille d'excellents numéros de drag-queens le week-end. Des spectacles de cabaret moins délirants ont lieu dans la salle-lounge du rez-de-chaussée.

Virgilio's   JAZZ
(www.virgilioskeywest.com ; 524 Duval St). Un bar-lounge éclairé aux bougies où écouter du jazz ou de la salsa. Entrée dans Applerouth Lane.

Red Barn Theatre   THÉÂTRE
(☎305-296-9911 ; www.redbarntheatre.org ; 319 Duval St). Un petit théâtre confortable, avec des spectacles parfois avant-gardistes et toujours amusants.

KEY WEST GAY ET LESBIEN

L'emplacement de Key West, à la lisière des États-Unis, a toujours séduit artistes et originaux, avec l'ouverture d'esprit que cela implique. L'île a été l'un des premiers endroits du pays où les homosexuels ont pu ouvertement afficher leur orientation. Bien que cela soit moins vrai que par le passé, se rendre à Key West reste un rite de passage pour de nombreux Américains LGBT. Cette communauté a fortement influencé la culture locale. Outre le circuit en trolley pour hétéros, un **Gay & Lesbian Trolley Tour of Key West** (☎305-294-4603 ; 25 $) part de l'angle de South St et de Simonton St le samedi à 11h ; le commentaire détaille les coutumes et les commerces de la communauté homosexuelle (vous verrez aussi le site du Monster Club). Il est organisé par la Key West Business Guild, une fédération de commerçants homosexuels installée dans le **Gay & Lesbian Community Center** (☎305-292-3223 ; www.glcckeywest.org ; 513 Truman Ave). Vous y trouverez ce centre quelques ordinateurs, dont un avec accès gratuit à Internet, et de nombreuses informations sur la scène gay locale. Pour en savoir plus sur les événements et fêtes gays, consultez le site www.gaykeywestfl.com.

La vie nocturne gay ne se distingue guère de l'animation hétéro, tout le monde fréquentant plus ou moins tous les établissements. Néanmoins, le **Bourbon St Pub** (724 Duval St) et le **801 Bourbon Bar** (www.801bourbon.com ; 801 Duval St), qui se font face, constituent le cœur de la scène gay avec soirées karaoké animées par des drag-queens. Pour une soirée plus enjouée, avec danse et éventuels spectacles de drag-queens, gays et lesbiennes iront à l'**Aqua** (☎305-294-0555 ; www.aquakeywest.com ; 711 Duval St), tandis que les lesbiennes apprécieront le bar de la piscine du Pearl's Rainbow (p. 183), un hôtel réservé aux femmes.

Tropic Cinema
CINÉMA

(☎877-761-3456 ; www.tropiccinema.org ; 416 Eaton St). Excellent cinéma d'art et d'essai à la façade Art déco.

Waterfront Playhouse
THÉÂTRE

(☎305-294-5015 ; www.waterfrontplayhouse.com ; Waterfront Playhouse, Mallory Sq). La plus ancienne troupe de théâtre de Floride présente d'excellentes comédies musicales et pièces de théâtre. La saison dure de novembre à avril.

🛍 Achats

Belles galeries d'art, cigares, panoplies féti-chistes en cuir, T-shirts aux textes graveleux, on trouve tout à Key West !

Montage
SOUVENIRS

(512 Duval St ; ⊙9h-22h). Souvenirs d'un excellent repas ou d'une folle soirée, ce magasin vend des copies de pratiquement toutes les enseignes des bars et des restaurants des Keys, ainsi que de nombreux bibelots.

Peppers of Key West
ALIMENTATION

(602 Greene St ; ⊙10h-20h lun-sam). Toutes sortes de condiments, poivres et piments à découvrir au bar de dégustation, pendant que les sympathiques propriétaires blaguent pour vendre leurs sauces relevées, comme la Right Wing Sauce (sauce "de droite").

Bésame Mucho
CADEAUX

(315 Petronia St ; ⊙10h-18h, 10h-16h dim). Produits de beauté haut de gamme, bijoux, vêtements et articles pour la maison.

Leather Master
CUIR

(415 Applerouth Lane ; ⊙11h-22h, 11h-23h ven-sam, 12h-17h dim). Outre les costumes de gladia-teur, les slips cloutés et les masques SM, la boutique vend de très jolis sacs et chaussures.

Frangipani Gallery
ART ET ARTISANAT

(1102 Duval St ; ⊙10h-18h). L'une des meilleures galeries consacrées aux œuvres d'artistes locaux.

Haitian Art Co
ART ET ARTISANAT

(☎305-296-8932 ; 605 Simonton St ; ⊙10h-19h). Art et artisanat haïtiens.

ⓘ Renseignements

Bank of America (☎305-296-1204 ; 510 Southard St)

Citizen (www.keysnews.com). Un quotidien bien écrit, souvent amusant.

Key West Chamber of Commerce
(☎305-294-2587 ; www.keywestchamber.org ; 510 Greene St ; ⊙8h30-18h30 lun-sam, 8h30-18h dim). Une excellente source d'information.

Lower Keys Medical Center (☎305-294-5531, 800-233-3119 ; www.lkmc.com ; 5900 College Rd, Stock Island, MM 5). Ce centre médical possède un service d'urgences ouvert 24h/24.

Poste (400 Whitehead St ; ⊙8h30-21h lun-ven, 9h30-12h sam)

Solares Hill (www.solareshill.com). Un hebdomadaire légèrement engagé, qui s'intéresse aux problèmes locaux.

South Med (☎305-295-3838 ; www.southmed. us ; 3138 Northside Dr). Le Dr Scott Hall reçoit principalement des gays, mais il accueille tous les patients.

ⓘ Comment s'y rendre et circuler

Le Key West International Airport (EYW) se situe près du S Roosevelt Blvd, du côté est de l'île. Des vols proviennent de quelques grandes villes américaines, comme Miami et New York. Les vols en provenance de Los Angeles et de San Francisco font d'abord escale à Tampa, Orlando ou Miami. **American Airlines** (☎800-433-7300) et **US Airways** (☎800-428-4322) proposent plusieurs vols par jour. De l'aéroport de Key West, la courte course en taxi jusqu'à la vieille ville revient à 20 $.

Greyhound (☎305-296-9072 ; www. greyhound.com ; 3535 S Roosevelt Blvd) assure 2 bus par jour entre Key West et le centre de Miami (4 heures 30, à partir de 33 $). Ils partent de Miami à 12h35 et 18h50 et de Key West à 8h55 et 17h45.

De Miami, vous pouvez rallier les Keys en bateau avec le **Key West Express** (☎888-539-2628 ; www.seakeywestexpress.com ; adulte/enfant aller-retour 147/85 $, aller 86/60 $), qui part de la plage de Fort Myers tous les jours à 8h30 ; la traversée dure 3 heures 30. En sens inverse, le bateau quitte le port maritime à 18h. Présentez-vous 1 heure 30 avant le départ. En hiver et en automne, l'Express part également de Marco Island (adulte/enfant aller-retour 147/85 $, aller 86/60 $).

À Key West, le vélo constitue le meilleur moyen de locomotion (les hôtels du quartier de Duval St en louent près environ 12 $ la journée). Les bus du **City Transit** (☎305-292-8160 ; tickets 0,75 $), différenciés par leur couleur, circulent toutes les 15 minutes. Vous pouvez aussi louer un vélomoteur (environ 35/50 $ les 4/6 heures) ou emprunter les "Conch cruisers", des voitures électriques qui roulent à 55 km/h et reviennent à 60/220 $ par heure/jour.

Sud-est de la Floride

Pourquoi y aller

De Miami, dirigez-vous vers le nord pour découvrir des villes balnéaires dont chacune est unique, que ce soit en termes de joliesse ou d'excentricité. De Fort Lauderdale, aux multiples activités, et prisée des gays et des familles, à Palm Beach, sélecte et paisible, en passant par Lauderdale-by-the-Sea, vous aurez l'embarras du choix en matière d'aventure et de vie nocturne. Cette partie du littoral abrite aussi certaines des plus riches enclaves de Floride, comme en témoignent les demeures princières de Palm Beach.

Pour ceux que la nature ébahit davantage que la richesse ostentatoire, la région compte une pléthore de joyaux : îles retirées, marais envahis de mangroves, rivières sauvages ou dunes désertes.

Quel que soit votre programme, ne manquez pas de consacrer un peu de temps au Sud-Est lors de votre séjour.

Le top des restaurants

➡ Green Bar & Kitchen (p. 199)

➡ Sea (p. 204)

➡ Paradiso Ristorante (p. 210)

➡ Būccan (p. 215)

➡ Garage VV (p. 224)

Le top des hébergements

➡ Pillars (p. 197)

➡ Parliament Inn (p. 207)

➡ Brazilian Court (p. 215)

➡ Grandview Gardens (p. 223)

➡ Old Colorado Inn (p. 230)

Quand partir
Palm Beach

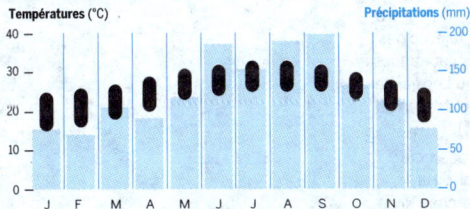

Mars-avril La folie du Spring Break, quand des étudiants fêtards envahissent les plages.

Juin-juillet Tarifs de basse saison et période de nidification des tortues.

Décembre-février Météo idéale à la plage et tournois de tennis de Delray.

À ne pas manquer

1 Une balade dans la mangrove et le long de plages paisibles dans le **John U Lloyd Beach State Park** (p. 191).

2 Un peu de culture le long de **Riverwalk** (p. 193), le plus joli secteur de Fort Lauderdale.

3 Un thé vert matcha aux **Morikami Museum and Japanese Gardens** (p. 206), à Delray Beach.

4 La vie nocturne trépidante de Lake Worth, avec les concerts de **Bamboo Room** (p. 211) et le théâtre communautaire de **Playhouse** (p. 211).

5 Le luxe de Palm Beach sans débourser un centime : du lèche-vitrines dans **Worth Avenue** (p. 213), une balade sur le **Lake Trail** (p. 214) et un après-midi bronzage à la **plage municipale** (p. 214).

6 Pêche, peinture, sculpture ou croquet à **West Palm Beach** (p. 217), riche d'une foule de divertissements.

7 Une rencontre intimiste avec des tortues caouannes et luths au **Loggerhead Marinelife Center** (p. 225).

8 La descente en kayak de la **Loxahatchee River** (p. 226), à Jupiter, pour une vue rapprochée des pneumatophores des cyprès, des forêts de mangrove et des alligators qui paressent au soleil.

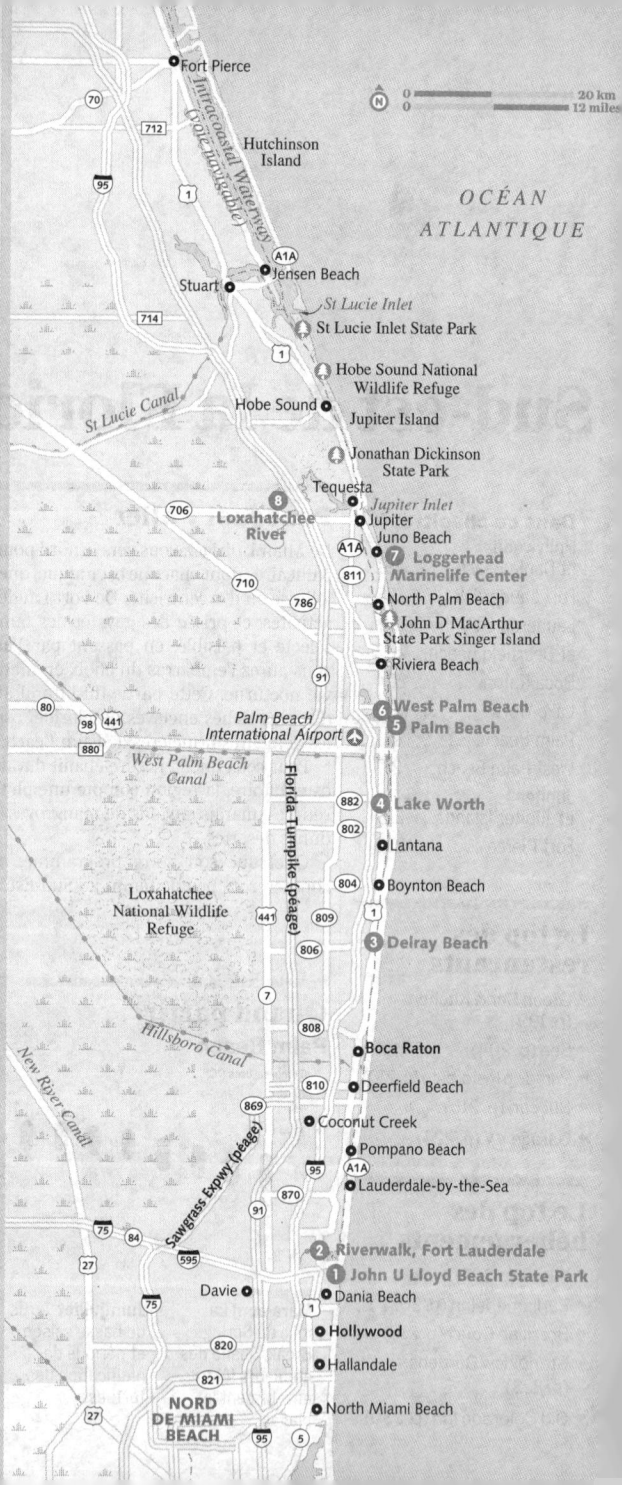

Fort Pierce

Hutchinson Island

OCÉAN ATLANTIQUE

20 km
12 miles

Jensen Beach

Stuart

St Lucie Inlet

St Lucie Inlet State Park

Hobe Sound National Wildlife Refuge

St Lucie Canal

Hobe Sound

Jupiter Island

Jonathan Dickinson State Park

Tequesta

Jupiter Inlet

8 Loxahatchee River

Jupiter

Juno Beach

7 Loggerhead Marinelife Center

North Palm Beach

John D MacArthur State Park Singer Island

Riviera Beach

West Palm Beach International Airport

Palm Beach

6 West Palm Beach

5 Palm Beach

West Palm Beach Canal

Loxahatchee National Wildlife Refuge

4 Lake Worth

Lantana

Boynton Beach

3 Delray Beach

Hillsboro Canal

Boca Raton

New River Canal

Deerfield Beach

Coconut Creek

Pompano Beach

Lauderdale-by-the-Sea

Davie

Sawgrass Expwy (péage)

Florida Turnpike (péage)

2 Riverwalk, Fort Lauderdale

1 John U Lloyd Beach State Park

Dania Beach

Hollywood

Hallandale

NORD DE MIAMI BEACH

North Miami Beach

Histoire

Sans Henry Flagler (1830-1913), un riche visionnaire, le sud-est de la Floride serait peut-être resté une jungle de choux palmistes, infestée de moustiques et d'alligators. Après avoir transformé le nord-est de l'État en un paradis hivernal dans les années 1870, Flager s'intéressa au Sud. Au milieu des années 1890, il avait déjà construit deux hôtels de classe internationale (dont le Royal Poinciana Hotel de 1 100 chambres à Lake Worth, à l'époque la plus grande construction en bois au monde), fondé Palm Beach et West Palm Beach et entamé le développement de Miami et de l'archipel des Keys.

GOLD COAST

Si le littoral atlantique qui s'étend sur une centaine de kilomètres entre Hollywood et Jupiter doit son nom (Côte d'Or) à l'or récupéré dans les épaves de la région, il le mériterait tout autant pour le sable de ses plages et l'opulence de ses habitants.

Deux itinéraires permettent de découvrir des aspects totalement différents de la côte : la Route 1, une jolie route paisible qui longe l'océan et des plages immaculées, et la Dixie Hwy, parallèle à la Route 1 dans les terres, jalonnée de bars de plongeurs et de diverses localités ouvrières. Chacune a son charme propre.

Hollywood et Dania Beach

Deux "banlieues" de Fort Lauderdale ont réussi à se faire un nom. Hollywood, une ville animée en bord de mer, à deux pas de Fort Lauderdale, profite du Spring Break depuis que Lauderdale a chassé les étudiants en goguette. Concerts sur la plage, tournois de beach-volley et fêtes alcoolisées sont devenus le quotidien d'Hollywood en mars. La cité tente aujourd'hui de redorer son image avec plusieurs constructions de style South Beach.

En revanche, Dania reste une petite localité paisible, avec un quartier d'antiquaires et un plaisant port de pêche.

⊙ À voir et à faire

Hollywood est divisée en deux zones distinctes : la plage jalonnée d'hôtels et le centre-ville plein de caractère, inscrit au Registre national des lieux historiques.

Hollywood Beach et Broadwalk
PLAGE

À l'instar de la fameuse Venice Beach de Californie, cette plage et sa promenade sont fréquentées par des adeptes du roller court vêtus et par des touristes. La Broadwalk elle-même est une large allée, de 3,5 km de long, qui part du joli **North Beach Park** (3601 N Ocean Dr ; ⊙11h-17h) GRATUIT, où la route est bordée de raisiniers bord de mer, et va jusqu'à **South Surf Road**. Elle est généralement bondée de skateurs, de promeneurs et de familles pédalant sur des rosalies. Ces dernières aiment s'arrêter au **Charnow Park** (300 Garfield St), où sont installés des bancs ombragés et une fontaine interactive très populaire.

Pour profiter au mieux de votre balade, la Broadwalk compte une dizaine de loueurs de vélos (10/30 $ par heure/jour), de rollers et de matériel de plage.

John U Lloyd Beach State Park
KAYAK, PLONGÉE

(www.floridastateparks.org/lloydbeach ; 6503 North Ocean Dr, Dania Beach ; véhicule/cycliste 6/2 $; ⊙8h-crépuscule). Ancienne étape des contrebandiers à l'époque de la prohibition, la verdoyante Whiskey Creek est désormais un royaume du kayak. Bordé d'épaisse mangrove, l'itinéraire, peu profond et calme, serpente sur 2,4 km à travers le parc. Vous pourrez aussi profiter de 4 km de plages paisibles. À l'extrémité nord se trouve la crique de Port Everglades, d'où l'on voit passer les bateaux de croisière et les yachts, tandis qu'à l'extrémité sud se tient le **port de pêche de Dania Beach**. Le parc est aussi un important secteur de nidification des tortues et, au large, il couvre certains des meilleurs spots du pays pour le snorkeling et la plongée.

À l'extrémité nord du parc, le **Loggerhead Cafe** loue des kayaks et des canoës.

West Lake Park
KAYAK, RANDONNÉE

(✆954-357-5161 ; www.broward.org/parks/westlakepark ; 1200 Sheridan St, Hollywood ; 1,50/8 $ par pers/voiture ; ⊙9h-17h). Ce parc de 750 ha tient, par son caractère sauvage, d'une exception dans le comté de Broward. Dans les années 1970, les écologistes parvinrent à y empêcher l'installation d'infrastructures, préservant ainsi ses épaisses mangroves, ses marécages et sa faune sauvage. Aujourd'hui, c'est l'un des sites naturels les plus accessibles pour pratiquer le kayak, le vélo et la marche, dans une région par ailleurs très construite. Les jeudis et vendredis, canoéistes et kayakistes peuvent louer des bateaux (1/2/4 heures 14/24/30 $) à la marina et pagayer à travers la mangrove ; des cartes des itinéraires sont fournies à l'entrée.

Du côté nord de Sheridan Street, l'**Anne Kolb Nature Centre** (751 Sheridan St ; 2 $; 9h-17h) couvre 750 ha supplémentaires de mangrove côtière, sillonnés de sentiers de randonnée et offrant une belle vue sur le lac. Des circuits en bateaux axés sur l'environnement partent d'ici (tarif plein/- 18 ans 5/3 $).

Où se loger

Hollywood et Dania comptent de nombreaux motels et pensions pleins de cachet, mais depuis 2013, une grande partie de la Broadwalk est contrôlée par un partenariat public/privé qui a supervisé la construction du Jimmy Buffett Margaritaville Beach Resort, dont l'ouverture est prévue pour 2015. Ce complexe de 3 ha, sur le thème des îles, comprendra un hôtel de 350 chambres, plusieurs restaurants, des boutiques et un grand espace de loisirs aquatiques.

Hollywood Beach Hotel & Hostel
HÔTEL, AUBERGE $

(954-391-9441 ; www.hollywoodbeachhostel. com ; 334 Arizona St, Hollywood ; dort/ch à partir de 22/88 $;). Cet élégant complexe comprend des dortoirs et un dédale de chambres de motel aux murs chaulés. Le personnel aimable, une cuisine commune propre et lumineuse, la location de vélos et de planches de surf et une terrasse avec des hamacs en font un endroit séduisant, prisé des familles et des voyageurs sac au dos.

Walkabout Beach Resort
BOUTIQUE-HÔTEL $$

(954-272-6000 ; www.walkaboutbeachresort. com ; 2500 North Surf Rd ; d 174-259 $;). On peut facilement rater ce petit hôtel rose pâle de style Art déco classique, installé sur la Broadwalk, face à la mer. Il n'y a que 8 chambres, toutes équipées d'une kitchenette, d'une table et d'un canapé convertible. Les sols en parquet et granito, les photographies en noir et blanc, le mobilier ancien et le petit bar d'inspiration exotique participent de l'ambiance balnéaire rétro du lieu. Le 4 juillet, vous serez aux premières loges pour admirer le feu d'artifice.

Seminole Hard Rock Hotel & Casino
HÔTEL $$$

(866-502-7529 ; www.seminolehardrockhollywood. com ; 1 Seminole Way, Hollywood ; ch 169-519 $;). Ce monstre de style méditerranéen rassemble sous un seul toit des casinos, des restaurants, des salles de spectacle, un spa, 500 belles chambres et un excellent programme de concerts. Une piscine de 2 ha, semblable à un lagon, entoure un bar. On se croirait à Las Vegas !

Où se restaurer

À moins de tomber d'inanition au cours d'une promenade en rollers, évitez les restaurants de la Broadwalk, pour la plupart trop chers, bondés et médiocres. De bien meilleures tables vous attendent le long d'Ocean Drive ou dans le centre d'Hollywood.

Le lundi, rendez-vous en centre-ville à l'**ArtsPark** (Young Circle, près de l'US1), où sont rassemblés des camions de restauration ambulante, de 17h30 à 22h.

Tarks of Dania Beach
POISSON ET FRUITS DE MER $

(954-925-8275 ; www.tarks.com ; 1317 S Federal Hwy, Dania Beach ; plats 2-9 $). Installée depuis 1966, cette modeste échoppe de palourdes est désormais une institution locale. Une grande partie du minuscule intérieur est occupée par les fourneaux, sur lesquels mijotent les plats du jour. Le menu comporte généralement des palourdes à la vapeur, frites ou crues, ainsi que des crevettes, des huîtres, du crabe des neiges et des ailes de poulet épicées. Il y a parfois un monde fou mais la nourriture est si vite servie que vous n'attendrez pas longtemps.

Jaxson's Ice Cream Parlor
GLACIER $

(www.jaxsonsicecream.com ; 128 S Federal Hwy, Dania ; glace à partir de 4 $; 11h30-23h dim-jeu, 11h30-minuit ven et sam ;). Ouvert en 1956, l'établissement propose plus de 80 parfums de glaces maison.

Taco Beach Shack
MEXICAIN $

(www.tacobeachshack.com ; 334 Arizona St, Hollywood ; tacos 4-10 $; 11h30-22h lun-jeu, 11h30-minuit ven-sam). Des branchés et des oisifs occupent les fauteuils en osier de cette nouvelle *taquería* en plein air. La carte (écrite sur une planche de surf) propose un mélange inattendu de saveurs ethniques, tels les tacos coréens aux travers de porc au *kimchi* (légumes fermentés).

Le Comptoir
FRANÇAIS $$

(☑786-718-9441 ; www.lecomptoir.menubaron. com ; 1902 Harrison St ; plats 17,50-26 $; ☺17h-22h). Si vous avez le mal au pays, n'hésitez pas à vous déplacer jusqu'au centre-ville pour ce bistrot classique. Délicieuses moules accompagnées d'une sauce provençale ou au vin blanc et saupoudrées de persil, canard à l'orange, escargots baignant dans le beurre d'ail et succulents steaks nappés d'une sauce au poivre.

🛍 Achats

Josh's Organic Garden
ALIMENTATION

(angle Harrison et S Broadwalk, Hollywood ; ☺9h-17h30 dim). 🖋 Sous des tentes qui surplombent l'océan, Josh vend des fruits et des légumes garantis 100% bio, ainsi que des jus de fruits dans des gobelets en PLA (matériau biodégradable à base de maïs, comme les sacs qu'il fournit). Le soir, le surplus est donné à un foyer de sans-abri. Un stand de jus de fruits voisin prépare de succulents smoothies.

🛈 Renseignements

Greater Dania Beach Chamber of Commerce (office du tourisme ; ☑954-926-2323 ; www.daniabeachchamber. org ; 102 W Dania Beach Blvd ; ☺9h-17h)

Hollywood Office of Tourism (☑954-924-2980 ; www.visithollywoodfl.org ; 330 N Federal Hwy ; ☺9h-17h)

🛈 Comment s'y rendre et circuler

Un trolley à l'ancienne circule entre le centre d'Hollywood et la plage de 10h à 22h, du mercredi au dimanche. Le billet coûte 1 $; les arrêts sont signalés par des panneaux de couleur vive.

Les bus **Broward County Transit** (www.broward.org /bct) desservent Hollywood et Dania et les relient à Fort Lauderdale. Le billet vaut 1,75 $.

Pour vous rendre rapidement au nord à West Palm Beach ou au sud à Miami depuis l'une ou l'autre ville, gagnez le Fort Lauderdale-Hollywood International Airport à bord du bus BCT n°1 et prenez le **Tri-Rail** (www.tri-rail.com ; 200 Terminal Dr).

Se garer près de la plage à Hollywood tient du cauchemar ; si vous ne trouvez pas de place dans la rue (2 $/h), essayez le parking aérien dans Johnson St.

Fort Lauderdale

Longtemps la destination privilégiée des bacchanales estudiantines du Spring Break, Fort Lauderdale vise maintenant une clientèle un peu plus âgée et sophistiquée ; le Martini remplace la tequila, et les concerts de jazz, les concours de T-shirts mouillés (il en existe toujours dans les confins du quartier des bars et des discothèques).

Peu de visiteurs s'éloignent de la côte, sauf peut-être pour dîner ou faire des achats dans Las Olas Blvd. Il est vrai que Fort Lauderdale met la barre haut : difficile de rivaliser avec ses plages, ses canaux, ses yachts somptueux, ses hôtels et restaurants haut de gamme.

Port Everglades, dans la ville, est l'un des ports de croisière les plus fréquentés au monde. De gigantesques navires partent chaque jour pour les Caraïbes, le Mexique et au-delà.

👁 À voir

💙 Riverwalk et Las Olas Riverfront
FRONT DE MER

Longeant la New River, la **Riverwalk** (carte p. 198 ; www.goriverwalk.com) serpente de la Stranahan House au Broward Center for the Performing Arts. Accueillant des dégustations gastronomiques et d'autres événements, la promenade dessert plusieurs sites, restaurants et boutiques. Le **Las Olas Riverfront** (carte p. 194 ; angle SW 1st Ave et Las Olas Blvd) est un immense centre commercial de plein air avec boutiques, restaurants et spectacles tous les soirs ; de nombreuses croisières fluviales partent de cet endroit.

Fort Lauderdale Beach et promenade
PLAGE

La promenade de Fort Lauderdale – une large allée en brique, ombragée de palmiers, qui longe la plage parallèlement à l'A1A – attire les joggeurs, skateurs, marcheurs et cyclistes. De son côté, la plage de sable blanc est l'une des plus belles et propres du pays. S'étendant sur 12 km jusqu'à Lauderdale-by-the-Sea, elle comporte des tronçons plus particulièrement dévolus aux familles, aux gays ou aux promeneurs avec des chiens. Le canotage, la plongée, le snorkeling et la pêche y sont autant d'activités populaires.

Bonnet House
BÂTIMENT HISTORIQUE

(carte p. 194 ; ☑954-563-5393 ; www.bonnethouse. org ; 900 N Birch Rd ; adulte/enfant 20/16 $, jardins

Fort Lauderdale Beach

0 ━━━━━ 300 m
0 ━━━━━ 0,12 mile

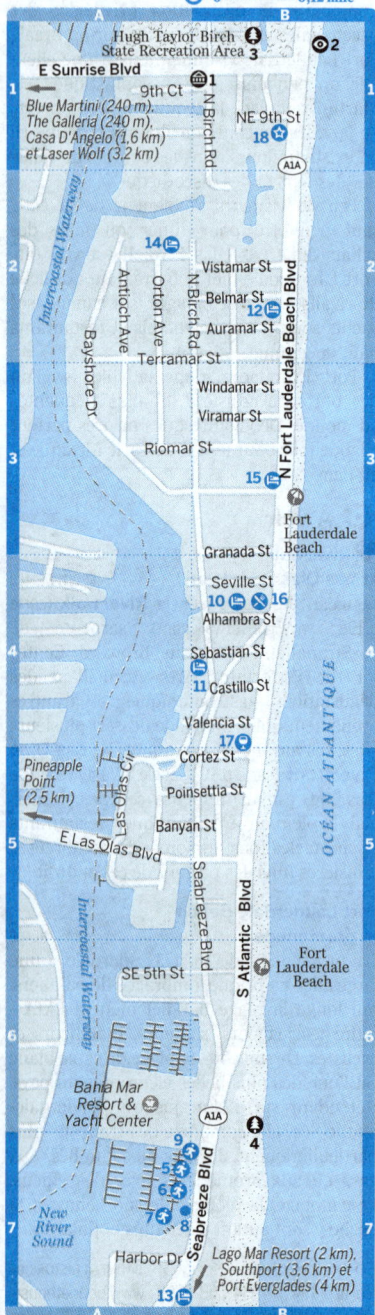

SUD-EST DE LA FLORIDE FORT LAUDERDALE

Map labels:
Hugh Taylor Birch State Recreation Area 3
E Sunrise Blvd
9th Ct
Blue Martini (240 m),
The Galleria (240 m),
Casa D'Angelo (1,6 km)
et Laser Wolf (3,2 km)
NE 9th St
N Birch Rd
Vistamar St
Belmar St
Auramar St
Antioch Ave
Orton Ave
N Birch Rd
Terramar St
Bayshore Dr
Windamar St
Viramar St
Riomar St
Fort Lauderdale Beach
Granada St
Seville St
Alhambra St
Sebastian St
Castillo St
Valencia St
Cortez St
Poinsettia St
Banyan St
E Las Olas Blvd
Pineapple Point (2,5 km)
Seabreeze Blvd
SE 5th St
Fort Lauderdale Beach
OCÉAN ATLANTIQUE
Intracoastal Waterway
Bahia Mar Resort & Yacht Center
S Atlantic Blvd
New River Sound
Harbor Dr
Lago Mar Resort (2 km),
Southport (3,6 km) et
Port Everglades (4 km)
N Fort Lauderdale Beach Blvd

Fort Lauderdale Beach

seulement 10 $; ⊙10h-16h mar-sam, 11h-16h dim). Cette jolie propriété de style plantation était jadis la demeure des artistes et collectionneurs Frederic et Evelyn Bartlett. Elle est désormais ouverte pour des visites guidées au fil de pièces et d'ateliers truffés d'œuvres d'art. Derrière la maison, 17,5 ha de luxuriants jardins subtropicaux protègent un sublime écosystème d'île-barrière, avec notamment l'une des plus belles collections d'orchidées du pays.

Stranahan House BÂTIMENT HISTORIQUE
(carte p. 198 ; ☎954-524-4736 ; www.stranahan-house.org ; 335 SE 6th Ave ; tarif plein/étudiant 12/7 $; ⊙visites 13h, 14h, 15h). Construite en pin du comté de Dade, cette demeure est un bel exemple de l'architecture vernaculaire et l'une des plus vieilles de l'État. Elle servit à la fois de maison et de magasin à Frank Stranahan, natif de l'Ohio, qui bâtit un petit empire en commerçant avec les Séminoles, avant de se suicider en se jetant dans la New River à la suite de l'effondrement de la Bourse à la fin des années 1920. La maison,

aux nombreux meubles d'origine, ouvre tous les jours pour les trois visites de 1 heure.

Les guides de la maison animent aussi une amusante balade de 1 heure en bateau-taxi, le River Ghost Tour (25 $/pers, visite de la maison incluse). Départ de la maison à 19h30 tous les dimanches.

Museum of Art Fort Lauderdale
MUSÉE

(carte p.198 ; www.moafl.org ; 1 E Las Olas Blvd ; tarif plein/étudiant/enfant 10/5 $/gratuit ; ⊙11h-17h lun-sam, 12h-17h dim). Ce beau musée est réputé pour sa collection d'œuvres de William Glackens et ses expositions couvrant des thèmes fort divers, de l'art d'Europe du Nord à l'art contemporain de Cuba, en passant par le pop art américain et la photographie contemporaine. Ouverture tardive le jeudi soir, avec des lectures, des films et des performances, et un happy hour au café du musée. Des cours et des ateliers sont également proposés. Consultez le site Internet pour plus de détails.

Hugh Taylor Birch
State Recreation Area
PARC

(carte ci-contre ; 3109 E Sunrise Blvd ; véhicule/vélo 6/2 $; ⊙8h-crépuscule). Ce parc tropical, luxuriant, renferme l'un des derniers *hammocks* (des boisements typiques de Floride associant essences tropicales, palmiers et arbres semi-caducs) du comté de Broward, des mangroves, des lagons d'eau douce (parfaits pour observer les oiseaux) et plusieurs espèces menacées d'animaux et de plantes (dont la tortue gaufrée). Vous pourrez pêcher, pique-niquer, arpenter le court Coastal Hammock Trail ou parcourir à vélo la route de 3 km du parc. La location de canoë coûte environ 6 $ l'heure. Un kayak coûte 10/20 $ par heure pour une balade dans le lagon/l'océan.

Museum of Discovery & Science
MUSÉE

(carte p.198 ; www.mods.org ; 401 SW 2nd St ; adulte/enfant 14/12 $; ⊙10h-17h lun-sam, 12h-18h dim ; ⊕). Une grande sculpture (15 m) à énergie cinétique attend les visiteurs dans l'atrium de ce musée. Parmi les expositions ludiques, mentionnons Gizmo City et Runways to Rockets (consacré aux fusées). Également une exposition sur les Everglades et un cinéma IMAX.

🏃 Activités

Fort Lauderdale se situe en bordure du même récif corallien que les Keys. Le snorkeling est une activité populaire, mais une expérience encore plus fascinante attend à 50 minutes de bateau, avec les épaves d'une vingtaine de navires. Les plongeurs pourront explorer le cargo *Mercedes* et les récifs artificiels des Tenneco Towers, vestiges d'une ancienne plateforme pétrolière. Les coraux mous prolifèrent et les barracudas, carangues et poissons-perroquets batifolent autour des épaves.

En surface, tout est envisageable, du jet-ski au parachute ascensionnel en passant par la pêche hauturière (renseignements sur la plage). Pour piloter votre propre bateau, adressez-vous à **Best Boat Club** (carte ci-contre ; ☎954-779-3866 ; www.fortlauderdale-boatrentals.com ; Bahia Mar Yachting Center, 801 Seabreeze Blvd ; à partir de 100 $/jour), qui en loue de toutes sortes, des Bowrider de 6 m aux luxueux Crownline de 8 m.

♥ Sea Experience
BATEAU, SNORKELING

(carte ci-contre ; ☎954-770-3483 ; www.seaxp.com ; 801 Seabreeze Blvd ; snorkeling adulte/enfant 35/21 $; ⊙10h15 et 14h15 tlj ; ⊕). Longez l'Intracoastal dans un bateau à fond de verre de 12 m, puis rejoignez l'océan pour du snorkeling sur un récif plein de vie entre 3 et 6 m de profondeur. Également des sorties pour plusieurs sites de plongée sur épave et les Tenneco Towers (à partir de 55 $).

Fish Lauderdale
PÊCHE

(carte ci-contre ; ☎954-805-3474 ; www.fishlauderdale.com ; 1005 Seabreeze Blvd ; jusqu'à 6 pers 125 $/h ; ⊙8h-crépuscule). Les eaux au large de Fort Lauderdale foisonnent de marlins, espadons, vivaneaux, tarpons, wahoos, etc. Parmi les nombreux tour-opérateurs qui proposent des sorties de pêche, celui-ci possède 4 bateaux.

Fort Lauderdale
Parasail
PARACHUTE ASCENSIONNEL

(carte ci-contre ; ☎954-462-7266 ; www.ftlauderdaleparasail.com ; 1005 Seabreeze Blvd ; vols 70-95 $). Pour admirer du ciel les demeures de Millionaires' Row, élevez-vous à 200 ou 300 m au-dessus des vagues, bien attaché à un énorme parachute coloré.

👉 Circuits organisés

Avec des kilomètres de canaux, Fort Lauderdale est une destination privilégiée pour les circuits en bateau.

♥ Atlantic Coast Kayak Company
KAYAK

(☎954-781-0073 ; www.atlanticcoastkayak.com ; embarcadère du Richardson Historical Park, 1937 Wilton Dr ; kayak simple/double 16/24 $ par heure, 40/60 $ par demi-journée ; ⊙9h-17h). Une excellente alternative aux circuits en bateau consiste à louer un kayak au Richardson Park et à pagayer pendant 12 km (2 heures 30 à 3 heures) sur la Middle River, autour d'Island City. Des circuits en journée, au coucher du soleil ou au clair de lune (avec initiation, sandwichs gastronomiques et boissons sans alcool) sont aussi organisés régulièrement. Il suffit de se présenter sur place.

Cours et location de paddle surf également.

Carrie B
CIRCUIT EN BATEAU

(carte p.198 ; ☑954-642-1601 ; www.carrieb-cruises.com ; 440 N New River Dr E ; circuits adulte/enfant 23/13 $; ⊙circuits 11h, 13h et 15h). À bord de cette réplique d'un bateau à aubes du XIXᵉ siècle, un circuit commenté de 1 heure 30 fait découvrir le style de vie des riches et célèbres propriétaires des demeures qui bordent l'Intracoastal et la New River. Les circuits partent de Las Olas et SE 5th Ave.

Jungle Queen Riverboat
CIRCUIT EN BATEAU

(carte p.194 ; ☑954-462-5596 ; www.junglequeen.com ; 801 Seabreeze Blvd ; adulte/enfant 20/13 $; ⊙circuits 9h30 et 13h30). Ces croisières de 3 heures longent l'Intercoastal, le Millionaires' Row et une partie des Everglades sur un bateau à aubes. En plus des croisières quotidiennes, vous pourrez participer à une sortie de 4 heures en soirée, avec barbecue (départ à 18h). Crevettes ou côtelettes à volonté et animation assurée (adulte/enfant 43/23 $).

Gondola Man
GONDOLE

(carte p.194 ; ☑201-919-1999 ; www.gondola-man.com ; SE 1st Ave ; circuit 150 $). Explorez la "Venise américaine" à la faveur d'un romantique circuit (1 heure 15) à bord d'une véritable gondole vénitienne, avec musique de circonstance.

🛏 Où se loger

Les hôtels les plus luxueux (et les plus chers) bordent la plage. Dans l'arrière-pays, vous découvrirez de merveilleuses auberges évoquant la Floride d'antan, dont beaucoup accueillent exclusivement des gays. Pour des logements plus économiques, rendez-vous à Lauderdale-by-the-Sea.

Sea Club Resort
MOTEL $

(carte p.194 ; ☑954-564-3211 ; www.seaclubresort.com ; 619 Fort Lauderdale Beach Blvd ; ch à partir

de 93 $; P❄🛜🏊). Ce motel original évoque quelque vaisseau spatial posé en bord de plage. Au sortir d'importantes rénovations, les chambres, branchées, sont agrémentées de touches colorées, de nouvelles moquettes et même de surmatelas. Les bonus : la vue sur l'océan, les transats et les serviettes de plage mis à disposition gratuitement, et le perroquet de la maison, Touki.

💙 Island Sands Inn
B&B $$

(☑954-990-6499 ; www.islandsandsinn.com ; 2409 NE 7th Ave, Wilton Manors ; ch 129-209 $; P❄🛜🏊). Difficile de déterminer ce qui rend cet établissement si agréable et confortable, mais les serviettes de bain ultra-épaisses, la luxueuse literie (matelas et draps), les détails soignés (mouchoirs, produits de toilette, mini-bar, four à micro-ondes, etc.) et la délicieuse atmosphère y sont pour beaucoup. Les hôtes, Mike et Jim, attentionnés mais jamais intrusifs, feront tout pour que votre séjour soit une réussite, en vous préparant de délicieux cocktails ou en vous conseillant les meilleures adresses de Wilton Manors.

Riverside Hotel
HÔTEL $$

(carte p.198 ; ☑954-467-0671 ; www.riverside-hotel.com ; 620 E Las Olas Blvd ; ch 129-239 $; P❄🛜🏊🏊). Cette institution de Fort Lauderdale, fabuleusement située en centre-ville sur Las Olas, propose 3 types de chambres : les plus grandes, dans une tour récente de 12 étages, puis les classiques et traditionnelles, dans le bâtiment historique datant de 1936. Donnant sur Las Olas, les chambres classiques sont les plus agréables.

Alhambra Beach Resort
HÔTEL $$

(carte p.194 ; ☑954-525-7601 ; www.alhambrabeachresort.com ; 3021 Alhambra St ; ch 119-199 $; P❄🛜🏊). Prisé pour ses tarifs raisonnables et ses chaleureux propriétaires, ce ravissant hôtel des années 1930 possède des chambres modestes et impeccables, des suites de couleur bouton-d'or et une agréable terrasse autour de la piscine dans un jardin de palmiers et d'hibiscus. Le portail ajoute une touche d'intimité et la plage n'est qu'à un demi-pâté de maisons. Souvent complet car beaucoup de clients reviennent régulièrement.

Tranquilo
MOTEL $$

(carte p.194 ; ☑954-565-5790 ; www.tranquilofort-lauderdale.com ; 2909 Vistamar St ; d 119-189 $, ste 119-219 $; P❄🛜🏊). Avec sa nouvelle décoration "blanc sur blanc" très réussie, ce motel rétro des années 1950 affiche un excellent rapport qualité/prix pour les familles. Les chambres sont réparties dans 3 bâtiments, chacun doté de sa propre piscine. Elles sont équipées de cuisines récemment rénovées et d'un accès aux barbecues extérieurs et à la laverie. Navette gratuite pour la plage, à 3 pâtés de maisons.

Sheraton Fort Lauderdale Beach Hotel
HÔTEL $$

(carte p. 194 ; ☎954-524-5551 ; www.sheratonftlauderdalebeach.com ; 1140 Seabreeze Blvd ; ch 169-500 $; P ❄ 🛜 🏊). Marquant l'extrémité sud du Seabreeze Blvd, cet hôtel Sheraton empiète sur la très populaire South Beach et a l'attrait d'une belle vue sur l'océan depuis la majorité de ses chambres, à dominante de bleu et de blanc. Édifié par M. Tony Sherman en 1956, il ressemble à un paquebot géant amarré au trottoir. Aménagé sous la "ligne de flottaison", le Wreck Bar (p. 200), est pourvu d'une rangée d'épais vitrages donnant sur les profondeurs de la piscine, où des sirènes se donnent en spectacle le week-end.

♥ Pillars
B&B $$$

(carte p. 194 ; ☎954-467-9639 ; www.pillarshotel.com ; 111 N Birch Rd ; ch 199-569 $; P ❄ 🛜 🏊). Entre harpe dans le salon, balcons privés et dîners romantiques pour deux préparés à l'avance, on comprend pourquoi ce minuscule B&B de charme affiche souvent complet des mois à l'avance. À un pâté de maisons de la plage ; l'un des plus beaux couchers de soleil de la ville.

Pineapple Point
PENSION $$$

(☎888-844-7295 ; www.pineapplepoint.com ; 315 NE 16th Tce ; ch 298 $, ste 429-449 $; P ❄ @ 🛜 🏊). Cachée dans un paisible quartier résidentiel, cette pension attire une fidèle clientèle gay. Les suites et appartements lumineux et stylés, entourent piscines, bains nordiques et espaces ombragés. L'happy hour quotidien favorise les rencontres. Le personnel, charmant, connaît les meilleurs bars et restaurants gays de la ville. À 6 pâtés de maisons au nord de E Las Olas Blvd, à l'est de SE 16th Ave.

W
HÔTEL $$$

(carte p. 194 ; ☎954-414-8200 ; www.wfortlauderdalehotel.com ; 401 N Fort Lauderdale Beach Blvd ; ch 249-865 $; P ❄ @ 🛜 🏊). Avec une façade semblable à deux voiles géantes et un intérieur rappelant le cadre d'un clip de Jennifer Lopez, le W est le rendez-vous des célébrités. L'immense hall invite à la détente et comprend un salon argent et vert pâle, un bar à l'éclairage tamisé avec des tables en forme d'oursin et une terrasse dotée de fauteuils en rotin. Une palette de tons sable, argent et crème orne les luxueuses chambres modernes.

SUD-EST DE LA FLORIDE FORT LAUDERDALE

UNE JOURNÉE AUX BAHAMAS

À 88 km à l'est de la Floride, l'île de Grand Bahama est suffisamment proche pour une excursion d'un jour ou deux. Quelques tour-opérateurs contrôlent le marché des petites croisières, mais en réalité la plupart des circuits avec nuit à bord sont davantage des soirées alcoolisées que des moments propices à apprécier l'immensité de l'océan. Meilleur prestataire proposant des croisières avec nuit à bord, **Bahamas Celebration** (☎800-314-7735 ; www.bahamascelebration.com ; excursion à partir de 120 $) part de Palm Beach dans l'après-midi, passe la nuit en mer et accoste le lendemain matin à Grand Bahama pour une journée d'activités dans l'île avant de repartir en soirée. Le bateau comporte plusieurs bars, un casino, quatre restaurants, un spa et un club pour enfants. Le choix de cabines va de la plus grande sobriété au luxe total. Pour une expérience plus reposante et luxueuse, prévoyez une croisière d'au moins 4 ou 5 jours avec **Princess Cruises** (☎0843-374-4444 ; www.princess.com) ou **Royal Caribbean** (☎0844-493-4005 ; www.royalcaribbean.com). Il faut compter au moins 120 $ par nuit ; départ de Fort Lauderdale en début de soirée et arrivée à Nassau le lendemain matin avant de regagner les États-Unis. De cette façon, vous aurez au moins une journée pleine à passer aux Bahamas et naviguerez de nuit.

Pendant la haute saison, de février à août, de nombreuses croisières sont complètes. Pour les tarifs les plus intéressants, cherchez-en une en automne, de préférence en semaine. Sachez que la consommation d'alcool est autorisée à partir de 21 ans sur les eaux américaines et à partir de 18 ans sur les eaux internationales. N'oubliez pas votre passeport.

Fort Lauderdale

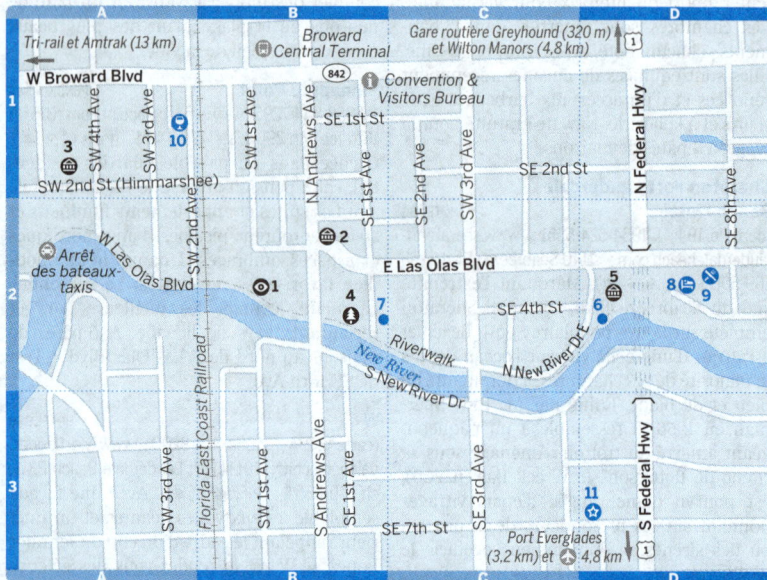

Carte :
- Tri-rail et Amtrak (13 km)
- W Broward Blvd
- Broward Central Terminal
- Gare routière Greyhound (320 m) et Wilton Manors (4,8 km)
- Convention & Visitors Bureau
- SW 4th Ave
- SW 3rd Ave
- SW 2nd Ave
- SW 1st Ave
- N Andrews Ave
- SE 1st St
- SE 1st Ave
- SE 2nd Ave
- SW 3rd Ave
- SE 2nd St
- N Federal Hwy
- SE 8th Ave
- SW 2nd St (Himmarshee)
- W Las Olas Blvd
- Arrêt des bateaux-taxis
- E Las Olas Blvd
- SE 4th St
- New River
- Riverwalk
- S New River Dr
- N New River Dr E
- Florida East Coast Railroad
- SW 3rd Ave
- SW 1st Ave
- S Andrews Ave
- SE 1st Ave
- SE 3rd Ave
- S Federal Hwy
- SE 7th St
- Port Everglades (3,2 km) et 4,8 km

Fort Lauderdale

À voir

Activités

Où se loger

Où se restaurer

Où prendre un verre

Où sortir

Lago Mar Resort COMPLEXE HÔTELIER $$$
(☎800-524-6627, 954-523-6511 ; www.lago-mar.com ; 1700 S Ocean Lane ; ch 205-560 $; P✱@☎). 🖊 À l'extrémité sud de South Beach, ce superbe complexe indépendant réussit un sans-faute : plage privée,

majestueux hall d'entrée, immenses chambres sur le thème des îles, spa, restaurants, piscine de style lagon entourée de plantes tropicales, personnel sympathique et gestion familiale.

Où se restaurer

La scène culinaire de Fort Lauderdale est fortement influencée par l'importante communauté italienne. Les meilleurs restaurants se regroupent dans Las Olas Blvd, surtout entre 5th Ave et 16th Ave.

Gran Forno ITALIEN $
(carte ci-dessus ; gran-forno.com ; 1235 E Las Olas Blvd ; plats 6-12 $; ☺7h-18h mar-dim). Cette boulangerie-café de style milanais d'antan est la meilleure adresse pour déjeuner dans le centre-ville de Fort Lauderdale : pâtisseries chaudes et croustillantes, succulentes pizzas et miches dorées de ciabatta, garnies de jambon, de poivrons grillés, de pesto et d'autres délices.

11th Street Annex AMÉRICAIN $
(☎954-767-8306 ; www.twouglysisters.com ; 14 SW 11th St ; midi 9 $; ☺11h30-14h lun-ven ; 🖊). Hors des sentiers battus, ce cottage couleur pêche est tenu par les "deux sœurs affreuses" (elles se surnomment ainsi), qui cuisinent selon leur envie du moment : gratin de macaronis

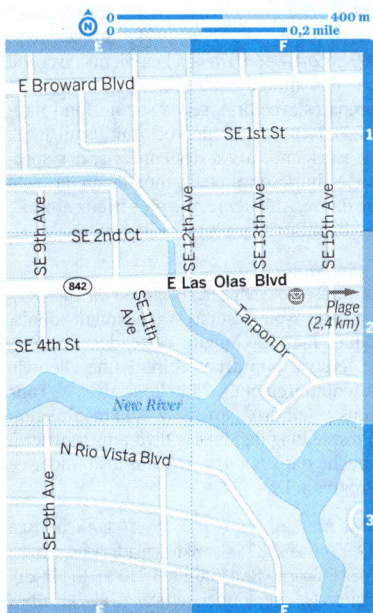

au brie, confit de poulet et gâteau au chocolat à la crème aigre, par exemple. La plupart des légumes proviennent de leur jardin et il y a toujours une option végétarienne. À 1,6 km au sud de E Las Olas Blvd, près de S Andrews Ave.

Lester's Diner
DINER $

(lestersdiner.com ; 250 W State Rd 84 ; plats 4-17 $; ⊙24h/24 ; ♿). Ce *diner* fait la joie de sa clientèle depuis la fin des années 1960. Hommes d'affaires, fêtards ou retraitées aux cheveux bleutés, tout le monde finit par s'y retrouver. Lester's est situé entre le centre de Fort Lauderdale et l'aéroport.

♥ Green Bar & Kitchen
VÉGÉTALIEN $$

(☎954-533-7507 ; www.greenbarkitchen.com ; 1075 SE 17th St ; plats 8-14 $; ⊙11h-21h lun-sam, 9h-15h dim ; ♪). Découvrez les saveurs et les plats novateurs de ce légendaire restaurant végétalien. Les lasagnes sont à base de courgettes, ricotta de macadamia et tomates séchées, le lait d'amandes remplace les produits laitiers dans les smoothies aux fruits et le beurre de noix de cajou est un délice. Depuis la plage, continuez direction sud le long de l'A1A et traversez l'Intracoastal Waterway jusqu'à Southport. Après 3,2 km, tournez à droite pour atteindre le centre commercial.

Casablanca Cafe
MÉDITERRANÉEN $$

(carte p. 194 ; ☎954-764-3500 ; www.casablanca-cafeonline.com ; 3049 Alhambra St ; plats 10-30 $; ⊙11h30-2h). Essayez d'obtenir une table sur le balcon, à l'étage, pour profiter de la vue sur l'océan en vous régalant de plats d'inspiration méditerranéenne. Concerts du mercredi au dimanche.

Southport Raw Bar
POISSON ET FRUITS DE MER $$

(☎954-525-2526 ; www.southportrawbar.com ; 1536 Cordova Rd ; plats 5,50-18 $; ⊙11h-2h ; ℗). Les habitants apprécient les crevettes épicées, les sandwichs steak-fromage ou rôti de porc, et les pichets de bière – autant de classiques de Southport. Les palourdes et les huîtres sont préparées au gré des commandes et il y a un large choix de mets frits et de fruits de mer, notamment du *mahi-mahi* noirci (spécialité cajuns). L'immense salle est souvent sombre et bondée ; mieux vaut attendre une place en terrasse pour profiter de la vue sur la marina.

Rustic Inn
POISSON ET FRUITS DE MER $$

(☎954-584-1637 ; www.rusticinn.com ; 4331 Ravenswood Rd ; plats 9,50-30 $; ⊙11h30-22h30 lun-sam, 12h-21h30 dim). Dans cet établissement bruyant et désordonné, une clientèle locale fait ses délices de crabe (Dungeness, bleu ou doré) assaisonné à l'ail. Les convives écrasent les pinces avec des maillets en bois sur de longues tables couvertes de papier journal. L'établissement donne sur le Dania Cut-Off Canal, sur le côté ouest de l'aéroport. Prenez l'I-95 S, sortie n°23, pour gagner Ravenswood Rd.

♥ Casa D'Angelo
ITALIEN $$$

(☎954-564-1234 ; casa-d-angelo.com ; 1201 N Federal Hwy ; plats 25-50 $; ⊙17h30-22h30). Le chef Angelo Elia, qui dirige cette fabuleuse maison spécialisée dans les plats de la Toscane et du sud de l'Italie, y met en œuvre nombre des recettes héritées de sa mère. Les ingrédients de saison y expriment leurs saveurs intenses et leurs textures exquises : tomates gorgées de soleil, roquette poivrée, bar moelleux et glace à la cannelle au goût bien prononcé. Le restaurant est fort de l'une des plus belles cartes des vins de l'État. Au bord du canal dans North Federal Hwy, à 2,2 km au nord d'East Sunrise Blvd.

15th Street Fisheries
POISSON ET FRUITS DE MER $$$

(☎954-763-2777 ; www.15streetfisheries.com ; 1900 SE 15th St ; plats au bar 6-16 $, plats au restaurant 26-38 $; ℗). Niché à Lauderdale Marina et pourvu d'une large terrasse donnant sur les yachts et autres hors-bord, cet établissement est parfait pour un dîner au bord de l'eau. Le chaleureux intérieur en bois est aménagé à la manière d'une péniche de la Floride d'antan. À l'étage se trouve le restaurant gastronomique, doublé d'un bar côté quai, à l'ambiance plus décontractée, où l'on sert des crevettes, du gâteau de crabe et du *mahi-mahi* grillé. Le week-end, concerts de 18h à 22h.

Vous pourrez aussi vous rendre à Fisheries en bateau-taxi.

Eduardo de San Angel
MEXICAIN $$$

(954-772-4731 ; www.eduardodesanangel.com ; 2822 E Commercial Blvd ; plats 24-34 $; 5h30-22h lun-sam). Cet élégant restaurant, décoré d'art populaire mexicain, sert une succulente cuisine aux ingrédients évocateurs – fleurs de courgettes, chili au chocolat, sirop de goyave. Il se situe au nord du centre-ville, près de Lauderdale-by-the-Sea.

Où prendre un verre et sortir

Les bars de Fort Lauderdale peuvent rester ouverts jusqu'à 4h le week-end et 2h en semaine. Quelques bars et pubs bordent SW 2nd St dans Himmarshee Village, et la plage compte de nombreux bars en plein air.

Stache
BAR À COCKTAILS

(carte p. 198 ; 954-449-1044 ; stacheftl.com ; 109 SW 2nd Ave ; 17h-4h). Les clients de ce joli bar des années 1920 profitent de cocktails préparés avec brio, servis sur un fond judicieusement choisi de rock/funk/soul/R&B. Le week-end, il y a des concerts, des spectacles burlesques et du monde sur la piste de danse. Affichez ici vos plus beaux atours : les habitués sont plutôt branchés.

Laser Wolf
BAR

(www.laserwolf.com ; 901 Progresso Dr, Suite 101). Le Laser Wolf n'est pas spécialement sophistiqué, mais la longue carte des boissons et le style pop art y attirent une clientèle ostentatoirement "intello-festive". Pour vous y joindre, parcourez 3,2 km direction ouest le long de Sunrise Blvd puis tournez à gauche dans NE 4th Ave, qui fusionne avec Progresso Dr.

Blue Martini
BAR À COCKTAILS

(954-653-2583 ; www.bluemartinilounge.com ; 2432 E Sunrise Blvd, Ste 1008 ; 10 $; 14h-2h). Concerts, personnel efficace et groupes survoltés. L'happy hour y est le plus intéressant de la ville.

Wreck Bar
BAR

(carte p. 194 ; Sheraton Fort Lauderdale ; 954-524-5551 ; 1140 Seabreeze Blvd ; 17h30-23h30).

FORT LAUDERDALE GAY ET LESBIEN

Si South Beach demeure une destination favorite des voyageurs gays, Fort Lauderdale commence à la concurrencer. Comparée à South Beach, Fort Lauderdale est un peu plus revendicative et un brin moins élitiste. Les hordes de garçons qui viennent y faire la fête ou s'y installer, font le charme des lieux.

Fort Lauderdale compte plusieurs dizaines de bars et discothèques gays, de nombreuses pensions gays et deux quartiers résidentiels gays. Juste au nord-est du centre-ville de Fort Lauderdale, **Victoria Park** est le rendez-vous incontournable des homosexuels. Un peu plus au nord, **Wilton Manors** a été peu récemment investi par la bourgeoisie gay et offre une vie nocturne trépidante. Le **Bill's** (www.billsfillingstation. com ; 2209 Wilton Dr ; 16h-2h) est un bar "bear" sympathique, tandis que le **Rosie's** (954-563-0123 ; www.rosiesbarandgrill.com ; 2449 Wilton Dr ; 11h-23h) est un modeste troquet de quartier. **The Manor** (www.themanorcomplex.com ; 2345 Wilton Dr ; 20h-4h) est réputé pour ses spectacles et sa piste de danse légendaire et **Georgie's Alibi** (www. georgiesalibi.com ; 2266 Wilton Dr ; 11h-2h) est renommé pour sa soirée du mercredi, où intervient Cashetta, un fabuleux humoriste travesti. Il existe même un bar des sports gay, le **Sidelines** (954-563-8001 ; www.sidelinessports.com ; 2031 Wilton Dr ; 16h-2h), qui organise un délirant tournoi de fléchettes le mercredi, et une discothèque cuir/*bear*/ cow-boy, le **Ramrod** (www.ramrodbar.com ; 1508 Wilton Dr ; 15h-2h).

Les pensions gays sont légion ; consultez www.gayftlauderdale.com. L'hebdomadaire *Hot Spots* (www.hotspotsmagazine.com) informe sur l'actualité de la vie nocturne gay. Le site www.jumponmarkslist.com fournit une liste exhaustive de toutes les activités gays.

Regardez à travers les hublots du Wreck Bar après quelques cocktails, et vous vous demanderez si vous n'y avez pas été un peu fort : MeduSirena, la célèbre sirène qui avale le feu s'y produit les vendredis et samedis. Notre conseil : ne vous posez pas de questions et profitez pleinement de ce moment kitschissime. Le spectacle commence à 18h30, mais venez avant si vous souhaitez avoir une place assise.

Lulu's Bait Shack   BAR
(carte p. 194 ; www.lulusbaitshack.com ; 17 S Atlantic Blvd ; ☉11h-1h). Des bières géantes, des saladiers de moules et des cocktails servis dans des verres aux allures d'aquarium, le tout en bord d'océan.

♥ Cinema Paradiso   CINÉMA
(carte p. 198 ; ☑954-525-3456 ; www.fliff.com/ Cinema_Paradiso ; 503 SE 6th St). Cet étonnant cinéma, aux sièges revêtus de velours, ressemble à une église. Y sont programmés des festivals, des films indépendants et européens et de nombreux événements pour les enfants. Idéal les jours de pluie. Les manifestations et autres films sont annoncés sur la page Facebook.

Blue Jean Blues   JAZZ
(☑954-306-6330 ; www.bluejeanblues.net ; 3220 NE 33rd St ; pizzas 4-13 $; ☉11h-3h dim-jeu, 11h-3h ven-sam). Délaissez un peu la plage pour une agréable soirée jazz et blues dans ce petit bar de quartier. Concerts 7 soirs et 4 après-midi par semaine, avec les meilleurs groupes de musique du sud de la Floride. Vous pourrez aussi déguster une pizza à la pâte fine. De l'East Sunrise Blvd, prenez la direction du nord sur 3,7 km puis tournez à gauche dans NE 33rd Street.

Tonic Lounge & Club   CLUB
(carte p. 194 ; www.tonicclubandlounge.com ; 837 N Fort Lauderdale Beach Blvd ; ☉17h-2h dim-jeu, 17h-3h ven-sam). La vue sur l'océan et les jeux de laser dans le ciel composent un cadre idéal pour faire la fête, sur le toit-terrasse, au bord de la plage. On peut aussi boire un verre au pub McSorley's, au rez-de-chaussée.

🛍 Achats

Fort Lauderdale Beach Blvd est bordé de magasins de T-shirts et d'échoppes de lunettes de soleil, tandis que les boutiques et les antiquaires chics se regroupent dans Las Olas. Pour une journée de shopping, rendez-vous dans l'immense Sawgrass Mills Mall ou le **Galleria** (www.galleriamall-fl.com ; 2414 E Sunrise Blvd ; ☉10h-21h lun-sam, 12h-18h dim), plus central.

Sawgrass Mills Mall   CENTRE COMMERCIAL
(www.simon.com/mall/sawgrass-mills ; 12801 W Sunrise Blvd, Sunrise ; ☉10h-21h30 lun-sam, 11h-20h dim). Sixième plus grand centre commercial du pays, le Sawgrass abrite plus de 350 magasins et boutiques de marques ; prévoyez une journée entière ! À 21 km au nord-ouest du centre-ville.

Swap Shop   MARCHÉ
(www.floridaswapshop.com ; 3291 W Sunrise Blvd ; ☉9h-17h). Le plus grand marché aux puces de l'État, et peut-être l'endroit le plus amusant pour le shopping, s'étend sur plusieurs hectares au nord-ouest du centre-ville. Y sont vendus à l'étal toutes sortes d'objets, des sous-vêtements aux anciens bocaux de biscuits et aux flamants roses de jardin, dans une ambiance festive avec mariachis, stands de hot dogs et un cinéma drive-in à 14 écrans.

🛈 Renseignements

Convention & Visitors Bureau (☑954-765-4466 ; www.sunny.org ; 100 E Broward Blvd, Suite 200 ; ☉8h30-17h lun-ven). D'excellentes informations sur l'agglomération de Fort Lauderdale.

Poste (1404 E Las Olas Blvd, Suite B). Un bureau de poste bien situé.

🛈 Depuis/vers Fort Lauderdale
AVION

Le Fort Lauderdale-Hollywood International Airport (p. 546) est situé en bordure de l'I-95, entre Lauderdale et Hollywood. L'aéroport est desservi par plus de 35 compagnies aériennes, dont un certain nombre low cost. Il y a aussi des vols directs en provenance d'Europe. Des travaux de rénovation sont en cours (budget : 2,3 milliards de dollars) pour améliorer les 3 terminaux existants, construire une nouvelle piste (sud) et refaire entièrement le quatrième terminal. Le projet devrait être livré en 2017.

De l'aéroport, comptez 20 minutes en voiture pour rejoindre le centre-ville (20 $ en taxi).

BATEAU

Le port de croisière **Port Everglades** (www.porteverglades.net ; 1850 Eller Drive) est le plus actif au monde après celui de Miami. Il est actuellement l'objet de travaux de rénovation et d'extension : ajout de zones pour les bagages et le parking et agrandissement d'une cale d'accostage en vue d'accueillir les énormes bateaux de croisière. De là, rejoignez à pied

SE 17th St et prenez le bus n°40 jusqu'à la plage ou le Broward Central Terminal.

Si vous venez à Fort Lauderdale avec votre propre bateau, rendez-vous au **Bahia Mar Resort & Yacht Center** (☑ 954-627-6309 ; www.bahiamarhotel.com ; 801 Seabreeze Blvd ; ⏰ 7h-18h).

BUS

La **gare routière Greyhound** (☑ 954-764-6551 ; www.greyhound.com ; 515 NE 3rd St) se situe à quatre pâtés de maisons du Broward Central Terminal, la gare routière centrale des bus de la région.

TRAIN

Le **Tri-Rail** (☑ 954-783-6030 ; www.tri-rail. com ; 6151 N Andrews Ave) circule entre Miami et Fort Lauderdale (aller 5 $, 45 min) ; un réseau de bus organise des correspondances gratuites. La plupart des gares disposent d'un parking gratuit. Prévoyez des marges pour les retards. **Amtrak** (☑ 800-872-7245 ; www.amtrak.com ; 200 SW 21st Tce) utilise également les voies du Tri-Rail.

ℹ Comment circuler

Si vous êtes motorisé, sachez que l'I-95 et le Florida's Turnpike courent du nord au sud. L'I-595, la principale artère est-ouest, coupe l'I-95, le Florida's Turnpike et la Sawgrass Expressway. Elle rejoint aussi l'I-75, qui rallie la côte ouest de la Floride.

Sun Trolley (www.suntrolley.com ; ticket/pass journée 1/3 $) relie Las Olas et les plages de 9h30 à 18h30, du vendredi au lundi. **Broward County Transit** (BCT ; www.broward.org/bct ; ticket/pass journée 1,75/4 $) circule entre le centre-ville, la plage et Port Everglades. Du **Broward Central Terminal** (101 NW 1st Ave), le bus n°11 rejoint le haut de Fort Lauderdale Beach et Lauderdale-by-the-Sea ; le bus n°4 dessert Port Everglades et le bus n°40 rallie la 17th St et les plages.

Amusant, le **water taxi** (☑ 954-467-6677 ; www.watertaxi.com ; pass journée adulte/enfant 22/11 $) jaune sillonne les canaux et les cours d'eau entre la 17th St au sud, Atlantic Blvd/Pompano Beach au nord, le Riverfront à l'ouest et l'océan Atlantique à l'est. Également des liaisons pour Hollywood (11 $/pers).

Lauderdale-by-the-Sea et Deerfield Beach

À la fin des années 1800, le sud de la Floride était une zone frontalière sauvage, peuplée de pionniers intrépides et de quelques dizaines de familles de Séminoles. Des vestiges de cette époque sont visibles dans les communautés du front de mer au nord de Fort Lauderdale, le long de l'Intracoastal Waterway. Les grands immeubles se raréfient et cèdent la place aux stations balnéaires paisibles et familiales de Lauderdale-by-the-Sea, Pompano et Deerfield Beach.

◉ À voir

Deerfield Beach Historical Society   MUSÉE
(☑ 954-429-0378 ; www.deerfieldhistory.org ; 380 E Hillsboro Rd ; ⏰ 10h-14h). GRATUIT Depuis les premiers jours de Deerfield Beach dans les années 1920, cette association constituée de bénévoles gère plusieurs sites. À l'époque, la communauté comptait quelque 1 300 âmes, 4 ou 5 commerces, un lodge, un bureau de poste et 2 hôtels. L'Old Deerfield School, le Kester Cottage et le musée Butler House sont ouverts pour des visites les premier et troisième samedis de chaque mois.

Butterfly World   RÉSERVE NATURELLE
(www.butterflyworld.com ; 3600 W Sample Rd, Coconut Creek ; adulte/enfant 25/20 $; ⏰ 9h-17h lun-sam, 11h-17h dim ; ♿). Premier parc de papillons couvert des États-Unis, il abrite des milliers d'espèces de lépidoptères, dont de superbes morphos bleu électrique et des caligos, ou "papillons hiboux". Diverses expositions, toutes consacrées à des animaux différents – des papillons aux colibris – en font un endroit idéal avec des enfants ou des photographes amateurs.

☆ Activités

Partout sur le littoral, vous n'aurez aucun mal à trouver une plage à votre goût. La plus belle du lot est Deerfield Beach.

Anglin's Pier est un port de pêche populaire situé à Lauderdale-by-the-Sea. On y trouve une boutique de pêche ouverte 24h/24, la jetée est éclairée pour la pêche de nuit et on peut louer une canne pour 15 $.

Deerfield Beach   PLAGE
(www.deerfield-beach.com). Cette plage doit d'être classée "Blue Wave" à ses eaux limpides, à ses maîtres nageurs juchés sur 9 tours et à sa zone réservée aux surfeurs, au nord du port et au sud de la tour 7. Le **port** (200 NE 21st Ave) lui-même est réputé pour ses grosses prises, comme le thazard barré. Location de canne à 16 $.

Quiet Waters Park   PARC AQUATIQUE
(www.broward.org/parks/quietwaterspark ; 401 S Powerline Rd, Deerfield Beach ; pers/voiture

1,50/8 $; 🛝). Contrairement à ce que son nom laisse supposer, ce n'est pas le calme (*quiet*) qui caractérise ce parc de 215 ha, mais l'animation. **Splash Adventure** (5 $/pers), une aire de jeu aquatique pour les petits, comporte une pataugeoire et des fontaines à jaillissement multidirectionnel. Le **Ski Rixen** (www.skirixenusa.com ; heure/demi-journée 25/40 $; ⊙12h-20h mar-dim) est un système de câble innovant pour le ski nautique. Les câbles sont suspendus à des tours et encerclent un parcours de 800 m, permettant de faire du ski nautique ou du wakeboard sans être gêné par le sillage du bateau. Pêche, location de kayak, chemins de randonnée et piste de VTT font partie des activités proposées.

South Florida Diving Headquarters
PLONGÉE

(☑954-783-2299 ; www.southfloridadiving.com ; 101 N Riverside Dr, Pompano Beach ; plongée 2 bouteilles 55 $, snorkeling 30 $). Ce centre certifié PADI propose des plongées sur des récifs naturels et artificiels, ou en dérive (*drift dive*) le long des fameux sites de la région. Il organise aussi des sorties de snorkeling de 45 minutes.

🛏 Où se loger

Lauderdale-by-the-Sea et Deerfield Beach comptent une pléthore de pensions et autres plaisants motels, tenus par des familles. Le **Quiet Waters Park** (☑955-357-5100 ; empl tente 35 $) loue des tipis pour camper.

💙 Blue Seas Courtyard
HÔTEL $$

(☑954-772-3336 ; blueseascourtyard.com ; 4525 El Mar Dr, Lauderdale-by-the-Sea ; ch 124-179 $; P🌐🛜🍴). Avec son toit de style hacienda en tuiles de terre cuite arrondies, sa façade jaune vif et ses pochoirs peints à la main, le Blue Seas incarne l'atmosphère décontractée et ensoleillée de Lauderdale-by-the-Sea. Les propriétaires Marc et Cristie sont aux commandes depuis les années 1970 et prodiguent un service très personnalisé. Du coup, les chambres sont réservées des semaines à l'avance.

Cottages by the Ocean
PENSION $$

(☑954-283-1111 ; www.4rentbythebeach.com ; 3309 SE Third St, Pompano Beach ; studio 99-209 $, app 125-240 $; P🌐🛜🍴). Sis en bord de plage et caressés par la brise, ces cottages des années 1940 se dressent dans des jardins tropicaux bien entretenus, à quelques minutes de Pompano Beach. L'endroit est

parfait pour un séjour prolongé, loin de tout. Les studios et les appartements d'une chambre sont décorés dans le style rétro nautique (dessus-de-lit, ventilateur au plafond et camaïeu de bleu et blanc) et équipés d'une cuisine, d'une terrasse ou d'une véranda, d'un barbecue et de transats. La propriété possède une machine à laver fonctionnant avec des pièces. Séjour de 3 nuitées minimum.

High Noon Resort
MOTEL $$

(☑954-776-1121 ; www.highnoonresort.com ; 4424 El Mar Dr, Lauderdale-by-the-Sea ; ch 140-190 $, cabaña 350-390 $; 🌐@🛜🍴). Débordant sur la plage, ce motel parfaitement tenu comprend deux propriétés, le Sea Foam (séjour en appartement) et le Nautilus (plus intime). Les hôtes profitent de sept huttes à toit de palmes, de deux piscines et d'un jeu de palets. À quelques pas des bars et des restaurants, un endroit idéal pour se détendre sous les palmiers, bercé par la brise marine.

Seacrest Hotel
HÔTEL $$

(☑954-530-8854 ; www.hotelseacrest.com ; 4562 Bougainvillea Dr, Lauderdale-by-the-Sea ; ch 109-149 $; P🌐🛜🍴). L'un des secrets les mieux gardés de Lauderdale-by-the-Sea. À l'écart de la plage, cet établissement allie le service d'un hôtel et le confort intimiste d'une maison. Foulez le sol en marbre, grimpez sur l'énorme lit et installez-vous devant un bon film. Il y a une grande piscine privée et la plage est à 5 minutes à pied.

✖ Où se restaurer et prendre un verre

💙 Tucker Duke's Lunchbox
BURGERS $

(☑954-708-2035 ; www.tuckerdukeslunchbox.com ; 1101 S Powerline Rd, Deerfield Beach ; plats 4-11 $; ⊙10h30-22h dim-mer, 10h30-23h jeu-sam). Les délicieux burgers et la savoureuse cuisine du sud sont ici concoctés à partir d'ingrédients locaux, de saison. Le créateur de la franchise est le chef Brian Cartenuto, natif de Floride et vainqueur de l'émission télévisée "Cutthroat Kitchen", qui érige en principe le retour aux fondamentaux de la cuisine. Consultez le site Web pour des recettes, notamment les extraordinaires "Hangover Breakfast Tacos" ("tacos pour gueule de bois").

L'établissement est situé juste au sud du Quiet Waters Park.

La Spada's
Original Hoagies
SANDWICHS $

(www.laspadashoagies.com ; 4346 Sea Grape Dr, Lauderdale-by-the-Sea ; sandwichs 7-10 $; ⊙10h-20h). Cette échoppe est une adresse culte pour les amateurs des délicieux et énormes sandwichs comme on en fait à Philadelphie (*hoagies*). Goûtez le "Monster".

Aruba Beach Cafe
CARIBÉEN $$

(www.arubabeachcafe.com ; 1 Commercial Blvd, Lauderdale-by-the-Sea ; plats 10-22 $; ⊙11h-23h lun-sam, 9h-23h dim ; ﹠). La cuisine n'est pas le seul attrait de ce café (même si les beignets de conques y sont succulents) : il propose de la musique live tous les soirs, des boissons du jour servies à 3 différents bars, et seules des baies vitrées coulissantes vous séparent de la plage.

◆ Sea
POISSON ET FRUITS DE MER $$$

(☎954-533-2580 ; www.seatherestaurant.com ; 235 Commercial Blvd, Lauderdale-by-the-Sea ; menu 25-45 $; ⊙12h-14h30 et 17h-22h mar-ven). Essayez d'obtenir une table pour déguster un menu de 3 plats réalisés à la perfection, avec un succulent mérou noirci, de la conque moelleuse, du vivaneau de Floride ou du bar nappé de houmous. Le chef Tony Sindaco, étoilé au Michelin, pilote la cuisine sans négliger le moindre détail. S'il figure au menu, ne passez pas à côté du légendaire gâteau au whisky accompagné d'un coulis de framboises.

Village Pump
BAR

(www.villagegrille.com ; 4404 El Mar Dr, Lauderdale-by-the-Sea). On sirote ici des boissons fortes dans un cadre nautique lambrissé depuis 1949.

ⓘ Renseignements

Deerfield Beach Chamber of Commerce (☎954-427-1050 ; www.deerfieldchamber.com ; 1601 E Hillsboro Blvd ; ⊙9h-15h lun-ven avr-déc, 9h-15h lun-sam et 12h-16h dim jan-mars)

Lauderdale-by-the-Sea Chamber of Commerce (☎954-776-1000 ; www.lbts.com ; 4201 N Ocean Dr ; ⊙9h-17h). Informations commerciales sur la région.

ⓘ Comment s'y rendre et circuler

Le **Tri-Rail** (www.tri-rail.com) se dirige vers le nord à partir de Fort Lauderdale. Si vous conduisez, prenez l'A1A (parfois appelée Ocean Blvd), une route superbe.

Boca Raton

Ville côtière huppée, Boca Raton ("Museau du Rat") était à l'origine une localité somnolente. L'architecte Addison Mizner, amoureux de l'architecture espagnole, la transforma au milieu des années 1920 et lui donna son aspect actuel. Si de nombreux édifices du secteur conservent son empreinte, son nom reste principalement associé au Mizner Park, une promenade qui constitue le centre de l'animation. Ailleurs, Boca Raton offre essentiellement des boutiques et des restaurants, ainsi que quelques plages et parcs paisibles. Du fait de la rareté des hôtels en bord de plage, rares sont les visiteurs à passer de longues vacances à Boca Raton.

◉ À voir et à faire

En l'absence de véritable centre-ville, le **Mizner Park** (www.miznerpark.com) est souvent considéré comme le cœur de l'animation à Boca. À l'extrémité nord, le Count de Hoernle Amphitheater peut accueillir plus de 4 000 spectateurs pour des concerts symphoniques ou de rock, des ballets et d'autres événements culturels.

◆ Gumbo Limbo Nature Center
PARC

(☎561-544-8605 ; www.gumbolimbo.org ; 1801 N Ocean Blvd ; don suggéré 5 $; ⊙9h-16h lun-sam, 12h-16h dim ; ﹠). Le principal atout de Boca est ce parc verdoyant sur le front de mer. Il s'agit d'une réserve de *hammocks* tropicaux et de dunes, paradis pour toutes sortes d'oiseaux et de créatures marines. Consacrées à l'information du public sur les tortues de mer et la faune locale, les expositions sur l'histoire naturelle comprennent des bassins d'eau de mer remplis d'animaux. Flambant neuf, le centre de réhabilitation des tortues marines propose une visite de 1 heure 30 à 10h et à 13h du lundi au samedi et à 13h le dimanche.

La réserve affiche également plusieurs promenades sur des passerelles surélevées à travers la végétation tropicale et le long d'un marais de mangrove artificiel, alimenté par les eaux usées purifiées de la ville.

Boca Raton Museum of Art
MUSÉE

(☎561-392-2500 ; www.bocamuseum.org ; 501 Plaza Real ; tarif plein/étudiant 14/6 $; ⊙10h-17h mar-ven, 12h-17h sam-dim). Dans le Mizner Park, cet élégant musée présente les œuvres mineures de maîtres modernes, tels Picasso,

CIRCUITS DANS LES EVERGLADES

La côte sud-est ne se résume pas à des constructions somptueuses et de clinquantes galeries marchandes. Pris en sandwich entre le Hillsboro Canal et l'I-98, le **Loxahatchee National Wildlife Refuge** couvre les confins septentrionaux des Everglades. Pour explorer ces 572 km² d'étendues sauvages, truffés de fougères de marécages, de cyprès et de *nodding nixies* (*Apteria aphylla*), un guide est indispensable. Au centre des visiteurs, vous découvrirez des expositions, un film et des cartes des sentiers pédestres et cyclistes.

Pour profiter au mieux de ce coin méconnu du Sud-Est, **Loxahatchee Everglades Tours** (☎561-482-6107 ; www.evergladesairboattours.com ; 15490 Loxahatchee Rd ; tarif plein/-12 ans 55/24,50 $; ⏱9h30-16h), géré par Wild Lyle, propose des excursions écologiques sur l'un de ses 8 hydroglisseurs (départ toutes les heures). Le bateau traverse le marais, parmi les papyrus et l'*hurricane grass* (*Fimbristylis cymosa*), les oiseaux, les tortues et les alligators qui paressent au soleil. À mi-chemin, Lyle arrête le bateau pour expliquer l'importance des Everglades et répondre aux questions. Fort de quatre décennies d'expérience, il connaît parfaitement la région et a même conduit des missions de secours pour repérer des avions accidentés. Très instructifs, ces circuits sont fantastiques pour découvrir cet environnement que peu de gens connaissent.

Chagall et Modigliani, ainsi qu'une intéressante collection de peintures, sculptures et photos d'artistes américains et européens des XXe et XXIe siècles.

Red Reef Beach
PLAGE
(1 N Ocean Blvd ; lun-ven 16 $/véhicule, sam-dim 18 $/véhicule ; ⏱8h-crépuscule ; 🚻). L'ouragan Sandy a malheureusement enseveli la majeure partie du récif artificiel, mais cette plage surveillée continue de ravir les amateurs de baignade. Les bassins, aux eaux peu profondes, sont idéaux pour s'initier au snorkeling. Cette plage et celle de South Beach Park voisine totalisent quelque 30 ha de littoral sauvage.

🛏 Où se loger et se restaurer

Boca Raton compte fort peu d'hôtels, en raison d'un plan d'occupation des sols qui privilégie les immeubles résidentiels plutôt que le tourisme. Quelques établissements de chaîne sont installés près de l'I-95. Si vous souhaitez séjourner en bord de plage, vous devrez rejoindre Delray Beach, juste au nord.

Boca Raton Resort & Club
COMPLEXE HÔTELIER $$$
(☎888-498-2622 ; www.bocaresort.com ; 501 E Camino Real ; ch 249-709 $; ❄🌐🏊). Construit par Addison Mizner, cet ensemble de bâtiments conserve le charme d'une époque révolue. Des Nord-Américains fortunés viennent chaque année passer l'hiver dans ses suites et cottages spacieux et profiter des 2 golfs à 18 trous ainsi que d'une marina à 32 mouillages, d'une plage privée et d'un spa luxueux. Ajoutez 5 piscines, 10 restaurants et une fabuleuse ambiance historique et vous saurez pourquoi on peut y séjourner une semaine sans en sortir.

Ben's Kosher Deli
TRAITEUR $
(www.bensdeli.net ; 9942 Clint Moore Rd ; plats 5-12 $; ⏱11h-21h). Dans cette succursale d'un traiteur new-yorkais réputé, la longue carte propose tous les classiques de la cuisine juive : sandwichs au corned-beef, *knishes* (tourtes aux pommes de terre), langue de bœuf aigre-douce, œufs et saumon fumé, etc. À 20 minutes en voiture au nord-ouest de Mizner Park.

Six Tables
AMÉRICAIN MODERNE $$$
(☎561-347-6260 ; www.sixtablesbocaraton.com ; Mizner Plaza, 112 NE 2nd St ; menu 79 $; ⏱19h-22h mer-sam). Les dîners raffinés et romantiques du cuisinier Jonathan Fyhrie sont servis à seulement six tablées de convives chanceux. Pour commencer la soirée, le chef tire les rideaux, ferme la porte puis partage une coupe de champagne et des choux au fromage avec ses hôtes, avant de présenter le menu. Vous dégusterez 5 plats, avec généralement une bisque de homard au velouté parfait et un chateaubriand. Il faut réserver plusieurs semaines à l'avance.

ⓘ Renseignements

Chamber of commerce (office du tourisme ; ☎561-395-4433 ; www.bocaratonchamber.

com ; 1800 N Dixie Hwy ; ☺8h30-17h). Serviable, avec de nombreuses brochures et une carte de la ville.

ℹ Comment s'y rendre et circuler

Boca Raton se situe quasiment à égale distance du Fort Lauderdale-Hollywood International Airport (FLL) et du Palm Beach International Airport (PBI). La ville s'étend sur plusieurs kilomètres à l'est et à l'ouest de l'I-95.

La **gare du Tri-Rail** (www.tri-rail.com ; 680 Yamato Rd) à Boca Raton assure des navettes pour les deux aéroports. Le bus PalmTran n°94 relie le centre de Boca et la gare du Tri-Rail.

PalmTran (www.palmtran.org) dessert le sud-est de la Floride, de North Palm Beach à Boca Raton (billet 2 $). De la gare du Tri-Rail, le bus n°2 rejoint le PBI et le bus n°94 rallie Florida Atlantic University, où vous pouvez prendre le bus n°91 jusqu'au Mizner Park. Du Mizner Park, le bus n°92 se rend au South Beach Park.

Boca Raton Taxi (☎561-392-2727 ; www.bocaratontaxi.com) dessert la région. Un taxi jusqu'aux aéroports de Fort Lauderdale ou de Palm Beach revient à 64 $.

Delray Beach

Fondée par les Séminoles puis occupée, aux XVIIIe et XIXe siècles, par des esclaves affranchis et des fermiers japonais, qui cultivaient des ananas juste à l'est de l'I-95, ce creuset multiculturel s'est reconverti dans le tourisme dès l'arrivée du chemin de fer à Delray Beach en 1896. Les hôtels et les clubs locaux ignorèrent le *Volstead act* et continuèrent à servir de l'alcool tout au long de la prohibition. Aujourd'hui, Delray Beach mêle l'ambiance détendue du bord de mer et une agréable sophistication urbaine.

◉ À voir et à faire

Atlantic Ave, l'artère principale, est bordée de boutiques, de bistrots, d'hôtels, etc. À quelques pâtés de maisons, un tronçon de NE 2nd Ave, appelé **Pineapple Grove**, se distingue par son ambiance à la fois discrète et branchée.

Parmi les plus belles plages figurent l'**Atlantic Dunes Beach** (1600 Ocean Blvd), d'une superficie de près de 3 ha, avec des toilettes propres, des terrains de volley-ball et des aires de pique-nique, et la **plage publique** (Ocean Blvd et Atlantic), rendez-vous branché de la jeunesse locale et des visiteurs, idéale

pour la baignade. Comptez 1,25 $ l'heure pour les parcmètres à pièces.

Delray Beach accueille aussi l'International Tennis Championships, un tournoi professionnel organisé tous les ans au Delray Beach Tennis Club.

♥ Morikami Museum & Japanese Gardens
MUSÉE, JARDINS

(☎561-495-0233 ; www.morikami.org ; 4000 Morikami Park Rd ; adulte/enfant 14/9 $; ☺10h-17h mar-dim). L'immigré japonais et cultivateur d'ananas Sukjei "George" Morikami, membre de la colonie originale Yamato (actuelle Delray), fit don de cette magnifique propriété de 100 ha pour créer un musée dédié à la culture nippone. Aujourd'hui, on peut se balader sur plus de 1,6 km de sentiers bordés de pins et autour d'étangs remplis de carpes koï. On découvre différents types de jardins japonais, notamment des bonsaïs et un jardin *shinden* (plaisir) tel qu'au XIIe siècle, façonné sur le modèle d'un domaine artistocratique. Outre les jardins, le fabuleux musée conserve plus de 5 000 antiquités, objets et œuvres d'art japonais.

Le troisième samedi du mois, on peut participer à une cérémonie du thé à la **Seishin-An Teahouse** (5 $ avec l'entrée au musée). Des cours et des événements culturels et éducatifs sont aussi proposés. Consultez le site Web pour plus de détails.

Le **Cornell Cafe** (plats 7-10 $; ☺11h-15h) du musée sert une cuisine néo-japonaise, avec par exemple du tempura de patate douce, du canard rôti au gingembre et des sushis. Il est considéré comme l'un des meilleurs restaurants de musée du pays.

Delray Center for the Arts
CENTRE D'ARTS

(Old School Square ; ☎561-243-7922 ; delraycenterforthearts.org ; 51 N Swinton Ave). Également appelé Old School Square, ce projet de conservation du patrimoine, couronné de succès, comprend une école élémentaire de Delray datant de 1913, un lycée de 1925 et un gymnase de 1926. Ces bâtiments hébergent désormais le **Cornell Museum of Art & American Culture** (adulte/enfant 10/3 $; ☺10h-16h30 mar-sam, 13h-16h30 dim), qui présente des expositions temporaires d'artistes et d'artisans locaux, nationaux et internationaux, le **Crest Theatre** et une excellente **School of Creative Arts**, riche d'un programme de cours, de pièces de théâtre et d'expositions.

Delray Beach
Tennis Center
TENNIS

(📞 561-243-7360 ; www.delraytennis.com ; 201 W Atlantic Ave ; hard/clay courts 10/15 $). Fort d'une capacité de plus de 8 000 spectateurs, le centre de tennis de Delray accueille des tournois de tennis professionnels, avec des stars de la discipline comme Venus et Serena Williams. Adultes et enfants peuvent aussi jouer ou prendre des cours (14 courts en terre battue et 7 en surface dure). Le club affiche un large choix d'entraîneurs et de stages. Un système d'éclairage permet de jouer en soirée (7 $).

Le club possède une annexe, le **Delray Swim & Tennis Club** (📞 561-243-7079 ; 2350 Jaeger Dr ; ⏱11h-16h), avec 24 courts supplémentaires et une piscine (adulte/enfant 3/2 $).

Delray Yacht Cruises
CIRCUIT EN BATEAU

(📞 561-243-0686 ; www.delraybeachcruises.com ; embarquement 777 Atlantic Plaza ; adulte/enfant 24/21 $). L'Intracoastal est plutôt huppé de Delray Beach à Boca Raton, au sud. Une croisière commentée à bord du luxueux *Lady Atlantic* de 32 m vous fera découvrir ce secteur. Départ du Veterans Park, côté canal.

🛏 Où se loger

Delray Beach compte de nombreux hébergements, des motels familiaux aux luxueux B&B.

♥ Parliament Inn
PENSION $$

(📞 561-276-6245 ; www.florida-info.com ; 1236 George Bush Blvd ; ste 2 pers 93-192 $, ste 4 pers 100-199 $; P✳🕸📶). Cette oasis luxuriante est nichée à proximité de la spectaculaire plage de Delray (3,2 km de long). On peut facilement la manquer car les 8 petits bâtiments d'un étage, couleur jaune citron, sont dissimulés dans un superbe jardin tropical planté d'immenses palmiers. Depuis les hamacs accrochés aux arbres, vous aurez une vue sur la piscine turquoise. Chaque chambre est pourvue d'une cuisine, d'un vaste salon et d'une véranda privée. D'innombrables livres et transats sont à disposition pour les escapades à la plage.

Crane's Beach House
PENSION $$

(📞 561-278-1700 ; www.cranesbeachhouse.com ; 82 Gleason St ; ch et ste 150-350 $; P✳@📶). Passé une arcade couverte de jasmin, cette pension loue 27 chambres et suites spacieuses, joliment décorées d'amusantes œuvres d'art locales. Les piscines ombragées de palmiers et un bar tiki le week-end ajoutent à son attrait. Le personnel, très sympathique, aime à bavarder et à dispenser des tuyaux, notamment en matière de restaurants.

Wright by the Sea
HÔTEL $$

(📞 561-278-3355 ; www.wbtsea.com ; 1901 S Ocean Blvd ; ch hiver 259-336 $, été 129-169 $; P✳📶). Un hôtel en bord de mer posé sur une pelouse impeccable. Les suites, spacieuses et propres, sont dotées de canapés convertibles et d'un passage indépendant entre le salon et la salle de bains, appréciable pour qui voyage avec des enfants.

Colony Hotel
& Cabana Club
HÔTEL $$

(📞 561-276-4123 ; www.thecolonyhotel.com ; 525 Atlantic Ave ; ch à partir de 125-259 $; ✳📶). Si vous appréciez les détails historiques, vous aimerez cet hôtel de 1926 et son ascenseur avec liftier. Les chambres, plus simples que grandioses, comportent du parquet et des salles de bains à l'ancienne, carrelées de blanc. Bien que l'établissement soit au centre de Delray, son Cabana Club privé au bord de l'océan n'est qu'à 3 km et est desservi par une navette gratuite.

Sundy House Inn
B&B $$$

(📞 561-272-5678 ; www.sundyhouse.com ; 106 S Swinton Ave ; ch hiver 299-349 $, été 139-189 $; ✳📶). Ce somptueux B&B ne déparerait guère à Bali. Des allées y serpentent dans un jardin planté de fleurs et de cocotiers, ponctué de lions chinois en pierre et d'anciennes cages à oiseaux, et des poissons évoluent dans un bassin d'eau douce noyé dans la végétation. Les chambres, de style colonial britannique, s'agrémentent de beaux meubles en bois et de volets. Même si vous logez ailleurs, ne manquez pas le Sundy House Restaurant.

🍴 Où se restaurer

Delray Beach compte d'excellentes tables, des bistrots aux élégants restaurants de poisson.

Doc's All-American
BURGERS, AMÉRICAIN $

(10 N Swinton Ave ; plats 6-15 $; ⏱11h-23h dim-jeu, 11h-1h ven-sam ; 🚹). D'excellents burgers et d'épais milk-shakes glacés : ce sont les standards que sert en été ce comptoir en plein air, de style années 1950.

Bamboo Fire
CARIBÉEN $$

(www.bamboofirecafe.com ; 149 NE 4th Ave ; plats 9-15 $; ⏰18h30-23 mer-jeu, 18h-23h30 ven, 12h-23h30 sam). Sis dans une paisible rue commerçante à quelques pâtés de maisons du cœur de l'animation, ce petit restaurant bohème est prisé pour son authentique cuisine caribéenne, tels les beignets de conques, le poulet à la jamaïcaine (*jerk chicken*) et le ragoût de queue de bœuf. Les végétariens se régaleront de tofu, en curry, grillé ou frit.

Tryst
PUB $$

(☎561-921-0201 ; www.trystdelray.com ; 4 E Atlantic Ave ; plats 12-26 $; ⏰11h30-22h lun-ven, 17h30-23h ven et sam, 16h-22h dim). Ce pub gastronomique haut de gamme surfe avec succès sur la tendance local-saisonnier-bio pour revisiter des classiques de bistrot : *fish'n'chips* au sel de mer fumé, steak-frites sauce au bleu. Concerts de jazz le dimanche soir.

♥ Joseph's Wine Bar
MÉDITERRANÉEN $$$

(☎561-272-6100 ; www.josephswinebar.com ; 200 NE 2nd Ave #107 ; plats midi 9-14 $, plats soir 21-36 $; ⏰11h-22h). Concoctés par le sympathique Joseph, les repas du midi et du soir tiennent d'autant d'expériences raffinées et conviviales. Tout est préparé à la commande : détendez-vous, faites-vous conseiller un vin par Joseph et attendez le délicieux choix de *dips* (dont un divin *baba ghanoush* fumé), de salades et de wraps à midi, ou la palette de plats sophistiqués le soir. Notre coup de cœur : le carré d'agneau rôti et son onctueuse sauce au chianti.

J&J Raw Bar
POISSON ET FRUITS DE MER $$$

(☎561-272-3390 ; www.jjseafooddelray.com ; 634 E Atlantic Blvd ; plats 21-34 $; ⏰11h30-22h30). Ce bar à fruits de mer remporte un franc succès pour ses généreuses assiettes de petites palourdes, d'huîtres de la Gulf Coast et de pinces de crabe caillou noir (en saison). Le trio d'amuse-gueules, composé de crevettes, de saint-jacques et de gâteau de crabe, convient parfaitement comme plat principal. Vous pourrez aussi choisir le vivaneau et sa croûte de noix, avec une sauce au citron vert et au beurre de rhum.

Sundy House Restaurant
AMÉRICAIN MODERNE $$$

(☎561-272-5678 ; 10 S Swinton Ave ; plats 25-41 $; ⏰11h30-14h30 mar-sam, 18h-22h mar-dim, brunch 10h30-14h dim). Régalez-vous d'une salade au fromage de chèvre et au saumon, saupoudrée de pollen de fenouil, dans le restaurant le plus romantique de Delray, qui surplombe les Taru Gardens dans le Sundy House Inn. Le brunch dominical, avec crêpes sur commande et côte de bœuf, est fastueux.

🍷 Où prendre un verre et sortir

Les branchés font plutôt la fête à West Palm Beach, mais quelques établissements de Delray Beach méritent quand même une visite.

♥ Dada
PUB, CAFÉ

(☎561-330-3232 ; sub-culture.org/dada ; 52 N Swinton Ave ; ⏰17h-2h). Rejoignez la clientèle décontractée de ce bungalow à deux étages pour siroter des cocktails en écoutant de la poésie ou de la musique live, et grignoter une salade ou du houmous. Le porche en façade, les lanternes extérieures et l'ambiance bohème ajoutent au charme romantique de l'endroit.

Boston's on the Beach
BAR

(www.bostonsonthebeach.com ; 40 S Ocean Blvd ; ⏰11h-2h lun, ven et sam, 11h-1h mar, 11h-minuit mer-jeu et dim). Adresse favorite de longue date, ce bar en bord de plage offre de la musique live tous les soirs, une vue superbe sur l'océan et une ambiance festive.

♥ Arts Garage
CENTRE D'ARTS

(☎561-450-6357 ; www.artsgarage.org ; 180 Northeast 1st St ; ⏰billetterie 10h-18h). Le nouveau centre d'arts communautaire de Delray accueille toutes sortes d'activités : concerts, spectacles musicaux, émissions radiophoniques et théâtre, entre autres. Les spectateurs peuvent amener du vin et des en-cas. La salle étant petite, toutes les places y sont bonnes.

🔒 Achats

Atlantic Ave est l'un des meilleurs repaires de shopping du sud de l'État, et l'on y trouve de tout. La librairie **Murder on the Beach** (☎561-279-7790 ; www.murderonthebeach.com ; 273 NE 2nd Ave, Pineapple Grove) est une bonne adresse pour découvrir des romans policiers d'auteurs floridiens. Également des livres plus généraux sur la Floride.

ℹ Renseignements

Chamber of Commerce (☎561-279-1380 ; www.delraybeach.com ; 140 NE 1st St ;

⊙9h-17h). Pour des cartes, des guides et des informations locales.

❶ Comment s'y rendre et circuler

Delray Beach se situe à environ 32 km au sud de West Palm Beach et à 72 km au nord de Miami par l'I-95, l'US Hwy 1 ou la Hwy A1A.

La **gare Greyhound** (☑561-272-6447 ; www.greyhound.com ; 1587 SW 4th Ave) est desservie par PalmTran. Le bus n°2 rallie Palm Beach International Airport ou Boca Raton ; le bus n°81 rejoint la gare Tri-Rail-Amtrak et le centre de Delray. **Amtrak** (☑800-872-7245 ; www.amtrak.com ; 345 S Congress Ave), à 800 m au sud d'Atlantic Ave, partage une gare avec le **Tri-Rail** (☑800-874-7245 ; www.tri-rail. com).

Lake Worth

S'autoproclamant l'endroit "où les tropiques commencent", Lake Worth, la localité plus à l'est de la région, est frôlée par le Gulf Stream, bénéficiant ainsi d'un climat chaud toute l'année. Ajoutez à cela une ambiance artistique, un bon choix de restaurants, un paysage musical dynamique et une plage publique spectaculaire et vous obtiendrez l'un des plus beaux trésors cachés de la côte sud-est.

Si vous venez en février, ne manquez pas le fantastique **Street Painting Festival** (www. streetpaintingfestivalinc.org ; ⊙fév). Des artistes viennent du monde entier pour couvrir les principales rues piétonnes de Lake Worth de plus de 200 dessins surréalistes, aussi bien inspirés de la culture populaire qu'imités de grands maîtres. Baladez-vous dans cette galerie à ciel ouvert en grignotant des grillades, des tacos ou des sandwichs au fromage, puis assistez à un concert au parc.

◉ À voir et à faire

Lake Worth ne compte guère de curiosités ; la plupart des visiteurs viennent pour la plage et l'ambiance décontractée, ou pour visiter les villes voisines de Delray Beach et Palm Beach en profitant d'hôtels à prix raisonnables.

♥ Snook Islands Natural Area   PARC

(www.lakeworth.org/visitors/parks ; Lake Avenue Bridge). Long de 32 km, le lagon de Lake Worth est le plus grand estuaire du comté de Palm Beach et constitue un important refuge d'eaux chaudes pour les lamantins. Pendant des années, des propriétés haut de gamme ont été construites autour du lagon, ce qui a terriblement dégradé son environnement. Afin de réparer certains dommages, un budget de 18 millions de dollars a été dégagé pour créer la Snook Islands Natural Area, laquelle occupe un secteur autrefois biologiquement mort qui commence à 1,9 km au nord de Lake Avenue et s'étend jusqu'au lagon. Des kilomètres de mangroves ont été restaurés et de nouveaux lits d'huîtres ont été installés pour encourager la croissance des joncs de mer, très appréciés des lamantins. Ces mesures ont permis le retour d'un grand nombre d'oiseaux et de créatures marines.

Une promenade en bois de 166 m longe la mangrove, tandis que des embarcadères flottants et une berge herbeuse en pente, aménagée pour les kayaks, facilitent l'accès à l'eau. Il y a même un nouveau **port de pêche**, ouvert de 6h à minuit.

Les véhicules peuvent accéder au parc à partir des voies en direction de l'ouest, du côté nord du Lake Avenue Bridge.

Lake Worth Beach   PLAGE

Cette plage est indéniablement la plus belle entre Fort Lauderdale et Daytona. Les surfeurs viennent de loin pour dévaler ses vagues ; les autres se contentent de lézarder au soleil sur le sable blanc.

Kayak Lake Worth   KAYAK

(☑561-225-8250 ; kayaklakeworth.com ; kayak 2,5/4 heures 35/40 $, circuit 40-65 $/pers). Ce prestataire mobile pourra vous fournir tout le matériel nécessaire pour pratiquer le kayak, le paddle surf et la pêche, principalement dans les secteurs de Snook Islands Natural Area et des Bingham Islands. Des circuits écologiques au coucher du soleil et au clair de lune (2 à 3 heures) sont aussi proposés ; ils sont menés par Bryce et Emily, des guides locaux chevronnés.

Wet Pleasures   PLONGÉE

(☑561-547-4343 ; www.wetpleasuresfla.com ; 312 W Lantana Rd ; ⊙9h-18h30 lun-sam, 9h-16h dim). Riche de plages préservées et d'eaux calmes, Lake Worth recèle d'excellentes possibilités de plongée et de snorkeling. Ce centre de plongée y dispense cours, équipements et conseils, et pourra aussi vous mettre en relation avec un groupe pour plonger jusque dans les Keys.

Bar Jack Fishing   PÊCHE

(☑561-588-7612 ; barjackfishing.com ; 314 E Ocean Ave ; sortie 4 heures adulte 37 $). Sorties de pêche hauturière, équipement compris, à bord du *Lady K*, tous les jours à 8h, 13h30 et 18h30.

🛏 Où se loger

Mango Inn
B&B $$

(☎ 561-533-6900 ; www.mangoinn.com ; 128 N Lakeside Dr ; ch 130-190 $, ste 190-250 $; P ❄ 🌐 🛜). Les trois bâtiments qui composent le Mango Inn ont été construits entre 1915 et 1920 dans un quartier résidentiel. Nichée dans un jardin luxuriant, cette auberge offre aujourd'hui la sérénité d'une retraite isolée, à seulement trois rues du centre-ville et à 15 minutes de marche de la plage. L'hébergement comprend divers types de chambres, de celles sans prétention (souvent avec entrée privée) à un adorable cottage dont les portes-fenêtres ouvrent sur la piscine chauffée.

Sabal Palm B&B
B&B $$

(☎ 561-582-1090 ; www.sabalpalmhouse.com ; 109 N Golfview Rd ; ch hiver 159-239 $, été 119-199 $; P ❄ 🛜). Dans une maison de 1936, les chambres de ce B&B classique, avec bibelots et tissus fleuris, sont baptisées de noms d'artistes ; pour éviter les fioritures, demandez la chambre Dalí, blanche aux touches Art déco.

🍴 Où se restaurer

Pelican
DINER, INDIEN $

(610 Lake Ave ; plats 3-10 $; ☉ 6h30-14h ; 🖊). Ouvert tôt le matin, il sert de copieux petits-déjeuners parfaitement préparés, ainsi que de nombreux plats du jour végétariens, souvent aux saveurs méditerranéennes ou moyen-orientales. Le vendredi de 18h à 22h, vous pourrez vous régaler d'un succulent repas indien, avec un choix de curries et de masalas épicés (les propriétaires sont pakistanais).

Mother
Earth Sanctuary Café
AMÉRICAIN, CAFÉ $

(☎ 561-460-8647 ; www.motherearthsanctuarycafe.com ; 410 2nd Ave N ; plats 4,50-10 $; ☉ 8h30-16h mar-sam, 10h-14h dim). Un vaste choix de burgers végétariens pour nourrir votre corps autant que votre esprit, à l'exemple de ceux aux haricots noirs ou aux patates douces. Ils sont servis avec diverses salades bio agrémentées de pousses de légumes cultivées localement. Également des plats de poulet. Cet établissement est le seul fournisseur de café Larry's Beans, issu du commerce

équitable, et le thé maison (Mighty Leaf Chai) est divin.

Pour réaliser vos propres créations sacrées, rejoignez Patti pour les cours de cuisine du jeudi soir (50 $/pers).

Downtown Pizza
PIZZERIA $$

(☎ 561-586-6448 ; 608 Lake Ave ; pizzas 11-20 $; ☉ 11h-23h). Installé depuis plus de 20 ans, ce restaurant sert de délicieuses pizzas de 35, 40 et 45 cm de diamètre, à la pâte fine et croustillante surmontée d'une généreuse garniture. Les amateurs de viande goûteront la Philly, avec viande hachée, fromage, poivrons et oignons.

♥ Paradiso Ristorante
ITALIEN $$$

(☎ 561-547-2500 ; www.paradisolakeworth.com ; 625 Lucerne Ave ; menu midi 3 plats 21 $, plats 32-56 $; ☉ 11h30-15h et 17h30-22h). De l'intérieur raffiné aux plats superbement présentés (pâtes maison, gnocchis à la ricotta de brebis et succulent filet de veau), l'expérience est mémorable. Le menu annonce de délicieux ingrédients de saison, notamment des truffes, des châtaignes et des myrtilles. Repas avec dégustation de vins et formules dîner-théâtre organisés en partenariat avec le Lake Worth Playhouse. Réservation conseillée.

🍺 Où prendre un verre et sortir

Lake Worth se distingue par sa vie nocturne, avec nombre d'excellents bars et clubs de musique live.

Havana
Hideout
BAR

(www.havanahideout.com ; 509 Lake Ave ; ☉ 11h-2h). L'endroit le plus festif de la ville, en plein air et frangé de palmiers, avec musique live presque tous les soirs, un bon choix de bières à la pression et une *taquería* bondée le mardi, quand les tacos sont à 1,50 $ pièce.

Igot's Martiki Bar
BAR

(☎ 561-582-4468 ; 702 Lake Ave ; ☉ 12h-2h). Rencontrez les habitants les plus excentriques de Lake Worth dans ce bar décoré sur le thème du surf, ouvert sur les côtés. Vous pourrez vous installer sur un tabouret au comptoir pour regarder un match de foot ou vous asseoir sur un banc en terrasse pour observer le ballet des passants. Les cocktails sont corsés et il y a des concerts de guitare acoustique le jeudi.

❤ **Bamboo Room**   MUSIQUE LIVE
(☑561-585-2583 ; www.bamboorm.com ; 25 S J St ;
☺19h-3h jeu-sam). Cette adresse prisée et l'ambiance intime accueille des stars régionales et internationales du blues, du rockabilly et de la country alternative. Les amateurs n'hésitent pas à faire des kilomètres pour y venir.

❤ **Lake Worth Playhouse**   THÉÂTRE
(☑561-586-6410 ;   www.lakeworthplayhouse.
org ; 713 Lake Ave ; billets 15-32 $). Installé dans un music-hall de 1924 restauré, ce théâtre intime propose un répertoire classique. Le **Stonzek Studio Theatre**, un cinéma attenant, projette des films indépendants (billets 6-8 $). Le forfait théâtre et dîner au Paradiso Ristorante tient d'une véritable aubaine (55 $).

Lake Worth Drive-In   CINÉMA
(☑561-965-4517 ; 3438 Lake Worth Rd). Pour voir des films récents sans quitter son véhicule. Ouvert tous les soirs. Interdit aux chiens.

ℹ **Renseignements**

Chamber of Commerce (☑561-790-6200 ; www.cpbchamber.com ; 501 Lake Ave ; ☺9h-17h)
Hôtel de ville (☑561-586-1600 ; www. lakeworth.org/visitors ; 7 North Dixie Hwy). Le site Internet du *City Hall* est bien utile. Il comprend un calendrier des événements.

ℹ **Comment s'y rendre et circuler**

La **gare du Tri-Rail** (www.tri-rail.com ; 1703 Lake Worth Rd) se situe au croisement de l'A St. Le bus PalmTran n°61 relie la gare et le centre-ville.

Palm Beach

Troisième plus riche cité d'Amérique, Palm Beach compte 24 milliardaires et s'apparente à un véritable terrain de jeu pour gens riches et célèbres. De somptueuses demeures gréco-romaines bordent la rive, des Bentley et des Porsche circulent dans les larges avenues du centre-ville, et les rues sont d'une propreté irréprochable. Bals de charité, shopping de style Beverly Hills et déjeuners arrosés de 3 heures constituent le quotidien de ses habitants. Si cela vous impressionne, sachez que Palm Beach reste à la portée des voyageurs. Promenez-vous le long de la plage de la Gold Coast (laquelle porte bien son nom), jetez un œil aux immenses domaines barricadés qui

jalonnent l'A1A ou faites du lèche-vitrines dans la luxueuse Worth Ave – tout cela gratuitement !

Histoire

À la fin du XIXe siècle, les premiers touristes de Palm Beach venaient, non pas s'encanailler, mais pêcher et chasser. Le secteur, consitué en grande partie de marécages, devait alors sa renommée à un homme surnommé "Alligator Joe", qui, moyennant 25 cents, luttait contre un de ces reptiles à la grande joie des visiteurs.

L'historique **Sea Gull Cottage** (60 Cocoanut Row), construit en 1886 par R.R. McCormick, un promoteur immobilier et ferroviaire originaire de Denver, date de cette période ; il s'agit de la plus vieille maison de l'île. Construit dans le style typique de la Floride, le cottage en bardeaux était tenu pour le "site touristique du littoral", du fait de ses jolies fenêtres en vitraux, de ses sols en marbre georgien et de son imposante tour de guet. Le magnat du pétrole et entrepreneur ferroviaire Henry Flagler tomba immédiatement sous le charme de la maison et l'acheta à McCormick pour en faire sa résidence d'hiver, du moins jusqu'à ce qu'il achevât sa Whitehall Mansion, juste à côté (elle fut finalement terminée en 1902). Entre-temps, il étendit le réseau ferroviaire jusqu'à West Palm Beach en 1894 et commença à attirer une clientèle aisée dans ses deux hôtels, le Royal Poinciana Hotel (1 100 chambres, ouvert en 1894 et fermé en 1934) et le Palm Beach Inn, désormais mieux connu sous le nom de Breakers (p. 215).

⊙ À voir

Le long de la côte est de l'île, le **Lake Trail** a l'attrait d'une belle vue sur Lake Worth, tandis qu'**Ocean Blvd** (Hwy A1A), face à l'Atlantique, est bordé de villas de millionaires. Faites un tour par ici pour vous rendre compte de l'incroyable pouvoir de l'argent. La plus célèbre demeure dominant ce tronçon de plage est la fantastique **Mar-a-Lago** (1100 S Ocean Blvd) de Donald Trump, achetée 8 millions de dollars en 1985 et rapidement transformée en club privé.

❤ **Flagler Museum**   MUSÉE
(☑561-655-2833 ;   www.flaglermuseum.us ; 1 Whitehall Way ; adulte/enfant 18/10 $; ☺10h-17h mar-sam, 12h-17h dim). Ce musée occupe la spectaculaire demeure construite en 1902

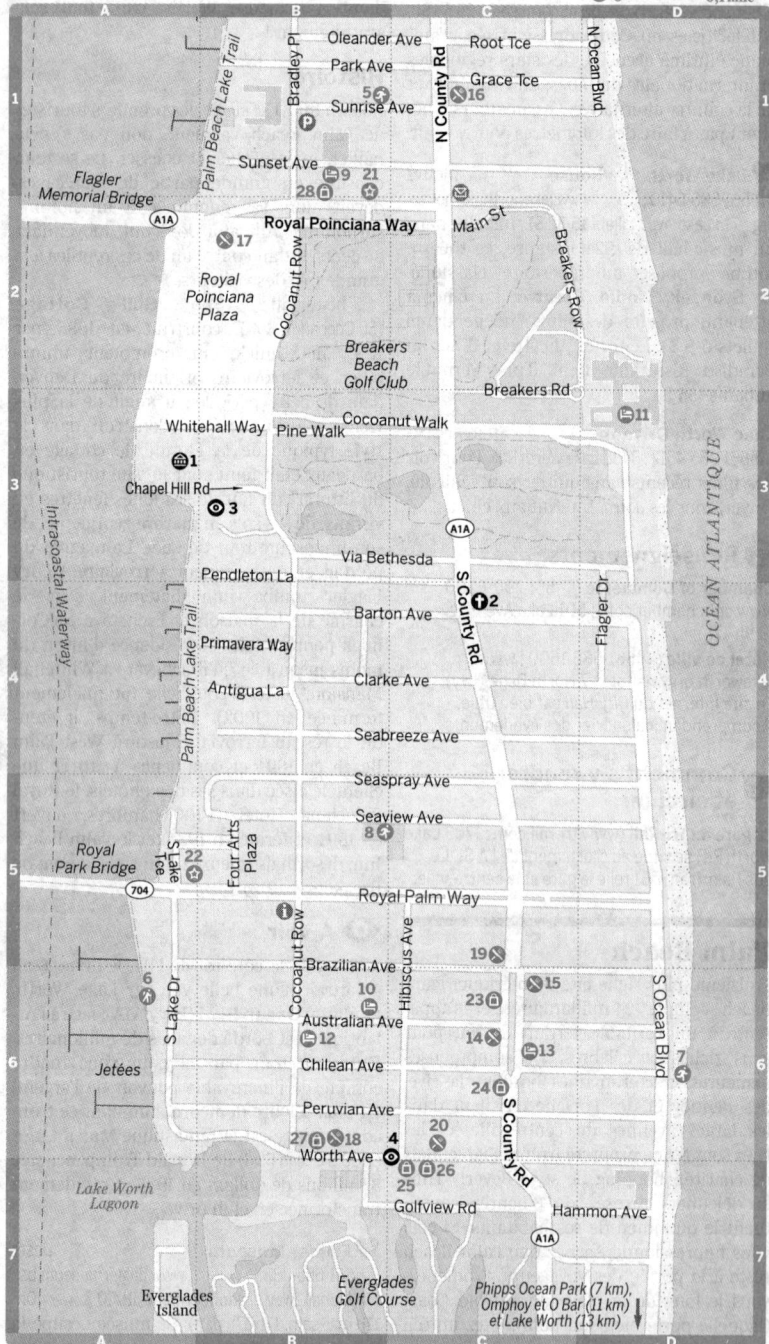

Palm Beach

0 ____ 200 m
0 ____ 0,1 mile

Palm Beach

Oleander Ave
Root Tce
Bradley Pl
Park Ave
Grace Tce
5 🍴
16 🍴
Sunrise Ave
N County Rd
N Ocean Blvd

Sunset Ave
Flagler
Memorial Bridge
9 🛍 21
28 ★

Royal Poinciana Way
Main St
17 🍴
A1A
Breakers Row
Coconut Row

Royal
Poinciana
Plaza

Breakers
Beach
Golf Club
Breakers Rd

Whitehall Way
Cocoanut Walk
11 🛍
Pine Walk

1 🏛
Chapel Hill Rd
3 👁

Via Bethesda
A1A
Pendleton La
Barton Ave
2 🏛

Intracoastal Waterway
Palm Beach Lake Trail
Primavera Way
Clarke Ave
Antigua La

S County Rd
Flagler Dr
OCÉAN ATLANTIQUE

Seabreeze Ave

Seaspray Ave

Seaview Ave
8 🍴

Royal
Park Bridge
22 🏛
704
Four Arts
Plaza

Royal Palm Way
S Lake Tce
i
Cocoanut Row
Brazilian Ave
19 🍴
10 🍴
Hibiscus Ave

6 🏛
S Lake Dr
Australian Ave
23 🛍
15 🍴
12 🛍
14 🍴
Chilean Ave
13 🛍
S Ocean Blvd
Jetées

24 🛍
Peruvian Ave
20 🍴
27 🛍 18 🍴
4 👁
7 🏛
25 🛍 26 🛍
Worth Ave
S County Rd

Lake Worth
Lagoon
Golfview Rd
Hammon Ave
A1A

Everglades
Island
Everglades
Golf Course
Phipps Ocean Park (7 km),
Omphoy et O Bar (11 km)
et Lake Worth (13 km)

Palm Beach

par Henry Flagler pour sa fiancée, Mary Lily Keenan. De style Beaux-Arts, Whitehall était la maison la plus moderne de son temps et devint rapidement le centre névralgique de la saison d'hiver à Palm Beach. Conçue par John Carrere et Thomas Hastings, anciens étudiants à l'École des beaux-arts de Paris, ayant collaboré à des édifices remarquables de l'ère du capitalisme triomphant, comme la New York Public Library, cette demeure sophistiquée de 75 pièces fut le premier lieu résidentiel pourvu du chauffage central et de la climatisation. À l'époque, son superbe papier mural rose en aluminium était plus cher que l'or.

Au rez-de-chaussée, les espaces publics comme le grand salon de 440 m², la bibliothèque dotée de moulures peintes au plafond et le salon rehaussé de soie et de boiseries suscitaient l'admiration des visiteurs, ébahis par tant d'opulence et de prouesses artisanales. À l'étage, les chambres, à l'ambiance plus intime, permettent d'en savoir plus sur la vie de la famille. La **Flagler/Kenan History Room** est particulièrement intéressante : à travers des lettres, des coupures de journaux et des photographies, vous découvrirez le parcours personnel et professionnel de Flagler ainsi que l'histoire familiale de Mary Lily.

Si vous ne voulez pas vous contenter de flâner dans la maison, consultez le site Web pour le programme des conférences, débats et expositions. Vous pourrez aussi profiter des **Music Series**, saluées par la critique ; ces concerts de musique de chambre ont lieu dans la salle de musique et sont suivis d'une réception avec champagne (60 $/pers).

En planifiant judicieusement votre visite, vous pourrez enchaîner avec un déjeuner de "style âge d'or" au **Café des Beaux-Arts** (40 $; ◷11h30-14h30 mar-sam, 12h-15h dim), aménagé dans le **Pavillon**, un sublime bâtiment ferroviaire en acier et en verre (XIXᵉ siècle) dans lequel est aussi exposé le wagon privé de Flagler. Vous pourrez aussi vous y régaler de sandwichs, de scones et de thés préparés dans les règles de l'art, tout en profitant de la vue sur Lake Worth.

Worth Avenue
RUE

(www.worth-avenue.com). Ce tronçon de 400 m, bordé d'arbres et jalonné de plus de 200 boutiques de grandes marques, est l'équivalent du Rodeo Drive de Beverly Hills. Son histoire remonte aux années 1920, lorsque feu l'Everglades Club organisait chaque semaine des défilés de mode et lançait des créateurs, de Bonwit Teller à Elizabeth Arden. Même pour qui n'a guère intention de faire des emplettes, il demeure fascinant d'observer les allées et venues.

Bethesda-by-the-Sea
ÉGLISE

(☑561-655-4554 ; www.bbts.org ; 141 S County Rd ; ◷9h-17h lun-sam, 7h-16h dim). Après avoir admiré les vitrines du joaillier Tiffany dans

Worth Ave, rendez-vous à l'église Bethesda-by-the-Sea pour contempler les fabuleux vitraux Tiffany intégrés à son architecture néogothique. Édifiée en 1926 pour remplacer la première église protestante de Palm Beach, elle compense sa relative jeunesse par une riche histoire communautaire et a accueilli de nombreux mariages de stars, notamment ceux de Donald Trump et de Michael Jordan. Juste à côté, on découvre un paisible cloître de style anglais et le joli **Cluett Memorial Garden** (jardin commémoratif de Cluett).

🏃 Activités

♥ Palm Beach Lake Trail   MARCHE, VÉLO

(Royal Palm Way, à hauteur de l'Intracoastal Waterway). La première "route" de Palm Beach longe l'Intracoastal Waterway et offre un chemin goudronné de 8 km, qui s'étend de Worth Ave (au sud) à Indian Rd (au nord). Elle permettait aux clients des hôtels de Flagler de se dégourdir les jambes et de voir du monde. Surnommé "chemin de la consommation ostentatoire", il a l'attrait de fabuleux points de vue des deux côtés : le lagon de Lake Worth à l'ouest et une interminable série de villas à l'est.

Pour le rejoindre, garez-vous près de Worth Ave, marchez vers l'ouest jusqu'à S Lake Dr et suivez le chemin en direction du nord jusqu'au Sailfish Club. Pour une promenade plus courte, stationnez sur le parking payant proche de Royal Palm Way (ou sur celui du supermarché dans Sunset Ave) et dirigez-vous vers l'ouest pour emprunter le chemin. Une agréable promenade longe N County Rd. Garez-vous dans Sunset Ave et suivez vers le nord le chemin qui conduit au Palm Beach Country Club. À un peu moins de 3 km, l'itinéraire est bordé de maisons et d'arbres majestueux et des rues secondaires méritent le détour.

Si votre hôtel ne loue pas de vélos, rendez-vous au Beach Bike Shop (voir ci-contre). La vitesse est limitée à 10 mph (16 km/h) sur le chemin.

Palm Beach
Municipal Beach   PLAGE

(Ocean Blvd, entre Royal Palm Way et Hammon Ave ; ⊙aube-crépuscule). Des deux superbes plages publiques de Palm Beach, toutes deux débarrassées des algues par la municipalité, celle-ci est parfois bondée. Les parcmètres en bord de mer coûtent 5 $ l'heure ; stationnez plutôt gratuitement dans le centre-ville.

Pour plus d'intimité, suivez S Ocean Blvd vers le nord et tournez à gauche dans Barton Ave. Vous pourrez vous garer gratuitement pendant 2 heures près de l'église avant S County Rd. L'accès à la plage se situe de l'autre côté de Clarke Ave.

Phipps Ocean Park   PLAGE

Au sud de Southern Blvd dans Ocean Blvd, avant le Lake Worth Bridge, un autre endroit où lézarder au soleil.

Palm Beach Bike Shop   LOCATION DE VÉLO

(☑ 561-659-4583 ; www.palmbeachbicycle.com ; 223 Sunrise Ave ; ⊙9h-17h30 lun-sam, 10h-17h dim). Cette boutique loue toutes sortes d'engins à roues, dont des vélos (39 $ par jour), des skateboards (39 $ par jour) et des scooters (100 $ par jour).

Seaview Park
Tennis Center   TENNIS

(☑ 561-838-5404 ; www.palmbeachtennis.us ; 340 Seaview Ave ; location court adulte/junior 16/8,50 $; ⊙8h-20h). 🌿 Situé au cœur de Palm Beach, ce centre de tennis a déjà reçu un prix pour ses installations. Il compte 7 courts en surface dure, une boutique de matériel professionnel et un court avec gradins pour les événements. Séances d'entraînement et locations de court, tous les jours.

👉 Circuits organisés

Island Living Tours   CIRCUIT CULTUREL

(☑ 561-868-7944 ; www.islandlivingpb.com ; circuits 35-150 $). Ces intrigants circuits à pied ou à vélo sont menés par Leslie Divers, une habitante qui en connaît long sur les coulisses de Palm Beach.

🛏 Où se loger

Si vous cherchez des prix raisonnables, continuez vers l'ouest : les hôtels de Palm Beach sont chers. La plupart des établissements accueillant les animaux facturent un supplément de 75 $ non remboursable.

♥ Palm Beach Historic Inn   B&B $$

(☑ 561-832-4009 ; www.palmbeachhistoricinn.com ; 365 S County Rd ; ch 159-239 $, ste 189-329 $; ❄🌐🐾). Au 1er étage d'un édifice historique plein de cachet, cet hôtel de style européen, à l'ambiance intimiste, loue des chambres spacieuses et baignées de lumière, avec parquet en bois dur et mobilier d'époque. Plongez dans une baignoire en émail et dormez sous une couette en duvet d'oie. À quelques pas de la plage et à deux pâtés de maisons de Worth Ave. Un excellent rapport qualité/prix et un emplacement imbattable.

Bradley Park Hotel
HÔTEL **$$**

(☎ 561-832-7050 ; www.bradleyparkhotel.com ; 2080 Sunset Ave ; ch 99-229 $, ste 129-575 $; P❄@🛜). Cet hôtel de catégorie moyenne loue de vastes chambres décorées dans des tons dorés. Certaines sont dotées de petites cuisines et de meubles pleins de charme. Il n'y a pas vraiment de hall d'entrée mais les chambres avec cuisine ressemblent à de mini-appartements. À courte distance de marche des boutiques et des restaurants de Royal Poinciana Way.

💙 Breakers
COMPLEXE HÔTELIER **$$$**

(☎ 561-655-6611 ; www.thebreakers.com ; 1 S County Rd ; ch 329-1330 $; P❄@🛜☂🏊). 🖊 Édifié par Henry Flagler, ce complexe de 550 chambres s'étend aujourd'hui sur 55 ha et emploie 2 300 personnes, qui parlent en tout 56 langues. À deux pas du meilleur spot de snorkeling du comté, ce palace compte 2 golfs de 18 trous, une plage semi-privée de 1,5 km, 4 piscines et 2 terrains de croquet. Il propose en outre le meilleur brunch des environs (voir p. 216). Une adresse inégalée en termes d'opulence, d'élégance et de charme à l'ancienne, de plus certifiée "Établissement vert".

💙 Brazilian Court
HÔTEL **$$$**

(☎ 561-655-7740 ; www.thebraziliancourt.com ; 301 Australian Ave ; ch 199-422 $, ste 341-774 $; P❄🛜☂🏊). Construit en 1926, cet élégant hôtel haut de gamme constitue un excellent choix pour un confort extrême sans obséquiosité. À la fois tendance et intemporel, il affiche un charmant style méditerranéen, une cour romantique et des suites cosy aux lignes épurées. Le salon de beauté Frédéric Fekkai et le Café Boulud, un excellent restaurant français, participent de la renommée du Brazilian Court.

Envie d'une escapade à la plage ? Embarquez dans la Jeep de l'hôtel, dont le conducteur vous fournira transats, parasols, serviettes, bouteilles d'eau et magazines : un vrai ticket pour le farniente !

Chesterfield
HÔTEL **$$$**

(☎ 561-659-5800 ; www.chesterfieldpb.com ; 363 Cocoanut Row ; ch 185-385 $, ste 410-735 $; P❄🛜☂🏊). Des clefs à l'ancienne au bocal de cookies dans le hall, cet hôtel met à l'honneur une élégance désuète très appréciée de ses fidèles clients, nombreux à revenir depuis des décennies. La décoration des chambres – papiers peints écossais et peintures de singes batifolant dans la jungle – évoque l'époque coloniale du XIXe siècle. Le salon-bar "Léopard", aux plafonds peints et aux banquettes tendues d'imprimé tigre, reste prisé pour les longs déjeuners et les soirées avec pianiste.

🍴 Où se restaurer

Si la plupart des restaurants de Palm Beach se situent dans le haut de gamme, il existe de sympathiques gargotes à prix doux.

Green's Pharmacy
DINER **$**

(151 N County Rd ; plats 4-11 $; ⏰8h-18h lun-ven, 8h-16h sam). Installé dans une pharmacie en activité, cet établissement n'a pas changé depuis que John F. Kennedy, désireux de s'extraire un moment du protocole, y vint déjeuner. Assis à une table ou au comptoir en Formica, faites votre choix sur la carte en papier comme tous les autres clients, des jeunes gens fortunés aux étudiantes en partance pour la plage.

Surfside Diner
DINER, PETIT-DÉJEUNER **$**

(☎ 561-659-7495 ; 314 S County Rd ; plats 4,50-14 $; ⏰7h30-15h30). Cette superbe réplique d'un *diner* classique sert l'un des meilleurs brunchs de la ville. Les pancakes, les burritos au poulet et le pain perdu sont savoureux. À midi, le choix est aussi sain que tentant : fromage grillé, soupe de tomate, sandwich bacon-laitue-tomate, sandwich beurre de cacahuète-confiture et petits hamburgers.

💙 Būccan
AMÉRICAIN MODERNE **$$**

(☎ 561-833-3450 ; www.buccanpalmbeach.com ; 350 S County Rd ; petites assiettes 4,50-36 $; ⏰17h-minuit lun-sam, 17h-23h dim). Avec son menu américain moderne et son chef Clay Conley, sélectionné pour le prix James Beard, Būccan est un coup de tonnerre à Palm Beach. Jetez votre dévolu sur la sélection de petites assiettes, notamment de délicieuses *empanadas* au bœuf, des petits sandwichs à l'agneau, à la menthe et ceviche de crabe royal. Réservation recommandée.

Palm Beach Grill
AMÉRICAIN MODERNE **$$**

(☎ 561-835-1077 ; www.hillstone.com ; 340 Poinciana Way ; plats 12-36 $; ⏰17h-22h dim-jeu, 17h-23h ven-sam). Ce restaurant est un excellent compromis entre le côté chic et le côté décontracté de Palm Beach. Pendant la haute saison, il est constamment bondé, tant sa cuisine savoureuse et son bar animé ont du succès. Le week-end, il est quasiment impossible d'obtenir une banquette en cuir dans la salle à manger. Il faut donc réserver bien à l'avance.

Pizza al Fresco
PIZZERIA $$

(☎561-832-0032 ; www.pizzaalfresco.com ; 14 Via Mizner ; pizzas 15-23 $, salades 6,50-12,50 $; ☺9h-22h ; ⚑). Si votre séance de lèche-vitrines dans Worth Ave vous a épuisé, gagnez la pittoresque Via Mizner et installez-vous à la terrasse de cette pizzeria. Les palmiers illuminés apportent une touche romantique tandis que des serveurs efficaces distribuent des pizzas traditionnelles au blé complet couvertes de garnitures copieuses et originales. Les salades et les sandwichs sont bons également.

♥ Café Boulud
FRANÇAIS $$$

(☎561-655-6060 ; www.thebraziliancourt.com ; 301 Australian Ave ; plats 16-46 $, menu midi/soir 25/45 $; ☺7h-14h30 tlj, 17h30-22h dim-jeu). Créé par le célèbre chef new-yorkais Daniel Boulud, le restaurant du Brazilian Court est l'une des seules tables de Palm Beach où les tarifs élevés méritent de l'être. La salle à manger aux couleurs dorées et corail et la terrasse de 60 couverts constituent un superbe cadre pour le menu français classique et les plats de style fusion, tous marqués par le raffinement et la subtilité caractéristiques de Boulud.

Raisonnable pour le porte-monnaie, le petit-déjeuner du Boulud est un festin : mini-gaufres belges aux bananes caramélisées et à la compote de noix, omelette aux champignons sauvages et mâche avec sa vinaigrette à la truffe ou œufs-bacon-saucisses, pour une version plus classique.

Happy hour de 16h à 19h30 dans le *lounge* et concerts les jeudis et vendredis soir.

Circle
AMÉRICAIN, EUROPÉEN $$$

(☎561-659-8440 ; www.thebreakers.com ; 1 S County Rd ; adulte/enfant 95/45 $; ☺11h-14h30 dim). Malgré l'addition salée, un brunch dans le fameux restaurant du Breakers vous laissera un souvenir impérissable. Sous des plafonds hauts de 10 m et ornés de fresques, avec la vue sur l'océan de tous côtés et au son du clavecin, les convives entament leur festin au bar du petit-déjeuner, avec donuts maison, fruits tropicaux et omelette sur demande.

En haute saison, il faut réserver des semaines à l'avance.

Cafe L'Europe
EUROPÉEN $$$

(☎561-655-4020 ; www.cafeleurope.com ; 331 S County Rd ; plats 30-46 $; ☺11h-14h30 mar-ven, 17h-22h mar-dim). Vous devrez réserver pour goûter le fabuleux caviar, le saumon poché, les côtes d'agneau ou le vivaneau dans une salle splendide, tenue par de sympathiques propriétaires.

Ta-Boo
AMÉRICAIN MODERNE $$$

(☎561-835-3500 ; www.taboorestaurant.com ; 221 Worth Ave ; plats 16-45 $; ☺11h30-22h). Dans cet établissement datant de 1941, savourez un bon repas de bistrot américain dans un décor mêlant boiseries tarabiscotées et scènes de jungle sur les murs. Les places en devanture comptent parmi les plus convoitées de Worth Ave.

⬤ Où prendre un verre et sortir

Si Palm Beach n'est guère renommée pour la fête, tous les grands hôtels possèdent des bars luxueux. Pour une soirée festive, traversez le pont et rejoignez West Palm.

O Bar
BAR

(www.omphoy.com ; 2842 S Ocean Blvd, Omphoy Hotel). Les branchés argentés sirotent des Aum-Foys (Lillet blanc, pamplemousse rose, vin blanc mousseux), des margaritas à la goyave et d'autres cocktails dans ce bar chic à l'éclairage tamisé de l'hôtel Omphoy.

Cucina Dell'arte
CLUB

(cucinadellarte.com ; 257 Royal Poinciana Way ; ☺7h-3h). Ressemblant à un café florentin, ce restaurant haut de gamme compte parmi les plus prisés du gotha de Palm Beach. Vers 22h, on pousse les tables et on met la musique.

Leopard Lounge
SALON-BAR

(www.chesterfieldpb.com/dining/bar ; 363 Cocoanut Row ; ☺18h30-1h). Cet endroit luxueux, avec fresques et imprimé léopard, séduit une clientèle mûre et quelques célébrités (photos et récolte d'autographes interdites). Musique live tous les soirs.

Society of the Four Arts
PERFORMANCES ARTISTIQUES

(☎561-655-7226 ; www.fourarts.org ; 2 Four Arts Plaza). Concerts de la Palm Beach Symphony, de musique de chambre, de quartets à cordes, de pianistes et spectacles de cabaret.

🔒 Achats

Les 400 m bordés de palmiers de Worth Ave sont la version floridienne de Rodeo Drive. Toutes les marques de luxe sont représentées, notamment Cartier, Armani, Gucci, Chanel, Dior, Tiffany et Hermès. Parmi ces géants, des petites boutiques indépendantes et des galeries sont nichées dans des ruelles secondaires. Si la moitié des magasins ferment en été, il reste amusant de s'y promener en faisant du lèche-vitrines. Royal Poinciana Way est un autre haut lieu du shopping avec des prix un peu plus abordables.

C. Orrico   MODE
(☑561-659-1284 ; www.corrico.com ; 336 S County Rd ; ☉10h-18h lun-sam, 11h-18h dim). Lilly Pulitzer, reine de l'imprimé qui créa d'incroyables tenues pour la haute société de Palm Beach, est décédée en février 2013, à l'âge de 81 ans. Célébrez cette icône de la mode en achetant l'une de ses robes aux couleurs vives. Vous trouverez aussi des sandales et des bijoux assortis, tout aussi délirants.

Stubbs & Wootton   CHAUSSURES
(☑561-655-6857 ; www.stubbsandwootton.com ; 1 Via Parigi ; ☉9h30-17h30 lun-sam, 12h-16h dim). Pour vous fondre dans le paysage de Palm Beach, rendez-vous dans cette boutique d'escarpins et de sandales haut de gamme. Les semelles compensées sont fabriquées en raphia tressé importé d'Espagne, les escarpins en velours sont rehaussés de délicats monogrammes brodés à la main et les espadrilles en coton de chambray sont des incontournables de Palm Beach.

Daniela Ortiz   ACCESSOIRES
(☑561-366-0008 ; www.danielaortiz.com ; 256 Worth Ave ; ☉10h30-17h30 lun-sam). Dans cette boutique, difficile de faire son choix parmi la pléthore de sacs, porte-monnaie, besaces et pochettes de toutes les couleurs de l'arc-en-ciel. Les finitions sont parfaites : Jolies coutures faites main, liserés colorés et superbes fermoirs et boucles. Cerise sur le gâteau : les prix sont quatre fois moins élevés que ceux des grandes marques de Worth Ave.

Il Sandalo   CHAUSSURES
(☑561-805-8674 ; www.ilsandalo.com ; Via Gucci Courtyard, 240 Worth Ave ; ☉10h-18h lun-sam). Ces sandales en cuir sont fabriquées à la main par deux frères napolitains, Fabio et Pier Paolo Tesorone. Les modèles classiques sont rehaussés de détails scintillants, de corail et parfois de pierres semi-précieuses. Si vous ne trouvez pas votre bonheur, commandez-en une paire sur mesure qui répondra à tous vos désirs.

Church Mouse   BOUTIQUE CARITATIVE
(☑561-659-2154 ; www.bbts.org/churchmouse ; 374 S County Rd ; ☉10h-17h lun-sam). Parrainée par Bethesda-by-the-Sea, cette petite boutique caritative a récolté plus de 4,5 millions de dollars pour les associations caricatives de la ville au cours des 20 dernières années. On y trouve des articles d'occasion et, en cherchant bien, peut-être dénicherez-vous une création de Lilly Pulitzer ou de Chanel.

Tropical Fruit Shop   ALIMENTATION
(www.tropicalfruitshop.com ; 261 Royal Poinciana Way ; ☉8h30-18h). Depuis 1915, cette petite échoppe expédie les meilleurs agrumes d'Indian River aux amis et parents de vacanciers. Choisissez une corbeille à envoyer ou achetez quelques bonbons rétro à l'orange.

ℹ️ Renseignements

De nombreux magasins et restaurants n'ouvrent que de Thanksgiving à Pâques. Pour les services courants, tels que laveries et cybercafés, rendez-vous à West Palm Beach. **Chamber of Commerce** (☑561-655-3282 ; www.palmbeachchamber.com ; 400 Royal Palm Way, Suite 106). Excellentes cartes, nombreuses brochures et nouvelle application pour smartphones et tablettes du *Palm Beach Guide*.

ℹ️ Comment s'y rendre et circuler

Le bus **PalmTran** (www.palmtran.org) n°41 dessert la majeure partie de l'île, de Lantana Rd à Sunrise Ave ; changez pour le bus n°1 à Publix pour aller au nord ou au sud de l'US 1. Un trajet coûte 2/1 $ par adulte/enfant. Pour rejoindre le Palm Beach International Airport (p. 226) à West Palm Beach, prenez le bus n°41 jusqu'au centre-ville, puis le bus n°44.

Bien que la ville soit assez compacte, les deux principaux quartiers du centre-ville, autour de Royal Poinciana Way et de Worth Ave, sont assez éloignés l'un de l'autre.

West Palm Beach

☑561 / 99 920 HABITANTS
Quand Henry Flagler décida de fonder l'actuelle West Palm Beach, il savait précisément ce qu'elle deviendrait : une localité ouvrière

West Palm Beach

0   500 m
0   0,25 mile

6th St
5th St
4th St
3rd St
2nd St

Centre d'accueil
des visiteurs (3,5 km)

Upper Level (300 m),
Northwood Village (2 km) et
Rapids Water Park (10 km)

Quadrille St
5th St
15

A1A

Flagler Memorial
Bridge

Jetées

Palm Harbor
Marina

Clear
Lake

Banyan St
Clematis St
Datura St
Evernia St
Fern St
Gardenia St
Iris St

S Tamarind Ave

Sapodilla Ave

Rosemary Ave

Ligne de trolley

Quadrille Blvd

N Dixie Hwy

Federal Hwy

Narcissus Ave

Flagler Rd

4

25

12

22

21   20

18

Gare Amtrak

27

24 23

17

16

Centennial
Square

Hibiscus St
Iris St
TrinityAve
Lakeview Ave
Okeechobee Blvd

Trinity
Park
8

704

Royal Park
Bridge

L St
M St
N St

Pembrooke Pl
Chicago St
Kings Ct
Gruber Pl
2
Acacia Rd

Chemin sur berge

Howard
Park

Lake Ave

Newark St
New Jersey
St
9

Woodlawn
Cemetery

Cranes
Nest Way

Lake Worth
Lagoon

Palm St
Penn St
6

10

Park Pl
Kanuga Dr
Flamingo Dr
Biscayne Dr
Claremore Dr
Charles St
Ardmore Rd
Upland Rd

Parker Ave

Georgia Ave

Florida Ave

Queens Ct
Vallette Way
Orange Ct

Flamingo Dr
5   13

Barcelona Rd

Cordova Rd

EL CID
DISTRICT
3

Granada Rd

Valencia Rd

Flagler Dr

Intracoastal Waterway

1

Palm Beach
International (1,6 km),
International Polo Club (24 km),
McCarthys Wildlife Sanctuary (25,5 km)
et Lion Country Safari (30 km)

Sunset Rd
Westwood Dr

S Dixie Hwy

Olive Ave

Sunset Rd

19

Belvedere Rd
Gotham Ct

26

14
11

South Florida Science Center &
Aquarium, Palm Beach Zoo (3,2 km),
National Croquet Center (4,5 km),
Rhythm Cafe (4,8 km) et Howley's (5,6 km)

West Palm Beach

◉ Les incontournables

pour la main-d'œuvre chargée d'assurer le fonctionnement de sa station balnéaire, de l'autre côté de la chaussée. Ainsi naquirent les cités jumelles : Palm Beach, considérée comme la plus belle des deux, et West Palm Beach, industrieuse, festive et sans façon. Or, outre une étonnante diversité de restaurants et une population sympathique (dont une forte communauté gay), la seconde borde un superbe chenal qui reflète les étoiles.

◉ À voir

En vogue bien avant la construction du complexe CityPlace (p. 225), **Clematis St** est une rue branchée et bohème où les habitants viennent faire des achats, mangent au restaurant et font la tournée des bars en soirée. Cet axe, qui est le plus éclectique de la ville, fait partie d'un **quartier historique** doté de différents types d'architectures – néogrecque, néovénitienne, Mediterranean Revival et Art déco. Chaque jeudi soir, Clematis accueille la manifestation la plus réputée de West Palm, Clematis by Night (p. 222).

Autre secteur méritant une balade à pied ou en voiture, **El Cid District** se situe au sud d'Okeechobee Blvd. Faisant face à Palm Beach de l'autre côté de l'Intracoastal Waterway, ce joli quartier est une concentration de maisons opulentes, du style Mediterranean Revival au bungalow classique de Floride.

💙 **Norton Museum of Art**   MUSÉE
(☎561-832-5196 ; www.norton.org ; 1451 S Olive Ave ; adulte/enfant 12/5 $; ⊘10h-17h mar-sam, 10h-21h jeu, 11h-17h dim). Plus grand musée d'art de Floride, le Norton a ouvert en 1941 afin d'exposer l'énorme collection d'art de l'industriel Ralph Hubbard Norton et de sa première épouse. La collection permanente comprend plus de 5 000 pièces (dont des œuvres de Matisse, Warhol et O'Keeffe), auxquelles s'ajoutent des antiquités chinoises, précolombiennes, mexicainnes et du sud-ouest des États-Unis, ainsi que de superbes photos contemporaines et des expositions temporaires.

Vous pourrez participer à une visite guidée gratuite à travers les galeries. Une programmation sympathique est proposée le jeudi soir ("Art After Dark") avec des conférences, des concerts, des rencontres avec les conservateurs ou encore des dégustations de vins.

💙 **Ann Norton**
Sculpture Garden   JARDIN
(www.ansg.org ; 253 Barcelona Rd ; adulte/enfant 10/5 $; ⊘10h-16h mer-dim). Cette collection de sculptures est un joyau. La maison, le jardin verdoyant et les imposantes sculptures sont l'œuvre de la seconde femme de Ralph Norton, Ann. Après s'être fait connaître comme artiste à New York au milieu des années 1930, celle-ci devint le premier professeur de sculpture de la Norton School

of Art de West Palm et créa ce luxueux jardin pour en faire un lieu de repos.

Après avoir visité la maison de Norton, remplie d'antiquités, vous pourrez vous promener dans le jardin pour découvrir les sculptures colossales en granit, brique, marbre et bronze. L'œuvre la plus imposante, *Cluster* (1965), représente un groupe de sept femmes voilées, sculpté dans du granit rose. Avant de partir, jetez un coup d'œil à l'atelier de Norton, où des outils poussiéreux sont conservés tels que l'artiste les laissa.

Les artistes peuvent apporter leur chevalet et s'offrir une séance de peinture dans le jardin pour 15 $.

International Polo Club
POLO

(☎ 561-204-5687 ; www.internationalpoloclub.com ; 3667 120th Ave S, Wellington ; entrée générale 11,50 $, place assise sur la pelouse 22-32,50 $; ☺ dim jan-avr). Pendant 16 semaines, de janvier à avril, polo et glamour sont les maîtres mots à l'International Polo Club, l'un des plus beaux terrains de polo de la planète. Il attire non seulement les meilleurs joueurs mais aussi la jet-set locale et internationale, qui ne raterait pour rien au monde le dispendieux brunch au champagne (120 $).

Lion Country Safari
PARC ANIMALIER

(☎ 561-793-1084 ; www.lioncountrysafari.com ; 2003 Lion Country Safari Rd ; adulte/enfant 29,95/21,95 $; ☺ 9h30-17h30 ; 🚗). Dans ce parc animalier sans enclos, le premier du pays, les visiteurs restent enfermés dans leur voiture, tandis que quelque 900 animaux s'ébattent librement et les observent. Moitié réserve et moitié safari-parc, ce domaine de 200 ha abrite des bisons, des zèbres, des rhinocéros blancs, des chimpanzés et, bien sûr, des lions. Le secteur safari s'explore en voiture (la vôtre ou une de location), en conduisant lentement dans l'espoir que des animaux s'approchent. Mieux vaut le visiter par temps de pluie, lorsque la fraîcheur rend les pensionnaires plus actifs.

Le parc se situe à 1 heure de voiture à l'ouest du centre de West Palm.

Palm Beach County Museum
MUSÉE

(☎ 561-832-4164 ; www.historicalsocietypbc.org ; 300 N Dixie Hwy ; ☺ 10h-17h mar-sam). GRATUIT Malgré tous les musées et activités proposés dans la région, les étrangers ont parfois du mal à trouver des informations sur l'histoire et les habitants de l'État du soleil. Ce petit musée, aménagé dans un tribunal de 1916 restauré et géré par des bénévoles, a vocation à changer cette situation. Les expositions originales – avec mannequins, photographies et objets d'époque – mettent à l'honneur les individus qui ont contribué à la croissance et à la prospérité du comté de Palm Beach. La visite, édifiante, l'est rendue davantage encore grâce aux panneaux d'informations consacrés à Flagler, Mizner, Alligator Joe et aux premiers habitants.

Peanut Island
PARC

(www.pbcgov.com/parks/peanutisland). Plantée près du coin nord-ouest de West Palm, l'île fut créée en 1918 par des projets de dragage. Appelée à l'origine Inlet Island, elle fut renommée "île Cacahuète" à la suite d'une tentative avortée de transport maritime d'huile d'arachide en 1946. Depuis longtemps prisée des plaisanciers qui viennent y mouiller et faire la fête dans la journée, l'île a bénéficié d'une réhabilitation en 2005. Devenue le Peanut Island Park, elle comprend un embarcadère, un récif artificiel et quelques jolis campings.

Aucune route ne dessert l'île. Les visiteurs doivent disposer d'un bateau ou prendre le bateau-taxi.

Ragtops Motorcars Museum
MUSÉE

(www.ragtopsmotorcars.com ; 2119 S Dixie Hwy ; dons appréciés ; ☺ 10h-17h mar-sam). Concessionnaire de voitures classiques en possession à l'origine de trois Mercedes décapotables, Ty Houck a rapidement augmenté sa collection, attirant les passionnés de voiture de la région dans son musée des cabriolets. Il est possible de conduire nombre des véhicules exposés, mais la chose est plus facile pour les acheteurs potentiels. Vous pourrez admirer à loisir les raretés présentées, dont une Triumph amphibie de 1967, une Bentley de 1935 et un station-wagon Edsel de 1959.

🏃 Activités

Aux alentours de la ville, plusieurs parcs sont dotés de pistes goudronnées, parfaites pour le vélo, les rollers et la course à pied.

🏆 National Croquet Center
CROQUET

(☎ 561-478-2300 ; www.nationalcroquetclub.com ; 700 Florida Mango Rd ; ☺ 9h-17h). GRATUIT Découvrez les habitudes du gotha de Palm

Beach au National Croquet Center, le plus vaste complexe de croquet dans le monde. Hommes et femmes vêtus de blanc frappent des boules pour les faire passer sous des arceaux sur 12 immenses pelouses impeccables, d'un vert intense. L'endroit est réservé aux membres, mais le public peut suivre des cours gratuits le samedi à 9h45. La boutique, dans le club de style plantation de 6 000 m², vend maillets et tenues de croquet.

L'établissement se situe à 10 minutes en voiture au sud-ouest du centre de West Palm.

Armory Art Center   COURS
(☑561-832-1776 ; 1700 Parker Ave). GRATUIT Quand le Norton Museum of Art a stoppé ses activités éducatives, l'association à but non lucratif Armory a pris le relais, devenant la principale infrastructure du comté pour les expositions et les cours d'arts plastiques. L'association a aussi sauvé le merveilleux bâtiment Armory, lequel, de style Art déco, avait été construit par l'architecte William Manley King en 1939, puis occupé par la Garde nationale jusqu'en 1989. Avec plus d'une dizaine d'ateliers dernier-cri, le centre propose désormais une centaine de cours pour adultes et enfants : céramique, joaillerie, peinture, dessin, gravure, photographie et sculpture.

Des événements spéciaux, des conférences et des expositions visent également à éduquer et à enrichir le public. De juin à début août, l'Armory organise un camp artistique pour les enfants de 5 à 17 ans.

FishCastings   PÊCHE
(☑561-352-8011 ; www.fishcastings.com ; 900 E Blue Heron Blvd, Riviera Beach). Difficile de trouver plus expérimenté que le capitaine James, qui connaît les meilleurs endroits pour pêcher d'énormes barracudas, des carangues coubalis, des maquereaux rois et même des requins. Les bateaux sont limités à 6 pêcheurs. Des sorties de pêche sous-marine sont possibles pour les plongeurs certifiés. La plupart des excursions partent de Riviera Beach, à 8,8 km au nord du

SUD-EST DE LA FLORIDE WEST PALM BEACH

WEST PALM BEACH AVEC DES ENFANTS

Outre la plage, une kyrielle d'activités pour enfants sont envisageables à West Palm Beach : parcs d'attraction, terrains de BMX, réserves de faune naturelle ou même un véritable safari (p. 220).

Palm Beach Zoo (☑561-533-0887 ; www.palmbeachzoo.com ; 1301 Summit Blvd ; adulte/enfant 18,95/12,95 $; ☉9h-17h ; 🐾). Le point fort de ce zoo est le secteur "Tropiques des Amériques", une forêt pluviale de 1,2 ha peuplée de jaguars, de singes, de serpents, d'aras et d'autres animaux des tropiques. Le nourrissage des alligators a lieu régulièrement et est annoncé.

McCarthys Wildlife Sanctuary (☑561-790-2116 ; www.mccarthyswildlifesanctuary. com ; 12943 61st St N ; adulte/enfant 25/15 $; ☉visites 11h, 12h, 13h mar-sam). Ouverte uniquement sur réservation, cette réserve de faune sauvage recueille des animaux exotiques abandonnés et soigne des dizaines de créatures endémiques, avant de les relâcher dans la nature. La visite de 2 heures est l'occasion de voir des tigres blancs, des panthères et des chouettes rayées, le tout à un mètre de distance à peine. Les enfants de moins de 5 ans ne sont pas admis.

South Florida Science Center & Aquarium (☑561-832-1988 ; www.sfsm.org ; 4801 Dreher Trail N ; adulte/enfant musée 9/6 $, planétarium sup 4/2 $; ☉10h-17h lun-ven, 10h-18h sam, 12h-18h dim). À la fois un centre scientifique interactif, un aquarium et un planétarium, avec des programmes d'activités le week-end, des expositions mobiles, un train scientifique et un minigolf "galaxie". Le dernier vendredi du mois, le musée reste ouvert jusqu'à 21h et vous pourrez contempler le ciel étoilé depuis l'observatoire. À quelques kilomètres au sud du centre-ville.

Rapids Water Park (☑561-842-8756 ; www.rapidswaterpark.com ; 6566 North Military Trail, Riviera Beach ; semaine/week-end 39,99/43,99 $, après 16h, 22 $; ☉10h-17h). Ce parc aquatique de 15 ha est truffé de toboggans et autres réjouissances pour se mouiller, s'amuser et faire le plein de sensations fortes. À quelques kilomètres au nord-ouest du centre-ville.

SINGER ISLAND

Pour gagner Singer depuis West Palm Beach, prenez l'Olive Ave, direction nord, de l'autre côté du pont (où elle devient Broadway) jusqu'au Blue Heron Blvd. Traversez la chaussée, tournez à droite dans Lake Dr et continuez jusqu'à la **Sailfish Marina** (☎561-842-8449 ; www.sailfishmarina.com ; 98 Lake Dr ; plats 6-38 $; ⏰7h-22h), où est servi un brunch, le week-end, de 8h à 13h. Asseyez-vous près de l'eau pour déguster du saumon fumé, des fruits tropicaux ou des gaufres en regardant les pélicans nager autour des yachts, en quête de leur propre petit-déjeuner.

Rassasié ? Remontez en voiture et dirigez-vous vers l'est jusqu'à S Ocean Ave, puis au nord jusqu'à Beach Rd et garez-vous dans le parking. Passez devant la boutique de surf et les dunes. Vous ne verrez sans doute personne, et c'est la raison du trajet. Choisissez un coin où étendre votre serviette et allongez-vous. Une fois votre repas digéré, vous pourrez vous baigner.

Une petite soif ? Rendez-vous au **Tiki Waterfront Sea Grill** (☎561-845-5532 ; 200 E 13th St ; plats 10-30 $; ⏰11h-22h lun-ven, 8h-22h sam-dim), tout proche et prisé des plaisanciers. Le bar est amusant et animé, avec musique live et délicieux tacos de poisson. Pour le rejoindre, suivez Blue Heron jusqu'à Broadway, tournez à gauche (sud), puis encore à gauche dans l'E 13th St. Le Tiki Grill est au bout de la rue.

centre-ville, sur l'Intracoastal Waterway en direction de Singer Island.

Okeeheelee County Park
VÉLO, SPORTS AQUATIQUES

(☎561-233-1400 ; www.pbcgov.com/parks ; 7715 Forest Hill Blvd ; ⏰9h-16h). À 8 km au sud de la ville, ce parc possède un chemin goudronné de 10 km, une piste de BMX, un terrain de golf, un parc de ski nautique, un centre nature et une piste cavalière. L'itinéraire le plus pittoresque – un chemin facile au bord de l'eau – borde l'Intracoastal Waterway le long de Flagler Dr.

Circuits organisés

Palm Beach Water Taxi
CIRCUIT EN BATEAU

(☎561-683-8294 ; www.sailfishmarina.com ; 98 Lake Dr, Singer Island). Des bateaux-taxis circulent entre le centre de West Palm et Singer Island (12 $) et relient Singer Island et Peanut Island (aller-retour 10 $). Cette agence propose aussi des circuits guidés le long de l'Intracoastal, dont un circuit commenté des demeures de Palm Beach (1 heure 30, adulte/enfant 30/15 $).

Diva Duck
CIRCUITS EN BUS AMPHIBIE

(☎561-844-4418 ; www.divaduck.com ; adulte/enfant 25/15 $; ♿). Ces circuits commentés en bus amphibie (lequel flotte réellement) donnent à découvrir en 1 heure 15 le quartier historique du centre, CityPlace, les canaux environnants et les rives de Peanut Island. Ils partent de CityPlace.

Fêtes et festivals

SunFest
ARTS

(www.sunfest.com ; ⏰mai). Organisé au bord de l'eau, le principal festival artistique et musical de Floride attire plus de 250 000 visiteurs pendant 5 jours, début mai. Les bénéfices permettent de financer la scolarité d'étudiants en art.

Clematis by Night
MUSIQUE

(www.clematisbynight.net ; ⏰18h-21h30 jeu). Tous les jeudis soir, la municipalité ferme l'extrémité est de Clematis St ; des stands de restauration et d'artisanat s'installent dans la rue tandis que des concerts gratuits se jouent sous les étoiles.

Où se loger

Oubliez les déprimants hôtels de chaîne voisins de l'aéroport et essayez plutôt l'une des adresses suivantes de West Palm :

Peanut Island
CAMPING $

(☎561-845-4445 ; www.pbcgov.com/parks/peanutisland ; empl tente 30 $). Cette petite île compte 20 emplacements de camping équipés (sur réservation uniquement) et des emplacements rudimentaires sur le sable, attribués selon le principe "premier arrivé, premier servi". Appelez ou consultez le site Internet pour vous informer sur les conditions.

Hotel Biba
MOTEL $

(☎561-832-0094 ; www.hotelbiba.com ; 320 Belvedere Rd ; ch 75-149 $; ❄☎✉). ✎ Le Biba a transformé un motel ordinaire en un endroit original et rétro, inspiré du pop art. Les chambres, aux couleurs vives, se distinguent par une décoration sobre et raffinée. La piscine se cache dans une cour verdoyante. Le bar branché devient un salon-bar animé en soirée. À une rue de l'Intracoastal, le Biba se tient à la lisière du beau quartier d'El Cid.

♥ Grandview Gardens   B&B $$

(☑ 561-833-9023 ; www.grandview-gardens.com ; 1608 Lake Ave ; ch 125-209 $; ⓟ❋🛜🛝). En séjournant dans une chambre de cette propriété intimiste, vous aurez bientôt l'impression d'habiter le quartier depuis toujours. Niché dans un jardin tropical, le long de Howard Park, les immenses suites dotées de lits à baldaquin en fer forgé donnent sur la piscine via des portes-fenêtres. Elles sont décorées dans le style méditerranéen espagnol très courant dans la région. La maison est un édifice de 1925, typique de ce quartier historique ; située en face de l'Armory Art Center, elle est idéale pour un séjour long axé sur les arts.

Palm Beach Hibiscus   B&B $$

(☑ 561-833-8171 ; www.palmbeachhibiscus.com ; 213 S Rosemary Ave ; ch 110-280 $; ❋🛜). Fabuleusement situées à un pâté de maisons du CityPlace, ces deux maisons de 1917 disposent de lits à baldaquin, de couvre-lits fleuris, de beaucoup de lumière et d'un agréable porche en façade, agrémenté de fauteuils en osier. Le trolley s'arrête juste devant. Réservez pour déjeuner ou pour dîner dans le jardin.

Upper Level   B&B $$

(☑ 561-429-8169 ; www.theupperlevel.me ; 1011 N Dixie Hwy ; ch 150-200 $; ⓟ❋🛜). Présentant un excellent rapport qualité/prix pour West Palm Beach, cette maison Art déco de 1920 est à mi-chemin entre une auberge de jeunesse haut de gamme et un B&B grand style. Il y a 10 chambres, 5 salles de bains étincelantes et 2 douches. Les clients partagent les sanitaires, mais cela se remarque à peine. Les chambres sont raffinées, avec décoration blanc sur blanc et intéressantes œuvres d'art contemporain.

Casa Grandview   B&B, COTTAGE $$$

(☑ 561-313-9695 ; www.casagrandview.com ; 1410 Georgia Ave ; ch 149-299 $; ❋🛜🛝). Caché derrière des haies dans le quartier historique de Grandview Heights, ce petit complexe loue 5 chambres B&B, 7 cottages et 5 suites. Les chambres B&B se trouvent dans la charmante maison principale, avec

son étroit escalier en pierre et ses petites portes en bois. Nous avons aimé la "Library Suite", petite mais somptueuse. Les luxueux cottages au chic balnéaire des années 1940, avec enseignes anciennes et cuisines carrelées, sont parfaits pour les familles.

✕ Où se restaurer

Des restaurants ethniques aux gargotes excentriques et aux salons de thé, West Palm Beach affiche un choix éclectique, souvent à des prix abordables. Clematis St et City-Place comptent d'innombrables restaurants, et une escapade direction nord jusqu'au quartier en vogue de **Northwood Village** (wpb.org/northwood), vous fera découvrir des tables et des boutiques exceptionnelles. Un vendredi sur quatre, le village accueille la très populaire "Art and Wine Promenade", l'occasion pour les visiteurs de flâner parmi les ateliers et les galeries pour découvrir des artistes locaux.

♥ Curbside Gourmet   FOOD TRUCK $

(☑ 561-371-6565 ; curbsidegourmet.com ; 2000 S Dixie Hwy). Ce superbe véhicule vert clair est le premier camion de restauration mobile de Palm Beach proposant de bons produits de saison à une clientèle locale. La carte est limitée mais alléchante : burritos pour le petit-déjeuner, sandwichs bacon-laitue-tomate, gâteau de crabe, tacos au porc et au poisson, paninis ou *frittata* du jour, frites maison, et pamplemousse caramélisé en dessert. Vous pourrez agrémenter vos plats de tomates anciennes, et de bacon fumé au bois de pommier.

Les lundis, mercredis et vendredis, le camion stationne à South Dixie ; les mardis et jeudis vous le trouverez au Trinity Park.

♥ Mediterranean
Market & Deli   ORIENTAL $

(☑ 561-659-7322 ; www.mediterraneanmarketand-bakery.com ; 327 5th St ; plats 2-11,50 $). Ne vous laissez pas rebuter par son allure d'entrepôt quelconque : ce traiteur propose certains des déjeuners les plus savoureux de la ville. Les pitas tout juste sortis du four sont garnis de houmous maison, de feta et de kefta et accompagnés d'une salade de haricots de Lima ou de taboulé. Également des baklavas gorgés de miel et des boudoirs à emporter.

Paris Bakery & Cafe   FRANÇAIS $

(www.parisbakerycafe.com ; 212 S Olive Ave ; plats 4-13 $; ⏱8h-14h30 lun-mar, 8h-14h30 et 17h-21h mer-ven, 9h-14h et 17h-21h sam). Tenue par des

Français, cette adorable pâtisserie sert un petit-déjeuner continental assorti de crêpes en tout genre ainsi que des déjeuners à prix raisonnables avec saumon au vin blanc, tournedos et sandwichs au poulet fermier. Le samedi, la file s'étire le long du pâté de maisons pour "Le Frunche" (brunch à la française).

♥ Garage VV
AMÉRICAIN MODERNE $$

(✆561-802-4441 ; www.garagevv.com ; 409 Northwood Rd ; plats 12-25,50 $; ☉11h-23h lun-jeu, 11h-minuit ven-sam, 11h-16h dim). On comprend que Northwood est réellement le quartier à la mode quand on découvre ce nouveau venu. Créé par Vivian Bordieri Moir, la compagne de Mike Moir, du célèbre Little Moir's Food Shack (p. 228) à Jupiter, en collaboration avec Nina Wasserman et Kimberly Levine, ce restaurant à la déco industrielle se concentre sur les plats de poisson créatifs, agrémentés d'une belle palette d'épices, de fruits secs et de fines herbes. Du pain frais et des pâtes maison sont aussi proposés à la vente au rayon épicerie de l'établissement.

Rocco's Tacos & Tequila Bar
MEXICAIN $$

(www.roccostacos.com ; 224 Clematis St ; plats 12-23 $; ☉11h30-23h dim-mer, 11h30-minuit jeu-sam). Ce restaurant mexicain, au cœur de Clematis St, n'a rien des habituelles *taquerías*. Sous la chaude lumière des lustres originaux, vous dégusterez un guacamole préparé à votre table, un ceviche frais, ou l'une des nombreuses variétés de tacos (porc, champignons, cactus, etc.). Vous aurez aussi le choix entre 175 variétés de tequilas !

Howley's
AMÉRICAIN $$

(4700 S Dixie Hwy ; plats 14-25 $; ☉11h-14h lun-jeu, 11h-5h ven et sam). Ouvert presque toute la nuit le week-end, ce *diner* vert menthe des années 1950 a pour devise "cuit sous vos yeux, c'est délicieux". La cuisine, de style "rétro haut de gamme" (côte de porc panée, crabe haché, burger de thon, pancake à la banane) est effectivement réussie.

♥ O-BŌ
AMÉRICAIN MODERNE $$$

(✆561-366-1185 ; 422 Northwood Rd ; assiettes 8-32 $; ☉17h-0h30 mar-sam). À O-BŌ, le galeriste Jeffery Thompson et le chef Bob Reilly ont imaginé une combinaison parfaite entre décoration rétro branchée, délicieuses petites assiettes, bières et vins sélectionnés avec minutie et concerts authentiques. Quelques spécialités de la maison : les raviolis noir et blanc à la langouste, les rouleaux de printemps épicés au bœuf et l'inimitable Saketini – à base de gin et saké. Consultez la page Facebook pour le programme des spectacles et des événements.

♥ Rhythm Cafe
FUSION $$$

(✆561-833-3406 ; www.rhythmcafe.cc ; 3800 S Dixie Hwy ; plats 17-30 $; ☉17h30-21h mar-sam, 17h30-21h dim). Aménagé dans un ancien drugstore du quartier des antiquaires, ce joyeux bistrot pittoresque, décoré de guirlandes électriques et de lanternes en papier, propose une carte tout aussi amusante, de la tourte au fromage de chèvre au "meilleur tartare de thon" et au poisson du jour parfumé à la grenade. Les desserts sont succulents ; goûtez le gâteau au chocolat à la crème au beurre.

Kitchen
AMÉRICAIN MODERNE $$$

(✆561-249-2281 ; kitchenpb.com ; 319 Belvedere Road #2 ; plats 20-34 $; ☉18h-22h lun-sam). Réservez bien à l'avance pour obtenir l'une des 10 tables de la brasserie américaine contemporaine de Matthew Byrne. Le concept est simple : des ingrédients extra-frais, une présentation sobre et des saveurs puissantes. Mention spéciale à l'escalope de poulet bio couverte de chapelure Panko et surmontée d'une tranche de citron grillée et d'un œuf au plat. Aliza, l'épouse de Byrne, s'occupe de recevoir les clients et l'une des tables peut accueillir jusqu'à 10 convives.

☕ Où prendre un verre et sortir

Salons-bars ultrachics et night-clubs se regroupent dans Clematis St et CityPlace, de même que quelques bars décontractés et plaisants.

Les vendredis et samedis de 18h à 22h, CityPlace accueille des **concerts gratuits en plein air** (www.cityplace.com) de rock, de R&B et parfois de country.

Blind Monk
BAR À VINS

(✆561-833-3605 ; theblindmonk.com ; 410 Evernia St #107 ; ☉16h-tard). Dirigé par une équipe de sommeliers chevronnés, le Blind Monk est sans doute le meilleur bar à vins de West Palm. Large choix de vins servis au verre, dont des crus internationaux, bières artisanales de la région, petites assiettes de fromage, salami, raisin, condiments et fruits secs, et films muets projetés sur le mur.

SUD-EST DE LA FLORIDE WEST PALM BEACH

JUNO BEACH

En empruntant la route panoramique, direction nord le long de l'A1A, du John D Macarthur State Park à Jupiter, vous passerez par la jolie Juno Beach. Si vous voyagez avec un compagnon à quatre pattes, une escale s'y impose, car il s'agit de l'une des seules **plages acceptant les chiens** (de Xanadu Lane à Marcinski Rd) dans le comté.

Autre bonne raison de s'arrêter : le **Loggerhead Marinelife Center** (☑561-627-8280 ; www.marinelife.org ; 14200 US 1, Juno Beach ; dons appréciés ; ☉10h-17h lun-sam, 11h-17h dim) GRATUIT, où vous pourrez voir des tortues marines en convalescence dans des aquariums extérieurs spécialement conçus pour elles, et même des chirurgiens au travail dans la salle d'opérations. Des bénévoles, à proximité des aquariums, vous dispenseront une foule de renseignements : origine de la blessure, stade de la guérison et caractère de l'animal. C'est un réel privilège de voir et d'apprendre les choses d'aussi près. Cinq espèces de tortues – vertes, à écailles, Ridley de Kemp, luths et caouannes – fréquentent couramment les environs. Chaque année, 70 à 80 tortues sont soignées ici puis relâchées dans la nature.

Le centre propose de nombreux programmes éducatifs, des circuits écologiques (35 $), des randonnées dans le *hammock* et à travers les dunes (5 $), des séances de contes pour enfants (10h30 mercredi) et des randonnées guidées pour observer les tortues (avec/sans réservation 17/20 $), du mercredi au samedi soir en juin et juillet.

HG Roosters
GAY

(roosterswpb.com ; 823 Belvedere Rd ; ☉15h-3h lun-sam, 12h-3h dim). Rendez-vous des gays de West Palm, ce bar vit au rythme des soirées bingo depuis 1984.

Pawnshop
CLUB

(pawnshopwpb.com ; 219 Clematis St ; 10 $; ☉17h-3h mar-jeu, 17h-4h ven-sam). Cet ancien club et repaire de stars de Miami a fêté son inauguration en grande pompe en mars 2014. Installé à l'emplacement de l'ancien Dr Feelgood, il présente les caractéristiques habituelles des établissements Pawnshop, ainsi qu'une ancienne grande roue de fête forraine et une cabine de DJ aménagée dans un camion Mack. Les DJ, les danseurs et les jeux de lumière ne faiblissent pas avant 3h et l'alcool coule à flots le long du bar de 52 m de long.

CityPlace
CONCERTS

(www.cityplace.com ; 700 S Rosemary Ave ; ☉10h-22h lun-sam, 12h-18h dim). Cet énorme complexe de commerces et d'établissements de loisirs est le joyau du réaménagement urbain de West Palm Beach. En son centre se dresse le **Harriet Himmel Theater** (☑561-318-7136 ; www.cityplace.com ; 600 S Rosemary Ave), un bel édifice de style néocolonial (1926) qui accueillait auparavant l'église méthodiste. Il assure désormais une belle programmation d'expositions, de défilés de mode et de concerts. CityPlace compte également un nouveau bowling très chic, un cinéma de

20 écrans, de nombreux restaurants et une kyrielle de boutiques.

Palm Beach Dramaworks
THÉÂTRE

(☑561-514-4042 ; www.palmbeachdramaworks.org ; 201 Clematis St). "Theatre to Think About" ("Du théâtre pour réfléchir"), telle est la devise de ce théâtre, récompensé par de nombreux prix, qui programme des classiques méconnus et des pièces contemporaines de Lorca, Steinbeck, Pinter, Lorraine Hansberry et Horton Foote, entre autres.

Respectable Street
MUSIQUE LIVE

(www.respectablestreet.com ; 518 Clematis St). Depuis deux décennies, Respectable accueille d'excellents musiciens qui font bouger le sud de la Floride. Il organise aussi la MoonFest d'octobre, la meilleure fête de quartier. Les DJ talentueux, les boissons corsées et le patio balayé par la brise ajoutent au charme de l'endroit.

BB King's
MUSIQUE LIVE

(www.bbkingclubs.com ; 550 S Rosemary Ave). Situé dans CityPlace, c'est l'un des clubs du bluesman BB King. Dans une ambiance delta du Mississippi, il propose une cuisine du Sud médiocre, mais d'excellents groupes de blues et de jazz.

🔒 Achats

Clematis St et CityPlace comptent d'innombrables boutiques de mode, de décoration, etc. Très tendance, la communauté d'artistes du Northwood Village est beaucoup plus chic, avec quantité de petites galeries et de magasins d'antiquités.

Greenmarket
MARCHÉ

(wpb.org/greenmarket ; ⊘ 9h-13h sam). Le samedi matin, juste au nord de la place à hauteur de 2nd St et Narcissus Ave (où les écoliers s'amusent dans les fontaines par temps chaud), ce charmant marché propose toutes sortes de produits, des avocats et des orchidées au café bio aux friandises pour chiens.

Antiques Row
ANTIQUITÉS

(S Dixie Hwy). Juste au sud de la ville, ce marché hors pair regroupe plus de 50 antiquaires ; vous y dénicherez sûrement des trésors provenant de Palm Beach.

❶ Renseignements

Le *Palm Beach Post* (www.palmbeachpost.com) est le principal journal local. Le centre des visiteurs publie plusieurs guides de vacances, disponibles en ligne (www.palmbeachfl.com).

Visitor Center (☑ 561-233-3000 ; www.palmbeachfl.com ; 1555 Palm Beach Lakes Blvd). Vaste espace d'information, cartes et guides en ligne.

Poste (640 Clematis St). Emplacement pratique.

❶ Comment s'y rendre et circuler

Le **Palm Beach International Airport** (PBI ; ☑ 561-471-7420 ; www.pbia.org ; 1000 Palm Beach) est desservi par la plupart des principales compagnies aériennes et agences de location de voitures. Il se situe à environ 1,5 km à l'ouest de l'I-95 dans

Belvedere Rd. Le bus n°44 de **PalmTran** (www.palmtran.org) circule entre l'aéroport, la gare ferroviaire et le centre-ville (2 $).

Greyhound (☑ 561-833-8534 ; www.greyhound.com ; 215 S Tamarind Ave ; ⊘ 6h-22h45), **Tri-Rail** (☑ 800-875-7245 ; www.tri-rail.com ; 203 S Tamarind Ave) et **Amtrak** (☑ 800-872-7245 ; www.amtrak.com ; 209 S Tamarind Ave) partagent le même bâtiment historique, la Seaboard Train Station. Le bus PalmTran n°44 dessert cette gare.

Circuler et se garer dans West Palm Beach ne présente aucune difficulté. Un trolley pratique et gratuit relie Clematis St et CityPlace, à partir de 11h.

TREASURE COAST

Cette côte doit son nom aux nombreux navires chargés de trésors qui ont fait naufrage au large. Aujourd'hui, ce sont des paradis préservés qui lui tiennent lieu de joyaux.

Industriel milliardaire et philanthrope, John D. MacArthur (1897–1978) possédait jadis presque toutes les terres de Palm Beach Gardens à Stuart. Il les conserva pour la plupart, sa vie durant, en leur état originel. Au fil du temps, il s'inquiéta de l'essor de l'immobilier qui risquait de compromettre ou de détruire ce qu'il considérait comme un paradis. Pour éviter cette catastrophe, il stipula dans son testament de laisser à l'état sauvage des centaines d'hectares et de céder le reste par petites parcelles afin d'épargner au front de mer le sort de Miami. Ce plan fonctionna parfaitement !

SUD-EST DE LA FLORIDE WEST PALM BEACH

KAYAK SUR LA LOXAHATCHEE RIVER

Comptant parmi les deux rivières de l'État désignées par les autorités fédérales comme *"Wild and Scenic"* (sauvage et spectaculaire"), la Loxahatchee River traverse une grande diversité d'habitats. Coulant vers le nord, cette rivière couleur café, dont le nom signifie "rivière des tortues", abrite d'innombrables reptiles à carapace, des hérons, des balbuzards, des loutres, des ratons laveurs, quelques lynx et de nombreux alligators. Pour une superbe excursion d'une journée dans les diverses réserves aquatiques, adressez-vous à **Canoe Outfitters** (☑ 561-746-7053 ; www.canoeoutfittersofflorida.com ; 9060 W Indiantown Rd, Jupiter ; canoë 2 pers/kayak 1 pers par jour 42,50/37$), dans le Riverbend Park. Du point de départ, pagayez vers la droite pour des cours d'eau à la végétation épaisse et luxuriante et un court rapide sportif ; pagayez vers la gauche pour des vues dégagées et de nombreuses aires de pique-nique. Les canoës conviennent aux familles, mais sont difficiles à manœuvrer dans ce cours d'eau étroit. Si cette excursion peut aisément se faire avec des enfants, elle offre suffisamment d'émotions pour séduire les audacieux.

John D MacArthur State Park

Ce **parc d'État** (☎561-624-6952 ; www.macarthurbeach.org ; 10900 Jack Nicklaus Dr ; véhicule/vélo 5/2 $; ☉8h-crépuscule) l'un des plus petits de la région, compte parmi les meilleurs pour observer les tortues ; des tortues caouannes, vertes et luths viennent pondre sur la plage en juin et juillet. Il compte plusieurs aquariums et une superbe passerelle d'environ 500 m qui enjambe les mangroves de Lake Worth Cove. Sur place, le centre nature propose des **circuits en kayak** guidés (simple/double 20/35 $) et non guidés (10/15 $ l'heure).

En juin et juillet, les visiteurs chanceux verront peut-être les jeunes tortues naître, à la faveur d'une des promenades conduites par les rangers, tous les soirs à 20h30.

Jupiter et Jupiter Island

Jupiter, largement résidentielle et huppée, fait partie des villes les plus riches du pays. Elle constitue une base pratique pour explorer les parcs, les réserves et les plages des environs. Contrairement à celles de Palm Beach et de Boca Raton, les plages sont quasiment dénuées d'immeubles d'habitation.

◉ À voir et à faire

Jupiter Inlet Lighthouse   PHARE
(www.jupiterlighthouse.org ; US 1 et Beach Rd, carrefour Capt Armour's Way ; adulte/enfant 9/5 $; ☉10h-17h mar-dim). Construit en 1860, ce phare historique n'a pas failli une seule nuit en plus d'un siècle. Vous pouvez gravir les 108 marches pour observer les alentours. Des circuits à destination du phare partent toutes les demi-heures. Même s'il est mal agencé, le petit musée renferme d'intéressants souvenirs des Séminoles et des pionniers européens.

Hobe Sound National Wildlife Refuge   RÉSERVE DE FAUNE SAUVAGE
(www.fws.gov/hobesound ; US 1). Réserve naturelle fédérale de 420 ha, le Hobe Sound National Wildlife Refuge comporte deux sections : une petite partie sur le continent, en face du Jonathan Dickinson State Park, et la réserve principale, à la pointe nord de Jupiter Island. Cette dernière comprend 5 km de plage (un site de ponte prisé des tortues de mer). La section continentale est

une forêt de *sand pine*. En juin et juillet, des promenades nocturnes pour observer les tortues ont lieu les mardis et jeudis (réservation indispensable). Des sorties d'observation des oiseaux peuvent s'organiser auprès du **Hawley Education Center** (☎561-744-6668 ; 574 S Beach Rd, Jupiter Island), à la Blowing Rocks Preserve.

Blowing Rocks Preserve   RÉSERVE NATURELLE
(574 S Beach Rd ; 2 $; ☉9h-16h30). Cette réserve englobe un affleurement calcaire long de 1,5 km, criblé de trous, de fissures et de crevasses. À marée haute par fort vent d'est (téléphonez pour vous renseigner sur la météo), l'eau en jaillit comme d'un geyser. Même par temps calme, vous pourrez marcher à travers quatre milieux côtiers : dunes mouvantes, grève, marais de mangroves et *hammocks* tropicaux.

Jonathan Dickinson State Park   PARC
(☎772-546-2771 ; www.floridastateparks.org/jonathandickinson ; 16450 SE Federal Hwy ; véhicule/vélo 6/2 $; ☉8h-crépuscule). D'une superficie de près de 4 654 ha, cet excellent parc d'État s'étend entre l'US Hwy 1 et la Loxahatchee River. À défaut d'un accès à l'océan, son intérêt réside dans ses divers habitats : *flatwoods* de pins, bosquets de cyprès et marais. Des promenades guidées par des rangers partent à 9h le dimanche du Cypress Creek Pavilion, et des soirées feux de camp ont lieu le samedi au crépuscule, près du camping Pine Grove.

Un **stand** (☎561-746-1466 ; www.floridaparktours.com ; canoë/kayak 16/15 $ pour 2 heures ; ☉9h-17h) loue des canoës et des kayaks. Les circuits guidés en bateau sur la Loxahatchee River partent tout au long de la journée (adulte/enfant 19/12 $) et des balades à cheval d'une heure (25 $) sont possibles.

Plusieurs sentiers pédestres et cyclistes peuvent être explorés. Le plus populaire est le Kitching Creek Trail (1 heure 30 à pied), qui commence juste au nord de l'embarcadère des bateaux. Consultez www.clubscrub.org pour plus de détails sur les balades à vélo.

Roger Dean Stadium   STADE
(☎561-775-1818 ; www.rogerdeanstadium.com ; 4751 Main St ; match de ligue/entraînement de printemps 8,50/15 $). Les Miami Marlins, les St Louis Cardinals et diverses équipes de ligues mineures s'entraînent dans ce petit stade impeccable. Le prix des places varie ; appelez pour plus de détails.

Palm Beach International Raceway
SPORTS MOTORISÉS

(www.racepbir.com ; 17047 Bee Line Hwy). Situé dans une propriété boisée de 80 ha, ce parc de sports motorisés possède un circuit à dix virages de 6,5 km et organise régulièrement toutes sortes de courses. Son principal intérêt est le "Test & Tune" qui se déroule sur une piste de 400 m les mercredis et vendredis de 18h à 23h et permet de se mesurer à un autre véhicule. Le port du casque est obligatoire pour conduire à plus de 22 km/h. Comptez 20 $ pour concourir et 10 $ pour regarder.

Jupiter Outdoor Center
KAYAK

(☎ 561-747-0063 ; www.jupiteroutdoorcenter.com ; 1000 Coastal A1A ; ☺9h-17h). Le centre loue des kayaks et des paddleboards pour 35/40 $ la demi-journée. Il organise également des sorties de kayak à thème, telle l'excursion au clair de lune ou l'exploration des mangroves de Jupiter Inlet (à partir de 40 $).

🛏 Où se loger et se restaurer

Jupiter Waterfront Inn
HÔTEL $$

(☎ 561-747-9085 ; www.jupiterwaterfrontinn.com ; 18903 SE Federal Hwy ; ch 99-159 $; ❄🛜🐾). Ensoleillé et accueillant, cet hôtel en bordure de nationale loue de vastes chambres avec TV à écran plat, la vue sur l'Intracoastal et une marina. La décoration évoque la plage, avec des carrelages espagnols au sol et des murs jaunes. Les amoureux demanderont une chambre avec Jacuzzi. La jetée privée de 70 m est prisée des pêcheurs à la ligne.

Jupiter Beach Resort
HÔTEL $$$

(☎ 561-746-2511 ; www.jupiterbeachresort.com ; 5 N A1A ; ch et ste 199-680 $; 🅿❄🛜🐾). Cet

> #### SNORKELING DANS UN GALION ESPAGNOL
>
> En 1715, une flottille espagnole fut balayée par un ouragan au large de la Floride. L'un des navires, l'**Urca de Lima** (☎ 850-245-6444) GRATUIT, coula quasiment intact. Peu éloigné de la plage de Fort Pierce, il peut être exploré avec masque et tuba. Pour le rejoindre, sortez d'Ocean Blvd (Hwy A1A) au Pepper Park et suivez la plage vers le nord sur environ 1 km depuis la limite du parc. L'épave se situe à quelque 200 m du rivage sur le premier récif, à 3 ou 4 m sous l'eau.

hôtel élégant et légèrement guindé, dans les tons citron vert et chocolat, propose des chambres de style colonial anglais, dont de fabuleuses suites au dernier étage. La vue est sublime et du marbre de Turquie couvre le sol. Une piscine chauffée avec bar, des courts de tennis et une plage privée de 300 m ajoutent à l'attrait de cette adresse.

❤ Jupiter Donut Factory
DONUTS $

(☎ 561-741-5290 ; 141 Center St ; 0,79-1,25 $ la pièce, 6,99 $ la douzaine ; ☺6h-14h). Les donuts tout juste sortis du four sont absolument divins, aussi venez tôt pour ne pas rater ce bonheur gustatif. La boutique est ouverte de 6h à 14h, mais les derniers donuts sont généralement vendus dès le milieu de la matinée. Si vous ne parvenez pas à vous décider entre les versions gelée de framboise, banane-noix de coco, Chamallow-biscuit-chocolat ou Red Velvet, misez sur le choix le plus populaire : bacon-sirop d'érable.

Square Grouper
AMÉRICAIN $

(www.squaregrouper.net ; 1111 Love St ; en-cas 1-7 $; ☺12h-minuit dim-jeu, 12h-1h ven-sam). Perché au-dessus de l'eau et doté d'une vaste piste de danse (sablonneuse), ce bar ultradétendu est un joyau dans cette ville huppée. Il est un peu difficile à trouver : allez jusqu'au bout de Love St et tournez à droite.

❤ Little Moir's Food Shack
CARIBÉEN, POISSON ET FRUITS DE MER $$

(www.littlemoirsfoodshack.com ; 103 S US 1 ; plats 9-24 $; ☺11h-21h lun-sam). Difficile à trouver, cette gargote néo-caribéenne sert une succulente cuisine et marie à la perfection les saveurs : poisson en croûte de patate douce, soupe jamaïcaine au poivre, rouleaux d'œufs de langouste. Les produits de la mer sont d'une fraîcheur irréprochable et la carte comprend un choix de bières de microbrasseries.

Le génie des fourneaux Mike Moir, qui gère cet établissement, est aussi à la tête de l'excellent **Leftovers Cafe** (☎ 561-627-6030 ; littlemoirs.com/leftovers ; 451 University Blvd ; plats 5-24 $; ☺11h-21h lun-sam), idéal pour un repas plus léger (sandwichs, salades et desserts).

ℹ Comment s'y rendre et circuler

Si l'I-95 est le moyen le plus rapide de traverser la région, faites-vous plaisir et quittez l'autoroute. L'US Hwy 1 (US 1) suit le littoral et la Hwy A1A zigzague entre le continent (où elle suit la côte comme l'US 1) et diverses îles proches de la côte.

Stuart et ses environs

Souvent négligée en faveur de ses voisines plus célèbres, Stuart a longtemps été un mouillage secret pour des milliardaires sportifs venus en yacht. De fait, la pêche y est excellente, d'où son surnom de "capitale mondiale de l'espadon". Stuart a eu droit à sa première sortie de l'I-95 à la fin des années 1980, quand des gens aisés ont quitté des endroits comme Boca Raton pour s'y installer.

Si le centre rétro de Stuart, couleur sorbet, compte quelques bons restaurants et boutiques, les plages voisines de **Jensen Beach** et **Hutchinson Island** constituent le principal attrait de la ville. Jensen Beach, sur le continent face à l'Indian River Lagoon, séduit les pêcheurs et les artistes avec son centre-ville bordé de boutiques d'artisanat et de pêche. De l'autre côté du pont, Hutchinson Island est plutôt dévolue au farniente et à la fête.

◉ À voir et à faire

Elliott Museum   MUSÉE
(☑407-225-1961 ;   www.elliottmuseumfl.org ; 825 NE Ocean Blvd, Hutchinson Island ; adulte/ enfant 12/6 $; ☉10h-17h lun-sam). L'excentrique collection Elliott est dédiée aux technologies du début du XXᵉ siècle, et pour cause : le musée fut fondé par Harmon Elliott, fils de Sterling Elliott, qui inventa la direction à crémaillère. D'où la spectaculaire collection de 54 voitures anciennes, désormais exposée dans une nouvelle galerie équipée d'un système de stockage robotisé, qui amène les véhicules au premier plan et les fait pivoter pour offrir au visiteur une vision parfaite.

Le reste de la collection est très hétéroclite : un hydravion Pelican de 1910, une collection de moteurs hors-bord ou des objets présentant l'histoire des éminents citoyens du comté de Martin ; également la deuxième collection du pays de balles de base-ball dédicacées et de cartes de base-ball.

**Florida Oceanographic Coastal
Science Center**   AQUARIUM
(☑772-225-0505 ; www.floridaoceanographic.org ; 890 NE Ocean Blvd ; adulte/enfant 12/6 $; ☉10h-17h lun-sam, 12h-16h dim). Ce centre ravira les enfants, avec ses quatre aquariums de plus

de 1 000 litres où évoluent des poissons tropicaux, un ver marin géant, et des bassins tactiles remplis de crabes, de concombres de mer et d'étoiles de mer. Il propose un excellent choix de visites guidées et d'activités nature, dont une promenade guidée à 10h15 (sauf le dimanche), le nourrissage des raies pastenagues et l'observation des tortues de mer en été.

Hutchinson Island   PLAGE
Cette longue île étroite, qui commence à Stuart et s'étire au nord jusqu'à Fort Pierce, offre un nombre impressionnant de plages préservées, toutes accessibles gratuitement, propices à la promenade, à la baignade et même au snorkeling. Plus vous allez vers le nord, moins les plages sont fréquentées.

St Lucie Inlet State Park   PARC
(☑772-219-1880 ; 4810 SE Cove Rd ; 2 $/bateau ; ☉8h-crépuscule). Accessible uniquement en bateau, ce parc protège 10 km² de récifs au large de Jupiter Island. Douze espèces de coraux durs et mous peuplent le récif ; aussi, jetez l'ancre dans le sable. Le snorkeling et la plongée sont autorisés ; les profondeurs varient de 1,5 à 10 m. Toilettes, eau courante, jetées et chemins de randonnée complètent les 4 kilomètres de plage. Du continent à l'extrémité est de Cove Rd, une promenade en planches de 1 km relie le quai à la plage.

Lady Stuart   PÊCHE
(☑772-286-1860 ; www.ladystuart.com ; 555 NE Ocean Blvd, Stuart ; adulte/enfant 40/30 $). L'équipage vous emmène en mer, accroche votre appât, nettoie et découpe vos prises.

Hot Tuna Charters   PÊCHE
(☑772-334-0401 ;   www.hottunacharters.com ; demi-journée/journée 450/650 $). Dirigé par le Captain Wakeman (fort de plus de 20 ans d'expérience et de 10 records mondiaux de pêche classique et à la mouche), Hot Tuna vous aidera à trouver les poissons et à les sortir de l'eau.

🛏 Où se loger

Hutchinson Island possède quelques hôtels haut de gamme (le Marriott est le meilleur), tandis que Jensen Beach attire plutôt les pêcheurs à la ligne. Des hôtels de chaîne de catégorie moyenne et des motels bon marché jalonnent Federal Hwy à Stuart.

Savannas Recreation Area   CAMPING $
(☑772-464-7855 ; www.stlucieco.gov/parks/savannas.htm ; 1400 Midway Rd ; empl tente 15-20 $;

⊗nov-mai). Couvrant 250 ha et 5 biotopes – étendues de pins (*flatwood*), prairie humide, marais, lac et maquis –, le Savannas propose des sites de camping rudimentaires ou équipés.

♥ Old Colorado Inn
HÔTEL **$$**

(☑772-215-3437 ; www.oldcoloradoinn.com ; 211 Colorado Ave, Stuart ; ch et ste 139-199 $; P ⊗). Avec ses couleurs pastel, son ambiance très Key West et son charme irrésistible, le Colorado Inn (1907) est d'un excellent rapport qualité/prix et figure parmi les meilleurs hébergements du sud-est de la Floride. Les chambres spacieuses de style studio et les suites ont des sols et des plafonds en bois verni, de beaux meubles modernes, de grands lits et des kitchenettes. Les propriétaires Steven et Ashley sont une mine de renseignements sur Stuart et les plages des environs.

River Palm Cottages & Fish Camp
COTTAGES **$$**

(☑772-334-0401 ; www.riverpalmcottages.com ; 2425 NE Indian River Dr, Jensen Beach ; hiver 109-299 $, été 89-239 $; P ⊗⊗⊗). Perché sur l'Indian River, ce complexe possède de ravissants cottages de style caribéen avec cuisine, et vue sur l'eau pour certains. Le paisible jardin est planté de palmiers. L'établissement comprend une plage privée, une table de ping-pong et une jetée pour contempler le coucher du soleil.

Jensen Beach Inn
B&B **$$**

(☑772-334-1466 ; jensen-beach-inn.com ; 1899 NE Jensen Beach Blvd ; d 129-159 $, ste 179-209 $; ⊗⊗). Ce B&B à l'ancienne est aménagé au 1er étage d'un restaurant irlandais dans le centre bohème de Jensen Beach. Avec leurs murs lambrissés et dessus-de-lit en chenille, les six chambres ont une séduisante ambiance de lodge.

✕ Où se restaurer

Fredgie's Hot Dog Wagon
RESTAURATION RAPIDE **$**

(3595 NE Indian River Dr, Jensen Beach ; hot dogs à partir de 2 $; ⊗11h-16h mer-dim). Ce stand ambulant vend des hot dogs depuis près de 20 ans.

Crawdaddy's
CAJUN **$$**

(☑772-225-3444 ; www.crawdaddysrestaurant.org ; 1949 NE Jensen Beach Blvd, Jensen Beach ; plats 13-20 $; ⊗11h-22h dim-mer, 11h-23h jeu-sam). Avec une carte inspirée des traditions de la Louisiane – telles que les crevettes

imbibées de rhum et le pique-nique New Orleans (réservé aux amateurs de poisson) – et une cour qui accueille des musiciens le week-end, ce restaurant est un morceau du Quartier français à deux pas de la plage.

Conchy Joe's
CARIBÉEN, AMÉRICAIN **$$**

(www.conchyjoes.com ; 3945 NE Indian River Dr, Jensen Beach ; plats 10-22 $; ⊗11h30-22h). Surplombant la St Lucie River, ce bar ombragé de palmiers est idéal pour un verre ou un plat de pub, surtout quand des musiciens se produisent.

11 Maple St
AMÉRICAIN MODERNE **$$$**

(☑772-334-7714 ; www.elevenmaple.com ; 3224 NE Maple St, Jensen Beach ; plats 32-45 $; ⊗17h30-22h mar-sam). Cet endroit romantique se compose de plusieurs salles, dans un cottage historique. La carte, renouvelée chaque jour, propose un choix éclectique de petites et de grandes assiettes, du pompaneau rôti au safran au filet d'élan grillé. Une adresse parfaite pour les grandes occasions sans aller jusqu'à Palm Beach.

🛍 Achats

Le centre historique de Stuart ne manque pas de jolies boutiques et d'antiquaires. Jensen Beach est aussi un bon endroit pour le shopping, surtout pour l'art et l'artisanat ; visitez les galeries de Jensen Beach Blvd et de Maple St.

ℹ Renseignements

Chamber of Commerce (☑772-287-1088 ; www.stuartmartinchamber.org ; 1650 S Kanner Hwy ; ⊗9h-16h lun, 8h30-16h30 mar-jeu, 16h-13h ven). À environ 1,6 km au sud de la ville.

ℹ Depuis/vers Stuart

L'I-95 est l'itinéraire le plus rapide depuis/vers la région. Au sud de Stuart, l'US 1 suit le littoral puis tourne vers l'ouest pour rejoindre et traverser la ville. Entre Stuart et Fort Pierce, la NE Indian River Dr est le plus bel itinéraire.

Fort Pierce

Fort Pierce est empreinte d'une ambiance somnolente mais peut se prévaloir de très belles plages et d'une excellente pêche sportive. Récemment rénové, le centre-ville ressemble à une ville fantôme, avec de nombreux logements vides et de rares passants. Orange Avenue, l'artère principale, est bien plus vivante que les pâtés de maisons voisins. Côté hébergement, Stuart et Jensen Beach affichent un meilleur choix. Côté restauration, il y a quelques établissements de bord de mer dans Seaway Dr, et d'autres adresses dans Orange Ave, en centre-ville.

◉ À voir et à faire

Dolphin Watch
Boat Tours   CIRCUITS

(☎772-464-6673 ; dolphinwatchboattours.com ; adulte -12 ans 40/30 $). Des dauphins sauvages sont régulièrement observés dans l'Indian River Lagoon, parfois depuis la rive. Pour augmenter vos chances, vous devrez prendre un bateau. Le capitaine Adam Pozniak semble savoir d'instinct où les chercher. Il propose des circuits d'observation des dauphins de 2 heures, à bord de son bateau-ponton de 7,6 m. En outre, il connaît parfaitement le lagon, sa flore et sa faune, et organise des circuits écologiques dans les Everglades.

Fort Pierce Inlet
State Recreation Area   PARC

(www.floridastateparks.org/fortpierceinlet ; 905 Shorewinds Dr ; véhicule/vélo 6/2 $; ☉8h-crépuscule). Ce parc de 14 km² offre tous les plaisirs attendus d'un centre de loisirs en bord de mer : plages sablonneuses, chemins verdoyants, mangroves peuplées d'oiseaux et une aire de pique-nique pour les familles. Il abrite aussi des étoiles de mer (espèce menacée) et des carex qui poussent sur les dunes et près des promenades en planches.

National Navy UDT-SEAL Museum   MUSÉE

(www.navysealmuseum.com ; 3300 Ocean Blvd ; adulte/enfant 8/4 $; ☉10h-16h lun jan-avr seulemement, 10h-16h mar-sam, 12h-16h dim). Le seul musée consacré aux soldats de la Naval Special Warfarese situe sur Hutchinson Island. Il présente des équipements et des armes jadis top secret, utilisés par la force d'élite de l'armée américaine.

Manatee Observation Center   CENTRE NATURE

(www.manateecenter.com ; 480 N Indian River Dr ; 1 $; ☉10h-17h mar-sam, 12h-16h dim oct-juin, 10h-17h jeu-sam juil-sept ; ♿). Ce petit centre expose au public la situation critique des lamantins. Des vidéos et des expositions sensibilisent les canotiers sur le comportement à suivre pour ne pas les blesser et montrent comment notre mode de vie a indirectement contribué à l'éradication du plus gros de leur population. En hiver, on voit souvent ces animaux évoluer dans les eaux baignant la plateforme d'observation du musée.

❶ Comment s'y rendre et circuler

De Stuart, suivez l'I-95 ou l'US 1 (une route superbe) vers le nord sur environ 40 km. Pour rejoindre le centre-ville depuis l'I-95, prenez la sortie Orange Ave vers l'est et traversez l'US 1 (appelée ici N 4th St).

Orlando
et Walt Disney World

Le top des restaurants

➡ Ravenous Pig (p. 260)

➡ Yellow Dog Eats (p. 262)

➡ Mama Della's Ristorante (p. 315)

➡ Jiko (p. 297)

➡ Prato (p. 264)

Le top des hébergements

➡ Grande Lakes Orlando (p. 254)

➡ Bohemian Hotel Celebration (p. 258)

➡ Portofino Bay Hotel (p. 313)

➡ Alfond Inn (p. 257)

➡ Park Plaza Hotel (p. 257)

Pourquoi y aller

À Orlando, capitale mondiale des parcs d'attractions, vous découvrirez un incroyable concentré de divertissements enrobé dans des contes de fées. Walt Disney World, Universal Orlando Resort (dont le Wizarding World of Harry Potter), SeaWorld et Discovery Cove sont à seulement 25 km les uns des autres, et Legoland n'est qu'à une heure de voiture du centre-ville d'Orlando. Dans ces royaumes soigneusement conçus, truffés de manèges et rythmés par les spectacles et les parades, l'illusion et la magie règnent en maîtres. Une extraordinaire échappée à mille lieu du quotidien, à laquelle aspirent chaque jour les milliers de visiteurs qui s'y bousculent. Bien sûr, Orlando possède aussi une facette plus tranquille, avec des musées de renommée mondiale, d'excellentes réserves naturelles et un paysage gastronomique en plein essor, mais en dépit de ses merveilleuses qualités, la ville restera toujours dans l'ombre du château de Cendrillon et de l'école des sorciers de Poudlard.

Quand partir
Orlando

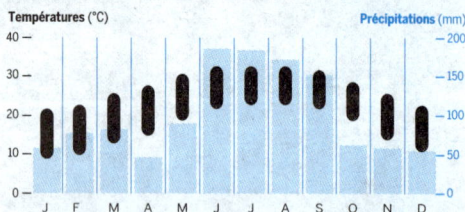

Températures (°C)   Précipitations (mm)

Septembre Températures agréables. Parcs moins fréquentés et baisse du prix des hébergements.

Mai Climat doux avant qu'arrivent les pluies. Une accalmie entre le Spring Break et les vacances d'été.

Thanksgiving à mi-déc Les festivités de fin d'année battent leur plein ; prix exorbitants.

Histoire

Le marécageux Mosquito County fut créé en 1824, trois ans après que la Floride fut devenue territoire américain. Les premiers colons arrivèrent en 1837, et en 1838 l'armée établit Fort Gatlin qui servit de base lors des guerres séminoles. Lorsque la Floride devint un État en 1845, Mosquito County se transforma en Orange County. Orlando se développa et en 1875, la ville de 5 km² (85 habitants) acquit une existence officielle. Avec l'arrivée du chemin de fer en 1880, la culture des oranges et le tourisme devinrent les activités phares de la région. La Seconde Guerre mondiale vit l'avènement de bases aériennes et la construction de missiles, mais ce fut l'ouverture, en 1971, du Magic Kingdom de Walt Disney World qui jeta les bases de sa réputation actuelle de capitale des parcs à thème des États-Unis. Aujourd'hui, il s'agit de la première destination touristique des États-Unis, avec plus de 57 millions de visiteurs pour la seule année 2013.

Parcs d'État et régionaux

Des centaines de lacs, des milliers de kilomètres carrés de bois, marécages et rivières protégés et plusieurs parcs excellents parcs d'État et régionaux s'ouvrent ici à la marche, au canotage, au vélo et à d'autres activités de plein air. On peut louer des kayaks et des canoës au Wekiwa Springs State Park (p. 250) et au Lake Louisa State Park (p. 250). L'Orlando Wetlands Park (p. 251) est un excellent site pour observer les oiseaux. Pour l'équitation, rendez-vous à la Rock Springs Run State Reserve (p. 251), à environ 30 minutes au nord du centre-ville d'Orlando. Même sans être un inconditionnel des grands espaces, il est possible de découvrir le côté sauvage de la Floride sans aller très loin : à moins d'une heure de Walt Disney World, on peut pagayer sur les eaux paisibles de la Wekiwa River et observer des alligators, des tortues et des hérons, ou marcher sur des chemins isolés merveilleusement calmes.

🛈 Depuis/vers Orlando

AVION

Orlando International Airport (MCO ; www.orlandoairports.net). Le principal aéroport d'Orlando. Il est desservi par le Disney's Magical Express (p. 546).

Orlando Sanford International Airport (☎ 407-585-4000 ; www.orlandosanfordairport.com ; 1200 Red Cleveland Blvd). Petit aéroport à 30 minutes au nord du centre-ville d'Orlando et à 45 minutes au nord de Walt Disney World.

BUS

Un bus Greyhound part de New York, marque des arrêts (notamment à Washington DC et à Daytona Beach, en FL) et va jusqu'à Orlando (aller 80 à 200 $, 24 heures).

TRAIN

Les trains n°97 *Silver Meteor* et n°91 *Silver Star* d'Amtrak circulent entre New York et Miami et s'arrêtent à Winter Park, dans le centre d'Orlando et à Kissimmee. Le trajet prend environ 22 heures depuis New York (à partir de 140 $). Chaque jour, l'*Auto Train* part de Lorton, en Virginie, et se rend à Sanford, à 48 km au nord du centre-ville d'Orlando.

VOITURE

Orlando se trouve à 450 km de Miami ; l'itinéraire le plus rapide et le plus direct en voiture consiste à prendre le Florida Turnpike (4 heures 30). La ville n'est qu'à 100 km de Tampa par l'I-4. La Beachline Expwy et la Hwy 50 conduisent toutes deux à l'est, sur les plages de la Space Coast, en moins d'une heure.

🛈 Comment circuler

DEPUIS/VERS L'AÉROPORT

Si vous atterrissez à l'Orlando International Airport et que vous séjournez dans un hôtel du Walt Disney World, réservez votre transport gratuit en bus de luxe depuis/vers l'aéroport, via Disney's Magical Express (p. 303).

Legacy Towncar of Orlando (☎ 407-695-4413, 888-939-8227 ; www.legacytowncar.com). Les tarifs comprennent un arrêt de 20 minutes dans une épicerie. L'aller-retour pour Universal, Walt Disney Word ou International Dr coûte 120 $ pour une voiture de 4 personnes et 155 $ pour un minibus de 5 à 9 personnes.

Orlando Airport Towncar (☎ 407-754-8166 ; www.orlandoairporttowncar.com). Le chauffeur vous accueillera à l'arrivée des bagages de l'Orlando International Airport et de l'Orlando Sanford Airport. Le trajet pour Walt Disney World coûte 60/120 $ l'aller/aller-retour pour une voiture de 1 à 5 personnes et 85/170 $ pour un véhicule utilitaire de 1 à 6 personnes. Comptez 20 $ de moins pour un trajet vers Universal Orlando Resort.

TAXI

Des taxis attendent devant les parcs à thème, Downtown Disney, les hôtels et autres centres touristiques. Sinon, vous devrez appeler pour

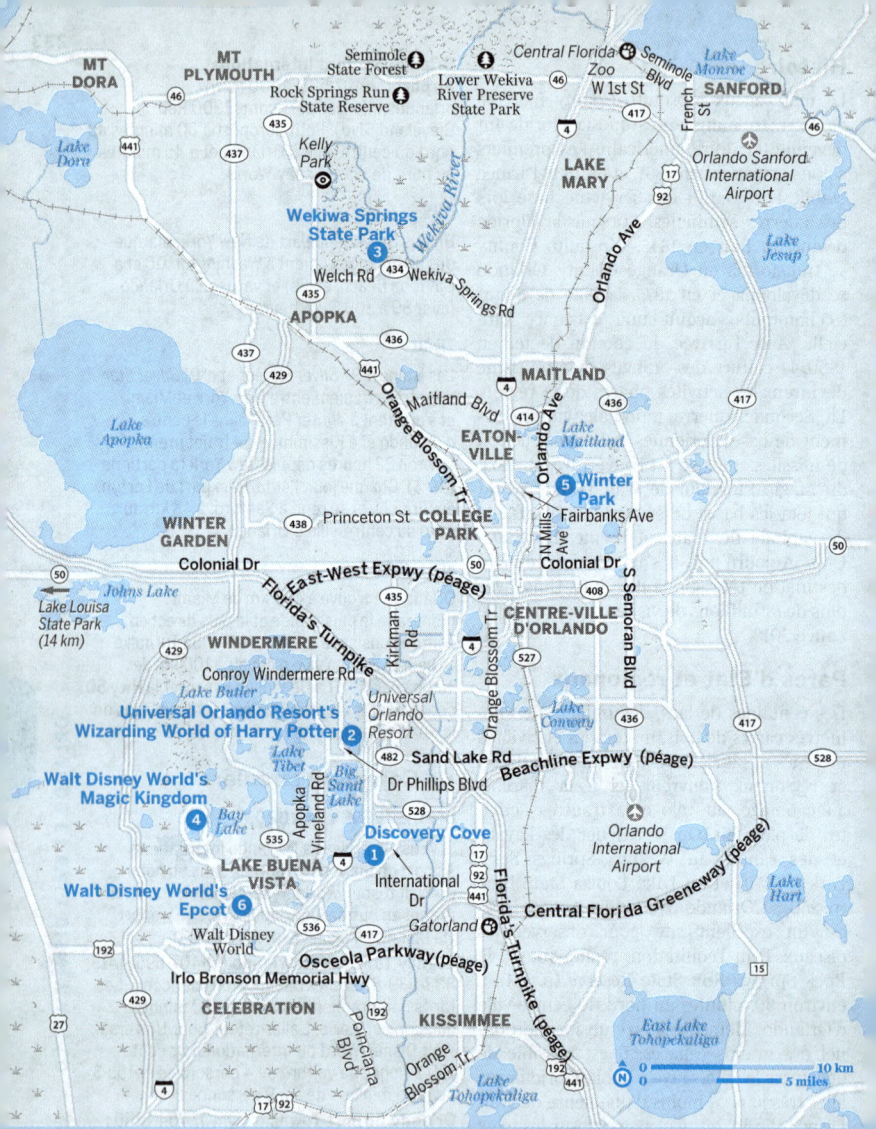

MT DORA

MT PLYMOUTH

Seminole State Forest

Central Florida Zoo

Seminole Blvd

Lake Monroe

SANFORD

Rock Springs Run State Reserve

Lower Wekiva River Preserve State Park

W 1st St

Orlando Sanford International Airport

Lake Dora

Kelly Park

Wekiwa Springs State Park

LAKE MARY

Wekiwa River

Lake Jesup

Welch Rd

Wekiva Springs Rd

Orlando Ave

APOPKA

Lake Apopka

Maitland Blvd

MAITLAND

Orange Blossom Tr.

EATON-VILLE

Lake Maitland

Winter Park

Fairbanks Ave

WINTER GARDEN

Princeton St

COLLEGE PARK

N Mills Ave

Colonial Dr

Johns Lake

Colonial Dr

East-West Expwy (péage)

Lake Louisa State Park (14 km)

CENTRE-VILLE D'ORLANDO

S Semoran Blvd

WINDERMERE

Florida's Turnpike

Kirkman Rd

Orange Blossom Tr

Conroy Windermere Rd

Lake Butler

Universal Orlando Resort

Lake Conway

Universal Orlando Resort's Wizarding World of Harry Potter

Lake Tibet

Sand Lake Rd

Dr Phillips Blvd

Beachline Expwy (péage)

Walt Disney World's Magic Kingdom

Big Sand Lake

Apopka Vineland Rd

Bay Lake

Discovery Cove

Orlando International Airport

Central Florida Greeneway (péage)

Lake Hart

LAKE BUENA VISTA

International Dr

Walt Disney World's Epcot

Walt Disney World

Gatorland

Central Florida Greeneway (péage)

Osceola Parkway (péage)

Irlo Bronson Memorial Hwy

CELEBRATION

Poinciana Blvd

KISSIMMEE

East Lake Tohopekaliga

Orange Blossom Tr.

Lake Tohopekaliga

10 km
5 miles

À ne pas manquer

1 Une séance de snorkeling au milieu des poissons tropicaux et une descente de la rivière à travers la volière au **Discovery Cove** (p. 243)

2 Une balade dans l'école de Poudlard dans le **Wizarding World of Harry Potter** (p. 306), à l'Universal Orlando Resort

3 Un rendez-vous avec les alligators et les hérons bleus de la Wekiva River, dans le **Wekiwa Springs State Park** (p. 250)

4 La **parade électrique de Main Street** (p. 288) dans le Magic Kingdom et le spectaculaire **feu d'artifice Wishes** (p. 275) au-dessus du château de Cendrillon

5 Les musées d'art, le lèche-vitrines et les repas "de la ferme à l'assiette" d'Orlando, à **Winter Park** (p. 248)

6 Une rencontre avec la Belle au bois dormant après avoir bu un verre de vin en Italie et assisté à un concert des Beatles en Angleterre à **Epcot** (p. 277), au royaume Disney qu'on vienne vous chercher. Une course entre le secteur de Disney et le centre-ville d'Orlando prend 30 minutes et coûte environ 60 $; entre Universal Orlando Resort et Disney il faut prévoir 15 minutes et 35 $. Une course à l'intérieur de Walt Disney World peut facilement atteindre 30 $.

Casablanca Transportation (📞 407-927-2773 ; www.casablancatransportation.com)

Mears Transportation (📞 service clients 407-423-5566, réservations 855-463-2776 ; www.mearstransportation.com)

TRANSPORTS PUBLICS

I-Ride Trolley (📞 407-354-5656 ; www.iridetrolley.com ; adulte/enfant 3-9 ans 2/1 $, pass 1/3/5/7/14 jours 5/7/9/12/18 $; ⊙8h-22h30). Dessert International Dr, du sud de SeaWorld direction nord jusqu'au secteur d'Universal Orlando Resort. Les bus circulent à 20-30 minutes d'intervalle et il faut faire l'appoint.

Lymmo (www.golynx.com ; gratuit ; ⊙6h-22h lun-jeu, 6h-minuit ven, 10h-minuit sam, 10h-22h dim). Dessert gratuitement le centre-ville d'Orlando.

Lynx (📞 renseignements réseau 407-841-8240 ; www.golynx.com ; trajet/jour/semaine 2/5/16 $, correspondances gratuites). Ces bus publics desservent l'agglomération d'Orlando, mais le service est limité après 20h.

VOITURE ET MOTO

La Hwy I-4 est le principal axe nord/sud : pour aller au nord, prendre l'I-4 direction est (vers Daytona Beach) et pour aller au sud, emprunter l'I-4 direction ouest (vers Tampa). Quasiment tous les sites où vous voudrez vous rendre peuvent être localisés par un numéro de sortie sur l'I-4. Du sud au nord, entre les sorties 62 et 87, vous trouverez Walt Disney World, SeaWorld, Aquatica et Discovery Cove, Universal Orlando Resort, le centre-ville d'Orlando et Thornton Park, Loch Haven Park et Winter Park.

Les aéroports Orlando International et Orlando Sanford, ainsi que Walt Disney World et de nombreux hôtels possèdent des agences de location de voitures.

Orlando Harley-Davidson (📞 407-423-0346 ; www.orlandoharley.com ; 120-200 $/jour). Vous devrez obligatoirement présenter la preuve que vous êtes titulaire du permis moto. Plusieurs agences.

ORLANDO ET SES ENVIRONS

Certes, il est assez facile de se laisser piéger dans les mondes parallèles de Disney ou d'Universal Orlando et de ne jamais s'aventurer au-delà de leurs décors artificiels, mais

ℹ️ CARTES DE RÉDUCTION

Les formules suivantes sont disponibles en ligne ou à l'Official Visitor Center (p. 269).

Orlando Magicard Limitez les dépenses avec ce carnet de bons de réduction gratuit ; les bons sont valables dans une sélection d'hôtels, restaurants, transports et attractions.

Orlando FlexTicket (adulte/enfant 324/304 $). Entrée illimitée pour plusieurs parcs à thème et parcs aquatiques pendant 14 jours consécutifs. Le pass pour 5 parcs couvre l'Universal Orlando Resort (dont les Universal Studios et Islands of Adventure), SeaWorld, Aquatica et Wet'n Wild, et permet d'accéder à certaines salles de concerts de CityWalk. On peut ajouter les Busch Gardens, à Tampa Bay (y compris la navette gratuite), pour 38 $. Disney ne participe pas au programme FlexTicket.

Orlando a bien plus à offrir. Les charmants quartiers bordés d'arbres, la vie artistique intense et les fantastiques jardins, réserves naturelles et musées, dans la ville et ses environs, favorisent un rythme de vie plus paisible. Même si vous venez pour les parcs à thème, prévoyez quelques jours pour explorer la face plus tranquille d'Orlando et peut-être changerez-vous l'ordre de vos priorités !

👁 À voir

◉ Centre-ville

Thornton Park QUARTIER
Le très branché Thornton Park borde la rive est du Lake Eola. Il s'étend sur quelques pâtés de maisons seulement mais compte plusieurs bons restaurants et quelques bars de quartier ; le week-end, l'affluence de jeunes gens et de familles contribue à l'agréable ambiance.

**Orange County
Regional History Center** MUSÉE
(carte p. 236 ; 📞 407-836-8500 ; www.thehistorycenter.org ; 65 E Central Blvd ; tarif plein/enfant 3-12 ans/senior 10/3,50/6,50 $; ⊙10h-17h lun-sam, 12h-17h dim ; ♿). Les collections permanentes abordent la Floride

Centre-ville d'Orlando

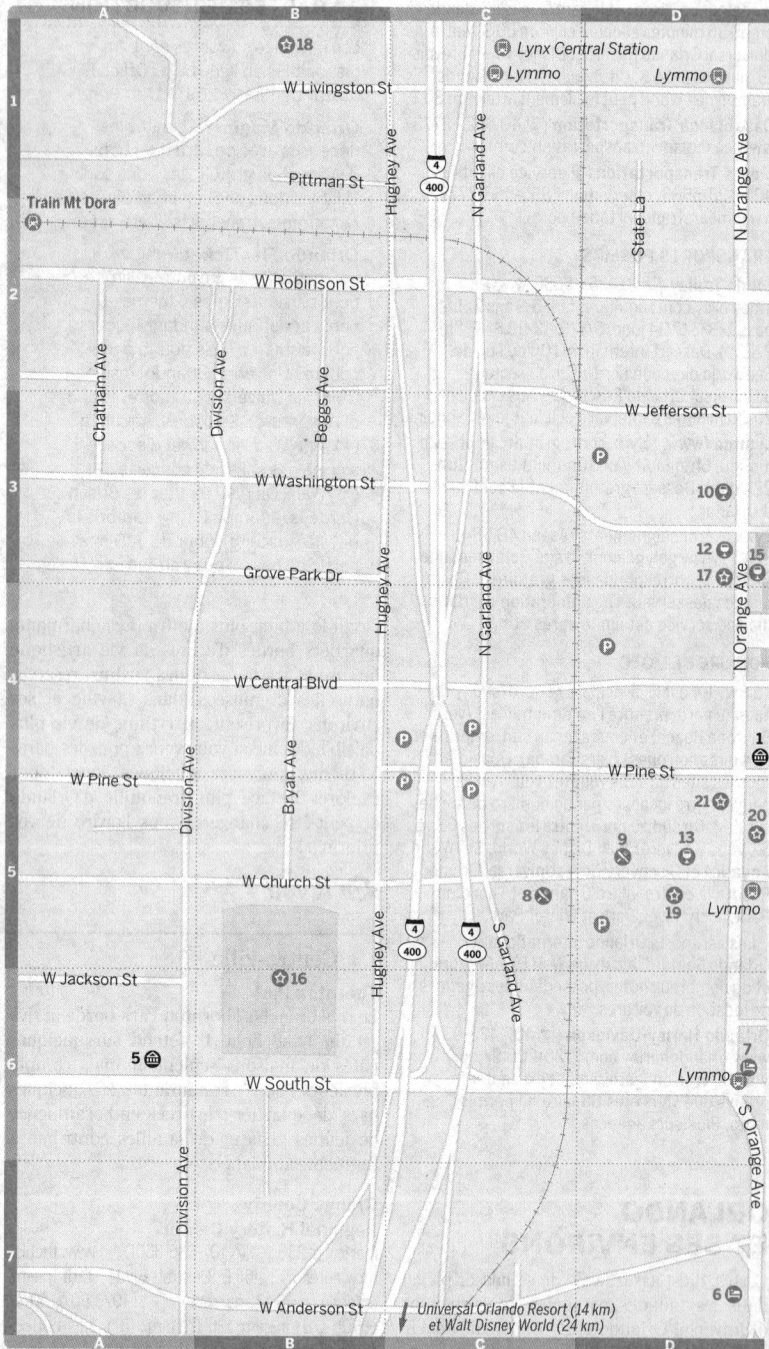

18

Lynx Central Station
Lymmo   Lymmo

W Livingston St

Pittman St

Hughey Ave

4 400

N Garland Ave

State La

N Orange Ave

Train Mt Dora

W Robinson St

Chatham Ave

Division Ave

Beggs Ave

W Jefferson St

W Washington St

P

10

12   15

Grove Park Dr

Hughey Ave

N Garland Ave

17

N Orange Ave

W Central Blvd

P

P

Division Ave

Bryan Ave

W Pine St

P

P

W Pine St

1

21   20

9   13

W Church St

8

19   Lymmo

P

Hughey Ave

4 400   4 400

S Garland Ave

16

W Jackson St

5

W South St

7

Lymmo

Division Ave

S Orange Ave

6

W Anderson St

Universal Orlando Resort (14 km)
et Walt Disney World (24 km)

The map scale shows:
0 — 200 m
0 — 0,1 mile

Centre-ville d'Orlando

préhistorique, la colonisation européenne, les rapports entre les groupes ethniques et la production d'agrumes. Également des répliques d'une maison de pionnier et d'un tribunal de 1927.

Lake Eola Park PARC
(carte p. 236 ; ☎ 407-246-2378 ; 195 N Rosalind Ave ; ◷ 6h-minuit ; ⊞). Joli et ombragé, ce petit parc se situe entre le centre-ville d'Orlando et Thornton Park. Un chemin goudronné fait le tour du lac, une aire de jeu s'étend sur la rive et on peut louer un pédalo-cygne (15 $ pour 30 minutes). Le samedi matin, le parc accueille le marché de producteurs d'Orlando (p. 268).

Wells' Built Museum of African American History & Culture MUSÉE
(carte p. 236 ; ☎ 407-245-7535 ; 511 W South St ; adulte/enfant 5/2 $; ◷ 9h-17h lun-ven). Le Dr Wells, l'un des premiers médecins noirs

d'Orlando, s'installa en ville en 1917. En 1921, il fit bâtir un établissement pour les Afro-Américains interdits d'hôtels en Floride, et fonda peu après le South Street Casino, une salle qui accueillait des artistes noirs. Ce petit musée est aménagé dans l'hôtel d'origine.

Gallery at Avalon Island
GALERIE

(carte p. 236 ; www.avalongallery.org ; 39 S Magnolia Ave ; ◷11h-18h jeu-sam). GRATUIT Une galerie d'art contemporain installée dans le plus ancien édifice commercial d'Orlando (vers 1886).

City Arts Factory
GALERIE

(carte p. 236 ; ☎407-648-7060 ; www.cityartsfactory.com ; 29 S Orange Ave ; ◷11h-18h lun-sam). GRATUIT Le rendez-vous incontournable du milieu artistique dans le centre-ville d'Orlando.

◉ Loch Haven Park

Le pittoresque Loch Haven Park, avec ses 18 ha de parcs, ses immenses arbres et ses trois lacs, se situe à quelques kilomètres au nord du centre-ville d'Orlando.

♥ Orlando Museum of Art
MUSÉE

(☎407-896-4231 ; www.omart.org ; 2416 N Mills Ave ; adulte/enfant 8/5 $; ◷10h-16h mar-ven, à partir de 12h sam-dim ; ♿ ▯Lynx 125). Fondé en 1924, le grand centre d'art d'Orlando, d'un blanc étincelant, conserve une collection fantastique et organise de nombreux événements et cours pour adultes et enfants. Très populaire, le **First Thursday** (10 $) se déroule de 18h à 21h le premier jeudi du mois et met à l'honneur les artistes locaux avec des expositions, des concerts et des mets en provenance de restaurants des environs.

Mennello Museum of American Art
MUSÉE

(☎407-246-4278 ; www.mennellomuseum.com ; 900 E Princeton St ; adulte/enfant 6-18 ans 5/1 $; ◷10h30-16h30 mar-sam, 12h-16h30 dim ; ♿). En bord de lac, ce musée d'art minuscule mais excellent met à l'honneur l'œuvre d'Earl Cunningham (1893-1977) et ses images colorées, fusion entre le pop art et l'art traditionnel. Les expositions temporaires sont souvent dédiées à l'art traditionnel américain.

ORLANDO EN...

Deux jours

Passez la nuit dans un hôtel d'Universal Orlando Resort et accédez au **Wizarding World of Harry Potter** (p. 306), une heure avant l'ouverture au public. Après une journée à l'Islands of Adventure et aux Universal Studios, dînez hors du parc au **Yellow Dog Eats** (p. 262). Dormez dans un hôtel Disney et partez à l'assaut du **Magic Kingdom** (p. 272) le lendemain matin. Prenez le monorail pour aller dîner au **'Ohana** (p. 297) ou au **Narcoossee's** (p. 298) et regagnez le parc pour la **parade électrique de Main Street** (p. 288) et le **feu d'artifice Wishes** (p. 275).

Quatre jours

Faites du canoë et baignez-vous au **Wekiwa Springs State Park** (p. 250), flottez sur une bouée au **Kelly Park** (p. 250) et dînez au **Cask & Larder** (p. 261). Passez une journée à **Discovery Cove** (p. 243) et admirez les prouesses du **Cirque du Soleil La Nouba** (p. 267) de Downtown Disney.

Sept jours

Le matin, découvrez les **Hollywood Studios** (p. 282) puis déjeunez au 50's **Prime Time Café** (p. 295) et prenez le bateau jusqu'à **Epcot** (p. 277). Ne manquez pas **Soarin'** (p. 279) ; mangez, buvez et faites des emplettes autour du monde et contemplez les **Illuminations** (p. 288). Après une journée complète à **SeaWorld** (ci-contre), allez dîner en dehors du parc à **Thai Thani** (p. 259) ou gagnez **Celebration** (p. 258). Le matin suivant, débutez par **Typhoon Lagoon** (p. 283) et dirigez-vous à **Winter Park** (p. 248) à midi. Visitez le **Charles Hosmer Morse Museum of American Art** (p. 248), faites un **circuit en bateau** (p. 252) et flânez dans les boutiques. Terminez cette dernière journée par un dîner et un film à l'**Enzian Theater** (p. 266).

Orlando Science Center
MUSÉE

(☎407-514-2000 ; www.osc.org ; 777 E Princeton St ; adulte/enfant 19/13 $; ⊗10h-17h jeu-mar ; 🅟 ; 🚍Lynx 125). Expositions tournantes sur les dinosaures, le corps humain, le système solaire et autres sujets scientifiques, pour les enfants de 5 à 12 ans. Un arbre géant pousse à travers l'atrium à quatre étages ; à son pied, vous verrez des alligators et une salle de découverte des sciences naturelles.

Hélas, beaucoup de ces présentations sont trop compliquées pour apprendre de façon ludique. Résultat : les enfants courent partout en appuyant sur des boutons. Consultez le site Internet pour en savoir plus sur les projections dans l'immense **Cinedom Theater** et le planning du **Science Live** (repas des raies, expériences, etc.).

👁 International Drive

L'I-Drive est le centre touristique d'Orlando : un concentré de chaînes de restaurants, bars, boutiques, hôtels et motels, avec en outre quelques attractions. Elle longe l'I-4 à l'est, s'étend sur 27 km du centre commercial Orlando Premium Outlets jusqu'à World Dr plus au sud, juste à l'est de Walt Disney World. Entre le palais des congrès et Sand Lake Rd, sur quelques kilomètres, l'I-Drive se sépare en deux voies bordées de palmiers, de musées et d'un secteur piétonnier relativement agréable. De Sand Lake Rd au nord jusqu'à l'impasse menant à Orlando Premium Outlets, on découvre Orlando pour les touristes, avec des T-shirts Disney à 5,99 $, un stand de glace en forme de cornet et un minigolf où il est proposé de "nourrir les alligators".

♥ SeaWorld
PARC À THÈME

(carte p. 240 ; ☎888-800-5447 ; www.seaworldparks.com ; 7007 Sea World Dr ; adulte/enfant 92/87 $, accès illimité 14 jours avec le billet pour Discovery Cove ; ⊗9h-19h ; 🅟 ; 🚍Lynx 8, 38, 50, 111, 🚍I-Ride Trolley Red Line arrêt 33). Outre les dauphins bondissants, les otaries pataudes et les orques facétieux des célèbres spectacles de SeaWorld, ce parc possède d'énormes aquariums, où évoluent raies et dauphins, avec possibilité de les nourrir. Le parc renferme aussi deux des manèges les plus palpitants de la ville. Si les spectacles et les rencontres avec des animaux marins rencontrent un succès non démenti, ces structures sont de plus en plus critiquées par des groupes de défense des animaux qui affirment que la captivité affaiblit et stresse

TOP 10 DES ATTRACTIONS D'ORLANDO

➡ Incredible Hulk Coaster
(p. 305 ; Islands of Adventure)

➡ Harry Potter and the Forbidden Journey
(p. 306 ; Islands of Adventure)

➡ Kraken (SeaWorld)

➡ Manta (SeaWorld)

➡ Dragon Challenge
(p. 306 ; Islands of Adventure)

➡ Hollywood Rip Ride Rockit
(p. 309 ; Universal Studios)

➡ Revenge of the Mummy
(p. 309 ; Universal Studios)

➡ Twilight Zone Tower of Terror
(p. 283 ; Hollywood Studios)

➡ Escape from Gringotts
(p. 307 ; Universal Studios)

➡ Space Mountain
(p. 276 ; Magic Kingdom)

les créatures, des phénomènes accentués par les interactions avec l'homme.

Si vous voulez voir les animaux en pleine action, consultez les horaires des spectacles et des séances de nourrissage avant votre visite, et organisez votre journée en fonction de ces impératifs.

Les deux montagnes russes, inspirées du monde marin, sont la garantie de sensations extrêmes avec des effets simples mais efficaces. **Kraken** est une succession de virages, de loopings et de chutes, décrite par les spécialistes comme l'une des meilleures de Floride, voire du pays. En l'absence de plancher, vos pieds pendront dans le vide. Sur **Manta**, on est en position allongée, à plat ventre. Plusieurs personnes sont côte à côte et le manège, qui a vaguement la forme d'une raie, plonge et flotte dans l'air avec des pointes de vitesse à près de 95 km/h. Pour ces deux attractions, il faut avoir le cœur solide et l'estomac bien accroché ! Le troisième et dernier manège de SeaWorld est un toboggan aquatique. Le **Journey to Atlantis** commence dans l'obscurité et vous plongez doucement dans un monde sousmarin de coraux et de poissons fluorescents. Mais la méchante sirène vous attire dans son univers et vous vous retrouvez en train de monter à travers la vapeur, avant une chute de 18 m dans l'eau.

International Drive

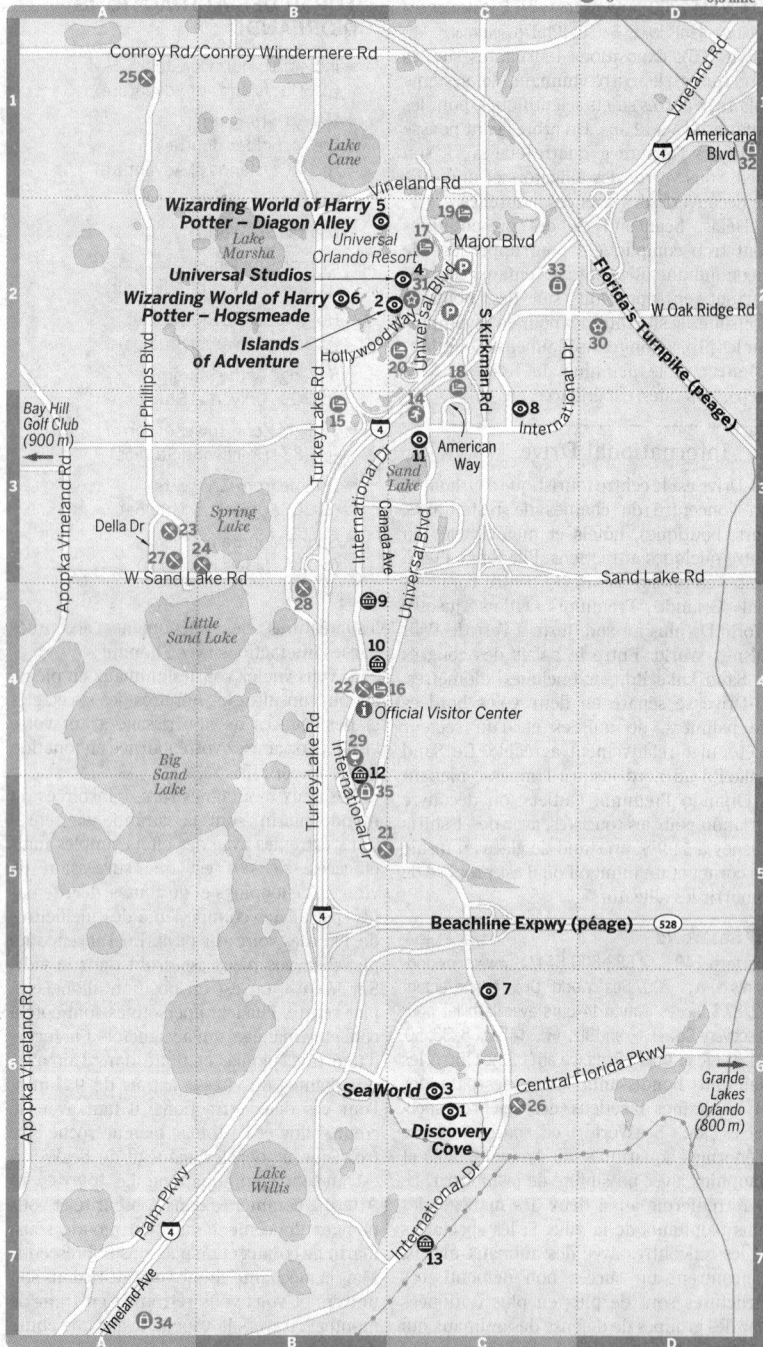

Conroy Rd/Conroy Windermere Rd

25

Lake Cane

Americana Blvd
32

Vineland Rd

Wizarding World of Harry 5
Potter – Diagon Alley

Lake Marsha

Universal Orlando Resort

19

Major Blvd

17

Universal Studios 4 31

Wizarding World of Harry 6 2
Potter – Hogsmeade

Islands of Adventure

Hollywood Way

33

W Oak Ridge Rd

30

Bay Hill Golf Club (900 m)

20

18

14

15

American Way

11

8

International Dr

Sand Lake

Spring Lake

23

27 24

W Sand Lake Rd

Sand Lake Rd

28

Little Sand Lake

9

10

22 16

i Official Visitor Center

Big Sand Lake

29

12
35

21

Beachline Expwy (péage) 528

7

SeaWorld 3

Central Florida Pkwy

Grande Lakes Orlando (800 m)

1

26

Discovery Cove

Lake Willis

Palm Pkwy

Vineland Ave

34

13

International Dr

International Drive

Les visiteurs accompagnés de bambins passeront quelques heures au **Shamu's Happy Harbor**, où six adorables manèges, quatre étages de filets reliés par des toboggans et des tunnels et une aire de jeu avec jets d'eau raviront les enfants de moins de 10 ans. Venez dès l'ouverture et pendant les spectacles du Shamu : il y a beaucoup moins de monde et quasiment pas d'attente. Pour nourrir les raies au **Stingray Lagoon**, venez à n'importe quel moment et apportez une boîte de poisson (7 $). Tenez la nourriture entre l'index et le majeur et placez votre paume vers le haut, dans l'eau. Les raies s'approcheront et se régaleront au passage. Vous pourrez nourrir les dauphins au **Dolphin Cove** (7 $), mais seulement à des heures prévues à l'avance. Enfin, **Antarctica: Empire of the Penguin** est un manège familial simulant un voyage au pôle Sud : vous y suivrez Puck le bébé pingouin et terminerez dans l'ambiance glacée d'une véritable colonie de ces oiseaux. Si vous souhaitez une interaction plus intime avec des dauphins, des otaries, des pingouins et d'autres créatures, consultez le site Web de SeaWorld pour plus de détails sur les **Up Close Tours**.

L'attraction la plus célèbre du parc est le spectacle, un peu tire-larmes, de Shamu. Parmi les autres représentations à succès, citons **Blue Horizons**, une débauche de lumière, de musique, de dauphins, d'oiseaux et d'acrobates costumés. Le spectacle raconte une banale histoire de méchants contre les gentils, avec force éclaboussures et émotions. Les enfants adorent les blagues potaches du **Clyde & Seamore Take Pirate Island**, avec des otaries, loutres et morses "humoristes". Dans la veine du Cirque du Soleil mais en moins ostentatoire, **A'Lure the Call of the Ocean** est un spectacle de 30 minutes sur le thème de l'eau, avec des acrobates, des costumes élaborés et une abondance d'effets spéciaux. Il raconte l'histoire des sirènes, ces créatures mythologiques qui tentèrent de séduire Ulysse.

Vous ne mourrez pas de faim à SeaWorld, mais attendez-vous aux options médiocres et chères caractéristiques des parcs à thème. La seule possibilité pour réserver une table est le **Sharks Underwater Grille** – le bar est un véritable aquarium tropical et vous pourrez manger en contemplant les évolutions des requins.

Le parking coûte 15 $. Il est possible de réserver des poussettes (simple/double 13/18 $) et des fauteuils roulants (12 $) ou électriques (45 $). Il y a également un chenil climatisé (15 $). Vous devrez prouver que votre chien est vacciné et revenir pour le promener et le nourrir.

Consultez le site Web pour des formules avec hébergement dans un hôtel partenaire et pour des renseignements sur les options Quick Queue Unlimited et Signature Show

Seating (respectivement pass coupe-file et réservation de places assises pour les spectacles, à partir de 19 $ et 24 $).

Aquatica PARC AQUATIQUE
(carte p. 240 ; ☑407-351-3600 ; www.aquaticabyseaworld.com ; 5800 Water Play Way ; adulte/enfant 56/41 $, réservation en ligne Splash & Save 19-28 $, accès illimité pendant 14 jours avec entrée à SeaWorld adulte/enfant 119/114 $; ⊘9h-18h ; ♿; ⊟Lynx 8, 38, 50, 111, ⊟navette SeaWorld, ⊟I-Ride Trolley Red Line arrêt 34). Joli et propre, ce parc aquatique agrémenté d'une végétation tropicale est d'inspiration vaguement polynésienne et permet de voir quelques animaux marins. Allez-y pour vous amuser dans l'eau, flotter sur la rivière, jouer dans les piscines à vagues et dévaler les toboggans, comme on le fait dans tous les parcs aquatiques.

SeaWorld, propriétaire d'Aquatica, a fait l'objet d'enquêtes relatives aux conditions de vie des dauphins en captivité, et des associations de défense des animaux s'élèvent de plus en plus contre cette pratique.

Le **Dolphin Plunge** vous fera traverser, propulsé dans un tube vitré, un aquarium peuplé de dauphins de Commerson. Le problème, c'est qu'un toboggan aquatique à grande vitesse n'est pas le poste d'observation idéal pour les contempler. Le passage y est si bref que seuls les plus chanceux aperçoivent ces jolies créatures noir et blanc.

Pour les plus jeunes, les aires de jeu sont excellentes. Au **Walkabout Waters**, des seaux d'eau tombent régulièrement sur tout un tas de structures bariolées faites pour l'escalade et sur des fontaines, tandis que le **Kookaburra Cove** propose de minuscules toboggans et de l'eau peu profonde. C'est parfait pour les tout-petits.

Il y a plusieurs fast-foods corrects et l'on trouve facilement des bières bien fraîches. Des tables de pique-nique sont installées juste à la sortie du parc, à proximité des arrêts de bus – vous trouverez des casiers (gratuits) pour laisser votre glacière à côté du point accueil (Guest Relations). Le chenil climatisé (15 $), pour chiens uniquement, est situé à l'extérieur de l'entrée principale de SeaWorld. Aquatica participe au programme Orlando Flex Ticket.

Titanic the Experience MUSÉE
(carte p. 240 ; ☑407-248-1166 ; www.titanicshipofdreams.com ; 7324 International Dr ; adulte/enfant 6-11 ans 22/13 $; ⊘10h-21h juin-juil, 10h-20h mars et août, 10h-18h le reste de l'année ; ♿; ⊟Lynx 8,

38, 42, 50, 58, 🚊 I-Ride Trolley Red Line arrêt 13). Une réplique grandeur nature de l'intérieur du célèbre paquebot et des objets retrouvés au fond de la mer. Visitez les galeries avec des guides en costumes d'époque ou flânez à votre guise. Les enfants apprécient

DISCOVERY COVE

À **Discovery Cove** (carte p. 240 ; ☎ 877-434-7268 ; www.discoverycove.com ; 6000 Discovery Cove Way ; avec accès illimité pendant 14 jours à SeaWorld et Aquatica 169-280 $, avec baignade avec les dauphins 229-399 $, SeaVenture supplément 59 $; ⏱ 8h-17h30, journée complète sur place, réservations obligatoires ; ♿ ; 🚊 Lynx 8, 38, 50, 111), les visiteurs passent la journée à faire du snorkeling au-dessus d'un récif grouillant de poissons et de raies, à dériver sur une rivière à travers une volière et à se détendre dans un cadre tropical, idyllique et intimiste, sur des plages de sable blanc. Bien sûr, cette île paradisiaque est complètement artificielle, ce qui est d'ailleurs la grande spécialité d'Orlando. Moyennant des suppléments, vous pourrez nager avec des dauphins et arpenter un sentier sous-marin.

Depuis le début des années 1990, de plus en plus de voix s'élèvent contre le fait de garder des dauphins en captivité dans le seul but de les montrer au public et de les faire interagir avec lui. La Humane Society of the United States et la Société mondiale de protection des animaux s'opposent fermement à cette pratique. Pour en savoir plus sur ce sujet, *The Case Against Marine Mammals in Captivity*, (Argumentaire contre la captivité des mammifères marins) de Naomi Rose, est une bonne source d'informations.

Si vous avez réservé une **baignade avec les dauphins**, on vous donnera une heure et un lieu pour rencontrer votre instructeur sitôt arrivé le matin. En groupe de 10 personnes environ, vous serez dirigés sous une hutte au toit de chaume et recevrez quelques instructions et une combinaison. Vous serez ensuite menés dans l'eau froide du lagon, avec les dauphins. Chaque groupe se voit attribuer l'un d'eux : vous pourrez le toucher et vous accrocher à son aileron le temps d'une courte glissade. Il faut être âgé de 6 ans minimum et les moins de 12 ans doivent être accompagnés d'un adulte (qui paie aussi). La *Dolphin Swim* (baignade avec les dauphins) s'achète au moment de réserver.

La deuxième option en supplément est **SeaVenture**. Enfilez un casque de plongée pour une balade le long du récif au milieu des poissons, raies, requins et autres créatures, mais soyez rassuré : les plus dangereuses restent derrière des vitres protectrices. À partir de 10 ans, nulle notion de plongée n'est requise. L'expérience est limitée à 6 personnes à la fois, dure 1 heure, dont 20 minutes sous l'eau. Comme pour la Dolphin Swim, il faut acheter cette option au moment de réserver.

Pour le reste de la journée, place à la détente : remuez vos orteils dans le sable, lézardez au soleil avec une bière et explorez les lieux selon votre envie. Discovery Cove est assez petit et le nombre quotidien de visiteurs est limité à 1 300 ; la sécurité est assurée par de nombreux maîtres nageurs qui surveillent les zones de baignade, ce qui est parfait pour les familles. Vous pourrez faire du snorkeling dans les lagons quand bon vous semblera et, dans la volière, les oiseaux multicolores viendront picorer dans votre main.

Certes le prix d'entrée est élevé, mais il comprend le petit-déjeuner de style cafétéria, un déjeuner plus élaboré et savoureux (tous deux servis sur une terrasse en bord de plage), de la bière, des sodas et des en-cas à volonté, le matériel de snorkeling, une combinaison, un casier, l'accès aux douches, des serviettes, de la crème solaire, le parking et l'accès illimité à SeaWorld et Aquatica à n'importe quel moment pendant 14 jours. Le tarif des billets évolue selon la demande, comme pour les billets d'avion ; l'entrée pourra ainsi revenir à 199 $ un jour et 299 $ quelques semaines plus tard. Vous pourrez modifier la date de votre billet après avoir finalisé votre réservation, sous couvert de disponibilité, mais devrez payer l'éventuelle différence de prix. Consultez le site Web pour les tarifs actualisés. Des fauteuils roulants spécialement conçus, avec des roues larges permettant de manœuvrer dans le sable, peuvent être réservés.

particulièrement cette interprétation dramatique et réaliste de l'histoire, qui peut aussi en choquer certains : vous recevrez une carte d'embarquement avec le nom d'un véritable passager, et à la fin de l'expérience (après le naufrage) vous saurez si vous avez survécu ou non.

WonderWorks MUSÉE

(carte p. 240 ; ☑ 407-351-8800 ; www.wonderworksonline.com ; 9067 International Dr ; adulte/enfant 4-12 ans 25/20 $; ⊙ 9h-minuit ; 🚫 ; 🚌 Lynx 8, 38, 42, 50, 58, 🚊 I-Ride Trolley Red Line arrêt 23 ou Green Line arrêt 12). Impossible de rater ce bâtiment à l'envers qui tient autant du musée pour enfants, de la salle de jeux vidéo que du parc d'attractions. Les divers étages truffés d'expositions permettent de vivre des sensations fortes et des expériences éducatives et multisensorielles. Allongez-vous sur un lit de clous, prenez place dans un simulateur d'ouragans, et mesurez jusqu'à quelle hauteur vous sautez.

Les plus petits peuvent être déconcertés, voire effrayés, mais les plus grands adorent cet endroit. Également un pont de corde de 50 m, un cinéma en 4D avec une programmation changeante, un jeu laser et le spectacle **Outta Control Magic Show**, tous les soirs.

Wet 'n Wild PARC AQUATIQUE

(carte p. 240 ; ☑ 407-351-1800 ; www.wetnwildorlando.com ; 6200 International Dr ; adulte/3-9 ans 48/42 $, après-midi demi-tarif ; ⊙ variables ; 🚫 ; 🚌 Lynx 8, 38, 42, 50, 58, 🚊 I-Ride Trolley Red Line arrêt 9 ou Green Line arrêt 5). Il ne s'agit pas du plus beau parc aquatique d'Orlando, mais c'est ici qu'il faut venir pour faire le plein de sensations fortes. Si vous pouvez supporter les files d'attente, les descentes, virages et autres plongeons ne vous décevront pas. Pour les plus petits, la fantastique **Blastaway Beach** (0,5 ha) comprend toutes sortes de jeux d'eau interactifs et des toboggans miniatures. Le parc, qui appartient à Universal Orlando Resort, est à environ 10 minutes à pied des parcs à thème. Le parking coûte 12 $. Wet 'n Wild participe au programme Orlando Flex Ticket.

Ripley's Believe It or Not! MUSÉE

(carte p. 240 ; ☑ 407-345-0501 ; www.ripleys.com/Orlando ; 8201 International Dr ; adulte/enfant 4-12 ans 17/11 $; ⊙ 9h30-minuit ; 🚫 ; 🚌 Lynx 8, 38, 42, 50, 58, 🚊 I-Ride Trolley Red Line arrêt 9) L'Exposition internationale de 1933 à Chicago fit connaître la collection de "curiosités et de personnes inhabituelles" de Ripley.

Ce musée, qui peut heurter les sensibilités politiquement correctes du XXIᵉ siècle, montre la passion de Ripley pour l'étrange, sans aucune censure. Les pièces ajoutées au XXIᵉ siècle semblent répondre à une volonté de créer le bizarre, plutôt que de le découvrir, avec par exemple une sculpture de chien en épingles à couture.

World of Chocolate Museum & Cafe MUSÉE

(carte p. 240 ; ☑ 407-778-4871 ; www.worldofchocolatemuseum.com ; 11701 International Dr ; adulte/enfant 4-12 ans 17/12 $; ⊙ 10h-21h ; 🚫 ; 🚌 I-Ride Trolley Red Line arrêt 37A). L'histoire du chocolat, des sculptures géantes en chocolat et des dégustations. Il n'est pas obligatoire de payer l'entrée pour accéder au café et à la boutique.

◉ Agglomération d'Orlando

♥ Gatorland ZOO

(☑ 407-855-5496 ; www.gatorland.com ; 14501 S Orange Blossom Trail/Hwy 17 ; adulte/enfant 27/19 $; ⊙ 10h-17h ; 🚫 ; 🚌 Lynx 108). Pas de montagnes russes dans ce parc tranquille tourné vers la Floride d'antan, un peu kitsch et fourmillant d'alligators. Au marais d'élevage, on emprunte une passerelle en bois qui sinue au milieu de centaines d'alligators et de crocodiles que l'on peut nourrir de hot dogs.

Au **Jumparoo Show**, des alligators longs de 3 m sautent presque entièrement hors de l'eau pour attraper des poulets entiers et, après le **Gator Wrestling Show** (un corps à corps entre un homme et un de ces sauriens), vous pourrez poser, assis sur la bête. **Up-Close Encounters** consiste en une présentation de boîtes mystérieuses, renfermant des animaux envoyés au parc par des particuliers. Les dresseurs, trop effrayés pour les ouvrir, demandent l'aide du public. Le **Screamin' Gator Zip Line** (70 $ pour 2 heures, entrée au parc incluse) comprend 5 tyroliennes survolant le parc. Après une journée au milieu des alligators, traversez la rue pour gagner l'excellent Private Island Ice-Cream (p. 263). Parking gratuit.

Audubon Center
for Birds of Prey RÉSERVE DE FAUNE SAUVAGE

(☑ 407-644-0190 ; audubon.org/audubon-center-birds-prey ; 1101 Audubon Way, Maitland ; adulte/enfant 3-12 ans 5/4 $; ⊙ 10h-16h mar-dim ; 🚫). Installé en bord de lac dans une belle maison ancienne, loin des sentiers battus, ce joli refuge soigne près de 700 oiseaux par an : faucons, petits ducs maculés et autres créatures à plumes. Vous pourrez voir

Agglomération d'Orlando

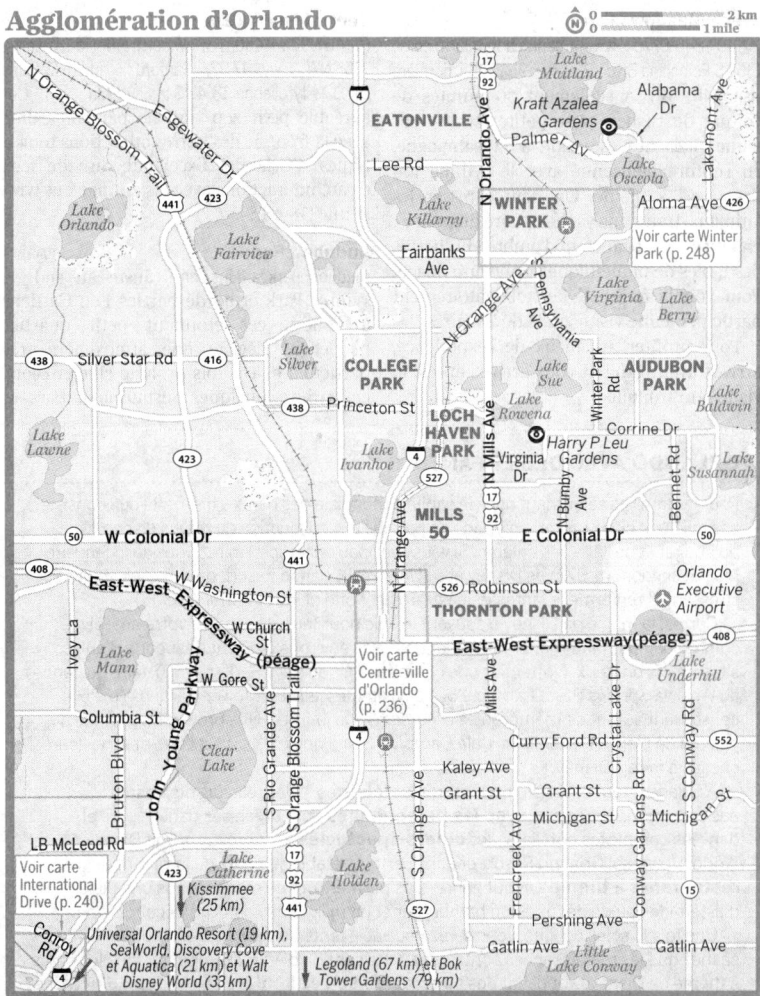

Voir carte Winter Park (p. 248)

Voir carte Centre-ville d'Orlando (p. 236)

Voir carte International Drive (p. 240)

EATONVILLE

Kraft Azalea Gardens

WINTER PARK

COLLEGE PARK

LOCH HAVEN PARK

AUDUBON PARK

MILLS 50

THORNTON PARK

Harry P Leu Gardens

Orlando Executive Airport

N Orange Blossom Trail

Edgewater Dr

Lee Rd

Lake Maitland

Alabama Dr

Palmer Av

Lake Osceola

Aloma Ave

Lake Killarney

Fairbanks Ave

Lake Orlando

Lake Fairview

Silver Star Rd

Lake Silver

Princeton St

Lake Virginia

Lake Berry

Lake Sue

Corrine Dr

Lake Baldwin

Lake Lawne

Lake Ivanhoe

Lake Rowena

Virginia Dr

Lake Susannah

W Colonial Dr

E Colonial Dr

East-West Expressway (péage)

W Washington St

W Church St

W Gore St

John Young Parkway

Columbia St

Bruton Blvd

S Rio Grande Ave

S Orange Blossom Trail

Clear Lake

Lake Mann

Ivey La

Robinson St

East-West Expressway (péage)

Lake Underhill

Curry Ford Rd

Crystal Lake Dr

Kaley Ave

Grant St

Grant St

Michigan St

Michigan St

Conway Gardens Rd

S Conway Rd

LB McLeod Rd

Lake Catherine

Kissimmee (25 km)

Lake Holden

S Orange Ave

Frenchcreek Ave

Pershing Ave

Gatlin Ave

Little Lake Conway

Gatlin Ave

Universal Orlando Resort (19 km), SeaWorld, Discovery Cove et Aquatica (21 km) et Walt Disney World (33 km)

Legoland (67 km) et Bok Tower Gardens (79 km)

Conroy Rd

N Orlando Ave

N Orange Ave

Pennsylvania Ave

Winter Park Rd

Bennet Rd

N Mills Ave

N Bumby Ave

Mills Ave

Lakemont Ave

0 — 2 km
0 — 1 mile

les volatiles de près, dans les bras de leurs soigneurs. Repérez Trouble, le pygargue à tête blanche, qui batifole dans sa baignoire.

Fun Spot America – Kissimmee

PARC D'ATTRACTIONS

(carte p. 270 ; ☎ 407-397-2509 ; www.funspotat-tractions.com ; 2850 Florida Plaza Blvd, Kissimmee ; gratuit, accès illimité aux manèges toute la journée adulte/enfant −1,37 m 40/30 $; ☺ 10h-minuit ; ♿). GRATUIT Une multitude de manèges à l'ancienne, avec, entre autres, quatre pistes de kart et quelques attractions pour enfants. Il n'y a ni thématique inédite ni effets spéciaux

mirobolants, mais l'ambiance est détendue et ludique et vous n'aurez pas à attendre des heures. Les amateurs de sensations fortes essaieront "le plus haut *skycoaster* du monde" : une sorte de saut à l'élastique à 300 m de hauteur. Parking gratuit.

Un second parc, **Fun Spot America – Orlando** (carte p. 240 ; ☎ 407-363-3867 ; www. funspotattractions.com ; 5700 Fun Spot Way ; gratuit, accès illimité aux manèges toute la journée adulte/enfant −1,37 m 40/30 $; ☺ 10h-minuit ; 🚊 I-Ride Trolley Red Line arrêt 6), est installé dans International Drive, à quelques minutes d'Universal Orlando Resort.

Green Meadows Farm FERME

(☎407-846-0770 ; www.greenmeadowsfarm.com ; 1368 S Poinciana Blvd ; 23 $; ◷9h30-16h, dernière visite 14h ; ♿). À seulement 30 minutes de voiture de Disney, cette petite ferme tient d'une plaisante escapade à la campagne, en rupture bienvenue avec le rythme fou des parcs à thème. On peut caresser les animaux, traire une vache et faire du poney ; en outre il y a beaucoup d'ombre et d'herbe, des tables de pique-nique et une aire de jeu. Pour voir la ferme, il faut obligatoirement participer à une visite guidé de 2 heures.

Pour profiter au mieux de l'expérience, arrivez avant 14h ; si vous arrivez après, la visite sera tronquée.

Central Florida Zoo ZOO

(☎407-323-4450 ; www.centralfloridazoo.org ; 3755 NW Hwy 17-92, Sanford ; adulte/3-9 ans 15/11 $, tyrolienne 18-48 $; ◷9h-17h ; ♿). Cet agréable petit zoo tranche par son calme avec la frénésie des autres attractions touristiques d'Orlando. Excellente aire de jeux d'eau, interactions avec les animaux et tyrolienne (18-48 $).

Audubon Park QUARTIER

(audubonparkgardens.com). Juste au sud de Winter Park et bordé par les Leu Gardens à l'ouest, cet étonnant petit quartier résidentiel dégage une atmosphère très particulière, à la fois urbaine chic et écolo. On trouve quelques restaurants, bars et

---

ORLANDO AVEC DES ENFANTS

Pour les familles séjournant dans la capitale mondiale des parcs à thème, le défi consiste à faire le bon choix parmi la myriade de possibilités, en fonction du temps disponible, du budget et de l'âge des enfants. Si vous avez peu de temps, limitez-vous au légendaire Magic Kingdom (p. 272) de Disney et à l'Universal Orlando Resort, qui se révèle moins stressant et renferme le fantastique Wizarding World of Harry Potter (p. 306).

Certes, la magie de Disney a souvent le chic pour faire disparaître votre argent comme par enchantement, mais Orlando et ses environs recèlent beaucoup d'autres sites moins onéreux. Flotter sur une chambre à air au Kelly Park (p. 250), faire du canoë au Wekiwa Springs State Park (p. 250) et visiter les jolis Bok Tower Gardens (p. 250) constituent autant de mémorables excursions à la journée. Une projection gratuite au cinéma de plein air du Chip 'n' Dale Campfire Singalong (p. 278) est l'une des meilleures choses à faire à Disney.

À Orlando, tout est prévu pour attirer les touristes, et les restaurants ne font pas exception. Des **repas avec les personnages** sont organisés dans le parc et dans les complexes hôteliers, des **dîners-spectacles** sont prévus à Walt Disney World, Universal Orlando Resort et dans certains établissements de la ville, et des **restaurants à thème** en tout genre vous permettront de manger sous une pluie d'astéroïdes ou de déguster un hamburger et un milk-shake dans un décor de cinéma.

Une fois le soleil couché, vous serez peut-être tenté de vous écrouler sur un lit, mais sachez que les réjouissances continuent. À l'exception d'Animal Kingdom, tous les parcs à thème de Disney proposent des **spectacles son et lumière** ou des **feux d'artifice**. Parmi les meilleures prestations d'Orlando, citons l'excellent **théâtre des enfants**, le Cirque du Soleil La Nouba (p. 267) qui se produit tous les soirs à Disney et le spectacle plein de malice du Blue Man Group (p. 267) d'Universal. Downtown Disney, Disney's Boardwalk et CityWalk à Universal Orlando Resort sont l'occasion de passer une soirée festive, avec une foule d'artistes de rue, mais si vous avez eu assez d'émotions fortes dans la journée, préférez les petites villes de Celebration ou Winter Park. Les enfants apprécient leur rythme tranquille, et par un soir d'été, après une journée à arpenter les parcs, s'asseoir avec un verre de vin en regardant les petits jouer autour de la fontaine, au bord du lac de Celebration(p. 258), vous procurera un bonheur paisible.

Choisissez judicieusement dans l'offre pléthorique de divertissements. Certes, peut-être enchaînerez-vous sept fois le manège de Winnie l'Ourson, sans jamais par ailleurs découvrir la comédie musicale Nemo à Animal Kingdom. Si seulement on s'était levé plus tôt, on ne ferait pas la queue pour cette glace Mickey, si seulement on était parti en courant après le feu d'artifice, si seulement si seulement... On aurait pu voir ceci, cela, etc.

Stop. Il y a trop à faire et vous ne gagnerez jamais à ce jeu. Et au final, les enfants se rappelleront ce qu'ils ont vécu, pas ce qu'ils ont raté.

WINTER HAVEN

Legoland est le site le plus fréquenté de la paisible Winter Haven, mais vous découvrirez aussi quelques bons restaurants dans le petit centre historique. Les jolis Bok Tower Gardens (p. 250) se situent à 24 km au sud-ouest. Winter Haven est à 48 km au sud de Walt Disney World.

Legoland (☑863-318-5346 ; florida.legoland.com ; 1 Legoland Way, Winter Haven ; billet 1/2 jours adulte 84/99 $, enfant 9-12 ans 75/92 $; ⊘10h-17h ; 🚍 ; navette Legoland). Pas trop de monde, peu de fioritures et des files d'attente raisonnables : Legoland, situé en bordure de lac, e
comme un caporal-chef pour en profiter pleinement, et même si le tout est un peu daté, l'ambiance, décontractée à souhait, est très rafraîchissante. Les manèges et les attractions, notamment le parc aquatique attenant, s'adressent à des enfants de 2 à 12 ans. Économisez jusqu'à 15 $ en réservant en ligne pour une date spécifique. Les horaires d'ouverture varient selon les saisons.

Les attractions phares sont **Coastercaurus**, une montagne russe classique en bois, **Flight School**, un manège qui vous fera tournoyer, les pieds pendants dans le vide, et **Miniland**, la reconstruction en Lego des monuments et villes légendaires des États-Unis. Il reste quelques témoignages de l'histoire du parc sur le site des Cypress Gardens (vers 1936), notamment les jolis jardins botaniques avec le banian géant et le spectacle de ski nautique, mais le charme des parcs à thème de la Floride d'antan est absent. Les décorations en Lego ne sont guère réalistes, le spectacle de ski nautique repose sur une thématique de pirates assez niaise et le dessin animé *La Légende de Chima* inspire toute une section.

La meilleure option pour se restaurer est le Lakeside Sandwich Co, juste derrière Pirates Cove, et le meilleur en-cas est la spécialité du parc, les Granny Apple Fries (tranches de pommes frites, saupoudrées de sucre et de cannelle).

Une navette (aller-retour 5 $) circule tous les jours au départ d'Orlando Premium Outlets – Vineland (p. 268), près de Walt Disney World. Il y a plusieurs horaires de retour, mais il faut réserver sa place avant 11h30 la veille du trajet. Location de poussette/fauteuil roulant/fauteuil électrique (10/12/37 $) et de casier (5-12 $). Le parking coûte 14 $.

Donut Man (☑863-293-4031 ; 1290 6th St, Winter Haven ; beignet 2-4 $; ⊘5h-22h ; 🚍). En bord de route, un bar rétro classique, avec façade de 1967, comptoir en Formica et délicieux beignets concoctés chaque jour – évitez les sandwichs du matin dégoulinants de graisse. À 8 km de Legoland.

boulangeries recommandés, ainsi qu'un bon glacier ; la plupart sont installés autour de l'intersection entre Corrine Dr et Winter Park Rd.

Maitland

Art Center CENTRE D'ART

(☑407-539-2181 ; www.maitlandartcenter.org ; 231 W Packwood Ave, Maitland ; adulte/enfant 3/2 $; ⊘11h-16h mar-dim). Cette colonie d'artistes fondée en 1937 et classée monument historique a été transformée en un joli centre artistique proposant des cours et des studios à des artistes de la région, ainsi que des galeries pour exposer leur travail et des jardins paisibles.

Tant que vous êtes sur place, visitez le petit musée d'Histoire et le musée du Téléphone, juste à côté.

Old Town PARC D'ATTRACTIONS

(carte p. 270 ; ☑407-396-4888 ; www.myoldtownusa.com ; 5770 W Irlo Bronson Memorial Hwy ; gratuit, 2-6 $/manège ; ⊘12h-23h ; 🅿🚍 ; 🚌Lynx 55, 56). Au milieu des pots d'échappement, des motels et des paysages sans arbres de la Hwy 192, ce parc d'attractions tient à la fois de la foire de province et de la promenade de front de mer, avec une ambiance un peu années 1950. Vous découvrirez des manèges classiques, une maison hantée, des boutiques kitsch, des concerts de rock et des défilés de voitures anciennes (mercredi, vendredi et samedi à 20h30). L'ensemble paraît un peu défraîchi, mais les files d'attente sont limitées et l'entrée est gratuite. Les heures d'ouverture varient ; consultez le site Web pour le calendrier des manifestations. Parking gratuit.

Zora Neale Hurston
National Museum of Fine Arts MUSÉE

(☎ 407-647-3307 ; www.zoranealehurstonmuseum. com ; 227 E Kennedy Blvd, Eatonville ; ⏱ 9h-16h lun-ven, 11h-13h sam). GRATUIT L'écrivaine et anthropologue Zora Neale Hurston (1881-1960), rendue célèbre par son livre *Une femme noire*, est née à Eatonville. Ce minuscule musée d'une salle lui rend hommage avec des expositions tournantes d'artistes afro-américains.

Si le musée attire des visiteurs s'intéressant particulièrement à la romancière, aux thématiques afro-américaines ou à une exposition spécifique, le **Zora Neale Hurston Festival of the Arts and Humanities** (www.zorafestival.org), parrainé par le musée, rassemble des milliers de personnes chaque année en janvier, pour plusieurs jours de festivités familiales.

◉ Winter Park

Fondé en 1858 et accueillant le Rollins College, le bucolique Winter Park concentre certains des secrets les mieux gardés d'Orlando, notamment plusieurs restaurants extrêmement réputés, nichés dans des rues ombragées et accueillantes pour les piétons. Park Ave est jalonnée de boutiques, de bars à vins et de cafés avec terrasse sur le trottoir.

♥ Charles Hosmer Morse
Museum of American Art MUSÉE

(carte p. 248 ; ☎ 407-645-5311 ; www.morsemuseum.org ; 445 N Park Ave, Winter Park ; adulte/enfant 5 $/gratuit ; ⏱ 9h-16h mar-sam, 13h-16h dim, 9h-20h ven nov-avr ; ♿). Célèbre par-delà les frontières américaines, ce fascinant musée conserve la plus importante collection au monde d'œuvres d'art de Louis Comfort Tiffany. Les pièces maîtresses sont l'intérieur de la chapelle conçue par l'artiste pour l'Exposition universelle de Chicago (1893), 10 galeries remplies de pièces artistiques et architecturales provenant de la demeure de Tiffany à Long Island (le Laurelton Hall), et une installation de la terrasse Daffodil du Laurelton.

Cornell Fine Arts Museum MUSÉE

(carte p. 248 ; www.rollins.edu/cfam ; Rollins College, 1000 Holt Ave, Winter Park ; adulte/enfant 5 $/gratuit ; ⏱ 10h-16h mar-ven, 12h-17h sam-dim). Sur le campus du Rollins College, ce petit musée au bord du lac conserve une collection éclectique d'art américain historique et contemporain.

Winter Park

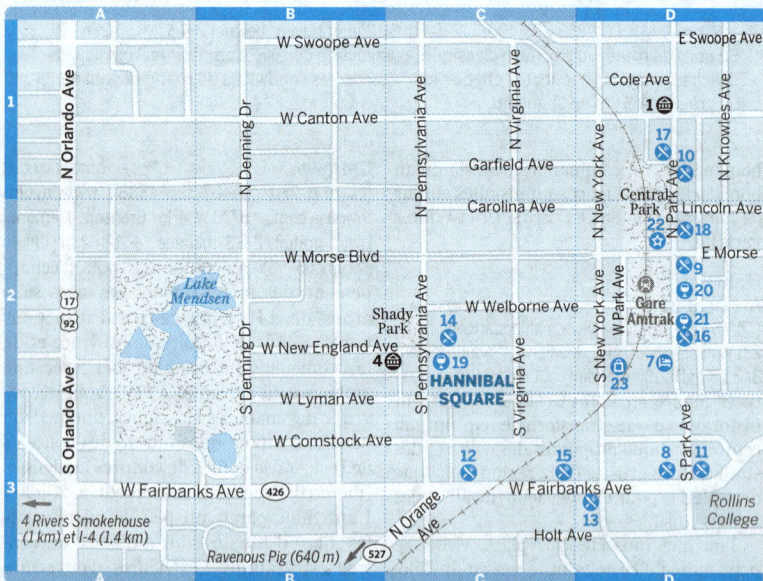

Kraft Azalea Gardens — PARC

(1365 Alabama Dr, Winter Park ; ☺8h-crépuscule).
Un parc paisible et planté d'énormes cyprès,
en bord de lac. Il est particulièrement beau
de janvier à mars, quand les azalées sont en
fleur. Il y a un embarcadère, mais ni barbecue ni table de pique-nique.

Albin Polasek Museum et son jardin de sculptures — MUSÉE

(carte p.248 ; www.polasek.org ; 633 Osceola Ave,
Winter Park ; adulte/enfant 5 $/gratuit ; ☺10h-16h
mar-sam, 13h-16h dim). Classée monument
historique et perchée sur les berges du lac
Osceola, cette modeste villa jaune était la
résidence du sculpteur tchèque Albin Polasek. La maison comprend un petit musée
dédié à sa vie et à son œuvre, et on peut
admirer certaines de ses sculptures dans le
jardin.

Hannibal Square Heritage Center — MUSÉE

(carte p.248 ; ☎407-539-2860 ; www.hannibals-
quareheritagecenter.org ; 642 W New England Ave,
Winter Park ; ☺12h-16h mar-mer, 12h-17h jeu-ven,
10h-14h sam). GRATUIT Dès 1881, Hannibal Square
abritait des Afro-Américains employés
comme charpentiers, agriculteurs et gens
de maison dans les environs de Winter Park.
La collection permanente de ce petit musée,

Heritage Collection : Photographs and Oral
Histories of West Winter Park 1900–1980,
transmet la culture et l'histoire de cette
communauté à travers des photographies et
des histoires orales.

🏃 Activités

À Walt Disney World, une ville en soi, on
trouve des locations de vélos, des pistes
cyclables, des activités aquatiques, des spots
de pêche et plusieurs terrains de golf.

Golf

Orlando compte plus de 60 terrains de golf.
Pour des détails, notamment sur les forfaits,
consultez www.golfpacorlando.com. Appelez les clubs pour connaître les différents
tarifs et offres. Les horaires varient selon les
saisons.

Winter Park

◎ Les incontournables
1 Charles Hosmer Morse Museum of American Art..................D1

◎ À voir
2 Albin Polasek Museum et son jardin de sculptures...............F2
3 Cornell Fine Arts Museum...................E3
4 Hannibal Square Heritage Center......C2

Activités
5 Scenic Boat Tour..................E2

Où se loger
6 Alfond Inn..................E2
7 Park Plaza Hotel..................D2

Où se restaurer
8 B Cupcakes..................D3
9 Bosphorous Turkish Cuisine.............D2
10 Briarpatch..................D1
11 BurgerFi..................D3
12 Cask & Larder..................C3
13 Ethos Vegan Kitchen..................D3
14 Fresh Cafe..................C2
15 Keke's Breakfast Cafe..................C3
16 Luma on Park..................D2
17 Orchid Thai Cuisine..................D1
18 Prato..................D2

Où prendre un verre
19 Dexter's of Winter Park..................C2
20 Eola Wine Company..................D2
21 Wine Room..................D2

Où sortir
22 Popcorn Flicks in the Park..................D2

Achats
23 Marché de produits fermiers.............D2

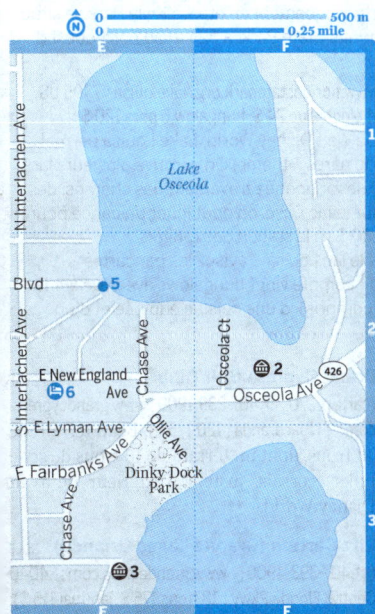

ORLANDO ET WALT DISNEY WORLD ORLANDO ET SES ENVIRONS

LES MEILLEURES ACTIVITÉS DE PLEIN AIR D'ORLANDO

Après quelques jours de manèges et de files d'attente, de friture, de musique bruyante, de bouchons et d'emplettes, un petit tour hors des sentiers battus revigorera les esprits les plus las.

Wekiwa Springs State Park (☎407-884-2008 ; www.floridastateparks.org/wekiwasprings ; 1800 Wekiwa Circle, Apopka ; 6 \$, camping 5 \$/pers, raccordement électrique 24 \$; ☺7h-crépuscule). Rafraîchissez-vous dans un bassin alimenté par une source glaciale, marchez sur des kilomètres de sentiers et pagayez sur les eaux paisibles de la Wekiva River. À l'intérieur du parc, Nature Adventures (p. 252) propose des circuits guidés de 2 heures 30, loue des kayaks et des canoës (2 heures, 17 \$, 3 \$/heure supp) et fournit du matériel de camping. Réservations obligatoires pour les bivouacs rudimentaires au bord de la rivière.

Bok Tower Gardens (☎863-676-1408 ; www.boktowergardens.org ; 1151 Tower Blvd, Lake Wales ; adulte/enfant 12/3 \$, visite de la maison 5 \$; ☺8h-18h, dernière entrée 17h ; ♿). Conçu par Frederick Law Olmstead Jr., ce site historique de 125 ha comprend un clocher minutieusement sculpté de 65 m de haut (le carillon sonne deux fois par jour), de beaux jardins, une superbe demeure de style méditerranéen datant des années 1930 (Pinewood Estates) et un café avec jardin. Les enfants peuvent récupérer du papier spécial à l'entrée et repérer les poteaux qui révèlent chacun, une fois le papier frotté dessus, un animal différent. Les jardins accueillent des concerts de musique classique en plein air (25 \$).

Les Bok Tower Gardens se trouvent à une heure au sud d'Orlando, près de Legoland. Prendre l'I-4 direction ouest, sortie 55, et continuer direction sud sur la Hwy 27 pendant 37 km.

Kelly Park (☎407-254-1902 ; 400 E Kelly Park Rd, Apopka ; 5 \$/véhicule ; ☺8h-19h mars-oct, 8h-17h nov-fév ; ♿). Louez une bouée (5 \$) dans le bar en bord de route, à environ 800 m de l'entrée, et laissez-vous flotter sur 1,6 km au long du courant peu profond issu de la source Rock Spring.

En hiver, vos seuls compagnons seront les loutres nageant à vos côtés, les tortues posées sur les rochers et les cerfs broutant au bord de l'eau, mais les week-ends (quand il fait beau) et l'été, le parc est très fréquenté par les gens des environs, d'où une ambiance festive et bruyante. La petite buvette est ouverte uniquement en été. Le Kelly Park se situe juste derrière l'angle nord-ouest du Wekiwa Springs State Park, à 32 km au nord-ouest du centre-ville d'Orlando.

Lake Louisa State Park (☎352-394-3969 ; www.floridastatepark.org/lakelouisa ; 7305 US 27, Clermont ; 5 \$, camping 5 \$/pers, raccordement électrique 24 \$, bungalow 6 pers 120 \$; ☺8h-crépuscule). Situé à 30 minutes à l'ouest de Walt Disney World, Lake Louisa permet d'échapper sans trop de peine à la saturation de parcs à thème. On y trouve plusieurs lacs paisibles, de jolies plages et 40 km de sentiers de randonnée traversant des champs, des bois et des orangeraies. Pour faire du bateau sur le lac Dixie, on peut louer un canoë pour 3 personnes ou un kayak pour 1 personne (15-30 \$) à la station des rangers.

La baignade est autorisée uniquement dans le lac Louisa – avisez les pancartes signalant des alligators, et ouvrez l'œil. L'endroit compte vingt bungalows avec vue sur le lac ; chacun est pourvu de 2 chambres (draps compris), d'une cuisine équipée et d'une

Dubsdread Golf Course GOLF

(☎407-246-2551 ; www.historicaldubsdread.com ; 549 W Par St ; 9 trous 30-40 \$, 18 trous 40-60 \$). Ce terrain à l'ancienne a ouvert en 1923. Il se situe dans le quartier de College Park, juste à l'ouest de l'I-4 et au sud de Winter Park.

Bay Hill Golf Club GOLF

(☎407-876-2429 ; www.bayhill.com ; 9000 Bay Hill Blvd). Étape régulière du PGA Tour, ce terrain très sobre s'étend sur 135 ha.

Grand Cypress Golf Club GOLF

(carte p. 270 ; ☎407-239-1909 ; www.grandcypress. com ; 1 N Jacaranda ; 120-175 \$). Beau terrain de 45 trous, dont un terrain de 18 trous de style links écossais, juste à l'extérieur de Walt Disney World.

Ritz Carlton (Grande Lakes Orlando) GOLF

(☎407-393-4900 ; www.grandelakes.com ; 4040 Central Florida Pkwy ; 18 trous 175 \$, jan-mai 115 \$). Renseignez-vous sur les offres spéciales véranda à l'avant. Il est possible de réserver le camping et les bungalows jusqu'à 11 mois à l'avance.

Orlando Wetlands Park (☑407-568-1706 ; www.orlandowetlands.org ; 25115 Wheeler Rd, Christmas ; ⊘lever-coucher du soleil, fermé 15 nov-1er fév ; 🖫). Les bois, les lacs et les marécages sont peuplés d'oiseaux migrateurs, d'alligators, de cerfs et de toutes sortes de créatures. Il y a 32 km de chemins de randonnée et de pistes de terre, ainsi que des toilettes, des tables de pique-nique et des barbecues à l'entrée principale. Le vélo est autorisé uniquement sur les chemins non goudronnés. À 48 km à l'est du centre-ville d'Orlando, le parc se situe à mi-chemin entre Orlando et Titusville, où se trouvent le Canaveral National Seashore et le Kennedy Space Center.

Prendre la Hwy 408 direction est, continuer sur la Hwy 50 direction est, puis prendre la Fort Christmas Rd direction nord. Passer par Fort Christmas, puis tourner à droite dans Wheeler Rd pour gagner le parc.

Nature Conservancy's Disney Wilderness Preserve (☑407-935-0002 ; www.nature. org/florida ; 2700 Scrub Jay Trail, Kissimmee ; adulte/enfant 6-17 ans 3/2 $; ⊘9h-17h lun-ven ; 🖫). Nichée dans l'agglomération d'Orlando, cette réserve très préservée et peu visitée de 57,5 km² a vu le jour grâce à des lois exigeant que Walt Disney World compense l'impact dévastateur de son activité sur les marécages et les habitats naturels sensibles. Les champs, bois et landes du parc abritent des tortues gaufrées, des pygargues à tête blanche, des grues du Canada et des centaines d'autres espèces sauvages.

Marchez jusqu'au Lake Russell (1,6 km aller-retour) ou continuez pour faire la boucle de 4 km. Le parc est situé juste au sud de Kissimmee, à environ 20 minutes de Walt Disney World.

Rock Springs Run Trail Rides (Cactus Jack's Trail Rides ; ☑352-266-9326 ; www. rockspringsruntrailrides.com ; 3700 County Rd 433, Sorrento ; promenade à cheval 1 heure/1 heure 30/2 heures 45/65/90 $). Les promenades à cheval (avec guide) traversent les prairies, les landes de pins marécageuses et les forêts épaisses de la Rock Springs Run State Reserve. Les enfants doivent être âgés de 6 ans minimum. Demandez à l'avance l'itinéraire à emprunter, car certains suivent simplement la piste de terre dans le parc tandis que d'autres s'enfoncent davantage dans la réserve. Prendre l'I-4, sortie 101C et se diriger vers l'ouest ; la réserve se trouve à environ 13 km sur la gauche.

Harry P. Leu Gardens (☑407-246-2620 ; www.leugardens.org ; 1920 N Forest Ave, Audubon Park ; adulte/enfant 4-18 ans 10/3 $; ⊘9h-17h, dernière entrée 16h). Des camélias, des roses, des orangeraies et des plantes du désert, ainsi que de nombreux espaces herbeux invitant à un pique-nique au bord du lac. Achetez des victuailles à l'East End Market (p. 260), à 800 m de l'entrée, dans Corrine Dr. Des visites de la Leu House, une demeure du XVIIIe siècle, sont proposées toutes les demi-heures de 10h à 15h30. Consultez le site Web pour des détails sur les films projetés en extérieur, les séances de contes et les concerts.

Rock Springs Run State Reserve (☑407-884-2008 ; www.floridastateparks.org/ rockspringsrun ; 30601 Country Rd 433, Sorrento ; 3 $; ⊘8h-18h). Située à 48 km au nord du centre-ville d'Orlando, cette réserve de 70 km² renferme 27 km de sentiers de randonnée et un camping rudimentaire en bord de rivière, accessible uniquement en canoë ou en kayak.

gratuites pour les familles et les tarifs hors saison.

Pêche

Le centre de la Floride est réputé pour sa pêche en eau douce. Les canaux et les lacs à Orlando et dans les environs figurent parmi les meilleurs coins.

Lake Tohopekaliga   PÊCHE
(Lake Toho ; ☑Big Toho Marina 407-846-2124 ; www.bigtoho.com). Très prisé, ce lac de 90 km²

accueille de nombreux tournois de pêche. Pour un guide d'une demi-journée ou d'une journée, il faut compter 150 à 350 $. Vous pourrez aussi partir en toute indépendance en louant un bateau à la marina du centre-ville de Kissimmee.

Sports aquatiques

Outre le ski nautique et le canotage sur plus de 300 lacs, les eaux paisibles de la Wekiva River permettent de découvrir la Floride d'antan en pagayant. Il s'agit de l'une des deux rivières classées "Wild and Scenic" (sauvage et pittoresque) en Floride.

Nature Adventures CANOË
(☎ 407-884-4311 ; www.canoewekiva.com ; 1800 Wekiwa Circle, Wekiwa Springs State Park, Apopka ; canoë/kayak 17 $ pour 2 heures, heure supp 3 $; ⊙ 8h-20h ; 🚗). Location de canoës et de kayaks au Wekiwa Springs State Park (p. 250). Si l'envie vous prend de pagayer jusqu'à un bivouac rudimentaire au bord de la rivière, ce prestataire peut vous fournir des sacs de couchage, des tentes, des réchauds, des lampes et des glacières (132 $ pour 2 jours et 1 nuit).

Central Florida Nature Adventures KAYAK
(☎ 352-589-7899 ; www.kayakcentralflorida.com ; 2-3 heures 60 $/pers, 4-5 heures 90 $; 🚗). Ces circuits nature en petits groupes sont la garantie d'une journée de détente au milieu des alligators, des tortues, des hérons et des aigrettes.

Buena Vista Watersports SPORTS AQUATIQUES
(☎ 407-239-6939 ; www.bvwatersports.com ; 13245 Lake Bryan Dr ; kayak, canoë ou paddle surf 25 $/ heure, jet-ski 105 $/heure, bateau-ponton 125 $/ heure ; ⊙ 9h-18h30 ; 🚗). Une ambiance détendue, juste à l'extérieur de Disney. Les tarifs pour le ski nautique et le surf comprennent le conducteur/moniteur (95 $/heure).

Scenic Boat Tour CIRCUIT EN BATEAU
(carte p. 248 ; ☎ 407-644-4056 ; www.scenicboattours.com ; 312 E Morse Blvd, Winter Park ; adulte/ enfant 12/6 $; ⊙ toutes les heures 10h-16h ; 🚗). Montez à bord d'un bateau-ponton de 18 passagers et naviguez sur les canaux et les lacs tropicaux de Winter Park ; vous passerez devant de belles demeures, le Rollins College et d'autres sites.

Sports d'aventure

I Fly Orlando SPORTS D'AVENTURE
(carte p. 240 ; ☎ 407-903-1150 ; www.iflyorlando. com ; 8501 International Dr ; adulte/enfant 3-7 ans/ enfant 7-12 ans 35/7/20 $, forfait famille 240 $; ⊙ 10h30-21h lun-ven ; 🚗 ; 🚌 Lynx 8, 38, 42, 50, 58, 🚃 I-Ride Trolley Red Line arrêt 8). Si l'idée de sauter d'un avion vous terrorise et vous attire à la fois, optez pour un saut en chute libre en intérieur, dans un tunnel vertical équipé d'une puissante soufflerie.

ZoomAir Adventure Park SPORTS D'AVENTURE
(☎ 407-330-0767 ; www.zoomair.us ; Central Florida Zoo, Sanford ; 19-50 $). Les 3 tyroliennes et les ponts de corde du Central Florida Zoo

(p. 246) s'adressent aux enfants de 10 ans et plus. Arrêtez-vous après Upland, ou continuez avec Rainforest, un parcours plus haut et plus difficile. L'itinéraire Kids Course est à 1,2 m au-dessus du sol, et chaque parcours prend environ une heure. Venez tôt, car les bouchons sont fréquents : il est assez frustrant de perdre du temps à attendre sur les plateformes.

Vélo

Les rues d'Orlando ne sont pas particulièrement accueillantes pour les vélos, mais la ville a un réseau de pistes cyclables goudronnées (cartes consultables sur www. orlandosentinel.com/travel/bike-trails).

West Orange Trail VÉLO
🚴 Ce chemin rural de 38 km se situe à 32 km à l'ouest du centre-ville d'Orlando. Sur 16 km, il traverse un secteur où le cheval est roi.

West Orange Trail Bikes & Blades VÉLO
(☎ 407-877-0600 ; www.orlandobikerental.com ; 17914 State Rd 438, Winter Garden ; vélo 6-10 $/ heure, 30-50 $/jour, 99-149 $/semaine, livraison/reprise 40 $; ⊙ 11h-17h lun-ven, 7h30-17h sam-dim). À 32 km à l'ouest d'Orlando, ce magasin se tient au début du **West Orange Trail**. Il loue des vélos et donne des informations complètes (sur place et en ligne) sur les déplacements à bicyclette à Orlando et dans les environs.

Orange Cycle VÉLO
(☎ 407-422-5552 ; www.orangecycleorlando.com ; 2204 Edgewater Dr ; ⊙ 7h-22h lun-ven, 10h-17h sam). Des cartes imprimables des pistes cyclables d'Orlando et une excellente source d'informations pour tout ce qui touche aux déplacements à vélo à Orlando et dans les environs. Vente et réparation de vélos, mais pas de location.

✦✦ Fêtes et festivals

Walt Disney World, Universal Orlando Resort et SeaWorld célèbrent les vacances et les jours fériés avec des spectacles de saison et des parades.

Thursday Gallery Hop CULTURE
(☎ 407-648-7060 ; www.orlandoslice.com). Une célébration de l'art et de la culture dans différents lieux du centre-ville d'Orlando, avec des concerts et des thèmes changeant tous les mois. De 18h à 21h, le troisième jeudi du mois.

Zora Neale Hurston
Festival of the Arts and Humanities CULTURE
(www.zorafestival.org ; Eatonville). Ce festival met
à l'honneur la musique, la culture et l'art
afro-américains.

Spring Training SPORTS
(www.springtrainingonline.com). De mi-février à
avril, apportez une couverture et des popcorn et regardez un match de base-ball dans
les règles de l'art. Les Atlanta Braves jouent
à l'ESPN Center du Walt Disney World et les
Houston Astros sont chez eux à l'Osceola
County Stadium (p. 266) de Kissimmee,
mais un transfert aux Palm Beach Gardens
est prévu.

Silverspurs Rodeo RODÉO
(321-697-3495 ; www.silverspursrodeo.com ;
adulte/-10 ans 15 $/gratuit). Monte du taureau,
capture du veau au lasso et autres activités
des cow-boys, depuis 1944. En février et juin.

Winter Park Sidewalk Art Festival CULTURE
(407-644-7207 ; www.wpsaf.org ; Winter Park).
Mi-mars, plus de 250 artistes exposent leurs
œuvres le long des trottoirs de la petite ville
de Winter Park.

Florida Film Festival FILM
(407-629-1088 ; www.floridafilmfestival.com ;
1300 S Orlando Ave, Maitland ; séance 11 $). Ce
festival de films indépendants et alternatifs
se tient dans le très branché Enzian Theater (p. 266), début avril. Abonnements pour
plusieurs films et forfait événements à partir
de 50 $.

Orlando International
Fringe Festival CULTURE
(www.orlandofringe.org). En mai, ce festival
programme, 14 jours durant, du théâtre, de
la musique, de la danse et de l'art.

Gay Days GAY ET LESBIEN
(www.gaydays.com). Plus de 160 000 personnes
participent à des événements organisés dans
les parcs à thème et d'autres sites de la ville,
la première semaine de juin.

Orlando Film Festival CINÉMA
(www.orlandofilmfest.com). Des films indépendants projetés au multiplexe du centre-ville
d'Orlando, en octobre.

Capital One Bowl SPORTS
(407-440-5700 ; www.capitalonebowl.com ;
1610 W Church St, Florida Citrus Bowl Stadium).
Les amateurs de football américain revêtent
les couleurs de leur université et se rendent

à Orlando pour assister à la parade et au
match du Jour de l'an.

Où se loger

Vous trouverez toutes sortes de chaînes de
motels et d'hôtels aux quatre coins de l'agglomération d'Orlando, beaucoup de motels
indépendants et bon marché, surtout le long
de la Hwy 192 à l'est de l'I-4, et une pléthore
de complexes, allant des établissements
familiaux au camp de nudistes en bord
de lac. La plupart des hôtels assurent des
navettes gratuites pour les parcs à thème,
mais demandez des détails, car les véhicules
doivent souvent être réservés (ils sont vite
complets et ne circulent que quelques fois
par jour). Les hôtels de Walt Disney World et
d'Universal Orlando affichent, quant à eux,
toutes sortes d'avantages.

Les prix varient en fonction de la
demande et peuvent changer d'une semaine
à l'autre voire dans la même journée ; ils
baissent parfois sans raison apparente. En
dehors des parcs à thème, les tarifs dimi-
nuent de juin à septembre et sont au plus
haut entre Noël et début janvier, ainsi qu'en

> ### ℹ LOCATION DE MAISON
>
> La plupart des locations sont comprises
> dans des quartiers résidentiels presque
> entièrement dévolus aux vacanciers,
> ou bâtis de résidences secondaires
> en temps partagé. Pour loger dans
> l'enceinte de Walt Disney World, on peut
> louer des villas et des appartements
> Disney Vacation Club dans les
> complexes hôteliers Disney, pour
> moins cher que le prix affiché. Lancez
> une recherche Lake Buena Vista puis
> cherchez les resorts Disney.
>
> **All Star Vacation Homes** (321-
> 281-4966 ; www.allstarvacationhomes.
> com). Même si les localités ressemblent
> souvent à celle, idéalisée, du film
> *Pleasantville*, beaucoup ne sont qu'à
> quelques kilomètres de Disney World
> et leurs chambres sont décorées sur
> des thèmes empruntés à Disney.
>
> **Vacation Rental By Owner** (www.
> vrbo.com). Organisme international
> réputé.
>
> **HomeAway** (www.homeaway.com).
> Location de maisons et d'appartements
> à Orlando et au-delà.

mars. Les tarifs indiqués ci-après correspondent à la haute saison.

Centre-ville d'Orlando

EO Inn & Spa
BOUTIQUE-HÔTEL $$

(☎407-481-8485 ; www.eoinn.com ; 227 N Eola Dr, Thornton Park ; ch 129-229 $; @⊙). Un petit hôtel discret, sur la rive nord-est du Lake Eola, à courte distance de marche de Thornton Park et des bars et restaurants du centre-ville d'Orlando. La superficie des chambres varie énormément.

Aloft Orlando
Downtown
HÔTEL D'AFFAIRES $$

(carte p. 236 ; ☎497-380-3500 ; www.aloftorlando-downtown.com ; 500 S Orange Ave ; ch 150-240 $; P@⊙≋). Un établissement clair, harmonieux et résolument moderne, mais dont la décoration minimaliste se traduit par des chambres qui paraissent vides, inachevées et un brin austères. Autre défaut, la jolie petite piscine se trouve en bordure de la rue principale. Il s'agit néanmoins d'un des rares hôtels situés à courte distance de marche des bars et restaurants du centre-ville d'Orlando. Parking avec voiturier : 20 $/jour.

Westin Grand
Bohemian
HÔTEL DE LUXE $$$

(carte p.236 ; ☎407-313-9000 ; www.grandbohemianhotel.com ; 325 S Orange Ave ; ch 179-299 $, ste 299-499 $, parking avec voiturier 24 $/jour ; P@⊙≋ ; ⊟Lymo). L'adresse la plus chic du centre-ville, avec des sols en marbre, un superbe bar Art déco aux imposantes colonnades noires, de belles chambres de style urbain et des week-ends jazz. Sur le toit, la petite piscine évoque le Miami Beach des années 1950.

International Drive (autour d'Universal Orlando Resort et de Seaworld)

Hilton Garden Inn
International Drive North
MOTEL $$

(carte p. 240 ; ☎407-363-9332 ; www.hiltongardenorlando.com ; 5877 American Way ; ch 100-225 $; @⊙≋ ; ⊟I-Trolley Red Line, arrêt n°7). Avec son hall spacieux ponctué de colonnes, son bar ombragé de palmes en bord de piscine et son restaurant, voici une bonne adresse de catégorie moyenne pour celui qui vient visiter Universal Orlando. Quoique située sur l'I-4 a moins de 2 km des parcs, c'est une adresse calme, à l'écart du chaos d'International Dr.

Hilton Homewood Suites
MOTEL $$

(carte p. 240 ; ☎407-226-0669 ; homewoodsuites1.hilton.com ; 5893 American Way ; ste 120-160 $; @⊙≋ ; ⊟I-Ride Trolley Red Line arrêt n°7). Ces suites spacieuses dotées de lits confortables et de cuisines équipées ont un côté discret sans équivalent dans les hôtels de chaîne analogues à Orlando. Il y a un petit-déjeuner chaud inclus, un buffet le soir (en semaine) et une boutique d'en-cas ouverte 24h/24. Excellente adresse, en particulier pour visiter Universal Orlando sans séjourner dans le parc, cet hôtel est à 15 minutes de marche d'Universal Orlando Resort, mais la balade (au-dessus de l'autoroute) n'est pas très plaisante.

Castle Hotel
HÔTEL $$

(carte p. 240 ; ☎407-345-1511 ; www.castlehotelorlando.com ; ch 140-270 $; P@⊙≋≋ ; ⊟I-Ride Trolley Red Line arrêt n°20 ou Green Line arrêt n°10). Sa façade de château, aisément reconnaissable sur International Dr, cache dorures, fioritures, lustres en bois de cervidés et chambres aux tons violet foncé et rouge. À l'extérieur, une petite piscine jouxte un café moderne et spacieux. Wi-Fi : 15 $/nuitée ; parking 15 $/jour. Forfait de 150 $ non remboursable pour les animaux de compagnie.

♥ Grande Lakes Orlando –
JW Marriott & Ritz-Carlton
HÔTEL DE LUXE $$$

(☎JW Marriott 407-206-2300, Ritz-Carlton 407-206-2400 ; www.grandelakes.com ; Ritz-Carlton 4012 Central Florida Pkwy, JW Marriott 4040 Central Park Pkwy ; ch 299-400 $, ste à partir de 350 $, taxe de séjour 25 $/jour ; P@⊙≋). Deux établissements, un Ritz et un Marriott, partagent leurs installations. Le luxueux parc, havre de calme et d'élégance, est agrémenté de beaucoup de verdure et de la meilleure piscine d'Orlando. Le spa est somptueux, le service irréprochable, la cuisine excellente et la plupart des chambres se prolongent d'un balcon donnant sur la piscine et le golf. Une adresse idéale pour une lune de miel ou un séjour en famille, petits et grands cohabitant en toute harmonie. Les tarifs du Marriott sont généralement un peu inférieurs à ceux du Ritz. Parking sans/avec voiturier : 19/26 $.

Autour de Walt Disney World

D'innombrables hôtels, motels et complexes attendent leur clientèle à Lake Buena Vista, Kissimmee et Celebration, à quelques kilomètres de Walt Disney World. Outre les adresses recommandées, d'excellents motels de chaîne sont installés le long du verdoyant Palm Parkway juste à l'extérieur de Disney et on trouve sept établissements haut de gamme (www.downtowndisneyhotels.com) en face de Downtown Disney.

Palm Lakefront Hostel   AUBERGE DE JEUNESSE $

(☑407-396-1759 ; www.orlandohostels.com ; 4840 W Irlo Bronson/Hwy 192, Kissimmee ; dort/d/qua 19/40/60 $; 🛜🚭 ; 🚍Lynx nos 56 et 55). Cette auberge de jeunesse de style motel donne sur une grande artère, entre trafic automobile et restaurants de chaîne. Peu séduisante à première vue, elle n'en a pas moins, à l'arrière, une pelouse en bord de lac aménagée pour le pique-nique et le barbecue, un ponton de pêche et une petite piscine. Le bus public qui s'arrête devant rejoint directement le Transportation & Ticket Center de Disney World.

Embassy Suites
Lake Buena Vista South   HÔTEL $$

(☑407-597-4000 ; embassysuites3.hilton.com ; 4955 Kyngs Heath Rd, Kissimmee ; ch 110-225 $; @🛜🚭). Outre des suites de deux chambres confortables et modernes, un petit-déjeuner sur mesure inclus et des cocktails le soir, on trouve ici une agence de voyages, une agence Hertz, une supérette fournie en produits de base et une laverie automatique. Ouverte en 2013, il s'agit d'une bonne adresse dans cette ville par ailleurs pleine d'hôtels de chaîne médiocres, vieillissants et trop chers.

Barefoot Suites   MOTEL $$

(carte p. 270 ; ☑407-589-2127 ; www.thebarefootsuites.com ; 2750 Florida Plaza Blvd, Kissimmee ; ste 83-200 $, taxe de séjour 7 $/jour ; 🚭). Suites de 1 ou 2 chambres dans un bâtiment jaune de 5 étages. Discret, accueillant, peu connu, proche de Disney, l'établissement dispose de cuisines et de lave-linge/sèche-linge.

Melia Orlando Suite Hotel
at Celebration   HÔTEL $$

(carte p. 270 ; ☑888-956-3542, 407-964-7000 ; www.melia.com ; 225 Celebration Pl, Celebration ; ste 130-280 $, taxe de séjour 17 $/jour ; 🛜🚭). Un lieu tout d'élégance contemporaine, avec sa piscine circulaire entourant un îlot de palmiers. Les suites de 1 ou 2 chambres décorées dans les tons de brun disposent de cuisines équipées mais sont vieillottes et sans charme. Les suites familiales peuvent accueillir jusqu'à 8 personnes, et une

ambiance très familiale règne à l'espace piscine.

Tout proche de l'I-4, l'hôtel permet d'aller facilement à Walt Disney World en voiture. Il faut prendre la voiture pour rejoindre les restaurants, les boutiques et l'agréable lac au centre de Celebration.

Hilton Orlando
Bonnet Creek   COMPLEXE HÔTELIER $$

(carte p. 270 ; ☑407-597-3600 ; www.hiltonbonnetcreek.com ; 14100 Bonnet Creek Resort Lane ; ch 130-300 $, taxe de séjour 22 $ /jour ; 🅿@🛜🚭). Cerné par Walt Disney World et équipé d'une grande piscine avec rivière tranquille et toboggan, ce complexe, fort des services habituels, est à la hauteur des *resorts* analogues situés dans le parc Disney. Ce n'est certes pas un hôtel Disney avec tout ce que cela implique, mais le rapport qualité/prix est beaucoup plus juste. Parking sans/avec voiturier 16/24 $.

Le Harvest Café, situé dans l'hôtel, sert une cuisine fraîche et savoureuse à prix raisonnables et les moins de 12 ans ne paient ni le petit-déjeuner ni le dîner.

Wyndham Bonnet
Creek Resort   COMPLEXE HÔTELIER $$

(carte p. 270 ; ☑407-238-3500 ; www.wyndhambonnetcreek.com ; 9560 Via Encinas ; ste à partir de 150 $; ❄🛜🚭). Très intéressant et proche de Disney, ce complexe de style méditerranéen dispose de suite de 1 à 4 chambres, de chambres avec des coins couchettes prisés des enfants, de plusieurs piscines avec canaux, de systèmes d'arrosage ludiques et autres multiples détails destinés aux plus jeunes. Il garantit également aux parents un havre de tranquillité. Dégustez les délicieux sushis du restaurant primé, spécialisé dans les produits de la mer.

♥ Villas
of Grand Cypress   COMPLEXE HÔTELIER $$$

(carte p. 270 ; ☑887-330-7370, 407-239-4700 ; www.grandcypress.com ; 1 N Jacaranda Blvd ; ch à partir de 165 $, villas 1/2/3/4 chambres à partir de 280/395/555/725 $, taxe de séjour 22 $/jour ; 🛜🚭). Ces chambres et villas joliment décorées, avec pierre naturelle, baignoires profondes et patios, occupent un cadre tranquille près du golf Grand Cypress. La chambre la moins chère est la "club suite", une chambre de 21 m² comprenant 1 lit en 195 de large ou 2 lits de 150 cm, un canapé-lit et un petit patio. Un peu exiguë, elle peut néanmoins accueillir une famille de 4 personnes.

Les villas, spacieuses, disposent d'une salle de bains par chambre, d'un séjour, d'une salle à manger et d'une cuisine équipée. Il y a une petite piscine tranquille, des vélos et des casques (gratuits) à disposition pour se balader dans le golf et, à la demande, une navette porte à porte entre les villas et le Hyatt Grand Cypress, de l'autre côté de la route. Prenez votre petit-déjeuner ailleurs : la cuisine du restaurant des lieux est chère et médiocre.

Waldorf Astoria
HÔTEL DE LUXE $$$

(carte p. 270 ; ☑ 407-597-5500 ; www.waldorfastoriaorlando.com ; 14200 Bonnett Creek Resort Lane ; ch 200-400 $, ste 450-560 $, taxe de séjour 25 $/jour, parking voiturier 25 $; P@☎🖨). S'il n'affiche pas tous les avantages de ses homologues Disney, cet établissement élégant n'en est pas moins situé à l'intérieur de Walt Disney World et, contrairement aux hôtels de luxe Disney, la qualité des chambres, des équipements et du service y est irréprochable. On y trouve un bon buffet au petit-déjeuner, deux piscines somptueuses en bord du golf, un spa Guerlain et des literies divines. Le Hilton Orlando Bonnet Creek (p. 255), qui dispose d'une piscine avec rivière et toboggan, partage les équipements du Waldorf ; les chambres et les forfaits y sont un peu moins chers.

La navette de luxe pour Disney est gratuite mais peu fiable : elle s'arrête parfois plusieurs fois en route, ce qui peut faire passer le trajet de 15 minutes à une heure.

Hyatt Regency
Grand Cypress Resort
COMPLEXE HÔTELIER $$$

(carte p. 270 ; ☑ 407-239-1234 ; www.hyattgrandcypress.com ; 1 Grand Cypress Blvd, Lake Buena Vista ; ch 169-350 $, taxe de séjour 25 $/jour ; P@☎🖨🖨). Compte tenu de la proximité de Disney (juste à la sortie) et de la qualité des chambres, du service, du jardin et des équipements, ce complexe hôtelier conçu comme un atrium est un des hôtels haut de gamme d'Orlando offrant le meilleur rapport qualité-prix. Il tire avantage de plusieurs piscines, d'une grotte avec cascade, de jets d'eau ludiques et d'un toboggan tortueux, mais aussi d'un lac avec plage, hamacs, voiliers et vélos. Parking sans/avec voiturier 12/22 $.

Des navettes rallient le Transportation & Ticket Center (d'où l'on prend les transports Disney), le SeaWorld et l'Universal Orlando Resort (à 10 minutes au nord ; en voiture, prenez Palm Pkwy et Turkey Lake Rd).

Gaylord Palms Resort
& Convention Center
COMPLEXE HÔTELIER $$$

(carte p. 270 ; ☑ 407-586-0000 ; www.gaylordpalms.com ; 6000 W Osceola Pkwy ; ch et ste 180-350 $, taxe de séjour 20 $; P@☎🖨). Un gigantesque atrium recouvert d'une verrière regroupe 3 reconstitutions d'espaces naturels de Floride – les Everglades, St Augustine et Key West – avec de vraies plantes, le chant d'insectes en fond sonore et des cours d'eau. Hôtel sans doute le plus gigantesque d'Orlando, il fait beaucoup pour le plaisir des yeux, et a la faveur des organisateurs de congrès et des familles. Parking sans/avec voiturier 18/24 $.

Le parc aquatique de l'hôtel dispose d'un écran de cinéma, de toboggans à eau, d'une piscine à pente douce et d'une autre réservée aux adultes.

🛏 Agglomération d'Orlando

Des motels de chaîne très divers sont regroupés autour de l'Orlando International Airport – le **Springhill Suites** (www.marriott.com/springhill-suites/travel.mi) et le **Homewood Suites** (homewoodsuites3.hilton.com) sont des adresses recommandées et la jolie petite ville de Winter Park, au nord du centre-ville d'Orlando, comprend l'Alfond Inn et le Park Plaza Hotel, deux des meilleurs hôtels de l'agglomération.

Parliament House
GAY ET LESBIEN $

(☑ 407-425-7571 ; www.parliamenthouse.com ; 410 N Orange Blossom Trail ; ch et ste 66-106 $; ☎🖨). Institution réservée aux gays et aux lesbiennes au bord du Rock Lake. Le complexe comprend plusieurs bars et discothèques et organise un célèbre spectacle de drag-queens le mercredi. Sur Orange Blossom Trail, au nord-ouest du centre d'Orlando.

♥ Bay Hill Club
and Lodge
HÔTEL $$

(☑ 888-422-9455, 407-876-2429 ; www.bayhill.com ; 9000 Bay Hill Blvd ; ch 150-240 $; @☎🖨). Tranquille et policé, cet hôtel, comme figé dans le temps, a quelque chose d'à la fois rassurant et étrange. Le personnel est exceptionnellement aimable et accommodant, les jolies chambres sont distribuées dans plusieurs bâtiments à deux niveaux bordant le court de golf.

Si l'établissement semble attirer une clientèle de golfeurs d'âge mûr, et si la piscine et les équipements n'ont rien de branché ni de chic, les familles apprécieront le répit bienvenu qu'offre ce cocon au retour d'une journée à Orlando. Parcs thématiques et restaurants sont à courte distance en voiture et le restaurant de l'hôtel pratique des prix raisonnables (du moins pour un *resort* à Orlando) et sert une cuisine étonnamment bonne (goûtez la pizza sans levure). Installé dans une localité résidentielle dédiée au golf et signalé par un tout petit écriteau, le Bay Hill est difficile à trouver. Bifurquez à l'ouest sur Apopka Vineland Rd pour prendre Bay Hill Blvd et ouvrez l'œil 1,5 km plus loin sur la droite. Le parking n'est pas payant et il n'y a pas de taxe de séjour.

Omni Orlando Resort at ChampionsGate
COMPLEXE HÔTELIER $$

(☎407-390-6664; www.omnihotels.com; 1500 Masters Blvd, ChampionsGate; ch 175-300 $, villas 560-750 $, taxe de séjour 20 $/jour; @🛜🏊🐾). Cet hôtel est protégé du bruit et de l'agitation par deux terrains de golf, des marais et de vastes espaces verts. Il y a une piscine réservée aux adultes, et une autre, familiale, joliment paysagée, agrémentée d'un toboggan et d'un bassin-rivière de 250 m. Les villas peuvent accueillir 6 à 8 personnes. Ce complexe est à quelque 19 km au sud de Walt Disney World, tout près de l'I-4. Parking sans/avec voiturier 16/24 $.

Les restaurants sont rares à proximité et le restaurant japonais de l'hôtel est malheureusement cher et médiocre.

Hammock House
RUSTIQUE $$

(☎352-266-9326; www.hammockhousewekiva.com; nuit; 30210 Wekiva River Rd, Sorrento; nuit; semaine 250 $/1250 $). Un chalet tout simple de 3 chambres, niché dans la forêt sur les rives de la Wekiva. Hammock House se situe à 13 km à l'ouest de la sortie 101C de l'I-4, à environ 45 minutes au nord d'Orlando. Par ailleurs, la Hammock House est accessible en 4 heures de canoë depuis le Wekiwa Springs State Park (p. 250). Séjour minimum de 2 nuitées.

Hyatt Regency Orlando International Airport Hotel
HÔTEL $$

(☎407-825-1234; 9300 Jeff Fuqua Blvd; ch 159 $; @🛜🏊). Sis dans le terminal principal de l'Orlando International Airport, cet hôtel dispose, sur son toit, d'une belle piscine.

🏨 Winter Park

🖤 Alfond Inn
BOUTIQUE-HÔTEL $$$

(carte p.248; ☎407-998-8090; www.thealfondinn.com; 300 E New England Ave; ch 170-260 $; @🛜🏊🐾). L'élégance contemporaine de ses murs blancs, son ambiance accueillante et discrète et sa vocation artistique confèrent un style indéniable à ce bijou de Winter Park. Non seulement il accueille la collection d'art contemporain Alfond, mais le revenu de ses chambres participe au financement de bourses pour les étudiants en sciences humaines du Rollins College voisin, dont il dépend. L'établissement dispose d'une jolie piscine sur le toit, d'un bon restaurant (ingrédients d'origine locale) avec terrasse extérieure et de chambres bien équipées.

🖤 Park Plaza Hotel
BOUTIQUE-HÔTEL $$$

(carte p.248; ☎407-647-1072; www.parkplazahotel.com; 307 S Park Ave; ch 180-220 $, ste 260-320 $; 🕾). Son mobilier simple, ses antiquités et sa douce literie en coton blanc confèrent une part de son charme à cet hôtel historique sur deux niveaux. Les chambres donnant sur Park Ave partagent un petit balcon. Chacune est dotée d'une entrée privative et de fauteuils en osier cachés de la rue par des fougères suspendues (elles valent le supplément).

L'endroit n'accepte pas les enfants de moins de 5 ans (non par affectation mais en raison de la minceur des murs).

🍴 Où se restaurer

🍴 Downtown Orlando et Thornton Park

Graffiti Junktion
American Burger Bar
HAMBURGERS $

(☎407-426-9503; www.graffitijunktion.com; 900 E Washington St, Thornton Park; plats 6-13 $; ⏱11h-2h). Ce petit bar couvert de graffitis fluo propose des tables en terrasse et des boissons du jour. Il a pour spécialité de gros hamburgers au bel aspect. Vous pourrez assortir le vôtre d'un œuf au plat, d'un cœur d'artichaut, de piment, d'avocat, etc.

Benjamin French Bakery
BOULANGERIE $

(☎407-797-2293; www.benjaminfrenchbakery.com; 716 E Washington St, Thornton Park; pâtisseries 4 $, plats 6-12 $; ⏱8h-19h mar-sam, 8h-18h dim). Cette petite boulangerie française sert des sandwichs rustiques, des salades et des omelettes. Préférez le café à emporter accompagné d'une pâtisserie. Baguette maison croustillante et croissant à la noix de coco.

Dexters of Thornton Park
AMÉRICAIN $$

(☎407-648-2777; www.dexwine.com; 808 E Washington St, Thornton Park; plats 10-17 $;

⏲7h-22h lun-jeu, 7h-2h ven, 11h-2h sam, 10h-22h dim). Restaurant de quartier avec terrasse et vin au verre, à la bouteille ou en dégustation. Son brunch quotidien, prisé, comprend des classiques revisités comme le gruau au fromage poivré, la tarte aux pommes-pain perdu, le bacon de canard, et des cocktails mimosa aux divers jus de fruits, notamment à la pêche, à la mangue ou à l'ananas.

Il existe des succursales à Winter Park (carte p. 248 ; ☎407-629-1150 ; www.dexwine. com ; 558 W New England Ave, Winter Park ; ⏲11h-22h lun-jeu, 11h-minuit ven-sam, 10h-22h dim) et à Lake Mary (à 27 km au nord de Winter Park, I-4 sortie 101).

Hamburger Mary's HAMBURGERS $$
(carte p. 236 ; ☎321-319-0600 ; www.hamburgermarys.com ; 110 W Church St ; plats 8-19 $; ⏲11h-22h30 dim-jeu, 11h-23h30 ven-sam). *Diner* animé du centre-ville, spécialisé dans les hamburgers pantagruéliques, acompagnés de frites de patates douces, et les cocktails généreusement dosés. Le Broadway Brunch du dimanche s'anime d'un karaoké, de numéros de drag-queens et de toutes sortes de distractions interactives.

Shari Sushi JAPONAIS $$
(☎407-420-9420 ; www.sharisushilounge.com ; 621 E Central Blvd, Thornton Park ; plats 14-24 $; ⏲17h-22h dim-mer, 17h-23h jeu-sam). Cet établissement à la décoration minimaliste, avec grandes baies vitrées donnant sur la rue, sert un vaste choix de sushis, rouleaux et sashimis savoureux, mais peu de plats chauds. Sophistiquée, la carte des boissons comprend des mojitos à la citronnelle et un cocktail saké, coriandre et citron vert.

✖ International Drive (Autour d'universal Orlando Resort et de SeaWorld)

Les 8 km incluant Sand Lake Rd – entre l'I-4 (depuis Whole Foods) à l'ouest d'Apopka Vineland Rd – et Dr Philips Blvd, sont surnommés *Restaurant Row* (l'allée des restaurants). De fait, on y trouve beaucoup de restaurants et d'établissements de chaîne

---

LA VILLE DE CELEBRATION

Construite par Disney sur des marécages en 1994, la minuscule Celebration est une petite ville américaine telle qu'on se l'imaginait… avant que David Lynch et *Desperate Housewives* – et d'autres – n'y mettent leur grain de sel. On pourrait se demander ce qu'il se passe derrière ces portes fermées, mais à quoi bon ? Détendez-vous avec un café pendant que les enfants jouent aux abords de la fontaine et regardent les canards. Après une journée éreintante à l'Islands of Adventure d'Universal, un peu de calme vous fera du bien.

Celebration se situe en bordure de la Hwy 192, à l'est de l'I-4 et à quelques kilomètres de Walt Disney World. Le site le plus prisé est le petit lac, entouré d'une promenade parfaitement entretenue et ponctuée de palmiers. Une poignée de pubs et restaurants – tous facilement accessibles à pied depuis l'Hotel Celebration – servent une cuisine étonnamment variée et la plupart ont des tables en terrasse. C'est une bonne solution pour qui souhaite sortir du site Disney le temps d'un repas.

Bohemian Hotel Celebration (☎407-566-6000, 888-499-3800 ; www.celebrationhotel. com ; 700 Bloom St ; ch 150-275 $, ste 250-350 $; ⓟ✳@🛜🐾). Calme et raffiné, l'unique hôtel du centre-ville tire avantage de superbes chambres et respire le Key West d'antan. Blottie sur la terrasse près du lac, se trouve la plus petite piscine de la ville. L'établissement conviendra à quiconque souhaite échapper, tout en restant près de Disney, au caractère impersonnel des complexes hôteliers, au chaos des bars, aux animations nocturnes et autres activités pour enfants.

La route conduisant aux parcs est aisée, mais on se croirait au bout du monde. Stationnement et service voiturier coûtent 14/19 $ et les places gratuites dans les rues sont limitées. Supplément Wi-Fi : 15 $/jour. Pas de navettes pour les parcs.

Sweet Escape (☎407-566-0603 ; www.sweetescapecelebration.com ; 603 Market St ; plats 5-12 $; ⏲7h-21h ; 🐾). Au menu de ce repaire local : délicieux donuts, avoine épointée, sandwichs et soupe.

Seito Sushi (www.seitosushi.com ; 671 Front St ; plats 8-23 $; ⏲8h-22h). Intimiste et moderne. *Yakisoba* (nouilles aux œufs jaunes), bento et bons sushis.

haut de gamme, plus fréquentés par les Orlandais que par les touristes et allant du bar à vins au bar à cigares en passant par les restaurants de sushis ou de hamburgers.

Five Guys Burgers and Fries HAMBURGERS $

(carte p. 240 ; 407-352-8899 ; www.fiveguys. com ; 3042 W Sand Lake, Restaurant Row ; plats 5-10 $; 11h-22h ;). Bien sûr, c'est une chaîne et on la retrouve partout en Floride et au-delà. Mais c'est l'adresse préférée d'Obama, elle est facile à rejoindre en voiture depuis Universal Orlando et les hamburgers-frites sont parmi les meilleurs de la ville.

TooJays TRAITEUR $

(carte p. 240 ; 407-355-0340 ; www.toojays.com ; 7600 Dr Phillips Blvd, Restaurant Row ; sandwichs 4-7 $; 8h-21h dim-jeu, 8h-22h ven-sam ;). Les sandwichs gourmets à emporter sont bons mais l'ambiance quelconque. Pour une nourriture plus réconfortante, choisissez la soupe maison de poulet aux nouilles ou la soupe aux boulettes de matsa.

Johnny Rockets SNACK $

(carte p. 240 ; 407-903-0762 ; www.johnnyrockets.com ; 9101 International Dr, No 1100, Pointe Orlando ; plats 6-10 $; 11h30-2h dim-jeu, 11h30-2h ven-sam ; ; I-Ride Trolley Red Line 24 ou Green Line 12). Sièges rouges en vinyle, débauche de chrome et juke-box sur les tables : un vrai voyage dans les années 1950.

Thai Thani THAÏLANDAIS $$

(carte p. 240 ; 407-239-9733 ; www.thaithani. net ; 11025 International Dr ; plats 9-22 $; 11h30-23h ; ; I-Ride Trolley Red Line). Juste après l'entrée pour SeaWorld, Discovery Cove et Aquatica, ce petit restaurant est idéal après une journée bien remplie. Sympathique, décontracté et calme, il a l'attrait de son cadre thaïlandais avec dorures et quelques tables prévues pour manger assis par terre à la manière traditionnelle. La cuisine est bonne mais les épices sont délayées – pour vous réveiller, choisissez-les de force 5.

Taverna Opa GREC $$

(carte p. 240 ; 407-351-8660 ; www.opaorlando.com ; 9101 International Dr ; plats 12-25 $; 12h-2h ; ; I-Ride Trolley Red Line). Bonne adresse pour les spécialités grecques, notamment de nombreux plats végétariens et du houmous frais préparé sous vos yeux. Parfois bruyant et agité tard le soir, quand les danseuses du ventre se trémoussent de table en table ; il n'est pas rare que des clients grimpent sur les tables et se joignent à la danse. Spectacle tous les soirs à partir de 19h.

Cafe Tu Tu Tango TAPAS $$

(carte p. 240 ; 407-248-2222 ; www.cafetututango.com ; 8625 International Dr ; tapas 8-16 $; 11h30-23h lun, mer, jeu et dim, 11h30-minuit mar, ven et sam ; I-Ride Trolley Red Line arrêt n°20). Des œuvres d'artistes locaux, toutes à vendre, ornent les murs d'aspect rustique de ce restaurant espagnol. On peut se détendre dans le patio devant des rouleaux au poulet cajun, des bouchées à l'alligator et un pichet de sangria.

Musique live et boissons à 3 $ le mardi de 21h à minuit.

Melting Pot FONDUE $$

(carte p. 240 ; www.meltingpot.com/orlando ; 7549 W Sand Lake Rd, Restaurant Row ; plats 12-25 $; 17h-22h lun-jeu, 17h-23h ven-sam, 16h-22h dim ;). Les enfants adorent la fondue, au fromage, au bœuf, au poulet, aux fruits de mer et, bien sûr, au chocolat.

B-Line Diner DINER $$

(carte p. 240 ; 407-284-1234 ; 9801 International Dr, Hyatt Regency ; plats 8-20 $; 24h/24 ;). Dans l'immense Hyatt Regency. Café de style rétro, servant 24h/24, 7 jours/7 une bonne cuisine de *diner* toute simple.

Autour de Walt Disney World

Les nombreux restaurants qui attendent les clients de Walt Disney World à Lake Buena Vista et à Kissimmee relèvent principalement d'établissements de chaîne ou d'adresses branchées décevantes. Si vous avez envie d'une soirée calme loin de la frénésie de Walt Disney World, misez sur la ville de Celebration. Plusieurs bars et restaurants bordent le petit lac, et tous sont pourvus d'un patio.

Havana's Cafe CUBAIN $

(carte p. 270 ; 407-238-5333 ; www.havanascubancuisine.com ; 8544 Palm Pkwy ; plats 6-13 $; 11h30-22h mar-sam, 12h-21h dim, 17h-22h lun). Ce café simple, sympathique et familial tranche avec les sempiternels restaurants de chaîne, de complexes hôteliers et de parcs Disney. Pour les plats à emporter, appelez à l'avance.

Hemmingways POISSON ET FRUITS DE MER $$$

(carte p. 270 ; 407-239-1234 ; www.grandcypress.hyatt.com ; 1 Grand Cypress Blvd, Hyatt Regency Grand Cypress Resort ; plats 29-40 $;

DU PRODUCTEUR AU CONSOMMATEUR

Le mouvement "du producteur au consommateur" s'est établi tant et si bien sur la scène gastronomique d'Orlando qu'il est devenu naturel de trouver des restaurants qui s'approvisionnent localement et concoctent des plats savoureux et inventifs – une prouesse, dans une ville par ailleurs connue pour ses établissements de chaîne, ses fast-foods et la *junk food* coûteuse de ses parcs. Les cocktails et bières artisanaux font partie intégrante de ce mouvement, lequel ne s'adresse pas qu'aux gourmets ou aux plus aisés, mais invite n'importe quel amateur de bons petits plats et d'alcools de qualité à se mettre à table, en toute simplicité.

Ravenous Pig (☎407-628-2333 ; www.theravenouspig.com ; 1234 Orange Ave, Winter Park ; plats 19-33 $; ☺11h30-14h et 17h30-21h30 mar-sam). Dans ce pilier de la tendance à Orlando, on s'assoit en terrasse ou en salle, où de grands tirages noir et blanc sont suspendus aux tuyaux parcourant le plafond. Commencez par le bacon cuit en coulis de Bourbon et l'assiette de biscuits au gruyère. Parmi les autres plats : burger et frites à l'huile de truffe, spécialités régionales aux fruits de mer et autres surprenantes spécialités, comme le filet de canard aux haricots violets.

En happy hour (16h-17h30 du mardi au vendredi), la pression est à 4 $, les cocktails à 8 $ et les plats de pub à 4 $.

East End Market (☎231-236-3316 ; www.eastendmkt.com ; 3201 Corrine Dr, Audubon Park ; ☺10h-19h mer-sam, 11h-18h dim ; ✐👶). Des massifs de légumes et des tables de pique-nique indiquent la présence de ce rassemblement de gargotes et de maraîchers bio et locaux.

Vous y trouverez, entre autres, le Local Roots Farm Store qui a pour devise "Toute la Floride, toute l'année" et présente un choix de bières et de vins de cet État au minuscule bar. Pour quelques grillades de poissons des mers de Floride, voyez auprès de La Bretxa. Autrement, l'excellent Skybird Juicebar & Experimental Kitchen mitonne un savoureux buffet végétalien et crudivore.

Dandelion Communitea Café (☎407-362-1864 ; dandelioncommunitea.com ; 618 N Thornton Ave ; plats 6-10 $; ☺11h-22h lun-sam, 11h-17h dim ; ✐👶). Dynamique et résolument bio, ce rendez-vous des amateurs de "graines germées, tofu, thé vert et lait de soja" sert des plats végétariens savoureux et créatifs, dans une ancienne maison rénovée qui invite à la flânerie.

Il y a un coin pour faire du feu, des tables disposées dans la cour et une microbrasserie ; consultez le site Internet pour des renseignements sur les vernissages, lectures de poésie et concerts.

Smiling Bison (☎407-898-8580 ; www.thesmilingbison.com ; 745 Bennett Rd, Audubon Park ; plats 11-22 $; ☺17h-minuit mar-jeu, 17h-2h ven et sam). Ne soyez pas rebuté par le voisinage désert et l'allure de tripot de ce petit traiteur audacieux, masqué par les embouteillages de l'E Colonial Drive ; il est célèbre pour son hamburger de bison servi dans un pain rappelant le muffin anglais et accompagné de frites maison. Court mais saisonnier, le menu compte également des pizzas et plats originaux aux parfums du Sud.

Il y a quelques tables en extérieur et des concerts de jazz la plupart des soirs.

☺17h-22h). Adresse tranquille à l'ambiance décontractée, style Key West. Les *crab cakes*, particulièrement savoureux, sont une aubaine car ils contiennent plus de crabe que de pâte. Demandez une table sous le porche avec moustiquaire.

**Deep Blu
Seafood Grille**   POISSON ET FRUITS DE MER **$$$**
(carte p. 270 ; ☎407-390-2420 ; www.deepbluorlando.com ; 14651 Chelonia Pkwy, Wyndham Grand Orlando Resort ; sushis 7-28 $, plats 29-44 $; ☺17h30-22h). Cuisine ouverte contemporaine où l'on mange à la carte du poisson issu de la pêche locale, des produits exposés dans un présentoir réfrigéré, des moules et du crabe. En garniture : tempura de brocolis, macaronis au crabe et au fromage ou patates douces caramélisées. Excellent mais cher ; au lieu d'un repas, optez pour des sushis (parmi les meilleurs d'Orlando) et un verre de vin au bar.

K Restaurant (☎407-872-2332 ; www.krestaurant.net ; 1710 Edgewater Dr, College Park ; plats $18-38 ; ⏲11h30-14h et 18h-22h mar-ven, 18h-21h lun, 18h-22h sam ; 🍴). Kevin Fonzo, chef et propriétaire du K, est l'une des stars incontestées de la gastronomie "du producteur au consommateur" à Orlando. En dépit de louanges reçues de partout dans le pays, année après année, ce restaurant de quartier reste merveilleusement humble. Ceint par un porche, il est doté d'une jolie petite terrasse, et les herbes et légumes viennent droit du jardin.

On recommande le crabe et sa pile de tomates vertes frites.

Cask & Larder (carte p. 248 ; ☎321-280-4200 ; www.caskandlarder.com ; 565 W Fairbanks Ave, Winter Park ; plats 13-30 $; ⏲7h-22h lun-sam, 10h30-15h dim). Dans un cadre ample et aéré, le menu du Cask & Larder met à l'honneur une inventive cuisine du Sud aux ingrédients locaux – okras grillés, vivaneau frit et semoule aux écrevisses. Goûtez les fines tranches de jambon à la gelée de poivre et ses biscuits, les huîtres ou simplement une bière maison ou un cocktail artisanal. Du lundi au samedi, le bar est ouvert de 16h à minuit et dispose d'un menu du soir.

Le dîner gastronomique comprend cochon de lait rôti, festin de boucher, une bouillabaisse du Sud (vivaneau, palourdes, huîtres et crevettes), des côtes et un faux-filet, servis à la bonne franquette avec des accompagnements de saison et un dessert. Réservation 3 jours à l'avance minimum (60 à 75 $ par personne).

Luma on Park (carte p. 248 ; ☎407-599-411 ; www.lumaonpark.com ; 290 S Park Ave, Winter Park ; plats 25-30 $; ⏲17h30-22h lun-jeu, 11h30-23h ven et sam, 11h30-21h dim). Étape obligée pour les fines bouches, ce restaurant haut de gamme organise d'audacieuses alliances : vivaneau au quinoa noir et blanc, radis pastèque braisé, petits pois, asperges du Delta et tapenade d'olives citronnées. Nous recommandons le menu à 35 $ valable seulement dimanche, lundi et mardi.

B&B Junction (☎407-513-4134 ; www.bbjunction.com ; 2103 W Fairbanks Ave, Winter Park ; ⏲11h-22h lun-jeu, jusqu'à 23h ven et sam ; 🍴♿). Du fast-food, oui, mais du producteur au consommateur ! Bœuf nourri à l'herbe, hamburgers de dinde élevée en plein air, cornichons maison, macaronis au fromage gourmet et bière de Floride à la pression.

Rusty Spoon (carte p. 236 ; ☎407-401-8811 ; www.therustyspoon.com ; 55 W Church St ; plats 15-31 $; ⏲11h-15h lun-ven, 17h-22h dim-jeu, jusqu'à 23h ven et sam ; 🍴). Spacieux, coquet et séduisant. Un des murs en brique de l'établissement est couverte de photos d'animaux de la ferme et une ambiance citadine branchée y règne. L'accent est mis sur les classiques de pub... revus et corrigés.

Fresh Cafe (carte p. 248 ; ☎321-295-7837 ; 535 W New England Ave, Winter Park ; plats 9-18 $; ⏲11h-15h et 18h-22h lun-sam, 18h-22h sam, 10h30-15h dim ; 🍴). Niché dans le quartier historique d'Hannibal Sq à Winter Park, ce petit café aux murs blancs porte bien son nom. Tout est frais ici, des pêches à l'eau au concombre et à la menthe, des moules au curry thaï à la salade de jambon cru et mozzarella. Les soirs d'été, dîner en terrasse est un régal.

🍴 Agglomération d'Orlando

Des dizaines de restaurants vietnamiens, coréens, chinois et autres établissements asiatiques se succèdent sur quelques pâtés de maisons dans Little Vietnam, dans le quartier de Mills 50. Son épicentre est le carrefour entre Mills Ave et Colonial Dr ; de là, partez à l'est dans Colonial Dr et faites votre choix. Les plus prisés sont notamment le **Lac Viet Bistro** (2021 E Colonial) et, pour un sandwich sous-marin à la vietnamienne, le petit **Banh Mi Nha Trang** (1216 E Colonial).

House of Pizza   PIZZERIA $
(☎407-447-7515 ; www.orlandohouseofpizza.com ; 14650 Gatorland Dr ; plats 5-12 $; ⏲11h-22h lun-sam, 12h-21h dim ; ♿). Sous des dehors ordinaires, cette adresse indépendante propose d'excellentes pizzas, mais aussi des bruschettas, des pâtes, des sandwichs etc. En face de Gatorland.

ℹ️ FAIRE SES COURSES

Bien que la plupart des chambres d'hôtels à Orlando soient équipées de petits réfrigérateurs, seuls ceux installés dans les complexes luxueux de Disney ont une utilisation gratuite.

Whole Foods Market Philips Crossing (carte p. 240 ; ☎ 407-355-7100 ; www. wholefoodsmarket.com/stores/orlando ; 8003 Turkey Lake Rd ; ⏰ 8h-22h). Aliments bio, bar à salades, pizzas cuites au four à pierre et plus encore. Un autre magasin est sis au 1989 Aloma Ave, Winter Park.

Fresh Market (carte p. 240 ; ☎ 407-294-1516 ; 5000 Dr Phillips Blvd ; ⏰ 9h-21h lun-sam, 10h-20h dim). Épicerie remarquablement fournie en produits locaux bio.

Garden Grocer (☎ 866-855-4350 ; www.gardengrocer.com). Un site Internet simplissime qui permet de sélectionner d'après photo vos ingrédients, bières et vins à faire livrer.

Orlando Grocery Express (☎ 407-395-4700 ; www.orlandogroceryexpress.com). Provisions, bière et vin seront livrés à votre hôtel ou autre location. Commande minimum de 40 $, 14 $ de frais de livraison pour les achats de moins de 200 $. Commandez un jour à l'avance, à partir de 5h.

Stardust Video & Coffee

CAFÉ $

(☎ 407-623-3393 ; www.stardustvideoandcoffee. wordpress.com ; 1842 E Winter Park Rd, Audubon Park ; plats 7-14 $; ⏰ 7h-minuit lun-ven, 8h-minuit sam-dim ; P 🛜 ✏️ 🚻). Adresse bohème branchée le jour, pleine de clients affaissés derrière leurs ordinateurs portables, ce café devient un bar à cocktails et à bières artisanales le soir. Il propose un brunch dominical, des jus de fruits frais, de nombreux plats végétariens et, curieusement, la location de vidéos. Des lanternes en papier et des lumignons clignotants pendent au plafond, et des photos ornent au petit bonheur les murs de béton.

Musique live en semaine et marchés fermiers le samedi.

Greek Corner Restaurant

GREC $

(☎ 407-228-0303 ; www.thegreekcorner.net ; 1600 N Orange Ave ; plats 6-14 $; ⏰ 11h-22h lun-sam, 11h-20h dim). Ce modeste café aux murs blancs, doté d'un petit patio, sert de délicieux *gyros*, moussaka et autres spécialités grecques. En face du Lake Ivanhoe.

Peach Valley Cafe

DINER $

(carte p. 240 ; ☎ 407-522-2601 ; www.peachvalleyrestaurants.com ; 5072 Dr Phillips Blvd ; plats 6-12 $; ⏰ 7h-14h30 lun-ven, 7h-15h30 sam-dim ; 🚻). Cette chaîne floridienne propose des spécialités étonnamment variées et savoureuses comme les beignets de pomme, les pancakes à la banane, la salade Cobb ou la tourte au poulet et au légumes (*chicken potpie*). Une adresse sans prétention mais fiable et pratiquant des prix raisonnables.

Bikes, Beans & Bordeaux

CAFÉ $

(☎ 407-427-1440 ; www.bikesbeansandbordeaux. com ; 3022 Corrine Dr, Audubon Park ; plats 6-12 $; ⏰ 7h-22h lun-ven, 8h-22h sam, 8h-15h dim ; P 🛜 ✏️). La carte des vins et des bières évolue selon la saison internationale de cyclisme, avec par exemple du bordeaux pendant le Tour de France. Il y a de la musique live le week-end, des canapés pour se prélasser et des œuvres d'art local. En amuse-gueules, sauce *dip* à la feta et autres garnitures pour pain plat à créer soi-même.

💙 Yellow Dog Eats

BARBECUE $$

(☎ 407-296-0609 ; www.yellowdogeats.com ; 1236 Hempel Ave, Windermere ; plats 7-14 $; ⏰ 11h-21h ; ✏️ 🚻). Installé dans un ancien bazar, doté d'un toit en tôle, d'une terrasse, d'anciens casiers d'écoliers remplis de bouteilles de bière et d'une décoration éclectique sur le thème canin, cette petite pépite bobo et décontractée sert d'excellentes grillades. Goûtez le Florida Cracker (effiloché de porc au gouda, au bacon et aux oignons frits) accompagné de haricots noirs cubains.

Si le restaurant vous semble loin de tout, il n'est qu'à 9,5 km de route au nord-ouest de l'Universal Orlando Resort.

Eden Bar

AMÉRICAIN $$

(☎ 407-629-1088 ; www.enzian.org ; 1300 S Orlando Ave, Maitland ; plats 10-16 $; ⏰ 11h-23h dim-jeu, 11h-1h ven-sam ; ✏️). 🍃 Les repas pris en terrasse sous le cyprès géant de l'Enzian Theater (p. 266) se déroulent dans une ambiance insulaire. La carte, délicieusement éclectique, affiche de la pizza à la poire et au jambon cru, des poivrons farcis au quinoa,

BOULANGERIES ET GLACIERS D'ORLANDO

Outre les restaurants et bars, la vague "du producteur au consommateur" a aussi donné naissance à des boulangeries et glaciers indépendants. Cupcakes décadents, tartes maison, délices végans et crème glacée faite devant le client.

Private Island Ice-Cream (☑️407-433-9545 ; www.privateislandicecream.com ; 14650 Gatorland Dr ; glaces 5 $; ⏰13h-21h dim-jeu, jusqu'à 22h ven et sam ; 🍴). Choisissez un parfum et regardez John se saisir du bol de crème et le refroidir avec du nitrogène liquide pour confectionner votre glace. Bols de glace géants avec suppléments et garniture illimités – caramel, pâte à cookies maison ou encore piment de Cayenne, tout coûte 5 $. Un magasin de quartier très apprécié, face au Gatorland.

Dessert Lady Café (carte p. 240 ; ☑️407-999-5696 ; www.dessertlady.com ; 7600 Dr Phillips Blvd, No 78, Restaurant Row ; desserts 5-10 $; ⏰10h-18h lun-sam ; 🍴). Institution locale encensée dans tout le pays, Dessert Lady redonne du sens à l'expression "bon à en mourir". Tourtes aux fruits, tartes aux noix de pécan et bourbon, gâteau au citron vert et autres délices.

Bluebird Bakery (☑️407-228-3822 ; www.bluebirdbakeshop.com ; 3122 Corrine Dr, Audubon Park ; pâtisseries 2-4 $; ⏰7h-17h mar-sam, 10h-16h dim ; 🍴). Baptisé d'après l'oiseau préféré de la grand-mère du gérant, cette petite adresse rétro propose des cupcakes préparés le matin même et du café bio. Il y en a pour tous les goûts – chocolat, vanille au poivre noir et patate douce. La boutique ferme une fois les cupcakes vendus.

Raphsodic Bakery (☑️407-704-8615 ; www.raphsodic.com ; 710 N Mills Ave ; ⏰11h-19h lun-jeu, 11h-20h ven et sam). La Raphsodic se définit comme une "pâtisserie urbaine d'art et d'essai". Cette boulangerie végétalienne sert de délicieux gâteaux, cookies, cupcakes et tartes, souvent bio et parfois sans gluten.

B Cupcakes (carte p. 248 ; ☑️407-660-2253 ; www.bcupcake.com ; 127 W Fairbanks Ave, Winter Park ; ⏰10h30-20h lun-sam, 12h-18h dim ; 🍴). Franchement moderne et cupcakes savoureux. Goûtez celui au beurre salé.

P is for Pie (☑️727-534-6869, 407-745-4743 ; www.crazyforpies.com ; 2806 Corrine Dr, Audubon Park ; ⏰11h30-17h mar-sam ; 🍴). Une boutique sobre où une touche artisanale est apportée à des tartes traditionnelles. Minitartes et spécialités.

du poulet frit ou du steak pané. Goûtez le mojito mexicain.

White Wolf Café and Bar   DINER $$
(☑️407-895-9911 ; www.whitewolfcafe.com ; 1829 N Orange Ave ; plats 14-29 $; ⏰8h-21h lun-ven, 8h-15h dim). Ce café de quartier arbore des lustres de style Tiffany, un grand bar en bois et un bric-à-brac d'antiquités. Venez-y pour ses petits déjeuners roboratifs et ses bloody mary.

Keke's Breakfast Cafe   CAFÉ $$
(☑️407-226-1400 ; www.kekes.com ; 4192 Conroy Rd ; plats 8-14 $; ⏰7h-14h30 ; 🍴). Adresse incontournable pour de bons petits-déjeuners avec pain perdu fourré, œufs Bénédicte et pancakes à la banane et aux noisettes. Il y a des succursales, notamment à **Winter Park** (carte p. 248 ; ☑️407-629-1400 ; www. kekes.com ; 345 W Fairbanks Ave, Winter Park ; plats 8-14 $; ⏰7h-14h30 ; 🍴) et dans **Restaurant Row** (carte p. 240 ; ☑️407-354-1440 ; www.

kekes.com ; 7512 Dr Phillips Blvd ; plats 8-14 $; ⏰7h-14h30 ; 🍴).

🍴 Winter Park

Ethos Vegan Kitchen   VÉGÉTARIEN $
(carte p. 248 ; ☑️407-228-3898 ; www.ethos-vegankitchen.com ; 601b S New York Ave ; plats 7-14 $; ⏰11h-23h lun-ven ; 🖥️). 🍕 Pizza aux brocolis, piments bananes, courgettes au seitan, *shepherd's pie* (tourte) sans viande, aubergines en croûte de noix de pécan, soupes maison, sandwichs variés baptisés "A Fungus Among Us" (Un champignon parmi nous) ou "Hippie Wrap".

4 Rivers Smokehouse   BARBECUE $$
(☑️407-474-8377 ; www.4rsmokehouse.com ; 1600 W Fairbanks Ave ; plats 8-16 $; ⏰11h-20h lun-jeu, 11h-21h ven-sam). Attendez-vous à faire la queue devant ce restaurant régulièrement candidat au titre de meilleur grill d'Orlando.

Briarpatch
CAFÉ $$

(carte 248 ; ☑407-628-8651 ; 252 N Park Ave ; plats 8-15 $; ☉7h-17h lun-ven, 8h-17h sam ; 🚲). De gros gâteaux et des petits-déjeuners roboratifs vous attendent dans ce cadre aux murs chaulés et au décor bohème chic.

Orchid Thai Cuisine
THAÏLANDAIS $$

(carte p. 248 ; ☑407-331-1400 ; www.orchid-thaiwinterpark.com ; 305 N Park Ave ; plats 8-15 $; ☉11h-22h lun-jeu, 11h-23h ven-sam, 12h-21h dim ; ☑). Contemporain, sympathique et savoureux. Ne manquez pas les délicieux Golden Thai Donuts, des beignets nappés de lait concentré et saupoudrés d'éclats de cacahuètes.

Bosphorous Turkish Cuisine
TURC $$

(cartep. 248 ; ☑407-644-8609 ; www.bosphorousrestaurant.com ; 108 S Park Ave ; plats 8-21 $; ☉11h30-22h lun-jeu, 11h30-23h sam-dim ; ☑). Sa carte intéressante et la qualité de sa cuisine le démarquent des autres bons restaurants d'Orlando. Essayez la *lahmacun* (pizza turque) ou le *Hunkar Begendi*, à base de bœuf et d'aubergine.

BurgerFi
HAMBURGERS $$

(carte p. 248 ; ☑407-622-2010 ; www.burgerfi.com ; 538 S Park Ave ; plats 8-14 $; ☉11h-23h, 11h-minuit ven-sam ; 🚲). Oui c'est une chaîne... mais ne vous méprenez pas sur les produits. Ici, on déguste des burgers de quinoa au bœuf sans hormones et sans antibiotiques, du Coca en bouteille, de la citronnade fraîchement pressée, des frites (au parmesan et aux herbes) coupées à la main, de la vraie glace et de la bière et du vin au verre ou à la bouteille.

♥ Prato
ITALIEN $$$

(carte p. 248 ; ☑407-262-0050 ; www.prato-wp.com ; 124 N Park Ave ; plats 15-28 $; ☉11h30-23h mer-sam, 17h30-23h lun-mar, 11h30-22h dim). Une adresse animée, avec de hauts plafonds, des poutres apparentes et un bar qui s'étire tout le long de la salle. On y prépare des classiques italiens revisités, des charcuteries maison et d'excellentes pizzas au feu de bois (15 $).

🍷 Où prendre un verre

On apprécie vraiment la boisson à Orlando. Aussi, que vous préfériez le vin siroté dans un petit café, la tequila dans les discothèques enfiévrées ou les cocktails artisanaux autour d'un billard, vous trouverez votre bonheur. En centre-ville, l'ambiance peut être sérieusement altérée, surtout le week-end, quand la musique tonitruante se déverse dans la rue et que des videurs massifs encadrent les pas de porte. Des dizaines de bars s'alignent sur International Dr, le quartier des congrès.

Les bars de quartier de Winter Park, Thornton Park et Audubon Park affichent une ambiance toute différente. On y trouve des bars à vins, des concerts acoustiques et des cafés en extérieur. Le grand Orlando est parsemé de bars à cocktails vintage. À Walt Disney World, de nombreux bars et salles de concerts sont installés à Downtown Disney, au CityWalk d'Universal Orlando et dans les parcs thématiques correspondants.

🍷 Centre-ville

Courtesy Bar
BAR À COCKTAILS

(carte p. 236 ; ☑407-450-2041 ; 114 N Orange Ave ; consommations à partir de 5 $; ☉17h-2h, 19h-2h sam, 15h-19h dim). Aménagé dans un bâtiment historique, avec briques apparentes et vieilles ampoules à filament, ce bar à cocktails à l'ancienne propose des alcools de qualité agrémentés de touches innovantes et fantaisistes comme du sel rose de l'Himalaya, du jus de melon jaune frais ou une décoction pissenlit-eucalyptus. Même si l'on ne comprend pas tout, quel délice ! Il y a aussi un bon choix de bières et de vins.

Woods
BAR À COCKTAILS

(carte p. 236 ; ☑407-203-1114 ; www.thewoodsorlando.com ; 49 N Orange Ave, 1er ét. Historic Rose Bldg ; ☉17h-2h lun-ven, 19h-2h sam). Cocktails maison dans un cadre douillet et non-fumeurs caché au 1er étage, avec briques apparentes, bar découpé dans un tronc d'arbre et ambiance chaleureuse.

Hanson's Shoe Repair
BAR À THÈME

(carte p. 236 ; ☑407-476-9446 ; 27 E Pine St ; cocktails 13 $; ☉20h-2h mar-jeu et sam, 19h-2h ven). Un bar pensé sur le modèle de ceux du temps de la prohibition, avec mot de passe, cocktails d'époque et barmen portant bretelles et nœud papillon.

Il faut appeler avant d'y aller. Un message enregistré vous demande à quelle heure vous désirez apporter vos chaussures à réparer. S'il y a de la place – l'endroit est si exigu que tel n'est pas toujours le cas – on vous rappellera pour vous donner le mot de passe. Certes, tout est mis en scène et les cocktails sont chers, mais ainsi en va-t-il d'Orlando.

Eola Wine Company
BAR À VINS

(☑ 407-481-9100 ; www.eolawinecompany.com ; 430 E Central Blvd, Thornton Park ; ⏱16h-2h lun-ven, 12h-2h sam-dim). Ce bar à vins propose une carte de style californien, affichant des plats légers destinés à accompagner le vin ou des bières originales de marques indépendantes. On y sert aussi du mousseux, et l'assiette de fromage comprend une sélection de 16 variétés espagnoles, françaises, italiennes et américaines. Il existe une succursale à **Winter Park** (carte p. 248 ; ☑ 407-647-9103 ; www.eolawinecompany.com ; 136 S Park Ave, Winter Park ; ⏱16h-2h lun-ven, 12h-2h sam-dim).

Bösendorfer Lounge
BAR LOUNGE

(carte p. 236 ; ☑ 407-313-9000 ; 325 S Orange Ave, Westin Grand Bohemian ; ⏱11h-2h). Fauteuils tapissés de peau de zèbre, miroirs dorés, grosses colonnes noires et sols en marbre dégagent une forme de sympathique ostentation. Ce bar d'hôtel est fréquenté à la sortie des bureaux et des musiciens de jazz jouent dans le *lounge* à 19h. Le nom vient du (rare) piano Bösendorfer qui trône dans le salon.

Latitudes
BAR

(carte p. 236 ; ☑ 407-649-4270 ; www.churchstreetbars.com ; 33 W Church St ; ⏱16h30-2h). Bar sur le toit inspiré des îles avec flambeaux et vue sur la ville. Deux bars plus bruyants se trouvent en dessous.

Wall Street Plaza
BAR À THÈME

(carte p. 236 ; ☑ 407-849-0471 ; www.wallstplaza.net ; 25 Wall St Plaza). Réunis sur une place, 8 bars thématiques tapageurs, avec boissons du jour et concerts occasionnels .

Independent Bar
CLUB

(carte p. 236 ; ☑ 407-839-0457 ; 68 N Orange Ave ; 10 $; ⏱10h-3h dim, mer et jeu, 9h30-3h ven-sam). Tendance, surpeuplé et bruyant, avec des DJ alternant dance et rock alternatif jusqu'au bout de la nuit.

Pulse
GAY

(☑ 407-649-3888 ; www.pulseorlandoclub.com ; 1912 S Orange Ave ; 5 $). Chic et ultramoderne, avec spectacles et drag-queens tous les soirs.

International Drive

Funky Monkey Wine Company
BAR À VINS

(carte p. 240 ; ☑ 417-418-9463 ; 9101 International Dr, Pointe Orlando ; ⏱16h-22h lun-jeu, 11h-minuit ven-sam, 16h-21h dim ; ☐ I-Ride Trolley Red Line arrêt n°24 ou Green Line arrêt n°12). Venez siroter un verre de vin et voir le spectacle de drag-queens le week-end (21h), mais restaurez-vous ailleurs.

Icebar
BAR THÉMATIQUE

(carte p. 240 ; ☑ 407-426-7555 ; www.icebarorlando.com ; 8967 International Dr ; sans/avec réservation en ligne 20/15 $; ⏱19h-minuit dim-mer, 19h-1h jeu, 19h-2h ven-sam ; ☐ I-Trolley Red Line arrêt n°23 ou Green Line arrêt n°11). Caractéristique de la théâtralité anecdotique d'Orlando, on entre dans une maison de glace (-3°C), on s'assied sur des fauteuils de glace, on admire les sculptures en glace, on déguste des boissons glacées. Manteau et gants sont fournis à l'entrée (moyennant finance) et le foyer, les toilettes et les autres pièces sont à température normale.

Les plus de 21 ans sont admis à toute heure ; les 8-20 ans ne peuvent venir qu'entre 19h et 21h.

Agglomération d'Orlando

Matador
BAR À COCKTAILS

(☑ 407-872-0844 ; 724 Virginia Dr, Mills 50 ; ⏱19h-2h). Rouge foncé aux murs, billard et mobilier digne d'un salon de grand-mère. Une ambiance feutrée idéale pour déguster une Bulleit Rye.

Red Light, Red Light Beer Parlour
BAR

(☑ 407-893-9832 ; www.redlightredlightbeerparlour.com ; 2810 Corrine Dr, Audubon Park ; ⏱17h-2h). Les amateurs de bière aimeront le choix impressionnant de breuvages artisanaux affiché dans ce qui fut autrefois un atelier de réparation de climatiseurs.

Wally's Mills Ave Liquors
BAR

(☑ 407-896-6975 ; www.wallysonmills.com ; 1001 N Mills Ave ; ⏱7h30-1h). Ce bar est en activité depuis le début des années 1950, avant l'arrivée de Disney à Orlando. Le papier peint aux dames dévêtues part en lambeaux, mais il participe du charme du lieu... Rien de clinquant ici : juste un petit bar aveugle et enfumé, semblable à tant d'autres, où l'on trouve un juke-box et des boissons fortes. Il ouvre tôt le matin !

Bières de microbrasseries à 3 $ le mercredi soir ; bière Pabst Blue Ribbon à 2 $ le lundi. La boutique attenante vend de la bière, du vin et des spiritueux.

Winter Park

Wine Room
BAR À VINS

(carte p. 248 ; ☑ 407-696-9463 ; www.thewineroomonline.com ; 270 S Park Ave, Winter Park ;

dégustations à partir de 2,50 $; ☺15h-minuit lun-mer, 12h-minuit jeu, 11h-1h30 ven et sam, 13h-23h dim). Achetez une "carte à vin" du montant de votre choix. Vous la glisserez ensuite dans une machine qui vous délivrera un verre plein. Plus de 150 vins sont proposés ici, classés par région et par type.

☆ Où sortir

Musique live

Beacham
& the Social
MUSIQUE LIVE

(carte p. 236 ; ☑407-246-1419 ; www.thebeacham. com ; 46 N Orange Ave ; tarifs variables ; ☺21h-3h). Le Beacham et son voisin, le Social, plus intime et recommandé, sont des piliers de la vie nocturne et musicale d'Orlando. Ils accueillent des groupes allant du punk au reggae le week-end ; en semaine, on y passe de la musique et on y danse. Les concerts sont classés "all ages" (tout public), "18 plus" (à partir de 18 ans) ou "21 plus" (à partir de 21 ans).

Will's Pub
MUSIQUE LIVE

(☑407-898-5070 ; www.willspub.org ; 1042 N Mills Ave ; 8-16 $; ☺16h-2h lun-sam, 18h-2h dim). Pabst pression (2 $), flipper et pin-up vintage au mur : cette salle de concerts a beau être la moins reluisante d'Orlando, elle a la réputation d'être l'une des meilleures pour la programmation de groupes indé américains ou étrangers. Non-fumeurs ; bière et vin seulement.

Tanqueray's
MUSIQUE LIVE

(carte p. 236 ; ☑407-649-8540 ; 100 S Orange Ave ; ☺11h-2h lun-ven, 18h-2h sam-dim). Ce bar souterrain et enfumé, aménagé dans une ancienne salle des coffres, attire des clients désireux de se poser devant une bière avec des amis. Il y a de la Guinness pression et des groupes locaux – généralement de reggae ou de blues – le week-end.

Cinémas

♥ Enzian Theater
CINÉMA

(☑407-629-0054 ; www.enzian.org ; 1300 S Orlando Ave, Maitland ; adulte/enfant 10/8 $; ☺17h-minuit jeu-ven, 12h-minuit sam-dim). Ce fantastique théâtre en bois projette des films classiques et indépendants. Son excellent restaurant, l'Eden Bar (p. 262), propose des plats à base d'ingrédients bio et locaux. Dégustez un burger végétarien et une bière dans le patio, sous le cyprès, ou optez pour le cinéma.

Regal Point Orlando
Stadium & IMAX
CINÉMA

(carte p. 240 ; ☑407-248-9045 ; www.regmovies. com ; 9101 International Dr ; adulte/enfant 10/7 $). Complexe installé dans le quartier touristique d'International Dr.

AMC Downtown Disney 24 –
Dine-In Theatres
CINÉMA

(carte p. 270 ; ☑888-262-4386 ; dinein.amctheatres.com ; 1500 E Buena Vista Dr, Downtown Disney ; 7-16 $; ⬤). Plusieurs salles proposent la formule "Fork and Screen Theater", qui permet de commander son repas et de se le faire livrer dans son fauteuil ; le bar vend de la bière, du vin et des cocktails à déguster devant le film.

Universal Cineplex 20
CINÉMA

(carte p. 240 ; ☑407-354-3374 ; www.amctheatres. com ; CityWalk ; adulte/enfant 12/9 $; ☐Lynx 21, 37, 40, ⬤Universal). Complexe avec bar et restaurant. Parking avant/après 18h : 16/3 $.

Plaza Cinema Café 12
CINÉMA

(carte p. 236 ; ☑407-558-2878 ; www.cobbtheatres. com ; 155 S Orange Ave ; adulte/enfant 10,75/7,50 €). Complexe dans le centre-ville, avec restaurant et bar.

Cinemark at Festival Bay
CINÉMA

(carte p. 240 ; ☑407-352-1042 ; www.cinemark. com ; 5150 International Dr, Festival Bay Mall ; adulte/enfant 10/7 $)

Sports

Amway Center
SPORTS

(carte p. 236 ; ☑407-440-7000 ; www.amwaycenter.com ; 400 W Church St). Les Orlando Magic (National Basketball Association), les Orlando Predators (Arena Football League) et les Orlando Solar Bears (East Coast Hockey League) jouent ici.

Osceola County Stadium
BASE-BALL

(☑407-697-3201 ; 631 Heritage Park Way, Kissimmee). Les Houston Astros ouvrent la saison dans ce stade, le plus petit de la Grapefruit League.

University
of Central Florida Knights
SPORTS

(www.ucfknights.com ; 4000 Central Florida Blvd, University of Central Florida ; tarifs variables). L'University of Florida prend le sport très au sérieux. Visitez son site Internet pour plus de renseignements sur ses équipes féminines et masculines, notamment de basket-ball, de football américain, de foot et de volley-ball.

SUR LA SCÈNE ET SOUS LES ÉTOILES

Orlando ne se résume pas aux manèges et à la tournée des boîtes de nuit. Outre les divertissements détaillés ci-après, Walt Disney World, Universal Orlando Resort et SeaWorld proposent tous des festivals d'inspiration hawaïenne. Par ailleurs, les complexes hôteliers de Disney et Universal Orlando projettent gratuitement des films grand public près de leur piscine. Ils organisent aussi toutes sortes de dîners-spectacles délirants, notamment le flamboyant *Pirates* ou *Sleuth*, sur le thème du détective.

Cirque du Soleil La Nouba (carte p. 270 ; ☑ 407-939-7600, 407-939-7328 ; www. cirquedusoleil.com ; Downtown Disney ; adulte 65-150 $, enfant 55-125 $; ☉ 18h et 21h mar-sam). Le meilleur spectacle de Disney se révèle d'une superbe cohérence artistique, avec des acrobates impressionnants et d'éblouissants jeux de lumière, décors et costumes. Le numéro avec la princesse et la grenouille évoque Disney. La petite salle en hémicycle compte quelque 20 rangées de la scène aux gradins supérieurs, sans balcons. Disney l'a édifiée spécifiquement pour accueillir La Nouba. Il n'y a aucune mauvaise place. Voir sur Internet pour le calendrier de fréquentation.

Mad Cow Theatre (carte p. 236 ; ☑ 407-297-8788 ; www.madcowtheatre.com ; 54 W Church, 2ᵉ ét ; billets 18-30 $). Un modèle de théâtre régional programmant des représentations modernes et classiques dans un local au centre d'Orlando.

Blue Man Group (carte p. 240 ; ☑ 407-258-3626, 407-363-8000 ; www.universalorlando. com ; CityWalk ; adulte/enfant 3-9 ans à partir de 69/29 $; ☉ variable ; 🚌 Lynx 21, 37, 40, 🚤 Universal). Originellement phénomène du Broadway Off apparu en 1991, le Blue Man Group est une troupe de théâtre comique endiablée qui apporte chez Universal son attirail délirant : "instruments" de percussions, paintball, Chamallows, pour se livrer à un exercice entre danse contemporaine et folie débridée.

SAK Comedy Lab (carte p. 236 ; ☑ 407-648-0001 ; www.sakcomedylab.com ; 29 S Orange Ave, City Arts Factory, 2ᵉ ét ; billet 15 $, mar et mer 21h 3 $; ☉ mar-sam). Stand-up d'improvisation remarquable dans une salle du centre d'Orlando.

Orlando Ballet (☑ 407-426-1739 ; orlandoballet.org). Se produit principalement au **Bob Carr Performing Arts Center** (carte p. 236 ; ☑ 407-246-4262 ; www.orlandovenues.net) au centre d'Orlando. Les représentations **Family Series** (1h de spectacle à 11h) sont destinées au jeune public : *Casse-Noisette*, *La Belle et la Bête* et *Blanche Neige*.

Theatre Downtown (☑ 407-841-0083 ; www.theatredowntown.net ; 2113 N Orange Ave ; 16-22 $). Répertoire théâtral comprenant des œuvres originales de dramaturges locaux, des acteurs de la région et des productions classiques. À deux pâtés de maisons à l'ouest de Loch Haven Park.

Orlando Philharmonic Orchestra (☑ 407-770-0071 ; orlandophil.org). Grands classiques, pop, opéra, spectacles familiaux et plus. Dans des salles d'Orlando et environs – notamment en plein air au Loch Haven Park.

John & Rita Lowndes Shakespeare Center (☑ 407-447-1700 ; www.orlandoshakes. org ; 812 E Rollins St, Loch Haven Park ; billets 20-35 $) Posé sur les rives du Lake Estelle, dans le verdoyant Loch Haven Park, ce charmant théâtre comporte trois petites salles. Il s'y donne des œuvres intemporelles, telles qu'*Orgueil et préjugés* et *Beowulf*, d'excellentes pièces pour enfants ainsi que des travaux de dramaturges prometteurs.

Orlando Repertory Theater (☑ 407-896-7365 ; www.orlandorep.com ; 1001 E Princeton St, Loch Haven Park ; 10-25 $). Spectacles grand public et pour enfants joués dans l'après-midi ou en début de soirée. Tous les styles y sont représentés, de Rudolph le renne au nez rouge à James et la grosse pêche.

Popcorn Flicks in the Park (carte p. 248 ; ☑ 407-629-1088 ; www.enzian.org ; 251 S Park Ave, Central Park, Winter Park ; ☉ 20h, 2ᵉ jeudi du mois ; 🎬). Un pique-nique et une couverture et vous voilà sous les étoiles pour regarder gratuitement un grand classique.

Orlando City   FOOTBALL

(www.orlandocitysoccer.com). L'équipe de foot d'Orlando de Major League joue dans plusieurs stades de la ville et des alentours.

ESPN's Wide World of Sports   SPORTS

(☎407-939-4263, Visitors Center 407-541-5600 ; espnwwos.disney.go.com ; 700 S Victory Way, Walt Disney World). Ce complexe sportif de 115 ha, situé dans Walt Disney World, accueille les Atlanta Braves pour la préparation de la saison et des centaines d'événements sportifs amateurs ou professionnels.

🛍 Achats

Faites un tour à Winter Park pour une agréable séance de shopping, ou à Downtown Disney pour une frénésie d'achats.

Mall at Millenia   CENTRE COMMERCIAL

(carte p. 240 ; ☎407-363-3555 ; www.mallatmillenia.com ; 4200 Conroy Rd ; ⊙10h-21h lun-sam, 11h-19h dim ; 🚍Lynx 24). Les enseignes phares

---

> ### ⓘ LE B-A BA DES PARCS AVEC BÉBÉ
>
> Vous envisagez de visiter les parcs d'attractions avec votre bébé ? Sachez que les moins de 3 ans entrent gratuitement et que, une fois à l'intérieur, quelques astuces vous aideront à passer une bonne journée.
>
> **Child Swap** (Walt Disney World et Universal Orlando Resort). Permet aux responsables de faire la queue ensemble et de se relayer pour rester avec le bébé le temps de l'attraction. Idéal pour les familles voyageant avec des petits de tout âge et pour les enfants qui demandent à leurs parents de s'assurer que le manège ne fait pas trop peur avant de monter. Les autres parcs proposent semblables options, mais l'organisation peut se révéler complexe – demandez au superviseur.
>
> **Disney's Baby Care Centers** (Parcs Disney). Jouets et dessins animés Disney, et vente de médicaments pour enfants, sans ordonnance, couches et autre. Cuisine équipée.
>
> **SeaWorld's Baby Center** (SeaWorld). La petite maison avec les rocking-chairs sur le porche est le Shamu's Happy Harbor. Équipement similaire à celui de Disney. Femmes uniquement.

---

de ce centre commercial haut de gamme sont notamment Anthropologie, Bloomingdales, Apple, Crate & Barrel et J Crew.

Orlando Premium Outlets – International Drive   CENTRE COMMERCIAL

(carte p. 240 ; ☎407-352-9600 ; www.premiumoutlets.com ; 4951 International Dr ; ⊙10h-23h lun-sam, 10h-21h dim ; 🚍I-Ride Trolley ligne rouge, 🚍Lynx 8, 42). Tous les produits qu'on trouve habituellement dans les centres commerciaux discount.

Orlando Premium Outlets – Vineland Ave   CENTRE COMMERCIAL

(carte p. 240 ; ☎407-238-7787 ; www.premiumoutlets.com ; 8200 Vineland Ave ; ⊙10h-23h lun-ven, 10h-21h dim). Centre commercial fréquenté à la sortie de Walt Disney World – vous saurez que vous en approchez quand vous vous retrouverez bloqués dans un embouteillage pendant 30 minutes sans raison apparente.

Eli's Orange World   ALIMENTATION

(☎407-396-1306 ; www.orangeworld192.com ; 5395 W Irlo Bronson Memorial Hwy/Hwy 192 ; ⊙8h-21h45). Magasin tenu en famille, accueillant et rempli des fameux agrumes de Floride, mais aussi de confitures et de souvenirs kitsch. Dans un bâtiment en forme de demi-orange sur Kissimmee.

Orlando Farmers Market   MARCHÉ

(www.orlandofarmersmarket.com ; Lake Eola ; ⊙10h-16h dim). Fruits et légumes locaux et bar à vins et à bières en plein air sur les rives du lac Eola dans downtown Orlando.

Winter Park Farmers Market   MARCHÉ

(carte p. 248 ; 200 W New England Ave, Winter Park ; ⊙7h-13h sam). Dans une ancienne gare ferroviaire.

ⓘ Renseignements

ARGENT

Mall at Millenia Concierge (☎407-345-3555, 407-363-3555 ; www.mallatmillenia.com ; 78 Conroy Rd, sortie I-4 ; ⊙10h-21h lun-sam, 11h-19h dim)

MÉDIAS

Axis (axismag.com). Le magazine du *Orlando Sentinel* couvre la scène musicale et artistique et les bars.

Orlando Arts Magazine (unitedarts.cc/magazine). Source d'information incontournable sur l'art et la culture à Orlando ; contient un calendrier détaillé des manifestations.

Orlando Sentinel (www.orlandosentinel.com). Le journal de la ville.

Orlando Weekly (orlandoweekly.com). Hebdomadaire consacré à l'actualité, à l'art et au spectacle.

Official Visitor Center (carte p. 240 ; ☑407-363-5872 ; www.visitorlando.com ; 8723 International Dr ; ☉8h30-18h). Source légale de billets à prix réduit et meilleur endroit pour se renseigner sur les parcs thématiques, les hébergements, les activités de plein air, les spectacles, etc.

POSTE

Poste (carte p. 236 ; ☑407-425-6464 ; www.usps.com ; 51 E Jefferson St ; ☉7h-17h lun-ven)

SERVICES MÉDICAUX

Arnold Palmer Hospital for Children (☑407-649-9111 ; 1414 Kuhl Ave ; ☉24h/24). Le principal hôpital pédiatrique de la ville. Juste à l'est de l'I-4, sortie 81.

Centra Care Walk-In Medical (☑407-934-2273 ; www.centracare.org ; ☉8h-minuit lun-ven, 8h-20h sam-dim). Centres médicaux sans rendez-vous ; plus de 20 adresses.

Doctors on Call Services (DOCS ; ☑407-399-3627 ; www.doctorsoncallservice.com ; ☉24h/24). Médecins consultant 24h/24 dans les hôtels, notamment à Walt Disney World et à l'Universal Orlando Resort.

Dr P Phillips Hospital (☑407-351-8500 ; 9400 Turkey Lake Rd ; ☉24h/24). L'hôpital le plus proche de l'Universal Orlando Resort, de SeaWorld et d'International Drive.

Florida Hospital Celebration Health (☑407-303-4000, 407-764-4000 ; www.floridahospital.com/celebration-health ; 400 Celebration Pl, Kissimmee ; ☉24h/24). L'hôpital le plus proche de Walt Disney World.

SITES INTERNET

Autism at the Parks (www.autismattheparks.com). Conseils pour les séjours avec des enfants ou des adultes autistes à Walt Disney World, à l'Universal Orlando Resort et à SeaWorld.

Orlando Magazine (www.orlandomagazine.com). Actualité des manifestations et des spectacles.

ReserveOrlando (www.reserveorlando.com). Agence centrale de réservations.

Undercover Tourist (www.undercovertourist.com). Adresse réputée et agréée : tickets pour les parcs thématiques, location de voitures, calendrier de fréquentation des parcs, etc.

URGENCES

En cas d'urgence, appelez le 911.

Police (☑407-246-2470, 321-235-5300 ; www.cityoforlando.net/police ; 100 S Hughey Ave). Poste centrale, dans le centre-ville d'Orlando.

WALT DISNEY WORLD

"Ici, en Floride, nous avons une chose particulière que nous n'avons jamais eue à Disneyland… la chance d'avoir de la place. La terre est assez vaste ici pour contenir toutes les idées et tous les projets que nous pouvons imaginer."

Walt Disney

Quelques minutes avant l'ouverture du royaume magique, Alice au pays des merveilles, Cendrillon, Donald et d'autres personnages de Disney se tiennent bien en vue et chantent "Zippidee Doo Dah" en jetant des confettis Mickey sur la foule. Ils se ruent hors d'un petit train, les portes s'ouvrent et enfants, adultes, amoureux en lune de miel, grands-parents et tous les autres envahissent l'impeccable Main Street en direction du château de Cendrillon. Ce symbole est aussi américain que le Grand Canyon, le lieu est aussi chargé de mythes et de promesses que la statue de la Liberté. Et pendant ces quelques minutes, c'est en effet l'endroit le plus joyeux du monde.

Oui, il y aura des files d'attente interminables, et vous n'auriez jamais imaginé que vous dépenseriez autant pour un sweat Mickey. Le manège Pirates of the Caribbean n'est peut-être pas aussi bien qu'on vous l'a dit, et vous serez peut-être coincé derrière le type qui étalera ses sacs et sa poussette vide le long du trottoir, empêchant vos enfants de s'asseoir pour regarder le défilé. Vous reviendrez à votre hôtel épuisé, vaguement mécontent des repas de la journée, transportant votre Belle endormie, le visage couvert de paillettes agglutinées et sa jolie robe jaune tachée de barbe à papa et de glace. Vous vous jurerez de prendre de vraies vacances la prochaine fois. Mais, avant de sombrer dans le sommeil, votre enfant vous apparaît, serrant avec adoration Winnie l'ourson, vous le revoyez tendre les bras vers un Donald qui surgit pendant la projection d'un film en 3D. Alors, vous vous dites que les vacances à la plage pourront attendre encore un peu.

Histoire

Quand Disneyland ouvrit dans le sud de la Californie, il révolutionna le concept des parcs de divertissement et connut un

ORLANDO ET WALT DISNEY WORLD WALT DISNEY WORLD

Walt Disney World

Magic Kingdom ⊚ 4

🏨 22

Bay Lake

South Lake

Floridian Pkwy

Seven Seas Lagoon

🏨 25

Timberline Dr

🏨 30

Disney's Magnolia Golf Course

W. Wilderness Wy

Fort Wilderness Tr

Disney's Oak Trail Golf Course

43 27

W. Seven Seas Dr

Transportation & Ticket Center (TTC)

Disney's Fort Wilderness Resort & Campground

🏨 32

Disney's Palm Golf Course

🅿

Walt Disney World Speedway

Vista Blvd

15

🏕 24

🅿

AAA Car Care Center

World Dr

Best Friends Pet Care at Walt Disney World

Bonnet Creek Pkwy

29

Epcot Center Dr

🅿

Soarin' ⊚ ⊚ **Epcot**
5   3

Epcot Resort Blvd

31

World Showcase Lagoon

40

International Gateway : entrée arrière d'Epcot

Crescent Lake

7 ⊚

21

Disney's BoardWalk

Chelonia

23

13

Disney's Hollywood Studios

Disney's Animal Kingdom
⊚ 1

12 ⊚ 2

14

🅿

20

28

19

⊚ 6

16

Victory Way

Century Dr

Hourglass Lake

Blizzard Beach

W Buena Vista Dr

Osceola Pkwy

Sortie 65

18

ESPN Wide World of Sports

🅿

530 192

Irlo Bronson Memorial Hwy

530 192

Irlo Bronson Memorial

Sortie 64B

36

4

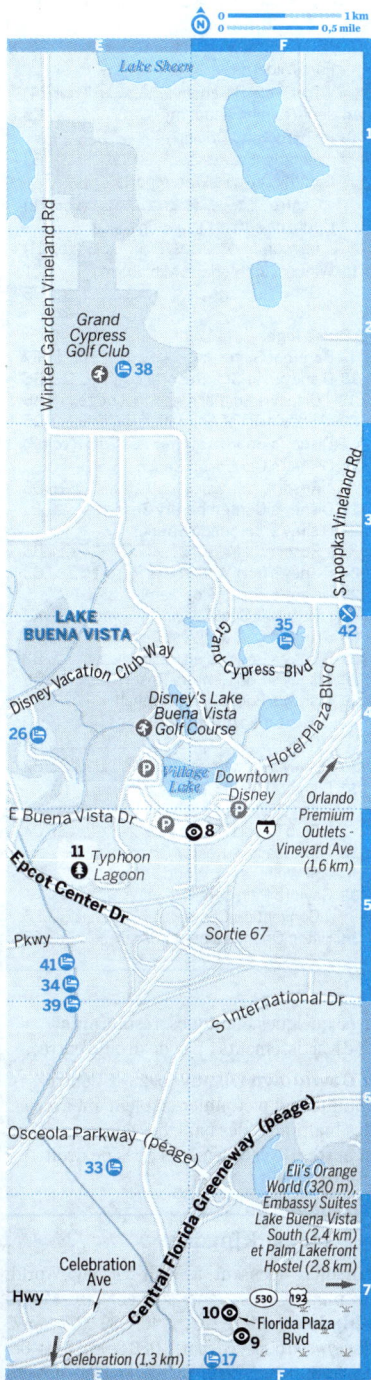

Lake Sheen

Winter Garden Vineland Rd

Grand
Cypress
Golf Club
⊕ 🚌 38

S Apopka Vineland Rd

**LAKE
BUENA VISTA**

35
42

Grand
Cypress Blvd

Disney Vacation Club Way

26 🚌

Disney's Lake
Buena Vista
⊕ Golf Course

Hotel Plaza Blvd

Ⓟ *Village
Lake*

*Downtown
Disney*

Orlando
Premium
Outlets -
Vineyard Ave
(1,6 km)

E Buena Vista Dr   Ⓟ ⊚8

11 Typhoon
⊕ Lagoon

Epcot Center Dr

Pkwy

Sortie 67

41 🚌
34 🚌
39 🚌

S International Dr

Osceola Parkway (péage)

33 🚌

Central Florida Greeneway (péage)

Eli's Orange
World (320 m),
Embassy Suites
Lake Buena Vista
South (2,4 km)
et Palm Lakefront
Hostel (2,8 km)

Celebration
Ave

Hwy

10⊚
⊚9

530 192

Florida Plaza
Blvd

🚌17

Celebration (1,3 km)

succès immédiat. Cependant, Walt Disney ne voyait pas d'un bon œil les hôtels et les prestataires de services qui proliféraient, profitant de la situation. En 1965, après 4 ans de recherches menées dans le secret, il acheta environ 111 km² de marécages, de champs et de bois dans le centre de la Floride. Son projet : créer une destination de vacances familiale dont il contrôlerait chaque aspect : hôtels, restaurants, parking et transports. Walt Disney ne vit jamais la réalisation de son rêve : en 1966, à 65 ans, il mourut d'un cancer du poumon et son frère Roy reprit l'entreprise. Le Magic Kingdom de Walt Disney World ouvrit en 1971. Trois mois plus tard, Roy mourait d'une hémorragie cérébrale. Epcot ouvrit en 1982, Hollywood Studios en 1989 et Animal Kingdom en 1998.

◉ À voir et à faire

Walt Disney World couvre une surface plus grande que celle de Paris intra-muros, et comprend quatre parcs à thème et deux parcs aquatiques, le tout relié par un réseau complexe de monorail, bateau et bus, et traversé par des routes et autoroutes. Les attractions, principalement sous forme de manèges, de personnages (costumés ou animatroniques), de films et de spectacles, sont réparties dans les 6 parcs, les hôtels et, dans une moindre mesure, dans deux quartiers dédiés au spectacle.

Le ticket d'entrée à Walt DisneyWorld est dénommé "Magic Your Way". Le ticket de base, qui permet d'accéder à un parc thématique durant une journée, coûte 99/93 $ par adulte/enfant 3-9 ans pour le Magic Kingdom, et 5 $ de moins pour les trois autres parcs. On y ajoute ensuite des journées et des options, soit lors de l'achat du ticket, soit à tout moment dans les 14 jours suivant la première utilisation du ticket. Reportez-vous p. 317 pour plus de détails sur la tarification.

Il est nécessaire d'acheter des billets pour pénétrer dans les parcs à thème ou aquatiques, mais les activités et spectacles des hôtels et des quartiers de divertissement de Disney ne nécessitent pas de billet.

➜ **Magic Kingdom** (p. 272). Peu de sensations fortes et beaucoup de nostalgie, avec le château de Cendrillon et des feux d'artifice tous les soirs.

➜ **Epcot** (p. 277). D'un côté des manèges, de l'autre des restaurants, boutiques et attractions sur le thème des pays.

Walt Disney World

➡ **Animal Kingdom** (p. 280).
À mi-chemin du zoo et de la foire de
province, où quand l'Afrique s'invite
à Disney.

➡ **Hollywood Studios** (p. 282).
Attractions basées sur des films
et personnages de Pixar.

➡ **Typhoon Lagoon** (p. 283). Parc
aquatique idéal pour les familles.

➡ **Blizzard Beach** (p. 284). Parc aquatique
avec descentes vertigineuses et virages
éprouvants.

➡ **Disney's BoardWalk** (p. 284).
Promenade intimiste au bord de l'eau,

avec quelques boutiques, restaurants
et divertissements ; pas de droit d'entrée.

➡ **Downtown Disney** (p. 284). Centre
commercial piétonnier en plein air, avec
des boutiques, des bars, des concerts
et autres divertissements ; pas de droit
d'entrée.

◉ Magic Kingdom

Lorsqu'ils pensent à Walt Disney World,
la plupart des gens songent au **Magic
Kingdom** (carte p. 270 ; ☑ 407-939-5277 ; www.
disneyworld.disney.go.com ; 1180 Seven Seas Dr ;
adulte/3-10 ans 99/93 $; ◷9h-21h, horaires

variables ; ▯Disney, ▯Disney, monorail Disney). C'est le "royaume enchanté" des princesses, des pirates et de la fée Clochette, où les rêves deviennent réalité et où tournent les manèges les plus classiques comme "It's a Small World" et "Space Mountain".

Entrez dans le parc sous la gare et continuez dans "Main Street, USA", qui reproduit les façades d'une petite ville américaine jusqu'au château de Cendrillon (Cinderella's Castle), symbole de l'imaginaire Disney. Un attelage et une automobile ancienne font continuellement la navette entre l'entrée du parc et le château (la plupart des visiteurs préfèrent marcher), d'où des sentiers rejoignent les 6 territoires.

Main Street, USA POINT DE REPÈRE

(carte p. 270 ; www.disneyworld.disney.go.com ; billet d'entrée au parc requis ; ◔9h-21h, horaires variables ; ▯ ; ▯Disney, ▯Disney, ▯Lynx 50, 56, monorail Disney). Conçu sur le modèle de la ville natale de Walt Disney, Marceline (dans le Missouri), l'animation de Main Street, USA est d'autant plus appréciable que l'on s'y balade sans but précis. Admirez les dioramas miniatures de Peter Pan et de Blanche-Neige dans les vitrines de la

LE TOP DU MAGIC KINGDOM

À l'exception de Space Mountain, Splash Mountain et l'effrayante introduction de la maison hantée, les attractions suivantes conviendront à tous les enfants. Tout juste inauguré, le Seven Dwarf's Mine Train de Fantasyland promet d'être le nouveau chouchou des montagnes russes pour enfants.

Mickey's Philharmagic Un film en 3D parfaitement conçu.

Space Mountain Grand 8 enfermé, dans le noir.

Pirates of the Caribbean Croisière dans l'univers des pirates.

Haunted Mansion Un manège lent au milieu des fantômes.

Festival of Fantasy La parade de jour.

Dream Along With Mickey Spectacle extérieur devant le château de Cendrillon.

Dumbo the Flying Elephant Le chouchou des bambins.

Mad Tea Party.

It's a Small World Voyage autour du monde en bateau.

Many Adventures of Winnie the Pooh Incontournable pour les fans de Winnie l'ourson.

Peter Pan's Flight (Re)découvrez l'histoire de Peter Pan lors de cet agréable vol au-dessus de Londres.

Jungle Cruise Disney dans ce qu'il a de plus aimablement mièvre.

Splash Mountain Un manège aquatique classique.

Monsters, Inc Laugh Floor Spectacle comique interactif.

Enchanted Tales with Belle Un adorable conte dans le cottage de Maurice.

rue, entrez pour regarder les anciens films Disney en noir et blanc ou faites emplette de souvenirs.

Fantasyland MANÈGE, SPECTACLE
(carte p.270 ; www.disneyworld.disney.go.com/new-fantasyland ; billet d'entrée au parc requis ; 9h-21h, horaires variables ; ; Disney, Disney, Lynx 50, 56, monorail Disney). Fantasyland est *la* raison d'un voyage à Disney pour les moins de 8 ans et les adultes fanatiques des grands classiques de Disney. Mais les adolescents peuvent s'ennuyer. Disney y a introduit de nombreux changements depuis 2013, comme les attractions sur le thème de *La Belle et la Bête* (*Beauty and the Beast*) et le **Seven Dwarfs Mine Train**, les montagnes russes inspirées des sept nains de *Blanche-Neige*.

Le château de la Bête compte dans ses murs Be Our Guest (p. 293), dernier-né des restaurants thématiques Disney et seul endroit du Magic Kingdom où l'on puisse acheter des boissons alcoolisées.

Incontestablement le meilleur spectacle en 3D de Disney, **Mickey's PhilharMagic** entraîne Donald dans une aventure loufoque à travers les chansons et les films classiques de Disney. Accompagnez-le sur le tapis d'Aladin dans les rues du Maroc et sentez le champagne vous éclabousser le visage au passage de la chanson *Be Our Guest* de *La Belle et la Bête*. Amusant, loufoque et enjoué, le meilleur de Disney. **Dream Along with Mickey** est un spectacle musical survitaminé où les vilains, les princesses, Mickey et Donald viennent danser et interpréter des scènes sur les marches du château de Cendrillon. Consultez votre *Times Guide* pour connaître les horaires.

It's a Small World est une gentille croisière autour du monde qui captive les enfants depuis ses débuts, en 1964 lors de l'Exposition universelle de New York. Des barques glissent lentement d'un pays à l'autre, parmi des décors fouillés et délicieusement surannés, peuplés du sol au plafond de centaines d'automates. Malgré les commentaires narquois, devenus classiques, sur l'impossibilité de se sortir cette mélodie de la tête pendant des semaines, nous trouvons que ce manège a quelque chose de touchant, de mélancolique presque. Les petits l'adorent et l'attente dure rarement plus de 10 minutes.

Montez à bord d'un vaisseau pirate et volez dans le ciel londonien à travers le brouillard et les étoiles jusqu'au Pays imaginaire (Never Never Land) dans **Peter Pan's Flight** ; traversez le Forêt des rêves bleus (Hundred Acre Wood) dans les **Many Adventures of Winnie the Pooh** et refaites le voyage de la Petite Sirène **Under the Sea: Journey of the Little Mermaid**. Les bambins adorent grimper sur **Dumbo the Flying Elephant**, qui tourne doucement, monte et descend, d'autant qu'ils peuvent contrôler leur altitude. L'attente est très longue et le tour de manège est très court : allez-y dès l'ouverture des portes. Inspirée d'Alice, la **Mad Tea Party** est un manège de tasses rotatives classique où les passagers décident eux-même de la vitesse de rotation.

Un tour à Fantasyland permet de croiser de nombreux personnages. Regardez un conte de fées dans la petite grotte de pierre du **Fairytale Garden** ; écoutez la Belle raconter une histoire dans **Enchanted Tales with Belle** ; rencontrez Ariel dans l'**Ariel's Grotto** et Gaston près de **Gaston's Tavern** ou faites la queue pour découvrir une brochette de princesses, dont Anna et Elsa (*La Reine des neiges*), au **Fairytale Hall**. Tout cela, naturellement, sans manquer Cendrillon, Mary Poppins, Alice ni les autres

figures tutélaires qui, tout sourires, hantent les lieux.

Adventureland MANÈGE, SPECTACLE
(carte p. 270 ; www.disneyworld.disney.go.com ; billet d'entrée au parc requis ; ☺9h-21h, horaires variables ; 📶 ; 🚍 Disney, 🚢 Disney, 🚌 Lynx 50, 56, monorail Disney). L'aventure à la Disney est toujours synonyme de pirates, jungles, tapis magiques, maisons dans les arbres, bêbêtes fantaisistes et lieux enchantés. Ne manquez pas **Pirates of the Caribbean** – ce lent circuit en intérieur sur un bateau, à travers l'univers sombre des pirates, demeure l'un des plus courus.

Les figures présentées au fil de ce parcours sont plutôt cocasses, mais il ne faut avoir ni peur du noir ni des pirates. Jack Sparrow est si convaincant, qu'on jurerait que c'est Johnny Depp. Le burlesque continue avec la **Jungle Cruise** (FastPass+ ; voir p. 281), mais cette fois le capitaine vous fera naviguer parmi les faux crocodiles, éléphants et singes, tout en se fendant des plaisanteries typiques de Disney World.

Les enfants aiment monter sur le tapis volant d'Aladin (**Magic Carpets of Alladin**), mais épargnez-vous la lente ascension des 116 marches (tout aussi bondées) pour voir la **Swiss Family Treehouse**, une réplique

---

COMMENT PROFITER DU WISHES NIGHTTIME SPECTACULAR

Pour assister à la parade nocturne du Magic Kingdom, rien de mieux que de se poster sur le trottoir de Main Street, juste après l'entrée. Ici, vous serez parfaitement placé pour contempler les feux d'artifice dits *Wishes Nighttime Spectacular* (p. 288) tirés au-dessus du château après le défilé. Vous pourrez aussi facilement sortir du parc et éviter la queue aux bus, bateaux et au monorail. Missionnez quelqu'un pour vous garder une place au moins une heure avant le début de la parade. Cette dernière et l'heure changent dans l'année – détails sur Internet. Autrement, vous pourrez vous dispenser de la parade, fuir la foule et regarder le ciel illuminé au loin.

Bateau Apportez une bouteille de vin et partez pour une croisière privée Specialty Fireworks Cruise. Pour une expérience plus tonique, avec des chansons, des histoires et un capitaine pirate, embarquez à bord du Pirates and Pals Fireworks Voyage.

Disney's Contemporary Resort Réservez jusqu'à 180 jours à l'avance pour le repas convoité sur le toit du California Grill (p. 297), ou optez pour un verre sur sa terrasse. Si vous n'avez pas réservé, venez une heure ou plus avant le spectacle, car le personnel ferme l'ascenseur une fois que le bar est plein.

Disney's Grand Floridian Resort & Spa Dégustez un verre de vin au Narcoossee's (p. 298) et asseyez-vous sur le quai. Pour vous isoler, promenez-vous sur la pelouse devant les chambres, côté lagon.

Chambres avec vue sur le lagon Plusieurs hôtels Disney de luxe, notamment le Grand Floridian (p. 289), le Contemporary Resort (p. 290)et le Polynesian Resort (p. 290), proposent des chambres avec vue sur le Magic Kingdom.

Disney's Polynesian Resort Sirotez un cocktail sur la plage.

de la maison dans les arbres de la famille du livre et du film *Les Robinson suisses*. Des oiseaux animatroniques chantent et dansent à la mode hawaïenne dans l'**Enchanted Tiki Room**, une attraction aussi mièvre qu'étrange inaugurée en 1963, et qui reste l'objet d'un certain culte. Il n'y a pas la queue et c'est l'endroit idéal pour se détendre un moment à l'abri de la chaleur.

Frontierland
MANÈGE, SPECTACLE

(carte p. 270 ; www.disneyworld.disney.go.com ; billet d'entrée au parc requis ; 9h-21h, horaires variables ; ; Disney, Disney, Lynx 50, 56, monorail Disney). Ce territoire, centré sur les États-Unis, rend hommage, à la façon Disney, à l'Ouest et au Sud d'antan. **Splash Mountain** dépeint les turpitudes de Bibi Lapin, Basile et Boniface, occupés à vivre leurs aventures parmi des grenouilles babillardes, des canards chanteurs et autres créatures. La chute dans la rivière à 60 km/h est l'un des plus grands frissons du parc. On en ressort très, très mouillé ! Pas de chute raide ni de virage serré pour le **Big Thunder Mountain Railroad** : idéal pour les petits. Cette équipée "la plus folle dans la nature sauvage" vous emmènera dans des montagnes désertiques et dans une cave pleine de chauves-souris, parmi les cactus et les geysers. Pour éviter l'interminable file d'attente, réservez cette attraction avec Fast-Pass+, qui donne droit à trois réservations.

Certains qualifient la **Tom Sawyer Island** de refuge tranquille, mais c'est une île décevante. Conçue pour le Disneyland de Californie en 1955, elle était censée être un terrain d'aventures, mais a bien mal vieilli.

Tomorrowland
MANÈGE, SPECTACLE

(carte p. 270 ; www.disneyworld.disney.go.com ; billet d'entrée au parc requis ; 9h-21h, horaires variables ; ; Disney, Disney, Lynx 50, 56, monorail Disney). Si le futur vu depuis les années 1960 n'a rien d'un scoop, Tomorrowland n'en compte pas moins plusieurs attractions phares de Disney. Venez à la première heure ou en utilisant votre Fast-Pass+ au **Space Mountain**, des montagnes russes fermées qui vous emmèneront dans une version rétrofuturiste de l'espace intersidéral que ne renierait pas Jules Verne, et au **Buzz Lightyear's Space Ranger Spin**, à mi-chemin entre le manège et le jeu vidéo.

Dans la comédie interactive **Monsters, Inc Laugh Floor**, les monstres du film *Monstres et compagnie* doivent engranger des rires au lieu de cris de terreur – le

public doit les leur fournir. C'est drôle et chaque représentation est différente. Les enfants peuvent appuyer sur le champignon de voitures de course au Indy Speedway, mais les bolides sont fixés à la piste et on ne contrôle pas le volant. Les enfants doivent mesurer 1,30 m minimum pour "conduire" une voiture.

Liberty Square
MANÈGE, SPECTACLE

(carte p. 270 ; www.disneyworld.disney.go.com ; billet d'entrée au parc requis ; 9h-21h, horaires variables ; Disney, Disney, Lynx 50, 56, monorail Disney). Cette demeure de style XIXe siècle délabré renferme la **Haunted Mansion** (maison hantée), autre classique et seul vrai manège de Liberty Sq. Traversez lentement la salle à manger hantée, où dansent des apparitions, mais attention aux fantômes qui font du stop – ne soyez pas surpris s'ils sautent à l'improviste dans votre voiture !

Les fantômes n'ont rien de terrifiant, mais les petits peuvent avoir peur pendant l'introduction. Toutes sortes de souvenirs relatifs à des présidents américains décorent l'espace d'attente du **Hall of Presidents**. Le public est guidé dans une salle pour voir un panégyrique d'histoire américaine, au terme duquel tous les présidents sont assemblés sur scène.

Rose Garden
JARDIN

(carte p. 270 ; www.disneyworld.disney.go.com ; billet d'entrée au parc requis ; 9h-21h, horaires variables ; Disney, Disney, Lynx 50, 56, monorail Disney). Besoin de lever le pied ? Le pavillon couvert au bord de l'eau, près du pont à droite du château de Cendrillon, est l'endroit idéal pour grignoter un en-cas et se reposer un peu. Représenté mais pas légendé sur la carte du Magic Kingdom, vous trouverez ce havre de tranquillité sur le chemin de Tomorrowland.

❶ Comment s'y rendre et circuler

➤ Les seuls moyens de transports directs vers le Magic Kingdom sont le bateau ou le monorail depuis le Contemporary Resort, le Grand Floridian ou le Polynesian Resort ; le bateau depuis le Fort Wilderness Resort et le Wilderness Lodge ; le ferry ou le monorail depuis le Transportation & Ticket Center, ou le bus depuis tous les hôtels Disney.

➤ Si vous êtes en voiture, vous devrez vous garer au Transportation & Ticket Center puis prendre le monorail ou le ferry jusqu'au parc. Avec son parking gigantesque et des files

CONSEILS POUR RÉUSSIR SES VACANCES EN FAMILLE À DISNEY

On attend toujours beaucoup d'un séjour à Disney, et la réalité peut se révéler décevante. Les files sont interminables et les bousculades et cohues ont de quoi fatiguer. Organisez votre séjour à l'avance en étant attentif aux détails. Réservez pour dîner, planifiez où et quand aller en fonction des horaires des spectacles et défilés, définissez les attractions prioritaires puis réservez des FastPass+ adaptés à vos choix... Et soyez prêt à tout annuler si vos enfants décident de se coucher tard et de jouer dans la piscine jusqu'au bout de la nuit ! Le tout, c'est de se montrer à la fois organisé et adaptable. Voici quelques astuces :

Achetez des billets couvrant plus de jours que prévus initialement Le tarif journée va décroissant et vous aurez ainsi la liberté de délaisser les parcs d'attractions, le temps de vous détendre à la piscine ou de découvrir des sites plus paisibles dans les environs.

Logez dans un hôtel de Walt Disney World Il est tentant de faire des économies en logeant ailleurs, mais séjourner dans un hôtel de Walt Disney World vous facilitera la vie. Ne vous attendez pas à des chambres ou un service en rapport avec les tarifs : vous payez l'emplacement.

Tirez parti du My Disney Experience Réservez vos 3 attractions en FastPass+ (p. 281) jusqu'à 30 jours à l'avance (60 jours pour les clients des hôtels) – cela vous assurera trois coupe-files par jour.

Faites des provisions d'en-cas Même si vous vous contentez de pain et de beurre de cacahuète, vous éviterez les files d'attente stressantes pour de la nourriture chère et insipide.

Arrivez au parc au moins 30 minutes avant l'ouverture des portes Ne perdez pas de temps dans les boutiques – gagnez directement les manèges puis détendez-vous l'après-midi. Si cela vous semble possible seulement une fois pendant votre séjour, faites-le au Magic Kingdom. Assistez à la cérémonie d'ouverture et soyez parmi les premiers à pénétrer dans le parc.

Accélérez, ralentissez Oui, il est parfois bon de se presser car cela peut éviter de longues files d'attente, mais accordez-vous quelques jours pour calmer le rythme et suivre les humeurs de vos petits.

Enregistrez le numéro de réservation des restaurants Disney dans votre portable Lorsque vous aurez une idée du lieu où vous serez à l'heure du repas, appelez le ☎ 407-939-3463 pour réserver dans un restaurant de l'un des quatre parcs à thème, des hôtels Disney ou des deux zones commerciales de Disney. Vérifiez aussi les annulations de dernière minute pour les dîners-spectacles et les repas avec les personnages. Interrompez le message enregistré en pressant la touche "0" jusqu'à ce que vous tombiez sur un opérateur.

interminables pour prendre les navettes, le Transportation & Ticket Center peut s'avérer infernal. Tout le monde est énervé et fatigué, et les bonnes manières sont oubliées, ce qui assombrit souvent la fin d'une journée magique.

➡ Vous pourrez rejoindre les *resorts* du Magic Kingdom en monorail ou en bateau, puis prendre un taxi jusqu'à votre hôtel. Cette solution est particulièrement appréciable si vous avez réservé pour le petit-déjeuner ou pour le dîner dans l'un de ces complexes hôteliers, dont beaucoup proposent de prendre son repas avec un personnage, et le parking est gratuit dans les hôtels du complexe si l'on a réservé au restaurant. Il est possible de se rendre au Magic Kingdom en monorail depuis Epcot, mais il faut changer de train au Transportation & Ticket Center.

➡ Un attelage et une automobile ancienne transportent les visiteurs dans les deux sens sur Main Street, USA, entre l'entrée du parc et le château de Cendrillon. Le Walt Disney World Railroad, petit train à ciel ouvert, suit les limites du parc et s'arrête à Main Street, USA et Frontierland.

◉ Epcot

Dénué de montagnes russes crissant au-dessus des têtes, de parade, de manège

RENCONTRER LES PERSONNAGES DISNEY

Des visiteurs de tous âges dépensent beaucoup d'argent et passent un temps fou à faire la queue pour se faire photographier avec Winnie l'ourson, Blanche-Neige ou Donald. Cela paraît curieux, mais une fois sur place, même les plus durs à cuire craquent. Visitez www.disneyworld.disney.go.com pour dénicher les opportunités de se glisser près d'une princesse, d'un méchant ou d'un ami à plumes. Les rencontres avec les personnages dans les hôtels ne requièrent pas un billet valide au parc.

Disney Character Dining (☎407-939-3463 ; www.disneyworld.disney.go.com ; parcs d'attractions et hôtels Disney ; 30-60 $/pers). Les repas avec personnages n'ont rien de gastronomique ni d'intime – l'ambiance peut être bruyante et chaotique. Les personnages évoluent dans la salle, s'arrêtant quelques instants à chaque table pour poser pour le photographe et signer les autographes. Réservation jusqu'à 6 mois (oui, 6 !) à l'avance pour l'un des 15 repas avec personnages proposés par Disney World.

Le Grand Floridian (p. 289) organise un buffet petit-déjeuner en présence de Winnie, Mary Poppins et Alice ainsi que d'une **Perfectly Princess Tea Party**. Au **Chef Mickey's** du Contemporary Resort (p. 290), les petits-déjeuners et dîners font salle comble avec Dingo et Donald, tandis qu'au **Akershus Royal Banquet** du Norway à Epcot, les princesses répondent présentes. Enfin, Winnie et ses amis se restaurent trois fois par jour au **Crystal Palace** du Magic Kingdom.

Repaires de personnages (☎407-939-4277 ; www.disneyworld.disney.go.com ; parcs Walt Disney World ; accès au parc requis). Chaque parc de Walt Disney World dispose de repaires fréquentés par des personnages. Il suffit de faire la queue (et d'attendre) pour les rencontrer et prendre une photo avec eux. Certains repaires – comme Enchanted Tales with Belle – incluent une courte performance. Le plan et le Times Guide indiquent les heures et endroits pour retrouver vos célébrités favorites. Mais ouvrez l'œil, car certaines surgissent inopinément !

Les files d'attente à l'Animal Kingdom sont souvent plus courtes que dans les autres parcs, et l'on peut réserver beaucoup de rencontres en FastPass+ grâce au **My Disney Experience** (voir p. 281).

Cinderella's Royal Table (carte p. 270 ; ☎407-934-2927 ; www.disneyworld.disney.go.com ; Cinderella's Castle, Magic Kingdom ; adulte 60-75 $, enfant 36-45 $; ◷8h-10h40, 11h45-14h40, 16h-22h ; 🐾👶 ; 🚌Disney, ⛴Disney, 🚐Lynx 50, 56, monorail Disney). Cendrillon accueille les invités et pose pour la photo (comprise dans le prix), puis un repas à table avec les princesses est servi à l'étage. C'est l'unique moyen pour manger dans l'iconique château. Réservations 6 mois à l'avance. Horaires variables.

Chip 'n' Dale Campfire Singalong (carte p. 270 ; ☎407-939-7529 ; www.disneyworld.disney.go.com ; 4510 N Wilderness Trail, Disney's Fort Wilderness Resort ; ◷19h l'hiver, 20h l'été ; 🚌Disney, ⛴Disney). Comptant parmi les meilleures options de Disney, ce moment intime et tranquille permet de chanter et danser avec Tic et Tac (Chip and Dale) autour d'un feu où dorent des Chamallows, puis de voir un film Disney à la belle étoile. Il y a un film différent chaque soir, mais Disney ne mentionne pas lequel sur son site – appelez ou cherchez sur Internet.

Les généreuses portions de S'more coûtent 7 $. Il y a des bancs constitués de bûches, mais mieux vaut amener une couverture et des coussins où se blottir. Les voitures sont interdites dans Fort Wilderness (p. 289), il y a un parking à gauche après le portail. Autrement, prenez un bus ou un bateau Disney jusqu'au complexe puis la navette jusqu'à la Meadow Recreation Area.

aquatique, mais foisonnant de verdure, **Epcot** (carte p. 270 ; ☎407-939-5277 ; www.disneyworld.disney.go.com ; 200 Epcot Center Dr ; adulte/3-10 ans 90/84 $; ◷9h-18h, horaires variables ; 🚌Disney, ⛴Disney, monorail Disney) donne à apprécier un pan plus calme de Disney World. Faites une pause, respirez les encens du Maroc, écoutez les Beatles au Royaume-Uni et dégustez une soupe miso au Japon.

Ce parc est divisé en deux parties. **Future World** accueille les deux seuls manèges à sensation d'Epcot. Il se compose de plusieurs pavillons contenant chacun des attractions, des restaurants, des points de rencontre avec les personnages, séparés par des pelouses, des fontaines et des jardins. **World Showcase** contient 11 reconstitutions de pays, dont des articles et autres denrées sont également mis en vente. La carte du parc n'indique qu'une entrée, mais il y en a deux. L'entrée principale, à côté de la gare des bus et de celle du monorail, se situe au niveau du dôme géodésique de Spaceship Earth, dans le Future World. L'entrée secondaire, indiquée **International Gateway**, achemine vers la reconstitution du Royaume-Uni les visiteurs à pied ou ceux qui arrivent en bateau depuis le BoardWalk, Hollywood Studios et les hôtels d'Epcot. Vous trouverez aux deux entrées des consignes ainsi que des poussettes et des fauteuils roulants à louer.

Chaque pays du World Showcase propose des spectacles musicaux, comiques ou de danse ; consultez votre *Times Guide* pour les horaires. Les petits pourront se rafraîchir dans la fontaine juste avant le pont central entre le Future World et le World Showcase.

💙 **World Showcase** ATTRACTION

(www.disneyworld.disney.go.com ; billet d'entrée au parc requis ; ⊙ 9h-18h, horaires variables ; 🚍 Disney, 🚤 Disney, monorail Disney). Pas de passeport ni de décalage horaire pour sillonner le monde ici, à Walt Disney World. World Showcase, une des deux sections thématiques d'Epcot, regroupe 11 pays autour d'une lagune. Après un moment d'exploration et d'éventuelles emplettes, vous pourrez vous installer et contempler les feux d'artifice tirés en l'honneur de la paix et de l'harmonie dans un monde dont Disney avait raison de dire qu'il n'était pas si grand.

Certes, c'est là une vision stéréotypée et aseptisée du monde, mais quoi de plus normal dans un parc à thème… Et, qui sait, peut-être votre passage ici vous donnera-t-il envie de planifier votre prochain voyage. Quoi qu'il en soit, c'est une manière plaisante de donner aux enfants un aperçu de notre planète.

Pour profiter au mieux de World Showcase, baladez-vous au gré de votre humeur, flânez dans les boutiques et les restaurants et profitez des films promotionnels présentés au bureau du tourisme et des manèges tranquilles installés dans certains pays.

Donald Duck et ses comparses vous emmèneront au Mexique pour un **Gran Fiesta Tour Starring the Three Caballeros** ; en Norvège, où l'attraction **Maelstrom** vous embarquera parmi les Vikings et les trolls sur fond de cascades ; quant au spectacle **American Adventure**, il vous présentera une version simplifiée de l'histoire des États-Unis, illustrée au moyen de personnages animatroniques synchronisés à une bande sonore. Les pays représentés (de gauche à droite autour de l'eau) sont le Mexique, la Norvège, la Chine, l'Allemagne, l'Italie, les États-Unis (*The American Adventure*), le Japon, le Maroc, la France, le Royaume-Uni et le Canada.

💙 **Soarin'** MANÈGE

(carte p. 270 ; www.disneyworld.disney.go.com ; Future World ; billet d'entrée au parc requis ; ⊙ 9h-18h, horaires variables ; 🚍 Disney, 🚤 Disney, monorail Disney). Voltigez, montez, descendez devant l'écran qui vous fait survoler des vergers d'agrumes, des terrains de golf, des montagnes, des côtes, des rivières et des villes de Californie et, bouquet final, un vol au cœur des feux d'artifice, au-dessus du château de Cendrillon. Vous sentirez le parfum des oranges et vos pieds frôleront les surfeurs.

Pas effrayant pour un sou, mais les agoraphobes peuvent se sentir mal à l'aise. Utilisez le FastPass+ ou commencez par là le matin, car c'est une des meilleures attractions du parc, parmi celles adaptées à tous les âges, et elle est donc très courue. Quand votre tour arrivera enfin, demandez un siège devant afin de ne pas être distrait par les pieds ballants des autres participants.

Seas with Nemo & Friends Pavilion MANÈGE, SPECTACLE

(carte p. 270 ; www.disneyworld.disney.go.com ; Future World ; billet d'entrée au parc requis ; ⊙ 9h-18h, horaires variables ; 🚍 Disney, 🚤 Disney, monorail Disney). Les enfants de moins de 10 ans ne manqueront aucun prétexte les deux attractions Nemo de ce pavillon. Parcourez l'océan avec Nemo sur un coquillage au **Seas with Nemo & Friends** et causez avec Crush dans l'attraction interactive **Turtle Talk with Crush**, une attraction phare.

Dans une petite pièce bleue, un grand écran, une dizaine de rangées de bancs, et un espace pour les enfants devant. Crush parle aux enfants qui le regardent et plaisante sur les algues qui lui font faire des bulles. Dory apparaît, la baleine l'aplatit sur l'écran, et les bambins rient de bon cœur.

Test Track
MANÈGE

(carte p. 270 ; www.disneyworld.disney.go.com ; Future World ; billet d'entrée au parc requis ; 9h-18h, horaires variables ; Disney, Disney, monorail Disney). À bord d'une voiture, affrontez la chaleur, le froid et les tests d'accélération, de freinage et d'accident. À un moment donné, un énorme semi-remorque foncera sur vous en vous aveuglant de ses phares et en klaxonnant. En test d'accélération, la voiture fait des pointes à 90 km/h sur une distance très courte, mais il y a peu de virages et pas de descentes.

À l'entrée du manège, on peut pratiquement concevoir son propre véhicule ; à la sortie, vous trouverez de nombreux jeux et simulateurs sur le thème de l'automobile.

Mission Space
MANÈGE

(carte p. 270 ; www.disneyworld.disney.go.com ; Future World ; billet d'entrée au parc requis ; 9h-18h, horaires variables ; Disney, Disney, monorail Disney). Voici l'un des deux manèges à sensation de Future World. Attaché dans le cockpit d'un petit vaisseau spatial de 4 places, vous vous y trouverez projeté dans l'espace. Bien qu'il s'agisse d'une simulation et que la vitesse en soit modérée, des nausées peuvent en résulter et les avertissements ont de quoi décourager les estomacs les mieux accrochés. Cependant, deux options s'offrent à vous, l'une moins intense que l'autre.

Club Cool
ATTRACTION

(carte p. 270 ; www.disneyworld.disney.go.com ; Future World, Epcot ; billet d'entrée au parc requis ; 9h-18h, horaires variables ; Disney, Disney, monorail Disney). Le Club Cool distribue des échantillons gratuits de boissons sans alcool qui proviennent d'autres pays mais ne sont pas vendues aux États-Unis. Goûtez le Smart Watermelon de Chine, le Vegitabeta du Japon et le Beverley d'Italie, entre autres.

Spaceship Earth
MANÈGE

(carte p. 270 ; www.disneyworld.disney.go.com ; Future World ; ticket d'entrée au parc requis ; 9h-18h, horaires variables ; Disney, Disney, monorail Disney). Spaceship Earth tient d'un parcours dans le temps et l'histoire technique humaine, mené dans la sphère géodésique emblématique d'Epcot.

Ellen's Energy Adventure
MANÈGE

(carte p. 270 ; 407-939-5277 ; www.disneyworld. disney.go.com ; Future World ; billet d'entrée au parc requis ; 9h-18h, horaires variables ; Disney, Disney, monorail Disney). Cette attraction de 45 minutes est le manège le plus étrange d'Orlando, voire de Floride. Au gré d'une scénographie tarabiscotée – l'actrice Ellen DeGeneres doit y gagner au jeu télévisé Jeopardy! –, vous embarquerez pour un voyage dans l'histoire afin de découvrir les sources d'énergie. Installé dans un véhicule de 96 places, vous glissez doucement dans le noir pour un périple qui vous emmènera au crétacé.

D'énormes dinosaures évolueront alentour et Ellen en affrontera un particulièrement menaçant. Le film abordera ensuite l'énergie éolienne, hydraulique et d'autres sources d'énergie alternatives, et s'achèvera sur la victoire d'Ellen au Jeopardy ! Le tout est plutôt bizarre.

Comment s'y rendre et circuler

→ Un bateau et un sentier au bord de l'eau, goudronné et bien éclairé, relient Epcot à Hollywood Studios, Disney's BoardWalk et à quelques complexes hôteliers d'Epcot. Le monorail assure une liaison directe entre Epcot et le Transportation & Ticket Center ; de là, prendre un monorail ou le ferry jusqu'au Magic Kingdom. Les bus Disney partant de l'entrée principale d'Epcot rejoignent les complexes hôteliers Disney ainsi qu'Hollywood Studios et Animal Kingdom.

→ Dans le parc, un bateau navette dessert le Maroc et l'Allemagne. Départ des deux embarcadères juste devant le Future World.

Animal Kingdom

À l'écart du reste de Disney, à la fois géographiquement et dans l'esprit, **Animal Kingdom** (carte p. 270 ; 407-939-5277 ; www.disneyworld.disney.go.com ; 2101 Osceola Pkwy ; adulte/enfant 90/84 $; 9h-18h, horaires variables ; Disney) tente de mêler zoo et parc à thème, carnaval et safari africain, le tout mâtiné d'une bonne dose de personnages Disney, d'histoires et de magie. Le résultat est parfois curieux. Les deux manèges les plus populaires sont le Kilimanjaro Safari et l'Expedition Everest, situés aux deux extrémités du parc.

Autour de Discovery Island, de courts sentiers desservent des coins tranquilles au bord de l'eau où quelques bancs vous attendent pour vous détendre en grignotant. Vous pourrez apercevoir des animaux comme des tortues ou des singes.

MY DISNEY EXPERIENCE : FASTPASS+ ET MAGICBAND

FastPass+ est conçu pour permettre de préparer son séjour en avance et réduire le temps d'attente aux attractions. Il remplace le FastPass papier depuis 2014. Les visiteurs peuvent réserver une heure précise pour 3 manèges différents par jour grâce à **My Disney Experience** (☎407-828-8739 ; www.disneyworld.disney.go.com), accessible par internet ou via une application dédiée (gratuite).

Les clients des hôtels reçoivent, eux, un MagicBand – un bracelet en plastique servant de clé, de billet d'entrée, de FastPass+ et de note pour la chambre. Une fois votre hébergement réservé, vous pourrez configurer votre compte My Disney Experience et commencer à planifier votre séjour jour par jour. Le MagicBand vous sera envoyé au préalable ou vous sera remis à votre arrivée dans l'hôtel. Votre itinéraire est automatiquement enregistré sur votre bracelet – y compris tous les changements effectués via l'application ou en ligne.

Dans le parc, vous pourrez vous rendre aux attractions sélectionnées en FastPass+ à n'importe quel moment, pourvu que vous vous trouviez dans l'heure réservée. Présentez-vous à l'entrée Fastpass+ et scannez votre MagicBand : votre tour viendra en moins de 15 minutes. Le principe est simple, mais il peut y avoir des surprises. Les informations suivantes vous aideront à facilement optimiser sa mise en pratique.

➡ Si vous logez dans un hôtel Disney, vous pourrez accéder à My Disney Experience et commencer à réserver les attractions en FastPass+ jusqu'à 60 jours à l'avance. Les clients du parc qui n'y résident pas disposent de 30 jours de moins.

➡ Vous pourrez recourir au Faspass+ pour les manèges, les repaires des personnages (où l'attente rivalise parfois avec les attractions les plus populaires), les feux d'artifice, les parades et les spectacles.

➡ Certains parcs utilisent un système FastPass+ nivelé : il faut alors choisir une attraction du groupe 1 et deux du groupe 2.

➡ Réservez une table ou un dîner avec personnages par le biais de My Disney Experience.

➡ N'hésitez pas à modifier vos sélections via le site ou l'application mobile. Une fois vos trois attractions FastPass+ sélectionnées, vous pourrez ajouter gratuitement des FastPass+ supplémentaires aux kiosques sur place. Attention : il faut avoir épuisé les trois réservations initiales avant d'en rajouter de nouvelles.

➡ Ne dépensez pas vos options FastPass+ pour des attractions qui n'ont pas de longues files. Programmez attentivement votre journée pour maximiser l'intérêt de ce système. Les sites d'organisation de séjours à Disney fourmillent d'astuces précieuses. Dans Magic Kingdom, les queues pour Peter Pan's Flight, Big Thunder Mountain Railroad, Enchanted Tales with Belle et Space Mountain peuvent n'en plus finir. Répartissez vos réservations sur trois de ces attractions au long de l'après-midi, car, le matin, les files sont plus courtes et la patience comme l'énergie de chacun encore intactes.

➡ Visitez le site Internet ou appelez pour des informations à jour, car le système évolue constamment.

ORLANDO ET WALT DISNEY WORLD WALT DISNEY WORLD

Oasis ZOO
(carte p. 270 ; www.disneyworld.disney.go.com ; billet d'entrée au parc requis ; ☉9h-18h, horaires variables ; 🎫 ; 🚌Disney). Première section à thème d'Animal Kingdom, Oasis abrite de sympathiques créatures, dont un fourmilier géant, mais mieux vaut passer d'abord aux autres attractions et s'arrêter ici en repartant.

Discovery Island SPECTACLE
(carte p. 270 ; www.disneyworld.disney.go.com ; billet d'entrée au parc requis ; ☉9h-18h, horaires variables ; 🚌Disney). L'unique attraction de l'île est **It's Tough to Be a Bug!**, film en 4D sur le thème du dessin animé *1001 pattes* comprenant des moments d'obscurité, de fumée artificielle et de lumières violentes. Bien qu'amusant et mignon, ce spectacle

peut faire peur aux petits – on y entend souvent des enfants pleurer à la fin.

Africa
MANÈGE, SPECTACLE

(carte p.270 ; www.disneyworld.disney.go.com ; billet d'entrée au parc requis ; ☺9h-18h, horaires variables ; 🖥Disney). Parcourez la savane africaine à bord d'une jeep dans **Kilimanjaro Safaris**, et arrêtez-vous pour admirer zèbres, lions, girafes, etc., laissés à s'ébattre sur un terrain de savane reconstituée de près de 45 ha. C'est une des attractions les plus prisées d'Animal Kingdom : venez-y de bonne heure ou utilisez votre FastPass+. Bien que le **Festival of the Lion King** – spectacle dansé et chanté inspiré du *Roi Lion* – reçoive des éloges dithyrambiques, nous l'avons trouvé franchement décevant.

Le sentier luxuriant du **Pagani Forest Exploration Trail** permet de voir des gorilles, des hippopotames, une admirable exposition de chauves-souris et d'adorables rats-taupes.

Asia
MANÈGE, SPECTACLE

(carte p. 270 ; www.disneyworld.disney.go.com ; billet d'entrée au parc requis ; ☺9h-18h, horaires variables ; 🖥Disney). Cette section regroupe deux des manèges les plus prisés d'Animal Kingdom : **Expedition Everest**, des montagnes russes mâtinées de yéti ; et **Kali River Rapids**, un manège aquatique. Chouettes et faucons pèlerins fascinent le public de **Flights of Wonder**. Les dialogues sont un peu réchauffés mais les animaux n'en sont pas moins impressionnants lorsqu'ils volent au-dessus des têtes.

Maharajah Jungle Trek est un sentier scénarisé et autoguidé que l'on parcourt en croisant au passage des tigres du Bengale, des chauves-souris géantes et des dragons de Komodo.

Dinoland
MANÈGE, ATTRACTION

(carte p.270 ; www.disneyworld.disney.go.com ; billet d'entrée au parc requis ; ☺9h-18h, horaires variables ; 🖥Disney). Ce curieux endroit d'inspiration paléontologique tient plus du carnaval fatigué que de la magie de Disney avec ses dinosaures en plastique tape-à-l'œil et ses attractions foraines. Mais les petits aimeront les montagnes russes pour enfants **Primeval Whirl**, et le manège aquatique **Dinosaur** se révèle très plaisant avec son côté *Jurassic Park*. Soyez prévenu, ça mouille !

Rafiki's Planet Watch
ZOO

(carte p.270 ; www.disneyworld.disney.go.com ; billet d'entrée au parc requis ; ☺9h-18h, horaires variables ; 🐾 ; 🖥Disney). Des vétérinaires soignent les animaux malades ou blessés à la **Conservation Station** et l'on a parfois le droit d'approcher les animaux. On peut aller voir les adorables tamarins, des singes miniatures, et caresser les moutons et les chèvres à l'**Affection Section** mais, en fin de compte, le **Wildlife Express Train** que l'on emprunte pour y venir est peut-être le meilleur atout de ce drôle d'endroit.

ℹ Depuis/vers Animal Kingdom

Les bus Disney s'arrêtent à Animal Kingdom, mais le trajet peut prendre 45 minutes voire plus. Un parking est aménagé à l'entrée du parc.

◉ Hollywood Studios

Le moins séduisant des parcs à thème de Walt Disney World, **Hollywood Studios** (carte p. 270 ; 📞407-939-5277 ; www.disneyworld. disney.go.com ; 351 S Studio Dr ; adulte/3-10 ans 90/84 $; ☺9h-18h, horaires variables ; 🖥Disney, 🍽Disney) n'a rien du charme ancien du Magic Kingdom, des délices sophistiqués d'Epcot ou du divertissement kitsch d'Animal Kingdom. Il est censé rappeler l'âge d'or d'Hollywood, avec une réplique du Chinese Theatre de Graumann et du Hollywood Brown Derby, mais la plupart des attractions sont directement inspirées du XXIe siècle. Des gadgets souvenirs Hannah Montana s'alignent dans les boutiques, les hurlements provenant de la Tower of Terror (tour de la Terreur) résonnent dans tout le parc et les aspirants au simulacre d'*American Idol* (*La Nouvelle Star* américaine) font la queue pour vivre un instant de gloire.

Le chapeau de sorcier de 40 m de haut sert de point de repère dans le parc. Prenez à droite dans Sunset Blvd pour les grands manèges, le spectacle de *La Belle et la Bête* et Fantasmic! (animation nocturne spectaculaire), et à gauche vers New York pour les attractions cinématographiques.

Inutile d'y passer la journée, mais vous trouverez ici des attractions phares du parc Disney – le mieux est d'arriver à la première heure, de déjeuner sur place puis d'aller se détendre au bord de la piscine ou, si vous possédez un ticket Park Hopper, de prendre le bateau pour aller passer l'après-midi au World Showcase d'Epcot.

LE MEILLEUR DES HOLLYWOOD STUDIOS

Quelques joyaux brillent dans le capharnaüm des Hollywood Studios, notamment le Sci-Fi Dine-In Theater (p. 295) et le 50's Prime Time Cafe (p. 295), lesquels figurent parmi les deux meilleurs restaurants à thème de Disney (réservation recommandée). Les trois premières attractions listées ci-après sont extrêmement populaires, alors faites usage du FastPass+ ! Attention, le système actuel ne permet pas de réserver à la fois Rock 'n' Roller Coaster et Toy Story Mania!.

Twilight Zone Tower of Terror (Sunset Blvd). Chute libre en ascenseur dans un hôtel hanté, un grand classique Disney.

Rock 'n' Roller Coaster (Sunset Blvd). Grand huit en intérieur, rythmé au casque par un morceau d'Aerosmith.

Toy Story Mania! (Pixar Pl). Une aventure dans un jeu vidéo en 3D !

Star Tours: The Adventure Continues (Echo Lake). Embarquez à bord du Star Speeder 1000 dans ce simulateur de vol en 3D basé sur *Star Wars*.

Beauty and the Beast – Live on Stage (Sunset Blvd). Spectacle en plein air tiré du fameux conte. Un des meilleurs de Disney.

Voyage of the Little Mermaid (Animation Courtyard). Comédie musicale live pleine de créatures marines bigarrées et de bulles. Magnifiquement exécuté mais trop court.

Legend of Captain Jack Sparrow (Mickey Ave). La visite de *Pirates of the Caribbean* est agrémentée d'effets spéciaux de flibustiers.

Animation Academy COURS

(carte p. 270 ; www.disneyworld.disney.go.com ; billet d'entrée au parc requis ; ✆ à partir de 10h30, ttes les demi-heures ; 🚻 ; 🔲 Disney, 🍴 Disney). Dessinez votre personnage Disney préféré lors d'un cours dispensé par un professionnel de Disney. Environ 40 tables à dessin sont garnies de papier et de crayons, et votre œuvre restera peut-être l'un des plus beaux souvenirs de votre voyage !

Jedi Training Academy COURS

(carte p. 270 ; www.disneyworld.disney.go.com ; billet d'entrée au parc requis ; ✆ à partir de 9h, jusqu'à 12 séances/jour). À chaque séance, douze bambins revêtent la robe marron, prêtent le serment des Jedi et empoignent le sabre laser pour s'entraîner sur scène avec un maître de l'Ordre. Les premiers arrivés sont les premiers servis : rendez-vous à Hollywood Studios à l'ouverture et faites la queue à l'ABC Sound Studio pour vous inscrire à l'un des cours de la journée. De 4 à 12 ans.

ℹ️ Depuis/vers Hollywood Studios

➜ Une allée goudronnée en bord de l'eau et un bateau-navette relient Hollywood Studios, le BoardWalk, les *resorts* d'Epcot (BoardWalk Inn, Yacht Club, Beach Club, Swan et Dolphin) et Epcot. Comptez environ 25 minutes à pied entre Epcot et Hollywood Studios ; bien qu'agréable, cette allée n'est pas signalisée : rejoignez le BoardWalk et demandez votre chemin. Les bus Disney vous transporteront vers les autres parcs, les hôtels et le Transportation & Ticket Center, moyennant parfois une correspondance.

➜ On ne peut pas prendre le monorail jusqu'à Epcot puis rejoindre Hollywood Studios à pied ou en bateau à moins de posséder un ticket Park Hopper. Le monorail s'arrête devant l'entrée principale d'Epcot alors que l'accès à Hollywood Studios se fait par l'entrée arrière d'Epcot.

👁️ Typhoon Lagoon et Blizzard Beach

En plus de ses 4 parcs à thème, Disney s'enorgueillit de 2 parcs aquatiques. Si Blizzard Beach est le plus propice aux frissons, Typhoon Lagoon possède la meilleure piscine à vagues. Du reste, les familles avec de petits enfants préféreront ce dernier pour sa fantastique piscine-rivière et son aire de jeux pour les bambins. Et il y a de la place sur la plage pour jouer et s'éclabousser.

Préparez-vous à attendre plus d'une demi-heure pour un manège qui durera moins d'une minute, et fiez-vous aux panneaux : s'ils affichent 60 minutes d'attente, vous n'attendrez pas moins. Oui, 60 minutes pour *une* glissade. Les deux parcs possèdent des fast-foods et un bar extérieur avec piscine.

Les horaires des parcs aquatiques varient selon les saisons et les jours mais ils sont généralement ouverts de 10h à 17h et de 9h à 22h en été. L'un des parcs est fermé pour ravalement de fin octobre à février.

Typhoon Lagoon   PARC AQUATIQUE
(carte p. 270 ; ☑407-560-4120, 407-939-5277 ; www.disneyworld.disney.go.com ; 1145 Buena Vista Dr ; adulte/enfant 53/45 $, inclus dans l'option Water Park Fun & More du ticket Magic Your Way ; ⏱horaires variables ; 🚌Disney). Ses nombreux palmiers, sa piscine à pente douce avec plage de sable blanc, ses toboggans rapides et la meilleure piscine à vagues d'Orlando en font l'un des plus beaux parcs aquatiques de Floride. Les petits adoreront barboter dans **Castaway Creek** et s'éclabousser dans **Ketcha-kiddee Creek**.

L'équipement de plongée inclus dans le prix permet d'évoluer en petits groupes parmi les poissons tropicaux, les raies, les requins-léopards et les petits requins-marteaux tiburos dans l'eau à 20°C de **Shark Reef**.

Blizzard Beach   PARC AQUATIQUE
(carte p. 270 ; ☑407-560-3400, 407-939-5277 ; www.disneyworld.disney.go.com ; 1534 Blizzard Beach Dr ; adulte/enfant 53/45 $, inclus dans l'option Water Park Fun & More du ticket Magic Your Way ; ⏱horaires variables ; 🚌Disney). Le plus récent des deux parcs aquatiques Disney, conçu à dessein à la manière d'une station de ski reconvertie après la fonte des neiges – télésiège compris – n'est pas à la hauteur du Typhoon Lagoon. Au centre trône le **Mt Gushmore** enneigé, d'où jaillissent les toboggans.

ℹ Renseignements

Les T-shirts dotés de quelque ornementation métallique que ce soit sont interdits sur la plupart des toboggans. Les horaires varient selon les jours et les saisons ; appelez les parcs pour plus de précisions. D'octobre à février, seul un parc aquatique Disney est ouvert. L'accès aux deux parcs aquatiques est inclus dans l'option Water Park Fun & More.

ℹ Depuis/vers Typhoon Lagoon et Blizzard Beach

Les bus Disney s'arrêtent à Typhoon Lagoon et à Blizzard Beach, et les deux parcs possèdent des parkings gratuits.

◉ Disney's BoardWalk

Disney's BoardWalk   PROMENADE
(carte p. 270 ; ☑407-939-5277 ; www.disneyworld.disney.go.com ; 2101 Epcot Resorts Blvd ; 🚌Disney, 🚢Disney). Moins bondé que Downtown Disney, le petit espace de la Disney's Board-Walk, en face d'Epcot et le long du Crescent Lake, rappelle les promenades de front de mer des stations balnéaires de la Nouvelle-Angleterre au début du XXe siècle. Les jeudis, vendredis et samedis soir, des magiciens, jongleurs et musiciens viennent lui donner un air de fête ; quelques bons restaurants et bars bordent la promenade. Achetez un beignet ou un gâteau en forme de Mickey à la boulangerie et baladez-vous en Rosalie, voiturette à pédales surmontée d'un auvent à rayures.

ℹ Renseignements

Les espaces publics de Disney's BoardWalk sont ouverts de 8h à 2h.

ℹ Depuis/vers Disney's BoardWalk

Un chemin asphalté et bien éclairé (sans signalisation) et des petits bateaux relient le BoardWalk à Epcot, à Hollywood Studios et aux *resorts* d'Epcot (BoardWalk Inn, Yacht Club, Beach Clubs, Swan et Dolphin). Des bus Disney s'arrêtent au BoardWalk Resort, où il y a également un parking – n'oubliez pas de dire que vous venez voir le BoardWalk et vous stationnerez gratuitement.

◉ Downtown Disney

Déployé au bord de l'eau, **Downtown Disney** (carte p. 270 ; ☑407-939-6244 ; www.disneyworld.disney.go.com ; 1490 E Buena Vista Dr ; ⏱8h30-2h ; 🚌Disney, 🚢Disney, 🚌Lynx 50) est un centre commercial piétonnier à ciel ouvert dont les boutiques, restaurants, salles de concerts et autres commerces voient affluer les touristes. C'est là qu'on peut aller au cinéma AMC Downtown Disney 24 (p. 266), voir le spectacle *La Nouba* du Cirque du Soleil (p. 267), jouer au bowling et trouver la plus grande boutique Disney au monde. L'ambiance est festive et bon enfant, en particulier le week-end : les visiteurs se baladent en sirotant des margaritas dans des gobelets en carton, les artistes de rue dansent sur des échasses et les poussettes sont chargées de sacs de shopping.

Actuellement en plein remaniement, Downtown Disney a été rebaptisé **Disney Springs** et ses restaurants, boutiques et infrastructures vont être rajeunis. Le nouveau Disney Springs devrait être achevé en 2016.

DisneyQuest Indoor Interactive Theme Park
JEUX VIDÉO

(carte p. 270 ; ☑ 407-828-3800 ; www.disneyworld. disney.go.com ; adulte/enfant 48/42 $, inclus dans l'option Water Park Fun & More du ticket Magic Your Way ; ⊙11h30-22h lun-ven, 11h30-23h sam-dim ; ⛸ ; ☐ Disney, ⛴ Disney, ☐ Lynx 50). Avec 5 étages étourdissants, conçus pour gâter les aficionados des jeux vidéo, ce "parc à thème interactif" est tout indiqué pour un après-midi trop chaud ou pluvieux. Parmi les jeux de réalité virtuelle, citons la balade sur le tapis volant d'Aladin au-dessus d'Agrabah et une descente sur une rivière à l'ère mésozoïque. Vous pourrez concevoir votre propre montagne russe (virtuelle) et passer des heures sur d'anciens jeux vidéo et des flippers.

Characters in Flight
MANÈGE

(carte p. 270 ; ☑ 407-939-7529 ; www.disneyworld. disney.go.com ; adulte/enfant 18/12 $; ⊙8h30-minuit ; ☐ Disney, ⛴ Disney, ☐ Lynx 50). Les visiteurs montent dans la nacelle et s'élèvent à 120 m d'altitude pour profiter d'un panorama à 360°.

ⓘ Renseignements

Les espaces publics de Downtown Disney sont ouverts de 8h à 2h.

ⓘ Depuis/vers Downtown Disney

➡ Downtown Disney est accessible en bateau depuis les complexes hôteliers de Downtown Disney et en bus depuis partout ailleurs. Il y a un parking gratuit, mais pas de transport direct pour les parcs à thème. Le bus Lynx n°50 dessert Downtown Disney depuis le centre d'Orlando et SeaWorld.

➡ Vous pourrez marcher d'une extrémité à l'autre de Downtown Disney, ou prendre un bateau-navette.

🏃 Activités

Outre ses quatre parcs thématiques, ses deux parcs aquatiques et ses deux quartiers voués au spectacle, Disney compte un choix impressionnant d'activités ; organisées pour la plupart dans les hôtels Disney, aucune n'implique l'achat d'un ticket

---

À L'ASSAUT DE DISNEY

Deux des parcs Disney proposent des chasses aux trésors à faire à son rythme, lesquelles combleront les visiteurs de tout âge.

Sorcerers of the Magic Kingdom (Magic Kingdom). Aidez Merlin à retrouver et à battre les méchants de Disney. Certaines cartes activent des portails de jeu cachés dans le Magic Kingdom tandis que d'autres permettent d'utiliser la magie. Inscription à la caserne des pompiers près de la porte principale de Main Street.

Pirates Adventure – Treasure of the Seven Seas (Magic Kingdom). Récupérez un talisman au Crow's Nest (Adventureland) et rejoignez Jack Sparrow dans sa quête de l'or des pirates.

Agent P's World Showcase Adventure (Epcot). Un jeu basé sur Phineas et Ferb. Faites chanter les chopes de bière allemandes, danser les soldats et activez les surprises de l'Angleterre à la Chine.

---

d'entrée au parc. Appelez **Walt Disney World Recreation** (☑407-939-7529) pour réserver et obtenir des renseignements sur les cours de ski nautique, la location de vélo, etc. Pour des informations générales sur les activités prévues à Walt Disney World, consultez www.disneyworld.disney. go.com.

Équitation

Des promenades en calèche sont organisées au Disney's Port Orleans Resort.

Fort Wilderness Tri-Circle-D Ranch
ÉQUITATION

(carte p. 270 ; ☑ 407-824-2832 ; www.disneyworld. disney.go.com ; 4510 N Wilderness Trail, Disney's Fort Wilderness Resort & Campground ; 10-45 $/30 min ; ☐ Disney, ⛴ Disney). Randonnée guidée, poney, promenades en chariot bâché, en chariot à foin ou en attelage.

Golf

Walt Disney World Golf
GOLF

(☑407-939-4653 ; www.golfwdw.com ; green à partir de 40 $; ⊙horaires variables). Réservez votre parcours dans les quatre golfs Disney (Lake Buena Vista, Magnolia, Oak Trail et Palm Golf) en ligne ou par téléphone jusqu'à 90 jours à l'avance si vous logez dans un complexe hôtelier, et 60 jours à l'avance dans le cas contraire.

Winter Summerland
Miniature Golf
MINIGOLF

(carte p. 270 ; ☑ 407-560-3000 ; www.disneyworld. disney.go.com ; 1548 W Buena Vista ; adulte/enfant 14/12 $; ◷ 10h-23h). Minigolf sur le thème des vacances, à côté de Blizzard Beach.

Fantasia Gardens
MINIGOLF

(carte p. 270 ; ☑ 407-560-4870 ; www.disneyworld. disney.go.com ; 1205 Epcot Resorts Blvd ; adulte/ enfant 14/12 $; ◷ 10h-23h). Joli parcours sur un thème féerique, en face du World Dolphin Resort.

Sports aquatiques
Typhoon Lagoon
Surf Lessons
SURF

(carte p. 270 ; ☑ 407-939-7873 ; www.disneyworld. disney.go.com ; 1145 Buena Vista Dr, Typhoon Lagoon ; 150 $; ◷ 6h45 mar et jeu, horaires variables ; ▣ Disney). Orlando n'est pas situé au bord de l'océan, mais ce n'est pas d'évidence pas un problème pour Disney. Typhoon Lagoon propose des cours de surf avant l'ouverture du parc. Le prix comprend 30 minutes sur la terre ferme et 2 heures dans l'eau. Les amis ou parents sont les bienvenus pour regarder (gratuitement). Si vous voulez rester sur place après l'ouverture du parc, vous devrez acheter un billet.

Disney Boat Rental
BATEAU

(☑ 403-939-7529 ; www.disneyworld.disney.go.com ; hôtels et resorts Disney ; location à partir de 11 $). On peut louer des canoës, kayaks, des voiliers Sunfish, des catamarans, des péda- los et des bateaux à moteur dans plusieurs établissements Disney, notamment ceux de Port Orleans, Caribbean Beach et Fort Wilderness. Pensez à réserver un ponton pour contempler le feu d'artifice au-dessus du château de Cendrillon.

Sammy Duvall's
Watersports Centre
SPORTS NAUTIQUES

(carte p. 270 ; ☑ 407-939-0754 ; www.sammydu- vall.com ; 4600 World Dr, Disney's Contemporary Resort ; jet ski 135 $/heure , ski nautique, wake- board et tubing jusqu'à 5 personnes 165 $/ heure ; ◷ 10h-17h ; ▣ Disney, ▣ Disney, mono- rail Disney). Cours, location et parachute ascensionnel.

Sports mécaniques
Richard Petty
Driving Experience
VOITURES

(carte p. 270 ; ☑ 407-939-7529 ; www.disneyworld. disney.go.com ; Walt Disney World Speedway ; tarifs variables ; ◷ 9h-16h). Les fans de la NASCAR peuvent ici conduire des voitures de style Winston Cup sur un vrai circuit. Le **Ride Along Program** permet d'effectuer 3 tours de circuit à une vitesse pouvant atteindre 265 km/h.

Tennis

Plusieurs hôtels sont dotés de courts en terre battue ou en synthétique. Réservez le vôtre à Walt Disney World en appelant le ☑ 407- 939-7529 ; la location est gratuite si vous descendez dans un hôtel Disney. Location de raquettes et de balles.

Vélo

Les sentiers au bord des lacs, à travers les bois et le long des complexes et des terrains de golf sont parfaits pour les balades en famille. La plupart des prestataires louent des roulettes pour enfant et des sièges pour bébé.

Walt Disney World
Bicycle Rental
LOCATION DE VÉLOS

(☑ 407-939-7529 ; www.disneyworld.disney.go.com ; sélectionnez Walt Disney World resorts ; heure/ journée 9/18 $, rosalie à partir de 20 $/30 min). On peut louer des vélos à 7 endroits de Walt Disney World sur le principe premier arrivé, premier servi. En quelques endroits comme sur le BoardWalk, on peut louer des rosalies à 2, 4 ou 6 places dotées de quatre roues, d'un toit à rayures et de bancs.

☞ Circuits organisés

Disney Tours
VISITES GUIDÉES

(☑ 407-939-8687, VIP tours 407-560-4033 ; www. disneyworld.disney.go.com ; tarifs divers). Au nombre des multiples parcours guidés ou à thème proposés notons le safari privé **Wild Africa Trek** et les visites des coulisses de Disney. Pour une vraie visite sans stress, avec accès privilégié aux attractions et détails d'initiés sur le parc et son histoire, offrez- vous le **VIP tour** (380 $/heure pour groupe jusqu'à 10 personnes).

Pour les visites qui se déroulent dans les parcs thématiques, le prix de l'entrée au parc s'ajoute à celui de la visite.

Keys to the Kingdom
VISITE À PIED

(☑ 407-939-8687 ; www.disneyworld.disney.go ; Magic Kingdom ; visite 79 $, billet d'entrée au parc requis ; ⏱8h30, 9h et 9h30). Les clefs du royaume ! Cette visite de 5 heures, très prisée, vous emmènera dans les souterrains du Magic Kingdom et vous dévoilera les secrets des coulisses – les enfants ne sont pas admis, pour ne pas briser le rêve !

⭐ Fêtes et festivals

En novembre et décembre, des millions de lumières et des centaines de sapins décorent Walt Disney World, et on ne compte plus les parades et les spectacles.

Epcot International
Flower & Garden Festival
JARDIN

(☎407-939-5277 ; www.disneyworld.disney.go.com ; Epcot ; billet d'entrée au parc requis ; 🚇Disney, monorail Disney). Topiaires et jardins spectaculaires inspirés des personnages de Disney de mars à mai ; tous les pays du World Pavilion fêtent le printemps en proposant des délices de saison.

Star Wars Weekends
CINÉMA

(www.disneyworld.disney.go.com ; Hollywood Studios ; billet d'entrée au parc requis ; 🚇Disney, 🚤Disney). De multiples animations sur le thème de *Star Wars* sont organisées aux Hollywood Studios le week-end, de mi-mai à mi-juin.

Epcot International
Food & Wine Festival
GASTRONOMIE

(☎407-939-5277 ; www.disneyworld.disney.go.com ; Epcot ; billet d'entrée au parc requis ; 🚇Disney, monorail Disney). Des mets et boissons du monde entier sont revisités à la mode Disney de fin septembre à début novembre. Il faut payer l'entrée au parc puis les dégustations (3-10 $), de qualité diverse. L'événement est très prisé : arrivez de bonne heure, attendez-vous à la foule et prévoyez au moins une demi-journée.

Mickey's Not-So-Scary
Halloween Party
PARADE

(☎407-939-5277 ; www.disneyworld.disney.go.com ; Magic Kingdom ; adulte/enfant 65/60 $, plus ticket d'entrée au parc ; 🚇Disney, 🚤Disney, 🚇Lynx 50, 56, monorail Disney). Personnages costumés, bonbons, polissonneries, feux d'artifice, défilés et événements sur le thème d'Halloween de septembre au 31 octobre. Remise sur les tickets achetés en ligne à l'avance.

Mickey's Very Merry
Christmas Party
NOËL

(☎407-939-5277 ; www.disneyworld.disney.go.com ; Magic Kingdom ; 52-63 $, plus ticket d'entrée au parc ; 🚇Disney, 🚤Disney, 🚇Lynx 50, 56, monorail Disney). Entre chants de circonstance, décorations et éléments festifs typiques de Disney, l'esprit de Noël gagne Magic Kingdom, avec parade, neige sur Main Street et spectacles de saison. Certains soirs de 19h à minuit, en novembre et décembre.

🛏 Où se loger

Les hôtels des *resorts* sont classés en fonction de leur emplacement (Magic Kingdom, Epcot, Animal Kingdom et Downtown Disney) et de leurs prix (Value, Moderate, villas Deluxe et Deluxe). Les prix varient énormément en fonction de la saison, de la semaine et du jour ; il y plus de 20 tarifs différents dans l'année. Pour compliquer encore l'affaire, les *resorts* deluxe affichent parfois plus de 10 types de chambres classées suivant leur situation et leurs équipements ; les chambres pour 5 personnes et plus ne sont pas nécessairement plus chères que les suites ; enfin, les forfaits vacances comprennent le prix de l'entrée au parc et des tarifs réduits sur les chambres. Consultez sur www.wdwinfo.com le tableau exhaustif des types de chambres et les prix exacts selon chaque saison ; reportez-vous à www.disneyworld.disney.go.com pour rechercher une date précise et découvrir les offres tout-compris. La plupart des chambres peuvent accueillir 4 personnes sans supplément pour les enfants ou les lits de bébé ; quelques-uns ont une décoration thématique et des couchettes.

Les complexes de luxe sont les meilleurs établissements de Disney, mais ne vous attendez pas à une qualité en rapport avec le prix. Ils disposent néanmoins de suites et villas, comportant plusieurs chambres ainsi que des restaurants haut de gamme, proposent des animations pour les enfants et permettent un accès facile aux parcs. Le prix traduit l'environnement Disney et la situation privilégiée, et non un quelconque luxe. Les complexes hôteliers d'Epcot permettent d'accéder à pied ou de bénéficier d'un agréable transport en bateau jusqu'aux restaurants et animations du BoardWalk, d'Hollywood Studios et d'Epcot, tandis que les complexes du Magic Kingdom sont faciles à rejoindre en bateau ou en monorail depuis l'entrée du parc.

Renseignez-vous bien sur les transports disponibles depuis/vers le complexe hôtelier de votre choix au moment de préparer votre séjour ; on peut en effet utiliser les transports Disney pour rejoindre toutes les attractions depuis tous les complexes hôteliers, mais tous les trajets ne sont pas directs – il faut parfois prendre une correspondance pour aller d'un endroit à un autre. Tous les complexes hôteliers Disney sont desservis par le bus, mais ceux qui sont desservis par bateau ou par monorail sont nettement plus commodes (et plus chers, hormis le camping de Fort Wilderness).

Magic Kingdom

Le principal avantage de loger dans l'un de ces complexes hôteliers de Bay Lake est qu'ils sont directement reliés en monorail ou en bateau au Magic Kingdom – ce sont les seuls hôtels de Walt Disney World permettant de se rendre au parc sans transfert. Cela peut sembler peu de chose, mais lorsque vous rentrerez avec trois marmots épuisés ou aurez envie de faire un rapide plongeon dans la piscine en cours d'après-midi, vous comprendrez que cela fait toute la différence. Vous pourrez aussi prendre le monorail jusqu'à Epcot, mais devrez faire un changement au Transportation & Ticket Center. Des bus desservent continuellement Animal Kingdom et Hollywood Studios.

LES PARADES, FEUX D'ARTIFICE ET SPECTACLES DE LUMIÈRE DE DISNEY

Il faut être très organisé pour assister aux différentes parades et animations nocturnes de Disney. D'autant que les horaires changent en fonction des jours et des saisons. Outre les événements phares listés ci-dessous, d'autres festivités méritent le coup d'œil : consultez www.disneyworld.disney.go.com pour plus de détails.

Festival of Fantasy (www.disneyworld.disney.go.com ; Magic Kingdom ; accès au parc requis ; ⊘ matin et après-midi tlj, horaires variables ; ▯ Disney, ▣ Disney, ▯ Lynx 50, 56, monorail Disney). Dumbo, Peter Pan, La Belle au bois dormant et d'autres personnages dansent sur des chars ornementés. Initié en 2014.

Illuminations (www.disneyworld.disney.go.com ; Epcot ; accès au parc requis ; ⊘ de nuit, horaires variables ; ▯ Disney, ▣ Disney, ▯ Lynx 50, 56, monorail Disney). Ce flamboyant récit comportant lumières et feux d'artifice se déroule autour d'un colossal globe illuminé par des LED au centre de l'Epcot's World Showcase Lagoon.

Main Street Electrical Parade (www.disneyworld.disney.go.com ; Magic Kingdom ; accès au parc requis ; ⊘ de nuit, horaires variables ; ▯ Disney, ▣ Disney, ▯ Lynx 50, 56, monorail Disney). Des milliers de lumières scintillent, illuminant les personnages de Disney emblématiques et leurs chars, qui traversent le parc alors brillant de mille feux. Les temps forts ? Peter et son dragon ou encore Alice au sommet d'un champignon géant.

Wishes Nighttime Spectacular (www.disneyworld.disney.go.com ; Magic Kingdom ; accès au parc requis ; ⊘ 20h, horaires variables ; ▯ Disney, ▣ Disney, ▯ Lynx 50, 56, monorail Disney). Jiminy Cricket ou d'autres personnages accompagnent de leurs commentaires ce feu d'artifice incontournable tiré au-dessus du château de Cendrillon (Magic Kingdom).

Celebrate the Magic (www.disneyworld.disney.go.com ; Magic Kingdom ; accès au parc requis ; ⊘ de nuit, horaires variables ; ▯ Disney, ▣ Disney, ▯ Lynx 50, 56, monorail Disney). Un spectacle son et lumière qui change à chaque saison mais reste centré sur les films et personnages Disney. Situé au château de Cendrillon (Magic Kingdom).

Jammin' Jungle (www.disneyworld.disney.go.co ; Animal Kingdom ; accès au parc requis ; ⊘ de jour, horaires variables ; ▯ Disney). D'imposantes marionnettes d'animaux et de personnages Disney dans un décor de safari, à Animal Kingdom.

Fantasmic (☏ 407-939-5277 ; www.disneyworld.disney.go.com ; Hollywood Studios ; accès au parc requis ; ⊘ de nuit ; ⛟ ; ▯ Disney, ▣ Disney). Des torrents d'eau, de la musique et des lumières animent une histoire plutôt confuse et syncopée au cours de laquelle Mickey triomphe d'une association de méchants de Disney. On prend place 1 heure 30 avant le début de ce spectacle de 25 minutes et, même si l'amphithéâtre extérieur compte plus de 6 000 places, il est toujours bondé.

LES COMPLEXES HÔTELIERS ÉCONOMIQUES DE DISNEY

Les 5 complexes les moins chers (en dehors des campings), aux milliers de très petites chambres et suites de style motel et à la décoration thématique, sont reliés aux parcs uniquement par bus et accueille des familles et des groupes scolaires (majorettes et ados en uniformes n'y sont pas rares). La différence de standing est criante : pas de vrais restaurants mais des snack-bars et des espaces de restauration particulièrement agités et bruyants. Certains complexes plus avantageux disposent de suites familiales avec deux salles de bains et une kitchenette.

Disney's Art of Animation Resort (carte p. 270 ; ☑ 407-938-7000, 407-939-5277 ; www. disneyworld.disney.go.com ; 1850 Animation Way ; ch bas/normal/haut 118/147/174 $, ste 6-pers à partir de 300 $; P ✳ @ 🛜 🖵 ; 🖵 Disney). Inspiré par quatre dessins animés (*Le Monde de Nemo*, *Le Roi Lion*, *Cars* et *La Petite Sirène*), cet hôtel clinquant est le meilleur choix pour un séjour bon marché chez Disney. Il s'agit du plus récent des complexes de ce type (ouvert en 2012).

Disney's All-Star Resorts (carte p. 270 ; ☑ 407-939-5277 ; www.disneyworld.disney. go.com ; 1701, 1801 & 1901 W Buena Vista Dr ; ch bas/normal/haut 96/123/152 $, ste 6 pers à partir de 240 $; 🖵 Disney). Trois hôtels indépendants (comptant parmi les cinq hébergements "économiques") respectivement conçus sur les thèmes de la musique, du sport et du cinéma.

Disney's Pop Century Resort (carte p. 270 ; ☑ 407-938-4000, 407-939-5277 ; www. disneyworld.disney.go.com ; 1050 Century Dr ; ch tarif bas/normal/haut 106/136/163 $; P ✳ @ 🛜 🖵 ; 🖵 Disney). Chaque section rend hommage à une décennie du XXᵉ siècle, avec d'énormes quilles de bowling dépassant du toit et une boîte géante de pâte à modeler Play Doh.

♥ Disney's
Fort Wilderness Resort   CAMPING, CHALET $$
(carte p. 270 ; ☑ 407-939-5277, 407-824-2900 ; www.disneyworld.disney.go.com ; 4510 N Fort Wilderness Trail ; empl tente tarif bas/normal/haut 55/79/91 $, empl camping-car 74/102/130 $, chalet 6 pers 330/403/456 $; ✳ @ 🛜 🖵 🖵 ; 🖵 Disney, 🖵 Disney). Sis dans une immense réserve naturelle ombragée, Fort Wilderness satisfait les enfants et les familles avec ses promenades dans des charrettes à foin, des parties de pêche et des chants au coin du feu. Les bungalows logent jusqu'à 6 personnes et sont plutôt confortables, avec TV câblée et cuisine équipée. Les voitures ne sont pas autorisées dans le complexe, mais vous pourrez louer une voiturette de golf pour vous déplacer.

Le personnel veille au respect du silence la nuit, le terrain est parfaitement entretenu et l'ambiance très amicale.

♥ Disney's Grand Floridian
Resort & Spa   COMPLEXE HÔTELIER $$$
(carte p. 270 ; ☑ 407-824-3000, 407-939-5277 ; www.disneyworld.disney.go.com ; 4401 Floridian Way ; ch tarif bas/normal/haut 550/606/714 $, ste 6 pers à partir de 1 412 $; P ✳ @ 🛜 🖵 ; 🖵 Disney, 🖵 Disney, monorail Disney). À un arrêt de monorail du Magic Kingdom, le Grand Floridian a la réputation d'être la propriété la plus élégante de Disney World ; et il en émane de fait un charme indéniable. Le hall sur quatre niveaux, où un orchestre joue du jazz (et naturellement des classiques Disney), fleure bon la classe floridienne d'antan.

L'établissement n'en reste pas moins fondamentalement un hôtel Disney. Des princesses scintillantes valsent sur les tapis persans, des enfants épuisés regardent des dessins animés et des bébés pleurent. Contrastant avec les énormes ferries qui arrivent du Transportation & Ticket Center, de petits bateaux en bois font la navette avec le Magic Kingdom.

♥ Disney's Wilderness
Lodge   COMPLEXE HÔTELIER $$$
(carte p. 270 ; ☑ 407-824-3200, 407-939-5277 ; www.disneyworld.disney.go.com ; 901 Timberline Dr, Walt Disney World ; ch tarif bas/normal/haut 325/394/471 $, ste 6 pers à partir de 688 $; P ✳ 🛜 🖵 ; 🖵 Disney, 🖵 Disney). Les lustres en forme de tipi du magnifique hall, les totems et l'immense cheminée rappellent les cabanes de l'Ouest américain. Le faux geyser et les serveurs qui chantent dans

le restaurant effacent toutefois très vite la sensation d'être perdu au fond des bois.

Disney's Polynesian Resort
COMPLEXE HÔTELIER $$$

(carte p.270 ; ☎407-939-5277, 407-824-2000 ; www.disneyworld.disney.go.com ; 1600 Seven Seas Dr ; ch tarif bas/normal/haut 482/554/637 $; P✳@🛜🏊 ; 🖵Disney, 🚢Disney, monorail Disney). Les faux bambous et le thème omniprésent de la jungle insulaire vous transporteront dans le Pacifique Sud. La piscine à l'inclinaison douce possède un toboggan et a l'atout d'une vue imprenable sur le château de Cendrillon.

Disney's Contemporary Resort
COMPLEXE HÔTELIER $$$

(carte p.270 ; ☎407-939-5277, 407-824-1000 ; www.disneyworld.disney.go.com ; 4600 N World Dr ; ch tarif bas/normal/haut 378/436/465 $, ste 6 pers à partir de 1 258 $; P✳@🛜🏊 ; 🖵Disney, 🚢Disney, monorail Disney). Ancêtre des complexes Disney, la structure futuriste en A du Contemporary a été inaugurée en 1971, mais semble bien vieillotte aujourd'hui. Certes, il est amusant de voir le monorail traverser le hall en silence, et les lieux sont empreints d'une douce nostalgie, mais les années ont eu raison du faste de cet hôtel légendaire.

En revanche, sa situation est incomparable. Les chambres avec balcon donnent sur le Magic Kingdom, le restaurant du dernier étage séduit par sa vue extraordinaire sur les feux d'artifice et les chambres modernes rénovées des Bay Lake Towers peuvent accueillir jusqu'à 5 personnes et comptent parmi les plus belles de Disney World.

🎢 Epcot

Principal atout de ces hôtels au bord du Crescent Lake : l'accès privilégié aux restaurants et loisirs d'Epcot, d'Hollywood Studios et de la Disney's BoardWalk. Le secteur est plaisant pour les piétons, et une agréable balade à pied ou en bateau mène à Epcot et aux Hollywood Studios.

💙 Walt Disney World Swan & Dolphin Hotels
COMPLEXE HÔTELIER $$

(carte p.270 ; ☎Dolphin 407-934-4000, Swan 407-934-3000 ; www.swandolphin.com ; 1200 et 1500 Epcot Resorts Blvd ; ch 160-380 $; 🖵Disney, 🚢Disney). Ces deux tours de luxe conçues par Michael Graves se font face et partagent les mêmes équipements ; la couleur Disney

y est moins accentuée mais elles gardent tous les avantages afférents, notamment les transports et les Magic Hours (des horaires étendus en matinée et en soirée pour les seuls clients des hôtels Disney).

Plantés dans la baie entre Epcot et Hollywood Studios, ce sont les seuls hôtels n'appartenant pas à Disney à proximité d'un parc thématique. Vous pourrez économiser très gros en réservant en ligne ou à la dernière minute.

Disney's Caribbean Beach Resort
COMPLEXE HÔTELIER $$

(carte p.270 ; ☎407-939-5277, 407-934-3400 ; www.disneyworld.disney.go.com ; 900 Cayman Way ; ch tarif bas/normal/haut 182/211/237 $; ✳🛜🏊 ; 🖵Disney). Un petit goût des îles avec lits peints, chambres pastel, espace restauration aux airs de carnaval et piscine aux allures de vieux fort espagnol. Cet hôtel installé sur les 23 ha de Barefoot Bay n'assure pas la commodité de navettes en bateau vers Epcot et Hollywood Studios.

Ses chambres, dont certaines sur le thème de la piraterie, sont réparties dans des bâtiments à deux niveaux de type motel.

💙 Disney's BoardWalk Inn
COMPLEXE HÔTELIER $$$

(carte p.270 ; ☎407-939-5277, 407-939-6200 ; www.disneyworld.disney.go.com ; 2101 Epcot Resorts Blvd ; ch tarif bas/normal/haut 411/477/569 $, bungalows et ste 6 pers à partir de 756 $; P✳@🛜🏊 ; 🖵Disney, 🚢Disney). Sur la rive de Crescent Lake, ce complexe incarne le charme de l'âge d'or d'Atlantic City, avec un front de mer couleur caramel, des tandems surmontés d'auvents à rayures et une promenade en bois qui fait tout le tour du domaine. Le charmant hall arbore des murs verts, du parquet et des salons fleuris vintage. Les chambres, stylées, sont pourvues de terrasses ou de balcons.

La propriété est divisé en deux, l'Inn et les Villas ; le premier, très verdoyant, aux suites entourées de jolies clôtures et aux piscines tranquilles, est bien plus agréable et plus discret. Il existe différentes options : des chambres logeant jusqu'à 5 personnes aux bungalows de 2 chambres.

Disney's Yacht Club Resort & Disney's Beach Club Resort
COMPLEXE HÔTELIER $$$

(carte p.270 ; ☎Beach Club 407-934-8000, Walt Disney World 407-939-5277, Yacht Club 407-934-7000 ; www.waltdisneyworld.disney.go.com ; 1700 & 1800 Epcot Resorts Blvd ; ch tarif bas/normal/

haut 400/465/554 $, ste 8 pers à partir de 1 633 $; ❋🛜⌖; 🛏Disney, 🍴Disney). Ces magnifiques complexes jumeaux agréablement situés près de l'eau, à 5 minutes à pied d'Epcot, exhalent un charme balnéaire très Nouvelle-Angleterre. Les piscines, avec plage de sable et toboggan dévalant du mât d'un navire, reçoivent d'innombrables louanges mais nous les avons trouvées exiguës et défraîchies.

🛏 Animal Kingdom

Ces hôtels, tout comme les complexes économiques de Disney, sont les moins bien situés. Ce sont les plus éloignés des parcs, sauf d'Animal Kingdom. Transport Disney par bus uniquement.

Disney's Coronado
Springs Resort   COMPLEXE HÔTELIER $$

(carte p. 270 ; ☑407-939-5277, 407-939-1000 ; www.disneyworld.disney.go.com ; 1000 W Buena Vista Dr ; ch tarif bas/normal/haut 187/217/243 $, ste 6 pers à partir de 450 $; P❋@🛜⌖; 🛏Disney). Des chambres jaune et rose sur le thème du sud-ouest des États-Unis, des lumières colorées et des bâtiments couleur pisé confèrent à l'ensemble un ton discret inhabituel dans ces contrées. Quelques jolis édifices sur un étage, parfois dotés d'une piscine privée, font face au lac central.

L'herbe ne manque pas, et de petites plages équipées de hamacs entre deux palmiers parsèment la rive. Dans la piscine centrale, un toboggan dévale une pyramide maya. Les suites et les maisonnettes peuvent loger jusqu'à 6 personnes. L'hôtel accueille souvent des congrès.

Disney's Animal Kingdom
Lodge   COMPLEXE HÔTELIER $$$

(carte p. 270 ; ☑407-939-5277, 407-938-3000 ; www.disneyworld.disney.go.com ; 2901 Osceola Blvd ; ch tarif bas/normal/haut 319/389/465 $, ste 6/8 pers à partir de 930/1 697 $; P❋@🛜⌖; 🛏Disney). Ce complexe a l'attrait d'être contigu à 16 ha de savane, ce qui permet à ses hôtes de voir le gratin de l'arche de Noé défiler sous ses fenêtres et balcons. Des rangers répondront volontiers à vos questions sur la faune sauvage, et ses restaurants, recommandés, servent une cuisine d'inspiration africaine.

Renseignez-vous sur les séances de contes et chant autour du feu. Si vous voulez voir des girafes et des autruches depuis votre fenêtre, vous devrez réserver les chambres les plus chères, mais tout le monde peut observer les animaux depuis la terrasse à l'arrière. Même si vous ne logez pas ici, venez y prendre un verre au terme d'un après-midi à Animal Kingdom.

🛏 Downtown Disney

Ces hôtels ont un accès facile et agréable en bateau à Downtown Disney, mais seuls les bus Disney desservent les parcs à thème et la Disney's BoardWalk.

Disney's Port Orleans
French Quarter and Riverside
Resorts   COMPLEXE HÔTELIER $$

(carte p. 270 ; ☑French Quarter 407-934-5000, Riverside 407-934-6000 ; www.disneyworld.disney. go.com ; 1251 Riverside ; ch tarif bas/normal/ haut 182/211/237 $; P❋@🛜⌖; 🛏Disney, 🍴Disney). Leurs jardins luxuriants et leur thématique Mardi gras visent à conférer à ces deux complexes jumeaux une ambiance digne de la Louisiane. Si le résultat n'est pas toujours à la mesure de cet objectif, et que les chambres simples sont datées, ces hôtels n'en proposent pas moins une myriade d'activités, notamment un toboggan serpent de mer, la location de bateaux, des promenades en attelage et des grillades de sandwichs à la guimauve le soir.

Ce complexe est un des plus vastes ; un bateau en relie les deux hôtels, situés à 15 minutes de marche l'un de l'autre.

Disney's Old Key West
Resort   COMPLEXE HÔTELIER $$$

(carte p. 270 ; ☑407-939-5277, 407-827-7700 ; www.disneyworld.disney.go.com ; 1510 N Cove Rd ; studios tarif bas/normal/haut 327/368/431 $, villas 1 chambre 452/508/556 $, villas 2 chambres 618/742/903 $, villas 3 chambres 1 381/1 536/1 739 $; P❋@🛜⌖; 🛏Disney, 🍴Disney). Les recoins pastel soulignés de brun chaud, les bouquets de palmiers et les eaux bleu azur fleurent bon la nostalgie des villégiatures de la Belle Époque. Ce complexe est constitué uniquement de villas. Les studios peuvent accueillir 4 personnes, les villas d'une et deux chambres, 8 personnes et les villas de 3 chambres, 12 personnes.

🛏 Autres hébergements de Walt Disney World

Plusieurs propriétés Disney, notamment Old Key West et les Tree House Villas de Saratoga Springs, font partie du **Disney**

Vacation Club, acception Disney des résidences en temps partagé. Renseignez-vous sur www.disneyvacationclub.go.com.

Four Seasons Resort Orlando at Walt Disney World COMPLEXE HÔTELIER $$$
(carte p. 270 ; ☎800-267-3046 ; www.foursea-sons.com ; 10100 Dream Tree Blvd ; ch/ste à partir de 435/430 $; P✳@🛜⛱). Tout le luxe, la qualité et le souci du détail qu'on attend d'un hôtel Four Seasons, dans Disney World mais merveilleusement en retrait de l'agitation.

🍴 Où se restaurer

Attendez-vous à des fast-foods médiocres, du mauvais café et de la cuisine de cafétéria à prix exorbitants. Malgré un choix de plus de 100 restaurants, il est difficile de faire un bon repas à Disney et le rapport qualité/prix est souvent frustrant. Les restaurants suivants, avec service à table, sont classés selon leur emplacement et acceptent les réservations "assises" jusqu'à 180 jours à l'avance. Les réservations dans ces restaurants et dans beaucoup d'autres se font auprès de **Disney Dining** (☎407-939-3463), en ligne sur www.disneyworld.disney.go.com ou via My Disney Experience (p. 281). Si vous n'avez pas réservé et que la file d'attente est longue, rabattez-vous sur un bar – beaucoup sont agréables et proposent une carte succincte. Les restaurants des parcs thématiques requièrent un ticket d'accès au dit parc, mais non les restaurants des complexes hôteliers.

Outre les repas ordinaires, Disney propose des repas avec les personnages, trois dîners spectacles et des repas thématiques : safari privé suivi d'un dîner africain, déjeuner avec un "imagénieur" Disney ou dîner au château de Cendrillon notamment. Consultez le site Internet.

🍴 Magic Kingdom

Un repas au Magic Kingdom repose moins sur la gastronomie que sur la thématique du décor, l'ambiance festive et la possibilité de le prendre en compagnie d'un personnage Disney. Vous ne mourrez certes pas de faim, car il y a une multitude de snacks, fast-foods et cafétérias, mais n'y trouverez cependant rien de transcendant. Si vous prévoyez de visiter le parc et souhaitez manger assis, réservez dans un de ses complexes hôteliers – Polynesian, Contemporary, Grand Floridian ou Wilderness Lodge – tous faciles à rejoindre en monorail ou en bateau depuis le Magic Kingdom.

Sleepy Hollow AMÉRICAIN $
(carte p. 270 ; www.disneyworld.disney.go.com ; en-cas 3-6 $, billet d'entrée au parc requis ; ⏰9h-fermeture du parc ; 🖵Disney, 🚇Disney, 🚌Lynx 50, 56, monorail Disney). Les meilleures douceurs du parc sont les sandwichs à la glace vanille entre deux biscuits au chocolat servis à ce comptoir. Goûtez aussi les savoureuses gaufres Mickey au sucre glace. Repérez la maison en brique sur Liberty Sq, de l'autre côté du pont qui part du château de Cendrillon.

Gaston's Tavern AMÉRICAIN $
(www.disneyworld.disney.go.com ; plats 6-10 $, billet d'entrée au parc requis ; ⏰9h-fermeture du parc ; 🛜♿ ; 🖵Disney, 🚇Disney, 🚌Lynx 50, 56, monorail Disney). Jarrets de porc, roulés géants à la cannelle et houmous rendent hommage à l'ego musclé de Gaston de *La Belle et la Bête*. Malgré un curieux mélange de plats rapides, la reconstitution de la taverne ornée du portrait géant du personnage est réussie et la nourriture plutôt bonne. Goûtez la bière Le Fou's Brew, une boisson sans alcool à base de jus de pomme givré, concurrente de la Butterbeer des studios Universal.

Cheshire Cafe BOULANGERIE $
(carte p. 270 ; www.disneyworld.disney.go.com ; cake-cups 4-10 $, billet d'entrée au parc requis ; ⏰9h-fermeture du parc ; 🖵Disney, 🚇Disney, 🚌Lynx 50, 56, monorail Disney). Leurs délicieux et adorables cupcakes – des parfaits recouverts de plusieurs couches de crème au beurre et couronnés de décors évoquant *Alice au pays des merveilles* – sont assez gros pour qu'on les partage.

Main Street Bakery BOULANGERIE $
(carte p. 270 ; www.disneyworld.disney.go.com ; produits 5-10 $, billet d'entrée au parc requis ; ⏰9h-fermeture du parc ; 🖵Disney, 🚇Disney, 🚌Lynx 50, 56, monorail Disney). Vous aurez rarement autant besoin d'un café fort qu'à Disney World, et ne trouverez pourtant guère de lieu aussi réputé pour son mauvais café. Or cette boulangerie sert du café Starbucks, qui fait plutôt exception à la règle.

Columbia Harbour House AMÉRICAIN $
(carte p. 270 ; www.disneyworld.disney.go.com ; plats 7-12 $, billet d'entrée au parc requis ; ⏰11h-fermeture du parc ; 🛜♿ ; 🖵Disney, 🚇Disney,

Lynx 50, 56, monorail Disney). Chili végétarien correct, nuggets de poulet étonnamment bons et salade Garden Galley avec crudités, poulet, noix de pécan, ananas et feta.

Be Our Guest
AMÉRICAIN $$

(carte p. 270 ; 407-939-3463 ; www.disneyworld. disney.go.com ; plats midi 9-14 $, soir 18-32 $; 10h30-14h30 et 16h-21h30, horaires variables ; Disney, Disney, Lynx 50, 56, monorail Disney). Installé dans le château de la Bête – une merveille de détails – le plus récent et le plus excitant des restaurants Disney est incontournable pour les fans de *La Belle et la Bête*. On y mange du porc braisé, des découpes de dinde et des Master's Cupcakes – le dessert dont on parle le plus à Disney – mais le soin avec lequel est traité son thème est le véritable atout du lieu.

C'est le seul endroit du Magic Kingdom où l'on vende de l'alcool – bière et vin uniquement. Arrivez à l'ouverture pour avoir droit à un service rapide au déjeuner ou prévoyez jusqu'à deux heures d'attente ; on peut réserver uniquement pour le soir, et de préférence 6 mois à l'avance. La Bête fait des apparitions régulières et l'on peut visiter son château et se faire photographier avec elle dans son bureau après le repas.

✗ Epcot

Se restaurer à Epcot tient d'une expérience en soi, et nombre de restaurants travaillent à soigner l'ambiance caractéristique du pays qu'ils représentent. Vous pourrez ainsi boire une coupe de champagne en France, commander une chope dans une taverne en Allemagne ou siroter une margarita au Mexique avant de savourer une soupe de raviolis en Chine. "Je vais plutôt essayer quelque chose d'exotique au Maroc", peut-on entendre devant le menu d'un fast-food au Future World. Rien ici ne révolutionnera vos papilles, mais l'endroit est très plaisant et il y a beaucoup de bonnes tables.

♥ La Cava del Tequila
MEXICAIN $

(carte p. 270 ; 407-939-3463 ; www.disneyworld. disney.go.com ; tapas 6-12 $, billet d'entrée au parc requis ; 12h-fermeture du parc ; Disney, Disney, monorail Disney). Choisissez entre une margarita au concombre, aux fruits de la Passion ou à l'orange sanguine, ou goûtez un assortiment de chacun ! Le menu annonce plus de 70 sortes de tequilas et quelques tapas. Ambiance cosy avec peu de lumière, sols carrelés, fresques mexicaines aux murs et poutres apparentes.

La Cava est reliée à la San Angel Inn, un restaurant avec service à table, mais elle ne prend pas les réservations.

La Hacienda de San Angel
MEXICAIN $$

(carte p. 270 ; 407-939-3463 ; www.disneyworld. disney.go.com ; Epcot ; plats 23-30 $, billet d'entrée au parc requis ; 16h-fermeture du parc ; Disney, Disney, monorail Disney). Ce vrai restaurant mexicain (plutôt que tex mex), en bord de lagon, propose des tortillas de maïs fraîches du jour, des sauces à la mangue et

EN-CAS DU MONDE ENTIER À EPCOT

Cantina de San Angel (carte p. 270 ; www.disneyworld.disney.go.com ; plats 5-10 $, accès au parc requis ; 11h-fermeture du parc ; Disney, Disney, monorail Disney). L'un des meilleurs fast-foods du parc. Goûtez les tacos accompagnés d'un savoureux *pico de gallo* (tomates, piments et oignons) et d'avocats frais.

Les Halles Boulangerie Patisserie (carte p. 270 ; www.disneyworld.disney.go.com ; pâtisseries et sandwichs 2-10 $, billet d'entrée requis ; 9h-fermeture du parc ; Disney, Disney, monorail Disney). La plupart des clients viennent pour les gâteaux, éclairs et cookies, mais l'endroit vend également des "pizzas sur pain français", des quiches et des sandwichs baguette, ainsi que du vin et du champagne.

Yorkshire County Fish Shop (carte p. 270 ; www.disneyworld.disney.go.com ; fish & chips 9 billet d'entrée requis ; 11h-fermeture du parc ; Disney, Disney, monorail Disney). *Fish and chips* croustillant et Bass Ale au comptoir de ce pub anglais.

Yakitori House (carte p. 270 ; www.disneyworld.disney.go.com ; plats 5-12 $, accès au parc requis ; 11h-fermeture du parc ; Disney, Disney, monorail Disney). À côté des superbes temples japonais, dégustez de la soupe miso, du poulet teriyaki et des nouilles.

au *chipotle* et des margaritas on the rocks allant du Rosita (parfumé à la rose) à la version classique servie dans un verre givré au sel parfumé au cactus et à la citronnelle.

Via Napoli
PIZZERIA $$

(carte p. 270 ; ☎407-939-3463 ; www.disneyworld.disney.go.com ; pizzas 13-22 $, billet d'entrée au parc requis ; ⏱11h30-fermeture du parc ; 📶📶 ; 🚌Disney, 🚤Disney, monorail Disney). La pizza à la pâte fine et croustillante, cuite au feu de bois, est assez savoureuse et les garnitures sont variées.

San Angel Inn
MEXICAIN $$

(carte p. 270 ; ☎407-939-3463 ; www.disneyworld.disney.go.com ; plats 17-28 $, billet d'entrée au parc requis ; ⏱11h30-fermeture du parc ; 📶📶📶 ; 🚌Disney, 🚤Disney, monorail Disney). Installé dans une pyramide aztèque et entouré d'un marché mexicain reconstitué, sous un ciel perpétuellement nocturne scintillant d'étoiles, ce restaurant sert de bonnes chips mexicaines accompagnées de *salsa* fraîche et de *pico de gallo* (sauce aux tomates, aux oignons et aux piments *jalapeños*), une cuisine mexicaine consistante et, en dessert, du gâteau de riz aux raisins et à la cannelle. Renseignez-vous sur les plats végétariens.

Rose & Crown
ANGLAIS $$

(carte p. 270 ; ☎407-939-3463 ; www.disneyworld.disney.go.com ; plats 13-21 $, billet d'entrée au parc requis ; ⏱11h-fermeture du parc ; 📶📶 ; 🚌Disney, 🚤Disney, monorail Disney). Dans ce pub anglais, dégustez un *ploughman's lunch* (pain, fromage, pickles et salade), un steak, un *fish & chips* ou un savoureux curry de légumes. Arrosez le tout d'une bière Bass à la pression et écoutez un concert en plein air des Fab Four, ou installez-vous dans le patio pour le spectacle nocturne "Illuminations".

Les Chefs de France
FRANÇAIS $$

(carte p. 270 ; ☎407-939-3463 ; www.disneyworld.disney.com ; plats 19-35 $, billet d'entrée au parc requis ; ⏱12h-15h et 16h30-fermeture du parc ; 📶 ; 🚌Disney, 🚤Disney, monorail Disney). Dans un cadre marqué de tons jaune vif et de grandes fenêtres, cette brasserie française animée propose des steak-frites et autres classiques. Quatre fois par jour, du lundi au samedi, Rémy de *Ratatouille* fait une apparition. Il ne s'arrête pas à toutes les tables, comme le font traditionnellement les personnages lors des repas, mais danse et marque une pause où bon lui semble.

Biergarten
ALLEMAND $$

(carte p. 270 ; ☎407-939-3463 ; www.disneyworld.disney.go.com ; déj buffet adulte/enfant 20/11 $, dîner buffet 27/13 $, billet d'entrée au parc requis ; ⏱11h-fermeture du parc ; 📶📶 ; 🚌Disney, 🚤Disney, monorail Disney). Les gros appétits trouvent satiété dans les plats allemands traditionnels, les incontournables bretzels et la bière. La décoration intérieure évoque un village allemand traditionnel, avec pavés, arbres et musique folklorique bavaroise pour l'ambiance vespérale.

Teppan Edo
JAPONAIS $$

(carte p. 270 ; ☎407-939-3463 ; www.disneyworld.disney.go.com ; plats 16-29 $, billet d'entrée au parc requis ; ⏱11h-fermeture du parc ; 📶 ; 🚌Disney, 🚤Disney, monorail Disney). Les chefs font rissoler le poulet, jouent des baguettes et coupent frénétiquement les légumes dans la cuisine ouverte. Ce restaurant jouxte de jolis jardins japonais.

Le Cellier Steakhouse
GRILL $$$

(carte p. 270 ; ☎407-939-3463 ; www.disneyworld.disney.go.com ; plats 21-35 $, billet d'entrée au parc requis ; ⏱11h-fermeture du parc ; 📶📶 ; 🚌Disney, 🚤Disney, monorail Disney). Idéal pour les amateurs de viande, surtout pour le bison. Sombre, avec murs en pierre et lanternes, c'est un bon endroit pour échapper à la chaleur mais les sauces épaisses et les énormes desserts ne vont pas vous aider à finir la journée...

Restaurant Marrakesh
MÉDITERRANÉEN $$$

(carte p. 270 ; ☎407-939-3463 ; www.disneyworld.disney.go.com ; plats 21-36 $, billet d'entrée au parc requis ; ⏱11h30-fermeture du parc ; 📶📶📶 ; 🚌Disney, 🚤Disney, monorail Disney). Parées de lumière, les danseuses du ventre déambulent entre les imposantes colonnes et autour des tables de ce palace, magnifiquement décoré de mosaïques, velours et dorures. Les brochettes d'agneau, le couscous et autres sont décevants, mais ce joli établissement sans fenêtres est parfait pour fuir la chaleur, et les enfants aiment se joindre aux danseuses.

✕ Animal Kingdom

À de rares exceptions près, l'offre se limite à de nombreux comptoirs de restauration rapide, déguisés derrière des noms d'emprunt africains.

LES DÎNERS-SPECTACLES DISNEY

Les trois dîners-spectacles Disney affichent systématiquement complet et il convient de réserver jusqu'à 6 mois à l'avance. Vous pourrez annuler jusqu'à 48 heures à l'avance sans frais. Ils ont lieu dans un complexe Disney et incluent bière et vin. Billet d'entrée au parc non requis.

Hoop-Dee-Doo Musical Revue (carte p. 270 ; ☑407-939-3463, 407-824-2803 ; www. disneyworld.disney.go.com ; 4510 N Wilderness Trail, Disney's Fort Wilderness Resort ; adulte 55-70 $, enfant 28-36 $; ⊙16h, 18h15 et 20h30 tlj, horaires variables ; 🚗 ; ⬜Disney, ⬛Disney). Vaudeville du XIXᵉ siècle au Disney's Fort Wilderness Resort. Côtelettes servies dans des récipients en métal, blagues éculées et un public reprenant en chœur *Hokey Pokey* et *My Darling Clementine*. C'est l'un des spectacles les plus anciens de Disney et l'on s'y amuse beaucoup, une fois que l'on est rassasié et dans l'ambiance.

Mickey's Backyard Barbecue (carte p. 270 ; ☑407-939-3463, 407-824-1593 ; www. disneyworld.disney.go.com ; 4510 N Fort Wilderness Trail, Disney's Fort Wilderness Resort ; adulte 50-60 $, enfant 36-40 $; ⊙18h30 ; 🚗 ; ⬜Disney, ⬛Disney). Le seul dîner-spectacle auquel participent des personnages Disney. Chansons et danses country, et accessoires Mickey loufoques. Un classique du Fort Wilderness.

Spirit of Aloha (carte p. 270 ; ☑407-939-3463 ; www.disneyworld.disney.go.com ; 1600 Seven Seas Dr, Disney's Polynesian Resort ; adulte 60-75 $, enfant 30-40 $; ⊙17h15 et 20h15 ; ⬜Disney, ⬛Disney, monorail Disney). Des hommes et des femmes font du hula-hoop sur la scène, dansent et jouent, manient le feu dans la tradition du *luau* du Pacifique Sud. Porc effiloché, côtes au barbecue et spécialités des îles (pain noix de coco ananas !) sont servis à la bonne franquette.

Flame Tree Barbecue
BARBECUE $$

(carte p. 270 ; www.disneyworld.disney.go.com ; plats 8-18 $, billet d'entrée au parc requis ; ⊙11h-18h ; 📶🚗 ; ⬜Disney). Côtes et poulet au barbecue servis au bar. Un favori des habitués du parc.

Yak and Yeti
ASIATIQUE $$

(carte p. 270 ; ☑407-939-3463, 407-824-9384 ; www.disneyworld.disney.go ; plats 14-29 $, billet d'entrée au parc requis ; ⊙11h-fermeture du parc ; 📶☑🚗 ; ⬜Disney). Empruntant son nom à un luxueux hôtel de Katmandou, le Yak and Yeti, au pied du Mt Everest, est décoré dans un style vaguement népalais, mais suffisant pour transporter ses hôtes sur les contreforts himalayens. Nouilles sautées, raviolis et tempuras arrosés de Tsingtao fraîche ; contre toute attente, ce restaurant compte parmi les meilleurs du parc.

🍴 Hollywood Studios

Writer's Stop
BOULANGERIE $

(carte p. 270 ; www.disneyworld.disney.go.com ; plats 6-12 $, billet d'entrée au parc requis ; ⊙9h-fermeture du parc ; 📶🚗 ; ⬜Disney, ⬛Disney). Café décent et gourmandises servies dans une boutique aménagée à la manière d'une petite librairie. Les places sont rares car c'est un bon endroit pour se reposer en regardant les dessins animés Disney diffusés sur écran.

💙 Sci-Fi Dine-In Theater
AMÉRICAIN $$

(carte p. 270 ; ☑407-939-3463 ; www. disneyworld.disney.go.com ; plats 13-30 $, billet d'entrée au parc requis ; ⊙11h-fermeture du parc ; 🚗 ; ⬜Disney, ⬛Disney). Restaurant-concept poussé à son paroxysme, cette reconstitution d'un cinéma drive-in permet manger devant un nanar d'épouvante ou de science-fiction. Alors, prenez place dans l'une des Cadillac décapotables et commandez hamburgers, grillades ou boissons fluo à l'une des serveuses.

Il y a des tables de pique-nique en fond de salle – si vous souhaitez manger "en voiture", précisez-le.

💙 50's Prime Time Café
AMÉRICAIN $$

(carte p. 270 ; ☑407-939-3463 ; www.disneyworld. disney.go.com ; plats 13-21 $, billet d'entrée au parc requis ; ⊙11h-fermeture du parc ; 📶🚗 ⬜Disney, ⬛Disney). Accueil dans une maison typique des années 1950 pour une cuisine familiale – tourte au poulet de grand-mère, poulet rôti de la tante Liz et bœuf braisé à l'ancienne – servie sur une table en Formica. Des serveuses en robe rose et tablier blanc vous encourageront à finir votre assiette et réprimanderont gentiment les convives qui mettent les coudes sur la table.

Hollywood Brown
Derby Lounge   TAPAS $$

(carte p. 270 ; ☑ 407-939-3463 ; www.disneyworld.disney.go.com ; plats 8-18 $; ⊙ 11h-fermeture du parc ; 🛜📶 ; 🖥 Disney, 🚌 Disney). Au menu : hors-d'œuvre raffinés – crabe cocktail, moules ou minisandwichs – et large choix de cocktails. On trouve facilement une table en terrasse dans ce faux bistrot, idéal pour se détendre et observer la foule en sirotant scotch, champagne, martini ou margarita. S'il ne s'agit pas, à proprement parler, d'un fast-food, il est impossible d'y réserver. Boissons à emporter.

Hollywood
Brown Derby   AMÉRICAIN $$$

(carte p. 270 ; ☑ 407-939-3463 ; www.disneyworld.disney.go.com ; plats 18-32 $, billet d'entrée au parc requis ; ⊙ 11h30-fermeture du parc ; 🛜📶 ; 🖥 Disney, 🚌 Disney). Décor assez recherché imitant celui du restaurant original à Los Angeles. Étrange assortiment de plats gastronomiques et copieux : nouilles à la noix de coco et au tofu sautés, côtelettes braisées à la bière Sam Adams et l'incontournable Cobb Salad.

🍴 Disney's BoardWalk

La ravissante promenade au bord de l'eau du Disney's BoardWalk Inn est parcourue de rosalies de location rayées de rouge et de blanc, et compte une boulangerie et une microbrasserie. Aisément accessible en bateau depuis Epcot ou Hollywood Studios, c'est un endroit agréable pour déjeuner.

Flying Fish   POISSON ET FRUITS DE MER $$$

(carte p. 270 ; ☑407-939-3463, 407-939-2359 ; www.disneyworld.disney.go.com ; plats 26-39 $; ⊙ 17h-22h ; 🅿📶 ; 🚌 Disney). Aussi inventifs que complexes, les préparations des produits de la mer du Flying Fish lui valent d'être tenu pour l'un des meilleurs restaurants haut de gamme de Disney. Réservation nécessaire pour le menu gastronomique cinq plats avec vin assorti. Le menu enfant est bien plus économique (entre 6 $ et 15 $).

Kouzzina
by Cat Cora   GREC $$$

(carte p. 270 ; ☑ 407-939-3463, 407-939-2380 ; www.disneyworld.disney.go.com ; plats 15-35 $; ⊙ 7h-11h et 17h-22h30 ; 📶 ; 🚌 Disney). Si l'atmosphère est bruyante et agitée, le menu vaut le détour. On passe au petit-déjeuner pour les pancakes orange-myrtilles et à la saucisse de poulet, puis à nouveau le soir pour le poulet mijoté à la cannelle et un ouzo rafraîchissant.

🍴 Downtown Disney

Ghiradelli Soda Fountain
& Chocolate Shop   GLACES $

(carte p. 270 ; www.disneyworld.disney.go.com ; glaces 2-8 $; ⊙ 10h30-23h30 ; 🅿🛜📶 ; 🖥 Disney, 🚌 Disney, 🚌 Lynx 50). Délicieuse glace aux barres de chocolat fondues dans un milk-shake.

Earl of Sandwich   SANDWICHS $

(carte p. 270 ; www.disneyworld.disney.go.com ; sandwichs 5-8 $; ⊙ 8h30-23h ; 🅿🛜📶 ; 🖥 Disney, 🚌 Disney, 🚌 Lynx 50). Des sandwichs étonnamment bons, classiques ou exotiques. Une des solutions les plus copieuses et avantageuses pour déjeuner dans le parc. Reste qu'il ne s'agit que d'une succursale de chaîne de sandwicheries.

Fresh-A-Peel   AMÉRICAIN $

(carte p. 270 ; www.disneyworld.disney.go.com ; plats 5-12 $; ⊙ 9h30-23h30, 9h30-minuit ven et sam ; 🅿🛜📶 ; 🖥 Disney, 🚌 Disney, 🚌 Lynx 50). Hot dogs sans nitrate au pain complet, hamburgers végétariens ou à la dinde, et "frites légères", c'est la nourriture la plus saine de Disney.

Paradiso 37   SUD-AMÉRICAIN $$

(carte p. 270 ; ☑ 407-934-3700 ; www.paradiso37.com ; plats 15-25 $; ⊙ 11h30-23h dim-jeu, 11h30-minuit ven-sam ; 🅿🛜📶 ; 🖥 Disney, 🚌 Lynx 50). Avec plus de 15 tequilas différentes, une impressionnante carte de cocktails et un menu représentatif (soi-disant) de 37 pays du continent américain, cet établissement moderne au bord de l'eau est l'un des meilleurs de Downtown Disney.

Bien qu'il s'agisse d'un restaurant orienté sur les familles et fort d'un remarquable menu enfant, l'atmosphère se rapproche davantage de celle d'un bar à mesure qu'arrive la nuit. Concerts le week-end. Appelez pour réserver ; Paradiso est plus souple sur les réservations car il est généralement moins bondé que les autres établissements de chez Disney – demandez une place dans la cour intérieure.

T-Rex Cafe
AMÉRICAIN $$

(carte p. 270 ; ☏ 407-828-8739 ; www.disneyworld. disney.go.com ; plats 12-24 $; ⏱11h-23h dim-jeu, jusqu'à minuit ven et sam ; 🅿🛜🍴 ; 🚇Disney, 🚍Lynx 50). Immenses dinosaures robotisés, volcans en éruption, spectacles lumineux, pluies de météorites toutes les 15 minutes : le T-Rex vous en met plein les yeux. Le menu ne dépareille pas : Woolly Mammoth Chicken, Caveman Punch, Chocolate Extinction, etc. Les enfants adorent et la nourriture est meilleure qu'on pourrait le penser.

✗ Complexes hôteliers

❤ 'Ohana
AMÉRICAIN $$

(carte p. 270 ; ☏ 407-939-3463 ; www.disneyworld. disney.go.com ; 1600 Seven Seas Blvd, Disney's Polynesian Resort ; plats 15-30 $; ⏱7h30-11h et 17h-22h ; 🍴 ; 🚇Disney, 🚍Disney, monorail Disney). Plafond orné de dessins d'animaux, énormes brochettes cuisant sur un grill tout aussi colossal et animation garantie dans ce restaurant polynésien. Démonstrations de danse hawaïenne, courses de noix de coco (poussées par les enfants à l'aide d'un balai) et autres festivités insulaires auxquelles les enfants se mêlent avec enthousiasme. Le choix se limite à de copieuses brochettes familiales de viande ou de légumes. Dans l'angle, on aperçoit le château de Cendrillon. Le petit-déjeuner met à l'honneur Lilo et Stitch.

❤ Boma
BUFFET $$

(carte p. 270 ; ☏ 407-938-4744, 407-939-3463 ; www.disneyworld.disney.go.com ; 2901 Osceola Pkwy, Disney's Animal Kingdom Lodge ; petit-déj adulte/enfant 23/13 $, dîner 40/19 $; ⏱7h30-11h et 16h30-21h30 ; 🍴 ; 🚇Disney). Bien supérieur aux buffets habituels de Disney, ce restaurant d'inspiration africaine prépare de la viande grillée, des soupes originales et différentes salades. Meubles en bois sombre, tapisseries et objets africains, grandes fenêtres donnant sur un jardin. En somme, une cuisine savoureuse, servie dans un cadre paisible et agréable.

Sanaa
AFRICAIN $$

(carte p. 270 ; ☏ 407-939-3463 ; www.disneyworld. disney.go.com ; 3701 Osceola Pkwy, Kidani Village, Disney's Animal Kingdom Lodge ; plats 12-22 $; ⏱11h30-15h et 17h-21h30 ; 🍴🍴 ; 🚇Disney). Ce charmant café donne sur la savane où paissent girafes, autruches et zèbres ; on oublierait presque qu'on est à Orlando ! Au menu : poulet tandoori ou mijoté, grillades, agneau et crevettes, ainsi qu'un délicieux buffet de salades (celle à la pastèque, au concombre et au fenouil vaut le détour) et une margarita à la mangue.

❤ Jiko
AFRICAIN $$$

(☏407-938-4733, 407-939-3463 ; www. disneyworld.disney.go.com ; 2901 Osceola Pkwy, Disney's Animal Kingdom Lodge ; plats 24-35 $; ⏱17h30-22h ; 🍴🍴 ; 🚇Disney). Une cuisine excellente et innovante à base de céréales variées et de légumes, un bar minuscule et un cadre africain figuré avec bonheur font de cet établissement l'un de nos préférés à Disney. Après une journée à Animal Kingdom, venez dîner ou prendre un verre de vin sur la terrasse arrière de l'hôtel, en contemplant les animaux de la savane.

Pour moins dépenser, dégustez quelques amuse-gueules au bar (l'assortiment "Taste of Africa" comprend différents biscuits salés et des sauces).

Victoria & Albert's
AMÉRICAIN $$$

(carte p. 270 ; ☏ 407-939-3463 ; www.disneyworld. disney.go.com ; 4401 Floridian Way, Disney's Grand Floridian Resort ; prix fixe 135 $, supplément vin assorti 65 $; ⏱17h-22h30). Faites-vous plaisir dans ce restaurant chic dont le décor d'inspiration victorienne marie les tons brun et crème. Fin du fin de la scène gastronomique d'Orlando, une réservation ici est très convoitée. Menu sept plats, verres en cristal et violoncelle : l'ensemble respire la romance.

Le dîner à l'intime Chef's Table ou dans la pièce Queen Victoria comprend 10 plats. C'est l'unique établissement du parc à ne pas accepter les enfants. Si vous en avez, le Disney's Children Activity Center (p. 301) du Polynesian Resort est situé à deux pas du monorail.

California Grill
AMÉRICAIN $$$

(carte p. 270 ; ☏ 407-939-3463 ; www.disneyworld. disney.go.com ; 4600 World Dr, Disney's Contemporary Resort ; plats 32-60 $; ⏱17h-22h ; 🍴 ; 🚇Disney, 🚍Disney, monorail Disney). Favori des locaux et des visiteurs réguliers de Disney, ce toit-terrasse a l'atout d'une vue imprenable sur les feux d'artifice de Magic Kingdom. On y sert toutes sortes de plats, de la focaccia aux trois fromages en passant par de surprenants sushis. Réservation difficile : mieux vaut s'y prendre dès que possible, à savoir 6 mois à l'avance.

Narcoossee's

POISSON ET FRUITS DE MER $$$

(carte p. 270 ; ☑ 407-939-3463 ; www.disneyworld. disney.go.com ; 4401 Floridian Dr, Disney's Grand Floridian Resort ; plats 21-40 $; ⊙16h30-22h ; ▣ ; ☐Disney, ☎Disney, monorail Disney). Ce restaurant insonorisé face au quai du Grand Floridian constitue une halte pratique, reposante et agréable pour qui a passé l'après-midi dans le parc et souhaite y retourner pour la parade et les feux d'artifice. D'excellents produits de la mer, mais aussi du canard, du filet mignon et du poulet fermier.

Artist Point

AMÉRICAIN $$$

(carte p. 270 ; ☑ 407-939-3463 ; www.disneyworld. disney.go.com ; 901 Timberline Dr, Disney's Wilderness Lodge ; plats 21-43 $; ⊙17h30-22h ; ▣▣ ; ☐Disney, ☎Disney). Le cadre Arts-and-Crafts est joliment agrémenté de détails rappelant l'Ouest américain. La cuisine nord-ouest pacifique inclut gibier rôti, saumon, bison grillé et tourte aux fruits rouges. Reconstitution d'un ancien pavillon, le bar ouvre plus tôt – les clients y savourent des *apple martini* dans le patio.

Blue Zoo

POISSON ET FRUITS DE MER $$$

(carte p. 270 ; ☑ 407-934-1111 ; www.swandolphin-restaurants.com ; 1500 Epcot Resorts Blvd, Walt Disney World Dolphin Resort ; plats 28-34 $; ⊙17h-23h ; ☎ ; ☐Disney, ☎Disney). Des colonnes de filaments argentés tombent du plafond dans ce restaurant tout bleu dont la décoration moderne revisite le thème marin. Les excellents fruits de mer constituent l'un des rares bons rapports qualité/prix de Disney. Au bar, le menu, limité, affiche des options plus économiques.

Citrico's

MÉDITERRANÉEN $$$

(carte p. 270 ; ☑ 407-939-3463 ; www.disneyworld. disney.go.com ; 4401 Floridian Way, Disney's Grand Floridian Resort ; plats 18-34 $; ⊙17h30-22h ; ▣ ; ☐Disney, ☎Disney, monorail Disney). Une carte des vins interminable et une agréable ambiance du nord de la Californie distinguent ce lieu des autres restaurants Disney. À mi chemin entre l'établissement familial criard et l'option haut de gamme, il propose des spécialités savoureuses et variées.

🍷 Où prendre un verre et sortir

Étant donné la quantité d'options pour sortir et prendre un verre à Disney, vous pourriez vous fendre de quelque chose de différent tous les soirs de la semaine pendant au moins un mois. Duels de piano, margaritas, safaris, dîners avec les princesses, feux d'artifice, spectacles son et lumière, dîners-spectacles, danse country avec Mickey ou parades : partout, la liste est sans fin. À Disney, le problème n'est pas tant de s'occuper que de se ménager du temps de repos.

Downtown Disney et la Disney's Board-Walk, plus petite, sont les zones de Walt Disney World dévolues au shopping, aux bars et aux loisirs, mais vous trouverez aussi des cafés et parfois des concerts dans les complexes Disney et les parcs d'attractions. Le seul endroit habilité à vendre de l'alcool (bière et vin) dans le Magic Kingdom est le Be Our Guest (p. 293). À Epcot, le World Showcase présente un large choix de spiritueux du monde entier.

Pour connaître le programme des projections de films Disney en plein air et leur emplacement, visitez www.buildabetter-mousetrip.com/activity-outdoormovie.php. Nous recommandons particulièrement *Chip 'n' Dale Campfire Singalong* (p. 278) au Disney's Fort Wilderness.

L'un des meilleurs spectacles de Walt Disney World est la comédie musicale *Nemo*, à Animal Kingdom. En dehors des parcs d'attractions, le Cirque du Soleil La Nouba (p. 267) associe gymnastique, danse, lumières, musique... et Disney évidemment.

❤ Belle Vue Room

BAR

(carte p. 270 ; ☑ 407-939-6200 ; www.disneyworld. disney.go.com ; 2101 Epcot Resorts Blvd, Disney's BoardWalk Inn ; ⊙7h-11h et 17h-minuit). Sis au 2e étage du Disney's BoardWalk Inn, c'est un lieu idéal pour un verre au calme. On s'y sent plus dans un salon que dans un bar : vous pourrez vous détendre, jouer à un jeu de société, écouter la radio ou vous balancer dans un rocking-chair sur le balcon en regardant le ballet des passants sur la Disney's Boardwalk.

Raglan Road

PUB

(carte p. 270 ; ☑ 407-938-0300 ; www.raglanroad. com ; Downtown Disney ; ⊙11h-minuit, concert à partir de 16h ; ☎▣). Un lieu où trouver son content d'Irlande, entre chansons, danse et cuisine. Sans compter que ce pub cosy sert les habituelles Guinness, Harp, Smithwicks et Kilkenny.

Dawa Bar
BAR

(carte p. 270 ; www.disneyworld.disney.go.com ; Animal Kingdom ; accès au parc requis ; ⏱11h-fermeture du parc ; 🛜📶 ; 🖥Disney). Le meilleur endroit pour un cocktail dans Animal Kingdom. Rejoignez ce bar au toit de chaume, commandez un mojito et reposez-vous du parc.

Big River Grille
& Brewing Works
BRASSERIE

(carte p. 270 ; ☎407-560-0253 ; www.disneyworld. disney.go.com ; Disney's BoardWalk ; ⏱11h30-23h). Microbrasserie en plein air avec terrasse plaisante au bord de l'eau.

ESPN Club
BAR SPORTIF

(carte p. 270 ; ☎407-939-5100 ; www.disneyworld. disney.go.com ; Disney's BoardWalk ; ⏱11h30-1h). Suffisamment d'écrans TV pour ne pas rater, même aux toilettes, une minute de votre match.

Jellyrolls
BAR À THÈME

(carte p. 270 ; ☎407-560-8770 ; www.disneyworld. disney.go.com ; Disney's BoardWalk ; 12 $; ⏱19h-2h). Les comédiens se lancent dans un duel de piano et incitent le public à participer à toutes sortes d'extravagances musicales.

House of Blues
CONCERTS

(carte p. 270 ; ☎407-934-2583 ; www.houseof-blues.com ; Downtown Disney ; ⏱10h-23h lun-jeu, 10h-minuit ven et sam, 10h30-23h dim ; 🛜📶 ; 🖥Disney, 🚌Disney, 🚈Lynx 50). De talentueux musiciens viennent jouer dans cette chaîne orientée sur la cuisine du Sud et le blues. Le buffet dominical Gospel Brunch est particulièrement populaire.

Atlantic
Dance Hall
DISCOTHÈQUE

(carte p. 270 ; www.disneyworld.disney.go.com ; Disney's BoardWalk ; ⏱21h-2h, ouvert aux plus de 21 ans). Tubes à plein volume, piste de danse et un immense écran où sont projetés des clips à la demande. Voici votre seule option dans le parc, si vous voulez vraiment danser. Autrement, inutile de venir en ce lieu d'usage assez vide.

🛍 Achats

Walt Disney World compte d'innombrables boutiques, mais toutes ne vendent pas la même chose. La plupart proposent des produits en rapport avec le thème des attractions environnantes et, à moins d'être en quête d'un article en lien avec une histoire,

un film ou un personnage précis, le mieux est de flâner de l'une à l'autre.

Pour toute question portant sur vos achats, notamment les détails concernant retours ou échanges des articles acquis dans le parc, ou pour savoir où en est une livraison, appelez le **Disney Parks Merchandise Guest Services** (☎877-560-6477).

🛍 Parcs à thème

Pour donner une touche internationale à vos souvenirs Disney, faites un petit tour du monde à Epcot. Achetez une panoplie de danseuse du ventre au Maroc, des tartans et cookies Mickey au Royaume-Uni, et un bouchon ornementé pour bouteille entamée en France. Le Japon tient un magasin rempli d'objets Hello Kitty, et dans la boutique allemande vous verrez des animaux Steiff et pourrez fabriquer votre propre poupée.

À Magic Kingdom, les inévitables boutiques débordant de jouets et de gadgets en tout genre jalonnent Main Street jusqu'au château de Cendrillon.

Bibbidee
Bobbidee Boutique
ENFANTS

(carte p. 270 ; ☎407-939-7895 ; www.disneyworld. disney.go.com ; Magic Kingdom ; coiffure et

À NE PAS MANQUER

LE MONDE DE NÉMO EN COMÉDIE MUSICALE

Finding Nemo: the Musical
(carte p. 270 ; www.disneyworld.disney. go.com ; Animal Kingdom ; accès au parc requis ; ⏱plusieurs représentations par jour ; 📶 ; 🖥Disney). Probablement le meilleur spectacle de Walt Disney World aussi bien pour les enfants que pour les adultes. Cette comédie musicale sophistiquée comprend des marionnettes imposantes et élaborées occupant la scène et les allées, une scénographie époustouflante et des interprètes remarquables.

La musique est composée par Robert Lopez et Kirsten Anderson-Lopez, qui sont aussi les auteurs de *Let It Go*, chanson de *Frozen* récompensée par un oscar. Les marionnettes, elles, sont l'œuvre de Michael Curry, créateur de la comédie musicale *Le Roi Lion* pour Broadway.

maquillage, à partir de 49 $; ⊙10h-20h, horaires variables). Dans le château de Cendrillon, les marraines-fées transformeront vos fillettes en princesses.

Les filles âgées de 3 à 12 ans peuvent choisir entre le Carrosse (coiffure et maquillage à partir de 55 $), la Couronne (vernis à ongles en plus, à partir de 60 $), la Cour (T-shirt et tutu en plus, à partir de 95 $) ou le Château (coiffure, maquillage, ongles, costume complet et photographie, à partir de 190 $). Pour les garçons, l'ensemble Chevalier comprend coiffure, épée et bouclier pour 15 $. Ces articles sont les pendants plus élaborés mais plus coûteux de la perruque verte ou rose et des paillettes Disney (10-20 $) que l'on trouve à l'Harmony Barber Shop sur Main Street. Il y a une seconde Bibbidee Bobbidee Boutique à Downtown Disney.

🔒 Downtown Disney

Once Upon a Toy   ENFANTS
(carte p. 270 ; ☎407-824-4321 ; www.disneyworld. disney.go.com ; Downtown Disney ; ⊙10h-23h ; 🚇Disney, 🚌Disney, 🚍Lynx 50). Ici, les enfants peuvent concevoir leur propre Petit Poney, monter leur sabre-laser ou créer leur diadème. C'est l'un des meilleurs magasins de jouets qui soient, et l'on y trouve des classiques, des jeux de société, des figurines, des peluches, etc.

Lego Imagination Center   ENFANTS
(carte p. 270 ; ☎407-828-0065 ; www.disneyworld. disney.go.com ; Downtown Disney ; ⊙9h-23h ; 🚇Disney, 🚌Disney, 🚍Lynx 50). Admirez les constructions en Lego grandeur nature puis fabriquez vos propres chefs-d'œuvre. Il y a même un mur en Lego dont chaque brique porte un prix.

World of Disney   SOUVENIRS
(carte p. 270 ; ☎407-939-6224 ; www.disneyworld. disney.go.com ; Downtown Disney ; ⊙9h-23h ; 🚇Disney, 🚌Disney, 🚍Lynx 50). Tous les produits dérivés Disney, dans un magasin colossal.

ⓘ Renseignements

ACCÈS INTERNET
Le Wi-Fi est gratuit et accessible dans tous les parcs et hôtels de Walt Disney World, via le réseau Walt Disney World Resort. En cas de problème technique, appelez le ☎407-827-2732.

ARGENT
Il y a des DAB partout à Walt Disney World. Le Guest Services de chaque parc dispose d'un petit bureau de change.

BILLETS D'ENTRÉE
Magic Your Way Le billet de base pour Walt Disney World donne accès à un parc pendant une journée. Il coûte entre 93 $ (enfants de 3 à 9 ans) et 99 $ (adultes) pour le Magic Kingdom, et 5 $ de moins pour les trois autres.
À ce billet, vous pourrez ajouter des jours et des options, au moment de l'achat ou n'importe quand dans les 14 jours suivant la première utilisation.

Multi-jours, jusqu'à 10 jours Le tarif journalier baisse de 50% avec un billet de base de 7 jours ou plus. Les billets multi-jours donnent un accès illimité aux 4 parcs à thème Disney (mais pas aux parcs aquatiques). Vous pourrez entrer et sortir d'un parc autant de fois que vous le voudrez, mais n'aurez droit qu'à un seul parc à thème par jour. Ces billets peuvent être utilisés librement pendant 14 jours consécutifs puis expirent à la fin de cette durée.

NOMBRE DE JOURS	PRIX ($)
2	188
3	274
4	294
5	304
6	314
7	324
8	334
9	344
10	354

Pour le pass multi-jours, le tarif "enfant" est 10 à 20 $ moins cher.

Park Hopper (de 40 à 60 $). Permet un accès illimité aux 4 parcs à thème dans la même journée : passez la matinée au Magic Kingdom, l'après-midi à Animal Kingdom puis la soirée à Epcot.

Water Park Fun & More (60 $). Inclut l'accès à un parc supplémentaire, au choix entre les aires aquatiques Blizzard Beach (p. 283) et Typhoon Lagoon (p. 283), les parcours de golf Fantasia Gardens (p. 286) et Winter Summerland (p. 286), le DisneyQuest Indoor Interactive Theme Park (p. 285 ; à Downtown Disney), l'ESPN's Wide World of Sports (p. 268), ou le Disney's Oak Trail Golf Course (avec horaire de départ à réserver).

On vous donnera un Fun Pass pour chaque jour prévu par votre billet Magic Your Way, et vous pourrez utiliser ces pass où et quand vous voudrez. En ajoutant cette option à un billet de 5 jours, vous pourrez aller dans un parc aquatique le matin, au golf l'après-midi et à DisneyQuest le soir (vous aurez utilisé 3 de vos 5 Fun pass). Le prix de cette option est identique quel que soit le nombre de jours de votre billet de base Magic Your Way.

No Expiration Avec cette option, les jours inutilisés d'un billet multi-jours n'expirent pas 14 jours après la première utilisation. Ce supplément n'est pas proposé sur le site Internet, et il faut en faire la demande par téléphone ou aux billetteries des parcs. Le prix varie : 22/67/213 $ pour des billets de base de 2/4/10 jours.

Water Park Fun & More and Park Hopper (86 $) Acheter toutes ces options ensemble revient moins cher.

Disney Dining Disney propose une formule dîner incroyablement compliquée aux clients des complexes Disney ; voir www.disneyworld. disney.go.com pour les prix. Si vous achetez une formule, ne le faites pas au moment de réserver votre chambre : vous risquez de ne pas être remboursé intégralement en cas d'annulation, et pourrez toujours en prendre une au dernier moment (jusqu'à votre enregistrement à l'hôtel).

CHENILS

À l'exception de quelques emplacements du Disney's Fort Wilderness Resort & Campground, les animaux ne sont pas admis à Disney World.

Best Friends Pet Care at Walt Disney World (☑877-493-9738 ; www.bestfriendspetcare. com/waltdisneyworldresort.com ; 2510 Bonnet Creek Pkwy ; 18-72 $ par jour, 38-78 $ la nuit ; ☻1h avant l'ouverture des parcs Walt Disney World et 1h après la fermeture) garde vos chiens, chats et petits animaux, de jour comme de nuit. Les tarifs varient selon le nombre de promenades et de services que vous exigerez, et sont moins élevés pour les clients des hôtels Disney.

Il est nécessaire de réserver et d'envoyer une preuve écrite des vaccinations (DHLPP, rage et Bordetella pour les chiens, FVRCP et rage pour les chats)

GARDE D'ENFANTS

Disney's Children Activity Center (☑407-939-3463 ; www.disneyworld. disney.com.go ; Select Disney Resort Hotels ; 12 $/h par enfant, 2h minimum, dîner inclus ; ☻horaires variables). Cinq hôtels Disney comptent d'excellents centres aérés pour les enfants de 3 à 12 ans. L'inscription inclut activités encadrées, jouets, matériel de dessin, repas et projection d'un film le soir. C'est un service pratique pour qui

souhaite dîner tranquillement dans l'un des restaurants ; il n'est pas nécessaire d'être client de l'hôtel.

Les centres sont les suivants : Simba's Cubhouse à l'Animal Kingdom Lodge, Neverland Club au Polynesian Resort, Cub's Den au Wilderness Lodge, Sandcastle Club au Beach Club Resort et Camp Dolphin au Walt Disney World Dolphin Hotel. Les réservations sont recommandées (obligatoire pour le Camp Dolphin) et peuvent être faites jusqu'à 180 jours à l'avance.

Kid's Nite Out (☑407-828-0920 ; www. kidsniteout.com ; 1/2/3/4 enfants 16/18,50/21/23,50 $ par heure, 4h minimum, plus 10 $ de frais de transport ; ☻baby-sitters disponibles 24h24, 7j/7). Walt Disney World recourt au service Kid's Nite Out pour garder les enfants âgés de 6 mois à 12 ans dans les chambres d'hôtel. Vous pouvez aussi engager une aide si vous avez besoin d'une paire de mains supplémentaire pendant vos journées dans le parc – il faudra toutefois payer son billet.

Paiements par carte de crédit uniquement, réservations jusqu'à 3 mois à l'avance.

HEURES D'OUVERTURE

Les horaires des parcs d'attractions varient non seulement selon les saisons, mais aussi d'un jour à l'autre pendant le même mois. Généralement, les parcs ouvrent à 8h ou 9h et ferment entre 18h et 22h. Chaque jour, l'un des quatre parcs à thème ouvre plus tôt et ferme plus tard pour les clients des hôtels de Walt Disney World. Ces "*Magic Hours*" sont un argument fort pour loger dans l'un de ces établissements.

LOCATION DE POUSSETTES

Des poussettes (simple/double 15/31 $ par jour, 13/27 $ quotidiens si plusieurs jours) sont à disposition dans les quatre parcs Disney ainsi qu'à Downtown Disney. Premier arrivé, premier servi. Des parapluies pour poussettes sont également en vente.

OFFICES DU TOURISME

Pour des renseignements ou réservations, adressez-vous aux guichets Guest Services situés dans chaque parc et hôtel Disney. Si vous appelez Disney, un répondeur pose systématiquement des questions pour des enquêtes. Appuyez sur "0" pour couper la boîte vocale jusqu'à ce qu'elle vous demande si vous résidez en Floride. La réponse vous mettra en contact avec un vrai correspondant.

Numéros de téléphone importants
Walt Disney World (☑407-939-5277). Ce sont les numéros centraux pour tout ce qui

ℹ️ LOCATION DE VOITURETTES, POUSSETTES ET FAUTEUILS

S'attaquer aux parcs d'attractions d'Orlando requiert de beaucoup marcher et faire la queue – ce qui se révèle fatigant à tout âge. Vous pourrez évidemment louer du matériel directement aux parcs, mais ils n'acceptent pas les réservations et le prix est élevé. Louez plutôt en ligne, pour vous faire livrer à votre hôtel.

Magical Stroller Rentals (☎407-494-8806 ; www.magicalstrollerrental.com ; poussette 1/4/8/11-14 nuits à partir de 40/60/80/100 $)

Orlando Stroller Rental (☎800-281-0084 ; www.orlandostrollerrentals.com ; poussette 1/4/8/11-14 jours à partir de 40/60/80/100 $)

Walker Mobility (☎407-518-6000 ; www.walkermobility.com ; poussette 1/4/8/11-14 jours à partir de 35/55/65/80 $, fauteuil 30 $/j, voiturette 2/3/4 jours à partir de 65/90/120 $)

concerne Disney, notamment les forfaits, billets, réservations de repas et de chambres, et questions liées aux horaires et événements spéciaux. Ils vous mettront en relation avec les services correspondant à toutes vos demandes.

Walt Disney World Dining (☎407-939-3463). Réservation de tables jusqu'à 180 jours à l'avance – repas conçus autour d'un personnage, dîners-spectacles et spéciaux inclus. Réservation possible par Internet, téléphone ou application pour Smartphone My Disney Experience (p. 281).

Walt Disney World Recreation (☎407-939-7529). Équitation, navigation et plus.

Walt Disney World Tours (☎407-939-8687). Visites dans n'importe lequel des quatre parcs.

Walt Disney World Lost & Found (☎407-824-4245). En fin de journée, les objets trouvés sont rassemblés dans ce bureau central. On peut aussi s'adresser au guichet Guest Services de chaque parc.

PLANS

La carte gratuite (*Walt Disney World Resort Map*) comporte un plan du réseau de transports. Vous vous verrez offrir une carte de chaque parc, avec un code couleur selon les thématiques des différents secteurs, ainsi qu'un *Times Guide*

indiquant les horaires des spectacles et des rencontres avec les personnages, à l'entrée de chaque parc. Ne les perdez pas, car il est difficile de se les procurer une fois passées les portes d'entrée ! Les points d'accueil disposent de cartes en plusieurs langues.

PARKING

Si vous séjournez dans un hôtel Disney, le stationnement est gratuit dans tous les parcs et hôtels ; autrement, il s'élève à 17 $ par jour. Les tickets sont valides dans tous les parcs. Des parkings sont localisés à l'entrée de chaque parc, à l'exception du Magic Kingdom. Si vous rejoignez ce dernier en voiture, il faudra vous garer au Transportation & Ticket Center et prendre un monorail ou un ferry jusqu'à destination. Les parkings de Downtown Disney, des parcs aquatiques, de l'ESPN Wide World of Sports et de tous les golfs sont gratuits, mais aucun transport ne relie ces sites aux parcs d'attractions. Le service de voiturier dans les hôtels de catégorie supérieure coûte 20 $ par jour.

SERVICES MÉDICAUX

Des infrastructures médicales sont installées dans chaque parc à thème et parc aquatique. L'hôpital le plus proche est le Florida Hospital Celebration Health (p. 269). Si vous avez besoin d'assistance dans votre chambre d'hôtel, Doctors On Call Service (p. 269) assure un service médical 24h/24, 7j/7.

Lake Buena Vista Centra Care (☎407-934-2273, transport 407-938-0650 ; www.centracare.org/visitors ; 12500 S Apopka Vineland ; ⏰8h-minuit lun-ven, 8h-20h sam et dim). Ce centre médical ne traite pas les urgences mais est muni d'un service d e médecine pédiatrique et généraliste et de radiographie. Les transports depuis, et jusqu'aux hôtels et attractions, est gratuit.

SITES INTERNET UTILES

La moindre recherche sur le parc amène à tomber sur de nombreux blogs et sites bardés d'astuces et autres détails déconcertants relatifs aux restaurants et attractions. On sature rapidement, mais certaines informations sont salutaires. Voici quelques sites fiables et complets :

Walt Disney World (www.disneyworld.disney.go.com). Site officiel.

Walt Disney World Information (www.wdwinfo.com). Exceptionnellement clair et minutieux.

All Ears (www.allears.net). Actualité, menus et plus.

MouseSavers (www.mousesavers.com). Réductions.

Build a Better Mousetrip
(www.buildabettermousetrip.com).
Programme et horaires des films.

Kenny the Pirate (kennythepirate.com).
Le B-A BA pour rencontrer les personnages
de Disney.

Disney Food Blog (www.disneyfoodblog.com).
Tout sur les restaurants Disney, notamment
une liste d'établissements répondant aux
régimes spécifiques.

Mouse on Wheels (www.themouseonwheels.
com). Guide pour découvrir Disney en fauteuil
roulant.

VOYAGEURS HANDICAPÉS

Le *Guidebook for Guests with Disabilities*,
disponible aux Guest Services (points
d'accueil) de chaque parc est sur le site Internet
de Disney. Il comporte des plans et des guides
manège par manège avec des renseignements
sur les sous-titrages, les accès en fauteuil
roulant et les chiens d'aveugle. Dans de
nombreux manèges, les personnes en fauteuil
sont prioritaires dans la file d'attente. Vous
pourrez emprunter des guides en braille et
des audioguides aux Guest Services, et louer
des fauteuils manuels (12 $) et électriques
(50 $) dans chaque parc ainsi qu'à Downtown
Disney. Premier arrivé, premier servi. Pas de
réservation.

Les transports en commun sont
accessibles en fauteuil roulant et certains
complexes hôteliers proposent des services
particuliers pour les clients handicapés.
Appelez le 🕿 407-824-4321 ou 🕿 407-827-5141
pour plus d'informations.

ℹ Depuis/vers Walt Disney World

BUS

Le bus Lynx 50 (p. 235) d'Orlando
connecte la gare centrale au Disney's
Transportation & Ticket Centeret à
Downtown Disney en une heure. Le n°56
emprunte la Hwy 192, qui relie Kissimmee
au Disney's Transportation & Ticket Center.
De là, vous pourrez rejoindre n'importe quel
parc ou hôtel.

NAVETTE

Appelez un jour à l'avance pour organiser
un transfert personnalisé depuis/vers
Universal Orlando Resort et SeaWorld avec
Mears Transportation (p. 235). L'aller-retour
revient à quelque 25 $/pers.

TAXI

On trouve des taxis devant les hôtels,
les parcs à thème, au Transportation
& Ticket Center et à Downtown Disney.

VOITURE ET MOTO

Disney se situe à 25 minutes au sud du centre
d'Orlando. Prendre l'I-4 jusqu'aux sorties 64, 65
ou 67 (bien indiquées).

Les agences de location Alamos et National
sont présentes dans le Walt Disney World
Dolphin Resort.

AAA Car Care Center (🕿 407-824-0976,
navette pour location de voiture 407-824-3470 ;
1000 W Car Care Dr ; ⏰ 6h-20h lun-ven, 6h-18h
sam et dim). Garage polyvalent, services Car
Care One (dépannage proposant remorquage,
changement de pneu et rechargement de
batterie avec câbles) et agences de location
Alamo et National. Navettes gratuites vers/
depuis les hôtels Disney sélectionnés.

ℹ Comment circuler

Le système de transports Disney utilise des
bateaux, des bus et un monorail pour véhiculer
les visiteurs aux hôtels, parcs à thème et autres
attractions du complexe. Le Transportation
& Ticket Center est la plaque tournante du
système. Sachez qu'il faut parfois 1 heure pour
aller d'un site à l'autre avec les transports
Disney, et que les liaisons ne sont pas toujours
directes. Demandez un exemplaire du *Walt
Disney World Transportation Guide/Map* aux
hôtels ou aux points Guest Services des parcs ;
autrement, téléchargez-le sur Internet.

DEPUIS/VERS L'AÉROPORT

Disney's Magical Express (🕿 866-599-0951 ;
www.disneyworld.disney.go.com). Si vous logez
dans un établissement de Walt Disney World
et atterrissez à l'Orlando International Airport
(pas celui de Sanford), vous aurez droit à un
service de bagagerie et de navette gratuit
jusqu'à votre hôtel.

On vous enverra des étiquettes pour vos
bagages qui seront pris en charge à l'aéroport.
Si vous changez d'hôtel Disney en cours de
séjour, vos bagages seront transférés dans la
journée.

BATEAU

Disney Water Launches & Ferries (www.
disneyworld.disney.go.com). Des bateaux
Disney gratuits raccordent Magic Kingdom
aux hôtels de Magic Kingdom ainsi qu'au
Transportation & Ticket Center, et les hôtels
Epcot à Hollywood Studios, Disney's BoardWalk
et Epcot.

Des navettes relient directement Magic
Kingdom au Grand Floridian Resort et au
Polynesian Resort. Une autre ligne rattache
Magic Kingdom aux Contemporary Resort, Fort
Wilderness Resort & Campground et Wilderness
Lodge. Une troisième ligne, pouvant accueillir
jusqu'à 600 passagers, connecte Magic
Kingdom au Transportation & Ticket Center.

Les bateaux couvrent également un circuit entre Epcot, Hollywood Studios, Disney's BoardWalk, les Disney's Yacht & Beach Club Resorts, et les Walt Disney World Swan & Dolphin Hotels.

Enfin, des bateaux circulent entre Downtown Disney et les hôtels de Downtown Disney.

BUS

Bus Disney (www.disneyworld.disney.go.com). À Disney, tout est accessible par navette gratuite (semblable à un bus de ville), mais les destinations ne sont pas toutes reliées directement. Les bus partant de Downtown Disney ne rejoignent par exemple aucun des parcs d'une traite.

MONORAIL

Disney Monorail (www.disneyworld.disney. go.com). Trois lignes de monorail desservent certains sites de Walt Disney World. Le Resort Monorail circule entre le Transportation & Ticket Center, le Polynesian Resort, le Grand Floridian Resort & Spa, le Magic Kingdom et le Contemporary Resort. Un deuxième monorail raccorde le Transportation & Ticket Center directement au Magic Kingdom, et un troisième le Transportation & Ticket Center directement à Epcot.

UNIVERSAL ORLANDO RESORT

Pensé pour les piétons, l'Universal Orlando Resort est riche d'extraordinaires manèges, de remarquables attractions pour enfants et de spectacles à l'aune du reste. Il est dans la veine de Walt Disney World, mais tout y est plus malin, amusant et fluide – d'autant que le parc est plus petit et facile à arpenter. Au lieu des sept nains, vous rencontrerez Les Simpson et Spider Man prend la place de Donald Duck ! Universal relève d'un authentique divertissement pour toute la famille, y compris en termes de sensations fortes. Il a du chien, un esprit, une ambiance et, surtout, un sens de l'autodérision irrésistible.

L'Universal Orlando Resort est constitué de deux parcs à thème – Islands of Adventure, aux manèges à émotions fortes, et Universal Studios, dont les attractions déclinent le thème du cinéma –, d'un quartier de divertissement et restauration (CityWalk) et de quatre complexes hôteliers de standing. Des petits bateaux en bois et d'agréables sentiers desservent l'ensemble, et le système Express Pass (voir p. 317) parvient presque à éliminer le stress des longues files et la nécessité d'élaborer de savants plans d'attaque.

Universal repense et modernise régulièrement ses attractions en repoussant sans cesse les limites techniques et en intégrant des nouveaux films et spectacles. Des manèges ferment et d'autres apparaissent. En 2010, Universal a inauguré le Wizarding World of Harry Potter – Hogsmeade (Pré-au-Lard), une superbe section consacrée au sorcier en plein milieu d'Islands of Adventure. Puis, en 2014, le parc a ouvert Diagon Alley (Chemin de Traverse), son équivalent à Universal Studios.

◉ À voir

◉ Islands of Adventure

♥ **Islands of Adventure** (carte p. 240 ; www.universalorlando.com ; 6000 Universal Blvd ; adulte 1/2 jours 96/136 $, enfant 89/129 $, billets multi-jours et multi-parcs tickets possibles ; ⊙9h-18h, horaires variables ; ▣Lynx 21, 37, 40, ▣Universal) est la capitale du divertissement. Des super héros vrombissent sur leurs motos, les trains montagnes russes sifflent au-dessus des têtes et maintes attractions vous tremperont de la tête aux pieds. Le parc est séparé en différentes zones à thème. Chacune a ses propres manèges, aires de jeux, restaurants et autres équipements. Les attractions de l'univers Harry Potter se partagent entre le Wizarding World of Harry Potter – Hogsmeade (p. 306), à Islands of Adventure, et le Wizarding World of Harry

---

DELANCY STREET PREVIEW CENTER

Il arrive qu'Universal demande à certains visiteurs s'ils veulent bien se rendre au Delancy Street Preview Center (la section New York d'Universal Studios) pour regarder des extraits de pilotes de séries ou de films et donner leur avis. C'est un moyen de tester le potentiel de nouveaux programmes et les participants reçoivent une compensation financière. En fonction du contenu, une certaine catégorie de la population est recherchée, et le centre n'est pas toujours ouvert. Mais si vous passez par là, renseignez-vous : peut-être correspondrez-vous au profil souhaité.

LE TOP D'UNIVERSAL ORLANDO RESORT

En termes de sensations fortes et d'émotion, les attractions d'Universal dépassent largement celles de Disney ! De talentueux ingénieurs ont imaginé les manèges les plus fous qu'il vous sera donné de voir. De la technologie, de la créativité, une touche d'humour et une infinie passion pour le divertissement : cette recette est à l'origine d'attractions qui vous laisseront bouche bée. De plus, le système Express Pass d'Universal (p. 317) résout largement le problème des files à presque toutes les attractions. Enfin, si vous acceptez d'embarquer sans vos compagnons, la plupart des manèges disposent d'une ligne pour les passagers seuls, souvent beaucoup plus courte que la file normale – demandez.

Universal Studios

➡ **The Simpsons Ride** (p. 309). Les créateurs des *Simpson*, James Brooks et Matt Groening, ont contribué à cette expérience virtuelle.

➡ **Hollywood Rip Ride Rockit** (p. 309). Une impressionnante montagne russe où l'on choisit sa bande-son.

➡ **Revenge of the Mummy** (p. 309) Grand 8 enfermé avec momies et pyrotechnie.

➡ **Men in Black Alien Attack** (p. 309). Un manège familial interactif qui vous confrontera aux extraterrestres.

➡ **Harry Potter and the Escape from Gringotts** (p. 307). Une échappée trépidante dans l'immense banque des sorciers.

➡ **Despicable Me: Minion Mayhem** (p. 310). Devenez l'un des Minions de Gru dans cette simulation. La 3D à son faîte.

➡ **Transformers: The Ride 3-D** (p. 309). Passage obligé pour les fans de *Transformers*.

Islands of Adventure

➡ **Harry Potter and the Forbidden Journey** (p. 306). Baladez-vous dans Poudlard, sentez le souffle froid des Détraqueurs et faites un match de Quidditch.

➡ **Incredible Hulk Coaster** (ci-dessous). Les hurlements provenant de cette fantastique montagne russe résonnent dans tout le parc.

➡ **Amazing Adventures of Spider-Man** (ci-dessous). Mettez vos lunettes 3D et arpentez les rues de New York avec le superhéros de Marvel.

➡ **Dragon Challenge** (p. 306). Virages, inversions et loopings les pieds à l'air sur l'un des deux grand 8 à grande vitesse, le Chinese Fireball ou le Hungarian Horntail.

➡ **Dudley Do-Right's Ripsaw Falls** (p. 306). Un manège aquatique classique… avec un plongeon de 23 m.

Potter – Diagon Alley (p. 307), à Universal Studios.

Marvel Super Hero Island   MANÈGE

(carte p. 240 ; www.universalorlando.com ; accès au parc requis ; ☺9h-18h, horaires variables ; 📶 ; 🚍Lynx 21, 37, 40). Éclatant de couleur, bruyant et effréné, Marvel Super Hero Island est le paradis des amateurs de frissons. Ne ratez pas le simulateur de mouvement **Amazing Adventures of Spider-Man** (Express Pass recommandé), où les ennemis de l'araignée, modelés dans une 3D ébourriffante, vous attaqueront, sauteront sur votre wagon et vous poursuivront au fil des rues de New York. Le monstrueux **Incredible Hulk Coaster** (Express Pass) vaut aussi le détour.

Le **Dr Doom's Fearfall** (Express Pass), vous projettera à 46 m de haut avant d'enchaîner sur une chute libre. Les personnages de BD se promènent dans les parages, alors gardez l'œil ouvert et, si besoin, consultez les horaires des rencontres sur votre carte pour croiser Spider Man lui-même.

Toon Lagoon   MANÈGE

(carte p. 240 ; www.universalorlando.com ; accès au parc requis ; ☺9h-18h, horaires variables ; 📶 ; 🚍Lynx 21, 37, 40). Conçue autour des dessins animés, cette joyeuse section permet aux

LE MONDE ENSORCELÉ DE HARRY POTTER

La meilleure raison de visiter Orlando depuis l'ouverture du château de Cendrillon. Agrandi en 2014, le féerique Wizarding World of Harry Potter invite les Moldus à plonger dans l'imagination de J.K. Rowling. Alan Gilmore et Stuart Craig, directeur artistique et chef décorateur des films, ont travaillé en étroite collaboration avec les ingénieurs d'Universal Orlando Resort pour créer le plus incroyable espace thématisé de Floride. Les détails et l'authenticité chatouillent l'imagination à chaque pas, des cris des mandragores dans les vitrines des boutiques aux grognements du Myrte dans la salle de bains ; restez attentif aux apparitions magiques.

Le Wizarding World of Harry Potter se divise en deux sections, chacune décorée minutieusement et dotée de ses propres manèges et attractions. Hogsmeade (Pré-au-Lard) est à Islands of Adventure et Diagon Alley (Chemin de Traverse) à Universal Studios. Si vous avez un billet park-to-park, vous pourrez emprunter le Hogwarts Express d'une section à l'autre.

Wizarding World of Harry Potter – Hogsmeade (carte p. 240 ; ☑407-363-8000 ; www.universalorlando.com ; Islands of Adventure ; billet d'entrée requis ; ⊙9h-18h, horaires variables ; ⊞Lynx 21, 37, 40). Explorez les rues pavées de Pré-au-Lard et ses bâtisses tortueuses, goûtez aux fondants du chaudron et envoyez une lettre par hibou voyageur, le tout dans l'ombre de Poudlard. Deux des meilleurs manèges d'Orlando sont ici : *Harry Potter and the Forbidden Journey* et *Dragon Challenge*. Allez-y dès l'ouverture du parc, avant que la file soit trop longue et la foule trop désagréable. Les clients des hôtels Universal y ont accès une heure plus tôt.

Harry Potter and the Forbidden Journey L'un des meilleurs manèges d'Orlando. Explorez les couloirs de Poudlard, passez devant des portraits parlants, le bureau de Dumbledore et d'autres lieux bien connus. Vous sentirez le souffle froid des Détracteurs, échapperez à une attaque de dragon, participerez à un match de Quidditch et survolerez le château avec Harry, Hermione et Ron. Le manège ne va pas très vite, mais il est assez effrayant. Les plus petits pourront visiter le château, mais pendant le tour de manège, ils resteront avec un de leurs parents dans la salle d'attente. Il existe une file pour passagers seuls, mais elle est bien cachée – demandez à l'entrée de Poudlard.

Dragon Challenge Ces montagnes russes vous retourneront l'estomac : elles virevoltent, plongent et se croisent en se frôlant. Elles sont inspirées de la première épreuve du Tournoi des Trois Sorciers (*Harry Potter et la Coupe de Feu*).

Ollivanders Wand Shop L'escalier en colimaçon et les étagères débordant de poussiéreuses boîtes à baguette magique annoncent le ton de ce spectacle de 10 minutes,

visiteurs de retrouver le pétillant de l'enfance. Ici, il y a la plupart des attractions aquatiques d'Universal, telles que Popeye and Bluto's Bilge-Rat Barges (Express Pass) – un grand favori qui compense le manque de sensations fortes par d'amusantes éclaboussures –, et Dudley Do-Right's Ripsaw Falls (Express Pass), un classique avec une descente courte mais abrupte.

Sachez que vous ressortirez trempé, aussi ayez soin de protéger vos téléphones et appareils photo, voire de prendre des chaussures imperméables et de quoi vous changer au cas où. Au besoin, de nombreuses boutiques vendent serviettes, tongs et vêtements divers.

Jurassic Park MANÈGE
(carte p. 240 ; www.universalorlando.com ; accès au parc requis ; ⊙9h-18h, horaires variables ; ⊞ ; ⊞Lynx 21, 37, 40). Sans cris, musique bruyante ou vendeurs, cette oasis de palmiers, de fougères et de plantes est étonnamment paisible. Les quelques attractions sont toutes orientées sur la préhistoire. La Jurassic Park River Adventure (Express Pass) voit succéder, à de sympathiques dinosaures herbivores, d'autres créatures bien plus cauchemardesques.

Pour échapper aux crocs acérés du tyrannosaure, vous plongerez d'une hauteur de 25 m dans un lagon. Les plus petits risquent d'être effrayés par les dinosaures, l'obscurité et le plongeon... mais durant lequel la baguette choisit son sorcier. Venez dès votre arrivée, car la file atteint rapidement plus de 1 heure d'attente.

Flight of the Hippogriff (Express Pass) Ces montagnes russes idéales pour les familles passent au-dessus de la hutte de Hagrid ; écoutez les aboiements de Crockdur et n'oubliez pas de saluer Buck l'hippogriffe !

Honeydukes Sweet Shop Grenouilles en chocolat, gâteaux-rochers et autres sucreries inspirées de Harry Potter.

Owl Post & Owlery Achetez un timbre du Wizarding World et envoyez une carte officiellement tamponnée à Pré-au-Lard (Hogsmeade).

Filch's Emporium of Confiscated Goods Magasin de souvenirs où est exposée la Carte du Maraudeur.

Three Broomsticks & Hog's Head Tavern Hachis parmentier, jus de potiron et Hogs Head Brew, tous aussi savoureux.

Dervish & Banges Pour vous offrir des accessoires de magie et une toge de Poudlard.

Wizarding World of Harry Potter – Diagon Alley (carte p. 240 ; www.universalorlando. com ; Universal Studios ; accès au parc requis ; ☉ à partir de 9h ; 🚌 Lynx 21, 37, 40). Bordée de boutiques de magie proposant capes, baguettes, balais, équipements de Quidditch et autres accessoires, Diagon Alley mène à l'immense Gringotts Bank, qui abrite le nouveau grand 8 multisensoriel d'Universal : **Harry Potter and the Escape from Gringotts**. Pour y accéder, il faut traverser le Londres des Moguls à Universal Studios ou, si vous avez un billet park-to-park, prendre le Hogwarts Express de Pré-au-Lard (Islands of Adventure) à King's Cross Station. Le Wizarding World of Harry Potter – Diagon Alley a ouvert au cours de l'été 2014.

Commandez des saucisses-purée au **Leaky Cauldron**, une boule bizarroïde au glacier sorcier **Florean Fortescue's Ice-Cream Parlor**, et arpentez l'endroit le plus sombre des endroits obscurs, Knockturn Alley, pour acquérir quelques objets de magie noire chez **Borgin and Burkes**.

Diagon Alley témoigne d'autant d'inventivité que le Pré-au-Lard d'Islands of Adventure. Les files sont démentielles et pour mieux en profiter, mieux vaut loger dans un hôtel Universal afin d'arriver une heure avant le reste du public.

les plus vaillants en redemanderont. Au **Pterandoon Flyers**, les enfants pourront survoler le paysage luxuriant et les dinosaures robotisés de Jurassic Park. Pour participer à cette attraction, il faut mesurer entre 1 m et 1,40 m. Attention, l'attente peut durer une heure pour un vol de 80 secondes et l'Express Pass n'est pas accepté.

Lost Continent SPECTACLE
(carte p. 240 ; www.universalorlando.com ; accès au parc requis ; ☉ 9h-18h, horaires variables ; 🚻 ; 🚌 Lynx 21, 37, 40). Les mythes du monde perdu et les livres de contes sont les sources d'inspiration de cette partie du parc. Vous y rencontrerez dragons et licornes, médiums et voyantes. Ne soyez

pas étonné si une fontaine se met à vous parler lorsque vous passez devant elle : la **Mystic Fountain** fait des plaisanteries, arrose les enfants lorsqu'ils s'y attendent le moins puis entame avec eux des conversations loufoques.

Et non : il n'y a aucun opérateur à distance. Cette fontaine parle vraiment. Au flamboyant **Eighth Voyage of Sinbad Stunt Show** (Express Pass), Sinbad et son complice Kabob doivent sauver la princesse Amoura du terrible Miseria, ce qui ne se fait pas sans cabrioles et acrobaties.

Seuss Landing MANÈGE, SPECTACLE
(carte p. 240 ; www.universalorlando.com ; accès au parc requis ; ☉ 9h-18h, horaires variables ; 🚻 ; 🚌 Lynx 21, 37, 40). Le monde du Dr Seuss,

ℹ️ ASTUCES POUR VISITER LE PRÉ-AU-LARD ET LE CHEMIN DE TRAVERSE

On comprend toute la portée de l'expression "file d'attente" une fois arrivé dans le Wizarding World of Harry Potter en haute saison. Cela peut prendre jusqu'à 5 heures pour *simplement accéder* à la section *Harry Potter*, où commencent alors les queues des attractions, restaurants et boutiques. Un cauchemar. Mais ne vous découragez pas : un peu d'organisation et votre visite du Pré-au-Lard et du Chemin de Traverse sera simple, joyeuse et sans heurts.

Loger dans un complexe Universal Les attractions *Harry Potter* sont accessibles une heure à l'avance aux clients des quatre hôtels. Arrivez au moins 30 minutes avant l'ouverture des portes et ne traînez pas.

Définir une stratégie Choisissez Islands of Adventure et son Pré-au-Lard (p. 306) le premier matin. Dès votre arrivée, faites *Harry Potter and the Forbidden Journey*, *Dragon Challenge*, *Flight of the Hippogriff*, puis consacrez le reste du temps aux boutiques et restaurants (dans cet ordre). Le matin suivant, rendez-vous au Chemin de Traverse à Universal Studio (p. 307), puis embarquez pour *Escape from Gringotts*, avant d'explorez les alentours. Vous trouverez un Ollivanders Wand Shop dans les deux parcs – c'est votre première étape l'un des deux matins.

Acheter un billet park-to-park Celui-ci vous permettra de prendre le Hogwarts Express du Chemin de Traverse au Pré-au-Lard.

Visiter en basse saison Évitez Noël et début janvier, le mois de mars et l'été.

Tirer parti des billets "return time" d'Universal Si le Wizarding World of Harry Potter atteint sa capacité maximale (généralement après 10h30), il faut que des visiteurs partent pour que de nouveaux visiteurs puissent entrer. Le billet "return time" permet de profiter d'autres attractions et de revenir au Wizarding World à une heure précise. Cherchez la bannière bleue indiquant les kiosques en libre service.

l'inventeur de *Horton*, est rempli de personnages fantaisistes, de noms poétiques et de comptines. Ici, l'imaginaire du Dr Seuss prend forme en 3D. Le Lorax garde ses Truffula Trees, Thing One et Thing Two font les fous, et plein d'autres créatures sorties des livres du Dr Seuss ornent les boutiques et les manèges.

Buvez du Moose Juice ou du Goose Juice, goûtez aux Green Eggs and Ham (œufs verts au jambon) et montez sur le manège du *Chat chapeauté* ou tournoyez sur un éléphant de *Horton entend un Qui !* Seuss Landing est l'un des meilleurs parcs à thème d'Orlando pour les tout-petits.

🔵 Universal Studios

Divisé géographiquement en fonction des films, régions et architectures inspirant le décor, et imitant des plateaux hollywoodiens, **Universal Studios** (carte p. 240 ; ☑407-363-8000 ; www.universalorlando.com ; 1000 Universal Studios Plaza ; adulte 96/136 $, enfant 89/129 $ pour 1/2 jours, billets multi-jours et multi-parcs disponibles ; ☼à partir de 9h ; 🚍Lynx 21, 37, 40, 🚤Universal)

propose des spectacles et manèges fabuleux dédiés aux légendes du grand et du petit écran. On descend une Duff à Springfield comme Homer Simpson, on emprunte le Hogwarts Express (Poudlard Express) pour Diagon Alley (Chemin de Traverse) ou encore, rejoint Lucille Ball sur Hollywood Blvd. Et, dans le registre de l'adrénaline pure, le Hollywood Rip Ride Rockit et le Revenge of the Mummy comptent parmi les meilleures montagnes russes d'Orlando.

Besoin d'une pause ? Une pelouse clôturée, agrémentée d'arbres et de fleurs donnant sur le lagon, est aménagée juste en face de l'entrée de l'espace pour enfants de Woody Woodpecker. Étendez une couverture pour manger un morceau ou simplement vous reposer. Le calme du lieu en fait un point de rendez-vous idéal.

Production Central MANÈGE, SPECTACLE (carte p. 240 ; www.universalorlando.com ; accès au parc requis ; ☼à partir de 9h ; 🚶 ; 🚍Lynx 21, 37, 40). Production Central abrite deux manèges particulièrement en vue d'Universal : l'incroyable simulation 3D

Transformers: The Ride 3-D (Express Pass) et le terrifiant grand 8 **Hollywood Rip Ride Rockit** (Express Pass). Ce dernier n'est pas pour les âmes sensibles : vous foncerez à 104 km/h, monterez 17 étages au-dessus du parc dans un looping, puis dévalerez une descente à pic, le tout sur la musique de votre choix !

Au **Shrek 4-D** (Express Pass), Shrek et l'Âne partent secourir Fiona des griffes d'un dragon particulièrement féroce, probablement trop pour ne pas effrayer les plus petits tandis que la bête surgit, les yeux rouges et crachant le feu. Le laïus d'introduction est malheureusement trop long.

New York
MANÈGE, SPECTACLE

(carte p. 240 ; www.universalorlando.com ; accès au parc requis ; ☺à partir de 9h ; 🚹 ; 🚇Lynx 21, 37, 40). **Revenge of the Mummy** (Express Pass) combine la vitesse et les pirouettes des montagnes russes à des effets spéciaux décoiffants. Pénétrez dans l'obscurité profonde des catacombes de l'Égypte ancienne, mais ne provoquez pas la colère d'Imhotep la momie : dans sa fureur, il vous lancera de l'eau, du feu et plus encore ! **Twister...Ride It Out** (Express Pass) est une attraction à parcourir à pied. Sur un plateau de tournage reconstituant un village délabré du Midwest, on se trouve au départ plongé dans un calme inquiétant, jusqu'à ce qu'apparaisse, au loin, une tornade.

Une radio annonce un violent cyclone et, peu à peu, le temps change. Le panneau tremble au-dessus de l'ancienne station-essence et une botte de paille traverse le décor. Puis, un tourbillon se forme et s'approche, de plus en plus près et de plus en plus bruyamment. Ceux qui ont déjà vécu l'expérience d'une authentique tornade réfléchiront à deux fois avant de s'y aventurer.

San Francisco
MANÈGE, SPECTACLE

(www.universalorlando.com ; accès au parc requis ; ☺à partir de 9h ; 🚹 ; 🚇Lynx 21, 37, 40). Reconstitution minutieuse du San Francisco de 1906 qui subit un énorme séisme, à l'origine du film *Tremblement de terre* (1974). Il y a même un petit bar agréable en extérieur à Fisherman's Wharf : Chez Alcatraz (p. 314). Lombard's (p. 314) est l'un des deux seuls restaurants qui acceptent les réservations. On trouve aussi deux spectacles en plein air, mais la seule attraction est **Disaster**

(Express Pass), un manège original simulant le tournage d'un film. Le lent parcours suit un fil narratif tout en se concentrant sur les effets spéciaux plutôt que la vitesse et les sensations.

Un directeur de casting hollywoodien choisit quelques membres du public et débite des instructions à toute allure ("Crie comme si tu venais d'apprendre que Britney Spears allait garder tes enfants"), avant de filmer chaque volontaire une ou deux secondes.

Puis tout le monde rejoint le "plateau" et embarque à bord d'une rame de métro dans une réplique irréprochable d'une station de San Francisco quand, soudain, tout s'écroule et le chaos survient. Un indice : 25 m³ d'eau sont lâchés et recyclés toutes les 6 minutes, mais vous resterez sec. Et vous verrez les prises tournées par les volontaires.

World Expo
MANÈGE, SPECTACLE

(carte p. 240 ; www.universalorlando.com ; accès au parc requis ; ☺à partir de 9h ; 🚇Lynx 21, 37, 40). La principale attraction ici est **Men in Black Alien Attack** (Express Pass), un jeu vidéo en 3D interactif très divertissant mais pas effrayant du tout. Votre voiture se balance dans tous les sens pour éviter les obstacles surgissant dans Manhattan, et vous devrez tirer sur d'amusants extraterrestres avec vos lasers pour gagner des points. À noter qu'Universal insiste pour que vous rangiez vos sacs dans le casier gratuit avant le départ.

Springfield
MANÈGE

(carte p. 240 ; www.universalorlando.com ; accès au parc requis ; ☺à partir de 9h ; 🚹 ; 🚇Lynx 21, 37, 40). En 2013, Universal a ouvert Springfield, la section consacrée aux *Simpson* et basée sur la ville de cette famille américaine typiquement atypique. Faites un tour chez Moe, engloutissez les donuts de Lard Lad, et discutez avec Krusty le Clown, Tahiti Bob et la famille Simpson au complet. Le manège tournoyant de **Kang & Kodos' Twirl & Hurl** comblera les tout-petits, et les autres se précipiteront au **Simpsons Ride** (Express Pass).

Springfield est l'une des immersions les plus réussies proposées ici, et un incontournable, même si vous n'êtes pas fan de la série. Les enfants voudront absolument essayer la boisson emblématique de Springfield, le **Flaming Moe** dont les bulles et la vapeur rivalisent avec l'incroyable bière au beurre de *Harry Potter*... en plus, c'est très bon ! Certes, ce n'est qu'un soda à l'orange, mais il est très amusant, le verre constitue un souvenir original et, aux yeux d'un enfant de huit ans, l'expérience vaut bien davantage que les 7 $ à débourser.

Woody Woodpecker's KidZone
MANÈGE, SPECTACLE

(carte p. 240 ; www.universalorlando.com ; accès au parc requis ; à partir de 9h ; Lynx 21, 37, 40). Manèges et spectacles pour les plus jeunes, notamment une remarquable aire de jeux aquatique et des canons à boulets en mousse. Un concurrent sérieux au Seuss Landing (p. 307) d'Islands of Adventure dans le cœur des moins de 8 ans.

Despicable Me: Minion Mayhem
MANÈGE

(www.universalorlando.com ; accès au parc requis ; à partir de 9h ; Lynx 21, 37, 40). Les fans de *Moi, moche et méchant* ne rateront pas l'opportunité d'interpréter l'un des sbires de Gru dans l'un des meilleurs simulateurs 3D d'Universal. Dans la pure tradition des Minions, le tout ne manque pas d'humour et rien ne fait vraiment peur. Attention, même avec l'Express Pass l'attente peut allègrement dépasser les 30 minutes : venez tôt.

Hollywood
MANÈGE, SPECTACLE

(carte p. 240 ; www.universalstudios.com ; accès au parc requis ; à partir de 9h ; Lynx 21, 37, 40). Comptant d'impressionnantes séquences 3D, des cascades live et des effets spéciaux 4D, **Terminator 2: 3-D** (Express Pass) vous en mettra plein les yeux. Exaltant pour certains, oppressant et effrayant pour d'autres. Les fans de la célèbre rousse Lucille Ball apprécieront **Lucy – A Tribute**, une exposition biographique avec clips *I Love Lucy*, costumes, photos et lettres de Lucy.

Si vous êtes féru de maquillage horrifique, **Universal Horror Make-Up Show** (Express Pass) vous semblera peut-être un peu léger. C'est plein d'humour et de bouffonneries, mais certaines illusions d'optique peuvent effrayer les plus petits s'ils ne distinguent pas le vrai du faux.

CityWalk

En franchissant le canal depuis les deux parcs, vous tomberez sur la zone de loisirs d'Universal. Cette galerie en demi-cercle renferme restaurants, boîtes, bars, boutiques, mais aussi un multiplexe, un golf miniature et une fontaine où les enfants peuvent jouer. Toutefois, les attractions se résument à des concerts et de l'alcool à foison. Bien que les nuits fassent parfois le plein de jeunes en goguette, d'enterrements de vie de jeune fille, et puissent être le théâtre de grands moments d'ébriété collective, l'endroit reste principalement familial

RENCONTRER LES PERSONNAGES À UNIVERSAL ORLANDO RESORT

Plusieurs célébrités peuplent Universal Studios et Islands of Adventure : Curious George, Bob l'Éponge, Lucille Ball et Marilyn Monroe, mais aussi le casting des *Simpson*, de *Shrek*, *Madagascar* et des livres du Dr. Seuss. Les plus appréciés, comme Spider Man, apparaissent à des horaires planifiés. La carte du parc indique les lieux et heures. Par ailleurs, Universal organise aussi des dîners avec des personnages.

Superstar Character Breakfast (407-224-7554 ; www.universalorlando.com ; Cafe La Bamba, Universal Studios ; adulte/enfant 25/11 $, accès au parc requis ; 9h-11h ; Lynx 21, 37, 40). Petit-déjeuner avec Gru et les Minions, Dora l'Exploratrice et d'autres stars de l'Universal Superstar Parade au café La Bamba d'Universal Studio. Appeler pour confirmer les réservations par Internet.

Universal Orlando Resort Character Dinners (407-503-3463 ; www. universalorlandoresort.com ; Universal Orlando Resort ; horaires variables). Plusieurs soirs par semaine, des personnages d'Universal visitent le restaurant de l'un des hôtels. L'établissement change chaque jour et en fonction des saisons – détails par téléphone.

Universal Orlando Resort Character Breakfast (407-503-3463 ; www. universalorlandoresort.com ; 6300 Hollywood Way, Royal Pacific Resort ; adulte/enfant 27/15 $; 8h-12h dim). Les chouchous d'Universal se joignent au brunch dominical du Jake's American Bar, au Royal Pacific.

UNIVERSAL POUR LES ENFANTS

Universal Orlando Resort est passé maître dans l'art de mélanger des attractions pour tous les âges en un ensemble plaisant, facile à appréhender et extrêmement divertissant. Le Grinch du Dr Seus, certains super héros et d'autres vedettes Universal fréquentent les parcs d'attractions tandis que les personnages de *Moi, moche et méchant* et d'autres films grand public se montrent aux restaurants des hôtels. S'il dispose de nombreux bars et concerts, le CityWalk demeure très familial avec son minigolf à la sauce science-fiction et sa fontaine propice à s'éclabousser. Enfin, le Wantilan du Portofino Bay Hotel donne aux enfants de tous âges un avant-goût des îles.

La plupart des attractions s'adressant aux enfants sont concentrées dans la Kid Zone Woody Woodpecker (ci-contre), à Universal Studios et dans le Seuss Landing (p. 307), le Wizarding World of Harry Potter et le Toon Lagoon (p. 305) à Islands of Adventure. Prévoyez des affaires de rechange car les deux parcs comportent des attractions où les enfants seront trempés !

Universal Studios

Barney Show Théâtre rond pour un spectacle tout en douceur, ponctué de chants.

Curious George Goes to Town Le meilleur espace de jeux aquatiques pour les tout-petits et une grande salle remplie de balles en mousse que l'on peut lancer ou projeter avec un canon.

Woody Woodpecker's Nuthouse Coaster Des montagnes russes adaptées aux enfants à partir de 3 ans.

Animal Actors on Location! Grand spectacle mettant en scène les exploits d'animaux bien réels.

ET Adventure Traversez les bois en vélo, la police à vos trousses, avant de vous envoler dans les airs puis dans l'espace jusqu'à la planète d'ET. Quelques passages sont impressionnants – obscurité, bruits et vapeur – mais il n'y a pas d'embardée, de plongeon ou de virages serrés.

Islands of Adventure

One Fish, Two Fish, Red Fish, Blue Fish Embarquez dans un poisson du Dr Seuss pour un petit tour dans les airs.

Cara-Seuss-al En route pour une belle aventure du Dr Seuss.

Cat in the Hat Ce manège classique vous entraîne dans un livre d'histoires.

High in the Sky Seuss Trolley Train Ride Un paisible voyage en train au-dessus du parc.

If I Ran the Zoo Aire de jeux interactive et bariolée avec jets d'eau surprise.

Me Ship, the Olive Les enfants grimpent, rampent, escaladent sur le bateau de Popeye puis descendent le toboggan aquatique.

Popeye & Blulu's Bilge-Rat Barges Ça flotte, ça tourne et ça éclabousse à bord de ces radeaux ronds – nulle acrobatie, mais vous finirez trempé !

Hogwarts (Poudlard) Les enfants trop jeunes pour monter à bord de l'effrayant Harry Potter and the Forbidden Journey pourront malgré tout s'initier aux charmes de la plus célèbre école de sorcellerie. Il n'y a pas de frontière officielle, donc demandez conseil au personnel d'Universal (très conciliant). Au Wizarding World of Harry Potter (p. 306), les plus petits aimeront aussi l'Ollivander's Wand Shop (spectacle de 10 min) et le manège familial Flight of the Hippogriff.

et les différents bars proposent une nourriture plutôt correcte.

✿ Fêtes et festivals

Universal's
Superstar Parade
DÉFILÉ

(www.universalorlando.com ; Universal Studios ; accès au parc requis ; 🚶 ; ▣ Lynx 21, 37, 40). Ce défilé de chars en lumières compte dans ses rangs Dora l'Exploratrice et Diego, les personnages de *Moi, moche et méchant*, Bob l'Éponge et Robbie de *Hop*. Tous les jours. Horaires variables.

Mardi Gras
CARNAVAL DE RUE

(www.universalorlando.com ; Universal Studios ; accès au parc requis ; ▣ Lynx 21, 37, 40). Une imitation de l'iconique carnaval de La Nouvelle-Orléans : défilés, concerts et cuisine cajun à la sauce Universal. De février à juin.

🖤 Halloween
Horror Nights
CARNAVAL DE RUE

(www.universalorlando.com ; Universal Studios ; 50-75 $, accès au parc requis ; ▣ Lynx 21, 37, 40). Sublimes maisons hantées, sensations fortes, hémoglobine et spectacles d'Halloween démentiels ; les gobelins, monstres et momies grouillent dans les rues, prêts à bondir. Attention : chez Universal, il ne s'agit pas d'épouvante au sucre glace comme chez Disney. Aussi, réfléchissez bien avant d'emmener vos enfants de moins de 13 ans.

Plusieurs soirs en septembre et octobre. C'est un événement très populaire et les billets sont limités ; aussi convient-il de réserver bien à l'avance.

Macy's
Holiday Parade
DÉFILÉ

(www.universalorlando.com ; Universal Studios ; accès au parc requis ; ▣ Lynx 21, 37, 40). Pastiche du défilé new yorkais du même nom, avec ses ballons géants, le Père Noël, la musique qui va avec et l'illumination du sapin. Plusieurs soirs en novembre et décembre.

Grinchmas
FÊTE DE NOËL

(www.universalorlando.com ; Islands of Adventure ; accès au parc requis ; 🚶 ; ▣ Lynx 21, 37, 40). Donné pendant les fêtes ce spectacle fantasque rend hommage au classique conte de Noël du Dr Seuss. La clé de voûte est la comédie musicale *Le Grincheux qui voulait gâcher Noël*. En décembre.

🏃 Activités

Hollywood Drive-In Golf
MINIGOLF

(carte p. 240 ; ☎ 407-802-4848 ; www.hollywood-driveingolf.com ; CityWalk ; 18 trous, adulte/enfant 14/12 $, 36 trous 25/21 $; ⏱ 9h-2h ; 🚶 ; ▣ Lynx 21, 37, 40, 🚌 Universal). Visez à travers une soucoupe volante sur le parcours science-fiction **Invader from Planet Putt**, préférez le thème de la maison hantée sur les **Haunting of Ghostly Greens**, ou accordez-vous les deux. Encore mieux le soir venu, lorsque les effets lumineux mettent en valeur le décor et les bizarreries du parcours.

Golf Universal
Orlando Resort
GOLF

(☎ Concierge Hard Rock Hotel 407-503-2200, Concierge Portofino Bay Hotel 407-503-1200, Royal Pacific 407-503-3200 ; www.universalorlando.com ; sélection de terrains de golf d'Orlando). Heures de départ sur commande, transport gratuit (pour les groupes de quatre ou plus) et location de clubs pour les meilleurs terrains de golf d'Orlando. Réservé aux clients des hôtels de catégorie supérieure.

🛏 Où se loger

Universal Orlando Resort se targue de trois excellents complexes hôteliers de standing. Y dormir évite de nombreux embarras logistiques : non seulement on rejoint les parcs par une agréable promenade dans le jardin ou en bateau, mais tous les clients reçoivent en plus l'Unlimited Express Pass, pour accéder aux attractions, et bénéficient de réservations prioritaires dans les restaurants. De plus, le Wizarding World of Harry Potter leur est ouvert une heure à l'avance et le Loews Loves Pets accueille les animaux comme des hôtes de marque. Généralement moins coûteux que les hébergements de tranche haute de Walt Disney World, ces établissements ont l'atout d'un service bien supérieur en termes de cuisine, de cadre, d'équipements et de chambres. Il existe des suites pour enfants comme la Jurassic Park au Royal Pacific, ou encore la Seuss et la Minion du Portofino Bay. En 2014, Universal a ouvert Cabana Bay, un complexe économique muni de suites familiales : les clients ont accès au monde d'Harry Potter en avance mais ne reçoivent pas d'Express Pass.

Cabana Bay Beach
Resort
COMPLEXE HÔTELIER $$

(carte p. 240 ; ☎ 407-503-4000 ; www.universalorlando.com ; 6550 Adventure Way ; ch 115-150 $, ste

175-215 $; P✳🛜⌖ ; 🖵Universal). Évoquant l'esprit des *road trips* des années 1950, le nouveau-né des hôtels d'Universal, ouvert en mars 2014, a quelque chose de la Floride d'antan. Y sont louées des chambres économiques et avantageuses, et l'ensemble comprend piste de bowling, espace de restauration, cours d'eau artificiel et deux piscines. Les suites familiales sont équipées de kitchenettes et de six couchages. Le parking est à 18 $.

Si les clients peuvent profiter de l'ouverture avancée du Wizarding World of Harry Potter (un atout indéniable), ils ne jouissent pas des mêmes avantages que les hôtes des trois autres complexes, notamment l'Unlimited Express Pass, la réservation prioritaire aux restaurants et le transport en bateau aux parcs. Il faut donc marcher quelque 20 minutes ou prendre le bus Universal jusqu'à destination.

💜 Portofino Bay Hotel
COMPLEXE HÔTELIER $$$

(carte p. 240 ; ☑407-503-1000 ; www.universalorlando.com ; 5601 Universal Blvd ; ch et ste tarif bas/normal/haut à partir de 285/315/365 $; P✳@🛜⌖ ; 🖵Universal). Ce complexe somptueux rappelle le charme décontracté du littoral italien : jolies chambres, rues pavées et terrasses de café donnant sur un lagon central. Il y a une piscine à débordement ensablée pour les familles, la piscine Hillside à l'écart, une élégante piscine Villa, ainsi qu'un spa Mandara et le succulent Mama Della (p. 315). Le soir, des musiciens jouent au bord de l'eau. Le tarif inclut l'entrée avancée au Wizarding World of Harry Potter et l'Unlimited Express Pass. Parking/service voiturier 18/25 $ par jour.

Royal Pacific Resort
COMPLEXE HÔTELIER $$$

(carte p. 240 ; ☑407-503-3000 ; www.universalorlando.com ; 6300 Hollywood Way ; ch et ste tarif bas/normal/haut à partir de 230/260/300 $; P✳@⌖ ; 🖵Universal). Une immense véranda avec des orchidées, un bassin, des fontaines de Bali et des éléphants sculptés occupe le hall de cet accueillant complexe, superbe propriété aux vastes pelouses agrémentée de plantes tropicales et de palmiers. Les restaurants servent une cuisine excellente. Le tarif inclut l'entrée avancée au Wizarding World of Harry Potter et l'Unlimited Express Pass. Parking/service voiturier 18/25 $ par jour.

Les enfants adoreront la piscine familiale ourlée de vrai sable et équipée d'une fontaine pour jouer et d'une table de ping-pong. En revanche les adultes risquent de trouver l'ensemble bruyant et désordonné. Les chambres sont plus petites que dans les autres complexes d'Universal.

Hard Rock Hotel
COMPLEXE HÔTELIER $$$

(carte p. 240 ; ☑407-503-2000 ; www.universalorlando.com ; 5800 Universal Blvd ; ch et ste tarif bas/normal/haut à partir de 259/294/365 $; P✳@🛜⌖ ; 🖵Universal). De l'immense pelouse où est érigée une imposante fontaine en forme de guitare en passant par la musique sous-marine dans la piscine, l'esprit rock'n'roll est omniprésent dans cet hôtel moderne et stylé. Le tarif inclut l'entrée avancée au Wizarding World of Harry Potter et l'Unlimited Express Pass. Parking/service voiturier 18/25 $ par jour.

Il y a une immense piscine à débordement avec un toboggan et les familles frayent harmonieusement avec les jeunes fêtards. Néanmoins, les musiciens qui jouent dans le hall et l'ambiance animée peuvent être de trop si vous aspirez à la tranquillité. Pour une atmosphère plus feutrée, optez plutôt pour le Portofino Bay Hotel (p. 313).

🍴 Où se restaurer et prendre un verre

Dans les parcs à thème, les seuls restaurants avec service à table acceptant les réservations sont Finnegan's Bar & Grill et Lombard's Seafood Grille à Universal Studios, et Mythos Restaurant et Confisco Grille à Islands of Adventure.

✕ Islands of Adventure

Vous trouverez toutes sortes de fast-foods en parfaite adéquation avec les diverses thématiques du parc. Sirotez un Predator Rocks dans le feuillage luxuriant du crétacé à Jurassic Park ou buvez une Hogs Head Brew à Pré-au-Lard.

💜 Three Broomsticks
ANGLAIS $

(carte p. 240 ; www.universalorlando.com ; plats 11-16 $, accès au parc requis ; ⊘8h-fermeture du parc ; 🚶 ; 🖵Lynx 21, 37, 40). Cuisine de fast-food anglaise autour de l'univers d'*Harry Potter*. Hachis parmentier, chaussons à la viande et bancs en bois rustiques. Il y a de nombreuses tables en extérieur à l'arrière, près du cours d'eau.

Confisco Grille & Backwater Bar
AMÉRICAIN $

(carte p. 240 ; ☑407-224-4012 ; www.universalorlando.com ; plats 6-22 $, accès au parc requis ; ⊙11h-fermeture du parc ; 🖉🚻 ; 🚊Lynx 21, 37, 40). Si discret qu'il passe inaperçu, le Confisco Grille vaut le détour avec ses places extérieures, son houmous frais, ses délicieuses pizzas au feu de bois et son bar bien fourni.

Mythos Restaurant
MÉDITERRANÉEN $$

(carte p. 240 ; ☑407-224-4012, 407-224-4534 ; www.universalorlando.com ; plats 8-15 $, accès au parc requis ; ⊙11h-17h ; 🚻 ; 🚊Lynx 21, 37, 40). Ce restaurant, niché dans une grotte sous-marine comprend une grande verrière (avec vue sur plusieurs attractions) et un cours d'eau artificiel.

Hog's Head Pub
PUB

(carte p. 240 ; www.universalorlando.com ; boissons 4-8 $, accès au parc requis ; ⊙11h-fermeture du parc ; 🚊Lynx 21, 37, 40). Bière au beurre, givrée ou mousseuse, pression, cidre au potiron et bien plus. Guettez le cochon de l'autre côté du bar – il est plus réel que vous le pensez. Si la queue pour la bière au beurre est trop longue dehors, allez à l'intérieur : même prix, même produit.

✕ Universal Studios

Les stands d'en-cas et de boissons abondent, la plupart servant de la bière fraîche. Emportez-en une aux spectacles en extérieur, ou dégustez-la sur l'herbe ou sur un banc en regardant passer les gens.

Schwab's Pharmacy
GLACES $

(carte p. 240 ; www.universalorlando.com ; accès au parc requis ; ⊙11h-fermeture du parc ; 🚻 ; 🚊Lynx 21, 37, 40). Dans les années 1930, deux frères achetèrent ce qui allait devenir la cantine favorite des futures stars d'Hollywood. Ava Gardner y aurait travaillé, Harold Arlin y aurait composé *Over the Rainbow* et Marilyn Monroe, Clark Gable et Orson Welles auraient été des habitués. Universal a aussi reconstitué le célèbre stand original de Ben and Jerry's.

Mel's Diner
HAMBURGERS $

(carte p. 240 ; www.universalorlando.com ; plats 6-10 $, accès au parc requis ; ⊙11h-fermeture du parc ; 🚻 ; 🚊Lynx 21, 37, 40, 🚌Universal). Restaurant typique des années 1950, avec voitures d'époque et groupe branché à l'extérieur. La cuisine n'est pas meilleure que dans les fast-foods classiques mais l'atmosphère est bien plus amusante.

Finnegan's Bar & Grill
PUB $$

(carte p. 240 ; ☑407-224-3613 ; www.universalorlando.com ; plats 8-20 $, accès au parc requis ; ⊙11h-fermeture du parc ; 🛜🚻 ; 🚊Lynx 21, 37, 40). Pub irlandais dont les concerts, eux, semblent joués depuis les rues de New York. On y sert des chaussons à la viande, des *Scotch eggs* (œufs entourés de chair à saucisse et de panure) ainsi que de la bière Harp, Bass et Guinness à la pression.

Lombard's Seafood Grille
POISSON ET FRUITS MER $$

(carte p. 240 ; ☑407-224-3613, 407-224-6401 ; www.universalorlando.com ; plats 12-25 $, accès au parc requis ; ⊙11h-fermeture du parc ; 🛜🚻 ; 🚊Lynx 21, 37, 40). Tapis d'Orient, imposant aquarium et un menu qui fait la part belle aux produits marins. Une parenthèse relaxante dans la frénésie d'Universal.

❤ Moe's Tavern
BAR À THÈME

(carte p. 240 ; www.universalorlando.com ; boissons 3-9 $, accès au parc requis ; ⊙11h-fermeture du parc ; 🚻 ; 🚊Lynx 21, 37, 40). Tout y est, au point qu'on en viendrait presque à croire avoir poussé la porte du bar favori d'Homer. Goûtez le Krusty Burger dans l'aire de restauration mitoyenne et sirotez une Duff Beer, Duff Lite ou Duff Dry au bar.

Chez Alcatraz
BAR

(carte p. 240 ; www.universalorlando.com ; accès au parc requis ; ⊙11h-fermeture du parc ; 🚻 ; 🚊Lynx 21, 37, 40). Mojitos glacés, focaccias et frites maison à Fisherman's Wharf, au bord de l'eau. Le clapotis des bateaux tanguant dans les docks, ajouté à la vue sur Springfield, font d'Alcatraz un petit bar en plein air idéal pour se détendre au calme. Juste à côté, Bruce, le terrible requin des *Dents de la mer* pend en taille réelle à un grand portique, attendant d'être pris en photo.

Duff Brewery
BAR

(carte p. 240 ; www.universalorlando.com ; en-cas 5-12 $, accès au parc requis ; ⊙11h-fermeture du parc ; 🚻 ; 🚊Lynx 21, 37, 40). Ce bar, dont la terrasse donne sur le lagon, sert la bière préférée d'Homer, à la pression ou en bouteille, mais aussi le fameux Flaming Moe. Devant, des arbres sont taillés à la ressemblance des mascottes de la marque.

✕ CityWalk

Au moment de la rédaction de ce guide, Universal préparait l'inauguration d'un CityWalk remis à neuf. Il y aura du nouveau et toutes sortes de restaurants prometteurs ; on attend les sushis, et les pizzas cuites dans un four en brique. Plusieurs établissements se transforment en salles de concerts le soir et font payer l'entrée après 21h. Le CityWalk Party Pass (12 $; gratuit avec l'entrée multi-jours aux parcs d'attractions) donne un accès illimité à tous les clubs et bars. Il existe aussi un supplément de 3 $ pour voir un film.

Jimmy Buffett's
Margaritaville   CARIBÉEN $$

(carte p.240 ; ☑407-224-2155 ; www.universalorlando.com ; plats 8-15 $, entrée après 22h 10 $; ⊙11h30-2h ; ♿ ; ☐Lynx 21, 37, 40, ⚊Universal). Festivités d'inspiration caribéennes, trois bars, dîner en terrasse et concerts dans la veine de Jimmy Buffett après 22h. Craquez pour l'alléchante et colorée formule margarita – quatre mini-verres, servis givrés ou avec des glaçons.

Le Lone Palm est un bar tiki sur l'eau, face à Margaritaville – un avion (de la collection personnelle de Jimmy Buffett) est garé devant. C'est une bonne adresse pour boire un coup.

Hard Rock Café   AMÉRICAIN $$

(carte p.240 ; ☑407-351-7625 ; www.universalorlando.com ; plats 12-22 $; ⊙11h-minuit ; ♿ ; ☐Lynx 21, 37, 40, ⚊Universal). Excellents hamburgers et thématique rock'n'roll. Pas de réservations.

NBA City   AMÉRICAIN $$

(carte p.240 ; ☑407-363-5919 ; www.universalorlando.com ; plats 9-20 $; ⊙11h-22h ; ♿ ; ☐Lynx 21, 37, 40, ⚊Universal). Un joueur de basket géant en guise d'enseigne et, à l'intérieur, des écrans diffusent des matchs non-stop. On y vient pour la thématique, pas pour la cuisine.

Bob Marley –
A Tribute to Freedom   JAMAICAIN $$

(☑407-224-3663 ; www.universalorlando.com ; plats 8-16 $, entrée après 21h 7 $; ⊙restaurant 16h-22h dim-jeu, jusqu'à 23h ven et sam, bar 21h-2h ; ☐Lynx 21, 37, 40, ⚊Universal). Poulet à la jamaïcaine, ragoût de lotte, burgers végétariens et frites de manioc, le tout servi dans une réplique de la maison du maître du reggae. Concert de reggae dans la cour

intérieure chaque soir. Interdit aux moins de 21 ans après 21h.

NASCAR Sports Grille   AMÉRICAIN $$

(carte p.240 ; ☑407-224-7223 ; www.universalorlando.com ; plats 9-18 $; ⊙11h-22h ; ♿ ; ☐Lynx 21, 37, 40, ⚊Universal). L'établissement est équipé de simulateurs de course Nascar et de jeux. Les plats américains sont baptisés dans l'esprit course automobile : goûtez le Daytona Chiliburger ou le Pit Crew Pulled Pork Sandwich. Un repaire pour les fondus de NASCAR de tout âge.

Pat O'Brien's   BAR À THÈME

(carte p.240 ; ☑407-224-2106 ; www.universalorlando.com ; plats 8-17 $, entrée après 21h 7 $; ⊙16h-2h, piano-bar à partir de 17h ; ☐Lynx 21, 37, 40, ⚊Universal). Cuisine cajun, duels de pianos et charmant patio d'extérieur.

Red Coconut Club   CLUB

(carte p.240 ; ☑407-224-4233 ; www.universalorlando.com ; entrée 7 $; ⊙20h-2h dim-jeu, à partir de 18h ven et sam ; ☐Lynx 21, 37, 40, ⚊Universal). Ambiance moderne, concerts, bar à martinis et terrasse sur le toit.

Groove   CLUB

(carte p.270 ; ☑407-224-4233 ; www.universalorlando.com ; entrée 5 $; ⊙21h-2h ; ☐Lynx 21, 37, 40, ⚊Universal). Une boîte aux murs couverts de néons bleus, avec plusieurs bars et salles à thème où gronde une musique tonitruante. "Teen Night" le mercredi soir, réservé aux 15 à 19 ans.

✕ Complexes hôteliers

Emack and Bolio's
Marketplace   GLACES $

(carte p.240 ; ☑407-503-2000 ; www.universalorlando.com ; 5800 Universal Blvd, Hard Rock Hotel ; glaces 3-8 $; ⊙6h30-23h ; 📶♿ ; ⚊Universal). Dans cet établissement originaire de Boston, les glaces sont imbattables. Et il n'y a que dans ce bastion du rock'n'roll que vous dégusterez une *Bye Bye Miss American Mud Pie*.

♥ Mama Della's Ristorante   ITALIEN $$

(carte p.240 ; ☑407-503-3463 ; www.universalorlando.com ; 5601 Universal Blvd, Portofino Bay Hotel ; plats 10-22 $; ⊙17h30-23h ; ☑♿ ; ⚊Universal). Avec son papier peint suranné ornant des salles aux alcôves romantiques de bois sombre, l'endroit est charmant, cosy et chaleureux. Des musiciens passent entre les tables et les plats italiens sont aussi frais que savoureux. Service efficace mais sans prétention.

Un bon vin ou un soda dans une bouteille à l'ancienne arrosant une assiette de pâtes permettent de finir en beauté une journée chez Universal, pour les enfants et leurs parents.

Orchid Court
Sushi Bar   JAPONAIS $$

(carte p. 240 ; ☎407-503-3000 ; www.universal-orlando.com ; 6300 Hollywood Way, Royal Pacific Resort ; sushis 4-8 $, plats 12-20 $; ☺11h-23h ; ♿ ; 🚌Universal). Dans le vaste et lumineux hall ceint de baies vitrées du Royal Pacific Resort, ce modeste bar à sushis respire le calme. Les chaises et canapés sont couverts de coussins. Goûtez donc au cocktail *cherry blossom saketini*.

Kitchen   AMÉRICAIN $$$

(carte p. 240 ; ☎407-503-2430 ; www.universal-orlando.com ; 5800 Universal Blvd, Hard Rock Hotel ; plats 15-30 $; ☺7h-22h lun-ven, 7h-23h sam-dim ; ♿ ; 🚌Universal). Arsenal musical et dîner au bord de la piscine. Au menu : focaccias, steak et nourriture roborative, par exemple tourte au poulet et poulet rôti. Les enfants peuvent manger dans le Kid's Crib pour profiter de ses poufs, jouets et dessins animés pendant que les parents mangent entre adultes.

Emeril's
Tchoup Chop   POISSON ET FRUITS DE MER $$$

(carte p. 240 ; ☎407-503-2467 ; www.emerilsrestaurants.com ; 6300 Hollywood Way, Royal Pacific Resort ; plats 15-30 $; ☺11h30-14h30 et 17h-22h ; 🚌Universal). Une délicieuse cuisine des îles, des produits de la mer aux accents asiatiques, le tout préparé avec des ingrédients de première fraîcheur. L'un des meilleurs restaurants de l'Universal Orlando Resort.

Palm Restaurant   GRILL $$$

(carte p. 240 ; ☎407-503-7256 ; www.universalorlando.com ; 5800 Universal Studios Blvd, Hard Rock Hotel ; plats 32-50 $, accompagnements à partager 12 $; ☺17h-22h ; 🚌Universal). Le premier Palm a ouvert à New York en 1926 et, s'il existe désormais 30 antennes, cela reste une affaire familiale américaine. Cocktails classiques, steaks imposants, homard, cuisine italienne et vacarme constant.

♥ Velvet Bar   BAR-LOUNGE

(carte p. 240 ; ☎407-504-2588, billets et info 407-503-2401 ; www.hardrockhotelorlando.com ; 5800 Universal Blvd, Hard Rock Hotel ; ☺17h-2h ;

🚌Universal). Branché et décoré avec un certain chic – véranda, plancher et chaises zébrées. Le dernier jeudi du mois, le bar organise les Velvet Sessions, des soirées "cocktails et rock'n'roll" avec boissons à thème, concerts et en-cas. Excellents martinis.

☆ Où sortir

En plus des adresses suivantes, CityWalk fourmille de lieux de concerts et de boîtes de nuit. Par ailleurs, Universal Orlando reçoit régulièrement le Blue Man Group (p. 267).

Universal's Cinematic
Spectacular   CINÉMA

(carte p. 240 ; ☎réservations 407-224-7554 ; www.universalorlando.com ; Universal Studios ; accès au parc requis ; ☺soir, horaires des films variables ; 🚌Lynx 21, 37, 40). Ce vibrant hommage porté par la voix de Morgan Freeman associe feux d'artifice, spectacle eau et lumières et extraits de grands classiques projetés au-dessus du lagon.

Universal propose deux options pour voir ce divertissement aux premières loges : Universal's Cinematic Spectacular Dining Experience (adulte/enfant 45/13 $), incluant un dîner chez Lombard's Seafood Grille (p. 314) et un buffet dessert en terrasse ; ou les places VIP à la Duff Brewery (15 $, cupcake et boisson non alcoolisée compris).

Dive-In Movies   CINÉMA

(Portofino Bay, Hard Rock Hotel et Royal Pacific Hotel ; ☺crépuscule ; 🚌Universal). Films grand public projetés gratuitement au bord des piscines des complexes hôteliers d'Universal Orlando. La programmation est saisonnière et certains films sont montrés plusieurs soirs de la semaine.

Wantilan Luau   DÎNER-SPECTACLE

(carte p. 240 ; ☎407-503-3463 ; www.universal-orlando.com ; 6300 Hollywood Way, Royal Pacific Resort ; adulte 63-70 $, - 12 ans 35-40 $; ☺18h mar et sam mai-août, 18h sam uniquement sept-avr ; 🚌Universal). Des danseurs de feu des îles du Pacifique vibrent sur scène pendant que les convives savourent le cochon de lait rôti, les côtelettes sauce goyave au barbecue et autres mets polynésiens servis en buffet. L'ambiance est merveilleusement décontractée et, comme toujours à Universal Orlando, tout n'est que légèreté et amusement. Cocktail, bière et vin à volonté inclus dans le prix.

Les petits risquent d'être effrayés par le rugissement du guerrier hawaïen ou la proximité du feu, mais il y a une agréable pelouse à proximité de la scène, où les enfants peuvent gambader. Réservations acceptées jusqu'à 60 jours à l'avance.

CityWalk's Rising Star
KARAOKÉ

(carte p. 240 ; ☑ 407-224-4233 ; www.universalorlando.com ; CityWalk ; entrée 7 $; ◷ 20h-2h ; ▣ Lynx 21, 37, 40, ▣ Universal). Karaoké, concerts et concours de talents.

Hard Rock Live
CONCERTS

(carte p. 240 ; ☑ 407-351-5483 ; www.hardrocklive.com ; CityWalk ; 20-30 $; ◷ billetterie 10h-21h ; ▣ Lynx 21, 37, 40, ▣ Universal). Avec une capacité de 3 000 personnes, cette salle emblématique accueille les grandes figures du rock et des spectacles comiques. Bar à part entière.

ⓘ Renseignements

ACCÈS INTERNET

Le Wi-Fi est gratuit dans tout Universal Studios, aux Starbucks d'Islands of Adventure et CityWalk, ainsi que dans les complexes hôteliers Universal Orlando (clients seulement, mais Wi-Fi public près des halls et piscines).

BILLETS D'ENTRÉE

Le tableau suivant indique le prix des billets, adulte, pour l'accès à un ou deux parcs Universal (Islands of Adventure et Universal Studios) :

NOMBRE DE JOURS	UN PARC ($)	DEUX PARCS ($)
1	96	136
2	136	176
3	146	186
4	156	196

➔ Les enfants âgés de 3 à 9 ans bénéficient d'une réduction allant jusqu'à 12 $.

➔ Les billets sont valables dans les 14 jours consécutifs à la première utilisation. Les tickets multi-jours incluent l'entrée aux établissements payants du CityWalk. Voir sur Internet pour les packs Wet 'n' Wild (p. 244). L'Orlando Flex Ticket (voir encadré, p. 235) donne accès aux parcs Universal – en vente sur Internet ou aux guichets de l'Orlando Official Visitor Center (p. 269).

Express Pass Évitez les queues à certains manèges d'Islands of Adventure et Universal Studios en présentant votre Express Pass à la file dédiée. Le pass à la journée (35 à 70 $ pour un parc, 40 à 90 $ pour deux) inclut un accès express à chaque attraction.

Autrement, la formule Park-to-Park Ticket Plus Unlimited Express (135 à 180 $) inclut l'entrée aux deux parcs et l'usage illimité de l'Express Pass pendant deux jours. Avec, vous pourrez faire n'importe quel manège, quand vous voudrez, aussi souvent que vous le désirerez. Si vous dormez dans l'un des trois complexes supérieurs Universal Orlando – Portofino Bay, Hard Rock ou Royal Pacific – jusqu'à cinq clients par chambre reçoivent automatiquement l'Unlimited Express Pass. Un nombre défini de pass sont disponibles en ligne chaque jour et aux billetteries du parc. Le calendrier des prix et journées noires est publié sur www.universalorlando.com. Les pass Unlimited Express sont couplés à l'entrée au parc sur le site, mais vous pourrez les combiner à des tickets standards aux guichets du parc s'ils n'ont pas tous été vendus.

Universal Orlando Dining Plan Universal propose deux formules de restauration prépayées, Dining Plan – Quick Service (adulte/enfant 20/13 $) et Dining Plan (46/18 $), comprenant un large choix de restaurants d'Islands of Adventure, Universal Studios et CityWalk. Le dernier vient uniquement en supplément d'une formule vacances. Les arguments pour et contre sont détaillés par l'**Orlando Informer** (www.orlandoinformer.com/universal/dining-plan).

CASIERS

À disposition dans Islands of Adventure et Universal Studios pour 8 $ par jour. Plusieurs manèges imposent d'utiliser des casiers à courte durée pour y déposer les objets sensibles, notamment sacs à dos et sacs à main. Si vous transportez un objet trop encombrant pour le casier, tirez parti de l'option *Bag Swap*, qui consiste à faire la queue à deux, chacun tenant à tour de rôle le sac de l'autre tandis qu'il fait l'attraction.

CHENILS

Universal Orlando Resort Kennel (☑ 407-224-9509 ; www.universalorlando.com ; Universal Orlando Resort ; 15 $/j par animal ; ◷ 7h-3h). Garde à la journée pour chiens et chats. Attention : vous devrez passer pour promener votre animal. Situé à gauche des emplacements caravanes du parking Universal Orlando Resort. Les animaux sont acceptés dans tous les hôtels, hormis Cabana Bay.

GARDE D'ENFANTS

Kids' Camp (☑ Hard Rock 407-503-2200, Portofino Bay 407-503-1200, Royal Pacific 407-503-3200 ; www.universalorlando.com ; Portofino Bay, Hard Rock et Royal Pacific ; 15 $/h par enfant ; ◷ 17h-23h). Chaque semaine, un des complexes hôteliers met en place un service de garde d'enfants, avec DVD, ateliers artistiques et travaux pratiques, activités et jeux, pour les enfants de 4 à 12 ans. Réservations recommandées mais non indispensables. Il faut en revanche être client dans l'un des hôtels Universal. Supplément dîner : 15 $.

HEURES D'OUVERTURE

Les horaires changent en fonction des jours et saisons. En général, les parcs ouvrent à 8h ou 9h et ferment entre 18h et 22h. Les clients des hôtels Universal peuvent accéder au Wizarding World of Harry Potter une heure avant l'ouverture du parc.

LOCATION DE POUSSETTES ET DE FAUTEUILS ROULANTS

Poussettes, fauteuils et voiturettes sont en location à l'entrée de chaque parc. Des fauteuils manuels sont disponibles à la rotonde du parking. Pour réserver une voiturette, appelez le ☎ 407-224-4423.

OFFICES DU TOURISME

Les points d'accueil dans chaque parc et au CityWalk répondront à toutes vos questions. Il y a également une conciergerie dans les quatre hôtels du parc. Par ailleurs, la réception de n'importe quel hôtel des environs d'Orlando dispose d'informations touristiques sur l'Universal Orlando Resort.

Numéros de téléphone importants

Universal Orlando Resort (☎ 407-363-8000). Numéro principal pour tout renseignement sur Universal.

Resort Hotel Reservations (☎ 888-273-1311, forfaits vacances 888-343-3636). Pour l'hébergement dans l'un des quatre complexes hôteliers Universal.

Dining CityWalk & Theme Parks (☎ 407-224-9255). Inscription pour une table dans CityWalk, Islands of Adventure et Universal Studios.

Dining Resort Hotels (☎ 407-503-3463). Réservation pour une table aux complexes Portofino Bay, Hard Rock et Royal Pacific.

Universal Orlando Resort Lost & Found (☎ 407-224-4233). Situé aux points d'accueil.

Guest Services (☎ 407-224-6350, 407-224-4233)

PLANS

À l'entrée des parcs, procurez vous un plan gratuit et un guide *Attractions & Show Times*, avec le calendrier des événements, les horaires et lieux des spectacles et rencontres avec les personnages.

SERVICES MÉDICAUX

Chaque parc dispose d'installations médicales. L'hôpital le plus proche est le Dr P Phillips Hospital (p. 269), à seulement 9 km au sud, sur Turkey Lake Rd.

SITES INTERNET UTILES

Universal Orlando Resort (www.universalorlando.com). Site officiel. Hébergement, billets et renseignements.

Orlando Informer (www.orlandoinformer.com). Des informations détaillées et pertinentes sur Universal : nouveautés, astuces pour économiser, menus et calendrier de fréquentation.

STATIONNEMENT

Les stationnements prévus pour les parcs d'attractions et le CityWalk se trouvent dans un immense parking (normal/voiturier 17/30 $). Dans les hôtels, des frais supplémentaires s'appliquent au stationnement (18 $) et au service voiturier (25 $).

VOYAGEURS HANDICAPÉS

➡ L'*Universal Orlando Rider's Guide* est à disposition sur www.universalorlando.com et aux points d'accueil. Il liste les prérequis et bien d'autres détails sur l'accès aux attractions pour les handicapés. Une interprétation en langue des signes, du sous-titrage et des équipements d'aide à l'audition sont disponibles gratuitement, ainsi que des cartes en grands caractères et en braille. Des téléphones TDD (pour les malentendants) sont installés dans le parc.

➡ Fauteuils et voiturettes sont en location à l'entrée de chaque parc. Réservation de voiturette possible (☎ 407-224-4423). Des fauteuils manuels sont en location à la rotonde du parking.

ⓘ Comment s'y rendre et circuler

BATEAU

Universal Orlando Water Taxis (www.universalorlando.com ; ⏱ 7h-2h, horaires variables). Les navettes fluviales qui passent environ toutes les 15 minutes desservent régulièrement et directement chacun des trois complexes hôteliers et le CityWalk. De là, cinq minutes à pied suffisent pour franchir le canal et accéder aux parcs.

BUS

Les bus Lynx 21, 37 et 40 rejoignent le parking d'Universal Orlando Resort (le 40 part directement de la gare centrale d'Orlando Amtrak). L'I-Ride Trolley de l'Internation Drive (p. 235) s'arrête à Universal Blvd (Wet 'n' Wild), à seulement 1 km de marche.

MARCHE

Les complexes hôteliers, Islands of Adventure, Universal Studios et CityWalk sont reliés par des chemins bien éclairés. Il ne faut que 10 à 15 minutes pour rejoindre les parcs et le CityWalk depuis les hôtels. Cabana Bay Beach Resort est à environ 25 minutes à pied. Plusieurs hôtels en dehors du complexe sont également à 20 minutes mais la promenade n'est pas agréable.

NAVETTE

La plupart des hôtels situés à proximité d'Universal Studios et le long d'International Drive assurent une navette gratuite pour Universal Orlando Resort, mais les premiers arrivés sont les premiers servis. Si vous comptez utiliser les navettes d'hôtel, demandez les horaires précis et si les réservations sont possibles. Les navettes pour Universal Orlando Resort sont directes – elles vous déposeront à quelques minutes de marche des deux parcs et de CityWalk. Les complexes hôteliers transportent gratuitement leurs clients à SeaWorld et Wet 'n' Wild. Appelez Mears Transportation (p. 235) un jour à l'avance pour organiser un transport personnalisé à Disney.

VOITURE

Depuis l'I-4, prendre la sortie 74B ou 75A et suivre les panneaux. Depuis l'International Dr, tourner vers l'ouest à Wet 'n' Wild pour prendre Universal Blvd.

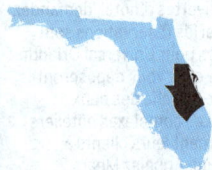

Côte de l'Espace

Le top des restaurants

➤ Dixie Crossroads (p. 325)

➤ Green Room Cafe (p. 331)

➤ Fat Snook (p. 332)

➤ Beachside Cafe (p. 335)

➤ Maison Martinique (p. 338)

Le top des hébergements

➤ Solrisa Inn (p. 331)

➤ Beach Place Guesthouses (p. 331)

➤ Port d'Hiver (p. 334)

➤ Seashell Suites (p. 334)

➤ Caribbean Court Boutique Hotel (p. 337)

Pourquoi y aller

D'infinies étendues de sable blanc vierges, une culture du surf fortement enracinée et des enclaves fleurant bon la vieille Floride : cette partie de la côte atlantique est cela tout à la fois. L'île-barrière s'étire sur quelque 120 km, de Canaveral National Seashore, au nord, à Vero Beach, au sud.

Son nom de *Space Coast* ou côte de l'Espace tient à la présence du centre spatial Kennedy et de plusieurs petits musées dédiés à l'histoire, à la science et aux héros du programme spatial américain. Et c'est la rampe de lancement des navettes spatiales qui a fait de Cocoa Beach le must touristique de la région. Mais tout près des films en 3D sur l'espace, des bars de style polynésien et des boutiques de surf règne une nature sans pareil. Cette vie sauvage intacte ne laisse personne indifférent. Virée en kayak aux côtés des lamantins, nuit sous la tente sur une île privée ou simple promenade sur des plages de sable blanc s'étendant à perte de vue... calme et paix ne sont jamais loin.

Quand partir
Cocoa Beach

Températures (°C) — **Précipitations (mm)**

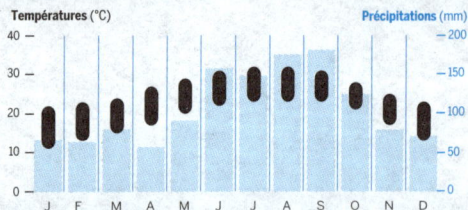

Juillet Il y a moins de monde, les prix chutent, et les tortues caouannes viennent pondre sur les côtes.

Avril C'est le mois le plus ensoleillé, et les vacanciers du printemps ont en majorité plié bagage.

Automne L'apogée de la saison migratoire des oiseaux ; temps idéal pour observer la vie sauvage.

Parcs nationaux et régionaux

Sur des dizaines de kilomètres, l'environnement est protégé par des parcs nationaux et régionaux et par des réserves naturelles, tels les **Canaveral National Seashore**, **Merritt Island National Wildlife Refuge** et **Sebastian Inlet State Park**. Les vagues de l'Atlantique frappent à l'est l'île-barrière, tandis qu'à l'ouest les eaux calmes et saumâtres des Banana et Indian Rivers, ainsi que celles de Mosquito Lagoon, la séparent du continent. Le site Internet www.spacecoasthiking.com donne un descriptif détaillé et des cartes des sentiers pour qui souhaite randonner. Les observateurs d'oiseaux consulteront www.spacecoastbirding.com pour connaître les meilleurs sites.

ⓘ Comment circuler

AVION

Le **Melbourne International Airport** (☎ 321-723-6227 ; www.mlbair.com ; 1 Air Terminal Pkwy) accueille les vols Delta, Baer Air et US Airways. Il est desservi par toutes les grandes agences de location de voitures et par les bus Greyhound. L'arrêt des bus SCAT se trouve devant le terminal principal.

Les aéroports Orlando International et Sanford International sont à 50 minutes à l'ouest de Cocoa Beach.

BUS

Space Coast Area Transit (SCAT ; ☎ 321-633-1878 ; www.ridescat.com) assure les liaisons routières locales, notamment une ligne sur le continent entre Merritt Island et Melbourne Beach au sud, un trolley desservant la plage à Cocoa Beach et un bus reliant par la Hwy A1A Cocoa Beach à Indialantic. À condition qu'il y ait de la place, on peut embarquer dans le bus planches de surf et vélos. **GoLineIRT** (☎ 772-569-0903 ; www.golineirt.com) fait la jonction entre Sebastian Inlet et Vero Beach au sud. Quant aux **bus Greyhound** (☎ 321-723-4329 ; www.greyhound.com), ils s'arrêtent sur le continent.

TRAIN

Les trains Amtrak mènent jusqu'à Orlando.

VOITURE

Trois grands axes routiers vont au nord et au sud : l'A1A longe les plages, l'US 1 se déploie sur le continent et parallèlement à la rive de l'Indian River, et l'I-95 est proche de la lisière ouest du Brevard County. Sept ponts et ponts-jetées traversent la lagune d'est en ouest, les axes les plus importants étant la Hwy 405 menant au Kennedy Space Center, la Hwy 528 (ou Beachline) reliant cap Canaveral à Orlando, et la Hwy 520 entre Cocoa Village et Cocoa Beach.

Les principales agences de location se trouvent à Cocoa Beach, Melbourne et Vero Beach.

Merritt Island

En 1958, suite à la Seconde Guerre mondiale, le gouvernement américain choisit la côte est de la Floride pour servir de base à la NASA (National Aeronautics and Space Administration), récemment créée. Fusées, télescopes spatiaux et navettes allaient désormais partir de cette base de lancement pour être mis en orbite autour de la Terre et découvrir de nouvelles galaxies. Des milliers d'hectares de terrain broussailleux furent réquisitionnés à la pointe nord de Merritt Island. Un tiers de cette surface fut dévolu à la nouvelle base de la NASA, le reste revint à l'US Fish and Wildlife Service, organisme censé administrer le Merritt Island National Wildlife Refuge et le Canaveral National Seashore. Ces deux réserves de faune sauvage, outre qu'elles constituaient pour les militaires une zone-tampon sûre et impénétrable, offraient à quelque 500 espèces animales un habitat côtier vierge, composé de marais, de *hammocks* de feuillus, de *flatwoods* plantés de pins et de broussailles.

Aujourd'hui, cette bande littorale de 70 km, entre l'extrémité sud de la base de lancement de Cap Canaveral et la pointe du Canaveral National Seashore, est la plus longue plage non construite sur la côte atlantique de la Floride. C'est aussi l'un des plus importants lieux de ponte pour les tortues aux États-Unis : 7 900 nids y ont été recensés en 2013.

Kennedy Space Center

Depuis 1919, année où le physicien américain Robert Goddard publia *A Method of Reaching Extreme Altitudes*, ouvrage qui effaçait la frontière entre science-fiction et réalité, les alunissages, lancements de satellites et missions exploratoires des ingénieurs et astronautes de la NASA émerveillent le monde.

Ancienne base de construction et de lancement des navettes, le pôle spatial Kennedy figure parmi les pôles d'intérêt les plus populaires de Floride. Il couvre quelque 567 km². Depuis l'arrêt du programme de la NASA à l'été 2011, le centre spatial est passé

À ne pas manquer

1 Le lancement d'une fusée depuis le **Kennedy Space Center** (p. 321), puis la contemplation de la navette *Atlantis*, forte de 33 missions

2 Une balade en kayak en compagnie des lamantins et des dauphins dans le **Merritt Island National Wildlife Refuge** (p. 324)

3 La délicieuse saveur des crevettes de Floride au restaurant **Dixie Crossroads** (p. 325), à Titusville

4 Les tortues et les pélicans du **Canaveral National Seashore** (p. 326)

5 Une session de **surf** sur les plus puissantes vagues de Floride, ou le spectacle des surfeurs depuis le **Cocoa Beach Pier** (p. 329)

6 Le **Brevard Zoo** (p. 333), ses expos pédagogiques et ses tyroliennes survolant des bassins à alligators

7 Théâtre de quartier et musique symphonique dans le centre historique de **Melbourne** (p. 335)

8 Les joies de la plage et des bords de mer à **Vero Beach** (p. 336)

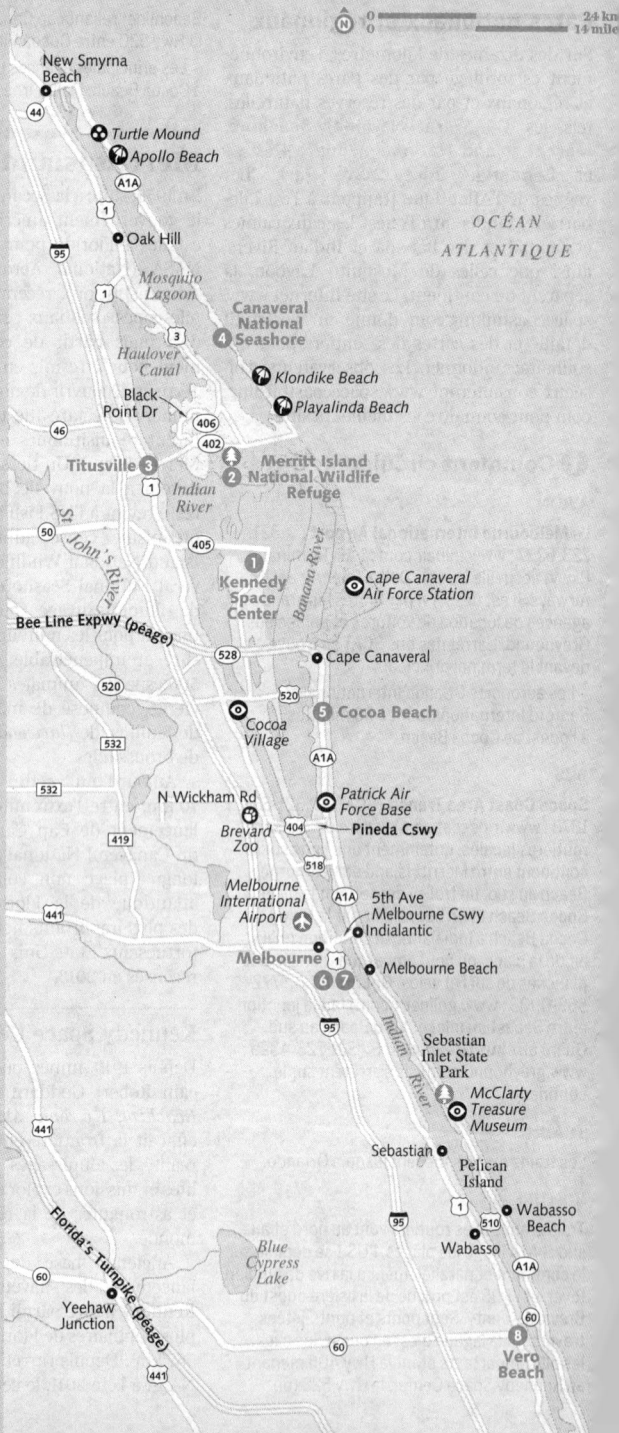

New Smyrna Beach

44

Turtle Mound

Apollo Beach

A1A

1

95

Oak Hill

Mosquito Lagoon

1

3

Haulover Canal

Canaveral National Seashore **4**

Klondike Beach

Black Point Dr

406

402

Playalinda Beach

46

Titusville **3**

1

Indian River

Merritt Island National Wildlife Refuge **2**

50

St. John's River

405

1 Kennedy Space Center

Banana River

Cape Canaveral Air Force Station

Bee Line Expwy (péage)

528

520

Cape Canaveral

520

5 Cocoa Beach

Cocoa Village

532

A1A

532

N Wickham Rd

Patrick Air Force Base

419

Brevard Zoo

404

Pineda Cswy

518

Melbourne International Airport

A1A

5th Ave
Melbourne Cswy
Indialantic

441

Melbourne

1

Melbourne Beach

6 **7**

95

Indian River

Sebastian Inlet State Park

McClarty Treasure Museum

Sebastian

Pelican Island

441

1

95

510

Wabasso Beach

Wabasso

A1A

Florida's Turnpike (péage)

60

Yeehaw Junction

Blue Cypress Lake

60

60

8 Vero Beach

441

OCÉAN ATLANTIQUE

N

0 ____ 24 km
0 ____ 14 miles

du statut de musée vivant à celui de musée historique, bien que l'on puisse encore assister au lancement de fusées et satellites sans équipage (dates et horaires sur www.space-coastlaunches.com).

👁 À voir

Le tarif d'entrée à la journée couvre l'essentiel du centre, une visite guidée en bus à l'Apollo/Saturn V Center et l'accès à l'US Astronaut Hall of Fame, à 10 km. Sinon, on peut opter pour des billets combinés intégrant circuits et activités comme l'Astronaut Encounters et l'Astronaut Training Experience.

Toutes les attractions sont accessibles aux personnes à mobilité réduite. Poussettes, fauteuils roulants et chenils climatisés pour les animaux de compagnie sont mis gratuitement à disposition des visiteurs.

Kennedy Space Center   MUSÉE
(☎ 866-737-5235 ; www.kennedyspacecenter.com ; NASA Parkway, Merritt Island ; adulte/enfant 3-11 ans 50/40 $; ⏱ 9h-19h avr-août, jusqu'à 17h sept-mars). Que l'on soit ou non fan de l'espace, le Space Center en impose. Pour une bonne vue d'ensemble, commencez par l'exposition Early Space Exploration, faites ensuite le circuit en bus d'une heure et demie jusqu'à l'Apollo/Saturn V Center (doté du meilleur café), et terminez par la navette *Atlantis*, superbe nouvelle exposition. On déambule ici sous le fuselage noirci de cette navette qui a parcouru plus de 202 millions de kilomètres en 33 missions.

➡ **Complexe touristique**
Modeste par la taille, le complexe touristique n'en est pas moins le cœur du centre spatial destiné à présenter l'histoire passée, l'avenir et la recherche américaine dans le domaine spatial. Il abrite le **Rocket Garden**, collection de répliques de fusées dominant le complexe, la **collection Early Space Exploration**, qui retrace l'histoire du programme spatial des États-Unis et celle des premiers vols habités, et enfin l'**Astronaut Encounter** : là, il est permis une heure durant de poser toutes les questions que l'on veut à un astronaute. Deux passionnants **films IMAX** éclaircissent les aspects scientifiques complexes et mettent à la portée de tous, petits et grands, les questions de la vie en apesanteur. Les astronautes se passent des tortillas qui volent comme des Frisbee, jonglent avec des bonbons M&Ms et se désaltèrent en attrapant des bulles d'eau. Succès

assuré ! *Space Station 3D,* avec Tom Cruise pour narrateur, raconte la construction et les opérations de la Station spatiale internationale (ISS). De son côté, Leonardo DiCaprio commente dans *Hubble 3D* les fabuleuses images (dont des pépinières d'étoiles !) capturées par le télescope Hubble.

Sur quatre étages, le granit luisant de l'**Astronaut Memorial** symbolise de manière très concrète les destins tragiques à côté de l'énergie affichée dans ce centre. Plusieurs stèles de pierre portent la photo et le nom des astronautes décédés lors des catastrophes des navettes spatiales.

➡ **Circuit du Kennedy Space Center**
Compris dans le tarif d'entrée, ce circuit de deux heures permet d'approfondir la visite du centre spatial en dehors du complexe touristique sans avoir à régler de supplément. Le premier arrêt se fait au **LC 39 Observation Gantry**, une tour d'observation de 18 m avec vue sur les rampes jumelles de lancement. De là, le bus vire au milieu des installations de lancement pour rejoindre l'**Apollo/Saturn V Center**, dont il ne faut manquer sous aucun prétexte le spectacle multimédia dans la Firing Room. Des images vidéo projetées sur 3 écrans font revivre la première mission américaine vers la Lune, avec le décollage d'*Apollo VIII* en 1968, puis l'on se retrouve dans un immense hangar abritant l'authentique module de commande *Apollo 14* et le lanceur géant *Saturn V* (110 m de haut). Cette merveille d'ingénierie de 8,2 millions d'euros a décollé pour l'espace le 9 novembre 1967.

De 10h à 14h30, il y a des départs de bus tous les quarts d'heure, à droite de l'entrée du complexe touristique.

➡ **Navette spatiale Atlantis**
Noircie par le carburant et striée de poussière interstellaire, la navette spatiale *Atlantis,* ultime orbiteur de la flottille de la NASA, est la dernière pièce en date du complexe, et la plus impressionnante. Dans un espace conçu pour elle (qui a coûté 100 millions de dollars), elle est suspendue nez en bas, portes de soute ouvertes, à quelques mètres

des visiteurs. On la croirait encore en orbite autour de la Terre. Cette mise en scène saisissante est précédée d'un film retraçant l'histoire du programme spatial de ses débuts, dans les années 1960, à la dernière mission d'*Atlantis* en 2011. Autour de la navette, des consoles interactives permettent aux visiteurs de s'essayer à la faire atterrir ou à l'arrimer à la station spatiale internationale. Des écrans tactiles renseignent sur les missions et les équipages. Il y a également une reproduction grandeur nature du télescope spatial Hubble, ainsi qu'une simulation de lancement (pas si effrayante que cela). Ici et là, des guides bénévoles, dont beaucoup ont travaillé au programme spatial, répondent aux questions des visiteurs et racontent des anecdotes.

➡ **Programmes supplémentaires**
Des circuits plus longs donnent l'occasion de visiter l'**Air Force Space & Missile Museum**, site du premier lancement de satellite réussi en 1958, et la **Firing Room 4**, d'où étaient contrôlés tous les lancements de navettes. Petit bonheur pour les enfants, le **Lunch with an Astronaut** ("déjeuner avec un astronaute") vous invite à la table d'un astronaute en chair et en os. L'**Astronaut Training Experience (ATX)** permet de goûter à l'entraînement des astronautes et à une simulation de mission en équipe. Les familles accompagnées d'enfants entre 7 et 14 ans devront s'inscrire au programme ATX Family, plus adapté.

US Astronaut Hall of Fame   MUSÉE
(☎ 321-449-4444 ; www.kennedyspacecenter.com ; NASA Parkway, Merritt Island ; compris dans le billet du Kennedy Space Center ; ◷ 12h-17h ; ♿). Situé à une dizaine de kilomètres du complexe touristique Kennedy, ce séduisant musée en hommage aux voyageurs de l'espace joue la totale interactivité. Les simulateurs de mouvement portent le nom d'astronautes américains. Les enfants adorent ! Pour tester toutes les attractions du complexe touristique et du Hall of Fame réunies, comptez bien deux jours. Les billets sont valables 7 jours.

ℹ **Depuis/vers le Kennedy Space Center**

L'accès au centre spatial se trouve à l'est, de l'autre côté de la route NASA Parkway, sur la SR 405. Il n'y a pas de transports en commun. Le stationnement coûte 10 $.

Merritt Island National Wildlife Refuge

Jouxtant le Kennedy Space Center, le **Merritt Island National Wildlife Refuge** (☎ 321-861-0667 ; www.fws.gov/merrittisland ; près de la FL-406 ; ☉ aube-crépuscule) GRATUIT est un habitat naturel d'une extraordinaire biodiversité. Cette réserve naturelle de 567 km² protège marais aux eaux saumâtres, estuaires, *hammocks*, *flatwoods* plantés de pins, broussailles et dunes côtières. Plus de 500 espèces sauvages y ont élu domicile, dont 14 sont classées comme menacées ou en voie d'extinction. D'octobre à mai, la réserve accueille des milliers d'oiseaux migrateurs et venus hiverner. Pour avoir toutes les chances de les voir, postez-vous dans Black Point Wildlife Drive tôt le matin ou après 16h.

Attention : la réserve ferme les trois jours qui précèdent un lancement.

◉ À voir et à faire

L'automne, l'hiver et le début du printemps sont les meilleures saisons pour randonner sur l'un des 7 **sentiers** de la réserve. La marche la plus courte (400 m) s'effectue sur une **promenade en bois** surélevée, derrière le centre des visiteurs. Le sentier le plus long, **Cruickshank Trail** (8 km), décrit une boucle autour du Black Point Marsh. C'est l'endroit idéal pour observer des échassiers.

Black Point Wildlife Drive   CIRCUIT EN VOITURE
(☎ 321-633-7245 ; près de la FL-406, Merritt Island Wildlife Refuge ; 5 $/véhicule). Ce circuit de 11 km à travers des marais d'eau douce et d'eau saumâtre, à faire en indépendant, est idéal pour voir des animaux. À l'entrée, on peut se procurer une brochure détaillant ses 12 arrêts, et les espèces qui vivent sur place.

En saison, on voit quantité d'oiseaux aquatiques, d'échassiers et de rapaces, dont la spatule rosée aux couleurs éclatantes, et, avec un peu de chance, le geai à gorge blanche, une espèce menacée. Tôt le matin et au coucher du soleil, on a également des chances d'apercevoir des alligators, des loutres, des lynx roux et diverses espèces de reptiles. Le parcours dure une quarantaine de minutes.

Mosquito Lagoon   KAYAK, BATEAU
(Merritt Island). Épousant le côté ouest de l'île-barrière, Mosquito Lagoon, paisible plan d'eau, est reliée à l'océan par le Ponce de

VAUT LE DÉTOUR

LE VALIANT AIR COMMAND WARBIRD MUSEUM

Ce qui a commencé comme un simple hobby de 12 anciens combattants a débouché sur un club de 1 500 membres et un fascinant **musée des Anciens avions de guerre** (☎ 321-268-1941 ; www.vacwarbirds.org ; 6600 Tico Rd, Titusville ; tarif plein/militaire/enfant 18/15/5 \$; ⊗ 9h-17h ; ♿), dont la collection de 40 appareils célèbre le patrimoine de l'aviation locale.

La visite débute par une salle remplie d'objets et de souvenirs, puis l'on se promène librement dans 3 hangars ; l'un est un atelier de restauration, les deux autres abritent des engins datant de la Seconde Guerre mondiale, de la guerre du Vietnam et de la guerre de Corée. Vedette du VAC, le *Tico Belle,* un C-47A de 1942, a parachuté des troupes le jour du débarquement en Normandie. Il est exposé aux côtés d'un Grumman Wildcat à la *Top Gun*, dont la restauration a nécessité plus de 30 000 heures de travail.

En mars, le musée organise un **Air Show** qui plaît beaucoup aux familles. Pour l'occasion, d'anciens combattants assurent 3 heures de démonstration aérienne, et offrent la chance à la nouvelle génération de pilotes d'élite de voler à bord d'appareils historiques. Sinon, profitez du **fly-in breakfast** (petit-déjeuner à bord ; 8 \$, de 8h à 11h) le 2e samedi du mois.

Leon Inlet. Cette lagune de seulement 1,20 m de profondeur, est idéale pour pagayer entre les *hammocks* et les épaisses mangroves en observant les oiseaux, les lamantins et les dauphins.

Une **plateforme d'observation des lamantins** se trouve sur le côté nord-est du **Haulover Canal**, qui relie la lagune à l'Indian River. C'est aussi un excellent point de départ pour les balades en kayak. Vous trouverez des rampes de mise à l'eau (nécessitant un forfait Refuge Day Pass, 5 \$) à Bairs Cove, Beacon 42 et au Bio Lab.

La "lagune aux moustiques" porte bien son nom ; apportez du répulsif.

A Day Away Kayak Tours   KAYAK
(☎ 321-268-2655 ; www.adayawaykayaktours.com ; tarif plein/réduit circuits diurnes 30/20 \$, circuits nocturnes 34/26 \$). Partant du Haulover Canal, ces circuits en kayak permettent de naviguer aux côtés des lamantins et des dauphins. La nuit, on voit briller dans les eaux sombres que fendent les pagaies des groseilles de mer et autres organismes bioluminescents.

✖ Où se restaurer

Il n'y a aucun restaurant dans la réserve. Pour manger, traversez la route pour revenir sur la SR 406 et vous rendre au centre-ville de Titusville.

♥ Dixie Crossroads   POISSON ET FRUITS DE MER **\$\$**
(☎ 321-268-5000 ; dixiecrossroads.com ; 1475 Garden St, Titusville ; plats 8-46 \$; ⊗ 11h-21h dim-jeu, jusqu'à 22h ven-sam ; ♿). Rodney

Thompson a développé la pêche à la crevette de roche au large de la côte de Canaveral au début des années 1970. En 1983, sa fille, Laurilee, a ouvert le Dixie Crossroads Seafood Restaurant, avec l'objectif de faire revenir dans les assiettes de Canaveral (envahies de crevettes d'importation) les crevettes locales. Aujourd'hui, cette table emblématique sert diverses sortes de crevettes selon les saisons, dont la crevette rouge royale, la crevette blanche et la crevette de roche.

Les crevettes se commandent à la douzaine avec en accompagnement de la patate douce, du gruau de maïs et du *coleslaw*. Le rouget barbet, les huîtres et les saint-jacques pêchés dans l'Indian River sont les autres incontournables de la carte. Bien que la salle aux airs de chalet soit très spacieuse, il y a souvent la queue au moment du coup de feu. Patientez en prenant un verre au bar aménagé en belvédère.

❶ Renseignements

Visitor Information Center (☎ 321-861-0667 ; www.fws.gov/merrittisland ; coordonnées GPS N 28°38'29,28, près de la FL-402 ; ⊗ 9h-16h lun-sam). Ce centre d'information des visiteurs très utile abrite des expositions sur les habitats et les espèces de la réserve, renseigne sur les programmes de protection et fournit des cartes de sentiers de randonnée. On peut aussi y consulter les horaires des circuits d'observation des oiseaux (généralement à 9h) et s'inscrire en saison à des circuits d'observation de la nidification des tortues sur le Canaveral National Seashore.

Canaveral National Seashore

Faisant partie des parcs nationaux américains, l'époustouflant **Canaveral National Seashore** (☎321-267-1110 ; www.nps.gov/cana ; Merritt Island ; voiture/vélo 5/1 $; ☺6h-18h) protège 39 km de plages de sable blanc non construites. On accède à ses immenses plages blanches par deux routes qui se faufilent, sur une dizaine de kilomètres chacune, sur l'étroite île-barrière – la première au départ de la petite ville de New Smyrna Beach, au nord, la seconde depuis le Merritt Island National Wildlife Refuge, au sud – sans jamais se rejoindre. Elles sont séparées par 25 km de plages sauvages, et chacune se termine dans la nature.

La meilleure période pour visiter le parc va de novembre à avril, époque où les oiseaux migrateurs affluent sur ses plages. Pendant les mois les plus secs, on a plus de chances d'apercevoir des animaux, et les moustiques sont moins nombreux. Les circuits d'observation des tortues ont lieu en juin et juillet.

◉ À voir et à faire

D'une beauté ineffable, les 3 plages de Canaveral donnant sur l'Atlantique ont chacune leur personnalité, ainsi que plusieurs sites historiques. Complètement vierges, elles disposent de services et d'infrastructures réduits. On ne trouve ni aires de pique-nique, ni alimentation, ni téléphone, ni eau potable. Prévoyez tout ce qu'il faut et pensez à remporter vos détritus. Vous pourrez vous procurer une carte à l'entrée, au **Visitors Center** (centre des visiteurs ; ☎386-428-3384 ; www.nps.gov/cana ; 7611 S Atlantic Ave, New Smyrna ; ☺8h-18h oct-mars, jusqu'à 20h avr-sept), ou au Merritt Island National Wildlife Refuge. Des maîtres nageurs sauveteurs patrouillent sur les plages Apollo et Playalinda de 10h à 17h du 30 mai au 1er septembre. Les courants sont extrêmement puissants ici.

Les campeurs pourront louer des canoës (25 $/jour) au centre des visiteurs.

Turtle Mound   SITE ARCHÉOLOGIQUE
À la pointe nord de la Mosquito Lagoon, Turtle Mound est l'un des plus grands tertres de coquillages de la côte floridienne. Haut d'une quinzaine de mètres, ce tumulus se compose de 27 000 m³ de coquilles d'huîtres, vestiges d'une civilisation amérindienne qui vivait sur ces rives cinq siècles

avant l'arrivée des Européens. On peut rejoindre le tumulus par des sentiers de randonnée depuis Apollo Beach. Il offre une vue panoramique sur le parc et l'océan.

Eldora State House Museum   ÉDIFICE HISTORIQUE
(☺10h-16h sam-dim). Eldora était à l'origine un petit village au bord de l'eau. Une centaine de cultivateurs d'agrumes et de pêcheurs, dont beaucoup étaient des vétérans de la guerre de Sécession, se sont établis là entre 1877 et 1900. Le bourg dépendait de la voie maritime pour l'acheminement des provisions, des touristes, et pour le transport. Il était plutôt prospère, du moins suffisamment pour que soit construite l'Eldora House. Cette maison de style Colonial Revival, maintenant rénovée, abrite un petit musée relatant l'histoire des premiers colons au travers de photos, de vidéos et d'objets.

Pour rejoindre la maison, empruntez l'Eldora Trail au parking n°8, dans le North District. Le sentier serpente au milieu d'un *hammock* côtier jusqu'au rivage de la Mosquito Lagoon, où se trouve la maison.

Apollo Beach   PLAGE
La plage préférée des familles s'étend sur 9 km à l'extrémité nord du parc, et immédiatement au sud de New Smyrna. Elle est dotée d'un accès en planches (accessible aux fauteuils roulants), et la route mène plus loin le long des dunes, mais avec moins de parkings qu'à Playalinda. Plusieurs sentiers de randonnée se trouvent à proximité, dont l'**Eldora Trail**. Plus isolée, elle est idéale pour faire du vélo.

Klondike Beach   PLAGE
Entre les plages d'Apollo et de Playalinda, cette étendue de sable est totalement vierge : comme il n'y a aucune route, elle n'est accessible qu'à pied ou à vélo (à condition de savoir rouler à bicyclette dans le sable). Avant de vous mettre en route, il faut vous procurer un permis (2 $/pers et par jour) à l'entrée.

Playalinda Beach   PLAGE
À l'extrémité sud de Mosquito Lagoon, Playalinda est prisée des surfeurs. Dans le parc, la route longe les dunes sur seulement 3 km avant d'atteindre le parking, plus vaste qu'à Apollo, puis on suit le chemin de planches qui donne accès à la plage. Il est d'ici plus difficile d'accéder à Mosquito Lagoon.

POISSONS ET FRUITS DE MER DE FLORIDE

Comble de l'ironie, bien que l'histoire de la Floride soit liée de longue date à celle de l'industrie de la pêche, les produits de la mer d'importation ont supplanté la production locale dans les assiettes. Nous avons rencontré Cinthia Sandoval au **Wild Ocean Seafood Market** (www.wildoceanmarket.com ; 688 S Park Ave, Titusville), l'un des derniers marchés et restaurants de poisson locaux de cap Canaveral, et nous lui avons demandé où dénicher les meilleurs produits de la mer floridiens.

Où sont passés les chalutiers à crevettes de Canaveral ? La pêche à la crevette au large de la côte est de la Floride a commencé au début des années 1900, pour atteindre son apogée dans les années 1970. Mais depuis, la construction du littoral, le prix élevé du carburant et celui, très bas, des crevettes d'importation ont laissé des traces. Aujourd'hui, la flotte compte moins d'un tiers des bateaux dont elle disposait au meilleur de son activité. Quant aux crevettes sauvages américaines, elles représentent moins de 10% du total des crevettes consommées aux États-Unis. Ici, chez Wild Ocean, nous avons pris l'engagement de fournir des crevettes et autres produits de la mer sauvages pêchés localement, dans le respect du développement durable.

Racontez-nous l'histoire de Wild Ocean. L'histoire de Wild Ocean est celle de plusieurs générations d'une même famille, qui est dans la pêche et la commercialisation des produits de la mer depuis les années 1930. Rodney Thompson a lancé le marché Wild Ocean Seafood et le restaurant Dixie Crossroads (p. 325) à la fin des années 1960, l'idée étant que le produit de la pêche devait arriver directement dans l'assiette du consommateur. Lorsque Rodney a pris sa retraite, ses deux filles et leurs associés ont scindé l'affaire en deux. Wild Ocean continue d'approvisionner le Dixie Crossroads ainsi que bien d'autres restaurants de Floride.

Décrivez-nous vos meilleures crevettes. Difficile de choisir car toutes ont des saveurs très différentes. Mais la crevette rouge royale est l'une de nos espèces les plus particulières. Elle se pêche par 300 à 600 m de profondeur. C'est une pêche dangereuse, mais ces crevettes ont une chair très tendre, et une saveur sucrée-salée unique.

Comment se documenter davantage ? Il existe en Floride plus de 80 espèces de poissons et fruits de mer que l'on peut pêcher ou ramasser. Nous sommes persuadés qu'il faut diversifier les goûts des consommateurs, et pour cela, nous nous efforçons de proposer aussi bien des poissons de bas niveau trophique que des espèces prédatrices. Nous éduquons le palais du public en organisant des dégustations sur notre marché de Titusville, mais aussi des festivals gastronomiques et autres manifestations. Enfin, tous les mois, nos **visites des docks** (5 $/pers) permettent d'assister au déchargement de la pêche du jour. Ceux qui sont intéressés peuvent s'inscrire sur l'agenda en ligne.

Circuits organisés

Sea-Turtle Nesting Tours   CIRCUIT ÉCOTOURISTIQUE
(386-428-3384 ; adulte/enfant 8-16 ans 14 $/gratuit ; 20h-minuit juin-juil). Durant les nuits d'été, en petit groupe (jusqu'à 30 pers ; enfants de moins de huit ans non acceptés) et accompagné de gardes forestiers, vous aurez 75% de chances de voir les tortues marines en train de nidifier. Il faut réserver (à partir du 15 mai pour juin, et du 15 juin pour juillet).

Pontoon Boat Tours   CIRCUITS EN BATEAU
(386-428-3384 ; 20 $/pers). Circuits de 2 heures guidés par des rangers au départ du centre d'information des visiteurs le vendredi, le samedi et le dimanche.

Où se loger

Prévoyez sept jours à l'avance votre visite car vous devez obtenir un permis. Des provisions abondantes en eau sont indispensables.

Beach Camping   CAMPING $
(empl 10 $, 20 $ pour 7 pers et plus). Deux zones de camping basiques sur Apollo Beach, ouvertes de novembre à fin avril.

Island Camping   CAMPING $
(empl 10 $, 20 $ pour 7 pers et plus). Sur ses îles, la Mosquito Lagoon dispose de 14 sites de campement sommaires. Le parc possède

des canoës (25 $/jour) qu'il ne loue qu'aux campeurs envoyés par le centre d'information des visiteurs.

ℹ Renseignements

Le centre d'information des visiteurs du Canaveral National Seashore (p. 326) se trouve immédiatement au sud de la porte d'entrée du North District. Vous pouvez aussi vous renseignez au centre des visiteurs du Merritt Island National Wildlife Refuge.

Un péage s'applique à l'entrée du North District et du South District. Des toilettes sont aménagées sur la quasi-totalité des parkings des plages.

Le parc ferme durant les 3 jours qui précèdent un lancement. Pour vous renseigner sur les dates de fermeture, appelez le ☎321-867-4077.

ℹ Comment s'y rendre et circuler

Pour rejoindre le North District du Canaveral Seashore en venant du nord, prenez l'I-95 jusqu'à la SR 44 (sortie 249) qui vous mènera vers l'est jusqu'à New Smyrna Beach, puis obliquez au sud sur l'A1A avant d'atteindre à 11 km l'entrée du parc. Celle du South District se trouve 19 km à l'est de Titusville, en passant par le Merritt Island National Wildlife Refuge : quittez l'I-95 à la sortie 220, puis empruntez la SR 406. Aucun transport en commun ne dessert le parc ni ne circule à l'intérieur, et aucune route ne donne accès à Klondike Beach.

Cocoa Beach et cap Canaveral

☎321 / 21 130 HABITANTS

En 1919, le premier des trois ponts enjambant l'Intracoastal Waterway fut construit entre Cocoa Village et Cocoa Beach sur l'île-barrière. Hier, comme aujourd'hui, les excursionnistes le franchissaient pour rejoindre la promenade en planches bordant l'océan. Tandis que l'Amérique, après la Seconde Guerre mondiale, se lançait dans la course à l'espace, Cocoa Beach se battait de son côté pour entretenir sa croissance, construisant des motels par dizaines et se taillant la réputation de ville festive. Cap Canaveral, au nord, devint de son côté une agglomération résidentielle plus tranquille, peuplée par les employés de la base spatiale et leurs familles.

En 1951, le US Army Corps of Engineers (Corps des ingénieurs de l'armée des États-Unis) creusa une anse au cap de manière à faciliter l'acheminement maritime des denrées jusqu'au centre spatial. Avec la boue drainée à cette occasion, il créa les Thousand Islands (Mille Îles) et posa les fondations de Port Canaveral, aujourd'hui deuxième port de plaisance des États-Unis.

👁 À voir

Le Cocoa Village historique se situe sur le continent. Plus clinquants et plus animés, Cocoa Beach et Port Canaveral sont de l'autre côté de la chaussée, sur le lido. Outre ces plages publiques surveillées en saison par des maîtres nageurs sauveteurs, des voies sans issue accèdent à l'océan au sud de la base aérienne de Ron Jon.

Cocoa Village   QUARTIER

À l'origine comptoir marchand au bord de l'Indian River, Cocoa Village a commencé à accueillir les touristes à la fin du XIXᵉ siècle. Ceux-ci débarquaient de leurs bateaux à vapeur le long du **Riverfront Park** pour se dégourdir les jambes. Aujourd'hui, le centre-ville historique constitue une plaisante alternative à Cocoa Beach. Son artère principale, Delannoy Avenue, est bordée d'édifices historiques comme le **SF Travis Building**, qui abrite une quincaillerie (le plus ancien commerce du village).

On trouve également à cet endroit de bons cafés et des restaurants haut de gamme, ainsi qu'un marché hebdomadaire de petits producteurs, le **Farmers Market** (cocoamainstreet.com/projects/farmersmarket ; Myrt Tharpe Sq ; ⏱9h-15h mer).

Astronaut Memorial Planetarium & Observatory   OBSERVATOIRE

(☎321-433-7373 ; www.easternflorida.edu/community-resources/planetarium ; Bldg 19, 1519 Clearlake Rd, Cocoa Village ; spectacles adulte/-12 ans 8/5 $; ⏱hall d'exposition 14h-16h mer et 18h30-22h ven-sam, spectacles à partir de 19h ven-sam, observatoire 18h30-22h ven-sam). Découvrez de nouvelles galaxies et constellations dans ce planétarium dont le dôme s'élève à 21 m, et où les projections montrant le ciel étoilé sont rehaussées d'effets lasers, le tout au son de la musique des Pink Floyd, de Jimi Hendrix et des Beatles. Les vendredis et samedis soir, des bénévoles aident les visiteurs à se repérer dans le vrai ciel étoilé avec l'un des plus grands télescopes de Floride, assez puissant pour faire la mise au point sur les anneaux de Saturne et voir des cratères lunaires.

Cocoa Beach

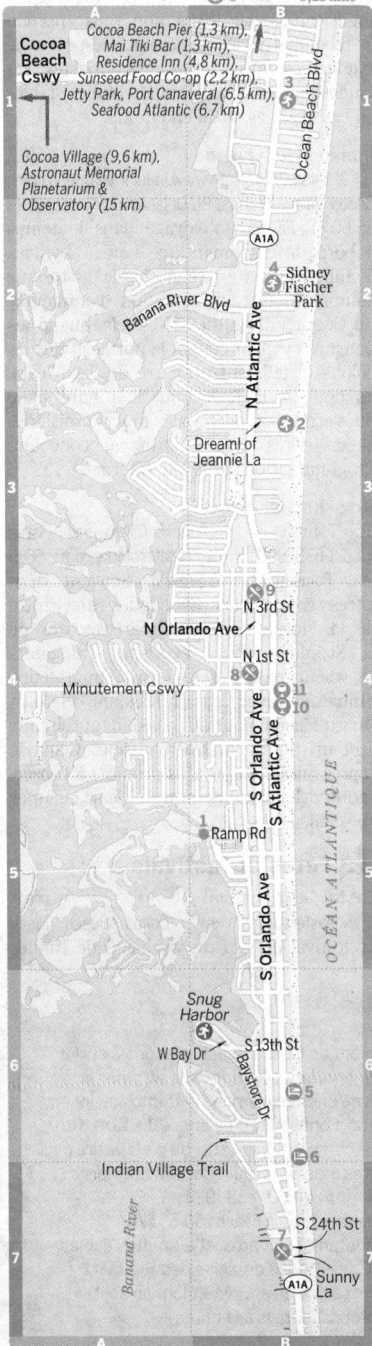

△ N 0 ⸻ 500 m
0 ⸻ 0,25 mile

Cocoa Beach Pier (1,3 km),
Cocoa Beach Cswy Mai Tiki Bar (1,3 km),
Residence Inn (4,8 km),
Sunseed Food Co-op (2,2 km),
Jetty Park, Port Canaveral (6,5 km),
Seafood Atlantic (6,7 km)

Cocoa Village (9,6 km),
Astronaut Memorial
Planetarium &
Observatory (15 km)

Ocean Beach Blvd

Sidney Fischer Park

Banana River Blvd

N Atlantic Ave

Dreaml of Jeannie La

N 3rd St

N Orlando Ave

N 1st St

Minutemen Cswy

S Orlando Ave

S Atlantic Ave

OCÉAN ATLANTIQUE

Ramp Rd

S Orlando Ave

Snug Harbor

W Bay Dr

S 13th St

Baylisado

Indian Village Trail

Banana River

S 24th St

Sunny La

Cocoa Beach

⚙ Activités
1 Fin Expeditions B5
2 Lori Wilson Park B3
3 Ron Jon Surf Shop B1
4 Sidney Fischer Park B2

🛏 Où se loger
5 Beach Place Guesthouses B6
6 Surf Studio B6

🍴 Où se restaurer
7 Fat Snook B7
8 Green Room Cafe B4
9 Slow and Low Barbecue B4

🍷 Où prendre un verre et faire la fête
10 Beach Shack B4
11 Coconuts on the Beach B4

🛍 Achats
Ron Jon Surf Shop .... (voir 3)

Le planétarium est sur le campus du Brevard Community College, à 10 minutes au nord de Cocoa Village, près de Clearlake Rd.

Cocoa Beach Pier JETÉE
(www.cocoabeachpier.com ; 401 Meade Ave ; ⏰7h-2h). Boutiques de souvenirs, restaurants et bars s'alignent le long de cette jetée de 245 m construite en 1962 à destination des familles en goguette. C'est là que se déroulent les grandes manifestations annuelles comme l'Easter Surfing Festival. On peut louer des cannes à pêche pour 15 $. Avec son propre matériel, il faut payer 5 $ pour pêcher sur la jetée.

🏃 Activités

La Banana River, l'Indian River et la Mosquito Lagoon attirent les amateurs de sports nautiques de tous horizons. Quant à Cocoa Beach, spot de surf de premier plan, elle abrite le légendaire grand magasin de surf Ron Jon qui vend tout le matériel possible et imaginable. Non loin, Cocoa Beach et Cap Canaveral sont parfaits pour les débutants, tandis que les plages de Patrick Air Force Base et Sebastian Inlet sont baignées de vagues puissantes plus adaptées aux surfeurs chevronnés.

À Port Canaveral, une agréable **piste cyclable** de 3,2 km va du Jetty Park au Rodney S Ketcham Park. On peut y accéder depuis North Atlantic Avenue. Dans toute la ville, quantité de boutiques louent des vélos moyennant 10 $ les 2 heures.

Jetty Park
PARC, PLAGE

(www.jettyparkbeachandcampground.com ; 9035 Campground Circle, Cape Canaveral ; non-résident/résident 10/5 $ par véhicule). Face au lointain Cape Canaveral Lighthouse (phare de cap Canaveral), ce parc côtier de 14 ha est idéal pour un bain de soleil, pêcher et observer les voiliers prendre le large au couchant. Transats, parasols, kayaks et planches de paddle se louent à la plage, surveillée par des maîtres nageurs sauveteurs. Il y a aussi des barbecue, une aire de jeu et deux ou trois gargotes vendant à manger.

Ron Jon Surf Shop
SPORTS NAUTIQUES

(321-799-8888 ; www.ronjonsurfshop.com ; 4151 N Atlantic Ave, Cocoa Beach ; 24h/24). Loue toutes sortes de matériel nautique ou assimilé, des vélos de plage à pneus plats (15 $/jour) aux planches de surf (30 $/jour). On peut aussi s'inscrire ici à des cours de surf (65 $/personne le cours d'une heure).

Sidney Fischer Park
PLAGE

(Hwy A1A ; parking 5 $). Plage la plus proche du centre-ville de Cocoa Beach, Fischer Park est prise d'assaut par les surfeurs et les touristes en croisière.

Lori Wilson Park
PLAGE

(1500 N Atlantic Ave, Cocoa Beach). Parc de 13 ha à l'ambiance paisible, dont les infrastructures comprennent l'accès aux fauteuils roulants, une aire de jeu, des tables de pique-nique et des barbecues, mais aussi une petite aire de jeu pour chiens. Places de stationnement gratuites et nombreuses.

☞ Circuits organisés

Fin Expeditions
CIRCUITS EN KAYAK

(321-698-7233 ; www.finexpeditions.com ; 599 Ramp Rd ;). Un cormoran se sèche les ailes, des limules semblant tout droit sorties de la préhistoire évoluent lentement tandis que Cinnamon vous apprend à reconnaître les différentes espèces de mangroves. Attentifs et enthousiastes, ces guides mènent leurs embarcations stables en eaux calmes. Idéal en famille.

Indian River Queen
CROISIÈRES

(321-454-7414 ; www.indianriverqueen.com ; Cocoa Village Marina, 90 Delannoy Ave ; croisières 35-60 $). Faites un voyage dans le temps à bord de ce romantique bateau à roues à aubes. La croisière à thème historique comprend une présentation commentée du Cocoa Village du XIXe siècle, quand les bateaux à vapeur étaient la norme et que les colons installaient un carré de tissu blanc au bout de la jetée pour leur faire signe de s'arrêter. Également : dîners-croisières, et croisières avec apéritif au couchant. Programmation sur le site Internet.

Grasshopper Airboat Eco Tours
CIRCUITS EN HYDROGLISSEUR

(321-631-2990 ; www.airboatecotours.com ; 5665 Lake Poinsett Rd ; 42 $/pers). Souvent désignées comme les Everglades du centre de la Floride, les eaux marécageuses de la St Johns River regorgent d'alligators et voient passer des oiseaux migrateurs. Embarquez avec Captain Rick, un US Coast Guard Master, pour de passionnants circuits écotouristiques en hydroglisseur. Ceux de l'après-midi sont les plus propices à l'observation des alligators en train de se chauffer au soleil.

☆ Fêtes et festivals

Easter Surf Festival
SPORT

(www.eastersurffest.com ; Cocoa Beach Pier). Le festival de surf du week-end de Pâques

---

ATTRAPER LA VAGUE

Onze fois champion du monde, Kelly Slater, l'enfant de Cocoa Beach, a appris à surfer sur la côte de l'Espace, sans conteste le meilleur endroit de Floride pour attraper la vague. La culture du surf y est florissante ; vous ne chercherez pas longtemps où louer une planche, et des événements autour de ce sport ont lieu toute l'année. Le **Ron Jon Easter Surf Festival**, deuxième plus ancienne compétition de surf du pays, attire plus de 30 000 surfeurs, jolies filles bronzées et autres étudiants qui repartent cramoisis !

Installée de longue date, la **Ron Jon Surf School** (321-868-1980 ; www.cocoabeachsurfingschool.com ; 150 E Columbia Lane, Cocoa Beach ; 50-65 $/h) propose des cours tous niveaux, des *groms* (débutants) aux pros, et les autres écoles sont légion. Pour les 5 à 17 ans, la Beach Place Guest House organise des **Surf Art Camps** (321-799-3432 ; www.marymoonarts.com ; 295 $/enfant ; 9h-15h juin-août) d'une semaine (ou moins sur demande, tarifs proportionnels à la durée).

organisé par Ron Jon est une tradition depuis 1964. Il attire désormais chaque année plus de 100 000 passionnés qui viennent admirer les exploits des meilleurs surfeurs du monde.

Art of Sand
CULTURE

(www.artofsand.org ; Radisson Resort, 8701 Astronaut Blvd ; tarif plein/réduit 8/4 $). Le premier week-end d'avril, des artistes "sculpteurs de sable" arrivent des quatre coins de la planète pour s'affronter au Radisson Resort de cap Canaveral. Les portes restent ouvertes un mois durant.

🛏 Où se loger

En grande majorité, les hôtels franchisés de Cocoa Beach ont élu domicile sur les 3 km s'étirant au sud du magasin Ron Jon. Seul le Doubletree, sur la plage, se tient un peu à l'écart.

Jetty Park
CAMPING $

(321-783-7111 ; www.jettyparkbeachandcampground.com ; 400 Jetty Rd, Cape Canaveral ; empl 27-49 $, bungalows 84 $; P 🛜 🎱). Après une rénovation de fond en comble en 2013, le Jetty Park compte désormais 8 bungalows tout neufs, des foyers extérieurs aménagés près des emplacements de camping-cars, une aire de jeu, 2 pavillons, 93 barbecues, un accès à la plage et une jetée pour les pêcheurs.

Residence Inn
Cape Canaveral
HÔTEL $$

(321-323-1100 ; www.marriott.com ; 8959 Astronaut Blvd, Cape Canaveral ; ch 139-189 $; P 🌸 🛜 🎱). Pour échapper au tumulte de Cocoa Beach, installez-vous dans ce confortable hôtel Marriott de cap Canaveral. Si les chambres sont classiques et fonctionnelles, elles sont aussi très spacieuses, et pourvues de lits confortables et de kitchenettes. Le personnel est très conciliant. Joli coin piscine. L'hôtel est prisé des touristes s'apprêtant à partir en croisière.

Surf Studio
MOTEL $$

(321-783-7100 ; surf-studio.com ; 1801 S Atlantic Ave, Cocoa Beach ; ch et ste 115-160 $; P 🌸 🛜 🎱 🎱). Une chaleureuse famille tient ce motel à l'ancienne donnant sur l'océan. De plain-pied, il réunit des doubles basiques et des appartements entourés de pelouses et de palmiers. Les appartements d'une pièce pour six personnes maximum sont facturés 195 à 225 $. Les enfants de moins de dix ans séjournent gracieusement.

💙 Solrisa Inn
B&B $$$

(321-301-4419 ; solrisainn.com ; 241 Indian River Dr, Cocoa Village ; ch 150-300 $, cottages 275-400 $; P 🌸 🛜 🎱). Le Solrisa, sur les berges de l'Indian River, compte un ponton où les hôtes peuvent siroter l'apéritif en s'élancer avec leur barque à rames. À l'intérieur, cette maison début XXe siècle affiche de chaudes couleurs caribéennes, et le plancher d'époque brille sous de beaux tapis persans. On loge dans 3 chambres minutieusement décorées et un cottage à 1 chambre qui était l'ancienne cuisine extérieure. Chaque chambre compte une terrasse et un rocking-chair.

💙 Beach Place
Guesthouses
APPARTEMENTS $$$

(321-783-4045 ; www.beachplaceguesthouses.com ; 1445 S Atlantic Ave, Cocoa Beach ; ste 195-395 $; P 🛜). Petit coin de paradis au milieu du tourbillon de fêtards de Cocoa Beach, cette pension décontractée à un étage, dans un quartier résidentiel, abrite des suites spacieuses avec hamacs et ravissante terrasse, le tout à deux pas des dunes et de la plage.

🍴 Où se restaurer

💙 Green Room Cafe
VÉGÉTARIEN $

(321-868-0203 ; greenroomcafecocoabeach.com ; 222 N 1st St, Cocoa Beach ; plats 6-12 $; 10h30-21h lun-sam ; 🌱). Concentrant toute son énergie sur le "bien-être intérieur", cet adorable café enchante les clients soucieux de leur santé avec ses bols de fruits à l'açaí, ses sandwichs sans blé et sans gluten, ses smoothies aux vrais fruits, et ses soupes et wraps maison. Si le smoothie "Tower of Power" (açaí, pêche, fraise, miel et jus de pomme) vous laisse de marbre, parions que le cadre chaleureux et l'ambiance sympathique vous charmeront.

Ossorio
CAFÉ $

(321-639-2423 ; 316 Brevard Ave, Cocoa Village ; plats 7-9 $; 8h-20h30 lun-sam, 9h-18h dim). Avant ou après la plage, rechargez vos batteries dans ce café ensoleillé, qui sert des sandwichs, des pizzas sans levain, des glaces et des boissons à base de café.

💙 Seafood Atlantic
POISSON ET FRUITS DE MER $$

(321-784-0333 ; www.seafoodatlantic.org ; 520 Glen Cheek Dr, Port Canaveral ; plats 8-19 $; 11h-18h30 lun et mer, jusqu'à 19h30 jeu et dim, jusqu'à 20h30 ven-sam). Fermement arrimé à l'industrie de la pêche de Canaveral, ce restaurant avec terrasse extérieure est l'un des rares à servir des crevettes, crabes, moules, palourdes, huîtres et poissons locaux. S'ils sont au menu, commandez des crabes dorés de Floride, à la chair particulièrement tendre et fondante. Avec un sac isotherme, vous pourrez en faire provision au marché d'à côté.

Slow and Low Barbecue
GRILLADES $$

(321-783-6199 ; slowandlowbarbeque.com ; 306 N Orlando Ave, Cocoa Beach ; plats 7-15 $; 11h-22h lun-sam, à partir de 12h dim). L'endroit qu'il vous faut si, après une journée sur la plage, vous rêvez d'une assiette de côtes grillées accompagnées de gombos, de feuilles de navet et de frites de patate douce. Happy hour quotidien et concerts du jeudi au dimanche.

Lone Cabbage
Fish Camp
POISSON ET FRUITS DE MER $$

(321-632-4199 ; www.twisterairboatrides.com ; 8199 Hwy 520 ; plats 8-15 $; 10h-21h dim-jeu, jusqu'à 22h ven-sam). Ce camp de pêche de la Floride d'antan sert des bières fraîches et de la queue d'alligator frite, le tout à savourer en contemplant le coucher de soleil sur l'Indian River. Si vous en avez envie, vous pourrez même faire un tour en hydroglisseur sur la lagune (tarif plein/réduit 22/15 $). À l'ouest de Cocoa Village, sur la Hwy 520.

Fat Snook
POISSON ET FRUITS DE MER $$$

(321-784-1190 ; thefatsnook.com ; 2464 S Atlantic Ave, Cocoa Beach ; plats 22-36 $; 17h30-22h). Caché dans un immeuble qui ne paie pas de mine, le petit Fat Snook concocte une grande cuisine. Sous la direction de Mona et John Foy, poissons et fruits de mer gastronomiques sont préparés de façon experte, avec des herbes et épices peu courantes rappelant les saveurs des Caraïbes.

Son nouvel établissement jumeau, le **Crush Eleven** (321-634-1100 ; www.crusheleven.com/ ; 11 Riverside Drive, Cocoa Village ; plats 8-26 $; 17h30-21h lun-sam, 11h-20h30 dim), à Cocoa Village, remporte aussi tous les suffrages grâce à son menu de cuisine américaine moderne et à ses cocktails préparés avec art. Mention spéciale au brunch du dimanche, dont les plats créatifs comptent des *crab cakes* Benedict à la coriandre et au citron vert, et des pancakes au *carrot cake*.

Café Margaux
FRANÇAIS, MÉDITERRANÉEN $$$

(321-639-8343 ; margaux.com ; 220 Brevard Ave, Cocoa Village ; plats 15-45 $; 11h30-14h et 17h-21h lun-sam). Restaurant méditerranéen original, prisé de longue date à Cocoa Village par une clientèle d'habitués. On savoure, dans le patio ou dans l'une des salles à la décoration thématique, du vivaneau rouge en croûte d'oignons doux, ou des *scallopini* de veau braisé. La carte des vins compte pas moins de 4 000 crus.

Où prendre un verre et sortir

Beach Shack
MUSIQUE LIVE

(321-783-2250 ; www.beachshackbar.com ; 1 Minutemen Causeway ; 20h-minuit jeu-ven, 14h-minuit sam, 14h-22h dim). Un vrai bar local avec 2 tables de billard, un patio devant la mer, et du blues du jeudi au dimanche.

Coconuts on the Beach
BAR, RESTAURANT

(321-784-1422 ; www.coconutsonthebeach.com ; 2 Minutemen Causeway ; plats 8-18 $; 11h-22h). Les "coconuts" du nom de l'enseigne (ou noix de coco) sont ici l'ingrédient favori. La "terrasse festive", face à la mer, accueille régulièrement des concerts.

Mai Tiki Bar
BAR

(www.cocoabeachpier.com ; Cocoa Beach Pier ; 11h-22h). Tout au bout de la jetée de Cocoa Beach, l'endroit rêvé pour s'imprégner de l'ambiance surf.

Cocoa Village Playhouse
SPECTACLES

(321-636-5050 ; www.cocoavillageplayhouse.com ; 300 Brevard Ave, Cocoa Village). L'Aladdin Theatre de 1924 apprécié pour son décor ancien accueille des productions théâtrales locales.

Achats

Ron Jon Surf Shop
ÉQUIPEMENT DE PLEIN AIR

(www.ronjons.com ; 4151 N Atlantic Ave ; 24h/24). Les 4 800 m² de Ron Jon représentent bien plus qu'un magasin : sur fond de musique live et au milieu des voitures de collection, vous trouverez tout ce que vous pouvez imaginer pour une journée à la plage. Et si vous avez besoin de cire pour votre planche de surf à 4h du matin, c'est ouvert.

Sunseed
Food Co-op
ALIMENTATION ET BOISSONS

(www.sunseedfoodcoop.com ; 6615 N Atlantic Ave ; 9h30-19h lun-ven, 10h-18h sam-dim). Dans cette oasis du bien-être, vous dénicherez des fruits et des légumes bio, des bières brassées localement, du vin et des baumes après-soleil.

Village Outfitters ÉQUIPEMENT DE PLEIN AIR
(☑321-633-7245 ; www.villageoutfitters.com ;
229 Forrest Ave, Cocoa Village ; ◷10h-17h lun-ven,
8h30-16h sam). Matériel de camping et d'activités de plein air, plus location de kayaks.

❶ Renseignements

Consultez les sites www.cocoabeach.com
pour l'agenda, l'hébergement, etc.
Space Coast Office of Tourism (☑321-
433-4470 ; www.visitspacecoast.com ;
430 Brevard Ave, Cocoa Village ; ◷9h-17h lun-
sam). Dans le bâtiment de la Bank of America,
à un pâté de maisons au sud de la Village
Playhouse.

❶ Depuis/vers Cocoa Beach et cap Canaveral

Trois chaussées, les Hwy 528, Hwy 520 et
Hwy 404, enjambent l'Indian River, Merritt
Island et la Banana River pour relier Cocoa
Beach au continent. À hauteur du magasin
Ron Jon, la Hwy 528 (aussi appelé Minutemen
Causeway) coupe vers le sud pour devenir la
Hwy A1A (ou Atlantic Ave), une artère nord-sud
bordée d'hôtels et de restaurants franchisés, de
boutiques pour touristes et de multipropriétés.
Sur quelques kilomètres, elle se sépare en deux
voies à sens unique (Orlando Ave en direction du
sud, et Atlantic Ave en direction du nord), avant
de poursuivre de nouveau sur une seule voie
en direction du sud, filant sur 85 km le long de
la côte du lido jusqu'à Vero Beach et au-delà.

Melbourne et Indialantic

Au sud de Cocoa Beach, la Hwy A1A
parcourt encore 53 km le long de l'île-
barrière pour atteindre Vero Beach. Elle
traverse de grandes étendues sauvages, mais
aussi de modestes enclaves de résidences en
multipropriété. Tout au long du parcours,
les accès vers les plages et les parcs d'État
sont parfaitement signalés.

Un moment d'inattention, et vous pourriez rater la petite ville d'Indialantic au bord
de l'océan, si peu étendue qu'on la remarque
à peine, à 26 km au sud de Cocoa Beach. Plaisante, elle possède une pizzeria et quelques
commerces, et toujours ces mêmes vagues et
ce délicieux sable blanc, mais à des années-
lumière de l'agitation de Cocoa Beach.

Sur le continent, à quelques minutes à
l'ouest d'Indialantic, l'historique Melbourne
(repérez le panneau sur l'A1A) offre une
agréable ambiance de petite ville, avec
plusieurs bons restaurants, des cafés et
des bars. Le village d'origine fut créé par

des esclaves affranchis et des cultivateurs
d'ananas qui construisirent leurs maisons
sur une petite péninsule entre l'Indian River
et la Crane Creek, dans les années 1870.
Un incendie ravagea cette bourgade naissante en 1919, et un nouveau centre-ville
vit le jour le long de New Haven Avenue. Il
est resté pratiquement en l'état depuis les
années 1920.

❂ À voir et à faire

♥ Brevard Zoo ZOO

(☑321-254-9453 ; www.brevardzoo.org ; 8225 N
Wickham Rd, Melbourne ; adulte/enfant 2-12 ans
16/12 $, Treetop Trek tarif plein/réduit 40/22 $;
◷9h30-17h). Pendant plus de 20 ans, ce
zoo construit par la communauté a donné
le *la* en matière de conception originale,
d'approches immersives des animaux, de
pédagogie et de protection. Depuis que les
gens du coin sont venus en nombre en mars
1994, marteau en main, pour entamer sa
construction, le paysage du zoo s'est transformé grâce à des promenades en planches
érigées à travers les *hammocks* de sorte à
définir des zones géographiques distinctes
abritant la faune sauvage de Floride, d'Amérique du Sud, d'Afrique et d'Australie. Des
enclos spécialement conçus se fondent
dans les broussailles, et les grandes volières
donnent l'impression de se promener dans
un authentique paysage sauvage.

Clous du zoo, les **circuits en kayak** sur la
Nyami Nyami font passer devant des girafes,
et le **Tree Top Trek**, parcours d'aventure
aérien dans la cime des arbres, comporte
des tyroliennes filant au-dessus d'étangs et
de bassins à alligators.

Une fois passée la magie de la promenade dans l'environnement unique du zoo,
on porte son attention sur le sérieux de
son travail de conservation des espèces et
de pédagogie sur la vie sauvage. Le secteur
pour enfants **Paws On** permet aux petits
de s'ébattre et de se baigner sur une vraie
plage de sable, de pêcher sans hameçon et
de caresser des chèvres naines et des alpa-
gas. Des bénévoles travaillent d'arrache-pied
à créer des bancs d'huîtres de sorte à repeu-
pler les récifs de l'Indian River ; quant à la
Wildlife Detective Training Academy, elle
pique la curiosité des plus grands grâce aux
circuits-mystère conçus pour être suivis en
indépendant dans le zoo.

Des marches nocturnes sont également
proposées, mais aussi un Junior Zoo
Keeper's Club, des camps de vacances, des

programmes de parrainage d'animaux et autres manifestations à l'échelle locale incluant la communauté, en particulier **Boo at the Zoo**, fête organisée pour Halloween. Les enfants et les amoureux des animaux préféreront sans doute le zoo au centre spatial.

Ryckman Park
PARC, JETÉE

(angle Ocean Ave et Riverside Dr, Melbourne). Dans le quartier historique de Melbourne, ce parc idéal pour les familles comporte une grande aire de jeu, des terrains de *bocce* et de basket-ball, ainsi que le Melbourne Beach Pier (1889), inscrit au patrimoine national. Cette jetée, qui s'avance dans la très poissonneuse Indian River, est fantastique pour la pêche.

Melbourne Beach
PLAGE

(Ocean Park, Atlantic St, Melbourne). Avec en arrière-plan l'**Ocean Park**, sa promenade en planches, son pavillon et ses douches, Melbourne Beach, et sa voisine, Indialantic Beach (au nord), offrent des kilomètres de sable épargné par les grands immeubles d'habitation et le mercantilisme. Vous trouverez des provisions pour un pique-nique au **Melbourne Beach Market** (☎321-676-5225 ; 302 Ocean Ave ; ⏰8h-20h lun-sam, 9h-19h dim).

♥ Honest John's Fish Camp
KAYAK

(☎321-727-2923 ; www.honestjohnsfishcamp.com ; 750 Mullet Creek Rd, Melbourne Beach ; kayak par heure/jour 12/50 $, bateau par demi-journée/journée 60/90 $; ⏰6h-18h mer-lun). Maison de colon floridien de 1899, au bord de l'Indian River, où on loue kayaks et bateaux à moteur. Niché dans une vieille plantation d'agrumes au bord de Mullet Creek, l'endroit est parfait pour pêcher et observer des lamantins. Le camp est à 16 km au sud de Melbourne Beach.

Bob's Bicycle Shop
LOCATION DE VÉLOS

(☎321-725-2500 ; bobsbicycles.com ; 113 5th Ave, Indialantic ; par jour/sem 60/175 $; ⏰9h30-18h lun-sam, 11h-15h dim). Équipez-vous d'un superbe vélo de la marque Sun, spécialement conçu pour pédaler sur la plage.

🛏 Où se loger

Sea View Motel
MOTEL $$

(☎321-723-0566 ; www.seaviewmelbourne.com ; 4215 S Hwy A1A, Melbourne Beach ; ch et ste 125-195 $; ❄🛜). Sur la plage, ce motel des années 1950 rénové compte 8 chambres modestes avec plaids, plancher et cuisines tout équipées.

Crane Creek Inn
B&B $$

(☎321-768-6416 ; www.cranecreekinn.com ; 907 E Melbourne Ave, Melbourne ; ch 165 $; P❄🛜). À deux rues du centre de Melbourne, cette jolie demeure de 1925 se tient au bord de Crane Creek, où l'on peut apercevoir des lamantins, des dauphins et des oiseaux aquatiques. Chambres agrémentées de mobilier d'époque et de ventilateurs au plafond (assez paresseux), Jacuzzi et hamac biplace à côté de la rivière.

♥ Port d'Hiver
BOUTIQUE-HÔTEL $$$

(☎321-722-2727 ; www.portdhiver.com ; 201 Ocean Ave, Melbourne Beach ; ch 279-329 $, ste 479-519 $; P❄🛜). Construite en 1916, cette maison de plage en cyprès de style colonial se dresse au milieu de grands palmiers, à l'abri de bougainvilliers en fleur et d'allamandas aux fleurs rose vif. Des cours pavées de brique relient la maison principale à 7 bungalows et à la suite aménagée dans la remise à carrioles. La vue sur l'Atlantique se marie à merveille avec l'artistique décoration intérieure intégrant des imprimés français, des lustres, des armoires anciennes et des lits à baldaquin.

♥ Seashell Suites
RESORT $$$

(☎321-409-0500 ; www.seashellsuites.com ; 8795 S Hwy A1A ; ch 225-245 $). 🍃 Ce modeste complexe hôtelier écologique a été conçu pour se fondre dans son environnement naturel. Avec seulement 8 suites de 2 chambres, l'atmosphère est intimiste, et les critères de respect de l'environnement élevés : il y a sur place une piscine d'eau de mer et les produits de nettoyage sont sans toxines. Transats, vélos, parasols, *boogie boards* et matériel de pêche sont tous mis gratuitement à disposition, et la bibliothèque de DVD est bien afournie en films. Tarifs réduits sur les séjours à la semaine.

🍴 Où se restaurer

Ichabods Dockside
AMÉRICAIN $

(☎321-952-9532 ; www.ichabodsbarandgrille-florida.com ; 2210 Front St, Melbourne ; plats 8-12 $; ⏰11h-23h). Le bar décontracté d'Eddy Fisher est une adresse très prisée pour les conversations, les burgers de grande qualité, les wraps au mérou grillé, et les succulentes *buffalo wings* (ailes de poulet).

El Ambia Cubano
CUBAIN $

(www.elambiacubano.com ; 950 E Melbourne Ave, Melbourne ; plats 8-12 $; ⏰11h-22h lun-sam). Face au Crane Creek, cet établissement sans chichis sert une délicieuse cuisine familiale sur fond de jazz ou de salsa le week-end.

Beachside Cafe
CAFÉ $

(☎321-953-8444 ; www.thebeachsidecafe.com ; 109 5th Ave, Indialantic ; plats 6-12 $; ☺7h-14h ; ♿). Cela vaut la peine d'attendre pour obtenir un box dans ce sympathique café du centre-ville qui sert des petits-déjeuners. Colleen remplit régulièrement les tasses de café tandis que la clientèle locale se régale d'assiettes de pain perdu garni, de gaufres belges et d'omelettes au pastrami.

Bizarro Famous NY Pizza
PIZZERIA $$

(☎321-724-4799 ; www.theoriginalbizzarro.com ; 4 Wave Crest Ave, Indialantic ; pizzas 11-36 $; ☺10h-22h). Pizzeria à la new-yorkaise jouissant d'un emplacement idyllique en bord de plage à Indialantic. Le service est un peu brutal, mais la pizza aux épinards avec sauce *marinara* est divine.

Scott's on Fifth
MÉDITERRANÉEN $$$

(☎321-729-9779 ; www.scottsonfifth.com ; 141 5th Ave, Indialantic ; plats 26-39 $; ☺11h-14h et 17h30-21h mar-dim). Cet élégant restaurant de 5th Ave sert des classiques européens comme le filet mignon, les crevettes au beurre blanc et le carré d'agneau à la moutarde de Dijon. On peut facilement le manquer car il est niché derrière une minuscule devanture. Il n'y a que 12 tables, il faut donc réserver.

🍷 Où prendre un verre et sortir

Si Cocoa Beach est une ode aux dieux du mercantilisme, Melbourne préfère se placer sous les auspices de la culture, comme en témoigne la scène florissante des arts, de la musique et du théâtre.

Les vendredis et samedis soir, **East New Haven Street**, dans le centre de Melbourne, se transforme en haut lieu de la fête. Le pub irlandais **Meg O'Malley's** (www.megomalleys.com ; 812 E New Haven Ave ; ☺10h30-1h) sert des bols de sa soupe "Parliament" aux haricots (18 ¢), accompagnés de Guinness et de musique live ; le **Main Street Pub** (mainstreetpub.cc ; 705 E New Haven Ave ; ☺11h30-tard mar-sam, à partir de 16h dim-lun), doté d'une agréable terrasse, propose un bon choix de bières ; quant au **Foo Bar** (816 E New Haven Ave ; ☺17h-2h), ouvert aux gays, ses menus et cocktails à thème asiatique attirent une clientèle d'âge plus mûr.

Sand on the Beach
BAR

(sandonthebeach.com ; 1005 Atlantic St, Melbourne Beach ; ☺8h-2h). L'unique adresse où siroter une margarita les pieds dans le sable.

💙 Melbourne Civic Theatre
THÉÂTRE

(☎321-723-6935 ; www.mymct.org ; 817 E Strawbridge Ave, Melbourne ; billets 25 $). Le plus vieux théâtre de la côte de l'Espace accueille les premières productions de Broadway et des pièces contemporaines populaires dans un lieu minuscule de La Galerie. Les artistes sont très talentueux, et avec seulement 90 places, la salle est des plus agréables pour assister à ce genre de spectacles.

Henegar Center
CENTRE ARTISTIQUE, THÉÂTRE

(☎321-723-8698 ; www.henegar.org ; 625 E New Haven Ave, Melbourne). L'ancien lycée de Melbourne abrite aujourd'hui un centre artistique communautaire, et un théâtre de 500 places avec proscenium où Red Carpet Productions, société de production du lieu, organise comédies musicales et spectacles comiques.

Brevard Symphony Orchestra
MUSIQUE CLASSIQUE

(☎321-242-2219 ; King Center, 3865 N Wickham, Melbourne). Cet orchestre symphonique (à but non lucratif) de 65 musiciens fait vibrer les habitants de Melbourne depuis plus de 60 ans. C'est aussi l'un des meilleurs du pays. Pour les célébrations du 4-Juillet, il joue au Cocoa Riverfront Park sous un spectaculaire feu d'artifice.

Sebastian Inlet et ses environs

Si l'on continue de rouler vers le sud sur la Hwy A1A, les bâtiments se font plus rares une fois passée la petite ville assoupie de Melbourne Beach. Des deux côtés de la route, on repère aisément les accès menant sur les rives de l'Indian River à l'ouest ou vers le littoral à l'est. Plages, sentiers de randonnée et sites d'observation des oiseaux sont tout proches. Au sud du Sebastian Inlet State Park, la route, doublée de pistes cyclables, passe sur des kilomètres entre des haies bien entretenues, derrière lesquelles se cachent les maisons huppées du nord de Vero Beach.

👁 À voir et à faire

Voici, tout au long de la Hwy A1A, les sites intéressants en allant du nord au sud.

Sebastian Inlet State Park
PARC

(📞 321-984-4852 ; www.floridastateparks.org/sebastianinlet ; 9700 South State Rd ; cycliste/véhicule 2/8 $; ⊙ aube-crépuscule). Ce parc apprécié des pêcheurs comme des surfeurs, des plaisanciers et des familles, s'étire sur l'étroite île-barrière. Un pont enjambe le bras de mer qui divise le parc en deux parties. Au nord, les enfants nageront en toute sécurité dans les eaux tranquilles du lagon. Au sud, la **marina** (📞 321-724-5424 ; www.sebastianinlet.com ; 9502 South Hwy A1A ; ⊙ 8h-17h) compte des boutiques de location de bateau, un petit musée de la pêche et un camping sans grand attrait (28 $/emplacement).

En juin et juillet, on peut participer à des sorties d'observation de la nidification guidées par des rangers (réservation indispensable).

McClarty Treasure Museum
MUSÉE

(📞 772-589-2147 ; Hwy A1A ; adulte/-6 ans 2 $/gratuit ; ⊙ 10h-16h). Souvenir du camp de fortune édifié par les rescapés d'un galion espagnol chargé d'or qui sombra au large en 1715, ce petit musée relate le naufrage avec un film de 45 minutes, des dioramas et des objets rapportés par la mer. Il arrive encore qu'en cherchant un joli coquillage, on découvre l'un de ces objets échoués. Le musée se trouve à 3 km au sud du Sebastian Inlet State Park.

♥ Pelican Island National Wildlife Refuge
RÉSERVE NATURELLE

(📞 772-581-5557 ; www.fws.gov/pelicanisland ; Hwy A1A ; ⊙ 7h30-crépuscule). GRATUIT Établie en 1903 comme réserve pour le pélican brun, une espèce menacée, Pelican Island fut la première réserve fédérale d'Amérique à protéger les oiseaux. Elle englobe maintenant 202 ha au bord de l'Indian River Lagoon en plus des 8 900 m² de Pelican Island, que l'on peut contempler depuis la tour d'observation au bout du **Centennial Trail**. Les deux sentiers décrivent une boucle de 4 km le long du rivage, et se prêtent idéalement à de longues balades à vélo ou à pied.

On peut aussi découvrir Pelican Island en bateau. Plusieurs rampes de mise à l'eau publiques permettent d'accéder aux eaux de la réserve.

Vero Beach

📞 772 / 15 220 HABITANTS

Surnommée la "plage zéro" par les fêtards de Cocoa Beach, cette ville côtière bien pensée, avec ses parcs au gazon verdoyant, ses longues plages de sable blanc surveillées et son centre-ville piétonnier, a un parfum nostalgique.

◉ À voir et à faire

Certes, la majorité des vacanciers se contentent des plaisirs de la plage, mais Vero a une fierté : celle de s'être engagée à la fois dans la promotion des arts et dans le respect de l'environnement. Pour plus de détails, consultez www.verobeach.com.

♥ Vero Beach Museum of Art
MUSÉE

(www.vbmuseum.org ; 3001 Riverside Park Dr ; adulte/-17 ans 10 $/gratuit ; ⊙ 10h-16h30 lun-sam, 13h-16h30 dim). Avec ses multiples expositions d'art et ses fréquents concerts de jazz en plein air, cet élégant musée tout blanc du Riverside Park n'a pas à rougir face à des musées urbains beaucoup plus importants. Signalé sur la Hwy A1A.

McKee Botanical Gardens
JARDINS

(📞 772-794-0601 ; www.mckeegarden.org ; 350 US 1 ; tarif plein/réduit 12/5 $; ⊙ 10h-17h lun-sam, 12h-17h dim ; ♿). Au début des années 1920, âge d'or du tourisme à Vero, Waldo Sexton (celui de Waldo's, le restaurant éponyme) et Arthur McKee unirent leurs forces pour créer les McKee Jungle Gardens (320 000 m²), qui enchantèrent les visiteurs durant des décennies jusqu'à ce que Disney leur vole la vedette dans les années 1970. La majeure partie du terrain fut vendue aux promoteurs immobiliers, mais une poignée de passionnés locaux réussit à sauver une parcelle de 73 000 m² de jardins tropicaux, aujourd'hui emplis de plantes endémiques, de palmiers et de bassins à nénuphars.

Adventure Kayaking
KAYAK

(📞 772-567-0522 ; www.paddleflorida.com ; adulte/enfant - 12 ans 45/25 $). Natif de Vero, Steve Cox organise tous les jours des circuits en kayak sur l'Indian River jusqu'à Round Island et Pelican Island, la Sebastian River et le Blue Cypress Lake. Des circuits combinés camping et kayak de plusieurs jours (275 $ à 350 $) sont également proposés sur l'Indian River, et plus loin jusqu'aux Everglades.

♥ Sail Moonraker
CROISIÈRES

(📞 772-696-2941 ; www.sailmoonraker.com ; Vero Beach Marina, 3611 Rio Vista Blvd ; croisières 2-6 heures jusqu'à 6 passagers 425-750 $; ♿). Captain Bruce pilote son catamaran de 12 m à la demande pour aller observer

DE QUOI SOUFFRE DONC L'INDIAN RIVER LAGOON ?

L'Indian River Lagoon est la plus grande nurserie marine des États-Unis et l'estuaire affichant la plus riche biodiversité d'Amérique du Nord. À cheval sur des zones tempérées et subtropicales, la lagune (en fait un écosystème composé de trois estuaires distincts) s'étend sur 251 km de New Smyrna à Jupiter Inlet. Elle est baignée par les eaux des marées grâce à six bras de mer. En conséquence, ses eaux chaudes et peu profondes constituent un habitat de choix pour 4 300 espèces d'animaux, de plantes et d'oiseaux. C'est l'un des joyaux du littoral, à découvrir absolument.

Mais tout n'est pas pour le mieux dans ce paradis naturel. Depuis 2011, trois années consécutives de pluies torrentielles ont entraîné une crue sans précédent du Lake Okeechobee. Cela a fait baisser le taux de salinité de la lagune, l'a submergée de vase, et a même fait grimper les taux d'azote et de phosphates dus à l'agriculture industrielle et aux engrais domestiques. Avec pour résultat la disparition de 60% des herbiers marins (19 000 ha) et le développement des macroalgues rouges, vénéneuses pour de nombreux habitants de la lagune. En 2013, on a assisté à une véritable hécatombe chez les mammifères (84 dauphins morts et plus de 120 lamantins).

Les protestations locales face au débordement du Lake Okeechobee sont remontées jusqu'au Congrès de Washington, où l'on cherche des fonds fédéraux pour "soigner" la lagune. Jusqu'ici toutefois, seul le département des Eaux a débloqué 3,7 millions de dollars et dépêché quatre équipes de scientifiques sur place afin de comprendre de quoi il retourne. Un rapport complet doit être remis en 2017. Sachant que l'impact économique se chiffre à 4 milliards de dollars par an et que des milliers de gens voient leurs moyens de subsistance menacés, comprendre de quoi souffre la lagune est le plus grand challenge économique et environnemental que doit affronter la Floride.

---

des dauphins, se baigner ou contempler le coucher du soleil sur l'Indian River Lagoon. Succès assuré auprès des passagers petits ou grands.

**Environmental
Learning Center**   ACTIVITÉS DE PLEIN AIR
(☎ 772-589-5050 ; www.discoverelc.org ; 255 Live Oak Dr ; adulte/enfant - 12 ans 5 $/gratuit ; ⊙ 10h-16h mar-ven, 9h-12h sam, 13h-16h dim ; 🖫). Cette réserve de 51 ha, qui vise à sensibiliser la population à la fragilité de l'environnement dans l'estuaire de l'Indian River, réunit de multiples installations interactives. Un sentier sur pilotis permet de découvrir en partie les mangroves. Profitez de son site Internet pour vous renseigner sur les randonnées et les excursions dans la nature avec les guides d'**EcoVentures**, certaines en canoë, d'autres en bateau à ponton.

**Orchid Island
Bikes & Kayaks**   LOCATION DE VÉLOS
(☎ 772-299-1286 ; www.orchidislandbikesand-kayaks.com ; 1175 Commerce Ave ; vélos par jour/sem 19/54 $, kayaks simple/tandem par demi-journée 69/99 $). Vero Beach est l'endroit idéal pour échanger sa voiture contre un vélo. Même les enfants n'auront pas de mal à pédaler entre la plage, les restaurants et les hôtels. Puis pagayez pour que

l'Indian River Lagoon vous révèle toutes ses splendeurs.

🛏 Où se loger

♥ **Caribbean Court
Boutique Hotel**   BOUTIQUE-HÔTEL $$
(☎ 772-231-7211 ; www.thecaribbeancourt.com ; 1601 S Ocean Dr ; ch et ste 139-230 $; 🅿🌀🛜🅂🐾). Dans un quartier résidentiel tranquille, à un pâté de maisons de South Beach, ce lieu tout à fait charmant réunit à la fois élégance discrète et simplicité des bords de mer. Les bougainvilliers et les palmiers cachent une petite piscine au cœur de la verdure. Les jolies chambres aux murs blanchis à la chaux jouent sur le naturel (mobilier en rotin, lavabos ornés de carreaux de céramique), les serviettes sont moelleuses et le réfrigérateur garni de délicieuses provisions. Réductions en semaine.

South Beach Place   MOTEL $$
(☎ 772-231-5366 ; www.southbeachplacevero.com ; 1705 S Ocean Dr ; ste 125-175 $/jour ; 🛜🐾). Style classique de la Floride d'antan mais rajeuni pour ce coquet et élégant motel à un étage de Vero Beach, situé dans un quartier particulièrement calme face à la plage. Les suites dotées d'une chambre abritent une cuisine tout équipée.

✖ Où se restaurer et prendre un verre

Barefoot Cafe
CAFÉ $

(☎772 770-1733 ; www.thebarefootcafe.com ; 2036 14th Ave ; sandwichs 5-10 $; ⊗8h-15h lun-ven). Bien que n'étant pas en bord de plage, ce petit traiteur décontracté a l'âme d'une cabane de surfeurs. Sandwichs, salades et wraps sont faits maison chaque jour avec des ingrédients haut de gamme comme le thon ahi, les shiitakés et l'asiago râpé.

Waldo's
POISSON ET FRUITS DE MER $$

(☎772-231-7091 ; www.waldosvero.net ; Driftwood Resort, 3150 Ocean Dr ; plats 10-22 $; P ♿). Construite en bois flotté par Waldo Sexton, colon pionnier de Vero, en 1935, cette institution de Vero Beach attire les gourmands au dîner, et tous les amateurs de musique live à partir de 21h. Régalez-vous de wraps cajuns au mérou sur la terrasse surplombant l'océan, ou installez-vous au bar rustique en compagnie de la clientèle locale.

Lemon Tree
CAFÉ $$

(☎772-231-0858 ; 3125 Ocean Dr ; plats 8-20 $; ⊗7h-21h). Gai et animé, ce chaleureux café du centre-ville reçoit le week-end les inconditionnels amateurs de brunch.

♥ Maison Martinique
FRANÇAIS $$$

(☎772-231-7299 ; Caribbean Court Boutique Hotel, 1603 S Ocean Dr ; plats 24-42 $; ⊗17h-22h mar-sam). À Vero Beach, une sublime cuisine française, avec un service de premier ordre dans un cadre intimiste. Par les chaudes soirées, on mange au bord de la petite piscine. Pour quelque chose de plus simple, rendez-vous au romantique piano-bar Havana, à l'étage.

Kilted Mermaid
PUB

(☎772-569-5533 ; www.kiltedmermaid.com ; 1937 Old Dixie Hwy ; ⊗17h-1h mar-dim). On vous propose dans ce pub pour le moins animé de consommer hors des sentiers battus. Laissez-vous faire : vous avez le choix entre plus de 80 bières artisanales et d'importation. Et pour que l'ambiance ne faiblisse pas, commandez ensuite une assiette de fromage ou une fondue au chocolat. Soirée micro ouvert le mercredi, soirée quizz le jeudi, et musique live tous les vendredis et samedis.

❶ Comment s'y rendre et circuler

Vero Beach se trouve à 85 km au sud de Cocoa Beach sur la Hwy A1A. Les aéroports internationaux les plus proches sont Orlando, à 90 min au nord-ouest, West Palm Beach, à 90 min au sud, et Melbourne, à 30 min en remontant la côte au nord. Le **Vero Beach Shuttle** (☎772-834-1060 ; www.verobeachshuttle.com ; Melbourne/Palm Beach/aéroport d'Orlando 95/130/175 $) assure la liaison avec l'aéroport.

Nord-est de la Floride

Top des restaurants

➡ Collage (p. 360)

➡ High Tide at Snack Jacks (p. 350)

➡ Kelley's Courtyard Café (p. 373)

➡ Satchel's Pizza (p. 382)

➡ Cress (p. 376)

Top des hébergements

➡ Ritz Carlton Amelia Island (p. 372)

➡ At Journey's End (p. 358)

➡ One Ocean (p. 368)

➡ Addison (p. 371)

➡ Shoreline & Cabana (p. 345)

Pourquoi y aller

Peu de régions illustrent aussi bien la diversité de la Floride que le Nord-Est. Aux confins de la Floride et de la Géorgie, Amelia Island, splendide île du sud, est un cadre naturel de toute beauté. À une heure de route plus au Sud, Jacksonville, ville la plus peuplée de Floride, tient d'un ensemble tentaculaire tout en gratte-ciel, autoroutes et ponts en acier. Ses plages se révèlent toutefois agréablement paisibles en regard des habituelles étendues sablonneuses de la côte atlantique. Non loin, St Augustine est la plus ancienne colonie européenne encore habitée du pays ; tout le monde y trouvera son compte : histoire, architecture, culture, une grande variété d'excellents restaurants et quantité d'attractions touristiques parfaites pour les enfants. La route continue jusqu'à Daytona, la plage la plus célèbre du globe, lieu de fêtes endiablées et arrosées, également prisé pour ses courses de la NASCAR.

Quand partir
Daytona Beach

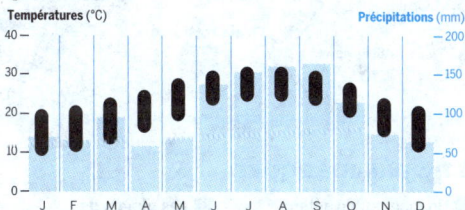

Mars-avril Spring Break : Les étudiants affluent pour des vacances très arrosées, notamment, à Daytona Beach.

Juin-septembre C'est la haute saison ; les températures vont de douces à étouffantes.

Novembre-février Le temps plus frais entraîne une baisse des prix ; vous aurez la plage pour vous seul.

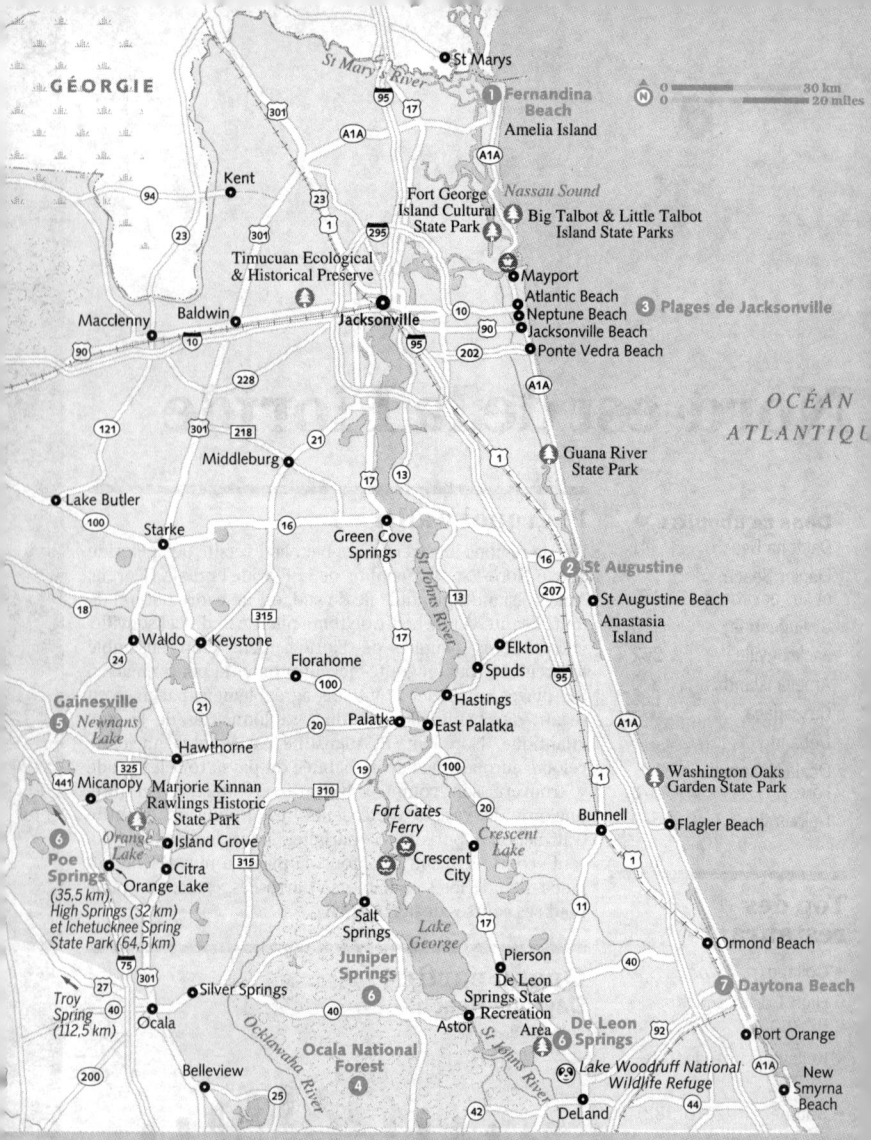

GÉORGIE

St Mary's River

● St Marys

1 Fernandina Beach

Amelia Island

301

95 17

A1A

Kent

94

23

301

23

A1A

Fort George Island Cultural State Park

Timucuan Ecological & Historical Preserve

1

295

Nassau Sound

● Big Talbot & Little Talbot Island State Parks

● Mayport

● Atlantic Beach

● Neptune Beach **3** Plages de Jacksonville

● Jacksonville Beach

● Ponte Vedra Beach

Macclenny

Baldwin

● Jacksonville

90

10

10

90

202

95

228

121

301 218

Middleburg ●

21

17 13

1

OCÉAN ATLANTIQU

Guana River State Park

● Lake Butler

100

Starke

16

Green Cove Springs

13

St Johns River

16 ● St Augustine **2**

207

● St Augustine Beach

Anastasia Island

18

315

● Waldo ● Keystone

24

21

Florahome

100

● Elkton

● Spuds

95

● Hastings

5 Gainesville

Newnans Lake

Hawthorne

20

Palatka ● ● East Palatka

100

19

A1A

1

Washington Oaks Garden State Park

325

441 ● Micanopy

Marjorie Kinnan Rawlings Historic State Park

310

Orange Lake

● Island Grove

315

Fort Gates Ferry

20

Bunnell

● Flagler Beach

1

6

Poe Springs

(35,5 km),

High Springs (32 km)

et Ichetucknee Spring State Park (64,5 km)

● Citra

Orange Lake

Crescent City

Crescent Lake

11

Salt Springs

Lake George

27

Troy Spring (112,5 km)

75

301

● Silver Springs

Juniper Springs

6

40

Pierson ●

De Leon Springs State Recreation Area

40

● Ormond Beach

7 Daytona Beach

● Ocala

Astor ●

De Leon Springs **6**

92

● Port Orange

200

Belleview ●

Ocala National Forest

4

Ocklawaha River

St Johns River

Lake Woodruff National Wildlife Refuge

A1A

New Smyrna Beach

25

42

● DeLand

44

À ne pas manquer

1 Un moment de détente sous la véranda de votre B&B des années 1890 à **Fernandina Beach** (p. 370), sur la pittoresque Amelia Island.

2 L'architecture unique de l'époque coloniale espagnole, les musées et l'histoire de **St Augustine** (p. 350), la cité la plus ancienne d'Amérique.

3 Les **plages de Jacksonville** (p. 367) à la fois urbaines et balnéaires.

4 Une randonnée et du camping dans l'**Ocala National Forest** (p. 378), sauvage et à la faune abondante.

5 Une soirée à **Gainesville** (p. 379), ville universitaire animée, riche en restaurants

bon marché et en bars sympas.

6 Les eaux azur des **Poe Springs** (p. 385), **De Leon Springs** (p. 376) et **Juniper Springs** (p. 378).

7 Une course de la NASCAR suivie d'une bière à **Daytona Beach** (p. 341), la "plage la plus connue du monde".

CÔTE ATLANTIQUE

En 1902, Daytona entra dans la légende américaine lorsque les pilotes Ransom Olds (fondateur d'Oldsmobile) et Alexander Winston organisèrent une grande course sur cette vaste plage de sable dense. Lors de l'épreuve, une voiture atteignit 92 km/h, établissant un nouveau record. La Florida East Coast Automobile Association fut fondée l'année suivante, bientôt suivie par le premier Winter Speed Carnival – ancêtre du Daytona 500. C'est à Daytona Beach que, durant les trois décennies suivantes, les records de vitesse ont été pulvérisés, puis battus encore et encore. À la fin des années 1930, les courses de stock-cars devinrent à la mode ; les "Race Weeks" attirèrent les foules sur les plages. La Nascar (National Association for Stock Car Auto Racing) vit quant à elle le jour en 1947 (voir l'encadré p. 343).

Heureusement, cette merveilleuse portion du littoral compte maints autres attraits que les seules courses automobiles. La State Rd A1A longe la côte atlantique en direction du nord et traverse la douce Flagler Beach jusqu'à l'historique St Augustine, qui mérite amplement que l'on y passe deux ou trois jours. La route passe ensuite par la ville riche de Ponte Vedra (siège du circuit de golf PGA) et les plages tranquilles de l'immense Jacksonville, jusqu'à la charmante Amelia Island et la frontière avec la Géorgie. En chemin, une kyrielle d'îles et de parcs pittoresques, une vaste étendue côtière déchiquetée et émaillée de jolies maisons de plage attendent d'être explorées.

Daytona Beach

Connue pour ses vastes plages de sable blanc, ses manèges tape-à-l'œil, ses motards bardés de cuir, les fans de courses automobiles et les étudiants venus y fêter Spring Break, Daytona Beach doit surtout sa renommée au fait d'avoir vu naître le circuit de vitesse de la NASCAR, et de recevoir, de nos jours encore, l'épreuve de la Daytona 500. La police, qui ne saurait tenir l'émulation du contexte pour excuse valable, verbalise sévèrement tout excès de vitesse.

Daytona Beach attire de nombreux vacanciers cherchant à s'amuser : elle accueille l'un des derniers Spring Breaks de la côte atlantique (l'ambiance y est moins fougueuse que du temps de son âge d'or). Sa population quintuple durant les Speedweeks et pas moins d'un demi-million de motards y affluent pour la Bike Week en mars et la Biketoberfest en octobre. Si vous appréciez les douces soirées imbibées de bière, les courses de voitures ou de motos et leurs aficionados, Daytona Beach aura tout d'un paradis à vos yeux. Dans le cas contraire, mieux vaut poursuivre votre route.

Si vous pouvez passer outre les hauts immeubles des années 1970 qui bordent la plage, les night-clubs et les attractions pour touristes, peut-être pourrez-vous assister à la ponte des tortues marines (en saison) ou découvrir quelques sites culturels intéressants.

◉ À voir et à faire

💙 Ponce de Leon Inlet
Lighthouse & Museum   PHARE
(☎386-761-1821 ; www.ponceinlet.org ; 4931 S Peninsula Dr, Ponce Inlet ; adulte/enfant 5/1,50 $; ☉10h-18h sept-mai, 10h-21h juin-août). Si le vertige vous empêche de monter l'escalier en colimaçon de 203 marches jusqu'au sommet du plus haut phare de Floride (53 m), rendez-vous à l'intéressante exposition historique du musée. D'en haut, la vue sur l'océan Atlantique est époustouflante. Le phare, construit en 1887, et le musée se trouvent à 9,5 km au sud de Daytona Beach.

💙 Daytona
International Speedway   CIRCUIT DE VITESSE
(☎800-748-7467 ; www.daytonainternationalspeedway.com ; 1801 W International Speedway Blvd ; billet à partir de 20 $). Ce circuit légendaire affiche un calendrier aussi varié que rempli. Le prix des bonnes places peut flamber durant les grandes courses, dont la Daytona 500, en février. Les jours où aucun événement n'est programmé, n'hésitez pas à vous promener gratuitement dans les tribunes. La visite en tram (sans réservation) passe par la piste, les stands de ravitaillement et les coulisses.

La Speedway Tour (adulte/enfant 16/10 $; ☉11h30, 13h30, 15h30 et 16h), visite de 30 minutes, comprend les attractions principales. Les inconditionnels des courses automobiles préféreront sans doute le All Access Tour (adulte/enfant 23/17 $; ☉toutes les heures 10h-15h), de 1 heure, ou le VIP Tour (50 $; ☉13h mar, jeu, sam), de 3 heures. Ce dernier donne à découvrir tous les lieux importants de la NASCAR depuis un confortable bus climatisé. Les vrais mordus pourront opter pour la Richard Petty

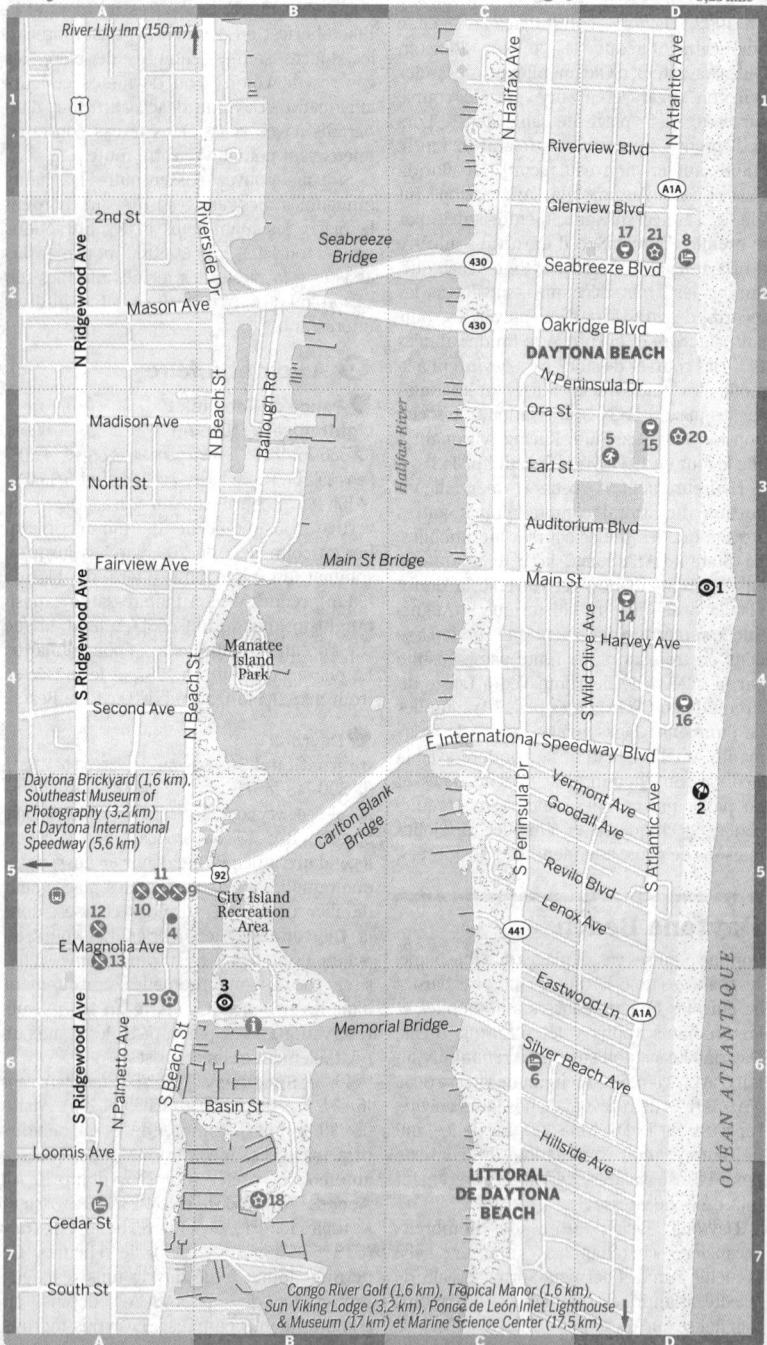

Daytona Beach

0   500 m
0   0,25 mile

River Lily Inn (150 m)

2nd St

N Ridgewood Ave

Riverside Dr

Mason Ave

S Beach St

Ballough Rd

Madison Ave

North St

S Ridgewood Ave

Fairview Ave

Second Ave

N Beach St

Manatee Island Park

Daytona Brickyard (1,6 km),
Southeast Museum of
Photography (3,2 km)
et Daytona International
Speedway (5,6 km)

92

11
10   9

12
4

E Magnolia Ave

13

19

3

S Ridgewood Ave

N Palmetto Ave

S Beach St

Basin St

Loomis Ave

7

Cedar St

18

South St

N Halifax Ave

Riverview Blvd

N Atlantic Ave

A1A

Glenview Blvd

17   21   8

Seabreeze Blvd

Seabreeze Bridge

430

430

Oakridge Blvd

DAYTONA BEACH

N Peninsula Dr

Ora St

5   15   20

Earl St

Halifax River

Auditorium Blvd

Main St Bridge

Main St   1

14

Harvey Ave

S Wild Olive Ave

16

E International Speedway Blvd

Vermont Ave

S Peninsula Dr

Goodall Ave

2

Carlton Blank Bridge

Revilo Blvd

City Island Recreation Area

441

Lenox Ave

S Atlantic Ave

Eastwood Ln

A1A

Memorial Bridge

Silver Beach Ave

6

Hillside Ave

LITTORAL DE DAYTONA BEACH

OCÉAN ATLANTIQUE

Congo River Golf (1,6 km), Tropical Manor (1,6 km),
Sun Viking Lodge (3,2 km), Ponce de León Inlet Lighthouse
& Museum (17 km) et Marine Science Center (17,5 km)

Daytona Beach

Driving Experience (p. 344), qui permet de faire un tour de piste à la vitesse d'un boulet de canon, voire de devenir – en y mettant le prix – un coureur le temps d'une journée.

Daytona Beach
PLAGE

(5 $/voiture ; ☉ course sur la plage 8h-19h mai-oct, aube-crépuscule nov-avr). Cette étendue de sable parfaitement plane servait autrefois de piste de course. Aujourd'hui, vous pourrez vous rendre en voiture dans certaines parties de la plage à une vitesse strictement limitée à 10 mph (16 km/h). La section la plus prisée est une piste à sens unique allant vers le sud entre International Speedway Blvd et Dunlawton Ave. En bordure de la plage, des prestataires louent des quads, des *beach cruisers* (vélos de plage) à grosses roues, des tricycles couchés et tout le matériel nécessaire aux différents sports nautiques. Il est également possible, pour qui s'éloigne de la piste, de simplement profiter du sable.

Boardwalk et Pier
FRONT DE MER, JETÉE

(entrée libre ; promenade en voiture 3-5 $). En suivant Main St E, vous traverserez la promenade en planches (*boardwalk*) de Daytona, laquelle, bordée de palmiers nains, longe l'océan. Elle est jalonnée de glaciers pratiquant des prix exorbitants, de salles d'arcade, de prestataires proposant des tours en voiture et de terrasses où sont servies des bières dans des gobelets en plastique. L'ambiance y est à la fois familiale et un brin interlope. En suivant Main St plus à l'est, vous tomberez sur la plus longue jetée (*pier*) des États-Unis. Couleur corail, la jetée avait jadis rang d'icône balnéaire. Restaurée en 2012, elle donne toujours une impression de

NORD-EST DE LA FLORIDE DAYTONA BEACH

LES COURSES DE LA NASCAR, UNE PASSION DU SUD

Pendant la Prohibition, la production d'alcool de contrebande (une eau-de-vie à base de maïs) faisait partie intégrante de l'économie du sud des États-Unis, et des hors-la-loi dotés de voitures suffisamment rapides pour semer la police se chargeaient de la distribution. Pendant leur temps libre, ils organisaient des courses entre eux. Une fois levée la Prohibition, les courses continuèrent. Le lieu le plus chic était la piste de Beach St, à Daytona, où le pilote Bill France commença à promouvoir les "Race Weeks" qui attiraient des milliers de curieux.

Les passionnés d'automobile n'eurent d'abord que mépris pour ces véhicules de course bricolés. Mais Bill France tint bon et, en 1947, son obsession prit une dimension internationale : la Nascar est actuellement l'événement sportif le plus regardé aux États-Unis après le football américain. Aujourd'hui, on a du mal à croire que les courses attendirent 1959 pour être transférées de la plage au Daytona International Speedway.

L'attrait de la Nascar prend tout son sens sitôt que l'on comprend qu'investir de l'argent dans la mécanique ne suffit pas pour gagner : la réussite nécessite avant tout des compétences de pilotage et de la stratégie (quand se ravitailler, par exemple, ou combien de pneus changer). Sous les couleurs des sponsors publicitaires, les voitures sont donc des automobiles ordinaires soumises à des règles strictes : celles-ci garantissent que ce sont les pilotes et leurs équipes, et non les seuls véhicules, qui sont en compétition.

VROOOM ! C'EST PARTI POUR UN TOUR DE PISTE

Si suivre une course de la NASCAR ne provoque pas chez vous une montée d'adrénaline suffisante, la **Richard Petty Driving Experience** (☎800-237-3889 ; www.drivepetty.com) vous permettra de monter dans la voiture. Choisissez entre plusieurs niveaux d'immersion, des trois tours de piste dans le siège du passager (Race Ride ; 135 $) à l'"expérience de votre vie" (Experience of a Lifetime ; 2199$), d'une journée, où vous ferez 30 tours de piste, sensations fortes assurées cette fois. Ladite expérience tourne sur tous les circuits de la Nascar du pays et a lieu à Daytona même trois week-ends par mois environ – voir le calendrier en ligne pour plus de détails.

relatif délabrement… mais cela n'est peut-être pas surprenant pour une construction en bois de 85 ans qui avance dans l'océan Atlantique sur 237 m.

Marine Science Center
AQUARIUM

(☎386-304-5545 ;www.marinesciencecenter.com ; 100 Lighthouse Dr, Ponce Inlet ; adulte/enfant 5/2 $; ◷10h-16h mar-sam, 12h-16h dim ; ♿). Nous avons été impressionnés par les programmes mis en œuvre par ce centre en matière de sauvetage, de soin et de remise en liberté des tortues marines et des oiseaux aquatiques qui nichent sur les plages de Daytona. C'est un lieu ludique, axé sur la sauvegarde de l'environnement, où les enfants comme les adultes en apprendront plus sur la faune sous-marine. Les visiteurs pourront y voir un aquarium récifal de quelque 20 000 litres, un bassin tactile où caresser des raies et une tour d'observation des oiseaux.

Museum of Arts & Sciences
MUSÉE

(MOAS, ☎386-255-0285 ; www.moas.org ; 352 S Nova Rd ; tarif plein/étudiant/enfant 13/11/7 $; ◷9h-17h mar-sam, 9h-11h dim). Ce musée auto-guidé vous donnera matière à réfléchir, avec sa collection éclectique, comprenant des œuvres d'art cubain, des objets relatifs à Coca-Cola, des trains et des ours en peluche, ainsi que le squelette de près de 4 m d'un paresseux terrestre. Lors de la rédaction de ce guide, la construction d'un tout nouveau planétarium était presque achevée : le précédent avait fait la joie des résidents pendant plus de 30 ans.

À 20 minutes au sud de Daytona, **Gamble Place** (www.moas.org/gamble.place.html ; 1819 Taylor Rd, Port Orange), la résidence d'hiver de la famille Gamble (de la multinationale Procter & Gamble), occupe une clairière ensoleillée. Vous pourrez visiter la maison de pionnier dans le style "cracker" traditionnel et plusieurs cottages aux noms fantaisistes (dont une réplique de la chaumière dans *Blanche-Neige et les sept nains*), tenus par le Museum of Arts & Sciences et ouverts uniquement à certaines dates : consultez le site Internet pour plus de détails.

Southeast Museum of Photography
MUSÉE

(☎386-506-4475 ; www.smponline.org ; 1200 W International Speedway Blvd, Bldg 1200 ; ◷11h-17h mar, jeu, ven, 11h-19h mer, 13h-17h sam-dim). GRATUIT Véritable trésor caché tenu par le Daytona State College, ce musée est le seul de Floride consacré exclusivement à la photographie. Moderne et dynamique, doté d'un excellent éclairage et de bonnes infrastructures, il ne craint pas d'aborder dans ses expositions temporaires des sujets controversés. Cerise sur le gâteau : il est gratuit.

Jackie Robinson Ballpark & Museum
STADE

(☎386-257-3172 ; www.daytonacubs.com ; 105 E Orange Ave ; musée gratuit, matchs en saison à partir de 7 $; ◷9h-17h ; ♿). Construit sur une île du fleuve Halifax, ce stade de 4 200 places (surnommé "Le Jack"), accueille les Daytona Cubs, une équipe de ligue mineure rattachée aux Chicago Cubs. Il est entré dans l'histoire en 1946, année où l'équipe des Montreal Royals, où évoluait Jackie Robinson, était en Floride pour un match-exhibition contre son club de tutelle, celui des Brooklyn Dodgers. D'autres villes de l'État s'opposèrent à la rencontre au motif des lois sur la ségréga-tion, mais Daytona Beach tint bon. Plus tard, Robinson devint le premier joueur de base-ball afro-américain de 1re division. Le stade fut rebaptisé en son honneur en 1990. Un petit musée en plein air revient sur ces événements.

Daytona Lagoon
PARC AQUATIQUE

(☎386-254-5020 ; www.daytonalagoon.com ; 601 Earl St ; adulte/enfant 28/21 $, forfait tout inclus 50 $; ◷11h-23h, horaires restreints en hiver ; ♿). Une fois dans ce parc en bord de plage, les enfants pourront dépenser leur énergie dans la piscine à vagues et le terrain de jeu aquatique sur plusieurs niveaux, sur la piste de kart ou le terrain de laser tag, ou encore avec les jeux d'arcade, le mur d'escalade, le volcan en éruption et le canon à bulles de savon. Attention : certaines activités sont en supplément, sauf si vous avez opté pour un forfait tout inclus.

Congo River Golf   MINIGOLF

(☎386-258-6808 ; www.congoriver.com ; 2100 S Atlantic Ave ; adulte/enfant 11/9 $; ⊙10h-23h dim-jeu, 10h-minuit ven-sam ; ♿). Daytona ne manque pas de parcours de minigolf, mais aucun n'a, comme celui-ci, des alligators (vivants), des cascades teintes en bleu, des faux avion, et encore moins des batées pour voir briller les pierres précieuses.

Fêtes et festivals

Les mois de février et mars sont très chargés à Daytona Beach. Si vous n'êtes pas un fan de la NASCAR, un motard ou un étudiant en relâche, mieux vaut éviter la ville à cette période.

Budweiser Speedweeks   COURSE AUTOMOBILE

(www.daytonainternationalspeedway.com). Pendant une semaine en février, une succession de courses précèdent l'événement principal, le Daytona 500. Entre les épreuves, quelque 200 000 personnes profitent de l'ambiance festive.

Bike Week   RASSEMBLEMENT DE MOTARDS

(www.officialbikeweek.com). Pendant 10 jours, en mars, un demi-million de motards viennent exhiber leur machine et faire la fête toute la nuit. Les résidents, eux, s'attachent à prévoir le nombre de morts et de blessés.

Spring Break   VACANCES ÉTUDIANTES

Début mars, plus de 100 000 étudiants surexcités venus des 4 coins des États-Unis envahissent les plages, les rues, les bars et les clubs de la ville, tandis que des stands temporaires de vente de bière ouvrent un peu partout.

Coke Zero 400   COURSE AUTOMOBILE

(www.daytonainternationalspeedway.com). Les fans de la Nascar agitent le drapeau à carreaux lors de cette course de 400 tours organisée pendant le week-end du 4 juillet.

Biketoberfest   RASSEMBLEMENT DE MOTARDS

(www.officialbikeweek.com). Une manifestation semblable à la Bike Week de mars, mais organisée à la mi-octobre, et comptant davantage de motos, d'amoureux de ces engins et d'alcool. Elle commence généralement durant le week-end qui suit Columbus Day (jour de commémoration de l'arrivée de Christophe Colomb dans le Nouveau Monde).

🛏 Où se loger

La ville compte un large choix d'hébergements et de tarifs, des auberges miteuses aux suites luxueuses. Les prix grimpent pendant les fêtes et les festivals, aussi mieux vaut alors réserver bien à l'avance si vous ne voulez pas modifier vos dates de séjour. Le Daytona Beach Area Convention & Visitors Bureau (p. 349) fournit les renseignements sur tous les établissements de la ville. La plupart sont installés sur Atlantic Ave, laquelle est désignée par le "nord" (North) ou le "sud" (South) de Main St selon sa situation par rapport à cette dernière. De manière générale, les environs de Main St et la partie d'Atlantic Ave s'étirant vers le nord correspondent à la zone la plus bruyante de la ville. La South Atlantic Ave, elle, continue jusqu'à Daytona Beach Shores, qui, quoiqu'à peine plus tranquille, n'en constitue pas moins un meilleur choix pour qui aspire à une relative tranquillité.

♥ Shoreline & Cabana   MOTEL $

(☎386-252-1692 ; www.daytonashoreline.com ; 2435 S Atlantic Ave, Daytona Beach Shores ; cottage/ste à partir de 59/79 $; ⓟ❄🛜♿♿). Tranchant avec les gratte-ciel impersonnels de Daytona, cet établissement compte quelques suites privatives originales et des cottages en bord de plage sis dans un jardin tropical. Meublés avec simplicité mais non sans goût, ils possèdent une cuisine équipée, et les chambres sont toutes différemment

---

BALADE PANORAMIQUE : TOMOKA STATE PARK

Le trajet de 20 minutes entre ce site et le centre de Daytona Beach est presque aussi agréable que le **parc** (☎386-676-4050 ; www.floridastateparks. org/tomoka ; 2099 N Beach St, Ormond Beach ; 5 $/véhicule ; ⊙8h-crépuscule) lui-même. Ce paradis ornithologique occupe d'anciens champs d'indigo transformés en forêts de feuillus. À deux voies, la route passe sous une voûte d'arbres qui forme un tunnel de verdure moucheté de rayons solaires. Le parc est à environ 20 minutes du centre de Daytona.

agencées. Piscine en bord de mer. Rapport qualité/prix exceptionnel.

August Seven Inn
B&B $$

(☎ 386-248-8420 ; www.jpaugust.net ; 1209 S Peninsula Dr ; ch 140-225 $; P✳🛜✉). Les sympathiques propriétaires de ce splendide B&B l'ont décoré avec style et pourvu de mobilier ancien. L'endroit repose agréablement du tohu-bohu des courses de la NASCAR et de Spring Break.

Hyatt Place
Daytona Beach Oceanfront
HÔTEL $$

(☎ 386-944-2010 ; www.daytonabeach.place.hyatt.com ; 3161 S Atlantic Ave, Daytona Beach Shores ; ch à partir de 129 $; P✳🛜✉). Cet établissement loue des chambres très élégantes, à la fois lumineuses et fonctionnelles, dans le quartier un peu moins touristique de Daytona Beach Shores. Toutes ont un balcon, des lits confortables ainsi qu'un espace salon distinct, et offrent la possibilité de brancher un ordinateur ou un iPod sur la TV écran plat 107 cm. Le Wi-Fi, disponible dans tout l'hôtel, et le buffet chaud du petit-déjeuner sont gratuits.

River Lily Inn
B&B $$

(☎ 386-253-5002 ; www.riverlilyinnbedandbreakfast.com ; 558 Riverside Dr ; ch 125-220 $; p✳🛜✉). Piano à queue dans le séjour, piscine en forme de cœur dans la cour arrière, gaufres belges au petit-déjeuner et un réfrigérateur

---

MESSE SUR LE PARKING

En 1954, lorsque le vieux cinéma drive-in Neptune eut fermé ses portes, la ville, férue d'automobile, inventa une solution pour promouvoir l'assiduité aux offices : en délivrer un à des fidèles ne sortant pas de leur véhicule.

À la **Daytona Beach Drive-In Christian Church** (☎ 386-767-8761 ; www.driveinchurch.net ; 3140 S Atlantic Ave ; ☉ offices 8h30 et 10h dim), vous pourrez suivre l'office (protestant) depuis le confort de votre voiture. Entrez dans l'ancien drive-in, branchez un haut-parleur à votre véhicule ou réglez la radio sur 680 AM ou 88.5 FM et écoutez le prêche du révérend. Lui et ses assistants officient depuis un balcon dominant une mer de voitures. Cafés et beignets sont distribués gratuitement entre les messes. Cela n'existe qu'à Daytona !

---

plein de barres Klondike (gratuites) pour les petites faims... Voilà déjà beaucoup d'atouts pour ce B&B, auxquels il faut ajouter l'emplacement au calme, surplombant la rivière à l'ombre d'un chêne, les chambres chics à haut plafond (certaines avec balcon privatif) et les propriétaires on ne peut plus charmants. Bref, un refuge idyllique.

Plaza
Resort & Spa
RESORT $$

(☎ 855-327-5292 ; www.plazaresortandspa.com ; 600 N Atlantic Ave ; ch à partir de 109 $; P✳🛜✉). Édifié en 1908, le complexe le plus riche d'histoire de Daytona a conservé son charme rétro malgré d'importants travaux de rénovation menés en 2013. Du marbre couleur miel dans le hall aux écrans plasma 107 cm et aux lits ultraconfortables dans les chambres, en passant par le spa de 1 400 m², l'endroit respire le luxe. Différents types de chambres disponibles ; toutes ne donnent pas sur l'océan.

Tropical Manor
RESORT $$

(☎ 386-252-4920 ; www.tropicalmanor.com ; 2237 S Atlantic Ave, Daytona Beach Shores ; ch 65-315 $; P✳🛜✉🚲). Cet établissement impeccable de bord de plage, idéal pour les familles, arbore une déco ultracolorée, peut-être trop au goût de certains. Divers types d'hébergements, des chambres type motel aux suites et cottages, sont disponibles, mais sont tous différents. La plupart ont des cuisines.

Shores
RESORT $$

(☎ 386-767-7350 ; www.shoresresort.com ; 2637 S Atlantic Ave, Daytona Beach Shores ; ch à partir de 129 $; P✳🛜✉). Adresse parmi les plus chics de Daytona, ce complexe en bord de mer compte un restaurant haut de gamme, un spa et un bar tiki très animé. Les chambres, décorées dans des couleurs douces, sont raffinées avec lits à baldaquin et balcon donnant sur l'océan. Tarifs spéciaux et forfaits disponibles en ligne.

Sun Viking Lodge
RESORT $$

(☎ 800-815-2846 ; www.sunviking.com ; 2411 S Atlantic Ave, Daytona Beach Shores ; ch/cottages à partir de 79/115 $; P✳🛜✉🚲). Avec ses 2 piscines, son toboggan de 18 m, son accès direct à la plage, le jeu de palets, les nombreuses activités pour les enfants et son décor sur le thème des Vikings, ce petit complexe demeure un grand favori des familles. Toutes les chambres ont un réfrigérateur et un micro-ondes, tandis que les suites et les cottages disposent d'espaces couchage et séjour séparés, ainsi que d'une cuisine équipée.

Coquina Inn B&B
B&B $$

(☎ 386-254-4969 ; www.coquinainn.com ; 544 S Palmetto Ave ; ch 99-139 $; P ❄ 🛜). Ombragé par un chêne séculaire, cet adorable cottage, où la pierre nue côtoie les murs, peints en jaune, sent bon les cookies et évoque une maison d'aïeuls, dans le bon sens du terme, avec tableaux de fleurs sur les murs, édredons d'une blancheur immaculée et décorations pour les fêtes. Au calme, dans un quartier résidentiel près du centre.

✗ Où se restaurer

Même si la restauration rapide et les bars de motards y prédominent, Daytona n'est pas vraiment un désert culinaire. Quelques bons restaurants vous changeront des *burgers 'n' beer* (burgers et bière), notamment dans le centre-ville récemment revitalisé. Les établissements de la plage restent en majorité des attrape-touristes.

Cracked Egg Diner
PETIT-DÉJEUNER $

(☎ 386-788-6772 ; www.thecrackedeggdiner.com ; 3280 S Atlantic Ave, Daytona Beach Shores ; plats petit-déj 4-12 $; ☉ 7h-15h ; P). Reine du petit-déjeuner, cette sympathique option de Daytona Beach Shores remporte un tel succès que les propriétaires ont dû annexer le bâtiment d'à côté. À la tête de cet établissement, Chris et Kevin, deux frères, dont l'un accueille les clients à la porte avec un sourire, se sont donné pour mission de servir des plats à base d'œufs d'une qualité irréprochable. Et ils font du très bon travail.

Dancing Avocado Kitchen
VÉGÉTARIEN $

(☎ 386-947-2022 ; 110 S Beach St ; plats 6-11,50 $; ☉ 8h-16h mar-sam ; ✏). La carte de cet établissement coloré, où sont servis des petits-déjeuners, des déjeuners et des repas légers, privilégie les plats sans gluten et principalement végétariens. Vous y trouverez tout de même, au milieu du tofu, du houmous et des grosses portions d'avocat frais, un wrap au poulet épicé et l'incontournable sandwich au *mahi-mahi* (dorade coryphène). Une cuisine équilibrée et délicieuse.

Daytona Brickyard
AMÉRICAIN $

(☎ 386-253-2270 ; www.brickyardlounge.com ; 747 W International Speedway Blvd ; plats 7-17 $; ☉ 11h-22h lun-sam, 12h-20h dim ; P). Frayez avec les motards et les aficionados du

CHOCOLAT GRATUIT ? POURQUOI PAS

Craquez pour les chocolats de la **chocolaterie Angell & Phelps** (☎ 386-252-6531 ; www.angellandphelps.com ; 154 S Beach St ; ☉ visites 10h, 11h, 13h, 14h, 15h et 16h lun-sam) GRATUIT, institution du centre de Daytona depuis 1925. Au long d'une visite guidée de 20 minutes des ateliers de fabrication, vous pourrez déguster ses diverses confiseries et rapporter un sachet de chips enrobées de chocolat, des alligators (la marque de fabrique) ou des HoneyBees (confiserie au caramel, noix de cajou et chocolat). Il ne s'agit certes pas de chocolat de gourmets, mais seuls les éternels râleurs se plaindront.

Speedway, dans ce repaire des amoureux du cambouis, aménagé dans un drôle de bâtiment triangulaire, décoré de souvenirs de courses. Burgers, ailes de poulet et T-bones sont cuits à la perfection et la bière coule à flots.

💙 Don Vito's
ITALIEN $$

(☎ 386-492-7935 ; www.donvitosrestaurant.com ; 137 W International Speedway Blvd ; pizzas 12-21 $, pâtes 10-14 $, plats 14-17 $; ☉ 16h-21h mar-dim ; P). Les clients affluent dans cette trattoria typique, rétro et sans prétention, pour déguster des pains et des pizzas maison, des pâtes nappées de délicieuses sauces, et de succulents poissons et fruits de mer préparés à l'ancienne. Son service, rapide et souriant, et ses portions généreuses en font un restaurant d'un excellent rapport qualité/prix.

Ronin Sushi and Sake Bar
SUSHIS $$

(☎ 386-252-6320 ; www.roninsushiandbar.com ; 111 W International Speedway Blvd ; sushis à partir de 8 $; ☉ 17h-tard ; P). À cette adresse, prisée et pleine de charme, sont préparés d'une main de maître, à partir de produits frais, des sushis de style américain. Elle propose de délicieuses petites assiettes, comme les moules cuites et les petits hamburgers au bœuf de Kobe. Large choix de sakés au bar.

Zen Bistro
THAÏLANDAIS $$

(☎ 386-248-0453 ; www.zenbistrodaytona.com ; 223 Magnolia Ave ; déj 8-11 $, dîner 12-20 $; ☉ 11h-15h et 17h-21h lun-ven, 17h-21h sam ; P ✏).

Avec ses tables en plein air, une cheminée et un bar, le Zen Bistro n'est pas, à proprement parler, un restaurant thaïlandais typique. Avec ses délicieux et authentiques curries, plats de nouilles ou de riz cuisinés et épicés à la convenance du client, l'endroit change agréablement des omniprésents fast-foods de Daytona. Service courtois et attentif.

Aunt Catfish's on the River
CUISINE DU SUD $$
(☎ 386-767-4768 ; www.auntcatfishontheriver.com ; 4009 Halifax Dr, Port Orange ; plats 8-25 $; ⏱11h30-21h lun-sam, à partir de 9h dim ; ℗). Le mérou et le *mahi-mahi*, cuisinés au beurre ou délicieusement frits, ainsi que le poisson-chat épicé de style cajun valent à ce restaurant de poisson, sis en bord de fleuve, son succès auprès des touristes. Revers de la médaille : l'attente pour une table peut être longue. Il se trouve à la périphérie de Daytona Beach dans Port Orange.

The Cellar
ITALIEN $$$
(☎ 386-258-0011 ; www.thecellarrestaurant.com ; 220 Magnolia Ave ; plats 19-39 $; ⏱17h-22h mar-dim ; ℗). Vous pourrez dire à vos amis que vous avez dîné dans la résidence d'été du 29e Président des États-Unis, Warren Harding ! Si ce dernier est toujours considéré comme l'un des pires Présidents américains, le restaurant, en revanche, sort du lot et est apprécié pour les occasions spéciales. Ambiance élégante et cuisine italienne raffinée.

Fusion 43 at the Rose Villa
AMÉRICAIN MODERNE $$$
(☎ 386-615-7673 ; www.fusion43.com ; 43 West Granada Blvd, Ormond Beach ; plats 19-34 $; ⏱17h-22h mar-jeu, 17h-23h ven-sam ; ℗). Peu connu, ce bistrot intimiste et élégant, où est élaborée une cuisine sophistiquée, occupe une ravissante maison victorienne avec jardin, à quelques kilomètres au nord de Daytona. La carte, éclectique, se caractérise par ses influences typiquement européennes et sud-américaines : *dolmus* et osso-buco y côtoient ainsi les tempuras de betterave jaune et le ragoût brésilien aux crevettes et noix de coco. Vivement recommandé.

☕ Où prendre un verre et sortir

Les divertissements à Daytona ne volent pas très haut : bars de motards aux concerts tonitruants (surtout le long de Main St), discothèques survoltées (dans Seabreeze Blvd et alentour, qu'on appelle d'ailleurs le "Beachside Party District") et quelques bons vieux établissements rétro.

Oyster Pub
PUB
(☎ 386-255-6348 ; www.oysterpub.com ; 555 Seabreeze Blvd ; ⏱11h-3h). Ce pub sportif ne désemplit jamais. On y trouve pléthore de TV, immense terrasse et abondance d'huîtres fraîches du golfe.

Froggy's Saloon
BAR
(☎ 386-253-0330 ; www.froggyssaloon.net ; 800 Main St ; ⏱7h-3h). Ce bar de motards typique est le rendez-vous des fêtards de tout poil. S'y pressent des filles en tenue voyante et autres colosses barbus. La fête commence dès 7h du matin…

Mai Tai Bar
BAR
(☎ 386-947-2493 ; www.maitaibar.com ; 250 N Atlantic Ave ; ⏱16h-2h lun-ven, à partir de 11h sam-dim). Dans ce joyeux bar hawaïen donnant sur l'océan, la foule des fêtards sirote des boissons au rhum colorées. Happy hours tardifs (21h-1h lun-sam, 16h-minuit dim).

Ocean Deck
BAR
(☎ 386-253-5224 ; www.oceandeck.com ; 127 S Ocean Ave ; ⏱11h-3h). Ce restaurant en bord de mer se transforme en bar-club en soirée et organise des concerts de reggae tous les soirs.

Razzles
CLUB
(☎ 386-257-6236 ; www.razzlesnightclub.com ; 611 Seabreeze Blvd ; ⏱20h-3h mer-sam). Ce club, le plus important de la ville, demeure fidèle à son succès.

Blue Grotto
CLUB
(☎ 386-255-6477 ; www.bluegrottodaytona.com ; 125 Basin St ; ⏱11h-21h dim-mer, jusque tard jeu-sam). Dans ce club-restaurant aménagé sur le thème sous-marin, une clientèle âgée de vingt à quarante ans danse frénétiquement entre les murs maçonnés en grottes, les fenêtres en aquarium et le bar bleu rétroéclairé. Mieux vaut éviter d'y manger.

Daytona Beach Bandshell
MUSIQUE LIVE
(☎ 386-671-8250 ; www.daytonabandshell.com ; 70 Boardwalk). Construite en 1937 en *coquina*, une roche sédimentaire mêlée de fragments de coquillages et de sable, cette adresse-phare a l'atout d'un superbe emplacement en bord de mer. L'été, s'y donnent gracieusement concerts et autres

projections de plein air. L'endroit mérite un petit tour.

Cinematique of Daytona
CINÉMA

(☑ 386-252-3778 ; www.cinematique.org ; 242 S Beach St ; billets 5-9 $; ☉ billetterie 11h-22h mar-sam, 13h-16h dim). Accueillant le Daytona Beach Film Festival, le seul cinéma d'art et d'essai de la ville diffuse des films indépendants et étrangers dans une salle de projection intime. Boissons et en-cas servis à votre table.

🔒 Achats

La boutique du Speedway vend tout ce qui est en rapport avec la NASCAR, à l'instar des grands magasins de souvenirs sur le front de mer.

Marché aux puces et alimentaire de Daytona
MARCHÉ

(www.daytonafleamarket.com ; 2987 Bellevue Ave ; ☉ 9h-17h ven-dim). Un marché tentaculaire, fort de plus de 1 000 stands et 600 vendeurs, situé à l'intersection des US 92 et I-95, à 1,6 km à l'ouest du Speedway. Les chineurs y trouveront de quoi passer un excellent moment.

J&P Cycles Destination Daytona Superstore
MOTO

(☑ 386-615-0950 ; www.jpcycles.com/pages/daytona ; 253 Destination Daytona Lane, Ormond Beach ; ☉ 9h-18h lun-sam, 10h-17h dim). Dans cette boutique de 1 400 m², sise au nord de Daytona Beach, à l'intersection des I-95 et US 1, vous trouverez tous les vêtements et accessoires nécessaires pour la Bike Week.

ℹ Renseignements

Backstage Pass (www.backpassmag.com). Répertorie les sorties locales, au format papier et en ligne.

Daytona Beach Area Convention & Visitors Bureau (accueil des visiteurs de la région de Daytona Beach ; ☑ 386-255-0415 ; www.daytonabeach.com ; 126 E Orange Ave ; ☉ 9h-17h lun-ven). Sur place ou sur Internet, la référence incontournable en matière de renseignement sur Daytona Beach.

Daytona Beach Regional Library (bibliothèque ; ☑ 386-257-6036 ; www.volusialibrary.org ; 105 E Magnolia Ave ; ☉ 9h-19h lun-jeu, 9h-17h ven-sam, 13h-17h dim) Deux heures d'accès Internet gratuites.

News-Journal (www.news-journalonline.com). Version Internet gratuite du quotidien local.

ℹ Comment s'y rendre et circuler

Daytona Beach est proche de l'intersection de deux grandes autoroutes, l'I-95 et l'I-4. L'I-95 permet de rejoindre rapidement Jacksonville (environ 145 km) et Miami (420 km), mais la Hwy A1A et la US Hwy sont plus pittoresques. Beville Rd, un axe est-ouest au sud de Daytona, devient l'I-4 après avoir croisé l'I-95 ; c'est l'itinéraire le plus rapide pour Orlando (90 km).

Aéroport international de Daytona Beach (☑ 386-248-8030 ; www.flydaytonafirst.com ; 700 Catalina Dr). Juste au sud du Speedway, l'aéroport est desservi par Delta et US Airways. Tous les grands loueurs de voitures y sont représentés.

Greyhound (☑ 386-255-7076 ; www.greyhound.com ; 138 S Ridgewood Ave). Bus vers la plupart des grandes villes de Floride, et au-delà.

FORT MATANZAS NATIONAL MONUMENT

Le minuscule **Fort Matanzas National Monument** (☑ 904-471-0116 ; www.nps.gov/foma ; 8635 Hwy A1A ; ☉ 9h-17h30) GRATUIT, construit en 1742, se trouve sur Rattlesnake Island, non loin du lieu où Menéndez de Avilés exécuta des centaines de soldats et de colons français naufragés lorsque les vivres se firent rares à St Augustine. Aujourd'hui, le fort constitue une formidable excursion accessible par une traversée gratuite de 10 minutes en ferry (départ toutes les heures entre 9h30 et 16h30, quand la météo le permet). Sur place, le ranger vous donnera une vue d'ensemble et vous pourrez vous promener librement.

Depuis Daytona, prendre l'I-95 vers le nord jusqu'à la sortie 289. Obliquez à droite et suivez le Palm Coast Pkwy (à péage) jusqu'à la Hwy A1A. Tournez à gauche et suivez l'A1A vers le nord jusqu'au monument, qui se trouvera sur votre gauche. Le trajet devrait durer moins d'une heure.

Pour prendre le ferry (35 passagers au maximum) jusqu'au monument – la dernière attraction gratuite en Floride – passez par le centre d'accueil des visiteurs et rejoignez la jetée. La traversée dure environ 10 minutes.

Votran (☑ 386-756-7496 ; www.votran.org ;
adulte/- 6 ans 1,25 $/gratuit). Service de bus et
de trams dans toute la ville.

Flagler Beach
et ses environs

À 50 km de Daytona, la petite ville isolée
de Flagler Beach est bien loin des tours
d'hôtels, des lumières éblouissantes et des
bruits de moteur de sa dynamique voisine.
Sur 10 km de plage, cette étendue de résidences modestes parsemée de quelques
rares boutiques, a l'attrait de magnifiques
levers de soleil et d'une ambiance de bout
du monde.

Rendez-vous au **Flagler Beach Fishing
Pier** (☑ 386-517-2436 ; www.cityofflaglerbeach.
com ; 215 S 2nd St ; entrée 1,50 $, canne à pêche et
permis 6 $; ☺ 6h-minuit), grand site historique,
où les amateurs de pêche pourront lancer
leur ligne pendant que les autres se promè-
neront en profitant, à l'aube, d'une vue à
couper le souffle. Les plus sportifs pourront
louer une planche auprès de **Z Wave Surf
Shop** (☑ 386-439-9283 ; www.zwavesurfshop.
com ; 400 S Hwy A1A ; heure/journée 5/20 $) et
prendre les vagues en surf, bodyboard ou
skimboard. Ce prestataire propose également des cours.

Pour changer des longues étendues
sablonneuses, vous pouvez aller faire un
pique-nique dans le **Washington Oaks
Gardens State Park** (☑ 386-446-6780 ; www.
floridastateparks.org/washingtonoaks ; 6400 N
Oceanshore Blvd ; 5 $/véhicule ; ☺ 8h-crépus-
cule), aux jardins plantés de superbes
camélias et d'oiseaux de paradis. Si vous
préférez un vrai repas ou voulez boire une
bière, rendez-vous au **High Tide at Snack
Jacks** (☑ 386-439-3344 ; www.snackjacks.
com ; 2805 Hwy A1A ; plats 8-20 $; ☺ 11h-21h),
mais venez muni d'espèces, seul moyen de
paiement accepté. Le service de voiturier
(gratuit) rendra encore plus plaisante votre
expérience dans ce bar-restaurant ouvert
aux éléments, lequel a l'égale faveur de
la population locale et des touristes pour
son emplacement en bord de mer, les plats
qu'il sert et son ambiance décontractée. Si
l'on en croit la carte, le restaurant a ouvert
ses portes en 1947, mais on ne le soupçon-
nerait pas, à en voir l'intérieur, moderne,
impeccable et épuré. Le plateau de fruits
de mer frits, plantureux, remporte tous les
suffrages, et la vue est magnifique. Wi-Fi
gratuit.

Si vous souhaitez passer une nuit ou
deux dans un environnement plus paisible
que Daytona, Flagler Beach a l'atout de
kilomètres de plages sablonneuses que
l'on a pour soi seul. D'entre les motels bon
marché, le **Flagler Beach Motel** (☑ 386-517-
6700 ; www.flaglerbeachmotelandvacationrentals.
com ; 1820 S Oceanshore Blvd ; studio à partir de
65 $, 2 chambres à partir de 130 $) sort du lot. Ses
studios, impeccables, et les appartements de
style motel d'une ou 2 chambres – qui ont
presque tous une cuisine équipée et une vue
sur l'Atlantique – ont été récemment rénovés et arborent des œuvres d'artistes locaux.
Situé juste en face de la plage, c'est un lieu
merveilleux où disparaître quelques jours.
Toutes les chambres ont le Wi-Fi et une TV
écran plat, et l'établissement possède une
piscine.

Pour un moment romantique, ne
manquez pas l'**Island Cottage Oceanfront Inn & Spa** (☑ 386-439-0092 ; www.
islandcottagevillas.com ; 2316 S Oceanshore Blvd ;
ch 175-329 $), un spa idéal pour se détendre
et se faire dorloter. Le décor ne sera pas du
goût de tout le monde, mais le service est
attentif et d'un niveau exceptionnel. L'endroit compte en outre certains petits luxes,
comme de somptueux lits à baldaquin et des
Jacuzzi doubles.

Les amoureux de la nature pourront
camper en bord de mer dans la **Gamble
Rogers Memorial State Recreation
Area** (☑ 386-517-2086 ; www.floridastateparks.
org/gamblerogers ; 3100 Hwy A1A ; 5 $/véhicule,
camping 28 $; ☺ 8h-crépuscule), qui s'étend
de part et d'autre de l'A1A, et louer des
kayaks, des canoës et des vélos au poste de
rangers.

St Augustine

La plus ancienne colonie européenne encore
habitée des États-Unis fut fondée en 1565
par les Espagnols. Aujourd'hui, le centre,
composé de 144 pâtés de maisons et classé
monument historique (National Historic
Landmark District), est une importante
destination touristique. Contrairement à de
nombreux parcs d'attractions historiques
de Floride, St Augustine a su préserver une
grande part de son charme et de son authenticité, même si l'on ne peut nier la présence
de quelques aimants à touristes, comme les
parcs miniatures, les omniprésents tour-
opérateurs, les calèches et les habitants en
costumes d'époque. St Augustine doit, en

LA PLUS ANCIENNE CITÉ D'AMÉRIQUE

Les Indiens Timucuans colonisèrent le site de l'actuelle St Augustine vers 1000 av. J.-C. Ils y chassaient les alligators et cultivaient le maïs et le tabac. En 1513, l'explorateur espagnol Juan Ponce de León débarqua et revendiqua la Florida (Terre fleurie) au nom de l'Espagne. En 1565, son compatriote Pedro Menéndez de Avilés arriva le jour de la fête de saint Augustin d'Hippone et baptisa donc la ville San Augustín : 42 ans avant la fondation de Jamestown (Virginie) et 55 ans avant celle de Plymouth (Massachusetts).

Menéndez s'empressa d'établir une base militaire contre les Français, qui avaient fondé Fort Caroline près de l'actuelle Jacksonville. La flotte française se retrouva prise dans un ouragan, et les hommes de Menéndez massacrèrent les survivants. Lorsque l'Espagne céda la Floride aux États-Unis en 1821, St Augustine avait été pillée, incendiée et occupée par des pirates ainsi que par les forces espagnoles, britanniques et américaines (Géorgie et Caroline du Sud).

Aujourd'hui, les bâtiments en calcaire coquillé de cette ancienne cité confèrent aux petites rues un charme incomparable, et l'histoire riche et mouvementée de la ville est palpable partout, d'autant qu'une pléthore de musées, monuments et galeries en rendent témoignage.

matière de découverte, un pan de sa richesse à ses nombreux musées et à l'authenticité de son architecture et de son cadre urbain historique.

Si certains des résidents qui travaillent à St Augustine y sont nés, d'autres s'y sont installés par goût pour son mode de vie. On leur doit bon nombre de merveilleux B&B, de cafés intimes et de pubs à l'éclairage tamisé. Et même si le raffinement culinaire n'est pas toujours associé d'emblée à la Floride, St Augustine est bien pourvue en la matière, avec des cafés et restaurants de haute volée.

Si vous le pouvez, prévoyez de rester au moins deux nuits : vous ne serez pas à court de sites à visiter, de mets à déguster et de choses à apprendre.

⊙ À voir

⊙ Centre de St Augustine

Tout le quartier historique de St Augustine ressemble à un musée, d'une richesse fabuleuse. L'étroite **Aviles Street**, la plus ancienne rue européenne du pays, et la longue **St George Street**, réservée aux piétons, toutes les deux bordées de galeries d'art, de cafés, de musées et de pubs, sont en elles-mêmes des curiosités.

Hotel Ponce de León ÉDIFICE HISTORIQUE
(☎904-823-3378 ; legacy.flagler.edu/pages/tours ; 74 King St ; visites guidées adulte/enfant 10/1 $; ☺visites ttes les heures 10h-15h en été, 10h et 14h durant l'année universitaire). Site phare de la ville, cet ancien hôtel de luxe construit

dans les années 1880 tient désormais lieu de résidence universitaire aux étudiants du Flagler College, qui le sauva en 1967 en l'ajoutant à son campus. Nous vous recommandons une visite guidée de l'endroit pour ressentir tout le poids de l'histoire de ce magnifique édifice de style Renaissance espagnole. Jetez au moins un coup d'œil dans le hall d'entrée (gratuit). Les visites sont parfois annulées pour les besoins de l'université : consultez le site Internet pour plus de détails.

Lightner Museum MUSÉE
(☎904-824-2874 ; www.lightnermuseum.org ; 75 King St ; adulte/enfant 10/5 $; ☺9h-17h). L'ancien Hotel Alcazar de Henry Flagler abrite aujourd'hui un magnifique musée, fort d'une collection éclectique où voisinent, entre autres, du mobilier du XIXe siècle, des marbres et des étiquettes de boîtes de cigares. Construit en 1887 dans le style néo-Renaissance espagnole par les architectes new-yorkais Carrère et Hastings, le bâtiment lui-même, somptueux, est à ne pas manquer.

Castillo de San Marcos National Monument FORT
(☎904-829-6506 ; www.nps.gov/casa ; 1 S Castillo Dr ; adulte/enfant 7 $/gratuit ; ☺8h45-17h15 ; ♿). Très photogénique, ce fort est le plus ancien en maçonnerie des États-Unis continentaux. Sa construction, menée par les Espagnols, fut achevée en 1695. Les guides conduisent des visites toutes les heures et font retentir les canons presque tous les week-ends.

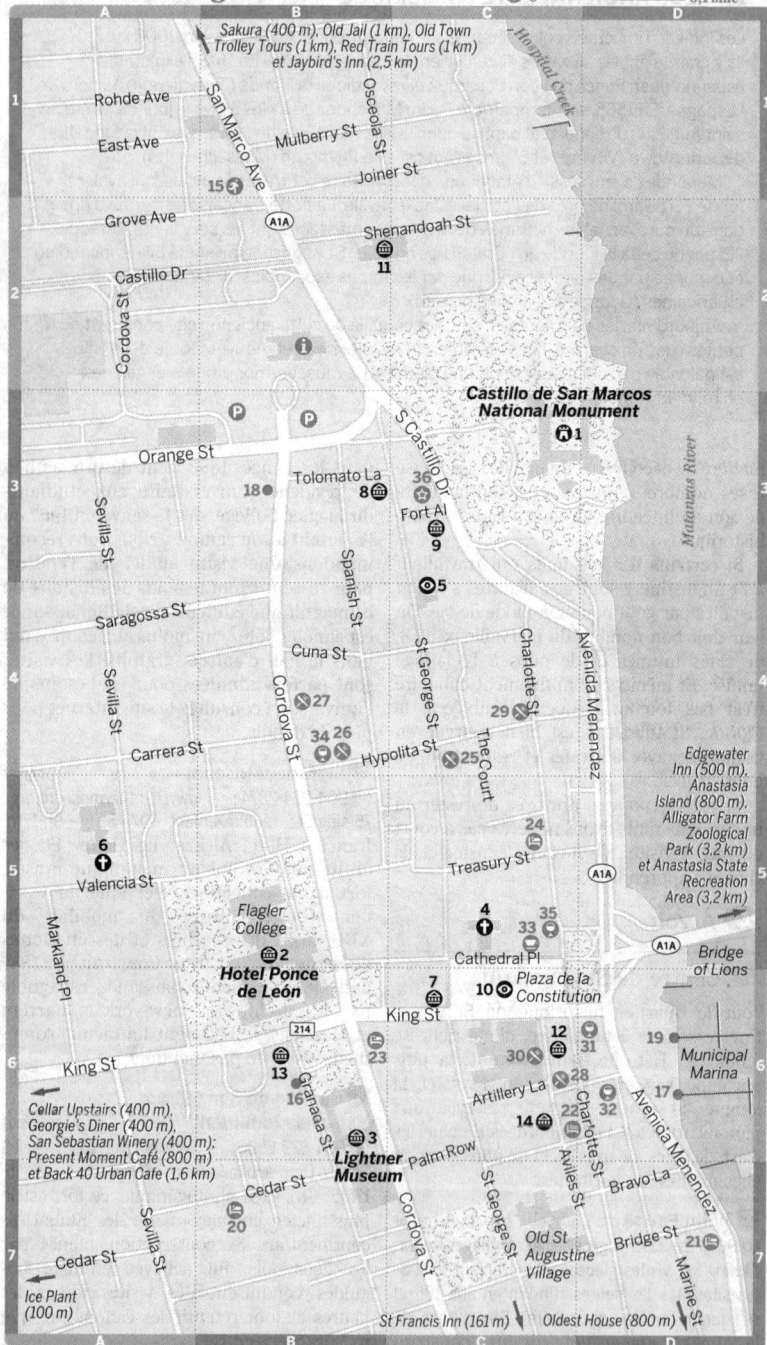

Centre de St Augustine

Sakura (400 m), Old Jail (1 km), Old Town
Trolley Tours (1 km), Red Train Tours (1 km)
et Jaybird's Inn (2,5 km)

Hospital Creek

Rohde Ave

East Ave

San Marco Ave

Mulberry St

Osceola St

Joiner St

15

Grove Ave

A1A

Shenandoah St

11

Castillo Dr

Cordova St

**Castillo de San Marcos
National Monument**

1

Matanzas River

Orange St

18

Tolomato La

8

36

S Castillo Dr

Fort Al
9

Sevilla St

5

Saragossa St

Spanish St

Cuna St

St George St

Charlotte St

29

Avenida Menendez

27

Sevilla St

Carrera St

34 26

Hypolita St

25

The Court

Edgewater
Inn (500 m),
Anastasia
Island (800 m),
Alligator Farm
Zoological
Park (3,2 km)
et Anastasia State
Recreation
Area (3,2 km)

6

Valencia St

Treasury St

24

A1A

4

35

33

Cathedral Pl

Plaza de la
Constitution

10

A1A

Bridge
of Lions

Flagler
College

2

**Hotel Ponce
de León**

7

King St

Markland Pl

King St

23

13

214

16

Granada St

3

**Lightner
Museum**

12

31

30

28

Artillery La

14

22

32

Charlotte St

Avenida Menendez

19

Municipal
Marina

17

Cellar Upstairs (400 m),
Georgie's Diner (400 m),
San Sebastian Winery (400 m);
Present Moment Café (800 m)
et Back 40 Urban Cafe (1,6 km)

20

Cedar St

Palm Row

Cordova St

St George St

Aviles St

Old St
Augustine
Village

Bravo La

Bridge St

21

Marine St

Cedar St

Ice Plant
(100 m)

St Francis Inn (161 m)

Oldest House (800 m)

0   200 m
0   0,1 mile

Centre de St Augustine

Villa Zorayda
Museum   MUSÉE
(☎904-829-9887 ; www.villazorayda.com ; 83 King St ; adulte/enfant 10/4 $; ◎10h-17h lun-sam, 11h-16h dim). Cet édifice gris aux airs de château espagnol, semblant tout droit sorti d'un parc à thème médiéval fut construit en 1883 par un millionnaire excentrique, amoureux fou du palais de l'Alhambra de Grenade dans un mélange de béton et de *coquina*, le calcaire coquillé de la région. Il est désormais occupé par un étrange, quoique sympathique musée. Dans l'atrium et les pièces de style mauresque trônent des objets antiques et archéologiques pour le moins singuliers, dont un pied de momie vieux de 2 400 ans et un "Tapis du chat sacré" égyptien.

Ximenez-Fatio House   MUSÉE
(☎904-829-3575 ; www.ximenezfatiohouse.org ; 20 Aviles St ; tarif plein/étudiant 7/5 $; ◎11h-16h mar-sam). Établi en 1798, ce fascinant musée comprend le bâtiment principal, la cuisine (la seule des environs à occuper un bâtiment annexe) et un lavoir reconstruit. Il occupe un terrain impeccablement entretenu, lequel date du plan d'urbanisation d'origine (1572) de St Augustine. Superbement restauré et rempli d'objets anciens, le musée s'intéresse principale-ment à la période allant de 1826 à 1875, époque où la propriété servait d'auberge.

Colonial Quarter   ÉDIFICES HISTORIQUES
(quartier colonial ; ☎904-342-2857 ; www.colonialquarter.com ; 33 St George St ; adulte/enfant 13/7 $; ◎10h-18h). Cette reconstitution du quartier espagnol de St Augustine, où officient des artisans présentant les techniques de l'époque, tient d'une immersion dans la vie locale au XVIIIᵉ siècle.

Des billets combinés à tarif réduit, incluant l'entrée au Pirate & Treasure Museum et à l'exposition *First Colony* de la Government House sont disponibles (adulte/enfant 28/16 $).

Pirate & Treasure Museum   MUSÉE
(☎877-467-5863 ; www.thepiratemuseum.com ; 12 S Castillo Dr ; adulte/enfant 13/7 $; ◎10h-20h ; ♿). Les jeunes et les moins jeunes apprécieront cet établissement, à la fois musée et parc d'attractions sur le thème des pirates. Outre de vrais trésors historiques (dont de l'or véritable), on trouve dans cet endroit, où tonnent des enregistrements de canonnades, quantité de flibustiers animatroniques. Une chasse au trésor y est organisée pour les enfants.

Des billets combinés à tarif réduit, incluant l'entrée au Colonial Quarter et à l'exposition *First Colony* de la Government House sont disponibles (adulte/enfant 28/16 $).

Spanish Military Hospital Museum
MUSÉE

(☎ 904-342-7730 ; www.spanishmilitaryhospital. com ; 3 Aviles St ; adulte/enfant 7/5 $; ⊙10h-18h). Âmes sensibles s'abstenir ! Les visites guidées de ce musée, installé dans une réplique de l'hôpital militaire espagnol, détaillent les techniques médicales des jours glorieux et sanglants de l'époque coloniale : amputations, poses de sangsues et autres redoutables pratiques. Possibilité de réductions en ligne.

Ripley's Believe It or Not!
MUSÉE

(☎ 904-824-1606 ; www.ripleys.com/staugustine ; 19 San Marco Ave ; adulte/enfant 15/8 $; ⊙9h-20h ; ⊛) À l'intérieur du vieux château Warden (1887), ce musée fut le premier des "Odditorium" de Robert Ripley, le fondateur du journal *Believe It or Not !* ("Incroyable mais vrai !"), décliné ensuite sous bien d'autres formes. Dans ce musée des bizarreries, tête réduite, tambour fait de crânes et pirates en plastique sont au rendez-vous.

Government House
ÉDIFICE HISTORIQUE

(☎ 904-823-2212 ; www.staugustine.ufl.edu/ govHouse.html ; 48 King St ; ⊙10h-17h). GRATUIT Un bâtiment gouvernemental se dresse sur ce site depuis 1598. Il servit tour à tour de résidence, de tribunal, de siège administratif et de bureau de poste. Aujourd'hui, l'université de Floride en a fait un musée public et une salle d'exposition. Jusqu'en octobre 2015, il accueillera la fascinante exposition *First Colony* ("Première colonie", adulte/enfant 8/6 $), laquelle traite des origines espagnoles des États-Unis actuels, et de leurs premières manifestations à St Augustine, en 1565.

Des billets combinés à tarif réduit, incluant l'entrée à l'exposition *First Colony*, ainsi qu'au Colonial Quarter et au Pirate & Treasure Museum sont disponibles (adulte/enfant 28/16 $).

Oldest Wooden School House
BÂTIMENT HISTORIQUE

(☎ 904-824-0192 ; www.oldestwoodenschoolhouse. com ; 14 St George St ; adulte/enfant 3/2 $; ⊙9h-18h). Bâtie il y a 200 ans en cèdre rouge et cyprès, cette ancienne école abrite des mannequins animés de professeurs et d'élèves. L'ensemble offre un aperçu de la vie et de l'éducation au XVIIIe siècle. Les enfants ne manquent pas d'être impressionnés par le cachot.

Plaza de la Constitution
PLACE

En plein centre, cette place verdoyante – le plus ancien parc public des États-Unis – était un ancien marché alimentaire (et aux esclaves). Elle abrite un joli belvédère, quelques canons, les ruines du puits

---

HISTOIRES DE PIRATES

Les pirates qui sévissaient dans les Caraïbes et les Amériques pillaient régulièrement St Augustine. Embusqués le long de la côte, ils attaquaient les flottes chargées d'or et d'argent qui quittaient le Mexique ou l'Amérique du Sud pour l'Europe. Faute de navire en vue, ils mettaient la ville à sac (elle abritait le trésorier royal espagnol pour la Floride).

En juin 1586, le corsaire sir Francis Drake et ses acolytes ravagèrent St Augustine avant de l'incendier. En 1668, après avoir capturé un navire espagnol, le pirate jamaïcain Robert Searle et son équipage se livrèrent avec encore plus de brutalité à une série de pillages et de meurtres. Personne n'était à l'abri : on raconte que le fantôme d'une des victimes de Searle, une fillette de 5 ans, le hanta jusqu'à la folie et le poussa au suicide.

Ces événements sont méticuleusement mis en scène chaque année à St Augustine. Les participants doivent se conformer à des règles strictes : interdiction de porter des emblèmes de tête de mort (que les pirates n'ont pas arborée avant le début des années 1700), du polyester et des objets modernes (dont les monocles et les montres-bracelets), ainsi que des "plumes ridicules". Pour participer, rendez-vous à St Augustine en mars (pour rejouer l'attaque de Searle) ou en juin (pour l'attaque de Drake). Pour plus d'informations, consultez www.searlesbucs.com.

Dans la même veine, citons aussi le "Talk Like a Pirate Day" (www.talklikeapirate. com), une journée internationale, en septembre, où chacun se doit de parler comme le ferait un pirate et, en octobre/novembre, le Pirate Gathering (www.pirategathering.com) de St Augustine, un rassemblement, toujours sur le thème de la piraterie.

ST AUGUSTINE AVEC DES ENFANTS

Visiter des maisons anciennes et chiner n'est peut-être pas du goût de tous les enfants. Vous trouverez donc ci-après quelques suggestions d'activités pour les petits à St Augustine :

➜ Faire trembler le mât au Pirate & Treasure Museum (p. 353) ! Mais attention, les redoutables pirates animatroniques (tel ce Barbe Noire décapité qui continue de caqueter) peuvent effrayer les plus jeunes.

➜ Voyager dans les petits trains rouge cerise des St Augustine Sightseeing Trains (p. 357).

➜ Découvrir d'autres parfums que les sempiternels cerise, orange ou citron vert chez Hyppo (p. 359), glacier aux créations originales tels le *lavender lemonade* et l'*Elvis Presley* (banane, beurre de cacahuètes et miel).

➜ Observer les soldats manœuvrer en uniforme d'époque tandis que tonne le canon au Castillo de San Marcos (p. 351).

➜ Hurler d'horreur à la vue des "têtes réduites" et d'autres curiosités singulières au *Ripley's Believe It or Not!* (p. ci-contre).

➜ Assister au nourrissage des alligators à l'Alligator Farm Zoological Park (p. 355).

de la ville et un mémorial de la guerre de Sécession.

Cathedral Basilica of St Augustine ÉGLISE

(☏904-824-2806 ; www.thefirstparish.org ; 38 Cathedral Pl). Avec son magnifique campanile dominant la Plaza de la Constitution, cette cathédrale de style colonial espagnol a probablement été le premier lieu de culte catholique du pays. Des messes sont célébrées tous les jours.

Flagler Memorial Presbyterian Church ÉGLISE

(☏904-829-6451 ; www.memorialpcusa.org ; 32 Sevilla St). Henry Flagler, sa fille et son enfant reposent dans le mausolée de cette église, un magnifique édifice bâti par Flagler dans un style inspiré de la Renaissance vénitienne, avec du marbre de Sienne au sol et du bois d'acajou de Saint-Domingue. L'orgue (qui joue à 8h30 et 11h le dim) est colossal. Des offices sont célébrés tous les jours à 8h30 et 11h.

⊙ Environs de St Augustine

Old Jail BÂTIMENT HISTORIQUE

(☏904-335-8982 ; 167 San Marco Ave ; adulte/enfant 9/5 $; ⊙8h30-16h30). Datant de 1891, ce lieu fut jadis la prison de la ville et la résidence de son premier shérif, Charles Joseph Perry, dit "la Terreur" (1,97 m, 136 kg). Aujourd'hui, des "shérifs adjoints" en costume accompagnent les visiteurs dans les cellules en racontant l'histoire des lieux.

Oldest House MUSÉE

(☏904-824-2872 ; www.staugustinehistoricalsociety.org ; 14 St Francis St ; tarif plein/étudiant 8/4 $; ⊙9h-17h). Connue aussi sous le nom de González-Alvarez House, cette maison du début du XVIIIe siècle, bâtie sur un site déjà occupé au siècle précédent, est la plus vieille demeure espagnole conservée en Floride. Elle fait partie d'un ensemble qui comprend aussi deux petits musées historiques et un joli jardin ornemental.

Mission of Nombre de Dios ÉGLISE

(☏904-824-2809 ; www.missionandshrine.org ; 27 Ocean Ave ; ⊙musée 10h-16h jeu-sam, 12h-16h dim). Juste au nord du centre, sur la A1A, cette mission date des premiers jours de la colonisation espagnole. Aujourd'hui, le paisible jardin-mémorial abrite une réplique de l'autel d'origine, une petite chapelle couverte de lierre et un modeste musée.

Alligator Farm Zoological Park ZOO

(☏904-824-3337 ; www.alligatorfarm.com ; 999 Anastasia Blvd ; adulte/enfant 23/12 $; ⊙9h-17h, 9h-18h été ; ♿). Ce zoo est le seul au monde à accueillir toutes les espèces de crocodiles existantes. Ne manquez pas aussi les alligators albinos, les surprenants gavials et sept différentes espèces de singes en voie d'extinction, notamment le plus petit connu à ce jour, le ouistiti pygmée. Des conférences et des spectacles sont proposés toute la journée ; essayez d'assister au repas des alligators (12h et 15h). Le parc est à 5 minutes en voiture du centre de St Augustine par l'Anastasia Blvd.

Fountain of Youth
SITE HISTORIQUE

(☏ 904-829-3168 ; www.fountainofyouthflorida.com ; 11 Magnolia Ave ; adulte/enfant 12/8 $; ⏰ 9h-18h). Vous aimez les expériences insolites ? Rendez-vous dans ce "parc archéologique" un peu kitsch pour un verre de jeunesse éternelle ! Selon la légende, l'explorateur espagnol Juan Ponce de León, débarqué ici en 1513 aurait estimé que cette source d'eau au goût soufré pouvait être la légendaire fontaine de Jouvence.

◉ Zone côtière de St Augustine

Traversez le Bridge of Lions (pont des Lions), et prenez l'Anastasia Blvd jusqu'à la plage. Les 11 km de sable de St Augustine Beach sont un endroit idéal pour prendre un bain de soleil. La route qui les longe est bordée de quelques hôtels, de restaurants familiaux et de bars.

St Augustine Lighthouse
PHARE

(☏ 904-829-0745 ; www.staugustinelighthouse.com ; 81 Lighthouse Ave ; adulte/enfant 9,75/7,75 $; ⏰ 9h-18h). Ce phare des années 1870, rayé de noir et de blanc, projette son rayon jusque dans le centre-ville. Formidable endroit où emmener les enfants de plus de 6 ans et mesurant au moins 1,10 m (tous les visiteurs

doivent être capables de monter et de descendre les marches de la tour), le phare organise des circuits paranormaux "Dark of the Moon" et archéologiques "Lost Ships", qui ont lieu régulièrement. Consultez le site Internet pour en connaître les dates et les horaires.

St Augustine Beach
PLAGE

Il y a un kiosque d'information touristique au pied du St Johns Pier, où vous pourrez louer une canne à pêche et un moulinet (3 $/2 heures, 1 $/l'heure supplémentaire). À environ 3 rues au sud de la jetée, au bout d'A St, vous arriverez à un bon spot de surf (en ce qui concerne la Floride).

Anastasia State Recreation Area
PARC

(☏ 904-461-2033 ; www.floridastateparks.org/anastasia ; 1340 Hwy A1A ; voiture/vélo 8/2 $; ⏰ 8h-crépuscule). À l'instar des habitants, fuyez les foules de touristes en rejoignant cette excellente plage et zone de loisirs, laquelle abrite aussi un terrain de camping (empl tente 28 $) et une agence de location de matériel pour les sports aquatiques.

🏃 Activités et circuits organisés

♥ St Augustine Gold Tours
CIRCUIT ORGANISÉ

(☏ 904-325-0547 ; www.staugustinegoldtours.com ; 6 Cordova St ; adulte/enfant 20/10 $). De tous les circuits faisant le tour de St Augustine, ceux

---

ESCAPADE AU WORLD GOLF VILLAGE

Monument à la gloire du golf, le Village mondial du golf (☏ 877-888-2002 ; www.worldgolfvillage.com ; 1 World Golf Pl) est un gigantesque complexe de golf, comprenant un parcours, un musée du golf et diverses attractions en rapport avec cette activité.

Les férus de ce sport affluent ici pour le World Golf Hall of Fame (☏ 904-940-4133 ; www.worldgolfhalloffame.org ; adulte/enfant 20/5 $; ⏰ 10h-18h lun-sam, 12h-18h dim), un musée divisé en 18 parties : les 9 situées sur l'avant sont consacrées à l'histoire du golf, tandis que les 9 autres, situées à l'arrière s'intéressent au golf professionnel actuel. Le Hall of Fame en lui-même sépare les deux, avec des animations multimédias. L'entrée comprend un 9 trous sur un green de putting conçu selon les spécifications de la PGA et un film IMAX.

Deux parcours légendaires, le King & Bear et le Slammer & Squire, sont ouverts au public. Si vous avez envie d'améliorer votre swing, la PGA Tour Golf Academy (www.touracademy.com) propose des stages de 2 à 5 jours à partir de 635 $; les forfaits les plus chers comprenant l'hébergement dans l'un des quatre complexes du site. Les tarifs des cours particuliers commencent à partir de 90 $/heure.

Que vous séjourniez ici ou non, offrez-vous un hamburger au bar-restaurant Caddyshack (☏ 904-940-3673 ; www.murraybroscaddyshack.com ; 455 S Legacy Trail E106 ; plats 10-26 $; ⏰ 11h30-22h), dont le nom est tiré d'un film de 1980, dans lequel l'acteur Bill Murray interprète un des membres d'une fratrie nombreuse propriétaire des lieux.

Le World Golf Village se trouve à hauteur de l'I-95, au niveau de la sortie 323, environ à mi-chemin entre St Augustine et Jacksonville.

proposés par ce nouveau tour-opérateur, ouvert par un couple de retraités britanniques, sont nos favoris car ils donnent un aperçu fascinant et bien structuré de l'histoire de St Augustine. Les circuits, privatifs ou en petits groupes, menés en véhicule électrique silencieux, conduisent dans des lieux ignorés de la concurrence.

♥ St Augustine
Eco Tours
CIRCUITS EN KAYAK ET EN BATEAU

(☎ 904-377-7245 ; www.staugustineecotours.com ; 111 Avenida Menendez ; adulte/enfant 45/35 $; ☻ milieu de matinée et crépuscule). Des experts en sciences naturelles accompagnent des circuits écologiques de 5 km en kayak. Si vous n'avez pas envie de pagayer, leurs excursions de 30 minutes en bateau permettent d'explorer l'estuaire et utilisent des hydrophones pour localiser des grands dauphins. Une partie des bénéfices est reversée à des associations écologiques.

St Augustine
City Walks
PROMENADE À PIED

(☎ 904-825-0087 ; www.staugcitywalks.com ; 4 Granada St ; circuits 12-49 $; ☻ 9h-20h30). Ces circuits pédestres divertissants abordent divers thèmes, des plus sérieux aux plus loufoques. Divers périples gratuits sont également organisés.

Old Town Trolley Tours
CIRCUIT ORGANISÉ

(☎ 888-910-8687 ; www.trolleytours.com ; 167 San Marco Ave ; adulte/enfant 6-12 ans 25/10 $). Circuits en trolley avec commentaires et possibilité de monter et descendre à sa guise. Billets valables 3 jours consécutifs.

Red Train Tours
CIRCUIT ORGANISÉ

(☎ 904-824-1606 ; www.ripleys.com/redtrains ; 170 San Marco Ave ; adulte/enfant 23/10 $). Circuits en train commentés par des guides sympathiques et bien informés. Possibilité de monter et descendre à sa guise. Billets valables 3 jours.

Victory III Scenic Cruises
CROISIÈRE

(☎ 904-824-1806 ; www.scenic-cruise.sans ; 111 Avenida Menendez ; adulte/enfant 17/10 $; ☻ 11h, 13h, 14h45 et 16h30 tte l'année, croisière le soir au printemps et en automne). Ces croisières commentées de 1 heure 15 partent de la Municipal Marina, juste au sud du Bridge of Lions.

San Sebastian Winery
CIRCUIT ORGANISÉ

(☎ 904-826-1594 ; www.sansebastianwinery.com ; 157 King St ; ☻ 10h-18h lun-sam, 11h-18h dim). GRATUIT Les visites d'une heure de cette cave se terminent par une dégustation de vins et la projection d'une vidéo sur la viticulture en Floride depuis les années 1600. Si vous êtes présent en août, vous pourrez vous joindre à la compétition annuelle de foulage du raisin aux pieds.

Pit Surfshop
SURF

(☎ 904-471-4700 ; www.thepitsurfshop.com ; 18 A St ; cours 1 pers 70 $). Arrêtez-vous dans ce centre de St Augustine Beach pour être informé des conditions météo, louer ou acheter une planche ou pour vous affaler dans un canapé confortable de la salle de projection et regarder un film sur le surf (gratuit). Cours et camps de surf.

Raging Water Sports
SPORTS NAUTIQUES

(☎ 904-829-5001 ; www.ragingwatersports.com ; 57 Comares Ave). Loue des kayaks (25 $ l'heure), des voiliers (50 $ l'heure), des jet-skis (95 $ l'heure) et des bateaux à moteur (à partir de 85 $ l'heure). Basé dans le Conch House Marina Resort.

🛏 Où se loger

Vous trouverez des chambres bien situées et pleines de charme dans le centre historique de St Augustine, riche d'une myriade d'élégants B&B ; vous pourrez en voir la liste sur www.staugustineinns.com. Si vous aspirez à un hébergement plus grand ou des tarifs moins élevés, de nombreux motels de chaîne bordent San Marco Ave et Ponce de Leon Blvd. La plage recèle également de bonnes adresses. St Augustine est une destination de week-end très prisée des Floridiens et les prix y augmentent d'environ 30%. Un séjour d'au moins deux nuitées est souvent exigé.

Pirate Haus Inn
AUBERGE DE JEUNESSE $

(☎ 904-808-1999 ; www.piratehaus.com ; 32 Treasury St ; dort 25 $, ch à partir de 90 $; P ❄ 🛜 🏠). Bien que loin des adresses chics de St Augustine, cette auberge de jeunesse à l'européenne, idéale pour les familles, est sans doute la moins chère et celle qui a la plus joyeuse ambiance. Les enfants l'adorent. Les dortoirs et les chambres particulières sont d'une propreté irréprochable, l'emplacement est imbattable et votre petit-déjeuner sera égayé de "pancakes pirates". Le personnel parle plusieurs langues.

Jaybird's Inn
MOTEL $$

(☎ 904-342-7938 ; www.jaybirdsinn.com ; 2700 N Ponce de Leon Blvd ; ch avec petit-déj 89-139 $). Ce vieux motel a été rénové, dans des tons bleu-vert, pour offrir un très haut niveau de confort et de modernité. Les lits sont larges et confortables, le petit-déjeuner continental est inclus et des vélos sont mis gratuitement à disposition pour circuler en ville. Restaurant sur place. Optez pour une suite si vous le pouvez.

Edgewater Inn
MOTEL $$

(☎ 904-825-2697 ; www.stayatedgewater.com ; 2 St Augustine Blvd ; ch 99-139 $). Pour quelque chose d'un peu différent, essayez ce charmant motel en bord de mer, de l'autre côté du pont, qui surplombe le centre historique de St Augustine. Les chambres sont un peu exiguës, mais joliment décorées, et ont été rénovées récemment. Celles donnant sur l'océan ont chacune droit, moyennant une relative promiscuité, à quelques sièges sur une magnifique terrasse couverte tout en longueur.

Casa de Solana
B&B $$

(☎ 904-824-3555 ; www.casadesolana.com ; 21 Aviles St ; ch avec petit-déj 169-209 $; P ☎). En retrait de la rue piétonnière Aviles St, dans la partie la plus ancienne, cette charmante petite auberge reste fidèle à son aspect du début des années 1800. Les chambres sont un rien étroites, mais restent une bonne option en regard de l'emplacement et du tarif. La légende voudrait qu'un fantôme hante les lieux.

The Conch House Marina Resort
MOTEL $$

(☎ 904-829-8646 ; www.conch-house.com ; 57 Comares Ave ; ch 95-125 $; ☀ ☎ ☒). Les plaisanciers aiment ce motel à l'ambiance festive, très Key West, dont les chambres donnent sur la marina (200 mouillages). Son bar-patio ne désemplit jamais et sa terrasse en bord de piscine est parfaite pour une bière. Proche du centre et de la plage.

Beachfront B&B
B&B $$

(☎ 904-461-8727 ; www.beachfrontbandb.com ; 1 F St, St Augustine Beach ; ch 150-180 $; ☀ ☎ ☒). Pour quiconque aspire à échapper à l'affluence touristique et à jouir du calme du bord de mer, cette maison de vacances ensoleillée est parfaite. Chambres avec lits à baldaquin, beau parquet en pin et piscine privée chauffée. La plupart ont une entrée privative et une cheminée romantique à souhait.

♥ At Journey's End
B&B $$$

(☎ 904-829-0076 ; www.atjourneysend.com ; 89 Cedar St ; ch avec petit-déj 159-209 $; P ☀ ☎ ☒).

Exempte du décor vieillot que l'on retrouve dans bon nombre de B&B de St Augustine, cette adresse tenue par des hôtes sympathiques mêle avec goût antiquités et mobilier moderne. Les gays, les enfants, les animaux sont les bienvenus. D'autres menus détails distinguent ce B&B du lot : petit-déjeuner appétissant, Wi-Fi gratuit, services de conciergerie, ainsi que bière, vin et soda servis tout au long de votre séjour.

♥ St Francis Inn
AUBERGE $$$

(☎ 904-824-6068, 800-824-6062 ; www.stfrancisinn.com ; 79 St George St ; ch avec petit-déj 139-239 $; ☀ ☎). Ouverte sans interruption depuis 1791, cette auberge aux murs en *coquina* et à la charpente de bois est la plus ancienne de la ville. Les cheminées, les coins et recoins ornés d'antiquités, les patchworks cousus main sur les lits, et la cour verdoyante ajoutent encore à l'authenticité du lieu. Le délicieux petit-déjeuner, le vin local gratuit et les desserts offerts le soir sont d'autres points forts de l'endroit. Les hôtes ont aussi accès, en journée, au cottage en bord de mer, idéal pour qui souhaite éviter la foule.

Bayfront Marin House
AUBERGE $$$

(☎ 904-824-4301 ; www.bayfrontmarinhouse.com ; 142 Avenida Menendez ; ch avec petit-déj 179-219 $; ☀ ☎ ☒). Trois maisons anciennes réunies composent cette auberge de front de mer, jaune bouton-d'or et ornée de deux niveaux de galeries offrant une vue imprenable sur Matanzas Bay. Les chambres sont luxueuses, avec des lits à baldaquin et de riches tentures de brocart. Celles situées dans l'aile datant des années 1700, aux murs en *coquina*, ont encore plus de cachet, tandis que le cottage Vilano Beach vous garantira davantage d'intimité.

Casa Monica
HÔTEL HISTORIQUE $$$

(☎ 904-827-1888 ; www.casamonica.com ; 95 Cordova St ; ch 179-379 $; P ☀ ☎ ☒). ✈ Bâti en 1888, le Casa Monica est l'hôtel de luxe par excellence de la ville. Avec ses tourelles et ses fontaines, il évoque un château de style hispano-mauresque. Les suites sont richement équipées – lits en fer forgé, draps de haute qualité et système audio Bose dans toutes les chambres –, et certaines sont pourvues d'un Jacuzzi. Emplacement imbattable.

✖ Où se restaurer

St Augustine possède une des meilleures scènes culinaires de Floride, mais il faut savoir dénicher les bonnes tables et surtout éviter les attrape-touristes pleins à craquer et trop chers. Les gourmets floridiens y affluent tout exprès le week-end. La liste ci-après devrait vous aider à trouver également votre bonheur.

Hyppo
GLACES $

(☎904-217-7853 ; www.thehyppo.com ; 48 Charlotte St ; glaces à l'eau 4 $; ⏰11h-22h). Par les après-midi chauds et humides de St Augustine, cherchez **Hyppo**, une petite enseigne où la carte des parfums, extravagants, est renouvelée chaque jour : ananas-coriandre, riz au lait, et Kick (mélange énergisant d'expresso, de thé vert et de chocolat). Attention, le *datil pepper* (le piment datil), prisé des colonisateurs espagnols, est redoutable – mais il se marie très bien avec la fraise.

Back 40 Urban Cafe
CAFÉ $

(☎905-824-0227 ; www.back40cafe.com ; 40 S Dixie Hwy ; plats 4-11 $; ⏰11h-21h). Baigné du parfum d'épices du Mexique et du sud-ouest des États-Unis, ce café sans prétention, quoique cosy, remporte un vif succès auprès d'une clientèle locale pour ses tacos, ses burgers et ses plats revigorants, savoureux et bon marché. Nous n'avons pu résister au *chili mac bowl* (chili végétarien). Bon choix de bières fraîches.

Bunnery Bakery & Café
BOULANGERIE $

(☎904-829-6166 ; www.bunnerybakeryandcafe.com ; 121 St George St ; plats 4-12 $; ⏰8h-16h lun-ven, 8h-17h sam-dim). L'aimable personnel de cette boulangerie tenue en famille recouvrira, à votre guise, vos petits pains à la cannelle de sucre glace. Strudels, paninis et scones roboratifs ont ici la faveur des gourmands, tout comme les petits-déjeuners chauds. Attendez-vous à une longue attente le midi. L'endroit ne désemplit jamais.

♥ Present Moment Café
VÉGÉTALIEN $$

(www.thepresentmomentcafe.com ; 224 W King St ; plats 8-16 $; ⏰10h-21h lun-sam ; 🖊). Ce restaurant sans prétention sert une cuisine exclusivement végétalienne et crue. Pour le plus grand plaisir (et à la grande surprise) de la plupart des clients, les plats bio et très sains préparés ici donnent des explosions de saveurs. La pure gourmandise est également de la partie, avec le marbré au chocolat sans gluten et à la banane flambée. Même les carnivores purs et durs seront séduits.

Gas Full Service
AMÉRICAIN MODERNE $$

(☎904-217-0326 ; 9 Anastasia Blvd ; plats 8-24 $; ⏰11h-21h mar-sam). Ce fantastique café, au décor inspiré d'une station-service rencontre un tel succès qu'y trouver une table relève parfois de la gageure. On y vient pour les burgers, à base de pains frais, de bœuf local, de tomates vertes frites et de bacon croustillant – le *burger Benedict* est relevé d'une sauce hollandaise – sans parler des chips, des *Reuben egg rolls* (sortes de nems) et des beignets de homard...

Floridian
AMÉRICAIN MODERNE $$

(☎904-829-0655 ; www.thefloridianstaug.com ; 39 Cordova St ; plats 13-22 $; ⏰11h-15h mer-lun, 17h-21h lun-jeu, 17h-22h ven-sam). Très représentative du mouvement locavore et ultrabranchée, cette nouvelle table de la ferme à l'assiette sert des créations originales et modernes d'inspiration sudiste dans une salle à manger tendance. Si l'on peut juger le service et l'ambiance générale un brin trop informels, il est en revanche difficile de prendre la cuisine en défaut : les bruschettas aux tomates vertes frites et les *linguine* aux courgettes et aux fruits de mer se marient à la perfection. L'attente est souvent longue car il n'est pas possible de réserver.

O'Steen's
POISSON ET FRUITS DE MER $$

(☎904-829-6974 ; www.osteensrestaurant.com ; 205 Anastasia Blvd ; plats 8-12 $; ⏰11h-20h30 mar-sam). Certains affirment que les meilleures crevettes de la côte sont servies ici. Nous serions tentés, après en avoir dégusté une quantité astronomique, de leur donner raison. Si vous êtes allergique aux crustacés, vous pourrez toujours choisir le tilapia ou le poisson-chat (grillé ou frit), également délicieux. L'endroit a bonne presse : préparez-vous à une longue attente ou prévoyez une commande à emporter.

Gypsy Cab Co
FUSION $$

(☎904-824-8244 ; www.gypsycab.com ; 828 Anastasia Blvd ; plats 12-22 $; ⏰11h-22h lun-ven, à partir de 10h30 sam-dim). Après le pont en venant du centre-ville, ce bistrot *arty*, paré de turquoise et de violet, est l'un des favoris des habitants pour sa carte ouverte à toutes les influences : pâtes italiennes, entrecôte française, tofu asiatique et assiettes de houmous moyen-oriental.

Georgie's Diner
DINER $$

(☎904-819-9006 ; 100 Malaga St ; plats 7-29 $; ⏰7h-21h). À la périphérie du centre historique, ce *dîner* au décor argenté rétro sert de consistants petits-déjeuners et de roboratifs plats grecs comme les *gyros*, les *souvlaki* et les calamars. Le service est rapide et souriant, malgré une affluence méritée.

Gaufres & Goods
EUROPÉEN $$

(☎ 904-829-5770 ; www.polishgreekrestaurant. com ; 9a et 9b Aviles St ; plats 7-14 $; ⏰ 9h30-18h dim-jeu, 9h30-21h ven-sam). En plein cœur du centre historique, ce nouveau venu surprenant de la scène culinaire de St Augustine met à l'honneur les saveurs européennes, comme des spécialités polonaises et grecques. L'endroit est un brin cher et son décor un peu morne, mais si vous rêviez de *pierogi* (raviolis), de moules, de soupes copieuses ou de desserts continentaux avec café, vous voici rendu à bon port.

Sakura
FUSION ASIATIQUE $$

(☎ 904-819-5857 ; www.sakura-asian-restaurant. com ; 120 San Marco Ave ; plats 11-30 $; ⏰ 11h-22h). Ce restaurant panasiatique, qui sert des sushis, des sashimis et un vaste choix de plats chinois et thaïlandais, propose aussi des grillades japonaises et des produits frais de la mer. L'établissement étant discret, l'attente n'est généralement pas longue. Excellent service et joli cadre.

Mango Mango's
CARIBÉEN $$

(☎ 904-461-1077 ; www.mangomangos.com ; 700 Hwy A1A, St Augustine Beach ; plats 8-16 $; ⏰ 11h-22h). On tombe facilement sous le charme de ce lumineux bistrot de plage couleur corail et citron vert. Sa carte fusion des îles des Caraïbes est délicieuse : crevettes croustillantes à la noix de coco, poulet sauce à la mangue et grand choix de sandwichs et de wraps.

La Herencia Café
CUBAIN $$

(☎ 904-829-9487 ; www.laherenciacafe.com ; 4 Aviles St ; plats 12-25 $; ⏰ 8h30-20h lun-ven, 8h30-22h sam-dim). Dans la plus vieille rue de St Augustine, ce café peint de couleurs vives, sert un petit-déjeuner toute la journée et de fabuleux sandwichs cubains. Détendez-vous avec un *café con leche*, comme si vous étiez dans la Vieille Havane.

💙 Collage
INTERNATIONAL $$$

(☎ 904-829-0055 ; www.collagestaug.com ; 60 Hypolita St ; plats 28-45 $; ⏰ 17h30-21h). Cet établissement haut de gamme ouvert uniquement en soirée est réputé pour son service irréprochable, son atmosphère intime et l'excellence de sa cuisine. La carte, qui fait la part belle aux produits de la mer et à ceux issus des fermes locales, affiche des salades composées, du poulet, de l'agneau, du veau et du porc, ainsi que du homard, des saint-jacques et du mérou. Le mélange subtil de saveurs internationales ne fait que souligner la qualité des denrées.

🍷 Où prendre un verre et sortir

💙 Ice Plant
BAR

(☎ 904-829-6553 ; www.iceplantbar.com ; 110 Riberia St ; ⏰ 17h-2h). Occupant une ancienne usine à glace, ce bar, devenu l'incontournable repaire d'une clientèle branchée, a l'attrait de son style unique, tout en béton brut, briques apparentes et immenses fenêtres. Excellents cocktails, petites assiettes, en-cas et plats de bistrot figurent à la carte.

Kookaburra
CAFÉ

(☎ 904-209-9391 ; www.kookaburrashop.com ; 24 Cathedral Pl ; ⏰ 7h30-20h). Un petit coin d'Australie en plein cœur du quartier espagnol de St Augustine. Les authentiques tourtes à la viande et les *lamingtons* (génoise enrobée de chocolat et de noix de coco) sont parfaits pour un repas sur le pouce, mais le principal atout de l'endroit est son expresso.

Cellar Upstairs
BAR À VINS

(☎ 904-826-1594 ; www.sansebastianwinery.com ; 157 King St ; assiettes 6-14 $, vin au verre 5-7 $; ⏰ 16h-minuit ven, 12h-minuit sam-dim). Aménagé dans la propriété de la San Sebastian Winery (p. 357), cet agréable bar en terrasse, installé sur le toit, sert des assiettes dégustation, des sandwichs et des vins locaux. Concerts de jazz gratuits (19h-23h).

Scarlett O'Hara's
PUB

(☎ 904-824-6535 ; www.scarlettoharas.net ; 70 Hypolita St ; ⏰ 11h-1h). Difficile de trouver un siège ici : la véranda de ce bâtiment en pin ne désemplit pas de la journée. Édifié en 1879, le Scarlett sert aujourd'hui de la cuisine de pub, mais avec des atouts magiques : happy hour extensible, concerts tous les soirs, personnel très efficace et bar décontracté.

A1A Ale Works
PUB

(☎ 904-829-2977 ; www.a1aaleworks.com ; 1 King St ; ⏰ 11h-tard). Bien qu'il ne règne pas ici l'ambiance historique typique de St Augustine, les bières qui y sont brassées sont remarquables.

JP Henley's

PUB

(☑ 904-829-3337 ; www.jphenleys.com ; 10 Marine St ; ⏱11h-1h). Avec 50 bières à la pression, 120 autres en bouteilles et plus de 75 crus, cet établissement saura séduire les amateurs les plus exigeants. La musique est excellente.

TradeWinds Lounge

LOUNGE

(☑ 904-829-9336 ; www.tradewindslounge.com ; 124 Charlotte St ; ⏱11h-1h). Baigné d'un doux parfum de bière éventée, ce bar classique à la décoration nautique a survécu à deux déménagements et à six décennies d'existence. Une foule chevelue déborde sur le trottoir au moment du happy hour, et des concerts sont organisés – rock du Sud ou musique des années 1980 – tous les soirs. Ambiance rétro, enjouée et enfumée (pour le moment).

Mill Top Tavern

MUSIQUE LIVE

(☑ 904-829-2329 ; www.milltoptavern.com ; 19½ St George St ; ⏱11h30-1h). Au deuxième étage d'un moulin du XIXe siècle, cette taverne à ciel ouvert qu'enlace un gigantesque chêne vous donnera l'impression d'être dans une cabane dans les arbres. Excellents concerts.

Café Eleven

MUSIQUE LIVE

(☑ 904-460-9311 ; www.originalcafe11.com ; 501 Hwy A1A, St Augustine Beach ; ⏱7h-21h). Le soir, les tables de ce café de plage disparaissent et l'endroit se métamorphose en salle de spectacle pour accueillir certains des plus grands noms du rock indé.

🛍 Achats

Flâner dans les boutiques d'antiquités de la ville pourrait prendre des jours entiers ; contactez l'**Antique Dealers Association of St Augustine** (www.adasta.org) pour des conseils.

St George Street

QUARTIER COMMERÇANT

Cette rue piétonnière, qui s'étend sur 11 pâtés de maisons, bordée de magasins, de restaurants et de lieux de divertissement, est au cœur de l'ancien quartier espagnol de St Augustine. Vous y trouverez aussi bien des boutiques de souvenirs kitsch vendant des verres à l'effigie des pirates que de très belles galeries d'antiquités.

Aviles Street

QUARTIER COMMERÇANT

Partant de la place et parallèle à St George St, cette minuscule allée piétonne regroupe de merveilleuses et poussiéreuses boutiques de cartes anciennes et des galeries d'art.

St Augustine
Premium Outlets

CENTRE COMMERCIAL

(www.premiumoutlets.com ; 2700 State Rd ; ⏱9h-21h lun-sam, 9h-18h dim). Bonnes affaires sur des marques comme Gap, Banana Republic, Nike, etc.

ⓘ Renseignements

ACCÈS INTERNET

Public Library (bibliothèque publique ; ☑ 904-827-6940 ; www.sjcpls.org ; 1960 N Ponce de Leon Blvd ; ⏱10h-20h lun-mer, 10h-18h jeu-ven, 10h-17h sam). Accès Internet gratuit.

MÉDIAS

St Augustine Record (www.staugustine.com). Le quotidien de la ville dispense d'intéressantes informations touristiques sur son site.

Folio Weekly (www.folioweekly.com). Ce magazine gratuit traite de l'actualité culturelle, des restaurants et des bars. Mis à jour chaque mardi.

OFFICE DU TOURISME

Visitor Information Center (☑ 904-825-1000 ; www.ci.st-augustine.fl.us ; 10 W Castillo Dr ; ⏱8h30-17h30). Personnel serviable habillé en costume d'époque. Vente de billets de circuits organisés et conseils sur la ville.

ⓘ Comment s'y rendre et circuler

En arrivant du nord en voiture, empruntez la sortie 318 sur l'I-95, puis prenez vers l'est par l'US Hwy 1 jusqu'à San Marcos Ave ; tournez à droite et vous déboucherez sur l'Old City Gate, juste après le fort. Autre possibilité : prenez la Hwy A1A le long de la plage qui croise San Marco Ave, ou l'US Hwy 1 au sud de Jacksonville. Depuis le sud, prenez la sortie 298, continuez sur l'US 1 qui mène jusqu'à la ville.

Il est très difficile de circuler en ville en raison des rues à sens unique ou piétonnes et du stationnement extrêmement limité ; en dehors du centre, vous aurez besoin d'un véhicule. Un immense parking se trouve au Visitor Information Center.

Si vous arrivez en avion à Jacksonville, une navette d'**Airport Express** (☑ 904-824-9400 ; www.airportexpresspickup.com) vous déposera dans le centre-ville moyennant 65 $. Pour 20 $ supplémentaires, on vous conduira à votre hôtel. Réservation indispensable. Services privés également disponibles.

Le **Sunshine Bus Company** (☑ 904-209-3716 ; www.sunshinebus.net) circule entre 7h et 18h environ et dessert le centre-ville, les plages et les centres commerciaux périphériques,

VAUT LE DÉTOUR

PALATKA

À son apogée, le village de Palatka (prononcez "poulatkou"), presque à mi-chemin entre St Augustine et Gainesville, était la destination la plus au sud accessible en bateau à vapeur, et ses 7 000 chambres d'hôtel hébergeaient une clientèle huppée de *snowbirds*. Aujourd'hui, les visiteurs reviennent en petit nombre dans cette charmante ville endormie pour la pêche, pour le **festival du crabe bleu** à l'occasion du Memorial Weekend, ou simplement dans le souhait d'échapper à la foule.

Passez un agréable après-midi à explorer la **Bronson-Mulholland House** (☑904-329-0140 ; www.bronsonmulhollandhouse.com ; 100 Madison St ; ☉11h-16h jeu-ven, à partir de 9h sam-dim, 8h-12h lun) GRATUIT, une maison historique de 1854 devenue musée, ou franchissez la passerelle suspendue du **Ravine Gardens State Park** (☑386-329-3721 ; www.floridastateparks.org/ravinegardens ; 1600 Twigg St ; 5 $/véhicule ; ☉8h-crépuscule).

Si la faim vous tenaille, direction l'**Angel's Dining Car** (☑386-325-3927 ; 209 Reid St ; plats 2,50-8 $; ☉6h-20h dim-jeu, 6h-minuit ven), le plus vieux *diner* de Floride (il a ouvert en 1932), qui sert des cheeseburgers et du *Pusalow* (chocolat au lait avec du sirop de vanille et de la glace pilée, caractéristique de Palatka) aux clients restés dans leur voiture.

---

avec de nombreux arrêts en chemin (1 $ l'aller simple).

Essayez **Solano Cycles** (☑904-825-6766 ; www.solanocycle.com ; 32 San Marco Ave) pour louer un vélo (8/18 $ pour 2/24 heures) ou un scooter (30/75 $ pour 2/24 heures).

Jacksonville

Occupant un immense territoire de 2 100 km², Jacksonville est la ville la plus étendue des États-Unis continentaux et la plus peuplée de Floride. S'étirant le long de trois fleuves sinueux, avec des ponts grandioses et des lumières scintillantes qui se reflètent dans l'eau, elle a le charme clinquant des grandes métropoles. Ses gratte-ciel occupés par de grandes entreprises et des hôtels franchisés peuvent manquer de charme, mais avec un peu de patience, les voyageurs auront tout le loisir de découvrir ses doux charmes du Sud.

Si pour la plupart des visiteurs, Jacksonville (Jax) n'est qu'un tremplin vers d'autres destinations plus au nord ou au sud, les musées de la ville et ses quartiers historiques restaurés méritent bien une visite, si vous en avez le temps. Les quartiers de Five Points et de San Marco sont charmants, en complet contraste avec l'agitation du centre-ville ; on y flâne le long de rues bordées de bistrots, de boutiques et de bars.

Les plages des environs – un monde à part en soi – sont situées à 30 à 50 minutes en voiture de la ville, en fonction de la circulation et de l'endroit d'où vous venez. À moins

d'avoir vraiment besoin d'être en ville, il est préférable de trouver un hébergement près de la plage, pour son calme et son espace : vous pourrez toujours vous permettre une excursion en ville si vous le désirez.

◉ À voir

♥ Cummer Museum of Art & Gardens
MUSÉE

(☑904-356-6857 ; www.cummer.org ; 829 Riverside Ave ; tarif plein/étudiant 10/6 $; ☉10h-21h mar, 10h-16h mer-sam, 12h-16h dim). Principal espace culturel de Jacksonville, ce beau musée possède une excellente collection de peintures américaines et européennes, d'art décoratif asiatique et d'antiquités.

Jacksonville Zoological Gardens
ZOO

(☑904-757-4463 ; www.jacksonvillezoo.org ; 370 Zoo Pkwy ; adulte/enfant 16/11 $; ☉9h-17h lun-ven, 9h-18h sam-dim ; ♿). Le seul grand zoo du nord-est de la Floride avait ouvert ses portes en 1914 avec un cerf pour unique pensionnaire. Aujourd'hui, il abrite plus de 1 800 espèces exotiques et compte des hectares de beaux jardins. Vous pourrez y voir des animaux du monde entier, notamment des éléphants, des jaguars des panthères de Floride (très rares), des alligators, des kangourous et des dragons de Komodo. Une plateforme d'observation surélevée vous permet de vous hisser à hauteur des girafes. Le zoo est à une quinzaine de minutes au nord du centre, sur l'I-95.

Des billets spéciaux (adulte/enfant 25/18 $) incluent l'entrée normale, ainsi que l'accès au Butterfly Hollow (une serre à papillons), à Stingray Bay (un bassin aux raies), normalement tous deux en supplément, et à des trajets illimités en petit train ou sur les manèges.

Museum of Contemporary Art (MOCA)
Jacksonville   MUSÉE
(☎ 904-366-6911 ; www.mocajacksonville.org ; 333 N Laura St ; adulte/enfant 8/5 $; ☺ 11h-17h mar, mer, ven-sam, 11h-21h jeu, 12h-17h dim). L'intérêt du musée d'art moderne de Jacksonville va bien au-delà de la peinture, car des sculptures contemporaines, des gravures, des photographies et des films y sont également présentés. Consultez www.jacksonvilleart-twalk.com pour les renseignements sur la promenade organisée gratuitement par le MOCA tous les premiers mercredis du mois, de 17h à 21h. Comptant plus de 56 arrêts, le circuit se révèle un excellent moyen de découvrir la ville.

Museum of Science & History   MUSÉE
(☎ 904-396-6674 ; www.themosh.org ; 1025 Museum Circle ; adulte/enfant 10/6 $, planétarium 5/3 $; ☺ 10h-17h lun-jeu, 10h-20h ven, 10h-18h sam, 12h-17h dim ; [📶]). Vous êtes venu avec vos enfants ? Ils trouveront leur content de dinosaures dans ce musée, ainsi que toutes sortes de curiosités scientifiques et des expositions sur l'histoire culturelle et naturelle de Jacksonville. Ne manquez pas le Bryan Gooding Planetarium : plus grand au monde à fonctionner au moyen d'une lentille unique à grand angle. Les représentations et les horaires varient ; consultez www.moshplanetarium.org pour plus de détails.

Jacksonville Maritime
Heritage Center   MUSÉE
(☎ 904-355-1101 ; www.jacksonvillemaritimehe-ritagecenter.org ; 2 Independent Dr ; adulte/enfant 3/1 $; ☺ 11h-17h mar-sam). Consacré aux liens entre l'histoire maritime et cette ville portuaire, ce musée expose des objets nautiques, des modèles réduits et des journaux de bord.

Jacksonville Landing   PROMENADE
(☎ 904-353-1188 ; www.jacksonvillelanding.com ; 2 Independent Dr). Au pied des gratte-ciel du centre-ville, ce quartier de commerces et de divertissements regroupe une quarantaine de boutiques, principalement pour touristes, autour d'un excellent espace de restauration avec des tables en extérieur et des animations régulières et gratuites.

Southbank Riverwalk   PROMENADE
Cette promenade en planches de 2 km sur la rive sud du St Johns River, de l'autre côté du centre et du Jacksonville Landing, offre une vue spectaculaire de la ville, en particulier le soir. Les feux d'artifice sont un moment inoubliable. La Southbank Riverwalk relie les musées bordant le Museum Circle et constitue une agréable balade.

🏃 Activités

L'agglomération comptant 72 terrains de golf, les opportunités sont nombreuses. Vous pouvez consulter les offres de stages sur www.visitjacksonville.com/golf.

ⓘ JACKSONVILLE : ORIENTATION

Circuler dans l'immense Jacksonville n'est pas des plus simples. Mieux vaut connaître un peu la situation :

➡ Le fleuve St Johns donne grossièrement une forme de T à Jacksonville, dont le centre se trouve sur sa rive ouest.

➡ L'I-95 débouche en provenance du nord à une jonction avec l'I-10 située juste au sud du centre-ville. Suivez l'I-10 vers l'est pour le centre-ville, où un dédale de routes d'État donnent accès aux agglomérations environnantes.

➡ Trois ponts traversent le fleuve et vous mèneront à San Marco : Fuller Warren (I-10), Acosta (Hwy 13) et Main St Bridge.

➡ L'I-295 se sépare de l'I-95, formant un cercle autour de la ville.

➡ La ville est très étendue, mais la plupart des sites intéressants se concentrent le long du point le plus étroit du fleuve St Johns : le centre-ville (downtown) ; Five Points, juste au sud du centre le long du fleuve ; et l'élégant San Marco Historical District, sur la rive sud.

Centre de Jacksonville

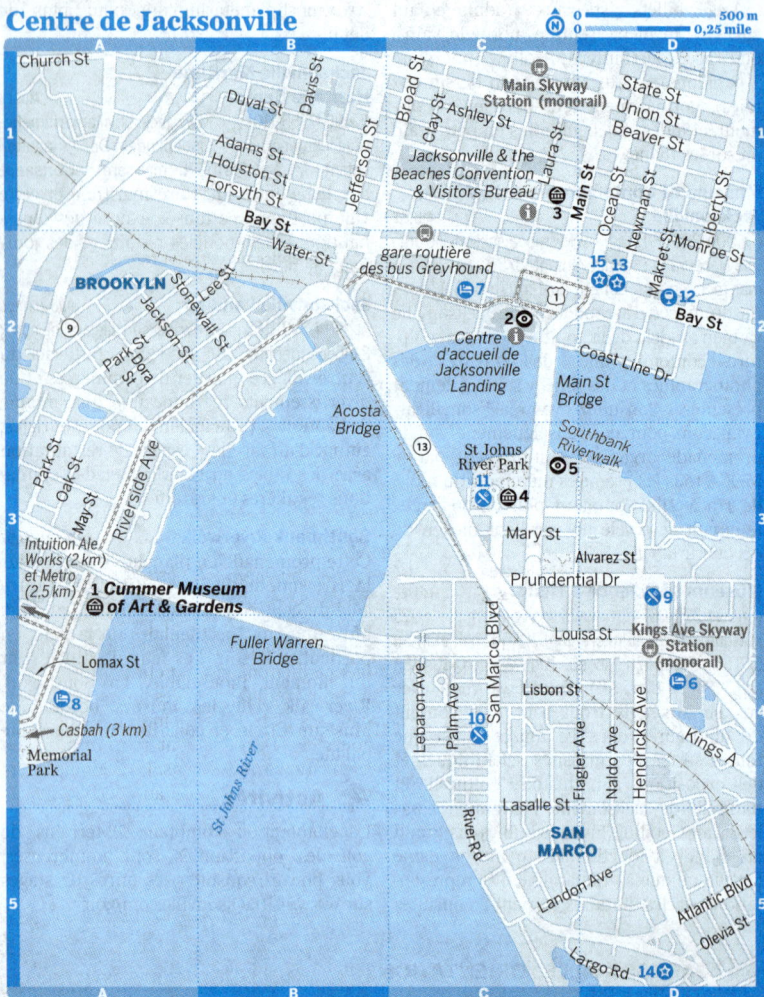

0   500 m
0   0,25 mile

Church St — Duval St — Davis St — Adams St — Houston St — Forsyth St — Bay St — Water St — Jefferson St — Broad St — Clay St — Ashley St — Laura St — Main St — Ocean St — Newman St — Market St — Monroe St — Liberty St — State St — Union St — Beaver St

Main Skyway Station (monorail)

Jacksonville & the Beaches Convention & Visitors Bureau **3**

gare routière des bus Greyhound **7**

BROOKLYN

Stonewall St — Lee St — Jackson St — Park St — Dora St — Park St — Oak St — May St — Riverside Ave

9

2

Centre d'accueil de Jacksonville Landing

15 13

12

Bay St

Coast Line Dr

Main St Bridge

Acosta Bridge

13

St Johns River Park **11**

Southbank Riverwalk

5

4

Mary St

Alvarez St

Prudential Dr

9

Louisa St

Kings Ave Skyway Station (monorail)

6

Intuition Ale Works (2 km) et Metro (2,5 km)

1 Cummer Museum of Art & Gardens

Lomax St

Fuller Warren Bridge

Lebaron Ave — Palm Ave — San Marco Blvd

10

Lisbon St

Flagler Ave — Naldo Ave — Hendricks Ave — Kings A

8

Casbah (3 km)

Memorial Park

St Johns River

River Rd

Lasalle St

SAN MARCO

Landon Ave

Atlantic Blvd

Olevia St

Largo Rd **14**

👉 Circuits organisés

Anheuser-Busch Budweiser Brewery
BRASSERIE

(☎ 800-342-5283 ; www.budweisertours.com ; 111 Busch Dr ; ⏰ 10h-16h lun-sam). GRATUIT Visite gratuite de la brasserie (avec dégustation gratuite pour les plus de 21 ans).

🛏 Où se loger

Jacksonville manque cruellement d'hôtels indépendants valables, mais vous trouverez de nombreux établissements de chaînes à travers la ville et autour des principaux nœuds autoroutiers : les chambres les moins chères se trouvent le long de l'I-95 et de l'I-10. Mieux vaut jeter son dévolu sur les environs des plages, où l'on trouve aussi bien des campings que des complexes chics ou des hôtels de chaîne à prix corrects en bord de mer.

Riverdale Inn
B&B $$

(☎ 904-354-5080 ; www.riverdaleinn.com ; 1521 Riverside Ave ; ch 110-190 $, ste 200-220 $; P ❄ 🛜). Au début des années 1900, cette demeure somptueuse faisait partie de la cinquantaine du même genre bâtie

Centre de Jacksonville

à Riverside. Il n'en reste plus que deux aujourd'hui. Les chambres sont ravissantes et incluent un petit-déjeuner complet.

Omni Jacksonville Hotel   HÔTEL $$
(☏904-355-6664 ; www.omnihotels.com ; 245 Water St ; ch à partir de 149 $; Ⓟ❄☎♨☷). À deux pas du Jacksonville Landing, cet hôtel compte 354 chambres, immenses et tout confort, des hectares de marbre, une piscine chauffée sur le toit et le Wi-Fi gratuit.

Homewood Suites
by Hilton Downtown   HÔTEL $$
(☏904-396-6888 ;   www.homewoodsuites.com ; 1201 Kings Ave ; ch avec petit-déj à partir de 159 $; Ⓟ❄@). Modernes et de bon goût, ces suites du quartier central de San Marco sont équipées de cuisines complètes et offrent tout le confort d'un petit appartement. Petit-déjeuner et accès Internet gratuits.

✕ Où se restaurer

Le quartier de Five Points, au sud-ouest du centre-ville, et celui de San Marco, en face, de l'autre côté du fleuve, comptent quantité de cafés et de bars tendance avec terrasses. Les grills et les bistrots huppés ne manquent pas non plus pour satisfaire les financiers en costume-cravate.

French Pantry   FRANÇAIS $
(☏904-730-8696 ; 6301 Powers Ave ; plats 6-12 $; ⊙11h-14h lun-ven). Tout le monde aujourd'hui semble connaître cette adresse, mal située mais terriblement séduisante. On y déjeune de sandwichs et de paninis, ainsi que d'incroyables pâtisseries et desserts. Autre inconvénient : les clients font la queue pour rentrer et le service n'est pas toujours

optimal. Si vous n'êtes pas trop pointilleux, le plus simple est de manger votre sandwich dans votre voiture.

♥ bb's   FUSION $$
(☏904-306-0100 ; www.bbsrestaurant.com ; 1019 Hendricks Ave ; plats 12-32 $; ⊙11h-tard lun-sam). Avec son bar en béton moulé, ses lignes claires et modernes et sa sélection quotidienne de fromages, cet établissement dans le vent n'utilise que des ingrédients frais dans ses plats, lesquels font le bonheur des gourmets. Des vins sont recommandés en association avec les plats. Pour les amateurs de desserts, la ganache au chocolat mérite presque en soi le déplacement.

River City
Brewing Company   POISSON ET FRUITS DE MER $$
(☏904-398-2299 ; www.rivercitybrew.com ; 835 Museum Circle ; plats 10-24 $; ⊙11h-tard lun-sam, 10h30-14h30 dim). Plus important restaurant en bord de fleuve de Jacksonville, cet établissement est idéal pour déguster un plateau de fruits de mer accompagné d'une bière maison en contemplant les flots. Les prix sont raisonnables en regard de l'emplacement et de la qualité des plats servis. Le buffet/brunch du dimanche (adulte/enfant 23/15 $) est très sympathique.

Clark's Fish Camp   CUISINE DU SUD $$
(☏904-268-3474 ;   www.clarksfishcamp.com ; 12903 Hood Landing Rd ; plats 13-34 $; ⊙16h30-21h30 lun-jeu, 16h30-22h ven, 11h30-22h sam, 11h30-21h30 dim). Découvrez la cuisine "cracker" du sud de la Floride cuisine dans le cadre surréaliste de la "plus importante collection taxidermique des États-Unis", laquelle évoque autant le monde de Tim

Burton que l'effrayant Kurtz d'*Au cœur des ténèbres*. Des singes empaillés décorent le plafond, tandis que des léopards fixent la salle de leur regard de verre... c'est un endroit que l'on n'oublie pas. Au menu : alligator, anguille fumée, serpent frit et cuisses de grenouilles côtoient des plats plus classiques, comme le poisson-chat et les grillades. Posé sur pilotis, l'établissement se trouve loin au sud du centre de Jacksonville.

Si cette ménagerie grotesque vous coupe l'appétit, allez-vous asseoir sur la terrasse au bord de l'eau trouble. Un conseil : ne nourrissez pas les alligators !

Casbah   MOYEN-ORIENTAL $$
(☎ 904-981-9966 ; www.thecasbahcafe.com ; 3628 St Johns Ave ; plats 8-15 $; ☺11h-2h). Devant les sabres, les chameaux et les lanternes mauresques ornant les murs, vous vous demanderez s'il ne vous faut pas un passeport pour entrer dans cet antre moyen-oriental avec cuisine authentique, bière, musique et danse orientale. L'endroit fait également bar à narghilé avec de nombreux mélanges de tabacs.

Bistro Aix   FRANÇAIS $$$
(☎ 904-398-1949 ; www.bistrox.com ; 1440 San Marco Blvd ; plats 13-36 $; ☺11h-22h lun-jeu, 11h-23h ven, 17h-23h sam, 17h-21h dim). Dînez, en compagnie d'une clientèle branchée, des plats fusion et méditerranéens de ce restaurant dont la carte fait la part belle aux saveurs du monde entier. Belle carte des vins de plus de 250 crus, dont 50 disponibles au verre. Réservation recommandée.

🍷 Où prendre un verre et sortir

Intuition Ale Works   BRASSERIE
(☎ 904-683-7720 ; www.intuitionaleworks.com ; 720 King St ; ☺15h-23h mar-ven, à partir de 13h sam). Adresse incontournable pour les amateurs de bière, cette sympathique brasserie locale ne sert que ce breuvage, mais vous pourrez sans problème vous y faire livrer une pizza si vous avez un petit creux.

Mark's   BAR
(☎ 904-355-5099 ; www.marksjax.com ; 315 E Bay St ; ☺16h-tard mar-ven, à partir de 20h sam). Tenue correcte de rigueur dans cet élégant bar à cocktails et night-club. En milieu de semaine, l'endroit est convivial, invitant à la conversation, mais les vendredis et samedis soir, c'est l'ambiance discothèque qui prend le pas.

Underbelly   MUSIQUE LIVE
(☎ 904-353-6067 ; www.underbellylive.com ; 113 E Bay St ; ☺11h-2h lun-ven, à partir de 18h sam-dim). La salle de concerts la plus en vue de Jacksonville est sise en plein cœur de son centre. Le site Internet en détaille la programmation.

Florida Theatre   THÉÂTRE
(☎ 904-355-5661 ; www.floridatheatre.com ; 1128 E Forsyth St). Cette salle intime et somptueuse de 1927 accueillit le premier grand concert en salle d'Elvis Presley en 1956. On peut aujourd'hui y assister aux spectacles de grands noms de la musique, à des comédies musicales à succès et à la projection de classiques du cinéma.

San Marco Theatre   CINÉMA
(☎ 904-396-4845 ; www.sanmarcotheatre.com ; 1996 San Marco Blvd). Dans ce monument Art déco de 1938, on peut regarder un film tout en commandant une bière, du vin, une pizza ou un sandwich.

ℹ Renseignements

Plusieurs sources permettent de se renseigner sur Jacksonville et ses environs.

Florida Times-Union (www.jacksonville.com). Quotidien conservateur en format papier et en ligne. Le magazine *Weekend* du vendredi répertorie les manifestations s'adressant aux familles.

Folio Weekly (www.folioweekly.com). Gratuit ; liste des discothèques, restaurants et animations. Disponible partout en ville.

Jacksonville & the Beaches Convention & Visitors Bureau (☎ 800-733-2668 ; www.visitjacksonville.com ; 208 N Laura St, Suite 102 ; ☺9h-17h lun-ven). Cet office de renseignements touristiques vous dira tout ce qu'il y a à savoir sur Jax et ses environs. D'autres bureaux à Jacksonville Landing (☎ 904-791-4305 ; 2 Independent Dr ; ☺11h-15h lun-jeu, 10h-19h ven-sam).

METRO : L'ADRESSE GAY INCONTOURNABLE

Metro (☎ 904-388-8719 ; www.metrojax.com ; 849 Willow Branch Ave). Ce complexe de loisirs, meilleure adresse gay de Jacksonville, abrite une discothèque, un bar de nuit, un piano-bar, une salle de jeux avec flippers, une salle de repos non-fumeurs, une *boiler room* (la "chambre de chauffe", un peu plus *hot*) et un bar à spectacles.

CURIOSITÉ LOCALE : LE CHÊNE QUE CACHAIT LA FORÊT

Dans la partie sud de la ville, on dirait de loin qu'une petite forêt s'épanouit au milieu du béton. Mais, à y regarder de plus près, voilà que la forêt se révèle n'être qu'un seul arbre, pour le moins gigantesque : 7,6 m de circonférence pour son tronc et près de 60 m pour le diamètre de son ombre au sol ! Selon la légende, ce fabuleux chêne de Virginie serait, du haut de ses 250 ans, la chose la plus ancienne de Jacksonville. Baptisé Treaty Oak ("chêne du traité de paix"), il se trouve dans le Jesse Ball duPont Park (1123 Prudential Dr).

Jacksonville Public Library (bibliothèque ; ☑ 904-630-2665 ; www.jpl.coj.net ; 303 N Laura St ; ☺ 10h-18h lun et jeu-sam, 13h-17h dim, 11h-19h mar-mer ; ☎). Wi-Fi gratuit et personnel aimable.

❶ Comment s'y rendre et circuler

L'**aéroport international de Jacksonville** (JAX ; ☑ 904-741-4902 ; www.flyjax.com), à 30 km environ au nord de la ville sur l'I-95, est desservi par les compagnies internationales et régionales. Les principaux loueurs de véhicules y sont représentés. Si vous ne louez pas de voiture, comptez environ 35 $ pour gagner le centre-ville. Sinon, suivez les pancartes qui mènent aux navettes : il existe quantité de compagnies avec licence et les réservations ne sont pas nécessaires.

La **gare routière Greyhound** (☑ 904-356-9976 ; www.greyhound.com ; 10 Pearl St) est à l'extrémité ouest du centre-ville, la **gare ferroviaire Amtrak** (☑ 904-766-5110 ; www.amtrak.com ; 3570 Clifford Lane) à 8 km au nord-ouest du centre-ville.

La **Jacksonville Transportation Authority** (☑ 904-630-3100 ; www.jtafla.com) assure le service de bus et de trolleys en ville et vers les plages (1 $), ainsi qu'une ligne de métro aérienne (Skyway) au-dessus du fleuve, joliment panoramique mais peu utilisée.

Plages des environs de Jacksonville

Les étendues de sable les plus proches de Jacksonville sont idéalement peu fréquentées. En allant du sud vers le nord, **Ponte Vedra Beach**, avec ses parcours de golf, ses complexes hôteliers et ses villas, est la plage chic qui accueille les tournois de l'ATP et de la PGA. En ville, **Jacksonville Beach** est une concentration de restaurants, de bars et de clubs, tandis que **Neptune Beach** est plus intime et plus calme. Et si vous voulez vraiment avoir de l'espace, **Atlantic Beach**,

avec plusieurs entrées le long de Seminole Beach Rd, est sublime.

L'endroit a l'attrait d'une ambiance agréable et détendue. De fait, les résidents en sont plus tranquilles que leurs concitoyens du sud de la Floride. Jax Beach tient mieux la comparaison avec la Californie que le reste de la Floride, même si un continent les sépare.

❍ À voir et à faire

L'animation se concentre essentiellement à Jacksonville Beach, en effervescence tout l'été (et une grande partie de l'hiver, très doux).

Jacksonville Beach Pier   JETÉE
(☑ 904-241-1515 ; www.jacksonvillebeachpier.com ; 503 N 1st St, Jacksonville Beach ; promenade/pêche 1/4 $; ☺ 6h-22h). Construite en planches démontables en cas d'ouragan, la jetée de 400 m compte un magasin d'appâts, des prestataires et des petites installations pour nettoyer le poisson. Apportez des boissons, lancez votre ligne et attendez que ça morde.

Rent Beach Stuff   LOCATION DE VÉLOS
(☑ 904-305-6472 ; www.rentbeachstuff.com ; 11 1st St N, Jacksonville Beach ; ☺ 8h-18h). Les routes sont plates et les villes petites : pourquoi ne pas louer un vélo ? Outre divers équipements pour la plage et les sports nautiques, cette agence livrera un vélo de plage (*beach cruiser*) à votre hôtel pour 30 $/jour.

🛏 Où se loger

Kathryn Abbey Hanna Park   CAMPING $
(☑ 904-249-4700 ;   500 Wonderwood Dr, Atlantic Beach ; empl 22 $). Cet agréable parc et camping ombragé se situe à un jet de pierre de l'océan et dispose d'un lac d'eau douce.

Sea Horse Oceanfront Inn   MOTEL $$
(☑ 800-881-2330 ; www.jacksonvilleoceanfronthotel.com ; 120 Atlantic Blvd, Neptune Beach ; ch à partir de 119 $; ☒ ☎ ☒). Les chambres de cet

hôtel rénové dans un rose vif ont vue sur la piscine en forme de haricot et sur l'océan. Sans conteste, un cran au-dessus des autres établissements de ce genre, avec large TV à écran plat et accueil chaleureux. Certains clients reviennent année après année.

Courtyard by Marriott Jacksonville Beach Oceanfront
HÔTEL $$

(☑ 904-249-9071 ; www.marriott.com ; 1617 1st St N, Jacksonville Beach ; ch à partir de 169 $). Des quelques hôtels de chaîne de Jax Beach, nous apprécions particulièrement cette propriété en bord de mer pour ses chambres agréables et fonctionnelles, et son personnel aimable et attentif. Donnant sur la plage, l'établissement dispose de tout le nécessaire pour le délassement de sa clientèle.

Fig Tree B&B
B&B $$

(☑ 904-246-8855 ; www.figtreeinn.com ; 185 4th Ave, Jacksonville Beach ; ch avec petit-déj 145-175 $; ❄ @). Ce cottage rustique en bardeaux de cèdre loue 6 chambres, dont la surprenante *Bird Room*, avec son cadre de lit en osier fait main et son fauteuil assorti. Outre le petit-déjeuner (cuisiné le week-end et en libre-service en semaine), un thé est servi l'après-midi, dans la véranda ombragée.

♥ One Ocean
HÔTEL $$$

(☑ 904-249-7402 ; www.oneoceanresort.com ; 1 Ocean Blvd, Atlantic Beach ; ch à partir de 180 $; ❄ 🛜 ⛱). Cet hôtel chic doit à son emplacement en front d'océan de s'être attiré la faveur des célébrités. Le somptueux hall d'entrée est tout en élégance et modernité, avec marbre blanc, murs iridescents et personnel en costume. Les chambres ne sont pas en reste, avec leur lignes contemporaines, rehaussées d'éclats d'argent, d'étain et de bleu-vert ; la plupart ont vue sur l'océan. Embellissez encore votre séjour par un soin au spa suivi d'un dîner dans le restaurant en bord de mer le plus raffiné de la région, l'Azurea.

Lodge at Ponte Vedra
RESORT $$$

(☑ 904-285-1111 ; www.pontevedra.com ; 100 Ponte Vedra Blvd, Ponte Vedra Beach ; ch à partir de 279 $; ❄ 🛜 ⛱). 🍴 Les familles prospères plébiscitent cet opulent complexe de style méditerranéen – un monument historique –, où les enfants peuvent jouer dans la piscine tandis que les parents savourent un massage bienvenu face à l'océan. Chambres et suites sont lumineuses et de très bon goût, dans des tons vert tilleul et sable ; sdb ultra-luxueuses en granit et marbre.

✖ Où se restaurer et prendre un verre

Colonel Mustard's Phatburger
BURGERS $

(☑ 904-247-5747 ; www.jaxbestburgers.com ; 1722 3rd St N, Jacksonville Beach ; burgers à partir de 6 $; ⏱ 8h-22h). Une option accueillante et sans prétention, tenue en famille à quelques rues de la plage. Bon marché et gaie, elle ravira la majorité des palais, même si les végétariens seront déçus. Les petits-déjeuners sont aussi bons que les burgers, les délicieuses frites et les galettes de pommes de terre, qui contenteront les plus fins connaisseurs.

Beach Road Chicken Dinners
CUISINE DU SUD $

(☑ 904-398-7980 ; www.beachroadchickendinners.com ; 4132 Atlantic Blvd, Jacksonville ; plats 4-12 $; ⏱ 11h-20h30 mar-sam, 11h-18h dim). Cette adresse délicieusement rétro sert du poulet frit depuis 1939. Détachez une bouchée d'une cuisse tendre et enveloppez-la dans un biscuit bien rebondi, et vous comprendrez

---

FREEBIRD LIVE

Les fans de Lynyrd Skynyrd, groupe de rock originaire de Jacksonville, auront envie de lui rendre hommage au **Freebird Live** (☑ 904-246-2473 ; www.freebirdlive.com ; 200 N 1st St, Jacksonville Beach ; ⏱ 20h-2h soirs de spectacle), une salle de spectacle sur deux niveaux dotée de grandes vérandas, propriété de la famille Van Zant. Le fondateur et chanteur du groupe, Ronnie Van Zant (de même que plusieurs de ses camarades), périt dans un accident d'avion en 1977. Son frère cadet Johnny lui succéda lorsque le groupe se reforma 10 ans plus tard.

Quand ils ne sont pas en tournée, les Skynyrd, qui comptent encore deux membres historiques, investissent cette salle remplie de nombreux souvenirs. Mais Freebird est bien plus qu'un lieu de pèlerinage. Grâce à sa scène intime et à sa formidable acoustique, l'endroit s'est imposé comme l'une des meilleures petites salles de concerts du pays. Ouverte aux jeunes talents locaux, elle a aussi accueilli Willie Nelson, The Killers et George Clinton.

TALBOT ISLAND ET FORT GEORGE ISLAND

La route la plus spectaculaire pour rejoindre Amelia Island depuis les plages de Jacksonville recèle nombre d'occasions de marquer la pause : sorties en kayak, parcs d'État et nombreux campings en bord de rivière ou de plage. C'est un trajet merveilleux pour quiconque dispose de son propre véhicule et d'un peu de temps.

Si vous prenez vers le nord à partir des plages de Jacksonville par l'A1A, vous devrez emprunter le **St Johns River Ferry** (☑904-241-9969 ; www.stjohnsriverferry.com ; 5 $/voiture ; ☺ttes les 30 min 6h-19h) à Mayport. Tournez à gauche dans Fort George Rd pour rejoindre le **Fort George Island Cultural State Park** (☑904-251-2320 ; www.floridastateparks.org/fortgeorgeisland ; State Rd A1A S ; ☺8h-crépuscule, centre des visiteurs 9h-17h mer-dim) GRATUIT. Bien que l'emplacement exact du fort érigé par les Britanniques en 1736 demeure incertain, l'île en a conservé le nom. À son heure de gloire, avant la Seconde Guerre mondiale, les "garçonnes" affluaient au très chic Ribault Club, bâti en 1928 pour accueillir des fêtes. Abritant aujourd'hui le centre des visiteurs, la demeure, méticuleusement restaurée, arbore de majestueuses voûtes et trois douzaines de portes-fenêtres en cyprès. C'est le point de départ de la boucle Saturiwa de 7 km, que vous pouvez emprunter à pied, à vélo ou en voiture. Les immenses monticules de coquillages permettent de dater l'occupation de l'île par les Timucua à plus de 4 000 ans.

En poursuivant sur Fort George Rd jusqu'à la limite nord du parc, vous rejoindrez la **Kingsley Plantation** (☑904-251-3537 ; www.nps.gov/timu ; 11676 Palmetto Ave ; ☺9h-17h) GRATUIT, pour visiter certaines parties du plus ancien bâtiment de plantation encore debout en Floride, ainsi que les vestiges de 23 cabanes d'esclaves en *tabby*. La maison principale subit des réparations en quasi permanence à cause des termites et de l'humidité, mais les terrains, vastes et ombragés, constituent un endroit idéal pour un pique-nique. Ne manquez pas d'engager un guide pour connaître l'histoire du site.

Un court trajet en voiture à l'ombre de Palmetto Ave vous ramènera à l'A1A : prenez vers le nord jusqu'au **Little Talbot Island State Park** (☑904-251-2320 ; www.floridastateparks.org/littletalbotisland ; 12157 Heckscher Dr ; 5 $/véhicule, camping 24 $/nuit ; ☺8h-crépuscule), ses 8 km de plages immaculées, sa faune extraordinaire (loutres de rivière, lapins des marais, lynx) et de formidables opportunités de pêche au mulet et au spare tête-de-mouton. Camping possible. En continuant vers le nord, vous entrerez dans le parking désert et déposerez vos droits d'entrée dans l'enveloppe bleue du **Big Talbot Island State Park** (☑904-251-2320 ; www.floridastateparks.org/bigtalbotisland ; State Rd A1A N ; 3 $/véhicule ; ☺8h-crépuscule), désolé mais charmant. Prenez votre appareil photo et suivez le court sentier jusqu'à Boneyard Beach, où les squelettes de chênes verts et de cèdres lavés par le sel jonchent le sable blanc, bordé par une falaise érodée de 6 m.

Entre les 2 îles, **Kayak Amelia** (☑904-251-0016 ; www.kayakamelia.com ; 13030 Heckscher Dr ; circuits guidés à partir de 65 $, location de kayak journée à partir de 49 $) vous permettra de louer un kayak ou un canoë, ou de vous joindre à un des éco-circuits guidés. Les sorties nocturnes sont un moyen magique de découvrir ces eaux propices à la contemplation, brillant d'un éclat d'argent sous la lune. Les enfants sont les bienvenus, mais appelez à l'avance pour organiser les choses.

En cas de petite faim, les marchés les plus proches se trouvent près du ferry sur Fort George Island, ou sur Amelia Island, dont les délices vous attendront à la fin de votre périple.

pourquoi on fait la queue tous les jours devant cette cabane tant appréciée.

Beach Hut Café CUISINE DU SUD $
(☑904-249-3516 ; 1281 3rd St S, Jacksonville Beach ; plats 4-10 $; ☺6h-14h30). Ne vous fiez pas à son emplacement, dans un centre commercial : la cuisine est divine. Son

copieux petit-déjeuner du Sud, servi toute la journée, draine une longue file d'attente, surtout le week-end.

European Street CAFÉ $
(☑904-249-3001 ; www.europeanstreet.com ; 992 Beach Blvd, Jacksonville ; plats 6-12 $; ☺10h-22h). Remontez de la plage pour déguster des

salades, des sandwichs, des plats allemands et d'autres spécialités de ce chocolatier, traiteur, bar (150 bières importées) et épicerie fine.

Metro Diner
DINER $$

(☎ 904-853-6817 ; www.metrodiner.com ; 1534 N 3rd St, Jacksonville Beach ; plats 9-16 $; ⏰ 7h-14h30). Parfait pour un brunch à Jacksonville Beach, cet excellent et authentique *diner* est ouvert depuis 1938. Il est d'usage bondé, surtout le week-end. Au menu : œufs Bénédicte pour le brunch, pain de viande, sandwichs au poisson et tourte au poulet.

Penthouse Lounge
BAR

(☎ 904-270-0025 ; www.casamarinahotel.com ; 691 N 1st St, Jacksonville Beach ; ⏰ 11h-tard mar-ven, à partir de 13h sam-dim, à partir de 16h lun ; 📶). Aménagé au-dessus du Casa Marina, un hôtel restauré de 1925, ce petit bar ultra-tendance de bord de mer a l'atout d'une vue imbattable. Musique d'ambiance sur la terrasse, installée sur le toit. Sessions DJ en soirée, du jeudi au samedi.

❶ Renseignements

Le **Beaches Visitor Center** (☎ 904-242-0024 ; www.jacksonvillebeach.org ; 380 Pablo Ave, Jacksonville Beach ; ⏰ 10h-16h30 mar-sam) dispose d'informations sur les plages.

❶ Comment s'y rendre et circuler

En voiture depuis Jacksonville, suivez l'I-10 jusqu'à Atlantic Beach, et la Hwy 90 (Beach Blvd) jusqu'à Jacksonville Beach. Depuis St Augustine, suivez la Hwy A1A plein nord.

Jacksonville Transportation Authority (p. 367) assure un service de bus entre Jacksonville et les plages (1,50 $).

Amelia Island

Les férus d'histoire aiment cette île magnifique, située à seulement 21 km de la frontière avec la Géorgie, et où le charme du Vieux Sud s'allie à la culture balnéaire floridienne. On suppose que les habitants d'origine de l'île, les Timucuans, s'y établirent voici quelque 4 000 ans. Depuis cette époque, elle passa sous pas moins de 8 pavillons différents, à commencer par celui de la France en 1562, puis de l'Espagne, de l'Angleterre, de l'Espagne à nouveau, suivi de celui des patriotes, de la Croix verte de Floride, des rebelles mexicains, des États-Unis, des États confédérés, puis à nouveau le drapeau fédéral, qui lui est resté depuis.

Les vacanciers y sont venus en masse dès les années 1890, alors qu'Henry Flagler commençait à transformer la côte orientale sauvage de la Floride pour en faire une destination de loisirs pour les riches. L'héritage de cet âge d'or est toujours visible dans le centre d'Amelia, à Fernandina Beach, laquelle compte 50 parcelles d'édifices historiques, dont des B&B victoriens et des restaurants dans d'anciens cottages de pêcheurs qui font d'Amelia Island une destination pleine de charme. Offrez-vous plusieurs jours sur place si vous le pouvez.

Le reste de l'île est ponctué de parcs luxuriants, de parcours de golf et de kilomètres de littoral resté sauvage.

❂ À voir et à faire

Flâner dans Fernandina Beach, le centre historique, où abondent bistrots et boutiques, est un des principaux attraits de l'île.

Fort Clinch State Park
PARC

(☎ 904-277-7274 ; www.floridastateparks.org/fortclinch ; 2601 Atlantic Ave ; parc piéton/voiture 2/6 $; ⏰ parc 8h-crépuscule, fort 9h-17h). La construction du Fort Clinch débuta en 1847, mais ses murs de maçonnerie étaient déjà obsolètes en 1861, lorsqu'une milice confédérée s'empara sans effort de la place, pour l'évacuer peu après. Des troupes fédérales occupèrent à nouveau le fort pendant la Seconde Guerre mondiale. Aujourd'hui, le parc a son lot d'activités plus paisibles. En plus d'une jetée de 800 m propice à la pêche, vous profiterez des plages paisibles et de près de 10 km de sentiers tranquilles pour la randonnée ou le vélo.

Le premier week-end de chaque mois, des troupes en uniforme d'époque exécutent une reconstitution de l'évacuation des confédérés. Les participants vont jusqu'à préparer le repas dans l'énorme chaudron en fer de la vieille cuisine et jusqu'à dormir sur des paillasses dans le baraquement des soldats. La visite guidée à la lueur des bougies (3 $; mai-sept) se révèle une expérience mémorable.

Amelia Island Museum of History
MUSÉE

(☎ 904-261-7378 ; www.ameliamuseum.org ; 233 S 3rd St ; tarif plein/étudiant 7/4 $; ⏰ 10h-16h lun-sam, 13h-16h dim). Logé dans l'ancienne prison de la ville (1879-1975), le seul musée de Floride consacré à la tradition orale compte

L'HÉRITAGE AFRO-AMÉRICAIN SUR AMERICAN BEACH

Le magnat des assurances A.L. Lewis, le premier millionnaire noir de l'État, fonda en 1935 American Beach, la première plage afro-américaine sur le littoral ségrégationniste de Floride. À la grande époque, des foules d'Afro-Américains venaient par bus entiers. Les spectacles de Louis Armstrong, Ray Charles, parmi d'autres, engrangeaient les plus grosses recettes de Floride. Mais, en 1964, l'ouragan Dora détruisit commerces et habitations ; peu après, la déségrégation permit aux Afro-Américains de fréquenter des plages plus proches de chez eux. Récemment, des parcours de golf et des enclaves résidentielles protégées ont empiété sur ce qui reste d'American Beach, mais l'accès à la plage reste possible par Lewis St, en retrait de la Hwy A1A.

des salles minuscules, mais instructives, où sont traitées l'histoire amérindienne, l'époque de la colonisation espagnole, la guerre de Sécession et la préservation historique. Diverses visites sont organisées, dont le circuit des 8 drapeaux (11h et 14h lun-sam et 14h dim), consacré à la fascinante histoire de l'île, et des circuits architecturaux, des tournées des pubs et des promenades à pied audioguidées sur téléphone portable (5 $).

Kelly Seahorse Ranch   ÉQUITATION
(☑ 904-491-5166 ; www.kellyranchinc.net ; 7500 1st Coast Hwy ; balade 1 heure 70 $; ⊙ 10h, 12h, 14h et 16h). Ce ranch en activité propose des balades à cheval sur la plage, convenant aux débutants ; appelez à l'avance pour des circuits plus longs ou plus difficiles. Aucune expérience n'est requise, mais l'âge minimum exigé est de 13 ans.

Egan's Creek Greenway   PROMENADE À PIED
(☑ 904-310-3363 ; 2500 Atlantic Ave). GRATUIT Un ensemble de sentiers herbeux couvrant plus de 120 ha, l'Egan's Creek Greenway est le lieu idéal pour apercevoir des alligators, des serpents, des lynx et quantité d'espèces aviaires. Des panneaux informatifs longent les sentiers. Il est recommandé de porter des chaussures bien fermées et à semelle épaisse.

Pipeline Surf Shop   SURF
(☑ 904-277-3717 ; www.pipelinesurfshop.com ; 2022 1st Ave ; location à partir de 35 $; ⊙ 9h-18h). De l'automne au printemps, quand souffle le vent du nord-est, de nombreuses plages sont propices au surf, en particulier Main Beach. Pipeline loue toutes sortes de planches et de combinaisons, et dispense des cours de surf du niveau débutant à avancé. Il organise même des cours de yoga sur des planches de stand-up paddle !

👉 Circuits organisés

Amelia River Cruises   CROISIÈRE
(☑ 904-261-9972 ; www.ameliarivercruises.com ; 1 N Front St ; croisière à partir de 22 $). Embarquez sur un voilier de 10 m pour explorer Amelia et la proche Cumberland Island, en Géorgie, avec pauses pour admirer les vestiges d'une plantation.

Old Towne Carriage Company   CIRCUIT
(☑ 904-277-1555 ; www.ameliacarriagetours.com ; 115 Beech St ; promenade de 30 min adulte/enfant 15/7 $). Des calèches assurent des promenades de 1 heure ou de 30 minutes dans le centre historique.

🛏 Où se loger

Fernandina Beach est très riche en B&B victoriens et l'île compte plusieurs resorts luxueux en bord de plage. L'hébergement n'est pas bon marché et les tarifs des chambres peuvent flamber durant l'été et lors d'événements spéciaux.

Fort Clinch State Park   CAMPING $
(☑ 904-277-7274 ; www.floridastateparks.org/fortclinch ; 2601 Atlantic Ave ; empl 26 $). Un camping agréable et extrêmement apprécié, avec des emplacements au bord de l'océan et d'autres proches du fleuve Amelia. Ces derniers, recouverts de mousse et ombragés de chênes sont plus intimes que ceux sur la plage. Assurez-vous de réserver bien à l'avance.

❤ Addison   B&B $$
(☑ 904-277-1604 ; www.addisononamelia.com ; 614 Ash St ; ch avec petit-déj 195-260 $; ❄🐾). 🖋 L'établissement, qui date de 1876, a su s'embellir et se moderniser (baignoires à remous, douche à effet de pluie, serviettes en coton turc et Wi-Fi) et donne l'impression d'être tout juste construit. Un happy hour

VAUT LE DÉTOUR

EXCURSION À CUMBERLAND ISLAND NATIONAL SEASHORE

La plus grande île sauvage des États-Unis, **Cumberland Island** (912-882-4336 ; www.nps.gov/cuis ; entrée 4 \$, camping marin 4 \$), se trouve juste de l'autre côté de la frontière de l'État de Géorgie. S'étendant sur 28 km de longueur et 5 km de largeur, près de la moitié de ses 148 km^2 se composent de marécages, de laisses de vase et de ruisseaux de marée. Seuls 300 visiteurs à la fois sont autorisés sur l'île, accessible par un trajet en ferry de 45 minutes.

À terre, des rangers animent des visites gratuites de 1 heure, qui se terminent par les ruines de Dungeness, la demeure (1884) de Thomas et Lucy Carnegie. En chemin, ils évoquent la faune locale très riche (chevaliers, balbuzards, passerins nonpareils, caouannes, tatous, cerfs...) et 4 000 ans d'histoire englobant les Timucuans, les colons britanniques et les missionnaires espagnols.

Après la guerre de Sécession, des esclaves libérés achetèrent des parcelles de terre à l'extrémité nord de l'île et fondèrent la première église baptiste africaine en 1893. Reconstruite dans les années 1930, la minuscule église en bois peint en blanc, de 11 bancs, a vu se marier, en 1996, John Kennedy Jr et Carolyn Bessette, décédés tous les deux depuis. Elle est ouverte au public, mais, depuis le débarcadère, il faut parcourir 25 km à travers les fourrés pour y accéder.

Le charmant village historique de **St Marys** (www.stmaryswelcome.com) est la porte d'entrée de cette île qui ne compte aucun magasin. Pensez à apporter des provisions, de l'antimoustique et votre appareil photo ! L'offre d'hébergements sur l'île est large, allant des villégiatures opulentes aux campings rudimentaires. Consultez le site Web de St Marys pour plus de détails.

Les **ferries** (912-882-4335 ; www.nps.gov/cuis ; aller-retour tarif plein/senior/enfant 20/18/14 \$) partent de St Marys à 9h et 11h45, avec retour à 10h15 et 16h45 (un ferry supplémentaire circule à 14h45 du mercredi au samedi, de mars à novembre ; aucun ferry les mardis et mercredis de décembre à février). Réservation recommandée.

Depuis le nord de la Floride, prenez l'I-95 vers le nord jusqu'à St Marys Rd (sortie 1). Obliquez à droite vers la GA-40/St Marys Rd E, et suivez-la jusqu'au bout.

---

quotidien se tient dans la jolie cour intérieure en présence des propriétaires, qui sont les plus sympathiques (et les plus drôles) d'Amelia. Les visiteurs soucieux d'environnement seront contents d'apprendre que l'établissement a obtenu le label du Green Lodging de l'État de Floride pour ses efforts en matière d'économie d'énergie et d'eau.

Hampton Inn & Suites HÔTEL **\$\$**
(904-491-4911 ; www.hamptoninn.com ; 19 S 2nd St ; ch à partir de 139 \$;). Seul hôtel de chaîne d'importance sis en plein cœur du quartier historique, à 2 pas du port, le Hampton Inn a l'immense avantage de se trouver accessible à pied depuis tous les centres d'intérêt du centre de Fernandina Beach. D'un excellent rapport qualité/prix pour cette destination onéreuse, les chambres et suites sont dotées de lits confortables, de mobilier neutre et de bonnes douches. Cuisine optionnelle.

Fairbanks House B&B **\$\$**
(904-277-0500 ; www.fairbankshouse.com ; 227 S 7th St ; ch/ste/cottage avec petit-déj à partir de 185/265/230 \$;). On imagine bien Indiana Jones se retirant dans cette majestueuse maison de style gothique victorien, débordant de tapis en soie, de livres aux reliures de cuir et de babioles du monde entier. Les chambres sont vastes et décorées de manière à être assorties au style de l'hôtel. Les suites, comme la Tower Suite, tout en bois, peuvent loger jusqu'à 5 personnes et leurs hôtes ont la jouissance privée de la verrière surplombant les chênes. Les autres clients se contentent, eux, de la piscine et du jardin à l'arrière.

♥ Ritz Carlton HÔTEL **\$\$\$**
(904-277-1100 ; www.ritzcarlton.com/en/Properties/AmeliaIsland ; 4750 Amelia Island Pkwy ; ch à partir de 299 \$). Un Ritz Carlton à l'emplacement insolite où vous attendent le summum du luxe et du plaisir, ainsi qu'un service irréprochable. Installé sur une plage sauvage de 21 km, il possède un parcours de golf 18 trous et de somptueuses chambres et suites meublées avec élégance. L'hôtel s'adresse aux voyageurs fortunés, habitués

au meilleur, ou à quiconque aspire à un séjour de rêve au prix fort.

Hoyt House
B&B $$$

(☑ 904-277-4300, 800-432-2085 ; www.hoythouse. com ; 804 Atlantic Ave ; ch avec petit-déj à partir de 229 $; ❄ 🛜 🏊). Ce B&B récompensé, installé dans une grandiose maison victorienne perchée à la lisière du centre-ville, arbore un ravissant belvédère, idéal pour prendre un rafraîchissement. Chacune des 10 chambres est agréablement meublée à l'ancienne avec de véritables trésors. Service en chambre disponible.

Elizabeth Pointe Lodge
B&B $$$

(☑ 904-277-4851 ; www.elizabethpointelodge.com ; 98 S Fletcher Ave ; ch/ste à partir de 240/390 $; ❄ 🛜). Cet imposant B&B en bois typique des années 1890, sis en bord d'océan à 3 km du centre-ville, a un charme fou. Les terrasses, équipées de rocking-chairs, sont le meilleur endroit sur l'île pour admirer le lever du soleil. Les chambres, classiques et élégantes, sont dotées de lits moelleux et d'immenses baignoires (balnéo dans certaines). La nouvelle Ocean House, adjacente au bâtiment principal, dispose de 4 chambres luxueuses dans un style caribéen. Les familles se renseigneront sur le non moins ravissant Miller Cottage, qui a 2 chambres.

Omni Amelia Island Plantation Resort
RESORT $$$

(☑ 904-261-6161 ; www.omnihotels.com/Amelials land ; 39 Beach Lagoon ; ch à partir de 269 $). À 14 km au sud de Fernandina Beach, ce resort en bord de mer, qui vient de rouvrir après des travaux de rénovation d'un montant de 85 millions de dollars, propose différents types de restaurants et un grand choix de chambres et villas élégantes. C'est l'endroit rêvé pour qui préfère les infrastructures à l'intimité qu'offrent les accueillants B&B de Fernandina.

✖ Où se restaurer

Fernandina Beach, dans le centre, compte une profusion de ravissants cafés et bistrots.

T-Ray's Burger Station
BURGERS $

(202 S 8th St ; plats 3-9 $; ❤ 7h-15h lun-ven, 8h-13h sam). Caché dans une station-service Exxon, ce *diner* sans prétention sert des hamburgers aussi savoureux que caloriques. Très apprécié par la population locale, le petit-déjeuner est copieux et les plats du jour partent vite. Les burgers juteux, les frites épaisses, les crevettes frites et les

tendres terrines de crabe sont alléchants. Faites confiance aux habitués, ils ne font pas la queue sans raison.

♥ Kelley's Courtyard Café
AMÉRICAIN $$

(☑ 904-432-8213 ; www.kelleyscourtyardcafe.com ; 19 S 3rd St ; plats 8-26 $; ❤ 11h30-21h jeu-sam, lun-mar, 11h30-15h mer). Tenu par des résidents nés ici, ce charmant café sert de délicieux repas familiaux, à base d'ingrédients locaux des plus frais, cuisinés à la mode sudiste. Avec son agréable cour, le Kelley's est idéal pour les familles en journée et pour les repas en amoureux en soirée. Si vous n'avez jamais goûté à une pizza aux crevettes sauce barbecue, c'est le moment de vous lancer !

Café Karibo & Karibrew
FUSION $$

(☑ 904-277-5269 ; www.cafekaribo.com ; 27 N 3rd St ; plats 8-25 $; ❤ 11h-21h mar-sam, 11h-15h dim-lun). Dans une rue secondaire, une adresse tendance très prisée avec une longue carte éclectique : sandwichs, soupes, salades et en-cas sains… L'espace est vaste, sur 2 étages, avec un patio éclairé de guirlandes lumineuses. Dans la brasserie adjacente, le Karibrew, commandez une Sloppy Skip's Stout et des plats de pub, tel un sandwich au gâteau de crabe.

Le Clos
FRANÇAIS $$$

(☑ 904-261-8100 ; www.leclos.com ; 20 S 2nd St ; plats 16-30 $; ❤ 17h30-21h30 lun-sam). Cuisine classique française avec un zeste de Floride (poissons aux agrumes glacés, excellent steak-frites, et crème brûlée craquante à point) servie dans un adorable petit patio-bistrot trop bondé pour être romantique. Son ambiance, ses repas de qualité et son excellent service lui valent une bonne réputation.

Merge
AMÉRICAIN MODERNE $$$

(☑ 904-277-8797 ; 510 S 8th St ; repas 18-34 $; ❤ 17h-22h). Ce bistrot chic et discret en retrait de l'animée 8th St a de plus en plus le vent en poupe. Les gourmets sont enthousiasmés par les délicieuses et innovantes préparations à base de produits de la mer : saint-jacques sur un lit de rhubarbe braisée, huîtres gratinées à la farine de maïs accompagnées de crème au cheddar… Divin.

29 South
SUDISTE $$$

(☑ 904-277-7919 ; 29 S 3rd St ; plats 10-28 $; ❤ 11h30-14h30 et 17h30-21h30 mer-sam, 10h-14h30 et 17h30-21h30 dim, 17h30-21h30 lun-mar). *Lobster corn dogs*, escalopes de porc infusées au thé parfumé, gâteau de donut maison et glace au café... Que des plats à se damner. Dans ce cottage mauve, ce bistrot proposant une nouvelle cuisine du Sud joue d'aventurisme avec bonheur. Ambiance à la fois chic et détendue.

Où prendre un verre et sortir

♥ Palace Saloon   BAR
(☎904-491-3332 ;   www.thepalacesaloon.com ; 113-117 Centre St ; ☻12h-2h). En franchissant les portes battantes du plus ancien bar en activité de Floride (ouvert sans interruption depuis environ 1878), la première chose que vous remarquerez sera le comptoir de 12 m éclairé à la lampe à gaz. Au milieu d'une clientèle bigarrée de motards et d'aficionados de Shakespeare, vous goûterez le "punch du pirate" dans la pénombre d'un intérieur drapé de velours. Lors de notre passage, les clients pouvaient toujours fumer à l'intérieur.

Green Turtle Tavern   BAR
(www.greenturtletavern.com ;   14 S   3rd St ; ☻15h-1h). Décontracté et accueillant, ce bar coloré est installé dans un petit cottage tout de guingois et entouré d'une véranda. Y sont servis des cocktails, du bourbon de toute sorte et quantité de bières fraîches. Avec un peu de chance, vous entendrez le guitariste occupé à jouer à l'extérieur.

Hammerhead Beach Bar   BAR
(☎904-491-7783 ;   www.hammerheadbeachbar. com ; 2045 S Fletcher Ave ; ☻10h-2h). Servant des boissons bon marché à foison, ce bar populaire propose des billards à l'intérieur, deux grandes terrasses ensoleillées avec vue sur l'océan, d'occasionnelles sessions DJ et les tristement célèbres concours de bikini du dimanche. La testostérone est au rendez-vous.

Achats
Le centre-ville de Fernandina Beach comprend une douzaine de rues où s'alignent boutiques de caramels, d'articles pour enfants, de bougies, etc. Les boutiques d'antiquités sont également réputées, notamment pour les objets sur le thème nautique.

Eight Flags Antiques Market   ANTIQUITÉS
(☎904-277-8550 ;   605 Centre St ;   ☻10h-18h lun-sam, à partir de 12h dim). Un immense espace couvert regroupant une trentaine de stands. On peut y trouver de bonnes affaires.

❶ Renseignements

Historic Downtown Visitor Center (office du tourisme ; (☎904-277-0717 ; www. ameliaisland.com ; 102 Centre St ; ☻10h-16h). Nombreuses informations et cartes utiles sur le centre-ville historique, dans l'ancien dépôt ferroviaire, qui mérite à lui seul le détour.

Maritime Museum & Welcome Center (☎800-226-3542 ; www.fbmaritimemuseum.org ; 17 S Front St ; ☻10h-16h mer-sam, 13h-16h dim). À proximité du port, ce petit musée maritime fournit diverses cartes et brochures sur la région.

Nassau County Public Library (bibliothèque publique ; 25 N 4th St ; ☻10h-18h mar, mer, ven-sam, 10h-20h lun et jeu) Accès Internet gratuit.

❶ Comment s'y rendre et circuler

La Hwy A1A se sépare en deux directions sur Amelia Island, l'une part vers l'ouest et l'I-95, et l'autre suit la côte ; les deux possibilités sont bien indiquées.

Pour se rendre à Amelia, le trajet le plus rapide depuis le continent consiste à emprunter l'I-95 vers le nord jusqu'à la sortie 373, puis à prendre la direction de l'est sur environ 15 km jusqu'à l'île.

Vous souhaitez un trajet plus agréable ? En partant de Jacksonville Beach vers la ville de Mayport, prenez le St Johns River Ferry (p. 369), qui relie Fort George Island toutes les 30 minutes.

CENTRE-NORD DE LA FLORIDE

Entre les haras de pur-sang, la vaste forêt d'Ocala et la sympathique ville universitaire de Gainesville, des sources cristallines jaillissent, et des routes de campagne sinuent pour relier entre elles des petites cités victoriennes tarabiscotées antérieures au tourisme de masse. Étonnamment, le centre-nord de la Floride évoque plutôt le sud des États-Unis que celui de l'État.

Blue Spring State Park

La plus grande source sur le fleuve St John, Blue Spring maintient une température constante de 22°C. Entre novembre et mars, jusqu'à 200 lamantins des Caraïbes viennent y trouver refuge Pour être certain de bien les voir, mieux vaut venir avant 11h ; un sentier accessible aux fauteuils roulants mène à la plateforme d'observation. Ce paisible **parc d'État** (☎386-775-3663 ; www.floridastateparks.

org/bluespring ; 2100 W French Ave, Orange City ; voiture/vélo 6/2 $; ☺8h-crépuscule) est une destination revigorante pour quiconque aime la baignade (interdite, toutefois, quand les lamantins sont présents), le snorkeling ou le canoë. Vous trouverez des emplacements de camping (24 $), des bungalows rudimentaires (95 $) et du matériel disponible à la location.

Vous pourrez également passer 2 heures à naviguer sur les eaux calmes avec **St Johns River Cruises** (☑386-917-0724 ; www.sjrivercruises.com ; 2100 West French Ave, Orange City ; adulte /enfant 22/16 $; ☺croisières 10h et 13h), dont les croisières "nature" offrent un aperçu préoccupant de la fragilité de l'écosystème.

Cassadaga

En 1894, George Colby, un New-Yorkais de 27 ans, était atteint de tuberculose. Seneca, son guide spirite amérindien, lui conseilla de se rendre dans le Sud jusqu'à un lac et de fonder une communauté spirite où il serait soigné. Colby s'exécuta et c'est ainsi que Cassadaga (prononcer "*cassudêgu*") vit le jour.

Aujourd'hui, la communauté de Colby est la plus ancienne communauté religieuse encore active des États-Unis. Composée d'un ensemble de cottages traditionnels des années 1920, c'est une zone historique protégée qui abrite la **Southern Cassadaga Spiritualist Camp Meeting Association** (☑386-228-3171 ; www.cassadaga.org ; 1325 Stevens St), association qui croit en l'intelligence infinie, les préceptes de prophétie et de guérison et la communication avec les morts. Ce lieu ferait partie d'un vortex énergétique où le monde des esprits et le monde terrestre seraient exceptionnellement proches, ce qui créerait la possibilité d'un "portail" entre les deux. Nous avons déjà visité des endroits bizarres, mais celui-ci remporte la palme !

Nichée à un carrefour rural, à environ 3 km en retrait de la route principale, cette petite communauté ne dispose ni de DAB ni de station-service. Éparpillé dans la région, une trentaine de praticiens spirituels proposent diverses "lectures psychiques", à partir de 50 $ les 30 minutes.

Le centre névralgique de la communauté est la **Cassadaga Camp Bookstore** (☑386-228-2880 ; www.cassadaga.org ; 1112 Stevens St ; ☺10h-17h lun-sam, 11h30-17h dim), qui vend des livres New Age, des cristaux et des encens,

et fait office de centre d'accueil des visiteurs de la localité. Le tableau blanc dans l'arrière-salle indique les médiums disponibles ce jour. La boutique organise également des visites guidées historiques du village (samedi, 13h et 15h ; 15 $) et des "circuits orbe" (samedi, 20h ; 25 $), où des photographes prennent des clichés de boules de lumière rougeoyantes - prétendus esprits d'un autre monde. Moyennant un don de 1 $, vous recevrez un guide de la colonie qui vous permettra de visiter les lieux par vous-même. À ne pas manquer : le paisible mais inquiétant lac Spirit, où les habitants dispersent les cendres des défunts.

Le **Cassadaga Hotel** (☑386-228-2323 ; www.cassadagahotel.net ; 355 Cassadaga Rd ; ch à partir de 55 $; ❄) d'origine a brûlé en 1926. On dit qu'aujourd'hui, des fantômes se tapiraient dans les recoins de l'hôtel reconstruit. Tel un décor qui aurait servi dans le film *Shining*, l'hôtel, à défaut d'élégance, offre une ambiance absolument unique tout en craquements et frôlements.

DeLand

Alors que la frénésie des néons et des gratte-ciel gagne une grande partie de la Floride, DeLand la stoïque n'en a cure. La ville se développe, mais au rythme voulu par la population locale. Le pittoresque Woodland Blvd, qui sépare l'est et l'ouest de la ville, abrite des magasins et des restaurants indépendants. De vieux chênes aux branches couvertes de mousse espagnole joignent leurs frondaisons au-dessus des rues. À l'image d'une carte postale, la Stetson University, qui forme le cœur de la ville, est l'un des plus jolis campus d'Amérique. C'est une ville de la Floride d'antan, et on s'y sent bien.

Malgré cette bonhomie, le goût du risque coule dans les veines de DeLand. Dans les années 1870, le magnat new-yorkais du bicarbonate de soude, Henry DeLand, descendit le fleuve St Johns dans l'idée de fonder l'"Athènes de Floride". Le projet échoua, mais aujourd'hui, DeLand est surtout connue pour le saut en parachute ; c'est ici que fut inventé le saut en tandem.

◉ À voir et à faire

Plusieurs édifices historiques offrent des visites guidées. Consultez le site de la West Volusia Historical Society (www.delandhouse.com) pour plus d'informations.

EN CHEMIN : UN MUSÉE DE LA POSTE À L'HÔTEL

Les philatélistes apprécieront la collection de *fancy cancels* (d'intéressants timbres d'annulation d'affranchissement) et les anciennes enveloppes décorées de ce singulier musée, installé dans la réception de l'agréable **1876 Heritage Inn** (☎386-774-8849 ; www.1876heritageinn.com ; 300 S Volusia Ave, Orange City ; ch 55 $; 🅿), sur la route venant de DeLand, à Orange City.

De Leon Springs State Park   PARC

(☎386-985-4212 ; www.floridastateparks.org/deleonsprings ; 601 Ponce de Leon Blvd, De Leon Springs ; voiture/vélo 6/2 $; ⊗8h-crépuscule). À 15 minutes du nord de la ville, ces sources naturelles, qui coulent vers le Lake Woodruff National Wildlife Refuge de 7 250 ha, étaient utilisées par les Amérindiens il y a 6 000 ans. Depuis, elles ont été converties en une immense zone de baignade, idéale pour les enfants. On peut y louer tout le matériel nécessaire pour des sports nautiques et faire des circuits en bateau : renseignez-vous au Park Office. Les randonneurs chevronnés s'aventureront sur le sentier Wild Persimmon de 6,7 km, qui serpente à travers des chênaies, des plaines inondées et des champs. Signalée par des flammes bleues, cette randonnée est difficile.

DeLand Hospital Museum   MUSÉE

(☎386-740-5800 ; www.delandhouse.com/hospital ; 230 N Stone St ; ⊗9h-15h lun-sam). **GRATUIT** Les amateurs de sites insolites ne manqueront pas ce musée original aménagé dans un ancien hôpital. Les pièces qu'il expose, réparties dans 8 salles, incluent une troublante salle d'opération des années 1920 et le Hawtense Conrad Elephant Fantasyland – une collection de plus de 1 000 éléphants de toute sorte.

Skydive DeLand   PARACHUTISME

(☎386-738-3539 ; www.skydivedeland.com ; 1600 Flightline Blvd ; saut en tandem 179 $, formation à la chute libre et 1er saut 351 $). Si sauter dans le vide à 190 km/h ne vous fait pas peur, vous voici au bon endroit. Un court briefing et un professionnel chevronné attaché dans votre dos suffiront pour vivre les 2 minutes les plus palpitantes de votre vie, au-dessus d'un magnifique paysage. Les parachutistes expérimentés peuvent sauter en solo ou se perfectionner chez ce prestataire de premier ordre. Une formation à la chute libre est également proposée afin d'apprendre à sauter tout seul.

🛏 Où se loger et se restaurer

La plupart des hôtels bon marché jalonnent la Hwy 17 (Woodland Blvd), au nord de la New York Ave. Vous trouverez un camping dans l'Ocala National Forest.

DeLand Country Inn   B&B $

(☎386-736-4244 ; www.delandcountryinn.com ; 228 West Howrie Ave ; ch avec petit-déj 89-119 $; ❉🛜). Prisé des parachutistes, ce plaisant B&B, tenu par un charmant couple anglais, occupe une bâtisse de 1883. Les 6 chambres cosy comportent des éléments rappelant l'Angleterre d'antan et un petit-déjeuner anglais est, bien entendu, servi tous les jours !

Artisan Downtown   HÔTEL $$

(☎386-873-4675 ; www.delandartisaninn.com ; 215 S Woodland Blvd ; ch à partir de 125 $; ❉🛜). Entièrement rénové en 2013, cet hôtel chic loue les chambres les plus tendance de tout DeLand, avec baignoires à remous et séjours confortables. Cerise sur le gâteau, il compte un bar et un restaurant, source d'aucune nuisance sonore.

Buttercup Bakery   BOULANGERIE $

(197 E Church St ; en-cas 2-7 $; ⊗7h-17h lun-ven, 8h-15h sam). Dans ce cottage d'un jaune ensoleillé, d'alléchantes pâtisseries s'empilent dans les vitrines : gâteaux à la crème au citron ou au chocolat blanc et abricots, *bread pudding* (gâteau à la mie de pain) aux pépites de chocolat et autres délices. Le café, le thé et les salades sont bio.

Cook's   AMÉRICAIN $$

(☎386-734-4399 ; www.cooksbuffetdeland.com ; 704 N Woodland Blvd ; buffet à partir de 10 $; ⊗11h-20h30). Difficile de ne pas apprécier un buffet à la fois excellent et riche de plats du jour bien chauds. Le Cook's propose des viandes rôties, des légumes, des soupes et des salades, que vient compléter un modeste choix de sandwichs gastronomiques à base de pain très frais. Un lieu bon marché, à l'aimable ambiance.

♥ Cress   AMÉRICAIN MODERNE $$$

(☎386-734-3740 ; www.cressrestaurant.com ; 103 W Indiana Ave ; plats 19-32 $; ⊗à partir de 17h30 mar-sam). Les citadins gourmets font le voyage jusqu'à la petite ville assoupie de DeLand rien que pour manger dans ce bistrot tendance. La carte affiche de véritables délices, comme le *mofongo* (classique de la cuisine caribéenne) aux fruits de mer locaux, le curry de crevettes indonésien et la salade de délicates vrilles de pois avec émulsion de fruits de la Passion. Les saveurs brûlantes de l'Inde sont également présentes ; le chef Pulapaka est né à Bombay et a abandonné une carrière de professeur de maths pour s'adonner à sa passion.

🛈 Renseignements

Welcome Center (☑386-734-4331 ; www. delandchamber.org ; 336 N Woodland Blvd ; ◷8h30-17h lun-ven). Quantité de renseignements sur DeLand.

Ocala

Constellé d'enclos vert émeraude où de beaux chevaux hennissent dans la brume du matin, la périphérie d'Ocala a tous les atours d'une "capitale mondiale du cheval". De fait, le comté de Marion compte environ 1 200 haras, avec plus de 45 races représentés.

En revanche, le centre d'Ocala n'a rien d'une carte postale. Or les visiteurs se rendent ici surtout pour les magnifiques sources cristallines qui entourent cette cité rurale, et le plus bel espace vert de Floride, l'Ocala National Forest.

👁 À voir et à faire

💜 Don Garlits Museums   MUSÉE

(☑877-271-3278 ; www.garlits.com ; 13700 SW 16th Ave ; adulte/enfant 15/6 $; ◷9h-17h). Habitant de la ville, Don Garlits, surnommé "Big Daddy" a remporté 144 courses nationales et 17 titres lors de championnats du monde, pulvérisant d'incroyables records de vitesse dans ces bolides qu'il a faits de ses mains. Un séjour à Ocala ne serait pas complet sans une visite de ses 2 musées. Le premier, le musée de la Course de dragsters, présente des collections de moteurs et un alignement impressionnant de quelque 150 de ces monstres. Le jouxtant, le musée des Voitures anciennes expose une collection phénoménale de plus de 70 automobiles, notamment une Model T de 1926 et la Mercury de 2 tonnes (1950) de Don, conduite par Fonzie dans la série *Happy Days*. Comptez au moins 2 heures pour la visite.

Silver Springs State Park   PARC

(☑352-236-7148 ; www.floridastateparks.org/ silversprings ; 5656 E Silver Springs Blvd ; piéton/ voiture 2/8 $; ◷10h-17h). Les bateaux à fond transparent ont été inventés en 1878 dans ce parc à thème, l'un des premiers de Floride, pour montrer aux visiteurs les sources naturelles et le fleuve Silver, si limpides. Si les attractions du parc ont fermé lorsqu'il a été racheté par l'État en 2013, les beautés naturelles et les circuits en bateau (adulte/enfant 10/9 $), au-dessus de Mammoth Spring, demeurent. On a ici la plus grande source artésienne calcaire au monde, qui déverse chaque jour quelque deux milliards de litres d'une eau de source pure à 99,8%.

Cactus Jack's Trail Rides   ÉQUITATION

(☑352-266-9326 ; www.cactusjackstrailrides. com ; 11008 S Hwy 475A ; promenade 1/2/3 heures 45/65/80 $). Puisque vous voici dans la capitale du cheval, il serait dommage de ne pas vous mettre en selle ! Laissez Cactus Jack's vous emmener en promenade à l'ombre des forêts et au bord des vertes prairies sur leurs magnifiques Quarter Horse et leurs pur-sang.

🛏 Où se loger et se restaurer

Vous trouverez un ensemble d'hébergements bon marché juste au sud du centre-ville, sur la Hwy 441 (S Pine Ave) et plus encore à proximité de Silver Springs.

Silver River State Park   CAMPING $

(☑352-236-7148 ; www.floridastateparks.org/ silversprings ; 1425 NE 58th Ave ; empl 24 $, bungalows 110 $; ❄🍴). Les animaux sont

---

BARBERVILLE PRODUCE, UN BAZAR EN BORD DE ROUTE

Sur la Rte 40, à mi-chemin d'Ocala et de Daytona, **Barberville Roadside Yard Art & Produce** (☑386-749-3562 ; www.barbervilleroadside.com ; 140 West State Rd 40, Barberville ; ◷9h-19h) est un excellent marché en bord de route. Outre les fruits, les légumes, le miel et les caramels à l'ancienne fourrés aux cacahuètes, ce marché en plein air expose plus d'un hectare de fontaines, de mobilier en fer forgé, de boules décoratives ou encore d'éviers. Sans oublier un coq en aluminium de 2,40 m de hauteur !

les bienvenus sur les 59 emplacements de camping disséminés au milieu des bois de ce parc de 2 000 ha. Pour plus de confort (mais sans votre chien), essayez les bungalows luxueusement équipés qui peuvent accueillir jusqu'à 6 personnes.

Hilton Ocala
HÔTEL $$

(☏ 352-854-1400 ; www.hiltonocala.com ; 3600 SW 36th Ave ; ch à partir de 139 $; ❄ ✉ ☎). Le Hilton d'Ocala possède son propre cheval Clydesdale, Buddy (on vous fournira ses biscuits préférés), qui attend patiemment d'emmener les hôtes faire un tour de calèche gratuit. Fontaine de chocolat 2 fois par semaine et sentier de jogging sur place.

The Schnitzel Factory
ALLEMAND $$

(www.theschnitzelfactory.com ; 1053 NE 14th St ; plats 14-20 $; ⏱ 11h-20h mar-sam). Ce petit restaurant allemand, qui donne dans une artère commerçante de la périphérie d'Ocala, fait un véritable tabac. Les *schnitzels* sont un peu décevants, mais les vidéos de musique allemande des années 1980 et la bière forment une alliance au redoutable attrait.

❶ Renseignements

Ocala & Marion County Visitors Center (office du tourisme ; www.ocalamarion.com ; 112 N Magnolia Ave ; ⏱ 9h-17h lun-ven)

❶ Comment s'y rendre et circuler

Greyhound (☏ 352-732-2677 ; www.greyhound. com ; 529 NE 1st Ave) se situe dans Central Transfer Station, à l'angle de NE 5th St, à quelques rues du centre-ville. La plateforme de correspondances d'**Amtrak** (☏ 352-629-9863 ; www.amtrak.com) se trouve ici, tout comme celle de **SunTran** (☏ 352-401-6999 ; www. suntran.com, dont les bus circulent en ville entre 6h et 19h environ (billet 1,25 $).

Ocala National Forest

Les 1 620 km² de l'Ocala National Forest, la plus ancienne forêt nationale à l'est du fleuve Mississippi, mais aussi la plus méridionale des États-Unis, comptent parmi les plus importants trésors naturels de Floride. Incroyable tissu écologique, le parc est un enchevêtrement de sources, de lande de pins d'Alabama, de bouquets de palmiers nains et de forêt subtropicale, abritant de nombreuses espèces végétales et animales menacées.

Avec pas moins de 18 campings bien équipés et 24 campings plus simples, 352 km de sentiers et 600 lacs (dont 30 navigables), les activités sont illimitées : natation, randonnée, cyclisme, équitation, canoë, observation des oiseaux, de la faune et de la flore.

On peut aussi simplement savourer la chance que le gouvernement soit arrivé ici avant les parcs à thème.

Deux routes nationales traversent la région : la Hwy 19, du nord au sud, et la Hwy 40, d'est en ouest.

🏃 Activités

Sentiers de randonnée
RANDONNÉE PÉDESTRE

Les 98 km du **Florida National Scenic Trail** (sentier panoramique national de Floride, aussi appelé Ocala Trail) traversent le centre de la forêt du nord au sud. On peut notamment y accéder à partir des aires de loisirs de Juniper Springs, d'Alexander Springs et de Clearwater Lake (balisage par des flammes orange).

En dehors de la saison de chasse, les randonneurs peuvent camper n'importe où dans un rayon de 60 m du sentier, mais si vous préférez avoir un peu de compagnie, des sentiers secondaires mènent à des campings équipés tous les 15 à 20 km environ.

Le St Francis Trail (sentier de St Francis ; flammes bleues) de 13,5 km serpente à travers des marais jusqu'à St Francis, ville pionnière abandonnée des années 1880, sur le fleuve St Johns. Il ne reste aucun bâtiment, mais vous pourrez voir le lit des anciens rails d'exploitation du bois et la digue élevée pour la culture rizicole.

Paisley Woods Bicycle Trail
CYCLISME

(www.pwbt.weebly.com). Traversant des prairies et des chênaies, le très prisé Paisley Woods Bicycle Trail (sentier cyclable de Paisley Woods) de 35 km est balisé par des flammes jaunes. Il se termine à Alexander Springs au nord et Clearwater Lake au sud, mais il a la forme d'un huit et vous pourrez donc faire une boucle. Prenez un vélo tout-terrain pouvant porter de grosses quantités d'eau (vous n'en trouverez pas en chemin).

Juniper Springs Recreation Area
ACTIVITÉS DE PLEIN AIR

(☏ 352-625-3147 ; www.juniper-springs.com ; 26701 Hwy 40, Silver Springs ; entrée/empl 6/23 $; ⏱ 8h-20h). Aménagée au milieu des années 1930, c'est la principale zone de loisirs de l'Ocala National Forest. Des prestataires vendent des provisions et du bois à brûler, et louent également des kayaks et des canoës (33,50 $ par jour, 8h-20h) pour effectuer les 11 km de descente, bordés de palmiers nains et de cyprès conduisant à Juniper Creek. Une navette dépose et reprend les sportifs en bas de la rivière entre 13h30 et 16h40 (6 $/pers et 6 $/bateau). Nager à Juniper Springs est une expérience magnifique, quoique certains puissent la juger un peu fraîche : l'eau est à 22°C toute l'année.

Salt Springs
Recreation Area   ACTIVITÉS DE PLEIN AIR
(☑ 352-685-2048 ;   www.floridasprings.org/visit/map/salt-springs ;   13851 N Hwy 19, Salt Springs ; entrée 5,50 $, empl avec/sans électricité 26/19 $; ☺ 8h-20h) Connue pour ses vertus curatives, Salt Springs est très prisée des propriétaires de camping-cars pour ses zones ombragées.

Salt Springs
Run Marina   LOCATION DE BATEAUX
(☑ 352-685-2255 ;   www.saltspringsmarina.com ; 25711 NE 134th Pl, Salt Springs ; ☺ 7h-16h). Loue toutes sortes d'embarcations pour naviguer sur le Lake Kerr : canoës (25 $/jour), bateaux à fond plat (90/140 $ pour 4 heures/journée essence en sus) ou le Carolina Skiff de 5 m (36/50 $ pour 4 heures/journée essence en sus).

Alexander Springs
Recreation Area   ACTIVITÉS DE PLEIN AIR
(☑ 352-669-3522 ; www.fs.usda.gov/recarea/ocala/recarea/?recid=32209 ;   49525 County Rd 445, Altoona ; entrée/empl 5,50/21 $; ☺ 8h-20h). Cette pittoresque zone de loisirs aménagée abrite l'une des dernières forêts tropicales intactes de Floride. La source d'eau douce bleu saphir attire faune et flore, nageurs, plongeurs (6,50 $ de supplément) et amoureux du soleil. La location de canoë (16/38 $ 2 heures/journée) comprend le trajet de retour en navette après la descente de 11 km.

ⓘ Renseignements

Les rangers répartis sur toute la zone et les bénévoles présents sur tous les campings constituent une bonne source d'information. Il n'y a pas d'entrée à payer et aucun numéro à appeler ; les horaires d'ouverture sont généralement de 8h à 20h. Prenez des brochures et des cartes ou bien achetez une version topographique à l'un des centres d'accueil des visiteurs (ci-après), tous ouverts de 8h à 17h.

Ocklawaha Visitor Center (☑ 352-236-0288 ; 3199 NE Hwy 315, Silver Springs). Votre premier arrêt si vous arrivez d'Ocala et de Silver Springs.

Pittman Visitor Center (☑ 352-669-7495 ; 45621 SR 19, Altoona). Sur la voie rapide depuis Orlando et Mt Dora.

Salt Springs Visitor Center (☑ 352-685-3070 ; 14100 N Hwy 19, Salt Springs). À Salt Springs, accessible depuis Jacksonville et Palatka.

ⓘ Depuis/vers l'Ocala National Forest

Il existe plusieurs accès à l'Ocala National Forest. Depuis Orlando, prenez la Hwy 441 vers le nord jusqu'à l'embranchement pour Eustis et continuez vers le nord sur la Hwy 19 (65 km environ) ; depuis Daytona, suivez la Hwy 92 vers l'ouest jusqu'à DeLand, puis prenez la direction du nord sur la Hwy 17 jusqu'à Barberville et continuez vers l'ouest sur la SR 40 (50 km environ) ; depuis Ocala, empruntez le Silver Springs Blvd vers l'ouest sur environ 10 km jusqu'à l'entrée principale de la forêt.

Gainesville

À l'origine une petite ville sur la ligne de la Compagnie des chemins de fer de Floride reliant Cedar Key à Fernandina Beach, Gainesville se développa rapidement grâce à sa production d'agrumes, jusqu'à ce que des vagues de gel répétées dans les années 1890 eurent amené les cultivateurs à partir plus au sud. Aujourd'hui, c'est une ville dynamique et optimiste, régulièrement classée parmi les endroits les plus agréables à vivre du pays. Elle abrite également la deuxième plus grande université américaine, l'immense université de Floride (UF). Le campus se trouve à 3 km du centre, mais l'ambiance étudiante est palpable dans toute la ville, qui compte des kyrielles de restaurants bon marché, de bars branchés et de musées dignes d'intérêt. L'université est également à l'origine du Gatorade : le département de sciences développa cette boisson pour éviter la déshydratation de son équipe de football, les Fightin' Gators, qui compte énormément de supporters ici (il est presque impossible d'obtenir une place pour un match joué en week-end).

Réputée pour sa scène musicale florissante, Gainesville a notamment vu naître le célèbre groupe Tom Petty et les

Centre de Gainesville

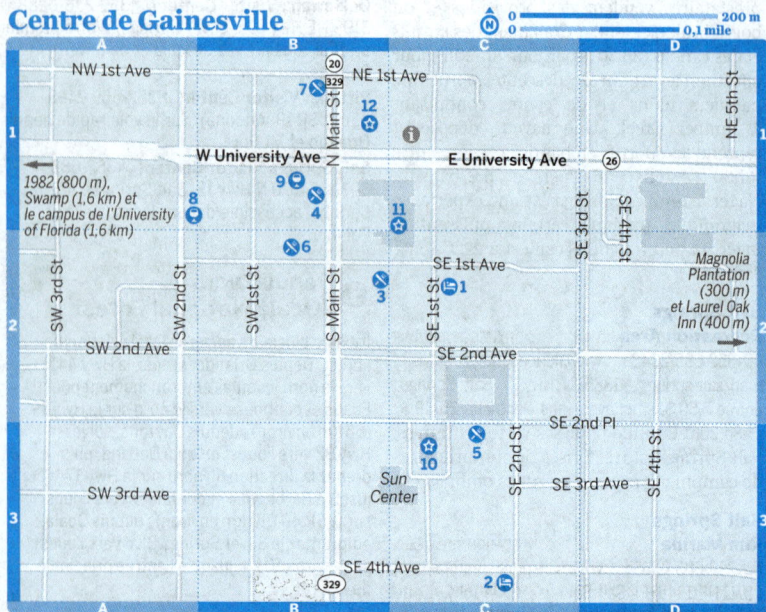

Centre de Gainesville

Où se loger
1 Hampton Inn & Suites –
  Gainesville Downtown C2
2 Zen Hostel...C3

Où se restaurer
3 Emiliano's...B2
4 Manuel's Vintage Room B1
5 Maude's Classic Café C3
6 Paramount Grill....................................B2
7 The Top B1

Où prendre un verre et faire la fête
8 2nd Street Speakeasy...........................A1
9 Stubbies & Steins B1

Où sortir
10 Hippodrome C3
11 Lillian's Music Store.............................C1
12 University Club......................................B1

Heartbreakers. Le rock indé et la musique punk règnent en maîtres dans les clubs aujourd'hui, mais l'offre demeure très variée tous les soirs, du bluegrass au hip-hop.

Avec sa magnifique nature environnante et ses nombreuses sources incroyablement pures formant des piscines naturelles, Gainesville est aussi un haut lieu d'activités de pleine nature.

À voir et à faire

Gainesville a mis en place un intéressant circuit touristique de la ville. Il s'agit d'une visite audio à l'aide de votre mobile : un panneau sur un site historique ou culturel indique un numéro à appeler pour obtenir les informations correspondantes.

Florida Museum of Natural History
MUSÉE
(☎ 352-846-2000 ; www.flmnh.ufl.edu ; 3215 Hull Rd ; entrée libre au musée, Butterfly Rainforest adulte/enfant 10,50/6 $; ⏰10h-17h lun-sam, 13h-17h dim). Le clou de cet excellent muséum d'histoire naturelle est la grande Butterfly Rainforest, une forêt tropicale comptant des centaines de papillons de 55 à 65 espèces différentes, qui volent librement dans la serre. En longeant cascades et feuillages tropicaux, jetez un coup d'œil aux scientifiques préparant des échantillons dans le laboratoire à l'arrière, le plus grand centre de recherche du monde consacré aux lépidoptères.

Kanapaha Botanical Gardens
JARDINS
(☎ 352-372-4981 ; www.kanapaha.org ; 4700 SW 58th Dr ; adulte/enfant 7/3,50 $; ⏰9h-17h lun-mer et ven, 9h-crépuscule sam-dim ; ☎). Les plantes luxuriantes du centre de la Floride

– azalées, choux palmistes à 2 couronnes (très rares) et magnolias du Sud – sont la fierté de ce jardin renommé de 25 ha. Il offre des sentiers de randonnée, un labyrinthe, un bassin de carpes koï (carpes japonaises) pour les enfants, et des jardins de plantes aromatiques, notamment de gingembre. L'épais jardin de bambous, dont les bosquets sombres évoquent une demeure de fées, est très rafraîchissant. Les chiens sont les bienvenus.

Devil's Millhopper State Geological Site
PARC

(☎ 352-955-2008 ; www.floridastateparks.org/devilsmillhopper ; 4732 Millhopper Rd ; piéton/voiture 2/4 $; ⊙ 9h-17h mer-dim). La "trémie du diable" (Devil's Millhopper) est un endroit peu banal : une mini-forêt tropicale nichée au fond d'une cavité naturelle en forme d'entonnoir, de 35 m de profondeur et 150 m de largeur, à laquelle on accède en descendant un escalier en bois de 232 marches. L'eau dévale les pentes depuis les sources environnantes ; une partie se jette dans une canalisation naturelle qui débouche dans le golfe du Mexique. Des rangers animent des visites guidées tous les samedis à 10h. Le parc est à environ 20 minutes en voiture au nord-ouest du centre-ville.

University of Florida
UNIVERSITÉ

(UF ; ☎ 352-392-3261 ; www.ufl.edu ; Welcome Center, angle Museum Rd et Reitz Union Dr). La ville se concentre autour de l'université de Floride (UF), un des plus grands campus américains. Le Welcome Center vous indiquera les lieux les plus agréables où flâner et vous imprégner de l'atmosphère estudiantine.

Samuel P Harn Museum of Art
MUSÉE

(☎ 352-392-9826 ; www.harn.ufl.edu ; 3259 Hull Rd ; ⊙ 11h-17h mar-ven, 10h-17h sam, 13h-17h dim). GRATUIT D'anciennes sculptures indiennes et des peintures contemporaines sont exposées dans cet excellent musée gratuit, intégré au campus de l'université de Floride.

🛏 Où se loger

Les prix montent en flèche lors des matchs de football et des remises de diplômes. Un séjour minimal est alors souvent exigé et les chambres se remplissent très vite. Vous trouverez de nombreuses adresses bon marché juste à l'est de l'UF, dans SW 13th St ou dans les rues avoisinantes. À l'est du centre-ville,

le quartier historique compte quelques élégantes maisons victoriennes converties en B&B.

Zen Hostel
AUBERGE DE JEUNESSE $

(☎ 352-336-3613 ; www.zenhostel.com ; 404 SE 2nd St ; dort 25 $, ch 35-40 $; ✉ ☎). Des drapeaux de prière tibétains ornent le porche de cette vaste maison jaune qui rappelle une communauté des années 1970 : poulets dans la cour, enfants pieds nus et *kombucha* qui fermente dans la cuisine commune. Le zen a bonne presse parmi les étudiants en stage dans les écoles de massage et d'acupuncture des environs, avec ses dortoirs au parquet grinçant, ses chambres au mobilier de seconde main et ses salles de bains communes propres.

Hampton Inn & Suites – Gainesville Downtown
HÔTEL $$

(☎ 352-240-9300 ; www.hamptoninnandsuites-gainesville.com ; 101 SE 1st Ave ; d avec petit-déj à partir de 129 $; P ☎). Sis en plein cœur de Gainesville, cet établissement est parfait pour explorer le quartier. Derrière la belle façade de ce nouvel hôtel, s'ouvre un intérieur élégant, aux chambres meublées haut de gamme. Wi-Fi gratuit et petit-déjeuner chaud inclus. Voisin de nombreux restaurants et bars.

Magnolia Plantation
B&B $$

(☎ 352-375-6653 ; www.magnoliabnb.com ; 309 SE 7th St ; ch/cottages à partir de 145/185 $; ✉ ☎) Magnifiquement restaurée, cette demeure de style Second Empire était unique en son genre à Gainesville lorsqu'elle fut édifiée par un menuisier en 1885. Et elle l'est toujours aujourd'hui. Le bâtiment principal est composé de 5 chambres et 10 cheminées (voyez la finesse des détails sur les manteaux). On y sert des en-cas toute la journée. Dehors, un jardin touffu et secret cache un bassin et des chaises pour se détendre.

Laurel Oak Inn
B&B $$

(☎ 352-373-4535 ; www.laureloakinn.com ; 221 SE 7th St ; ch à partir de 125 $; ✉ ☎) La Lassiter-House (1885) a été superbement reconvertie en un élégant B&B jaune. Hauts plafonds, méridiennes de velours et fleurs fraîches dans tous les coins.

🍴 Où se restaurer

La scène culinaire de Gainesville se renouvelle sans arrêt grâce à l'importante population étudiante. Le grand choix d'options bon marché est une bonne raison d'y faire un saut.

Krishna House
VÉGÉTARIEN

(☎ 352-222-2886 ; www.krishnalunch.com ; 214 NW 14th St ; ⏰ 12h-15h lun-ven en période scolaire). **GRATUIT** Dans la Krishna House, sur le campus de l'université de Floride, sont servis des déjeuners végétariens gratuits. Rien n'empêche toutefois de faire un modeste don.

♥ Satchel's Pizza
PIZZERIA $

(☎ 352-335-7272 ; www.satchelspizza.com ; 1800 NE 23rd Ave ; plats 3-15 $; ⏰ 11h-22h mar-sam). Presque entièrement détruit par un incendie en 2012, le Satchel's est de retour en lice pour le titre de meilleure pizza de la côte est de la Floride. Installez-vous dans la cour, à l'une des tables en mosaïque, ou à l'arrière d'une Ford Falcon de 1965. Concerts presque tous les soirs au Back 40 Bar, décoré d'un véritable bric-à-brac. Paiement en espèces uniquement ; les commissions du DAB sur place vont à des associations caritatives. Pour patienter pendant que vous attendez, détendez-vous en sirotant une bière et en observant les allées et venues.

Maude's Classic Café
CAFÉ $

(☎ 352-336-9646 ; www.maudescafe.com ; 101 SE 2nd Pl ; plats 4-9 $; ⏰ 7h-23h). Un café bohème tenu par des résidents, où sont servis thé, café et gâteaux ainsi que des sandwichs et des salades dont les noms sont autant de clins d'œil au 7e art ("Quand Harry rencontre Salade").

Manuel's Vintage Room
ITALIEN $$

(☎ 352-375-7372 ; www.manuelsvintageroom. com ; 6 S Main St ; plats 14-24 $; ⏰ 17h-22h mar-dim). Chaleureux et intime, le Manuel's est l'endroit parfait pour un dîner romantique en plein cœur du centre-ville. Les nombreux plats de pâtes ainsi que les diverses spécialités, comme le veau aux cèpes et le porc milanais vous raviront.

The Top
FUSION $$

(☎ 352-376-1188 ; 30 N Main St ; plats 8-24 $; ⏰ 17h-2h mar-sam, 11h-23h dim ; 🖊). Associant un décor kitsch de pavillon de chasse des années 1950 à des œuvres géantes figurant des hiboux, cet établissement est à la fois branché et confortable. Les végétariens n'auront que l'embarras du choix et tout le monde appréciera le Photomaton installé à l'arrière (2 $). Aussi apprécié pour son ambiance vespérale que pour sa cuisine.

Emiliano's
CUBAIN $$

(☎ 352-375-7381 ; www.emilianoscafe.com ; 7 SE 1st Ave ; plats 8-22 $; ⏰ 11h-22h lun-sam, 10h-15h dim). Adresse de Gainsville à connaître, l'Emiliano's renoue avec l'ambiance cubaine des années 1960 en Floride, avec marquise à rayures, fauteuils en rotin et salsa dans l'arrière-salle. Optez pour des classiques comme la *ropa vieja* (poitrine de bœuf braisée) et les bananes plantains frites, ou des plats plus contemporains sur la carte des tapas.

Paramount Grill
AMÉRICAIN CONTEMPORAIN $$$

(☎ 352-378-3398 ; www.paramountgrill.com ; 12 SW 1st Ave ; plats 14-28 $; ⏰ 11h-14h et 17h-22h mar-ven, 17h-22h sam-lun, brunch 10h-15h dim). La meilleure adresse de Gainsville pour une cuisine créative et raffinée dans un cadre chic très scandinave. Tables en bois minimalistes, murs vert pomme ornés d'anciennes photos de marins, pour une carte aux

---

AUX PORTES DE LA VILLE : L'ENVOL DES CHAUVES-SOURIS

De l'autre côté du petit lac Alice de Gainesville, adjacent à un jardin étudiant, s'élève ce qui ressemble à un nichoir géant. Cette maison grise à pignons est sur pilotis est en fait une **Bat House** et une **Bat Barn** (www.flmnh.ufl.edu/bats), gîte à chauves-souris abritant une colonie de tadarides du Brésil. Le gîte a été construit en 1991 au motif que l'odeur des déjections de ces chiroptères commençait à envahir le campus. Depuis, leur nombre a explosé et on en compte aujourd'hui plus de 300 000. Chaque soir, juste après le coucher du soleil, elles descendent de leur perchoir (100 chauves-souris par seconde !) et s'envolent pour chercher de la nourriture.

Si vous voulez assister à ce mémorable envol, suivez University Ave vers l'ouest jusqu'à Gale Lamerand Dr, tournez à gauche et allez vers le sud jusqu'à Museum Rd, entre Village Dr and Radio Rd. Le gîte à chauves-souris se trouve du côté nord de Museum Rd. Vous atteindrez un parking au sud, près de Radio Rd, d'où un trottoir vous conduira à une zone d'observation. Le stationnement est gratuit après 16h30 les jours de semaine et toute la journée le week-end.

MICANOPY

Excursion incontournable à faire depuis Gainesville, Micanopy (prononcer "*micunopi*") est la plus ancienne colonie de la Floride intérieure. À l'origine comptoir commercial indien, elle est en quelque sorte restée un comptoir commercial, mais pour chineurs. Son surnom de "ville oubliée par le temps" lui sied à merveille : d'imposants chênes ornés de mousse espagnole bordent les larges avenues bordées de bâtiments en brique. Ce paysage ressemblant à un décor de cinéma en a déjà attiré l'industrie : le film *Doc Hollywood*, avec Michael J. Fox, a notamment été tourné ici en 1991 et les habitants s'en souviennent encore ! Vous y ferez une promenade agréable, parmi une dizaine d'antiquaires, de galeries et de cafés. Et n'oubliez pas votre appareil photo.

À 3 km au nord sur la Hwy 441, des chevaux sauvages et des bisons gambadent sur les 8 500 ha du **Paynes Prairie Preserve State Park** (☑ 352-466-3397 ; www. floridastateparks.org/Paynesprairie ; 100 Savannah Blvd ; 6 $/véhicule ; ⊗ 8h-crépuscule). Cette réserve à l'atmosphère un peu étrange abrite une mosaïque de milieux typiques de Floride : prairies humides, marais, *hammock* (forêt où se mêlent chênes et espèces tropicales) et *pine flatwood* (forêt de pins évoquant les Landes). Elle est parcourue par plus de 34 sentiers, notamment le Gainesville-Hawthorne Rail Trail de 25 km, qui traverse la section nord. Le Chua Trail de 5 km, qui passe par la cuvette Alachua et le lac Alachua, vous permettra peut-être d'apercevoir des alligators et des grues du Canada. Juste au nord du centre d'accueil des visiteurs, grimpez en haut de la tour d'observation de 15 m pour admirer le panorama. Les emplacements de camping coûtent 18 $ et comprennent l'eau et l'électricité.

Pour un luxe absolu, rien ne peut égaler la **Herlong Mansion** (☑ 352-466-3322 ; www.herlong.com ; 402 NE Cholokka Blvd ; ch 119-189 $), qui s'élève à l'extrémité nord de Micanopy, tel un roi surveillant son fief. Entourée d'un jardin impeccablement tenu, la demeure est agrémentée à l'étage de deux vérandas immenses, idéales pour se relaxer autour d'un verre.

influences internationales (gâteau de crabe, différents canards, raviolis maison…).

🍷 Où prendre un verre et sortir

Les concerts sont légion à Gainesville et de nombreux bars font aussi salle de concerts. Pour une vue d'ensemble de la musique locale, rendez-vous sur www.gainesvillebands.

Stubbies & Steins PUB
(☑ 352-384-1261 ; www.stubbiesandsteins.com ; 9 W University Ave ; ⊗ 17h-2h). Berkeley Hoflund est tombée amoureuse de la bière en Australie. Son drôle de pub-restaurant, où l'Australie rencontre l'Allemagne, propose plus de 400 types de bières représentant 16 pays, et des classiques de la cuisine bavaroise, tels saucisses et *schnitzels*.

2nd Street Speakeasy BAR
(☑ 352-271-7569 ; www.2ndstreetspeakeasy. com ; 21 SW 2nd St ; ⊗ 20h-2h mar-dim). Si vous ne faites pas attention, vous passerez sans la voir devant la porte sombre du bar le plus sympathique de Gainesville. Au

programme : lampes à franges cramoisies, paisible aquarium bleu azur et douillets canapés bordeaux. L'atout majeur des lieux : le volume sonore de la musique est suffisamment bas pour que les gens puissent discuter.

Swamp BAR
(☑ 352-377-9267 ; www.swamprestaurant.com ; 1642 W University Ave ; ⊗ 11h-2h). Bar d'étudiants dans une ville universitaire, avec bière bon marché et quantité de membres de fraternités copieusement alcoolisés, plus un charmant patio pour boire dans la journée. Chaude ambiance le week-end !

Lillian's Music Store MUSIQUE LIVE
(☑ 352-372-1010 ; 112 SE 1st Ave ; ⊗ 14h-2h lun-sam, 15h-23h dim). La clientèle, un peu plus âgée que dans les boîtes bordant University Ave, apprécie l'élégant mur en verre coloré et le gorille de 1 m à l'entrée. Jam-session d'enfer le lundi soir.

1982 MUSIQUE LIVE
(☑ 352-371-9836 ; www.1982bar.com ; 919 W University Ave ; ⊗ 19h30-2h) Exigu, mangé aux mites et vieillot, ce lieu attachant

programme des groupes locaux et nationaux, et affiche un beau choix de bières. Si vous n'appréciez pas le concert, vous pourrez toujours jouer à un vieux jeu Nintendo sur l'une des 4 TV derrière le bar.

University Club
GAY ET LESBIEN

(☎ 352-378-6814 ; www.ucnightclub.com ; 18 E University Ave ; ☉17h-2h dim-ven, à partir de 21h sam). Adresse essentiellement gay, mais ouverte à tous, accueillant la scène locale gay et lesbienne et connue pour ses spectacles de drag-queens. L'entrée se fait à l'arrière. DJ presque tous les soirs et karaoké.

Hippodrome
THÉÂTRE

(☎ 352-375-4477 ; www.thehipp.org ; 25 SE 2nd Pl ; ☉billetterie 12h-19h mar-dim). Dans un imposant édifice historique (1911), l'Hippodrome est le principal centre culturel de la ville et propose une programmation variée de théâtre et de cinéma indépendant.

❶ Renseignements

Vous trouverez une couverture Wi-Fi gratuite dans le centre, autour de l'Hippodrome.

Alachua County Library (bibliothèque ; ☎ 352-334-3900 ; www.aclib.us ; 401 E University Ave ; ☉9h30-21h lun-jeu, 9h30-18h ven, 9h30-17h sam, 13h-17h dim). Accès Internet gratuit.

Alachua County Visitors & Convention Bureau (office du tourisme ; ☎ 352-374-5260 ; www.visitgainesville.com ; 30 E University Ave ; ☉9h-17h lun-ven). Personnel sympathique qui se fera un plaisir de vous conseiller sur les manifestations en cours.

AU BORD DE LA ROUTE : L'ORANGE SHOP

Suivez les panneaux jusqu'au hameau de Citra, à la sortie de Cross Creek, où vous trouverez l'**Orange Shop** (☎ 352-595-3361 ; www.floridaorangeshop.com ; 18545 US Hwy 301 ; ☉8h-17h de mi-oct à mai), un magasin de souvenirs rétro consacré à l'orange. Tout tourne autour de cet agrume : sacs d'oranges de Floride de 4,5 kg, pots de miel de fleur d'oranger, marmelade, bonbons, nouveau chewing-gum en forme d'orange et toutes sortes d'autres confiseries kitsch de Floride. On offre aux visiteurs une Dixie Cup (gobelet en papier) de jus d'orange fraîchement pressé à partir des fruits de l'orangeraie à l'arrière.

Pride Community Center
(☎ 352-377-8915 ; www.gainesvillepride.org ; 3131 NW 13th St ; ☉15h-19h lun-ven, 12h-16h sam). Informations pour la communauté gay et lesbienne.

❶ Comment s'y rendre et circuler

L'**aéroport régional de Gainesville** (☎ 352-373-0249 ; www.gra-gnv.com ; 3880 NE 39th Ave), à 16 km au nord-est du centre-ville, est desservi par une poignée de compagnies nationales.

La **gare routière Greyhound** (☎ 352-376-5252 ; www.greyhound.com ; 101 NE 23rd Ave) est à environ 2 km du centre-ville.

Gainesville Regional Transit System (RTS ; ☎ 352-334-2600 ; www.go-rts.com ; tickets 1,50 $) est la compagnie de bus desservant la ville.

Environs de Gainesville

Cross Creek

Près du hameau de Cross Creek, faites une halte au **Marjorie Kinnan Rawlings Historic State Park** (☎ 352-466-3672 ; www.floridastateparks.org/MarjorieKinnanRawlings ; 18700 S CR 325 ; voiture 3 $; ☉9h-17h). Rawlings (1896-1953) est l'auteur du roman *Jody et le faon* (qui reçut le prix Pulitzer), une histoire de passage à l'âge adulte se déroulant dans ce qui est aujourd'hui l'Ocala National Forest. Son ancienne demeure traditionnelle est ouverte pour des **visites guidées** (adulte/enfant 3/2 $; ☉10h-16h jeu-dim, fermé août-sept) toutes les heures (sauf à midi). Vous pourrez vous promener seul près des orangeraies, de la ferme et de l'étable – prenez une brochure sur les circuits à pied au parking.

Couvert de bardeaux en cèdre, le **Yearling Restaurant** (☎ 352-466-3999 ; www.yearlingrestaurant.net ; 14531 Hwy 325, Hawthorne ; plats 6-15 $ ☉12h-20h jeu-dim), à Cross Creek, sert une cuisine "cracker", typique du sud-est des États-Unis. Dans la pittoresque salle à manger en planches décorée de photos et de peintures anciennes, vous dégusterez de la queue d'alligator, des boulettes de maïs frites et du poisson-chat. Son gâteau à l'orange amère, l'une de nos douceurs favorites en Floride, vaut vraiment le détour.

High Springs

La pittoresque High Springs, dite "ville la plus sympathique de Floride", est le rendez-vous des antiquaires, des cyclistes et de la population locale en escapade. Main St, bordée de boutiques, de musées et de restaurants, est la principale frontière nord-sud. Elle croise la Hwy 441 (appelée ici 1st Ave), qui constitue la voie rapide est-ouest.

La ville donne accès à de superbes sources naturelles. Suivez la CR-340 vers l'ouest sur 3 km pour rejoindre les **Poe Springs** (☑352-374-5245 ; www.floridasprings.org/visit/map/poe springs ; 28800 NW 182nd Ave ; ◷9h-crépuscule) GRATUIT, peu profondes et idéales pour les jeunes enfants. Elles figurent parmi les moins fréquentées de la région, et selon la période, vous serez absolument seul. Les **Ginnie Springs** (☑386-454-7188 ; www.ginniespringsoutdoors.com ; 7300 NE Ginnie Springs Rd ; adulte/enfant 12/3 $; ◷8h-19h été, 8h-16h hiver) sont moins sauvages ; on y trouve du matériel à louer (kayaks/chambres à air 25/6 $ la journée) et quelques campings (20 $), et l'on peut faire de la plongée dans ses eaux claires.

Le **Grady House Bed & Breakfast** (☑386-454-2206 ; www.gradyhouse.com ; 420 NW 1st Ave ; ch 115-155 $; P🖧) loue 5 chambres à thème de couleurs différentes : la "Red Room" arbore des dizaines de nus sur ses murs et la "Blue Room" affiche une décoration marine. Le **Great Outdoors Restaurant** (☑386-454-1288 ; www.greatoutdoorsdining.com ; 65 N Main St ; plats 14-26 $; ◷11h-21h mar-dim) est un grill tenant également rang de saloon, installé dans l'ancien Opéra du centre-ville. Ce bâtiment tout en bois éclairé de lanternes, comprend un patio accueillant, parfait pour un dîner en plein air.

Ichetucknee Springs State Park

Dans ce **parc** (☑386-497-4690 ; www.floridastateparks.org/ichetuckneesprings ; 12087 SW US 27, Fort White ; voiture 6 $, passage sur la rivière 5 $/pers ; ◷8h-crépuscule) populaire, flottez en toute quiétude, sur une immense chambre à air, sur les eaux limpides de la paresseuse rivière Ichetucknee, alimentée par les sources naturelles.

Il est possible de pratiquer différents sports nautiques, mais la chambre à air est sans doute le plus populaire. On peut

---

PLONGÉE SUR UNE ÉPAVE DANS LES TROY SPRINGS

Les Troy Springs, des sources cristallines, abritent quelque chose d'inattendu : l'épave d'un vapeur de l'époque de la guerre de Sécession. En 1863, le *Madison* fut sabordé afin d'empêcher sa capture par l'armée de l'Union. Après la guerre, son propriétaire eut l'intention de le renflouer, mais le navire avait déjà été dépouillé par les pilleurs d'épaves. Aujourd'hui, des plongeurs flottent au-dessus du squelette du *Madison*, coque décharnée de 150 ans. Même ceux qui pratiquent le snorkeling l'apercevront – l'eau est si claire qu'on voit jusqu'à 20 m de profondeur. Les plongeurs doivent être certifiés et plonger à deux. Les sources sont dans le Troy Springs State Park, au 674 Troy Springs Rd dans Branford, juste à l'est d'Ichetucknee Springs. L'entrée dans le parc est de 5 $ par voiture.

---

flotter entre 45 minutes et 3 heures 30, au départ de plusieurs points le long du fleuve. Le parc assure un service régulier de tram qui amène les amateurs jusqu'au fleuve ; il existe également une navette gratuite (mai à septembre) entre les entrées nord et sud.

Pour minimiser l'impact sur l'environnement, le nombre de chambres à air est limité à 750 par jour ; arrivez de bonne heure car la capacité maximale est généralement atteinte en milieu de matinée. Prenez l'entrée sud : la navette vous emmènera aux points de lancement, ce qui vous permettra de redescendre jusqu'à votre voiture en flottant.

Des agriculteurs proposent des chambres à air à louer à mesure que vous approcherez du parc sur la Hwy 238 et la 47 (le parc ne s'occupe pas de locations). Les chambres à air coûtent 5 $ et il faut compter 10 à 15 $ pour des radeaux de 1 à 2 personnes. À la fin de la journée, laissez votre matériel au dépôt prévu à cet effet à l'extrémité sud du parc ; il sera retourné.

Tampa Bay et le sud-ouest de la Floride

Le top des restaurants

➡ Indigenous (p. 423)

➡ Turtle Club (p. 447)

➡ Ristorante San Marco (p. 430)

➡ Columbia Restaurant (p. 393)

➡ Peg's Cantina (p. 409)

Le top des hébergements

➡ Dickens House (p. 404)

➡ Gasparilla Inn (p. 431)

➡ Inn at the Beach (p. 429)

➡ Hotel Ranola (p. 421)

➡ 'Tween Waters Inn (p. 442)

Pourquoi y aller

La côte du golfe du Mexique ressemble à une aquarelle impressionniste. Il y a d'abord le sable blanc des plages des îles-barrières, léchées par des eaux bleu turquoise qui prennent une couleur indigo argentée quand le soleil rougeoyant descend à l'horizon. Le soir venu, ces mêmes îles parsèment de taches phosphorescentes la nuit d'encre.

La beauté de la côte du Golfe est assurément son principal atout, mais sa diversité arrive immédiatement après. Sophistication urbaine et cuisine exquise sont au programme de Tampa à St Petersburg, de Sarasota à Naples, sans oublier les îles reculées, les complexes hôteliers conviviaux et familiaux ou les fêtes pendant les vacances universitaires.

Le musée Dalí, le palais vénitien des Ringling et les œuvres tentaculaires du maître verrier Chihuly se fondent parfaitement dans ce tableau, auquel s'ajoute le spectacle des lamantins en hiver, des alligators et des trapézistes tournoyant en habit de lumière.

Quand partir

Tampa Bay

Températures (°C)   Précipitations (mm)

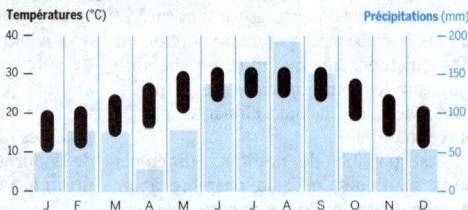

Mi-février à mi-avr Haute saison, temps idéal, prix élevés. Parfait pour la randonnée et les lamantins.

Juin-septembre Chaleur et pluie. Basse saison, donc prix attractifs en bord de mer.

Novembre-décembre Arrivée des *snowbirds*. Climat doux et plus sec. Bonnes réductions.

Histoire

Fort Brooke fut établi en 1824 à l'emplacement de l'actuelle ville de Tampa qui se résumait, à ses débuts, à un port mineur dans une région infestée par la fièvre jaune. Mais, avec la découverte de phosphate, la fortune se mit à sourire à Tampa. En 1883, Henry B. Plant fit construire une voie ferrée entre Tampa et Jacksonville et, en 1886, les premiers d'une vague de fabricants de cigares quittèrent Key West pour Tampa, attirés par les facilités de transport vers le nord.

Le train entraîna également une augmentation du nombre de *snowbirds* (riches habitants du Nord en quête de soleil). En 1885, l'inventeur Thomas Edison devint l'un des plus célèbres d'entre eux, en faisant construire sa résidence d'hiver à Fort Myers. John Ringling installa, quant à lui, son célèbre cirque itinérant à Sarasota pour l'hiver, une autre station balnéaire naissante.

En 1928, alors que la Tamiami Trail reliait désormais la région à Miami, Tampa et sa voisine St Petersburg étaient respectivement les troisième et quatrième plus grandes villes de Floride.

Puis la Grande Dépression frappa le pays. Plombée par l'arrivée des cigarettes roulées à la machine, l'industrie du cigare ne cessa de décliner (pour finir par disparaître totalement avec l'embargo américain sur Cuba en 1959). Après la Seconde Guerre mondiale, des GI qui avaient servi sur la base aérienne MacDill Field de Tampa, s'établirent en ville. Les afflux migratoires reprirent dans la région. En 2007, Tampa Bay recensait plus de 3 millions d'habitants.

Depuis, suite à la récession mondiale de 2007-2009, le secteur de Tampa Bay et de la côte sud-ouest connaissent un ralentissement. Comme partout ailleurs dans le "Sunshine State", la recherche d'un équilibre durable basé sur la diversification économique dans les domaines de la santé, des technologies de l'information et de l'industrie manufacturière, est devenue la priorité.

ⓘ Depuis/vers Tampa Bay et le sud-ouest de la Floride

AVION

Le Tampa International Airport (p. 546), principal carrefour des transports de la région, est à 15 km à l'ouest du centre-ville de Tampa. St Petersburg-Clearwater (p. 408), Sarasota-Bradenton (p. 424) et Southwest Florida International (p. 437), à Fort Myers, sont d'autres aéroports internationaux plus petits.

BUS

Les bus Greyhound (p. 399) desservent les principales agglomérations de la région.

VOITURE

Tampa est à 84 miles (135 km) à l'ouest d'Orlando par l'I-4, et à 255 miles (410 km) à l'ouest de Miami – prenez l'I-95 vers le nord jusqu'à l'I-75, franchissez l'"Alligator Alley" vers l'ouest jusqu'à Naples, et continuez direction nord sur l'I-75.

RÉGION DE TAMPA BAY

Tampa et St Petersburg, deux grandes villes à l'interminable périphérie (elles forment ensemble la deuxième agglomération urbaine de Floride) encadrent les eaux profondes de la superbe Tampa Bay le long du golfe du Mexique, où environ 50 km d'îles-barrières se déploient. Peu d'endroits dans le pays conjuguent la sophistication d'une grande ville à la plage, mais, en raison du prestige en la matière de l'indétrônable Miami, la région est rarement considérée à sa juste valeur. Et pourtant, depuis que leurs quartiers historiques et leurs musées ont subi un toilettage, Tampa et St Petersburg bruissent d'une vitalité culturelle et gastronomique grandissante. Ajoutez à cela le large éventail d'activités proposées – art, aquariums remarquables, clubs branchés, croisière d'observation des dauphins, etc. – et vous obtenez une région particulièrement captivante.

Tampa

📍 813 / 335 700 HABITANTS

Très étendue et d'allure fonctionnelle, Tampa est dépourvue d'un centre-ville aux lignes emblématiques et de l'énergie culturelle qui font l'identité d'une ville comme Miami. Aussi, l'éclosion récente d'innombrables nouveaux musées, parcs et restaurants gastronomiques à South Tampa, grâce auxquels la ville est en passe de devenir très élégante, ne manque pas de surprendre. En plein centre, architecture contemporaine et beaux espaces verts ont revitalisé les bords de la Hillsborough. Entre le zoo, l'aquarium, les musées ludiques et les parcs à thème, les familles ont de quoi s'occuper pendant une semaine. Le soir venu, les rues d'Ybor City révèlent son âme de haut lieu des bars et clubs les plus branchés du sud-ouest de la Floride.

À ne pas manquer

1 Le goût de la bière artisanale et l'étonnant *Torero hallucinogène* de Dalí à **St Petersburg** (p. 400)

2 Une balade en kayak en compagnie des lamantins sur les cours d'eau du **Homosassa Springs Wildlife State Park** (p. 416)

3 Les arts du cirque au **Ringling Museum Complex** (p. 418)

4 L'ambiance "Old Florida" (Floride d'antan) d'**Anna Maria Island** (p. 425)

5 Une plongée dans l'histoire avec la visite de l'**Historic Spanish Point** (p. 427)

6 Une promenade à vélo à travers la forêt et le long de l'Intracoastal Waterway sur le **Legacy Trail** (p. 429)

7 La chasse aux coquillages avec les enfants sur **Sanibel Island** (p. 439)

8 Une escapade loin de tout sur Cayo Costa Island, presque entièrement protégée par le **Cayo Costa State Park** (p. 431)

9 L'observation des dauphins et un dîner à **Naples** (p. 443)

10 Les cyprès chauves et les cigognes d'Amérique du **Corkscrew Swamp Sanctuary** (p. 443)

◉ À voir

En centre-ville, la jolie **Tampa Riverwalk** (www.thetampariverwalk.com) relie la plupart des sites. Suivant les méandres de la Hillsborough River, ce sentier verdoyant doté d'aires de jeu et de toilettes, donne l'occasion d'une promenade agréable entre les musées en lisière de Curtis Hixon Park et l'aquarium, en passant par le Convention Center. Des adresses pour déjeuner et des stands alimentaires émaillent Franklin St Mall, une rue piétonne entre Kennedy Blvd et Zack St.

Ybor City, au nord-est du centre-ville, est rapidement accessible en voiture ou en tramway. Tel l'enfant des amours illicites entre Key West et Little Havana à Miami, ce quartier du XIXe siècle multiethnique est le foyer des nuits les plus branchées de Tampa Bay. Il conserve également une forte identité cubaine, espagnole et italienne, héritée du temps où il était l'épicentre de l'industrie du cigare à Tampa. Pour une visite guidée de 1 heure 30 à pied, réservez auprès d'**Ybor City Historic Walking Tours** (☎813-505-6779 ; www.yborwalkingtours.com ; adulte/enfant 15/5 $). Il y en a généralement 2 par jour.

♥ Florida Aquarium   AQUARIUM

(☎813-273-4000 ; www.flaquarium.org ; 701 Channelside Dr ; adulte/enfant 24/19 $; ◷9h30-17h ; 🅿). L'excellent aquarium de Tampa est l'un des plus beaux de l'État. De conception ingénieuse, ce marécage reconstitué permet de se promener au milieu des hérons et des ibis qui arpentent la mangrove. Possibilité de nager avec les poissons (et les requins) ou de participer à un circuit écotouristique en catamaran dans la Tampa Bay.

Tampa Museum of Art   MUSÉE

(☎813-274-8130 ; www.tampamuseum.org ; 120 W Gasparilla Plaza ; tarif plein/étudiant 10/5 $; ◷11h-19h lun-jeu, 11h-20h ven, 11h-17h sam-dim). Le spectaculaire musée construit en porte-à-faux de l'architecte Stanley Saitowitz semble flotter au-dessus du Curtis Hixon Park, en surplomb de la Hillsborough River. Ce bâtiment sculptural abrite 6 galeries où l'on peut voir, aux côtés de la collection permanente d'antiquités grecques et romaines, des expositions contemporaines de photos et nouveaux médias. L'exposition la plus récente a accueilli le travail du Graphicstudio, pointe de l'avant-garde à Tampa. On a ainsi pu admirer 110 œuvres graphiques de 45 artistes, dont Robert Rauschenberg, Louise Bourgeois, Chuck Close et Christian Marclay.

Le **Sono Café** (☎813-421-8384 ; plats 5-14 $; ◷11h-18h lun-jeu, 11h-19h ven, 11h-17h sam-dim), café du musée tenu par l'équipe inventive aux commandes du Mise en Place (p. 392), est idéal pour prendre un brunch ou un cocktail en surplomb du fleuve. On y accède par une entrée gratuite.

Tampa Bay History Center   MUSÉE

(☎813-228-0097 ; www.tampabayhistorycenter.org ; 801 Old Water St ; adulte/enfant 13/8 $; ◷10h-17h). Ce musée d'Histoire de tout premier plan est consacré aux Séminoles et aux Miccosukee de la région, aux crackers (premiers colons britanniques et américains de la région) éleveurs de bétail, à la communauté cubaine et à l'industrie du cigare de Tampa. La collection de cartes, couvrant six siècles, est éblouissante.

Henry B. Plant Museum   MUSÉE

(☎813-254-1891 ; www.plantmuseum.com ; 401 W Kennedy Blvd ; adulte/enfant 10/5 $; ◷10h-17h mar-sam, 12h-17h dim). Les minarets argentés du Tampa Bay Hotel, construit en 1891 par Henry B. Plant, brillent de toute leur splendeur, et témoignent des grandes ambitions de son créateur. Le premier à avoir amené le chemin de fer en ville, il l'a ensuite prolongé afin que les clients puissent descendre du train directement à la réception de son hôtel de 511 chambres. On ne parla plus désormais que de ce luxe encore jamais vu (sdb privative, téléphone, électricité), mais aussi de la décoration européenne de l'hôtel, faisant la part belle aux miroirs vénitiens, porcelaines françaises et autres meubles exotiques. L'hôtel fait aujourd'hui partie de l'université de Tampa. Une section du musée recrée le luxe doré des origines.

À Noël, il a encore plus de cachet, car les chambres s'agrémentent de sapins, de jouets anciens et d'autres éléments de décoration d'époque.

Centre de Tampa

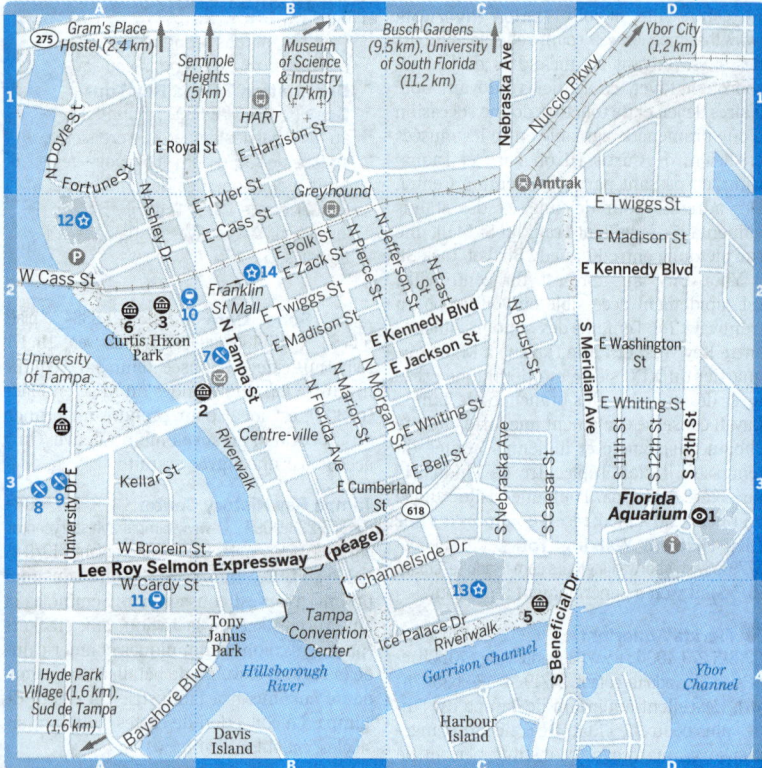

Map labels:
- Gram's Place Hostel (2,4 km)
- Seminole Heights (5 km)
- Museum of Science & Industry (17 km)
- Busch Gardens (9,5 km), University of South Florida (11,2 km)
- Ybor City (1,2 km)
- Nebraska Ave
- Nuccio Pkwy
- N Doyle St
- N Fortune St
- E Royal St
- E Harrison St
- HART
- E Tyler St
- E Cass St
- Greyhound
- Amtrak
- E Twiggs St
- E Madison St
- E Kennedy Blvd
- 12
- W Cass St
- N Ashley Dr
- E Polk St
- E Zack St
- N Jefferson St
- N Pierce St
- N East St
- 14
- Franklin St Mall
- 10
- E Twiggs St
- E Madison St
- N Tampa St
- N Morgan St
- N Brush St
- S Meridian Ave
- E Washington St
- 6 3
- Curtis Hixon Park
- E Kennedy Blvd
- E Jackson St
- University of Tampa
- 7
- 2
- 4
- N Florida Ave
- N Marion St
- E Whiting St
- E Whiting St
- S 11th St
- S 12th St
- S 13th St
- Riverwalk
- E Bell St
- Kellar St
- S Nebraska Ave
- S Caesar St
- University Dr
- 8
- Florida Aquarium 1
- W Brorein St
- Lee Roy Selmon Expressway (péage)
- Channelside Dr
- S Beneficial Dr
- W Cardy St
- 11
- Tony Janus Park
- Tampa Convention Center
- Ice Palace Dr Riverwalk
- 13
- 5
- Hyde Park Village (1,6 km), Sud de Tampa (1,6 km)
- Bayshore Blvd
- Hillsborough River
- Garrison Channel
- Ybor Channel
- Davis Island
- Harbour Island

Scale: 0 — 500 m / 0 — 0,25 mile

Florida Museum of Photographic Arts
MUSÉE

(FMoPA ; ☎813-221-2222 ; www.fmopa.org ; The Cube, 400 N Ashley Dr ; don suggéré 10 $; ◷10h-17h mar-jeu et sam, 10h-20h ven, 12h-17h dim). Ce petit musée intimiste consacré aux arts photographiques occupe les 2e et 3e niveaux du Cube, atrium sur 6 niveaux du centre de Tampa. Outre la collection permanente montrant les œuvres de Harold Edgerton et Len Prince, des expositions temporaires sont organisées. On a pu voir ainsi le travail d'Ansel Adams, Andy Warhol et de photographes contemporains comme David Hilliard. Également : cours de photographie de 3 heures (55 $), une journée (60 $) et plusieurs semaines.

Lowry Park Zoo
ZOO

(☎813-935-8552 ; www.lowryparkzoo.com ; 1101 W Sligh Ave ; adulte/enfant 25/20 $; ◷9h30-17h ; P ♿). Au nord du centre-ville, le zoo de Tampa privilégie la proximité avec les animaux : volières, promenade à dos de chameau, repas des girafes, enclos pour les wallabies et "rencontre" avec un rhinocéros.

Glazer Children's Museum
MUSÉE

(☎813-443-3861 ; www.glazermuseum.org ; 110 W Gasparilla Plaza ; adulte/enfant 15/9,50 $; ◷10h-17h lun-ven, 10h-18h sam, 13h-18h dim ; ♿). Ce musée interactif offre un espace de jeu créatif aux moins de 10 ans. Le personnel est aux petits soins, et l'amusement est garanti. Juste à côté, le Curtis Hixon Park, doté d'une aire de jeu, est idéal pour les pique-niques.

Museum of Science & Industry
MUSÉE

(MOSI ; ☎813-987-6000 ; www.mosi.org ; 4801 E Fowler Ave ; adulte/enfant 25/20 $; ◷9h-17h lun-ven, 9h-18h sam-dim ; P ♿). Il y en a pour tous les âges dans ce musée des Sciences interactif. Les plus petits se ruent sur Kids in Charge, section comportant de nombreuses activités simples et ludiques pour les familiariser à la science. La section un peu crue

Centre de Tampa

◉ Les incontournables
  1 Florida Aquarium D3

◉ À voir
  2 Florida Museum
       of Photographic Arts B3
  3 Glazer Children's Museum A2
  4 Henry B Plant Museum A3
  5 Tampa Bay History Center................. C4
  6 Tampa Museum of Art A2

⊗ Où se restaurer
  7 L'Eden...B2
  8 Mise en Place......................................A3
  9 Oxford Exchange A3
     Sono Café ....(voir 6)

◉ Où prendre un verre et faire la fête
  10 Anise Global Gastrobar......................A2
  11 Four Green Fields................................A4

◉ Où sortir
  12 Straz Center for
       the Performing Arts...........................A2
  13 Tampa Bay Times Forum C4
  14 Tampa Theatre...................................B2

sur le corps humain (fœtus dans du formol, avertissements sur la grossesse et la santé) est à réserver aux plus âgés. Ne manquez pas le film IMAX, inclus dans le tarif. Du centre-ville, prendre l'I-275 vers le nord jusqu'à la sortie 51 puis Fowler Ave vers l'est.

Manatee Viewing Center   RÉSERVE FAUNIQUE
(☑813-228-4289 ; www.tampaelectric.com/manatee ; Big Bend Rd, Apollo Beach ; ⊙10h-17h 1er nov-15 avr). L'une des expériences naturelles les plus surréelles de Floride consiste à observer des lamantins évoluant dans les eaux chaudes générées par les systèmes de refroidissement des centrales électriques. La régularité avec laquelle ces mammifères placides y apparaissent entre novembre et avril a fait de cet endroit une zone protégée où l'on peut aussi apercevoir des tarpons, des raies et des requins. Un café-bar, une modeste exposition, des toilettes et des tables de pique-nique complètent l'installation, à une demi-heure du centre-ville de Tampa. Prendre l'I-75 vers le sud jusqu'à la sortie 246 et suivre les indications.

Hyde Park   QUARTIER
(www.ehydepark.org). Le grand hôtel de Henry B. Plant ayant dynamisé l'économie de la Tampa de la fin du XIXe siècle, l'expansion de l'autre côté du fleuve était inévitable.

Old Hyde Park Village, autrefois un ensemble de plantations d'agrumes, constituait un lieu de choix pour l'établissement du premier faubourg de la ville. Dès 1892, des tramways circulaient dans Swann St et Rome Avenue. En 1909, le trolley parcourait les 8 km du **Bayshore Boulevard**. Aujourd'hui bordé de demeures parmi les plus chics de Tampa, c'est l'un des plus beaux itinéraires de promenade à pied ou de jogging. La Neighborhood Association (association du quartier) fournit un plan pratique en ligne.

Ybor City Museum State Park   MUSÉE
(☑813-247-6323 ; www.ybormuseum.org ; 1818 E 9th Ave ; adulte/enfant 4 $/gratuit ; ⊙9h-17h). Ce musée d'histoire à l'ancienne, un peu poussiéreux, fait revivre une époque révolue à travers des habitations de cigariers et de superbes photos. Mention spéciale à la boutique du musée où vous aurez des conseils d'expert sur les cigares et pourrez vous inscrire à la **visite autoguidée** (☑813-428-0854 ; visite en ligne/audio-tour 10/20 $). Le circuit est commenté par 24 membres importants de la communauté, notamment Rafael Martinez-Ybor, arrière-petit-fils du fondateur d'Ybor City, et Casey Gonzmart, issu de la 4e génération du clan qui tient le Columbia Restaurant.

🎉 Fêtes et festivals

Gasparilla Pirate Festival   CULTURE
(www.gasparillapiratefest.com ; ⊙jan). Le dernier samedi de janvier, Tampa fête sa version du Mardi gras avec un défilé de pirates.

Florida State Fair   CULTURE
(Florida State Expo ; www.floridastatefair.com ; ⊙fév). Une foire traditionnelle centenaire qui réunit pendant deux semaines en février bétail, manèges et stands culinaires.

Ybor City Heritage & Cigar Festival   CULTURE
(⊙nov). Musique et cigares à la mi-novembre.

🛏 Où se loger

Les hébergements originaux et indépendants ne sont pas le fort de Tampa. Si la clientèle d'affaires a tendance à plébisciter ceux, haut de gamme, du centre-ville (Westin ou Marriott par exemple), les touristes auront intérêt à se loger à Ybor City. On trouve aussi quantité de chaînes de catégorie intermédiaire au nord du centre-ville, près des Busch Gardens et de l'université de Floride du Sud.

Gram's Place Hostel
AUBERGE DE JEUNESSE $

(☑813-221 0596 ; www.grams-inn-tampa.com ; 3109 N Ola Ave ; dort 23 $, ch 25-60 $; ❋@☎). Aussi charismatique qu'une rock star vieillissante, cette minuscule et accueillante auberge de jeunesse plaît aux voyageurs étrangers qui préfèrent la personnalité à l'aspect impeccable du linge de lit. Profitez du Jacuzzi et des jam-sessions du samedi soir. Le petit-déjeuner n'est pas inclus, mais il y a 2 cuisines tout équipées. Gram's Place se trouve à Tampa Heights, à 2 miles (3,2 km) au nord du Tampa Museum of Art.

Hilton Garden Inn
Ybor City
HÔTEL $$

(☑813-769-9267 ; www.hiltongardeninn.com ; 1700 E 9th Ave ; ch 160-230 $; P❋☎✹). Meilleure adresse de Tampa, ce bel hôtel, efficace et accueillant, appartient à la chaîne Hilton Garden. Il est situé à quelques rues de 7th Avenue. Chambres spacieuses et confortables, belle piscine privée, et petit-déjeuner copieux cuisiné à la demande. Navette gratuite également à disposition pour se rendre en centre-ville.

Hampton Inn
& Suites Ybor City
HÔTEL $$

(☑813-247-6700 ; www.hamptoninn.hilton.com ; 1301 E 7th Ave ; ch 130-180 $; P❋☎✹). Hôtel en brique rouge proposant un bon niveau de confort, une navette gratuite pour le centre-ville et une minuscule piscine. Comme il se trouve sur 7th Avenue, les chambres en façade peuvent être bruyantes.

Don Vicente
de Ybor Historic Inn
HÔTEL HISTORIQUE $$

(☑813-241-4545 ; www.donvicenteinn.com ; 1915 Republica de Cuba ; ch petit-déj compris 139-219 $; P❋☎). Un peu défraîchi, cet hôtel de 1895 rappelle l'âge d'or d'Ybor City. Hélas, les chambres sont moins fastueuses et accueillantes que les parties communes, au cachet vieille Europe très typique.

Epicurean Hotel
HÔTEL $$$

(☑813-999-8700 ; www.epicureanhotel.com ; 1207 S Howard Ave ; ch 180-280 $; P❋☎✹). Le flambant neuf Épicurien de South Tampa vit de la collaboration de six entreprises. Chad Johnson, chef de la Bern's Steak House (p. 394), a conçu la carte du restaurant Élevage, et c'est Dean Hurst qui concocte les cocktails très originaux de l'Edge Social Drinkery, bar sur le toit en terrasse. La pâtisserie Pi, un caviste-épicerie fine et une école de cuisine complètent le tableau. Aurez-vous encore le temps de profiter du club de remise en forme, de la piscine et du spa ?

🍴 Où se restaurer

Tampa compte d'excellents restaurants, principalement en dehors du centre-ville. Les adresses abondent à Ybor City, notamment des restaurants espagnols ou italiens, tandis que le quartier de Seminole Heights (dans Florida Ave) a le vent en poupe auprès de la clientèle branchée. Le très chic Hyde Park Village, au sud du centre-ville, et Palma Ceia, où le design règne en maître, sont deux autres quartiers intéressants. Dans South Tampa, SoHo (South Howard Ave) a été surnommé "la rue des restaurants" – le tronçon entre Kennedy Blvd et Bayshore Blvd offre un choix de premier ordre.

🍴 Centre-ville

Oxford Exchange
AMÉRICAIN $$

(☑813-253-0222 ; www.oxfordexchange.com ; 420 W Kennedy Blvd ; plats 17-32 $; ⊙7h30-17h lun-mer et ven, 7h30-21h jeu, 9h-17h sam, 9h-20h dim). Écurie construite en 1891 pour le Plant Hotel, ce lieu réinventé s'inspire du vénérable restaurant Wolseley de Londres. La carte américaine de la chef Erin Guggino est servie sous de splendides frondaisons de palmiers, dans une serre. Sur place également une minuscule librairie lambrissée, un café Buddy Brew et un bar TeBella. En 2014, l'établissement a obtenu la licence IV. Il propose donc maintenant une alléchante carte des vins et de cocktails à base de jus de fruits pressés à froid. Depuis peu, le restaurant a ouvert ses portes les jeudis et dimanches soir. Il devrait même organiser des soupers d'été.

L'Eden
FRANÇAIS $$

(☑813-221-4795 ; www.dineatleden.com ; 500 N Tampa St ; plats 9-22 $; ⊙7h-15h lun-mar, 7h-15h et 17h-23h mer-sam). Le menu méditerranéen ensoleillé de l'Eden évoque les racines marseillaises du chef Gérard Jamgotchian. Au menu : quiches à pâte feuilletée, crêpes, salées ou sucrées et salade niçoise, vedette de la carte. Bon petit-déjeuner également.

Mise en Place
AMÉRICAIN MODERNE $$$

(☑813-254-5373 ; www.miseonline.com ; 442 W Kennedy Blvd ; midi 10-15 $, soir 20-35 $; ⊙11h30-14h30 et 17h30-22h mar-ven, 17h30-23h sam). Ouvert depuis plus de 25 ans, ce restaurant est une référence à Tampa pour un repas à la fois romantique et sophistiqué. La carte fait la part belle à la cuisine contemporaine américaine mâtinée de touches floridiennes et caribéennes. Toujours en accord avec les dernières tendances culinaires, elle réussit pourtant à ne jamais être snob ou trop branchée. Faites-vous plaisir avec le menu dégustation "Get Blitzed" (55 $), d'un excellent rapport qualité/prix.

✗ Ybor City

Tre Amici @ the Bunker CAFÉ $

(☑813-247-6964 ; www.yborbunker.com ; 1907 19th St N ; 3-8 $/pièce ; ⏲8h-16h lun-mer, ven-sam, 8h-23h jeu). La population branchée d'Ybor City se réveille dans ce café de quartier à l'ambiance décontractée avec un bon choix de burritos au petit-déjeuner. On y sert aussi des soupes et des sandwichs toute la journée. Soirées *open mic* (scène artistique ouverte), films et même *speed dating*.

La Segunda Bakery BOULANGERIE $

(www.lasegundabakery.com ; 2512 N 15th St ; 1-8 $/pièce ; ⏲6h30-17h lun-ven, 7h-15h sam, 7h-13h dim). Au niveau de 15th Ave et de 15th St, tout près de l'artère principale d'Ybor, cette authentique boulangerie espagnole, fondée en 1915, propose de délicieux pains et pâtisseries, un riche café cubain et peut-être bien les meilleurs sandwichs cubains de Tampa. Fondée en 1915.

♥ Columbia Restaurant ESPAGNOL $$$

(☑813-248-4961 ; www.columbiarestaurant.com ; 2117 E 7th Ave ; plats midi 9-15 $, soir 18-29 $; ⏲11h-22h lun-jeu, 11h-23h ven-sam, 12h-21h dim). Centenaire en 2015, ce restaurant hispano-cubain est le plus ancien de Floride. Occupant tout un pâté de maisons, il se compose de 13 salles élégantes et de cours romantiques avec des fontaines en leur centre. Nombre des serveurs en gants blancs ont passé leur vie ici. Quant au propriétaire, Richard Gonzmart, il met un point d'honneur à servir une authentique cuisine espagnole et cubaine. Réservez pour un spectacle de flamenco (2/soirée).

✗ Seminole Heights et environs

♥ Rooster & the Till FUSION $$

(☑813-374-8940 ; www.roosterandthetill.com ; 6500 N Florida Ave ; assiettes 8-19 $; ⏲15h30-22h lun-jeu, 15h30-23h ven-sam). Forts d'un impressionnant pedigree culinaire, Ferrell Alvarez et Ty Rodriguez viennent de lancer à Seminole Heights le restaurant "de la ferme à la

table" le plus ambitieux. On vient ici pour de petites assiettes pleines de saveurs. Goûtez à la poitrine de *mangalitza* (porc laineux) accompagnée de pommes marinées au vinaigre et de miel au poivre, ou aux shimejis et pleurotes fumés avec tarte à la tomate verte et fromage bleu Point Reyes. La carte des vins n'est pas trop ruineuse avec ses 3 catégories de prix (bouteilles à 25 $, 45 $ et 65 $).

Refinery AMÉRICAIN MODERNE $$

(☑813-237-2000 ; www.thetamparefinery.com ; 5137 N Florida Ave ; plats 9-24 $; ⏲17h-22h dim-jeu, 17h-23h ven-sam, brunch 11h-14h30 dim ; ☑). ✐ Restaurant à la fois populaire et gastronomique, où les assiettes sont ébréchées et l'ambiance sans prétention. Au menu : une cuisine délicieuse à base de produits locaux, mariant astucieusement démarche éthique et punk attitude. Les propriétaires, Michelle et Greg Baker, sont parmi les très rares restaurateurs de Floride connus ailleurs que dans l'État, grâce aux 3 nominations de Greg aux James Beard Awards (un prix dans le domaine de la restauration). De 17h à 19h, on propose des assiettes du chef à 5 $.

Ne manquez pas non plus le nouveau défi du couple, **Fodder & Shine**, qui propose de la cuisine de "cracker" d'antan influencée par les racines afro-américaines, amérindiennes et espagnoles de l'État.

Ella's Americana Folk Art Cafe AMÉRICAIN $$

(☑813-234-1000 ; www.ellasfolkartcafe.com ; 5119 N Nebraska Ave ; plats 11-22 $; ⏲17h-23h mar-jeu, 17h-minuit ven-sam, 11h-20h dim). Après quelques cocktails Boozy Suzy, on commence vraiment à comprendre l'art visionnaire qui orne les murs de l'établissement. Mais si la clientèle d'habitués reste fidèle, ce n'est pas seulement pour ces œuvres excentriques et les cocktails. C'est aussi pour l'ambiance douillette, la réconfortante cuisine traditionnelle afro-américaine (*soul food*) et les événements hebdomadaires, qui vont des concerts aux soirées dégustation de donuts et de bière.

✗ South Tampa

Wright's Gourmet House SANDWICHS $

(www.wrightsgourmet.com ; 1200 S Dale Mabry Hwy ; sandwichs et salades 5-10 $; ⏲7h-18h lun-ven, 8h-16h sam). De l'extérieur, on dirait un magasin de peinture et papier peint.

LES BUSCH GARDENS ET ADVENTURE ISLAND

Orlando n'a pas le monopole des parcs à thème en Floride. Tampa compte deux grandes attractions à sensation : les Busch Gardens à la thématique africaine, dont les montagnes russes comptent parmi les meilleures du pays, et Adventure Island, le parc aquatique attenant. Il existe des billets combinés.

Ces deux parcs se situent à 7 miles (11 km) au nord du centre-ville. Prenez l'I-275 vers le nord jusqu'à la sortie 50/Busch Blvd et suivez les indications. Prévoyez 13 $ pour le parking.

Busch Gardens

Ce **parc à thème** (☑888-800-5447 ; seaworldparks.com/en/buschgardens-tampa ; 10165 McKinley Dr ; adulte/3-9 ans 92/87 $, réductions en ligne ; ☺10h-19h) se divise en 10 régions africaines, sans vraiment de frontières entre elles. Il peut se parcourir entièrement à pied. Les différentes activités – montagnes russes et autres attractions, observation des animaux, spectacles divers – sont réparties dans tout le parc. Un minimum d'organisation s'impose donc pour optimiser la journée. Renseignez-vous au préalable sur les horaires des spectacles et organisez votre programme en fonction. Sachez qu'au fil de la journée, la queue s'allonge pour les montagnes russes.

Égypte Abrite la Cheetah Hunt, une descente vertigineuse jusqu'au sol censée mimer l'accélération d'un guépard : hurlements garantis. Autre attraction phare, Montu est le plus imposant grand huit inversé du Sud-Est américain. Quant au Moroccan Palace Theater, il accueille de grosses productions (comme le Cirque du Soleil).

Plaine du Serengeti Cet espace de 26 ha où évoluent librement des centaines d'animaux reproduit l'habitat des plaines africaines. Vous pourrez le parcourir en petit train avec le Serengeti Railway, mais le Serengeti Safari Tour (19-39 $/pers) reste le principal moyen d'accès et permet de descendre du véhicule pour nourrir, par exemple, les girafes.

Maroc Les imposantes et splendides montagnes russes traditionnelles en bois, appelées "gwazi", côtoient des primates, près des principaux espaces animaliers d'Égypte et de Nairobi.

Nairobi Axée principalement sur les animaux, cette zone abrite des reptiles et des animaux nocturnes dans les Curiosity Caverns. Jambo Junction permet de caresser des flamants roses et d'admirer d'autres adorables créatures. C'est là également que se trouve l'Animal Care Center, qui permet d'apprendre en voyant les coulisses du travail des vétérinaires auprès de quelques-uns des 12 000 animaux du parc.

Tombouctou La zone comprend principalement de plus petits manèges et des commerces. Le fou rire est garanti avec les séances de films en 4D et leurs fauteuils "interactifs" qui arrosent et pincent les fesses.

L'intérieur n'est pas tellement mieux : nappes en plastique vert et murs blancs tout nus. Mais le *red velvet cake*, la tarte aux noix de pécan et les gigantesques sandwichs (goûtez le *beef martini* au rosbif (aux champignons marinés au vin et au bacon) expliquent à eux seuls le succès du lieu.

Piquant   FRANÇAIS $$
(☑813-251-1777 ; 1633 W Snow Ave, Hyde Park Village ; plats 9-18 $; ☺8h-18h lun-mer et dim, 8h-22h jeu-sam ; ☑). Splendides pâtisseries, salades et sandwichs d'inspiration française dominent la carte de cette boulangerie de Hyde Park Village. La "Power Salad" se compose d'un lit de riz brun surmonté d'avocat, d'épinards, de feta, de pois chiche, de poulet émincé et de poivrons rouges rôtis. Également : plats sans gluten et végétariens.

♥ **Restaurant BT**   FUSION $$$
(☑813-258-1916 ; www.restaurantbt.com ; 2507 S MacDill Ave, Palma Ceia ; plats midi 10-15 $, soir 23-32 $; ☺11h30-14h30 et 17h30-22h lun-jeu, jusqu'à 23h ven-sam). ☑ La chef Trina Nguyan-Batley combine dans ce temple dédié à la gastronomie locale son expérience de la mode et son éducation vietnamienne, pour un résultat ultrachic.

♥ **Bern's Steak House**   GRILL $$$
(☑813-251-2421 ; www.bernssteakhouse.com ; 1208 S Howard Ave ; plats 25-60 $; ☺17h-22h dim-jeu, 17h-23h ven-sam). Ce restaurant mythique est une véritable institution à l'échelle

Pantopia Le monde imaginaire de Pantopia, avec son Painted Camel Bazaar et ses restaurants décorés sur le thème du voyage et des animaux, a ouvert en 2014. En son centre se trouve le manège le plus récent du parc, Falcon's Fury, tour de chute libre de 102 m d'où l'on tombe à 96 km/h.

Congo Le grand huit Kumba a depuis longtemps les faveurs du public. Il comporte 3 loopings renversants et une spirale à 360 degrés. Remettez-vous de vos émotions en descendant les Congo River Rapids.

Jungala Conçu pour les jeunes enfants, Jungala possède une formidable structure à escalader, un espace aquatique et une tyrolienne, outre des tigres et des orangs-outans.

Stanleyville Autre manège vedette, SheiKra est le premier grand huit en piqué d'Amérique du Nord. Il plonge en ligne droite et circule même sous terre.

Safari of Fun et Bird Gardens Le Safari of Fun, sur le thème du *1, rue Sésame*, comporte d'excellentes aires de jeu entourées de barrières, des structures à escalader et des espaces aquatiques qui occuperont les enfants pendant des heures. Ne ratez pas le spectacle Elmo and Friends (réservez pour un repas en compagnie de personnages déguisés). Les incontournables nuées de flamants roses et une volière ouverte au public vous attendent aux Bird Gardens attenants.

Adventure Island

Ce **parc aquatique** (☎ 888-800-5447 ; www.adventureisland.com ; 10001 McKinley Dr ; adulte/3-9 ans 42/38 $; ⏰ 10h-17h) de 12 ha possède toutes les caractéristiques modernes du genre : un long cours d'eau paisible, une immense piscine à vagues, des espaces avec seaux-arrosoirs, une piscine, des coins détente sablonneux, et suffisamment d'adrénaline sur les toboggans aquatiques pour que les ados fassent la queue jusqu'à la fermeture.

Où se loger et se restaurer

Le parc compte plus de cafés et de stands d'alimentation que d'attractions, mais ils sont quelconques et onéreux. Apportez des en-cas pour gagner du temps et de l'argent.

À proximité des Busch Gardens, à l'angle de Busch Blvd et 30th St, vous trouverez plusieurs hôtels de chaîne de catégorie moyenne : Holiday Inn Express, La Quinta et Days Inn. S'ils prétendent qu'on peut rejoindre le parc à pied, la promenade, très longue, n'est pas recommandée, surtout avec de jeunes enfants. Immédiatement au nord des Busch Gardens, en face de l'University of South Florida, Fowler Ave est également bordée de chaînes hôtelières fiables de catégorie intermédiaire.

nationale. Mettez-vous sur votre trente-et-un, commandez du caviar et de la viande de bœuf affinée sur place, demandez à visiter la cave et les cuisines, et ne manquez surtout pas le dessert, à savourer dans la Harry Waugh Dessert Room, salle spécialement conçue à cette intention.

Sidebern's EUROPÉEN $$$
(☎ 813-258-2233 ; www.sideberns.com ; 2208 W Morrison Ave ; assiettes de charcuterie 8-16 $, plats 30-48 $; ⏰ 17h-22h lun-jeu, 17h-23h ven-sam ; 🅿). 🍴 Pas envie de viande ? Cette alternative branchée à la Bern's Steak House propose une cuisine gastronomique créative et raffinée à base de produits locaux. Service impeccable. Il vous faudra courir plutôt que marcher pour pouvoir profiter des formules de début de soirée (17h à 19h) : les cocktails vieillis en fûts et le vin coûtent alors 5 $, et les assiettes de hors-d'œuvre 6 $.

🍷 Où prendre un verre et faire la fête

Certains restaurants comptent d'excellents bars, notamment le Mise en Place, le Sidebern's et le Sono Cafe dans le Museum of Art. Ybor City concentre l'essentiel de la vie nocturne, mais SoHo et Seminole Heights baignent dans une ambiance plus adulte. La plupart des discothèques ouvrent de 22h à 3h du jeudi au samedi, et leur droit d'entrée s'échelonne entre 10 et 30 $. L'hebdomadaire alternatif de Tampa Bay, *Creative*

Loafing (www.cltampa.com), recense les bars et les festivités.

Ybor City constitue aussi le cœur de la communauté LGBT. Renseignez-vous auprès de la **GaYbor District Coalition** (www.gaybor.com) et de **Gay Tampa** (www.tampabaygay.com).

Cigar City Brewing BRASSERIE

(☑813-348-6363 ; www.cigarcitybrewing.com ; 3924 West Spruce St ; ⊙11h-23h dim-jeu, 11h-1h ven-sam). C'est la meilleure brasserie artisanale de Tampa. Elle propose quantité de bières à la pression, dont certaines ne sont fabriquées qu'ici. Le vendredi soir, des food trucks s'installent sur le parking, et l'on peut visiter la brasserie pour 5 $ (une bière comprise). À l'ouest du centre-ville, au nord de l'I-275.

Independent Bar BAR

(☑813-341-4883 ; www.independenttampa.com ; 5016 N Florida Ave ; ⊙12h-minuit dim-mer, 12h-1h jeu-sam). Si vous aimez la bière artisanale, filez dans cette ancienne station-service de Seminole Heights, reconvertie en bar branché. Plusieurs variétés de bières locales de la Cigar City Brewing et bonne cuisine de pub.

Anise Global Gastrobar BAR À COCKTAILS

(☑813-225-4272 ; 777 N Ashley Dr ; ⊙16h-22h lun-jeu, 16h-minuit ven, 11h-minuit sam, 11h-22h dim). Au pied de l'immense building SkyPoint, l'Anise, et son long bar élégant, propose une carte de cocktails restreinte mais chic. On prend ici les mélanges très au sérieux, du Fever Tree Tonic au Mexican Coke (adouci avec du sucre de canne et non du sirop de maïs). Également : carte de vins internationaux et menu tapas d'inspiration asiatique (de 8 à 11 $).

Four Green Fields PUB IRLANDAIS

(www.fourgreenfields.com/tampa ; 205 W Platt St ; ⊙11h-3h lun-sam, 12h-3h dim). Dans cette maison aux allures de cottage irlandais traditionnel (toit de chaume, murs chaulés) de Hyde Park, le personnel irlandais est avenant, il y a des maillots de football, de la Guinness à la pression et une carte irlandaise comme de juste (plats 11-13 $).

Club Prana CLUB

(www.clubprana.com ; 1619 E 7th Ave). Nombre de discothèques ouvrent et ferment, mais le Club Prana, occupant 5 étages du *lounge* au Sky Bar, sur le toit en terrasse, a résisté à l'épreuve du temps.

☆ Où sortir

Arts Tampa Bay (www.artstampabay.com) donne le programme culturel de la région.

Musique live et arts de la scène

♥ Skipper's Smokehouse MUSIQUE LIVE

(☑813-971-0666 ; www.skipperssmokehouse.com ; 910 Skipper Rd ; 5-25 $; ⊙11h-minuit mar-ven, 12h-minuit sam, 13h-minuit dim). Cette bonne vieille institution, très appréciée et sans prétention, accueille des concerts en plein air (blues, folk, reggae, *swamp music*). À 15 km directement au nord du centre-ville, par N Nebraska Avenue.

Straz Center for the Performing Arts ARTS DE LA SCÈNE

(☑813-229-7827 ; www.strazcenter.org ; 1010 MacInnes Pl). Cet immense complexe artistique de plusieurs salles accueille une programmation variée : spectacles de Broadway, concerts de musique pop, opéra, danse classique, pièces de théâtre, etc.

Improv Comedy Theater CAFÉ-THÉÂTRE

(☑813-864-4000 ; www.improvtampa.com ; 1600 E 8th Ave, Centro Ybor ; billets 10-30 $). Des humoristes locaux et nationaux se produisent 5 soirs par semaine dans ce café-théâtre d'Ybor City réservé aux plus de 21 ans.

Cinémas

♥ Tampa Theatre CINÉMA

(☑813-274-8981 ; www.tampatheatre.org ; 711 N Franklin St ; 11 $). Cette salle historique de 1926, en centre-ville, fait un cadre magique pour assister à des projections de films indépendants. Un puissant orgue de marque Wurlitzer joue avant la plupart des projections. Dommage qu'il n'y ait qu'une séance le soir en semaine et trois le week-end. En revanche, d'autres événements culturels s'y déroulent parfois.

Cinebistro CINÉMA

(☑813-514-8300 ; www.cobbcinebistro.com ; 1609 W Swann Ave, Hyde Park Village). Croisement entre un club branché de South Beach et un luxueux cinéma d'art et d'essai, cette salle abrite un élégant bar à cocktails dans le hall et sert des en-cas haut de gamme (plats 10-20 $) à grignoter pendant la projection. Le cinéma avec du style.

Sports

L'équipe de football américain des Tampa Bay Buccaneers évolue au **Raymond James Stadium** (☑813-350-6500 ; raymondjamesstadium.com ; 4201 N Dale Mabry Hwy) d'août (présaison) à décembre. La plupart des matchs se jouent à guichets fermés.

L'équipe de base-ball des New York Yankees dispute ses matchs d'entraînement de printemps en mars au **Steinbrenner Field** (☑813-875-7753 ; www.steinbrennerfield. com ; 1 Steinbrenner Dr), stade de 10 000 places conçu sur le modèle du Yankee Stadium de New York. Les Tampa Yankees, équipe de ligue mineure, jouent au Legends Field d'avril à septembre.

Équipe de la NHL (ligue nationale de hockey sur glace), les Tampa Bay Lightning investissent le **Tampa Bay Times Forum** (☑813-301-6600 ; www.tampabaytimesforum. com ; 401 Channelside Dr) récemment rénové d'octobre à mars. Des matchs de basket, de lutte, de football, des concerts et des spectacles sur glace s'y tiennent aussi.

Le sport universitaire est très suivi à Tampa : l'**USF Bulls** (www.gousfbulls.com) fait notamment jouer en compétition des équipes de football, de base-ball, de basketball et autres sports. Les basketteurs évoluent au **Sun Dome** (www.sundomearena. com), et les footballeurs au Raymond James Stadium. L'événement le plus important de Tampa en matière de sport universitaire, l'**Outback Bowl** (☑813-874-2695 ; www.outbackbowl.com ; billets 75 $), est une rencontre de football organisée par la NCAA (National College Athletic Association) le Jour de l'an.

🔒 Achats

Pour faire du shopping dans la rue, rien ne vaut les boutiques d'Ybor City. Le magasin de souvenirs du Columbia Restaurant (p. 393) offre un choix remarquable de céramiques espagnoles peintes à la main. Sur 8th Ave, entre 15th St et 17th St, le **Centro Ybor** (www.centroybor.com) est un centre commercial plaisant doté d'un espace de restauration et de loisirs. L'**Ybor City Farmers Market** (www.ybormarket.com ; 8th Ave et 18th St, Centennial Park ; ⏲9h-15h sam) met, quant à lui, l'accent sur l'art et l'artisanat.

Les adresses branchées et les bonnes trouvailles se succèdent aussi à SoHo (South Howard St), au sud de Platt.

LES CIGARES D'YBOR CITY

Le quartier historique réhabilité de Tampa possède un riche patrimoine, mais l'histoire commence en réalité plus au sud. Proche de Cuba et de son excellent tabac, Key West a longtemps été la capitale du cigare aux États-Unis. Mais lorsque les ouvriers commencèrent à s'organiser à Key West, les barons du secteur décidèrent que le seul moyen de briser la mainmise syndicale consistait à déplacer leurs usines. Ils ne pouvaient le faire que vers une seule direction : le nord. En 1886, Vicénte Martínez Ybor et Ignacio Haya transférèrent leurs immenses fabriques de cigares (respectivement Principe de Gales et La Flor de la Sanchez y Haya) dans l'actuelle Ybor City, marquant un tournant. Au cours des 50 années suivantes, Ybor City devint la capitale américaine du cigare, synonyme de produits de qualité qu'incarnent des marques comme Tampa Sweethearts et Hav-a-Tampa. Si vous êtes amateur, ne manquez pas la fête annuelle du cigare d'Ybor City, qui a lieu à la mi-novembre.

L'ancienne fabrique Tampa Sweethearts subsiste aujourd'hui (1301 N 22nd St), mais les visites guidées organisées par l'Ybor City Museum offrent une expérience plus personnalisée. Elles sont commentées par l'universitaire Wallace Reyes qui possède sa propre marque de cigares, et détient actuellement le record mondial du plus long cigare roulé (près de 60 m !).

Voici les adresses les plus fiables (et légitimes) pour acheter des cigares dans le quartier :

Metropolitan Cigars (2014 E 7th Ave ; ⏲9h30-20h lun-ven, 10h30-17h30 sam). Cette cave à cigares est l'une des meilleures boutiques de Tampa Bay.

King Corona Cigar Factory (www.kingcoronacigars.com ; 1523 E 7th Ave ; ⏲8h-minuit lun-mer, 8h-1h jeu, 8h-2h ven, 10h-2h sam, 12h-minuit dim). Le plus grand magasin de cigares de la ville comporte aussi un bar-fumoir à l'ancienne.

Gonzales y Martinez Cigar Company (2025 E 7th Ave ; ⏲11h-21h lun-jeu, 11h-23h ven-sam). Dans la boutique de souvenirs du Columbia Restaurant.

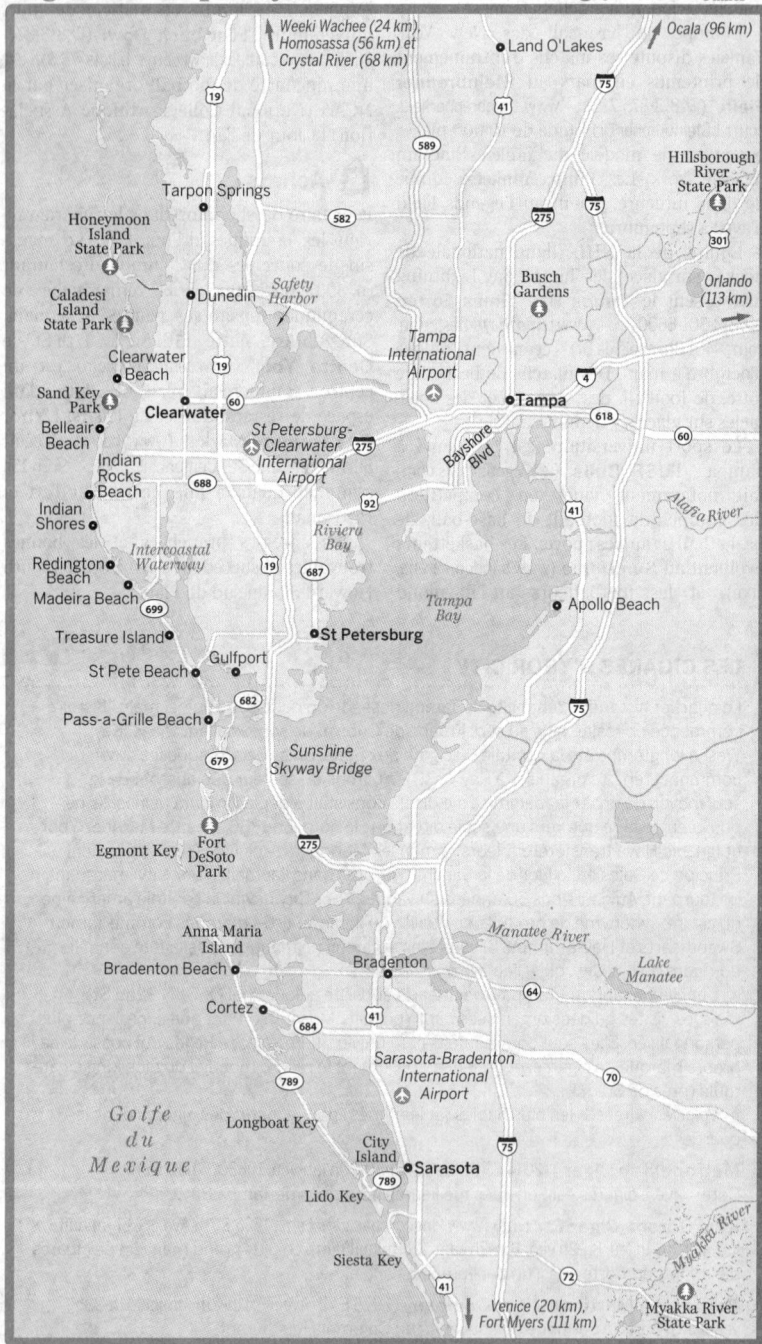

La France
VINTAGE

(☑813-248-1381 ; 1612 E 7th Ave, Ybor City ; ⏰11h-20h lun-jeu, 11h-22h ven-sam, 12h-19h dim). Grâce à l'afflux des riches *snowbirds*, la scène vintage de Tampa est des plus florissantes. Avec ses 4 devantures où se succèdent régulièrement robes à franges des années 1920, ombrelles, chapeaux à plumes et autres survêtements pour hommes, La France est une sorte de musée gratuit. À l'intérieur vous attendent des robes longues des années 1930, de splendides robes trapèzes des années 1940 et des costumes *mods* des années 1960. Certains articles sont de fabrication récente mais s'inspirent de motifs d'époque, d'autres proviennent de successions et des armoires de particuliers.

Inkwood Books
LIVRES

(☑813-253-2638 ; www.inkwoodbooks.com ; 216 S Armenia ; ⏰10h-21h lun-jeu, 10h-19h ven-sam, 13h-17h dim). Installée dans une petite maison près de Hyde Park, la meilleure librairie indépendante de Tampa dispose d'une formidable sélection de littérature générale et d'essais sur la Floride, ainsi que de merveilleux livres pour la jeunesse. Elle accueille également de nombreuses lectures et signatures.

Hyde Park Village
CENTRE COMMERCIAL

(www.hydeparkvillage.com ; ⏰10h-19h). Tampa ne manque pas de centres commerciaux, mais les dernières tendances haut de gamme se dénichent dans ce centre commercial à ciel ouvert du charmant quartier d'Old Hyde Park, à South Tampa. Il se tient entre les avenues Swann et Morrison.

❶ Renseignements

DÉSAGRÉMENTS ET DANGERS
Comme toute grande ville, Tampa est confrontée au problème de la délinquance. Si le centre-ville et Ybor City sont sûrs, ne vous aventurez pas au hasard dans les quartiers limitrophes.

MÉDIAS
Deux grands quotidiens paraissent dans la région de Tampa Bay.
St Petersburg Times (www.tampabay.com)
Tampa Tribune (www.tbo.com)

OFFICES DU TOURISME
Tampa Bay Convention & Visitors Bureau
(☑813-223-1111 ; www.visittampabay.com ; 615 Channelside Dr ; 615 Channelside Dr ; ⏰11h-17h30 lun-sam, 11h-17h dim). Une mine d'informations et des cartes gratuites bien

faites. Réservez directement votre hôtel sur le site Internet.
Visitor Center (☑813-241-8838 ; www.ybor. org ; 1600 E 8th Ave ; ⏰10h-17h lun-sam, 12h-17h dim). Le centre des visiteurs d'Ybor City propose une excellente introduction à la ville au travers de renseignements et de plans de visites à pied.

SERVICES MÉDICAUX
Tampa General Hospital (☑813-844-7000 ; www.tgh.org ; 1 Tampa General Circle, Davis Island ; ⏰24h/24). Au sud du centre-ville, sur Davis Island.2

❶ Comment s'y rendre et circuler

AVION
Le Tampa International Airport (p. 546) est le troisième de la région en termes de trafic. Il se situe à 13 km à l'ouest du centre-ville, près de la Hwy 589.
Le bus HART n°30 (2 $, 25 min, toutes les 30 min) dépose et récupère les voyageurs au Red Arrival Desk, au niveau inférieur de l'aéroport – il faut avoir l'appoint.
Les principales agences de location de voitures ont toutes un comptoir à l'aéroport. En voiture, prenez l'I-275 jusqu'à N Ashley Dr, puis tournez à droite pour arriver au centre-ville.

BUS, TROLLEYBUS ET TRAMWAY
Greyhound (☑813-229-2174 ; www.greyhound. com ; 610 E Polk St, Tampa). Les bus Greyhound couvrent toute la région ainsi que Miami, Orlando, Sarasota et Gainesville.
Hillsborough Area Regional Transit (HART ; ☑813-254-4278 ; www.gohart.org ; 1211 N Marion St ; 2 $). Les bus HART passent tous par le Marion Transit Center. Un aller simple coûte 2 $, de même que le forfait journalier HARTFlex (van à la demande, service porte à porte). Ils desservent le zoo, les Busch Gardens, le Henry Plant Museum et Ybor City.
In-Town Trolley (25 ¢ ; ⏰6h-8h30 et 15h30-18h lun-ven). En centre-ville, le trolleybus (à prix modique) sillonne Florida Ave, Tampa St et Franklin St toutes les 15 minutes.
TECO Line Streetcars (www.tecolinestreetcar. org ; tarif plein/réduit 2,50/1,25 $; ⏰12h-22h lun-jeu, 11h-2h ven-sam, 12h-20h dim). Les tramways électriques à l'ancienne HART assurent toutes les 20 minutes la liaison entre le Marion Transit Center en centre-ville et Ybor City.

VOITURE ET MOTO
L'I-4 relie Tampa à Orlando. Le moyen le plus rapide pour se rendre à Miami consiste à prendre l'I-75 vers le sud, qui bifurque vers l'est

à hauteur de Naples et rejoint l'I-95 vers le sud à Fort Lauderdale. On peut aussi prendre l'US 41 (Tamiami Trail) à Naples jusqu'à Miami, via les Everglades.

TRAIN

Amtrak (☑813-221-7600 ; www.amtrak. com ; 601 N Nebraska Ave). Plusieurs liaisons quotidiennes Tampa-Orlando (12-26 $, 2 heures).

Hillsborough River State Park

Lorsque les habitants de Tampa ont envie de prendre l'air dans un environnement boisé, ils rejoignent le fantastique **Hillsborough River State Park** (☑813-987-6771 ; www. floridastateparks.org/hillsboroughriver ; 15402 US 301 N ; cycliste/voiture 2/6 $; ☺8h-crépuscule ▣). Ce parc d'État de 1 375 ha n'est qu'à 20 minutes au nord-est de Tampa. Idéal pour une escapade au vert en famille à la découverte de la faune et de la flore locales, il possède aussi le meilleur camping de l'intérieur des terres de la région.

En été, son immense **piscine** (4 $/ pers, campeurs gratuit ; ☺9h-17h dernier lun de mai-premier lun de sept) de 2 000 m² tient la vedette. Le week-end, arrivez pour 8h30 pour ne pas attendre que quelqu'un sorte pour entrer.

Les routes plates et sinueuses du parc se prêtent à de belles **balades à vélo** (location de vélos par heure/journée 10/25 $), sans compter la quinzaine de kilomètres de **sentiers de randonnée**, tout aussi agréables, à travers les *flatwoods* et les marais bordés de cyprès.

L'activité la plus amusante reste le **canoë-kayak** (location canoës 2 heures/journée 25/50 $, kayaks 15 $/heure). Hormis quelques petits rapides, le cours paisible de la Hillsborough River conviendra aux enfants qui pourront apercevoir rapaces, cerfs, loups et alligators. Mieux vaut venir tôt le matin quand les animaux sont plus actifs, et qu'il reste encore du matériel à louer.

Bien équipé, le charmant **camping** (empl 24 $) de 112 places chauffé à l'énergie solaire possède de beaux emplacements au bord de l'eau, mais il manque d'intimité. La meilleure période pour camper correspond à la saison sèche (octobre-mars). Il faut réserver jusqu'à un an à l'avance en raison de l'affluence. Il y a moins de monde en semaine.

De Tampa, prenez Fowler Ave/Hwy 582 vers l'est jusqu'à l'US 301 N. Le parc est à environ 9 miles (15 km).

St Petersburg

☑727 / 244 750 HABITANTS

St Petersburg, à la longue réputation de lieu de fête débridée pour étudiants et de capitale des retraités, est en train de se forger une nouvelle identité : celle de ville du Sud tournée vers la culture. Relancé par la réhabilitation de son front de mer, la redynamisation du centre historique, et par le fameux musée Dalí, le centre-ville vibre d'une belle énergie qui est en train de gagner Central Avenue. Restaurants sophistiqués, brasseries artisanales, marchés de petits producteurs et galeries d'art fleurissent, attirant aussi bien une population de jeunes cadres qu'une nouvelle vague de voyageurs amateurs de culture.

◉ À voir

Les touristes peuvent s'en tenir à pied à un circuit en forme de T, le long de Central Ave, principalement entre 8th St et Bayshore Dr, et de Bayshore Dr, entre le musée Dalí et les parcs du front de mer dans le quartier d'Old Northeast. De là, la **jetée** s'avance dans la mer. Elle reste accessible aux promeneurs, mais l'emblématique "parc d'attractions" en forme de pyramide inversée situé à son extrémité est fermé pour travaux.

♥ Old Northeast   QUARTIER

Old Northeast, ou Coffee Pot Bayou, s'étend approximativement de 9th Ave NE à 30th Ave NE et de la baie à 4th St. De 5th Ave NE, il suffit de continuer dans North Shore Dr NE. À peu près à hauteur de 10th Ave NE, le **North Shore Aquatic Complex** (901 N Shore Dr NE ; adulte/enfant 5/4,50 $; ☺9h-16h lun-ven, 10h-16h sam, 13h-16h dim) possède 3 superbes piscines, dont une avec toboggan réservée aux enfants. Les espaces verts publics attenants comprennent le **Gizella Kopsick Palm Arboretum** (☺aube-crépuscule) GRATUIT, un jardin paysager de 8 000 m² plantés de plus de 500 palmiers, tous avec leur nomenclature. Vous trouverez aussi de grands parkings, et une longue **plage** de sable blanc propice à la baignade. En continuant sur la promenade, on longe de jolies maisons et des docks privés, et l'on arrive tout au bout au petit **Coffee Pot Park**, où l'on aperçoit parfois des lamantins.

Chihuly Collection   GALERIE D'ART

(☑727-896-4527 ; www.moreanartscenter.org ; 400 Beach Dr ; tarif plein/réduit 20/13 $; ☺10h-

17h lun-sam, à partir de 12h dim). Les œuvres en verre de Dale Chihuly sont exposées au Metropolitan Museum of Art à New York, au Victoria and Albert Museum (V&A) à Londres, et au Louvre à Paris. Toutefois, la collection permanente se trouve ici, à St Petersburg, dans une modeste galerie en bois et marbre conçue pour mettre en valeur les installations comme le *Ruby Red Icicle Chandelier* ou la série multicolore des *Persians*.

Morean Arts Center   CENTRE ARTISTIQUE
(☑727-822-7872 ; www.moreanartscenter.org ; 719 Central Ave ; ☺10h-17h lun-sam, 12h-17h dim). GRATUIT Cet espace artistique vivant accueille d'intéressantes expositions temporaires de tout type. Les férus de verre ne manqueront pas les démonstrations confidentielles des souffleurs organisées toutes les demi-heures à la **Hot Shop** (☑727-827-4527 ; adulte/enfant 9/5 $; ☺12h-17h lun-sam) attenante au centre. On peut aussi réserver un cours particulier de soufflage du verre (75 $), et rapporter son œuvre chez soi.

St Petersburg Museum of Fine Arts MUSÉE
(☑727-896-2667 ; www.fine-arts.org ; 255 Beach Dr NE ; tarif plein/réduit 17/10 $; ☺10h-17h mer-sam, 13h-17h dim). La collection de ce musée des Beaux-Arts est aussi diversifiée que celle du musée Dalí est pointue. Elle expose les antiquités du monde entier et les mouvements artistiques de presque toutes les époques.

Florida Holocaust Museum   MUSÉE
(☑727-820-0100 ; www.flholocaustmuseum.org ; 55 5th St S ; tarif plein/étudiant 16/8 $; ☺10h-17h). Les collections du musée de l'Holocauste, l'un des plus grands du pays, illustrent avec une émouvante sobriété la grande tragédie du milieu du XXᵉ siècle. Des expositions provisoires d'art contemporain plus ou moins en lien avec la Shoah et les droits de l'homme sont également présentées.

St Petersburg Museum of History MUSÉE
(☑727-894-1052 ; www.spmoh.org ; 335 2nd Ave NE ; adulte/6-17 ans 15/9 $; ☺10h-17h mer-sam, 12h-17h dim). Comme c'est souvent le cas des musées consacrés à l'histoire d'une ville, celui de St Petersburg détient son

---

À NE PAS MANQUER

LE MUSÉE SALVADOR DALÍ

L'édifice spectaculaire du **Salvador Dalí Museum** (☑727-823-3767 ; www.thedali.org ; 1 Dali Blvd ; adulte/6-12 ans 21/7 $, après 17h jeu 10 $; ☺10h-17h30 lun-sam, 10h-20h jeu, 12h-17h30 dim), avec son dôme géodésique de 22 m baptisé Glass Enigma qui se détache d'un imposant parallélépipède blanc, a été réalisé par l'agence OAK. À l'intérieur, c'est un peu le modèle de ce que devrait être un musée d'art moderne, ou du moins, un musée ayant pour vocation de comprendre la vie, l'œuvre et l'influence d'un artiste révolutionnaire. Au-delà du personnage fantasque et parfois irritant, Salvador Dalí était un intellectuel audacieux et passionné, un véritable visionnaire du XXᵉ siècle. Et même ceux que ses montres molles et ses moustaches en croc laissent indifférents seront captivés par ce musée et des œuvres aussi grandioses que *Le Torero hallucinogène*.

Les 1 800 m² d'espace d'exposition du Dalí Museum ont été tout spécialement conçus pour accueillir les 96 huiles sur toile de la collection, ainsi que d'autres "œuvres clefs de toutes les époques et sur tous supports" : dessins, estampes, sculptures, photos, manuscrits, et même des films. Toutes sont présentées de façon chronologique et replacées dans leur contexte. Les célèbres portraits (comme *Dalí Atomicus*) du photographe Philippe Halsman et le film divinement surréaliste et encore controversé *Un chien andalou* (1929) font aussi partie de la collection. Le musée va même jusqu'à proposer un "espace de contemplation" se résumant à des murs blancs et une fenêtre. Également propice au repos, le petit jardin ne manque pas, comme le reste, d'ingéniosité. Seuls bémols : la salle d'activités pour enfants "DillyDally with Dalí" et le film de présentation sont sommaires et inaboutis.

Nous vous conseillons vivement les excellentes visites guidées gratuites organisées toutes les heures (à la demie) qui aident à saisir le riche symbolisme des œuvres monumentales de Dalí. Les audioguides sont également gratuits, mais on se les arrache. Le musée compte aussi un café espagnol et une boutique de souvenirs de très grande qualité. Comme il enregistre jusqu'à 3 000 visiteurs par jour, arrivez tôt ou vous devrez faire la queue pour tout.

St Petersburg

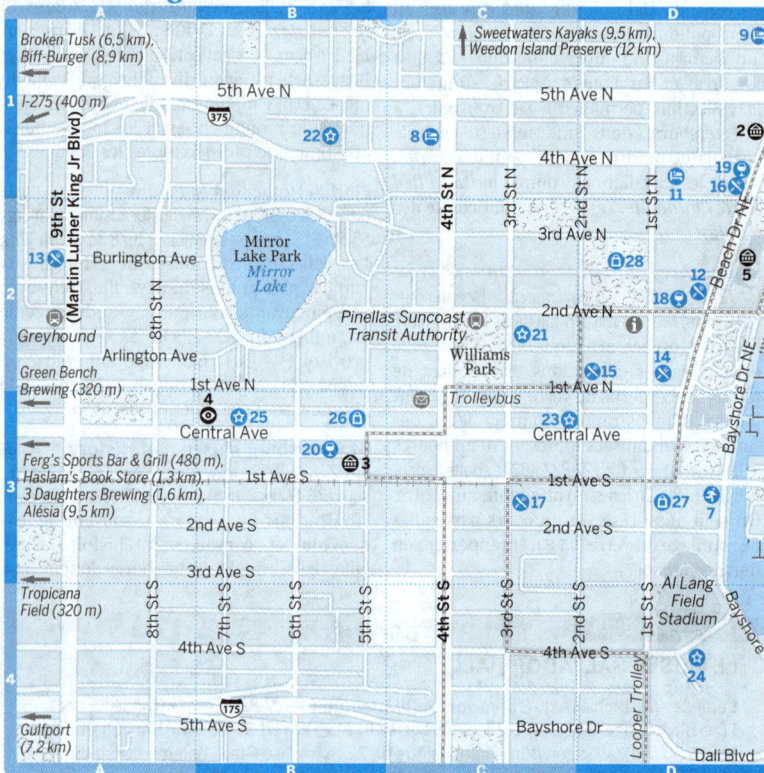

Broken Tusk (6,5 km),
Biff-Burger (8,9 km)

Sweetwaters Kayaks (9,5 km),
Weedon Island Preserve (12 km)

I-275 (400 m)

5th Ave N

5th Ave N

9th St
(Martin Luther King Jr Blvd)

4th Ave N

Mirror
Lake Park
*Mirror
Lake*

Burlington Ave

3rd Ave N

8th St N

Greyhound

Pinellas Suncoast
Transit Authority

Arlington Ave

2nd Ave N

Green Bench
Brewing (320 m)

Williams
Park

1st Ave N

1st Ave N

Trolleybus

Central Ave

Central Ave

Ferg's Sports Bar & Grill (480 m),
Haslam's Book Store (1,3 km),
3 Daughters Brewing (1,6 km),
Alésia (9,5 km)

1st Ave S

1st Ave S

2nd Ave S

2nd Ave S

Tropicana
Field (320 m)

3rd Ave S

Al Lang
Field
Stadium

4th Ave S

4th Ave S

Looper Trolley

Bayshore

Gulfport
(7,2 km)

5th Ave S

Bayshore Dr

Dali Blvd

---

lot d'excentricités, dont une momie de 3 000 ans, un veau à deux têtes et la réplique grandeur nature d'un avion Benoist. Il s'intéresse aussi à l'équipe de base-ball des Tampa Bay Rays, à l'écologie de la baie et à bien d'autres choses.

🏃 Activités

💙 Weedon Island Preserve
RANDONNÉE, KAYAK

(☎727-453-6500 ; www.weedonislandpreserve. org ; 1800 Weedon Dr NE ; ⊗7h-crépuscule). Semblable à une couverture en patchwork que l'on aurait jetée par-dessus Tampa Bay, cette réserve de 1 500 ha protège un riche écosystème aquatique et de zones humides. Au cœur de la réserve, l'excellent **Cultural and Natural History Center** (ouvert de 9h à 16h) expose des collections sur l'environnement naturel et sur les premiers habitants de Weedon Island. Inscrivez-vous aux randonnées commentées sur les kilomètres de **promenade en planches**, ou partez en solo en vous fiant à la carte en ligne. Sinon, louez un kayak chez Sweetwater Kayaks et naviguez sur le **South Trail**, boucle de près de 7 km sinuant au milieu de superbes îles de mangrove. La réserve se trouve au bord de Riviera Bay, au sud de l'I-92.

Sweetwater Kayaks
KAYAK, PADDLEBOARD

(☎727-570-4844 ; www.sweetwaterkayaks. wordpress.com ; 10000 Gandy Blvd N ; kayaks 1 heure/4 heures 17/40 $; ⊗10h-18h lun-mar et jeu-sam, 9h-15h dim). Agence proposant le plus grand choix de kayaks de mer dans le secteur. Le personnel, très pro, donne aussi des cours d'acquisition des compétences de base, de kayak de mer et de yoga sur paddleboard, et organise des circuits guidés (avec/sans location de kayak 25/55 $) dans la Weedon Island Preserve et sur d'autres cours d'eau des environs de St Pete.

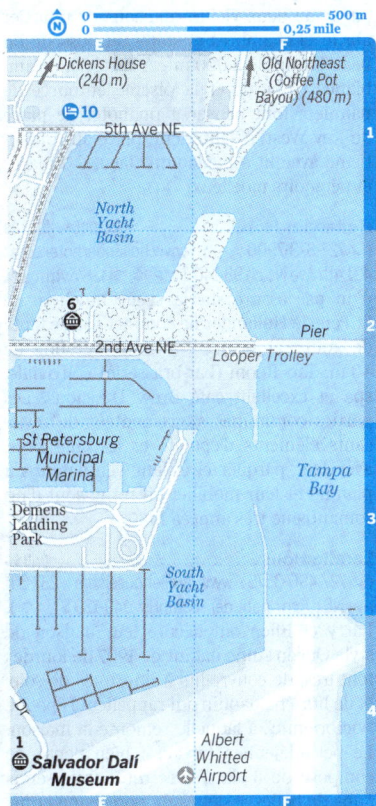

N
0 _____ 500 m
0 _____ 0,25 mile

Dickens House
(240 m)

Old Northeast
(Coffee Pot
Bayou) (480 m)

10
5th Ave NE

North
Yacht
Basin

6
Pier
2nd Ave NE
Looper Trolley

St Petersburg
Municipal
Marina

Tampa
Bay

Demens
Landing
Park

South
Yacht
Basin

1
Salvador Dalí
Museum

Albert
Whitted
Airport

St Petersburg

◉ **Les incontournables**
  1 Salvador Dalí Museum E4

◉ **À voir**
  2 Chihuly Collection...............................D1
  3 Florida Holocaust Museum B3
  4 Morean Arts Center............................B3
  5 St Petersburg Museum
     of Fine Arts.....................................D2
  6 St Petersburg Museum
     of History..E2

◉ **Activités**
  7 Pinellas Trail D3

◉ **Où se loger**
  8 Hollander Hotel C1
  9 Larelle House.....................................D1
  10 Renaissance Vinoy
      Resort...E1
  11 Watergarden Inn at the Bay D1

◉ **Où se restaurer**
  12 Bella Brava..D2
  13 Coney Island Hot Dog........................A2
  14 DeLucia Italian Bakery Café D2
  15 Meze 119...D2
  16 Moon Under Water D1
  17 Red Mesa Cantina & Lucha Bar C3

◉ **Où prendre un verre et faire la fête**
  18 Ale & the Witch..................................D2
  19 Canopy D1
  20 Cycle Brewing B3

◉ **Où sortir**
  21 American Stage C2
  22 Coliseum Ballroom B1
  23 Jannus Live C3
  24 Mahaffey Theater D4
     Push Ultra Lounge ....(voir 17)
  25 State Theatre B3

◉ **Achats**
  26 Florida Craftsmen Gallery B3
  27 Saturday Morning Market D3
  28 Sundial St Pete...................................D2

👉 Circuits organisés

St Pete Preservation
Walking Tours   À PIED
(☏ 727-824-7802 ;   www.stpetepreservation.org ;
circuits 5 $; ⊙10h sam oct-avr). Circuits de
2 heures conduits par des bénévoles très
documentés de la Preservation Society.
Les visites englobent l'architecture du
centre-ville historique et des quartiers bien
conservés comme Old Northeast, Bahama
Shores et Kenwood.

Pinellas Trail   VÉLO, COURSE À PIED
(www.pinellascounty.org/trailgd). Longue de
75 km, cette piste cyclable et de course,
goudronnée et gérée par le comté, emprunte
l'ancien tracé d'une voie de chemin de fer
le long de 1st Ave S et de Bayshore Dr à
St Petersburg. Elle traverse la ville puis la
campagne et la périphérie au nord jusqu'à
Tarpon Springs. Carte de la piste et itinéraires détaillés téléchargeables sur le site
Internet.

Boyd Hill Nature Park   RANDONNÉE
(1101 Country Club Way S ; adulte/enfant 3/1,50 $;
⊙9h-19h mar-ven et dim, 7h-19h sam). Près
de 6 km de sentiers et de promenades en
planches sillonnent les 100 ha de pinèdes
et de marécages boisés de cette oasis cachée
où l'on croise notamment des alligators, des
aigrettes neigeuses et des aigles chauves.
Du centre-ville, descendre Martin Luther
King Jr Blvd (9th St) vers le sud jusqu'à
50th Ave et suivre les indications.

Allen's Aquatic Adventures
SPORTS NAUTIQUES

(☎727-709-0088 ; www.allensaquaticadventures.com ; croisières au couchant tarif plein/réduit 25/12,50 $). Wakeboard, ski nautique, wakeskate et skimboard... Quel que soit le sport de glisse nautique qui vous tente, Allen Clark peut l'organiser pour vous. Il propose aussi de s'amuser avec un Frisbee et de faire des circuits aventure dans les sites historiques d'Egmont Key (4 pers, 200 $).

⚜ Fêtes et festivals

Grand Prix
SPORTS

(www.gpstpete.com ; ⊙mars). Les formules 1 vrombissent en centre-ville pendant 4 jours fin mars. Le Festival of States Parade donne le coup d'envoi.

Mainsail Arts Festival
CULTURE

(www.mainsailart.org ; Vinoy Park ; ⊙avr). Concerts, gastronomie et activités pour les enfants sont proposés aux côtés des 200 exposants d'art et d'artisanat lors de cette foire de 2 jours.

Tampa Bay Blues Festival
MUSIQUE

(www.tampabaybluesfest.com ; Vinoy Park ; ⊙avr). Trois jours d'excellents concerts de blues, début avril.

International Folk Fair
CULTURE

(www.spiffs.org ; Vinoy Park ; ⊙nov). Cette foire présente pendant trois jours, début novembre, différentes cultures à travers leur gastronomie, leurs danses et leur artisanat traditionnels.

🛏 Où se loger

Avec son impressionnante collection de maisons d'époque et de tout nouveaux hôtels de front de mer, St Petersburg ne manque pas d'excellents hébergements. Contactez l'**Association of Bed & Breakfast Inns** (www.spaabbi.com).

♥ Dickens House
B&B $$

(☎727-822-8622 ;www.dickenshouse.com ;335 8th Ave NE ; ch119-245 $; P❄@☎). Cinq chambres luxueuses vous attendent dans cette demeure de style Arts and Crafts restaurée avec passion. Très sociable, le propriétaire concocte un petit-déjeuner gourmand. Gays bienvenus.

Watergarden Inn at the Bay
AUBERGE $$

(☎727-822-1700 ; www.innatthebay.com ; 126 4th Ave N ; ch 130-190 $, ste 175-290 $; P❄☎☀). Cette fabuleuse auberge de 1910 inventée à partir de deux vieilles maisons de quartier abrite 14 chambres et suites, et possède un beau jardin de 2 000 m². À l'extérieur, l'ambiance tropicale et la piscine entourée de palmiers font penser à un hôtel de plage de Key West. À l'intérieur, place au romantisme avec lit à baldaquin, Jacuzzi 2 places et peignoirs moelleux.

Hollander Hotel
BOUTIQUE-HÔTEL $$

(☎727-873-7900 ; www.hollanderhotel.com ; 421 4th Ave N ; ch 98-140 $; P❄☎). S'avançant d'un pas assuré sur la scène hôtelière de St Pete, le Hollander ne commet pas de faute de goût : ambiance Art déco, véranda de 40 m, Tap Room (bar-brasserie) conviviale, spa et excellent café Brew D Licious. Les parties communes s'agrémentent de ravissants éléments d'époque et les chambres, avec leur parquet ciré, leur ventilateur au plafond et leur mobilier en rotin, sont d'un romantisme très années 1930.

Larelle House
B&B $$

(☎727-490-3575 ; www.larellehouse.com ; 237 6th Ave NE ; ch petit-déj compris 149-189 $; ☎). Larry et Ellen ont décoré leur maison de style Queen Anne datant de 1907 de lourdes tentures, de couvre-lits à imprimés de soie, et de lits à baldaquin qui rappellent l'époque "victorienne", à laquelle remonte la maison. Le petit-déjeuner, lui aussi bien pensé, se compose de 3 plats, avec œufs frais servis dans de belles assiettes de porcelaine et jus d'orange dans des verres en cristal.

Renaissance Vinoy Resort
HÔTEL DE LUXE $$$

(☎727-894-1000 ; www.vinoyrenaissance-resort.com ; 501 5th Ave NE ; ch 189-309 $; P❄@☎☀). Drapé de rose, l'aristocratique Vinoy de 1925, luxueusement rénové, marie de façon somptueuse le style d'époque et le confort du XXIe siècle, notamment un golf 18 trous, une marina privée, 12 courts de tennis, 5 restaurants et un centre de remise en forme de 465 m². Renseignez-vous sur les tarifs basse saison et les offres spéciales en ligne. Cela vaut la peine, ne serait-ce que pour la splendide piscine.

🍴 Où se restaurer

En bord de mer, de bonnes adresses de catégorie intermédiaire se succèdent le long de Beach Dr, à l'ambiance chaleureuse et conviviale. Le café du Museum of Fine Arts (p. 401) est parfait pour un repas à base de café, de sandwichs et de salades. Quant au Marchand's du Renaissance Vinoy Resort, c'est l'adresse idéale pour se faire plaisir avec un brunch dominical (de 11h à 14h30).

Coney Island Hot Dog
RESTAURATION RAPIDE $

(250 9th St N ; 2-3 $; ☉10h-19h lun-ven, 10h-15h30 sam). Fans de hot dogs, commandez donc deux délicieux *hot chili dogs* avec du *coleslaw* et un milk-shake et savourez le charme des banquettes de vinyle de cette vieille institution authentique et sans fard de St Petersburg. Paiement en espèces uniquement. Près de 3rd Ave N.

DeLucia Italian Bakery Café
BOULANGERIE $

(☑727-824-2874 ; 119 1st Ave N ; pizza 10,50 $; ☉7h-21h lun-sam, 7h-14h dim). Avec sur place un maître-boulanger pour veiller à ce que la pâte à pizza, le pain et les viennoiseries soient préparés exactement comme en Italie, et des *baristas* formés chez Illy, cette nouvelle boulangerie du centre-ville s'annonce prometteuse. Commandez une pizza à pâte très fine et croustillante à partager, ou contentez-vous de biscuits et d'un expresso.

Biff-Burger
BURGERS $

(www.biffburgers.com ; 3939 49th St N ; plats 3-8 $; ☉6h-22h30 lun-jeu, 6h-minuit ven-sam, 7h-21h30 dim ; ♿). Institution populaire où s'étendent, sous un toit en tôle, un immense bar double, des tables de pique-nique laquées, un rideau d'écrans TV. Divers musiciens essayent d'attirer l'attention. Au menu : le Biff deluxe (1,45 $), le meilleur hamburger des environs, le délicieux "gourmet" XXL ou des grillades à la sauce caramélisée. Les soirées motards (mercredi et samedi) sont un vrai spectacle. Biff-Burger, très excentré, est à 6 miles (10 km) au nord-ouest du Museum of Fine Arts, près de 39th Ave N.

Alésia
FRANÇAIS, VIETNAMIEN $$

(☑727-345-9701 ; alesiarestaurant.com ; 7204 Central Ave ; plats 7,50-18 $; ☉11h30-14h30

et 17h30-21h mar-ven, à partir de 10h sam). Ce ravissant établissement avec grandes baies vitrées, musique douce en fond sonore et cour ombragée de parasols est né de l'imagination de Sandra Ly-Flores, Erika Ly et Paul Hsu, qui ont voulu recréer les cafés franco-vietnamiens de leur jeunesse parisienne. Un choix exquis de pâtisseries est présenté au comptoir, mais l'on peut aussi petit-déjeuner avec des crêpes ou un croque-monsieur, ou bien savourer une soupe *pho* et des assiettes de nems croustillants. Une chose est sûre : vous reviendrez certainement. À l'extrémité ouest de Central Avenue.

Meze 119
VÉGÉTARIEN $$

(☑727-498-8627 ; www.meze119.com ; 119 2nd St N ; plats 7-14 $; ☉11h-21h dim-jeu, jusqu'à 23h ven-sam ; ♿). Utilisant les épices du Moyen-Orient pour créer des saveurs subtiles et complexes, ce restaurant végétarien pense à tous, même aux omnivores les plus exigeants (Flat Iron "Stak" – bifteck – aux champignons sauvages, aux oignons et au fromage, accompagné de couscous et courge poivrée farcie aux raisins secs). Autres classiques très populaires : l'assiette de houmous aux multiples parfums, et l'aubergine sautée servie sur un pain pita.

Bella Brava
ITALIEN $$

(☑727-895-5515 ; www.bellabrava.com ; 204 Beach Dr NE ; plats 7-20 $; ☉11h30-22h, 11h30-23h ven-sam, 15h-21h dim). À hauteur du principal carrefour près du front de mer, ce restaurant récemment agrandi attire toujours autant de jeunes cadres, qui viennent pour la cuisine italienne contemporaine, la carte des pizzas et le bar à cocktails. Également : tables en terrasse sur Beach Dr.

Moon Under Water
INDIEN $$

(☑727-896-6160 ; www.themoonunderwater.com ; 332 Beach Dr NE ; plats 9-17 $; ☉11h-23h,

SUNSHINE SKYWAY BRIDGE

Soutenu par des câbles jaune canari, ce pont spectaculaire de 6,4 km enjambant la Tampa Bay au sud de St Petersburg mérite le détour (péage 1,25 $). Il remplace en réalité le pont d'origine, détruit en 1980 lorsque le bateau *Summit Venture* percuta sa base. Des morceaux de l'ancien pont encadrent le nouveau et forment ce qui est salué comme "le plus grand ponton de pêche au monde".

Le **South Skyway Fishing Pier**, qui mesure environ 3 km, en est la portion la plus longue. À partir de ces pontons, on jouit d'une vue magnifique sur la baie et le nouveau pont, surtout au coucher du soleil. Des boutiques spécialisées louent du matériel aux nombreux pêcheurs. Comptez 3 $/voiture pour y accéder ou 4 $/voiture + 4 $/personne pour y pêcher. Si vous souhaitez juste jeter un coup d'œil, des parkings gratuits précèdent chaque jetée.

11h-minuit ven-sam). Une atmosphère coloniale très british flotte dans cet agréable restaurant servant des curries merveilleusement parfumés. Demandez du piment si vous souhaitez relever votre plat. Les *fish & chips*, la *shepherd's pie* (sorte de hachis parmentier) et les saucisses-purée font partie des spécialités anglaises de la carte, qui propose aussi des bières britanniques et locales (Cigar City) pression.

Red Mesa Cantina & Lucha Bar   MEXICAIN $$
(☏727-896-8226 ;   www.redmesacantina.com ; 128 3rd St S ; plats 10-17 $; ☺11h-22h, 11h-23h ven-sam). Complétant la longue liste des restaurants de spécialités ethniques aux saveurs très contemporaines de St Pete, le Red Mesa offre de savoureux plats mexicains revisités ainsi qu'un bon choix de ceviches et de tacos. Excellentes tequilas et margaritas très alcoolisées au Lucha Bar. Happy hour (15h-19h lun-ven) intéressant.

🍷 Où prendre un verre

C'est dans Central Ave, entre 2nd St et 3rd St, et une rue plus loin de chaque côté que se concentre le cœur de l'animation. De nombreux restaurants se transforment en bars animés tard le soir, notamment le Bella Brava et le Lucha Bar. Le premier vendredi du mois, Central Ave accueille le "First Friday", une soirée de quartier où l'on écume les bars en écoutant de la musique live.

Canopy   BAR À COCKTAILS
(☏727-896-1080 ; www.thebirchwood.com ; The Birchwood, 340 Beach Dr NE ; ☺16h-2h). Au dernier étage, le bar sur toit-terrasse de l'hôtel The Birchwood est actuellement le lieu le plus tendance pour prendre un verre tard le soir – ce qu'il doit à son ambiance glamour et à sa vue panoramique sur Beach Dr. Les couples musardent dans l'espoir d'obtenir l'une des *cabañas* privées, tandis que les fêtards s'installent sur les longs canapés réchauffés par des braseros.

Broken Tusk   BAR
(☏727-521-9514 ;   4685 28th St N ;   ☺11h-3h). Avec à sa tête deux des barmen les plus connus de St Pete, Judah et Levi Love, ce bar gay ouvert aux hétéros sert de bons cocktails très alcoolisés, que l'on déguste à côté du flipper ou de la piscine. Soirées drag-queens et loto de temps à autre. Lors de la "Power Hour" (de 22h à 23h) du samedi soir, toutes les consommations coûtent 3 $.

Ferg's Sports Bar & Grill   BAR SPORTIF
(www.fergssportsbar.com ;   1320 Central Ave ; ☺11h-2h lun-sam, 12h-23h dim). Voisin du

---

ST PETE : LA FIÈVRE DE LA BIÈRE ARTISANALE

Depuis l'ouverture de la Dunedin Brewery, de l'autre côté de la baie, en 1996, la région de Tampa Bay connaît un engouement croissant pour la bière artisanale de production locale. Les responsables du tourisme de la ville ont même lancé la promotion d'un sentier de la bière artisanale entre Tarpon Springs et Gulfport. Voici 5 des meilleures brasseries du centre-ville :

3 Daughters Brewing (☏727-495-6002 ; www.3dbrewing.com ; 222 22nd St S ; ☺14h-21h lun-jeu, 14h-23h ven, 12h-23h sam). Salle de brassage de 30 tonneaux proposant diverses variétés de bières, de la blonde légère à la brune vieillie en fût.

Ale & the Witch (☏727-821-2533 ; www.thealeandthewitch.com ; 111 2nd Ave NE ; ☺15h-minuit). La brasserie préférée de St Petersburg sert plus de 32 bières artisanales et un plateau dégustation à 6 $ ("witch flight") avec 4 échantillons de 120 ml.

Brewers Tasting Room (☏727-873-3900 ; www.brewerstastingroom.com ; 11270 4th St N ; ☺15h-23h mar-jeu, 11h-minuit ven-sam, 11h-23h dim). Pub-brasserie expérimentale proposant un choix renouvelé de bières brassées maison, accompagnées de cuisine cajun et de concerts. À 16 km au nord du Museum of Art.

💙 **Cycle Brewing** (☏727-320-7954 ; 534 Central Ave ; ☺15h-minuit lun-jeu, 15h-3h ven, 12h-3h sam, 12h-22h dim). Brasserie branchée avec tables en terrasse servant un choix renouvelé de 12 bières pression d'envergure internationale. Pas de site Internet, mais une page Facebook.

Green Bench Brewing (☏727-800-9836 ; greenbenchbrewing.com ; 1133 Baum Ave N ; ☺14h-22h mar-jeu, 14h-ven, 12h-minuit sam, 12h-22h dim). Garage en brique rouge devenu une brasserie de 15 tonneaux équipée d'un *beer garden* où l'on passe un bon moment, même en famille.

Tropicana Field, cet immense bar doté de nombreuses tables en terrasse est le rendez-vous incontournable avant, pendant et après les matchs de base-ball des Tampa Bay Rays.

☆ Où sortir

Le site *State Media* (www.statemedia.com) recense les concerts à St Petersburg et parfois à Tampa. Nombre de bars de St Pete accueillent des concerts ; en revanche les discothèques sont plus rares.

💙 Jannus Live   SALLE DE CONCERTS
(☎727-565-0551 ; www.jannuslive.com ; 16 2nd St N). Très appréciée pour des concerts en plein air, dans une petite cour intimiste. On entend la musique des groupes locaux et nationaux se propager dans le centre-ville.

Mahaffey Theater   SALLE DE SPECTACLE
(☎727-892-5767 ; www.mahaffeytheater.com ; 400 1st St S ; billets 15-70 $). Cette superbe salle de 2 000 places affiche une programmation variée, dont des spectacles comiques, des spectacles de Broadway ou de danse, et des concerts classiques.

State Theatre   SALLE DE CONCERTS
(☎727-895-3045 ; www.statetheatreconcerts.com ; 687 Central Ave ; 14-26 $). De jeunes groupes de tous bords et, de temps à autre, des artistes plus connus, se produisent dans ce théâtre Art déco construit en 1927 et restauré depuis.

Push Ultra Lounge   CLUB
(www.pushlounge.com ; 128 3rd St S ; ☉22h-3h ven-sam). Le premier club hip-hop de St Peters-burg se situe au-dessus de la Red Mesa Cantina, dans un immeuble en brique de trois niveaux.

Coliseum Ballroom   DANCING
(☎727-892-5202 ; www.stpete.org/coliseum ; 535 4th Ave N ; thé dansant 7-10 $). Ce dancing à l'ancienne datant de 1924 accueille des événements ponctuels, et un thé dansant régulier (1er et 3e mercredis du mois).

American Stage   THÉÂTRE
(☎727-823-7529 ; www.americanstage.org ; 163 3rd St N ; billets 29-59 $). L'un des théâtres locaux les plus réputés de la région de Tampa Bay propose des classiques améri-cains et des pièces récentes primées aux Tony Awards. Ses programmes "In the Park" présentent des comédies musicales de Broadway.

Florida Orchestra   MUSIQUE CLASSIQUE
(☎7272-892-3337 ; www.floridaorchestra.com ; 244 2nd Ave N, Suite 420 ; billets 15-75 $). La billetterie de l'orchestre de Floride se trouve à St Petersburg, mais l'orchestre joue au Straz Center de Tampa aussi bien qu'au Mahaffey, en centre-ville.

Tropicana Field   STADE
(www.raysbase-ball.com ; angle 1st Ave S et 16th St S ; 9-85 $; ☉9h-17h). L'équipe de base-ball de ligue majeure des Tampa Bay Rays y joue d'avril à septembre. Parmi les rénovations récentes, citons un chemin de ronde à 360° faisant le tour du terrain, d'où les supporters peuvent regarder l'action. Grands parkings dans 10th St S, près de 1st Ave S.

🛍 Achats

La principale rue commerçante est Central Ave, surtout entre 5th St et 8th St et entre 10th St et 13th St. Cette zone branchée ne manque pas de boutiques originales, de galeries d'art et d'antiquaires. L'**Art Walk** (www.artwalkstpete.com ; ☉17h-21h) mensuelle, le 2e samedi du mois, est un moment idéal pour les découvrir.

En centre-ville, à hauteur de 1st St N et 2nd Ave N, le centre commercial **Sundial St Pete** (www.sundialstpete.com), flambant neuf, a ouvert au printemps 2014. Il abrite des boutiques haut de gamme, des lieux de sortie et des restaurants organisés autour d'une place pavée de travertin turc.

💙 Haslam's Book Store   LIVRES
(☎727-822-8616 ; www.haslams.com ; 2025 Central Ave ; ☉10h-18h30 lun-sam, 12h-17h dim). Véritable curiosité en soi, Haslam's se targue d'être la plus grande librairie indépendante du Sud-Ouest américain. Occupant un demi-pâté de maisons, elle offre un choix exceptionnel de livres neufs et d'occasion, avec une formidable section sur la Floride.

Florida Craftsmen Gallery   ARTISANAT
(☎727-821-7391 ; www.floridacraftsmen.net ; 501 Central Ave ; ☉10h-17h30 lun-sam). Une asso-ciation à but non lucratif gère cet espace d'exposition et de vente consacré à l'artisa-nat de Floride. Céramique, bijoux, verrerie, vêtements et objets d'art : originalité et qualité sont au rendez-vous.

Saturday Morning Market   MARCHÉ
(www.saturdaymorningmarket.com ; Al Lang Field, angle 1st St et 1st Ave S ; ☉9h-14h oct-mai). Pour une plongée dans la vie locale, rien de tel

que le marché du samedi matin qui se tient sur le parking Al Lang Field, et rassemble plus de 200 petits producteurs. En été (juin à septembre), le marché prend ses quartiers à l'ombre, dans Williams Park.

❶ Renseignements

INFORMATIONS TOURISTIQUES

Le site Internet du **Tampa Bay Times** (www.tampabay.com) est une bonne source d'informations. Concernant le secteur plus large de Clearwater, consultez www.visitstpeteclearwater.com.

St Petersburg Area Chamber of Commerce (☏727-821-4069 ; www.stpete.com ; 100 2nd Ave N ; ⊙9h-17h lun-ven). Bonnes cartes et guide pour les automobilistes disponibles auprès du personnel serviable de la chambre de commerce.

St Pete Downtown Arts Association (www.stpetearts.org). Renseignements sur les galeries, les artisans et les artistes, et carte de localisation.

POSTE

Poste (76 4th St N ; ⊙8h30-17h lun-ven). Ce bâtiment de style Mediterranean Revival fut le premier bureau de poste à ciel ouvert du pays – c'est son titre de gloire. Au fond, une vitrine d'exposition conserve des objets en lien avec les services postaux tels que timbres, encrier et une machine à affranchir. On ne s'est jamais autant cultivé en envoyant des lettres...

SERVICES MÉDICAUX

All Children's Hospital (☏727-898-7451 ; www.allkids.org ; 501 6th St S ; ⊙24h/24). Le plus grand hôpital du secteur.

Bayfront Medical Center (☏727-823-1234 ; www.bayfront.org ; 701 6th St S ; ⊙24h/24). Adresse pratique en centre-ville.

❶ Comment s'y rendre et circuler

AVION

St Petersburg-Clearwater International Airport (www.fly2pie.com ; Roosevelt Blvd-Hwy 686, Clearwater). Vols régionaux essentiellement. Deux vols internationaux à destination de Toronto, et de Halifax (Nouvelle-Écosse).

BUS

Downtown Looper (www.loopertrolley.com ; 50 ¢ ; ⊙10h-17h dim-jeu, 10h-minuit ven-sam). Des trolleybus à l'ancienne suivent un circuit touristique en centre-ville toutes les 15 minutes.

Greyhound (☏727-898-1496 ; www.greyhound.com ; 180 Dr Martin Luther King Jr St N ; ⊙8h15-10h et 14h30-18h30 lun-dim). Bus depuis/vers Miami, Orlando et Tampa.

Pinellas Suncoast Transit Authority (PSTA ; www.psta.net ; 340 2nd Ave N ; tarif plein/réduit 2/1,25 $). Les bus municipaux desservent les plages des îles-barrières et Clearwater. Forfaits illimités Go Cards à 4,50 $/jour.

VOITURE

De Tampa, prenez l'I-275 vers le sud via le Howard Frankland Bridge. L'I-375 ou I-175 permettent d'accéder au centre-ville.

Pour Sarasota, continuez sur l'I-275 vers le sud via le Sunshine Skyway Bridge, qui rejoint l'I-75 et l'US 41 (Tamiami Trail).

Pour St Pete Beach, suivez l'I-275 jusqu'à la sortie 17, puis l'US 682/Pinellas Bayway. Autre possibilité, prendre Central Ave vers l'ouest jusqu'à Treasure Island Causeway ou descendre 66th St vers le sud jusqu'à Corey Causeway.

Pour Clearwater Beach, prenez l'US 19 (34th St à St Petersburg) vers le nord jusqu'à Gulf to Bay Blvd, puis en direction de l'ouest et suivez les indications.

St Pete Beach et plages des îles-barrières

☏727 / 9 300 HABITANTS

À tout juste 20 minutes du centre-ville de St Petersburg, les plages mythiques des îles-barrières constituent le cœur balnéaire de la péninsule. Les vacanciers accourent le long de ces 48 km de littoral urbanisé, dont les eaux miroitantes d'un bleu azur deviennent l'antidote idéal à la vie urbaine. L'hiver et le printemps correspondent à la haute saison, surtout de janvier à mars. Il faut réserver son hébergement longtemps à l'avance pour ces mois et arriver tôt pour éviter la circulation. Le stationnement devient aussi parfois difficile.

Si St Pete Beach est la plus grande ville, un chapelet de communes offrent des variations sur le même thème.

❂ À voir et à faire

Les plages des îles-barrières offrent presque toutes la même excellente qualité. La différence tient plutôt à leur degré d'équipement pour les touristes. Certaines ont davantage de parkings, de commerces et d'hôtels, ainsi qu'un meilleur accès, quand d'autres sont pour l'essentiel bordées de quartiers résidentiels. Du sud au nord, cette partie de littoral passe par les villes de Pass-a-Grille, St Pete

GULFPORT

Ne le dites à personne mais Gulfport est la petite ville balnéaire la plus charmante et décalée en dehors des îles-barrières. Nichée à l'extrémité de la péninsule, dans la Boca Ciega Bay, cette communauté artistique méconnue dégage cette ambiance conviviale décontractée, et pourtant impalpable, qui a fait la notoriété de la Floride. Ce charme irrésistible opère particulièrement dans la chaleur du soir, quand les arbres de Beach Blvd rayonnent de lumière et que des rires montent des terrasses de restaurant.

Certes, rien à voir avec les îles-barrières, mais Gulfport a bien une plage dotée d'une aire de jeu et d'une aire de pique-nique ombragée. Dans Beach Blvd se succèdent sur quatre pâtés de maisons boutiques insolites et très bons restaurants. Imprégnez-vous du sens de l'humour local durant l'art walk, promenade artistique aux airs de fête de rue tranquille, qui est organisée le 1er vendredi et le 3e samedi du mois de 18h à 22h. Le marché (de 9h à 14h) du mardi matin, dans Bayshore Dr, se déroule lui aussi dans une ambiance festive.

Peg's Cantina (☎727-328-2720 ; www.pegscantina.com ; 3038 Beach Blvd ; plats 10-16 $; ⏰17h-21h mer-jeu, 12h-21h30 mar, ven-sam, 12h-21h dim) offre une atmosphère typique de Gulfport. Ce bar à bières installé dans un bungalow au milieu des arbres associe à la perfection des plats mexicains créatifs à des bières artisanales mousseuses – la brasserie artisanale Cycle Brewing (p. 406) a été créée ici par Doug Dozark –, à apprécier dans le joli jardin. À moins que vous ne préfériez le bar cosy pour une séance de dégustation de bières parmi la variété de marques internationales au frais.

Côté hébergement, la Peninsula Inn (☎727-346-9800 ; www.innspa.net ; 2937 Beach Blvd ; ch 130-180 $; ✳@📶) chargée d'histoire a été rénovée avec goût et romantisme. Son restaurant réputé, Isabelle's, sert une classique cuisine du Sud, et propose des concerts de jazz le week-end.

Pour plus d'informations, rendez-vous sur www.gulfportflorida.us et www.gulfportma.com. De St Petersburg, prendre la I-275 sortie 19 pour 22nd Ave S/Gulfport Blvd, puis tourner à gauche dans Beach Blvd. De St Pete Beach, prendre la Corey Causeway desservant Gulfport Blvd.

Beach, Treasure Island, Madeira, Redington, Indian Shores, Indian Rocks et Belleair, aux couleurs fanées par le soleil. Sand Key et Clearwater au nord sont plus adaptées aux touristes que Bellair, au stationnement public limité.

Le parcmètre coûte 1,25 $ l'heure, et il y a des kiosques pour le paiement sur certains parkings.

♥ **Fort DeSoto Park** PARC, PLAGE
(☎727-552-1862 ; www.pinellascounty.org/park ; 3500 Pinellas Bayway S ; ⏰aube-crépuscule). GRATUIT Les 460 ha de paysage sauvage de Fort DeSoto forment sans conteste l'un des plus beaux parcs littoraux de Floride, et sont salués comme tels. Le parc comprend 11 km de plages, 2 pontons de pêche et un immense sentier nature permettant de découvrir 5 îles reliées entre elles. Sur les deux secteurs de baignade, North Beach, longue plage de sable fin, est la meilleure. Desservie par de vastes parkings, elle est dotée d'aires de pique-nique verdoyantes, d'un café et d'une boutique de souvenirs

(ouverture 10h-16h en semaine, jusqu'à 17h le week-end). Le café loue des vélos (10 $ l'heure) et des kayaks (23 $ l'heure). East Beach, plus petite et au sable plus grossier, est par conséquent moins fréquentée.

Le fort dont le parc tient son nom date de la guerre hispano-américaine (1898). Il se trouve dans l'angle sud-ouest de Mullet Key, autrefois habité par les Tocobaga, une tribu amérindienne. Pendant la guerre de Sécession, les troupes de l'Union furent cantonnées ici et sur l'île inhabitée d'Egmont Key (www.fws.gov/egmontkey). On peut visiter le Fort Dade, fort en ruines d'Egmont, en ferry (☎727-398-6577 ; www.hubbardsmarina.com/egmont ; 20 $/pers) depuis le parc. Sur place, on peut se promener dans le fort et les maisons abandonnées, voir des tortues gaufrées, une espèce protégée, ou ramasser des coquillages et faire du snorkeling (location de matériel 5 $).

Le Fort DeSoto Park est fléché depuis l'US 682/Pinellas Bayway (sortie n°17 de l'I-275). Le parking coûte 5 $.

Suncoast Seabird Sanctuary
RÉSERVE FAUNIQUE

(☎727-392-4291 ; www.seabirdsanctuary.com ; 18328 Gulf Blvd, Indian Shores ; contribution libre ; ⊙9h-crépuscule). Le plus grand hôpital d'oiseaux sauvages d'Amérique du Nord permet de voir jusqu'à 600 oiseaux marins et terrestres à la fois. Des oiseaux blessés y vivent en permanence, un millier d'autres sont soignés et relâchés dans la nature chaque année.

John's Pass Village
JETÉE

(☎727-394-0756 ; www.johnspass.com ; 209 Boardwalk PI E, Madeira Beach). Cet ancien village de pêcheurs transformé en centre nautique pour touristes concentre tout le kitsch du littoral floridien sur la longueur d'un quai. Toutes sortes de locations et d'excursions en bateau sont disponibles : jet-ski, vaisseau pirate, observation des dauphins, parachute ascensionnel, etc. On peut aussi observer les pélicans "faire leur marché" sous les stations de découpe du poisson, ou déguster une glace sur la promenade en planches, de quoi passer des vacances insouciantes et amusantes.

♥ Pass-a-Grille Beach
PLAGE

(www.pass-a-grillebeach.com ; Gulf Blvd). Le superbe cordon de sable de Pass-a-Grille Beach est la plage la plus paradisiaque des îles-barrières. Elle est uniquement bordée de maisons de vacances, et d'un long parking public payant. Là, on peut voir les bateaux franchir le Pass-a-Grille Channel, embarquer à bord d'une **Shell Key Shuttle** (www.shellkeyshuttle.com ; Merry Pier, Pass-a-Grille ; adulte/enfant 25/12,50 $; ⊙navettes 10h, 12h et 14h) pour découvrir le paysage intact de Shell Key, ou se replier dans le petit centre villageois à l'ambiance décontractée pour grignoter un morceau ou manger des glaces.

St Pete Beach
PLAGE

(www.stpetebeach.org ; Gulf Blvd). Dominée par l'hôtel Don CeSar, immense hôtel historique de style méditerranéen mauresque, la longue et large St Pete Beach est jalonnée d'innombrables kiosques de location de parasols et chaises longues. Elle est très fréquentée par les familles et les étudiants en vacances de printemps (Spring Break) qui apprécient les grands parkings publics, les restaurants, les bars et les motels situés à deux pas.

Treasure Island
PLAGE

(Gulf Blvd). Encore plus large que St Pete Beach, celle-ci est également davantage envahie de vacanciers, de commerces et de motels. Très urbanisée, elle est largement publique, et comporte des terrains de volley et des bars de plage en palme et bambou.

Indian Rocks Beach
PLAGE

(www.indian-rocks-beach.com ; Gulf Blvd). L'ensemble de petits parkings et le parking plus vaste avec toilettes près de 17th Ave font de la plage plus calme d'Indian Rocks une destination agréable pour passer la journée. Située à seulement quelques rues du gros de l'animation, elle comporte les uniques quais publics à 18 postes d'amarrage gratuits (de 7h à 21h) de l'Intracoastal Waterway.

🛏 Où se loger

L'aller-retour entre St Petersburg et Fort DeSoto, Pass-a-Grille et St Pete Beach se fait facilement dans la journée pour qui ne souhaite pas loger en bord de mer. Sinon, il est conseillé de réserver. Si vous arrivez sans réservation, sillonnez Gulf Blvd à St Pete Beach et Treasure Island. Motels, hôtels et résidences se succèdent dans l'artère principale. D'importantes réductions sont accordées hors saison.

♥ Fort DeSoto Park Campground
CAMPING $

(☎727-582-2100 ; www.pinellascounty.org/park ; 3500 Pinellas Bayway S ; empl tente 34-36 $, empl camping-car 40-42 $; ⊙bureau 9h-18h sam-jeu, 9h-21h ven ; P✿). Pour planter sa tente sur la côte du Golfe, rien ne vaut les quelque 200 emplacements à l'ombre de gros palmiers et donnant souvent sur l'eau de ce camping bien équipé – douches chaudes, pelouse, supérette en plus des autres équipements du parc. Les réservations en ligne peuvent s'effectuer 3 mois à l'avance, mais chaque vendredi, quelques places sont attribuées sur la base du "premier arrivé, premier servi".

♥ Inn on the Beach
MOTEL $$

(☎727-360-8844 ; www.innonbeach.com ; 1401 Gulf Way, Pass-a-Grille ; ch 115-250 $, cottages 185-295 $; P✳🐾). Les 12 chambres et 4 cottages de ce paisible refuge en bord de mer sont de véritables petits bijoux. Le soir, on prend plaisir à retrouver leurs tonalités corail et bleu canard, leurs kitchenettes fonctionnelles et leurs ravissantes sdb carrelées. Quelques-unes au 1er étage jouissent d'une superbe vue sur le golfe. Au dernier étage, la suite Ibis, pour les lunes de miel, est à se pâmer.

Laughing Lizard
B&B $$

(☎ 727-595-7006 ; www.laughinglizardbandb.com ; 2211 Gulf Blvd, Indian Rocks Beach ; ch 185-220 $; P✳🛜). Bill Ockunzzi, sympathique ancien maire d'Indian Rocks, a ouvert ce drôle de B&B de style latino à l'ambiance festive. Des œuvres d'art pétillantes, du carrelage et des couvre-lits aux couleurs vives agrémentent les 5 chambres et le studio, tous différents. Petit-déjeuner complet, sangria à l'apéritif et prêt de cerfs-volants inclus.

Coconut Inn
AUBERGE $$

(☎ 727-367-1305 ; www.pagbeachinns.com ; 113 11th Ave, Pass-a-Grille ; ch 135-235 $; P✳@🛜). L'établissement le plus récent de la plage de Pass-a-Grille est pleinement en accord avec l'ambiance de Floride d'antan qui règne dans le bourg. Cette maison en bardeaux à 1 étage abrite 11 studios cosy avec kitchenette. Certains ont un salon, d'autres un balcon avec vue sur le jardin ou sur le golfe. Entourant une cour avec piscine, ils disposent également de transats et de vélos gratuits.

Bon-Aire Resort Motel
COMPLEXE HÔTELIER $$

(☎ 727-360-5596 ; www.bonaireresort.com ; 4350 Gulf Blvd, St Pete Beach ; ch 75-230 $; P✳🛜🏊). Géré en famille depuis plus de 60 ans, le Bon-Aire est l'un des secrets les mieux gardés de St Pete. Ayant conservé peu ou prou la même allure qu'à sa construction en 1953, il se tient sur une large plage et comporte tout un choix de chambres, de studios et d'appartements disséminés dans un beau jardin fleuri. La clientèle fidèle revient encore et encore, charmée par les 2 piscines, les terrains de jeu de palet et le bar de plage Sandbar Bill's (ci-contre). Pensez à réserver.

Postcard Inn
BOUTIQUE-MOTEL $$

(☎ 727-367-2711 ; www.postcardinn.com ; 6300 Gulf Blvd, St Pete Beach ; ch 130-230 $; P✳@🏊). Ne serait-ce que pour sa décoration très culture surf des années 1950, le Postcard Inn se démarque à St Pete Beach. Les deux bâtiments tout en longueur du Colonial Gateway de 1957 ont été transformés en repaire chic dont les chambres sur le thème du surf s'agrémentent de fresques évoquant l'art de prendre la vague. Parfois équipées de hamacs à l'extérieur, elles donnent toutes sur la grande piscine. Il y a également des tables de ping-pong et un bar tropical, et l'accès à la plage est direct. Clientèle jeune et branchée, à l'image des lieux.

Thunderbird Beach Resort
MOTEL $$

(☎ 727-367-1961 ; www.thunderbirdflorida.com ; 10700 Gulf Blvd, Treasure Island ; ch et app 130-200 $; P✳🛜🏊). Depuis 1958, son enseigne Art déco attire l'œil des voyageurs, et le Thunderbird reste une valeur sûre au cœur du couloir commercial de Treasure Island. Les chambres standards impeccables privilégient les nuances cuivrées plus sages au kitsch balnéaire, mais les véritables atouts restent la piscine, le bar tropical et la plage.

Loews Don CeSar Hotel
COMPLEXE HÔTELIER $$$

(☎ 727-360-1881 ; www.loewshotels.com/donce-sar ; 3400 Gulf Blvd, St Pete Beach ; ch 250-400 $; P✳@🛜🏊). Ce magnifique palace rose datant de 1928 brille comme un mirage quand on arrive à St Pete Beach par la digue. Avec ses lustres dans le couloir et ses cabines blanches au bord de la piscine étincelante, c'est le genre d'établissement balnéaire élégant où l'on imagine très bien Francis Scott Fitzgerald en train de siroter des cocktails. Les chambres jouent plus la carte de la décontraction, et vous trouverez toutes les prestations d'un 4-étoiles : de bons restaurants, un spa à l'européenne, des activités pour les enfants et surtout une plage glamour.

🍴 Où se restaurer

💙 Walt'z Fish Shak
POISSON ET FRUITS DE MER $

(☎ 727-395-0732 ; www.waltzfishshak.com ; 224 Boardwalk Pl E, Madeira Beach ; plats 4-12 $; ⏱17h-21h mar-ven, 12h-15h dim). Dans le restaurant de poisson de Walter Gerbase, le modus operandi est simple : la pêche du jour (poissons locaux uniquement, dont souvent du mérou, du cobia et de la sériole) est écrite à la craie sur le tableau noir. À vous de choisir ensuite le mode de préparation (grillé, frit ou noirci), et le poisson sera accompagné de *coleslaw*, de salade ou de légumes crus. Quand il n'y a plus de poisson, le restaurant ferme. Arrivez tôt pour obtenir une table et avoir le choix.

Sandbar Bill's
BURGERS $

(☎ 727-360-5596 ; 4350 Gulf Blvd, St Pete Beach ; plats 5-10 $; ⏱11h-tard). Sur la plage, le bar tropical du Bon-Aire Resort Motel est très apprécié localement pour ses burgers aplatis à la main et cuits sur le gril, et ses sandwichs au bifteck. Si vous n'avez pas faim, Jackie vous servira des Rum Runners (cocktails au rhum) à siroter en contemplant le flamboyant coucher de soleil floridien. Attention aux mouettes en maraude qui guettent votre repas...

La Casa del Pane
TRAITEUR, BOULANGERIE $

(☑ 727-367-8322 ; 7110 Gulf Blvd, St Pete Beach ; 3-6 $/pièce ; ⊙8h-17h mar-sam). Ses propriétaires étant originaires d'Altamura, capitale italienne du pain, il n'est pas étonnant que ce traiteur serve les meilleurs croissants, focaccia et pizzas de la plage. Mention spéciale également au café.

Paradise Grille
POISSON ET FRUITS DE MER $

(☑ 727-367-1495 ; 900 Gulf Way, Passe-a-Grille ; 6-10 $/pièce ; ⊙8h-22h). Une terrasse sur la plage, de la bière fraîche et les meilleures crevettes du coin : c'est un vrai petit paradis. On sert également un délicieux petit-déjeuner. Marché artisanal et concerts les vendredis, samedis et dimanches soir.

♥ Guppy's
POISSON ET FRUITS DE MER $$

(☑ 727-593-2032 ; www.3bestchefs.com ; 1701 Gulf Blvd, Indian Rocks ; plats midi 9-14 $, soir 13-25 $; ⊙11h30-22h). Difficile de battre Guppy's en matière de variété, de qualité et de prix, d'où l'affluence tous les soirs. Les plats s'adressent à tous les goûts (et tous les budgets), entre le *cioppino* italien (ragoût de fruits de mer), le thon ahi saisi à la hawaïenne et le mérou épicé caribéen. Seul problème : le restaurant ne prend pas les réservations. Il faut s'inscrire sur la liste en arrivant et attendre qu'on vous appelle.

Ted Peter's
Famous Smoked Fish
POISSON ET FRUITS DE MER $$

(☑ 727-381-7931 ; www.tedpetersfish.com ; 1350 Pasadena Ave, St Pete Beach ; plats 6,50-19 $; ⊙11h30-19h30 mer-lun). Depuis les années 1950, on fume dans le petit fumoir du Ted Peter's saumon frais, maquereau, *mahi-mahi* et mulet, qui finissent ensuite dans des plats et sandwichs à déguster à la bonne franquette, à des tables de pique-nique. Paiement en espèces uniquement. Pasadena Ave se trouve côté continent de la Corey Causeway.

♥ Fetishes
FRANÇAIS $$$

(☑ 727-363-3700 ; www.fetishesrestaurant.com ; 6305 Gulf Blvd, St Pete Beach ; plats 19-60 $; ⊙17h-22h mar-sam). Sous l'œil acéré de Bruce Caplan, les délicieux classiques tels que steak Diane, canard à l'orange, saint-jacques et sole meunière sont sautés, flambés et parfumés au cognac à la table des convives. Tant qu'à faire, cassez votre tirelire en optant pour un cabernet Silver Oak Alexander Valley aux arômes de cerise noire tiré de la cave à vins vitrée.

Salt Rock Grill
POISSON ET FRUITS DE MER $$$

(☑ 727-593-7625 ; www.saltrockgrill.com ; 19325 Gulf Blvd, Indian Shores ; plats 15-40 $; ⊙16h-22h lun-jeu, 16h-23h ven-sam, 12h-22h dim). Tout est à la vue de tous dans cet établissement haut de gamme contemporain près du port : la cave à vins au sous-sol à travers un hublot, le front de mer à travers les baies vitrées et depuis la terrasse, sans oublier le gril au charbon de bois de la cuisine ouverte, où poissons et viandes sont saisis à 650°C.

🍷 Où prendre un verre

Hurricane
BAR

(www.thehurricane.com ; 807 Gulf Blvd, Pass-a-Grille ; ⊙7h-23h lun-jeu et dim, 7h-minuit ven-sam). Délaissez les restaurants médiocres pour vous rendre tout droit au bar du toit en terrasse avec vue panoramique à 360°. Le plus bel endroit de la plage pour siroter un apéritif.

Undertow Bar
BAR

(www.undertowbeachbar.com ; 3850 Gulf Blvd ; ⊙12h-3h). Habitants, motards et étudiants se retrouvent dans les trois bars au sol dallé pour prendre un verre ou flirter, de jour comme de nuit, au bord de la plage. Quand des groupes de reggae ou des DJ ne se produisent pas, la musique country domine la programmation. Ambiance conviviale et décontractée.

ℹ Renseignements

St Petersburg/Clearwater Area Convention & Visitors Bureau (☑ 727-464-7200 ; www. visitstpeteclearwater.com ; 13805 58th St N, Suite 2-200, Clearwater ; ⊙9h-17h lun-ven). Emplacement peu pratique à côté de l'aéroport, mais infos utiles et intéressantes sur le site Internet.

Tampa Bay Beaches Chamber of Commerce (☑ 727-360-6957 ; www.tampabaybeaches. com ; 6990 Gulf Blvd à hauteur de 70th Ave ; ⊙9h-17h lun-ven). Personnel compétent fournissant d'excellents conseils et de bonnes cartes.

ℹ Comment s'y rendre et circuler

Les **Suncoast Beach Trolleys** (☑ 727-540-1900 ; www.psta.net ; 2 $; ⊙5h-22h10 lun-jeu et dim, 5h-minuit ven-sam) sillonnent l'intégralité de Gulf Blvd, toutes les 20 à 30 minutes, de Pass-a-Grille jusqu'à Sand Key au nord, et assurent la correspondance avec d'autres trolleys et bus de la péninsule. Forfait journalier à 4,50 $.

Clearwater et Clearwater Beach

727 / 107 700 HABITANTS

Le fossé psychologique entre la ville de Clearwater et Clearwater Beach est plus large que le port qui les sépare. D'un côté, il y a l'indétrônable chaîne de restauration rapide Hooters, née à Clearwater en 1983. Connue pour ses hamburgers et ses jolies serveuses, elle incarne l'ambiance de fête estudiantine la plus débridée. De l'autre, le centre-ville défraîchi figé dans les années 1950 de Clearwater, dominé par le siège international de l'Église de scientologie. La Clearwater Church (Église de Cleawater), appelée Flag Land Base, occupe l'historique Fort Harrison Hotel depuis la fin des années 1970, et possède 66 autres propriétés en ville. Aucun de ces bâtiments n'est ouvert au public et la ville elle-même reste très ambivalente quant au fait que l'on y recense le plus grand nombre de scientologues en dehors de Los Angeles.

À voir et à faire

Clearwater Marine Aquarium AQUARIUM (727-447-1790 ; www.seewinter.com ; 249 Windward Passage ; tarif plein/3-12 ans 20/15 $; 9h-18h). Résidence de Winter le dauphin, cet aquarium à but non lucratif a pour objectif de recueillir et soigner les animaux marins blessés : dauphins, loutres de mer, poissons (dont des raies), tortues caouannes et de Kemp. Bien que petit, il permet d'approcher de très près ces espèces magnifiques, dont beaucoup ne peuvent regagner la nature du fait de leurs blessures. En plus des activités de sauvetage, de soin et de réintroduction en milieu naturel, les spectacles et rencontres avec les dauphins entrent pour une large part dans les divertissements proposés – ce que certains groupes de défense des animaux considèrent comme préjudiciable aux pensionnaires de l'aquarium.

Les très bons films sur la protection, ainsi que les spectacles et présentations d'animaux, sont inclus dans le billet. Les autres visites et rencontres avec les dauphins, par exemple aux côtés d'un entraîneur professionnel pendant une journée (de 30 $ à 325 $), doivent faire l'objet d'une réservation.

Pier 60 PLAGE (www.sunsetsatpier60.com ; 1 Causeway Blvd, Clearwater Beach). En haute saison, la longue plage de sable blanc et soyeux de Clearwater se couvre d'étudiants et de familles élargies. Complexes hôteliers et bars de plage animés la bordent, notamment près du Pier 60, où l'on fête le coucher du soleil chaque soir. Au programme : musiciens, magiciens, artistes et stands de souvenirs. Dans Coronado Dr en face de la jetée, les kiosques proposent des séances de parachute ascensionnel, des sorties de pêche, des croisières, etc.

Sand Key Park & Beach PLAGE (www.pinellascounty.org/park ; 1060 Gulf Blvd ; 7h-crépuscule). Ce parc de 25 ha adapté aux familles permet de passer une journée plus tranquille à la plage sans tout le

WINTER LE DAUPHIN

La plus célèbre star de Clearwater a fait l'objet d'un film à Hollywood en 2011. Tourné au Clearwater Marine Aquarium, avec pour guest-stars Morgan Freeman et Ashley Judd, *L'Incroyable Histoire de Winter le dauphin* raconte l'histoire vraie de ce jeune dauphin qui, après avoir été pris au piège dans un panier à crabes, perd en définitive sa queue. Malgré ce handicap, Winter survit et grandit.

En 2014, le casting d'origine a été de nouveau réuni pour une suite, *L'Incroyable Histoire de Winter le dauphin 2*. À cause de la mort de Panama, sa mère de substitution et compagne de jeu, Winter risque d'être transféré vers un autre site. En effet, selon la réglementation du ministère de l'Agriculture américain, les dauphins, animaux très sociables, doivent vivre avec leurs congénères. Une course contre la montre s'engage, jusqu'à l'arrivée de Hope, bébé dauphin recueilli à l'aquarium de Clearwater. Bethany Hamilton, surfeuse professionnelle qui a perdu son bras gauche suite à l'attaque d'un requin-tigre de 4 m alors qu'elle surfait à North Shore, sur Kauai, apparaît dans le film. On peut voir Winter et Hope tous les jours de la semaine au Clearwater Marine Aquarium.

battage commercial. Il se trouve immédiatement au sud de Clearwater Pass Bridge, à la pointe septentrionale de l'île-barrière. Si le sable n'égale pas celui de Clearwater Beach, les familles du coin apprécient néanmoins cette large plage où l'on peut ramasser de jolis coquillages. Il y a des toilettes et des douches extérieures, mais il faut apporter son casse-croûte. Le Jolley Trolley de Clearwater s'y arrête. Stationnement : 5 $/jour.

🛏 Où se loger

Les chaînes dominent l'offre. Il faut réserver un an à l'avance pour le printemps, mais comme à St Pete Beach, l'abondance d'établissements permet d'ordinaire de trouver une chambre sur Gulfview Blvd.

Les complexes hôteliers de South Beach disposent souvent de leur propre plage.

Cavalier Beach Resort MOTEL $$
(☎727-442-9492 ; www.cavalierbeachresort.com ; 64 Bay Esplanade ; ch 99-140 $; P❄🛜🏊🐾). Parmi les mastodontes qui dominent la plage, il reste encore quelques petits établissements familiaux comme celui-ci. Tenu par Ellen, ce motel des années 1950 est plein d'éléments originaux et de mobilier rétro. La propriétaire a tant d'années d'expérience que ses chambres sont équipées d'absolument tout ce qu'il faut. Service attentif et personnalisé.

Parker Manor Resort MOTEL $$
(☎727-446-6562 ; www.parkermanor.com ; 115 Brightwater Dr ; ch 95-135 $, app 2 ch 160-180 $;

À NE PAS MANQUER

ÎLES HONEYMOON ET CALADESI

Deux des plus balles plages des États-Unis s'étendent au nord de Clearwater : l'une sur Honeymoon Island, accessible par la route (direction ouest par Curlew Rd/Hwy 586 depuis Dunedin), l'autre sur Caladesi Island, accessible uniquement en ferry. En réalité, ces deux îles faisaient autrefois partie de la même île-barrière, scindée en deux par l'ouragan de 1921. À elles deux, elles rassemblent près de 4 km^2 d'un littoral sauvage qui n'a guère changé depuis l'arrivée sur ces côtes des premiers explorateurs espagnols, au milieu des années 1500.

Le **Honeymoon Island State Park** (☎727-469-5942 ; www.floridastateparks.org/honeymoonisland ; 1 Dunedin Causeway ; voiture/cycliste 8/2 $; ⊗8h-crépuscule ; 🐾) fut ainsi baptisé dans les années 1940 lorsque l'on fit la publicité de l'île comme destination de choix des jeunes mariés. On y trouve le sable blanc et les eaux chaudes aigue-marine mythiques de la côte du Golfe, ainsi qu'une plage autorisée aux chiens. Sur la plage, l'**Island Cafe** (☎727-260-5503 ; www.romantichoneymoonisland.com ; ⊗9h-17h) sert des sandwichs, des en-cas et de la bière, et loue des vélos (20 $/heure), des kayaks (10-20 $/heure) et des parasols (25 $/jour). Le **Nature Center** (☎727-738-2903 ; www.honeymoonnaturecenter.org ; ⊗9h-17h) du parc présente la faune et la flore de l'île merveilleusement sauvages. Sur les sentiers de randonnée, vous apercevrez des pins d'Elliott intacts, des nids d'aigles et, en hiver et au printemps, des balbuzards. Contrôlez le baromètre à moustiques du parc car, hormis en hiver, ils pullulent.

💚 **Caladesi Island State Park** (☎727-469-5918 ; www.floridastateparks.org/caladesiisland ; bateau/kayak 6/2 $; ⊗8h-crépuscule). GRATUIT Au sud de Honeymoon Island, ce parc d'État uniquement accessible par bateau est resté tel que la nature l'a façonné, intact et vierge. Aussi figure-t-il souvent au palmarès des plus belles plages du pays. Nul doute que ses 5 km de sable fin bordé de palmiers arriveront aussi en tête de votre classement. Isolée et peu fréquentée, la plage n'en possède pas moins une marina de 110 places, des kayaks à louer, un minuscule café, des toilettes et des douches. On peut pagayer de Honeymoon ou Clearwater jusqu'à Caladesi, mais il est infiniment plus reposant de s'en tenir au circuit de près de 6 km dans la mangrove à Caladesi même.

Caladesi Connection Ferry (☎727-734-1501 ; www.caladesiferry.org ; adulte/enfant 14/7 $) assure la traversée en ferry toutes les demi-heures au départ de Honeymoon Island, de 10h à environ 16h. Les bateaux, d'une capacité de 62 personnes, se remplissent vite. Mieux vaut venir en semaine si possible. Le retour doit théoriquement se faire dans les 4 heures. Si vous êtes en retard, les passagers à l'heure pour le retour auront la priorité sur vous.

P ❄ 🛜 🖥). Pour encore plus de tranquillité, ce petit établissement bien tenu du port permet d'accéder à pied à la plage. Sa clientèle assez âgée aime jouer au billard dans la cour couverte et paresser au bord de la petite piscine. Les suites équipées de cuisine se prêtent aux longs séjours.

SandPearl
Resort
COMPLEXE HÔTELIER $$$

(☎ 727-441-2425 ; www.sandpearl.com ; 500 Mandalay Ave ; ch 250-450 $; P ❄ 🛜 🖥). Ce complexe hôtelier de plage, à courte distance à pied du Pier 60 et des restaurants de Clearwater, a obtenu la certification écologique LEED Silver (50-59 points). Dans la veine des tendances les plus en vogue, il compte un spa respectueux de l'environnement, des cales d'accostage, et 253 chambres et suites aux tons sable, avec mobilier en bois sombre et balcons donnant sur le golfe. Le restaurant Caretta propose une carte bio à base de produits locaux et des sushis, tandis que le Tate Island Grill sert de l'effiloché de porc à déguster à quelques mètres de la plage.

✖ Où se restaurer

Si personne ne vient spécialement à Clearwater pour ses restaurants, les adresses bon marché et de catégorie intermédiaire ne manquent pas.

Frenchy's
Original Cafe
POISSON ET FRUITS DE MER. $$

(☎ 727-446-3607 ; www.frenchysonline.com ; 41 Baymont at Mandalay Ave ; plats 8-15 $; ⊙11h-23h). Cette petite paillote à même la plage sert des sandwichs au poisson qui vous feront rêver des mois durant. Les rondelles d'oignons et le *coleslaw* d'ananas, léger et sucré, s'y marient parfaitement, pour un résultat très croustillant. Le bar a quatre autres enseignes dans Clearwater.

Island
Way Grill
POISSON ET FRUITS DE MER $$$

(☎ 727-461-6617 ; www.islandwaygrill.com ; 20 Island Way ; plats 15-40 $; ⊙16h-22h lun-jeu, 16h-23h ven, 12h-23h sam, 11h-22h dim ; 🅿). Aux paillotes de la plage, préférez ce restaurant moderne donnant sur la marina. Ses baies vitrées et sa vaste terrasse offrent une jolie vue sur le soleil couchant, et la carte d'inspiration asiatique, aux prix corrects, contentera tout le monde : bar à poissons, bar à sushis, croquettes au crabe, pâtes, steaks, poisson au wok.

ⓘ Renseignements

Un **kiosque d'information** (☎ 727-442-3604 ; www.visitclearwaterflorida.com ; 1 Causeway Blvd ; ⊙10h-19h) sur Clearwater Beach se situe à la base du Pier 60. Voir aussi visit www.beachchamber.com.

ⓘ Comment s'y rendre et circuler

En arrivant de la péninsule en voiture, prendre la Hwy 19 et poursuivre sur la Hwy 60, puis sur la Memorial Causeway jusqu'à la plage. Attention : la circulation automobile sur le front de mer est cauchemardesque. Garez la voiture dès que possible et continuez à pied pour profiter au mieux du soleil et de la plage.

Greyhound (www.greyhound.com ; 2811 Gulf to Bay Blvd, Clearwater). Des bus circulent entre Tampa et Clearwater – prenez le Suncoast Beach Trolley de la PSTA jusqu'à la plage.

Jolley Trolley (☎ 727-445-1200 ; www.clearwaterjolleytrolley.com ; 483 Mandalay Ave ; tarif plein/réduit 2/1 $; ⊙10h-22h dim-jeu, 10h-minuit ven-sam). Ce trolleybus fait le tour de Clearwater Beach et va jusqu'à Sand Key, au sud. Forfait journalier : 4,50 $.

Suncoast Beach Trolley (☎ 727-540-1900 ; www.psta.net ; 14840 49th Ave N ; tarif plein/réduit 2/1 $; ⊙5h-22h dim-jeu, 5h-ven-sam). Ce trolleybus de la PSTA relie le centre-ville de Clearwater à Clearwater Beach et les plages des îles-barrières jusqu'à Pass-a-Grille au sud.

NORD DE TAMPA

La Nature Coast (côte de la Nature) floridienne part du Panhandle vers le sud et traverse un paysage essentiellement rural, composé de parcs, de réserves et d'estuaires. Grâce à ses rivières mousseuses, ses sources aux eaux tièdes, ses ruisseaux paisibles et ses baies regorgeant de saint-jacques et de tarpons, elle a su mieux préserver cette atmosphère de la Floride d'antan souvent promise ailleurs mais difficile à dénicher. Au nord de Clearwater, l'US 19, principal axe routier du secteur, traverse de petites bourgades aux nombreux marchands de bateaux et magasins de pêche jusqu'à Cedar Key, dans la Waccasassa Bay. Si vous la parcourez dans son intégralité, il est vivement recommandé de prévoir un bateau ou un kayak. En effet, c'est une chose de voir de loin les splendides cours d'eau et rivières, c'en est une autre de naviguer sur leurs eaux limpides.

Weeki Wachee Springs

📋 352 / 12 HABITANTS

Si la "Ville des Sirènes" venait à disparaître, ce serait un peu de l'âme de la Floride qui s'envolerait à jamais. La "ville" de Weeki Wachee se résume en réalité presque entièrement à un **parc d'État** (📞352-592-5656 ; www.weekiwachee.com ; 6131 Commercial Way, Spring Hill ; adulte/6-12 ans 13/8 $; ⏰9h-17h30), lui-même consacré à un **spectacle de sirènes** aquatique qui ravit un public familial depuis 1947. Esther Williams, Danny Thomas et Elvis Presley ont tous pris place derrière les vitres du théâtre sous-marin pour admirer des sirènes à la queue rose exécutant des pirouettes au milieu des tortues et des poissons. Les 3 spectacles quotidiens d'une demi-heure (11h, 13h30 et 15h), et surtout le principal, *La Petite Sirène*, sont d'un kitsch jubilatoire. Si l'on voit bien que les sirènes sont équipées de tuyaux à air, on est cependant saisi par l'indéniable magie du spectacle et l'aisance avec laquelle elles nagent. Des spectacles animaliers, une paisible **balade fluviale**, un modeste **parc aquatique** ouvert uniquement le week-end et des aires de pique-nique complètent le tableau des réjouissances pour passer un après-midi de détente.

Les sources sont à environ 45 miles (72 km) au nord de Clearwater par l'US 19. De Tampa, comptez environ 45 minutes par l'I-75 vers le nord, puis la Hwy 50 vers l'ouest.

🛶 Paddling Adventures

KAYAK

(📞352-597-8484 ; www.paddlingadventures. com ; kayaks 30-35 $; ⏰8h-14h). Le parcours en kayak ou en canoë sur la Weeki Wachee River est l'un des plus beaux de la région. La source Weeki Wachee, trou d'une trentaine de mètres d'un débit d'environ 640 millions de litres par jour, est en fait la source mère du fleuve aux eaux cristallines. Le parcours en kayak de 11 km est émaillé de plages propices à la baignade et de balançoires. Vous verrez quantité de poissons, voire des lamantins en hiver et au printemps. La balade dure de 3 à 4 heures (transfert inclus). Réservez une semaine à l'avance, surtout pour un parcours le week-end. Depuis l'arrière du parking de Weeki Wachee, suivez les panneaux indiquant Paddling Adventures.

Homosassa Springs

📋 352 / 13 800 HABITANTS

Comme vous le dira n'importe quel pêcheur à la mouche, la Homosassa River est un véritable garde-manger pour le fameux roi des mers, le tarpon de l'Atlantique. Tous les jours, on voit sur le fleuve entre 20 et 30 bateaux à fond plat, avec à leur bord des pêcheurs silencieux et concentrés qui attendent d'en voir un surgir à la surface. Le tarpon entame sa course dans les dernières semaines d'avril et disparaît en juillet. D'innombrables agences proposent des excursions d'une demi-journée ou d'une journée. Si l'idée d'attraper un énorme tarpon ne vous dit rien, sachez que les eaux chaudes du fleuve sont aussi, d'octobre à mars, le repaire favori des lamantins des Caraïbes. Pour les voir, gagnez le Homosassa Springs Wildlife State Park, indiqué sur l'US 19. Les eaux du parc sont plus tranquilles que celles de Crystal River.

Pour rejoindre le centre de Homosassa, quittez l'US 19 pour suivre la Hwy 490/W Yulee Rd (au sud du parc). Vous voici dans la Floride d'autrefois : des chênes recouverts de mousse espagnole cachent la route jalonnée de restaurants locaux et de galeries originales.

👁 À voir et à faire

💙 Homosassa Springs Wildlife State Park

PARC

(📞352-628-5343 ; www.floridastateparks.org/homosassasprings ; 4150 S Suncoast Blvd ; adulte/6-12 ans 13/5 $; ⏰9h-17h30). Ce parc d'État est un parc animalier à l'ancienne, où l'on peut voir les vedettes de la riche faune de Floride : alligators américains, ours noirs, grues blanches, panthères de Floride, petits cerfs à queue blanche, et surtout des lamantins. Le clou du parc est un observatoire sous-marin au-dessus des sources, où seule une paroi vitrée nous sépare de quelque 10 000 poissons évoluant en bancs serrés, et d'énormes lamantins mangeant de la laitue.

Parmi les différentes présentations d'animaux programmées chaque jour, nous vous conseillons celle sur les lamantins (11h30, 13h30 et 15h30). Du Visitor Center partent de courtes balades commentées en bateau dans le parc.

Homosassa Inshore Fishing

PÊCHE

(📞352-621-9284 ; www.homosassainshorefishing. com ; demi-journée/journée 350/400 $). Le capitaine William Toney, issu de la 4e génération de pêcheurs de Homosassa, est spécialisé dans la pêche au sébaste, à la truite et au tarpon. Un guide hors pair.

🏠 Où se loger

MacRae's
MOTEL $$

(📞352-628-2602 ; www.macraesofhomosassa.com ; 5300 S Cherokee Way ; ch 85-125 $; ❄🛜). Cette bonne adresse est à 5 km du parc de Homosassa Springs, près de la W Yulee Rd. Paradis pour pêcheurs, le motel de 22 chambres est constitué de fausses cabanes en rondins (certaines équipées d'une cuisine) avec vérandas à l'avant pourvues de rocking-chairs. Le MacRae's gère aussi le **Tiki Bar**, en bord de fleuve, qui occupe un emplacement de choix pour boire un verre l'après-midi. On peut venir ici pour simplement dormir et lire, ou bien participer à une sortie de pêche au tarpon, à une balade en hydroglisseur, ou encore louer un kayak (le tout au départ de sa marina).

Crystal River

📞 352 / 3 100 HABITANTS

La Floride compte près de 700 sources d'eau douce, dont 33 sont de catégorie 1, ce qui signifie que leur débit est d'au moins 2 800 litres par seconde. La Nature Coast est jalonnée de plusieurs sources de ce type, à fort débit. Le plus grand ensemble comprend une trentaine de sources qui alimentent Kings Bay, près de la ville de Crystal River. D'une température moyenne de 22,5°C, l'eau attire plus de 400 lamantins (et bien plus de touristes) pendant les mois d'hiver, entre octobre et mars. Sans les lamantins, Crystal River, tout comme Homosassa et Cedar Key, ne serait qu'un modeste village de pêcheurs.

Crystal River
National Wildlife Refuge
RÉSERVE FAUNIQUE

(📞352-563-2088 ; www.fws.gov/crystalriver ; 1502 SE Kings Bay Dr ; ⏰8h-17h30 lun-ven). Résidence d'hiver de plus de 20% de la population de lamantins de Floride, cette réserve de faune sauvage protège la quasi-totalité de Kings Bay. Jusqu'à 560 spécimens de ces animaux débonnaires en voie de disparition ont été comptabilisés en une seule journée de janvier, ce qui attire, comme tout spectacle de la nature, les foules. Une quarantaine de prestataires proposent des locations et des excursions commentées dans la Kings Bay par tous les moyens de transports

aquatiques. Nager avec les lamantins constitue aussi une merveilleuse expérience à ne pas manquer. Toutefois, de nombreux défenseurs de l'environnement sont contre cette pratique (ou celle consistant à caresser les lamantins), qui les stresserait. Et, il est vrai qu'en saison, le spectacle des ces animaux rassemblés et de la baie surpeuplée n'est ni naturel ni sauvage. Pour retrouver la nature, rien ne vaut participer à l'une des excursions sur l'eau haut de gamme proposées dans le secteur.

Il n'existe aucun espace public aménagé sur la terre ferme pour observer les lamantins. Le bateau est l'unique moyen d'accéder à la réserve. Le mieux est de commencer par la visite du **centre d'accueil** (8h-16h), où vous trouverez une mine d'informations et la liste des prestataires agréés. Sachez aussi que si les lamantins fréquentent Kings Bay toute l'année, ils ne sont plus que quelques dizaines entre avril et septembre.

Nature Coast Canoe
& Kayak Trail
KAYAK, CANOË

Ce circuit de 32 km offre un accès protégé au riche écosystème de l'estuaire. Il débute à hauteur de la Salt River, près de Crystal River, puis décrit des méandres vers l'est sur la Homosassa River, pour finir par couper vers le sud jusqu'à l'embouchure de la Chassahowitzka River. Les premiers tronçons de l'itinéraire font partie du Great Florida Birding Trail, et sont à ce titre peuplés de nombreux oiseaux. On aperçoit souvent des pélicans, des mouettes, des faucons, des pygargues à tête blanche, des cormorans, des cigognes et d'autres échassiers. L'**Ozello Trail** de 8,5 km, qui passe par la **St Martins Aquatic Preserve**, est particulièrement intéressant.

Attention : ce circuit ne s'adresse pas aux débutants. On pagaie essentiellement dans des zones reculées, il faut donc se munir d'un GPS et remplir un plan de navigation. Sinon, engagez un guide.

Pour rejoindre Ozello et St Martins, suivez la Hwy 494 W, qui traverse le Crystal River State Park.

💜 Aardvark's Florida
Kayak Company
KAYAK

(📞352-795-5650 ; www.floridakayakcompany. com ; 707 N Citrus Ave ; circuits 50-85 $). Location de kayaks et de canoës, et organisation d'excellents circuits écologiques guidés à Kings Bay, Chassahowitzka, dans la campagne d'Ozello et sur la Rainbow River.

Les guides sont des biologistes, des naturalistes et un ancien garde du parc, tous très compétents.

Nature Coast Kayak Tours KAYAK
(☎ 352-795-9877 ; www.naturecoastkayaktours. com ; 8153 W Justin Lane ; 40 $/pers). Petits circuits uniquement en kayak avec Tracy Colson. Soucieuse de protection de l'environnement, elle est de ceux qui préfèrent qu'on s'abstienne d'y toucher. Ses circuits explorent des cours d'eau intacts, notamment les rivières Chassahowitzka et Withlacoochee, les cours d'eau des environs d'Ozello et le Lake Rousseau.

SUD DE TAMPA

Les inconditionnels du côté golfe de la Floride raffolent du littoral ensoleillé qui s'étend entre Sarasota et Naples, deux villes cossues accordant une large place à la culture, et qui donnent le ton de la région. On passe ici nonchalamment de la plage à la visite de musées d'art, à des repas raffinés et à des cocktails sophistiqués. Siesta Key et Fort Myers, avec leurs bars animés, offrent une ambiance festive et décontractée, sans égaler pour autant l'atmosphère débridée qui règne plus au nord au moment du Spring Break (vacances de printemps). La région se prête mieux à la découverte de dents de requins à Venice, au ramassage de superbes coquillages à Sanibel, à une soirée au cirque à Sarasota et à l'achat d'œuvres d'art à Matlacha.

Sarasota
☎ 941 / 51 900 HABITANTS
On pourrait passer des vacances entières à la découverte des sites et des magnifiques plages de cette ville sophistiquée, qui a pris tout son temps pour devenir le haut lieu de culture qu'elle est aujourd'hui. Après que les Espagnols eurent chassé la tribu amérindienne des Calusa de ces côtes au XVe siècle, le territoire est resté quasiment vide. Du moins jusqu'aux guerres séminoles et à l'Armed Occupation Act (1842), décret qui accordait une parcelle de 65 ha et six mois de provisions à quiconque s'installerait ici et prendrait les armes pour défendre sa ferme. Les voiliers et bateaux à vapeur représentaient l'unique lien avec le monde extérieur, avant que le chemin de fer de Tampa fasse son arrivée en ville en 1902.

C'est seulement alors, tandis que Sarasota devenait une villégiature d'hiver populaire auprès des habitants fortunés du Nord, que les premières institutions dédiées à l'art virent le jour. John Ringling, magnat du cirque, figurait parmi ces premiers vacanciers. Il décida d'installer son cirque ici, de se faire construire une résidence d'hiver, mais aussi un musée d'art et une université. Ainsi ouvrit-il la voie à la Sarasota d'aujourd'hui : une capitale culturelle accueillante et prospère.

Pendant les années 1920, Ringling acquit d'autres terrains de l'autre côté de la chaussée surélevée à St Armands Circle, et l'urbanisation envahit les superbes plages des îles-barrières : du sud au nord, Siesta Key, station balnéaire animée aux immeubles bas ; la chic Longboat Key ; et l'adorable et nonchalante Anna Maria Island, à l'ambiance familiale.

◉ À voir et à faire

Sarasota n'est pas particulièrement étendue, mais ses centres d'intérêt, espacés les uns des autres, sont mal desservis par les transports en commun. Il vous faudra également une voiture pour explorer les Keys : Lido et St Armands sont des prolongements du centre-ville, en revanche, Anna Maria Island est à 26 km au nord.

Notez que nombre d'institutions culturelles ferment pour la période estivale.

♥ Ringling Museum Complex MUSÉE
(☎ 941-359-5700 ; www.ringling.org ; 5401 Bay Shore Rd ; adulte/6-17 ans 25/5 $; ⊙10h-17h tlj, jusqu'à 20h jeu ; ♿). La résidence d'hiver de 27 ha de John Ringling (magnat du rail, de l'immobilier et du cirque) et de son épouse Mable, figure parmi les principales curiosités de la côte du Golfe. Elle abrite leur collection personnelle d'œuvres d'art, rassemblée dans ce qui est devenu le musée d'Art de l'État de Floride. À proximité, le musée du Cirque de Ringling relate le succès du maître des lieux dans ce domaine. Quant à la Cà d'Zan, opulente demeure de style gothique vénitien, elle reflète ses goûts extravagants. Pour tirer le meilleur parti de la visite, ne manquez pas le film sur la vie de Ringling, produit par PBS et projeté dans l'Asolo Repertory Theatre (p. 424).

➡ **John & Mable Ringling Museum of Art**
Les Ringling ont rassemblé une collection exceptionnelle de tapisseries et de tableaux européens allant du XIVe au XVIIIe siècle.

Aménagé dans un grandiose palais de style méditerranéen, le musée compte 21 galeries exposant de nombreuses œuvres espagnoles et baroques. On voit aussi une collection mondialement réputée de toiles de Rubens dont le cycle du *Triomphe de l'Eucharistie*. Des expositions d'art contemporain, régulièrement renouvelées, occupent une aile. En 2011, la Searing Wing ("aile Searing") a accueilli le *Joseph's Coat Skyspace,* étonnante installation de 280 m² de lumières changeantes.

➡ Cà d'Zan

La Cà d'Zan (1924-1926), ou "maison de John", résidence d'hiver de Ringling, reflète une élégance toute théâtrale inspirée des deux hôtels vénitiens préférés du propriétaire, le Danieli et le Bauer Grunwald. Les fresques des plafonds sont des chefs-d'œuvre, notamment les *Dancers of Nations* de Willy Pogany dans la salle de bal. Tout est éblouissant, jusqu'aux vagues qui décorent le marbre du patio face à la Sarasota Bay. Les visites libres permettent de découvrir les cuisines, le bar et les somptueuses salles de réception du 1er niveau, tandis que celles guidées (5 $) donnent également accès aux magnifiques chambres et sdb du niveau supérieur.

➡ Circus Museum

Ce sont en fait plusieur musées en un, tout aussi séduisants que le cirque lui-même. Un premier bâtiment réunit les roulottes sculptées à la main, les locomotives et d'autres éléments du cirque itinérant d'origine, le Ringling Bros. Les autres expositions en retracent l'évolution. Le Howard Bros Circus, cirque miniature représentant à l'échelle 1/12 l'ensemble du Ringling Bros et Barnum & Bailey Circus, est l'œuvre d'un seul homme, Howard Tibbels, un passionné qui mit prêt de 50 ans à achever ce titanesque et minutieux travail.

♥ Mote Marine Laboratory   AQUARIUM

(☎941-388-4441 ; www.mote.org ; 1600 Ken Thompson Pkwy, City Island ; adulte/enfant 20/15 $; ☺10h-17h). Ce centre de recherche, qui fait aussi office d'aquarium, est l'un des plus importants au monde voué à l'étude des requins. On peut y assister à **l'entraînement des requins** et voir un impressionnant spécimen, ou encore admirer un calamar géant naturalisé de 7,5 m et une raie pastenague, qu'il vous sera même possible de toucher. Un autre bâtiment abrite tortues de mer, lamantins et dauphins. Une présentation

interactive ravira les enfants. N'oubliez pas cependant que, selon les défenseurs des animaux, interagir de trop près avec les dauphins et autres mammifères marins en captivité génère chez eux du stress.

À côté du Mote, **Save Our Seabirds** est un refuge où observer une grande variété d'oiseaux marins évoluant dans des cages en extérieur. C'est aussi là qu'est installé Sarasota Bay Explorers (p. 420). De St Armands Circle, remonter John Ringling Blvd puis Ken Thompson Pkwy.

Marie Selby
Botanical Gardens   JARDINS

(☎941-366-5731 ; www.selby.org ; 811 S Palm Ave ; adulte/4-11 ans 19/6 $; ☺10h-17h). Si vous ne deviez visiter qu'un seul jardin botanique en Floride, ce serait celui-ci. Il rassemble la plus importante collection scientifique d'orchidées et de broméliacées (plus de 20 000). Emblématiques de l'État, ces fantaisies du royaume des plantes épatent la galerie par leurs formes curieuses. Avec leurs banians octogénaires, leurs bassins à carpes et leur splendide vue sur la baie, les magnifiques jardins paysagers invitent aussi à la détente. Des expositions, un café et un beau magasin de plantes complètent le tableau.

St Armands Circle   PLACE

(www.starmandscircleassoc.com). Imaginé par John Ringling dans les années 1920, St Armands Circle consiste essentiellement aujourd'hui en un centre commercial haut de gamme à ciel ouvert entouré des résidences luxueuses de St Armands Key. Il concurrence pourtant le centre-ville même de Sarasota, tant le monde y afflue en début de soirée pour s'y promener, faire du lèche-vitrines et acheter des T-shirts souvenirs tout en dégustant une glace de chez Kilwin. Une myriade de restaurants de toutes catégories restent ouverts en continu. La place est aussi un point noir pour la circulation, surtout en milieu de matinée et en fin d'après-midi, aux heures de pointe vers/depuis la plage.

Marina Jack   FRONT DE MER, PORT

(☎941-955-9421 ; www.marinajacks.com ; 2 Marina Plaza). La luxueuse marina en eau profonde de Sarasota est à courte distance à pied du centre-ville. On y trouve des restaurants en terrasse et des tables gastronomiques, ainsi que de nombreux tour-opérateurs de croisières et bateaux privés. C'est ici qu'il faut venir pour louer un bateau, s'offrir une séance de sports nautiques, une sortie de voile ou de pêche.

Sarasota

Ringling Museum Complex (5 km),
Sarasota-Bradenton (5 km),
Baja Boys (5 km)

500 m
0,25 mile

TAMPA BAY ET LE SUD-OUEST DE LA FLORIDE SARASOTA

Centennial Park

41

Central Ave

Orange Ave

10th St

9th St

17

8th St

7th St

Goodrich Ave

Gillespie Park

Municipal Civic Center Park

1

14

16

7

Blvd of the Arts

N Tamiami Trail

Cocoanut Ave

Central Ave

Lemon Ave

6th St
5th St
4th St

Orange Ave

Adelia Ave

Goodrich Ave

Fruitville Rd

Antoine's Restaurant (6 km),
Bus Greyhound (10.5 km)

12

2nd St

Pineapple Ave

1st St

Sarasota County Area Transit

15

Palm Ave

Main St

18
State St

Main St

780

8

S Links Ave

301

11

789 Gulfstream Ave

St Armands Circle (1,6 km),
Lido Key (1,9 km),
City Island (3,2 km)

5

Gulfstream Ave

Bay Front Dr

Ringling Blvd

10

Morrill St

19

4

Bay Front Park

13

Pineapple Ave

Orange Ave

6

Laurel St

N Washington Blvd

Island Park

2

Burns La

Oak St

PAL Sailor Circus (1,6 km),
Monk's Steamer Bar (8,7 km),
Jim's Small Batch Bakery (9,5 km)
et Siesta Key (12 km)

Sarasota Bay

Mound St (S Tamiami Trail)

3

Perq (1,1 km)

Island Park
PARC

Ce bel espace vert s'avançant dans le port embellit la marina de Sarasota. Jardin d'enfants, jeux d'eau, toilettes, bancs à l'ombre, restaurant, bar tropical et loueurs de kayaks, de jet-skis et de bateaux font partie de ses équipements. Un peu plus au nord, sur le front de mer, l'immense statue *Unconditional Surrender* rend hommage à la célèbre photo *V-J Day in Times Square* d'Alfred Eisenstaedt, prise le 14 août 1945, jour de la capitulation du Japon : le baiser le plus célèbre de la Seconde Guerre mondiale.

Art Center Sarasota
GALERIE

(☎941-365-2032 ; www.artsarasota.org ; 707 N Tamiami Trail ; 3 $; ◷10h-16h mar-sam). Introduction conviviale à la scène artistique locale, cette galerie communautaire à but non lucratif comprend quatre espaces d'exposition dédiés à des artistes d'ici et d'ailleurs. L'hiver, les **journées familiales** (5 $/famille) permettent aux enfants d'exprimer leur créativité.

☞ Circuits organisés

Sarasota Bay Explorers
EN BATEAU

(☎941-388-4200 ; www.sarasotabayexplorers.com ; 1600 Ken Thompson Pkwy, Mote Marine

Sarasota

Laboratory). ✐ Accompagné de marins biologistes, vous étudierez les éponges, les hippocampes et les poissons pris dans les filets du bateau. Le safari marin (adulte/enfant 45/40 $) conduit à Lido Key et aux bancs de sable situés à proximité, où les participants poursuivent l'aventure, épuisette en main. L'agence propose aussi des circuits guidés en kayak (adulte/enfant 55/45 $). Pour rejoindre le Mote Marine Laboratory, allez à St Armands Circle, et prenez le John Ringling Blvd direction nord jusqu'à la Ken Thompson Pkwy suivez la ensuite jusqu'au bout.

✸ Fêtes et festivals

Art & Craft Festivals   ARTS
(www.artfestival.com ; ⊙ fin mars). Pendant 2 jours fin mars, les stands d'art et d'artisanat envahissent le centre-ville, de même que Siesta Village fin avril.

Sarasota Film Festival   CINÉMA
(www.sarasotafilmfestival.com ; ⊙ avr). Si vous appréciez le cinéma d'auteur, ce festival est fait pour vous. Projections gratuites en plein air sur la plage pendant 10 jours.

Ringling International Arts Festival   ARTS DE LA SCÈNE
(www.ringlingartsfestival.org ; ⊙ mi-oct). Durant une semaine à la mi-octobre, le Ringling Museum of Art propose en partenariat avec le Baryshnikov Arts Center de New York des spectacles de danse, de théâtre et de musique à Sarasota.

Sarasota Chalk Festival   ARTS
(chalkfestival.org ; ⊙ nov). Admirez les splendides dessins à la craie sur le bitume de South Pineapple Ave et Burns Square en novembre.

🛏 Où se loger

Il coûte moins cher de loger dans le centre-ville de Sarasota qu'en bord de plage, d'autant qu'il y a seulement 5 km jusqu'à St Armands Circle, et 10 km jusqu'à Siesta Key.

♥ Hotel Ranola   BOUTIQUE-HÔTEL $$
(☏ 941-951-0111 ; www.hotelranola.com ; 118 Indian Pl ; ch 109-155 $, ste 209-270 $; P ✳ 🛜). Les 9 chambres de cet hôtel évoquent de petits appartements design, à l'élégance contemporaine audacieuse, mais dotés d'authentiques cuisines fonctionnelles. Bref, l'originalité citadine à courte distance à pied du centre de Sarasota.

Hotel Indigo   HÔTEL $$
(☏ 941-487-3800 ; www.srqhotel.com ; 1223 Blvd of the Arts ; ch 140-230 $; P ✳ @ 🛜 ✖ ✳). Boutique-hôtel de chaîne, fiable, séduisant et proche du centre-ville. Réductions intéressantes en basse saison.

Cypress   B&B $$$
(☏ 941-955-4683 ; www.cypressbb.com ; 621 Gulf Stream Ave S ; ch 150-290 $; P ✳ 🛜). Une authentique oasis de romantisme. Les propriétaires, artistes, ont personnalisé chacune des chambres, qui ont néanmoins en commun une ambiance "victorienne" de bord de mer. Parquetées, elles sont dotées de cadres de lit en osier, de tapis orientaux, de ventilateurs de plafond et d'œuvres d'art contemporain. Petit-déjeuner complet et cocktails l'après-midi entre deux séances à la plage. Les enfants ne sont pas les bienvenus.

✖ Où se restaurer

Camions à tacos, curries indiens ou barbecues coréens : la scène culinaire de Sarasota

TAMPA BAY ET LE SUD-OUEST DE LA FLORIDE SARASOTA

ENFANTS DE LA BALLE

Le seul cirque de Sarasota en activité mérite le détour, car les numéros sont exécutés par des enfants. Le **PAL Sailor Circus** (☑ 941-361-6350 ; www.sailorcircus.org ; 2075 Bahia Vista St ; billets 10-16 $; ☺ fin déc, mars et avr ; ♿), fondé en 1949, est tout à fait unique : il se compose d'élèves du comté de Sarasota, dont l'entraînement est une activité extrascolaire. Ils donnent deux grands spectacles chaque année, pour les fêtes de Noël et pendant 10 jours entre fin mars et avril. On a beau l'appeler "le plus grand petit spectacle au monde", ce cirque n'a rien de "petit". Tout y est : funambules, trapézistes, équilibristes, monocyclistes, et d'innombrables ballets aériens suspendus à des tissus, des anneaux et des barres.

Si vous avez raté le spectacle, il reste les visites guidées personnalisées. Elles incluent le chapiteau, l'atelier des costumes, le petit musée et, surtout, la possibilité d'assister aux entraînements. Faites des heureux en emmenant vos enfants : ils garderont à jamais le goût de la magie du cirque.

est multiethnique, très dynamique et affiche un net penchant pour le mouvement locavore. Pour tout connaître des restaurants indépendants appartenant à des gens du coin, et vous renseigner sur le **festival gastronomique Forks & Corks**, organisé chaque année en janvier, consultez www.dineoriginal.com.

Farmers Market   MARCHÉ $
(www.sarasotafarmersmarket.org ; 1420 State St ; ☺ 7h-13h sam). Ce marché de petits producteurs est l'un des meilleurs de l'État.

♥ **Jim's**
Small Batch Bakery   BOULANGERIE, CAFÉ $
(☑ 941-922-2253 ; 2336 Gulf Gate Dr ; 1-10 $/pièce ; ☺ 8h-16h lun-ven, 9h-15h sam). Tout est fabriqué maison à cette adresse qui est une étape de choix au petit-déjeuner et au déjeuner : croissants pur beurre, sandwichs bacon sucré-tomates-laitue, quiches crémeuses et bols de soupe à 1 dollar.

Baja Boys   MEXICAIN $
(☑ 941-726-9302 ; 8451 N Tamiami Trail ; 7-9 $/pièce ; ☺ 11h-14h lun-ven, 8h30-13h30 sam). Tortillas tièdes, poisson légèrement frit, effiloché de poulet bio et guacamole maison : on ne s'étonnera pas que Baja Boys ait été distingué comme le meilleur food truck de la baie en 2013.

Morton's Gourmet Market   MARCHÉ $
(www.mortonsmarket.com ; 1924 S Osprey Ave ; plats 4-10 $; ☺ 8h-20h lun-sam, 10h-18h dim). Cette épicerie-traiteur sophistiquée constitue une halte incontournable pour tous les gourmands en route pour Siesta Key, et qui rêvent du pique-nique parfait sur la plage. Il suffit de se décider parmi le choix

pléthorique de salades, sandwichs, sushis et plats à emporter. À environ 15 pâtés de maisons au sud du centre-ville.

Blue Dolphin   DINER $
(www.bluedolphincafe.com ; 470 John Ringling Blvd ; plats 7-10 $; ☺ 7h-15h). À St Armands Circle, ce petit *diner* décontracté est l'adresse incontournable pour petit-déjeuner avant d'aller à la plage ou pour déjeuner sur le pouce.

Main Bar Sandwich Shop   SANDWICHS $
(www.themainbar.com ; 1944 Main St ; sandwichs à partir de 7 $; ☺ 10h-16h lun-sam ; ♿). Cette vieille institution de Sarasota a été fondée par des artistes de cirque à la retraite dont les photos tapissent les murs. Immense choix de généreux sandwichs.

Madison Avenue Cafe & Deli   CAFÉ $$
(☑ 941-388-3354 ; www.madisoncafesarasota.com ; 28 Blvd of the Presidents, St Armands Circle ; 10-12 $/pièce ; ☺ 8h-17h ; 🛜☑). L'une des adresses les plus prisées du Circle. Ce café haut de gamme, avec tables en terrasse, propose une carte généreuse de sandwichs, wraps et salades. Tout est préparé à la demande, et les sandwichs sont copieusement garnis de charcuterie, de légumes croquants et d'épaisses tranches de fromage.

Monk's Steamer Bar POISSON ET FRUITS DE MER $$
(☑ 941-927-3388 ; www.monkssteamerbar.com ; 6690 Superior Ave ; plats 7-30 $; ☺ 16h-1h lun-ven, 15h-1h sam-dim). Commandez un *oyster shooter* épicé (un Bloody Mary auquel on ajoute une huître) ou des Oysters Monkafellas (huîtres cuites avec garnitures maison) et regardez les barmen ouvrir les coquillages de manière experte. On peut aussi se régaler de 2 livres de moules à la vapeur ou de

crawdads (écrevisses) cajuns avant de faire la queue pour jouer au billard, dans ce bar des sports très fréquenté.

💙 **Indigenous** AMÉRICAIN MODERNE $$$

(☑ 941-706-4740 ; www.indigenoussarasota.com ; 239 S Links Ave ; plats 14-26 $; ⊙ 17h30-21h mar-sam). S'inscrivant dans la mouvance culinaire "du producteur au consommateur", le chef Steve Phelps concocte des créations innovantes comme les crevettes américaines aux *grits* à la lyonnaise (gruau de maïs mélangé à des oignons caramélisés, du beurre, des œufs et du parmesan) et de l'esturgeon d'élevage du Mote aux patates douces. L'endroit est très plaisant, puisqu'il occupe un bungalow typique de la Floride d'antan avec vaste terrasse, et "cottage à vin" intime où l'on sert des crus de petits producteurs et issus de l'agriculture biodynamique.

Antoine's Restaurant EUROPÉEN $$$

(☑ 941-377-2020 ; www.antoinessarasota.com ; 5020 Fruitville Rd ; plats 16-32 $; ⊙ 16h-22h). Ne vous fiez à ses airs de fast-food car ce restaurant est bel et bien un petit bistrot à l'ambiance sélecte. On y sert des plats sophistiqués comme le risotto aux saint-jacques accompagné de sauce à la mandarine. Il ne s'agit pas là de cuisine fusion sans consistance. Le propriétaire, Christian Zebier, vient de Belgique, et son restaurant reflète bien son style européen classique. Gardez de la place pour les desserts au chocolat belge, vous ne le regretterez pas.

Marina Jack's Restaurant POISSON ET FRUITS DE MER $$$

(☑ 941-365-4232 ; www.marinajacks.com ; 2 Marina Plaza ; sandwichs 9-13 $, plats 25-34 $; ⊙ 11h30-22h). Il y en a pour tous les goûts dans ce restaurant trois en un très prisé de la marina, mais la vue sur le port au coucher du soleil fait l'unanimité. Laissez-vous bercer par la musique du café-*lounge* au rez-de-chaussée, dont la vaste terrasse se révèle idéale pour déguster des cocktails tropicaux à prix doux. À l'étage, les tables élégamment dressées donnent toutes sur la baie, et il vous faudra réserver pour goûter à la cuisine haut de gamme (poisson et viande) qui y est servie.

🍸 **Où prendre un verre**

Pourquoi le centre-ville de Sarasota somnole-t-il en soirée ? Parce que les badauds lui préfèrent le St Armands Circle ou bien l'Ocean Blvd à Siesta Village, où restaurants et bars bordent le front de mer sur cinq pâtés de maisons. Cela dit, l'animation chaleureuse et conviviale de Siesta ne dure pas jusqu'à tard.

Pour connaître la programmation, consultez le site **This Week in Sarasota** (www.thisweekinsarasota.com).

Perq CAFÉ

(☑ 941-955-8101 ; www.perqcoffeebar.com ; 1821 Hillview St ; ⊙ 7h-17h30 lun-ven, 8h-17h30 sam-dim). Méthodes de torréfaction et de préparation sophistiquées, et grains à origine unique : voilà ce qui fait du Perq le meilleur café de Sarasota.

Jack Dusty BAR

(Ritz-Carlton ; ☑ 941-309-2000 ; 1111 Ritz-Carlton Dr ; ⊙ 7h-23h). Le nouveau restaurant habillé de dorures du Ritz-Carlton présente l'un des bars les plus élégants de la ville : tout en verre et en pierre, situé au centre, il propose de petites assiettes de caviar du Mote et des huîtres, et des tables en terrasse avec vue sur l'eau. Roy Roig, expert en cocktails venu de Miami, aux commandes. Il prépare des cocktails à thème nautique comme le Purser's Bane et le Starboard Swizzle.

Old Salty Dog BAR

(www.theoldsaltydog.com ; 1601 Ken Thompson Pkwy, City Island ; ⊙ 11h-21h30). Au niveau de la marina de City Island, en face du Mote, voici une adresse idéale pour conclure la journée ou commencer la soirée. Décompressez autour d'une bière et d'un bon *fish & chips*, sur le ponton rafraîchi par la brise (plats 7-16 $).

☆ **Où sortir**

Burns Court Cinema CINÉMA

(☑ 941-955-3456 ; 506 Burns Lane). Dans une ruelle près de Pineapple Ave, ce petit cinéma diffuse des films indépendants et étrangers. Il est géré par la Sarasota Film Society (SFS ; www.filmsociety.org), également à l'origine du CINE-World Film Festival qui, pendant 10 jours chaque année en novembre, programme une quarantaine de films, considérés comme les meilleurs de l'année.

Players Theatre THÉÂTRE

(☑ 941-365-2494 ; www.theplayers.org ; 838 N Tamiami Trail ; billets à partir de 20 $). Ce théâtre communautaire à but non lucratif, très réputé, programme de célèbres comédies musicales de Broadway, ainsi que des pièces nouvelles et autres productions.

Westcoast Black Theater Troupe
THÉÂTRE

(☎941-366-1505 ; www.wbttsrq.org ; 1646 10th Way ; billets 20-40 $). L'un des deux seuls théâtres afro-américains de Floride est réputé pour la qualité de ses comédies musicales et de ses pièces d'une grande profondeur. La compagnie a lancé la carrière nationale et internationale de nombreux artistes.

Asolo Repertory Theatre
THÉÂTRE

(☎941-351-8000 ; www.asolorep.org ; 5555 N Tamiami Trail ; billets 20-50 $; ⏰nov-juil). Ce théâtre régional réputé fait aussi office de conservatoire (en partenariat avec la Florida State University). Belle programmation. Le **ballet de Sarasota** (www.sarasotaballet.org) s'y produit.

Van Wezel
Performing Arts Hall
SALLE DE SPECTACLE

(☎941-953-3368 ; www.vanwezel.org ; 777 N Tamiami Trail ; billets 25-80 $). Cet espace artistique municipal accueille tout un panel de spectacles à succès : comédies musicales de Broadway, magiciens, danse moderne, orchestres pop, etc.

Sarasota Opera House
OPÉRA

(☎941-366-8450 ; www.sarasotaopera.org ; 61 N Pineapple Ave ; billets 20-100 $; ⏰fév-mars). Ce bel Opéra de 1 000 places de style Mediterranean Revival date de 1926. Hormis pendant sa très réputée saison hivernale qui dure deux mois, il accueille peu de représentations.

🔒 Achats

Main St, Pineapple Ave et Palm Ave, les principales rues commerçantes du centre-ville, abondent en magasins amusants et tendance. St Armands Circle est également un haut lieu du shopping.

Towles Court Artist Colony
ART ET ARTISANAT

(www.towlescourt.com ; 1938 Adams Lane ; ⏰11h-16h mar-sam). Ce quartier artistique se compose d'environ une douzaine de galeries d'art branchées installées dans des bungalows originaux multicolores. Le meilleur moment est celui du vernissage mensuel organisé le 3ᵉ vendredi du mois (18h à 22h). Animation garantie. En dehors de cette période, chaque galerie pratique des horaires fantaisistes.

Book Bazaar/Parker's Books
LIVRES

(☎941-366-2898 ; 1488 Main St ; ⏰10h-17h lun-sam). Grand choix de livres d'occasion pour lire sans se ruiner à la plage.

ℹ️ Renseignements

Arts & Cultural Alliance (www.sarasotaarts.org). Agenda pluridisciplinaire.

Sarasota Herald-Tribune (www.heraldtribune.com). Le principal quotidien de la ville appartient au *New York Times*.

Sarasota Memorial Hospital (☎941-917-9000 ; www.smh.com ; 1700 S Tamiami Trail ; ⏰24h/24). Le plus grand hôpital des environs.

Sarasota Visitor Information Center (☎941-957-1877 ; www.sarasotafl.org ; 701 N Tamiami Trail ; ⏰10h-17h lun-sam ; 📶). Personnel très aimable fournissant toutes sortes de renseignements. Vend également de bonnes cartes.

ℹ️ Comment s'y rendre et circuler

Sarasota se situe à environ 96 km au sud de Tampa et 120 km au nord de Fort Myers. Les principaux axes routiers la desservant sont la Tamiami Trail/US 41 et l'I-75.

Greyhound (☎941-955-5735 ; www.greyhound.com ; 19 E Rd ; ⏰7h-21h). Bus reliant Sarasota à Miami, Fort Myers et Tampa.

Sarasota-Bradenton International Airport (SRQ ; ☎941-359-2777 ; www.srq-airport.com ; 6000 Airport Circle). Aéroport desservi par de nombreuses grandes compagnies aériennes. Remonter la Hwy 41 vers le nord puis à droite dans University Ave.

Sarasota County Area Transit (SCAT ; ☎941-861-5000 ; www.scgov.net/SCAT ; angle 1st St et Lemon Ave ; 1,25 $; ⏰6h-18h30 lun-sam). Bus sans correspondances et service très restreint le dimanche. Le bus n°4 relie Ringling Blvd à St Armands Circle et Lido Key Beach ; le bus n°11 se rend à Siesta Key.

Sarasota Keys

Adorateurs du soleil ou vieux loups de mer, tout le monde succombe au charme des plages, de l'ambiance nonchalante et des innombrables activités nautiques des Keys de Sarasota. Cet ensemble d'îles-barrières s'étend sur 56 km du sud de Sarasota jusqu'à Anna Maria Island, au nord, de l'autre côté de la chaussée surélevée qui part de Bradenton. Chacune a une identité bien spécifique, mais toutes possèdent des kilomètres et des kilomètres de plages sublimes.

👁️ À voir et à faire

Siesta Key
ÎLE, PLAGE

Longue de 13 km, Siesta Key est la destination balnéaire la plus populaire du coin, grâce à son **village** accueillant pour la clientèle familiale et à sa **plage publique** de sable blanc d'une extrême finesse. Son gigantesque parking (à l'angle de Beach Rd et Beach Way), bien équipé, se double d'un kiosque d'information très utile sur les activités, y compris nautiques, qui y sont proposées (parachute ascensionnel, jet-ski, kayak, vélo, etc.). Snack-bar et espaces restauration couverts également.

Pour une atmosphère plus calme, rendez-vous à **Turtle Beach**. Le soleil et le bleu de l'océan sont les mêmes, mais cette plage se trouve à plusieurs kilomètres au sud de l'animation. L'étroite bande de sable gris n'étant pas aussi belle, les gens préfèrent généralement l'autre plage de Siesta Key. Ce qui n'est pas le cas des tortues qui viennent pondre leurs œufs de mai à octobre.

Le bus SCAT n°11 dessert Siesta Key depuis le centre-ville de Sarasota.

Lido Key   ÎLE, PLAGE

Juste en face de St Armands Circle, Lido Key est à 15 minutes de route à peine du centre de Sarasota. **Lido Beach**, superbe et large plage de sable blanc, est bordée de plusieurs sentiers nature. Le stationnement gratuit (rue et parking) attire les foules. Le pavillon du parking propose de quoi se restaurer, des toilettes, et même une petite **piscine** (400 Benjamin Franklin Dr ; adulte/4-11 ans 4/2 $; ⏱10h-16h45 mar-dim). À environ 1,5 km au sud, **South Lido Beach**, ses barbecues et ses pelouses sont très appréciés des familles qui viennent pique-niquer. En revanche, du fait des courants puissants, il n'est pas conseillé de s'y baigner.

Le bus SCAT n°4 dessert Lido Key depuis le centre de Sarasota.

Longboat Key   ÎLE, PLAGE

Autrefois occupés par un paisible village de pêcheurs, les vingt kilomètres de Longboat Key sont maintenant le fief de complexes hôteliers et de résidences haut de gamme. Les parkings publics, parce qu'ils sont rares et petits, rendent la plage peu accessible. **Beer Can Island** (aussi appelée Greer Island), à la pointe nord de Longboat, est l'une des plus jolies plages des environs.

♥ Anna Maria Island   ÎLE, PLAGE

Parfait antidote à la festive Siesta Key, Anna Maria Island, avec ses maisons en bardeaux blanchies par le soleil, ses ados traînant devant les glaciers et ses bons restaurants de poisson et fruits de mer, semble en être resté aux années 1950. L'île se compose de

3 stations balnéaires : Bradenton Beach à la pointe sud, Holmes Beach (considérée comme la principale) au milieu, et le village d'Anna Maria à la pointe nord.

Les plus belles plages sont au sud et au nord. Au sud, **Coquina Beach** compte de nombreux abris et toilettes, et les maîtres-nageurs sauveteurs sont très présents. Elle est bordée à l'arrière d'un bosquet de filaos à travers lequel sinue la **Coquina Bay Walk**. Au nord, **Anna Maria Bayfront Park** se trouve au bord de la Tampa Bay et a vue sur le Sunshine Skyway Bridge. On trouve sur place une aire de jeu et des toilettes. Cette plage est à courte distance à pied du **City Pier** et du centre d'Anna Maria.

Siesta Sports Rentals   VÉLO, KAYAK

(☎ 941-346-1797 ; www.siestasportsrentals.com ; 6551 Midnight Pass Rd ; ⏱9h-17h). Au sud de Siesta Village, et immédiatement au sud du Stickney Point Bridge, cette boutique de location propose des vélos, des kayaks, des scooters, des rosalies à 4 places, du matériel de plage, des accessoires pour bébé, etc.

🛏 Où se loger

Nombreux sont ceux qui optent pour la location d'une maison sur Anna Maria Island, d'autant que des dizaines d'agences en proposent. Consultez www.annamariaislandaccommodations.com.

Turtle Beach Campground   CAMPING $

(☎ 941-349-3839 ; www.scgov.net/TurtleBeach-Campground ; 8862 Midnight Pass Rd, Siesta Key ; empl 32-60 $; P 📶). Ce petit camping adapté aux camping-cars n'offre guère d'intimité et on ne peut pas y faire de feu. Vous serez en revanche à deux pas de Turtle Beach et très vite à Sarasota en voiture.

Hayley's Motel   MOTEL $$

(☎ 941-778-5405 ; www.haleysmotel.com ; 8102 Gulf Dr, Anna Maria Island ; ch 169-219 $; P ❄ 📶📺). De la chambre de motel typique au studio, le Hayley's déborde de charme années 1950. Très pittoresque, avec des tarifs compétitifs pour Anna Maria. Vous trouverez le motel à un pâté de maisons en retrait de Holmes Beach. Frais de 50 $ pour les animaux de compagnie, mais sachez que les plages d'Anna Maria sont interdites aux chiens.

♥ Harrington House   B&B $$$

(☎ 941-778-5444 ; www.harringtonhouse.com ; 5626 Gulf Dr, Anna Maria Island ; ste 179-359 $, bungalows 209-399 $; P ❄ 📶📺). Dans ce B&B

en bord de mer, on se croirait au paradis. Occupant 3 anciennes maisons de plage, les suites et bungalows ont des vérandas donnant sur la magnifique plage. Les chambres standards ont le charme typique de la Floride d'antan (fauteuils à accoudoirs, commodes en acajou et candélabres). Les enfants de moins de 12 ans ne sont pas les bienvenus.

Siesta Key Inn
APPARTEMENTS $$$

(☑941-349-4999 ; www.siestakeyinn.com ; 1017 Point of Rocks Rd, Siesta Key ; fév-avr 269-329 $, mai-jan 179-249 $; P✳🛜🏊). Récemment rénovées, ces suites se trouvent dans un jardin tropical à deux pas du rivage et des boutiques de Crescent Beach. On peut dire qu'elles sont vraiment tout équipées. Outre les habituels transats et serviettes de plage, elles disposent de glacières, jouets de plage, sièges auto, matériel de snorkeling, et même rollers.

Sunsets on the Key
APPARTEMENTS $$$

(☑941-312-9797 ;www.sunsetsonthekey.com ;5203 Avenida Navarre, Siesta Key ; mi-déc à avr 230-340 $, mai à mi-déc 149-209 $; P✳🛜🏊). À Siesta Village, 8 appartements de résidence bien tenus et d'une propreté impeccable, gérés comme des chambres d'hôtel.

✕ Où se restaurer

Ginny's & Jane E's
CAFÉ $

(☑941-778-3170 ;www.ginnysandjanees.com ;9807 Gulf Dr, Anna Maria Island ; 2-12 $/pièce ; ⏱8h-17h ; ☎). Surfez sur Internet ou faites emplette de tongs, d'œuvres d'art et de bibelots originaux en attendant que le serveur découpe une portion de tarte aux noix de pécan et vous confectionne un sandwich pour manger sur la plage. Cet établissement unique est à la fois un café, un glacier-salon de thé et une boutique de trouvailles vintage, aménagé dans l'ancienne épicerie du village. N'hésitez pas à vous asseoir à table ou sur les canapés en compagnie des autres vacanciers. C'est un endroit propice aux rencontres et à la convivialité.

Lélu Coffee Lounge
CAFÉ $

(☑941-346-5358 ; www.lelucoffee.com ; 5251 Ocean Blvd, Siesta Key ; 5,50-13 $/pièce ; ⏱7h30-22h lun-sam, 8h30-17h dim). Ce café rétro est parfait pour s'attarder tranquillement le matin devant un expresso ou un Island Coconut Mocha. Des planches de surf sont suspendues au plafond, de confortables canapés n'attendent que vous, et la courte carte propose smoothies aux fruits, omelettes et sandwichs garnis de produits du marché. Le soir venu, place au bar à cocktails, aux soirées micro ouvert et aux concerts de jazz.

Siesta Key Farmers Market
MARCHÉ $

(www.siestafarmersmarket.com ; Davidson's Plaza, Ocean Blvd ; ⏱9h-14h dim). Ce marché faisant la part belle aux produits locaux est idéal pour faire ses emplettes.

Dry Dock
POISSON ET FRUITS DE MER $$

(☑941-383-0102 ; drydockwaterfrontgrill.com ; 412 Gulf of Mexico Dr, Longboat Key ; plats 7-19 $; ⏱11h-21h lun-sam, 16h30-21h dim). Terrasse surplombant l'eau, et vue panoramique seulement troublée par les frondaisons de palmiers depuis la salle de l'étage : en matière d'emplacement de bord de mer, difficile de faire mieux que ce restaurant. Si l'on ajoute les excellents sandwichs au mérou noirci, le burger d'une demi-livre cuit au charbon de bois et les tacos aux crevettes

---

VAUT LE DÉTOUR

CORTEZ, UN VILLAGE DE PÊCHEURS

Depuis les années 1700, on pêche le mulet à Cortez, devenu l'un des derniers villages de pêche au poisson sauvage des États-Unis. Coincé entre Anna Maria Island et Palma Sola Bay sur le continent, le village fait faire un bond dans le temps : on y voit encore de vieux bateaux, et des pièges à crabes en train de sécher sur les pelouses de bungalows en bois. C'est ici qu'Ethan Hawke, dans le rôle de Pip, a donné la réplique à Gwyneth Paltrow qui jouait Estella, dans l'adaptation de *De grandes espérances*, en 1998.

Au bord de l'eau est établie la **Star Fish Company** (☑941-794-1243 ; starfishcompany. com ; 12306 46th Ave W, Cortez ; plats 3-15 $; ⏱11h30-20h mar-sam, 11h30-15h dim-lun ; 🍴), pêcherie qui vend du poisson en gros depuis les années 1920. Elle compte maintenant un restaurant rustique installé sur le quai, avec vue sur Jewel Fish Key et Net House, plus loin dans la baie. S'il y a du mulet fumé au menu, ne manquez pas d'en commander, ainsi qu'une portion de gruau de maïs au fromage en accompagnement.

HISTORIC SPANISH POINT

Il n'y eut jamais d'Espagnols au **Historic Spanish Point** ("site espagnol historique" 941-966-5214 ; www.historicspanishpoint.org ; 337 N Tamiami Trail, Osprey ; adulte/5-12 ans 12/5 $; 9h-17h lun-sam, 12h-17h dim). En réalité, le site tient son nom d'un sympathique négociant espagnol qui informa John et Eliza Webb, un couple de colons, de l'existence de ce lieu paradisiaque alors qu'ils étaient à la recherche de terres à cultiver, en 1867. Il leur fit ainsi une grande faveur, car le site est l'un des plus beaux du comté de Sarasota. L'étroite péninsule, au paysage ondoyant de tumulus de coquillages préhistoriques couverts de végétation tropicale, s'avance dans Little Sarasota Bay.

Sans surprise, les Webb vécurent très heureux ici. Ils finirent par acquérir toute la péninsule (12 ha) sur laquelle ils plantèrent des agrumes ensuite vendus à Cedar Key et Key West. En parcourant le sentier de 1,6 km (voiturettes électriques également à disposition) qui fait le tour du site, vous verrez la station fruitière de conditionnement en bois, mais aussi Mary's Chapel, le cimetière de la famille Webb et la splendide maison en bois de Frank Guptill, que celui-ci fit construire pour son épouse Lizzie Webb Guptill.

Les Webb cultivèrent la terre pendant plus de 40 ans, jusqu'à ce que Bertha Palmer l'achète en 1910. Heureusement pour Spanish Point, la riche veuve de Potter Palmer, éminent promoteur immobilier de Chicago et cofondateur de la Marshall Field and Company, était tombée sous le charme de la beauté du lieu. Raison pour laquelle elle l'avait choisi afin d'y construire sa résidence d'hiver sur un domaine de 142 ha. Elle ne toucha donc pas aux tumulus de coquillages, ni à la maison des Webb, aux dépendances et à la chapelle, préférant aménager ses jardins en accord avec le paysage tropical. Aujourd'hui, des pergolas, des colonnes grecques classiques, des pelouses et des jardins fleuris émaillent la végétation sauvage.

Pour finir, entre 1959 et 1962, la Smithsonian Institution procéda à l'excavation partielle de l'un des tumulus de coquillages. On peut donc y pénétrer et voir de l'intérieur les différentes couches de coquillages et objets préhistoriques. Ce site, unique en son genre en Floride, est tout à fait fascinant car il raconte à la fois l'histoire des Floridiens de la préhistoire et de l'époque des colons.

des Caraïbes, on comprend pourquoi il y a généralement 40 minutes d'attente. Mais pas de stress. Commandez une bière, asseyez-vous sur un fauteuil en bois et observez les pélicans sur les pieux en bois.

Blasé Café & Martini Bar   ITALIEN $$
(941-349-9822 ; www.theblasecafe.com ; 5253 Ocean Blvd, Siesta Key ; plats 15-23 $; 15h-1h). À l'extrémité de Siesta Village, le Blasé tient à la fois du bar à vins artiste et urbain et du bistrot de plage décontracté. Les pâtes et les plats de la carte, très bons, sont encore meilleurs accompagnés d'un martini dry ou de cabernet généreusement servi.

♥ **Beach Bistro**   AMÉRICAIN MODERNE $$$
(941-778-6444 ; www.beachbistro.com ; 6600 Gulf Dr, Anna Maria Island ; plats 20-60 $; 17h-22h). L'établissement de Sean Murphy est le meilleur rendez-vous romantique d'Anna Maria. Les plats floridiens sont préparés à la perfection avec le meilleur des produits du terroir, locaux et nationaux, dont des poissons et fruits de mer pêchés à la ligne,

du foie gras de l'Hudson Valley et du filet de bœuf américain premier choix. La Bistro Bouillabaisse, avec queue de langouste, crevettes géantes, coquillages et calamars cuits dans un bouillon à base de tomates fraîches, de safran et d'anis, est une légende.

Cottage   FUSION $$$
(941-312-9300 ; www.cottagesiestakey.com ; 153 Avenida Messina, Siesta Key ; tapas 9-15 $, plats 20-30 $; 11h-22h dim-jeu, 11h-minuit ven-sam). Le restaurant le plus en vogue de Siesta Key est tenu par Larry Eppler. Ce chef dynamique propose une alléchante carte de cuisine fusion où figurent les sushis, mais aussi des tapas sophistiquées comme les côtes de bœuf braisées à la coréenne, et les sashimis de *walu* servis sur un bloc de sel de l'Himalaya glacé, finement nappé d'aïoli à la pistache. Avec un mojito bien frais, c'est le paradis.

🍸 Où prendre un verre

Siesta Key Oyster Bar   BAR
(www.skob.com ; 5238 Ocean Blvd, Siesta Village ; 11h-minuit dim-jeu, 11h-1h30 ven-sam). Pour

vous donner une idée de l'endroit, le SKOB a pour décoration des billets de banque qui tapissent les chevrons. Musique live.

Beach Club
BAR

(www.beachclubsiestakey.com ; 5151 Ocean Blvd, Siesta Village ; ☺11h-2h). Bar sombre avec tables de billard, scène pour les concerts, grand requin blanc, et concours de bikinis le dimanche.

Gilligan's Island Bar & Grill
BAR

(www.gilligansislandbar.net ; 5253 Ocean Blvd, Siesta Village ; ☺11h30-2h). Ce bar tropical au toit de chaume typique de Floride s'agrémente d'un bus Volkswagen et d'une cour. Excellents cocktails de la taille de bocaux à poisson et concerts au programme.

ⓘ Renseignements

Anna Maria Island Chamber of Commerce (☑941-778-1541 ; www. annamariaislandchamber.org ; 5313 Gulf Dr N, Holmes Beach ; ☺9h-17h lun-ven). Infos sur l'hébergement, les tour-opérateurs et l'agenda de l'île.

Siesta Key Chamber of Commerce (☑941-349-3800 ; www.siestakeychamber. com ; 5118 Ocean Blvd, Siesta Key ; ☺9h-17h lun-ven, 9h-12h sam). Tient le registre quotidien des chambres d'hôtel disponibles, et aide à en trouver une.

Simply Siesta Key (www.simplysiestakey. com). Informations exhaustives en ligne.

Myakka River State Park

Plus ancien habitant de Floride puisqu'il y réside depuis 200 millions d'années, l'alligator américain est la star de cette **réserve naturelle** (☑941-361-6511 ; www.myakkariver. org ; 13208 State Rd 72, Sarasota ; voiture/vélo 6/2 $; ☺8h-crépuscule) de 148 km². Entre 500 et 1 000 alligators évoluent dans les eaux stagnantes du parc et ses lacs peu profonds riches en nénuphars. Vous pourrez vous en approcher en canoë, en kayak et en hydroglisseur. À la saison des amours (avril-mai), le râle des mâles résonne dans les eaux.

Très étendu, ce parc abrite aussi des *hammocks*, des marais, des *flatwoods* et des prairies recelant une grande variété d'oiseaux et d'animaux. Il est quadrillé d'une soixantaine de kilomètres de sentiers. L'hiver, des balades en hydroglisseur (adulte/enfant 12/6 $) ont lieu à 10h, 11h30, 13h et 14h30 (appeler pour les horaires d'été) et

des bus effectuent un circuit nature à 13h et 14h30 (même tarif).

Une boutique et un café sont installés au **Myakka Outpost** (☑941-923-1120 ; www. myakkaoutpost.com ; canoës/vélos 20/15 $; ☺9h30-17h lun-ven, 8h30-18h sam-dim), où l'on peut organiser des circuits, et louer des kayaks et des vélos. Chaudement recommandé, le **camping** (empl 26 $) constitue un excellent choix à la saison sèche (janvieravril). En revanche, évitez-le l'été (pluie et moustiques en perspective). Les 5 bungalows (70 $/nuit) ont une cuisine, la clim et des draps. Réservez via **Reserve America** (☑800-326-3521 ; www.reserveamerica.com).

De Sarasota, prendre l'US 41 vers le sud jusqu'à la Hwy 72/Clark Rd puis rouler vers l'est sur 14 miles (22 km). Le parc est à 9 miles (15 km) à l'est de l'I-75.

Venice

☑941 / 20 700 HABITANTS

Cette ville balnéaire très paisible aux jolies plages ensoleillées a la faveur des retraités et des familles avec jeunes enfants, qui se passionnent pour le ramassage de dents de requins. Venice attire aussi les voyageurs à petit budget en quête d'une destination sans prétention, loin des complexes résidentiels et des bars de plage pour gros buveurs, omniprésents ailleurs. Ici, l'animation s'éteint globalement au moment même où le soleil disparaît dans l'eau miroitante.

De l'US 41/Tamiami Trail, Venice Ave rejoint à l'ouest Venice Beach. À environ 5 rues à l'est de la plage, se trouve le principal quartier commerçant du centreville, dans W Venice Ave, entre l'US 41 et Harbor Dr.

🏃 Activités

Toutes les plages de Venice offrent un stationnement gratuit.

Venice Beach
PLAGE

Au bout de W Venice Ave se dresse un abri avec toilettes et snack-bar. Des cours de yoga gratuits sont organisés sur la plage chaque jour à 9h, et des concerts acoustiques en accès libre s'y tiennent du samedi au mercredi vers 17h. De mai à octobre, on peut voir des tortues de mer y nicher.

Venice Pier
PLAGE

Près de Harbor Dr, à 2,5 km au sud de W Venice Ave, cette plage longue et large dotée d'un grand parking est la plus prisée, surtout au coucher du soleil. Sa jetée, avec sa cabane de pêche et ses tables à vider le poisson, est bien équipée pour la pêche. Les quelques vagues près de la jetée attirent les amateurs de bodyboard. Au début de la jetée, Sharky's vend à boire et à manger.

Caspersen Beach · PLAGE
Le long de Harbor Dr, à 2,5 km au sud de Venice Pier, cette plage doit sa réputation aux dents de requins fossilisées qui s'y échouent. La plupart ont la taille d'un ongle, mais on en trouve parfois d'aussi longues qu'un doigt. La jolie étendue de sable bordée de palmiers nains, le jardin d'enfants et les pistes cyclables concourent aussi à la popularité de la plage, dotée d'équipements mais pas de commerces (kiosques).

Nokomis Beach · PLAGE
(www.nokomisbeachflorida.com ; 100 Casey Key Rd, Nokomis). Au nord de Venice sur la Casey Key, voici une autre plage agréable et sans prétention. Son abri de style minimaliste fait figure d'ovni architectural. On y trouve de bons équipements mais pas de commerces (apportez votre déjeuner). Au coucher du soleil, le mercredi et le samedi, les concerts de percussions du **Nokomis Beach Drum Circle** mettent de l'ambiance et rassemblent plusieurs centaines de spectateurs. Nokomis Beach est accessible par l'US 41 N puis l'Albee Rd W.

Warm Mineral Springs · SPA
(☏941-426-1692 ; www.scgov.net/warmmineralsprings ; 12200 San Servando Ave ; adulte/enfant 20/10 $; ◷9h-17h). Source d'eau chaude minérale, on dit qu'elle serait la fontaine de jouvence tant recherchée par le conquistador Ponce de León. Ses eaux à 30,5°C ont la plus haute teneur en minéraux de tout le pays, et sont prisées de longue date pour leurs vertus tonifiantes par les Européens de l'Est âgés. Le spa, les vestiaires et le café végétarien rénovés, sans oublier les cours gratuits de yoga, de Pilates et d'aquagym, attirent une nouvelle clientèle férue de bien-être dans un espace qui, sans être chic, s'avère joli. De l'US 41 à l'est de North Port, remontez Ortiz Blvd vers le nord sur 1,5 km.

🛏 Où se loger

Banyan House · B&B $$
(☏941-484-1385 ; www.banyanhouse.com ; 519 S Harbor Dr ; ch 145-197 $; 🅿❄🛜❄). Ce charmant B&B occupe l'une des plus belles demeures anciennes de Venice. Il compte une piscine chauffée, un solarium jaune citron, une salle de billard et un hamac suspendu à l'ombre du banyan qui donne son nom à l'établissement.

♥ Inn at the Beach · COMPLEXE HÔTELIER $$$
(☏941-484-8471 ; www.innatthebeach.com ; 725 W Venice Ave ; ch 225-350 $, ste 353-515 $; ❄@🛜❄). Excellente option pour les longs séjours, ce complexe hôtelier situé juste en face de la plage s'occupe de tout dans le moindre détail. Les chambres aux jolis tons jaune crème, terre de Sienne et vert, évitent les clichés de bord de mer et s'agrémentent de kitchenettes fonctionnelles. Parmi les prestations de grande qualité figurent le petit-déjeuner continental ainsi que l'eau et les en-cas gratuits toute la journée. Réductions intéressantes sur les séjours de plusieurs nuitées.

DE VENICE À SARASOTA : LE LEGACY TRAIL

Désigné comme le secret le mieux gardé du comté de Sarasota par les lecteurs du *Herald Tribune*, le **Legacy Trail** (www.scgov.net ; ◷6h-crépuscule), ou sentier patrimonial, est un ravissant parcours cyclable de 32 km. Il va de Caspersen Beach, à Venice, jusqu'aux Palmer Ranches immédiatement à l'est du centre-ville de Sarasota. Jardins de banlieue, parc d'État boisé et traversée de l'Intracoastal Waterway via 3 ponts sur chevalet : il offre à la vue des paysages variés, ponctués d'étapes bien pensées tous les kilomètres et demi. Le sentier traverse également l'**Oscar Scherer State Park** (www.floridastateparks.org/oscarscherer ; 1843 S Tamiami Trail, Osprey ; voiture/cycliste 8/2 $; ◷8h-crépuscule), parc de 566 ha comprenant 24 km supplémentaires de pistes sablonneuses, un lac propice à la baignade et un camping pratique (26 $/tente) à mi-chemin de l'itinéraire.

Il y a en tout 8 départs de sentier. Le plus beau tronçon s'étend entre le **Venice Train Depot** (303 E Venice Ave) et **Osprey Junction** (939 E Bay St, Osprey), où l'on peut terminer la balade avec la visite du superbe Historic Spanish Point.

✘ Où se restaurer

En parcourant W Venice Ave à l'ouest de l'US 41, vous passerez devant des boulangeries, un pub irlandais, un glacier, des petits restaurants, et toutes les boutiques et magasins de souvenirs nécessaires.

Robbi's Reef   POISSON ET FRUITS DE MER $$
(www.robbisreef.com ; 775 Hwy 41 By-Pass S ; plats 8-15 $; ⊘11h-21h mar-sam). Entre les murs tapissés de photos de pêche, le bar dallé de pierre et la délicieuse cuisine sans prétention, on se croirait sur les quais. Et pourtant, cet établissement se situe dans une rue piétonne, à environ 1 km au sud de Venice Ave. Les tacos au poisson et les pâtes Bayou Willy ont du succès.

Sharky's on the Pier   POISSON ET FRUITS DE MER $$
(☑941-488-1456 ; sharkysonthepier.com ; 1600 Harbor Dr S ; plats 10-27 $; ⊘11h30-22h, 11h30-minuit ven-sam). Avec sa vue privilégiée au Pier au moment du coucher du soleil, ce restaurant de poisson grand public n'a pas besoin d'en faire trop. Son bar tropical bien orienté garantit une soirée magique.

Ceux qui sont plus pointilleux sur le contenu de leur assiette iront à l'étage chez **Fins** (☑941-786-3068 ; www.finsatsharkys. com ; sushis 8-16 $, plats 26-36 $; ⊘12h-14h30 et 16h-22h) pour déguster de bons sushis, des morceaux de viande de choix grillés sur du charbon de bois de prosopis, et des plats de poisson sophistiqués comme le doré de mer en croûte de noix de macadamia à la sauce mangue-gingembre.

♥ Ristorante San Marco   ITALIEN $$$
(☑941-254-6565 ; sanmarcovenice.com ; 305 W Venice Ave ; ⊘11h-14h30 et 17h-21h). Une succulente cuisine d'Italie du Sud servie dans une salle romantique décorée d'œuvres d'art. Tous les pains et pâtes sont fabriqués sur place, et les formules du jour font la part belle aux produits de saison. Réservation conseillée.

❶ Renseignements

Venice Chamber of Commerce (☑941-488-2236 ; www.venicechamber.com ; 597 S Tamiami Trail ; ⊘8h30-17h lun-ven). Office du tourisme pratique fournissant de bonnes cartes gratuitement.

Charlotte Harbor et îles-barrières

Entre Charlotte Harbor et Fort Myers, un chapelet de petites îles émaille les eaux du

Golfe. Jadis peuplées par la tribu amérindienne des Calusa, qui vivait de l'abondance de coquillages, les îles acquièrent plus tard la réputation romantique de cachette de pirates. Le plus célèbre d'entre eux, José Gaspar, s'était baptisé Gasparilla. Il écumait la côte du Golfe, pillant ses trésors et enlevant les femmes les plus belles, qu'il retenait captives sur la bien nommée Captiva Island. Cabbage Key, Useppa et Cayo Costa, accessibles uniquement par bateau, sont d'excellentes destinations d'excursion d'une journée. Gasparilla, cossue, et Pine Island, majoritairement résidentielle, sont reliées au continent par des chaussées surélevées. Plus au sud, Sanibel et Captiva, les deux îles les plus connues, sont accessibles par trois chaussées en forme d'arc au sud de Fort Myers.

Gasparilla Island

De tous les pirates trafiquants de rhum et pilleurs de trésors qui ont foulé le sud-ouest de la Floride, José Gaspar, ou Gasparilla, est le plus célèbre. On raconte qu'il avait établi son QG à **Boca Grande** sur Gasparilla Island, où il érigea un palais en palmiers nains qu'il meubla des trésors pillés lors de ses expéditions en mer. Si les historiens doutent de son existence, Boca Grande n'en continue pas moins d'accueillir du beau monde venu se lancer aux trousses de l'énorme tarpon de l'Atlantique qui navigue dans ses eaux.

Malgré sa réputation de refuge de la haute société, Boca Grande baigne dans l'ambiance pittoresque d'un village de pêcheurs, et reste une très bonne destination pour les familles. Le **Gasparilla Island State Park** (☑941-964-0375 ; www.floridastateparks.org/gasparillaisland ; 880 Belcher Rd ; par voiture/piéton 3/2 $; ⊘8h-crépuscule) englobe des kilomètres de plages sauvages de sable blanc.

🏃 Activités

Boca Grande Fishing Guides Association   PÊCHE
(www.bocagrandefishing.com). Les pêcheurs contacteront cette association des guides de pêche avant de s'élancer sur l'eau.

Boca Boat Cruises   CROISIÈRES
(☑941-964-1333 ; www.bocaboat.com ; croisières 39-59 $). Ceux que la promenade sur l'eau intéresse plus que la pêche opteront pour les croisières et locations de bateaux à plusieurs de Boca Boat Cruises.

UN CHEESEBURGER AU PARADIS

Tous les fans de Jimmy Buffett vous le diront, sa chanson *Cheeseburger in Paradise* lui aurait été inspirée par un repas au Cabbage Key Inn (☎239-283-2278 ; www.cabbagekey. com ; ch 100-150 $, cottages 180-405 $; ☉7h30-9h, 11h30-15h et 18h-20h30). À vrai dire, ledit hamburger n'a rien de spécial et ne mériterait pas qu'on lui consacre une chanson s'il n'était servi sur une île de 40 ha du golfe du Mexique bordée de mangrove, ce qui sublimerait n'importe quoi. Construite au sommet d'un tumulus de coquillages calusa en 1938 par l'écrivaine Mary Roberts Rinehart qui y vécut, l'auberge a le romantisme d'un port semi-tropical isolé pour globe-trotters, mais un port où débarquent des centaines de touristes chaque midi. Le bar est une attraction en soi : quelque 80 000 billets de 1 $ en tapissent les murs, dont ceux, encadrés, laissés par l'ex-président Jimmy Carter et, bien entendu, Jimmy Buffett. La direction fait don des billets qui se détachent chaque jour à des associations caritatives pour un montant annuel de 10 000 $.

Passer la nuit dans l'une des 6 chambres ou des 7 cottages de l'auberge reste résolument la meilleure expérience. Quoique très différents, tous et toutes ont le cachet de la Floride d'antan et de jolies touches décoratives (les cottages Rinehart et Dollhouse sont nos préférés), mais pas les extras d'un hôtel (ni TV ni piscine, mais le Wi-Fi, et uniquement au restaurant). On y sert des cocktails corsés et le dîner tous les soirs (à partir de 16-29 $ avec possibilité de cuisiner votre prise du jour) sur réservation. Les touristes viennent en général pour y déjeuner (9-11 $). Nous vous recommandons le mahi-mahi noirci, sachant que vous commanderez certainement le fameux burger.

Pour venir, vous pouvez prendre l'un des ferries Tropic Star (p. 432) dont le trajet comporte une pause-déjeuner à Cabbage Key. Autre possibilité : louer son propre bateau ou réserver un bateau-taxi au départ de Pine Island ou de Captiva Island.

🛏 Où se loger

💗 **Gasparilla Inn**   HÔTEL HISTORIQUE **$$$**
(☎941-964-4500 ; www.gasparillainn.com ; 500 Palm Ave, Boca Grande ; ch 235-480 $; P✳🐾🛜✖). Pénétrez dans l'entrée ornée de piliers de style georgien de cet hôtel de 1913 et vous voici ramené à une époque éprise de raffinement. Chasseurs et majordomes sont là pour satisfaire vos moindres désirs. Les chambres, élégamment décorées dans les tons corail et pistache, offrent un confort splendide mais sans prétention. Les jours s'écoulent ici paisiblement, entre le golf, le tennis, la pêche et les tours en hydravion.

Anchor Inn   AUBERGE **$$$**
(☎941-964-2700 ; www.anchorinnbocagrande.com ; 450 4th St E ; ch 175-240 $; P✳🛜✖). Cette demeure historique de 1925 passe pour l'adresse bon marché de Boca Grande. Elle ne compte que 4 suites, il faut donc réserver très longtemps à l'avance.

ⓘ Depuis/vers Gasparilla Island

Pour rejoindre Gasparilla Island, quittez la Hwy 41 en direction du sud-ouest par la Hwy 776, qui se confond avec Gasparilla Rd. Le péage sur la chaussée surélevée coûte 6 $.

Cayo Costa Island

Belle et élancée, Cayo Costa Island est presque entièrement occupée par le Cayo Costa State Park (☎941-964-0375 ; www. floridastateparks.org/cayocosta ; 2 $; ☉8h-crépuscule), parc d'État de 1 000 ha. Si son sable pâle couleur cendres n'est pas aussi beau qu'ailleurs, sa quiétude et ses eaux chaudes azurées sont sans égales. Muni d'un masque et d'un tuba, faites la chasse aux coquillages et aux conques (il est interdit de ramasser ceux qui abritent encore leurs délicieux occupants). Vous pourrez aussi gagner à vélo par des pistes en terre des plages plus reculées, randonner sur les sentiers de l'intérieur de l'île, et faire du kayak dans les mangroves. Le poste de rangers près du quai vend de l'eau ainsi que du bois, et loue des vélos et des kayaks. Le reste est à prévoir.

Le camping de 30 places (22 $/tente) est exposé aux éléments, il y fait donc très chaud. Il dispose de foyers creusés dans le sol, de toilettes et de douches, mais vaut surtout pour l'occasion qu'il donne de dormir sur cette plage. Les 12 bungalows sommaires (40 $/nuit) ont des lits superposés équipés de matelas plastifiés. La meilleure période va de janvier à avril. Dès le mois de mai, la chaleur et les moucherons qui piquent gâchent le séjour.

La traversée en bateau (seul moyen de se rendre sur l'île) offre une belle vue sur la nature et les dauphins. Les ferries Tropic Star partent de Pine Island, de Captiva et de Punta Gorda sur Charlotte Harbor.

Pine Island

☎ 239 / 1 800 HABITANTS

Longue de 28 km, Pine Island est la plus grande île de mangroves de la région. Dépourvue de plages de sable, elle compte néanmoins de tranquilles hébergements où se retrouvent pêcheurs, kayakistes et romantiques cherchant à échapper à la foule des touristes. Plusieurs villages sont installés sur l'île : Matlacha, au centre, compte quelques commerces et d'originales galeries d'art évoquant la Floride d'antan ; au nord, dans les villages de Pineland et Bokeelia, on peut louer bateaux de plaisance et de pêche ; enfin, St James City, à la pointe sud, est largement résidentielle. Pine Island est un tremplin idéal pour partir à la découverte, l'espace d'une journée, des magnifiques îles-barrières du coin et de leurs eaux riches en tarpons.

👁 À voir et à faire

Matlacha   VILLAGE

Le minuscule village de pêcheurs de Matlacha (prononcez "mat-la-chè"), situé de part et d'autre du pont à bascule menant à Pine Island, offre un aperçu inédit de la vie locale. De modestes restaurants et marchés de poisson et fruits de mer côtoient un ensemble de vieilles cabanes de pêcheurs reconverties en pimpantes boutiques de souvenirs.

Matlacha Bridge   PÊCHE

On appelle cette chaussée entre Cape Coral et Matlacha le "pont le plus poissonneux des États-Unis" car il enjambe plusieurs courants de marée très actifs. Les pêcheurs l'occupent littéralement nuit et jour, en particulier durant la saison du tarpon.

Tropic Star   CIRCUIT EN BATEAU

(☎ 239-283-0015 ; www.cayocostaferry.com ; Jug Creek Marina, Bokeelia). Croisières et ferries à destination de Cayo Costa partent de la Jug Creek Marina. Les ferries (adulte/enfant 32/25 $) mettent 1 heure – d'autres options comprennent une pause-déjeuner à Cabbage Key (adulte/enfant 27/20 $). L'agence propose aussi des bateaux-taxis privés (150 $

l'heure). Beaucoup plus rapides, ils permettent de passer d'île en île jusqu'à Useppa et Gasparilla Island.

Gulf Coast Kayak   KAYAK

(☎ 239-283-1125 ; www.gulfcoastkayak.com ; 4530 NW Pine Island Rd). À Matlacha, juste après le pont à bascule, Gulf Coast organise plusieurs circuits en kayak (56 $/pers) dans la Matlacha Pass Aquatic Preserve, riche d'une faune très variée. On peut aussi louer un canoë ou un kayak (demi-journée/journée 35/50 $) et y aller soi-même. Si vous souhaitez gagner Cayo Costa en kayak, adressez-vous au personnel.

🛏 Où se loger

💙 Inn on the Bay   B&B $$

(☎ 239-283-7510 ; www.webbwiz.com/inn ; 12251 Shoreview Dr, Matlacha ; ch 99-199 $; 🅿❄🕿). Bill et Diana, le balbuzard qui vit sur place ainsi que les lamantins qui passent parfois par là, vous réserveront un accueil chaleureux dans cette sympathique auberge avec vue superbe sur l'eau jusqu'à Bokeelia, au loin. Les 4 chambres sont parées de décorations originales sur le thème de la pêche et d'artisanat. Demandez la chambre n°2 pour loger à hauteur du nid du balbuzard. Emplacement pratique pour profiter de l'animation de Matlacha.

Tarpon Lodge   AUBERGE $$

(☎ 239-283-3999 ; www.tarponlodge.com ; 13771 Waterfront Dr, Pineland ; ch 125-190 $; 🅿❄🕿). L'atmosphère de cette auberge de pêche raffinée semble avoir à peine changé depuis son inauguration en 1926. Les chambres sont rétro et confortables, et la salle à manger sélecte s'orne de boiseries étincelantes, et des portraits en noir et blanc des précédents clients, des pêcheurs. La famille qui tient les lieux gère aussi les cottages de location sur Cabbage Key Island. On peut réserver ici croisières et sorties de pêche.

🍴 Où se restaurer

La plupart des restaurants sont regroupés à Matlacha et dans Stringfellow Rd.

💙 Perfect Cup   PETIT-DÉJEUNER $

(☎ 239-283-4447 ; 4548 Pine Island Rd, Matlacha ; plats 5-10 $; ⏰ 6h-15h lun-sam, 7h-14h dim). Une adresse locale authentique, où l'on sert de grandes tasses de café torréfié sur place (2 $) accompagnées de plats de qualité de style *diner* (omelettes inventives, pain perdu et pancakes).

Andy's Island Seafood
MARCHÉ **$**

(www.andysislandseafood.com ; 4330 Pine Island Rd, Matlacha ; 8-14 $ /article ; ⏱10h-18h lun-sam, 10h-16h dim). Cette maisonnette couleur citron vert propose une belle sélection de poisson frais à cuisiner, ainsi que d'excellents sandwichs au mérou, croquettes au crabe et *chowder* (soupe de coquillages) le midi. Preuve du succès d'Andy's, il a ouvert des food trucks sur d'autres îles.

Reds
AMÉRICAIN **$$**

(☎239-283-4412 ; www.redsfreshseafood.com ; 10880 Stringfellow Rd, Bokeelia ; plats 8-28 $; ⏱16h-21h dim-jeu, 16h-22h ven-sam ; 🖶). Ce gigantesque restaurant bourdonne perpétuellement des conversations de ses heureux convives, venus se régaler de *crab cakes* à la noix de coco, de *Boom Boom shrimp* (crevettes panées en sauce épicée) et de palourdes de Pine Island. Faites comme tout le monde, et commandez les grands classiques. Le mérou noirci et les côtes levées sont un régal, le burrito Big Bomber un peu moins.

🔒 Achats

Lovegrove Gallery
ART ET ARTISANAT

(☎239-283-6453 ; www.leomalovegrove.com ; 4637 Pine Island Rd, Matlacha ; ⏱11h-17h ven-lun). Matlacha doit son inattendu côté branché à l'artiste Leoma Lovegrove, qui a transformé une cabane de pêcheurs en un espace d'exposition fantasque plein de mosaïques et de tableaux, avec un jardin d'eau tropical délirant à l'arrière. Incontournable. D'autres boutiques de souvenirs et d'artisanat typiquement américaines ont ouvert dans la rue.

ℹ️ Renseignements

Infos supplémentaires sur www.pineislandchamber. org et www.floridascreativecoast.com.

ℹ️ Comment s'y rendre et circuler

Pine Island se trouve à l'ouest de North Fort Myers et n'est desservie par aucun transport en commun. En voiture, prendre l'US 41 jusqu'à Pine Island Rd (Hwy 78), puis aller vers l'ouest.

Bateaux à louer à plusieurs et bateaux-taxis vous attendent dans les marinas de Pineland et Matlacha.

Fort Myers

📞 239 / 62 300 HABITANTS

Nichée dans les terres le long de la Caloosahatchee River et séparée de Fort Myers

ℹ️ LA GREAT CALUSA BLUEWAY

Avec près de 322 km d'itinéraires navigables en kayak, la **Great Calusa Blueway** (www.calusablueway.com) a des airs de réseau de circulation aquatique sillonnant le comté de Lee. La majeure partie épouse la côte de Pine Island, puis s'étend plus loin jusqu'aux rivages de Cayo Costa, Captiva Island, Sanibel Island, Fort Myers Beach et enfin Bonita Springs. Il est délicieusement agréable de pagayer dans les eaux calmes et chaudes. En outre, on voit depuis l'eau quantité de choses qui passent inaperçues sur la terre ferme. Consultez le site Internet pour connaître les "sentiers" maritimes et le moyen d'y accéder.

Beach par une banlieue tentaculaire, la ville de Fort Myers se définit souvent par ce qu'elle n'est pas. Ce n'est pas une ville d'art cossue de bord de mer comme Sarasota ou Naples ou urbaine et sophistiquée comme Tampa ou St Petersburg. Si elle n'a rien d'une ville où prendre ses quartiers pour rayonner dans les environs, elle mérite le détour pour sa grand-rue bordée d'édifices en brique, et la visite de la résidence d'hiver et laboratoire de Thomas Edison.

👁 À voir et à faire

La plupart des sites se concentrent dans un périmètre restreint, près du pont de l'US 41, au bord du fleuve. Le centre historique se déploie sur 6 rues le long de 1st St entre Broadway St et Lee St et jusqu'aux berges.

Edison & Ford Winter Estates
MUSÉE

(☎239-334-7419 ; www.edisonfordwinterestates. org ; 2350 McGregor Blvd ; adulte/enfant 20/11 $; ⏱9h-17h30). Thomas Edison fit construire sa résidence d'hiver en 1885 et y vécut périodiquement jusqu'à sa mort en 1931. Son ami Henry Ford fit bâtir juste à côté un cottage en 1916. Ensemble et parfois côte à côte dans le **laboratoire d'Edison**, ces deux inventeurs, hommes d'affaires et voisins, ont révolutionné notre monde.

Edison, Ford et Harvey Firestone aimaient faire du tourisme en caravane dans tout le pays. Des expositions relatent leurs voyages et la façon dont ces derniers alimentèrent leur soif de perfectionner l'industrie automobile. En effet, dans son

Fort Myers

Pine Island (22,5 km)

Caloosahatchee River Bridge

Edison Bridge

Caloosahatchee River

Lee County Manatee Park (10,5 km)

Park Av

Centennial Park

Edwards Dr

Woodford Ave

Hough St

Fowler St

Dean St

Bay St

1st St

Patio de León

2nd St

3rd St

4th St

Royal Palm Ave

Thompson St

Heitman St

Henley Pl

Monroe St

Broadway

Hendry St

Jackson St

Lee St

Martin Luther King Jr Blvd

Peck St

Greyhound/ LeeTran

Central Ave

W 1st St

Wilna St

Johnson St

Tournament St

Cleveland Ave (Tamiami Trail)

Heitman St

Cottage St

Monroe St

Union St

Liberty St

Clifford St

McGregor Ave

Euclid Ave

Altamont Ave

Columbus Blvd

Grand Ave

Victoria Ave

Hoople St

Market St

Fort Myers Beach (45 km)

Virginia Ave

Crawford St

City of Palms Park

Lafayette St

Edison & Ford Winter Estates

Larchmont Ave

Lafayette St

Edison Ave

Menlo Rd

Llewellyn Dr

Cortez Blvd

Fowler St

Bell Tower Shops (9,5 km), Six Mile Cypress Slough Preserve (12 km), Southwest Florida ✈ (25 km)

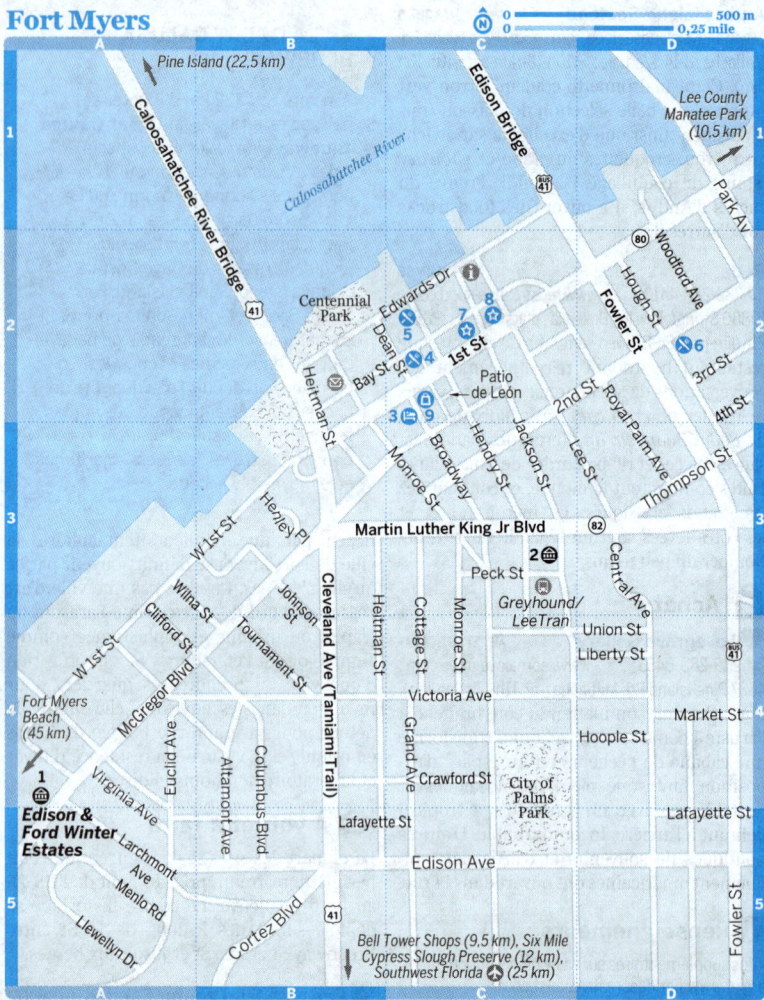

laboratoire de Fort Myers, Edison cherchait avant tout un moyen de produire du caoutchouc aux États-Unis (essentiellement à partir de solidages) pour les fabricants de voitures. Mais il finit par déposer 1 093 brevets portant par exemple sur l'ampoule, le phonographe, le gaufrier et les bobines de film celluloïd.

Les jardins botaniques et les gentilhommières sont de toute beauté, et agrémentés de vieux objets et de mobilier d'époque. Nous vous recommandons chaudement la visite des domaines avec audioguide (les visites guidées coûtent 5 $ en supplément).

Six Mile Cypress Slough Preserve

RÉSERVE NATURELLE

(☎239-533-7550 ; www.sloughpreserve.org ; 7791 Penzance Blvd ; parking par heure/jour 1/5 $; ☉aube-crépuscule). GRATUIT Réunissant 800 ha de marécages (*slough*, prononcer "slou"), ce parc est idéal pour découvrir la faune et la flore du sud-ouest de la Floride. Le long d'une **promenade** en planches de 2 km, des bénévoles vous renseigneront sur les épiphytes, les pneumatophores, les oiseaux migrateurs et les nids d'alligators, et vous aideront à les localiser. Privilégiez la saison sèche (en hiver) pour l'observation des

Fort Myers

◉ Les incontournables

◉ À voir

🛏 Où se loger

✖ Où se restaurer

✪ Où sortir

🔒 Achats

---

animaux. En pleine saison humide (été), un autre spectacle s'offre à vous, les marécages se transforment en cours d'eau boisés de près de 1 m de profondeur. Le **centre nature** (ouvert de 10h à 16h du mardi au dimanche) propose de belles expositions, ainsi que des marches guidées gratuites.

De Fort Myers, prendre Cleveland Ave/ US 41 vers le sud, Colonial Blvd/Hwy 884 vers l'est puis Ortiz Ave (qui devient Six Mile Cypress Pkwy) sur 5 km en direction du sud.

**Southwest Florida
Museum of History**   MUSÉE
(☎ 239-321-7430 ; www.swflmuseumofhistory.com ; 2031 Jackson St ; adulte/3-18 ans 9,50/5 $; ⊘ 10h-17h mar-sam ; 🖶). La riche collection de ce petit musée d'Histoire passe allègrement des paresseux géants du pléistocène aux hélices d'avions de combat abattus pendant la Seconde Guerre mondiale. Canons en fer, pirogues calusas, une maison de cracker et un poumon d'acier ponctuent la visite et offrent un aperçu de la Floride à travers les âges. Avec des enfants, optez pour le billet combiné musée d'Histoire-Imaginarium.

Lee County Manatee Park   RÉSERVE FAUNIQUE
(☎ 239-690-5030 ; www.leeparks.org ; 10901 State Rd 80 ; parking par heure/jour 2/5 $; ⊘ 8h-crépuscule tlj). GRATUIT De novembre à mars, les lamantins remontent l'Orange River jusqu'au bassin de déversement aux eaux tièdes de l'usine hydroélectrique voisine.

Autour du bassin, classé zone protégée, on a aménagé un parc paysager, une aire de jeu et des plateformes d'observation à fleur d'eau, où les lamantins nagent presque à portée de bras. **Calusa Blueway Outfitters** (☎ 239-481-4600 ; www.calusabluewayoutfitters.com ; 10901 Palm Beach Blvd) loue des kayaks.

Le parc est fléché depuis la Hwy 80, à environ 10 km du centre de Fort Myers, puis 2,4 km à l'est de l'I-75.

👉 Circuits organisés

Classic Air Ventures   AVION
(☎ 941-505-9226 ; coastalbiplanetours.com ; 605 Danley Dr ; 280-380 $ pour 2 pers ; ⊘ 10h-17h30 lun-sam oct-mai). À Page Field, près de Cleveland Ave, au sud du centre-ville, Classic Air propose des vols dans des biplans restaurés des années 1940 à cockpit ouvert (avec lunettes et casques en cuir). Trois vols différents de 35 à 60 minutes.

✨ Fêtes et festivals

Edison Festival of Light   CULTURE
(www.edisonfestival.org ; ⊘ fév). Pendant 2 semaines, autour du 11 février, jour de l'anniversaire d'Edison, Fort Myers accueille des dizaines de manifestations, pour la plupart gratuites. Kermesses de rue, défilé de voitures anciennes, musique et le meilleur des concours d'inventeurs, avec pour point d'orgue, la gigantesque Parade of Light.

🛏 Où se loger et se restaurer

Certaines des meilleures adresses pour petits budgets du coin sont les hôtels de chaîne de catégorie moyenne qui bordent S Cleveland Ave, près de l'aéroport : essayez les populaires Hampton Inn et Homewood Suites (www.hilton.com).

Pour se restaurer, le centre historique compte quantité de séduisantes adresses. On trouve aussi de bonnes tables aux Bell Tower Shops, secteur haut de gamme au croisement de S Cleveland Ave et Cypress Lake Dr.

Hotel Indigo   HÔTEL **$$**
(☎ 239-337-3446 ; www.hotelindigo.com/ fortmyersfl ; 1520 Broadway ; ch 120-240 $; 🅿@🛜🏊). Installé dans le centre historique, ce boutique-hôtel de chaîne constitue une adresse fiable et agréable. Il dispose de 67 chambres avec édredon bleu pastel, fresques murales, parquet, tapis et belles cabines de douche vitrées. La surprise vient de la petite piscine avec bar sur le toit d'où

l'on a une jolie vue panoramique sur les berges. Service de voiturier : 14 $.

Wisteria Tea Room
CAFÉ $

(☎239-689-4436 ; wisteriatearoom.com ; 2512 2nd St ; plats déj 5-12 $, thé de l'après-midi 9-24 $; ⏰11h-15h lun-sam). Dans un bungalow floridien réaménagé avec parquet étincelant, ce pittoresque salon de thé est le rendez-vous préféré des dames au déjeuner. Débrouillez-vous pour y arriver avant elles, car les épaisses portions de quiche, les sandwichs au pain de viande maison et l'odorante soupe aux asperges sont excellents. Sans parler des délicieux thés parfumés, servis avec des parts de scones à l'abricot et des cuillerées de crème du Devonshire.

Spirits of Bacchus
TAPAS $$

(☎239-689-2675 ; www.spiritsofbacchus.com ; 1406 Hendry St ; petites assiettes 7-12 $; ⏰16h-tard lun-ven, 18h-20h sam, 13h-20h dim). Cet élégant saloon aux murs de brique apparente est l'adresse favorite de Fort Myers. On y sert un choix de tapas, sandwichs et plats de bar recherchés, ainsi que du vin et des cocktails. Trouvez-vous une place pour grignoter en soirée dans le patio décoré de vigne.

City Tavern
AMÉRICAIN $$

(☎239-226-1133 ; www.mycitytavern.com ; 2206 Bay St ; plats 8-16 $; ⏰11h-23h dim-mer, 11h-2h jeu-sam). Cet ancien petit bar de quartier a bien conservé ses TV, ses jeux de fléchettes et son billard, mais le célèbre chef Brian Duffy a redonné du lustre à la carte fatiguée pour y inclure sandwichs cubains, sandwichs garnis à base de *muffaletta* (pain sicilien au sésame) et bières artisanales.

Farmers Market Restaurant
CUISINE DU SUD $$

(☎239-334-1687 ; farmersmarketrestaurant. com ; 2736 Edison Ave ; plats 12-14 $; ⏰6h-20h). Faisant le bonheur de ses clients depuis les années 1950 avec sa simple cuisine du Sud, ce modeste établissement a de fidèles habitués. Rien de chic ici, mais si vous avez envie de poulet frit accompagné de feuilles de moutarde brune, ou de poisson à chair blanche avec du gruau de maïs, vous êtes à la bonne adresse. À 5 minutes en voiture au sud-ouest du centre-ville.

Cantina Laredo
MEXICAIN $$

(☎239-415-4424 ; www.cantinalaredo.com ; 5200 Big Pine Way, Bell Tower Shops ; plats 12-23 $; ⏰11h-22h dim-jeu, 12h-23h ven-sam). Cette chaîne de restaurants mexicains pittoresques réalise un sans-faute : service efficace, éclairage tamisé romantique, tequila de premier choix, bière mexicaine à la pression et guacamole préparé sous vos yeux. Le *poblano asado* (piment *poblano* enroulé dans un steak) est divin. Du centreville, comptez 15 minutes en voiture via S Cleveland Ave en direction du sud jusqu'à Bell Tower Shops.

🍷 Où prendre un verre et sortir

Le centre historique (1st St et alentour) s'anime à la nuit tombée. Intéressez-vous aux restaurants et aux bars de Patio de Leon, une cour en retrait de Hendry St, près de 1st St. La fête investit les rues du quartier deux fois par mois, lors de la Fort Myers Art Walk (www.fortmyersartwalk. com) le 1er vendredi du mois, et de la Music Walk (www.fortmyersmusicwalk.com) le 3e samedi du mois.

Théâtre

Arcade Theatre
THÉÂTRE

(☎239-332-4488 ; www.floridarep.org ; 2267 1st St ; billets 17-40 $; ⏰oct-mai). Ce théâtre datant de 1908 accueille la **Florida Repertory Theatre**, l'une des meilleures troupes de théâtre de Floride. Pièces comiques à succès, comédies musicales et lauréats récents des Tony Awards, tel *The Seafarer*, du dramaturge irlandais Conor McPherson.

Davis Art Center
SALLE DE SPECTACLE

(☎239-333-1933 ; www.sbdac.com ; 2301 1st St ; ⏰oct-juin). Cette salle du centre-ville assure une programmation éclectique (pièces de théâtre pour adultes et enfants, danse, musique et films).

Sports

En mars, Fort Myers accueille les entraînements de printemps de la ligue majeure de base-ball. Les supporters des **Boston Red Sox** (www.redsox.com) campent littéralement devant le **JetBlue Park** (www.leeparks. org ; 11500 Fenway S Dr), sur la Hwy 876, pour obtenir des places. Les **Minnesota Twins** (www.mntwins.com) évoluent au Hammond Stadium du **Lee County Sports Complex** (14100 Six Mile Cypress Pkwy), au sud-ouest du croisement entre Daniels Pkwy et Six Mile Cypress Pkwy. Pendant la saison, les Fort Myers Miracles (équipe de base-ball de ligue mineure des Minnesota Twins) y jouent également.

🛍️ Achats

Franklin Shops ART ET ARTISANAT
(www.thefranklinshops.com ; 2200 1st St ; ☉10h-
20h lun-sam, 12h-19h dim). Surfant sur la vague
artistique qui déferle sur Fort Myers, cette
boutique de souvenirs/galerie d'art représente
plus de 60 créateurs et marques du coin, dont
Leoma Lovegrove et Bert's of Matlacha. Une
bonne adresse pour dénicher des cadeaux
typiques du sud-ouest de la Floride.

ℹ️ Renseignements

Greater Fort Myers Chamber of Commerce
(☎239-332-3624 ; www.fortmyers.org ; 2310
Edwards Dr ; ☉9h-17h lun-ven). Nombreux
renseignements, aide pour trouver une
chambre.

Lee Memorial Hospital (☎239-343-2000 ;
www.leememorial.org ; 2776 Cleveland Ave ;
☉24h/24). Le plus grand hôpital du secteur.

ℹ️ Comment s'y rendre et circuler

Une voiture s'impose. L'US 41/S Cleveland Ave
est l'axe principal nord-sud. Du centre-ville,
Summerlin Rd/Hwy 869 et McGregor Blvd/
Hwy 867 finissent par se rejoindre et vont jusqu'à
Sanibel Island. Elles débouchent aussi sur San
Carlos Blvd/Hwy 865 pour Fort Myers Beach.

Greyhound (www.greyhound.com ; 2250
Peck St). Bus de Fort Myers à Miami, Orlando
et Tampa.

Southwest Florida International Airport
(RSW ; ☎239-590-4800 ; flylcpa.com ;
11000 Terminal Access Rd). Au départ de Fort
Myers, empruntez l'I-75 et prenez la sortie
n°131/Daniels Pkwy. C'est aussi le principal
aéroport desservant Naples, située à proximité.

LeeTran (www.rideleetran.com ; 2250 Widman
Way ; 1,25 $). Bus pour Fort Myers Beach et Pine
Island, mais pas Sanibel Island ni Captiva Island.

Fort Myers Beach

☎239 / 6 300 HABITANTS

Comme à Clearwater Beach et St Pete Beach,
l'ambiance est à la fête toute l'année à Fort
Myers Beach mais surtout au printemps,
quand l'endroit se résume à ses fêtes de rue
et soirées étudiantes successives. Il y a, cela
dit, suffisamment de sable et d'espace à Fort
Myers Beach, située sur Estero Island, une île
de 7 km de long, pour satisfaire à toutes les
exigences. Au nord, le quartier de Times Sq,
que l'on peut parcourir à pied, incarne cette
cité balnéaire ensoleillée et festive avec sa
jetée, ses cocktails tropicaux, ses T-shirts bon
marché, ses fritures de poisson, ses glaces,

ses magiciens et une foule de familles, d'adolescents et d'étudiants qui discutent au bord
de l'eau. En allant vers le sud, le front de
mer devient plus résidentiel, moins bondé
et plus calme.

🏃 Activités

Fort Myers Beach PLAGE
Cette plage semble interminable. Son extrémité sud, où règnent les résidences de
vacances, compte peu d'espaces publics. De
nombreuses routes en cul-de-sac donnent sur
sa partie centrale, plus
simple. La partie nord, vers **Times Sq**, où
les touristes arrivent du continent, est plus
fréquentée et bruyante avec des bars de
plage poussant la musique à fond. Vous y
trouverez de grands parkings (5-10 $/jour),
moult prestataires pour le parachutisme
ascensionnel et les sports nautiques, et sur la
jetée, un magasin louant des cannes à pêche.

Bowditch Point Park PARC, PLAGE
(☎239-765-6794 ; www.leeparks.org ; 50 Estero Blvd ;
☉7h-crépuscule). À l'extrémité nord de l'île,
familles et pique-niqueurs plébiscitent
Bowditch. Le petit parking (2 $/heure) se
remplit vite (arrivez tôt). Sur place, vous
trouverez un bon snack-bar, des places de
bateau gratuites, et des kayaks et paddleboards à louer. Il y aussi un jardin aux
papillons, de vastes aires de pique-nique et
une plage. Comblée artificiellement pour
lutter contre l'érosion, elle se fait plus étroite
autour du cap. C'est un endroit de choix
pour observer les dauphins dans la Matanzas Pass. Une rampe de mise à l'eau est
aménagée sur le parcours maritime Great
Calusa Blueway (p. 433). On peut rejoindre
la plage en prenant les bus locaux qui circulent dans Estero Blvd.

Lovers Key State Park PLAGE
(☎239-463-4588 ; www.floridastateparks.org/
loverskey ; 8700 Estero Blvd ; voiture/vélo 8/2 $;
☉8h-crépuscule). En vous baladant à pied,
à vélo ou en kayak à Lovers Key, au sud
d'Estero Island (en face d'un pont), vous
apercevrez peut-être des lamantins au printemps et en été. Les cours d'eau et les 4 km
de sentiers des îles intérieures se prêtent à
la méditation et à l'observation des oiseaux.
La longue plage, parfois trop étroite à marée
haute pour y poser sa serviette en raison de
l'érosion, est plus consacrée au ramassage
des coquillages qu'au farniente. Snack-bar,
loueurs, bonnes infrastructures et navette
entre les plages et le parking.

TAMPA BAY ET LE SUD-OUEST DE LA FLORIDE FORT MYERS BEACH

✻✻ Fêtes et festivals

Fort Myers
Beach Shrimp Festival
GASTRONOMIE

(www.fortmyersbeachshrimpfestival.com ; ⊙mars). Pendant deux week-ends, début mars, Fort Myers fête la présence massive de crevettes roses dans le golfe à coup de défilés, concours de beauté, marchés artisanaux et nombreuses manifestations culinaires.

American Sandsculpting
Championship
SCULPTURE SUR SABLE

(www.fmbsandsculpting.com ; ⊙nov). Amateurs et professionnels participent à ce festival national de sculpture sur sable de 4 jours, organisé le 1er week-end de novembre.

🛏 Où se loger

La proximité des bars, des restaurants et de l'animation de Times Sq se paie plus cher. Si vous recherchez un certain calme, allez plus au sud.

Dolphin Inn
MOTEL $

(☎239-463-6049 ; www.dolphininn.net ; 6555 Estero Blvd ; ch 80-140 $; ❄@🛜⛱). Dans ce motel rétro façon Floride d'antan, privilégiez les chambres récemment rénovées. Toutes cependant sont meublées simplement, et ont une cuisine tout équipée. Les meilleures donnent sur la baie et sur un port résidentiel où s'ébattent des lamantins. Assez grande piscine en L, barbecues, prêt de kayaks, DVDthèque et location bon marché de vélos.

💜 Mango Street Inn
B&B $$

(☎239-233-8542 ; www.mangostreetinn.com ; 126 Mango St ; ch 95-165 $; ❄🛜⛱). Le sympathique couple propriétaire du Mango Street a su créer un charmant B&B de bord de mer au cadre aussi original qu'inoubliable, mais suffisamment décontracté pour qu'on s'y sente chez soi. Les 6 chambres, dotées de cuisines équipées, encadrent une cour intérieure avec terrasse en bois et jolie pergola. Proche de la plage, on peut s'y rendre à pied ou emprunter un vélo ici, ainsi que du matériel de plage. Le petit-déjeuner gourmand est encore plus mémorable, car concocté par Dan, chef formé à la cuisine cajun.

Manatee Bay Inn
AUBERGE $$

(☎239-463-6906 ; www.manateebayinn.com ; 932 Third St ; ch 115-209 $; P❄🛜⛱). Situé à un pâté de maisons en retrait de Times Sq et jouissant d'une jolie vue sur un bras de mer paisible, le Manatee Bay offre le meilleur des deux mondes. En journée, on peut s'installer sur un transat de la terrasse en surplomb de l'eau, et le soir, il suffit d'une petite balade pour aller manger ou boire un cocktail dans l'ambiance festive de Times Sq. Les 6 suites, décorées dans un style tropical, sont équipées de cuisines, de matériel de plage et de barbecues extérieurs.

💜 Edison Beach House
HÔTEL $$$

(☎239-463-1530 ; www.edisonbeachhouse.com ; 830 Estero Blvd ; ch 145-415 $; ❄🛜⛱). Composé exclusivement de suites, cet hôtel très bien conçu assure un service irréprochable. Il s'agrémente d'une décoration séduisante et de meubles en rotin. Toutes les suites ont un joli balcon avec vue parfaite sur l'océan. Les plus grandes offrent tout le confort nécessaire à un long séjour. Les cuisines tout équipées sont pourvues d'appareils électroménagers de qualité, et chaque chambre compte un lave-linge séchant. En face de la plage, près de la jetée et de Times Sq.

🍴 Où se restaurer
et prendre un verre

Times Sq est l'épicentre de l'animation. On y trouve un grand nombre de tables correctes et d'établissements spécialisés dans les produits de la mer. Certains se doublent de bars avec musique live parfois assez bruyants le soir.

Heavenly Biscuit
PETIT-DÉJEUNER $

(110 Mango St ; 3-8 $/pièce ; ⊙8h-12h lun, 7h30-14h mar-dim). Cette adresse sans prétention vous réserve deux surprises authentiques : de somptueux *buttermilk biscuits* (sortes de scones) tout juste sortis du four et garnis d'œuf, de fromage et de bacon, et de délicieux roulés à la cannelle, à déguster sur la petite véranda ou à emporter. Gruau et frites maison également. Rien de très recherché, juste des choses simples bien préparées.

Smokin' Oyster
Brewery
POISSON ET FRUITS DE MER $$

(☎239-463-3474 ; www.smokinoyster.com ; 340 Old San Carlos Blvd ; 6-14 $; ⊙11h-23h). On peut tout à fait arriver en maillot de bain et en tongs dans ce bar de plage en plein air, à deux pas de Fort Myers Beach. Commandez un plateau d'huîtres ou un seau de crevettes cuites à la vapeur, avec du maïs et des pommes de terre rouges. Vous êtes venu avec vos propres prises ? Aucun problème, on les cuisinera pour vous. Il y a des concerts tous les soirs ; happy hour de 15h à 17h30.

Doc Ford's POISSON ET FRUITS DE MER $$
(☑239-765-9660 ; www.docfords.com ; 708 Fisherman's Wharf ; plats 10-22 $; ⏱11h-22h, bar jusque tard). L'écrivain Randy Wayne White, copropriétaire des lieux et ancien habitant de la marina, a donné à ce restaurant pittoresque sur les quais le nom de son personnage principal préféré, un biologiste marin. Dans cet édifice habillé de bois, pourvu de grandes terrasses et de baies vitrées, ainsi que de multiples bars, les saveurs "floribéennes" et latino-américaines relevées sont à l'honneur. Sur le continent, au pied du pont de la chaussée surélevée.

Beached Whale POISSON ET FRUITS DE MER $$
(☑239-463-5505 ; www.thebeachedwhale.com ; 1249 Estero Blvd ; plats 10-18 $; ⏱11h-2h). Rafraîchie par la brise, la terrasse à l'étage fait depuis longtemps beaucoup d'adeptes pour un bon repas avec vue sur le golfe au coucher du soleil. Optez pour les grillades de poisson ou de viande caramélisée. Ambiance conviviale et plus âgée au bar sans prétention, qui accueille aussi des concerts et devient plus bruyant en soirée.

Fresh Catch Bistro POISSON ET FRUITS DE MER $$$
(☑239-463-2600 ; www.freshcatchbistro.com ; 3040 Estero Beach Blvd ; plats 14-50 $). Ce bistrot à thème nautique est un cran au-dessus des restaurants de poisson et fruits de mer de la plage. À l'intérieur, un mur de baies vitrées encadre les flamboyants couchers de soleil ou les éclairs qui zèbrent le ciel au-dessus des vagues, et les tables aux nappes blanches attendent sagement sous le toit voûté en bois. Les clients viennent se régaler de palourdes de Pine Islands servies sur un lit de glace, de calamars de Point Judith frits accompagnés de petits piments doux, et de sandwichs au mérou assortis de rémoulade cajun et de salade pomme-fenouil.

🛈 Renseignements

Greater Fort Myers Beach Chamber of Commerce (☑239-454-7500 ; www.fortmyersbeachchamber.org ; 17200 San Carlos Blvd ; ⏱9h-17h lun-ven, 10h-17h sam, 10h-15h dim). Sur le continent, à 3 km au nord du Sky Bridge. Possède la liste des chambres d'hôtel disponibles.

🛈 Comment s'y rendre et circuler

L'artère principale, Estero Blvd, parcourt l'île dans toute sa longueur, du Bowditch Point Park au nord au Lover's Key State Park.

Key West Express (☑239-463-5733 ; www.seakeywestexpress.com ; 1200 Main St ; billet individuel adulte/enfant 86/20 $). Organise chaque jour des croisières jusqu'aux Keys – départ à 8h30 d'un quai sur le continent (tournez à gauche juste avant la chaussée surélevée). La traversée durant 3 heures 30, passer la nuit sur place peut être une bonne idée.

LeeTran Trolley (www.rideleetran.com ; tarif plein/réduit 1,25/0,60 $; ⏱6h30-21h25). Sillonne quotidiennement l'île dans son intégralité, et assure la correspondance avec les bus pour Fort Myers à Summerlin Sq, sur le continent.

Sanibel Island et Captiva Island

☑239 / SANIBEL 6 500 HABITANTS ; CAPTIVA 580 HABITANTS

Par choix et du fait de leur configuration, ces îles se caractérisent par une ambiance décontractée et égalitaire où on fait rarement étalage de sa richesse. Même les résidences de luxe se cachent derrière une végétation touffue et portent des noms espiègles. Sanibel Island a fait l'objet d'une urbanisation soigneusement maîtrisée. Sa moitié nord est presque entièrement protégée par le JN 'Ding' Darling National Wildlife Refuge. Si les hôtels sont nombreux, le front de mer est épargné par le clinquant des commerces et des grandes résidences hôtelières. En outre, seule une poignée de parkings espacés donne accès à la plage, ce qui évite la concentration de vacanciers en un seul endroit.

Il n'y a pas de centre-ville. À Sanibel, les commerces et les restaurants bordent paisiblement la route intérieure, Periwinkle Way, qui devient ensuite Sanibel-Captiva Rd. À Captiva, le village se résume à une seule rue, Andy Rosse Lane. Il n'y pas de feux de signalisation, et le mode de transport de prédilection est le vélo, idéal pour les familles.

👁 À voir

Le **ramassage des coquillages** fait partie intégrante de la vie de Sanibel, et les ramasseurs se reconnaissent à leur "Sanibel stoop" (bosse de Sanibel, en référence à leur posture...). Si vous souhaitez vous adonner sérieusement à cette activité, achetez une épuisette, procurez-vous un guide de ramassage au centre des visiteurs, et consultez le blog www.iloveshelling.com.

Avec 22 km de plages en très grande partie accessibles à tous, on n'a que l'embarras du choix. Toutes les plages, hormis Blind Pass, disposent de toilettes, mais pas de commerces ni de snack-bars. Comptez 2 $ l'heure pour le parking.

JN 'Ding' Darling
National Wildlife Refuge · RÉSERVE NATURELLE
(☎239-472-1100 ; www.fws.gov/dingdarling ; 1 Wildlife Dr ; voiture/cycliste 5/1 $; ⊙7h-19h sam-jeu avr-oct, 7h-17h30 nov-mars). Jay Norwood "Ding" Darling, dessinateur de bandes dessinées et défenseur de l'environnement, contribua à la création de plus de 300 réserves naturelles aux États-Unis, dont ce refuge de 2 500 ha, qui porte son nom. Le refuge abrite une grande variété d'oiseaux et d'animaux : alligators, bihoreaux, buses à épaulettes, chevaliers grivelés, spatules rosées, pélicans et anhingas. Le **Wildlife Drive**, long de 8 km, offre un bon aperçu mais pensez à apporter des jumelles car les oiseaux se posent parfois assez loin. Quelques sentiers traversent la mangrove. Une balade en canoë ou en kayak dans la Tarpon Bay permet une approche plus intimiste.

Ne manquez pas le **centre des visiteurs** (ouvert de 9h à 17h) gratuit, dont les excellentes expositions traitent de la réserve et de Darling lui-même. Les circuits en tramway Wildlife Drive, commentés par un naturaliste, partent du parking du centre des visiteurs, généralement à l'heure pile, de 10h à 16h.

Bowman's Beach · PLAGE
(1700 Bowman's Beach Rd). Bowman's Beach, superbe étendue de sable blanc avec aire de jeu et excellentes infrastructures, est typique de Sanibel. Elle semble reculée en ce sens qu'elle est rarement bondée, sauf peut-être au plus fort de la saison touristique. Cônes alphabet, ailes d'ange, buccins et conques étincellent sur le sable. La vue dégagée vers l'ouest permet de contempler de sublimes couchers de soleil. Les panneaux "No nude sunbathing" ont pour but de dissuader ceux qui s'adonnent au nudisme, tout au bout à l'extrémité ouest.

Lighthouse Beach · PLAGE
(112 Periwinkle Way). Photogénique entre toutes, Lighthouse Beach s'orne du phare métallique historique de Sanibel (1884), qui se dresse à la pointe orientale de l'île. Il y a également un ponton en T, d'où les pélicans plongent en piqué, et une courte promenade en planches qui contourne le

cap. Garez-vous sur le parking et franchissez le pont à pied pour rejoindre la plage étroite.

Turner Beach et Blind Pass Beach · PLAGE
(Sanibel-Captiva Rd). Il semble que tous les coquillages du golfe se soient donné le mot pour échouer sur Blind Pass Beach ou sur Turner Beach, deux petites étendues de sable de part et d'autre du Captiva Island Bridge. Turner Beach est particulièrement splendide lorsque le soleil se couche sur le golfe.

Captiva Beach · PLAGE
(14790 Captiva Dr). Outre son orientation idéale pour admirer le soleil couchant, Captiva Beach possède un sable agréable et se situe à proximité de restaurants romantiques. Arrivez tôt si vous voulez trouver de la place sur le parking, ou alors venez à vélo.

Bailey-Matthews
Shell Museum · MUSÉE
(☎239-395-2233 ; www.shellmuseum.org ; 3075 Sanibel-Captiva Rd, Sanibel ; adulte/5-16 ans 9/5 $; ⊙10h-17h). Telle la boîte à bijoux d'une sirène, ce musée du coquillage est aussi, et plus largement, un musée d'histoire naturelle dédié au monde de la mer. Il détaille les propriétés médicinales et culinaires des bivalves, des mollusques et des autres espèces à coquille, ainsi que leur rôle culturel. Des vidéos captivantes les montrent en mouvement. Une visite quasi incontournable après une journée de ramassage de coquillages sur la plage.

Sanibel Historical Village · SITE HISTORIQUE
(☎239-472-4648 ; www.sanibelmuseum.org ; 950 Dunlop Rd ; adulte/enfant 10 $/gratuit ; ⊙mer-sam 10h-13h mai-août, 10h-16h nov-avr). Bichonné par des bénévoles locaux, ce musée, ensemble de 9 édifices historiques, est consacré au passé pionnier de Sanibel. L'épicerie, la poste, ou encore un cottage donnent un aperçu pittoresque de la vie des colons.

🏃 Activités
Des pistes cyclables longent les principaux axes de Sanibel (à quelques exceptions près) et de Captiva. Les vélos ont la priorité aux intersections. Ils se faufilent derrière les voitures et occupent les places de parking des plages publiques. Louez donc un vélo et pédalez l'esprit léger.

Billy's Rentals · LOCATION DE VÉLOS
(☎239-472-5248 ; www.billysrentals.com ; 1470 Periwinkle Way, Sanibel ; vélos 2 heures/journée 5/15 $; ⊙8h30-17h). Billy's propose toutes

sortes d'engins roulants à louer : remorques à vélo, tandems, rosalies, scooters, etc. Du lundi au samedi, sur réservation, 3 circuits quotidiens en Segway (60 $/pers) ont lieu à 9h, 11h30 et 14h.

Tarpon Bay Explorers   KAYAK
(☑239-472-8900 ; www.tarponbayexplorers.com ; 900 Tarpon Bay Rd, Sanibel ; ⊘8h-18h). Situé au refuge Darling, ce prestataire loue des canoës et des kayaks (25 $/2 heures) pour explorer soi-même facilement Tarpon Bay, un lieu idéal pour les jeunes pagayeurs. Également : excellentes balades guidées en kayak (adultes à partir de 30-40 $, enfants à partir de 20-25 $), et tout un choix d'autres excursions. Réservez ou arrivez tôt, car les circuits affichent vite complet.

'Tween Waters Marina   KAYAK
(☑239-472-5161 ; www.tween-waters.com ; 15951 Captiva Rd, Captiva ; ⊘7h30-17h30). Pour un parcours plus complet, optez pour Buck Key, au large de Captiva. Ce prestataire, installé au 'Tween Waters Inn, loue des kayaks (25 $/2 heures) et organise des circuits (40 $).

Sanibel Recreation Center   SANTÉ ET FITNESS
(☑239-472-0345 ; www.mysanibel.com ; 3880 Sanibel-Captiva Rd, Sanibel ; par pers/famille 12/20 $; ⊘6h30-20h lun-jeu, 6h30-18h30 ven, 8h-17h sam-dim). Envie des prestations d'un complexe hôtelier sans en payer le prix ? Vous êtes à la bonne adresse. Cet espace compte une piscine, un bassin pour enfants avec toboggan, une grande salle de sport, 4 courts de tennis et une salle de jeu en intérieur. Tous les cours sont inclus dans le tarif journalier. Renseignez-vous par téléphone sur les horaires variables de la piscine.

☞ Circuits organisés

Sur Sanibel et Captiva, il y a presque autant de bateaux et de prestataires que de coquillages.

Sanibel Marina   EN BATEAU
(☑239-472-2723 ; www.sanibelmarina.com ; 634 N Yachtsman Dr). Dans la principale marina de Sanibel, vous trouverez quantité de bateaux à louer (à partir de 125 $) et de sorties en bateau (à partir de 350 $).

McCarthy's Marina   CROISIÈRES
(☑239-472-5200 ; www.mccarthysmarina.com ; 11401 Andy Rosse Lane, Captiva). C'est de là que partent les **Captiva Cruises** (☑239-472-5300 ; www.captivacruises.com ; 11400 Andy Rosse

Lane). L'agence en propose de toutes sortes, des croisières pour admirer les dauphins ou le coucher du soleil (à partir de 25 $) aux excursions vers d'autres îles, comme Cayo Costa (35 $), Cabbage Key (40 $) et Boca Grande (50 $) sur Gasparilla Island.

⚑ Fêtes et festivals

Sanibel Music Festival   MUSIQUE
(www.sanibelmusicfestival.org ; ⊘mars). Un festival de musique classique et de chambre pendant lequel des artistes internationaux donnent une série de concerts chaque mardi et chaque samedi pendant le mois de mars.

'Ding' Darling Days   CULTURE
(www.dingdarlingsociety.org/dingdarlingdays.php ; ⊘oct). Une semaine de réjouissances consacrée à la réserve naturelle, avec circuits ornithologiques, ateliers et conférences.

Sanibel Luminary Fest   CULTURE
(⊘déc). La "fête des Lumières" de Sanibel a lieu le 1er week-end de décembre. Des lanternes en papier illuminent alors les pistes cyclables de l'île.

🛏 Où se loger

Comme partout ailleurs, les prix chutent hors saison.

Pour des locations à la semaine, contactez **Sanibel & Captiva Accommodations** (☑800-656-9111 ; www.sanibelaccom.com).

Tarpon Tale Inn   MOTEL $$
(☑239-472-0939 ; www.tarpontale.com ; 367 Periwinkle Way, Sanibel ; ch 99-260 $; ✳@🛜🛖). Les 5 charmantes chambres au sol carrelé affichent une décoration lumineuse, blanc et bleu, typique des bords de mer. Elles jouissent d'un bon emplacement pour accéder à la vieille ville de Sanibel. Chacune possède sa propre véranda ombragée et un hamac suspendu aux arbres. Deux studios et 3 chambres avec cuisine tout équipée sont également proposés. Avec son Jacuzzi et son prêt de vélos, l'endroit a tout d'un B&B, le petit-déjeuner en moins.

Sandpiper Inn   AUBERGE $$
(☑239-472-1529 ; www.palmviewsanibel.com ; 720 Donax St, Sanibel ; ch 99-199 $; P✳🛜). À un pâté de maisons en retrait de l'eau et très proche des boutiques et des restaurants de Periwinkle Way, cette auberge de style Floride d'antan est d'un bon rapport qualité/prix pour Sanibel. Chacune dispose d'une chambre, d'une cuisine fonctionnelle

(quoique datée) et d'un salon spacieux décoré de couleurs tropicales.

❤ 'Tween Waters Inn   COMPLEXE HÔTELIER $$$
(☎ 239-472-5161 ; www.tween-waters.com ; 15951 Captiva Dr, Captiva ; ch 185-285 $, ste 270-410 $, cottages 265-460 $; ❄ @ ☎ ❄ ❄). Ce complexe hôtelier de Captiva est d'un excellent rapport qualité/prix. Les jolies chambres s'agrémentent de mobilier en rotin, de meubles de sdb en granit, de douches tropicales et d'un décor des îles. Toutes ont un balcon. Celles qui donnent sur le golfe sont splendides, et les petits cottages soigneusement tenus sont très romantiques. La grande piscine, les courts de tennis, la marina équipée et le spa font le bonheur des familles. Réductions intéressantes pour plusieurs nuits.

Blue Dolphin Cottages   MOTEL $$$
(☎ 239-472-1600 ; www.bluedolphincottages.com ; 4227 W Gulf Dr, Sanibel ; ch 135-285 $; ❄ ☎). Le long d'une portion isolée de Gulf Dr, les 11 chambres en duplex du Blue Dolphin occupent un joli jardin donnant sur la plage. Bien entretenues, toutes présentent une décoration classique de bord de mer, et certaines disposent d'une cuisine équipée. Cela vaut la peine de dépenser plus pour les studios deluxe. Les barbecues communs sont face à la mer, et le petit-déjeuner continental est compris.

Mitchell's Sandcastles   MOTEL $$$
(☎ 239-472-1282 ; www.mitchellssandcastles.com ; 3951 W Gulf Dr ; ch 160-280 $; ❄ ❄ ☎ ❄ ❄). Une adresse isolée de choix, dans Gulf Dr, directement sur la plage. Les 25 chambres, standards, ont toutes une cuisine équipée et un barbecue. Les équipements séduisent les familles. Petite piscine, court de tennis, salle de sport mais aussi prêt de kayaks et de vélos si d'aventure vous vous lassiez de la plage.

✕ Où se restaurer

Sanibel Bean   CAFÉ $
(www.sanibelbean.com ; 2240 Periwinkle Way, Sanibel ; plats 5-9 $; ☎7h-21h ; ☎ ❄). Adresse locale très populaire, proposant une carte de café pas chère et bien fournie pour manger sur le pouce.

Over Easy Cafe   CAFÉ $$
(☎239-472-2625 ; www.overeasycafesanibel.com ; 630 Tarpon Bay Rd, à hauteur de Periwinkle Way, Sanibel ; plats 8-14 $; ☎7h-15h ; ❄). Malgré le décor provençal, la carte propose exclusivement des plats de *diner* de premier choix :

œufs sous toutes les formes, pancakes moelleux et bon café servis avec le sourire et une belle efficacité. C'est en train de devenir l'adresse incontournable au petit-déjeuner, attendez-vous à faire la queue. Ouvert aussi le soir en été, du mardi au samedi.

Lazy Flamingo   POISSON ET FRUITS DE MER $$
(☎ 239-472-5353 ; www.lazyflamingo.com ; 6520 Pine Ave, Sanibel Island ; plats 6-15 $; ☎11h-minuit ; ❄). Repérez la cabane rose juste avant Blind Pass qui abrite ce sympathique établissement où les gens du coin viennent déguster des sandwichs au mérou noirci, des beignets de conques, et des Dead Parrot Wings (ailes de poulet) extrêmement pimentées. Rien de chic, mais l'établissement accueille une clientèle familiale, et son décor de chalutier, ses tables en terrasse et ses assiettes en forme de coquille Saint-Jacques lui confèrent un aspect modeste et agréable. Seconde enseigne à l'autre bout de l'île, au n°1036 de Periwinkle Way.

Mucky Duck   PUB $$
(www.muckyduck.com ; 11546 Andy Rosse Lane, Captiva ; plats 10-25 $; ☎11h30-15h et 17h-21h30 lun-sam). La longue carte ne se limite pas à de la cuisine de pub et propose pâtes, steaks, poulet et fruits de mer. Mais l'on vient avant tout ici pour l'ambiance du bar, et la vue sur le golfe les pieds dans le sable.

❤ Mad Hatter Restaurant   AMÉRICAIN $$$
(☎239-472-0033 ; www.madhatterrestaurant.com ; 6467 Sanibel-Captiva Rd, Sanibel ; plats 29-45 $; ☎18h-21h). Les habitants de Manhattan et de Miami en vacances accourent au Mad Hatter, souvent considéré comme le meilleur restaurant gastronomique de Sanibel. La carte, axée sur une cuisine de la mer très actuelle, propose notamment des huîtres aux truffes, des fruits de mer servis dans un verre à martini, de la bouillabaisse, des croquettes au crabe, ou encore du mérou pané. Le restaurant n'a rien de guindé, mais s'adresse aux connaisseurs qui privilégient la qualité et ne regardent pas les prix.

❤ Sweet Melissa's Cafe   AMÉRICAIN $$$
(☎ 239-472-1956 ; www.sweetmelissascafe.net ; 1625 Periwinkle Way, Sanibel ; tapas 9-16 $, plats 26-34 $; ☎11h30-14h30 et 17h-21h lun-ven, 17h-21h sam). De la carte comme du décor émanent une décontraction raffinée. Les plats sont naturellement inventifs et la plupart des spécialités peuvent se commander sous forme de tapas, ce qui encourage les

expériences gustatives. Citons les crevettes au gruau, les noix de Saint-Jacques poêlées sur un lit de chou-fleur au curry, la laitue au gril et la rafraîchissante salade à la pastèque. Service prévenant et bonne ambiance.

Gramma Dot's   POISSON ET FRUITS DE MER **$$$** (☎239-472-8138 ; www.sanibelmarina.com/gramma.html ; N Yachtsman Dr, Sanibel Marina ; plats midi 11-15 $, soir 19-25 $; ⊙11h30-20h). Les capitaines des bateaux touristiques fréquentent ce chouchou de longue date de la Sanibel Marina. Au menu : sandwich à l'huître frite, mérou fumé au bois de prosopis, crevettes coco et salades César variées. Une bonne adresse pour déjeuner.

❶ Renseignements

Sanibel & Captiva Islands Chamber of Commerce (☎239-472-1080 ; www.sanibel-captiva.org ; 1159 Causeway Rd, Sanibel ; ⊙9h-17h ; 🛜). L'un des centres des visiteurs les plus compétents du coin. Liste actualisée des chambres d'hôtel disponibles et hotline dédiée.

❶ Comment s'y rendre et circuler

Pour venir, il est impératif d'avoir une voiture. Sanibel fait 20 km de long et Captiva 8 km, mais les limitations de vitesse et la circulation rallongent (en apparence) le trajet. L'axe principal, Periwinkle Way, devient ensuite Sanibel-Captiva Rd.

Corkscrew Swamp Sanctuary

Joyau des réserves de la National Audubon Society, le **Corkscrew Swamp Sanctuary** (☎239-348-9151 ; www.corkscrew.audubon.org ; 375 Sanctuary Rd W ; tarif plein/ 6-18 ans 12/4 $; ⊙7h-17h30 oct à mi-avr) permet d'approcher de très près six habitats naturels endémiques (en particulier laîches, pins d'Elliott et marécages) dans leur état originel le long d'une promenade en planches ombragée, longue de 3,5 km. Pièce maîtresse de la réserve, la plus ancienne forêt vierge de cyprès chauves d'Amérique du Nord compte de magnifiques spécimens de plus de 600 ans et 40 m de haut. La faune abondante inclut des alligators, des bihoreaux, des cigognes d'Amérique en voie de disparition et des ibis plein les arbres, mais c'est surtout le célèbre épipogon sans feuilles (une orchidée) et l'insaisissable panthère de Floride, plus rares,

qui créent l'événement quand on les aperçoit. Des bénévoles vous aideront à repérer la faune et la flore, la signalétique est excellente et on peut louer des jumelles (3 $) au Visitor Center (avec espace d'exposition et snack-bar). Cette réserve vaut assurément les Everglades.

La réserve se situe au sud-est de Fort Myers et au nord-est de Naples. Prenez l'I-75 jusqu'à la sortie n°111, puis la Hwy 846/Imokalee Rd vers l'est jusqu'à Sanctuary Rd, et suivez les panneaux. À la fin du printemps, prévoyez du répulsif contre les taons.

Naples

🛜239 / 19 500 HABITANTS

Romantique et chic, Naples est la ville balnéaire la plus jolie et la plus paisible du sud-ouest de la Floride. C'est la Palm Beach de la côte du Golfe. Comme à Sanibel et à Captiva, le front de mer est résidentiel. Seules d'étroites dunes et des demeures bien cachées donnent sur la plage d'un sable blanc soyeux. À la fois culturelle et sophistiquée, élégante et très privilégiée, Naples est aussi une ville accueillante et bon enfant. Familles, adolescents, dames respectables portant des habits haute couture, cadres d'âge mûr et jeunes couples élégants se croisent et se mélangent par les chaudes soirées sur 5th Ave, en centre-ville. Et si Naples a la réputation d'être chère, d'autres endroits beaucoup moins intéressants le sont tout autant...

◉ À voir

Le centre-ville de Naples est organisé selon un plan en damier. Il y a deux grandes rues commerçantes : 5th Ave, la principale, se situe entre 9th St S/US 41 et W Lake Dr. C'est là que se trouve le joli **Cambier Park** (angle 8th St S et 6th Ave S), propice aux pique-niques. L'autre, 3rd St S, s'étend entre Broad Ave S et 14th St S ; ce quartier, appelé **Third St South**, constitue le cœur d'Old Naples (le vieux Naples). Le secteur abrite un mélange de constructions de style Mediterranean Revival et des maisons de colons en planches et bardeaux. Du printemps à l'automne, Old Naples accueille tout un éventail de manifestations musicales et artistiques, ainsi qu'un marché de petits producteurs le samedi matin. Programmation sur www.thirdstreetsouth.com.

Le stationnement (sauf à la plage) est gratuit dans tout le centre-ville.

♥ Baker Museum
MUSÉE

(☑239-597-1900 ; www.artisnaples.org ; 5833 Pelican Bay Blvd ; adulte/enfant 10 $/gratuit ; ☺10h-20h mar, 10h-16h mer-sam, 12h-16h dim). Fierté de Naples, ce musée séduisant et sophistiqué fait partie du campus Artis-Naples, incluant le splendide Philharmonic Center juste à côté. Consacré à l'art moderne du XXᵉ siècle, en particulier l'expressionnisme abstrait américain, il accueille de passionnantes expositions temporaires, allant de la sculpture à la photographie, en passant par l'art du pliage du papier et les excentriques *Wunderkammern* (cabinets de curiosités) postmodernes du collectionneur Ronny Van de Velde. En 2015, le musée devrait accueillir sa première exposition internationale composée de 140 œuvres majeures provenant de l'École des beaux-arts de Paris. L'exposition s'intitulera *Gods and Heroes* (*Dieux et héros*). Le dernier mercredi du mois, durant la populaire "Art After Hours" (18h à 21h), le musée est gratuit. Il y a en plus des concerts et des visites guidées gratuites conduites par des bénévoles.

♥ Naples Botanical Gardens
JARDINS

(☑239-643-7275 ; www.naplesgarden.org ; 4820 Bayshore Dr ; adulte/4-14 ans 13/8 $; ☺9h-17h). Ce très beau jardin botanique se présente comme le "paradis sur terre". Et de fait, après avoir parcouru les 4 km du sentier qui traverse les **six jardins cultivés**, on se sent plein d'une grande sérénité. Les enfants aiment tout particulièrement le jardin comportant une cabane à toit de chaume dans les arbres, une serre à papillons et une fontaine interactive, tandis que les adultes apprécient de se perdre dans la contemplation rêveuse des immenses bassins à nénuphars du Brazilian Garden (jardin brésilien).

Autre incontournable : le Florida Garden (jardin de Floride), dessiné par Ellin Goetz, originaire de Naples, comporte une vaste prairie de fleurs sauvages entourée de choux palmistes (arbre emblématique de la Floride) et des cabanes de jardin où l'on donne des informations pratiques pour les plantations. Le Naples Garden Club a également élu domicile ici, et propose sur place conseils et programmes variés.

Le centre des visiteurs de 1 115 m², actuellement en construction, respecte les standards les plus élevés en matière d'innovation écologique. Une fois achevé, il comprendra des laboratoires scientifiques consacrés à la botanique et à l'environnement à partager avec la Florida Gulf Coast University, ainsi que de grandes infrastructures destinées aux visiteurs.

Golisano Children's Museum of Naples
MUSÉE

(C'MON ; ☑239-514-0084 ; www.cmon.org ; ♿). Conçu par des enfants (et des psychologues pour enfants), ce musée interactif remporte un vif succès. En son centre, un trolley conduit les enfants vers les différents espaces d'exposition, dont un bassin virtuel où ils peuvent observer des poissons et des plantes aquatiques, et un marché où fruits et légumes sont conditionnés et vendus à d'autres enfants "clients". Clou du musée, le Journey Through the Everglades comporte une promenade en planches grimpant dans un "arbre" surplombant un labyrinthe de mangrove de 20 modules. La visite interactive est soulignée par des installations son et lumière correspondant à divers moments du jour et de la nuit. Cet édifice dernier cri abrite aussi le Garden Café, un café bio.

Naples Zoo at Caribbean Gardens
ZOO

(☑239-262-5409 ; www.napleszoo.com ; 1590 Goodlette-Frank Rd ; adulte/3-12 ans 20/13 $; ☺9h-17h). Ancien site touristique façon Floride d'antan, les Caribbean Gardens ont été modernisés pour donner naissance à ce modeste zoo. Même si quelques animaux phares manquent à l'appel, des balades en bateau commentées permettent d'observer des singes évoluant librement sur les îles d'un lac, mais aussi des spécimens uniques comme le ratel et le fossa de Madagascar, qui ressemble à un puma court sur pattes. Le billet d'entrée comprend toutes les activités.

Naples Nature Center
RÉSERVE NATURELLE

(☑239-262-0304 ; www.conservancy.org/naturecenter ; 1450 Merrihue Dr ; adulte/3-12 ans 13/9 $; ☺9h30-16h30 lun-sam). Considérée comme l'un des principaux organismes écologiques à but non lucratif de Floride, la Conservancy of Southwest Florida est un must pour quiconque s'intéresse à l'environnement floridien et à sa protection. Le nouveau Discovery Center permet au visiteur de découvrir les milieux naturels du sud-ouest de la Floride grâce à des films informatifs, des expositions et la possibilité rare de jeter un coup d'œil dans une nurserie aviaire. Le parc de 8,5 ha comporte d'agréables promenades en planches et donne l'occasion de balades en bateau commentées par des naturalistes.

ÉTUDIER LES DAUPHINS

Au sud de Naples, **Marco Island** donne accès à l'estuaire labyrinthique des Ten Thousand Islands. Rien de tel pour explorer l'écosystème marin que de la faire avec la **Dolphin Study** (☎212-209-3370 ; www.dolphin-study.com ; 951 Bald Eagle Dr, Marco Island ; 59 $/pers), étude scientifique de long terme portant sur le comportement et les déplacements des grand dauphins du sud-ouest de la Floride. À l'aide de photos d'identification des nageoires dorsales, les participants du circuit ont l'opportunité d'apporter leur contribution au travail de comptage et de recensement des cétacés. Les données recueillies sont ensuite partagées avec le Mote Marine Laboratory (p. 419) de Sarasota.

Sur un épais album de photos de nageoires dorsales, le naturaliste Kent Morse montre les traces de morsures et autres blessures qui permettent de distinguer les dauphins Ripples, Nibbles et Flag. Bien qu'assez proche pour permettre l'identification des différents animaux, le catamaran reste toujours suffisamment à distance. Parfois, on voit des bancs entiers nager dans les mangroves ou des familles jouer entre elles. Si vous apercevez un dauphin qui n'est pas encore répertorié, vous aurez peut-être même la chance de lui donner un nom. En chemin, on fait étape sur certaines des îles-barrières sans pont les plus reculées et les plus belles, par exemple **Keewaydin** et ses magnifiques coquillages.

Les circuits durent 3 heures et partent de la Marco River Marina.

Palm Cottage
ÉDIFICE HISTORIQUE

(☎239-261-8164 ; www.napleshistoricalsociety.org/palm-cottage ; 137 12th Ave S ; adulte/enfant 10 $/gratuit ; ⏰13h-16h mar-sam). Ce cottage pittoresque, l'un des derniers construits en *tabby* (mortier à base de coquilles d'huîtres, de sable et d'eau salée) du Collier County, fut bâti en 1895 pour Henry Watterson, rédacteur en chef du *Louisville Courier Journal*. À l'époque, il accueillait le surplus de clientèle de l'Old Naples Hotel, dont des stars de cinéma comme Hedy Lamarr. Suite à de plus récentes rénovations, il héberge désormais la Naples Historical Society, qui propose de plaisantes visites guidées de la maison. Des conférences d'écrivains et d'artistes sont organisées dans les **Norris Gardens** attenants le 1er et le 3e jeudi du mois.

🏃 Activités

Naples est dotée d'une quinzaine de kilomètres de plages de sable blanc paradisiaques. Au bout de 12th Ave S, la jetée historique concentre de nombreuses activités.

Naples Municipal Beach
PLAGE

(12th Ave S et Gulf Shore Blvd). La plage municipale de Naples est une longue étendue de sable de rêve, animée mais rarement surpeuplée. Au bout de 12th Ave S, la **jetée** de 305 m symbolise la fierté de la ville. Détruite par les incendies et les ouragans, elle a chaque fois été reconstruite. Les

petits parkings sont espacés entre 7th Ave N et 17th Ave S, chacun comprenant 10 à 15 places de stationnement mêlant emplacements privés et emplacements payants (1,50 $/heure). Ne vous garez pas sur les places réservées aux résidents sous peine d'amende. Vous trouverez des toilettes et un parking plus grand près de la jetée.

Lowdermilk Park
PLAGE, PARC

(angle Banyan Blvd et Gulf Shore Blvd). Au nord d'Old Naples, ce parc de bord de mer agréable pour les familles comporte des tables de pique-nique, des distributeurs, des toilettes, et des terrains de volley où viennent s'amuser les meilleurs joueurs. Si vous êtes un joueur de rang mondial (venant par exemple d'Hawaï), vous pourrez peut-être vous joindre à eux. Sinon, il faudra vous contenter de les admirer. Pensez à apporter de la monnaie pour le parcmètre.

Clam Pass County Park
PLAGE, PARC

(⏰8h-crépuscule). Ce parc de comté englobe 14 ha d'habitat côtier, dont une promenade en planches de 1,2 km traversant la mangrove jusqu'à la plage de sable blanc. Le parc jouxte le Naples Grand Beach Resort, qui gère les locations de matériel nautique et le tramway gratuit qui relie le grand parking (8 $/jour) et la plage bien entretenue. L'endroit est prisé des familles et des jeunes adultes. Le snack-bar sert des bières et des cocktails.

Delnor-Wiggins Pass State Park   PLAGE, PARC

(☎239-597-6196 ; www.floridastateparks.org/
Delnorwiggins ; 11135 Gulf Shore Dr ; voiture/vélo
6/2 $; ☺8h-crépuscule). Ce ravissant parc
d'État et plage s'étend sur 1,6 km au départ
de l'embouchure de la Cocohatchee River.
Ses superbes étendues de sable blanc sont
protégées pendant la nidification des tortues
(de mai à octobre). Une **tour d'observation** se dresse à l'extrémité nord, mais la
baignade est plus agréable au sud des eaux
rapides de la passe. Il y a des stands d'alimentation (au parking n°4), des douches, et
tout le matériel à louer pour une journée à la
plage. Quand le vent se lève l'après-midi, les
amateurs de kitesurf font leur apparition. Le
récif proche du rivage offre de belles possibilités de snorkeling. De l'US 41, prendre la
111th Ave/Hwy 846.

👉 Circuits organisés

♥ Naples Trolley Tours   CIRCUIT EN TROLLEY

(☎239-262-7205 ; www.naplestrolleytours.com ;
1010 6th Ave S ; adulte/4-12 ans 27/13 $; ☺9h30-
17h30 tlj). Circuit commenté de la ville de
1 heure 45 avec montée et descente libres.
Propose également des balades en Segway.

🎊 Fêtes et festivals

Naples Winter Wine Festival   GASTRONOMIE

(www.napleswinefestival.com ; ☺jan). Plusieurs
jours durant, cette fête du vin permet de
faire des dégustations, d'être "invité" à dîner
par des chefs et de participer à une lucrative
vente aux enchères dont les bénéfices vont
à 20 organismes caritatifs du Collier County
s'occupant d'enfants.

🛏 Où se loger

Naples compte essentiellement des hébergements haut de gamme, mais aussi des
adresses bon marché. En dehors de la
période allant de février à mi-avril, les tarifs
baissent considérablement, souvent de
moitié.

Lemon Tree Inn   MOTEL $$

(☎239-262-1414 ; www.lemontreeinn.com ; 250
9th St S ; ch 80-169 $; ❄@🖥❄). Excellent
rapport qualité/prix pour ces 34 chambres
impeccables aux tons clairs (certaines avec
kitchenette correcte). Elles s'organisent en
U autour d'un joli jardin privé. On apprécie
les vérandas équipées de moustiquaires, la
limonade gratuite et le petit-déjeuner continental, mais encore plus la proximité à pied
de 5th Ave.

Gondolier   AUBERGE $$

(☎239-262-4858 ; www.gondolierinnnaples.com ;
407 8th Ave S ; ch 80-180 $; P❄🖥). Ce bunga-
low classique de style Googie années 1950,
avec lignes anguleuses, toit en saillie et
plaques émaillées kitsch montrant des
gondoliers, est bien situé dans une rue tranquille d'Old Naples. Les chambres, vintage
elles aussi, ont des cuisines équipées d'éléments en bois fabriqués main et du mobilier
d'époque. Encore mieux, on est à quelques
rues à pied de la plage.

Cove Inn   APPARTEMENTS $$

(☎239-262-7161 ; www.coveinnnaples.com ; 900
Broad Ave S ; ch 90-250 $; ❄@🖥❄). Si la
plupart de ces appartements de la marina
s'avèrent étonnamment séduisants et
modernes avec leur carrelage au sol, leur
mobilier en rotin et leur vue paisible sur le
port, quelques-uns, aussi défraîchis à l'intérieur qu'à l'extérieur, auraient bien besoin
d'un lifting. Optez pour les plus récents qui
offrent l'un des meilleurs rapports qualité/
prix de Naples.

♥ Escalante   BOUTIQUE-HÔTEL $$$

(☎239-659-3466 ; www.hotelescalante.com ; 290
Fifth Ave S ; ch 175-455 $). Au croisement de
5th Ave et Third St, ce superbe boutique-
hôtel est aménagé comme une villa toscane.
Chambres et suites se dissimulent derrière
un écrin de verdure et des pergolas fleu-
ries, et s'agrémentent de mobilier de style
plantation, de draps européens, et d'articles
de toilette Gilchrist & Soames. Un pota-
ger cultivé selon des méthodes durables
approvisionne le restaurant de la véranda.
Spa et voiturette de golf assurent la navette
avec la plage. Une adresse très intimiste et
romantique.

Inn on 5th   HÔTEL $$$

(☎239-403-8777 ; www.innonfifth.com ; 699 5th
Ave S ; ch 180-500 $; ❄@🖥❄). Cet hôtel
luxueux et raffiné d'inspiration méditerra-
néenne jouit d'une situation imbattable au
milieu de 5th Ave. Ses chambres élégantes,
plus fonctionnelles qu'"historiques" cependant, s'agrémentent de surmatelas et
de cabines de douche vitrées. Parmi les
nombreuses prestations : piscine chauffée (à
l'étage), salle de sport, espace affaires et spa.
Service de voiturier gratuit.

🍴 Où se restaurer

Les rues du centre-ville de Naples figurent
parmi les plus agréables de la région pour

se balader le soir. En haute saison, les trottoirs de 5th Ave sont bondés et les bars servent bien après minuit. D'autres restaurants sont regroupés dans 3rd St S, dans Old Naples.

Food & Thought
MARCHÉ, CAFÉ $

(☎239-213-2222 ; www.foodandthought.com ; 2132 Tamiami Trail N ; 3-10 $; ☺7h-20h lun-sam ; 🖉). Les rayonnages de ce marché et son café toujours animé ne proposent que du 100% bio. Les végétariens vont adorer les lasagnes garnies de basilic frais.

The Café
CAFÉ, BAR À JUS $$

(☎239-430-6555 ; www.thecafeon5th.com ; 821 5th Ave S ; ☺7h30-16h oct-avr, 7h30-15h mai-sept ; 🖉). On peut facilement manquer ce modeste café, et manquer du même coup un sublime petit-déjeuner avec œufs bio, bacon canadien grillé et pain artisanal toasté à la perfection. Et nous ne parlons là que des plats standards. Car il y a aussi des flocons d'avoine agrémentés de graines de lin, d'amandes, de raisins secs et de pommes, des bols d'açaís, des crêpes et des bagels au saumon fumé. Le déjeuner s'inscrit dans la même veine, avec des burgers classiques, des wraps végétariens, les salades, et une carte très fournie de jus de fruits frais et de smoothies.

IM Tapas
ESPAGNOL $$

(☎239-403-8272 ; imtapas.com ; 965 4th Ave N ; tapas 9-18 $; ☺à partir de 17h30 lun-sam). À l'écart dans un centre commercial, ce restaurant espagnol à la décoration simple et à l'ambiance romantique sert des tapas comme à Madrid. Mère et fille modernisent des classiques – morue, jambon serrano, *angula* (civelle), crevettes à l'ail –, et subliment les plats même les plus simples, comme les poireaux sauvages.

Campiello
ITALIEN $$

(☎239-435-1166 ; www.campiello.damico.com ; 1177 3rd St S ; plats midi 14-22 $, soir 15-40 $; ☺11h30-15h et 17h-22h, jusqu'à 22h30 ven-sam). Le Campiello fait mouche avec sa belle terrasse à l'ombre des parasols, donnant sur les boutiques de 3rd St, et son excellente cuisine italienne pour tous les budgets. Mangez léger en optant pour une pizza au feu de bois ou des pâtes maison, à moins de préférer un plat plus riche comme l'osso-buco ou du bœuf de Kobe. Adresse prisée pour son jazz live du mercredi au samedi soir. Réservation recommandée.

Turtle Club
POISSON ET FRUITS DE MER $$$

(☎239-592-6557 ; www.theturtleclubrestaurant.com ; Vanderbilt Beach Resort, 9225 Gulf Shore Dr ; plats 9-42 $; ☺11h-14h30 et 17h-21h). Comment rivaliser avec les couchers de soleil du golfe du Mexique ? Le Turtle Club du Vanderbilt Resort ne ménage pas sa peine avec ses cocktails renversants, et une courte et belle carte de poisson et fruits de mer (chair de crabe de Pine Island, crevettes et araignée Napoléon à la mangue et aux pois patates, et les meilleures huîtres d'eau de mer du marché). Arrivez tôt si vous voulez obtenir une place sur la plage.

Mereday's Fine Dining
AMÉRICAIN MODERNE $$$

(☎239-732-0784 ; www.meredaysnaples.com ; Naples Bay Resort, 1500 5th Ave S ; 2/3/4 plats 55/75/95 $; ☺17h-21h). Sans doute la table la plus raffinée de Naples, le restaurant de Charles Mereday se cache dans le Naples Bay Resort. Choisissez un menu de 2, 3 ou 4 plats, puis régalez-vous de délicieux classiques revisités avec une petite touche contemporaine : crevettes et gruau de maïs au cheddar, escargots au pistou et *mahi-mahi* de mangrove avec couscous de chou fleur et sauce vierge (huile d'olive, basilic, tomates émondées et jus de citron).

Cafe Lurcat
FUSION $$$

(☎239-213-3357 ; www.cafelurcat.com ; 494 5th Ave ; soir 24-39 $; ☺17h-22h). Enfilez votre tenue la plus glamour pour vous rendre à l'adresse la plus élégante et tendance de Naples. Le café de l'étage permet de dîner dans un cadre formel sous un plafond voûté et une fresque inspirée de Chagall. Le *lounge* branché au rez-de-chaussée s'agrémente de banquettes basses en cuir, d'un bar en verre à éclairage indirect, et accueille des concerts de jazz le week-end. Le menu tapas est servi en haut comme en bas, et affiche des emprunts éclectiques au barbecue chinois, du bar au miso et de délicieuses salades. Le bar reste ouvert jusqu'à minuit.

☆ Où sortir

Naples Philharmonic
MUSIQUE CLASSIQUE

(☎239-597-1900 ; www.artisnaples.org ; 5833 Pelican Bay Blvd). Fort de 85 musiciens, l'orchestre philharmonique de Naples est de plus en plus considéré comme l'un des meilleurs jeunes ensembles du pays. Andrey Boreyko a été nommé directeur musical en 2013. La saison va de juin à septembre, mais le complexe Artis, qui héberge l'orchestre, assure toute l'année une programmation de concerts et

DÉTOUR PAR LES EVERGLADES

Si vous êtes descendu au sud jusqu'à Naples, vous vous devez de visiter les Everglades. Par le Tamiami Trail/Hwy 41 en direction de l'ouest, Everglades City se situe à 30 minutes, Big Cypress à 45 minutes et Shark Valley à 1 heure 15.

de spectacles, dont beaucoup à destination des enfants.

Sugden Community Theatre
THÉÂTRE

(☎239-263-7990 ; www.naplesplayers.org ; 701 5th Ave ; billets 35 $; ⊙guichet 10h-16h lun-ven, 10h-13h sam). Théâtre de la troupe des Naples Players, le Sugden compte 2 scènes dernier cri sur lesquelles sont programmées chaque année 7 grandes pièces et 4 productions de studio, dont 4 spectacles de KidzAct. Vu son succès, pensez à réserver.

🛍 Achats

Pour dénicher des articles de luxe dans des boutiques huppées, arpentez les **3rd St S Shops** (www.thirdstreetsouth.com) à Old Naples ou 5th Ave S. En revanche, pour des babioles de bord de mer, des flamants roses et autres T-shirt amusants, c'est à **Tin City** (www.tin-city.com ; 1200 5th Ave S), un centre commercial touristique sur le port, qu'il faut aller.

Farmers Market
MARCHÉ

(angle 3rd St S et Gordon Dr ; ⊙7h30-11h30 sam). Ce marché de producteurs est l'un des meilleurs de la région. On y trouve des produits bio et beaucoup d'articles artisanaux comme, entre autres, du pain, des savons, des confitures et des paniers tressés.

ℹ Renseignements

Greater Naples Chamber of Commerce (☎239-262-6141 ; www.napleschamber.org ; 900 5th Ave S ; ⊙9h-17h lun-sam). Conseils et aide pour l'hébergement, bonnes cartes, accès Internet et une mine de brochures.

Third St Concierge Kiosk (☎239-434-6533 ; www.thirdstreetsouth.com ; Camargo Park, 3rd St S ; ⊙9h-17h lun-ven, 10h-17h dim). Le personnel sympathique de ce kiosque d'informations se fera un plaisir de vous renseigner sur Old Naples.

ℹ Comment s'y rendre et circuler

Il est indispensable d'avoir une voiture. Les places de stationnement gratuites sont nombreuses en centre-ville, ce qui facilite les choses. Naples est à 64 km au sud-ouest de Fort Myers via l'I-75.

Collier Area Transit (CAT ; www.colliergov. net ; 1,50 $; ⊙6h-19h30). Bus desservant la banlieue de Naples. Le Marco Express coûte 2,50 $.

Greyhound (☎239-774-5660 ; www. greyhound.com ; 2669 Davis Blvd ; ⊙8h15-10h30 et 13h30-16h15 lun-sam). Bus reliant Naples à Miami, Orlando et Tampa.

Panhandle

Le top des restaurants

➡ Up the Creek Raw Bar (p. 474)

➡ Indian Pass Raw Bar (p. 473)

➡ Peg Leg Pete's (p. 460)

➡ Five Sisters Blues (p. 459)

➡ Firefly (p. 471)

Le top des hébergements

➡ WaterColor Inn & Resort (p. 467)

➡ Water Street Hotel (p. 474)

➡ Hibiscus Coffee & Guesthouse (p. 467)

➡ Aunt Martha's Bed & Breakfast (p. 464)

➡ Island Hotel (p. 488)

Pourquoi y aller

Prenez les grands atouts du sud du pays – tels qu'une population chaleureuse, la douceur de vivre, des routes bordées de chênes et des beignets de tomates vertes –, ajoutez-y des plages de sable fin, des sources naturelles aux eaux limpides, des fruits de mer d'une grande fraîcheur et vous voilà avec une petite idée des multiples attraits de cette "queue de poêle" (*panhandle* en anglais), contrée quelque peu oubliée au nord de la Floride.

De toute beauté, la région se prête à mille découvertes et chacun, selon ses goûts, y trouvera son bonheur. Écumez les galeries d'art de Pensacola, taquinez le poisson dans les eaux pures de la rivière de Steinhatchee, courez les sentiers sauvages de St Vincent Island et profitez d'une douce soirée dans la ravissante Apalachicola. Pour plus d'action (voire de libations), vous pourrez toujours mettre le cap sur Panama City Beach, station balnéaire prisée des *spring-breakers*.

Quand partir
Pensacola

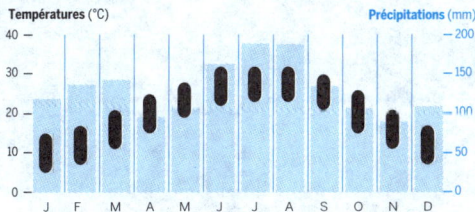

Températures (°C) — Précipitations (mm)

Mars-avril Les *spring-breakers* en goguette envahissent le golfe.

Mai-octobre Chaleur torride et hébergements pris d'assaut par les vacanciers en famille.

Novembre-février C'est la basse saison, et l'occasion d'avoir la région pour soi, à prix doux.

Andalusia (24 km)

31
65

ALABAMA

Atmore
29
41
153
52

Century
4
Blackman

97
Blackwater River
State Park
189
2
331
83

29
87
4
Crestview
90
DeFuniak
Springs
Vortex
Spring

Milton
191
Blackwater River
85
Ponce
de Leon
Springs
State Park

Mobile, AL
(80 km)
184
Bagdad
Eglin Air Force Base
331
81

10
90
87
189
20
Freeport

Foley, AL
(19 km)
Pensacola
3
Fort Walton
Beach
98
Choctawhatchee Bay
Eden Gardens
State Park

98
Pensacola
Bay
Gulf Breeze
Okaloosa
Island
Destin
Sandestin
Grayton
Beach
Seaside
Seagrove Beach

Big Lagoon
State Park
Pensacola
Beach
Santa
Rosa
Island
Blue Mountain Beach
30A
98

Perdido Key
State Park
182
Perdido Key
Grayton Beach State Park
1
WaterColor
Rosemary
Beach
ALT
98

Gulf Islands National Seashore
Panama City B
St Andrews St
Recreation Ar

Fort Pickens
State Park
Aquatic Preserve

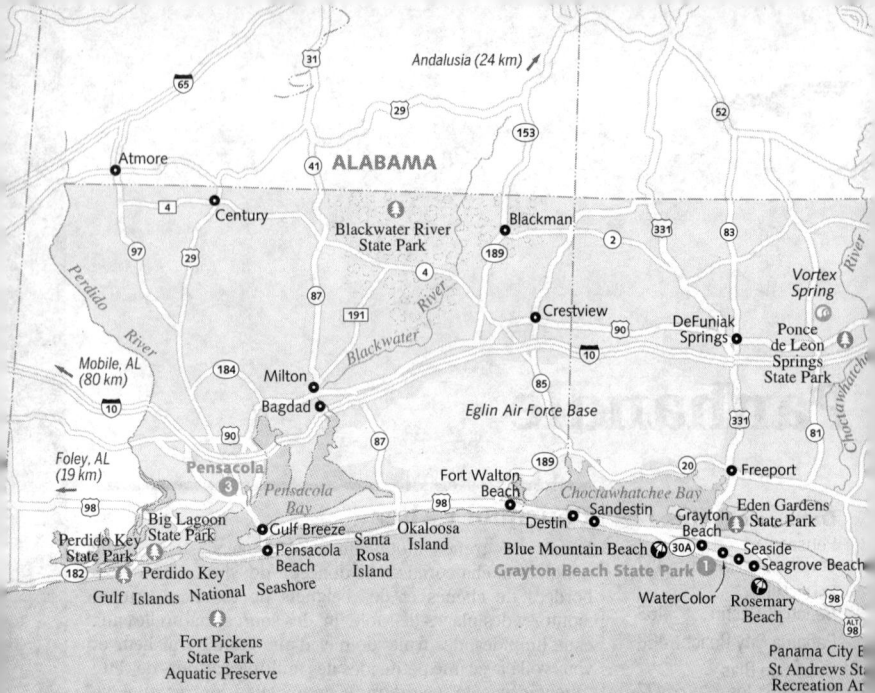

GOLFE DU MEXIQUE

N
0   80 km
0   50 miles

À ne pas manquer

1 Les eaux étincelantes du golfe au **Grayton Beach State Park** (p. 466), qui compte les plus belles plages de la région.

2 Un week-end romantique à **Apalachicola** (p. 473), ravissante petite ville du golfe.

3 Les vols acrobatiques des **Blue Angels** (p. 456), suivis des remarquables expositions du **National Museum of Naval Aviation** (p. 456) à Pensacola.

4 La détente à **Cedar Key** (p. 486), une île battue par les vents et loin de tout, prisée des cyclistes et des pêcheurs.

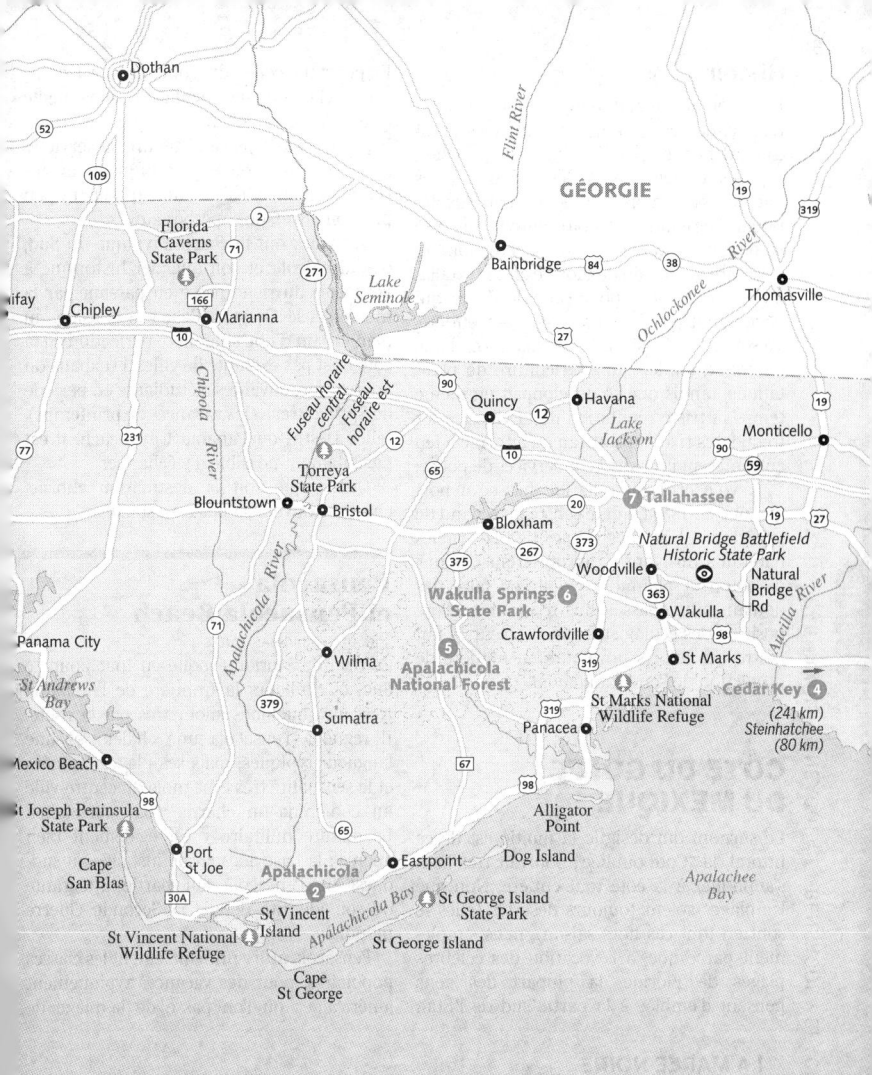

Dothan

52

109

Florida
Caverns
State Park
71

2

271

Lake
Seminole

Bainbridge

84

38

GÉORGIE

19

319

Ochlockonee River

Thomasville

ifay

Chipley

Marianna

166

10

231

77

231

Chipola River

90

Quincy

12

Havana

Lake
Jackson

Monticello

19

19

90

59

Fuseau horaire
central

Fuseau horaire est

Torreya
State Park

12

10

65

20

Tallahassee

Natural Bridge Battlefield
Historic State Park

19

27

Bloxham

373

Natural
Bridge
Rd

Aucilla River

Panama City

Blountstown

Bristol

375

267

Woodville

Apalachicola River

71

Wilma

Wakulla Springs
State Park

363

Wakulla

St Andrews
Bay

Apalachicola
National Forest

Crawfordville

98

319

St Marks

Cedar Key

4

(241 km)
Steinhatchee
(80 km)

379

Sumatra

319

St Marks National
Wildlife Refuge

Panacea

Mexico Beach

98

St Joseph Peninsula
State Park

67

98

Alligator
Point

65

Cape
San Blas

30A

Port
St Joe

Apalachicola

2

Eastpoint

Dog Island

Apalachee
Bay

St Vincent
Island

Apalachicola Bay

St George Island
State Park

St Vincent National
Wildlife Refuge

St George Island

Cape
St George

⑤ Les coyotes, les panthères et les ours noirs des étendues sauvages de l'**Apalachicola National Forest** (p. 484), la plus vaste forêt de Floride.

⑥ Une croisière sur les eaux du **Wakulla Springs State Park** (p. 483), pour approcher cyprès drapés de mousse et mangroves, lamantins, alligators et échassiers.

⑦ Un concert de blues authentique au **Bradfordville Blues Club** (p. 481), à Tallahassee, autour d'un joyeux feu de camp.

Histoire

La région qui allait devenir Tallahassee (litté-ralement, "les champs abandonnés") fut d'abord habitée par la tribu des Apalaches, expulsée et décimée par les maladies après que les Espagnols, emmenés par l'explo-rateur Hernando de Soto, eurent colonisé la région en 1539. Lors de la création du territoire américain de Floride en 1821, Talla-hassee fut choisie pour capitale de ce qui deviendrait, en 1845, un État à part entière. Très vite, on assista à la naissance d'une économie fondée sur l'agriculture de plan-tations, tandis que se développait en même temps la triste réputation de la ville, où les fréquentes rixes au couteau ou à l'arme à feu entraînèrent la création de services de police.

La voie ferrée qui relia Tallahassee au port du golfe en 1837 en fit le centre marchand de la région. À la fin des années 1800, de riches habitants du Nord s'approprièrent champs de coton et plantations pour en faire des domaines de chasse. Plus récemment, l'op-position des écologistes aux chasseurs a fait naître des efforts novateurs en matière de protection de l'environnement.

CÔTE DU GOLFE DU MEXIQUE

Le surnom qui désigne la moitié est de ce littoral, la "Côte oubliée", pourrait très bien s'appliquer à la côte tout entière. Non que les plages soient toujours désertes (elles le sont en tout cas hors saison), mais simple-ment parce que, à l'évocation des célèbres plages de Floride, la plupart des gens pensent d'emblée à la partie sud de l'État.

Et pourtant celles du golfe, au nord donc, sont réellement spectaculaires : sable blanc et fin, dunes ondoyantes et eaux turquoise. Ici, chacun a la place d'étendre sa serviette et, si vous ne trouvez pas immédiatement l'emplacement idéal, il suffit d'aller un peu plus loin. Bref, de superbes atouts.

Les villes ont le charme typique du Sud, d'Apalachicola et son quartier historique à Pensacola au riche passé en passant par la merveilleuse Grayton Beach et Seaside, au plan urbain d'une singulière perfection. Si la côte n'est pas exempt de villes à l'expansion anarchique, envahies d'étudiants en période de Spring Break (les vacances de printemps), telles Destin ou Panama City Beach, il est parfaitement possible d'y échapper.

Quelle que soit la destination choisie, chacun trouvera sa place au soleil.

Pensacola et Pensacola Beach

850 / 52 340 HABITANTS

Ce coin de Floride évoque en tout point le Sud, et d'ailleurs la frontière de l'Alabama n'est qu'à quelques kilomètres par la route. Il règne à Pensacola une chaleur et une langueur typiques, mais ses plages animées et la sensualité très espagnole du centre-ville lui confèrent un charme tout particulier. La culture militaire y est également bien ancrée : la base aéronavale installée au sud-ouest de Pensacola fait partie intégrante de son identité depuis la Seconde Guerre mondiale.

Pensacola attire principalement les classes populaires, pour des vacances typiquement américaines où l'on passe de la plage de

LA MARÉE NOIRE

Le 20 avril 2010, à 64 km de la côte de Louisiane, la plateforme pétrolière Deepwater Horizon exploitée par BP a explosé, causant la mort de onze employés et provoquant l'un des pires désastres écologiques de l'histoire américaine. Trois mois durant, le temps de colmater le puits, 780 millions de litres de pétrole se sont répandus dans le golfe du Mexique. De la Floride au Texas, la pollution engendrée a causé des dommages inestimables, affectant la vie marine et portant un coup dur au tourisme.

Si les nappes qui ont souillé les plages du golfe ont disparu, le mal est fait : maintes entreprises côtières n'ont pas survécu à ce drame écologique qui s'est révélé catastrophique pour l'économie, et les ressources halieutiques de la région font encore l'objet d'une certaine méfiance de la part des touristes (bien que les tests réalisés par la National Oceanographic and Atmospheric Administration continuent d'avérer l'absence de toute contamination chez les poissons et les crevettes).

Heureusement, le tourisme semble avoir repris en 2014. Mais si vous bavardez avec les habitants de la côte du Golfe, tous vous diront que les esprits sont marqués à jamais.

LE PANHANDLE AVEC DES ENFANTS

Avec son ambiance décontractée, ses plages paisibles, aquariums, parcs d'attraction, glaciers et musées gourmands, le Panhandle est l'une des meilleures régions de Floride pour voyager en famille. Les vacanciers apprécieront le vaste choix d'attractions à Destin et à Panama City Beach. Nous recommandons particulièrement :

➡ Le National Museum of Naval Aviation (p. 456), à Pensacola, pour prendre les commandes d'un avion et admirer l'escadron des Blue Angels en vol.

➡ Le Gulfarium (p. 463) de Destin, pour rire des facéties des dauphins.

➡ Le WonderWorks (p. 469) et Ripley's Believe It or Not! (p. 470), tous deux à Panama City, pour revenir de Floride riche de souvenirs, mais aussi de connaissances nouvelles.

➡ Les expositions interactives sur les dinosaures, les insectes, les bateaux… au **Mary Brogan Museum of Art & Science** (carte p. 482 ; 850-513-0700 ; www.thebrogan.org ; 350 S Duval St ; adulte/enfant 7,50/5 $; 10h-17h lun-sam, 13h-17h dim ;), à Tallahassee, la capitale de l'État.

➡ La découverte du riche passé de Pensacola au Pensacola Children's Museum (p. 453).

sable blanc à la tablée de fruits de mer dans un restaurant bondé ou au comptoir d'un bar où la bière coule à flots. Mars et avril, mois du Spring Break (vacances universitaires de Pâques), voient débarquer des hordes d'étudiants pour une semaine de bacchanales.

Si les beuveries des *spring-breakers* ne sont pas votre affaire, Pensacola et son passé architectural vous apporteront d'autres joies. Depuis sa fondation en 1698, la ville est passée successivement sous les bannières espagnole, française, britannique, avant de hisser le drapeau des États confédérés, puis celui des États-Unis. C'est ce qui lui vaut son surnom de "Cité aux cinq drapeaux", ainsi que ses nombreux sites historiques et musées.

Au nord du front de mer, le centre-ville s'est constitué autour de l'axe de Palafox St. Le Pensacola Bay Bridge relie le centre-ville au quartier majoritairement résidentiel de la péninsule de Gulf Breeze. Une fois traversée la péninsule, un second pont, le Bob Sikes Bridge (péage 1 $), mène plus au sud encore, à Pensacola Beach, principale destination des touristes. Il suffit ainsi de passer le pont pour profiter de la plage.

👁 À voir et à faire

◎ Pensacola

Historic Pensacola Village ÉDIFICES HISTORIQUES
(carte p. 458 ; 850-595-5985 ; www.historic-pensacola.org ; 205 E Zaragoza St ; adulte/enfant 6/3 $; 10h-16h mar-sam, visites guidées 11h, 13h et 14h30). Vous serez peut-être surpris d'apprendre que le riche passé colonial de

Pensacola s'étend sur une période de plus de 450 ans. Ce charmant et passionnant village regroupe d'anciennes belles demeures aujourd'hui transformées en musées. Sa visite constitue un bon point de départ pour mieux connaître la ville. L'entrée est valable une semaine et comprend une visite guidée et la découverte de chacun des bâtiments.

Pensacola Museum of Art MUSÉE
(carte p. 458 ; 850-432-6247 ; www.pensacolamuseum.org ; 407 S Jefferson St ; tarif plein/étudiant 5/3 $; 10h-17h mar-ven, 12h-17h sam). L'ancienne prison de 1908, reconvertie en musée d'Art, possède une imposante collection (laquelle ne cesse de s'enrichir) d'œuvres d'artistes majeurs des XXe et XXIe siècles, allant du cubisme au réalisme, en passant par le pop art et le folk art.

Pensacola Children's Museum MUSÉE
(carte p. 458 ; 850-595-1559 ; 115 E Zaragoza St ; 3 $; 10h-16h mar-sam). Découvrez le passé de la région dans ce musée compact, aménagé sur les deux niveaux de la maison Arbona, un ancien saloon prétendument hanté. Le rez-de-chaussée s'adresse aux enfants de moins de 9 ans, tandis que l'étage s'adresse davantage aux plus grands, avec notamment des déguisements.

Pensacola Scenic Bluffs Highway ROUTE PANORAMIQUE
Cette route en corniche serpente sur 18 km le long du point culminant de la côte floridienne. Pris en voiture comme à vélo (le second exigeant son content d'effort) ce parcours a l'attrait de superbes points de

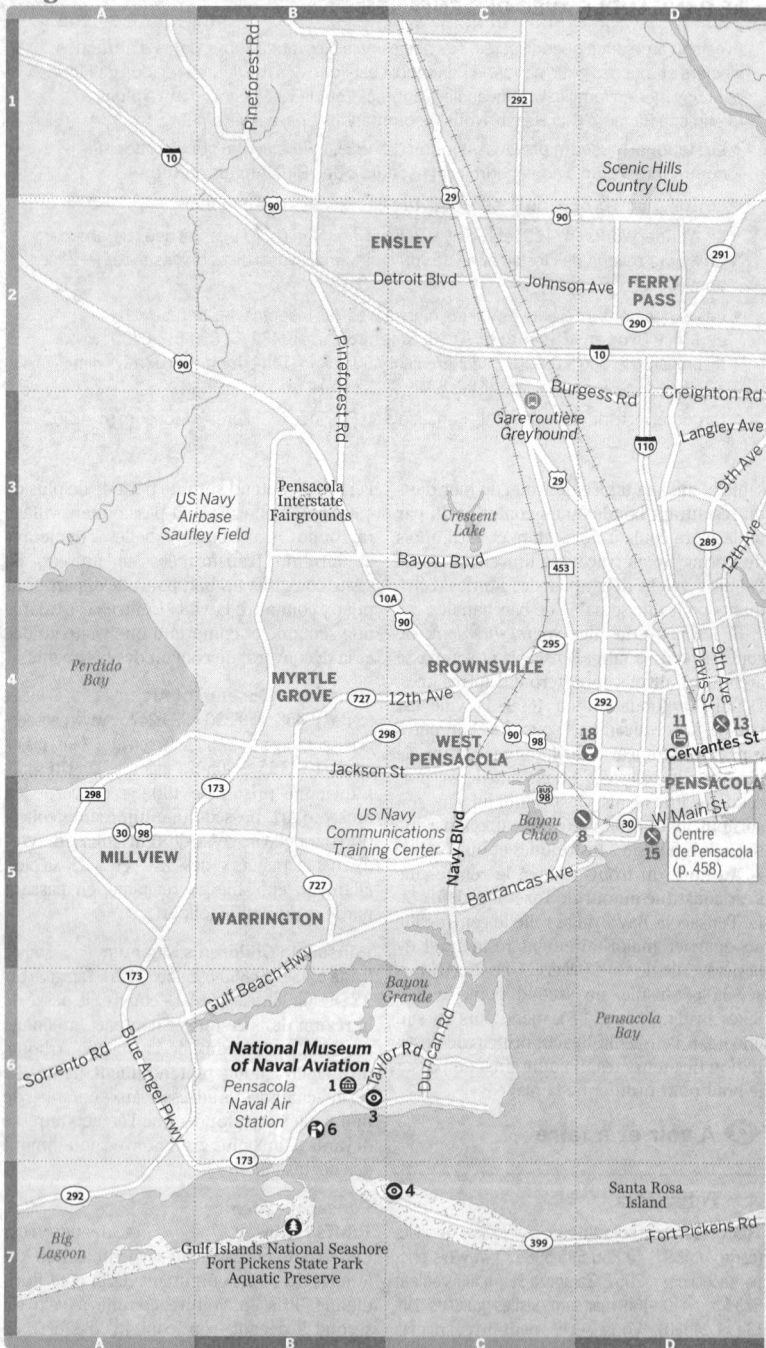

Région de Pensacola

Pineforest Rd

10

90

Scenic Hills
Country Club

292

29

90

ENSLEY

Detroit Blvd

Johnson Ave

FERRY
PASS

291

290

90

Pineforest Rd

10

Burgess Rd

Creighton Rd

Gare routière
Greyhound

Langley Ave

110

9th Ave

US Navy
Airbase
Saufley Field

Pensacola
Interstate
Fairgrounds

29

Cresent
Lake

289

12th Ave

Bayou Blvd

453

10A

90

295

Perdido
Bay

MYRTLE
GROVE

727

12th Ave

BROWNSVILLE

292

Davis St

298

WEST
PENSACOLA

90

98

18

11

13

Cervantes St

298

173

Jackson St

PENSACOLA

30

W Main St

298

98
30

MILLVIEW

US Navy
Communications
Training Center

Navy Blvd

Bayou
Chico

8

15

Centre
de Pensacola
(p. 458)

727

Barrancas Ave

WARRINGTON

173

Gulf Beach Hwy

Bayou
Grande

Pensacola
Bay

Sorrento Rd

Blue Angel Pkwy

Duncan Rd

National Museum
of Naval Aviation

Taylor Rd

1

Pensacola
Naval Air
Station

3

6

173

4

Santa Rosa
Island

Fort Pickens Rd

292

Big
Lagoon

Gulf Islands National Seashore
Fort Pickens State Park
Aquatic Preserve

399

Johnson Ave
(290)

Escambia
Bay

Pensacola
Regional
Airport

Spanish Trail

Summit Blvd

Bayou Blvd

Pensacola Scenic Bluffs Hwy

2

Texar
Bayou

Pensacola
Bay

16

ℹ Pensacola Visitors
Information Center

Pensacola Bay Bridge
(Three Mile Bridge)

Gulf Islands
National Seashore
Live Oak Reservation

BAY CLIFFS

GULF
BREEZE

7

Santa
Rosa Sound

Bob Sikes
Bridge (péage)

14
17

12

Pensacola
Beach

10
9

19 PENSACOLA
BEACH

5

Via de Luna Dr

Pensacola
Beach Visitors
Information Center

Golfe du Mexique

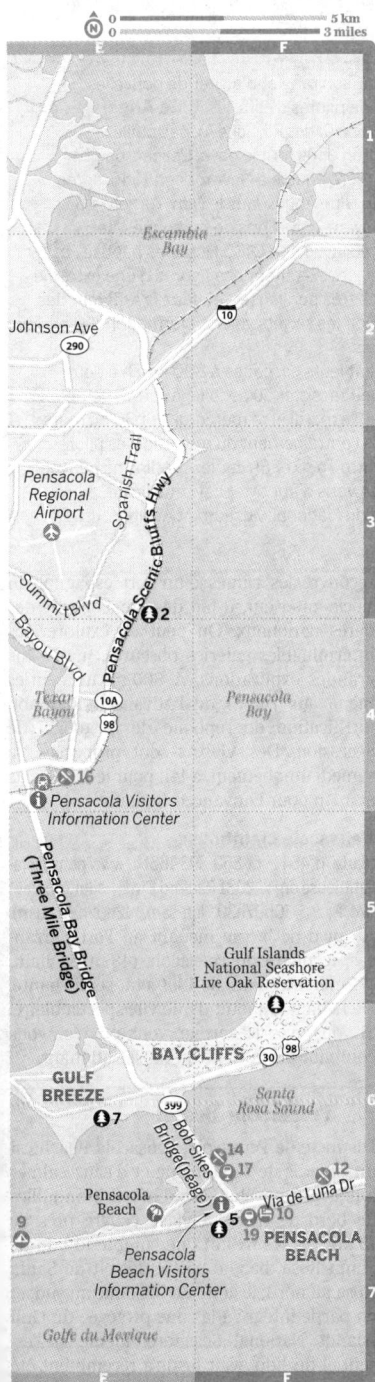

vue sur Escambia Bay. En chemin, on passe devant une cheminée de brique en ruines, vestige de la centrale thermique à vapeur de la scierie Hyer-Knowles (en activité dans les années 1850) et unique souvenir de ce qui fut autrefois la première grande zone industrielle de la région.

Bay Bluffs Park   PARC

(carte p. 454 ; Scenic Hwy). Non loin de la Pensacola Scenic Bluffs Hwy, ce superbe parc est une oasis de 16 ha où des passages en bois permettent de descendre le long de la falaise à travers bosquets de chênes verts, pins, romarin et houx, pour atteindre finalement la plage déserte en contrebas.

◎ Naval Air Station Pensacola

Chaque pilote américain de la Seconde Guerre mondiale a été formé sur la Naval Air Station Pensacola (NAS), réputée être le "berceau de l'aéronavale". La présence à l'année de quelque 6 000 jeunes aviateurs

LES BLUE ANGELS

Après la Seconde Guerre mondiale, afin de tenir son rang et d'attirer de nouvelles recrues, la marine américaine forma un corps de pilotes d'élite, les **Blue Angels** (☎850-452-2583 ; www.blueangels.navy.mil ; 390 San Carlos Rd, Suite A), patrouille acrobatique exécutant des vols de démonstration dans tout le pays. L'escadron prit ce nom à l'occasion du voyage de la toute première équipe à New York en 1946, après que l'un des pilotes eut vu le nom du night-club Blue Angel dans le *New Yorker*.

Les "Blues", qui se produisent aujourd'hui devant 15 millions de personnes, se rendent chaque année sur environ 35 sites de vol avec leur C130 Hercules baptisé *Fat Albert* et leur équipe logistique de marines. Six jets exécutent des figures d'une extrême précision, descentes en piqué et autres boucles très périlleuses, et deux F/A-18 font des démonstrations en solo. Le clou du spectacle voit les six jets voler en formation d'aile delta, l'acrobatie emblématique des Blue Angels.

Les Blues s'entraînent très souvent, exécutant leurs cascades à 800 km/h à bord d'avions valant quelque 250 000 dollars. On peut assister au décollage (pratiquement à la verticale, grâce à des propulseurs de fusée) le mardi et le mercredi à 8h30 de mars à novembre (quand le temps le permet) ; après l'entraînement du mercredi, les pilotes signent des autographes. Mieux vaut arriver entre 7h30 et 8h car les gradins ne peuvent accueillir que les 1 000 premiers spectateurs. À vous d'apporter café et transat. Le terrain d'observation est derrière le parking du National Museum of Aviation.

en formation fait de cette base aéronavale une composante notable du tissu social de Pensacola. Située au sud-ouest du centre-ville, la base comprend nombre de sites intéressants. On y accède par la Hwy 295 jusqu'à l'entrée de la NAS, qui se situe au sud du pont tout au bout de Navy Blvd, de l'autre côté de Bayou Grande. Un contrôle de sécurité a lieu à l'entrée ; pensez à emporter vos papiers d'identité.

♥ National Museum of Naval Aviation
MUSÉE

(carte p. 454 ; ☎850-452-3604 ; www.navalaviationmuseum.org ; 1750 Radford Blvd ; ◷9h-17h ; ♿). GRATUIT La visite de Pensacola ne serait pas complète sans la découverte de cette gigantesque collection d'avions et d'objets militaires. Les enfants comme les adultes seront fascinés par les innombrables avions exposés (plus de 150 !), sans parler des simulateurs de vol et du cinéma IMAX. Vous pourrez également assister à une démonstration de vol acrobatique des Blue Angels (ci-dessus), à 8h30, la plupart des mardis et mercredis, de mars à novembre. Comble du bonheur, tout cela est gratuit !

Fort Barrancas & Advanced Redoubt
SITE

(carte p. 454 ; ☎850-934-2600 ; www.nps.gov/guis/planyourvisit/fort-barrancas ; 3182 Taylor Rd ; ◷8h30-15h45 nov-fév, 9h30-16h45 mars-oct). GRATUIT Au sommet d'une impressionnante falaise surplombant Pensacola Bay, le fort construit au XIXe siècle par des esclaves recouvre les ruines d'un fort espagnol du siècle antérieur. Il fait désormais partie des parcs nationaux. On peut en explorer les interminables galeries obscures, mais sans grandes explications. À 800 m, un sentier mène aux ruines de l'Advanced Redoubt, fortification de l'époque de la guerre de Sécession. Des **visites** sont proposées, le samedi uniquement, à 14h pour le Barrancas et à 11h pour l'Advanced Redoubt.

Pensacola Lighthouse
PHARE

(carte p. 454 ; ☎850-393-1561 ; www.pensacolalighthouse.org ; 2081 Radford Blvd ; adulte/enfant 6/4 $; ◷10h-17h30 lun-sam, 12h-17h30 dim). Au pied de la rue menant au Fort Barrancas, le phare de Pensacola (48 m de haut, 177 marches) date de 1859 et... serait hanté. De là haut, on jouit d'une vue spectaculaire. Si vous avez le vertige, vous pourrez vous contenter de la visite du musée attenant.

◉ Pensacola Beach

Distincte de Pensacola, Pensacola Beach est un paradis de sable blanc et d'eaux calmes longé par un chapelet d'hôtels tranquilles de bord de mer. La plage couvre près de 13 km sur les 64 km que compte le lido de Santa Rosa, baigné par le détroit de Santa Rosa au nord, le golfe du Mexique au sud, et en partie intégré à la zone protégée du Gulf Islands National Seashore. Même si l'essentiel du lido avait jusqu'à récemment été préservé de la construction, un changement s'amorce et plusieurs hauts ensembles de multipropriété barrent désormais l'horizon.

Il s'agit d'un important lieu festif où se succèdent Mardi gras, triathlon, dégustations de vin, festival musical en été, défilés et show aérien annuel des Blue Angels (ci-contre) en juillet.

Gulf Islands National Seashore   PARC

(carte p. 454 ; 🗌 850-934-2600 ; www.nps.gov/guis ; droit d'entrée 7 jours piéton/cycliste/véhicule 3/3/8 $; ⊙ aube-crépuscule). Nous avons constaté avec soulagement qu'il n'existait aucune trace apparente de la marée noire de 2010 (consécutive à la catastrophe de la plateforme Deepwater) sur ce superbe littoral de sable blanc de 240 km de long, géré conjointement par le Mississippi et la Floride. **Pensacola Beach** est facile d'accès et, à **Naval Live Oaks**, vous trouverez une plage familiale et tranquille.

Fort Pickens   SITE HISTORIQUE

(carte p. 454 ; 🗌 850-934-2600 ; www.nps.gov/guis/planyourvisit/fort-pickens ; 1400 Fort Pickens Rd ; droit d'entrée 7 jours piéton/cycliste/véhicule 3/3/8 $; ⊙ aube-crépuscule ; 🛗). Appartenant au Gulf Islands National Seashore (ci-dessus), cette fortification de 1834 juchée à la pointe ouest de l'île-barrière de Santa Rosa a survécu à plusieurs conflits et à d'innombrables ouragans. C'est un lieu d'excursion aussi passionnant que superbe. Procurez-vous la brochure de visite sans guide auprès du centre d'information des visiteurs.

Shoreline Park UFO Spotting   PARC

(carte p. 454 ; 700 Shoreline Dr, Gulf Breeze). Est-ce lié aux activités sur la Pensacola Naval Air Station voisine ? Toujours est-il que de nombreux ovnis auraient été aperçus au cours des dernières décennies sur ce secteur du littoral, notamment le long des côtes. Vous y rencontrerez sûrement des gens du coin en train de scruter le ciel (et notamment des membres du Mutual UFO Network), équipés de jumelles et installés sur des transats. Une bonne raison d'étendre une couverture pour pique-niquer sur la plage et regarder les étoiles.

Lanier Sailing Academy   VOILE

(carte p. 458 ; 🗌 850-432-3199 ; www.laniersail.com/a1/pensacola-3 ; 997 S Palafox St ; location de bateau à partir de 245 $; ⊙ 9h-17h mar-dim). Pensacola Bay est idéale pour faire de la voile. Cette école réputée dispense toutes sortes de cours. Les plus aguerris prendront la barre d'un Capri 22 (à partir de 245 $/jour).

MBT Divers   PLONGÉE

(carte p. 454 ; 🗌 850-455-7702 ; www.mbtdivers.com ; 3920 Barrancas Ave ; cours à partir de 199 $; ⊙ 8h-18h lun-sam, 8h-15h dim). Avec ses 275 m de longueur et ses 45 m de hauteur, le porte-avions *Oriskany* CV/CVA 34 était, lorsqu'il fut coulé, le plus grand vaisseau immergé pour servir de récif artificiel. Menée en 2007, l'opération a eu lieu au large de Pensacola Beach. Cette agence de plongée renommée loue du matériel et propose des excursions pour plongeurs expérimentés. Différents cours sont dispensés, avec notamment une leçon de plongée dans l'*Oriskany*.

🛏 Où se loger

Vous trouverez à Pensacola, le long de N Palafox St, de nombreuses enseignes appartenant à des chaînes petits budgets ou de catégorie moyenne. Vous pourrez aussi opter pour un hôtel sur le front de mer à Pensacola Beach, et faire des allers-retours à Pensacola.

🏠 Pensacola

Solé Inn   MOTEL $

(carte p. 458 ; 🗌 850-470-9298 ; www.soleinnandsuites.com ; 200 N Palafox St ; ch petit-déj inclus à partir de 89 $; ❋🛜🖥). Juste au nord du centre-ville, ce motel rénové affiche l'ambiance des années 1960, dans une palette noir et blanc, avec imprimés sauvages et jolies lampes en acrylique. Si les chambres sont plutôt petites, le tarif, l'emplacement et l'originalité des lieux compensent largement cet inconvénient. Accès Wi-Fi gratuit et petit-déjeuner continental offert.

Noble Manor B&B   B&B $$

(carte p. 454 ; 🗌 850-434-9544 ; www.noblemanor.com ; 110 W Strong St ; ch petit-déj inclus 145-160 $). Située dans le quartier historique de North Hill, cette résidence Tudor de 1905 restaurée a été transformée en ravissant B&B, aux quatre superbes chambres qui marient avec bonheur classicisme et modernité. Aménagée en unité privative, une ancienne remise pour calèches, très romantique, donne près du spa, à l'arrière de la propriété. Mention spéciale pour la suite Olivia Rose et sa baignoire à l'ancienne.

Crowne Plaza Pensacola Grand   HÔTEL $$

(carte p. 458 ; 🗌 850-433-3336 ; www.crowneplaza.com/Pensacola ; 200 E Gregory St ; d à partir de 145 $). Aménagé au-dessus de l'ancienne gare des voyageurs L&N (1912), laquelle fait

Centre de Pensacola

N 0 — 500 m / 0,25 mile

désormais office de hall de réception, cet hôtel, décoré de mobilier d'époque, loue de vastes chambres modernes, dont beaucoup avec une belle vue sur le quartier. L'établissement tire avantage d'un emplacement commode, entre le centre-ville et le Pensacola Bay Bridge.

Pensacola Victorian B&B   B&B $$

(carte p. 458 ; ☎850-434-2818 ; www.pensacolavictorian.com ; 203 W Gregory St ; ch petit-déj inclus 85-125 $; P❀☎). Cette grandiose bâtisse victorienne édifiée en 1892 compte

quatre chambres merveilleusement aménagées. Nous avons particulièrement apprécié la "Suzanne" toute parquetée, habillée de bleu et dotée d'une baignoire à l'ancienne. À 1,5 km environ au nord du centre-ville.

Pensacola Beach

Fort Pickens Campground   CAMPING $

(carte p. 454 ; ☎850-934-2656 ; www.nps.gov/guis ; dans le Gulf Islands National Seashore, entrée Fort Pickens ; empl tente et camping-car 26 $; ❀). En face de la plage, parmi les arbres sous le vent, ces deux plaisants terrains appréciés des habitués de camping-car comptent quelques emplacements pour les tentes. Foyers pour cuisiner, salle de bains et petit magasin. Chiens en laisse acceptés. Les droits d'entrée au Gulf Islands National Seashore (p. 457) sont à acquitter séparément.

Paradise Inn
MOTEL **$**

([☎]850-932-2319 ; www.paradiseinn-pb.com ; 21 Via de Luna Dr ; ch à partir de 59 $; [P][❄][🐾][🛜]). Situé de l'autre côté de la route qui longe la plage, ce motel doit son caractère gai et animé à son bar-barbecue (les couche-tôt demanderont des chambres à l'extrémité du parking). Petites et propres, ses chambres sont carrelées et peintes de couleurs vives. Les offres en ligne sont encore plus avantageuses.

💙 Holiday Inn Resort
HÔTEL **$$**

(carte p. 454 ; [☎]850-932-5331 ; www.holidayinnresortpensacolabeach.com ; 14 Via de Luna Dr ; ch à partir de 95 $; [🏊]). Rénové depuis peu, cet hôtel sur le front de mer loue des chambres accueillantes, pourvues de lits confortables, d'une douche extra et d'une TV. Celles qui donnent sur l'océan ont l'atout d'un vaste balcon surplombant la plage de sable fin et les eaux turquoise. Propose aussi des suites, y compris certaines adaptées aux familles avec enfants. Merveilleuse piscine et personnel chaleureux et serviable. Excellent rapport qualité/prix.

Margaritaville Beach Hotel
HOTEL **$$$**

([☎]850-916-9755 ; www.margaritavillehotel.com ; 165 Fort Pickens Rd ; ch à partir de 219 $; [❄][🐾][🏊]). Le chanteur Jimmy Buffett, avec ses chemises hawaïennes et sa chaîne de restaurants "Margaritaville", n'est pas, à proprement parler, l'ambassadeur du bon goût. Et pourtant, son hôtel flambant neuf surprend par son chic. Spacieuses, les 162 chambres, frais mélange de blanc et de bleu, sont ornées de photos murales artistiques et d'énormes écrans plats. Au rez-de-chaussée, une foule élégante musarde dans les lumineuses parties communes, ou se détend au bord de la piscine.

🍴 Où se restaurer

🍴 Pensacola

S Palafox St ne manque pas de bars et de cafés avec terrasse. Dans les restaurants les plus populaires de Pensacola, on doit souvent faire la queue pour dîner, même en semaine. Il est recommandé de réserver.

Joe Patti's
MARCHÉ DE PRODUITS DE LA MER **$**

(carte p. 454 ; [☎]850-432-3315 ; www.joepattis.com ; 534 South B St, à hauteur de Main St ; à partir de 2,50 $; [🕐]7h30-19h lun-sam 7h30-18h dim). Cette halle aux poissons et fruits de mer très courue est l'endroit parfait pour s'approvisionner en poisson frais, sushis et ingrédients pour pique-niquer.

End of the Line Cafe
VÉGÉTARIEN **$**

(carte p. 458 ; [☎]850-429-0336 ; www.eotlcafe.com ; 610 E Wright St ; plats 7-11 $; [🕐]10h-22h mar-sam, 11h-14h dim ; [🛜][♿]). Dans ce café détendu, partisan du commerce équitable, on peut s'installer sur des sofas en velours ou en vinyle et grignoter des plats végétariens, comme le tempeh (à base de soja fermenté) Reubens ou le BLT au tofu. L'établissement propose aussi des cours de cuisine et accueille des manifestations culturelles, dont une soirée micro ouvert le 2e samedi du mois. Wi-Fi gratuit.

My Favorite Things
CAFÉ **$**

(carte p. 454 ; [☎]850-346-1707 ; www.myfavoritethingstoo.com ; 2183 E Cervantes S ; plats 7-14 $; [🕐]10h-15h mar-ven, 9h-17h sam, 9h-15h dim). Ce café rustique, en lisière de la ville, prépare des soupes, des salades et des sandwichs tout aussi merveilleux, ainsi que quelques recettes simples de produits de la mer, comme les crevettes grillées et les saint-jacques revenues à la poêle. La palme revient toutefois aux petits-déjeuners : omelettes mousseuses, toasts et œufs Bénédicte au bacon.

💙 Five Sisters Blues Cafe
CAFÉ **$$**

(carte p. 458 ; [☎]850-912-4856 ; www.fivesistersbluescafe.com ; 421 W Belmont St ; plats 7-18 $; [🕐]11h-21h mar-jeu, 11h-tard ven-sam, 11h-17h dim). Venez faire le plein de soul blues (du jeudi au dimanche) et de cuisine traditionnelle du Sud (*crab cakes*, beignets de tomates vertes, soupe au gombo) dans ce café raffiné au cœur de Pensacola. Plus mémorable encore, à condition d'obtenir une table : le brunch du dimanche sur fond de jazz, avec, au menu, des gaufres au poulet, des crevettes au gruau de maïs et des œufs Bénédicte au *crab cake*.

💙 Tin Cow
AMÉRICAIN MODERNE **$$**

(carte p. 458 ; [☎]850-466-2103 ; www.thetincow.com ; 102 S Palafox Pl ; burgers 4-16 $; [🕐]11h-3h). Les amateurs de burgers ne pourront pas quitter la ville sans avoir goûté le savoureux et très copieux Tin Cow burger. Optez pour les suggestions maison ou concoctez votre propre recette. Avec ses entrées originales – boulettes de viande au bleu, frites au parmesan et à la truffe, pickles frits –, son choix de bières artisanales et de milk-shakes, le Tin Cow est une adresse prisée, sans chichis et agréable.

Fish House
& Atlas Oyster House
POISSON ET FRUITS DE MER $$

(carte p. 458 ; 850-470-0003 ; www.great-southernrestaurants.com ; 600 S Barracks St ; plats 12-23 $; 11h-tard). Surplombant le port, ces restaurants jumeaux sont toujours bondés. Un peu plus haut de gamme, la Fish House toute lambrissée propose du poisson à tous les modes. À l'Atlas, ce sont plutôt les plateaux d'huîtres à déguster au bord de l'eau avec un bon verre de blanc. Le *grits a ya ya* (des crevettes du golfe épicées, servies avec du bacon, des légumes à l'ail et du gruau de maïs au gouda) est réputé dans les deux établissements. Les happy hours et les concerts du week-end sont très courus.

Dharma Blue
INTERNATIONAL $$

(carte p. 458 ; 850-433-1275 ; www.dharmablue.com ; 300 S Alcaniz St ; plats 10-30 $; 11h-16h et 17h-21h30 lun-sam ;). Accueil chaleureux et carte éclectique font de ce petit établissement l'une des adresses préférées alentour. Dînez sur le patio ensoleillé ou dans la salle cosy ornée de lustres. Au menu : calamars farcis à la semoule, canard grillé ou sushis fondants (on vient surtout pour ces derniers).

Bonnelli's Cafe Italia
ITALIEN $$

(carte p. 454 ; 850-466-3002 ; www.bonelliscafeitalia.com ; 1217 N 9th Ave ; pâtes à partir de 11 $, plats à partir de 17 $; 17h-22h mar-sam). S'il vous prend une envie de cuisine italienne, le Bonnelli's est l'endroit où aller. On y trouve tous les classiques : boulettes de viande, pizzas riches en fromage, pâtes à la crème, gratin de macaronis, aubergines farcies. Repas copieux à prix correct. Pour le dîner uniquement.

✕ Pensacola Beach

Beach Pops
GLACES À L'EAU $

(carte p. 454 ; 850-677-9177 ; 49 Via de Luna Dr ; à partir de 2 $; 9h-17h). Glaces à l'eau et smoothies bien préparés, à base d'ingrédients bio et sans gluten.

Dog House Deli
DINER $

(carte p. 454 ; 850-916-4993 ; www.doghousedeli.Com ; 35 Via de Luna Dr ; à partir de 2,75 $; 7h30-21h). Pour grignoter un morceau sur le front de mer, essayez cette institution qui a ouvert ses portes il y a plus de 35 ans et sert des

hot dogs (ingrédients à combiner selon les goûts) ainsi qu'un savoureux petit-déjeuner.

♥ Peg Leg Pete's
POISSON ET FRUITS DE MER $$

(850-932-4139 ; www.peglegpetes.com ; 1010 Fort Pickens Rd ; plats 9-30 $; 11h-22h ;). Humble cabane de plage au décor inspiré de la flibuste, le Pete's prépare des huîtres de toutes les façons ou presque, de copieux sandwichs au mérou, des pattes de crabe et des saint-jacques. Le service demeure rapide et souriant, malgré l'affluence.

Native Café
AMÉRICAIN $$

(carte p. 454 ; 850-934-4848 ; www.thenativecafe.com ; 45a Via de Luna Dr ; plats 5-16 $; 7h30-15h). Adresse branchée pour le petit-déjeuner et le déjeuner, cet établissement change un peu du poisson frit. Au menu : sandwich *po' boy* aux crevettes ou au poulet grillé, tacos au poisson, riz et haricots, et gombo aux fruits de mer. Et pour commencer la journée sans vous ruiner, optez pour des œufs Bénédicte ou des pancakes.

Grand Marlin
POISSON ET FRUITS DE MER $$$

(carte p. 454 ; 850-677-9153 ; www.thegrandmarlin.com ; 400 Pensacola Beach Rd ; plats 11-35 $; 11h-22h lun-sam, 10h-22h dim). À la fois restaurant de fruits de mer et bar à huîtres, le Grand Marlin donne à choisir entre un repas dans le patio en extérieur, occasion de contempler le crépuscule dans un cadre informel, et un dîner gastronomique dans la jolie salle. Dans un cas comme dans l'autre, le service est irréprochable, les mets savoureux (crabe bleu, gratin de macaronis au homard) et les fruits de mer, on ne peut plus frais, sont cuisinés au goût du client.

☕ Où prendre un verre et sortir

En saison, les bars de plage sont plutôt du style *spring-breakers* (tequila à gogo et étudiants éméchés), tandis que ceux du centre-ville se révèlent un brin plus sophistiqués. La plupart des restaurants font également office de bar. Consultez www.pnj.com/entertainment pour connaître le programme des animations.

☕ Pensacola

♥ Seville Quarter
CLUB

(carte p. 458 ; www.sevillequarter.com ; 130 E Government St ; 7h-2h30). Occupant tout un pâté de maisons, ce vaste complexe, dévolu au divertissement, compte pas moins de sept enseignes (restaurants, bars, scènes de concerts), au cadre très fin XIXᵉ siècle, entre western et *steampunk*.

Elbow Room
PUB

(carte p. 454 ; ☑850-434-0300 ; 2213 W Cervantes St ; ☺16h-2h lun-ven, 16h-18h sam-dim). Ce bar sombre et rétro du secteur de Pensacola réserve une excellente surprise à qui sait passer outre son aspect extérieur, plutôt terne. Le personnel est sympathique, tout comme les musiciens qui s'y produisent.

McGuire's Irish Pub
PUB

(carte p. 458 ; ☑850-433-6789 ; www.mcguiresirishpub.com ; 600 E Gregory St ; ☺11h-1h). Dans ce gigantesque pub "irlandais", populaire à l'heure du dîner, le chahut commence vers 21h. On y sert une excellente cuisine typique de ce genre d'établissement. Et ne pensez même pas à dérober les billets de 1 $ qui décorent plafond !

Vinyl Music Hall
MUSIQUE LIVE

(carte p. 458 ; ☑850-607-6758 ; www.vinylmusichall.com ; 2 S Palafox Pl ; ☺billetterie 12h-17h lun-ven). La meilleure adresse de Pensacola pour écouter de la musique en live. Consultez la programmation sur le site Web.

Saenger Theatre
THÉÂTRE

(carte p. 458 ; ☑850-595-3880 ; www.pensacolasaenger.com ; 118 S Palafox Pl ; ☺billetterie 10h-16h). Ce théâtre au fronton baroque fut reconstruit en 1925 avec des briques de l'Opéra de Pensacola qu'un ouragan avait détruit en 1916. Il accueille des comédies

musicales populaires ainsi que des concerts prestigieux, notamment ceux du Pensacola Symphony Orchestra et du Pensacola Opera.

☖ Pensacola Beach

Bamboo Willie's
BAR

(carte p. 454 ; ☑850-916-9888 ; www.bamboowillies.com ; 400 Quietwater Beach Rd ; ☺11h-tard). Ce bar de plein air, installé sur les planches de Pensacola Beach, sert de délicieux cocktails frappés, tels le Bushwacker ou le 190 Octane.

Sidelines Sports Bar
BAR

(carte p. 454 ; ☑850-934-3660 ; www.sidelinespensacola.com ; 2 Via de Luna Dr ; ☺11h-22h). À deux pas de la plage, ce bar sur le thème du sport est pris d'assaut pendant le Spring Break. Le reste de l'année, c'est la meilleure adresse de la ville pour siroter une bière en regardant une rencontre sportive.

❶ Renseignements

Le *Pensacola News Journal* (www.pnj.com) est le quotidien local. La National Public Radio (NPR) diffuse sur la bande 88.1 FM.

Pensacola Visitors Information Center (carte p. 454 ; ☑800-874-1234 ; www.visitpensacola.com ; 1401 E Gregory St ; ☺8h-17h lun-ven, 9h-16h sam, 10h-16h dim). Au pied du Pensacola Bay Bridge. Informations touristiques, personnel compétent et kiosque Internet gratuit.

Pensacola Beach Visitors Information Center (carte p. 454 ; ☑850-932-1500 ; www.visitpensacolabeach.com ; 735 Pensacola Beach

---

PENSACOLA GAY ET LESBIEN

Pensacola est un petit point lumineux sur la carte de la culture gay du Panhandle, une région par ailleurs plutôt conservatrice. Le dernier week-end de mai, les membres de la communauté LGBT (lesbiennes, gays, bi et trans) paradent dans la ville à l'occasion du **Gay Memorial Day** (www.memorialweekendpensacola.com). La fête dure trois jours, rassemblant jusqu'à 50 000 participants, avec soirées DJ, concerts, danses, fêtes sur la plage jusqu'à l'aube, spectacles de drag-queens et autres festivités dans toute la ville. Mieux vaut réserver son hôtel très à l'avance !

Le bar-club gay le plus en vue de la ville (406 East Wright St) attire une clientèle mélangée (mais surtout masculine) venue boire, danser et assister aux spectacles de drag-queens. Il abrite à la fois l'**Otherside**, un bar vidéo décontracté, ouvert tous les jours, et l'**Emerald City**, club gay ouvert à partir de 21h du mercredi au lundi.

Pour les amateurs de messieurs au physique viril, le **Roundup** (carte p. 458 ; ☑850-433-8482 ; www.theroundup.net ; 560 E Heinberg St ; ☺14h-3h) est un tout petit club, doté d'un patio extra. Les femmes y sont les bienvenues, mais les cow-boys, les ouvriers et les bikers ont davantage la côte. Consultez la programmation sur la page Facebook.

Pour connaître les manifestations gays à Pensacola, consultez le centre de la communauté LGBT de la ville, l'**Equality House** (carte p. 458 ; ☑850-685-2881 ; 18 S Devilliers St), qui organise des projections de films, conférences et autres événements.

LE LANCER DE MULET INTERÉTATS

Chaque année, le dernier week-end d'avril, les habitants frontaliers de Floride et d'Alabama se rassemblent pour honorer une longue tradition : le lancer de mulet (un poisson abondant dans la région). L'idée – outre qu'elle fournit un prétexte idéal pour faire la fête – est de voir qui lancera le plus loin son poisson (mort) par-dessus la frontière entre les deux États. Chaque participant peaufine sa technique : la queue la première, la tête la première, certains brisant l'arête dorsale en deux pour que le poisson soit plus aérodynamique.

L'Interstate Mullet Toss est organisé par le **Flora-Bama Lounge, Package and Oyster Bar** (☏850-492-0611 ; www.florabama.com ; 17401 Perdido Key Dr ; ☺11h-2h30) de Perdido Key, bar légendaire au bord de la route, proche de la frontière entre les deux États.

Les concours en plein air sont la marque de fabrique du Flora-Bama, qui organise également chaque année le Polar Bear Dip (littéralement la "baignade ours polaire" avec boisson offerte à quiconque ose braver les eaux hivernales) et le **Frank Brown International Songwriters' Festival** (frankbrownsongwriters.com ; ☺nov). Le Flora-Bama a essayé de faire inscrire le lancer de mulet au *Guinness des Records,* mais la proposition n'a pas été retenue pour l'instant.

Détruit par l'ouragan Ivan en 2004, le lounge du Flora-Bama a rouvert ses portes au mois d'avril 2011. Si vous avez manqué le lancer de mulet, arrêtez-vous ici le soir pour savourer la joyeuse ambiance qui y règne (musique live, bière et délicieuse assiette de *fried pickles* – des cornichons frits !).

Blvd). Un petit centre d'informations sur la droite tout de suite en arrivant à Pensacola Beach. Cartes et plans, brochures utiles sur l'actualité locale, la fermeture des routes (pour cause de tempêtes) et tout ce qui concerne la plage. **Public Library** (bibliothèque publique ; ☏850-436-5060 ; mywfpl.com ; 239 N Spring St ; ☺10h-20h lun-jeu, 10h-16h ven-sam). Accès Internet gratuit.

ⓘ Comment s'y rendre et circuler

Le **Pensacola Regional Airport** (carte p. 454 ; ☏ 850-436-5000 ; www.flypensacola.com ; 2430 Airport Blvd) est desservi par nombre de grandes compagnies et propose des vols directs pour Atlanta, Charlotte, Dallas et Houston. Il se trouve à 6,5 km au nord-est du centre-ville, sur Airport Blvd juste à côté de 9th Ave. En taxi, comptez environ 20 $ pour le centre-ville et 35 $ jusqu'à la plage. Contactez **Yellow Cab** (☏850-433-3333 ; www.yellowcabpensacola.com).

La **gare routière Greyhound** (carte p. 454 ; ☏850-476-4800 ; www.greyhound.com ; 505 W Burgess Rd) est au nord du centre-ville. L'**Escambia County Transit** (ECAT ; ☏850-595-3228 ; www.goecat.com ; trajet 1,75 $) assure un service de bus limité dans Pensacola. Un trolley gratuit relie le centre-ville de Pensacola à la plage, du week-end du Memorial Day (fin mai) à fin septembre.

C'est sur l'I-10, la principale artère est-ouest, que vous pourrez attraper un bus ; nombre de ces véhicules circulent par ailleurs dans Palafox St.

Perdido Key

☏850

À 19 km au sud-ouest de Pensacola, près de la Hwy 292 (qui devient la Hwy 182 une fois entré en Alabama), le secteur floridien le plus oriental du Gulf Islands National Seashore englobe les eaux cristallines de Perdido Key. Ces dunes sont l'habitat de la souris des sables de Perdido Key, une espèce menacée. Il existe deux parcs côtiers d'État dans la région : le **Perdido Key State Park** (☏850-492-1595 ; www.floridastateparks.org/perdidokey ; 12301 Gulf Beach Hwy ; 3 $/véhicule ; ☺8h-crépuscule) et, du côté nord du lagon, entre Perdido Key et le continent, le **Big Lagoon State Park** (☏850-492-1595 ; www.floridastateparks.org/biglagoon ; 12301 Gulf Beach Hwy ; 6 $/véhicule ; ☺8h-crépuscule), dont les eaux peu profondes regorgent de crabes. (Plusieurs plages en accès libre bordent également la ville de Perdido Key.)

À Perdido Key, tout tourne autour des résidences hôtelières, ce qui implique des séjours de plusieurs nuitées. Par ailleurs, les bars et les restaurants sont rares, à l'exception notable du vénérable Flora-Bama Lounge et d'une poignée de restaurants de poisson et fruits de mer le long de l'artère principale. Pour visiter Pensacola, on peut aussi résider en Alabama, à Orange Beach, située à 5 km à l'ouest.

Perdido Key marque la frontière de l'État. De là, on peut gagner l'Alabama par la Hwy 182 et prendre la Hwy 59/US 90 direction nord pour rejoindre l'I-10.

Si vous arrivez à Perdido Key par l'ouest via la Hwy 182, bienvenue en Floride !

Fort Walton Beach et Destin

✒ 850 / FORT WALTON BEACH 20 300 HABITANTS ; DESTIN 12 800 HABITANTS

Riches de leur passé amérindien, ces stations balnéaires jumelles sont plus étendues que Pensacola Beach, mais légèrement moins développées que la ville voisine de Panama City Beach. En suivant la Hwy 98 de Pensacola Beach, vous atteindrez d'abord Fort Walton Beach, avec ses cabanes sur pilotis et ses villas sur le front de mer. En continuant vers l'est, après avoir traversé le Brooks Bridge puis le Marler Bridge, vous rejoignez Destin, qui a la faveur des retraités, des familles et des *spring-breakers*, et ressemble désormais à une interminable succession de centres commerciaux, de constructions élevées et de petits parcs d'attractions. Ces deux villes tirent avantage d'eaux limpides, de sable fin et de quantité de restaurants, de bars et d'autres lieux de réjouissances.

La pêche hauturière compte également au nombre de leurs traditions. L'écueil descendant à 30 m de profondeur, et situé à plus d'une quinzaine de kilomètres de la passe est de Destin, a autrefois valu à cette ville le surnom de "village de pêcheurs le plus chanceux du monde".

Entre Destin et Fort Walton Beach, qui semblent enserrer la Choctawhatchee Bay à la manière de deux pinces de crabe, s'étend une plage superbe, propriété de l'US Air Force, dont la plus grande base, Eglin, se trouve à Fort Walton Beach.

⊙ À voir et à faire

La pêche, le snorkeling, l'observation des dauphins et les fêtes sur les bateaux de croisière sont les activités les plus prisées.

Indian Temple Mound & Museum
SITE ARCHÉOLOGIQUE

(✒850-833-9595 ; fwb.org/museums/indian-temple-mound-museum ; 139 Miracle Strip Pkwy SE, Fort Walton Beach ; ⊙10h-16h30 lun-sam juin-août, 12h-16h30 lun-ven, 10h-16h30 sam sept-mai). GRATUIT Site sacré des Amérindiens de la région, ce tertre de 5 m de hauteur sur 68 m de large était à la fois un site cérémoniel

et un lieu politique. Érigé entre l'an 800 et 1500, moyennant l'emploi de quelque 500 000 paniers de terre, c'est sans doute la plus grande élévation de ce type sur la côte du Golfe. Au sommet, on a recréé un temple abritant un petit espace d'exposition.

Le musée accueille aussi une petite bibliothèque, retrace de façon très détaillée 12 000 ans d'histoire amérindienne. Vous y verrez des flûtes, des céramiques, des objets en pierre, en os et en coquillages.

Jetée et promenade d'Okaloosa Island
SITE REPÈRE

(✒850-244-1023 ; www.okaloosaislandpier.com ; 1030 Miracle Strip Pkwy E, Fort Walton Beach ; promenade 2 $, pêche adulte/enfant 7,50/4,50 $; ⊙24h/24 avr-oct, 5h-21h nov-mars). S'avançant dans l'Atlantique sur près de 400 m, cette jetée fréquentée reste ouverte 24h/24 l'été et éclairée pour que l'on puisse pêcher de nuit. On peut louer du matériel sur place (à partir de 7 $) et il n'est pas besoin de permis de pêche. Par ailleurs, la jetée et la promenade attenante se prêtent à une agréable balade.

Gulfarium
AQUARIUM

(✒850-243-9046 ; www.gulfarium.com ; 1010 Miracle Strip Pkwy SE, Fort Walton Beach ; adulte/enfant 20/12 $; ⊙9h-16h30 ; ♿). Cet aquarium séduit ses visiteurs depuis 1955 avec ses innombrables spectacles et activités, dont de nombreuses occasions de rencontrer les animaux (moyennant surcoût), comme les spectacles **Discover Stingrays** (à la découverte des raies pastenagues) et **Dolphin Splash Encounter** (à la rencontre des dauphins). Si les associations de protection animale demeurent peu favorables aux contacts avec les dauphins en captivité, le Gulfarium affirme en revanche œuvrer à leur protection et à la sensibilisation du grand public. Libre à vous de voir ce qui vous semble le plus juste. Il faut être âgé d'au moins huit ans pour nager avec les dauphins.

US Air Force Armament Museum
MUSÉE

(✒850-651-1808 ; www.afarmamentmuseum.com ; 100 Museum Dr, Eglin Air Force Base ; ⊙9h30-16h30 lun-sam). GRATUIT Pour les passionnés de la chose militaire. Bien que peu étendu en apparence, ce musée aux allures de hangar compte une pléthore d'attractions, dont un chasseur-bombardier F-105 Thunderchief et un simulateur de vol où l'on se retrouve aux commandes d'un destructeur de chars A10 "Warthog". Il retrace également en détail l'histoire de la base d'Eglin, la plus grande du pays. Le musée se trouve à 14 km au nord-est de Fort Walton Beach.

Destin Boardwalk et HarborWalk Village   MARINA

(☎850-424-1232 ; www.destinboardwalk.com ; 102 Harbor Blvd, Destin). Cet ensemble très touristique, qui réunit résidences, boutiques, restaurants et night-clubs autour d'une marina, mérite une halte, surtout pour qui voyage avec des enfants. La plupart des tour-opérateurs (y compris pour la pêche) y ont un kiosque et on peut profiter de nombreuses activités, mais à des tarifs plutôt élevés.

Southern Star Dolphin Cruises   CROISIÈRES

(☎850-837-7741 ; www.dolphin-sstar.com ; 100 Harbor Blvd, Suite A, Destin ; adulte/enfant 29/15,50 $; ⏰9h-18h lun-sam). Ce tour-opérateur sensibilisé à l'environnement propose depuis 20 ans des croisières d'observation des grands dauphins, qui ont élu domicile dans ces eaux tempérées. Des croisières de 2 heures sont proposées toutes l'année dans un bateau à fond vitré de 23 m. Consultez le programme des sorties sur le site Internet.

ScubaTech   PLONGÉE

(☎850-837-2822 ; www.scubatechnwfl.com ; 301 Hwy 98 E ; snorkeling à partir de 30 $, plongée autonome à partir de 90 $; ⏰9h-16h). Aux bons soins du personnel compétent de ce tour-opérateur, profitez de superbes sites de plongée. La sortie avec deux bouteilles (4 heures, de 18 à 28 m de profondeur) revient à 90 $/pers ; la location de matériel complet incluant palmes, masque et tuba coûte 65 $. Comptez 30 $/pers pour le snorkeling (2 heures), avec matériel et combinaison.

Just Chute Me   PARACHUTE

(☎850-650-4630 ; www.parasaildestin.com ; 500 Harbor Blvd, Destin ; à partir de 35 $/pers ; ⏰8h-19h fév-oct). Avec ses eaux paisibles et ses paysages éblouissants, le golfe se prête merveilleusement au parachutisme. Ce tour-opérateur organise aussi des vols pour débutants.

🛏 Où se loger

Toutes les chaînes hôtelières sont représentées le long de la Hwy 98.

Henderson Beach State Park   CAMPING $

(☎850-837-7550 ; www.floridastateparks.org/hendersonbeach ; 17000 Emerald Coast Pkwy, Destin ; tente et empl camping-car 30 $, accès à la journée 6 $). Paradis côtier pourvu de 54 emplacements très tranquilles, de toilettes confortables au milieu des pins de Virginie, et d'un sentier découverte de 1,2 km à travers les dunes. Convient mieux aux camping-cars qu'aux tentes.

💜 Aunt Martha's Bed & Breakfast   B&B $$

(☎850-243-6702 ; www.auntmarthasbedandbreakfast.com ; 315 Shell Ave SE, Fort Walton Beach ; ch petit-déj inclus 105-115 $; ❄️📶). Aisément accessible à pied du centre-ville, cette charmante auberge surplombe l'Intracoastal. Sans chichis, les chambres aux élégants lits en cuivre ouvrent sur les frondaisons des chênes. Piano et bibliothèque bien fournie agrémentent le salon que prolonge une véranda. Les petits-déjeuners typiques du Sud (quiche à la langouste, gruau au jambon et au fromage, pain perdu) sont un vrai festin.

Candlewood Suites Destin-Sandestin   MOTEL $$

(☎850-337-3770 ; www.candlewooddestin.com ; 11396 Hwy 98, Destin ; d à partir de 89 $; 📶). Ce motel moderne en bordure de l'autoroute, à l'extrémité est de la ville, loue des chambres stylées et fonctionnelles, d'un bon rapport qualité/prix. Toutes sont équipées d'une kitchenette et ont un accès Wi-Fi gratuit.

Henderson Park Inn   AUBERGE $$

(☎866-398-4432 ; www.hendersonparkinn.com ; 2700 Hwy 98, Destin ; ch à partir de 169 $; ❄️📶🍴🏊). Posée sur la plage, cette auberge raffinée compte 36 chambres décorées avec soin (beau linge) et réserve des attentions délicates à ses hôtes, comme des chocolats sur l'oreiller. Tout est compris (petit-déjeuner, déjeuner, boissons et en-cas) et le lieu est prisé des jeunes mariés.

🍴 Où se restaurer

Stewby's Seafood Shanty   POISSON ET FRUITS DE MER $

(☎850-586-7001 ; www.stewbys.com ; 427 Racetrack Road NW, Fort Walton Beach ; plats 3-15 $; ⏰10h-21h). En retrait de l'artère principale, sur la route de la base d'Eglin, ce restaurant sans chichis, principalement tourné vers la vente à emporter, est réputé pour sa soupe aux gombos et ses sandwichs, inspirés de recettes transmises au fil des générations. En raison du succès croissant du Stewby's, l'attente est assez longue, mais la cuisine est à la fois excellente et abordable.

Donut Hole Café & Bakery   BOULANGERIE $

(☎850-837-8824 ; 635 Harbor Blvd, Destin ; à partir de 4 $; ⏰6h-22h). Ce beau *diner* sert de copieux petits-déjeuners aux œufs, de succulents beignets au babeurre maison et, toute la journée, de belles parts de tarte au citron vert des Keys. Une institution locale pour laquelle on vient de loin.

Boathouse
Oyster Bar
POISSON ET FRUITS DE MER $

(☑ 850-837-3645 ; www.boathouseoysterbar.com ; 228 Hwy 98 E, Destin ; 4-18 $; ☺11h-tard). L'ambiance bat son plein dans cette cabane en bord de mer où l'on se retrouve pour déguster huîtres d'Apalachicola, langoustes et autres fruits de mer. Le tout en musique (live), country ou jazz.

Dewey Destin's
POISSON ET FRUITS DE MER $$

(☑ 850-837-7525 ; www.destinseafood.com ; 202 Harbor Blvd, Destin ; plats 9-22 $; ☺à partir de 11h). Au regard des gigantesques enseignes de chaîne alignées sur l'artère principale de Destin, cette vieille cabane décorée d'anciennes photos de la Floride surprend agréablement. Souvent bondée, elle est appréciée des gens du coin qui goûtent ses produits de la mer préparés en toute simplicité, frits ou à la vapeur, ainsi que ses boissons tendance à base de rhum. Il existe désormais un second **établissement** (☑ 850-837-7575 ; 9 Calhoun Ave, Destin ; plats 9-22 $; ☺à partir de 11h) qui donne sur Crab Island.

Bay Café
FRANÇAIS $$

(☑ 850-344-7822 ; www.baycafewaterfront.com ; 233 Alconese Ave, Fort Walton Beach ; plats 16-28 $; ☺11h-22h lun-sam, 11h-15h dim). Foie gras, saint-jacques revenues à la poêle et filet mignon figurent à la carte de ce charmant bistrot sur le front de mer, au pied du Brooks Bridge. Apprécié des habitants depuis plus de 30 ans, il possède une salle qui donne sur une terrasse d'où l'on jouit d'une merveilleuse vue sur la baie. Longue carte des vins.

♥ Louisiana
Lagniappe
POISSON ET FRUITS DE MER $$$

(☑ 850-837-0881 ; www.thelouisianalagniappe.com/destin ; 775 Gulf Shore Dr, Destin ; plats 18-39 $; ☺17h-21h lun-ven, 17h-22h sam-dim). Cet établissement qui surplombe l'océan concocte une authentique cuisine de La Nouvelle-Orléans. Les fruits de mer, de première fraîcheur, sont présentés à la mode *Deep South* et le mérou, le crabe et le homard figurent en bonne place au menu. Les serveurs prennent soin de détailler aux convives les subtilités de chacun des plats

avant la commande. Les nappes blanches et le spectacle du soleil couchant couronnent le tableau. Vivement recommandé.

🍷 Où prendre un verre et sortir

Le HarborWalk Village et l'Okaloosa Island Boardwalk abondent en pubs et restaurants touristiques, avec vue sur mer et intense animation nocturne.

Props Craft Brewery
BRASSERIE

(☑ 850-586-7117 ; www.propsbrewery.com ; 255 Miracle Strip Pkwy SE, Fort Walton Beach ; ☺11h-23h). Ne cherchez pas plus loin si vous êtes en quête d'une adresse simple et sympathique pour siroter une bière artisanale bien fraîche en regardant une rencontre sportive sur écran géant, ou simplement pour vous détendre dans le bar d'extérieur, aux côtés des habitants.

AJ's Club Bimini
CLUB

(☑ 850-837-1913 ; www.ajs-destin.com/club-bimini ; 116 Harbor Blvd, Destin ; ☺21h-tard). Ce bar de style polynésien sur plusieurs niveaux, avec restaurants et pistes de danse, est un temple des plaisirs. On y propose aussi des croisières quotidiennes au crépuscule sur une luxueuse goélette.

🔒 Achats

Silver Sands Outlets
CENTRE COMMERCIAL

(☑ 850-654-9771 ; www.silversandsoutlet.com ; 10562 Emerald Coast Pkwy, Destin ; ☺10h-21h lun-sam, 10h-18h dim). Aussi attrayant que commode, ce temple du shopping recèle une centaine de magasins d'usine où sont vendus, à prix bradés, des articles de marque des saisons précédentes.

ℹ Renseignements

L'**Emerald Coast Visitors Welcome Center** (☑ 850-651-7131, 800-322-3319 ; www.destin-fwb.com ; 1540 Miracle Strip Pkwy, Destin ; ☺8h-17h lun-ven, 10h-16h sam-dim) sert d'office du tourisme. Consultez également le site Internet de la Destin Area Chamber of Commerce (www.destinchamber.com).

ℹ Comment s'y rendre et circuler

Destin est à 72 km à l'ouest de Panama City Beach et à 75 km à l'est de Pensacola, sur la Hwy 98. L'**Okaloosa Regional Airport** (www.flyvps.com) dessert la région de Destin-Fort Walton (vols directs pour de nombreuses villes des États-Unis, dont Chicago et Tampa, avec

PANHANDLE FORT WALTON BEACH ET DESTIN

les compagnies American Eagle, Vision, Delta, Continental et US Airways.

Une navette **Okaloosa County Transit** (www.rideoct.org) circule 4 fois/jour de 8h à 19h du lundi au samedi en hiver, et 8 fois/jour de 8h à 22h en été (1 $ le trajet).

Plages de South Walton et Scenic Highway 30A

📞 850

Entre Destin et Panama City, le long de la **panoramique Hwy 30A**, s'égrène tout un chapelet de petites localités (quinze en tout) que l'on appelle **Santa Rosa Beach**, ou les **Beaches of South Walton** (plages de South Walton). Tous de caractère mais différents, ces hameaux s'accordent sur un point : une architecture bien dessinée. Ils se tiennent le long de cette portion époustouflante du golfe, précisément nommée **Emerald Coast** (côte d'Émeraude). Suivre simplement la route 30A sur ce tronçon est un bonheur en soi. Entre les belles demeures cossues et les maisons sur le front de mer, boutiques et cafés sont autant d'invitations.

Si vous ne devez vous arrêter que deux fois, nous vous recommandons la délicieuse **Grayton Beach**, qui semble avoir été conçue par des hippies ayant fait fortune (passez une nuit sur place si vous pouvez) ou **Seaside** (p. 468), d'une beauté de carte postale. Nous vous conseillons également WaterColor et sa palette artistique, Alys Beach la marocaine et Rosemary Beach la hollandaise. Pour plus de renseignements, consultez www.discover30a.com.

La région se prête merveilleusement au cyclotourisme. Longue de 30 km, la Timpoochee Trail (goudronnée) est parallèle à la Hwy 30A. Le Longleaf Pine Greenway (sentier de randonnée pédestre et cycliste de 13 km) longe côté continent la Hwy 30A, de l'est de la SR 395 jusqu'à un point situé juste avant la SR 393. Enfin l'Eastern Lake Trail débute dans le Deer Lake State Park et rejoint l'extrémité ouest du Longleaf Pine Greenway.

Si vous préférez la voiture au deux-roues, comptez au moins 2 heures pour parcourir le tronçon de la 30A entre Destin et Panama City Beach, même si vous ne prévoyez aucun arrêt. La vitesse est limitée, la circulation (automobile et piétonne) est importante et les plages de toute beauté invitent à prendre son temps.

👁 À voir et à faire

Grayton Beach State Park PARC

(📞 850-267-8300 ; www.floridastateparks.org/graytonbeach ; 357 Main Park Rd, Santa Rosa Beach ; véhicule 5 $; ⏰ 8h-crépuscule). Ce long ensemble (567 ha) de dunes qui ondoient vers la mer est d'une beauté à couper le souffle. Le parc se niche à côté du hameau très cossu de Grayton Beach, berceau du célèbre Red Bar et de l'insolite **Dog Wall** (une fresque murale exécutée par les résidents, qui y ont représenté leurs chiens). Les habitants viennent ici admirer le coucher du soleil et faire du wakeboard sur les eaux scintillantes des étangs nichés parmi les dunes.

Dans le parc, le Grayton Beach Nature Trail (possibilité de se procurer un plan-guide à l'entrée) part du flanc est du parking, traverse les dunes, des buissons de magnolias et des pinèdes, puis rejoint une promenade en bois qui conduit au chemin du retour, lequel longe la plage.

Eden Gardens State Park PARC

(📞 850-267-8320 ; www.floridastateparks.org/edengardens ; 181 Eden Gardens Rd, Santa Rosa Beach ; 4 $, visite guidée adulte/enfant 4/2 $; ⏰ 8h-crépuscule, visite guidée 10h-15h lun-jeu). À l'intérieur des terres par rapport à la Hwy 30A, sur une péninsule s'avançant dans Choctawhatchee Bay, des jardins et des pelouses impeccables encadrent la résidence des Wesley, riche famille floridienne d'exploitants en bois. La maison à colonnades du début du XIXe siècle fut rachetée et rénovée en 1963 par Lois Maxon, qui y expose sa collection de meubles Louis XVI, entre autres antiquités et souvenirs de famille. On peut profiter des pelouses bordées de chênes et de la ravissante aire de pique-nique au bord de l'eau.

Big Daddy's LOCATION DE VÉLOS

(📞 850-622-1165 ; www.bigdaddysbikes.com ; 2217 W County Hwy 30A, Santa Rosa Beach). Existant depuis 1998, cette enseigne loue quantité de vélos à partir de 26 $/jour, incluant casque, antivol et livraison ou récupération gratuite presque partout sur la Hwy 30A. Parfait pour rejoindre la route panoramique ou la plage en moins de deux.

30-A Bike Rentals LOCATION DE VÉLOS

(📞 850-865-7433 ; www.30Abikerentals.net ; 5399 E County Hwy 30A, Santa Rosa Beach). Location de vélos à partir de 20 $/jour, comprenant la livraison et la récupération gratuites dans la plupart des points de la Hwy.

🛏 Où se loger

Sur ce tronçon de la 30A, on pourra choisir entre le camping sur la plage, des pensions cosy, un luxueux complexe et un large choix de locations (des superbes villas aux appartements en copropriété). Pour les locations, consultez www.graytoncoastrentals.com, www.30avacationrentals.com ou www.cottagerentalagency.com. Réservez votre hébergement suffisamment à l'avance ou préférez Destin ou Panama City pour des tarifs plus avantageux.

Grayton Beach State Park   CAMPING $

(☑850-267-8300 ; www.floridastateparks.org/ graytonbeach ; 357 Main Park Rd, Santa Rosa Beach ; tente et camping-car 24 $, cottage 110-130 $). Vous auriez peut-être du mal à passer le reste de votre vie dans ce petit paradis, mais vous pourrez y séjourner brièvement. Le camping et ses petits cottages cosy rendent ce cadre idyllique accessible à tous.

♥ Hibiscus Coffee & Guesthouse PENSION $$

(☑850-231-2733 ; www.hibiscusflorida.com ; 85 Defuniak St ; Grayton Beach, ch à partir de 115 $, ✦🛜). Cette délicate pension agrémentée d'un jardin se niche dans un quartier ombragé de Grayton Beach, le village le plus ancien. Tissus tropicaux et peintures originales confèrent aux chambres et appartements le charme familier d'une maison de vacances. Hôtes et gens de passage savoureront pancakes à base de diverses céréales ou smoothies à la mangue au **Vegetarian Cafe** (à partir de 4 $; ⏱7h30-11h30). Une adresse typique de Grayton Beach.

♥ WaterColor
Inn & Resort   COMPLEXE HÔTELIER $$$

(☑866-426-2656 ; www.watercolorresort.com ; 4 Goldenrod Circle, WaterColor ; ch à partir de 250 $). Conçu par l'architecte David Rockwell, ce complexe de luxe plébiscité et offrant toutes les commodités s'étend sur près de 250 ha en bord de mer. Ses chambres contemporaines disposent de larges fenêtres, d'un balcon et de beau linge dans des teintes marines. Beaucoup ont vue sur l'océan ou ne se trouvent qu'à quelques pas de la plage. Les six superbes piscines et les eaux du golfe invitent à la détente dans un cadre on ne peut plus apaisant.

Pensione   BOUTIQUE-HÔTEL $$$

(☑866-348-8952 ; www.rosemarybeach.com/ pensione-rosemary-beach ; 78 Main St, Rosemary

Beach ; ch à partir de 195 $; ✦🛜). Comme son nom le suggère, cette auberge à l'angle d'une rue dans le centre de Rosemary Beach tient plus de la pension de style européen que de l'hôtel. Pas de réception, seulement 11 paisibles chambres d'hôtes à la décoration personnalisée, avec toutes les commodités modernes (Wi-Fi gratuit, TV à écran plat et machine à café). Les clients ont accès gratuitement au club de tennis local et au centre de remise en forme.

✕ Où se restaurer et prendre un verre

Grayton Beach, Seaside et Rosemary Beach ont un centre animé avec plusieurs restaurants et bars où se divertir le soir.

Rose Bros   CAFÉ

(www.rbsodafountain.com ; 78 Main St, Rosemary Beach ; à partir de 3 $; ⏱7h-21h lun-sam). Ce café de Rosemary Beach, à la fois décontracté et élégant, vend toutes sortes de rafraîchissements. Glaces, milk-shakes, hot dogs et burgers figurent à la carte. Tarifs raisonnables malgré un emplacement plutôt touristique.

Cowgirl Kitchen   TEX MEX $

(☑850-213-0058 ; www.cowgirlkitchen.com ; 54 Main St, Rosemary Beach ; plats 6-15 $; ⏱8h-21h ; 🖶). Dans l'adorable petit centre de Rosemary Beach, une cuisine tex mex sans rien d'exceptionnel mais dont les burritos, les nachos, les tacos et les salades au poulet épicé ont depuis longtemps leurs adeptes. La carte, aux prix convenables, propose aussi un choix de pizzas, à accompagner d'une bière pour regarder un match sur l'écran TV géant.

Red Bar   PUB $$

(☑850-231-1008 ; www.theredbar.com ; 70 Hotz Ave, Grayton Beach ; plats au dîner 14-25 $; ⏱11h-15h et 17h-22h, bar ouvert jusque tard). Installé dans un ancien bazar, ce lieu sans prétention mais fort couru accueille tous les soirs des concerts. Dans une ambiance sympathique, la clientèle s'offre une bière ou goûte au petit choix de plats proposés, tels que *crab cake* et aubergines farcies aux crevettes.

♥ Cafe Thirty-A   AMÉRICAIN $$$

(☑850-231-2166 ; www.cafethirtya.com ; 3899 E Scenic Hwy 30A, Santa Rosa Beach ; plats 14-38 $). À peine franchie la porte de ce restaurant chic installé dans une maison de ville moderne, vous serez séduit par son ambiance. On s'y régale de produits de la

SEASIDE : UN MONDE À PART

Si vous avez besoin d'inspiration pour représenter la ville idéale, venez passer quelques heures, ou une soirée, à photographier cette localité à l'architecture idyllique au point que l'on éprouve, à s'y aventurer, le sentiment d'entrer dans un décor. Seaside a de fait servi de cadre au film *The Truman Show*, de Peter Weir (1998), dont le personnage principal, interprété par Jim Carrey, évoluait dans une ville à la pétrifiante perfection.

Dans la réalité, Seaside n'a rien d'ennuyeux. Des architectes renommés lui donnèrent vie en 1981 et en firent le premier espace urbain du pays construit dans le souci de redonner la priorité aux piétons – elle est depuis encensée comme le modèle du New Urbanism (urbanisme néotraditionnel). Mais au lieu de devenir une ville habitée à l'année, elle s'est rapidement muée en station balnéaire, nombre de gens vivant dans d'autres régions du Sud y ayant acquis des résidences d'été.

Hors saison (de novembre à avril), l'atmosphère vous paraîtra étrange, et vous serez peut-être le soir complètement seul dans les rues ou sur la plage. En saison, c'est tout le contraire, et les résidents se montrent incroyablement ouverts et chaleureux.

Enseigne branchée, le **Sundog Books** (☑850-231-5481 ; www.sundogbooks.com ; 89 Central Sq ; ⊙9h-21h) propose un bon choix de livres et de disques. On trouve aussi à Seaside quelques excellents restaurants, des galeries d'art et, bien sûr, une plage divine.

La place gazonnée du village, en cours de rénovation lors de notre dernier passage, est l'endroit idéal pour s'asseoir et observer les vacanciers. Souvent, d'anciennes caravanes Airstream, à la carrosserie argent, y proposent de quoi se sustenter, des *cupcakes* aux jus de fruits. Vous aurez sans doute du mal à résister à notre préféré parmi ces food trucks, le **Meltdown on 30A** (☑850-231-0952 ; 2235 E County Hwy 30A ; à partir de 5 $; ⊙8h30-22h), qui concocte toutes sortes de délices à base de fromage grillé (mention spéciale pour l'avocat-bacon-confiture). Il sert aussi de savoureux biscuits au fromage et gruau de maïs pour le petit-déjeuner (jusqu'à 11h). On peut s'installer à l'ombre ou sur la plage. Joyeux et bon marché.

mer, comme le homard ou le mérou rôti au four, mais aussi d'un filet mignon cuit à la perfection ou d'un poulet rôti.

Fish out of Water
POISSON ET FRUITS DE MER $$$

(☑850-534-5050 ; 34 Goldenrod Circle, Water-Color ; plats 18-40 $; ⊙8h-11h lun, 8h-11h et 17h30-21h mar-dim). La carte met l'accent sur les produits du coin (serran noir rôti, sébaste à la vapeur, huîtres d'Apalachicola). On dîne dans une salle aménagée avec goût, ou sur la terrasse pour admirer le coucher de soleil. On peut aussi se contenter d'un petit-déjeuner, plus raisonnable pour le porte-monnaie.

Bud & Alley's
AMÉRICAIN $$$

(☑850-231-5900 ; www.budandalleys.com ; 2236 East County Rd 30A, Seaside ; plats 25-34 $; ⊙11h-21h30). Adresse branchée de Seaside, ce restaurant en plein air surplombant le golfe propose d'excellents produits de la mer, comme le flétan ou les crevettes grillées. Concerts de world music, jazz et funk le week-end. Certains estiment que la cuisine ne justifie pas le niveau des prix, mais la vue et l'ambiance les valent, à nos yeux.

ⓘ Renseignements

Beaches of South Walton Tourist Center (☑800-822-6877 ; www.beachesofsouthwalton.com ; angle Hwy 331 et Hwy 98 ; ⊙8h-16h30). L'office du tourisme se trouve dans les terres, entre la SR 283 et la SR 83. Il existe également un panneau d'affichage avec brochures touristiques à l'extrémité est de la Seaside Town Square (place principale de Seaside).

Panama City Beach

☑850 / 11 800 HABITANTS

Si le charme du Panhandle tient pour une grande part à son ambiance tranquille, rien de tel à Panama City Beach, station balnéaire surdimensionnée à quelque 16 km de Panama City, elle-même assez quelconque. Station typique des années 1970, PCB, comme l'appellent ses habitants, vit désormais sous la férule des promoteurs et du commerce-roi. La destination est prisée des familles en quête de vacances bon marché, des retraités venus y couler des jours paisibles et de jeunes gens amateurs de plage et de soleil.

De nouveaux buildings à l'architecture sans intérêt bétonnent désormais le front de mer, et les centres commerciaux, hôtels de chaîne, bars et restaurants se multiplient à tous les coins de rue. De mars à mai, au moment du Spring Break, une véritable folie s'empare de la ville, destination de choix pour les étudiants des quelque 150 universités établies à l'est du Mississippi, qui déferlent sur la ville et se livrent à tous les excès.

Heureusement, malgré le boom de l'aménagement urbain, les plages sont superbes. Leur sable fin et leurs eaux limpides attirent les amateurs de baignade, de pêche et de plongée, l'endroit étant d'ailleurs réputé pour ses nombreuses épaves et autres récifs naturels et artificiels, peuplés d'une extraordinaire faune marine. Le succès touristique de la ville a au moins eu un mérite : les hébergements bon marché ont fleuri sur ce séduisant tronçon de la Hwy 30A entre PCB et Destin, où les tarifs des hôtels sont élevés. En basse saison, on peut trouver des offres très avantageuses à quelques pas de la plage.

Quant à l'ambiance un peu bruyante qui règne ici, elle a au moins le mérite (hors bacchanales du Spring Break) de ne pas exclure les familles avec enfants.

◉ À voir et à faire

Ce ne sont pas les activités qui manquent à Panama City Beach, pour les jeunes comme pour les moins jeunes. On trouve ici quantité de cinémas, un minigolf, des centres commerciaux et des jeux d'arcade, entre autres distractions.

Surnommée "capitale des épaves du Sud", Panama City Beach est idéale pour la plongée sur épave. Plus d'une dizaine de bateaux, dont le *Liberty* (134 m) de la Seconde Guerre mondiale et de nombreux remorqueurs reposent dans les fonds marins. On dénombre plus de 50 récifs artificiels (arches de pont, barges et autres structures), sans compter les récifs coralliens. La visibilité, de 12 m en moyenne, peut aller jusqu'à 25 m. L'hiver, l'eau affiche une température moyenne de 16°C (31°C en été).

🐚 Shell Island   PARC

(☑850-233-0504 ; www.shellislandshuttle.com ; 4607 State Park Lane, Panama City ; aller-retour adulte/enfant 17/9 $; ☉9h-17h mars-sept). Au large de St Andrews State Park, cette île de sable fin se prête aussi bien à la baignade et aux bains de soleil qu'au snorkeling. L'île ne dispose d'aucune infrastructure et il n'y a pas d'ombre : prévoyez chapeau et crème

solaire. Les billets s'achètent auprès de Shell Island Shuttle au Pier Marketplace dans le parc ; un tramway fait la navette jusqu'au bateau. Consultez le site Internet pour plus de renseignements et pour connaître les horaires.

St Andrews State Park   PARC

(☑850-233-5140 ; www.floridastateparks.org/standrews ; 4607 State Park Lane, Panama City ; véhicule/piéton 8/2 $; ☉8h-crépuscule). Havre de tranquillité, ce parc de 630 ha, sillonné de sentiers nature et bordé de plages, réunit quantité d'animaux, dont des renards, des coyotes, des serpents, des alligators et des oiseaux marins. Rassurez-vous : les alligators vivent en eau douce et les zones de baignade – dont le bassin pour les enfants (1 m) près des jetées – se trouvent dans l'océan. Ouverts toute l'année (28 $/nuit), d'excellents sites de camping bordent le littoral. Sur la plage, près des jetées, on voit encore les plateformes à canons de la Seconde Guerre mondiale.

WonderWorks   MUSÉE

(☑850-249-7000 ; www.wonderworkspcb.com ; 9910 Front Beach Rd, Panama City Beach ; adulte/enfant 24/19 $, supplément laser tag 8 $; ☉9h-22h dim-jeu ; 🅿). Un bâtiment comme tombé du ciel, le toit enfoncé dans le sol, pelouse et palmiers suspendus dans les airs ! Ce nouveau musée interactif et centre de divertissements loufoque invite à pratiquer des expériences inattendues telles que le vélo d'appartement contre la force gravitationnelle, une course d'obstacles en montée ou du football virtuel. Incontournable avec des enfants !

Bear Creek Feline Center   SAUVETAGE D'ANIMAUX

(☑850-722-9927 ; www.bearcreekfelinecenter.org ; 8822 Tracy Way, Panama City ; suggestion de don 50 $; ☉visite sur rendez-vous). En périphérie de Panama City, cette structure unique met l'accent sur la sauvegarde et la protection animalière, ainsi que sur la sensibilisation à ces questions. Elle offre un habitat "définitif" à quelque 28 félins originaires des quatre coins de la planète, dont chacun a son propre soigneur. Si vous avez envie d'approcher un lynx ou une panthère de plus près, prenez rendez-vous pour une visite. Le centre se trouve à environ 22 km au nord de Panama City et à 37 km dans les terres.

Museum of Man in the Sea   MUSÉE

(☑850-235-4101 ; www.maninthesea.org ; 17314 Panama City Beach Pkwy, Panama City Beach ;

PANHANDLE PANAMA CITY BEACH

adulte/enfant 5 $/gratuit ; ☉10h-17h mer-sam). Ce musée consacré à la plongée propose des expériences comme actionner une pompe à scaphandrier ou grimper à bord d'un submersible. On observera des maquettes du labo sous-marin Sealab III et le fonctionnement des cloches de plongée n'aura plus de secret pour vous. Outre la collection d'anciennes tenues de plongée, il y a aussi un aquarium marin.

Ripley's Believe It or Not!   MUSÉE

(☎850-230-6113 ; www.ripleyspanamacitybeach. com ; 9907 Front Beach Rd, Panama City Beach ; adulte/enfant 16/11 $; ☉9h-21h ; 🚻). Omniprésents dans la région, les "Odditoriums" de Robert Ripley, le fondateur du journal *Believe It or Not !* ("Incroyable mais vrai !"), ont leur représentant à Panama City Beach. Dans un bâtiment en forme de bateau, la "salle des bizarreries" présente des objets étranges comme des reproductions de l'homme le plus grand du monde ou de têtes réduites amazoniennes. Ici aussi, un jeu de *laser tag* (les habitants adorent !), plus un cinéma IMAX aux sièges qui bougent.

Gulf World Marine Park   AQUARIUM

(☎850-234-5271 ; www.gulfworldmarinepark.com ; 15412 Front Beach Rd, Panama City Beach ; adulte/ enfant 20/12 $; ☉9h30-17h, plus tard l'été et les jours fériés). Ouvert depuis 1969, cet aquarium permet de voir de près les animaux marins, au fil de quantité de spectacles et d'activités. Comptez au moins 175 $ pour le programme de nage avec les dauphins (adultes et enfants de plus de 5 ans).

Dive Locker   PLONGÉE

(☎850-230-8006 ; www.divelocker.net ; 106 Thomas Dr, Panama City Beach ; ☉8h-18h). Cette agence et école de plongée réputée connaît tous les récifs du secteur. Une plongée basique supervisée coûte 84 $ au minimum, matériel compris. Un stage Open Water de 3 jours revient à 325 $. Consultez le site Internet pour connaître les dernières offres.

🛏 Où se loger

Les hébergements ne manquent pas à Panama City Beach, où tous les budgets seront satisfaits, mais ne songez pas à un séjour en hôtel de charme. Si vous voulez éviter les *spring-breakers*, recherchez les hôtels qui affichent *family-friendly* (familles bienvenues) ou *families only* (familles uniquement). Entre l'hiver (tranquille) et l'été (bondé), les tarifs varient considérablement, pour culminer lors des vacances de printemps (mars à mai). Pour la liste complète des hôtels et complexes hôteliers, consultez www.pcbeach.org.

Driftwood Lodge   HÔTEL $

(☎850-234-6601 ; www.driftwoodpcb.com ; 15811 Front Beach Rd, Panama City Beach ; d à partir de 89 $). Fort de deux piscines et d'un bon choix de chambres, simples mais irréprochables, ce motel réservé aux familles, en immédiat front de mer, est un excellent choix dans la catégorie petits budgets. Un nombre de nuitées minimum est parfois exigé en haute saison : renseignez-vous auprès de l'hôtel.

Holiday Inn Resort   HÔTEL $$

(☎850-234-1111 ; www.hipcbeach.com ; 11127 Front Beach Rd, Panama City Beach ; ch à partir de 99 $). Les grandes chambres de ce vaste complexe en bord de mer ont été récemment rénovées, sans que cela gomme pour autant son aspect typique des années 1970. Il séduit tous les types de clientèle, des *spring-breakers* venus faire la fête aux familles en vacances, en passant par les célibataires en goguette. Il y a tant de chambres qu'on y trouve généralement de bonnes affaires.

Bay Point Wyndham Resort   HÔTEL $$

(☎850-236-6000 ; www.baypointwyndham.com ; 4114 Jan Cooley Dr, Panama City Beach ; ch à partir de 99 $; 🅿❄🛜🐾). L'une des adresses les plus cosy de PCB. Cet hôtel bien aménagé s'enorgueillit d'une belle vue sur la baie de St Andrews, de deux terrains de golf, d'agences de location de matériel nautique, d'une belle piscine, de 3 restaurants et d'un grand spa. Chambres cosy, modernes et spacieuses.

Wisteria Inn   MOTEL $$

(☎850-234-0557 ; www.wisteria-inn.com ; 20404 Front Beach Rd, Panama City Beach ; d à partir de 99 $; 🅿❄🛜🐾). Ce petit motel ravissant loue 15 chambres à thème (de South Beach à l'Extrême-Orient). Les *mimosa hours* quotidiennes au bord de la piscine donnent l'occasion de bavarder. Ici pas de *spring-breakers* comme l'indique la mention "adults only". Sachez que les animaux sont les bienvenus.

🍴 Où se restaurer et prendre un verre

Même si les restaurants ne manquent pas, ce n'est guère à sa gastronomie que Panama City Beach doit son affluence de visiteurs. Attendre une table dans l'un des gigantesques restaurants établis ici tient d'un sport d'endurance. Le centre-ville, à l'est, présente des possibilités plus raisonnables et a l'attrait d'une ambiance plus décontractée, mais une voiture est nécessaire.

Andy's Flour Power Bakery   BOULANGERIE $
(☑850-230-0014 ; www.andysflourpower.com ; 3123 Thomas Dr, Panama City ; à partir de 3 $; ☺7h-14h). Le meilleur petit-déjeuner de la ville : des omelettes mousseuses parfaites, du gruau de maïs au fromage, des gaufres et, bien sûr, du bacon et des œufs préparés à l'envi. D'après ce qu'on nous a déclaré, les habitants prendraient leur petit-déjeuner ici et y reviendraient pour déjeuner – sandwichs gourmets new-yorkais dans du pain tout frais. Chaudement recommandé.

Pineapple Willy's   CARIBÉEN $$
(☑850-235-1225 ; www.pwillys.com ; 9875 S Thomas Dr, Panama City Beach ; plats 10-28 $; ☺11h-tard). Demandez une table sur le ponton pour dîner tout près du large. Le restaurant est réputé pour ses cocktails et la

spécialité maison (côtelettes au whisky). Un endroit branché et prisé de la jeunesse.

♥**Firefly**   AMÉRICAIN MODERNE $$$
(☑850-249-3359 ; www.fireflypcb.com ; 535 Richard Jackson Blvd, Panama City Beach ; plats 23-42 $; ☺17h-22h). Un endroit superbe pour dîner à la lueur des torches. Au menu, une cuisine de la mer créative – crevettes au sésame en tempura et vivaneau farci à la saucisse – mais aussi des sushis et des sashimis. Même le président Obama a un jour dîné ici, comme aiment à le rappeler les habitants. Ne vous laissez pas décourager par le prix des plats : on trouve aussi quantité d'entrées avantageuses et le Firefly pratique l'happy hour. Plus de renseignements sur le site Internet.

Tootsie's
Orchid Lounge   BAR LOUNGE, MUSIQUE LIVE
(☑850-236-3459 ; www.tootsies.net ; 700 S Pier Park Dr, Panama City Beach ; ☺10h-tard). Tootsie's

VAUT LE DÉTOUR

MEXICO BEACH

À mille lieues des plages chics de South Walton comme de la démesure de Panama City Beach, Mexico Beach a tous les charmes des plages d'autrefois. Elle se situe à mi-chemin entre Panama City et Port St Joe, quelques kilomètres après l'immense base aérienne de Tyndall. On vient essentiellement s'y détendre, apprécier la tranquillité et la douceur de vivre de cette ravissante bourgade, avec ses cabanes sur la plage, ses vendeurs de *fish and chips*, ses musiciens de rue. Et si les enfants finissent par s'ennuyer, vous ne serez qu'à une demi-heure de route des innombrables distractions de Panama City Beach.

Si vous recherchez un hébergement, vous pourrez opter pour l'ambiance rétro à souhait d'**El Govenor Motel** (☑850-648-5757 ; www.elgovenormotel.net ; Hwy 98 ; d à partir de 69 $), sur le front de mer. Les chambres sont un peu désuètes, mais propres ; certaines sont équipées d'une kitchenette. Toutes disposent d'un balcon donnant sur le golfe. Le motel possède également un merveilleux bar de piscine. Fort d'une ambiance plus cosy mais teintée d'exotisme, le **Driftwood Inn** (☑850-648-5126 ; www.driftwoodinn.com ; 2105 Hwy 98 ; d à partir de 110 $) propose à la fois des chambres soignées et des cottages au bord de l'eau. Il a l'attrait supplémentaire d'un jardin paysager et d'un magasin de souvenirs. Mexico Beach compte aussi un large choix de locations de vacances, dont de nombreuses situées directement sur la plage. Consultez le site www.gulfcoastvacationrentals.com pour obtenir la liste des locations individuelles.

Vous pourrez sans difficulté préparer vous-même vos repas, dans la mesure où maints hébergements de Mexico Beach disposent d'une cuisine ou d'une kitchenette. Parmi les quelques restaurants sur place, nous apprécions particulièrement le **Fish House Restaurant** (☑850-648-8950 ; www.fishhousemexicobeach.com ; 3006 Hwy 98 ; plats 9-28 $; ☺11h-21h lun-ven, 7h-21h sam et dim) pour son ambiance décontractée et sa clientèle familiale venue se régaler de *fish and chips* ou de petits-déjeuners complets. De 11h à 16h, il propose une copieuse formule à 7 $ composée de crevettes et de frites. Il y a de quoi séduire tous les palais au **Toucan's** (☑850-648-8207 ; www.toucansmexicobeachfl.com ; 719 Hwy 98 ; ☺11h-11pm), un bar tiki de bord de plage à thème sportif, où sont également servis des fruits de mer grillés. Le coucher du soleil est particulièrement beau d'ici.

manque peut-être du caractère de sa grande sœur, le légendaire bastringue éponyme de Nashville, mais la country y résonne non-stop avec autant de gaieté.

🔒 Shopping

Pier Park   CENTRE COMMERCIAL
(☑850-236-9974 ; www.simon.com/mall/pier-park ; 600 Pier Park Dr, Panama City Beach ; ⊙10h-21h lun-sam, 12h-18h dim). Prisé des familles, ce vaste centre commercial en plein air compte d'innombrables enseignes de vêtements et d'accessoires. On y trouve également plusieurs bars et restaurants touristiques, ainsi que d'autres possibilités de distraction.

ℹ️ Renseignements

Panama City Beach Convention & Visitors Bureau (☑850-233-6503 ; www.visitpanamacitybeach.com ; 17001 Panama City Beach Pkwy, Panama City Beach ; ⊙8h-17h). Fournit plans, brochures et quantité d'informations sur ce qui se passe en ville.

Panama City Beach Chamber of Commerce (☑850-235-1159 ; www.pcbeach.org ; 309 Richard Jackson Blvd, Suite 101, Panama City Beach ; ⊙9h-17h lun-ven, jusqu'à 14h sam). Une structure commode, équipée d'écrans digitaux qui indiquent où se loger, sortir et faire du shopping.

La **Panama City Beach Public Library** (☑850-235-5055 ; www.nwrls.lib.fl.us ; 12500 Hutchison Blvd, Panama City Beach ; ⊙9h-18h lun-mer, jusqu'à 17h jeu et ven, jusqu'à 16h sam). Accès Internet gratuit.

ℹ️ Comment s'y rendre et circuler

Le **Northwest Florida Beaches International Airport** (PFN ; ☑850-763-6751 ; www.iflybeaches.com ; 6300 West Bay Pkwy, Panama City) est desservi par Delta et Southwest, qui assurent des vols quotidiens vers Atlanta, Baltimore, Houston, Nashville et St Louis.

Les bus Greyhound rallient de nombreuses destinations à travers le pays au départ de la gare routière **Greyhound** (☑850-785-6111 ; www.greyhound.com ; 917 Harrison Ave, Panama City), même s'il ne s'agit pas de l'endroit le plus accueillant de la ville.

En voiture, Panama City Beach est à mi-chemin entre Tallahassee (209 km) et Pensacola (153 km). La Hwy 98 qui longe la côte mène directement en ville ; depuis l'I-10, prenez soit la Hwy 231, soit la Hwy 79 vers le sud.

Le **Bay Town Trolley** (☑850-769-0557 ; www.baytowntrolley.org ; billet 1,50 $) circule dans Panama City Beach. De nouveaux arrêts apparaissent régulièrement, mais la ligne ne fonctionne que du lundi au vendredi, entre 6h et 20h.

Classic Rentals (☑850-235-1519 ; www.classicrentalsinc.com ; 13226 Front Beach Rd, Panama City Beach ; ⊙8h-17h) loue des scooters (demi-journée/journée 20/35 $) et d'anciennes Harley Davidson (demi-journée/journée 75/125 $).

Cape San Blas et Port St Joe

☑850 / 3 500 HABITANTS

Cape San Blas s'enroule autour de St Joseph Bay, à l'extrémité sud-ouest du renflement du Panhandle. Il commence sur le continent à Port St Joe et se termine par une longue pointe de 16 km non construite avec le **St Joseph Peninsula State Park** (☑850-227-1327 ; www.floridastateparks.org/stjoseph ; 8899 Cape San Blas Rd ; véhicule 6 $, empl 24 $, bungalow 100 $; ⊙8h-crépuscule). Les plages de sable fin s'étendent sur 1 258 ha le long de dunes ondoyantes et herbeuses, bordant des sentiers sauvages et le **Loggerhead Run Bike Path** (du nom des tortues caouannes, *loggerhead* en anglais, qui peuplent l'île), une piste de 21 km parfaite pour les cyclistes, les joggeurs ou les adeptes du roller.

Ce parc est l'un des sites de camping les plus prisés de la côte du Golfe. Ses 119 emplacements sont répartis sur deux terrains distincts. On peut séjourner dans des bungalows rénovés de style loft, très calmes, équipés de grands lits. Des allées conduisent au bord de la mer. À la pointe nord de la péninsule, le camping sauvage est autorisé dans certaines zones classées réserve naturelle, où séjournent oiseaux migrateurs et papillons. Il faut tout prévoir, eau et réchaud compris, et il est interdit de faire du feu. Les animaux de compagnie ne sont pas admis dans le parc.

Le **Salinas Park** (Cape San Blas Rd) offre dès l'abord du cap un bel endroit pour pique-niquer. On peut emprunter une promenade en bois en surplomb des dunes, piquer une tête dans le golfe, ou simplement faire une pause et profiter de la brise marine.

De l'autre côté de la baie, dont les eaux calmes dépourvues de courant sont très propices à la baignade, la ville de **Port St Joe** était jadis surnommée Sin City (la ville du péché) en raison de ses casinos et de ses maisons closes. Sachez que c'est ici que l'on passe du fuseau horaire central à celui de l'est. Bien que Port St Joe soit située à l'ouest de certaines villes du fuseau central,

L'INDIAN PASS RAW BAR

Sur une portion désolée de la Hwy 30A à la sortie de Port St Joe, cette vieille bâtisse en bois peut être prise pour un bazar à l'abandon. Mais à l'arrière, on découvre un parking rempli de pick-up et on entend la mélodie d'une guitare monter de la véranda. Voici l' **Indian Pass Raw Bar** (☏ 850-227-1670 ; www.indianpassrawbar.com ; 8391 Indian Pass Rd ; plats 10-17 $; ⊙ 12h-21h mar-sam), vénérable bistrot tenu en famille depuis plus d'un siècle, l'un des hauts lieux de la culture Vieux Sud sur le golfe. Allez à la glacière vous chercher une bière (on vous fera confiance pour laisser votre écot) et prenez place, si vous y parvenez, à l'une des tables communes. Le menu, affiché au-dessus du bar, est simple : huîtres (fraîches, à la vapeur ou gratinées au parmesan), pinces de crabe et quelques plats de crevettes. Optez pour les huîtres – même si vous n'êtes pas très coquillages, vous serez surpris par la douceur de celles-ci –, récoltées chaque matin dans les eaux de la baie d'Apalachicola. Gardez une petite place pour la tarte au citron vert des Keys, en restant suffisamment léger pour vous aligner sous l'auvent et danser quand l'heure viendra. Avec un peu de chance, Jimmy sera en train d'allumer le barbecue pour y faire cuire sa spécialité, le "poulet ivre".

la ville appartient au fuseau est. La Constitution de Floride y fut ébauchée en 1838, mais la ville végéta, notamment en raison des ouragans. Aujourd'hui, elle est en pleine mutation, les moulins à papier cédant le pas au tourisme. Le petit quartier historique témoigne déjà de ce renouveau.

Adresse particulièrement agréable où passer la nuit, **Port Inn** (☏ 850-229-7678 ; www.portinnfl.com ; 501 Monument Ave/Hwy 98, Port St Joe ; ch à partir de 80 $; ✳☎☷) jouit d'une vue imprenable sur les couchers de soleil dans la baie. Un porche en bois pourvu de rocking-chairs court tout le long de cette ravissante auberge, dont les chambres avec vue sur la baie ont également l'attrait de tapis en sisal, de mobilier en osier et de salles de bains d'une propreté étincelante. Le Thirsty Goat, bar de l'établissement, baigne dans une atmosphère décontractée.

Pour une ambiance un peu plus animée, le **Lookout Lounge** (☏ 850-647-8310 ; www.lookoutlounge.com ; 602 Nautilus Dr, Port St Joe ; ⊙ 17h-tard) affiche des concerts en direct tous les soirs dans sa salle ou sur sa terrasse. L'endroit est également idéal pour siroter un verre en admirant le coucher du soleil.

Apalachicola

☏ 850 / 2 260 HABITANTS

Sa douceur, son indolence et ses bâtisses parfaitement préservées font de ce lieu l'un des plus irrésistibles du golfe et une destination de choix du Panhandle. Dans une ambiance typique du Sud, on y trouve d'excellents choix d'hébergement et de formidables restaurants.

Régnant à la pointe d'une vaste baie, Apalachicola a conservé à l'ombre de ses chênes le charme ancien d'un village de pêcheurs, tout en se prêtant à la tendance : bistrots, galeries d'art, boutiques éclectiques et B&B occupent d'anciennes maisons restaurées. C'est une destination extrêmement populaire pour un week-end romantique – tous les amoureux rêvent de flâner dans le quartier historique au coucher de soleil – et vous comprendrez pourquoi.

Ne partez surtout pas sans avoir goûté les fameuses huîtres de la baie d'Apalachicola, parmi les plus réputées du pays. Les innombrables restaurants du secteur rivalisent de créativité pour les accommoder de façon originale.

⊙ À voir

Trente-cinq sites historiques sont répertoriés sur le guide-plan du vieux centre publié par la chambre de commerce, et disponible gratuitement dans ses locaux ainsi que dans la plupart des B&B. L'artère principale d'Apalachicola est Ave E. Le quartier historique, émaillé de boutiques et de restaurants attrayants, se découvre facilement à pied.

John Gorrie State Museum MUSÉE
(☏ 850-653-9347 ; www.floridastateparks.org/JohnGorrieMuseum ; 46 6th St ; 2 $; ⊙ 9h-17h jeu-lun). Ce minuscule musée célèbre l'un des plus illustres habitants d'Apalachicola, le Dr John Gorrie (1803-1855). Pour rafraîchir les patients lors d'une épidémie de fièvre jaune, il développa une machine à fabriquer de la glace. Mais il mourut dans la misère et la solitude sans avoir réussi à commercialiser

son invention, laquelle allait conduire à la réfrigération et à l'air climatisé.

Raney House
ÉDIFICE HISTORIQUE

(☑850-653-1700 ; 128 Market St ; dons appréciés ; ⏱13h-16h dim-jeu, 10h-16h ven-sam). GRATUIT Ce petit musée est aménagé dans une demeure de 1838 qui, avec sa façade à colonnades, est typique des anciennes plantations du Sud. Elle fut la résidence de David Raney, élu maire d'Apalachicola à deux reprises.

Trinity Episcopal Church
ÉGLISE

(☑850-653-9550 ; 79 6th St). Cette belle église construite dans l'État de New York fut démontée pierre à pierre pour être acheminée par bateau le long de la côte atlantique avant d'être réassemblée ici en 1836.

Grady Market
MARCHÉ

(☑850-653-4099 ; www.jegrady.com ; 76 Water St ; ⏱10h-17h30 lun-sam). Édifié à la fin des années 1880 et reconstruit après un incendie en 1900, cet imposant bâtiment en brique a abrité un magasin d'accastillage et un bazar, puis le consulat de France. Il accueille aujourd'hui un marché en pleine extension réunissant magasins d'antiquités et galeries qui présentent aussi bien des textiles que des peintures et des sculptures.

👉 Circuits organisés

Backwater Guide Service
EXCURSIONS EN MER

(☑850-899-0063 ; www.backwaterguideservice. com ; sortie 175-350 $; ⏱sur rendez-vous). Propose des excursions en mer pour observer la flore (en particulier les saules pleureurs) et la faune, notamment les alligators et les échassiers, et organise des sorties collectives de pêche en mer où vous êtes assuré de repartir avec votre propre saumon rouge ou votre truite mouchetée.

🛏 Où se loger

💙 Water Street Hotel
HÔTEL $$

(☑850-653-3700 ; www.waterstreethotel.com ; 329 Water St ; ch à partir de 129 $). Ce tout nouvel hôtel de charme qui comporte également une marina se trouve à quelques minute à pied du centre-ville. Ses merveilleuses suites (1 ou 2 chambres) modernes affichent néanmoins une décoration classique, avec lits à baldaquin et porche donnant sur l'Apalachicola River. Toutes disposent d'une véritable cuisine.

Coombs House Inn
B&B $$

(☑850-653-9199 ; www.coombshouseinn.com ; 80 6th St ; ch petit-déj inclus à partir de 129 $;

❄🛜). Cette superbe auberge victorienne aux murs jaunes datant de 1905 est embellie de lambris de cyprès noir, d'un escalier en chêne sculpté, de fenêtres à vitraux, de plafonds à caissons et de pas moins de neuf cheminées. Ses chambres tiennent également d'un fabuleux voyage dans le passé, rythmé de dégustations de vin vespérales dans la salle à manger et d'un véritable festin au petit-déjeuner.

Apalachicola River Inn
AUBERGE $$

(☑850-653-8139 ; www.apalachicolariverinn.com ; 123 Water St ; ch petit-déj inclus à partir de 149 $; ❄🛜). Face à la baie d'Apalachicola, les pieds dans l'eau, cette auberge loue des chambres au charme rétro, dans des teintes pastel. Beaucoup ont vue sur les flots. Le restaurant sur place, ouvert à tous, le **Caroline's River Dining**, est l'une des meilleures adresses de la ville pour le petit-déjeuner.

House of Tartts
PENSION $$

(☑850-653-4687 ; www.houseoftartts.com ; 50 Ave F ; ch 120-135 $, dépendance 215 $; ❄). Des cheminées, des lambris, un vieux parquet : cette paisible pension plus que centenaire respire le charme. La cuisine est commune et l'on fait soi-même sa chambre. Du coup, on se sent plus de passage chez des amis que dans un B&B. La dépendance est particulièrement avantageuse pour les familles.

Gibson Inn
AUBERGE $$

(☑850-653-2191 ; www.gibsoninn.com ; 51 Ave C ; ch à partir de 120 $; ❄). Cette bâtisse en bois gris pâle de 1907 compte 30 chambres délicieusement désuètes, au parquet qui craque, et meublées de hauts lits à l'ancienne. Celles du 1er étage donnent sur l'immense véranda. La 309 serait hantée ! **Ira's**, le restaurant de l'hôtel, concocte de savoureux dîners à base de recettes typiques du Sud.

🍴 Où se restaurer et prendre un verre

Le quartier historique ne manque pas de ravissants cafés et bistrots, mais le soir il n'y a pas grand-chose à faire d'autre que d'admirer la danse de la lune sur la baie.

💙 Up the Creek Raw Bar
POISSON ET FRUITS DE MER $$

(☑850-653-2525 ; www.upthecreekrawbar.com ; 313 Water St ; plats 7-20 $; ⏱12h-21h). Les meilleures huîtres de la ville, à notre humble avis ! On les trouve ici préparées de multiples façons mais nous aimons tout particulièrement la version "*classic*" : légèrement cuites et accompagnées de fromage Colby-Jack, de piments émincés et de bacon. La bisque de crabe et homard est à tomber. Commandez au comptoir et installez-vous sur un banc sous la verrière ou sur le porche.

L'établissement propose aussi de bons burgers et des salades. Le compromis idéal entre cuisine réussie, belle vue et bière bien fraîche.

Owl Cafe & Tap Room   AMERICAIN MODERNE $$
(☑850-653-9888 ;   www.owlcafeflorida.com ; 15 Ave D ;   plats 16-28 $;   ☺11h-22h lun-sam, 10h30-15h dim). Cette institution locale a de quoi séduire tout type de clientèle, avec son bistrot gastronomique à l'étage et, au rez-de-chaussée, un bar à vins, des bières artisanales et pression. On trouve au menu aussi bien des fruits de mer que des pâtes végétariennes, du filet mignon, du poulet marsala. Brunch fabuleux.

AJ's Neighborhood Bar & Grill   DINER $$
(☑850-653-2571 ; www.ajsapa.com ; 120 Martin Luther King Jr Ave ; plats 9-32 $; ☺11h-22h mar-dim). Tout près du centre-ville, ce sympathique *diner* tenu en famille propose de délicieuses recettes du Sud (*soul food* et fruits de mer) : ailes de poulet, *crab cake*, mulet et mérou cuisinés selon préférences, mais aussi du poulet frit, des *macaronis and cheese*, des haricots verts ou encore de la purée de pommes de terre à l'ail.

Tamara's Café Floridita   SUD-AMÉRICAIN $$$
(☑850-697-4111 ; www.tamarascafe.com ; 17 Ave E ; plats 16-32 $; ☺8h30-22h). Au cœur de la ville, cette table prisée est tenue par Tamara, native du Venezuela. Celle-ci ajoute des épices de son pays aux côtelettes de porc grillées aux crevettes ou aux pétoncles à la sauce tomate. Son poulet *margarita*, avec pétoncles, miel, tequila et citron, est très original.

ⓘ Renseignements

L'**Apalachicola Bay Chamber of Commerce** (☑850-653-9419 ; www.apalachicolabay. org ; 122 Commerce St ; ☺9h-17h lun-ven). On trouve ici quantité de renseignements touristiques, d'informations sur les huîtres, de plans pour visiter le centre à pied et autres conseils utiles.

ⓘ Comment s'y rendre et circuler

La Hwy 98 (qui devient Market St) mène en ville d'où que l'on vienne. Le centre se parcourt

aisément (et agréablement) à pied, mais il faut une voiture sitôt que l'on souhaite s'en éloigner.

St George Island
📍850 / 300 HABITANTS

Situé de l'autre côté d'une digue de 6,5 km, en face d'Eastpoint, bourgade voisine d'Apalachicola, ce lido déroule sur 45 km plages de sable blanc, forêts côtières et marais salants, mais aussi de nombreuses maisons de vacances et résidences hôtelières. L'endroit est idéal pour ramasser des coquillages, faire du kayak, de la voile, ou se baigner. Chaque rue de l'île débouche sur une plage publique, où les possibilités de stationnement ne manquent généralement pas. Le St George Island State Park se trouve à la pointe nord-est de l'île et Little St George Island, au sud-ouest.

👁 À voir et à faire

St George Island State Park   PARC
(☑850-927-2111 ;   www.floridastateparks.org/ stgeorgeisland ;   véhicule 6 $, camping 24 $; ☺8h-crépuscule). Voici la zone la plus sauvage de l'île, soit 14 km de plages et de dunes superbes qui forment ce parc parfaitement préservé. Le sentier découverte, d'un peu plus de 3 km, recèle des occasions exceptionnelles d'observation des oiseaux. Dans tout le parc, des promenades en bois conduisent à des plages dont les eaux peu profondes se prêtent idéalement à la pratique du canoë et du kayak, ou à la pêche à la sole ou au merlan. On peut observer des tortues caouannes à partir du mois de mai, lorsqu'elles viennent creuser leur nid et pondre sur le rivage, donnant naissance à des juvéniles qui courent se jeter dans le golfe.

On peut camper sur l'un des 60 emplacements répartis sur un terrain pourvu de branchements électriques et d'une aire de jeu, ou sur les emplacements très sommaires de Gap Point, accessibles par bateau ou à pied via un sentier de 3 km passant à travers pinèdes et broussailles.

Apalachicola National   CENTRE DE
Estuarine Research Reserve   RECHERCHE
À Eastpoint, juste après le pont à la sortie d'Apalachicola,   l'Apalachicola   National Estuarine Research Reserve accorde aux visiteurs un large aperçu de son périmètre de recherche, lequel couvre plus de 619 km² dans Apalachicola Bay, et comporte des aquariums géants recréant différents habitats. Une passerelle de 800 m conduit à la

rivière, où l'on peut utiliser gratuitement un télescope sur une tourelle.

St George Lighthouse
PHARE

(www.stgeorgelight.org ; adulte/enfant 5/3 $; ☉10h-17h lun-mer, ven et sam, 12h-17h dim). À la sortie du pont qui mène sur l'île, ce beau phare de 1858 fut reconstruit en 2008 après s'être effondré dans la mer en 2005, rongé par l'érosion. Au sommet de ses 92 marches, la vue sur l'océan est magnifique.

Journeys
BATEAU ET KAYAK

(☑850-927-3259 ;www.sgislandjourneys.com ;240 E 3rd St). Cet organisme d'excursions en bateau et en kayak (à partir de 50 $), loue également des kayaks (60 $/jour), des voiliers (100 $/jour) et des catamarans (275 $/jour), parfaits pour se rendre à Cape St George.

🛏 Où se loger

La plupart des visiteurs louent des cottages allant de l'humble cabane de plage à la demeure de plusieurs étages : adressez-vous à www.stgeorgeislandvacationproperties. com. L'offre en matière d'hôtels se limite aux deux adresses ci-après.

St George Inn
AUBERGE $$

(☑850-927-2903 ; www.stgeorgeinn.com ; 135 Franklin Blvd ; ch à partir de 85 $; ❋🛜🏊). Parmi les quelques bâtiments historiques de cette île bordée de nouvelles résidences hôtelières, cette vaste auberge couverte de bardeaux loue de douillettes chambres parquetées. On trouvera dans les différents espaces de repos des livres lus et relus.

Buccaneer Inn
MOTEL $$

(☑800-847-2091 ; www.buccinn.com ; 160 W Gorrie Dr ; ch à partir de 70 $; ❋🛜🏊). En bordure du golfe, les chambres de ce motel de base (moquette verte, murs de parpaing peints) sont propres, lumineuses et très spacieuses ; certaines ont une kitchenette.

🍴 Où se restaurer et prendre un verre

À l'instar des hébergements, les restaurants sont en nombre étonnamment restreint sur l'île, beaucoup de familles ayant la possibilité de cuisiner chez elles. Si vous passez la journée sur l'île, prévoyez un pique-nique.

Blue Parrot
Oceanfront Café
PRODUITS DE LA MER, AMÉRICAIN $$

(☑850-927-2987 ; www.blueparrotcafe.net ; 68 W Gorrie Dr ; plats 9-26 $; ☉11h-21h). Dans ce café lumineux et décontracté face au golfe, les gens du coin passent pour siroter des Rum Runners et déguster de généreux sandwichs *po' boys* ou de délicieux *crab cakes*.

Eddy Teach's
BAR

(☑850-927-5050 ; www.eddyteachs.com ; 37 E Pine Ave ; ☉11h-23h). Bien que ce bar ne soit pas situé sur le front de mer, c'est la meilleure adresse de la ville pour prendre une bière dans un patio ensoleillé, se détendre en écoutant de la musique live ou chahuter un peu. Sa cuisine de bar n'est pas mauvaise non plus.

❶ Comment s'y rendre et circuler

Depuis la localité d'Eastpoint, sur la Hwy 98, à 11 km à l'est d'Apalachicola, suivez la digue de 6,5 km menant à l'île jusqu'à Gulf Beach Drive (aussi appelé Front Beach Drive) situé tout au bout. En prenant à gauche, vous rejoindrez le parc ; en prenant à droite, vous irez en direction de Government Cut, qui délimite Little St George Island.

Si vous voulez abandonner votre voiture, **Island Adventures** (☑850-927-3655 ; sgislandadventures.com ; 105 E Gulf Beach Dr) loue des vélos à 10 $ seulement la journée.

Intérieur des terres du Panhandle

Si l'intérêt touristique de la région tient essentiellement au littoral, quelques sites de l'intérieur méritent le détour.

Florida Caverns State Park

À une heure et quelque de Tallahassee ou de Panama City, sur la Hwy 166, ce **parc** (☑850-482-9598 ; www.floridastateparks.org/floridacaverns ; 3345 Caverns Rd ; 5 $/véhicule, visite guidée des grottes adulte/enfant 8/5 $, camping 20 $; ☉8h-crépuscule) de 526 ha au bord du fleuve Chipola compte des grottes fascinantes propres à la Floride. D'étranges stalactites, stalagmites et cascades stalagmitiques (formées par le passage de l'eau sur la roche) garnissent ces grottes éclairées, ainsi que des silhouettes calcifiées formées au cours des siècles par la calcite traversant la roche. On peut faire une visite guidée de 45 minutes tous les jours, de 9h à 16h, sous la houlette d'un bénévole qui vous citera certainement les noms pittoresques donnés aux diverses formations – de "gâteau de mariage" à "bacon". À l'extérieur du parc, la zone de baignade du

ST VINCENT ISLAND ET SES ENVIRONS

À quelques minutes d'Apalachicola et uniquement accessible en bateau, **St Vincent Island** (☎850-653-8808 ; www.fws.gov/saintvincent) est une île totalement préservée. Ses dunes aux reflets nacrés révèlent des trésors géologiques vieux de 5 000 ans, tandis que ses pinèdes et ses marais abritent des espèces menacées comme le loup roux, la tortue marine, le pygargue à tête blanche et le faucon pèlerin. La pêche est autorisée dans ses eaux, sauf pendant la période de nidification du pygargue à tête blanche (généralement en hiver). Si vous avez eu votre content des hauts immeubles et des foules en bikini des plages du golfe, c'est une destination parfaite pour une journée de randonnée et de solitude. Le service de navettes **St Vincent Shuttle Services** (☎850-229-1065 ; www.stvincentisland.com ; adulte/enfant 10/7 $) assure la traversée ainsi que le transport des vélos (20 $ passager et vélo), ou vous en louez un si nécessaire (25 $, trajet inclus). Appelez pour réserver et connaître les horaires.

Installé à Apalachicola non loin des quais où sont amarrés les crevettiers, le centre des visiteurs du **St Vincent National Wildlife Refuge** (☎850-653-8808 ; www.fws. gov/saintvincent/ ; extrémité nord de Market St ; entrée libre ; ⏱10h-15h30 lun-jeu) GRATUIT enrichira votre visite par ses présentations interactives et ses informations sur l'île.

Blue Hole est très divertissante, mais l'eau est froide.

DeFuniak Springs

DeFuniak Springs, siège du comté de Walton, compte l'un des deux seuls lacs au monde à former un cercle presque parfait (le second se trouve près de Zurich). La croyance populaire veut que ce lac ait été créé il y a des milliards d'années par l'impact d'une météorite, mais aucune preuve scientifique n'étaye cette thèse. Tout autour du lac (environ 1,6 km), le long de Circle Dr, s'étend le quartier historique et ses 39 splendides bâtisses victoriennes, dont l'état de conservation ou de délabrement varie. Promenez-vous autour du lac, et flânez dans le centre-ville fantomatique. Il n'y a pas grand-chose à faire dans cette vieille ville assoupie et c'est là son charme.

À quinze minutes de route, le **Ponce de Leon Springs State Park** (☎850-836-4281 ; www.floridastateparks.org/poncedeleonsprings ; 2860 Ponce de Leon Springs Rd, Ponce de Leon ; véhicule 4 $; ⏱8h-crépuscule), beaucoup plus charmant, abrite l'une des sources de Floride les plus belles et les moins visitées. Comme jaillissant d'un conte de fées, ses eaux claires, presque lumineuses, sont bordées d'arbres noueux et d'échelles placées sur le pourtour facilitent l'accès à la baignade. Deux courts sentiers longent les rives de la Blackwater Creek, toute proche. L'eau de la source est à une température constante de 20°C.

Dans le centre-ville, le sympathique **Hotel DeFuniak** (☎850-892-4383 ; www.hoteldefuniak.

com ; 400 Nelson Ave ; ch à partir de 99 $; ❄) a conservé le charme des années 1920 avec téléphones anciens et lavabos sur pied dans les 12 chambres. Son restaurant, le **Bogey's** régale de bons classiques, tels le veau et les scampis, une clientèle locale férue de bons vins.

DeFuniak Springs est à 80 km à l'ouest du Florida Caverns Park et de Marianna par l'I-10, et à 75 km au nord de Destin par l'US 331.

TALLAHASSEE ET LE BIG BEND

Tapissée de chênes moussus, la jolie capitale de l'État de Floride est empreinte d'histoire et de culture universitaire. Elle est située à l'intérieur des terres en lisière de la région dite du Big Bend, une portion de littoral peu visitée qui s'incurve autour du golfe du Mexique. Cette région compte son lot de villages de pêcheurs, de cascades, d'îles pittoresques, et figure à la lisière de l'Apalachicola National Forest.

Tallahassee

☎850 / 187 000 HABITANTS

Nichée au creux de petits vallons, la capitale de la Floride, avec ses rues arborées, baigne dans une atmosphère évoquant davantage le Sud profond que les villes de la péninsule. Elle est géographiquement plus proche d'Atlanta que de Miami, et, à l'instar de ceux de Jacksonville, ses habitants revendiquent leur appartenance au Vieux Sud, un sentiment qui se dissipe, plus on voyage vers le sud.

Malgré la présence de deux universités importantes (l'université de l'État de Floride et la Florida Agricultural and Mechanical University) et son statut de centre administratif, le rythme de vie y est très tranquille. La ville comprend néanmoins quelques musées intéressants et des attractions excentrées qui séduiront les passionnés d'histoire et de nature et peuvent facilement retenir les visiteurs un jour ou deux.

⊙ À voir

♥ Tallahassee Automobile & Collectibles Museum
MUSÉE

(☏850-942-0137 ; www.tacm.com ; 6800 Mahan Dr ; adulte/enfant 16/11 $; ⊘8h-17h lun-ven, 10h-17h sam, 12h-17h dim). Adultes et enfants s'émerveilleront devant cette collection passionnante regroupant plus de 130 automobiles anciennes du monde entier, conservées dans un état impeccable. Ajoutez-y des expositions de bateaux, de motos, de livres, de pianos et de souvenirs sportifs et vous aurez de quoi vous occuper une journée entière. Ce musée est à environ 13 km au nord-est du centre-ville, près de l'I-10.

♥ Tallahassee Museum of History & Natural Science
MUSÉE

(carte p. 480 ; ☏850-575-8684 ; www.tallahasseemuseum.org ; 3945 Museum Rd ; adulte/enfant 9/6 $; ⊘9h-17h lun-sam, 11h-17h dim). Sur 26 ha de jardin impeccable et d'espaces sauvages en lisière de Tallahassee, près de l'aéroport, cet étonnant Muséum d'histoire naturelle proposant des expositions sur la flore et la faune de Floride avec des spécimens vivants fait la joie de ses visiteurs depuis 50 ans. N'oubliez pas d'aller voir les loutres dans leur nouvel espace ou d'essayer la tyrolienne au-dessus de la canopée du Tree to Tree Adventures – différents parcours sont possibles, pour le plaisir de certains et la frayeur des autres, à partir de 25 $.

Florida Historic Capitol Museum
MUSÉE

(carte p. 482 ; ☏850-487-1902 ; www.flhistoriccapitol.gov ; 400 S Monroe St ; ⊘9h-16h30 lun-ven, 10h-16h30 sam, 12h-16h30 dim). GRATUIT Orné de marquises et surmonté d'un dôme de verre restauré, cet édifice de 1902 accueille aujourd'hui un intéressant musée politique qui permet de voir une salle de la Chambre des représentants restaurée, une des salles de réception du gouverneur, de nombreux portraits, ainsi que des expositions sur l'immigration, le développement de l'État et l'élection présidentielle controversée de 2000.

Florida State Capitol
ÉDIFICE HISTORIQUE

(carte p. 482 ; www.myfloridacapitol.com ; angle S Duval St et W Pensacola St ; ⊘8h-17h lun-ven). GRATUIT Ne vous laissez pas rebuter par l'allure sinistre de cet imposant bâtiment de 22 étages. De la plateforme panoramique, le regard balaie l'horizon à 360 °. Lors des sessions parlementaires, le Capitole se transforme en véritable ruche, politiciens et personnel s'affairant dans les couloirs.

Museum of Florida History
MUSÉE

(carte p. 482 ; ☏850-245-6400 ; www.museumoffloridahistory.com ; 500 S Bronough St ; ⊘9h-16h30 lun-ven, 10h-16h30 sam, 12h-16h30 dim). GRATUIT Ce musée réunit un squelette de mammouth et de belles collections évoquant aussi bien les Paléo-Indiens qui vivaient dans la région, que la guerre de Sécession, les naufrages espagnols de l'Atlantique ou l'essor du tourisme "tin-can" (littéralement boîte de conserve, pour désigner les vacanciers de la classe moyenne).

Mission San Luis
SITE HISTORIQUE

(carte p. 480 ; ☏850-245-6406 ; www.missionsanluis.org ; 2100 W Tennesse St ; adulte/enfant 5/2 $; ⊘10h-16h mar-dim). Cette mission espagnole et apalache du XVIIe siècle, occupant un domaine de 30 ha, a été magnifiquement restaurée, notamment la "maison du conseil". Des visites intéressantes, comprises dans le prix d'entrée, donnent un aperçu passionnant de la vie il y a 300 ans.

Knott House Museum
ÉDIFICE HISTORIQUE

(carte p. 482 ; ☏850-922-2459 ; www.museumoffloridahistory.com ; 301 E Park Ave ; ⊘13h-16h mer-ven, 10h-16h sam). GRATUIT Typiquement coloniale avec son fronton à colonnes, cette maison de 1843 abrite une partie du musée d'Histoire. Elle fut occupée par les confédérés pendant la guerre de Sécession, puis par les troupes de l'Union avant que la proclamation d'émancipation y soit lue en 1865. Elle porte le nom de "maison des rimes" en souvenir de Luella, l'épouse du politicien William V. Knott (propriétaire de la maison dès 1928), qui avait pour habitude de punaiser ses poèmes un peu partout.

🏃 Activités

Tallahassee-St Marks
Historic Railroad State Trail   VÉLO
(☎850-519-6594 ; www.floridastateparks.org/
tallahasseestmarks ; 1358 Old Woodville Rd, Crawfordville ; ⏱8h-crépuscule). GRATUIT Paradis des
joggeurs, des skateurs et des cyclistes, ce
parcours asphalté de 25 km, sans voitures ni
feux de signalisation, mène au sud jusqu'à
la ville portuaire de St Marks. L'itinéraire,
une ancienne voie ferrée facile à parcourir,
suit une plaine côtière. En maints endroits,
les chênes verts procurent une ombre
bienfaisante.

Les sportifs plus aguerris pourront opter
pour la **Munson Hills Loop**, itinéraire
décrivant une boucle de 12 km à travers des
dunes de sable et une forêt de pins.

Leon County
Canopy Roads   ROUTE PANORAMIQUE
(www.leoncountyfl.gov/PUBWORKS/oper/canopy).
Tallahassee est connue pour ses routes
qui serpentent sous une voûte de chênes
drapés de mousses. On peut citer notamment Old St Augustine Rd, Centerville Rd,
Meridian Rd, Miccosukee Rd et Old
Bainbridge Rd. Vous trouverez des renseignements et une carte sur le site Internet.

Great Bicycle Shop   LOCATION DE VÉLOS
(carte p. 480 ; ☎850-224-7461 ; www.greatbi-
cycle.com ; 1909 Thomasville Rd ; ⏱10h-17h
lun-sam, 12h-16h dim). Ce loueur professionnel vous procurera un vélo pour parcourir
les nombreuses pistes cyclables. À partir de
35 $ la journée.

🛏 Où se loger

À quelques charmantes exceptions près, les
hôtels de Tallahassee sont généralement
des établissements de chaînes de catégorie
moyenne, agglutinés aux sorties de l'I-10
ou le long de Monroe St, entre l'I-10 et le
centre-ville. Mieux vaut réserver longtemps
à l'avance si vous venez durant l'époque des
sessions parlementaires et des matchs de
football, périodes où les tarifs s'envolent.

Four Points Tallahassee
Downtown   HÔTEL $$
(carte p. 482 ; ☎850-422-0071 ; www.fourpointstal-
lahasseedowntown.com ; 316 W Tennessee St ; d à
partir de 159 $). Cet hôtel confortable et central
aux allures de gros cigare bleu propose des
remises, en ligne, en cas de paiement à
l'avance. L'accent est mis sur le service et
l'élégance, les chambres sont dotées de baies

TRÉSOR CACHÉ : LE SOUTHEASTERN REGIONAL BLACK ARCHIVES RESEARCH CENTER & MUSEUM

Universellement désignée sous
son acronyme de FAMU, la **Florida
Agricultural & Mechanical
University** (carte p. 480 ; www.famu.
edu ; 1500 Wahnish Way) fut fondée
en 1887 sous le nom de State
Normal College for Colored Students
(École normale pour étudiants de
couleur) et dénombrait à l'époque
15 étudiants et deux enseignants.
Aujourd'hui, elle accueille environ
10 000 étudiants de toutes origines
et abrite le **Southeastern Regional
Black Archives Research Center
& Museum** (carte p. 480 ; ☎850-599-
3020 ; www.famu.edu/BlackArchives ;
445 Gamble St ; ⏱9h-17h lun-ven). GRATUIT
Précurseur, ce centre a promu la
recherche sur les influences africaines
dans l'histoire et la culture américaines.
Son musée possède l'une des plus
importantes collections d'objets,
photographies, peintures et documents
sur la culture noire américaine.

---

vitrées et la plupart ont l'attrait d'une belle
vue sur le quartier. On peut paresser l'après-
midi à l'agréable espace piscine.

Hotel Duval   HÔTEL $$
(carte p. 482 ; ☎850-224-6000 ; www.hoteldu-
val.com ; 415 N Monroe St ; ch à partir de 169 $;
P ❄ 🛜 🐾). Ce récent établissement ultramoderne de 117 chambres offre tout le confort
possible. Le bar-lounge sur le toit est ouvert
jusqu'à 2h la plupart des nuits. Le **Shula's
347 Grill**, chaîne de steaks haut de gamme,
jouxte la réception.

Aloft Tallahassee Downtown   HÔTEL $$
(carte p. 482 ; ☎850-513-0313 ; www.alofttal-
lahassee.com ; 200 N Monroe St ; ch à partir de
119 $). L'hôtel le plus récent de Tallahassee
a l'atout d'une excellente situation centrale
et loue des chambres pittoresques et fonctionnelles. Les salles de bains, équipées de
miroirs jusqu'au plafond, ont plus d'espace
qu'il n'en faut pour se maquiller. Les lits sont
ultraconfortables et l'accès Internet haut
débit est inclus dans le prix.

Tallahassee

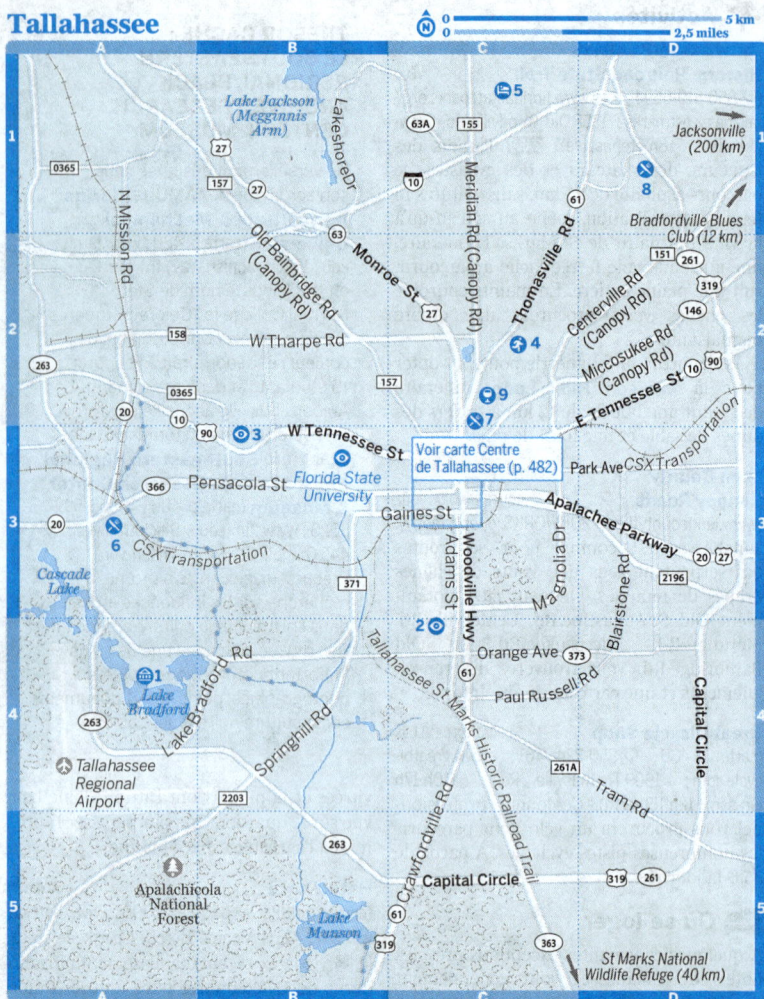

Map labels:
- Lake Jackson (Megginnis Arm)
- LakeshoreDr
- Jacksonville (200 km)
- Bradfordville Blues Club (12 km)
- N Mission Rd
- Old Bainbridge Rd (Canopy Rd)
- Monroe St
- Meridian Rd (Canopy Rd)
- Thomasville Rd
- Centerville Rd (Canopy Rd)
- Miccosukee Rd (Canopy Rd)
- E Tennessee St
- W Tharpe Rd
- W Tennessee St
- Pensacola St
- Florida State University
- Park Ave
- CSX Transportation
- Voir carte Centre de Tallahassee (p. 482)
- Gaines St
- Apalachee Parkway
- Woodville Hwy
- Adams St
- Magnolia Dr
- Blairstone Rd
- Cascade Lake
- CSX Transportation
- Lake Bradford Rd
- Springhill Rd
- Orange Ave
- Paul Russell Rd
- Capital Circle
- Tallahassee St Marks Historic Railroad Trail
- Lake Bradford
- Tallahassee Regional Airport
- Apalachicola National Forest
- Lake Munson
- Capital Circle
- Crawfordville Rd
- Tram Rd
- St Marks National Wildlife Refuge (40 km)

Governor's Inn
HÔTEL $$

(carte p. 482 ; ☏ 850-681-6855 ; www.thegovinn. com ; 209 S Adams St ; ch 149-209 $; 🅿️❄️☎️). Sise dans un emplacement exceptionnel au centre-ville, cette auberge chaleureuse et accueillante dispose de chambres très variées – la chambre pour une personne aux suites loft en duplex – et organise une "cocktail hour" tous les jours.

Little English Guesthouse
B&B $$

(carte ci-dessus ; ☏ 850-907-9777 ; www.littleenglishguesthouse.com ; 737 Timberlane Rd ; ch petit-déj inclus à partir de 89 $; ❄️☎️). Dans un quartier résidentiel paisible à 20 minutes du centre de Tallahassee, Tracey, une Londonienne, a transformé sa maison en un douillet B&B de trois chambres. Un sympathique golden retriever se joint à l'accueil.

✕ Où se restaurer

Kool Beanz Café
FUSION $$

(carte p 482 ; ☏ 850-224-2466 ; www.koolbeanzcafe.com ; 921 Thomasville Rd ; plats 17-24 $; ⏰11h-22h lun-ven, 17h30-22h sam, 10h30-14h dim). Une ambiance simple et chaleureuse, et une grande créativité. Le menu qui change chaque jour affichera certainement des assiettes de houmous, des saint-jacques

Tallahassee

sautées aux épices et du magret de canard en sauce aux myrtilles et gingembre.

China Delight CHINOIS $$
(carte p. 482 ; ☎ 850-222-8898 ; www.chinadelight-tallahassee.com ; 220 W Tennessee St ; plats 7-26 $; ⊙11h-22h lun-sam). Si vous avez eu votre content de cuisine sudiste et de produits de la mer, peut-être apprécierez-vous ce restaurant chinois du centre-ville. Les prix y sont raisonnables, les portions généreuses et les grands classiques sont là : le meilleur canard laqué de la ville, du bœuf aux brocolis, des pâtés impériaux bien garnis et du tofu *ma po*.

Reangthai THAÏLANDAIS $$
(carte p 480 ; ☎ 850-386-7898 ; reangthai.com ; 2740 Capital Circle NE ; plats 14-22 $; ⊙11h-14h mar-ven, 17h-22h lun-sam). Élégant bien que sis dans un centre commercial, le Reangthai sert des plats épicés et forts en sauce de poisson qui explosent en bouche. Une authentique cuisine thaï comme peu de restaurants en prépare. Vaut le déplacement.

Andrew's AMÉRICAIN $$
(carte p. 482 ; ☎ 850-222-3444 ; www.andrews-downtown.com ; 228 S Adams St ; plats 9-36 $; ⊙11h30-22h). L'endroit où l'on va pour voir et être vu, comme les politiciens dont c'est le repaire. Au rez-de-chaussée, le Capital Grill & Bar sert des burgers et des bières en salle ou en terrasse, tandis qu'à l'étage, l'Andrew's 228 propose une cuisine créative d'inspiration toscane dans un cadre haut de gamme.

Bella Bella ITALIEN $$
(☎ 850-412-1114 ; www.bellabellatallahassee.com ; 123 E 5th Ave ; plats 14-19 $; ⊙11h-22h lun-ven, 17h-22h sam). Pour changer des petits restaurants familiaux, que nous aimons toutefois également, voici une cuisine italienne authentique, servie dans un cadre moderne et branché. Commencez en beauté avec une bruschetta et des champignons farcis, puis passez aux pâtes à la crème, aux scampis ou au poulet à la parmesane.

Catfish Pad SUD $$
(carte p 480 ; ☎ 850-575-0053 ; www.catfishpad-west.com ; 4229 W Pensacola St ; plats 8-18 $; ⊙11h-21h lun-sam). Ce petit restaurant de poisson installé dans une galerie commerciale éclairée au néon, à l'ouest de la ville, fleure bon le Sud. Goûtez aux beignets de poisson-chat (pâte à frire au maïs), accompagnés d'un gruau de maïs et d'une tasse de thé sucré. Délicieusement authentique !

◉ Où prendre un verre et sortir

C'est aux abords de Tennessee St, entre Copeland St et Dewey St, que les bars sont le plus sympathiques. Le centre-ville compte aussi quelques bonnes options. Le site www.morethanyouthought.com donne la liste exhaustive des manifestations culturelles (conférences, expositions...).

Fermentation Lounge BAR
(carte p. 482 ; ☎ 850-727-4033 ; 113 All Saints St ; ⊙17h-1h). Coincé entre les universités, ce petit bar à l'ambiance dynamique et informelle attire une clientèle issue de milieux très divers et, surtout, propose des bières artisanales d'élite et des en-cas savoureux.

Waterworks BAR
(carte p. 480 ; ☎ 850-224-1887 ; 1133 Thomasville Rd ; ⊙17h-2h). Cette adresse *gay-friendly* très populaire de Midtown comporte un bar à thème polynésien, et fait le plein avec ses soirées jazz live, salsa ou DJ.

Bradfordville Blues Club MUSIQUE
(☎ 850-906-0766 ; www.bradfordvilleblues.com ; 7152 Moses Lane, depuis Bradfordville Rd ; billets 5-25 $; ⊙à partir de 22h ven-sam, 20h30 certains jeudi, vérifier en ligne). Au bout d'un chemin de terre, vous atteindrez une cour éclairée par

PANHANDLE TALLAHASSEE

Centre de Tallahassee

N 0 — 500 m
0 — 0,25 mile

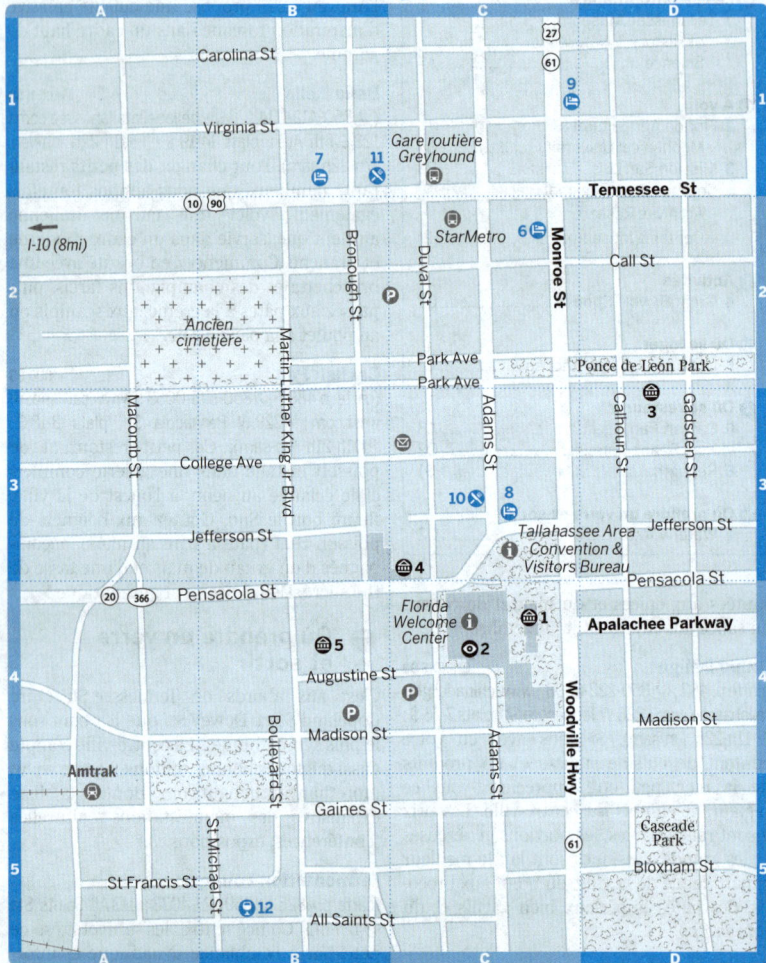

Centre de Tallahassee

⊚ À voir

1 Florida Historic Capitol
  Museum C4
2 Florida State Capitol C4
3 Knott House Museum D3
4 Mary Brogan Museum
  of Art & Science C3
5 Museum of Florida History B4

🛏 Où se loger

6 aloft Tallahassee Downtown C2

7 Four Points Tallahassee
  Downtown B1
8 Governor's Inn C3
9 Hotel Duval C1

⊗ Où se restaurer

10 Andrew's C3
11 China Delight B1

⊙ Où prendre un verre et sortir

12 Fermentation Lounge B5

un grand feu de camp et des torches sous les chênes. A l'intérieur, ce chaleureux club caché accueille d'excellents bluesmen de rang national.

❶ Renseignements

Florida Welcome Center (☑850-488-6167 ; www.visitflorida.com ; angle Pensacola St et Duval St ; ☺8h-17h lun-ven). Dans le nouveau Capitole, une source d'informations incontournable.

Tallahassee Area Convention & Visitors Bureau (☑850-606-2305 ; www. visittallahassee.com ; 106 E Jefferson St ; ☺8h-17h lun-ven). Excellent centre d'information des visiteurs ; brochures sur les circuits à pied et en voiture.

Leroy Collins Leon County Public Library (bibliothèque publique ; ☑850-606-2665 ; www.leoncountyfl.gov/library ; 200 W Park Ave ; ☺10h-21h lun-jeu, 10h-18h ven, 10h-17h sam, 13h-18h dim). Ordinateurs en accès libre ; accès au parking depuis Call Street.

Poste (216 W College Ave). Proche du centre-ville.

❶ Comment s'y rendre et circuler

Tallahassee est à 158 km de Panama City Beach, 217 km de Jacksonville, 309 km de Pensacola, 193 km de Gainesville et 756 km de Miami. L'I-10 est la principale route d'accès ; pour gagner la côte du golfe du Mexique, suivez la Hwy 319 au sud jusqu'à la Hwy 98.

Le minuscule **Tallahassee Regional Airport** (☑850-891-7800 ; www.talgov.com/airport ; 3300 Capital Circle SW) est desservi par American Airlines et Delta Airlines pour les vols intérieurs et internationaux, et Silver Airways pour des liaisons directes avec Tempa et Orlando. Proche de la Hwy 263, cet aéroport régional se trouve à quelque 8 km au sud-ouest du centre-ville, mais n'est pas desservi par les transports en commun. Certains hôtels ont des navettes. Sinon, la course en taxi jusqu'au centre-ville coûte environ 25 $. Contactez **Yellow Cab** (☑850-580-8080).

La **gare routière Greyhound** (☑850-222-4249 ; www.greyhound.com ; 112 W Tennessee St) est à l'angle de Duval, en face du principal centre de correspondances StarMetro, dans le centre-ville.

La compagnie de bus locaux **StarMetro** (☑850-891-5200 ; www.talgov.com/starmetro ; ticket trajet simple 1,25 $, forfait journée 3 $) dessert la grande banlieue de Tallahassee ; le principal nœud de correspondances se trouve dans le centre-ville, sur Tennessee St, à hauteur d'Adams St.

Environs de Tallahassee

Sites historiques, merveilles naturelles et occasions de chiner s'offrent au visiteur non loin de la capitale d'État.

Wakulla Springs State Park

Avec ses eaux d'un bleu surnaturel et ses cascades de mousse espagnole, la source naturelle au cœur des 3 000 ha du **Wakulla Springs State Park** (☑850-561-7276 ; www. floridastateparks.org/wakullasprings ; 550 Wakulla Park Dr ; véhicule/piéton 6/2 $; ☺8h-crépuscule) a tout d'un décor de film d'aventures exotiques – certaines scènes de *Tarzan* et de *L'Étrange Créature du lac noir* ont d'ailleurs été tournées ici. Cette source débitant 4,5 millions de mètres cubes par jour, est profonde et très ancienne : les restes d'au moins 10 mammifères de l'âge glaciaire y ont été découverts.

S'il fait chaud, n'hésitez pas à vous baigner dans les eaux d'un bleu-vert profond ou à plonger depuis la plateforme. Mais ne manquez surtout par la **croisière sur la rivière** (adulte/enfant 8/5 $; ☺11h-15h). En glissant sous les cyprès chauves couverts de mousse, on aperçoit des lamantins (généralement au printemps), des alligators, des tortues de Floride et de gracieux échassiers.

Le temps s'est arrêté au **Wakulla Springs Lodge** (☑850-224-5950 ; www.floridastateparks. org/wakullasprings ; 465 Wakulla Park Dr ; ch 85-125 $), immense bâtisse de style espagnol datant de 1937, pourvue d'une imposante cheminée en fausse pierre dans la réception. Encore pavées du marbre d'origine, ses 27 chambres, certes un peu décaties, disposent d'un véritable dressing mais pas de la TV. Son excellent **Ball Room Restaurant** (☑850-224-5950 ; plats 14-27 $; ☺7h30-14h et 17h-21h), du nom du financier Edward Ball, qui construisit le lodge, est une adresse renommée pour son poulet et sa soupe de haricots.

St Marks National Wildlife Refuge

À environ 15,5 km au sud-est de Tallahassee, le **St Marks National Wildlife Refuge** (☑850-925-6121 ; www.fws.gov/saintmarks ; 1255 Lighthouse Rd, St Marks ; ☺8h-crépuscule) a été fondé en 1931 pour offrir un habitat hivernal aux oiseaux migrateurs. Il couvre pas moins de 70 000 km² et sa lisière côtière comprend environ 69 km de côte le long du golfe. Les marais, rivières, estuaires et îles du parc accueillent une flore variée où les espèces animales pullulent. Ses magnifiques contrastes entre terre, ciel et mer sont un rêve pour les photographes animaliers.

Pensez à commencer votre visite par le **centre des visiteurs** pour vous renseigner sur les multiples sentiers de balade et de randonnée du parc et sur les nombreuses espèces animales qui y vivent. Si vous n'avez que le temps d'une brève visite, suivez Lighthouse Rd jusqu'à la côte pour admirer le **phare** le plus photographié de Floride, achevé en 1842 et toujours en service.

Apalachicola National Forest

☎ 850

L'**Apalachicola National Forest** (325 John Knox Rd ; zones accessibles en journée 5 $; ☺8h-crépuscule), la plus grande des trois forêts nationales de Floride, couvre 2 429 km² du Panhandle, de l'ouest de Tallahassee jusqu'au fleuve Apalachicola. Ce patchwork de basses terres, de pins, de bosquets de cyprès et de chênes, est habité par des visons, des renards gris et roux, des coyotes, six espèces de chauves-souris, des castors, des pics à face blanche, des alligators, des ours noirs endémiques et des panthères de Floride. Une partie des 110 km du Florida National Scenic Trail traverse aussi la forêt.

On peut lézarder au soleil sur les berges de sable blanc ou nager dans les eaux du **Silver Lake** (non loin de Tallahassee, au nord-est de la forêt, sur la Forest Rd 370), du **Wright Lake** (au sud-ouest, sur la Forest Rd 379) et du **Camel Lake** (au nord-ouest, au voisinage de la Hwy 12) ; les trois lacs possèdent infrastructures et aires de pique-nique.

Vous pourrez vous renseigner sur les parcours en canoë dans les deux postes de rangers, ou sur l'excellent site Internet **Florida Greenways and Trails** (www.dep. state.fl.us/gwt/guide), qui comporte des cartes et la liste mise à jour des magasins de location des villes environnantes. Comptez 25 à 35 $/jour pour la location d'un canoë.

Les bateaux à moteur sont autorisés sur les fleuves mais pas sur les lacs.

⊙ À voir et à faire

Fort Gadsden Historic Site SITE HISTORIQUE
Dans la partie ouest de la forêt, les Britanniques construisirent en 1814 un fort où étaient casernés des soldats afro-américains et amérindiens armés et entraînés dans l'intention d'affaiblir l'emprise espagnole sur la

Floride. Détruit deux ans plus tard par une explosion qui fit plus de 200 victimes, il fut reconstruit et servit aux troupes des États confédérés. Aujourd'hui, c'est une tranquille aire de pique-nique. Un sentier d'interprétation en détaille l'histoire. De la Hwy 65, engagez-vous à l'ouest sur la Forest Rd 129, puis au sud sur la Forest Rd 129B.

Leon Sinks Geological Area PARC
(3 $/véhicule ; ☺8h-crépuscule). Plus de 10 km de chemins et de promenades en planches ponctués de panneaux explicatifs serpentent entre les cuvettes et les marais de ce parc fascinant. Veillez à rester sur les chemins, car, sur ce terrain karstique, de nouvelles cavités peuvent apparaître à tout moment. La plateforme d'observation de la **Big Dismal Sink** offre l'un des plus beaux panoramas : ses parois abruptes sont couvertes de fougères, de cornouillers et de plantes luxuriantes. Les dolines (cuvettes karstiques) se trouvent à l'extrémité est de la forêt, à l'ouest de la Hwy 319, et à 16 km au sud de Tallahassee.

Florida National Scenic Trail RANDONNÉE
Un tronçon du Florida National Scenic Trail d'environ 115 km coupe à travers l'Apalachicola National Forest selon un axe nord-ouest/sud-est. Faites attention à la section appelée **Bradwell Bay Wilderness**, car il faut franchir des marais dont l'eau monte jusqu'à la taille. On peut emprunter l'itinéraire à l'entrée sud-est, située à l'est de la Forest Rd 356 sur la Hwy 319, ou bien à l'angle nord-ouest sur la Hwy 12.

Munson Hills Loop VÉLO
Sur le côté est de l'Apalachicola National Forest, la boucle cyclable Munson Hills Loop (4,6 km) rejoint le Tallahassee-St Marks Historic Railroad State Trail. Les vététistes chevronnés peuvent s'aventurer dans cette zone ponctuée de bosquets, de dunes, de collines et de maquis, mais le sol sablonneux est difficile à pratiquer. En cas de fatigue, prenez le Tall Pine Shortcut, un raccourci qui permet de quitter le sentier environ à mi-chemin et de réduire le parcours à 7 km au total.

🛏 Où se loger

Les terrains de camping n'ont pas l'électricité, sauf à **Camel Lake** et à **Wright Lake** (10 $), équipés de sanitaires, d'eau chaude, d'abris et de tables.

D'autres sites comme **Hickory Landing** (de Sumatra, prenez la Hwy 65 vers le sud,

EXCURSIONS À QUINCY ET À HAVANA

À une demi-heure en voiture de Tallahassee, ces deux charmants villages constituent une agréable excursion. Surnommé la ville de Cola-Cola, Quincy doit en effet sa prospérité financière aux investissements massifs que firent ses habitants dans le fameux soda au début du XXe siècle – sur Jefferson St, une fresque publicitaire de 1905 vante encore les mérites du Coca-Cola. Pas moins de 36 pâtés de maisons furent édifiés grâce aux dividendes perçus. Havana, 19 km plus loin sur la route a, pour sa part, tiré profit de son industrie cigarière (d'où son nom), mais est désormais réputée pour ses magasins d'antiquités, où l'on peut chiner tout un après-midi. La plupart sont regroupés aux alentours de 2nd St et ouverts généralement du mercredi au dimanche.

Si vous voulez passer la nuit à Quincy, l'**Allison House Inn** (☑888-904-2511 ; www.allisonhouseinn.com ; 215 North Madison St ; ch 85-155 $; P 🛜), de 1843, abrite en centre-ville six chambres paisibles. Quelques pâtés de maisons plus loin, la **McFarlin House Bed & Breakfast Inn** (☑850-824-0640 ; www.mcfarlinhouse.com ; 305 E King St ; ch 99-249 $; P), une maison à tourelles de style Queen Anne (1895), propose neuf chambres et met à disposition des hôtes son agréable terrasse.

tournez à droite sur la Forest Rd 101 puis à gauche sur la 101B) disposent d'eau potable et de latrines (4 $). Sur les moins équipés comme **Wood Lake** (de Sopchoppy, empruntez la Hwy 375 jusqu'à la Hwy 22 direction ouest, puis la Hwy 340 direction sud jusqu'à la Hwy 338), vous trouverez de l'eau potable mais pas de toilettes.

❶ Renseignements

Apalachicola Ranger Station (☑850-643-2282 ; 11152 NW SR-20, Bristol). Le secteur ouest est sous la surveillance de l'Apalachicola Ranger Station au nord-ouest de la forêt, près du croisement de la Hwy 12 et de la Hwy 20, juste au sud de Bristol.

Wakulla Ranger Station (☑850-926-3561 ; 57 Taff Dr, Crawfordville). Le Wakulla Ranger Station au bord de la Hwy 319, derrière le Winn Dixie à Crawfordville, gère le secteur est.

Steinhatchee

☑ 352 / 1 500 HABITANTS

À l'ombre de pins immenses et de chênes moussus, ce modeste village de pêcheurs se cache au fond d'une anse isolée de la Big Bend. Les couchers de soleil y sont superbes. Cette localité endormie connaît chaque année son heure de gloire à la saison des pétoncles (juil-début sept), laquelle attire jusqu'à un millier de bateaux le jour de l'ouverture dans les eaux de la Dead Man's Bay. Armé d'un sac, d'un masque et d'un tuba, chacun fait sa récolte de coquillages. Souvent, les habitants proposent aux visiteurs de nettoyer les coquillages en échange de la moitié du butin.

🏃 Activités

Selon la saison, on trouve en abondance cobias, acoupas, maquereaux, tarpons et, bien sûr, les célèbres pétoncles. Pour une liste complète des guides de pêche, des organisateurs de pêche en groupe et des loueurs de bateaux, tapez www.steinhatcheeriverchamber.org.

River Haven Marina   LOCATION D'ÉQUIPEMENT (☑352-498-0709 ; www.riverhavenmarinaandmotel.com ; 1110 Riverside Dr ; ⊙9h-17h). Loue divers bateaux de pêche à partir de 80 $/demi-journée. On y loue également des kayaks (individuel/double pour 30/40 $ la demi-journée), le moyen idéal pour explorer les cours d'eau. On vous dépose et on vient vous chercher gratuitement.

Reel Song Charters   EXCURSIONS DE PÊCHE (☑352-895-7544 ; www.reelsongcharters.com). Pour pêcher à plusieurs guidés par des connaisseurs, essayez ce prestataire spécialisé dans la pêche côtière du maquereau, de la truite et de la pétoncle. Comptez 400 $ par journée pour un groupe de quatre au plus.

Big Bend Charters   EXCURSION DE PÊCHE (☑352-210-3050 ; www.bigbendcharters.com). Sorties de pêche côtière ou hauturière, à partir de 400 $ pour 4 personnes.

🛏 Où se loger et se restaurer

Steinhatchee River Inn Motel   MOTEL $ (☑352-498-4049 ; www.steinhatcheeriverinn.net ; 1111 Riverside Dr ; ch à partir de79 $; ❄ 🛜 ✉). Un motel typique, sur deux niveaux et proche de la marina. Suffisamment spacieuses, ses chambres sont toutes dotées d'une TV, d'une cafetière, d'un réfrigérateur et d'une connexion Wi-Fi. Certaines sont équipées d'une cuisine.

Steinhatchee Landing COMPLEXE HÔTELIER **$$$**
(📞 352-498-3513 ; www.steinhatcheelanding.com ; 203 Ryland Circle ; bungalows à partir de 150 $; ❄ 🐾 🐕). Les bungalows de 1 à 4 chambres de ce charmant village de vacances au bord du fleuve Steinhatchee sont distribués le long d'une petite route en boucle. Piscine, magasin rustique, spa, et jardins impeccables débordant d'hibiscus et de palmiers. Un minimum de 2 nuitées est souvent exigé.

Roy's POISSON ET FRUITS DE MER **$$**
(📞 352-498-5000 ; www.roys-restaurant.com ; 100 1st Ave ; plats 15-25 $; ⏰ 11h-21h). Depuis 1969, c'est une adresse de choix pour les produits de la mer, frits, mais aussi épicés et grillés à la demande, accompagnés de gruau, de frites, de pommes de terre au four et de beignets à la farine de maïs.

❶ Renseignements

Il n'y a pas de centre d'accueil des visiteurs, mais l'on peut se renseigner en ligne sur www. steinhatcheeriverchamber.org.

❶ Comment s'y rendre et circuler

Que vous veniez du nord ou du sud, prenez la Hwy 19 (aussi appelée Hwy 19/27 et Hwy 19/98) jusqu'au carrefour à feu clignotant, puis obliquez à l'ouest sur la Hwy 51, que vous parcourrez jusqu'au bout (environ 19 km).

Manatee Springs State Park

Entre Cedar Key et Steinhatchee, ce **parc** (📞 352-493-6072 ; www.floridastateparks.org/ manateesprings ; 11650 NW 115th St ; 6 $/véhicule ; ⏰ 8h-crépuscule) mérite une visite, surtout pour l'eau cristalline à 22°C de sa superbe source karstique qui déverse 443 000 m³ d'eau par jour.

Il est possible d'y plonger avec une bouteille (venez avec votre propre équipement et accompagné, et inscrivez-vous au bureau) ou de faire du canoë ou du kayak en aval (location 8-10 $/heure) de la source. Le bureau du parc organise d'ailleurs ces trois activités. Si vous préférez la terre ferme – un mélange spongieux de sable et de calcaire à l'ombre des gommiers noirs, des cyprès et des pins –, le **North End Trail**, chemin de randonnée pédestre et cycliste de 13 km, se trouve sur la droite en entrant dans le parc. On peut faire du camping (20 $) sur les 94 emplacements ombragés équipés de tables de pique-nique et de barbecues permanents. Une passerelle en bois surélevée, accessible aux personnes handicapées, suit le cours de l'étroite source jusqu'au fleuve Suwannee qui se jette plus loin dans le golfe et la mer.

Les rangers guident des sorties en canoë, des randonnées au clair de lune, des marches dans la nature, et quelques sorties en carriole. Voyez le bureau du parc pour plus de précisions.

Cedar Key

📞 352 / 950 HABITANTS

Reliée au continent par une route, l'île de Cedar Key s'avance sur 5 km dans le golfe du Mexique. Bâtiments anciens délabrés, relais routiers aux parkings remplis de Harley et longues étendues de bayou et de prairies forment un ensemble enchanteur. Çà et là, de petits promontoires offrent une vue imprenable sur ce paysage de marais, où se reflètent les nuances flamboyantes des couchers de soleil. Cedar Key est l'une des 100 îles qui composent ce petit archipel côtier, riche en vie sauvage et extrêmement accueillant (13 d'entre elles font partie du Cedar Keys National Wildlife Refuge).

En tant que terminus ouest de la ligne ferroviaire qui traversait la Floride à la fin des années 1800, Cedar Key était l'une des plus grandes villes de l'État, après St Augustine. Tirant ses richesses de l'exploitation du bois (destiné à la fabrication des crayons Faber), elle a largement contribué à la déforestation des îles. En 1896, un ouragan a achevé de détruire la forêt restante, ce qui explique que les arbres de la région aient moins de 100 ans. L'aquaculture a récemment redynamisé l'économie de la ville : relancée par des subventions gouvernementales au moment de l'interdiction de la pêche au filet, Cedar Key est aujourd'hui la première ville du pays en matière d'élevage de palourdes.

◉ À voir et à faire

Cedar Keys National Wildlife Refuge RÉSERVE NATURELLE
(📞 352-493-0238 ; www.fws.gov/cedarkeys ; ⏰ 8h-crépuscule). Peuplées de 250 espèces

d'oiseaux (ibis, pélicans, aigrettes, hérons et cormorans à aigrettes notamment) et de 10 espèces de reptiles, les 13 îles de la réserve, dont l'une compte un phare, ne sont accessibles qu'en bateau. Les plages de sable blanc, propices à la pêche et à l'observation des lamantins, sont souvent les seules zones ouvertes au public, l'intérieur des terres restant interdit.

Cedar Key Museum State Park MUSÉE
(☑352-543-5350 ; www.floridastateparks.org/cedarkeymuseum ; 12231 SW 166th St ; 2 $; ⊙10h-17h jeu-lun). Voici, remise dans son état originel de 1902, la demeure de St Clair Whitman, grande figure locale de l'industrie du crayon et du papier. Arrivé dans la région en 1882, il a collectionné tout ce qu'il trouvait : insectes, papillons, morceaux de verre polis par la mer et coquillages. Après la visite, on peut se promener sur les sentiers environnants.

Cedar Key Historical Society Museum MUSÉE
(☑352-543-5549 ; 609 2nd St ; adulte/enfant 1 $/50 ¢ ; ⊙13h-16h dim-ven, 11h-17h sam). Tenu par des bénévoles et géré par la Cedar Key Historical Society, ce modeste musée réunit une collection d'objets amérindiens, des éléments sur la guerre de Sécession, des objets liés à l'industrie de la pêche et un remarquable ensemble de photos anciennes de Cedar Key.

Kayak Cedar Keys KAYAK
(☑352-543-9447 ; www.kayakcedarkeys.com ; à partir de 60 $; ⊙10h-16h). Les bras d'eau et estuaires de la réserve et des environs sont parfaits pour le kayak. Ce prestataire propose promenades guidées, location de kayaks (à partir de 25 $ pour 3 heures) et découverte des viviers de palourdes au large.

☞ Circuits organisés

Tidewater Tours EXCURSIONS EN BATEAU
(☑352-543-9523 ; www.tidewatertours.com). Tidewater Tours organise des excursions de 2 heures dans les îles (26 $) et loue des bateaux-pontons et des embarcations légères pour les découvrir en indépendant (à partir de 60 $ les 3 heures)

SUR LES EAUX DU SUWANNEE

Le fleuve Suwannee, long de 343 km, a été immortalisé par Stephen Foster dans la chanson officielle de l'État de Floride, *Old Folks at Home* (où il est appelé Swanee River). Foster n'a jamais vu le fleuve, mais, pour lui, il était très évocateur du Sud. Le Suwannee serpente en effet à travers des paysages de campagne depuis l'extrême nord de l'État jusqu'au golfe du Mexique, dans la courbe du Big Bend. Vous le découvrirez par vous-même en empruntant le **Suwannee River Wilderness Trail** (www.suwanneeriver.com), qui parcourt 272 km sur le fleuve jusqu'à son embouchure. Neuf étapes (appelées *hubs*) situées à une journée de pagaie l'une de l'autre, où l'on trouve des bungalows pour passer la nuit, ponctuent le parcours. Ces sites d'étape sont pris d'assaut, mieux vaut réserver longtemps à l'avance. Il existe en outre quelques *river camps* sur les berges du fleuve, également à une journée de pagaie l'une de l'autre.

Le parcours commence au **Stephen Foster State Folk Cultural Center** (☑386-397-2733 ; www.floridastateparks.org/stephenfoster ; Hwy 41 N, White Springs ; véhicule 5 $, emplacement 20 $, bungalow 100 $; ⊙parc 8h-crépuscule, musée et carillon 9h-17h), au nord de White Springs. Riche de ses collines verdoyantes et d'immenses chênes verts, le parc abrite en outre un musée d'Histoire de la Floride. À l'occasion du week-end du Memorial Day (fin mai), trois jours durant, le Florida Folk Festival célèbre les traditions musicales, artisanales, culinaires et culturelles de Floride. Près du parc, l'**American Canoe Adventures** (☑386-397-1309 ; www.aca1.com ; 10610 Bridge St, White Springs ; ⊙10h-16h) loue des canoës et propose des excursions à la journée où l'on vous transporte en amont du fleuve pour effectuer la descente (35-60 $, selon le terrain et la distance). Louer un canoë pour 2 jours coûte 25 $.

Le **Suwannee River State Park** (☑386-362-2746 ; www.floridastateparks.org/suwanneeriver ; 20185 CR 132, Live Oak ; véhicule 5 $, empl 22 $, bungalow 100 $ ⊙8h-crépuscule), au confluent du Withlacoochee et du Suwannee, renferme des fortifications datant de la guerre de Sécession. Il possède également cinq bungalows d'une capacité de six personnes. Le parc se trouve 21 km à l'ouest de Live Oak, en quittant l'US 90 (suivez les panneaux).

– programmez votre sortie en fonction de la marée pour ne pas vous retrouver coincé dans une laisse.

🛏 Où se loger et se restaurer

Les motels sont ici agréables et tenus par des famille. Dock St, petite langue de terre s'avançant dans la baie à partir du centre-ville, réunit de nombreux pubs et restaurants de poisson, où l'ambiance tourne au chahut les nuits animées.

♥ **Island Hotel** HÔTEL $

(☎352-543-5111 ; www.islandhotel-cedarkey.com ; 224 2nd St au niveau de B St ; ch 80-135 $; ❄🔁). Une nuit dans cette demeure ancienne (1859) en chêne et ciment incrusté de coquillages est un moment de détente assuré. Inscrite au National Register of Historic Places, elle compte 10 chambres romantiques et toutes simples avec lambris d'origine taillé à la main et balcon circulaire pourvu de rocking-chairs. L'hôtel a accueilli des hôtes importants comme l'écrivain John Muir ou le président Grover Cleveland et, de l'avis général, pas moins de 13 fantômes vivent à demeure.

Faraway Inn MOTEL $$

(☎352-543-5330 ; www.farawayinn.com ; angle 3rd St et G St ; ch motel à partir de 80 $, bungalow à partir de 150 $; ❄🔁📶🐾). Surplombant une portion de la baie, ce complexe sympathique loue des chambres et des bungalows décorés d'objets en bois flotté et de textiles aux couleurs vives. Les hôtes peuvent se détendre sur la balancelle de leur porche en savourant les couchers de soleil sur l'océan.

Tony's POISSON ET FRUITS DE MER $$

(☎352-543-0022 ; www.tonyschowder.com ; 597 2nd St ; plats 8-28 $; ⏱11h-21h). Un restaurant du centre-ville assez ordinaire, si ce n'est la riche et crémeuse chaudrée aux palourdes, la spécialité maison qui attire les foules.

Pickled Pelican PUB $$

(☎352-543-5654 ; 360 Dock St ; plats 8-16 $; ⏱11h-21h lun-sam, 11h-16h dim ; 🐾). Sans doute la plus populaire des adresses de Dock St, ce pub en 1er étage est le spécialiste de la cuisine de plage et de bar : *pickles* frits, burgers, sandwichs au poisson.

❶ Renseignements

Cedar Keys Chamber of Commerce (☎352-543-5600 ; www.cedarkey.org ; 525 2nd St ; ⏱10h-15h jeu-lun). Tient lieu d'office du tourisme.

Library (bibliothèque ; ☎352-543-5777 ; www.levycounty.org/cd_library.aspx ; 466 2nd St ; ⏱10h-16h lun, mer et jeu, 16h-20h mar, 10h-13h sam). Propose l'accès gratuit à Internet.

Poste (518 2nd St ; ⏱9h-17h lun-ven, 9h-13h sam).

❶ Comment s'y rendre et circuler

Aucun transport en commun ne dessert Cedar Key, mais s'y rendre en voiture est très facile : prenez la Hwy 19/98 ou l'I-75 jusqu'à la Hwy 24, et suivez-la en direction du sud-ouest jusqu'au bout.

Vous verrez que les résidents circulent en voiturettes de golf – un moyen de transport très adapté. Adressez-vous à la **Cedar Key Gulf Kart Company** (☎352-543-5090 ; www.gulfkartcompany.com ; angle 1st St et A St ; voiturette 2 heures/journée à partir de 25/55 $).

Comprendre la Floride

La Floride aujourd'hui

L'immigration, une économie en dents de scie, mais aussi le changement climatique, font traverser à la Floride une crise plurielle : démographique, identitaire, et même topographique, puisque l'État pourrait être amené à voir ses contours s'altérer si les conditions environnementales ne s'améliorent pas. La façon dont le Sunshine State ("État du Soleil") s'adaptera à ces mutations va décider de son avenir. En attendant, les infrastructures touristiques y évoluent pour faire face à un afflux croissant de visiteurs.

La Floride en films

Scarface (1983)
The Birdcage (1996). Le pendant floridien de "La Cage aux folles".
Sunshine State (2002). Un combat contre les promoteurs immobiliers.
Adaptation (2002). L'adaptation du livre *Le Voleur d'orchidées*.

La Floride en livres

En avoir ou pas (Ernest Hemingway, 1937). Une description de Key West pendant la Grande Dépression.
Le Voleur d'orchidées (Susan Orlean, 1999). Dans les marécages à la recherche de l'orchidée fantôme.
Un été à Key West (Alison Lurie, 2000). Le petit monde excentrique de Key West croqué avec humour.
Croco-Deal (Carl Hiaasen, 2010). Au cœur des Everglades, les tribulations d'une militante écolo un brin siphonnée.

Tourisme respectueux

Fleurs sauvages N'en cueillez jamais, surtout les orchidées.
Plages N'approchez jamais des tortues qui pondent, ni des bébés tortues rejoignant l'océan. Respectez la réglementation d'extinction des lumières.
Récifs coralliens Ne pas toucher les récifs lors des activités aquatiques.
Dauphins et lamantins Ne les touchez, ne les chassez, ne les nourrissez pas.
Alligators Ne leur tendez rien : ils mordent.

Protection de la péninsule

Le hiatus entre développement immobilier et protection de l'environnement est l'une des failles culturelles qui divise le plus profondément la Floride. Des années durant, les promoteurs ont tenu le haut du pavé. Cet État est en effet, depuis longtemps, fort de l'un des marchés immobiliers les plus solides du pays, alimenté de surcroît par l'une des croissances démographiques les plus rapides. À l'heure où nous écrivons, il est même sur le point de dépasser l'État de New York pour devenir le troisième État le plus peuplé du pays.

Tous ses habitants doivent se loger et travailler. En Floride, les besoins en logements et en entreprises ont d'ailleurs traditionnellement primauté sur les questions environnementales. Mais une nouvelle donne se fait jour, que même les promoteurs les plus acharnés ne peuvent ignorer. Zone de basse altitude, la Floride est en première ligne en matière de réchauffement climatique et d'altération de la nappe phréatique, et se retrouve de fait au cœur des débats écologiques majeurs qui agitent le XXIe siècle.

La Floride est une péninsule en grande partie située au-dessous du niveau de la mer. Or, tandis que le niveau de l'océan monte, la péninsule s'affaisse – la faute aux canaux artificiels et cours d'eau dragués au début du XXe siècle. Ces chantiers ont détourné l'eau de l'aquifère des Everglades et de la Floride du Sud, entraîné l'érosion hydrique des zones humides, et épuisé les réserves d'eau douce. Il semble que les dirigeants de l'État aient enfin pris conscience du caractère intenable de la situation. Lors de nos recherches, on pouvait penser que le corps législatif floridien manifestait enfin la volonté de réorienter le flux naturel de l'eau qui s'échappait du Lake Okeechobee.

Tandis qu'à l'intérieur des terres, on s'évertue à régénérer les ressources en eau, dans les zones côtières, il s'agit au contraire de se protéger. L'augmentation du niveau des océans est liée au réchauffement climatique. Des pluies auxquelles on n'aurait pas prêté attention il y a une dizaine d'années à Miami entraînent à présent l'inondation des grands axes. Les gouvernements locaux travaillent donc à des plans d'action climatique censés prévenir les retombées gravissimes d'une catastrophe écologique potentielle.

Coupée en deux

Entre les lois dites de "Stand Your Ground" (Défense du territoire) et le redécoupage politique, la Floride est le théâtre des débats les plus passionnés à avoir cours aux États-Unis en matière de droits et responsabilités individuels. C'est depuis toujours un endroit où les colons s'efforcent de faire plier la réalité devant leurs désirs, comme en témoignent le Disney World bâti dans le centre de l'État, et la ville de Miami surgie d'un marécage. Une telle optique du "tout est possible" va de pair avec une atmosphère plus propice aux affaires, à la dérégulation et aux libertés individuelles qu'au bien général. Traditionnellement, cette mentalité pionnière et indomptable prend sa source dans les vastes banlieues et zones rurales de l'État.

Toutefois, avec le développement de l'espace urbain, les idéaux et les priorités des citadins floridiens changent, notamment en matière d'infrastructures publiques et de transport. La décision du gouverneur Rick Scott d'annuler le projet de train à grande vitesse entre Orlando et Tampa a été reçue comme une mesure de prudence fiscale par ses partisans de la campagne et des grandes banlieues. Ses opposants vivant en ville ont en revanche vu s'envoler la chance de désengorger la circulation automobile et de lutter contre l'omniprésence des voitures.

Tandis que ces débats font rage, le fossé se creuse entre le nord de la Floride, rural, blanc et conservateur, et le Sud multiethnique. Pour les Floridiens du Sud, le redécoupage politique, considéré par certains comme une manœuvre d'appropriation de fait des circonscriptions électorales, les a isolés du siège de l'assemblée législative. Alors qu'au niveau national, la Floride balance en permanence entre démocrates et républicains, au niveau local, les républicains ont su créer une myriade de petits districts grâce auxquels ils dominent le gouvernement de l'État.

De leur côté, les Floridiens du Nord se sentent éclipsés en nombre par la partie sud de l'État, de plus en plus multiethnique. Pourtant, comble d'ironie, les enfants des immigrants s'américanisent très vite. Certains pencheraient même en faveur des conservateurs si la rhétorique anti-immigration de la droite américaine n'était pas aussi enflammée. C'est d'ailleurs pour cette raison que Pablo Pantoja, leader du programme Hispanic Outreach en Floride, d'obédience républicaine, a préféré se tourner vers le Parti démocrate en 2013.

POPULATION :
19,32 MILLIONS D'HABITANTS

SUPERFICIE : **170 304 KM²**

PIB : **748 MILLIARDS DE DOLLARS**

CROISSANCE DU PIB : **+2,4%**

INFLATION : **1,74%**

TAUX DE CHÔMAGE : **6,2%**

Religion
(% de la population)

40 — Protestants
26 — Catholiques
3 — Juifs
15 — Autres
16 — Athées

Population au km²

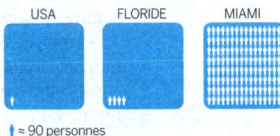

USA   FLORIDE   MIAMI

≈ 90 personnes

Histoire

De tous les États-Unis d'Amérique, la Floride possède l'histoire écrite la plus ancienne... mais aussi la plus singulière à maints égards. Cette péninsule marécageuse invite à l'hyperbole, suscite le désir et ensorcelle joyeusement ceux qui y poursuivent leur rêve. Les cités d'or que cherchaient les explorateurs espagnols n'étaient peut-être pas si éloignées, au rang du songe, du "Magic Kingdom" de Disney. De même l'histoire de la Floride s'est-elle écrite en dents de scie, entre aspirations déçues des conquérants, courageux prosaïsme des immigrants et autres périodes d'ascension et de turpitudes.

Des premiers peuples de Floride aux Séminoles

Les premiers habitants de Floride n'ont jamais formé de grandes tribus unies. Pendant quelque 11 500 ans, ils se sont répartis en de nombreuses petites chefferies ou villages, plus sédentaires dans le Nord et tournés vers l'agriculture, plus nomades et belliqueux dans le Sud.

Les Apalaches du Panhandle furent ceux qui développèrent la société agricole la plus complexe. Les Timucua occupaient quant à eux le nord de la Floride et les Tequesta régnaient sur le centre de la côte atlantique. Les farouches Calusa dominaient le Sud – la légende rapporte d'ailleurs qu'une de leurs flèches empoisonnées causa la mort de Ponce de León.

Vestiges les plus frappants de ces cultures, les énormes monticules de coquillages appelés *middens*, qui peuvent atteindre une dizaine de mètres de hauteur, témoignent du régime alimentaire de ces populations. Autant de déchets coquilliers sur lesquels se sont construits les villages, comme à Mound Key.

À l'arrivée des Espagnols au XVIe siècle, on estime que la population indigène s'élevait à quelque 250 000 âmes. En deux siècles, les maladies européennes en tuèrent 80%. Les autres périrent du fait de la guerre ou furent vendus comme esclaves. Au milieu du XVIIIe siècle, les premiers habitants de la Floride avaient presque tous disparu.

Au cours du même siècle, des Muscogee et d'autres tribus du Nord migrèrent en Floride, chassés ou enrôlés dans les guerres européennes pour les territoires du Nouveau Monde. Mariages et mixité contribuèrent

Séminoles et Amérindiens sur Internet

Ah-Tah-Thi-Ki Museum (www.ahtahthiki.com ; en anglais)

The Museum (www.flamuseum.com ; en anglais)

Heritage of the Ancient Ones (www.ancientnative.org ; en anglais)

CHRONOLOGIE	10 000 av. J.-C.	500	1513
	Les descendants des premiers hommes venus de Sibérie quelque 50 000 ans auparavant par le détroit de Béring atteignent la Floride. Ils y chassent le mastodonte et le tigre à dents de sabre.	Les Indiens se sédentarisent. C'est le début de l'agriculture, avec la culture des "trois sœurs" : maïs, haricots et courge, plus la citrouille, le citron et le tournesol.	Abordant au sud de l'actuel cap Canaveral, Ponce de León découvre la Floride, qu'il prend pour une île. C'est Pâques, aussi la baptise-t-il *la Florida*, "la fleurie".

à fondre ces différentes tribus entre elles, puis à la fin des années 1700, elles furent rejointes par de nombreux esclaves noirs en fuite, qu'elles accueillirent dans leur société.

Ces peuples indépendants, rebelles et fugitifs mêlés, qui occupaient l'intérieur de la Floride, furent baptisés Séminoles, déformation de l'espagnol *cimarrones,* qui signifie "peuple libre" ou "sauvages". Défiant l'autorité européenne et les catégories ethniques, ils furent

INDOMPTABLES SÉMINOLES

Les États-Unis ont mené la guerre à trois reprises contre les Séminoles de Floride. La première, de 1817 à 1818, fut lancée par Andrew Jackson, qui les combattit sans merci, au motif qu'ils accordaient aux esclaves en fuite et de leurs attaques contre les colons américains. Mais la motivation véritable tenait au fait que l'Espagne contrôlait cette région. Après la prise de Pensacola par Jackson, l'Espagne dénonça cette incursion militaire, ce qui contraignit Jackson à l'abandon.

Élu président en 1830, Andrew Jackson fit voter l'Indian Removal Act, lequel avait pour but de déplacer tous les Amérindiens à l'ouest du Mississippi. Or les Séminoles n'acceptèrent pas unanimement d'abandonner leur terre et de partir dans des réserves. De fait, lorsque, en 1835, les troupes américaines furent arrivées pour appuyer l'application des accords, la résistance, menée par le chef séminole Osceola, attaqua un convoi de l'armée, déclenchant la deuxième guerre séminole.

Cette guérilla, conduite dans les marais par quelque 2 000 Séminoles, est considérée comme l'une des guerres indiennes les plus meurtrières et les plus chères de l'histoire américaine. En octobre 1837, le chef de guerre indien Osceola fut capturé sous couvert de trêve et mourut en captivité, mais les Séminoles poursuivirent la lutte. En 1842, les États-Unis finirent par rappeler leurs troupes, après qu'eurent été dépensés 20 millions de dollars d'alors et qu'eurent péri un millier et demi de soldats.

Des milliers de Séminoles avaient été tués ou parqués dans des réserves, mais des centaines de survivants se réfugièrent dans les Everglades. En 1855, des éclaireurs de l'armée américaine, partis à leur recherche, furent aussitôt repérés et tués par les Séminoles. Les représailles qui s'ensuivirent sont à l'origine de la troisième guerre séminole, laquelle s'acheva en 1858 avec le départ vers l'ouest du chef Billy Bowlegs contre finances.

Deux cents à trois cents Séminoles ne s'opposèrent pas moins au traité de paix, et retournèrent dans les Everglades. Ces Séminoles restent à ce jour la seule tribu amérindienne à n'avoir jamais rendu les armes.

Extrêmement appauvris, les Séminoles comprirent dans les années 1910 qu'ils trouveraient intérêt à faire payer les touristes pour les voir dans leurs camps temporaires. Dès lors, les "villages séminoles" ne tardèrent pas à devenir une attraction vedette en Floride, avec combats contre des alligators et "mariages" séminoles.

En 1957, le gouvernement des États-Unis a officiellement reconnu la **tribu séminole** (www.semtribe.com), puis en 1962 la **tribu miccosukee** (www.miccosukee.com).

1539	1565	1702	1776
Le conquistador Hernando de Soto se lance avec 800 hommes à la découverte de la Floride. Il combat les Indiens, campe près de Tallahassee et, ne trouvant pas d'or, poursuit vers l'ouest.	Pedro Menéndez de Avilés fonde St Augustine, première colonie européenne permanente du Nouveau Monde et plus vieille ville des États-Unis.	Dans leur lutte contre l'Espagne et la France, les Britanniques réduisent en cendres St Augustine. Deux ans plus tard, ils détruisent 13 missions espagnoles en Floride.	Début de la révolution américaine ; les 2 colonies de Floride restant fidèles à la Couronne britannique, les loyalistes (ou *Tories*) s'y réfugient pour échapper aux combats.

rapidement considérés comme trop libres par les États-Unis fraîchement indépendants, qui ne tardèrent pas à leur déclarer la guerre.

La valse des pavillons

Les drapeaux de l'Espagne, de la France, de la Grande-Bretagne, des États-Unis et de la Confédération flottèrent tour à tour sur la Floride.

L'Espagne revendiqua la Floride dès 1513, à l'arrivée de l'explorateur et conquistador Ponce de León. Cinq autres expéditions espagnoles suivirent (ainsi qu'une française, dont le drapeau flotta sur le fleuve St Johns), mais rien ne porta ses fruits avant 1565, date de fondation de la première colonie, St Augustine. Cet avant-poste peu rentable et impaludé ne parvint qu'à établir localement la religion catholique. Les missionnaires fondèrent 31 missions à travers la Floride, convertissant et instruisant les Amérindiens, en faisant parfois montre d'une réelle humanité.

L'année 1698 marque l'établissement permanent d'un fort espagnol à Pensacola, lequel fut pris et repris au fil du XVIIIᵉ siècle par les différents belligérants (Espagnols, Français, Britanniques, Nord-Américains).

À l'issue de la guerre de Sept Ans (1754-1763), l'Espagne, qui s'était rangée au côté de la France contre l'Angleterre, termina dans le camp des perdants. Le royaume espagnol céda donc alors la Floride aux Anglais en échange de La Havane, et Cuba recueillit les 3 000 Espagnols de Floride quasi immédiatement.

Vingt ans durant, les Britanniques exploitèrent la Floride avec un certain succès, cultivant l'indigotier, le riz, les oranges et faisant commerce du bois. Mais, en 1783, la Grande-Bretagne et l'Amérique réglèrent leurs comptes après la révolution américaine, et la Floride retourna dans le giron de l'Espagne – qui avait soutenu les États-Unis dans leur lutte pour l'indépendance.

La seconde période espagnole, de 1783 à 1819, fut marquée par une colossale erreur d'appréciation. Madrid avait besoin de colons et encouragea donc vivement l'immigration en Floride, ce qui se retourna contre elle lorsqu'en 1810 ces immigrants réclamèrent leur indépendance. Une décennie plus tard, l'Espagne s'était retirée. Au terme d'un traité formalisé en 1822, la Couronne espagnole rétrocéda la Floride aux États-Unis contre paiement : la Floride devint ainsi le 27ᵉ État de l'Union en 1845, sans que nul ne se doutât que, seize ans plus tard à peine, elle se rallierait à la Confédération.

De la guerre civile aux droits civiques

En 1838, la Floride comptait environ 48 000 habitants, dont 21 000 esclaves afro-américains. En 1860, quinze ans après avoir

Combien de fontaines de jouvence ?

La fontaine légendaire dans le parc archéologique de St Augustine

Les sources naturelles du De Leon Springs State Park, à DeLand

Les sources chaudes de Venice

Les Français en Floride

Les expéditions françaises en Floride au XVIᵉ siècle à travers deux ouvrages : Les Indiens : à la découverte de la Floride (Éditions de Conti, 2006) de Dominique Spiess et Charles de La Roncière ; Sur les traces des Huguenots de Floride. Expéditions en Charenta 1562-2007 (Le Croît Vif, 2008), de Gilles Fonteneau

1816-1858	1823	1835	1845
Trois guerres opposent les États-Unis aux Séminoles et à leurs alliés, au nombre desquels des esclaves en fuite. La plupart des Séminoles finissent exilés.	À mi-chemin de Pensacola et de St Augustine, Tallahassee devient la capitale territoriale de la Floride. Plus tard, les politiciens essaieront en vain de la déplacer.	Coordonnées par le chef Osceola, les tribus séminoles mettent à sac 5 plantations de canne à sucre le jour de Noël puis tuent 100 soldats américains près de Tampa. C'est le début de la deuxième guerre séminole.	La Floride devient le 27ᵉ État de l'Union.

accédé au statut d'État, le pays avait atteint les 140 000 âmes, dont 40% d'esclaves, la plupart dans les plantations de coton.

Lorsqu'Abraham Lincoln fut élu président sur la promesse de réduire l'esclavage, la Floride rejoignit la Confédération des États du Sud qui firent sécession de l'Union en 1861. Pendant la guerre civile, qui dura jusqu'en 1865, elle ne fut le théâtre que de rares combats.

De 1865 à 1877, le gouvernement fédéral imposa aux ex-États confédérés la "reconstruction" pour y protéger les droits des esclaves libérés. Au cours de cette période, 19 Noirs furent ainsi élus au congrès de Floride, un bouleversement politique et social tel qu'il provoqua un violent retour de bâton.

LA FLORIDE DU MARCHÉ NOIR

Lorsqu'en 1919 les États-Unis votèrent le 18e amendement interdisant l'alcool et marquant le début de la prohibition, les trafiquants comprirent que la Floride ferait une bonne planque. Dès lors, elle devint un carrefour important du trafic, des flottes de bateaux et d'avions livrant illégalement du rhum de Cuba et de Jamaïque pour le cacher dans de petites criques avant de le distribuer dans tout le pays.

Même si les mafieux comme Al Capone venaient occasionnellement séjourner dans la région, cette contrebande fut davantage le fait de gens ordinaires que de gangs, et ce marché noir florissant profita directement aux Floridiens. Dans les périodes fastes comme les années 1920, cet argent illicite fut blanchi dans l'immobilier. Pendant les années noires, les fermiers au chômage purent ainsi payer leurs factures grâce au gin maison. Aux termes d'un accord tacite, les bars de Miami servirent ainsi de l'alcool en toute impunité dans les années 1920, sous le nez de la police.

Dans les années 1960 et 1970, le même scénario se répéta avec la marijuana. Des pêcheurs sans travail devinrent de gros poissons en passant en contrebande des cargaisons d'herbe sous plastique, et la Floride quitta soudain la récession. S'ensuivit une nouvelle vague de construction dans l'ouest de l'État.

La décennie suivante fut celle du trafic de cocaïne orchestré par les cartels colombiens, avec des trafiquants jouant plus du pistolet que de la poignée de main. Les sanglantes fusillades dans les rues de Miami plongèrent les Floridiens dans la stupeur (inspirant aux producteurs la série *Deux flics à Miami*), sans entraver pour autant le narcotrafic estimé à 10 milliards de dollars, et les immeubles continuèrent à pousser comme des champignons à Miami. Dans ces années 1980, les banques de la ville croulaient tellement sous le cash que cet argent de la contrebande avait pris rang de véritable petite industrie – parallèlement à l'exportation d'armes dans les pays d'Amérique latine et à l'importation d'oiseaux et de fleurs rares, ainsi que de cigares cubains.

Les années 1990 marquèrent la fin des cartels et le renforcement du contrôle bancaire, mais d'aucuns estiment que la contrebande serait encore aujourd'hui la première activité économique de Floride.

1861	1889	1894-1895	1912
Par un vote à 62 voix contre 7, la Floride se sépare des États-Unis et hisse son cinquième drapeau, celui de la Confédération.	Key West devient la ville floridienne la plus importante d'alors, notamment grâce à la manne des cargaisons des bateaux échoués dans ces eaux dangereuses.	Le "*Great Freeze*" (Grand Gel) ruine les récoltes de citrons dans le centre de la Floride. Les colons commencent à migrer vers le sud de l'État à la recherche de climats plus cléments et de saisons plus longues.	La "folie de Flagler" – les 200 km de chemin de fer jetés sur la mer par Henry Flagler pour relier l'archipel des Keys – atteint Key West. Cette "8e merveille du monde" est détruite par un ouragan en 1935.

Sitôt les troupes fédérales parties, la Floride se hâta de faire marche arrière en adoptant une série de lois dites "de Jim Crow", instaurant la ségrégation – dans les restaurants et les parcs, sur les plages et dans les bus –, tandis qu'une taxe électorale entravait les Noirs et les pauvres dans l'exercice de leur droit de vote. Jusqu'aux années 1950, des travailleurs manuels noirs, dans des baraquements et les champs de canne à sucre, soumis à un système de "péonage", durent travailler sans fin pour tenter de payer (en vain, bien entendu) leurs dettes à qui les employait.

Le Ku Klux Klan sévit particulièrement dans les années 1920, époque où la Floride atteignit des records de lynchage. L'hystérie et les violences raciales étaient monnaie courante. Une foule d'émeutiers blancs rasa même entièrement la ville de Rosewood en 1923.

La Cour suprême des États-Unis mit en 1954 un terme à la ségrégation légale avec la loi *Brown vs Board of Education*, mais la Cour suprême de Floride rejeta cette décision trois ans plus tard. Des protestations s'élevèrent régulièrement sans que beaucoup de changements interviennent avant 1964, date à laquelle une série d'émeutes raciales et de manifestations, certaines de ces dernières menées par Martin Luther King, ébranlèrent St Augustine, contribuant finalement à la promulgation de la loi sur les droits civiques de 1964.

Les villes de Floride connurent d'autres émeutes raciales en 1967 et 1968, puis les conflits s'apaisèrent à mesure que l'État se résignait à mettre, à contrecœur, un terme à la ségrégation. Les clivages de l'histoire floridienne se sont lentement estompés, comme en témoignent les nouvelles émeutes du début des années 1980. Aujourd'hui, malgré de grands progrès et même si la Floride est l'un des États les plus variés ethniquement, ces blessures ne sont pas totalement refermées.

Drainages et chemin de fer

Au milieu du XIXᵉ siècle, la moitié nord de la péninsule était assez bien explorée, tandis que le Sud demeurait un marécage livré aux moustiques. La première explosion immobilière date des années 1870. On la doit à une volonté économique hyperlibérale s'appuyant sur trois éléments : le libre développement privé, des taxes minimales et l'attribution de terres aux compagnies de chemin de fer.

Une décennie, de 1881 à 1891, suffit à faire passer le réseau ferré de 900 à 4 100 km, circonscrit dans les régions majoritairement peuplées du nord et du centre de l'État, avec néanmoins une ligne partant au sud, vers nulle part... 1886 est l'année où le magnat du chemin de fer Henry Flagler lança – pari insensé ? – la construction d'une ligne ferroviaire le long de la côte. Les gens l'emprunteraient-ils ?

En 1896, la ligne de Flagler s'arrêtait à Fort Dallas, village sordide qui fut intégré à Miami, laquelle se constitua en municipalité cette même

1923	1926	1933-1940	1935
La localité afro-américaine de Rosewood, dans le Levy County, est rayée de la carte par une foule de lyncheurs blancs. Les anciens habitants sont dispersés et relogés.	Un ouragan détruit et inonde le sud de la Floride. Près de 400 personnes meurent, surtout noyées à la suite de la rupture des digues du Lake Okeechobee. Deux ans plus tard, un autre ouragan fait 5 fois plus de victimes.	En employant 40 000 Floridiens, les travaux publics du New Deal aident l'État à sortir de la dépression. L'Overseas Highway reliant les Keys est construite, remplaçant la voie ferrée de Flagler.	Dick Pope inaugure Cypress Gardens, premier parc à thème des États-Unis. Ses topiaires en forme d'animaux, ses beautés sudistes et son ski nautique acrobatique auraient donné des idées à Walt Disney.

année. Et les gens affluèrent bel et bien. C'est ainsi qu'on attribue à Flagler la fondation de toutes les villes comprises entre West Palm Beach et Miami.

Le sud de la Floride n'avait besoin que d'être débarrassé de ses marécages fétides pour se changer en paradis, terre de profit et de soleil éternel. Au tout début des années 1900, le gouverneur Napoleon Bonaparte Broward, qui rêvait d'un "empire des Everglades", lança une vaste campagne de travaux fluviaux. Soixante-dix ans plus tard, quelque 3 000 km de canaux et de digues sillonnaient le calcaire poreux de Floride. Ces réalisations asséchèrent avec succès environ la moitié des Everglades (soit 1,5 million d'acres) au sud du Lake Okeechobee, qui se transformèrent en exploitations maraîchères, ranchs, orangeraies, champs de canne à sucre et faubourgs.

De 1920 à 1925, la construction immobilière en Floride atteignit sa cadence la plus frénétique. En 1915, Miami Beach n'était qu'une bande de sable ; dix ans plus tard, elle comptait 56 hôtels, 178 immeubles d'appartements et 3 terrains de golf. Miami ne comptait qu'un seul gratte-ciel en 1920 ; durant l'année 1925, trente autres sortaient de terre tandis que 2,5 millions de personnes s'installaient en Floride. Les spéculateurs immobiliers vendirent des terrains à bâtir, des terrains à assainir, puis juste la promesse de terrains. Et tout partit comme des petits pains.

Les deux ouragans de 1926 et de 1928 mirent un terme à cette folie. Coup de grâce, le krach boursier d'octobre 1929 ruina tout le monde. Comme les États-Unis, la Floride sombra dès lors dans la Grande Dépression, quoiqu'elle souffrît moins que la plupart des autres États grâce aux travaux publics du New Deal, au tourisme et aux formidables profits tirés du trafic d'alcool.

Une souris, des touristes et des hommes

Officiellement, le tourisme est l'industrie numéro un de la Floride, et ce depuis les années 1890 avec le chemin de fer côtier construit par Flagler et ses luxueuses stations balnéaires de Miami Beach. Dans les années 1920, ce fut le tour des touristes *tin-can* ("boîte de conserve") : ils arrivaient par la toute nouvelle Dixie Hwy au volant de leur Ford T, dormaient dans leur caravane et consommaient la nourriture en boîte qu'ils avaient apportée.

Dix ans plus tard, ils dépensaient leur argent à Cypress Gardens et Silver Springs, les premiers parcs à thème conçus par des promoteurs avisés. Mais le tourisme n'explosa vraiment qu'après la Seconde Guerre mondiale. Pendant le conflit, Miami fut en effet un important terrain d'entraînement militaire, et beaucoup de GI y retournèrent par la suite jouir des plaisirs de la plage en famille.

Le site Internet des archives de l'État de Floride (www.floridamemory.com) présente une collection fascinante de documents historiques (une carte de 1586 de St Augustine, des lettres de la guerre de Sécession...), ainsi qu'une grande quantité de photos, anciennes et contemporaines.

HISTOIRE UNE SOURIS, DES TOURISTES ET DES HOMMES

1941-1945	1942	1946	1946
Les États-Unis entrent dans la Seconde Guerre mondiale ; 2 millions d'hommes et de femmes reçoivent un entraînement en Floride. L'armée réquisitionne 85% des hôtels de Miami Beach pour les accueillir.	De janvier à août, les sous-marins allemands coulent plus de 20 tankers et navires au large de la Floride. En 1945, 3 000 prisonniers allemands sont détenus en Floride, dans 15 camps de travail.	Le développement de la climatisation et le boom économique d'après guerre ouvrent la route à des milliers de nouvelles implantations dans l'État.	Invention du jus d'orange concentré surgelé ; premier producteur d'oranges des États-Unis, la Floride connaît un boom économique. Les années 1950-1960 sont celles des millionnaires de l'orange.

Après guerre, grâce au renforcement du système d'aide sociale, la classe moyenne vieillissante migra vers le sud pour goûter aux joies de la retraite. Elle arriva lentement mais sûrement, au rythme d'un millier par semaine, pour atteindre des centaines de milliers, puis des millions. Beaucoup venaient de la côte est, et bon nombre étaient juifs : en 1960, Miami Beach, désormais juive à 80%, avait pris rang de véritable enclave ethnique et générationnelle.

Puis un jour, en 1963, dit-on, Walt Disney survola le centre de la Floride. Repérant le croisement de l'I-4 et du Florida Turnpike, il se serait exclamé : "C'est là !" Il acquit en secret 11 000 ha de zones humides autour d'Orlando. Appâtant habilement les législateurs avec la promesse tacite des dollars du tourisme, il obtint tous pouvoirs pour construire son empire.

Exempté de la myriade de lois et des codes de construction de l'État, largement autogéré, Disney World ouvrit en 1971 et atteignit vite des records de fréquentation. Ainsi, en 30 ans, le nombre de touristes en Floride a quasiment été multiplié par dix, eu égard au seul chiffre de fréquentation du *Magic Kingdom*. Pour 4,5 millions de touristes venus en Floride en 1950 – soit pas tout à fait le double de la population –, on en comptait, dans les années 1980, 40 millions par an rien que chez Disney, soit quatre fois la population de l'État.

Les attractions à l'ancienne de la Floride – Weeki Wachee, Seminole Village, Busch Gardens, toutes rendues célèbres par des affiches et des cartes postales – parurent vite insignifiantes en comparaison.

Viva Cuba Libre !

Le sud de la Floride a souvent entretenu une relation plus intime avec Cuba qu'avec le reste des États-Unis. À l'origine, l'Espagne dirigeait la Floride depuis La Havane, et, au XXᵉ siècle, Miami accueillait tant de réfugiés cubains qu'ils la surnommèrent la "capitale de l'exil", puis la "capitale de l'Amérique centrale".

Pendant la longue lutte de Cuba pour gagner son indépendance à l'égard de l'Espagne, de 1868 à 1902, les exilés cubains s'installèrent à Key West et à Tampa, donnant naissance à Ybor City et à son industrie du cigare.

Après l'indépendance, de nombreux Cubains rentrèrent chez eux, mais les liens économiques qu'ils avaient tissés perdurèrent. Lorsqu'en 1959 Fidel Castro lança la révolution populaire (partiellement fomentée dans les hôtels de Miami) qui renversa la dictature de Batista, ce fut le déclenchement d'un exode qui allait durer des années : plus de 600 000 Cubains, en majorité blancs, fortunés et libéraux, vinrent vivre à Miami.

En avril 1961, nouveau basculement : Castro proclama Cuba pays socialiste, scellant l'avenir des relations de Cuba avec les États-Unis. Le lendemain, le président Kennedy donna son aval à l'infortuné débarquement de la baie des Cochons, lequel échoua lamentablement

1947	1961	1969	1971
Le parc national des Everglades voit le jour après 19 années de lutte menée par Ernest Coe et Marjory Stoneman Douglas pour protéger les Everglades des dégâts du dragage et du drainage.	Le 16 avril, 1 300 volontaires cubains exilés et entraînés par la CIA, envahirent la baie des Cochons à Cuba. L'opération est un échec : Castro fait 1 189 prisonniers.	*Apollo 11* décolle de cap Canaveral et arrive sur la Lune le 20 juillet, marquant la fin de la course à l'espace. Cinq autres fusées seront envoyées sur la Lune jusqu'en 1972.	Dès le premier jour de son ouverture à Orlando, le Walt Disney World accueille 10 000 visiteurs. Un an plus tard, on en compte 10 millions.

à renverser le *Lider Máximo*. En octobre 1962, Kennedy organisa le blocus de Cuba pour protester contre la présence de missiles nucléaires soviétiques. Khrouchtchev retira les missiles contre la promesse officieuse des États-Unis de ne plus jamais tenter d'envahir Cuba.

Les réfugiés cubains de Miami, qui militaient pour la libération de Cuba (entonnant le fameux *Viva Cuba libre !*), accusèrent le coup. Entre 1960 et 1980, un million de Cubains émigrèrent, soit 10% de la population de l'île ; en 1980, Miami était à 60% cubaine. Et les deux pays employèrent des décennies durant leurs politiques respectives d'immigration comme moyen de pression.

Les Cubains rejetaient l'assimilation (et parfois les États-Unis), animés par un désir de retour. Miami devint deux villes parallèles, cubaine et nord-américaine, parlant rarement la langue de l'autre.

Dans les années 1980 et 1990, des immigrants pauvres déferlèrent à Miami de toute l'Amérique latine, notamment du Salvador, du Nicaragua, du Mexique, de Colombie, du Venezuela, de la République dominicaine et d'Haïti. Ces groupes, qui ne se mélangeaient pas facilement aux autres ni entre eux, réussirent dans une ville qui faisait déjà des affaires en espagnol. Au milieu des années 1990, le sud de la Floride exportait 25 milliards de dollars de produits en Amérique latine, et les Cubains de Miami étaient à eux seuls économiquement plus forts que tout Cuba.

Les Cubains de Miami sont aujourd'hui fermement implantés. Ceux de la jeune génération ne se considèrent pas comme des réfugiés, mais comme des résidents.

Aujourd'hui, les Cubains de Miami sont on ne peut mieux intégrés et ceux des dernières générations ne se considèrent même plus comme exilés.

Le film *Recount* (Jay Roach, 2008), produit par la chaîne HBO, montre le cafouillage électoral survenu en Floride lors de la présidentielle de 2000 et dévoile les rancœurs politiques qui ont entravé un recomptage honnête des voix.

Ouragans, Everglades et élections

En 1992, l'ouragan Andrew a mis en évidence l'équilibre précaire de ce paradis en dévastant le sud de la Floride, stupéfiant tout le pays par l'ampleur de ses destructions. En outre, les conséquences d'une pollution galopante – poissons morts, mangroves mourantes, baies troubles – présentèrent la facture d'un siècle de croissance incontrôlée, de boom démographique et d'insouciance industrielle.

Entre 1930 et 1980, la croissance démographique de la Floride a atteint le taux record de 564%. La Floride est passée du rang d'État le moins peuplé à celui de quatrième en termes de population, avec des infrastructures absolument inappropriées : police en sous-effectif, prisons surpeuplées, embouteillages, avenues hideuses, immeubles et centres commerciaux vétustes, et certaines des pires écoles du pays.

Dans ces conditions, le sauvetage des Everglades fut bien plus qu'une croisade écologique ordinaire. C'était un test moral : la Floride allait-elle dilapider une merveille naturelle pour quelques dollars

mai 1980	1980	1984	1992
Le procès McDuffie se termine sur l'acquittement des policiers blancs qui avaient battu à mort un agent d'assurances noir. Les émeutes qui éclatent dans le quartier de Liberty City, à Miami, font 18 morts.	Fidel Castro déclare ouvert le port cubain de Mariel. C'est un exode massif de 125 000 *Marielitos* auxquels les États-Unis offrent l'asile politique. S'ensuit une discrimination sévère à Miami.	Début du feuilleton télé *Deux flics à Miami*, mêlant ambiance de vidéo-clip, mode couleur pastel, lieux mal famés de South Beach et flics désabusés en lutte contre les cartels de la cocaïne de Miami.	Le 24 août, l'ouragan Andrew dévaste le comté de Dade, tuant 41 personnes, faisant 200 000 sans-abri, et causant 15,5 milliards de dollars de dégâts.

hâtivement gagnés ? Miracle, la loi Florida Forever et celle instaurant le Comprehensive Everglades Restoration Plan ont été votées en 2000. En attendant, la mise en place effective du plan de sauvetage des Everglades a été retardée, retenue par la bureaucratie aux niveaux fédéral et local.

Cependant, l'année 2000 a mis encore plus en relief le clivage profond de la Floride. Le républicain George W. Bush et le démocrate Al Gore ayant réalisé des scores très serrés, l'élection présidentielle dépendait des résultats de la Floride. L'avance infime de George Bush dans cet État a révélé toute une série d'"irrégularités", parmi lesquelles des ballottages douteux, des listes électorales erronées et des barrages routiers suspects le jour de l'élection. Après des mois de controverses juridiques et de décomptes partisans, le résultat électoral de Floride a enfin été approuvé.

TRAYVON MARTIN ET STAND YOUR GROUND

C'est en Floride qu'est née l'une des plus importantes polémiques raciales et politiques du début du XXIe siècle. Le drame initial se produisit dans la nuit du 26 février 2012, à Sanford, dans le centre de la Floride. Alors qu'il rentrait chez lui, le jeune Trayvon Martin, 17 ans, décida de couper par les terrains de la résidence fermée où il résidait temporairement. Jeune Afro-Américain vêtu d'un sweat-shirt à capuche et portant à la main un sachet de bonbons et une bouteille de thé glacé, il se fit repérer par George Zimmerman, latino-américain de 28 ans qui coordonnait la surveillance du quartier. Faisant fi des recommandations de la police, Zimmerman alla à la rencontre de Martin. Une altercation s'ensuivit, durant laquelle Zimmerman fut blessé à la tête et tira un coup de feu mortel à bout portant sur Martin.

Zimmerman fut placé en garde à vue par la police puis relâché, les policiers estimant que conformément à la loi *Stand Your Ground* (Défendez votre territoire) récemment passée en Floride, il n'avait pas commis de crime. Cette loi dispose en effet qu'une personne en état de légitime défense n'a pas d'obligation de battre en retraite, comme il est d'usage aux États-Unis, où l'on considère habituellement que l'on ne peut être en état de légitime défense qu'après avoir épuisé tous les recours d'évitement d'un conflit.

Le battage médiatique autour de l'événement et le tollé suscité dans tout le pays entraînèrent une nouvelle arrestation de Zimmerman, le 11 avril 2012, cette fois-ci pour meurtre non prémédité. À la suite du procès, qui eut lieu durant l'été 2013, Zimmerman fut reconnu non coupable. La décision indigna de nombreux Américains, qui ne comprenaient pas que le meurtre d'un adolescent non armé puisse ainsi rester impuni. De l'autre côté, les défenseurs du droit à être armé estimaient que Zimmerman n'avait fait qu'exercer son droit à se défendre en cas d'agression.

Le rôle du *Stand Your Ground* fut évoqué par les commentateurs alors même que les avocats de l'accusé ne l'avaient pas intégré à leur argumentaire de défense. Des appels au boycott du tourisme n'en ont pas moins été lancés pour protester contre cette loi, mais ils n'ont guère eu à ce jour de répercussions sur l'affluence touristique en Floride.

1999	2000	2000-2010	2004
Elián Gonzalez est repêché alors que sa mère s'est noyée en essayant d'atteindre les États-Unis. Malgré des protestations, les autorités renvoient l'enfant à son père, à Cuba.	La secrétaire d'État de Floride Katherine Harris évince par erreur des milliers d'électeurs des listes électorales. George W. Bush bat Al Gore de 537 voix en Floride et devient président.	Les gratte-ciel envahissent Miami. Durant cette période, 20 des 25 plus hauts buildings de la ville sont construits. Certains parlent d'une "Manhattanisation" de Miami.	La Floride connaît sa pire série d'ouragans, avec quatre tempêtes – Charley, Frances, Ivan et Jeanne – en 2 mois. Bilan : 130 morts et 22 milliards de dollars de dégâts.

À l'aube du XXIᵉ siècle, les tensions historiques de Floride – entre sa soif de croissance et de développement et la pression afférente, devenue insupportable tant en termes sociaux qu'écologiques – semblent plus fortes que jamais.

Une Floride divisée

Le début du XXIᵉ siècle a été une période de polarisation politique de pans entiers de la société américaine, et la Floride n'a pas échappé à la tendance. Avant tout, les divisions idéologiques de la Floride ont été exacerbées par les fossés profonds qui longent ses frontières géographiques et ethniques.

Si le poste de gouverneur est resté aux mains des républicains depuis 1999, la Floride reste un État pivot à chaque élection présidentielle (George W. Bush y a remporté deux fois une courte victoire et il en alla de même pour Barack Obama). Cela est dû en grande partie aux pratiques de découpage administratif, largement considérées comme un charcutage électoral (relevant d'une organisation des districts en vue de favoriser tel ou tel autre parti politique), et un facteur aggravant du clivage entre les deux camps. Cela dit, les anciens gouverneurs, comme Jeb Bush (mandat : 1999-2007) et Charlie Crist (mandat : 2007-2011) ont plutôt opté pour une ligne centriste à l'intérieur du parti républicain, alliant conservatisme économique et une plus grande souplesse en matière de politique d'immigration.

Pour tout dire, le gouverneur Charlie Crist, qui est aussi bien en faveur du mariage homosexuel que du libre droit de posséder une arme, a fait un geste plutôt rare en politique américaine en rejoignant le Parti démocrate en 2012. Le fait qu'il l'ait fait un mois seulement après la réélection de Barack Obama n'a pas arrangé sa réputation d'opportuniste, mais ses partisans n'en louent pas moins sa souplesse. Or ce retournement de veste a été opéré en pleine crise financière de 2008, alors que le marché immobilier de Floride sombrait.

Occupant le poste de gouverneur à Tallahassee depuis 2011, Rick Scott joue depuis un rôle déterminant dans l'orientation politique de l'État. Homme d'affaires ouvertement opposé aux régulations (avant l'élection, il était P-DG et investisseur en capital-risque à hauteur de 218 millions de dollars), il est également partisan des politiques de protection des Everglades, ce qui illustre le très délicat numéro d'équilibriste auquel il se livre quotidiennement. De fait, il en est réduit à perpétuellement moduler les tensions mettant en jeu l'extrémité nord, blanche et conservatrice de l'État, le sud plus latin et ouvert, ainsi que tout le patchwork d'identités et d'intérêts qui vient se mêler entre les deux. Une Floride de *Stand Your Ground*, de restauration des Everglades, de refus du changement climatique et de politiques de préparation au réchauffement climatique… une Floride de toutes les contradictions.

2008	2010	2014	2014
La Floride avance ses primaires au 29 janvier : le comité national démocrate refuse que les délégués de Floride participent à la désignation du candidat.	La marée noire provoquée par la rupture de la plateforme *Deepwater Horizon* est la pire de l'histoire des États-Unis. Les plages du Panhandle sont touchées et le tourisme s'effondre en Floride.	Les plans de sauvetage des Everglades obtiennent le feu vert de l'État, mais se voient ensuite retardés en raison d'impasses bureaucratiques et de reports du corps des ingénieurs de l'armée.	Ouverture du tunnel du port de Miami (plus de 1 km) en août, reliant MacArthur Causeway sur Watson Island au port de Miami sur Dodge Island.

La société floridienne

Population et culture produisent ici d'irrésistibles mélanges d'accents, de rythmes et de couleurs caribéennes, qui font de cet État l'un des plus captivants du pays. Aussi inextricable que ses marais préhistoriques, la Floride fascine sans qu'on puisse exactement en définir la raison. C'est ce qui rend sa découverte si passionnante. Certes, le contexte n'est pas exempt de son lot de tensions, mais elles sont de nature à participer de la dynamique sociale de la région, l'une des plus singulières du pays.

Portrait d'une péninsule

Les pessimistes prétendent que cet État est trop divisé, socialement et culturellement, pour avoir un jour une identité cohérente. Les optimistes tiennent à peu près le même discours. Telle une reine de beauté couverte de louanges qui continuerait à douter d'elle-même, la Floride balance à savoir si l'afflux continu de nouveaux arrivants relève d'une chance ou s'il va finir par amener sa cohésion sociale à un point de rupture.

Géographiquement parlant, la Floride est un État méridional mais, du point de vue culturel, seul le nord de la Floride a l'esprit du "vieux Sud". Dans le Panhandle et le nord de la péninsule, on a ainsi affaire à des habitants à l'accent caractéristique très attachés au passé. La guerre de Sécession est encore dans tous les esprits, et les bonnes manières, de rigueur.

Le centre de l'État et la région de Tampa Bay ont attiré bien des citoyens américains du Midwest. Directs, durs à la tâche, ils témoignent d'une sobriété toute protestante. En Floride du Sud, ce sont les Yankees de la côte Est, autrefois raillés pour leur propension crédule à acheter n'importe quel bout de marais, qui ont laissé leur empreinte, notamment dans les communautés de retraités juifs de la côte atlantique, dans le Miami ouvrier et urbain, et dans les villes chics de la côté méridionale du Golfe.

La Floride fut, après la conquête de l'Ouest, l'ultime région "frontière" des États-Unis, la dernière où des pionniers pouvaient arriver et s'inventer une vie. Connus sous le nom de crackers de Floride, ces pauvres paysans, vachers et marginaux avaient renoncé au confort pour vivre comme bon leur semblait. Le terme est parfois employé à tort pour désigner tous les pionniers de Floride : les véritables crackers subsistaient tant bien que mal dans l'intérieur des terres (les crackers des Keys sont appelés *conchs*). Il s'agissait non pas de propriétaires de plantation, mais d'ouvriers agricoles migrants, dont le mode de vie en marge de la loi, l'esprit de débrouille, les vagabondages et le goût pour l'alcool suscitaient le mépris des honnêtes gens. Mais aujourd'hui, tous les Floridiens aiment à croire qu'ils ont hérité de leur farouche esprit d'indépendance.

En revanche, dans certains coins de Miami, voire de Tampa, on se croirait non pas aux États-Unis mais en Amérique latine. On parle espagnol, la majorité de la population est catholique romaine et la politique cubaine, haïtienne ou colombienne occupe mainte conversation.

En fin de compte, la Floride comble et trompe à la fois toutes les attentes. Des avocats cubains aux ouvriers itinérants du bâtiment, sans oublier les retraités à pension fixe et les restaurateurs gays de South Beach, la Floride est une société extrêmement diversifiée.

Pourquoi appelait-on crackers les pionniers blancs de la Floride ? Certains disent que le terme renvoie au claquement du fouet dont ils se servaient pour mener le bétail. D'autres évoquent l'éclatement du maïs au moment d'en faire de la farine, du gruau ou de l'alcool de contrebande.

Ses résidents ont toutefois un point commun : ils viennent presque tous d'ailleurs. Et tous ces anciens étrangers s'accordent sur deux points : qu'il fait bon vivre en Floride, mais qu'un flux important de nouveaux arrivants sonne le glas de leur qualité de vie.

Immigration et communauté hispanique

Comme le Texas ou la Californie, la Floride d'aujourd'hui s'est vue remodelée par des vagues successives d'une immigration venue d'Amérique latine. Une population hispanique diverse, autonome, économiquement influente et très investie dans la vie politique.

La langue espagnole est omniprésente. Un quart des Floridiens parlent à la maison une langue autre que l'anglais, dans 75% des cas l'espagnol. Près de la moitié de ces hispanophones reconnaissent ne pas parler très bien l'anglais – car celui-ci ne leur est pas indispensable – au grand dam de certains anglophones.

La communauté des exilés cubains en Floride, concentrée à Little Havana et à Hialeah Park, s'est formée dès leur arrivée à Miami dans les années 1960, suite à la révolution castriste. Diplômés et aisés, ces Cubains créèrent leurs propres entreprises, publièrent leurs propres journaux et fondèrent leur enclave hispanophone dans la ville. Leur réussite exaspéra la population noire de Floride qui, alors même que le mouvement des droits civiques lui ouvrait des perspectives économiques, se vit coiffée au poteau par ces nouveaux arrivants.

Les flots d'immigration latino ne se sont pas taris, des plus pauvres aux plus aisés. Ces immigrés n'ont certes pas été dépaysés à Miami grâce aux infrastructures hispanophones, mais ils ont aussi parfois souffert du mépris des Cubains qui les avaient précédés.

Aujourd'hui, il n'est pas un pays d'Amérique latine qui ne soit représenté dans le sud de la Floride. Les Nicaraguayens fuyant la guerre sont arrivés dans les années 1980 et sont aujourd'hui plus de 100 000. À Miami, Little Haiti compte plus de 70 000 Haïtiens, soit la plus importante communauté aux États-Unis. On compte aussi 80 000 Brésiliens ainsi que de fortes minorités mexicaine, vénézuélienne, colombienne, péruvienne, salvadorienne, jamaïcaine, bahaméenne, etc. Cela se traduit par d'importantes migrations à l'intérieur de la Floride du Sud, ces groupes s'excluant mutuellement et cherchant des régions plus accueillantes.

Les enfants d'exilés cubains ont désormais une appellation, Yuca, pour "*young urban Cuban Americans*" (jeunes Cubains-Américains urbains), tandis que la deuxième génération de Latinos a reçu le surnom

L'IMMIGRATION EN CHIFFRES

Depuis soixante-dix ans, la Floride enregistre une croissance démographique ininterrompue, en grande partie due à l'immigration. D'État le moins peuplé du pays (moins de 2 millions d'habitants) à l'orée de la Seconde Guerre mondiale, elle est passée aujourd'hui au quatrième rang avec 18,8 millions d'habitants recensés en 2010.

Son taux de croissance démographique est surprenant. Après avoir atteint 44% dans les années 1970, il a connu un déclin régulier mais, avec plus de 17% dans cette première décennie du XXIe siècle, il reste au double de la moyenne nationale, avec quelque 3 millions de nouveaux Floridiens entre 2000 et 2010.

Quatrième État du pays également par l'importance de sa population étrangère (7,9 millions), ainsi que du nombre et du pourcentage de résidents nés à l'étranger (3,5 millions de personnes, soit 18% de la population), la Floride abrite à Miami plus de 60% de personnes nées à l'étranger, soit largement plus que dans les autres grandes villes des États-Unis.

En outre, on estime à 700 000 le nombre d'immigrés clandestins. Enrayer ce flux est actuellement un sujet brûlant.

de Generation Ñ (se prononce "énié"), symbole d'une culture hybride. Par exemple, si elle est toujours pratiquée à Miami, la fête traditionnelle cubaine de la *quinceañera,* ou *quince*, pour les quinze ans d'une jeune fille, est désormais remplacée par un voyage entre ados. Entre eux, les jeunes Latinos passent très facilement de l'anglais à l'espagnol, y compris dans une même phrase, revenant à l'espagnol, voire au *cubano* traditionnel, avec leur famille.

La Floride accueille aussi des flux migratoires plus modestes venus de Chine, d'Indonésie, de Thaïlande et du Vietnam. Le Sud est également connu pour ses immigrés juifs qui ne sont ni plus âgés que d'autres ni forcément originaires des États-Unis. Le judaïsme de la Floride du Sud a pris des teintes latinos, les juifs cubains et sud-américains ayant rejoint ceux de la côte Est américaine, d'Europe et de Russie. Au total, la Floride compte 850 000 juifs, dont les deux tiers vivent dans la région de Miami.

Mode de vie

La Floride est l'État le plus âgé de la fédération américaine. Elle affiche la plus forte proportion d'habitants de plus de 65 ans (plus de 17%) et l'âge médian y est de 41 ans, soit quatre ans de plus que la moyenne nationale. Depuis la Seconde Guerre mondiale, le Sud, terre de retraités, est en effet la "salle d'attente du Bon Dieu".

Néanmoins, l'immigration est jeune. Qu'ils viennent d'autres régions des États-Unis ou de l'étranger, ces immigrants de 20 à 30 ans sont séduits par un coût de la vie peu élevé et la perspective de la stabilité tant sur le marché de l'emploi que de l'immobilier. Lorsque l'économie s'y prête, ils trouvent aisément un logement à prix modeste, du travail dans les secteurs du tourisme et des services.

S'ils arrivent à s'acheter un appartement ou une maison dans un lotissement, ils font une affaire, car, en période faste, la cote du logement en Floride dépasse la moyenne nationale. En revanche, en temps de crise, lorsque l'immobilier chute – ce qui finit toujours par arriver en Floride – la valeur du logement s'effondre, les emplois se raréfient dans le bâtiment, et les salaires dans le secteur des services ne suffisent plus à assurer le quotidien. Les 20-30 ans sont alors les plus nombreux à quitter l'État.

Ces dernières années, le fossé, toujours croissant, entre les riches et les pauvres a rendu très difficile pour les Américains à revenu moyen de payer un loyer (et à plus forte raison un emprunt) dans les zones urbaines tentaculaires de Floride. Si les entreprises ont toujours eu recours à une main-d'œuvre étrangère bon marché venue d'Amérique latine, des Caraïbes et d'Europe de l'Est, il demeurait généralement en place un noyau de professionnels qualifiés dans le secteur des services. Ces derniers trouvant toutefois la Floride de plus en plus inabordable, se pose la question du maintien du niveau des prestations touristiques.

Dans cet État, les disparités entre ville et campagne sont considérables. Les banlieues tentaculaires, en particulier autour de Miami, d'Orlando et de Tampa, font l'objet d'un opprobre unanime (de fait, qui aime les embouteillages et l'uniformité architecturale ?). Cela dit, la relative prospérité des banlieues et des centres commerciaux témoigne de la prédilection que leur voue une partie du public. De plus, les immigrants de fraîche date ont tendance à investir les banlieues – les pelouses, désertées par tant d'Américains en quête d'un nouvel urbanisme sont tenues pour signe de qualité et de haut niveau de vie par les nouveaux venus originaires d'Haïti et de Cuba. Les Floridiens ont en tout cas en commun la proximité du littoral, puisque 80% d'entre eux résident à moins de 10 miles (16 km) de la côte.

Dans son ouvrage *Dream State* (en anglais), la journaliste Diane Roberts mêle la biographie de sa famille avec l'histoire de la Floride pour nous offrir un chef-d'œuvre unique, fascinant et hilarant. L'auteur fait penser à quelque cousin trouble-fête qui, convié à une réunion de famille, mettrait les pieds dans le plat en abordant sans ménagement des sujets que les autres éludent.

Ainsi tout le monde vit-il serré sur les bordures urbanisées de la péninsule. Même si on note une accalmie ces dernières décennies, les tensions raciales, ethniques ou entre classes sociales perdurent. En général, faute de l'accepter, on tolère la différence – et c'est une règle qui s'applique aux visiteurs.

La vie dans l'intérieur et le nord de la Floride reste cependant très rurale : ici, certaines petites villes ouvrières sont aussi blanches, désuètes et conservatrices que Miami est cosmopolite, excessive et permissive. C'est l'une des raisons qui expliquent pourquoi il est si dur de prévoir les résultats des élections, lesquelles se jouent à une poignée de voix près.

Le Panhandle doit à sa forte présence militaire d'être une région assez conservatrice politiquement parlant, mais l'existence d'une communauté étrangère lui vaut d'être un peu plus cosmopolite que les villages reculés de l'intérieur des terres au nord de la Floride.

Après avoir fait son burn-out, l'ancien auteur de l'émission *Late Show with David Letterman* Rodney Rothman a décidé de faire une "retraite" à Boca Raton... à l'âge de 28 ans. Dans son livre *Early Bird: A Memoir of Premature Retirement* (en anglais), Rothman fait une étude anthropologique très personnelle sur le monde sans concession des retraités floridiens.

Les loisirs des Floridiens

Les Floridiens et le sport

Les Floridiens sont fous de sport. Ils pourront vous parler des heures de basket, de football américain ou de la NASCAR (courses de stock-cars).

Pour la majorité des Floridiens, le football (américain) universitaire est une religion. L'État regroupe trois des meilleures équipes nationales : les University of Miami Hurricanes, les University of Florida Gators (Gainesville) et les Florida State University Seminoles (Tallahassee). Détentrices à elles trois de neuf titres nationaux, elles aiment surtout s'affronter entre elles.

Il n'est pas exagéré d'affirmer que battre une équipe adverse de l'État est – du moins pour leurs supporters, qui se complaisent à haïr farouchement les équipes rivales – presque plus important que de remporter tous les autres matchs. Dire à un étudiant de la Florida State University que l'on est un grand supporter des Gators, ou affirmer à un

CULTURE ET PATRIMOINE EN FÊTE

La diversité de la Floride se révèle pleinement dans la multiplicité de ses fêtes. Nous en avons sélectionné quelques-unes qui méritent un détour.

Zora Neale Hurston Festival of the Arts & Humanities (www.zorafestival.org ; Eatonville). Eatonville ; dernière semaine de janvier. Depuis vingt ans, ce festival de culture afro-américaine rend hommage à la romancière, anthropologue et féministe Zora Neale Hurston. Il culmine durant trois jours au cours d'une grande fête de rue.

Carnaval de Miami (www.carnaval-miami.org). Miami ; dix jours début mars. Le festival Calle Ocho de Little Havana est le plus grand carnaval hispanique des États-Unis, avec tournois de dominos, concours de cuisine et concerts de musique latino, entre autres réjouissances.

Florida Folk Festival (www.floridastateparks.org/folkfest). White Springs ; week-end du Memorial Day. Depuis 1953, le Stephen Foster State Folk Cultural Center organise ce gigantesque festival traditionnel où se produisent des centaines de musiciens floridiens (du gospel au banjo) avec, en prime, conteurs et démonstrations d'artisanat séminole.

Goombay Festival (www.goombayfestivalcoconutgrove.com). Miami ; quatre jours, début juin. Ce festival multiculturel – l'un des plus grands du pays – célèbre les immigrés bahamiens de Miami, avec de la musique, de la danse et des plats caribéens.

Barberville Jamboree (www.pioneersettlement.org). Barberville ; premier week-end de novembre. Le Pioneer Settlement for the Creative Arts célèbre la culture traditionnelle des pionniers par d'authentiques reconstitutions de l'art de vivre cracker et des concerts de folk.

autre, de l'University of Florida que les 'Noles sont les meilleurs, revient à chercher un grand moment d'antagonisme.

La Floride compte aussi trois équipes professionnelles de football – les Miami Dolphins, les Buccaneers de Tampa Bay et les Jaguars de Jacksonville. Le fait que le football universitaire soit si prisé en Floride n'est pas sans fondement ; ces dernières années, les trois équipes professionnelles se sont montrées (soyons francs) lamentables. Les Jaguars, en particulier, semblent avoir mis un point d'honneur à demeurer la pire équipe de la NFL. La Floride a deux équipes de basket-ball pros, les Orlando Magic et les Miami Heat. Les Heat, qui ont gagné le championnat de la NBA en 2012 et 2013, sont très appréciés à Miami mais détestés partout ailleurs. Vainqueur de la Stanley Cup, le Tampa Bay Lightning fait partie des quelques équipes professionnelles et semi-professionnelles de hockey que compte la Floride, avec les Florida Panthers, de Miami.

L'entraînement de printemps des équipes de base-ball de Major League déclenche la frénésie lorsqu'en février quinze équipes professionnelles arrivent en Floride du Sud, dans des stades dédiés à des équipes de Minor League. Deux équipes pros y sont toutefois basées à l'année : les Miami Marlins et les Tampa Bay Rays (St Petersburg). Les Minnesota Twins et Boston Red Sox s'entraînent à Fort Myers.

Les stock-cars de la NASCAR sont apparus au moment de la prohibition, quand la contrebande avait besoin de véhicules rapides pour échapper aux poursuites. Bien au-delà de leur Sud d'origine, ces courses sensationnelles sont extrêmement populaires en Floride et se déroulent assez souvent à Daytona.

Des sports importés rencontrent aussi le succès en Floride du Sud, tels la pelote basque, appréciée des parieurs à Miami, et le cricket, grâce à l'importante communauté jamaïcaine et caribéenne de la région de Miami.

Religion

Avec une diversité religieuse bien plus marquée que chez ses voisins, la Floride se démarque des autres États méridionaux.

Ici, la répartition se fait moins entre villes et campagne qu'entre Nord et Sud. Environ 40% des Floridiens sont protestants, dont 25% d'évangéliques qui soutiennent souvent la droite religieuse. Ces protestants conservateurs sont bien plus présents dans le nord de l'État, à proximité des autres États du sud des États-Unis.

La majorité des catholiques de Floride, qui représentent 26% de la population, et des juifs (3%) vivent dans le Sud. Dans cette partie de l'État, les juifs représentent 12% de la population, formant la deuxième communauté juive du pays derrière celle de la région de New York. La forte représentation des catholiques s'explique surtout par les nombreux immigrés latino-américains.

Le sud de la Floride abrite aussi une communauté musulmane en progression, ainsi qu'un nombre significatif d'adeptes de la *santería*, qui mêle catholicisme et croyances d'Afrique de l'Ouest, mais aussi du vaudou, pratiqué surtout par les Haïtiens.

Les Floridiens sont environ 16% à se déclarer sans appartenance religieuse, ce qui ne veut pas dire qu'ils n'ont aucune croyance spirituelle, mais plutôt qu'aucune catégorie proposée dans le recensement ne leur correspond. Par exemple, une des plus célèbres communautés religieuses de Floride est celle de Cassadaga (www.cassadaga.org), qui accueille les spirites depuis plus d'un siècle.

Le marché immobilier de Floride est une véritable chaîne de Ponzi. Si vous voulez découvrir le coût humain qu'a engendré l'effondrement du marché immobilier en 2007, lisez *Exiles in Eden* (en anglais) de Paul Reyes, un reporter qui a rejoint l'entreprise familiale de "nettoyage" des maisons saisies.

Arts et culture

Divertissements kitsch et populaires sont ordinairement les attributs de la Floride replacée dans le contexte artistique national. C'est là qu'ont été inventés les parcs d'attractions, le Spring Break, la série télévisée *Deux flics à Miami* et le roman noir farfelu. Mais il serait injuste de limiter à quelques-unes de ses plus exubérantes contributions l'apport floridien dans le domaine culturel artistique. Pour le meilleur, les traditions de l'État sont autant couleur locale que cosmopolites, et vibrent au rythme surréaliste et changeant de cette péninsule affligée d'alligators et d'ouragans.

Littérature

À partir des années 1930, la Floride gagna, avec trois écrivains majeurs, le rang d'authentique voix littéraire. Le plus célèbre fut Ernest Hemingway, qui s'installa à Key West en 1928 pour écrire, pêcher et boire (pas toujours dans cet ordre-là). Si "Papa" a écrit ici *Pour qui sonne le glas* et *L'Adieu aux armes*, seul un de ses romans se déroule en Floride, *En avoir ou pas* (*To Have and Have Not*, 1937 ; *Le Port de l'angoisse*, de Howard Hawks, dans sa version cinématographique), sa vie restant donc bien plus mêlée à la région que son écriture.

Le titre d'"auteur le plus floridien" revient généralement à Marjorie Kinnan Rawlings, qui vivait à Cross Creek, entre Gainesville et Ocala. Elle porta un regard plein d'empathie sur les pionniers de Floride (les fameux crackers qui peuplèrent la "Floride invisible") et la beauté brute des paysages sauvages et marécageux. Son roman *Jody et le Faon* (*The Yearling*, 1938) lui valut le prix Pulitzer, et *Cross Creek* (1942), son autobiographie, est très largement saluée. Sa maison d'origine abrite aujourd'hui un musée.

Dernière de ce trio, l'Afro-Américaine Zora Neale Hurston vécut dans la ville noire d'Eatonville, près d'Orlando. Elle devint une personnalité clé du mouvement de renouveau de la culture afro-américaine à Harlem (*Renaissance Harlem*) dans les années 1930. Son roman le plus célèbre, *Une femme noire* (*Their Eyes Were Watching God*, 1937), évoque les souffrances des Noirs de la Floride rurale, en particulier des femmes. Dans *Seraph on the Suwanee* (1948), Hurston raconte le mariage de deux crackers de Floride. *Des pas dans la poussière* (*Dust Tracks on the Road*, 1942) qui retrace son parcours avec humour fut un immense succès. Néanmoins, controversée de son vivant, Hurston est morte dans un relatif dénuement mêlé d'indifférence.

Autre roman célèbre sur les pionniers, *A Land Remembered* (1984), vaste saga de Patrick Smith, couvre plusieurs générations sur fond de guerre de Sécession, tandis que *Shadow Country* (2008), de Peter Matthiessen, est un chef-d'œuvre de la littérature épique. Cette trilogie réunissant trois romans dont un seul a été traduit en français (*Monsieur Watson doit mourir*, Éditions de l'Olivier, 1992) s'inspire de l'histoire vraie de E.J. Watson, chasseur de plumes dans les Everglades au début du XXᵉ siècle, qui assassina ses employés et fut tué par les gens de son village.

La littérature floridienne se fait surtout remarquer sur la scène internationale par ses romans noirs excentriques. Carl Hiaasen incarne

Certains des plus grands écrivains américains, dont Robert Frost, Stephen King, Isaac Bashevis Singer et Annie Dillard, ont figuré ou figurent parmi les *snowbirds* de Floride. Chaque année en janvier, les lettrés de tous les États-Unis se donnent rendez-vous lors du Key West Literary Seminar.

SOUS LE SOLEIL, LE ROMAN NOIR

Les auteurs de romans policiers aiment chatouiller les mystères des marais. Cette liste comprend les premiers volumes de séries devenues célèbres. À emporter à la plage pour une journée de suspense au paradis.

➡ *Punch créole* d'Elmore Leonard (Rivages, 1998). Leonard est le maître incontesté des intrigues complexes, des dialogues percutants et des méchants hors pair. Ce roman qui se déroule à Miami inspira à Tarantino son *Jackie Brown*.

➡ *Pêche en eau trouble* de Carl Hiaasen (Pocket, 1999). Dans ce roman, l'auteur a perfectionné sa rage de l'absurde et de l'humour noir. Des meurtres autour de tournois de pêche au bar ont des conséquences spectaculaires : on rit à en pleurer. *Comme un poisson dans l'eau* et *Chouette*, pour les enfants, sont aussi de petits bijoux.

➡ *Miami Blues* de Charles Willeford (Rivages, 1984). Willeford s'est fait connaître avec cette série où s'illustre un policier à dentier, Hoke Mosley. Du même auteur, *La Messe noire du frère Springer* (Rivages, 2001) se passe dans les années 1950, du côté de Jacksonville.

➡ *Des cadavres dans les placards* d'Edna Buchanan (Payot, 2008). Le sergent de la police de Miami Craig Burch dirige l'équipe des affaires non résolues, à la poursuite d'assassins dont "les traces ont depuis longtemps disparu, telles des empreintes de pas sur une plage où déferlent les vagues".

➡ *Stingray Shuffle* de Tim Dorsey (Rivages, 2008). Une vision cocasse et terrifiante des maux de la Floride, auxquels cet auteur prolixe confronte ses personnages favoris.

Dans la grande tradition du journalisme littéraire à l'américaine, *Le Voleur d'orchidées* (Balland, 1999), de Susan Orlean, est un mélange typiquement floridien de ferveur religieuse, de plantes étranges, de profits illégaux et de mégalomanie. Un univers qui a inspiré au cinéaste Spike Jonze son *Adaptation* (2002), portrait surréaliste mais parfaitement exact de la Floride.

à lui seul ce genre. Dans ses récits désopilants à message écologique s'affrontent marginaux et assassins : les méchants sont les promoteurs et leurs vrais crimes sont des crimes contre la nature. Randy Wayne White, John D. MacDonald, James Hall et Tim Dorsey sont aussi des écrivains très lus.

Les romanciers modernes de Floride aiment le surnaturel, l'hyperbole... Ils cultivent même un côté gothique, Harry Crews en tête avec ses univers de monstres trop humains. Depuis son premier *Chanteur de gospel* (*The Gospel Singer*, 1968), le maître de l'humour noir et du grotesque a publié des dizaines de romans dont seule une petite dizaine a été traduite en français. Autres romans cultes, *33 degrés à l'ombre* (*Ninety-two in the Shade*, 1973, adapté au cinéma), de Thomas McGuane, et *Kilomètre zéro* (*Mile Zero*, 1989), de Thomas Sanchez, sont des fantaisies oniriques et bien écrites sur Key West. N'oublions pas *Continents à la dérive* (*Continental Drift*, 1985), de Russell Banks, rencontre tragique entre un Blanc du New Hampshire épuisé par le travail et une Haïtienne dans un Miami sans pitié.

Plus récemment, *Swamplandia!* (2011), de Karen Russell, combine les personnages à la Hiaasen et l'univers magique des marais pour décrire la rude existence d'une famille pratiquant la lutte contre les alligators.

Cinéma et télévison

Tenez-vous-le pour dit : Jacksonville a bien failli être Hollywood. Dans les années 1910, elle comptait trente maisons de production (bien plus que son pendant californien) qui ont largement exploité le cadre "exotique" de ses plages bordées de palmiers pour leurs cent vingt et quelques films muets. Mais la folie douce de Laurel et Hardy dans leurs comédies burlesques ne reçu pas l'accueil attendu auprès de la population pieuse et conservatrice de Jacksonville qui chassa ces olibrius de chez elle au moment où ils connaissaient ailleurs le succès. En 1926, la crise de l'immobilier, plus l'émergence du parlant, acheva ce qu'il restait de l'industrie du cinéma en Floride.

Il s'en est tout de même fallu de peu, et pour cause : comme la Californie, la Floride a toujours nourri son lot de fantasmes, et ici, ils sont devenus réalité avec les parcs d'attractions.

Hollywood, du reste, a retrouvé le chemin de la Floride pour tourner des séries télévisées comme des films. Parmi les plus connus, citons *Noix de coco* (1928) des Marx Brothers, *L'Étrange Créature du lac noir* (filmé par Jack Arnold à Wakulla Springs, 1954), *The Truman Show* (filmé à Seaside par Peter Weir, 1998), *L'Or de la vie* (Victor Nuñez, 1997), *Donnie Brasco* (Mike Newell, 1997), *Get Shorty* (Barry Sonnenfeld, 1995), *Chouette* (Wil Shriner, 2006) et *Miami Blues* (George Armitage, 1992).

La Floride sert de cadre (et de personnage clé) à nombre de séries télévisées, dont le récent *Dexter* qui prend prétexte de mettre en scène la vie d'un serial killer de Miami pour renouveler le genre *vigilante* (justicier solitaire). Dans les années 1960, les plus célèbres étaient *Flipper le dauphin* et *Jinny de mes rêves*. Cette série qui se déroule à Cocoa Beach est une ode à la Floride : un astronaute découvre dans une bouteille un génie qui n'est autre qu'une magnifique jeune femme et qui, malheureusement, ne réalise jamais vraiment bien ses souhaits.

Dans les années 1980, Miami vit son image bouleversée dès la diffusion de *Miami Vice* (*Deux flics à Miami*) une série policière sans concession, dont le succès participa à la rénovation du quartier historique de South Beach, alors délabré.

Aujourd'hui, la série *Les Experts : Miami* porte témoignage, moyennant un traitement clinquant, de l'évolution de la cité.

L'industrie cinématographique de Miami montre désormais une volonté manifeste de s'affranchir de l'ostentatoire et du kitsch. Si *Deux flics à Miami* avait ouvert la voie en matière de noirceur de traitement, le cinéma et la télévision lui ont depuis emboîté le pas. D'autres séries, comme *Dexter*, ont ainsi passé outre le glamour de la métropole pour en explorer des aspects plus interlopes.

Il est également intéressant de noter que Miami est un grand centre dans le domaine médiatique, cinématographique et télévisuel hispanophone. Le premier débat présidentiel en espagnol aux États-Unis s'est tenu à l'université de Miami, sur Univision, et le réseau hispanophone Telemundo est basé à Hialeah, dans la banlieue de Miami.

Tiré d'un roman de Glendon Swarthout – et largement responsable du *Spring Break* tel que nous le connaissons aujourd'hui –, *Where the Boys Are* (*Ces folles filles d'Ève*, 1960) est l'histoire paillarde de quatre étudiantes du Midwest parties fêter leur majorité à Fort Lauderdale en quête de soleil, de sable et de sexe.

Musique

En Floride, le patrimoine musical est riche et plaisant. Le folk et le blues sont profondément enracinés dans le paysage musical, avec de grands noms comme Ray Charles et Cannonball Adderley, originaires de Floride. Amateurs de folk, rendez-vous au **Spirit of the Suwannee**

ARTS DE LA SCÈNE

Bien que le grand dramaturge Tennessee Williams ait vécu par intermittence durant trente ans à Key West, il n'y a pas vraiment de tradition locale du théâtre ni de la danse en Floride. Plusieurs villes du Sud ont toutefois des troupes et des scènes de premier ordre.

Miami montre l'exemple, naturellement. Le Miami City Ballet, fondé par George Balanchine, est un des plus grands corps de ballet du pays. De dimension nationale, la **Florida Dance Association** (www.floridadanceassociation.org) promeut l'enseignement de la danse et les spectacles. À Miami, ne manquez pas l'Adrienne Arsht Center for the Performing Arts ni le New World Center. Tampa et St Petersburg sont aussi reconnues pour leurs arts de la scène.

Dans le domaine purement théâtral, Miami, Sarasota, Orlando et même Fort Myers donnent de bonnes pièces.

Music Park (www.musicliveshere.com), près du Suwannee River State Park. Les amoureux du blues trouveront leur bonheur à Tallahassee.

Écrit par Stephen Foster en 1851 et surtout connu par son refrain "*Waaaay down upon the Suwanee River*", l'hymne de la Floride, *Old Folks at Home*, relève de la complainte d'un exilé loin de sa patrie, mais renvoie par ailleurs à la nostalgie d'un esclave pour sa plantation. Ces dernières décennies, il a été tenté d'en moderniser les paroles pour débarrasser de ses accents tendancieux cette ode à la Floride d'antan, mais d'aucuns estiment qu'il vaudrait tout bonnement mieux changer d'hymne.

Ici, on a le rock dans la peau. Après avoir contribué à définir le rock'n roll, Bo Diddley a passé la seconde moitié de sa vie près de Gainesville. Le Nord de la Floride est l'un des berceaux du sous-genre typiquement américain qu'est le rock sudiste (*Southern rock*). Ce style se caractérise par des références historiques au honky tonk rétro couplé à des paroles populaires, parfois impétueuses. Tom Petty, Lynyrd Skynyrd et les Allman Brothers forment la sainte trinité du rock sudiste de Floride.

Plus récemment, plusieurs groupes, notamment Matchbox Twenty, Dashboard Confessional, Radical Face et Iron & Wine ont également fait leurs débuts en Floride. Le rock indé marche fort dans tout l'État, des villes universitaires comme Gainesville aux rues latinos de Miami (ce qui est un peu plus étonnant).

Le très populaire Jimmy Buffett, dont le cœur reste à Key West où que se produise son groupe, définit le mieux la Floride. Ses fans, surnommés les *Parrotheads*, sont d'une fidélité (d'aucuns parlent d'obsession) à toute épreuve. Ses créations, si vous n'avez jamais rien entendu de lui, sont de simples musiques de plage qui plaisent au plus grand nombre et ont un léger penchant rebelle – de l'anarchie à coups de tongs et de piña colada, en quelque sorte. Dans cet État où les goûts musicaux ont tendance à être très marqués, les riffs de guitare simples de Buffett dressent un pont entre les différents camps. Les Floridiens les plus conservateurs apprécient ses postures hédonistes, tandis que ceux qui ont le cœur plus à gauche aiment ses prises de positions écologiques.

Orlando (grâce au producteur devenu escroc Lou Pearlman) a donné au monde un genre de musique très particulier : les boys bands – avec les N Sync et les Backstreet Boys. En fait, c'est à Orlando, par l'intermédiaire de Disney, que l'on doit le façonnage d'une grande partie de la musique pop destinée aux adolescents et jeunes adultes ; Miley Cyrus et Britney Spears ont beau ne pas venir de Floride, elles n'en ont pas moins parfait leur habilité à se vendre grâce à des coachs formés chez Disney. Si l'objectif de la pop est de créer un son universel capable de traverser les frontières, le rythme floridien parvient à s'installer dans la plupart des albums d'Orlando vendus dans le monde entier, des tubes destinées aux jeunes passant leur temps dans les centres commerciaux, dont ceux de Victoria Justice, née à Hollywood, ou d'Ariana Grande, née à Boca Raton.

Le rap et le hip-hop sont bien présents à Tampa et à Miami, allant du groupe 2 Live Crew à Trick Daddy, en passant par Rick Ross, DJ Khaled et Pitbull. Lien le plus flagrant entre le hip-hop nord-américain et le reggaeton, ce dernier, avec ses origines panaméenne et portoricaine, tient d'un mélange de rap et de dancehall de Jamaïque, de soca de Trinidad, de salsa et d'électro.

Miami voit également prospérer un savoureux mélange de salsa cubaine, de reggae jamaïcain et de flamenco espagnol, sans oublier le mambo, la rumba, le cha-cha-cha, le calypso et bien d'autres rythmes. Gloria Estefan et son Miami Sound Machine furent à l'origine de la renaissance de la musique cubaine dans les années 1970, mêlant sons latinos et disco. Certes, le disco est mort, mais pas le latino ; écoutez

Le Miami International Film Festival (www.miamifilmfestival.com, en mars), vitrine du cinéma latino, et le très en vogue Florida Film Festival (www.floridafilmfestival.com, en avril), à Orlando, sont deux des meilleurs festivals cinématographiques aux États-Unis.

La Florida Division of Cultural Affairs (www.florida-arts.org) est une excellente source d'information sur les organisations artistiques de Floride. Son tableau d'honneur des artistes de Floride rend hommage au patrimoine créatif de l'État.

LES HIGHWAYMEN

Pour se faire un petit pécule (20 $ la toile sur bois ou aggloméré), une vingtaine de peintres autodidactes afro-américains ont commencé dans les années 1950 à exposer leurs paysages de Floride – flamboyants couchers de soleil et marais idéalisés – le long de l'I-95 et de l'A1A, à même le coffre de leur voiture. La *highway* pour galerie ? Un mouvement de peinture était né, celui des Highwaymen !

C'est l'artiste blanc A.E. "Beanie" Backus, professeur à Fort Pierce, qui les a encouragés et formés. Considéré comme le doyen de la peinture paysagiste floridienne, Beanie était aussi largement autodidacte et aimait peindre au couteau. On regroupe souvent tous ces peintres des années 1950-1960 sous un nom d'"école", l'Indian River School, par référence aux jeux de lumière des paysagistes de l'Hudson River School.

On collectionne aujourd'hui cet art marginal très apprécié. Pour en savoir plus, lisez l'excellent ouvrage de Gary Monroe *The Highwaymen*, consultez le **site Internet des Highwaymen** (www.floridahighwaymenpaintings.com) et rendez-vous à l'**AE Backus Museum & Gallery** (www.backusgallery.com), à Fort Pierce.

Los Primeros pour découvrir le hip-hop version Miami. Les grands événements, comme le Miami Carnaval, offrent l'occasion d'écouter de larges groupes cubains jouer tous ensemble en réunissant jusqu'à vingt musiciens et chanteurs.

La musique électro est présente dans tout le sud de la Floride, notamment à Miami, qui met à l'honneur ce genre à l'occasion de deux grands festivals : l'Ultra Music Festival et la Winter Music Conference, qui se déroulent tous deux en mars (les dates des deux festivals se chevauchent généralement).

Architecture

Comme la littérature, l'architecture floridienne présente des traits caractéristiques. On y passe de l'ancien – comme le style colonial espagnol et sa version du début du XXᵉ siècle, le Spanish Colonial Revival à St Augustine – au moderne offensif, comme à Miami et plus particulièrement à South Beach.

Au tournant du XXᵉ siècle, Henry Flagler fut le grand promoteur de fantaisies hispano-mauresques bien floridiennes, que l'historien Michael Gannon décrit comme une combinaison de "l'architecture majestueuse de Rome, les toits de tuiles de l'Espagne, la beauté éthérée de Venise [et] la décontraction d'Alger". Le monumental Hotel Ponce de León de St Augustine (actuel Flagler College) en est la parfaite illustration, tout comme la Whitehall Mansion à Palm Beach (actuel Flagler Museum) ou, à Miami, l'imposante Coral Gables, conçue par George Merrick.

Prise dans le tourbillon Art déco des années 1920 et 1930 (adapté en "tropical déco" en Floride), Miami Beach abrite aujourd'hui la plus importante collection d'édifices de ce style aux États-Unis. Pourtant, ils furent délaissés jusqu'au milieu des années 1980 où leurs courbes et briques de verre ont fait l'objet d'une campagne de restauration, repeintes en rose ou bleu pastel.

La "maison de cracker", type principal d'architecture vernaculaire en Floride, a longtemps été décriée. Pourtant, ces pionniers ont modelé leurs foyers pour obtenir le plus grand confort possible dans ce climat subtropical à une époque où l'air conditionné n'existait pas ! Sol surélevé, portes et fenêtres disposées de façon à permettre les courants d'air, pignons et porches élargis pour apporter de l'ombre, toits de métal réverbérant la chaleur, tout était fait pour se protéger au maximum. Faute d'esthétique, ces maisons étaient bien pensées, comme en atteste celle de Marjorie Kinnan Rawlings à Cross Creek.

Pour un regard singulier et insolite

Mennello Museum of American Art, à Orlando

Richard Bickel Photography, à Apalachicola

Lovegrove Gallery, à Matlacha

Fort East Martello Museum & Gardens, à Key West

Big Cypress Gallery, Everglades National Park

Peinture et arts plastiques

La Floride a un penchant pour l'art contemporain, et les artistes modernes la tiennent pour un lieu d'expression sans contrainte. En 1983, l'artiste Christo a connu un franc succès en drapant chacune des onze îles de Biscayne Bay d'une immense collerette de tissu rose vif (rose flamant !) : telles de gigantesques fleurs, elles flottaient dans l'océan et les immeubles de Miami semblaient à côté bien peu de chose.

Tout le monde a aimé les photographies de Spencer Tunick quand il a disposé 140 femmes nues sur des radeaux rose fluo dans la piscine de l'hôtel Sagamore en 2007. Ils ont aussi aimé Roberto Behar et Rosario Marquardt quand ils ont installé leur *Living Room* rose saumon dans le Design District. Quelles qu'en soient les raisons, les grandes compositions exhibitionnistes aux couleurs flashy sont la marque de fabrique de Miami. Cela concerne aussi Romero Britto, artiste d'origine brésilienne, dont les œuvres aux allures de graffitis naïfs ornent plusieurs bâtiments, notamment le Children's Museum. La place de Miami dans l'art contemporain a été consacrée en 2002 avec l'arrivée de l'Art Basel festival. Aujourd'hui, il est indéniable que seules les galeries de Los Angeles et de Manhattan peuvent rivaliser avec celles de Miami.

On dit que cet amour de la couleur vive a commencé avec les Highwaymen et leur *Floridascapes* (paysages de Floride) saturés de couleur. Autre célèbre autodidacte, Earl Cunningham est parfois surnommé "Grandpa Moses" en raison de ses portraits naïfs d'un monde révolu.

Enfin, la Floride ne manque pas de musées de très grande qualité. Outre Miami, les courants artistiques sont fort bien représentés à Fort Lauderdale, West Palm Beach, St Petersburg, Tampa, Sarasota, Naples et Orlando.

La cuisine floridienne

Les richesses de l'océan, un terroir au parfum d'agrume et les influences venues d'ailleurs valent sa popularité à la cuisine de Floride. À l'inverse, les centres commerciaux, où se pratiquent l'imitation, tendraient à desservir la réputation gastronomique de l'État. La réalité se situe entre les deux, mais les amateurs d'exploits culinaires iront rendre hommage aux chefs les plus célèbres, tandis que les simples gourmands resteront à l'affût des saveurs inédites : serpent, alligator...

Tables du Sud, tables du Nord

Si riche soit l'héritage culinaire de la Floride, sa réputation gastronomique ne date que des années 1990, époque où une vague de grands chefs a transformé le paysage culinaire de Miami. Pour flatter les palais raffinés des citadins, ils ont épicé leur carte d'un mélange unique d'influences cubaines, caribéennes et latino-américaines propres au sud de la Floride, que l'on désigne désormais sous le nom cuisine "floribéenne".

Épicentre de la gastronomie floridienne, Miami possède le plus large choix de tables ethniques. C'est une ville qui fonctionne beaucoup sur l'effet de mode ; lors de notre passage, on ne parlait que de cuisine à base de produits de la ferme et d'accents mis sur la simplicité rustique.

La scène culinaire de Miami a depuis fait des émules dans tout l'État. Dans les grandes villes et partout où les touristes et les *snowbirds* argentés se rendent, vous trouverez des chefs talentueux à la tête de restaurants de haute volée et au décor contemporain, avec vue sur l'océan.

Au nord de Miami, à Miami Beach, à Fort Lauderdale, à Palm Beach et à West Palm Beach, les gastronomes fortunés trouvent leur content de tables originales. Key West se distingue par une cuisine fusion créative, et, malgré sa petite taille, elle possède une kyrielle d'excellentes options.

La côte sud du Golfe est tout aussi remarquable : Tampa et St Petersburg surfent sur la vague de la renaissance culinaire et servent un large choix, des bons classiques espagnols à la cuisine moderne de style locavore. Un saut jusqu'aux opulentes villes balnéaires de Sarasota ? Sanibel Island et Naples offrent l'occasion d'un repas mémorable.

En allant vers le nord, la robuste cuisine sudiste prédomine et les grandes tables jouent la carte poisson et fruits de mer conjugués à la gastronomie française ou italienne. Sans jouer dans la cour des grands, Orlando, Jacksonville et Tallahassee affichent quelques bonnes adresses.

On trouve à Miami des produits de marques cubaines classiques qui ne sont plus vendues à Cuba même, comme la bière Hatuey, le café La Llave et les crackers Gilda.

CUISINE FLORIBÉENNE

Notion récente, la cuisine floribéenne désigne le mélange gastronomique de produits de la mer, de fruits tropicaux et de piments forts, que l'on combine à des saveurs d'influences nicaraguayennes, salvadoriennes, caribéennes, haïtiennes, cajuns, cubaines et même sudistes. Certains parlent de cuisine "fusion", *"nuevo latino"*, "New World", "nouvelle Floridian" ou *"palm-tree cuisine"*. Une chose est certaine : elle englobe nombre de spécialités, du ceviche de conques au citron vert, poivrons et piment antillais, au mérou grillé accompagné de mangues, d'*adobo* et de bananes plantains frites.

Sur la côte atlantique, Amelia Island et St Augustine sont des haltes gastronomiques reconnues et les stations balnéaires du Panhandle ne manquent pas de restaurants de produits de la mer haut de gamme.

L'offre culinaire en Floride est duale, à l'image de ses deux types majeurs de destinations touristiques. Les stations balnéaires et les villes les plus typiques sont festonnées d'options familiales où trouver des portions copieuses à bas prix. Plus l'établissement est chic, plus l'atmosphère est guindée, mais la Floride reste la Floride, et il n'est pas rare que des clients se présentent en sandales pour un dîner raffiné.

Blogs de cuisine du sud de la Floride

Jan Norris (www. jannorris.com)

Short Order (blogs. miaminewtimes. com/shortorder)

Meatless Miami (www. meatlessmiami. com)

Richesses de l'océan

Depuis toujours, la Floride se nourrit de la mer, qui ne se trouve qu'à un jet de pierre de presque tous les coins de l'État. Tout ce qui vit dans l'océan a de bonnes chances de se retrouver bientôt écaillé ou décortiqué, enrobé de pâte et plongé dans une friteuse, avant d'être posé sur une assiette à côté de deux coupelles de sauce (tartare et cocktail).

Les Floridiens ont un faible pour le mérou. Le sandwich au mérou est à la Floride ce qu'est la pizza à Manhattan, une spécialité emblématique et le mètre étalon auquel on peut mesurer un restaurant. La quête du parfait sandwich au mérou (grillé ou frit) tient d'une obsession locale, tout comme celle de la plus savoureuse *chowder* (chaudrée, soupe de palourdes).

Naturellement, il existe un grand nombre d'autres poissons à déguster, en particulier le vivaneau (sous toutes ses variétés), la dorade coryphène (ou *mahi-mahi*, mais qui peut apparaître sous le nom de *dolphin* sur les cartes, ce qui choque quantité de touristes) et le poisson-chat.

PLATS TYPIQUES

Du nord au sud, voici quelques plats étranges, mais typiques de la Floride : ne partez pas sans y avoir goûté !

Cacahuètes bouillies. Dans le nord rural de la Floride, les cacahuètes encore vertes sont bouillies jusqu'à devenir moelleuses et savoureuses, et parfois agrémentées d'un mélange d'épices cajuns ou autres. La sensation dans la bouche est étrange, mais on y prend vite goût.

Salade grecque de Tarpon Springs. Ne nous demandez pas pourquoi, mais les restaurants grecs de Tarpon Springs ont un jour commencé à mettre des pommes de terre dans la traditionnelle salade grecque. Cette recette étonnante est aujourd'hui servie dans tout le centre de la Floride.

Alligator. La viande d'alligator possède un goût subtil, au croisement entre le poisson et le porc. Préférez-la grillée plutôt qu'en nuggets frits, qui en masquent la saveur et la rendent un peu élastique. Très répandue, elle provient d'élevages légaux et s'achète même à l'épicerie.

Cuisses de grenouilles. Les Everglades produisent d'excellentes cuisses de grenouilles ; renseignez-vous, car il est conseillé d'éviter celles qui sont importées d'Inde, plus petites et jugées "fades".

Crabe caillou. Le premier crustacé recyclable : on prélève une pince au crabe caillou (*stone crab*), qui est ensuite relâché en mer (la pince repousse en 12 à 18 mois ; les crabes prélevés plusieurs fois sont dit *retreads*, "rechapés"). Les pinces sont des denrées très périssables, toujours vendues cuites. La pleine saison, d'octobre à avril, est l'occasion de véritables orgies de crabe caillou.

Tarte au citron vert. Le citron vert (lime) des Keys n'est pas vert, mais jaune, comme doit l'être l'authentique *Key lime pie* : de la crème à base de jus de citron vert, de lait concentré sucré et de jaunes d'œufs, une pâte croustillante, le tout surmonté de meringue ou de crème fouettée. Si on vous sert une tarte verte ou pas du tout croustillante une fois coupée, abstenez-vous.

Les amateurs de crustacés seront à la fête, à savourer crevettes roses et grises et à faire l'expérience inédite du crabe bleu à carapace molle – la Floride est en effet le seul endroit où l'on trouve des élevages de crabe bleu, qui explique qu'ils y soient proposés toute l'année. Si les Floridiens font bouillir leurs crabes, comme il est courant dans tout le Sud des États-Unis, la présence de nombreux exilés venus du Nord-Est explique qu'ils soient également servis cuits à la vapeur. Goûtez-les en même temps pour savoir quelle méthode de cuisson vous plait le plus.

L'hiver est la saison de la langouste et du crabe caillou (hors saison, ces produits sont surgelés). La langouste de Floride a une longue queue et le crabe caillou est du bonheur à l'état pur, bouilli et servi avec du beurre ou une sauce à la moutarde. Généralement, seules les pinces du crabe caillou sont servies : elles sont arrachées à l'animal qui est ensuite relâché en mer. L'année suivante, une fois les pinces repoussées, le processus recommence. Bien sûr, tout cela peut sembler n'être qu'une triste métaphore de la futilité de l'existence, mais on revient vite au présent au moment de la dégustation.

Enfin, les Keys ont popularisé la *conch* (conque), laquelle provient désormais des Bahamas. Ce mollusque a une texture légèrement caoutchouteuse et une saveur agréablement salée. De juillet à septembre, Steinhatchee met les coquilles Saint-Jacques à l'honneur, et en automne-hiver, l'Apalachicola Bay produit 90% des huîtres de Floride, petites mais savoureuses.

Cuisine cubaine et latino-américaine

Considérée jadis comme "exotique", la cuisine cubaine, qui mêle influences caribéennes, africaines et latino-américaines, fait aujourd'hui partie intégrante du quotidien à Tampa et à Miami. Installez-vous dans une *lonchería* (snack-bar cubain) et commandez un *pan cubano* : du pain grillé et beurrée, avec jambon, porc rôti, fromage, moutarde et pickles.

De nombreux plats cubains sont à base de *mojo* (vinaigrette aillée pour les sandwichs), d'*adobo* (marinade pour viande à base d'ail, de sel, de cumin, d'origan et de jus d'orange amère) ou de *sofrito* (mélange d'ail, d'oignon et de piment pour faire revenir le ragoût). La cuisine cubaine, si elle peut sembler étrange de prime abord, se révèle en fait très accessible, même aux palais les plus traditionnels. De fait, les plats en sont principalement à base de viande et de fécule, et sont souvent très copieux. On sert les viandes agrémentées de riz, de haricots et de bananes plantains frites.

Miami compte une multitude de petits établissements typiques des pays d'Amérique centrale et du Sud. On y mange du griot haïtien (porc mariné et frit), du *jerk chicken* jamaïcain (poulet mariné et grillé), des grillades brésiliennes, du *gallo pinto* d'Amérique centrale (riz aux haricots rouges) et du *tres leches* nicaraguayen (gâteau "aux trois laits").

Le matin, ne manquez pas le café cubain (*café cubano* ou *cortadito*). Cet excellent expresso sucré aux reflets d'or est emblématique de Miami. En commandant un *café con leche*, vous buvez 50% de café et 50% de lait.

Autre délice cubain, le *guarapo* est du jus de canne à sucre frais. Les snack-bars cubains servent ce liquide verdâtre pur ou sur de la glace pilée, et c'est l'ingrédient essentiel du mojito authentique. On le retrouve aussi parfois dans le *batido*, un rafraîchissant milk-shake latino aux fruits.

Cuisine du Sud

Plus on remonte vers le nord de la Floride, plus la cuisine prend des accents du sud des États-Unis – et cela en graisses tout en perdant en raffinement. Typiquement sudiste, la formule *meat and three* désigne un plat de viande – poulet frit, côtelettes grillées, escalope de poulet panée ou *chitlins* (intestins de porc), mais aussi du poisson-chat – accompagné de trois garnitures où se retrouvent souvent *hush puppies* (galettes de

---

La cuisine floridienne en livres

Cross Creek Cookery de l'écrivain Marjorie Kinnan Rawlings est un best-seller de la cuisine sudiste. Il est régulièrement réédité depuis 1942 (Fireside Books), mais n'a jamais été traduit en français.

maïs frites), *cheese grits* (gruau au fromage), *cornbread* (pain de maïs), *coleslaw*, purée de pommes de terre, cornilles, chou et *buttery corn* (maïs au beurre). On terminera par une tarte aux noix de pécan, typiquement sudiste. Version sudiste du *hoagie* de la côte Est, le *Po'boy* est un morceau de baguette fourré d'une garniture frite variée (rôti, crevettes…).

La cuisine des crackers ressemble beaucoup à la cuisine du Sud, avec un petit supplément de reptiles et d'amphibiens. Les cuisines créole et cajun sont aussi bien présentes, avec leurs gombos (ragoûts ou soupes épicés comprenant viandes, crustacés, légumes, etc. et accompagnés de riz) et leurs bisques. Actuellement, la cuisine sudiste n'est pas confinée au nord de la Floride. Des versions raffinées de ces recettes – une sorte de haute cuisine sudiste – font fureur de Jacksonville à Key West.

Les saveurs sudistes floridiennes sont à l'honneur dans le célèbre livre de cuisine *Cross Creek Cookery* de l'écrivaine Marjorie Kinnan Rawlings. Près de son ancienne maison, le Yearling Restaurant (p. 384) est une bonne adresse pour découvrir cette cuisine.

Le thé glacé, omniprésent, est surnommé le "vin du Sud". Méfiez-vous toutefois du *sweet tea*, autre boisson du Sud radicalement différente, un thé très (très !) sucré. N'hésitez pas à demander que votre thé ne soit pas sucré (*unsweetened*).

> Si vous aimez les marchés de producteurs, le site Internet du Florida Dept of Agriculture (www.florida-agriculture.com), en propose la liste à travers la Floride.

PAPILLES EN FÊTE

Les fêtes célébrant la cuisine en Floride affichent l'ambiance des foires de village, avec manèges, parades, concours de beauté et autres réjouissances typiquement floridiennes.

C'est dans *Food Fest!* de Joan Steinbacher, guide exhaustif (en anglais) doublé d'un site Internet (www.foodfestguide.com) que sont mentionnées les manifestations du trimestre.

➡ **Everglades Seafood Festival** (www.evergladesseafoodfestival.com). Everglades City ; week-end de 3 jours, début février. Fruits de mer, mais aussi alligator, cuisses de grenouilles et serpent !

➡ **Swamp Cabbage Festival** (www.swampcabbagefestival.org). LaBelle ; week-end de 3 jours, fin février. Autour du cœur de palmier, courses de tatous et élection de la reine du "Swamp Cabbage".

➡ **Grant Seafood Festival** (www.grantseafoodfestival.com). Grant ; week-end de 2 jours, début mars. Cette bourgade de la Space Coast organise l'une des plus grandes fêtes des fruits de mer de Floride.

➡ **Florida Strawberry Festival** (www.flstrawberryfestival.com). Plant City ; 11 jours, début mars. Depuis 1930, plus de 500 000 personnes se retrouvent ici pour cueillir, déguster et honorer la fraise.

➡ **Carnaval de Miami** (www.carnaval-miami.org). Miami ; 2 semaines, début mars. Contournez drag-queens et skateurs pour atteindre les stands de restauration cubaine de la Calle Ocho.

➡ **Isle of Eight Flags Shrimp Festival** (www.shrimpfestival.com). Amelia Island ; week-end de 3 jours, début mai. À l'abordage ! Invasion de pirates amateurs de crevettes et débauche d'expositions d'art.

➡ **Palatka Blue Crab Festival** (www.bluecrabfestival.com). Palatka ; week-end de Memorial Day (dernier lundi de mai), 4 jours. En l'honneur du crabe bleu, championnat de Floride de *chowder* et de gombo. Appétissant, non ?

➡ **Florida Seafood Festival** (www.floridaseafoodfestival.com). Apalachicola ; 2 jours, début novembre. Gardez bien vos distances pendant les concours d'ouverture et de dégustation d'huîtres.

➡ **Ribfest** (www.ribfest.org). St Petersburg ; 3 jours, mi-novembre. Des travers de porc, du rock et des Harleys.

De la ferme (et du verger) à la table

La Floride a travaillé dur à devenir une riche contrée agricole. Célèbre pour ses agrumes, elle est de fait le premier producteur aux États-Unis d'oranges, de pamplemousses, de mandarines et de citrons verts, mais aussi de mangues et de canne à sucre. Bananes, fraises, noix de coco, avocats (jadis appelés "poires alligator") et une kyrielle de fruits et de légumes tropicaux sont également cultivés ici. La première région agricole s'étend tout autour du Lake Okeechobee, avec des champs et des plantations à perte de vue.

Le mouvement locavore explique l'émergence récente des légumes frais dans la cuisine et leur promotion. Les grandes spécialités de Floride, héritées des cuisines sudistes et latino-américaines, mettent peu à l'honneur les légumes verts. Mais aujourd'hui tout restaurant qui se veut un peu haut de gamme ou gastronomique fait la publicité des produits d'origine locale et les travaille, pour le plus grand bonheur des végétariens.

Cela dit, les vieilles habitudes ont la vie dure. Les vrais restaurants végétariens se font de plus en plus rares à mesure que l'on s'éloigne de Miami, Orlando, Sanibel, Fort Lauderdale, St Petersburg et des villes universitaires. Salade verte ou pâtes : voici souvent le seul choix qu'affichera en la matière la carte des petits restaurants de campagne ou du nord de la Floride.

Le croquant doux et délicat du cœur de palmier ou *swamp cabbage* (chou des marais), fruit du palmetto, l'arbre symbole de la Floride, était un aliment classique des pionniers. Laissez-vous tenter, mais à condition qu'il soit frais (ceux en conserve ne viennent pas de Floride) !

Libations

À l'exception de quelques villes prônant l'abstinence, la Floride fait montre d'un intérêt prodigieux pour l'alcool. Quand on se penche sur cette tradition – des contrebandiers de la prohibition aux étudiants en goguette, en passant par les magasins d'alcool en drive-in, Ernest Hemingway et Jimmy Buffet –, on constate que la quantité prime le plus souvent sur la qualité.

À coup sûr, le grand brasseur Anheuser-Busch de Jacksonville n'est pas près de manquer de clients, tout comme les microbrasseries artisanales de Tampa. Si les plages de Daytona peuvent être jonchées de ces verres à cocktail qu'on appelle *hurricane glasses* (en raison de leur ressemblance avec les lampes-tempête), les barmen de Miami n'en soignent pas moins leur réputation en revisitant martinis et mojitos.

Les barmen cubains ont acquis leur notoriété dans les années 1920 du fait de leurs créations à base de sucre de canne et d'agrumes. Les deux classiques sont le *Cuba libre* (rhum, citron vert et cola) et le mojito (rhum, sucre, menthe, citron vert, eau gazeuse), traditionnellement accompagnés de *chicharrones* (couenne de porc frite).

Hemingway, lui, préférait la *piña colada*, surtout au pluriel. Depuis que Jimmy Buffett a immortalisé la margarita dans sa chanson *Margaritaville*, il n'est plus un bar de la plage sur la péninsule qui ne revendique de concocter la meilleure.

LA CUISINE FLORIDIENNE LIBATIONS

À travers toute une série de publications spécifiquement régionales (à la fois papier et en ligne), Edible Communities (www.edible-communities.com) encourage et promeut les produits locaux, la cuisine artisanale et les productions saisonnières. Il existe deux éditions spécifiques à la Floride, celle d'Orlando et celle de Floride du Sud.

Enfant de la réfrigération, le concentré de jus d'orange surgelé a vu le jour en Floride en 1946. Cette invention a rendu possible la consommation à l'année du jus d'orange et enrichi à millions ceux qu'on appelle les *orange millionaires*.

Activités de plein air

La Floride, ce sont des paysages aquatiques et surréalistes. Elle offre de l'eau en abondance, qu'elle soit douce, iodée ou saumâtre, de pluie ou de source. Avec un littoral de quelque 1 930 km, la péninsule floridienne compte plus de 1 000 km de plages parmi les plus belles des États-Unis. Elle est festonnée de récifs coralliens, de marais et de forêts datant de la préhistoire, où prospèrent une flore et une faune remontant, pour certaines espèces, à l'époque des dinosaures.

Randonnée et camping

Guides de randonnée et de camping (en anglais)

30 Eco-Trips in Florida *(2005), Holly Ambrose*

Hiker's Guide to the Sunshine State *(2005), Sandra Friend*

The Best in Tent Camping: Florida *(2010), John Malloy*

Si l'altitude n'est jamais un souci en Floride, les randonneurs devront tenir compte du climat. Dans le sud de l'État, la meilleure période pour la marche et le camping s'étend de novembre à mars – la "saison sèche" –, quand la pluie, la température, l'humidité et les moustiques décroissent à des niveaux supportables. En été, marchez avant midi pour éviter la chaleur de la mi-journée et les orages de l'après-midi.

Le **Florida National Scenic Trail** (www.fs.usda.gov/fnst), l'un des 11 chemins de randonnée nationaux, couvre 2 250 km en discontinu. Il file vers le nord des marais de la Big Cypress National Preserve, fait le tour du Lake Okeechobee, traverse l'Ocala National Forest, puis court vers l'ouest jusqu'au Gulf Islands National Seashore, près de Pensacola. Tous ces parcs s'ouvrent à de superbes randonnées.

Parmi les autres secteurs propices à la marche figurent les forêts de pins, le terrain karstique et les dolines de l'Apalachicola National Forest et du Paynes Prairie Preserve State Park. Le Wekiwa Springs State Park est idéal pour la marche, le canoë-kayak et le snorkeling.

Nombre des marais de Floride du Sud sont sillonnés d'excellentes promenades en planches de 1,5 à 3 km, presque toujours accessibles en fauteuil roulant. Mais pour une véritable exploration, empruntez un kayak ou un canoë. Dans les Everglades, vous pourrez aussi opter pour une "promenade humide", qui revient à patauger dans les eaux bourbeuses des marais. Il peut paraître insensé de parcourir des eaux hantées d'alligators et de crocodiles, mais de telles balades ont cours depuis plus d'une dizaine d'années.

NE LAISSEZ PAS DE TRACE ET SOYEZ PRÉVOYANT

Il va sans dire que toute étendue sauvage, même un marais, est fragile. Adopter la conduite "Leave No Trace" (Ne pas laisser de trace ; consultez le site www.lnt.org pour des conseils détaillés) implique de rester sur les chemins tracés, de remporter ses détritus, et d'observer la nature plutôt que de cueillir des plantes ou de nourrir des animaux.

Pour profiter à plein des beautés naturelles de la Floride, il convient de prendre également soin de soi. Emportez beaucoup d'eau (jusqu'à 3,5 litres par personne et par jour), et soyez équipé pour la pluie. Entourez votre sac à dos d'un sac en plastique, prévoyez des vêtements imperméables et des tenues de rechange (vous serez forcément mouillé). Le site **Florida Adventuring** (www.floridaadventuring.com, en anglais) fournit des conseils pratiques.

Les sites de campings prisés incluent les berges ombragées du Stephen Foster Folk Culture Center State Park, l'Ocala National Forest, le St Joseph State Park dans le Panhandle, le Myakka River State Park, les *chickees* (plateformes surélevées) qui jalonnent les cours d'eau des Everglades et les 10 000 îles, et le Bahia Honda State Park, dans les Florida Keys.

Sachez que les moustiques sont omniprésents, en particulier au printemps et en été. Il est indispensable, pour toute randonnée floridienne, de se munir de crème solaire, d'un bon antimoustique et de vêtements traités contre les insectes.

Natation et sources fraîches

Incroyablement diverses, les plages de Floride sont les plus belles du pays. Choisissez en fonction de vos préférences : lever ou coucher du soleil, surf et bodyboard, ou farniente et châteaux de sable. Pour l'aurore et le surf, privilégiez la forte houle de la côte atlantique face à l'est ; pour les châteaux de sable au crépuscule, rejoignez les eaux calmes de la Gulf Coast, orientée à l'ouest et le Panhandle.

Si vous souhaitez affiner votre choix, plusieurs autres éléments peuvent entrer en compte. Vous trouverez votre bonheur, que vous souhaitiez une "plage détente", une "destination familiale, un "lieu de beuverie des *spring-breakers*", ou une "plage glamour, où mettre en avant votre sens de la mode et voir des célébrités". Palm Beach, Fort Lauderdale et Miami Beach répondent aux critères de cette dernière catégorie. C'est là que vous verrez votre content de stars et de top-modèles. Les voyageurs cherchant une plage à l'atmosphère décontractée ou une étendue sablonneuse pour toute la famille apprécieront plutôt les eaux calmes et tièdes du golfe ; Sanibel Island, au large de Fort Myers, a l'attrait des plages les mieux adaptées aux familles de toute la Floride. Mieux encore : la dictature de l'apparence y sévit bien moins que dans le sud-est de la Floride et à Miami. Si vous désirez une ambiance festive, mettez le cap vers Panama City et Daytona Beach. Méfiez-vous des Florida Keys : elles ne sont pas ourlées de belles plages de sable comme on pourrait se l'imaginer, mais festonnées de mangroves, et rares sont les plages naturelles dignes d'intérêt (les grands complexes hôteliers doivent plutôt créer des plages artificielles).

Le *Paddler's Guide to the Sunshine State* (en anglais ; 2001) de Sandy Huff est un excellent guide complet sur les promenades en kayak. On y trouve tout, des meilleurs parcours aux conseils pratiques sur la météo, l'équipement et les provisions à emporter.

ACTIVITÉS DE PLEIN AIR NATATION ET SOURCES FRAÎCHES

LE SURF

Le surfeur Kelly Slater, onze fois champion du monde, est originaire de Cocoa Beach. Lisa Anderson, qui a remporté le titre féminin à quatre reprises, vient d'Ormond Beach. Tous deux ont appris le surf sur la Space Coast, à l'ombre des fusées, et Slater a peaufiné ses figures à Sebastian Inlet.

Si les rouleaux de Floride n'ont pas l'ampleur de ceux de Californie et d'Hawaï, l'histoire du surf dans la région est tout aussi légendaire. De plus, l'abondance des vagues compense leur taille modeste.

S'il est possible de surfer presque tout le long de la côte atlantique, les meilleurs spots se regroupent sur la Space Coast, qui propose cours de surf, location de planches et compétitions populaires : optez pour Cocoa Beach, Indialantic, Sebastian Inlet et Playalinda Beach. De petits spots propices au longboard jalonnent la côte, de Fort Lauderdale à South Beach (Miami), même si la présence des Bahamas, au large, empêche Miami d'avoir rang de fantastique destination de surf. En général, les déferlantes finissent leur course autour de Jupiter Beach.

La côte atlantique nord est moins attrayante, en partie à cause de la froideur de l'eau en hiver. Cependant, des vagues régulières de 60 cm à 1 m déferlent à Daytona Beach, entre Flagler Beach et St Augustine, et autour d'Amelia Island.

Vous devrez ensuite affiner votre choix en fonction de votre souhait d'isolement ou de sociabilité. Même dans les canyons les plus construits du sud de la Floride, il est possible de trouver des parcs d'État ou locaux où jouir d'une relative solitude. À de rares exceptions près, les plages de Floride sont sûres pour la baignade ; les vagues les plus dangereuses se forment juste avant ou après une tempête. Des raies pastenagues en été et parfois des méduses peuvent déranger les nageurs (consultez les avertissements des postes de secours).

Ne négligez pas les lacs, rivières et sources. Un plongeon dans l'une des 700 sources de l'État, toutes à 22°C et cristallines, est un délice. Parmi les innombrables endroits propices à la baignade, citons la Suwannee River, l'Ichetucknee River et le Ponce de Leon Springs State Park.

Canoë et kayak

Pour réellement explorer les marais, rivières, estuaires, criques, lagunes et lidos de la Floride, vous aurez besoin d'un bateau, de préférence à rames. Surprendre des alligators et des ibis dans les profondeurs paisibles des mangroves constitue une expérience exceptionnelle.

L'hiver, la saison "sèche" est la meilleure période pour canoter. Même si l'humidité reste importante en Floride, à cette période, l'évaporation et la baisse du niveau de l'eau obligent les animaux à se regrouper autour des étangs et des cours d'eau encore présents, ce qui les rend plus faciles à observer. En été, pagayez à proximité des sources fraîches et des plages pour en profiter sitôt la chaleur devenue écrasante. Idéale pour un circuit de plusieurs jours, la Suwannee River (333 km), long ruban d'eau boueuse ponctué de 60 sources cristallines, serpente du marais d'Okefenokee, en Géorgie, jusqu'au golfe du Mexique. Sur environ 274 km, elle est officiellement classée **wilderness trail** (www.floridastateparks.org/wilderness), et le tronçon proche du Big Shoals State Park comporte des rapides de niveau III.

Citons aussi la Loxahatchee River, sur la côte atlantique, et la Wekiva River, à Orlando, toutes deux classées "Wild and Scenic" (sauvages et pittoresques), la paisible Hillsborough River, dans la région de Tampa, et la Myakka River, peuplée d'alligators.

Explorer en kayak l'Everglades National Park vous laissera des souvenirs impérissables. Tout près, les 10 000 îles sont tout aussi extraordinaires, et rien ne surpasse une nuit dans un *chickee* (plateforme couverte sur pilotis, inspirée de l'habitat séminole) au cœur des Everglades. Canoter dans la mangrove qui borde la totalité de la côte du sud de la Floride est une autre expérience mémorable, unique en Amérique du Nord.

N'oubliez pas les côtes. Vous regretteriez de ne pas avoir découvert en kayak le Bill Baggs Cape Florida State Park à Miami, la Caladesi Island de Tampa Bay, le JN "Ding" Darling National Wildlife Refuge de Sanibel Island's et le Cedar Key de Big Bend. Il existe même un "chemin bleu"- une collection de cours et de rivières – au cœur du Lee County dans le sud-ouest de la Floride.

Sur la côte atlantique, mangroves, oiseaux aquatiques, dauphins et lamantins vous attendent au Canaveral National Seashore, en particulier au Mosquito Lagoon et à l'Indian River Lagoon. Les îles Big Talbot et Little Talbot sont des lieux magiques.

Plongée et snorkeling

Les récifs coralliens et les épaves de Floride sont connus de la plupart des plongeurs, mais le nord de l'État est aussi la "capitale de la plongée-spéléo des États-Unis". Le soubassement calcaire de la péninsule est criblé de trous, pour la plupart remplis d'une eau cristalline, mais glaciale.

LA VIE EST UNE LONGUE PLAGE TRANQUILLE

La meilleure plage de Floride ? Le choix est impossible ! Chacune a ses propres caractéristiques, ses qualités exceptionnelles. Vous devrez toutefois vous décider. Pour les plus belles plages par littoral, reportez-vous ci-dessous. Pour une liste basée sur la "science", consultez le Dr Beach (www.drbeach.org).

Les plus belles plages de la Gulf Coast

- Siesta Key Beach (p. 424)
- Fort DeSoto Park (p. 409)
- Honeymoon Island State Park (p. 414)
- Sanibel Island (p. 439)
- Naples Municipal Beach (p. 445)
- Fort Myers Beach (p. 437)

Les plus belles plages de la côte atlantique

- Apollo Beach (p. 326)
- Bahia Honda State Park (p. 172)
- Bill Baggs Cape Florida State Park (p. 86)
- Fort Lauderdale (p. 193)
- Lake Worth Beach (p. 209)
- Hutchinson Island (p. 229)
- Vero Beach (p. 336)

Les plus belles plages du Panhandle

- Grayton Beach State Park (p. 466)
- St George Island State Park (p. 475)
- Pensacola Beach (p. 456)

De nombreux sites de plongée longent la Suwannee River, tels le **Peacock Springs State Park** (www.floridastateparks.org/peacocksprings), l'un des plus grands réseaux de grottes subaquatiques du continent, le **Troy Spring State Park** (www.floridastateparks.org/troyspring) et le Manatee Springs State Park. Signalons aussi le Blue Spring State Park, près d'Orlando. Vous aurez besoin d'un brevet de plongée-spéléo pour plonger dans une source (un brevet open water ne suffit pas) et la plongée en solo n'est généralement pas autorisée. Les centres de plongée locaux vous aideront. Vortex Spring propose des cours de plongée.

Du fait de la limpidité de leurs eaux, les sources sont toutes parfaites pour le snorkeling : la vue plonge dans les profondeurs, où les bancs de poissons et autres créatures semblent presque à portée de main.

La Floride possède également le plus grand récif corallien du continent, peuplé de poissons multicolores. Le John Pennekamp Coral Reef State Park, à Key Largo (la plus septentrionale des Keys) et le Biscayne National Park, au sud de Miami, à la pointe de la Floride continentale, sont les meilleurs sites de plongée. Biscayne est en fait, avec 95% de sa surface sous l'océan, le seul parc national principalement maritime des États-Unis. En continuant l'exploration des Keys, le Bahia Honda State Park et Key West ne vous décevront pas.

La plongée sur des épaves est tout aussi exaltante, et certaines sont accessibles en snorkeling. Tant de galions espagnols ont sombré au large de l'Emerald Coast, près de Panama City Beach, qu'on la surnommé "capitale du naufrage". Vous pourrez aussi plonger sur des épaves à Pensacola, au Sebastian Inlet State Park, à Troy Springs, à Fort Lauderdale, au Biscayne National Park et à Key West, une ville qui tirait autrefois ses revenus des épaves et de la récupération des navires coulés.

Les Dry Tortugas, des îlots de sable, ainsi nommées à cause de leurs nombreuses tortues de mer, récompensent largement les efforts pour les rejoindre.

Cyclotourisme

Si la Floride est trop plate pour le VTT, elle recèle d'innombrables possibilités hors route, ainsi que des centaines de kilomètres de pistes asphaltées. Comme pour la randonnée, mieux vaut pratiquer le cyclotourisme en hiver.

Parmi les meilleurs itinéraires hors route, citons le **Big Shoals State Park** (www.floridastateparks.org/bigshoals), avec 40 km de piste le long de la Suwannee River, et le Paynes Prairie Preserve State Park, avec 32 km de piste à travers son étrange paysage, l'Ocala National Forest et l'Apalachicola National Forest, notamment le Munson Hills Loop, une boucle sablonneuse.

L'abondance des pistes cyclables asphaltées rend le choix difficile. La Timpoochee Trail, longue de 30 km et parallèle à la Hwy 30A, rejoint les plages de sable fin du Panhandle. À Tallahassee, la Tallahassee-St Marks Historic Railroad State Trail (25 km) aboutit au golfe du Mexique. Des chemins de terre et des pistes asphaltées font le tour du Lake Okeechobee, et permettent d'admirer la campagne alentour. La Lake Trail de Palm Beach, ou "chemin de la consommation ostentatoire" en raison des demeures et des yachts somptueux, et la Shark Valley Tram Road Trail (24 km), qui traverse le fleuve d'herbe infesté d'alligators des Everglades, comptent parmi les plus belles pistes asphaltées.

Pour un plus long parcours, empruntez la Florida Keys Overseas Heritage Trail, qui longe la Keys Hwy sur 112 km discontinus, et le Pinellas Trail urbain et côtier, qui court sur 69 km entre St Petersburg et Tarpon Springs.

On trouve à louer, dans toutes les villes côtières de Floride, des vélos de type cruiser. Ces lourdes bicyclettes sont idéales pour flâner le long des promenades planes – exercice tranquille qui convient bien aux voyageurs moyennement en forme.

Pêche

La Floride est incontestablement la capitale mondiale de la pêche sportive. Elle est forte des meilleures possibilités aux États-Unis et aucun autre endroit de la planète ne peut rivaliser en termes de variété et d'abondance.

L'achigan à grande bouche est la prise de choix dans les nombreux lacs et rivières. Les sites privilégiés, bien équipés et faciles d'accès, sont le **Lake Manatee State Park** (www.floridastateparks.org/lakemanatee), au sud de St Petersburg, le Myakka River State Park pour la pêche à la mouche, et **Jacksonville** (www.jacksonvillefishing.com) pour des sorties de pêche dans la St Johns River, le Lake George et l'océan, ainsi que la pêche en kayak.

Près du rivage, le sébaste, le tarpon, le brochet de mer et l'acoupa pintade font partie des prises les plus courantes le long des deux côtes. Les jetées de Sebastian Inlet sont prisées des pêcheurs à la ligne sur la côte atlantique ; du côté du golfe du Mexique, le Skyway Fishing Pier de Tampa est surnommé le plus long quai de pêche au monde.

Dans les Keys, Bahia Honda et l'Old Seven Mile Bridge sur Pigeon Key sont de hauts lieux pour la pêche du rivage.

Toutefois, comme le dirait Hemingway, la vraie pêche se déroule en mer, où se côtoient marlins, tassergals et dorades coryphènes. Pour des sorties de pêche hauturière, rendez-vous à Stuart, Fort Lauderdale, Lauderdale-by-the-Sea, Destin, Steinhatchee et Miami. Le mieux consiste à se promener sur le port et à bavarder avec les capitaines pour trouver celui qui correspond à vos attentes.

Sachez que vous aurez besoin d'un permis de pêche et qu'il existe de nombreuses réglementations sur les prises autorisées.

Voile

Si vous aimez la voile, vous aimerez la Floride. Miami compte de multiples marinas où louer un bateau ou amarrer le sien ; Key Biscayne est un véritable joyau. Fort Lauderdale recèle abondance de possibilités. À Key West, vous pourrez naviguer sur une goélette armée de vrais canons. Les tour-opérateurs sont légion dans les Keys. Pour des cours de voile, adressez-vous à la Lanier Sailing Academy de Pensacola.

Golf

Avec plus de 1 250 golfs (et d'autres à venir), la Floride détient un record national. On ignore si ce phénomène est lié à la présence de nombreux retraités aisés, mais vous trouverez facilement un endroit où balancer votre club.

Palm Beach, Naples, Fort Myers, Orlando, Jacksonville, Miami et St Augustine font partie des villes réputées pour le golf. Le World Golf Hall of Fame se situe près de St Augustine.

Florida Golf (www.fgolf.com) publie une liste complète des parcours de Floride.

En Floride, outre les manèges riches en adrénaline des parcs d'attractions, on trouve DeLand, la ville où fut inventé le saut en tandem, et qui reste un important centre de chute libre. Visitez le site www. skydivedeland. com.

ACTIVITÉS DE PLEIN AIR GOLF

Environnement

La naturaliste Marjory Stoneman Douglas qualifiait la péninsule floridienne de "longue cuillère pointue, aussi connue que la carte de l'Amérique du Nord elle-même". Son écosystème compte parmi les plus variés du monde. Il y a des millions d'années de cela, une masse calcaire se fixa au nord du tropique du Cancer. L'association de la roche poreuse et du climat donna naissance à un monde aquatique d'une richesse rare – un monde fragile que l'homme pourrait détruire en un clin d'œil.

Géographie et géologie

La Floride n'a aucun relief. Il s'agit d'un État plat comme une crêpe. Pour paraphraser Douglas, elle ressemble à une cuillère d'eau douce reposant délicatement sur un bol d'eau de mer – une brique spongieuse de calcaire encadrée par l'océan Atlantique et le golfe du Mexique. Son point culminant, Britton Hill dans le Panhandle, atteint péniblement 106 m, moins de la moitié des buildings du centre de Miami. De fait, la Floride est officiellement l'État le plus plat du pays, tout en étant le 22e par la superficie (151 670 km²).

Toutefois, plus de 6 500 km² sont couverts d'eau ; la carte est littéralement criblée de lacs et de sources. Au sud de la péninsule s'étend le Lake Okeechobee, le second plus grand lac d'eau douce d'Amérique du Nord ; le fond se situe à quelques mètres au-dessus du niveau de la mer, et il est si peu profond que l'on peut pratiquement le traverser à pied. Des canaux détournent la majeure partie de l'eau.

Tous les ans, le Lake Okeechobee tente d'inonder tout doucement la pointe sud de la péninsule, mais les canaux détournent la majeure partie de l'eau, soit vers les champs d'irrigation, soit vers les deux principales masses d'eau qui encadrent la Floride : le golfe du Mexique et l'océan Atlantique. Mais si l'eau devait suivre le terrain, elle n'aurait d'autre choix que de s'écouler : depuis le centre du lac, la terre s'incline d'environ 15 cm tous les 10 km jusqu'au point où la Floride plonge sous la mer et se transforme en une multitude d'îles : les Ten Thousand Islands et les Florida Keys, qui s'égrènent jusqu'au golfe du Mexique. Key West, la dernière de l'archipel, est le point le plus méridional des États-Unis continentaux.

Cela dit, lorsque les eaux du Lake Okeechobee recouvrent les terres du sud de la Floride, elles rencontrent les prairies et les étendues calcaires pour créer un espace naturel à nul autre pareil : les Everglades. Elles remplissent également les nappes aquifères d'eau douce nécessaires à l'alimentation en eau de la région de Miami, de plus en plus urbanisée. Aujourd'hui, de nombreux projets, qui semblent freinés du fait d'intérêts privés et d'obstacles administratifs, sont à l'étude afin de restaurer le cours originel de l'eau, du centre jusqu'au sud de la Floride, une manœuvre qui pourrait redonner de la vitalité aux Glades et, jusqu'à un certain point, répondre aux besoins en eau de Miami et sa banlieue.

La spécificité de la Floride est due à son emplacement, dans une zone de transition subtropicale entre les climats tempéré du Nord et

Excellents guides sur la nature

Majestueuse Floride, *Michèle Lasseur, Éditions Atlas, 2006*

La Floride insolite, Lucie-Soleil Ouellet, *Bertrand Dumont éditeur, 2010*

LES LAMANTINS DE FLORIDE

S'il est difficile de croire que les lamantins aient jadis été pris pour des sirènes, on comprend aisément leur pouvoir de séduction : ces énormes mammifères doux et curieux ressemblent à d'adorables nounours de 3 m de long et de 450 kg. Solitaires et joueurs, ils "surfent" sur les vagues et, de novembre à mars, gagnent les eaux plus chaudes des estuaires et des sources. Comme l'homme, le lamantin ne survit pas plus de 24 heures dans une eau à 17°C, et en hiver, il affectionne particulièrement les sources de Floride, à 22°C.

Présent dans la région depuis plus de 45 millions d'années, ce timide herbivore est sans défense hormis sa corpulence (les plus gros atteignent 4 m et 1 400 kg) et ne fait pas grand-chose à part se reposer et engloutir quotidiennement 10% de son poids en nourriture. Il se déplace mollement et se reproduit lentement : les femelles donnent naissance à un petit tous les 2 à 5 ans. L'accouplement est la seule exception à leur tranquillité ; les mâles font alors preuve d'un comportement agressif.

Le lamantin de Floride est protégé depuis 1893 et a figuré sur la première liste fédérale des espèces menacées en 1967. Alors que cette créature était autrefois chassée pour sa viande, les collisions avec les bateaux sont aujourd'hui la principale cause de sa mortalité (plus de 20% des décès). Les blessures provoquées par les hélices sont si nombreuses que les scientifiques se servent des cicatrices pour identifier les individus.

Leur recensement est particulièrement difficile et hasardeux, mais les derniers décomptes sont encourageants. Durant l'hiver 2010, particulièrement rigoureux, on a relevé une population de 5 060 individus, soit 1 200 de plus que le dernier record enregistré. Or, en 2013, la prolifération d'algues responsables de la marée rouge dans le sud-ouest de la Floride et l'apparition de maladies ont entraîné la mort de plus de 800 d'entre eux – soit 16% de la population totale. Lors de la rédaction de ces lignes, l'État comptait encore au moins 4 800 lamantins.

tropical du Sud. Cela explique les récifs de corail de la côte, les plus vastes d'Amérique du Nord, les marais, les bizarreries botaniques et les créatures étranges. Les Everglades, élevés au rang de biosphère internationale, classés au Patrimoine mondial et parc national, sont à la hauteur de leur réputation.

Mais si les Everglades sont magnifiques, il y a bien plus à découvrir. Les Keys se composent ainsi de biomes aux mangroves superbes. La Gulf Coast s'est lentement érodée au fil des millénaires pour donner de larges rubans de sable fin et blanc émaillés de fossiles. Le bassin de l'Apalachicola River dans le Panhandle a été appelé "jardin d'Éden" : des plantes de la période glaciaire survivent dans des ravins perdus et plus d'espèces d'amphibiens et de reptiles y vivent que dans tout autre endroit du pays. L'estuaire de l'Indian River Lagoon, qui s'étire sur 251 km le long de la côte atlantique, est le plus diversifié du continent. Dans le nord de la Floride, le terrain karstique – un calcaire grêlé et truffé de cavités – renferme la nappe aquifère de Floride : alimentée exclusivement par les pluies, elle ressurgit dans plus de 700 sources (*springs*) d'eau douce.

Faune et flore

Les marais pleins d'alligators, les rivières peuplées de serpents, les lamantins des mangroves, les tortues sur les plages et le spectacle des gigantesques volées d'oiseaux de mer feraient pâlir n'importe quelle créature de Disney.

Oiseaux

Près de 500 espèces ont été répertoriées dans l'État, dont certains des plus beaux oiseaux aquatiques migrateurs : ibis, aigrette, grand héron,

Pour découvrir les efforts extraordinaires afin de sauver la grue blanche, visitez le site d'Operation Migration (www.operation migration.org), une organisation à but non lucratif dirigée par Bill Lishman, dont les techniques ont inspiré le film *L'Envolée sauvage*. Vous pouvez aussi consulter www.bringbackthe cranes.org.

pélican d'Amérique et grue blanche. Ceci fait de la Floride un paradis pour l'observation des oiseaux.

Environ 350 espèces séjournent dans les Everglades, mais vous n'avez pas besoin d'arpenter les marais pour les observer. Achevé en 2006, le **Great Florida Birding Trail** (floridabirdingtrail.com), un itinéraire de 3 200 km, comprend près de 500 sites d'observation. Neuf d'entre eux sont des sites "portails" avec centre des visiteurs et prêt gratuit de jumelles ; téléchargez des guides sur le site Internet, et repérez les panneaux bruns le long de la route.

Parmi les plus grands oiseaux, le pélican blanc arrive en hiver (octobre-avril), tandis que le pélican brun, le seul à plonger pour pêcher, réside ici toute l'année. Pour admirer la superbe spatule rosée (de la famille des ibis), visitez le JN 'Ding' Darling National Wildlife Refuge, le site d'hivernage pour le tiers de sa population américaine.

Chaque hiver, quelque 5 000 grues du Canada sédentaires sont rejointes par 25 000 cousins migrateurs. Les grues blanches, qui mesurent 1,50 m de haut, sont les plus grands oiseaux d'Amérique du Nord. Elles ont presque entièrement disparu. Une centaine d'entre elles passent l'hiver sur la Gulf Coast, près de Homosassa.

Oiseaux chanteurs et rapaces évoluent aussi dans les cieux de la Floride. L'État compte un millier de couples d'aigles chauves (aucun autre État du Sud n'en abrite autant), ainsi que des faucons pèlerins, qui fondent sur leur proie à 240 km/h et migrent au printemps et en automne.

Autrefois, la loi autorisait la chasse ces oiseaux pour leurs splendides plumes, travaillées pour finir chez des modistes. Marjory Stoneman Douglas, journaliste à Miami et grand défenseur des Everglades, a écrit sur cette pratique et sur la disparition de la faune aviaire qui en a résulté. Cette démarche a été à l'origine de l'établissement de mesures pour la protection de la flore et de la faune dans l'État.

Mammifères terrestres

La panthère de Floride est le mammifère le plus menacé de l'État. Avant l'arrivée des Européens, quelque 1 500 individus vivaient en Floride. À partir de 1832, une prime fut accordée pour chaque trophée de panthère (5 $) et l'animal fut chassé sans répit pendant les 130 années suivantes. Lors de l'interdiction de la chasse en 1958, les panthères ne parvenaient plus à survivre. Sans un programme d'élevage en captivité lancé en 1991, la panthère de Floride aurait aujourd'hui disparu. Avec environ 120 individus répertoriés, l'espèce n'est pas encore sauvée. Les panthères sont le plus souvent victimes des véhicules à moteur. Tous les ans, quelques-unes sont tuées sur les routes ; faites très attention aux panneaux de limitation de vitesse postés dans les zones, comme la Tamiami Trail, qui traverse l'Everglades National Park et la Big Cypress Preserve.

Si la panthère reste rare, la population d'ours noirs est remontée à 3 000 individus. Avec la diminution des forêts, des ours s'aventurent parfois dans les faubourgs du nord de la Floride.

Facile à observer, le cerf de Virginie fait souvent partie du paysage. Le cerf des Keys, une espèce endémique, est un cerf nain de moins de 1 m, plus léger qu'un enfant de 10 ans, qui vit principalement sur Big Pine Key.

Bien qu'il soit clairement originaire de l'ouest des États-Unis, le coyote est un animal adaptable qui a été observé dans toute la Floride, jusque dans l'archipel des Keys. Il reste à espérer qu'il ne continue pas son expansion jusqu'à Big Pine Key, où vit le cerf des Keys, mentionné plus haut.

Audubon of Florida (www.audubonofflorida.org) est sans doute la première organisation écologiste de la Floride. Elle fournit quantité d'informations sur l'écologie et les oiseaux, et publie le magazine *Florida Naturalist* (en anglais)

Espèce en voie critique d'extinction, le loup roux vivait autrefois sur des terres alluviales, dans des marais et des forêts inondés du littoral est, en particulier le long de la côte sud-est. La chasse et la perte de son habitat ont provoqué sa quasi-disparition, mais une population reproductrice a été établie dans le St Vincent National Wildlife Refuge, dans l'arrière-pays de la côte du Panhandle.

Mammifères marins

Les eaux côtières de Floride abritent 21 espèces de dauphins et de baleines. De loin le plus commun, le grand dauphin est très sociable, extrêmement intelligent et se rencontre fréquemment tout autour de la péninsule. Les dauphins en captivité font souvent partie de cette espèce.

Les quelque 300 baleines franches de l'Atlantique Nord viennent en hiver mettre bas au large de Jacksonville. Ce gigantesque cétacé, le plus menacé, peut mesurer plus de 15 m de long.

L'hiver est aussi la saison des lamantins, qui recherchent les eaux tièdes des estuaires et des canaux de délestage des centrales hydro-électriques à partir de novembre. Ces lourdes créatures placides sont une autre espèce emblématique de la Floride, dont la protection passionne et divise les habitants.

Reptiles et amphibiens

Avec 184 espèces estimées, la Floride compte la plus grande variété de reptiles et d'amphibiens du pays. Or, cette population s'accroît d'espèces invasives, capables de mettre à mal le délicat écosystème de la Floride. À cela s'ajoutent régulièrement des hôtes indésirables, souvent relâchés par des propriétaires inconscients. Parmi les espèces les plus dangereuses et invasives figurent le python molure, les iguanes noir et vert et le varan du Nil.

LES GARDIENS DES EVERGLADES

Quiconque a plongé une pagaie parmi les herbes et les *hammocks* boisés du parc national des Everglades ne pourra qu'approuver le surnom de l'alligator de Floride : "gardien des Everglades". Avec un museau, des yeux et un dos si immobiles qu'ils rident à peine la surface de l'eau, les alligators veillent sur les Glades depuis plus de 200 millions d'années.

Si l'on n'en connaît pas précisément le nombre, on estime que 1,5 million d'alligators vivent dans les lacs, les rivières et les terrains de golf de l'État. Ils ne sont plus officiellement menacés, mais demeurent protégés en raison de leur ressemblance avec le crocodile américain, en voie, lui, de disparition. Toutefois, depuis 1988 la Floride autorise la chasse des alligators dans la limite de deux individus par personne et par an. L'alligator servi dans les restaurants provient de fermes autorisées.

Ces prédateurs se placent au sommet de la chaîne alimentaire ; leurs trous d'eau deviennent des réserves indispensables pendant la saison sèche et les sécheresses, bénéfiques à tout l'écosystème des marais. Les alligators, qui vivent environ 30 ans, peuvent atteindre 4 m de long et peser 450 kg.

La parade amoureuse commence en avril et leur accouplement a lieu en mai et juin. Fin juin, les femelles pondent de 30 à 45 œufs qui incubent 2 mois. En moyenne, seuls 4 alligators par couvée parviennent à l'âge adulte.

Les alligators chassent dans l'eau, souvent près de la rive ; ils ne montent sur la berge que pour fuir. En Floride, on compte de 15 à 20 attaques d'humains non mortelles chaque année, et 22 attaques mortelles se sont produites depuis 1948.

Certains estiment à 50 km/h la vitesse de pointe d'un alligator sur une courte distance. Zigzaguer pour leur échapper relève du mythe ; en cas de danger, courez tout droit aussi vite que possible.

L'alligator, animal emblématique de l'État, est omniprésent dans le centre et le sud de la Floride. Il ne représente pas une grande menace pour l'homme, à moins que vous ne fassiez quelque chose d'incroyablement stupide, comme le nourrir ou le provoquer. Cela étant dit, il reste préférable d'éloigner les enfants en bas âge et les animaux domestiques des étendues d'eau que l'on ne connaît pas. Le sud de la Floride abrite aussi la seule population de crocodiles d'Amérique du Nord, soit environ 1 500 spécimens. Ils préfèrent l'eau salée et se distinguent des alligators par un museau plus pointu et des dents qui dépassent.

Tortues, grenouilles et serpents prolifèrent en Floride. Rien n'est plus joli qu'un scinque ou un anolis (des lézards) qui se faufile sur un porche ou un trottoir. Sur les 44 espèces de serpents, seules six sont venimeuses, mais quatre d'entre elles sont communes. Parmi les espèces venimeuses figurent trois crotales (diamantin, pygmée ou des bois), le mocassin à tête cuivrée, le mocassin d'eau et le serpent corail. Le crotale diamantin est le plus grand (jusqu'à 2 m), le plus agressif et le plus dangereux. Si le mocassin d'eau vit dans l'eau et à proximité, la plupart des serpents d'eau de Floride sont inoffensifs.

Le naturaliste Doug Anderson a contribué à la création d'un chemin sur l'eau, le Big Bend. Il raconte son aventure dans, *Waters Less Traveled* (en anglais ; 2005), aventure faite de fuite devant les serpents à sonnettes ou de discussions autour des tortues de Kemp.

Tortues marines

La Floride compte la plupart des sites de ponte des tortues marines aux États-Unis continentaux. Les trois espèces prédominantes creusent chaque année plus de 80 000 nids, principalement sur les plages de la côte atlantique sud, mais aussi sur celles du golfe du Mexique. La tortue caouanne est majoritaire, loin devant la tortue verte et la tortue luth, suivies de la tortue imbriquée et de la tortue de Kemp ; toutes sont en danger ou menacées. La tortue luth, la plus grande, peut atteindre 3 m de long et peser 900 kg.

Durant la ponte, de mai à octobre, les tortues déposent de 80 à 120 œufs dans chaque nid. Environ deux mois plus tard, les petits émergent en même temps et gagnent l'océan. Contrairement à une idée reçue, ils n'ont pas besoin de la lune pour trouver leur chemin.

En revanche, ils peuvent être désorientés par la lumière artificielle et le bruit. Pour les observer sans les perturber, contactez un organisme agréé ; une liste figure sur www.myfwc.com/seaturtle (cliquez sur "Educational Information" puis sur "Where to View Sea Turtles").

Plantes

La flore de la péninsule présente, avec plus de 4 000 espèces, une diversité sans équivalent aux États-Unis continentaux. La Floride, à cheval sur l'extrémité sud des écosystèmes tempérés et l'extrémité nord des tropicaux, possède une stupéfiante variété d'environnements. Il est intéressant de noter que la plupart des régions situées à cette latitude sont des déserts, contrairement à la Floride.

En Floride, même les plantes ont du mordant : le Panhandle abrite la plupart des plantes carnivores des États-Unis, une manière de survivre dans un sol sablonneux pauvre en nutriments.

Marécages et marais

Plusieurs centaines de plantes endémiques ont réussi à s'adapter au milieu humide, détrempé et souvent salin des marais, bourbiers, chenaux, bassins, prairies et marécages de Floride. La majeure partie des Everglades se compose de vastes étendues de marisques, dont les tiges sont garnies de petites dents et atteignent 3 m de hauteur. Le sud de la Floride est une symphonie de laîches, de graminées et de joncs. Ces espèces coriaces, qui supportent l'eau, produisent des graines qui nourrissent les animaux, protègent les poissons dans les eaux peu profondes et servent d'abri dans les marais aux oiseaux et aux alligators.

Les plantes les plus étranges sont les espèces aquatiques, qui poussent sous ou sur l'eau. Certaines flottent au gré des courants, comme l'utriculaire et le cornifle immergé, qui vit, fleurit et subit sa pollinisation sous l'eau. Les marais abritent de nombreuses plantes à racines avec des feuilles flottantes, tels le lotus américain, le nénuphar ou le nénuphar d'Amérique (*Nuphar advena*) dont la fleur s'épanouit tel un bouton-d'or. Plante immergée commune, le bident penché (*Bidens cernua*) peut couvrir de jaune toutes les prairies.

Lorsque le sol s'élève suffisamment pour créer des îlots, des collines, des buttes et des bancs plus secs, apparaissent des boisements typiques du sud de la Floride et portant le nom de *hammocks*. Densément boisés, ils associent des essences tropicales, des palmiers et des arbres semicaducs et à feuilles persistantes, comme le chêne.

Tout aussi spectaculaire, le superbe cyprès chauve est l'arbre qui supporte le mieux les inondations. Il peut atteindre 45 m ; son tronc est massif et ses racines noueuses s'élèvent au-dessus du sol détrempé. Les "dômes de cyprès" désignent un type de marais créé par une dépression aquatique dans un marécage de pins.

Forêts, broussailles et flatwoods

Les forêts du nord de la Floride, en particulier dans le Panhandle, possèdent une biodiversité qui n'a rien à envier aux marais du Sud. Les forêts continentales tempérées de noyers blancs, d'ormes, de frênes, d'érables, de magnolias et de caroubiers côtoient les divers pins, gommiers et chênes communs dans toute la Floride, ainsi que les marisques, cyprès et choux palmistes du Sud. Humide mais tempérée, la forêt d'Apalachicola abrite 40 espèces d'arbres et plus d'espèces d'insectes que les scientifiques ne peuvent compter.

Le centre et le nord de la Floride étaient jadis couverts de forêts de pins des marais, convoités pour le bois et la gomme. Aujourd'hui, il ne reste plus que 2% des anciennes forêts en raison de l'exploitation forestière. Le *Pinus elliottii* (ou *slash pine*), à croissance rapide, a largement supplanté les pins des marais dans les forêts secondaires.

Le site de Florida Native Plant Society (www.fnps.org), une organisation à but non lucratif, fournit des informations actualisées sur la protection et les espèces invasives, ainsi qu'un aperçu intéressant des plantes et des écosystèmes de la Floride.

ENVIRONNEMENT PLANTES

CHASSEURS DE FANTÔMES

La Floride compte davantage d'espèces d'orchidées que tout autre État nord-américain. Les orchidées constituent elles-mêmes la plus grande famille de plantes à fleurs du monde, avec quelque 25 000 espèces. Rares sont les plantes qui fascinent autant les botanistes, et la variété floridienne qui inspire la plus grande dévotion est la rare orchidée fantôme (*Dendrophylax lindenii*).

Cet étrange épiphyte ne possède pas de feuilles et ne donne qu'une fleur blanche, dont le labelle se dédouble comme une longue moustache. La pollinisation de l'orchidée fantôme est effectuée la nuit par le sphinx géant, seul insecte à posséder une trompe assez longue pour atteindre l'ergot à nectar, long de 12 cm.

Les quelque 2 000 orchidées fantômes poussent presque toutes dans le Big Cypress National Preserve et le Fakahatchee Strand Preserve State Park, mais les emplacements précis des orchidées fantômes sont gardés secrets par peur des braconniers qui, comme le révèle Susan Orlean dans son livre *Le Voleur d'orchidées*, menacent la survie de la plante. Ces parcs abritent également d'autres orchidées sauvages, tout comme l'Everglades National Park, le Myakka River State Park et le Corkscrew Swamp Sanctuary.

Pour en savoir plus, consultez Florida's Native Orchids (www.flnativeorchids.com) et Ghost Orchid Info (www.ghostorchid.info), et visitez les Marie Selby Botanical Gardens, à Sarasota.

On trouve des broussailles dans tout l'État, généralement sur d'anciennes dunes au sol sablonneux bien irrigué. Dans le Centre, le long du Lake Wales Ridge, les broussailles constituent les plus anciennes communautés de plantes, avec le plus grand nombre d'espèces endémiques et rares. Le *Pinus clausa*, le chêne de Banister, le romarin et les lichens prédominent.

Les broussailles se fondent souvent dans les *flatwoods*, des marécages où s'épanouissent diverses essences de pins, avec des graminées et/ou des choux palmistes au niveau inférieur. Les choux palmistes, aux feuilles coupantes en dents de scie, ont une importance primordiale : leurs fruits nourrissent les ours et les cerfs (et auraient des vertus médicinales), ils constituent un refuge pour les panthères et les serpents, et les abeilles butinent leurs fleurs.

Mangroves et dunes côtières

Lorsqu'elle n'est pas couverte de sable, la côte du sud de la Floride est souvent frangée de mangroves. Le terme mangrove se réfère à tous les arbres et broussailles tropicaux adaptés à un sol humide, à l'eau salée et à des inondations périodiques. Les mangroves ont aussi développé un mode de reproduction inhabituel : les graines germent encore attachées à l'arbre "parent". Des 50 types de mangroves existant dans le monde, trois prédominent en Floride : la rouge, la noire et la blanche.

Les mangroves jouent un rôle vital dans la péninsule, et leur destruction provoque habituellement des dégâts écologiques. Les mangroves stabilisent les sols côtiers en fixant le sable, le limon et les sédiments – le terrain ferme ainsi gagné finit paradoxalement par étrangler les mangroves elles-mêmes. Elles atténuent l'effet des orages et les vents dévastateurs des ouragans, servent d'amarres aux populations dépendant de la marée et des estuaires, et fournissent des habitats indispensables à la survie de la faune.

Les dunes côtières sont couvertes d'herbes et de broussailles, de choux palmistes et de quelques pins et palmiers sabal (l'arbre emblématique de la Floride). L'*Uniola paniculata* (ou *sea oat*), dont les grandes plumes retiennent le sable soufflé par le vent, stabilise aussi les dunes, tandis que les *hammocks* côtiers se composent de gommiers rouges, surnommés "arbres du touriste" en raison de leur écorce rouge pelée.

Parcs nationaux, d'État et régionaux

Environ 26% du territoire floridien relèvent de propriétés publiques, réparties en 3 forêts nationales, 11 parcs nationaux, 28 réserves animalières (Pelican Island fut la première) et 160 parcs d'État. La fréquentation augmente, avec plus de 20 millions de visiteurs chaque année dans les parcs d'État. Ces derniers ont été deux fois élus les meilleurs du pays.

Les parcs de Floride s'explorent facilement. Pour plus d'informations, consultez les sites Internet des organisations suivantes :

Florida State Parks (www.floridastateparks.org)
National Forests, Florida (www.fs.usda.gov/florida)
National Park Service (www.nps.gov/drto)
National Wildlife Refuges, Florida (www.fws.gov/southeast/maps/fl.html)
Recreation.gov (www.recreation.gov). Réservation dans les campings nationaux.
La **Florida Fish & Wildlife Commission** (www.myfwc.com) gère les Wildlife Management Areas (WMA), des zones non construites pour la plupart ; son site Internet est une excellente source d'information sur l'observation de la faune, le bateau, la chasse, la pêche et les permis.

La section floridienne du Nature Conservancy (www.nature.org) a joué un rôle important dans la législation Florida Forever. Consultez le site Internet pour des informations actualisées sur les enjeux écologiques.

Problèmes écologiques

Les problèmes écologiques de la Floride sont la conséquence d'un siècle d'urbanisation, de croissance démographique et du tourisme. L'urgence de leur règlement est à la mesure de la diversité exceptionnelle de la nature de cet État. Les problèmes environnementaux, complexes et reliés entre eux, comprennent l'érosion des marais, la baisse des nappes phréatiques, la pollution (surtout des eaux), les espèces invasives ou menacées et la destruction des habitats. Nul recoin de Floride n'échappe à ces problèmes.

Au cours des dix dernières années, la Floride a fait des efforts significatifs dans ce domaine. En 2000, l'État a voté le **Florida Forever Act** (www.supportfloridaforever.org), un programme écologique décennal de 3 milliards de dollars, renouvelé pour 10 ans en 2008. Il a également voté la création du Comprehensive Everglades Restoration Plan (CERP; www.evergladesplan.org), projet de plusieurs milliards de dollars, et du Central Everglades Planning Project, un projet associé. Malheureusement, la mise en œuvre de ce dernier a été repoussée faute d'approbation de la part d'agences fédérales, telles que l'Army Corps of Engineers.

Les signes de progrès sur d'autres plans ont de quoi susciter l'espoir. Ainsi, le niveau de phosphore dans les Everglades a-t-il été largement réduit, tandis que la Kissimmee River tient d'un exemple de régénérescence : en quelques années de remblayage du canal qui

DÉCOUVRIR ET PRÉSERVER LA NATURE

Si les bateaux à fond de verre et les combats avec les alligators ont fait place aux promenades en buggy des marais et aux rencontres avec les lamantins, une question demeure : si certaines pratiques sont autorisées, faut-il pour autant y souscrire ? Tout le monde peut protéger la nature en choisissant le meilleur moyen de la découvrir sans lui nuire.

Pour la plupart des activités, il n'existe pas de réponse unique et les impacts spécifiques font débat. Voici néanmoins quelques conseils :

→ **Aéroglisseurs et buggys des marais** Si les aéroglisseurs laissent une empreinte bien plus légère que les buggys à grosses roues, tous deux sont motorisés et bruyants et ont un impact largement supérieur à celui des canoës dans les marais. Les activités non motorisées sont toujours préférables.

→ **Rencontre avec les dauphins** Les dauphins en captivité sont généralement des rescapés, habitués aux humains. En revanche, si vous rencontrez des dauphins dans l'océan, sachez qu'il est interdit, par loi fédérale, de les nourrir, de les poursuivre ou de les toucher. Habituer un animal sauvage à l'homme peut lui être fatal, car la proximité des humains est souvent source de conflit ou d'accident.

→ **Nager avec les lamantins** Si vous nagez près des lamantins, une espèce menacée et protégée, ne les touchez pas. L'observation passive est la norme. Le harcèlement est un problème grandissant qui pourrait déboucher sur une interdiction de les approcher.

→ **Nourrir les animaux sauvages** Jamais ! Des animaux inoffensifs comme le cerf ou le lamantin peuvent prendre la mauvaise habitude d'être nourris par l'homme, tandis que nourrir l'ours ou l'alligator peut l'inciter à... vous chasser !

→ **Sites de ponte des tortues de mer** Il est interdit par la loi d'approcher les sites de ponte ou les petits qui rejoignent la mer. La plupart des plages de ponte comportent des panneaux d'avertissement et respectent un couvre-feu en soirée. Si vous croisez des tortues sur la plage, restez à distance et ne prenez pas de photo au flash.

→ **Préserver les récifs coralliens** Les polypes coralliens sont des organismes vivants ; les toucher ou les casser crée une ouverture aux infections et aux maladies. Pour éviter d'abîmer les récifs, ne les touchez jamais.

limitait son flux, la plaine fluviale est de nouveau un marais rempli d'oiseaux aquatiques et d'alligators. En 2010, l'État a fini de racheter à US Sugar 500 km² de champs de canne à sucre près du Lake Okeechobee pour les rendre à leur état marécageux initial. Avec la construction de ponts sur 10 km le long de la Tamiami Trail, le lac devrait de nouveau irriguer les Glades.

Toutefois, le Lake Okeechobee, contrôlé par le barrage Hoover depuis 1928, est empoisonné par des boues toxiques. Remuées par les ouragans, elles provoquent des "marées rouges", une prolifération d'algues qui tuent les poissons. Ce phénomène naturel est aussi déclenché par la pollution et des déversements d'eau artificiels.

Selon les scientifiques, la moitié des lacs et des cours d'eau sont trop pollués pour la pêche. Si la pollution industrielle a diminué, la pollution résidentielle (égouts, ruissellement d'engrais) la compense largement et remplit d'algues les sources d'eau douce de Floride. En outre, les nappes phréatiques sont pompées pour alimenter les foyers, les sources se tarissent et les terrains karstiques asséchés s'effondrent parfois, engloutissant maisons et voitures.

Le développement immobilier se poursuit toutefois, à un rythme effréné. Le corridor Miami-Fort Lauderdale-West Palm Beach (la 6ᵉ plus grande zone urbaine du pays) est "saturé" et les promoteurs visent le Panhandle et le centre de la Floride. Les projections pour les cinquante prochaines années montrent une urbanisation galopante le long des deux côtes et dans le centre de l'État.

À cela s'ajoute la hausse du niveau des mers lié au réchauffement climatique. Dans cette optique, les Florida Keys jouent le rôle de canaris de mines. Encore un siècle, plaisantent certains, et la côte du sud de la Floride sera la nouvelle Atlantide, avec ses plus luxueuses propriétés englouties.

Floride pratique

Carnet pratique

Activités

Le chapitre *Activités de plein air* (p. 518) offre un aperçu de toutes les activités de plein air possibles en Floride.

Canoë et kayak

Des renseignements sur les sentiers maritimes et le kayak sont également fournis par les sites Internet des parcs d'État de Floride (Florida State Parks) et de Florida Greenways & Trails, indiqués sous la rubrique *Randonnée et camping*. Essayez aussi :

American Canoe Association (ACA ; www. americancanoe.org). Cette association publie une newsletter, possède une liste à jour des sentiers maritimes et organise des cours.

Florida Professional Paddlesports Association (www.paddleflausa.com). Fournit la liste des magasins de kayak affiliés.

Kayak Online (www. kayakonline.com). Spécialiste du matériel de kayak. Renvoie à des magasins de Floride.

Pêche

Les non-résidents de Floride âgés de plus de 16 ans doivent se procurer un permis de pêche (tout autant pour le poisson que pour les crustacés). La Floride délivre divers types de permis de courte durée. La pêche est soumise à de nombreuses réglementations relatives aux espèces, aux quantités et aux lieux autorisés. Certes, les gens du coin peuvent vous renseigner, mais faites les choses dans les règles en cherchant des informations officielles sur le site Internet de la Florida Fish & Wildlife Conservation Commission.

Florida Fish & Wildlife Conservation Commission (FWC ; www. myfwc.com). Source officielle pour la réglementation et les permis (en vente en ligne ou par téléphone). Renseigne également sur la plaisance et la chasse.

Florida Fishing Capital of the World (www.visitflorida. com/fishing). Site géré par l'État de Floride, donnant des

---

PRATIQUE

➡ **Électricité** 110/120 V, 60 Hz.

➡ **Poids et mesures** Les distances sont mesurées en pied (ft), yard et mile ; les poids en once (oz), livre (lb) et tonne.

➡ **Journaux** Les trois principaux quotidiens de Floride sont le *Miami Herald* (en espagnol : *El Nuevo Herald*), l'*Orlando Sentinel* et le *St Petersburg Times*.

➡ **Tabac** Il est interdit de fumer en Floride sur tous les lieux de travail fermés, notamment les restaurants et boutiques, mais pas dans les bars sans restauration ni dans les chambres fumeurs.

➡ **Heure locale** La Floride est majoritairement située dans le fuseau horaire est (6 heures de moins par rapport à la France). Quand il est 12h à Miami, il est 9h à San Francisco et 18h à Paris. À l'ouest de l'Apalachicola River, le Panhandle appartient au fuseau horaire central, soit une heure de retard sur le reste de l'État. On avance d'une heure en mars (heure d'été) et l'on retarde d'une heure en novembre (heure d'hiver).

➡ **Télévision** La Floride reçoit toutes les grandes chaînes américaines de la télévision et du câble. **Florida Smart** (www.floridasmart.com/news) en fournit la liste par région. Le standard de télévision couleur est le NTSC, qui n'est compatible ni avec le PAL (propre à la France) ni avec le Secam.

conseils et des renseignements sur la pêche.

Florida Sportsman (www.floridasportsman.com). Renseignements sur la pêche sportive, les tournois, le matériel et des conseils sur la région.

Plongée

Un certificat Open Water I est obligatoire pour plonger au large de la Floride. De nombreux cours permettent de l'obtenir sur place (trois jours sont nécessaires, s'il fait beau temps). Si vous souhaitez plonger en eau douce, vous aurez besoin d'un certificat de plongée dans les grottes. Il est également aisé de l'obtenir partout dans l'État.

National Association for Underwater Instruction (NAUI ; www.naui.org). Donne des informations sur les certificats de plongée et la liste des moniteurs de plongée certifiés NAUI.

Professional Diving Instructors Corporation (PDIC ; www.pdic-intl.com). Identique à la NAUI. Possède aussi une liste de moniteurs de plongée certifiés PDIC.

Randonnée et camping

Pour des conseils sur la randonnée et le camping respectueux de l'environnement, visitez **Leave No Trace** (www.lnt.org). **Florida Hikes** (www.floridahikes.com) propose une riche introduction aux sentiers de Floride.

Les cartes gratuites conviennent parfaitement pour faire de courtes marches dans les parcs nationaux, d'État ou régionaux. La plupart des boutiques de sport de plein air et des postes de rangers vendent de bonnes cartes topographiques.

Florida Greenways & Trails (www.visitflorida.com/trails). Le Florida Dept of Environmental Protection propose des descriptions téléchargeables de sentiers

de randonnées pédestres ou cyclistes et de sentiers maritimes.

Florida State Parks (www.floridastateparks.org). Renseignements exhaustifs sur les parcs d'État et réservation de bungalows ou de places de camping.

Florida Trail Association (www.floridatrail.org). Gère le Florida National Scenic Trail (FNST). Nombreux conseils, descriptions et cartes disponibles sur le site.

Florida Trails Network (www.floridatrailsnetwork.com). Principale base de données sur les sentiers actuels et à venir.

Rails-to-Trails Conservancy (www.railstotrails.org). Transforme les voies ferrées abandonnées en sentiers de randonnée publics. Le site www.traillink.com en donne une liste par État, avec descriptions et cartes.

Recreation.gov (www.recreation.gov). Réservation des places de camping dans les forêts et parcs nationaux.

National Geographic (www.nationalgeographic.com). Cartes sur mesure et cartes GPS.

Trails.com (www.trails.com). Crée des cartes sur mesure téléchargeables.

US Geological Survey (USGS ; ☎888-275-8747 ; www.store.usgs.gov). Boutique en ligne tout-en-un pour des cartes et des études géologiques de tous les États du pays.

Surf

Certains sites Internet informent sur les possibilités de cours et indiquent l'agenda des compétitions :

Florida Surfing (www.floridasurfing.com). Moniteurs, compétitions, webcams, conditions météorologiques, matériel, histoire...

Florida Surfing Association (FSA ; www.floridasurfing.org). Gère les compétitions de surf en Floride. C'est également le

site de l'école de surf de Jacksonville Beach.

Surf Guru (www.surfguru.com). Bulletins d'information sur la côte est de la Floride.

Surfer (www.surfermag.com). Les récits de voyages de *Surfer* traitent de tous les spots de surf des États-Unis.

Vélo

Notez que les organismes d'État indiqués sous la rubrique *Randonnée et camping* s'intéressent aussi aux itinéraires cyclistes. La loi impose le port du casque pour tous les cyclistes de moins de 16 ans (moins de 18 ans dans les parcs nationaux).

Bike Florida (www.bikeflorida.org). Organisme à but non lucratif qui promeut la sécurité à vélo et les sorties organisées et propose des liens intéressants.

Florida Bicycle Association (www.floridabicycle.org). Fournit quantité de renseignements, dont la liste des clubs de cyclisme de Floride, des liens vers les organisations de cyclisme hors piste (VTT), les clubs de course ou encore un calendrier des randonnées.

Alimentation

Pour vous mettre en appétit, mais aussi vous renseigner sur la gastronomie locale, reportez-vous au chapitre *La cuisine floridienne* (p. 513).

Argent

Les prix cités dans ce guide sont en dollars ($).

Rendus inutiles par l'omniprésence des DAB, les chèques de voyage en dollars américains sont néanmoins acceptés comme les espèces dans la plupart des commerces de catégorie moyenne ou haut de gamme (mais rarement dans les enseignes petits budgets). Les chèques

BUDGET REPAS

Les catégories de prix ci-après correspondent à un plat principal au dîner. L'État de Floride applique une taxe de 6%, qui sera ajoutée à l'addition. Certains comtés et municipalités facturent parfois une taxe supplémentaire, mais c'est l'exception qui confirme la règle. Quand le service est bon, voire très bon, on laisse toujours un pourboire d'un montant de 15% à 25% de la note.

À Miami et Orlando :

$ moins de 15 $

$$ 15-30 $

$$$ plus de 30 $

Ailleurs :

$ moins de 10 $

$$ 10-20 $

$$$ plus de 20 $

de paiement émis par des banques étrangères sont rarement acceptés. On peut changer des espèces dans les aéroports internationaux et la plupart des grandes banques de Miami, d'Orlando, de Tampa et d'autres grandes villes de Floride.

Les principales cartes de crédit sont acceptées partout ; elles sont indispensables pour louer une voiture. Un surcoût de 2 $ environ est appliqué sur la plupart des retraits DAB effectués avec des cartes émises hors de Floride.

Pourboire

Le pourboire fait partie des quotidiens des Américains. Au restaurant, un service satisfaisant ou excellent se paie d'un pourboire de 15 à 25% de la note, moins dans les établissements informels. On laisse aux barmen 1 $ par boisson et aux serveurs de café un peu de monnaie dans un bocal. Dans un taxi ou chez le coiffeur, le pourboire est de 10 à 15%. On donne 1 $ par bagage aux porteurs dans les aéroports et les hôtels chics. Si vous passez plusieurs nuits dans un

hôtel, il est d'usage de laisser quelques dollars à l'équipe d'entretien.

Assurance

Tomber malade, avoir un accident de voiture ou se faire voler coûte très cher aux États-Unis. Assurez-vous d'être correctement couvert avant le départ. Concernant l'assurance des biens qui pourraient vous être volés dans votre voiture, vérifiez les clauses de votre propre assurance habitation, de votre loueur de voiture ou souscrivez une assurance voyage.

Bénévolat

La formule du bénévolat offre de belles occasions de faire connaissance avec la population locale et le pays, de manière plus approfondie que si vous vous contentiez d'un séjour touristique.

Volunteer Florida (www.volunteerflorida.org), principale organisation d'État, coordonne les centres de bénévoles de toute la Floride. Elle s'adresse aux résidents, mais les visiteurs pourront trouver des projets

qui conviendront à leurs intérêts et leurs dates de séjour.

Les parcs d'État de la Floride ne pourraient pas fonctionner sans bénévoles. Chaque parc coordonne ses propres bénévoles et reçoit le soutien d'une organisation "amie" fonctionnant uniquement grâce au bénévolat (officiellement, elles sont appelées Citizen Support Organizations). Le site des **Florida State Parks** (www.floridastateparks. org/getinvolved/volunteer. cfm) propose des liens et des contacts.

Enfin, **Habitat for Humanity** (☑305-634-3628 ; www.miamihabitat.org ; 3800 NW 22nd Ave, Miami), qui construit des maisons et aide les sans-abri, fait un travail herculéen en Floride.

Cartes et plans

Un bon atlas routier est nécessaire pour circuler en voiture. L'**IGN** (www.ign.fr) propose une carte détaillée de la Floride (1/800 000).

Parmi les cartes que vous trouverez sur place, celles éditées par **Rand McNally** (www.randmcnally.com) ou la **Delorme Mapping Company** (www.delorme.com) sont excellentes. Outre ces cartes vendues en librairie et dans les stations-service, vous pourrez vous procurer des cartes gratuites dans les bureaux d'informations touristiques.

Les sites du Rand McNally et de l'**AAA** (www.aaa.com) fournissent une aide à la navigation et des cartes à télécharger gratuitement, de même que **Google Maps** (maps.google.com).

Cartes de réduction

Il n'existe pas de cartes de réduction spécifiques à la Floride. Toutefois, la concurrence dans le

CONSEILS AUX VOYAGEURS

La plupart des gouvernements possèdent des sites Internet qui recensent les dangers possibles et les régions à éviter. Consultez notamment les sites suivants :

Ministère des Affaires étrangères français (www.diplomatie.gouv.fr)

Ministère des Affaires étrangères de Belgique (http://diplomatie.belgium.be)

Département fédéral des Affaires étrangères suisse (www.eda.admin.ch/eda/fr)

Ministère des Affaires étrangères du Canada (www.voyage.gc.ca)

tourisme étant acharnée, on obtient généralement des remises en faisant preuve de patience, de persévérance, et en se documentant de manière exhaustive.

Les membres de certaines associations ont droit à des réductions (environ 10%) dans de nombreux hôtels, musées et attractions. Ayez votre carte sur vous.

Étudiants toute carte d'étudiant donne droit à une réduction ; les étudiants étrangers auront intérêt à se procurer une **carte d'étudiant internationale** (ISIC ; www.isiccard.com).

Seniors cette catégorie commence à 65 ans, parfois à 60 ans. Il suffira de présenter une carte d'identité pour bénéficier de tarifs avantageux dans les musées et autres sites touristiques.

Désagréments et dangers

En matière de criminalité, il y a Miami et le reste de la Floride. En règle générale, Miami souffre des mêmes problèmes que les autres grandes villes américaines, mais elle n'est pas pire. Ailleurs, la Floride enregistre un taux de criminalité plus bas que le reste du pays. Cela dit, toute ville touristique attire comme un aimant

les voleurs à la tire et les cambrioleurs de voiture.

En cas d'urgence (police, ambulance, pompiers), appelez le 911. Le numéro est gratuit.

Ouragans

La saison des ouragans de Floride va de juin à novembre, avec un pic en septembre-octobre. Rares sont les tempêtes de l'Atlantique et du golfe du Mexique qui se transforment en ouragan, et plus rares encore sont celles qui touchent la Floride, mais leurs dégâts peuvent être immenses. Respectez toutes les alertes, tous les avertissements et ordre d'évacuation.

Les ouragans sont généralement repérés à l'avance et laissent le temps de se préparer. En cas de menace, écoutez la radio et la télévision. Pour plus de renseignements sur ces phénomènes et les mesures à prendre, contactez .

Florida Emergency Hotline (800-342-3557). Dernières informations en cas d'alerte.

Florida Division of Emergency Management (www.floridadisaster.org). Mesures à prendre en cas d'alerte.

National Weather Service (www.nws.gov). Prévisions météo.

Électricité

110 V/60 Hz

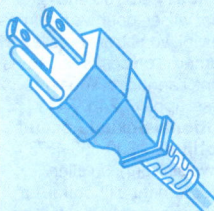

110 V/60 Hz

Femmes seules

Les femmes voyageant seules ou en groupe ne devraient rencontrer aucun problème particulier en Floride, même si elles sont plus susceptibles d'être sollicitées ou importunées. Le site **Journeywoman** (www.journeywoman.com)

permet aux femmes de partager des astuces de voyage et publie des liens utiles.

Ces deux groupes actifs dans tout le pays peuvent être d'un grand secours :

National Organization for Women (NOW ; ☎202-628-8669 ; www.now.org)

Planned Parenthood (☎800-230-7526 ; www.plannedparenthood.org). Le planning familial peut orienter les voyageuses vers des cliniques de tout le pays.

Il peut être utile d'avoir un sifflet ou un spray au poivre en cas d'attaque. Posséder et utiliser ces aérosols est autorisé par la loi en Floride, mais uniquement comme arme de défense. Les lois fédérales interdisent leur transport en avion.

En cas d'agression, vous pouvez appeler la **police** (☎911) ou une ligne spécialisée pour les victimes de viol. Vous trouverez les numéros de ces organismes dans l'annuaire. Vous pouvez aussi appeler 24h/24 la **National Sexual Assault Hotline** (☎800-656-4673 ; www.rainn.org), ou aller directement à l'hôpital. La police se montre parfois peu délicate envers les victimes d'agression, alors que les centres d'aide aux victimes de viol ou les hôpitaux les soutiennent et servent de lien avec les autres services et la police.

Handicapés

En raison du grand nombre d'habitants retraités en Floride, la plupart des bâtiments publics sont accessibles aux fauteuils roulants et disposent de salles d'attente adaptées. Les transports sont généralement accessibles à tous, et les opérateurs téléphoniques proposent les services de standardistes pour les malentendants. Quantité de banques possèdent des DAB avec des instructions en braille. Par ailleurs, les rampes d'accès sont courantes et, à de nombreuses intersections, des signaux sonores indiquent quand on peut traverser.

Le site de l'**Office du tourisme des États-Unis** (www.office-tourisme-usa.com) fournit des informations et des liens utiles pour préparer son voyage. Consultez la rubrique "Voyages pour personnes handicapées" dans la rubrique "Infos pratiques".

Pour les voyageurs handicapés se rendant à Miami, le site du **Greater Miami Convention & Visitors Bureau** (www.miamiandbeaches.com/visitors/accessible.asp) dresse la liste des plages et des centres sportifs facilement accessibles et propose des liens utiles pour les transports ou la location de fauteuils roulants.

Vous pouvez également consulter ces sites :

Access-Able Travel Source (www.access-able.com). Excellent site Internet avec de nombreux liens.

Flying Wheels Travel (☎507-451-5005 ; flyingwheelstravel.com). Une agence de voyages spécialisée dans les voyages pour handicapés.

Mobility International USA (www.miusa.org). Conseille les voyageurs handicapés sur les problèmes de mobilité et organise des programmes éducatifs.

Travelin' Talk Network (www.travelintalk.net). Géré par la même équipe que Access-Able Travel Source. Réseau mondial de prestataires de services.

En France, un certain nombre d'organismes sont spécialisés dans l'aide aux voyageurs handicapés :

APF (Association des paralysés de France ; ☎01 40 78 69 00, fax 01 45 89 40 57 ; www.apf.asso.fr ; 17 bd Auguste-Blanqui, 75013 Paris) peut vous fournir des informations sur les voyages accessibles.

Hébergement

Les tarifs indiqués dans ce guide correspondent aux chambres pour une personne (s), deux personnes (d), au tarif à la chambre (ch) s'il est identique pour une ou deux personnes, au prix d'une nuit en dortoir (dort), d'une suite (ste) ou d'un appartement (app).

Beaucoup d'établissements proposent certaines chambres au-dessus ou au-dessous de leur prix moyen et les tarifs peuvent fluctuer en fonction de la saison ou des jours fériés, surtout à Orlando et dans les villes balnéaires touristiques. Des conseils pour obtenir les meilleurs prix selon les destinations sont donnés tout au long de ce guide. Réserver tôt en haute saison pour les destinations très touristiques (comme les plages et les *resorts* d'Orlando) est parfois nécessaire. À l'inverse, se renseigner à la dernière minute, voire le jour même, permet parfois d'obtenir des remises surprenantes sur les chambres encore disponibles.

Auberges de jeunesse

Dans la plupart des auberges, les dortoirs ne sont pas mixtes et les sdb sont communes ; il arrive aussi que l'alcool soit interdit. La moitié environ des auberges de jeunesse de Floride sont affiliées à **Hostelling International USA** (HI-USA ; ☎301-495-1240, réservations 888-464-4872 ; www.hiusa.org). Il n'est pas nécessaire d'être membre pour passer la nuit sur place, mais le tarif est légèrement plus élevé. Il est possible de devenir membre HI par téléphone, en ligne ou dans la plupart des auberges de jeunesse. Depuis les États-Unis, il est possible de réserver une place dans de

BUDGET HÉBERGEMENT

Les catégories de prix ci-après s'entendent pour une chambre double standard en haute saison, à moins que les prix soient affichés en fonction de la distinction hiver/été ou haute saison/basse saison. Attention, selon la région, "saison haute" peut vouloir dire été ou hiver. Sauf mention contraire, le prix ne comprend pas le petit-déjeuner, la sdb est privative, et les hébergements sont ouverts toute l'année. Les prix ne prennent pas en compte les taxes, qui varient considérablement d'une ville à l'autre ; à vrai dire, les hôtels n'incluent presque jamais les taxes et charges diverses dans leurs tarifs et il faut donc toujours demander le *total rate with tax* (prix TTC). La Floride applique une taxe à l'achat de 6% à laquelle certaines localités ajoutent un pourcentage. Les États et les villes appliquent généralement une taxe sur les chambres d'hôtel qui peut augmenter la note de 10 à 12%.

$ moins de 100 $

$$ 100-200 $

$$$ plus de 200 $

nombreuses auberges HI via le **service de réservation gratuit**.

Les coordonnées des nombreuses auberges de jeunesse indépendantes de Floride, non affiliées à HI-USA, figurent sur www.hostels.com. La plupart proposent des tarifs et un confort comparables aux auberges HI, certaines sont même de meilleure qualité.

Bed & Breakfasts

Ces hébergements vont de la petite maison confortable avec sdb commune (pour les moins chers), à la maison historique de charme et autres opulentes demeures, avec mobilier d'époque et sdb particulières (pour les plus onéreux). Les établissements haut de gamme à prétention romantique n'accueillent pas toujours les enfants. Auberges et B&B exigent souvent une durée de séjour minimale de 2 ou 3 jours le week-end, ainsi qu'une réservation. Renseignez-vous toujours au préalable par téléphone sur la politique d'accueil de l'établissement

(notamment en ce qui concerne les enfants, les animaux de compagnie et le droit de fumer) et demandez si la sdb est commune ou individuelle. En effet, nombre de B&B d'entrée de gamme ont encore des sdb communes. Toutefois, tout établissement facturant plus de 100 $ la nuit devrait proposer une sdb privative. En règle générale, un B&B s'affichant comme tel sert un petit-déjeuner complet avec plats chauds pour 1 ou 2 personnes. Les établissements se désignant comme des auberges (*inns*) ne servent pas toujours le petit-déjeuner. Sachant que dans ce genre d'hébergement, le petit-déjeuner est justement l'un des meilleurs atouts, assurez-vous s'il est inclus ou non avant de réserver !

Camping

Trois types de terrains de camping sont disponibles : rudimentaire ou sans infrastructures (10 $/ nuitée), public ou alimenté en électricité (15 $ à 25 $) et privés (25 $ et plus). En

général, les campings de Floride sont assez sûrs. Si les terrains les plus simples ne jouissent d'aucun confort, la plupart des terrains publics disposent de toilettes et de l'eau potable. Il faut impérativement réserver sa place dans un camping d'État, par téléphone au ☎800-326-3521 ou sur www.reserveamerica.com.

Les campings privés s'adressent avant tout aux camping-cars (RV pour *recreational vehicles* ; mobile-homes), mais disposent aussi de quelques emplacements pour les tentes. Les équipements sont nombreux : piscine, blanchisserie, épicerie, bar… **Kampgrounds of America** (KOA ; www.koa.com) est un réseau national de campings privés ; leurs "Kamping Kabins" sont équipées de la clim et d'une cuisine.

Le camping sauvage (*free camping* ou *framping*) est une pratique de plus en plus courante, mais régulée. On peut légalement dormir dans sa voiture ou son camping-car, ou planter sa tente dans un lieu public, s'il a été répertorié par les autorités. Les sites peuvent être peu glamour (parkings de casinos) ou, au contraire, superbes (un terrain en bord de rivière). Pour savoir les endroits où la pratique est autorisée, rendez-vous sur www.freecampsites.net. Notez que vous pouvez avoir une amende si vous ne vous trouvez pas au bon endroit.

Hôtels

Nous avons essayé dans ce guide de mettre en valeur les hôtels indépendants, mais dans de nombreuses villes, les hôtels de chaîne offrent le meilleur rapport qualité/prix en termes de confort, d'emplacement et de tarifs. La fiabilité est le grand atout des hôtels de chaîne : on peut compter sur une propreté suffisante, une décoration quelconque mais supportable, une literie confortable et une

FORMALITÉS POUR LES VISITEURS ÉTRANGERS

Entrer aux États-Unis

Tout visiteur étranger doit posséder un passeport. Le visa touristique n'est obligatoire que pour les ressortissants de pays non inclus dans le Visa Waiver Program (voir ci-dessous).

Pour conduire ou louer une voiture, les visiteurs de pays non anglophones doivent se procurer un permis de conduire international dans leur pays d'origine.

En arrivant aux États-Unis, le visiteur doit se soumettre à la procédure US-Visit, qui comprend un relevé d'empreintes digitales et une photo numérique. Pour des renseignements, consultez le site du **Dept of Homeland Security** (www.dhs.gov/us-visit).

Visa Waiver Program

Un programme d'exemption de visa (Visa Waiver Program-VWP) permet aux ressortissants de 36 pays dont la Belgique, la France, le Luxembourg et la Suisse, de séjourner aux États-Unis sans visa, à condition de posséder un passeport sécurisé à lecture optique. Pour connaître les dernières dispositions, consultez le site du **Département américain de l'État** (travel.state.gov/visa). Les Français peuvent aussi regarder le **site de l'ambassade américaine** (french.france.usembassy.gov) ou les pages consacrées aux formalités sur le site francophone de l'office du tourisme américain (www.office-tourisme-usa.com/etape-de-preparation/formalites-dentree-aux-etats-unis-passeport-esta-visa).

Les ressortissants des pays concernés par le VWP doivent s'inscrire auprès du **Département de la sécurité intérieure des États-Unis** (esta.cbp.dhs.gov) jusqu'à trois jours avant leur arrivée (mais faites-le le plus tôt possible). Les frais de dossier reviennent à 14 $; une fois acceptée, l'inscription est valable deux ans ou jusqu'à la date d'expiration de votre passeport (la première de ces hypothèses prévalant).

Les Canadiens n'ont aucune formalité spécifique à effectuer ; ils doivent juste se munir d'un passeport valide pour séjourner jusqu'à 6 mois aux États-Unis.

Douanes

Le site de l'**US Customs & Border Protection** (www.cbp.gov) comprend une liste complète et à jour des règles douanières. Chaque visiteur peut apporter en duty free 1 l d'alcool (il faut avoir 21 ans minimum), 200 cigarettes (il faut avoir 18 ans minimum) et des cadeaux et achats d'une valeur totale de 100 $ maximum.

Ambassades et consulats

Pour trouver une ambassade des États-Unis à l'étranger, consultez le site du **US Department of State** (www.usembassy.gov). Les représentations suivantes sont toutes situées à Miami.

Consulat de Belgique (☏1 305 600 09 82 ; consulmiami@gmail.com ; 100 N. Biscayne Blvd, Suite 500)

Consulat du Canada (☏305-579-1600 ; can-am.gc.ca/miami/menu.aspx ; 200 S Biscayne Blvd, Suite 1600)

Consulat de France (☏305-403-4150 ; www.consulfrance-miami.org ; 1395 Brickell Ave, Suite 1050)

Consulat de Suisse (☏305 377 6700 ; The Four Ambassadors, 825 Brickell Bay Drive, Suite 1450)

douche de qualité. Clim, mini-frigo, micro-ondes, sèche-cheveux, coffre-fort, et, de plus en plus, TV à écran plat et Wi-Fi gratuit sont désormais la norme dans les chaînes de catégorie moyenne. La tendance récente, particulièrement à Miami et dans les stations balnéaires, est aux nouvelles enseignes originales du type **aloft** (www.starwoodhotels.com/alofthotels). Ces établissements détenus par des chaînes hôtelières ayant davantage pignon sur rue tentent de se faire une place dans la catégorie des boutique-hôtels.

Les hôtels haut de gamme de chaînes comme le Four Seasons et le Ritz-Carlton assurent une multitude de services grand luxe : concierges affiliés aux Clefs d'Or, voiturier, *room service*

24h/24, pressing, clubs de remise en forme et spas ultraluxueux. Tout cela se reflète bien sûr dans le prix des chambres. Si vous payez pour des prestations cinq-étoiles mais que l'établissement ne tient pas ses promesses, ne manquez pas d'en informer poliment la réception.

Les boutique-hôtels et enseignes originales sont légion à South Beach et Palm Beach, à Miami. Les grandes chaînes disposent de numéros de réservation gratuits, mais vous ferez peut-être plus d'économies en appelant directement l'hôtel de votre choix, en payant à l'avance sur le site Internet de l'hôtel, ou sur un site intermédiaire de réservation.

Attention : aux États-Unis, il est d'usage de laisser un pourboire dans les hôtels, quelle que soit la catégorie. Une somme entre 1 $ et 5 $ convient très bien pour le groom qui porte vos bagages et pour le chauffeur de la navette "gratuite" depuis/ vers l'aéroport. Certains laissent aussi un ou deux billets verts sur l'oreiller à l'intention des femmes de chambre. Inversement, si le service vous semble laisser à désirer, n'hésitez pas à garder vos dollars pour le bar.

Parmi les principales chaînes, citons :

Four Seasons (☎800-819-5053 ; www.fourseasons.com)

Hilton (☎800-445-8667 ; www.hilton.com)

Holiday Inn (☎888-465-4329 ; www.holidayinn.com)

Marriott (☎888-236-2427 ; www.marriott.com)

Radisson (☎888-201-1718 ; www.radisson.com)

Ritz-Carlton (☎800-542-8680 ; www.ritzcarlton.com)

Sheraton (☎800-325-3535 ; www.starwoodhotels.com/ sheraton)

Wyndham (☎877-999-3223 ; www.wyndham.com)

Motels

Les motels petits budgets et de catégorie moyenne restent majoritaires en Floride. Ils permettent de se garer au pied de sa chambre et sont souvent situés près des sorties d'autoroute ou le long des artères principales. Beaucoup sont restés indépendants et la qualité de l'offre est très variable. Certains sont bien meilleurs que l'extérieur ne le laisse présager : demandez à voir une chambre en cas de doute. Ils essaient souvent d'égaler le confort et la propreté des hôtels de chaîne petits budgets.

Les tarifs affichés peuvent être marchandés, mais la loi de l'offre et de la demande prime. Il suffit parfois de demander s'il y a des promotions pour obtenir une ristourne.

Parmi les chaînes de motels les plus courantes en Floride, citons :

Best Western (☎800-780-7234 ; www.bestwestern.com)

Choice Hotels (☎877-424-6423 ; www.choicehotels.com)

Motel 6 (☎800-466-8356 ; www.motel6.com)

Red Roof Inn (☎800-733-7663 ; www.redroof.com)

Super 8 (☎800-454-3213 ; www.super8.com)

Resorts

À l'instar de Disney World, les *resorts* de Floride proposent une offre complète au point de vous décourager d'en sortir. Équipements de fitness et de sport variés, piscines, spas, restaurants et bars font partie de l'offre. Beaucoup proposent aussi un service de baby-sitting. Certains appliquent une taxe "*resort*" – renseignez-vous.

Heures d'ouverture

Les heures d'ouverture standards sont les suivantes :

Banques 8h30-16h30 du lundi au jeudi, 8h30-17h30 le vendredi ; parfois le samedi, 9h-12h30.

Bars La plupart des bars de 17h à minuit ; jusqu'à 2h vendredi et samedi.

Bureaux 9h-17h, du lundi au vendredi.

Commerces 10h-18h, du lundi au samedi, 12h-17h le dimanche ; les centres commerciaux sont ouverts plus longtemps.

Postes 9h-17h, du lundi au vendredi ; parfois le samedi, 9h-12h.

Restaurants Petit-déjeuner 7h-10h30, du lundi au vendredi ; brunch 9h-14h samedi et dimanche ; déjeuner 11h30-14h30, du lundi au vendredi ; dîner 17h-21h30, plus tard vendredi et samedi.

Homosexualité

En Floride, l'homosexualité est perçue de diverses façons. Une grande tolérance est de mise dans les principales destinations touristiques, les villes et sur le bord de mer. Dans les zones rurales, ainsi que dans le sud et le nord de la Floride, il n'en va pas de même. Miami (p. 50) et South Beach (p. 54) sont aussi *gay friendly* qu'il est possible de l'être, avec d'importants festivals spécifiquement réservés aux communautés homosexuelles. Fort Lauderdale, West Palm Beach et Key West, où sont établies de longue date de dynamiques communautés homosexuelles, sont maintenant considérées comme des destinations parmi les plus "gays" au monde. La communauté et la scène homosexuelles sont également représentées à Orlando, Jacksonville, Pensacola, et, dans une bien moindre mesure, à Daytona Beach, Tampa et Sarasota.

Quelques bonnes sources d'information spécialisées :

Damron (https://damron. com). L'expert du voyage LGBT met à disposition une banque de données d'adresses spécialisées.

Publie aussi des guides très prisés, comme *Women's Traveller*, *Men's Travel Guide* et *Damron Accommodations*.

Gay Cities (www.gaycities. com). Le "gay" dans tous ses états dans les grandes villes des États-Unis et d'ailleurs.

Gay Yellow Network (www.glyp.com). Pages jaunes gays, incluant six villes de Floride.

Gayosphere (www. gayosphere.com). Le nouveau site Internet des créateurs de Fun Maps ; détaille tous les lieux gays coquins ou sympas des grandes villes de Floride et d'ailleurs.

Out Traveler (www. outtraveler.com). Magazine de voyage spécialisé.

Purple Roofs (www. purpleroofs.com). Recense les hébergements, les agences de voyages et les circuits gays.

Internet (accès)

Les États-Unis et la Floride sont câblés. Pratiquement tous les hôtels et de nombreux restaurants et services ont un accès haut débit. À quelques exceptions près, les chambres d'hôtel et de motel ont une connexion Wi-Fi, généralement gratuite, mais vérifiez tout de même le coût de la connexion.

Beaucoup de cafés, tous les McDonald's et les Starbucks offrent le Wi-Fi gratuit, et la plupart des grands lieux de transit ont des spots Wi-Fi. Les bibliothèques publiques proposent des ordinateurs avec accès gratuit à Internet, mais il faut parfois se procurer une carte de bibliothèque temporaire pour non-résident (10 $).

Pour connaître la liste des spots Wi-Fi (ainsi que des renseignements techniques et des infos sur l'accès), consultez **Wi-Fi Alliance** (www.wi-fi.org) et **Wi-Fi Free Spot** (www.wififreespot.com).

Jours fériés

Pour connaître les dates des fêtes et festivals, reportez-vous au chapitre *Mois par mois* (p. 23). Lors des jours fériés nationaux répertoriés ci-dessous, les banques, les écoles et les services de la fonction publique sont fermés. Transports publics, musées et autres services fonctionnent comme le dimanche et de nombreux magasins maintiennent leurs horaires habituels. Quand un jour férié tombe un dimanche, le lundi suivant est chômé.

Nouvel An 1er janvier

Martin Luther King Jr Day Troisième lundi de janvier

Presidents Day Troisième lundi de février

Pâques Mars ou avril

Memorial Day Dernier lundi de mai

Independence Day 4 juillet

Labor Day Premier lundi de septembre

Columbus Day Deuxième lundi d'octobre

Veterans Day 11 novembre

Thanksgiving Quatrième jeudi de novembre

Noël 25 décembre

Offices du tourisme

Les informations touristiques sur les États-Unis sont données via Internet ou par téléphone par le **Point d'information du Visit USA Committee/France** (☑0 899 70 24 70, 1,35 €/appel puis 0,34 €/min, 9h30-13h et 14h-17h30 lun-ven ; www. office-tourisme-usa.com). Le site Internet mentionne des liens vers divers offices du tourisme de Floride et fournit en français une multitude d'autres renseignements.

La plupart des villes de Floride entretiennent un Convention & Visitors Bureau qui fournit aux visiteurs des informations touristiques, quoique leur vocation première soit commerciale. Dans des localités plus modestes, ce sont les *Chambers of Commerce* qui assurent le rôle d'office du tourisme. Toutefois, les informations communiquées ne sont pas exhaustives. Les établissements les plus économiques ne figurent que rarement sur leurs listes d'hébergements qui recensent uniquement les commerces qui ont adhéré à leur charte.

Si vous souhaitez des informations sur la Floride avant le départ, consultez **Visit Florida** (www. visitflorida.com).

Photo

Les fournitures (pellicules photo et diapo, cartes-mémoire, piles) sont disponibles dans les drugstores, qui assurent aussi le développement à prix raisonnable (y compris le développement en 1 heure) et la gravure sur CD et DVD.

Ne placez pas de pellicule non développée dans vos bagages enregistrés (sans oublier celle qui est dans votre appareil) : les rayons X les voilent. Par précaution, sortez vos pellicules de vos bagages à main aux postes de contrôle des aéroports.

Pour photographier des inconnus, il suffit généralement de les remercier poliment (mais les artistes de rue apprécient un pourboire).

Pour des conseils professionnels, procurez-vous l'ouvrage *La Photo de voyage* de Richard l'Anson, publié par Lonely Planet.

Poste

Le **service postal américain** (USPS ; ☑800-275-8777 ; www.usps.com) est sûr et peu onéreux. Vous pouvez consulter les tarifs sur www.postcalc.usps.com.

On peut se faire adresser du courrier en poste restante ("c/o General Delivery") dans la plupart des grandes postes (il est conservé 30 jours) et beaucoup d'hôtels gardent le courrier de leurs futurs clients.

Problèmes juridiques

Si vous vous faites arrêter sur la route, sachez qu'il n'y a pas de dispositif permettant de régler sur-le-champ une contravention. Le fonctionnaire qui verbalise vous expliquera les procédures légales. Vous disposez généralement de 30 jours pour vous acquitter de l'amende, mais vous pouvez être déféré devant un magistrat pour un règlement immédiat.

En cas d'arrestation, vous avez le droit de garder le silence : vous n'êtes donc pas obligé de répondre à un officier de police si vous ne le voulez pas, mais ne tentez jamais de vous éloigner sans y avoir été autorisé. Toute personne arrêtée a le droit à un avocat et est autorisée à passer un appel téléphonique. Si vous n'avez ni avocat, ni ami, ni famille pour vous aider, appelez votre ambassade. La police vous donnera le numéro sur demande. La justice américaine postule que toute personne est innocente tant que la preuve de sa culpabilité n'est pas établie.

Alcool et conduite

Pour acheter de l'alcool, il faut présenter une pièce d'identité afin de prouver son âge (au moins 21 ans). Il est officiellement interdit de marcher dans la rue avec une bouteille d'alcool ouverte (même une bière). De même en voiture, la police étant en droit de considérer que vous étiez en train de boire au volant, même si la bouteille est dans les mains

d'un autre passager. Refuser un alcootest, une analyse d'urine ou une prise de sang équivaut à un test positif. Le délit de "conduite en état d'ivresse" (DUI, *driving under the influence*) est sévèrement puni et peut conduire à une peine de prison

Santé

En Floride comme dans tous les États-Unis, le niveau d'hygiène est élevé et le voyageur n'a pas à craindre particulièrement les maladies contagieuses. Aucun vaccin particulier n'est demandé et l'eau du robinet est sûre. Malgré l'intimidante faune locale, les coups de soleil et les piqûres de moustiques sont les principaux dangers à redouter. Songez aussi à souscrire une assurance adéquate en cas d'accident.

Morsures et piqûres

Méfiez-vous des bêtes suivantes :

Alligators et serpents Ils n'attaquent l'homme que si celui-ci les surprend ou les menace. Si vous en rencontrez un, il suffit de reculer calmement. Il y a plusieurs espèces de serpents venimeux en Floride. En cas de morsure, faites-vous soigner immédiatement.

Araignées Deux espèces venimeuses vivent en Floride : la veuve noire et l'araignée violoniste. Faites-vous soigner immédiatement en cas de morsure.

Méduses et raies Évitez de nager en leur présence (signalée par les maîtres nageurs sauveteurs). Soignez immédiatement les piqûres ; elles sont douloureuses mais sans danger.

Ours et félins La Floride abrite une petite population d'ours noirs et de félins prédateurs comme le lynx et la panthère de Floride : l'une des espèces les plus rares et les plus menacées de la planète. De

manière générale, ces animaux sont extrêmement difficiles à apercevoir et vivent dans des contrées sauvages reculées. Si vous avez la chance (ou la malchance) d'en croiser un dans la nature, gardez votre calme, ne faites rien qui effraie l'animal et n'hésitez pas à faire un peu de bruit (en parlant, en agitant des clés) de sorte à ce qu'il soit averti de votre présence.

Soins médicaux

Comme le reste du pays, la Floride est très bien équipée en matière d'hôpitaux. En général, en cas de problème médical sérieux, mieux vaut se rendre au service des urgences de l'hôpital le plus proche. Si vous ne souffrez ni de maux ni de blessures graves, appelez l'hôpital le plus proche ou le consulat et faites-vous recommander un médecin local : cela vous reviendra moins cher qu'une consultation aux urgences, car si leur accès est facile, leur coût est exorbitant.

Les pharmacies (appelées drugstores) sont bien garnies, mais certains médicaments en vente libre dans d'autres pays ne sont délivrés que sur ordonnance aux États-Unis. Éventuellement, ayez une lettre signée et datée de votre médecin décrivant vos problèmes de santé et vos médicaments (avec leur nom générique). Si vous n'avez pas d'assurance adéquate, ces médicaments peuvent coûter très cher.

Assurance santé

Si le système de santé américain est excellent, il est aussi l'un des plus chers du monde. En cas d'accident ou de problème médical sérieux, l'absence de police d'assurance peut vous mettre dans une situation très délicate. Avant de souscrire une police d'assurance, vérifiez bien que vous ne bénéficiez pas déjà d'une assistance par votre carte de crédit, votre mutuelle ou votre assurance automobile.

Les citoyens de certaines provinces canadiennes peuvent bénéficier jusqu'à un certain point d'accords de réciprocité des soins avec les États-Unis : renseignez-vous auprès des autorités de santé dont vous dépendez avant le départ. Ceux de tous les autres pays ne voyageront pas aux États-Unis sans assurance santé adéquate. Vous pouvez contracter une assurance qui réglera les hôpitaux et les médecins, vous évitant ainsi d'avancer des sommes qui ne vous seront remboursées qu'à votre retour.

Les accidents et autres maladies imprévues arrivent, et les récits de vacances transformées an cauchemar du fait des factures exorbitantes des hôpitaux pour des maux apparemment bénins ne sont pas rares. Plus sérieusement, le prix des soins hospitaliers en cas d'accident de voiture, de chute ou d'urgence médicale grave peut s'élever à des dizaines de milliers de dollars. Il faut donc souscrire une police d'assurance couvrant les dépenses de santé à hauteur d'au moins un million de dollars. Il existe aussi des garanties très haut de gamme proposant une couverture illimitée, mais en principe, elles ne sont pas nécessaires. On est parfois surpris de constater à quel point une bonne assurance peut être bon marché.

Apportez les médicaments dont vous pourriez avoir besoin dans leur emballage d'origine, clairement étiquetés, et avec leur ordonnance correspondante (faites indiquer par votre médecin leur nom générique).

Maladies infectieuses

Certaines maladies infectieuses sont peu ou pas répandues en dehors de l'Amérique du Nord. La plupart sont transmises par les moustiques ou les tiques.

Giardiase Cette diarrhée provoquée par un parasite de l'intestin grêle se contracte généralement en ingérant de l'eau souillée par des excréments. Ne buvez pas d'eau non traitée dans une rivière, un lac ou un étang. Cette maladie se soigne facilement grâce aux antibiotiques.

Maladie de Lyme Plus courante dans le nord-est des États-Unis, la maladie de Lyme est aussi présente en Floride. Transmise par les tiques des cervidés porteurs, elle se reconnaît à une rougeur à l'endroit de la morsure et à des symptômes grippaux. Prenez rapidement des antibiotiques. L'infection peut être évitée si les tiques sont retirées dans les 36 heures.

Rage Bien que rare, le virus de la rage peut être transmis par la morsure d'un animal infecté ; les morsures de chauves-souris, animal très répandu, ne se décèlent pas toujours. En cas de morsure d'animal, consultez un médecin, la rage étant mortelle si elle n'est pas traitée.

Virus du Nil occidental Extrêmement rare en Floride, ce virus est transmis par les moustiques. La plupart des cas sont sans gravité, mais des symptômes graves et même des décès peuvent se produire. Il n'existe pas de traitement. Consultez la carte épidémiologique de cette maladie sur le site du **US Geological Survey** (diseasemaps.usgs.gov).

VIH/SIDA Les infections à VIH et les maladies sexuellement transmissibles sont présentes aux États-Unis. On note d'ailleurs une recrudescence des cas de syphilis. Il faut donc avoir des rapports protégés pour s'en prémunir.

Sites utiles

Vous pouvez consulter le site gouvernemental de votre pays dédié à la santé en voyage. Les conseils de santé aux voyageurs sont pléthoriques sur le Net.

Parmi les bonnes sources d'information, citons :

MD Travel Health (www. mdtravelhealth.com). Conseils exhaustifs, actualisés et gratuits sur la santé en voyage dans tous les pays.

Organisation mondiale de la santé (www.who.int/ith/fr/). Livre *Voyages internationaux et santé* disponible gratuitement en ligne.

Téléphone

Pour appeler les États-Unis depuis l'étranger, composez le ☎00, suivi du ☎1 (uniquement le ☎1 depuis le Canada).

Pour appeler l'étranger depuis les États-Unis, composez le code d'accès international ☎011, puis le code du pays (33 pour la France, 32 pour la Belgique et 41 pour la Suisse) suivi du numéro (sans le 0 initial). Pour appeler en France, faites le ☎0011-33 puis les neuf derniers chiffres du numéro de votre correspondant. Pour avoir l'assistance d'un opérateur international, appelez le ☎0. L'opérateur vous fournira des informations sur les tarifs et vous indiquera les périodes les moins chères pour appeler.

Tous les numéros américains comptent dix chiffres ; les trois premiers correspondant à la zone d'appel (il n'est normalement pas nécessaire de les composer lorsqu'on appelle à l'intérieur d'une même zone). Composez le "1" avant les appels non surtaxés (☎800, 888 etc.) et les appels longue distance aux États-Unis. Certains numéros non surtaxés ne fonctionnent qu'aux États-Unis. Pour les renseignements téléphoniques locaux, composez le ☎411.

Présents dans les grandes villes, les téléphones publics se raréfient. Un appel local coûte 50 ¢. On trouve des cartes prépayées dans les épiceries, les supermarchés et les drugstores.

La majeure partie du réseau téléphonique mobile américain est incompatible avec la norme GSM 900/1800 en vigueur en Europe et en Asie. Demandez à votre opérateur si vous pourrez utiliser votre appareil aux États-Unis. Le réseau Verizon offre la plus vaste couverture mais AT&T, Sprint et T-Mobile sont corrects. La couverture est moins bonne dans les Everglades et certaines zones rurales du nord de la Floride.

Travailler en Floride

On trouve facilement des emplois saisonniers dans les villes balnéaires touristiques et les parcs à thème, mais ils sont mal rémunérés.

Il est formellement interdit aux étrangers entrés aux États-Unis avec un visa standard de non-immigrant d'occuper un emploi rémunéré dans le pays. Les personnes prises à travailler illégalement sont expulsées. En outre, les employeurs sont tenus de prouver la bonne foi de leurs employés. La Floride connaissant un nombre important de travailleurs étrangers en situation irrégulière, les officiers de l'immigration sont particulièrement vigilants.

Pour travailler légalement, les étrangers doivent demander un visa de travail avant leur départ. En dehors des jobs d'étudiant, il faut pour obtenir un emploi, provisoire ou non, être parrainé par un employeur américain, qui doit vous procurer un visa de catégorie H. Ces visas ne sont pas faciles à obtenir.

Les étudiants participant à un programme d'échange doivent se procurer un visa J1, que les organismes ci-après les aideront à obtenir :

American Institute for Foreign Study (AIFS ; ☎866-906-2437 ; www.aifs.com)

BUNAC (☎203-264-0901 ; www.bunac.org). British Universities North American Club.

Camp America (☎800-727-8233 ; www.campamerica.aifs.com)

Council on International Educational Exchange (CIEE ; ☎800-407-8839 ; www.ciee.org)

InterExchange (☎212-924-0446 ; www.interexchange.org). Campements et programmes "au pair".

Transports

DEPUIS/VERS LA FLORIDE

Si les visiteurs européens arrivent en Floride par avion, les ressortissants du Canada ont pour options supplémentaires la voiture, le bus ou le train. Miami, Fort Lauderdale, Orlando, Tampa et Jacksonville sont quatre des principaux "carrefours" de Floride.

Entrer aux États-Unis

Les voyageurs qui arrivent en Floride depuis l'étranger doivent remplir les formalités douanières dans le premier aéroport dans lequel ils atterrissent. Il se peut que les bagages soient alors inspectés. La **Transportation Security Administration** (TSA ; www.tsa.gov) tient à jour une liste (qui ne cesse de changer) d'objets interdits aux contrôles de sécurité.

AVERTISSEMENT

Les informations contenues dans ce chapitre sont particulièrement susceptibles de changements. Vérifiez directement auprès de la compagnie aérienne ou de l'agence de voyages les modalités d'utilisation de votre billet d'avion. N'hésitez pas à comparer les prestations. Les détails fournis ici doivent être considérés à titre indicatif et ne remplacent en rien une recherche personnelle attentive.

Pour plus d'informations, voir le *Carnet pratique*, p. 540.

Formalités et visas
Reportez-vous p. 540 pour les informations concernant les formalités d'entrée sur le territoire.

Voie aérienne

Aéroports et compagnies aériennes
La Floride est très bien desservie, que vous arriviez directement par un vol international ou par un vol intérieur. Un certain nombre de compagnies nationales et étrangères assurent des liaisons vers la Floride.

Principaux aéroports internationaux :

Orlando International Airport (MCO ; ☑407-825-2001 ; www.orlandoairports.net ; 1 Jeff Fuqua Blvd). L'aéroport le plus fréquenté de Floride. Dessert Disney World, la "côte de l'espace" et la région d'Orlando.

Miami International Airport (MIA ; ☑305-876-7000 ; www.miami-airport.com ; 2100 NW 42nd Ave). L'un des principaux aéroports internationaux de Floride. Il dessert Miami, les Everglades, l'archipel des Keys, et sert de plate-forme à American, Delta et US Airways.

Fort Lauderdale-Hollywood International Airport (FLL ; ☑866-435-9355 ; www.broward.org/airport ; 320 Terminal Dr). Dessert la ville de Fort Lauderdale et le comté de Broward. Il est situé à 50 km environ au nord de Miami et constitue souvent une alternative bon marché à Miami ou une solution de repli lorsque les vols pour Miami sont complets.

Tampa International Airport (TPA ; ☑813-870-8700 ; www.tampaairport.com ; 4100 George J Bean Pkwy). Le troisième aéroport de Floride en termes de fréquentation se trouve à 10 km au sud-ouest du centre-ville de Tampa. Il dessert la baie de Tampa et le secteur de St Petersburg.

Parmi les autres aéroports, citons ceux de Daytona Beach (DAB) et de Jacksonville (JAX), qui reçoivent de plus en plus de trafic.

La plupart des villes de l'État possèdent un aéroport et sont liées par avion à d'autres villes américaines. C'est le cas de Palm Beach (PBI ; en fait à West Palm Beach), Sarasota

(SRQ), Tallahassee (TLH), Gainesville (GNV), Fort Myers (RSW), Pensacola (PNS) et Key West (EYW).

Billets

Les tarifs des billets d'avions varient énormément selon l'aéroport de destination et la saison. Comme toujours, les prix les plus avantageux s'obtiennent hors périodes scolaires, en fouinant, en réservant à l'avance – trois ou quatre semaines au moins – et en n'étant pas trop exigeant sur les horaires. Les vols en semaine sont souvent plus intéressants.

Depuis/vers la France

Plusieurs compagnies européennes et nord-américaines proposent des vols directs depuis Paris vers Miami. Les prix s'envolent très vite : selon la période, comptez un minimum de 470 à 900 € (XL Airways et American Airlines proposent souvent les tarifs les plus bas). La durée de vol depuis Paris est d'environ 9 heures 30 pour un vol direct et de 12 à 13 heures pour un vol avec 1 escale.

Pour atterrir à Tampa ou à Orlando depuis Paris, il vous faudra forcément faire une escale. Les tarifs s'échelonnent de 500 à 1 200 € selon la période de l'année.

Les transporteurs suivants sont susceptibles d'obtenir des vols secs intéressants (pour une liste des comparateurs de vols, voir l'encadré ci-contre) :

Air Canada (www.aircanada.com)

Air France (www.airfrance.fr)

American Airlines (www.americanairlines.fr)

Delta Air Lines (www.delta.com)

United Airlines (www.united.fr)

XL Airways (www.xl.com)

Les Voyagistes ci-dessous peuvent être utiles pour l'oganisation d'un voyage en Floride. Reportez-vous aussi à la rubrique Voyages organizes p. 549.

Les Connaisseurs du voyage (☏01 53 95 27 00 ; www.connaisseursvoyage.fr ; 10 rue Beaugrenelle, 75015 Paris)

Nouvelles Frontières (☏0825 000 747, 0,15 €/min ; www.nouvelles-frontieres.fr). Nombreuses agences partout en France.

Thomas Cook (☏0 826 826 777, 0,15 €/min ; www.thomascook.fr ; 38 av. de l'Opéra, 75001 Paris)

Depuis/vers la Belgique

Il n'existe pas de vols directs vers la Floride depuis la Belgique. Toutefois, de nombreuses compagnies citées ci-dessus proposent des vols avec escale(s). Pour un aller-retour Bruxelles-Miami ou Orlando en basse saison, il vous faudra débourser au minimum

AGENCES EN LIGNE

Vous pouvez réserver votre vol via une agence en ligne ou vous renseigner auprès d'un comparateur de vols :

➜ www.bourse-des-vols.com
➜ www.ebookers.fr
➜ www.expedia.fr
➜ www.govoyages.com
➜ www.illicotravel.com
➜ www.kayak.fr
➜ www.opodo.fr
➜ www.skyscanner.fr
➜ voyages.kelkoo.fr
➜ www.voyages-sncf.com

450 €, contre 800 € au moins en haute saison.

Quelques adresses utiles :

Airstop (☏070 23 31 88 ; www.airstop.be ; rue du Fossé-aux-Loups 28, Bruxelles 1000)

Connections (☏070/23 33 13 ; www.connections.be). Bruxelles (☏02/647 06 05 ; av. Adolphe-Buyllan 78, 1050 Ixelles) ; Gand (☏09/223 90 20 ; Nederkouter 120, 9000 Gand) ; Liège (☏04/223 03 75 ; rue Sœurs-de-Hasque 7, 4000 Liège).

VOYAGES ET CHANGEMENT CLIMATIQUE

Tous les moyens de transport fonctionnant à l'énergie fossile génèrent du CO_2 – la principale cause du changement climatique induit par l'homme. L'industrie du voyage est aujourd'hui dépendante des avions. Si ceux-ci ne consomment pas nécessairement plus de carburant par kilomètre et par personne que la plupart des voitures, ils parcourent en revanche des distances bien plus grandes et relâchent quantité de particules et de gaz à effet de serre dans les couches supérieures de l'atmosphère. De nombreux sites Internet utilisent des "compteurs de carbone" permettant aux voyageurs de compenser le niveau des gaz à effet de serre dont ils sont responsables par une contribution financière à des projets respecteux de l'environnement. Lonely Planet "compense" les émissions de tout son personnel et de ses auteurs.

TARIFS DES BUS

Quelques tarifs aller-retour et temps de trajet aller en Floride :

DESTINATION	TARIF (ACHAT À L'AVANCE/ TARIF NORMAL)	DURÉE	FRÉQUENCE (PAR JOUR)
Atlanta	82/148 $	16-18 heures	4-6
Nouvelle-Orléans	139/154 $	23-24 heures	3-4
New York	166/184 $	33-35 heures	4-6
Washington	154/178 $	27-29 heures	4-6

Éole (☎02/227 57 80 ; chaussée de Haecht 35/43, Saint-Josse-Ten-Noode 1210)

Depuis/vers la Suisse

Des vols avec une ou deux escales sont proposés au départ de Genève et de Zurich à destination de Miami et d'Orlando (entre 630 CHF et 1 160 CHF selon la période). Swiss et United Airlines proposent des vols directs vers Miami depuis Zurich à des tarifs oscillant entre 750 CHF et 1 200 CHF selon la saison.

Quelques adresses utiles :

Swiss (www.swiss.com)

United Airlines (www. unitedairlines.be)

STA Travel (☎0900 450 402, 0,69 CHF/min ; www.statravel.ch). Nombreuses agences dans toute la Suisse.

Depuis/vers le Canada

La compagnie nationale Air Canada et American Airlines opèrent quotidiennement des vols directs de Montréal ou Toronto vers Miami, pour un coût moyen de 750 $. En hiver, un billet aller-retour peut toutefois revenir à moins de 400 $. US Airways propose également des vols avec escale pour des tarifs souvent très compétitifs.

Il revient beaucoup moins cher de voyager par la route jusqu'à la première ville américaine, puis de prendre un vol intérieur.

Quelques agences et transporteurs intéressants :

Air Canada (www.aircanada.com)

American Airlines (www.aa.com)

Travel Cuts (☎866-246-9762 ; www.travelcuts.com ; université de Montréal, 5150 Ave Decelles, Montréal, PQ H3T 1V4). L'agence de voyages nationale des étudiants canadiens.

Travelocity (☎877 457 8010 ; www.travelocity.ca)

Voie terrestre

Bus

Greyhound (☎800-231-2222 ; www.greyhound.com) est la principale compagnie de bus longs courriers aux États-Unis. Elle dessert la Floride à partir des villes principales des États-Unis et est la seule à proposer un service régulier dans toute la Floride. Pour plus de renseignements, consultez la rubrique *Comment Circuler* (ci-contre).

Greyhound Canada (☎800-661-8747 ; www.greyhound.ca) permet de rallier Miami en bus depuis les principales villes du Canada. Il faut compter 37 heures pour faire le voyage depuis Montréal, 64 heures depuis Toronto et 96 heures pour parcourir les 5 300 km entre Vancouver et la Floride.

Les trajets longue distance sont parfois plus onéreux que les billets d'avion à tarif réduit. Sur des distances plus courtes, la location d'un véhicule peut être plus avantageuse. On peut obtenir des remises (jusqu'à 50%) sur les trajets longue distance en achetant son billet en ligne 1 à 2 semaines à l'avance. Une fois en Floride, il faut louer une voiture pour circuler. Renseignez-vous sur les forfaits de plusieurs jours.

Train

Si vous arrivez par la côte est, Amtrak (☎800-872-7245 ; www.amtrak.com) constitue un moyen certes très lent, mais confortable et abordable de se rendre en Floride. Le Silver Service d'Amtrak (qui inclut les trains Silver Meteor et Silver Star) relie New York à Miami, avec arrêts à Jacksonville, Orlando, Tampa, West Palm Beach et Fort Lauderdale, ainsi que plusieurs autres petites villes de Floride.

Il n'y a malheureusement plus de service direct pour la

TARIFS DES TRAINS

Quelques allers simples (basse saison/haute saison) et temps de trajet entre New York et la Floride :

DÉPART	ARRIVÉE	TARIF	DURÉE
New York	Jacksonville	172-291 $	18-20 heures
New York	Miami	185-314 $	28-31 heures
New York	Orlando	175-297 $	22-23 heures
New York	Tampa	176-299 $	26 heures

TRAJETS EN VOITURE

Quelques distances et temps de trajets entre Miami et d'autres grandes villes :

VILLE	DISTANCE (MILES/KM)	DURÉE
Atlanta	660/1 060	10 heures 30
Chicago	1 380/2 220	23 heures
Los Angeles	2 750/4 425	44 heures
New York	1 280/2 060	22 heures
Washington	1 050/1 690	17 heures

Floride depuis Los Angeles, La Nouvelle-Orléans, Chicago ou le Midwest. Il faut aller chercher la correspondance avec les lignes Silver Service, ce qui allonge le trajet d'une journée ou presque.

Les enfants et les seniors bénéficient de réductions. Voir exemples de tarif ci-contre.

Voiture et moto

Si vous arrivez du Canada en voiture, n'oubliez pas les papiers d'immatriculation du véhicule, une attestation d'assurance et votre permis de conduire. Il est très courant d'intégrer la Floride à un périple plus vaste aux États-Unis et disposer d'une voiture est bien souvent une nécessité dans cet État. Les distances à parcourir sont importantes et certains des sites et des parcs nationaux les plus intéressants ne sont accessibles qu'en voiture.

Voie maritime

La Floride est presque entièrement entourée par l'océan et c'est l'un des hauts lieux de la plaisance mondiale. Pour plus de détails sur les croisières voir *Croisières* p. 551. Fort Lauderdale est le plus grand port transatlantique des États-Unis. Les personnes ayant le goût du large pourront être tentées de se faire engager à bord d'un yacht.

VOYAGES ORGANISÉS

Vous trouverez ici une liste de voyagistes offrant des prestations intéressantes pour des circuits en Floride. N'hésitez pas à comparer leurs prix avant de faire votre choix. Examinez également les offres des voyagistes mentionnés dans la rubrique *Voie aérienne*, ainsi que celles des agences en ligne de l'encadré p. 547.

Circuits

Un circuit type en Floride commence et/ou se termine à Miami, prévoit la visite des parcs à thème d'Orlando, du centre spatial de cap Canaveral, un passage à Key West et au moins une rencontre avec les alligators des Everglades. Il faut compter environ entre 2 000 et 2 500 € pour un circuit accompagné de 9 à 12 jours (nuits en pension complète). Pour 1 000 à 1 600 €, des offres commerciales visent les familles désireuses de cibler leur semaine de voyage autour de Miami et des parcs d'attractions d'Orlando. D'autres circuits permettent de découvrir tranquillement en voiture tous les aspects de la Floride (de 1 500 € à 2 500 € par personne ; vol Paris-Miami, location de voiture et hôtels inclus). Ces séjours avec des variantes se retrouvent notamment chez les opérateurs suivants.

Comptoir des voyages (☎0892 239 339, 0,34 €/min, fax 01 53 10 21 51 ; www.comptoir.fr ; 2 au 18 rue Saint-Victor, 75005 Paris, autres agences à Lyon, Toulouse et Marseille). Plusieurs circuits sur Miami et le reste de la Floride.

Jet-Set Voyages (☎01 53 67 13 00, fax 01 53 67 13 29 ; www.jetset-voyages.fr ; 41-45 rue Galilée, 75116 Paris). Deux circuits à la carte et de nombreuses propositions pour un séjour sur mesure.

La Maison des États-Unis (☎01 53 63 13 43, fax 01 42 84 23 28 ; www.maisondesetatsunis.com ; 3 rue Cassette, 75006 Paris). Des circuits organisés en groupe ou individuels à la carte, des autotours en véhicule de location et des voyages sur mesure.

USA Travel (☎02 734 97 00 ; www.usatravel.be ; boulevard Louis-Schmidt 75, 1040 Bruxelles). Ce spécialiste belge du voyage aux États-Unis propose des circuits "Fly and drive" à la carte et de nombreuses prestations pour organiser son séjour sur mesure.

Vacances fabuleuses (☎0820 300 382, 0,12 €/min ; www.vacancesfabuleuses.fr ; 36 rue de Saint-Pétersbourg, 75008 Paris). Ce spécialiste des USA fait partie du groupe Kuoni et propose trois circuits accompagnés.

Voyageurs du Monde (☎0 892 23 56 56, 0,34 €/min ; www.voyageursdumonde.fr ; 55 rue Sainte-Anne, 75002 Paris). Plusieurs circuits axés "famille".

COMMENT CIRCULER

Le moyen le plus adapté pour se déplacer en Floride reste la voiture, qui vous permettra en outre de rejoindre des endroits non desservis par les transports publics.

Avion

L'avion est pratique lorsqu'on dispose de peu de temps, mais nécessite un budget plus important que la location d'une voiture. Des problèmes financiers récurrents ont conduit de grandes compagnies à fusionner ces dernières années : Midwest avec Frontier, AirTran (basé à Orlando) avec Southwest, et Continental avec United. La fusion en 2014 entre American Airlines et US Airways a donné naissance à la plus importante compagnie aérienne au monde.

Il en résulte généralement des suppressions d'itinéraires, des vols moins nombreux, des avions plus pleins, moins d'aménités, plus de taxes et des tarifs plus élevés. Les mesures de sécurité dans les aéroports ayant tendance à s'étoffer, prévoyez aussi plus de temps.

Les vols entre les quatre principaux aéroports de Floride – Fort Lauderdale, Miami, Orlando et Tampa – sont fréquents et directs. Le service vers des destinations moins importantes comme Key West, Fort Myers, Pensacola, Jacksonville, Tallahassee et West Palm Beach est parfois moins fréquent, moins direct ou plus coûteux.

Compagnies aériennes

Ces compagnes intérieures opèrent en Floride :

American (AA ; ☎800-433-7300 ; www.aa.com). Dessert de Miami ; liaisons vers et entre les principales villes de la Floride.

Cape Air (9K ; www.flycapeair.com). Commode entre Fort Myers et Key West.

Delta (DL ; ☎800-455-2720 ; www.delta.com). Liaisons internationales avec les principales villes de Floride, vols de Miami vers Orlando et Tampa International.

Frontier (F9 ; ☎800-432-1359 ; www.frontierairlines.com). Vols pour Tampa, Orlando et Fort Lauderdale au départ de Denver, Minneapolis et le Midwest.

JetBlue (JB ; ☎800-538-2583 ; www.jetblue.com). Dessert d'Orlando, Fort Myers et de villes moins importantes de Floride depuis les côtes est et ouest.

Southwest (WN ; ☎800-435-9792 ; www.southwest.com). Grande compagnie petits budgets. Transport gratuit des bagages et, parfois, tarifs très avantageux.

Spirit (NK ; ☎801-401-2220 ; www.spiritair.com). Compagnie *low cost* basée en Floride desservant cet État depuis la côte est, les Caraïbes, l'Amérique centrale et l'Amérique du Sud.

United (UA ; ☎800-824-6400 ; www.united.com). Vols internationaux pour Orlando et Miami, vols domestiques pour et entre les principales villes de Floride.

Abonnements aériens

Si vous prévoyez de prendre souvent l'avion à l'intérieur et à l'extérieur de la Floride, vous pouvez envisager l'achat d'un abonnement (*air pass*). Ces cartes réservées aux ressortissants étrangers s'achètent avec un billet pour l'étranger.

Les conditions et la tarification sont parfois compliquées, mais toutes les cartes comprennent un certain nombre de vols domestiques (de 3 à 10) à effectuer dans les 30 à 60 jours. La plupart obligent à définir son itinéraire à l'avance, mais les dates (et même les destinations) peuvent parfois rester *open*. Parlez-en avec une agence de voyages afin de déterminer si un abonnement est avantageux dans votre cas.

Les deux principaux groupements aériens proposant ces abonnements sont **Star Alliance** (www.

staralliance.com) et **One World** (www.oneworld.com).

Vélo

Le tourisme à vélo est très prisé dans la région. L'absence de relief et la beauté de la côte offrent de belles balades. Pédalez plutôt en hiver ou au printemps, l'été chaud et moite ne se prêtant pas aux longs trajets à bicyclette.

Certaines associations cyclotouristes de Floride organisent des circuits. On peut facilement louer des vélos dans tout l'État.

Quelques précisions :

Port du casque Le casque est obligatoire pour les cyclistes de 16 ans et moins. Il est recommandé aux adultes.

Code de la route Les cyclistes doivent respecter le code de la route et rouler à droite avec les autres véhicules, pas sur les trottoirs.

Apporter son vélo en Floride Les vélos font partie des bagages enregistrés. Ils doivent souvent être emballés et leur transport peut être onéreux (plus de 200 $).

Vol Munissez-vous d'un solide antivol (en U). Les vols sont courants, surtout à Miami Beach.

Pour plus de renseignements ou une assistance, consultez les organismes suivants :

Better World Club (☎866-238-1137 ; www.betterworldclub.com). Propose un programme d'assistance routière aux cyclistes.

International Bicycle Fund (www.ibike.org). Information complète sur le transport aérien des vélos et nombreux conseils.

League of American Bicyclists (www.bikeleague.org). Conseils, listes des clubs cyclotouristes et des réparateurs.

Bateau

La Floride est un centre important pour deux types

de transports maritimes : les yachts de luxe et les bateaux de croisière.

Dans toutes les villes côtières, il y a toujours au moins un bateau proposant une visite du port et du littoral. Cela vaut généralement vraiment la peine. Des bateaux-taxi desservant les canaux existent à Fort Lauderdale et dans le golfe, autour de Sanibel Island et Pine Island.

Croisières

La Floride est la destination et le point de départ de croisières très variées. Miami se vante d'être "la capitale mondiale de la croisière". Disney World a sa propre **Disney Cruise Line** (☎800-951-3532 ; www. disneycruise.disney.go.com), qui propose des croisières de 3 à 7 nuits dans les Caraïbes, notamment jusqu'à Castaway Cay, l'île privée de Disney.

Offres spéciales sur des croisières de plusieurs jours :

Cruise.com
(www.cruise.com)

CruiseWeb
(www.cruiseweb.com)

Vacations to Go
(www.vacationstogo.com)

CruisesOnly
(www.cruisesonly.com)

principaux ports de Floride

Port Canaveral
(www.portcanaveral.com). Sérieux concurrent du port de Miami, sur la côte atlantique, près du Kennedy Space Center.

Port Everglades
(www.porteverglades.net). Troisième port de Floride, près de Fort Lauderdale.

Port of Miami (☎305-347-4800 ; www.miami dade.gov/portofmiami). Le plus grand port de croisière du monde. Les destinations les plus courantes sont les Bahamas, les Caraïbes, Key West et le Mexique.

Port of Tampa (www. tampaport.com). Sur le golfe du Mexique, un port qui monte en puissance.

Principales compagnies de croisière

Carnival Cruise Lines
(☎800-764-7419 ; www. carnival.com)

Norwegian Cruise Line
(☎866-234-7350 ; www.ncl. com)

Royal Caribbean (☎866-562-7625 ; www.royalcaribbean. com)

Bus

Greyhound (☎800-231-2222 ; www.greyhound.com), est la seule compagnie de bus à desservir tout l'État de Floride. Elle relie toutes les grandes et moyennes villes, mais pas toujours les petites (même des stations balnéaires fréquentées). Les bus gérés par la région ou les municipalités couvrent mieux le territoire qui leur correspond. Combinés, ces différents réseaux rendent quasiment tous les déplacements en bus possibles, mais ils peuvent être longs.

Les tarifs Greyhound sont toujours moins élevés en semaine que le week-end. Les enfants paient généralement demi-tarif.

Voiture et moto

La voiture est de loin le moyen de transport le plus commode pour visiter la Floride. On peut s'en passer si on se limite à une destination – Miami, les parcs thématiques d'Orlando ou une station balnéaire où l'on trouve de tout – mais les transports publics ne sont pas pratiques pour visiter un tant soit peu la région. Même dans des petites villes touristiques comme Naples, Sarasota ou St Augustine, circuler sans voiture peut devenir rapidement énervant. La moto est aussi très utilisée en Floride, où les routes sont plates et les températures agréables (à éviter pendant les pluies d'été).

Automobile-clubs

L'**American Automobile Association** (AAA ; ☎800-874-7532 ; www.aaa.com) a des accords réciproques avec plusieurs automobiles-clubs internationaux (renseignez-

TARIF DES BUS GREYHOUND

Quelques tarifs aller-retour et temps de trajet

DE	À	TARIF	DURÉE
Daytona Beach	St Augustine	29 $	1 heure
Fort Lauderdale	Melbourne	58 $	4 heures
Jacksonville	Tallahassee	54 $	3 heures
Melbourne	Daytona Beach	34 $	3 heures 30
Miami	Key West	58 $	4 heures 30
Miami	Naples	46 $	3 heures
Panama City	Pensacola	49 $	3 heures
St Augustine	Jacksonville	24 $	1 heure
Naples	Tampa	59 $	5 heures
Tampa	Orlando	38 $	2 heures
Tallahassee	Panama City	39 $	2 heures 30

vous auprès de l'AAA munis de votre carte d'adhérent). l'AAA met à disposition des membres de ces clubs une assurance voyage, des guides touristiques, des centres de diagnostic pour voitures d'occasion et de nombreuses agences régionales. Elle dispose également d'un calculateur d'itinéraire en ligne très commode, qui détermine la distance exacte du trajet prévu et une estimation de la consommation d'essence.

Le **Better World Club** (☎866-238-1137; www. betterworldclub.com), son concurrent écologique, verse 1% de ses gains pour le nettoyage de la nature, propose des solutions écologiques et milite pour l'environnement.

Les membres de ces organismes bénéficient d'une assistance routière 24/24h partout aux États-Unis. Les deux clubs proposent aussi l'organisation d'itinéraire, des cartes gratuites, un service d'agence de voyages, une assurance automobile et un éventail de remises (location de voiture, hôtels, etc.).

Permis de conduire

Aux États-Unis, les visiteurs étrangers peuvent légalement conduire avec leur permis d'origine pendant 12 mois. Toutefois, la législation concernant le droit de conduire diffère selon les États américains. En Floride, en plus de leur permis national, il est conseillé aux conducteurs étrangers de disposer d'un permis international (à demander à la préfecture ou à la sous-préfecture du domicile). À défaut, les conducteurs contrôlés peuvent être déclarés conduire sans permis.

Si vous séjournez plus de 30 jours en Floride, il convient de faire une demande de permis de conduire floridien avant l'expiration de ces 30 jours.

Pour obtenir la liste des bureaux d'établissement des permis de conduire de l'État de Floride, consultez www. flhsmv.gov/locations.

Pour conduire une moto, il faut posséder un permis moto états-unien en cours de validité ou un permis moto international.

Assurance

Ne conduisez pas sans assurance : elle est obligatoire et, en cas d'accident, vous risquez de vous retrouver ruiné. Si vous êtes déjà assuré (même à l'étranger) ou si vous contractez une assurance voyage, vérifiez que votre contrat couvre effectivement la location d'un véhicule en Floride.

Les sociétés de location proposent une assurance responsabilité civile, souvent en supplément. Renseignez-vous : les contrats de location comprennent rarement une assurance contre les dégâts matériels. Ces sociétés proposent l'option Collision Damage Waiver (CDW ; couverture des dégâts matériels) ou Loss Damage Waiver (LDW ; couverture de la perte du véhicule), généralement assortie d'une franchise initiale de 100 $ à 500 $. On peut généralement supprimer cette franchise moyennant un supplément. La plupart des cartes de crédit procurent une assurance contre les dégâts matériels pour les locations de voiture de 15 jours maximum réglées intégralement à l'aide de la carte. Cela évite de payer une assurance supplémentaire mais, en cas d'accident, il faut parfois avancer l'argent à la société de location. Renseignez-vous auprès de votre banque sur les avantages liés à votre carte. Les assurances supplémentaires peuvent coûter 10 $, voire 30 $ par jour.

Une assurance voyage, qu'il s'agisse d'une police

souscrite à dessein ou d'une assurance dont vous bénéficiez grâce à votre carte de crédit (si vous avez réglé vos préparatifs de voyage avec celle-ci), intègre généralement une assurance de location de véhicule, à concurrence d'une éventuelle franchise. Si vous prévoyez de louer un véhicule sur une période assez longue, il est souvent plus économique de prendre une assurance voyage, qui couvre les voitures de location, que de souscrire une assurance directement auprès de la compagnie de location. Renseignez-vous au préalable pour éviter toute mauvaise surprise au moment de signer le contrat de location.

Location
VOITURE

La location de voiture est un secteur très concurrentiel. Il faut posséder une carte de crédit reconnue, être âgé d'au minimum 25 ans et avoir un permis de conduire valide. Certaines sociétés louent à des conducteurs âgés de 21 à 24 ans avec supplément, mais pas en dessous de 21 ans.

Les conducteurs supplémentaires ne sont généralement pas couverts par le tarif de base et un forfait journalier sera alors appliqué. Si une personne non prévue au contrat conduit le véhicule et provoque un accident, l'assurance devient caduque. De plus, si vous savez qu'un tiers sera amené à conduire le véhicule, celui-ci doit être présent au moment de la récupération du véhicule. Cette personne devra présenter son permis de conduire et s'acquitter des frais en sus. Si le conducteur supplémentaire ne peut être présent au moment de la récupération du véhicule, il est possible de se rendre ultérieurement dans une antenne de la compagnie de location et de faire ajouter son nom au contrat de location. Des frais rétroactifs peuvent alors être appliqués à partir de la date de location.

Vous trouverez une liste de sociétés indépendantes auprès de **Car Rental Express** (www.carrentalexpress.com), qui note et compare les loueurs indépendants aux États-unis (particulièrement utile pour trouver une location de longue durée pas chère).

Principales sociétés de location :

Alamo (☎877-222-9075 ; www.alamo.com)

Avis (☎800-331-2112 ; www.avis.com)

Budget (☎800-527-0700 ; www.budget.com)

Dollar (☎800-800-4000; www.dollar.com)

Enterprise (☎800-261-7331 ; www.enterprise.com)

Hertz (☎800-654-3131 ; www.hertz.com)

National (☎800-468-3334 ; www.nationalcar.com)

Rent-a-Wreck (☎877-877-0700 ; www.rentawreck.com)

Thrifty (☎800-367-2277 ; www.thrifty.com)
Des agences de location sont présentes dans tous les aéroports et en de nombreux endroits du centre-ville. En réservant à l'avance pour une petite voiture, le tarif quotidien avec kilométrage illimité est d'environ 35 à 55 $. À la semaine, le tarif est généralement de 200 à 400 $, avec une myriade de taxes et de frais divers. Si possible, évitez les agences de location des aéroports en raison des frais d'aéroport exorbitants.

À Miami, **Zipcar** (www.zipcar.com) propose une formule différente : le prêt de voiture à l'heure ou à la journée, carburant, assurance et kilométrage limité compris, payable d'avance.

Sachez que les locations "one-way" consistant à louer un véhicule dans une ville et à le rendre dans une autre implique souvent des frais exorbitants. Vous pourrez peut-être éviter ce surcoût en expérimentant un autre itinéraire, ou en restituant votre véhicule dans la même ville ou dans une ville voisine. Vérifiez également si l'agence de location appartient à une franchise ou s'il s'agit d'un établissement indépendant : ces derniers sont parfois plus enclins à supprimer ces frais.

MOTO

Pour visiter la Floride en Harley, contactez **EagleRider** (☎888-900-9901 ; www.eaglerider.com). Ses agences de Daytona Beach, Fort Lauderdale, Miami, St Augustine et Orlando proposent une large gamme de modèles à partir de 150 $/jour, assurance responsabilité en sus. Le port du casque n'est pas obligatoire pour les conducteurs de plus de 21 ans, mais il est fortement recommandé.

CAMPING-CAR

Pour visiter la Floride en *recreational vehicle* (RV), tous les niveaux de confort sont disponibles. Après avoir choisi la taille du véhicule, pensez au prix du carburant, à la consommation, au coût du dépassement de kilométrage, à l'assurance et au dépôt de garantie : ils font vite grimper la note. Le kilométrage étant rarement illimité, estimez d'emblée les kilomètres que vous allez parcourir pour calculer le vrai coût de la location.

Renseignez-vous sur les déménagements de camping-car : on peut parfois obtenir un tarif très avantageux et même être rémunéré pour déplacer un véhicule d'une ville à l'autre pour le compte de son propriétaire. Il faut cependant faire preuve d'une grande souplesse sur les dates et les itinéraires.

Adventures On Wheels (☎800-943-3579 ; www.wheels9.com). Agence à Miami.

CruiseAmerica (☎800-671-8042 ; www.cruiseamerica.com). Le plus gros loueur de RV, a des agences dans tout le sud de la Floride.

Recreational Vehicle Rental Association (☎703-591-7130 ; www.rvda.org). Fourmille de renseignements et de conseils, et vous aide à trouver des agences de location.

Code de la route

Si vous conduisez pour la première fois aux États-unis ou en Floride, voici quelques bases.

➡ La vitesse maximum est de 75 mph (120 km/h) sur les *interstates* et de 65 mph (104 km/h) et 55 mph (80 km/h) en zone urbaine. Guettez les panneaux de signalisation. En ville, la vitesse va de 15 mph (24 km/h) à 45 mph (72 km/h).

➡ La police de Floride est stricte sur le respect de la vitesse et les amendes sont chères. un dépassement de 10 mph coûte 155 $. Sachez que vous pouvez également être sanctionné si vous roulez trop lentement sur l'autoroute.

➡ Tous les passagers du véhicule doivent porter la ceinture de sécurité. Le non-respect de cette règle coûte 30 $. Les enfants de moins de 3 ans doivent voyager dans un siège pour bébé.

➡ Comme partout aux États-unis, on conduit à droite. Sur l'autoroute, on double sur la voie de gauche.

➡ On peut tourner à droite au feu rouge après avoir marqué l'arrêt. Aux carrefours à quatre stops, le véhicule parvenu le premier à l'intersection a la priorité. Sinon, on applique la priorité à droite.

➡ L'arrêt à un feu rouge est signalé par un marquage au sol (bien avant le feu lui-même). Attention de ne pas vous retrouver au milieu d'un carrefour !

En stop

Faire du stop n'est jamais totalement sûr quel que soit le pays et nous ne le recommandons pas. Si vous vous décidez à faire de l'auto-stop, sachez que, même si les risques de véritable danger sont faibles, ils existent tout de même. Rappelez-vous qu'il est plus sûr de voyager à deux et d'informer quelqu'un de votre destination. Mieux vaut aussi demander au conducteur sa destination plutôt que de lui dire où vous souhaitez aller.

Transports locaux

Bus

La plupart des villes ont un service de bus. Le long de la côte, ces bus relient le centre-ville à une ou deux villes balnéaires au moins. Dans certaines villes (comme Tampa et Jacksonsville), des tramways très fréquents tournent au centre-ville. En saison, des tramways circulent entre certaines plages et la ville (entre St Pete Beach et Clearwater, par exemple).

Le ticket coûte entre 1 et 2 $. Il est souvent demandé de faire l'appoint en montant dans le bus. Les *transfers* (bouts de papier vous autorisant à prendre une correspondance) peuvent coûter jusqu'à 25 ¢ lorsqu'ils ne sont pas gratuits. Les horaires diffèrent d'une ville à l'autre, mais, en règle générale, les bus fonctionnent de 6h à 22h.

Métro

Disney World possède un monorail et Tampa une vieille ligne de tramway, mais seuls Miami et ses environs sont équipés d'un vrai métro, le Metromover. Sans chauffeur, il dessert le centre-ville avec une correspondance avec le Metrorail, qui relie le centre-ville à Hialeah, au nord, et Kendall, au sud.

Au nord de Miami, Hollywood, Fort Lauderdale et West Palm Beach (et les villes intermédiaires) sont bien desservies par les trains de banlieue à étage Tri-Rail. Ces trains vont jusqu'à Miami, mais le trajet complet est plus long qu'en voiture.

Train

Les trains **Amtrak** (☑800-872-7245 ; www.amtrak.com) rallient un certain nombre de villes de Floride. Si vous comptez sillonner l'État à bord de ces trains, sachez que les liaisons sont très restreintes, même si, sur certains itinéraires, il peut s'agir d'une solution simple et bon marché. Des trains desservent quotidiennement Jacksonville, Orlando et Miami, et une ligne assure la connexion jusqu'à Tampa. La compagnie de bus Thruway Motorcoach transporte les passagers de l'Amtrak jusqu'à Daytona Beach, St Petersburg et Fort Myers.

Langue

En raison de leur histoire – les colonisations et les vagues d'immigration successives – et de la diversité de leur population, les Américains pratiquent, pour la plupart d'entre eux, plusieurs langues. L'anglais est parlé dans tout le pays, mais il n'a pas été désigné comme langue officielle fédérale des États-Unis. Il est par contre la langue officielle de l'État de Floride.

GÉNÉRALITÉS

Dans les zones touristiques, on rencontre peu de gens parlant entre eux une autre langue que l'anglais-américain. Cependant, dans les parcs nationaux en particulier, les visiteurs n'auront aucun mal à trouver des brochures en espagnol, allemand, français et japonais.

Les langues étrangères sont pratiquées essentiellement dans les communautés ethniques des grandes villes. Du fait de l'importance de la population hispanique, l'espagnol devient la seconde langue officielle.

L'anglais-américain a emprunté des mots à toutes les langues des vagues d'immigrants, que ceux-ci soient originaires d'Allemagne, d'Europe centrale (en particulier les juifs parlant le yiddish) ou d'Irlande.

Par ailleurs, quelques communautés indiennes parlent encore leur propre langue, même si certains de ces idiomes ne comptent plus qu'une dizaine de locuteurs.

POUR ALLER PLUS LOIN

Indispensable pour mieux communiquer sur place : **le guide de conversation Anglais** (7,99 €). Pour réserver une chambre, lire un menu ou simplement faire connaissance, ce manuel permet d'acquérir des rudiments d'anglais. Inclus : un minidictionnaire bilingue.

Plusieurs termes indiens, tels que *mockasin, moose* (élan), *toboggan* et *kayak*, ont enrichi le vocabulaire anglais. D'autres proviennent des langues européennes et furent importés par les immigrants. Ainsi, *loafer* (flemmard), *hoodlum* (truand) et *kindergarten* (jardin d'enfants) sont issus de l'allemand ; *boss, stoop* (perron) et *nitwit* (idiot) du néerlandais ; *schmuck* (connard), *schmock* (idiot) et *schmaltz* (saindoux ou mièvre, selon les cas) du yiddish ; *prairie* et *saloon* du français ; *pasta, pizza* et d'autres termes culinaires, de l'italien. Les mots *canyon, ranch* et *rodeo* sont tirés de l'espagnol, tout comme les noms de nombreuses localités.

Néanmoins, la plupart des américanismes ont été créés par les Américains eux-mêmes. En effet, l'arrivée de nouveaux produits a entraîné la formation de nouveaux mots pour les désigner et d'un vocabulaire neuf pour les commercialiser. C'est de cette façon que sont nées des expressions comme *soda pop, root beer* et *sarsaparilla* (toutes d'origine américaine). Des noms de marques, tels que Coca-Cola, Coke et Pepsi, sont également passés dans le langage courant, de même que certains slogans publicitaires comme "the Pepsi Generation", ou de nouveaux concepts imaginatifs comme la "Coca-Colonization". Quantité de termes proviennent des entreprises, des nouvelles technologies, de l'industrie automobile, du cinéma, de l'armée et du sport.

EN FLORIDE

Un habitant de Floride sur quatre parle une autre langue que l'anglais. Il s'agit en général de l'espagnol et, beaucoup plus rarement, du créole. Du fait de l'importance de la population hispanique, les affiches bilingues anglais/espagnol sont fréquentes à Miami et dans la moitié sud de l'État. Comme dans d'autres lieux des États-Unis où la population bilingue est importante, on assiste à l'émergence d'un hybride hispano-anglais, le spanglish (contraction des mots *spanish* et *english*). Il se caractérise par la création d'idiomes mélangeant l'anglais et l'espagnol, et l'on peut entendre des phrases mêlant l'une et l'autre langue.

On trouve également en Floride une importante population canadienne francophone, présente surtout en hiver. Si vous voyez un drapeau canadien affiché devant certains lieux (notamment les cliniques), cela signifie que le français y est parlé.

FORMULES DE POLITESSE

Les formules d'accueil sont des plus simples, avec les standards "hello", "hi", "good morning", "good afternoon", "how are you ?". Plus familièrement, on s'interpelle par "hey", "hey there" ou "howdy". Les formules d'adieu sont, en comparaison, plus variées, avec "bye", "goodbye", "bye-bye", "see-ya", "take it easy", "later", "take care", "don't work too hard" et l'éternel "have a nice day".

Si les Américains sont avares de "please", ils distribuent généreusement leurs "thank you". Vous entendrez souvent "excuse me" à la place de "sorry". Dans la conversation, l'interlocuteur émettra fréquemment des *mm-hmmm* ou *uh-huh* pour montrer qu'il ne dort pas, qu'il vous écoute et vous encourage ainsi à continuer. C'est un signe beaucoup plus encourageant que le circonspect *mmm*.

Certains locuteurs ne se satisfont pas de ces *uh-huh* enthousiastes et émaillent leur discours de "y'know" ou de "you hear what I'm saying?". Ces expressions n'appellent pas forcément de réponse.

Voici quelques locutions particulièrement fréquentes :

oui	*yes*
non	*no*
s'il vous plaît	*please*
merci	*thank you*
je vous en prie	*you're welcome*
salut	*hello*
comment ça va ?	*how are you?*
ça va bien	*I'm fine*
pardon	*excuse me*
bienvenue	*welcome*

TERMES ET EXPRESSIONS UTILES

grand	*big*
petit	*small*
bon marché	*cheap*
cher	*expensive*
ici	*here*

beaucoup	*much, many*
avant	*before*
après	*after*
aujourd'hui	*today*
demain	*tomorrow*
hier	*yesterday*
toilettes	*toilet*
banque	*bank*
l'addition, le reçu	*bill, check*
magasin	*store*
sans plomb	*lead-free (gas)*

QUESTIONS

où/où est... ?	*where/where is...?*
comment ?	*what?*
quoi ? (argot)	*huh? (slang)*
combien ?	*how much?*

PANNEAUX DE SIGNALISATION

entrée	*entrance*
sortie	*exit*
quai	*platform*
interdiction de camper	*no camping*
stationnement interdit	*no parking*

QUELQUES PHRASES UTILES

Je suis touriste
I am a tourist
Parlez-vous français ?
Do you speak French?
Je ne parle pas anglais
I don't speak English
Je (ne) comprends (pas)
I (don't) understand

HÉBERGEMENT

hôtel	*hotel*
auberge de jeunesse	*youth hostel*
chambre	*room*

ALIMENTATION

restaurant	*restaurant*
en-cas	*snack*
œufs	*eggs*
pommes de terre	*potatoes*
frites	*French fries (chips)*

pain	*bread*
fromage	*cheese*
légume	*vegetable*
fruit	*fruit*

BOISSONS

eau	*water*
lait	*milk*
bière	*beer*
vin	*wine*

TRANSPORTS

autobus	*bus*
avion	*plane*
train	*train*
billet	*ticket*
aller et retour	*return ticket*
aller simple	*one-way ticket*
gare ferroviaire	*train station*
gare routière	*bus station*
décapotable	*ragtop*

DIRECTIONS

à gauche	*left*
à droite	*right*
tout droit	*straight ahead*

CHIFFRES

1	*one*
2	*two*
3	*three*
4	*four*
5	*five*
6	*six*
7	*seven*
8	*eight*
9	*nine*
10	*ten*
11	*eleven*
12	*twelve*
13	*thirteen*
14	*fourteen*
15	*fifteen*
16	*sixteen*
17	*seventeen*
18	*eighteen*
19	*nineteen*
20	*twenty*
21	*twenty-one*
30	*thirty*
40	*forty*
50	*fifty*
60	*sixty*
70	*seventy*
80	*eighty*
90	*ninety*
100	*a/one hundred*
500	*five hundred*
1 000	*a/one thousand*

GLOSSAIRE

Le vocabulaire culinaire est répertorié dans le chapitre *Cuisine* (p. 477).

AAA – American Automobile Association, également appelée "Triple A".

Amtrak – compagnie nationale de chemins de fer consacrée au transport de voyageurs.

Arts and Crafts – signifiant "arts et artisanat", cette expression désigne un courant qui s'est développé aux États-Unis dans l'architecture et le design dès le début du XXe siècle. Mettant l'accent sur le travail artisanal et la fonctionnalité, il s'est posé en réaction à la mauvaise qualité des objets fabriqués industriellement.

ATM – Automated Teller Machine ; distributeur automatique de billets (DAB).

ATV – All-Terrain Vehicles ; véhicules tout-terrain, utilisés pour le transport sur des routes non goudronnées ; voir aussi *OHV*.

backpacker – randonneur partant camper pour plusieurs jours ; plus rarement, un jeune voyageur à petit budget.

bluegrass – musique populaire traditionnelle des Appalaches qui s'est développée dans les États du Kentucky et du Tennessee.

BYOB – "Bring Your Own Booze", amenez votre propre alcool ; mention figurant sur certaines invitations à des fêtes.

Cajun – déformation d'"Acadien" ; désigne les habitants de la Louisiane dont les ancêtres francophones ont émigré d'Acadie (Canada) au XVIIIᵉ siècle.

camper – un type de caravane.

carded – adjectif signifiant que vous avez dû présenter votre carte d'identité pour entrer dans un bar, acheter de l'alcool ou des cigarettes.

carpetbaggers – opportunistes du Nord venus s'installer dans le Sud après la guerre de Sécession.

CDW – Collision Damage Waiver (couverture des dégâts matériels) ; assurance proposée avec la location d'une voiture.

chamber of commerce – COC, chambre de commerce ; association d'entreprises locales qui fournit souvent des renseignements touristiques sur la région.

Chicano/Chicana – homme/femme d'origine mexicano-américaine.

Civil War – guerre civile (ou guerre de Sécession) opposant, de 1861 à 1865, les États confédérés du Sud aux États du Nord et qui aboutit à l'abolition de l'esclavage en 1865.

coach class – classe économique dans les trains et les avions.

coed – coeducational ; terme désignant un endroit ouvert aux femmes et aux hommes. Il est utilisé, par exemple, pour les dortoirs des auberges de jeunesse.

conch (prononcer conque, comme en français) – mollusque rose, fruit de mer ; surnom des habitants historiques de Key West (les nouveaux arrivés sont appelés Freshwater Conchs).

coquina – calcaire coquillé de la Floride ayant servi notamment à l'édification de nombreux bâtiments de St Augustine

coral Reef – récif corallien

cot – lit de camp.

country and western – un mélange de musique folk du sud et de l'ouest des États-Unis.

cracker – pionnier ; dans le sud des États-Unis, terme péjoratif désignant un Blanc sans le sou.

CVB – Convention and Visitors Bureau ; bureau instauré par de nombreuses municipalités afin de promouvoir le tourisme et d'assister les visiteurs.

DEA – Drug Enforcement Agency ; instance fédérale chargée de l'application des lois antidrogue.

Deep South – désigne généralement les États de Louisiane, du Mississippi et de l'Alabama.

Deer Refuge – réserve naturelle de cerfs

diner – restaurant typique des États-Unis, généralement installé dans des bâtiments préfabriqués, et proposant des plats bon marché (œufs, pancakes, burgers, salades, sandwichs...)

docent – guide ou gardien dans un musée ou une galerie.

dog, to ride the – voyager dans les bus de la société Greyhound.

downtown – le centre-ville, quartier central des affaires ; direction centre-ville (dans un bus par exemple).

Dubya – surnom de George W. Bush, le 43ᵉ président des États-Unis, en référence à la manière dont on prononce l'initiale "W" dans le sud des États-Unis.

efficiency – petit appartement meublé doté d'une cuisine, souvent proposé pour des locations de courte durée.

Emancipation – en référence à l'*Emancipation Proclamation*, par laquelle Abraham Lincoln, en 1863, déclarait libres tous les esclaves de la Confédération ; en 1865, le 13ᵉ amendement de la Constitution des États-Unis abolissait officiellement l'esclavage.

entrée – plat principal d'un repas.

flag stop – endroit où les bus ne s'arrêtent que si vous leur faites signe.

foldaway – lit de camp dans un hôtel.

general delivery – poste restante.

Generation X – la jeunesse désœuvrée des années 1980, à laquelle ont succédé les Générations Y et Z.

GLBT – Gay, Lesbien, Bisexuel, Transgenre ; tous les non-hétéros.

hip-hop – musique rap ; le terme fait aussi référence à la culture noire et urbaine.

Hispanic – d'origine latino-américaine (synonyme de *Latino/Latina*)

HI-USA – Hostelling International USA ; auberges de jeunesse américaines membres de Hostelling International, une association faisant elle-même partie de l'IYHF (International Youth Hostel Federation).

hookup – dans les campings, branchement qui permet aux caravanes de bénéficier de l'électricité, de l'eau courante, et du système d'évacuation des eaux usées ; dans certaines situations, désigne une rencontre romantique.

Intracoastal Waterway – voie navigable de la côte Est, permettant la navigation de plaisance en toute sécurité, notamment pendant la période des ouragans (automne)

IMAX – salles de cinéma spécialisées avec écran géant.

interstate – autoroute commune à plusieurs États, qui fait partie du système national des autoroutes.

Jim Crow laws – lois instaurées dans le Sud, après la guerre de

Sécession, qui visaient à limiter le droit de vote et les droits civiques des Noirs ; "Jim Crow" : ancienne expression péjorative désignant un Noir.

Key – île, notamment dans l'archipel des Keys.

Latino/Latina – homme/femme originaire d'Amérique latine (synonyme d'*Hispanic*).

LDW - Loss Damage Waiver (couverture de la perte du véhicule) ; assurance proposée avec la location d'une voiture.

live oak – chêne vert à feuilles persistantes, originaire du Sud. Son bois est utilisé pour la construction des bateaux.

Marine Sanctuary – réserve sous-marine

Mojito – cocktail à base de sucre, de rhum, de citron vert et de menthe écrasée.

National Recreation Area (NRA) – zones géographiques gérées par le National Park Service et présentant un intérêt écologique important. Elles ont été modifiées par l'action des hommes.

National Register of Historic Places – liste de sites historiques établie par le National Park Service ; l'altération de ces sites est étroitement surveillée.

NHS – National Historic Site.

NM – National Monument.

NOW – National Organization for Women ; association de défense des droits des femmes.

NPS – National Park Service ; division du ministère de l'Environnement chargée de l'administration des parcs nationaux et de leurs monuments.

NWR – National Wildlife Refuge ; réserve naturelle de faune et de flore.

OHV/ORV – Off-Highway Vehicle/Off-Road Vehicle ; véhicule tout-terrain.

outfitter – société fournissant des équipements divers, assurant le transport ou employant des guides pour des activités sportives, telles que la pêche, le canoë, le rafting ou la randonnée.

panhandle – bande de terre étroite se dégageant du territoire principal d'un État (le *panhandle* de la Floride, par exemple). Désigne également l'action de faire l'aumône.

pickup – camionnette ouverte à l'arrière.

po'boy – gros sandwich.

pow wow – rassemblement indien.

preserve – zone protégée.

raw bar – comptoir de restaurant où l'on sert des fruits de mer crus.

redneck – terme péjoratif désignant les membres de la classe populaire du sud des États-Unis.

Refuge – réserve naturelle

RV – Recreational Vehicle ; camping-car ou caravane.

snowbirds – terme désignant les riches retraités qui passent tous les hivers au soleil dans le sud des États-Unis.

soul food – cuisine traditionnelle des Noirs américains du Sud

(l'andouille, le jarret de porc et le chou vert par exemple).

spring – source, cascade.

State Park – parc régional (ici de l'État de Floride).

stick, stick shift – boîte de vitesses manuelle/voiture à transmission manuelle.

strip mall – ensemble de sociétés ou de magasins installés autour d'un parking.

Surfside – petite localité des environs de Miami (Rien à voir avec un spot de surf !).

Swamp Sanctuary – marais protégé.

USAF – United States Air Force ; armée de l'air américaine.

USCIS – US Citizenship & Immigration Services, service rattaché au ministère de la Sécurité intérieure, chargé de l'immigration, de l'attribution des visas et de la naturalisation des étrangers.

USFS – United States Forest Service ; département du ministère de l'Agriculture chargé des forêts fédérales.

USGS – United States Geological Survey ; agence du ministère de l'Intérieur responsable, notamment, de l'établissement des cartes topographiques de l'ensemble du pays.

Wildlife Refuge – réserve naturelle pour la faune.

Yucas – "Young Urban Cubans Americans" – Jeunes Cubains-Américains urbains.

En coulisses

VOS RÉACTIONS ?

Vos commentaires nous sont très précieux et nous permettent d'améliorer constamment nos guides. Notre équipe lit toutes vos lettres avec la plus grande attention. Nous ne pouvons pas répondre individuellement à tous ceux qui nous écrivent, mais vos commentaires sont transmis aux auteurs concernés. Tous les lecteurs qui prennent la peine de nous communiquer des informations sont remerciés dans l'édition suivante, et ceux qui nous fournissent les renseignements les plus utiles se voient offrir un guide.

Pour nous faire part de vos réactions, prendre connaissance de notre catalogue et vous abonner à notre newsletter, consultez notre site Internet : **www.lonelyplanet.fr**

Nous reprenons parfois des extraits de notre courrier pour les publier dans nos produits, guides ou sites web. Si vous ne souhaitez pas que vos commentaires soient repris ou que votre nom apparaisse, merci de nous le préciser. Notre politique en matière de confidentialité est disponible sur notre site Internet.

À NOS LECTEURS

Merci à tous les voyageurs qui ont utilisé la dernière édition de ce guide et qui nous ont écrit pour nous faire part de leurs conseils, de leurs suggestions et de leurs anecdotes : Alex Dionisio Calado, Xavier Deweer, Élisabeth Duclos, Amélie Hell, Anais jacquod, Yves-Laurent Martin

UN MOT DES AUTEURS

Adam Karlin

Je remercie mon équipe, Paula, Benedict et Jennifer, de m'avoir tant facilité les choses dans mon rôle d'auteur-coordinateur. Merci à mes éditeurs, Jo et Dora, d'avoir été d'une grande aide, toujours compréhensifs et arrangeants. Mes remerciements vont aussi à Jaime Levenshon et à Bethany Martinez pour leur cours accéléré sur les restaurants de Miami ; à mes parents, pour leur inlassable soutien ; à Eggy et à Gizmo, grâce à qui j'ai l'impression d'être au zoo et de nager dans un océan douceur quand j'écris à la maison. Mille mercis à Rachel Houge, mon adorable épouse pour son humour, ses éclats de rire et ses sourires, et pour m'avoir suivi quand je m'approchais trop des crocodiles, et à ma fille, bébé en route, à qui je murmure mes espoirs de nouveaux itinéraires et promets le monde entier à explorer.

Jennifer Rasin Denniston

Je remercie mes coauteurs Adam et Paula, Dora Whitaker, Alison Lyall et Dianne Schallmeiner, ainsi que Karla Zimmerman. De vifs remerciements à Denielle Cox, Jimmy Clarity et Jennifer Hodges pour leur aide inconditionnelle sur Universal Orlando. Enfin, j'adresse mon amour et ma reconnaissance à mon mari Rhawn et à mes filles Anna et Harper, qui sont toujours heureux de prendre la route pour aller "découvrir le monde", avec leur sens de l'humour, leur regard critique et leur esprit d'aventure.

Paula Hardy

Un immense merci aux Krasny, en particulier à Keith, Mary, Glenn et Robin, pour leur hospitalité et leurs précieux conseils. Je remercie également Marcia Gaedcke et Jackie Barker à la Titusville Chamber, Dawna Thorstad, Mike Merrifield, le personnel du Brevard Zoo, Mike Crego et Jim Jozefowicz, Kathie Smith et l'équipe de Visit Florida. Merci aussi à Dora et Jo de Lonely Planet, à Larry pour m'avoir appris à (mal) surfer et à Cinthia Sandoval pour ses formidables recommandations culinaires. Et, comme toujours, je remercie Rob, qui prépare d'incontournables sandwichs au mérou et connaît les meilleures plages.

Benedict Walker

Merci du fond du cœur à mes deux familles : les Walker en Australie, et les Cowie au Canada – sans votre amour, votre confiance et votre soutien, qui sait où j'en serais aujourd'hui ? À ma mère, Trish

Walker, pour avoir toujours cru en moi et ne jamais m'avoir laissé tomber – je suis ton premier fan ; à mes amis en Australie, au Canada, au Japon et aux États-Unis, à qui je n'accorde jamais le temps ni l'amour qu'ils méritent, mais qui restent proches malgré tout ; à Luca, Felix et Mila, mes filleuls – je vous aime ! Poursuivez vos rêves. Toute ma reconnaissance à Lonely Planet et à Stage and Screen Travel : pour m'avoir donné du travail, m'avoir nourri et m'avoir rendu heureux. Je suis l'homme le plus chanceux de la terre !

REMERCIEMENTS

Pour nous avoir autorisés à utiliser leur contenu, nous remercions :

Peel MC, Finlayson BL & McMahon TA pour la carte climatique adaptée d'Updated World Map of the Köppen-Geiger Climate Classification, *Hydrology and Earth System Sciences*, 11, 163344 (2007).

À PROPOS DE CET OUVRAGE

Cette troisième édition en français du guide Floride est la traduction-adaptation de la 7e édition du guide Lonely Planet *Florida* en anglais. Elle a été rédigée par Adam Karlin, Jennifer Rasin Denniston, Paula Hardy et Benedict Walker. Les auteurs de l'édition précédente étaient Jeff Campbell, Jennifer Rasin Denniston, Adam Karlin et Emily Matchar ; la 5e édition avait été rédigée par Jeff Campbell, Becca Blond, Jennifer Rasin Denniston, Beth Greenfield, Adam Karlin et Willy Volk.

Traduction
Charles Ameline, Nathalie Berthet, Christine Bouard-Schwartz, Florence Delahoche, Jeanne Robert, Florence Guillemat-Szarvas

Direction éditoriale
Didier Férat

Adaptation française
Émeline Gontier

Responsable prépresse
Jean-Noël Doan

Maquette
Sébastienne Ocampo

Cartographie
Caroline Sahanouk

Couverture
Annabelle Henry

Remerciements à
Dolorès Mora, Rose-Hélène Lempereur, Michel Mac Leod et à Jean-Victor Rebuffet pour leur contribution au texte. Merci également à Claire Chevanche et Margaux Pigois pour leur travail de préparation, et à Sarah Arfaoui pour son travail de référencement, ainsi qu'à Dominique Spaety pour sa bonne humeur. Enfin, merci à Andy Nielsen, Darren O' Connell, Chris Love, Sasha Baskett, Angela Tinson, Jacqui Saunders, Ruth Cosgrave et Glenn van der Knijff du bureau australien, et à Clare Mercer, Joe Revill, Sarah Nicholson et Luan Angel, du bureau de Londres.

Index

INDEX DES ENCADRÉS

INDEX DES ENCADRÉS (SUITE)

Légende des cartes

À voir

- Château
- Monument
- Musée/galerie/édifice historique
- Ruines
- Église
- Mosquée
- Synagogue
- Temple bouddhiste
- Temple confucéen
- Temple hindou
- Temple jaïn
- Temple shintoïste
- Temple sikh
- Temple taoïste
- Sentô (bain public)
- Cave/vignoble
- Plage
- Réserve ornithologique
- Zoo
- Autre site

Activités, cours et circuits organisés

- Bodysurfing
- Plongée/snorkeling
- Canoë/kayak
- Cours/circuits organisés
- Ski
- Snorkeling
- Surf
- Piscine/baignade
- Randonnée
- Planche à voile
- Autres activités

Où se loger

- Hébergement
- Camping

Où se restaurer

- Restauration

Où prendre un verre

- Bar
- Café

Où sortir

- Salle de spectacle

Achats

- Magasin

Renseignements

- Banque
- Ambassade/consulat
- Hôpital/centre médical
- Accès Internet
- Police
- Bureau de poste
- Centre téléphonique
- Toilettes
- Office du tourisme
- Autre adresse pratique

Géographie

- Plage
- Refuge/gîte
- Phare
- Point de vue
- Montagne/volcan
- Oasis
- Parc
- Col
- Aire de pique-nique
- Cascade

Agglomérations

- Capitale (pays)
- Capitale (région/ État/province)
- Grande ville
- Petite ville/village

Transports

- Aéroport
- Poste frontière
- Bus
- Téléphérique/funiculaire
- Piste cyclable
- Ferry
- Métro
- Monorail
- Parking
- Station-service
- Station de métro
- Taxi
- Gare/chemin de fer
- Tramway
- U-Bahn
- Autre moyen de transport

Les symboles recensés ci-dessus ne sont pas tous utilisés dans ce guide

Routes

- Autoroute à péage
- Voie rapide
- Nationale
- Route secondaire
- Petite route
- Chemin
- Route non goudronnée
- Route en construction
- Place/rue piétonne
- Escalier
- Tunnel
- Passerelle
- Promenade à pied
- Promenade à pied (variante)
- Sentier

Limites et frontières

- Pays
- État/province
- Frontière contestée
- Région/banlieue
- Parc maritime
- Falaise
- Rempart

Hydrographie

- Fleuve/rivière
- Rivière intermittente
- Canal
- Étendue d'eau
- Lac asséché/salé/ intermittent
- Récif

Topographie

- Aéroport/aérodrome
- Plage/désert
- Cimetière (chrétien)
- Cimetière (autre)
- Glacier
- Marais/mangrove
- Parc/forêt
- Site (édifice)
- Terrain de sport

Benedict Walker

Nord-est de la Floride, Panhandle, Carnet pratique, Transports Né à Newcastle, en Australie, Ben explore les contrées sauvages et découvre la faune et la flore de la Floride, du Canada, du Japon et de l'Australie. C'est à l'âge de 14 ans que Ben a eu entre les mains son premier guide Lonely Planet (*Japon*). Devenu grand, il participé à la rédaction du guide *Japon* et a ainsi réalisé un rêve. Diplômé en communication, puis agent de voyage, Ben parle le japonais couramment. Il a coécrit et dirigé une pièce de théâtre, a accompagné des rock stars en tournée et aime aussi jouer les photographes. En écrivant pour Lonely Planet, il ne défait jamais vraiment ses valises entre deux voyages en Australie, au Canada, au Japon ou aux États-Unis. Une chose dont il raffole et pour laquelle il est infiniment reconnaissant.

LES GUIDES LONELY PLANET

Une vieille voiture déglinguée, quelques dollars en poche et le goût de l'aventure, c'est tout ce dont Tony et Maureen Wheeler eurent besoin pour réaliser, en 1972, le voyage d'une vie : rallier l'Australie par voie terrestre via l'Europe et l'Asie. De retour après un périple harassant de plusieurs mois, et forts de cette expérience formatrice, ils rédigèrent sur un coin de table leur premier guide, *Across Asia on the Cheap*, qui se vend à 1 500 exemplaires en l'espace d'une semaine. Ainsi naquit Lonely Planet, dont les guides sont aujourd'hui traduits en 12 langues.

NOS AUTEURS

Adam Karlin
Auteur-coordinateur, Miami, Everglades, archipel des Keys et Key West, Comprendre la Floride Quand Adam était enfant, il se réfugiait chez sa grand-mère, à West Palm Beach, pour profiter du soleil pendant les vacances d'hiver. Plus tard, il a travaillé comme reporter pour le *Key West Citizen*, où il a écrit des articles sur des figures politiques locales, des exilés cubains, des programmes de démoustification et des expulsions de caravanes. Il a aussi été DJ à la radio locale et a passé pas mal de soirées dans les bars des Keys. Adam a ensuite été recruté par Lonely Planet, pour qui il a rédigé et contribué à plus d'une quarantaine de titres, dont trois éditions des guides *Floride* et *Miami*.

Jennifer Rasin Denniston
Séjour dans les parcs à thème, Voyager avec ses enfants, Orlando et Walt Disney World Jennifer, son mari, professeur de géologie, et leurs filles Anna et Harper partent chaque année 3 à 4 mois pour explorer d'autres contrées, à l'étranger ou aux États-Unis. Et ils incluent toujours dans leur périple un voyage de plusieurs semaines en Floride. Ils ont exploré les plages de l'État, du Panhandle aux Keys, ont fait du kayak dans les estuaires de la côte de l'Espace, ont fouillé la côte du Golfe à la recherche de fossiles et se sont fait des frayeurs dans les montagnes russes.

Paula Hardy
Sud-est de la Floride, côte de l'Espace, Tampa Bay et le Sud-ouest de la Floride Née au Kenya, installée à Londres et mariée à un homme qui a vécu la moitié de son existence sur les îles de la côte du Golfe, Paula a passé un nombre d'heures incalculable sur la plage ! Quand elle ne se chamaille pas avec sa moitié sur le nom de tel ou tel coquillage, ou sur les bienfaits d'un sandwich au mérou, elle écrit des guides pour Lonely Planet. Paula compte plus de 30 titres à son actif, dont des contributions aux guides *New England, USA* et *Est des États-Unis*. Quand elle ne travaille pas pour Lonely Planet, elle écrit des articles sur la culture, les voyages et la gastronomie pour divers sites Internet et publications dans le domaine du tourisme.
Suivez-la sur tweeter @paula6hardy.

PAGE 575 AUTEURS (suite)

Floride
3e édition
Traduit et adapté de l'ouvrage *Florida, 7th edition, January 2015*
© Lonely Planet Publications Pty Ltd 2015
© Lonely Planet et Place des éditeurs 2015
Photographes © comme indiqué 2015

Dépôt légal Mars 2015
ISBN 978-2-81614-805-3
Imprimé par Grafica Veneta, Trebaseleghe, Italie

Bien que les auteurs et Lonely Planet aient préparé ce guide avec tout le soin nécessaire, nous ne pouvons garantir l'exhaustivité ni l'exactitude du contenu. Lonely Planet ne pourra être tenu responsable des dommages que pourraient subir les personnes utilisant cet ouvrage.

MIXTE
Issu de sources responsables
FSC® C003309

En Voyage Éditions | un département | place des éditeurs